施工机械使用手册

李世华　主编

中国建筑工业出版社

图书在版编目（CIP）数据

施工机械使用手册/李世华主编. —北京：中国建筑工业出版社，2013.12
ISBN 978-7-112-16010-5

Ⅰ.①施… Ⅱ.①李… Ⅲ.①建筑机械-操作-技术手册 Ⅳ.①TU607-62

中国版本图书馆CIP数据核字（2013）第250462号

本书主要内容有：绪论、施工机械的动力装置、土石方机械、压实机械、桩工机械、起重运输机械、钢筋及预应力机械、混凝土机械、路面施工机械等。本书系统阐述了国内外各类现代化施工机械的外形、用途、特点、类型、发展概况、型号编制、安全技术规程、操作使用要点、施工工艺、合理选择、维护保养、常见故障及处理方法等。具有结构新颖、体统完整、图文并茂、通俗易懂、实用性强等特点。

本书可供施工机械的操作人员、现场管理人员以及施工机械的投资人员、租赁经营人员、维修保养人员使用，也可供相关专业的大、中专院校师生学习参考。

责任编辑：胡明安　姚荣华
责任设计：张　虹
责任校对：张　颖　赵　颖

施工机械使用手册
李世华　主编
*
中国建筑工业出版社出版、发行（北京西郊百万庄）
各地新华书店、建筑书店经销
北京科地亚盟排版公司制版
北京市密东印刷有限公司印刷
*
开本：787×1092毫米　1/16　印张：40¼　字数：1003千字
2014年4月第一版　2014年4月第一次印刷
定价：**108.00**元
ISBN 978-7-112-16010-5
（24797）

本书编审委员会

主　任：李俊亭

副主任：罗满秀　彭玉初　龚细珍　李文亭　李忠亭　李春亭
李荣生　彭丽仙　王青梅　李伟命　汪锡昆　李仪钰

委　员：肖智勇　肖智才　秦友章　李亦聪　罗启炎　刘俊林
王春成　张怀其　肖鼎盛　岳谓明　郭赐吾　陈思平
李阳初　肖春秀　李高云　彭时秀　李振福　彭玉源
李秋秀　罗福生　李锡香　郑永光　肖最清　肖惠如
罗祥星　邹木珍　李秀球　李乾元　李乾三　李端秀
彭泳娥　张汉初　彭健元　聂芷秀　彭　辉　李资英
彭健全　杨爱珺　李庆云　梁田秀　李道生　王志娥
李振生　王芳艳　李冬秀　王慕成　李志忠　朱凤英
李世华　罗桂莲　李智华　吴红汝　李春华　李国柱
李柳华　曾义芳　张连发　郑月珍　寿　鹏　陈湘平
李颂华　李国华　李均华　李爱萍　李如华　刘鹤怀
李盛华　周赛兰　李泳华　马建秋　李玉华　王天飞
李植藩　宋淑元　李松怀　聂辉娥　李金娥　贺玉堂
李青娥　邬元林　李爱娥　周凡道　李素娥　肖正明
郑正龙　邵成英　郑银龙　王艳春　王平娥　熊双桥
郑有芳　王运成　郑桔芳　付同桥　罗冬林　尹月英
罗石生　许运秀　罗金桃　余菊兰　罗金莲　张子贤
彭垠坡　李辉娥　彭小满　彭晓香　彭秋平　彭远安
彭铁志　彭民安　彭立志　杨　彭　彭朝辉　张苍庚
张铭庚　张芝丽　张青丽　肖云岩　肖云海　肖应成
李　琼　张其林　张乐涵　李思洋　寿晨曦　寿李鸣飞
李子昂　李　昂　曾　铮　唐洁丽　罗忠佳　吴聪美惠
李　江　余　阳　李彦达　李　海　李　苗　周红莲

李南海	曾毛仔	聂建军	卜银波	李小山	李银娥
李红莲	肖讫松	李丽峰	刘秀强	李星峰	卿元兰
李佳惠	李槿惠	李　炜	周　婷	李建伟	马利庭
王　蔻	罗前进	罗争雄	罗彦波	罗晚雄	洪　刚
罗三雄	贺永松	李长春	舒秋英	李玉兵	曾宪光
王月娥	王春娥	李爱萍	李深根	李　萍	李　玲
彭石红	陶　青	彭子扬	彭世坚	周宇花	彭桢惠
李海燕	肖兴辉	罗燕春	李阳春	刘益辉	罗义梅
彭南光	聂伯青	肖可田	罗石光	张学文	徐　丽
戴子平	陈玉钧	张六喜	邹声镇	秦朗明	秦　辉
周盛英	匡　琪	罗晓峰	谢小平	肖勇华	谢　芳

前　言

《施工机械使用手册》在全体编审委员会成员的齐心协力、勤奋努力下问世了，希望对从事施工机械的科研人员、设计人员、教学人员、生产企业、销售人员、采购人员工程施工人员、机器操作人员、维修保养人员及管理等人员有较大的帮助。

随着国民经济的飞跃发展，我国的土木工程建设步入了史无前例的黄金时期，我国在各个领域的建设都面临着与世界同步前进的挑战，人们对工程建设的技术要求也越来越高。特别是近十多年来的高速公路建设、高速铁路建设、大型的南水北调工程建设、大型港口建设、大型机场建设、大型的高层建筑和大型的住宅建设、大型的输油管道建设及大型的水电水利建设等等所需要数以万计的施工机械。为了使广大的工程建设从业人员更好地合理配置、择优选购、正确使用、精心维护、科学检修施工机械，为了促进施工机械制造业、使用业的发展，我们组织编写了这本《施工机械使用手册》。

本书较系统地阐述了国内外各类现代化施工机械的外形、用途、特点、类型、发展概况、型号编制、安全技术规程、操作使用要点、施工工艺、合理选择、维护保养、常见故障及处理方法等。具有结构新颖、体统完整、图文并茂、通俗易懂、实用性强的特点。它不仅是建筑施工机械、公路施工机械、起重运输机械等专业技术人员、施工机械操作人员、维修人员和施工管理人员的良师益友，而且是大、中专学校相关专业师生难得的参考用书。

本书包括：绪论、施工机械的动力装置、土石方机械、压实机械、桩工机械、起重运输机械、钢筋及预应力机械、混凝土机械、路面施工机械等内容。

本手册在编写过程中，不仅承蒙许多单位和个人的帮助，提供了大量有关施工机械方面的宝贵资料，而且参考了许多素不相识的同行们的著作文献等资料。在此一并致以衷心的感谢。由于编者水平有限，书中不足之处，诚恳地欢迎广大读者批评指正。

编　者

2013年9月于广州

目　录

2 土石方机械

3 压实机械

4 桩工机械

6 钢筋及预应力机械

7　混凝土机械

绪　论

1. 施工机械的作用与分类

施工机械是用来完成修建房屋、道路、桥梁、隧道、市政、水利、机场、港口及军事设施等工程作业的一种机械设备，是各种工程施工过程中必不可少的物质基础，是实现各类建设工程施工机械化的重要生产工具。所以，施工机械广泛地应用在各类工程建设中。

改革开放以来，国内外施工机械在我国各类工程建设中的大量使用，不仅提高了机械化施工水平、加快工程进度、保证工程质量、缩短施工工期和减轻工人劳动强度，而且对提高劳动生产率、降低工程造价、加速基本建设、发展国民经济等起着十分重要的作用。

由于服务对象、施工要求各异，所以施工机械的种类繁多、型号复杂，名称也不一致。但按国家标准的规定，施工机械可分为如下 11 种类型。

（1）土方机械

土方机械主要包括单斗挖掘机、多斗挖掘机、挖掘装载机、掘进机、推土机、铲运机、装载机、平地机、压路机、夯实机等。

（2）石方机械

石方机械包括凿岩机械、裂土器、风动冲击破碎机、石料加工机械等。

（3）起重运输机械

起重运输机械主要包括塔式起重机、履带式起重机、汽车式起重机、轮胎式起重机、卷扬机、施工升降机、载重汽车、自卸汽车、浮式起重机、机动翻斗车、带式输送机等。

（4）桩工机械

桩工机械主要包括柴油桩锤、振动桩锤、液压锤、压桩机、成孔机、扩孔机、打桩架、地下连续墙成槽机、软地基础加固机械等。

（5）钢筋及预应力机械

钢筋及预应力机械主要包括钢筋强化机械、钢筋成型机械、钢筋连接机械、钢筋预应力机械等。

（6）混凝土机械

混凝土机械主要包括混凝土搅拌机、混凝土搅拌楼（站）、混凝土搅拌输送车、混凝土输送泵及泵车、混凝土喷射机、混凝土振动机械等。

（7）路面机械

路面机械主要包括路拌机械、石料摊铺机械、沥青混凝土摊铺机、水泥混凝土摊铺机等。

（8）装修机械

装修机械主要包括灰浆制备机械、灰浆喷涂机械、涂料喷刷机械、地面修整机械、木装饰机械、电动机具、风动工具及辅助机械等。

(9) 市政工程机械

市政工程机械主要包括高空作业车、高空作业平台、井点降水设备、管道施工设备、电杆埋架机械、高压射水车、高压清洗车、真空吸入式排污车、下水道清污车、下水道管线检视补漏车等。

(10) 园林机械

园林机械主要包括树木锯切与修剪机械、大树移栽机械、灌乔木病虫害防治机械、绿篱修剪机械、杀虫及灭蚊设备、草坪草籽播种机、移植机、滚压机、施肥机、通气机、修边机、梳草机、园林灌溉机械等。

(11) 环卫机械

环卫机械主要包括扫路机械、清冰雪滚刷车、垃圾机械、吸尘机械、洒水车、垃圾焚烧设备、垃圾分选设备、垃圾填埋设备等。

2. 工程建设机械化施工的意义

(1) 现代化工程建设的施工，要求广泛地使用施工机械。施工机械化水平的高低直接影响着工程质量和施工速度，而施工速度又是衡量工程建设水平的重要标志之一。

(2) 机械设备是生产力的组成要素，人们利用生产力来改造自然、征服自然，创造社会物质财富。采用先进的机械设备对工程建设进行机械化施工，对于提高施工技术水平、改善劳动条件、保证生产安全、克服公害、扩大施工范围、降低工程成本、减轻劳动强度和提高经济效益均起着极其重要的作用。

(3) 任何工程项目建设，缩短建设周期，提前完成工程任务，都将取得可观的经济效益和社会效益。也可以说，各项工程施工的经济效益和社会效益都主要体现在建设速度和质量上，而加速建设速度和保证质量的关键，在于提高机械化施工水平。

(4) 例如美国建成一座长达 3.84km 预应力混凝土大桥，只需 27 个月；日本建设年产 500 万 t 的炼钢厂只需 28 个月；法国建造一座面积为 1 万 m^2、跨度为 40m 的预应力混凝土厂房只需 4 个月；我国广州—深圳高速公路长 128km 只需 26 个月建成通车；北京—上海的高铁全长 1300km 只需 38 个月建成通车；杭州湾跨海大桥称得上是世界上工程难度最大、也是世界上最长的桥梁之一，全长 36km，只需四年半时间建成通车。这些工程建设均创造了当时世界性的奇迹。

(5) 目前主要的土石方工程，50%以上的工程量是由挖掘机械来完成的。据有关资料统计，一台斗容约 $1m^3$ 的液压式挖掘机，在挖掘Ⅳ级以下的土壤时，每个台班的生产率相当于 300～400 个工人一天的工作量，即 500～$700m^3$。

(6) 结构新颖、功能齐全的通用和专用路面（高速公路）的施工机械是现代化道路工程施工的必备机械，例如一台滑模式水泥混凝土摊铺机，不仅能摊铺道路路缘、护栏墙、人行道、中央分隔带，而且可以摊铺几米到十几米的水泥混凝土路面。

(7) 各类工程施工实现机械化，最大的优点就是有效地保证了工程质量。例如，钢筋混凝土结构工程的施工，无论是钢筋的调直、切断、弯曲、焊接及预应力加工，还是混凝土的备料、破碎、筛分、运输、搅拌、浇筑及捣实等，都需要采用相应的施工机械来完成，才能达到混凝土匀质、密实，钢筋混凝土的结合强度高，从而保证了构件的质量。

所以，各项建设工程实现先进的机械化施工，能有效地使工程建设达到高速、优质、安全、低耗的目的。

3. 机械化施工的主要指标

施工企业机械化是施工工业化的重要标志，衡量我国机械化施工水平的主要指标有：

(1) 机械化施工程度

机械化施工程度是指采用机械施工完成的工程量占总工程量的比率。机械化程度的计算法有货币法和工程量法两种。由于货币往往有变化，故以工程量法来计算比较真实。

(2) 机械施工生产率

机械施工生产率是反映完成工程生产定额的重要指标。机械化设备本身的性能状况、施工环境条件及操作工人的熟练程度等，都是直接影响机械化施工生产率的重要因素。

(3) 机械装备率

施工机械的拥有量和施工机械的装备率直接影响施工机械化程度，对各类工程建设的施工起着极其重要的作用。施工机械设备装备率一般以每千个（或每个）施工人员所占有的机械台数、功率、质量或投资来计算。

(4) 机械完好率

机械的完好率是指机械设备的完好台数与总台数之比，即台数完好率。此外，还有台时完好率、台班完好率和台日完好率。完好率是反映施工机械设备本身的可靠性、使用寿命和维修保养、管理与操作水平的一项主要指标。

(5) 机械利用率

机械利用率是反映施工机械生产能力利用情况的指标。即施工机械实际运转的台班数与全年应出勤的总台班数的比率。此外，还有台时利用率和台日利用率。施工机械利用率与施工任务的饱满程度、调度水平及施工机械完好率等都有密切关系。

4. 提高施工机械化水平的措施

(1) 设立研究机构，专门对大规模工程和特殊工程的施工机械化进行调查研究，并与有关部门配合，对施工机械化发展中可能出现的各种问题进行研究。例如：长江三峡工程、黄河小浪底工程等大型水利工程建设，必须设置大型施工机械的开发、研制、选择、采购、配合、调度及维修等管理机构。

(2) 根据具体工程项目的自然条件、气候、地质、工程量、施工地点、施工期限等，制订出最佳施工方案。例如 21 世纪初，我国修建的举世闻名的青藏铁路，也是世界上地形最高、温度最低、施工技术要求最复杂的一条铁路，其中有 600km 长期处于冰冻地段。因此，所选择的施工机械必须能够在长期低寒、缺氧的地段施工。

(3) 根据不同施工方案，选择先进的防身机械与辅助机械，力求在品种、容量、性能和数量上配套成龙，在作出技术经济分析后，采用最佳机械配套方案进行施工。

(4) 简化施工工艺，合并一些工序，变单机作业为联合作业，提高施工机械化程度和水平。

(5) 广泛采用新技术、新工艺、新设备，积极推广高性能的施工机械。主导工序和相互衔接的工序都要配备施工机械，实现全方位的机械化作业。

(6) 更加完善施工项目招投标制，选择重信誉、守质量、技术水平高的施工企业，多快好省地完成施工项目。同时重视维修业务，实行严格的维修制度和电子计算机控制的通信网络系统，努力提高施工机械的完好率和利用率。

5. 施工机械的选型和配组要求

(1) 施工机械的选型条件

1) 一般性机械的选择条件

合理选用施工机械的机种，必须与施工条件、施工方法和经济效益联系起来，通过全面分析比较，才能选择出理想的机种。一般情况下，施工机械选择时必须考虑的要求是：

A. 既能适应施工工地的土质、地形，又能满足工程项目的质量要求；

B. 在保证工程质量的前提下，施工中不会影响和损坏建设工程附近的建筑物；

C. 能够高效率地完成需要的工作量，施工机械运转费用少而施工单价低；

D. 施工机械容易进行操作运转，同时便于维修保养，并且施工机械的可靠性能高；

E. 施工机械的自动化程度高、安全性能好，同时施工机械不会污染环境；

F. 施工机械必须容易拆卸、容易安装和便于转移等。

2) 特殊性机械的选择条件

根据现场施工需要，必须购买或引进特殊的施工机械时，除了注意上述要点以外，还应重点考虑以下几方面：

A. 对某项工程建设，除了现有的施工方法外，是否有无可代替的其他施工方法更为先进；

B. 对购买的特殊施工机械是否具备经营管理能力，能否充分发挥特殊施工机械的效能；

C. 对新型、功能齐全的施工机械，能否成为本企业今后新施工方法的典型设备。

(2) 按作业内容选择施工机械（如下表）

按现场作业内容来选择施工机械

序号	作业内容		使用机械	摘　要
1	清理草木	除掉灌木丛、杂草	机动平地机； 小型推土机	铲除矮草、杂草及表土
		除掉灌木丛、树木、漂石	推土机； 凿岩机； 空压机	根据树木的种类和直径，除了推土机之外，还可以使用带耙齿的推土机、伐木机、剪切刀，以便提高作业效率
2	挖方	软土开挖	机械平地机； 推土机； 牵引式铲运机； 机动铲运机	修补道路、整地； 短距离挖土运输； 中距离挖土运输； 中、长距离挖土运输
		硬土开挖	中、大型推土机； 凿岩机； 空气压缩机；	适应于风化岩、软岩、漂石、混合土质 松土器不能挖掘时，利用炸药来爆破

续表

序号	作业内容		使用机械	摘 要
3	挖土 装载	挖土、装载	推土机	推土机适应100m以内的运距，在堆土场等地作为挖掘机的装载辅助机械来进行挖掘作业时，以大、中型推土机最为合适
			履带式装载机； 轮胎式装载机； 挖掘机	对于挖掘能力要求不大的、土质又较松的工程，以使用轮式装载机为宜；挖掘能力要求较大或土场荒芜时，挖掘机或履带式装载机较能发挥效率
			牵引式铲运机； 机动铲运机	铲运机是根据运距、地形、土质来选用的。松软土质或坡度较大时，一般都使用牵引式铲运机；运距较长而现场条件较好，则使用机动铲运机
			斗轮式挖掘机； 挖掘机	适应于土方最大的挖掘、装载工程； 挖掘机工作半径大，并能旋转360°，能在比地面高或低的地方进行工作，其工作范围很广
			抓斗式挖掘机； 拉铲挖掘机	抓斗式挖掘机适应于垂直深孔的挖掘，拉铲挖掘机适应于在河川等低而广的地方进行挖掘
		构筑物基础的挖掘	推土机； 装载机	大型基础挖掘时，推土机、装载机开进施工内部进行挖掘、装载
			挖掘机； 拉铲挖掘机； 抓斗式挖掘机	较小型的基础工程挖掘时，施工机械可以在地面进行挖掘、装载作业
		沟渠的开挖	机动平地机； 推土机； 抓斗式挖掘机； 挖掘机； 挖沟机	适用于便道侧沟的开挖施工； 适用于工程现场的简易排水水沟的开挖； 适用于上下水道、煤气管道的埋设沟的开挖，挖掘的精度要求较高
4	运输	道路上的运输	推土机； 牵引式铲运机； 机动铲运机； 翻斗车	推土机适用于100m以内的较短距离的运土；对于500m以内的中距离运土，使用牵引式铲运机；凡超过500～1000m距离的运土，则使用机动铲运机或者翻斗车
			湿地用推土机； 履带式翻斗车	土质松软，但其规模不大，无需改良路面时，可以使用湿地推土机或履带式翻斗车
			轮胎式挖掘机	搬运岩石等，不能使用铲运时，可以使用轮式挖掘机装运岩石到50～150m运输距离
		采用皮带或链条进行输送	皮带输送机； 斗式提升机	皮带输送机适用于水平方向的运输，而斗式提升机则适用于垂直方向的运输
		采用管道进行输送	管道	填充工程等需要搬运大量的土壤时，可以将土与水混合在一起，采用管道压送
		采用钢丝绳进行输送	架空索道	适用于修建混凝土用的混凝土的搬运工程或交通不方便的山区工程
		采用水路进行输送	运土船	适用于大规模的填筑工程或用船输送工程材料和土，这样利用江河湖海优势较省资金

续表

序号	作业内容		使用机械	摘 要
5	铺土	一般性的铺平工作	推土机； 铲运机； 湿地用推土机； 机动平地机	在一般的铺平工作中，搬运机为推土机或铲运机；当用翻斗车运土时，则用推土机、湿地采用推土机或机动平地机来铺土
		大面积或高精度进行铺平作业	带自动找平装置的平地机； 带自动水准仪的湿地推土机	对于农田建设、道路土方填土的平地作业
		铺砌材料等的铺平	碎石撒布机； 沥青路面修整机	铺砌材料的铺平，铺土厚度受到更严格限制时，使用碎石撒布机或沥青路面修整机
6	夯实	道路填土，江河筑堤，填筑堤坝等的夯实	土壤夯实机； 轮胎式压路机； 羊足压路机； 振动压路机； 普通压路机	适用于大面积而较厚的填土层的夯实作业。振动压路机在砂质成分多的地方使用效果显著；羊足压路机适用于黏性土成分多的地方施工作业
		填土坡面的夯实	夯具、振捣棒； 牵引式振动； 普通压路机； 坡面斗式挖掘机	沿着坡面实时作业使用。规模小的时候使用夯具或振捣棒等；规模大的时候采用牵引式振动压路机压实作业
		桥座、涵洞的回填，侧沟等基础的夯实作业	夯具； 振捣棒	在面积受到限制的地方采用夯具、振捣棒来压实作业
7	路面基层铺筑	路拌法施工	石灰撒布车； 稳定土拌和机； 洒水车； 振动压路机	用于二级路以下的路面基层施工，对配合要求严格控制的二级以上的基层不适应
		厂拌法施工	厂拌稳定拌和设备； 自卸卡车； 稳定土摊铺机； 振动压路机； 洒水车	用于一级、二级汽车专用路和高速公路施工，对于配合比要求严格控制的路面基层，均可以使用
8	路面面层铺筑	沥青混凝土路面铺筑	沥青混凝土搅拌机； 自卸卡车； 沥青混凝土摊铺机； 振动压路机； 轮胎式压路机； 撒砂机	用于层铺法施工的高速公路和次高速公路的沥青混凝土路面施工
		水泥混凝土路面铺筑	水泥混凝土搅拌设备； 水泥混凝土搅拌输送车； 轨道式水泥混凝土摊铺机； 滑模式水泥混凝土摊铺机； RCC摊铺机； 振动压路机； 纹理加工机； 锯缝机； 养护剂喷洒车	对于高等级塑性水泥混凝土路面，可用滑模式摊铺机，也可用带有自动找平机构的轨道式摊铺机；RCC路面的摊铺可用带双强振夯板的混凝土摊铺机或RCC专用摊铺机

(3) 施工机械的组配要求

根据施工机械选型的条件与作业内容，选出与其相适应的机种和数量后，还需要研究具体的施工工艺、施工组织，合理地进行配组。

配组的方法是：首先在已选定的施工机械中，正确确定机组的主体机械，然后按需要配备辅助机械，使之配套成龙，形成单项工程施工机械化。这样可以提高机械化施工水平，逐步向全工程实行流水作业法的综合机械化发展。为了使组合的每台施工机械都能在施工中发挥最大的效率，施工机械选型配套应符合以下要求：

1) 必须在规定的施工期限内，施工机械能够顺利完成的工作量。

2) 充分发挥和利用主要施工机械的生产能力，为施工企业创造出更高的经济效益。

3) 主体施工机械与辅助施工机械及运输工具之间，各施工机械的工作能力要保持平衡，能使机组得到最合理的配合和使用。

4) 整套施工机械设备最低经营费用要作出各种比较，并认真进行核算。

1　施工机械的动力装置

1.1　概述

动力装置是驱动各类施工机械进行工作的原动机，目前广泛应用于各类工程的施工机械所采用的动力装置主要有电动机、内燃机和空气压缩机等。

1.1.1　施工机械的工作特点

施工机械在各类工程中，其工作情况变化多、工作地点不固定、载荷波动大、工作条件恶劣、维护保养困难。例如：挖掘机、推土机、铲运机、装载机、平地机等经常在荒郊野外、无路地带，在有杂草树根、乱石砖瓦等场所作业，饱受风沙、高温、严寒及雪雨等的侵袭，使机械零部件磨损严重，直接影响到施工机械的使用质量和寿命。

随着改革开放和经济建设的不断深入发展，施工机械的应用范围也不断扩大。矿山、铁路、公路、市政、建筑、机场、港口及国防等多种建设工程都要使用施工机械。由于发动机有了净化装置，施工机械还广泛用于各种地下工程。因为工作情况恶劣，所以要求施工机械的动力装置具有耐磨损、耐腐蚀的性能，在高原地区施工的机械与设备还要求发动机功率下降后仍能满足所需要及其变化。

总之，施工机械使用时的工作情况复杂、环境多变、条件苛刻，是一般固定设备或室内工作机械所无法比拟的。

1.1.2　施工机械对动力装置的要求

（1）施工机械工作时振动冲击较大，要求发动机零部件具有较高的强度和刚度。

（2）发动机的扭矩储备系数一般为1.25～1.45，但不得低于1.18。

（3）保证施工机械在各种工作情况下能满足对速度和负荷变化的要求，速度变化范围应能从零变到最大，必须具有性能良好的全制式调整装置。

（4）必须保证施工机械在各种工作条件下所需要的牵引力变化范围，一般最大牵引力与最小牵引力之比达到10～15左右。

（5）在满足上述急剧变动的牵引力及速度的情况下，要保持输出功率有较高的利用率，以便使施工机械有较高的生产率和较低的能量消耗。

（6）施工机械动力装置对环境适应性要强，要求能在－65～＋75℃的气温范围内变化。燃油、机油、冷却系统均应有特殊考虑；工地含尘量大，应配有效率高、容量大的空气滤油器和机油滤清器；在水下工作的施工机械应有防水密封装置；在隧道内工作的机械应配有空气净化装置。

1.1.3 施工机械动力装置的类型选择

施工机械的动力装置，一般由制造厂根据机械的设计性能（负荷情况、速度变化、运转方向、接合次数、振动情况等）和动力装置的特点来合理选配，用户不必另行选择。但在选择施工机械时，应根据工作环境和施工特点的具体要求，考虑机械配套动力装置的类型、规格、技术性能和经济指标，以求提高工作效率，降低能源消耗，获得较高的经济效益。

对施工机械动力装置的选择实际上是类型选择。目前，施工机械最主要的动力装置类型有电动机、内燃机和空压机等。其技术经济性能见表 1.1-1 所示。

电动机、内燃机和空压机的技术经济性能比较表 **表 1.1-1**

项 目	电动机	内燃机		空压机
		柴油机	汽油机	
动力性	克服瞬时超负荷能力较强，但不允许长时间超负荷； 功率受电源影响较大，尤其是在用电紧张季节	短期超负荷能力较强，可以变速运行，功率和速度有较宽的选择范围，可以调节运行	短期超负荷能力较强，能够进行变速运转，且功率和速度有较大的选择范围	对负荷的调节能进行自动控制，且对压力的调节也能够自动控制，有较高的气密和容积系数，压力系数为 0.95～0.98
可靠性	故障较少，工作可靠	故障较多，可靠性能比电动机差	故障多，可靠性能比柴油机差	故障较少，工作可靠性能好
经济性①	目前电价一般为 0.8～1.5元/(kw·h)，维修费用较低	目前柴油的价格为 7.0～9.5 元/kg，维修费用较高	目前汽油的价格为 7.5～9.5 元/kg，维修费用较低	当前压缩空气的价格为 6.5～10.5 元/m^3，维修费用较高
机动性	受电源的限制，不便于移动，若短距离移动则需要有电线拖着	机动性能很好，能适应于各种野外流动作业	机动性能很好，能适应于野外流动作业。但需要配备有行走机械	机动性能较差，但比电动机要好
工作特性	硬特性	硬特性	硬特性	—
造 价	本身造价低，但需要输电线路和配电设备，总造价决定于线路和设备的投资	本身造价高，其零件数目比汽油机高一倍，制造和维修费用较汽油机高 20%，不需要附属设备	本身造价较高，但是比柴油机低，同样不需要附属设备	本身设备的造价高，还需要附属设备
最高转速（r/min）	2900	2000～2800	3000～5000	2200～3000
操作维护	操作方便，可实现遥控、自控，维护保养简单	操作复杂，冬天发动较困难，维护保养较复杂	操机较复杂，冬天发动较困难，维护保养较复杂	操作本机较复杂，发动较困难，维护保养较复杂
机械效率	＞0.95	非增压 0.78～0.85； 增压为 0.8～0.92	0.7～0.9	0.65～0.85

① 几种机械的油、电单价仅供参考。

从表 1.1-1 中可知，电动机在所有动力装置中的能量价格比较低，维修管理费用较少，工作可靠、操作简单。因此，凡是工程量较大、施工时间较长的建设项目，或者施工期虽短但电源供应方便的工地，都应尽量选择电动机械。对于施工时间短，没有电源或供电困难，或作为开工准备的临时工程，以及移动频繁的施工作业，可以考虑采用内燃机为动力的施工机械。对于一些特殊的施工工程，如石方工程，需要采用以压缩空气为动力源的机械，则必须采用空气压缩机。

总之，在选择动力装置的过程中，必须首先考虑技术上的可能，然后根据工程量的大小，并综合计算施工机械的总费用，进行多种方案的比较，最后选择总费用最小的方案。

1.1.4　施工机械动力装置运行材料的选用

施工机械动力装置在运行过程中所需要的主要材料有燃油、润滑油、润滑脂、和冷却水等。这些材料选用的合理程度，会直接影响动力装置运行的动力性、经济性、安全性及使用寿命。所以施工机械动力装置的运行材料必须按照产品使用说明书，结合当地气候条件和施工机械工作情况等来进行合理选用。

1.1.4.1　燃油的选用

1. 柴油的选用

(1) 柴油必须满足柴油机本身的要求：即具有良好的流动性和雾化性能，容易自燃而没有自爆性，不含机械杂质，不腐蚀发动机零件，燃烧后不应有严重积炭。

(2) 我国润滑油的分类和牌号，是参照国际通用标准制定的。新的国家标准规定，内燃机油属于L类（润滑剂和有关产品）中的E组（内燃机）。内燃机油又分为汽油机油（代号为Q）和柴油机油（代号为C）。柴油机应使用柴油机油润滑。新的标准要求：首先根据使用条件的不同，对润滑油进行质量分级，然后再根据润滑油的豁度等级划分牌号。

(3) 以柴油机油为例，根据该分类法，分为CA、CB、CC和CD四个质量等级，其中CA级适于在缓和到中等工作条件下使用高质量燃油的轻负荷柴油机，CC级柴油机油适于中等到苛刻条件下的柴油机，CD级柴油机油适于在高速、高负荷工作条件下的中等增压柴油机，CB级柴油机油我国不生产。

(4) 按新的国家标准，柴油机油按豁度等级划分为10个牌号，即0W、5W、10W、15W、20W、25W、20、30、40、50。前6个带英文字母“W”表示为冬季用油，后四个为夏季用油。

(5) 牌号中的数字越小，表明该机油的勃度越小，适用的环境温度越低。为了满足冬夏通用的要求，减少随季节换油带来的不便，又发展了多级油，其牌号用一斜线将冬夏两个级号联起来，如10W/20等，表示该油的作用性能既满足冬季用10W号机油的使用要求，又满足夏季用20号机油的使用要求。选用好合适的多级油后，冬夏可不用换油。

2. 汽油的选用

(1) 汽油机对汽油的要求：

1) 能够生成良好的混合气（馏同温度低）；

2) 具有良好的抗爆性能（辛烷值高）；

3) 重质成分含量少（干点低）；

4) 不应有水分、机械杂质、胶质和沉淀物；

5）对所接触的机件不应有腐蚀作用。

(2) 我国的汽油规格原分为含铅汽油和无铅汽油两类，均采用研究法辛烷值划分。截至2000年1月1日，我国所有汽油生产企业一律停止生产车用含铅汽油，并从2000年7月1日起，全国实现汽油无铅化。

(3) 无铅汽油可分为90号、93号、97号、98号4个牌号。其中90号、93号是国家标准，97号、98号是企业标准。它们都具有较高的辛烷值和优良的抗爆性，如长城8号液力传动油，用于高压缩比的汽化器式汽油发动机上，可提高发动机的功率，减少燃料消耗量；具有良好的蒸发性和燃烧性，能保证发动机运转平稳、燃烧完全、积碳少；具有较好的安定性，在储运和使用过程中不易出现早期氧化变质，对发动机部件及储油容器无腐蚀性。

1.1.4.2 润滑油的选用

润滑油即发动机的机油，能对施工机械的发动机起到润滑减磨、冷却降温、抑制磨损、密封防漏、防锈防蚀、减振缓冲等作用。目前市场上的润滑油因其基础油不同可简分为矿物油及合成油两种（植物油因产量稀少故不计）。合成油中又分为：全合成及半合成。全合成机油是最高等级的润滑油。润滑油的种类较多，主要有汽油机润滑油、柴油机润滑油、普通机械润滑油、齿轮润滑油以及压缩机润滑油等。本手册主要介绍汽油机润滑油、柴油机润滑油、压缩机润滑油及润滑脂。

1. 汽油机润滑油的选用

汽油机对其润滑油的要求是：具有一定的黏度和黏温特性，凝点低，抗氧化安定性良好，没有机械杂质和水分，不含腐蚀和磨损物质等。

(1) 一般情况下，是按照汽油机制造商规定来选择汽油机润滑油，不得低于厂家规定的质量级别但可以高于，质量级别通常为美国石油协会制定的标准，如API（美国石油协会的英文缩写）SG、SJ、SL和SM，其中S代表该机油适合于汽油类的发动机使用，而后面的英文字母则代表质量级别，SG——SM级别由低到高。另外机油的黏度也要按照或参考厂家的去选（黏度与环境温度有关）。

(2) 品牌选择，一定要选择大的品牌，其质量一般较有保障，如世界四大品牌：美孚、BP、壳牌和道达尔；国内两大品牌：长城和昆仑。必须去正规的代理商或服务中心购买汽油机润滑油，因为现在市场上有假冒伪劣的产品存在，避免造成不必要的损失。

(3) 对于国产汽油机润滑油的选用方法，一般情况下按以下方法进行选择：

1）新的汽油机应选用20号汽油机润滑油；

2）东北和西北地区的汽油机，在严寒季节使用20号汽油机润滑油；

3）北方地区的汽油机，在冬季使用20号汽油机润滑油、夏季使用30号汽油机润滑油；

4）南方地区的汽油机，全年可使用30号汽油机润滑油，夏季特热时可使用40号汽油机润滑油；

5）磨损严重、负荷重或工作环境污秽的汽油机，夏季使用40号汽油机润滑油。

2. 柴油机润滑油的选用

(1) 高速柴油机（转速在1000r/min以上）润滑油的选择：

1）新出厂的柴油机冬季使用20号柴油机润滑油，夏季使用30号柴油机润滑油；

2）北方地区的高速柴油机冬季使用 20 号柴油机润滑油，夏季使用 30 号柴油机润滑油，负荷较重和磨损较大的在夏季可使用 40 号柴油机润滑油；

3）南方地区的高速柴油机冬季使用 30 号柴油机润滑油，夏季使用 40 号柴油机润滑油；

4）大型高速柴油机冬季使用 40 号柴油机润滑油，夏季使用 50 号柴油机润滑油。

（2）低速柴油机润滑油的选择：

1）小于 36kW/缸的低速柴油机：内部压送用 30 号柴油机润滑油，内部飞溅用 40 号柴油机润滑油，外部压送与飞溅用 30 号、40 号柴油机润滑油；

2）36～110kW/缸的低速柴油机：内部压送选用 40 号、50 号柴油机润滑油，内部飞溅选用 40 号、50 号柴油机润滑油，外部压送与飞溅用 30 号、40 号柴油机润滑油；

3）110～260kW/缸的低速柴油机：内部压送用 40 号、50 号柴油机润滑油，外部飞溅用 40 号、50 号柴油机润滑油；

4）大于 260kW/缸的低速柴油机选用 50 号柴油机润滑油或中、重负荷工业齿轮润滑油。

总之，应根据施工机械的工作条件选择柴油机润滑油的质量等级。工作条件苛刻的内燃机应选用高级别机油，反之，用低级别的机油。同时，还应注意以下几点：

A. 在选用柴油机润滑油时，高级润滑油可降级使用，但经济上不合算；低级润滑油不允许提级使用，否则会造成柴油发动机早期磨损；

B. 汽油机润滑油和柴油机润滑油原则上应分开使用，只有在制造厂有代用说明，或标明“通用机油”时，才可代用或通用。

C. 机械油和航空机油不能用在发动机上，因上述油品不含添加剂，使施工机械的发动机早期磨损。

3. 压缩机润滑油

空气压缩机润滑油主要用于压缩机汽缸运动部件及排气阀的润滑，并起防锈、防腐、密封和冷却作用。由于空压机一直处于高压、高温及有冷凝水存在的环境中，因此空压机油应具有优良的高温氧化安定性、低的积炭倾向性、适宜的黏度和黏温性能及良好的油水分离性、防锈防腐性等。同时有较高的挥发点和闪点（其闪点应大于压缩空气温度 40℃以上）。压缩机润滑油按压缩机的结构形式分往复式空气压缩机油和回转式空气压缩机油两种，每种各分有轻、中、重负荷三个级别。

（1）往复式空气压缩机润滑油分为轻负荷 L-DAA、中负荷 L-DAB、重负荷 L-DAC 三种，黏度等级均设 46、68、100、150、220 五个牌号，其中 DAA、DAB 属矿油型，DAC 属合成油型。

（2）回转式空气压缩机油按轻、中、重负荷也分为三种，即轻负荷的 L-DAG、中负荷的 L-DAH，重负荷的 L-DAJ，黏度等级均设 15、22、32、46、68、100 六个牌号，其中 DAG、DAH 属矿油型，DAJ 为合成型。

（3）压缩机润滑油的选择可根据空压机排气最高温度来决定，也可以其终压选定。一般终压在 4MPa 以下的两级或多级空压级可采用 100 号压缩机润滑油；终压在 4～20MPa 的两级或多级空压机可采用 150 号压缩机润滑油，终压大于 204MPa 的两级或多级空压机可采用 220 号压缩机润滑油。

4. 润滑脂的选用

（1）润滑脂是一种半流体状胶性物质，在常温下不易流动，在负荷作用下产生黏性流动，具有较好的润滑性和较大的油膜强度，同时本身能起一定的密封作用，被广泛用于不密封的摩擦零部件上。

（2）润滑脂的使用寿命长，供油次数少，不需要经常添加，在经常加油困难的摩擦部位上，使用润滑脂润滑较为有利。润滑脂通常用于重负荷、低速、高速、高温、低温、极压以及有冲击负荷的苛刻条件，也适用于间歇或往复运动的部件上的润滑。

（3）润滑脂在摩擦表面上保持能力强，密封性好。有些机械密封不严，使用润滑脂可以防止水分、尘土和其他机械杂质进入摩擦表面。润滑脂对于潮湿和多尘环境下操作的施工机械的摩擦部位也能适用。

（4）润滑脂润滑的机器，可以防止滴油和溅油污损产品，可以在垂直位置上正常运转而不产生漏油润滑脂在金属表面上黏附力强，可以保护金属长时间不锈蚀。润滑脂使用温度范围比润滑油宽。用润滑脂润滑时，不需要复杂的密封装置和供油系统，可以简化机械结构。

润滑脂的种类很多，施工机械动力装置常用润滑脂类型及特点见表 1.1-2 所列。

施工机械动力装置常用润滑脂类型及特点 **表 1.1-2**

润滑脂类型	润滑脂的使用特点
钙基润滑脂	抗水性好，但耐热性差，最高使用温度为 60℃，该润滑脂价格低
钠基润滑脂	抗水性极差，耐热性和防锈性一般，最高使用温度在 80℃左右，价格较低
铝基润滑脂	防锈性好，耐热性和抗水性差，最高使用温度只有 50℃，但该润滑脂价格低
通用锂基润滑脂	耐热性好、抗水性、防锈性好，最高使用温度 120℃，价格适中
极压锂基润滑脂	耐热性好、抗水性、防锈性好，极压性能好，最高使用温度 120℃，适用于负荷较高的机械设备和轴承及齿轮的润滑，价格适中
二硫化钼极压锂基脂	耐热性好、抗水性、防锈性好，极压性能好，最高使用温度 120℃，适用于负荷较高或有冲击负荷的部件，价格适中
膨润土润滑脂	耐热性好、抗水性较好，防锈性差，最高使用温度在 130℃左右，价格较高
复合钙基润滑脂	耐热性、抗水性、防锈性好，机械安定性（抗剪切性）较好，最高使用温度在 130℃左右，价格较高
极压复合锂基润滑脂	耐热性、抗水性、防锈性、机械安定性、极压性好，最高使用温度在 160℃以上，而且价格较高
聚脲脂	耐热性好、抗氧化性好、抗水性好、极压性好、有较长的轴承寿命，还具有一定的抗辐射性，是新型润滑脂产品，目前国内还没有国标和行业标准，价格高

润滑脂选择可根据施工机械的负荷、速度、温度和环境，并参考润滑脂的使用特点来合理决定。

1）滚动轴承润滑脂的选择：当施工机械的转速在 4～5m/s、中等负荷或重负荷时，可采用钠基脂或钙钠基脂；中等负荷可采用钙基脂（70℃以下）；当施工机械高速运转时应采用极压锂基润滑脂。

2）滑动轴承润滑脂的选择：

A. 施工机械在温度较高地区施工时，可选钠基脂，但其滴点应高于工作温度 20～30℃；

B. 在有水或很潮湿的环境下施工时，应选复合钙基润滑脂，或者极压复合锂基润滑脂；

C. 当施工机械在工作环境为 110～120℃时，应选择极压复合锂基润滑脂或钠基脂；

D. 当施工机械处于潮湿环境施工，且工作温度在 70～120℃时，应选择复合钙基润滑脂；

E. 当施工机械需要进行集中润滑时，可选择稠度小的润滑脂；

F. 当施工机械处于低速、重负荷施工时，可选择锥入度较小的润滑脂。

1.2 电动机

1.2.1 概述

电动机是将电能转换成机械能的电力发动机，作为动力装置已广泛地应用在施工机械上。由于它比较经济、体积小、质量轻、效率高，凡是具有电源条件的施工机械，绝大多数都选用电动机作为动力装置。按其所用电源不同分类，可分为直流电动机和交流电动机两大类，其中交流电动机还分为单相电动机和三相电动机。常用电动机的外貌如图 1.2-1 所示。

(a)　　(b)　　(c)

图 1.2-1　电动机的外貌图

(a) 单相异步电动机；(b) 三相异步电动机；(c) 直流电动机

1.2.2 直流电动机

直流电动机是指能将直流电能转换成机械能（直流电动机）或将机械能转换成直流电能（直流发电机）的旋转电动机。它是能实现直流电能和机械能互相转换的电机。当它作电动机运行时是直流电动机，将电能转换为机械能；作发电动机运行时是直流发电机，将机械能转换为电能。施工机械上所采用的直流电动机包括拖动生产机械用的直流电动机和内燃机上用的直流电动机等，因其良好的调速性能而在施工机械中得到广泛应用。

1.2.2.1 直流电动机的分类

根据励磁方式的不同，直流电机可分为下列几种类型：

(1) 他励直流电机：励磁绕组与电枢绕组无连接关系，而由其他直流电源对励磁绕组供电的直流电机称为他励直流电机。如果用 M 则表示电动机，若为发电机，则用 G 表示。永磁直流电机也可看作他励直流电机。

（2）并励直流电机：并励直流电机的励磁绕组与电枢绕组相并联。作为并励发电机来说，是电机本身发出来的端电压为励磁绕组供电；作为并励电动机来说，励磁绕组与电枢共用同一电源，从性能上讲与他励直流电动机相同。

（3）串励直流电机：串励直流电机的励磁绕组与电枢绕组串联后，再接于直流电源，这种直流电机的励磁电流就是电枢电流。

（4）复励直流电机：复励直流电机有并励和串励两个励磁绕组，若串励绕组产生的磁通势与并励绕组产生的磁通势方向相同称为积复励。若两个磁通势方向相反，则称为差复励。

1.2.2.2 直流电动机的特点

（1）调速性能好。所谓“调速性能”，是指电动机在一定负载的条件下，根据需要，人为地改变电动机的转速。直流电动机可以在重负载条件下，实现均匀、平滑的无级调速，而且调速范围较宽。

（2）起动力矩大。可以均匀而经济地实现转速调节，因此，凡是在重负载下起动或要求均匀调节转速的机械。例如大型挖掘机、大型起重机、卷扬机、施工电梯、电力机车、电车等，都采用直流电动机拖动。

1.2.2.3 直流电动机的型号表示方法

国产电机型号一般采用大写的汉语拼音字母和阿拉伯数字表示，其格式为：第一部分用大写的拼音字母表示产品代号，第二部分用阿拉伯数字表示设计序号，第三部分用阿拉伯数字表示机座代号，第四部分用阿拉伯数字表示电枢铁心长度代号。

1.2.2.4 直流电动机的工作原理

1. 直流发电机的工作原理

（1）直流发电机的工作原理就是把电枢线圈中感应的交变电动势，靠换向器配合电刷的换向作用，使之从电刷端引出时变为直流电动势的原理。

（2）感应电动势的方向按右手定则确定（磁感线指向手心，大拇指指向导体运动方向，其他四指的指向就是导体中感应电动势的方向）。

2. 直流电机的工作原理

导体受力的方向用左手定则确定。这一对电磁力形成了作用于电枢一个力矩，这个力矩在旋转电机里称为电磁转矩，转矩的方向是逆时针方向，企图使电枢逆时针方向转动。如果此电磁转矩能够克服电枢上的阻转矩（例如由摩擦引起的阻转矩以及其他负载转矩），电枢就能按逆时针方向旋转起来。

1.2.3 交流电动机

交流电动机，是将交流电的电能转变为机械能的一种机器。交流电动机主要由一个用以产生磁场的电磁铁绕组或分布的定子绕组和一个旋转电枢或转子组成。电动机利用通电线圈在磁场中受力转动的现象而制成的。

1.2.3.1 交流电动机的分类

1. 按电动机功能分类

通常分为交流发电机、交流电动机和同步调相机几大类。由于电机工作状态的可逆性，同一台电机既可作发电机又可作电动机把电机分为发电机与电动机并不很确切，只是有些电机主要作发电机运行，有些电机主要作电动机运行。

2. 按交流电动机的品种分类

交流电机按品种分有同步电机、异步电机两大类。同步电机转子的转速 n_s 与旋转磁场的转速相同，称为同步转速。n_s 与所接交流电的频率（f）、电机的磁极对数（P）之间有严格的关系；在我国电源频率为 50Hz，所以三相交流电机中一对极电机的同步转速为 3000 转/min，三相交流电机中两对极电机的同步转速为 1500 转/min，余类推。异步电机转子的转速总是低于或高于其旋转磁场的转速，异步之名由此而来。异步电机转子转速与旋转磁场转速之差（称为转差）通常在 10%以内。

1.2.3.2 交流电动机的特点

1. Y 系列三相异步电动机的特点

Y 系列三相异步电动机不仅满足了国民经济各部门的配套需要，而且还提高了国内外同类产品的互换性，极大地方便了引进设备的配套和维修。Y 系列三相异步电动机根据其外壳的防护等级不同，又可分为 IP23（防护式）和 IP44（封闭式）两个基本系列。

（1）Y 系列（IP23）三相异步电动机的结构特点，其防护结构型式不同于 Y 系列 IP44 的封闭式结构，但却比一般防滴式结构要优越。它能防止手指触及机壳内带电导体或转动部分；防止直径大于 12mm 的小形固体异物进入；并防止沿垂直线成 60°或小于 60°的淋水滴入电动机。因此，该系列三相异步电动机的额定电压为 380V，额定频率为 50Hz，功率范围则以 5.5～132kW，共有 14 个功率等级、6 个机座号和 45 个规格。全系列电动机的功率等级、安装尺寸均符合 IEC 国际标准，电动机同步转速有 3000 转/min、1500 转/min、1000 转/min、750 转/min 及 600 转/min，绕组采用 B 级绝缘材料，电动机均为△形接法，其冷却方式为 IC01。

（2）Y 系列（IP44）三相异步电动机的结构特点，属一般用途的全封闭自扇冷式笼型异步电动机，它适用于拖动无性能要求的各种机械设备，如鼓风机、空气压缩机及水泵等。其额定电压为 380V，额定频率为 50Hz 功率范围为 0.55～160kW，共有 22 个功率等级。电动机的同步转速有 3000 转/min、1500 转/min、1000 转/min、750 转/min 及 600 转/min，其冷却方式为 IC0141。

（3）Y 系列三相异步电动机能广泛地应用于施工机械中，主要具有以下良好性能特点：

1）效率水平较高：Y 系列（IP44）小型三相异步电动机保持了 J02 系列电动机效率水平比较高的优点，其效率加权平均值比 J02 系列高出 0.413%，达到了国际水平。由于电动机效率水平的提高，就给社会带来了巨大的节电经济效益。

2）起动性能较好：Y 系列（IP44）全系列电动机的堵转转矩比 J02 系列电动机的平均值高 33%，起动转矩达到 JQ02 系列高起动转矩电动机的水平，其最小转矩均保证在 0.8 倍的额定转矩以上，并且大部分还达到或超过 1 倍的额定转矩；带负载起动也十分顺利。

3）噪声低振动小：Y 系列（IP44）三相异步电动机规定有声功率噪声标准，按噪声限值分为 1 级和 2 级，以供用户选用。由于该系列采用电机专用轴承，因而运转噪声大为降低，经实测其噪声低于J02系列实际水平约5～10分贝，振动也比J02系列电动机有较大的减小。

4）防护性能较好：Y系列（IP44）三相异步电动机的结构设计已满足了对外界固体物和溅水的防护要求，这样就能有效防止异物对电动机和人体的危害。

5）运行可靠使用寿命长：Y系列（IP44）三相异步电动机的绕组均采用B级绝缘材料。当海拔不超过1000m，冷却空气的温度不超过40℃时，电动机定子绕组的温升限度（电阻法）不超过80K。较大的温升裕度则能延长电动机的使用寿命，并提高电动机运行的可靠性。

6）外形美观大方：Y系列（IP44）三相异步电动机的端盖、接线盒、风罩等主要结构部件的外形，都比传统老产品要美观、大方。全系列电动机比J02系列的体积平均缩小15%，重量平均减轻12%。

2. YZR、YZ系列三相异步电动机的特点

YZR、YZ系列三相异步电动机是全国统一设计的新系列产品，具有过载能力大和机械强度高的特点，特别适用于驱动各种类型的冶金及起重机械或其他类似设备，YZR系列为绕线转子电动机，其主要如下特点：

(1) YZR、YZ系列三相异步电动机能在下列环境条件下正常运行：冷却介质温度不超过60℃（冶金用电动机）或40℃（起重用电动机），其海拔不超过1000m情况下，能适应在经常的、显著的机械振动和冲击的施工机械工作。

(2) YZR、YZ系列三相异步电动机在下述负载条件下能正常工作：经常的起动与逆转，并且进行经常的电器或机械制动，其起动转矩大。

(3) YZR、YZ系列三相异步电动机的额定频率为50Hz，额定电压为380V。

(4) YZR、YZ系列三相异步接法：功率为132kW和小于132kW的定子绕组用Y接法，其余的用△接法。

1.2.3.3 交流电动机的型号表示方法

(1) Y系列三相异步电动机的型号表示方法：

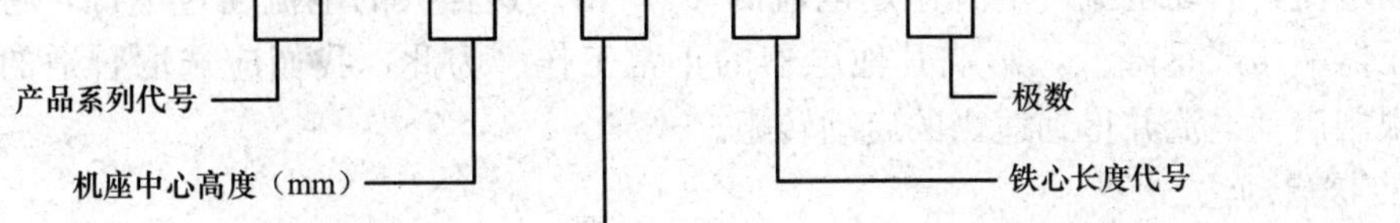

例如：Y160M1-4电动机，其中Y代表Y系列异步交流电动机，160代表机座轴心高160mm，M代表中机座，1代表1号铁心长度，4代表电动机极（4）。

(2) YZR系列三相异步电动机的型号表示方法：

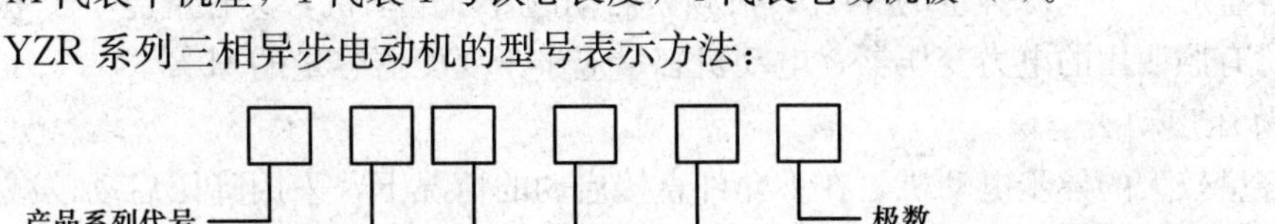

例如：YZR160L-6 电动机，其中 Y 代表 Y 系列异步交流电动机；Z 代表冶金及起重机使用的电动机；R 代表绕线式转子；160 代表机座轴心高 160mm；L 代表长机座；6 代表电动机极数（6）。

1.2.3.4 交流电动机的工作原理

（1）通电线圈在磁场里转动，直流电动机是利用换向器来自动改变线圈中的电流方向，从而使线圈受力方向一致而连续旋转的。因此只要保证线圈受力方向一致，电动机就会连续不断的旋转。

（2）交流电动机就是应用这点的，交流电动机由定子和转子组成，定子就是电磁铁，转子就是线圈。而定子和转子是采用同一电源的，所以，定子和转子中电流的方向变化总是同步的，即线圈中的电流方向变了，同时电磁铁中的电流方向也变，根据左手定则，线圈所受磁力方向不变，线圈能继续转下去。

（3）关于两个铜环的作用：两个铜环配上相应的两个电刷，电流就能源源不断的被送入线圈。这个设计的好处是：避免了两根电源线的缠绕问题，因为线圈是不停的转的，用两条导线向线圈供电的话，两根电源线便会缠绕关于线圈中的电流由于是交流电，是有电流等于零的时刻，不过这个时刻同有电流的时间比起来实在是太短了，更何况线圈有质量，具有惯性，由于惯性线圈就不会停下来。

（4）交流电动机是根据交流电的特性，在定子绕组中产生旋转磁场，然后使转子线圈做切割磁感线的运动，使转子线圈产生感应电流，感应电流产生的感应磁场和定子的磁场方向相反，才使转子有了旋转力矩。

1.2.4 交流电动机的使用要点

1.2.4.1 电动机的启动

三相异步电动机定子绕组接通三相电源，电动机由静止到匀速转动的过程叫电动机的启动。接通电源，旋转磁场立即产生，而转子由于惯性不能立即转动，这时定子绕组中有最大启动电流，启动电流可增到额定电流的 4～7 倍。这样大的电流通过电源，将使电源电力变压器端压严重降低，影响其他电器的正常工作。为此，我们应选取合适的启动方法，以限制启动电流并得到适当的启动转矩。

1. 直接启动法

对中、小型鼠笼式异步电动机，当电源容量足够大，电动机启动电源不至于引起电力网电压显著下降时，可采用三相开关将电源与电动机直接接通，使电动机直接启动运行。是否可以采用直接启动，视电动机容量与电源变压器容量之比而定。对不经常启动的电动机，其容量应小于电源容量的 30%；对频繁启动的异步电动机，其容量应小于电源容量的 20%；对有照明用的电力变压器，电动机容量应小于变压器容量的 15%。

2. 降压启动法

对容量较大的异步电动机，在不允许直接启动的情况下，采用降压启动以减小启动电流；但同时也带来启动转矩的减小。因此，降压启动适应于空载或轻载情况下的启动。降压启动有电阻降压启动、星形-三角形（Y/△）换接降压启动、三相自耦变压器降压启动 3 种方法。

3. 绕线式异步电动机的启动法

启动时定子电流大，是因为转子电流大。若在启动时增加转子电路电阻，以降低转子电流，则必然降低了启动时的定子电流。绕线式异步电动机的启动就是采用在转子电路中串联电阻的方法。因此，绕线式异步电动机具有较高的启动转矩，能带负载启动，可用于起重设备、冶金设备中。

1.2.4.2 启动电动机时的注意事项

（1）在电动机接通电源后，发现电动机不转时，应立即断开电源，查明原因并排除故障后才能再次启动，不允许带电检查电动机不转的原因。

（2）如果采用补偿器（自耦减压启动器）启动或利用Y/△转换器启动的电动机，特别要注意按操作顺序进行操作。用补偿器启动时要先将手柄推到“启动”位置，待电动机转速稳定下来后，再迅速拉到“运转”位置。如果经Y/△转换器启动，应先按下“启动”按钮，待启动完毕再按下“运行”按钮。特别对大型电动机启动更要严防误操作。

（3）在同一线路的电动机，尤其是容量较大的电动机，不允许同时启动。应按操作顺序启动或是由大到小逐台启动电动机，以免引起多台同时启动，使线路电流激增而造成电压过低，导致启动困难或开关跳闸等不良后果。

（4）电动机启动后要观察电动机的旋转方向是否符合机械负载（如水泵、浆泵）要求，有些负载上面标有方向铭牌，看看是否一致。如果方向与要求相反，则应立即断开电源，将三相电源线中的任意两根互相调换即可。

（5）电动机启动的次数应尽可能减少，空载连续启动不能超过每分钟3～5次，电动机长期运行停机后再启动，其连续次数2～3次。

（6）电动机在启动后，要认真注意观察电动机电压是否正常，电流是否适当，三相电流是否平衡，传动负载工作是否正常，运行声音是否正常。如果发现问题应及时停机，待查明原因并排除故障后方能启动运行。

电动机启动时出现下列问题之一应立即断开电源。

1）启动时有嗡嗡声，转速很慢，启动很困难或缺相启动，或电压过低启动，或机械被卡；

2）启动时启动器内火花不断；

3）电动机温升超过允许值；

4）轴承的温度超过允许值；

5）电动机发生剧烈振动，地脚螺母松动；

6）电动机有被烧焦糊味；

7）电动机冒烟或起火，线圈烧坏；

8）电动机内有异常响声；

9）电动机的定子和转子之间相互摩擦，其振动声太大；

10）电动机所带机械设备发生故障；

11）电动机的外壳发生漏电现象等。

1.2.4.3 电动机使用前的准备工作

为了确保电动机的正常运转，尽可能地将电气设备的故障消除在发生之前，电动机在使用前必须做好以下准备工作：

(1) 首先消除电动机上以及周围的尘土杂物，用 500V 兆欧表测量电动机相间以及三相绕组对地绝缘电阻，所测得的电阻值不应小于 0.5MΩ，否则应对电动机进行干燥处理，使绝缘要求达到规定后才能使用了。

(2) 核对电动机铭牌是否与实际的各项数据配套一致，如接线方法是否正确，功率是否配套，电压是否相符，转速是否符合要求等。

(3) 检查电动机各部件是否齐全，装配是否完好。

(4) 检查电动机转子并带上机械负载，看其转动是否灵活。

(5) 检查电动机所配的传动带是否过紧或过松，或联轴器螺钉、销子是否牢固，对于电动机与机械齿轮的配合要检查间隙是否合适。

(6) 检查电动机以及启动设备的金属外壳接地处是否良好。

(7) 检查电动机接线头是否有松动现象以及有无发热氧化迹象。

(8) 检查启动电器的部件是否齐全，机械结构动作是否灵活，触头是否接触良好，接线是否牢固正确可靠。

(9) 检查电动机所配熔丝规格大小与电动机是否配套，安装连接是否可靠。

(10) 检查电动机所配接的过热保护热元件的整定值是否与电动机的额定电流配套。

(11) 检查电源是否正常，有无缺相现象，其电压是否过高或过低，只有在电源符合要求时才能启动电气设备。

(12) 检查电动机的安装校正是否正确、可靠。

(13) 在准备启动电动机之前，应通知在机械传动部件附件的工作人员远离，确认电器设备以及机械设备准备无误的情况下，通知操作人员按规程启动电动机。

1.2.4.4 电动机运行中的检查

电动机在运行中要经常监视运行情况，及时发现问题及时处理，减少不必要的损失。监视内容主要如下：

(1) 经常观察电动机的温度。用手触及外壳看电动机是否烫手过热，如果发现过热，可以在电动机外壳上滴几滴水，如水急剧汽化说明电动机显著过热，也可以采用温度计测量。如发现电动机温度过高，要求立即电动机停止运行，查明原因并做处理，排除故障后才能继续使用。

(2) 用钳形电流表测量电动机的电流，对较大的电动机还要经常观察运行中电流是否三相平衡或超过允许值。如果三相严重不平衡或超过电动机的额定电流时，应立即停机检查，分析原因。如果负荷引起，应通知有关人员处理，若是电动机本身原因引起，应及时停机修理。

(3) 要经常观察电动机在运行中的电压是否正常。电动机电源电压过高、过低或三相电压严重不平衡，都应停机检查。

(4) 注意电动机有无振动，响声是否正常，电动机是否有焦臭气味，如有异常必须立即停机检查。

(5) 观察传动装置有无振动、过紧或过松及不正常的声音，发现问题及时处理。

(6) 注意电动机的轴承运行声音是否正常，观察有无发热现象，润滑情况以及摩擦情况是否正常。简易方法可用螺钉旋转工具的（长柄螺丝刀）刀头触及电动机轴承外的小油杯盖，耳朵贴紧螺钉旋转工具的刀柄，细心听轴承运行中有无杂音、振动，以便判断轴承运行情况，发现问题应及时检修。

1.2.5 电动机的检修技术规程

1.2.5.1 电动机检修前准备

(1) 根据施工机械设备状况、确定电动机的检修内容，编制检修计划、进度和方案。

(2) 组织好检修人员，进行技术交底，讨论完善的检修方案，明确检修任务。

(3) 备好检修所用设备、材料、工器具、备品配件和文明、安全检修所用物品。

1.2.5.2 电动机检修周期和检修内容

1. 检修周期（表1.2-1）

电动机的检修周期 **表1.2-1**

设备名称	检修间隔期（月）		定期注油（小时）
	小修	大修	
中、小型电动机	6	12	800、1250、1600、3000等
高压大型电动机	6	24	800、1250、1600、3000等

轴瓦运行的高压电动机视温度、声音、振动、工艺等情况而定。

2. 检修项目

(1) 电动机小修项目（小修为电动机不抽心的检修工作）

1) 低压电动机用1000V或2500V摇表测试定子绝缘必须大于6MΩ；

2) 用压缩空气或吹风机清扫电动机内外部积灰；

3) 检查各引出线连接及包扎绝缘的情况；

4) 检查轴承的油质、油量，必要时加注润滑油脂；

5) 检查、处理电动机外壳和接地线紧固、检查各连接螺丝和底脚螺丝；

6) 测量定、转子绕组及电缆线路的绝缘电阻，每1000V不低于1MΩ；

7) 检查清扫电动机的附属设备。

(2) 电动机大修项目（大修为电动机抽芯更换线圈全部检修工作）

1) 完成全部小修的所有项目；

2) 对电动机进行解体，抽出转子或移出定子；

3) 彻底吹洗定、转子绕组的积灰、油污和赃物；

4) 检查定子铁芯、线圈、槽楔、绑线、固定环有无松动、损伤、局部发热等现象进行必要的处理；

5) 检查转子梳拢条、端盖、风扇等有无松动、断裂、开焊等现象，必要时进行修理；

6) 检查清洗或更换轴承，重新更换润滑油脂；

7) 检查清洗通风冷却系统和油循环系统；

8) 检查同步电动机时应对励磁设备进行检查、清扫、紧固、调试并调整滑环的正负极性；

9) 滑环表面不平滑超过0.5mm时须车削；

10) 测量绕组的绝缘电阻高压电动机定子绕组不应低于6MΩ，转子不应低于0.5MΩ，吸收比应≥1.3，否则应干燥；

11) 所属辅助电气设备配套检修；

12）按电气设备试验规程进行各项试验；

13）电动机组装、喷漆、防腐、试车。

1.2.5.3 电动机的检修工艺及质量标准

1. 电动机的检修工艺

（1）电动机的拆卸

1）先将电动机外部清扫干净；

2）拆下电动机的外部接线并做好标记，例如做好与三相电源线对应的标记；

3）将电动机移偏一个角度，用卸轮工具拉下靠背轮，拉之前，检查有无固定螺钉，如有时应将其取下。不要用劲敲打靠背轮以免损坏，用卸轮工具拉下外风扇。

（2）电动机的拆卸端盖

1）先在端盖接缝处打上记号，两端端盖的记号不应相同；

2）拆卸滚珠轴承的端盖前，应先卸去小油盖，再卸端盖。拆卸滑动轴承的端盖前，应把轴承油放完，在卸端盖时，应先提起油环，防止油环卡住和擦伤轴瓦；

3）对角拧入顶丝，顶出端盖；

4）对于大的端盖，必须用起重工具把它系牢，以免在端盖脱落时扎伤线圈绝缘；

5）端盖离开电动机后，应止口向上放在垫有木板的地上。

（3）抽出电动机转子或移出转子

1）大中型电动机必须用起重机械或其他提升设备；

2）钢丝绳不得碰击转子轴颈、风扇、滑环和定子绕组；

3）套假轴时，轴颈上必须包上保护物，假轴应选用内径较轴径大 10～20mm 的钢管，并且管口应无毛刺现象；

4）转子抽出后放在枕木上，用木板顶住转子，防止其滚动；

5）平移定子时，应注意不要碰及转子和其他物件。

（4）电动机定、转子检查清洗

1）查看前，首用 2～3 个表压力的压缩空气（电吹尘机），把通风沟和绕组端部吹净为了避免损坏绝缘，不得使用金属工具来清除绕组上的油泥。如果灰尘不多，可用干净的抹布擦拭，沾在绕组上的油泥可用浸有汽油的抹布轻擦。油泥过多时，用毛刷沾以汽油与四氯化碳混合液清洗，但应注意通风，以防中毒；

2）检查定子铁芯是否压紧，可用小刀或旋具进行插入铁片来试验。如发现铁芯松弛，应在松弛处打入绝缘板制成的楔子；

3）检查有无铁芯内局部发热而烧成的蓝色痕迹，如有应做铁芯发热试验。检查槽楔是否松动、发黑，并特别注意绕组的槽口部分，检查端部绝缘是否损坏，漆膜的状况。如有松弛则应加以垫块或更换新的垫块和绑线。端部必须很好的楔固。绝缘漆膜不良时应涂一层覆盖用的灰磁漆。上漆时最好用喷漆器，也可用软毛刷代替，并应遵守消防规则，对里层喷防潮油漆，外层喷防油漆；

4）对定子的检查须进行两次，第一次在抽出转子时，第二次在盖上端盖前。后一次检查要特别仔细，注意电机内不要留下任何物品。在定子检查清洗前后，必须用摇表检查绕组的绝缘电阻和吸收比；

5）在检查转子前应吹去积灰，检查接头焊接状况，用小锤轻轻敲击叶片，检查风叶是否松动和断裂；

6）转子上平衡铁块应紧固，如为螺钉固定，则应锁住；

7）鼠笼型转子铜条和端环的焊接应结实良好，无脱焊松动、无裂纹。

（5）电动机轴承的拆卸、清洗和更换

1）滚动轴承的拆卸一般采用专用工具钩住轴承内套，拉下轴承；

2）当内套和轴颈配合较紧时，在拉卸的同时，用90～95℃热机油浇于轴承内套，便于取下；

3）对于配合过紧的可用气焊或喷灯烤着拉下（但轴必须包有石棉绳或石棉布）并应检查过紧的原因加以处理以免下次检修困难；

4）用汽油或洗油，对特别脏的轴承先在废油或热机油80～90℃中清洗；

5）清洗干净后，用洁净的布擦干或吹干，也可用丙酮冲洗后晾干。

（6）对清洗好的零部件进行检查缺陷工作

1）轴承工作面磨损：由于灰尘、沙粒等物混入而引起工作面磨损在，在较严重时，工作面失去原有的色彩，而变得相当粗糙，且间隙增大许多，当间隙超过规定值时，应更换；

2）磨损程度一般可以用在手上转动的方法来判断，良好的轴承，以手夹住内圈转动外圈时，几乎感觉不出振动和响声，摇动外圈时，几乎察觉不出有间隙；

3）如果有怀疑时，可在槽内塞入一根软铅丝，转动滚珠（柱），软铅丝被压扁，再用千分卡测量软铅丝厚度，鉴定其是否可用。

（7）轴承滚道金属剥落的检查

1）由于振动负荷的作用，滚道表面的金属就会疲劳，因而从表面剥落下来，轴承表面有了剥落现象，不论范围大小均应更换；

2）轴承零件变色：由于润滑脂选择不当，润滑脂过量、缺油，装配公盈过大，安装不当等原因，使轴承过热，引起轴承零件变色，当变色相当严重时，应予更换；

3）隔珠圈损坏，应更换轴承。

（8）滚动轴承的更换

1）滚动轴承磨损后应使用新的更换。因各电机制造厂在装配电机时，对轴承型号的选择可能有变动，更换电机的轴承时，仍以实际情况为准；

2）往轴上装配轴承时，应先洗净后再放在油槽内加热，使内径加大，便于装上，并注意有钢印的一面应朝外；

3）加热时，油温上升不可太快（内径在60mm以上的轴承更要注意，以防内套膨胀不一致而引起破裂），在半小时上升到60～70℃后将电炉挪开，保持半小时再继续加热，温度不能超过90℃，以防油燃烧；

4）用油锅加热时，轴承不要放在锅底，以防轴承钢退火；

5）不允许用铁锤敲打轴承，应用特制的钢管顶住内套，轻轻打入；

6）检查内套与轴肩间隙，其间隙不得超过0.03mm。

（9）润滑脂

1）润滑脂必须保持清洁，应保存在带密封盖的专用油桶；

2）加脂量为轴承室容量的1/2～1/3，对于高转速电机应为1/3，对低转速电机应为1/2；

3）对同一轴承内，一般不宜有两种不同的润滑脂；

4）对于酸生产车间或岗位的设备，不宜使用二硫化钼，应使用黄干油。

注意：对于同一种润滑脂，牌号不同其稠度也不同，号数越大，稠度越大，使用温度也越高。

（10）电动机的组装

1）定子内不得遗留任何工具和杂物，放入转子时，要注意不要碰伤定转子的线圈和铁芯，检查定、转子的空气间隙，并注意各间隙相互间的差别不应超过平衡值的10%，最后确定的间隙数值应记录下来；

2）各螺钉、零部件的配合面应清洁，可涂上一层薄凡士林，或润滑油，以防生锈而导致今后拆卸困难；

3）拧螺钉时，要对角而均匀地拧紧螺钉（对端盖应先拧入下部几个螺钉），沿四周均匀进入，以防零部件变形；

4）敲打必须垫木料或黄铜棒，注意方向均匀打入；

5）检查接地线，外壳接地线应无断扎，与机壳连接处应清洁且接触良好；

6）电机装配完毕后，可用木槌对准轴伸出端敲击几下，以消除端盖、轴承的歪斜和不同心以及轴承盖卡住等现象。

2. 电动机的检修质量标准

（1）电动机定子

1）基础螺钉无裂纹弯曲，安装紧固；

2）定子矽钢片紧固，无油垢，通风孔无堵塞；

3）线圈干净无油垢，绑线垫块无断裂松动，槽楔无松动变色；

4）测得各项直流电阻比差不应超过±2%；

5）绝缘电阻不低于规定值，外壳接地电阻不大于4Ω；

6）大修后导线截面要符合原规定；

7）定子通风窗清洁无油垢，电机引线连接良好、紧固，包扎绝缘完好无损。

（2）电动机转子

1）转子矽钢片清洁无油垢，紧固无松动，通风孔无堵塞；

2）励磁线圈绝缘完整，线圈焊头无开焊；

3）鼠笼条端环无开焊裂纹，启动铜排连接紧固；

4）风叶、励磁铁芯固定螺钉紧固，其他部件所有连接螺钉紧固无松动；

5）电刷与滑环接触良好，压力适当，电刷规格型号应符合规定，滑环表面光洁无灼斑，无油污及扁圆现象，其绝缘管及垫片完整无破损，紧固于轴上无位移松动；

6）轴与轴颈部分光滑，无碰伤、弯曲、磨损等现象。

（3）电动机轴承

1）轴承盖紧密，灰尘不能侵入；

2）轴承内间隙应符合规定，轴承无跑内、外圈迹象，滚珠与滚道应无剥损裂纹，转动灵活无异常响声；

3）轴承润滑脂无沙尘杂质，油量适中。

（4）电动机装配

1）电动机定、转子铁芯的磁中心线应一致；

2）电机定转子气隙的比差不超过规定；

3）电机盖端有定位销的应将其上好，拧紧螺钉。各部分紧固螺栓均匀拧紧无松动。

（5）电动机的完好标准

1）电动机能运行正常：电流在允许范围以内，出力达到铭牌要求；电动机定、转子温升和轴承温度在允许范围以内，A 级 60℃，E 级 65℃，B 级 75℃，F 级 85℃，H 级 95℃；滑环无火花运行；各部振值及轴向窜量不大于规定值；

2）构件无损，质量符合要求：电动机内无明显积灰和油泥，绕组、铁芯、槽楔无老化松动、变色等现象，预防性试验合格；绝缘电阻在热状态下每 1000V 不小于 1MΩ；

3）主体完整、清洁、零附件齐全好用：外壳上有额定铭牌；启动、保护和测量装置齐全，选型适当，电缆敷设合乎要求；外观整洁，轴承不漏油，附件和接装置齐全；技术资料齐全准确，应具有设备档案。

1.2.5.4 电动机的试验项目与标准

交流电动机的试验项目、周期和标准见表 1.2-2 所示。

交流电动机的试验项目、周期和标准数 **表 1.2-2**

序号	项目	周期	标准	说明
1	测量绕组的绝缘电阻和吸收比	（1）大修时；（2）小修时	（1）额定电压为 1000V 及以上者，交流耐压前，定子绕组接近运行温度时绝缘电阻不应低于每千伏 1MΩ；投入运行前，在常温下绝缘电阻不应低于每千伏 1MΩ；转子绕组的绝缘电阻不应低于每千伏 0.5MΩ；（2）吸收比自行规定	（1）容量为 500kW 以上的电动机应测量吸收比；（2）1000V 及以上的电动机使用 2500 兆欧表；（3）小修时，定子绕组可与其启动设备一起测量
2	测量绕组的直流电阻	大修时	1000V 以上的电动机各相绕组直流电阻的相互差别不应超过最小值的 2%，并注意相间差别的历年相对变化，其余自行规定	中性点未引出不能测量绕组各相直流电阻时，可测量线间电阻，1000V 以上的电动机各相绕组直流电阻的相互差别不应超过最小值的 1%
3	定子绕组的直流耐压试验并测量泄漏电流	（1）大修时；（2）更换绕组后	（1）试验电压的标准如下：全部更换绕组，3 倍额定电压大修或局部更换绕组，2.5 倍额定电压；（2）泄漏电流相间差别不大于 100%，20μA 以下者，各相间应无显著差别	有条件时应分相进行
4	定子绕组的交流耐压试验	（1）大修时；（2）更换绕组后	（1）大修中不更换定子绕组和局部更换定子绕组后：1.5 倍额定电压，但不低于 1000V。（2）全部更换定子绕组后：2 倍额定电压+1000V，但不低于 1500V	—
5	电动机空转检查并测空载电流	大修后	转动正常，空载电流不作规定	（1）空转检查的时间一般不小于 1 小时；（2）测定空载电流仅在对电动机有怀疑时进行
6	测量电动机的振动	大修后	额定转速（r/min）：3000 / 1500 / 1000 / ≤750；振动值（mm）：0.06 / 0.1 / 0.13 / 0.16	—
7	测量定子与转子铁芯气隙	大修装转子后	各点气隙与平均值之差不得大于平均值的 ±5%	—

1.2.5.5 电动机的试运行

1. 电动机试运行前的检查项目

(1) 测量电动机、电缆及附属设备的绝缘电阻，测量相间导通；

(2) 进行盘车，监视电动机应无异声。

2. 电动机的试运行时间

电动机空载运行时间一般为2h。

3. 电动机试运行中的检查项目

电动机旋转方向应与要求相符合，运转中无杂音、记录启动时间、空载电流、负荷电流、各部湿度变化值、各部振动值，检查开关运行状况，滑环及电刷的情况应正常。

4. 电动机的验收

主管部门组织有关人员对设备的检修项目和设备缺陷的消除情况，按完好设备标准和检修质量标准进行检查验收，做出是否投运的明确结论，并分级确认签字。

1.2.6 电动机的合理选择

施工机械配套的电动机，一般已由机械制造成成套供应，用户无须另行设计选配，但在选择施工机械时，必须根据机械的使用及电源条件等，对配套电动机进行选择。其基本原则是：电动机的机械特性必须完全满足施工机械工作的要求；电动机的容量应能充分利用；电动机的冷却方式和结构型式应适应工作环境，并且其经济性能应是最先进的。

1.2.6.1 电动机功率的选择

选择电动机功率时，应按连续运行、短时运行和重复短时运行等不同工作制分别选择：

1. 连续工作制下电动机功率的选择

连续工作分为负载恒定不变和可变两种情况：

(1) 负载恒定不变时电动机功率的选择：只要计算出负载的需要的功率 P_Z 后，让所选电动机的额定 P_e 等于或略大于 P_Z 即可。对于鼠笼式异步电动机，选定功率后还要检验其启动能力；

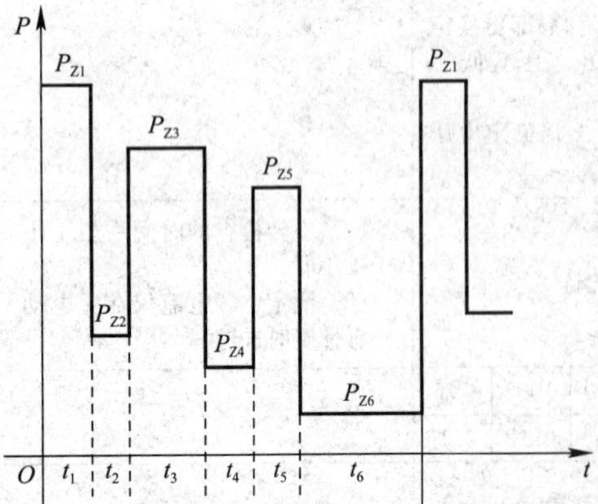

图 1.2-2 变化负载下施工机械负载图

(2) 变化负载下电动机功率的选择，其选择的步骤如下：

1) 绘制施工机械负载图，如图1.2-2所示，图中 P_{Z1}、P_{Z2}、P_{Z3}…分别为时间 t_1、t_2、t_3…时的功率。

2) 根据负载图计算平均功率 P_{Zd} (kW)：

$$P_{Zd}=\frac{P_{z1}t_1+P_{z2}t_2+\cdots}{t_1+t_2+\cdots} \quad (1.2\text{-}1)$$

3) 预选电动机的功率 P_e，使 $P_e \geqslant (1.1 \sim 1.6)P_{Zd}$。其中(1.1～1.6)是由于 P_{Zd} 没有考虑在启动过渡过程中的损耗而加的系数。当过渡过程在整个工作过程中占的比例较大时则系数要取大一些。

4）用所选的电动机进行过载能力的检验。使电动机的最大转矩 M_m 大于可能遇到的最大负载转矩，使电动机的启动转矩 M_0 大于启动时的负载转矩，则所选择的电动机就合格。否则要重选择电动机的功率。

2. 短时工作制下电动机功率的选择

（1）当选用连续工作的电动机时，可按电动机的过载能力 λ 确定电动机的功率：

$$P_e = \frac{P_Z}{\lambda \cdot \eta} \quad (1.2\text{-}2)$$

式中：P_e——电动机的额定功率，kW；

P_Z——短时负载功率，kW；

η——传动机构的效率。

（2）短时工作的电动机选择，按工作时间长短分为 15、30、60 和 90min 4 个标准时间。选择时，当实际工作时间接近上述标准时，只要使对应的电动机功率 P_e 等于或稍大于负载功率 P_Z 即可。在实际工作时间 t_x 与标准时间 t 不同的时候，应把 t_x 时的负载功率 P_{Zx} 换算成标准时间 t 下的功率 P_g：

$$P_g = P_{Zx}\sqrt{\frac{t_x}{t}} \quad (1.2\text{-}3)$$

3. 重复短时工作制下电动机功率的选择。国内专为重复短时工作制而设计的电动机，如 YZR、YR 系列的电动机，其标准持续率有 15%、25%、40%和 60% 4 种。

1.2.6.2 电动机绕组形式的选择

电动机的绕组形式主要有鼠笼式和绕组式两种。其选择方式如下：

1. 鼠笼式电动机的选择

鼠笼式电动机的转子绕组本身成闭合回路，整个转子成一坚实的整体，其结构比绕线式电动机简单、坚固耐用。同容量同转速的鼠笼型电动机比绕线型的效率高 3%左右，功率因数高 5%左右。其缺点是启动电流较大，因此，在要求保持较硬的机械特性，不要求调速等场合，应首先选择鼠笼式电动机。

2. 绕线式电动机的选择

因为绕线式异步电动机通过集电环和电刷在其转子回路中接入外加电阻，可以减少启动电流，增加启动转矩，必要时可在 20%以内调节速度。因其构造比较复杂，设备费用比较贵，只在要求减少启动电流、增加启动转矩的施工机械中使用。

1.2.6.3 电动机额定转速的选择

电动机的额定转速应由施工机械的传动比和转速来决定。一般电动机的转速应尽量与施工机械输入端要求的转速基本相同，避免使用多级变速而提高设备造价和增大功率消耗。例如：皮带传动的功率消耗为 4%～10%以上，齿轮传动的功率消耗为 2%～10%，直接传动的功率消耗为 1%。

在选择电动机时，若没有合适转速的电动机，应选择转速稍高的电动机，因为在容量相同的条件下，转速较高的电动机的功率因数和传动效率也较高。

1.2.6.4 电动机冷却方式的选择

施工机械的冷却方式有自扇冷式、自冷式、他扇冷式和管道通风式等几种。自扇冷式虽然消耗一小部分功率，但电动机的冷却条件得到了改善，功率的损耗从输出功率的增加中得到补偿；自冷式不需要任何设备，也不消耗功率，是最经济的一种冷却方式，主要应用在小容量的电动机上，如混凝土振动器等。

1.2.6.5 电动机结构型式的选择

电动机能安全运行的重要条件是要有良好的防护型式，常见的防护型式有开启式、防爆式、防潮式、封闭式等，应依周围环境来选择。在清洁而干燥的环境中，最好采用开启式电动机，其通风良好，价格便宜，也能防止水滴、铁屑入内；土飞溅，灰尘很多或有腐蚀性气体的场所，或者工作环境虽好，但不容易维护的地方，宜选用封闭式电动机；在有爆炸危险的环境，则必须用防爆式电动机。

1.2.7 电动机的维护保养

1.2.7.1 异步电动机的维护保养

（1）电动机在正常运行时的温度不得超过允许的限度。

（2）监视电动机负载电流。电动机发生故障时都会使定子电流剧增，使电动机过热，较大功率的电动机应装有电流表监视电动机的负载电流，电动机的负载电流不应超过铭牌规定的额定电流值。

（3）监视电源电压。频率的变化和电压的不平衡度、电源电压和频率的过高或过低、三相电压的不平衡造成的电流不平衡都可能引起电动机过热或其他不常现象。

（4）注意电动机的气味、振动和噪声。运行中如果闻到焦味或发现不正常的振动或碰撞声、特大的嗡嗡声或其他杂声时，应立即停电检查。

（5）经常检查轴承润滑情况，定期更换润滑油。更换润滑油时，应将轴承及轴承盖用煤油清洗，然后再用汽油洗干净了。滚动轴承润滑脂不宜超过轴承室容积的70%。

（6）对绕线型转子的电动机，应检查电刷与滑环的接触、电刷磨损以及火花情况，如火花严重必须及时清理滑环表面，并校正电刷的弹簧压力。

（7）注意保持电动机内部的清洁，不允许有水滴、油污及杂物等落入电动机内部。电动机的进风口和出风口必须始终保持畅通无阻。

1.2.7.2 直流电动机的维护保养

（1）电动机应经常保持清洁，以防止水滴、油污及杂物进入电动机内部。在启动前应仔细地清除在换向器、绕组、电刷装置、铁心、连接线等零部件表面的灰尘、油污等。

（2）换向器表面应保持光滑，并形成一层均匀的暗褐光泽的换向器薄膜。若换向器表面沾有碳粉、油污等杂物，应用干净、柔软的白布沾酒精擦去。如换向器表面出现粗糙、不圆、烧伤等缺陷时，可用N320细砂布（切忌使用金刚砂布）固定在木质支架上磨去缺陷，换向器外圆不容许有凸片、凹片等。

（3）电刷应保持在中性位置，其工作表面应光滑，无雾状、麻点、电蚀、沟纹和灼伤等缺陷，电刷压力应均匀适宜，电刷在刷盒中应能灵活滑动，且随动性好。电刷磨损到规定限度时，应及时更换。

（4）进入电动机内部的冷却空气应清洁干燥，进风的温度、湿度必须符合规定要求，并定期定时检查出风湿度以及绕线、铁心、换向器部分的温度是否在容许范围内。

1.2.8 电动机常见故障及处理

(1) 异步电动机的常见故障及处理方法见表 1.2-3 所列。

异步电动机的常见故障及处理 **表 1.2-3**

故障现象	故 障 原 因	处 理 方 法
不能启动	(1) 电源未接通; (2) 控制设备接线错误; (3) 电压过低; (4) 定子绕组相间短路、接地或接线错误以及定、转子绕组断路; (5) 转子绕线电动机启动误操作; (6) 熔丝过小而烧断; (7) 过电流继电器整定值定得太小; (8) 负载过大; (9) 传动机械有故障; (10) 单相启动; (11) 转子绕线电动机所接启动电阻太小,或被短路; (12) 电源到电动机之间的电源线有短路; (13) 改极重绕后,槽、线配合不当; (14) 小型电动机润滑脂太硬或装配太紧	(1) 检查开关、熔断器、接触器触头及电动机引出线头,查出问题后,修复; (2) 核对接线图,校正接线; (3) 检查电网电压,如太低,应与供电部门联系,如电源线过细造成压降太大,则应更换合适的电源线; (4) 检查找出断路、短路部位进行修复,如果是接线错误,经过检查后,进行纠正; (5) 检查滑环短路装置及启动变阻器的位置,启动时应分开短路装置,串接变阻器; (6) 按电动机容量配上合适的熔丝; (7) 重新计算整定值,按新整定值整定; (8) 重新选择容量较大的电动机; (9) 修理传动机械,消除故障; (10) 检查电源线、电动机引出线、熔断器、开关的各对触头,找出故障点后,修复; (11) 按要求计算配置新启动电阻或修理消除启动电阻短路故障; (12) 查明短路点后,进行修复; (13) 适当车削转子直径,重新选择合理的绕组型式和节距,重新计算绕组参数; (14) 选择合适的润滑脂,提高装配质量
电动机外壳带电	(1) 接地不良; (2) 电动机绝缘受潮; (3) 绝缘严重老化; (4) 绕组端部顶端盖接地; (5) 引出线绝缘破损; (6) 接线板有污垢; (7) 电源线和接地线搞错	(1) 找出原因,采取相应措施进行纠正; (2) 进行烘干处理; (3) 老化的绝缘要更新; (4) 拆下端盖,找出接地点,线圈接地点要包扎绝缘和涂漆,端盖内壁要垫绝缘纸; (5) 包扎或更新引出线; (6) 清理接线板; (7) 纠正接线
绝缘电阻低	(1) 绕组受潮或被水淋湿; (2) 绕组绝缘沾满粉尘、污油; (3) 电动机接线板损坏; (4) 引出线绝缘老化破损; (5) 绕组绝缘老化	(1) 进行加热烘干处理; (2) 清洗绕组粉尘、油污,并经干燥、浸渍处理; (3) 修理或更换接线板及接线盒; (4) 重新包扎引出线或更换新引出线; (5) 经鉴定可以继续使用时,可经清洗、干燥,重新浸漆处理,如绝缘老化不能安全运行时,应更换绝缘
电动机空载或负载时,电流表指针不稳,来回摆动	(1) 转子绕组电动机一相电刷接触不良; (2) 转子绕组电动机集电环短路装置接触不良; (3) 绕组转子一相断路; (4) 笼型转子开焊或断条	(1) 调整刷压和改善电刷与集电环的接触面; (2) 检修或更换短路装置; (3) 用校验灯、万用表等检查断路处,排除故障; (4) 采用开口变压器等检出断条并排除故障
电动机启动困难,加额定负载后,电动机的转速比额定转速低	(1) 电源电压过低; (2) △形绕阻误接成Y形; (3) 笼形转子开焊或断条; (4) 绕线转子电刷接触不良; (5) 转子绕线电动机启动变阻器接触不良; (6) 定、转子绕组局部线圈接错; (7) 重绕时匝数过多; (8) 绕线转子一相断路	(1) 测量机端电压,如过低进行相应处理; (2) 将Y形改接成△形; (3) 查明开焊或断条后,进行修理; (4) 调整刷压和修理电刷与集电环的接触面; (5) 修理启动变阻器接触部位; (6) 查明接错处,改正; (7) 按正确绕组匝数重绕; (8) 查明断路处,然后排除故障

续表

故障现象	故障原因	处理方法
电动机空载电流不平衡	(1) 重绕时，三相匝数不均； (2) 绕组首尾端接错； (3) 电源电压不平衡； (4) 绕组有故障（如匝间有短路，某线圈极性接反）	(1) 拆除重绕，注意匝数； (2) 查明首尾端重接改正； (3) 测量电源电压，查明原因并排除； (4) 拆开电动机查明错误或故障，改正或排除
空载电流三相平衡但增大	(1) 重绕时，绕组匝数不够； (2) Y形接线，误接成△形； (3) 电源电压过高； (4) 电机装配不当（如装反，定、转子铁心未对齐，端盖螺钉固定不匀称使端盖偏斜或松动等）； (5) 火烧法拆线，使铁心过热； (6) 气隙不均或增大	(1) 拆除重绕，重新计算，选用合理匝数； (2) 将绕组接线改正为Y形； (3) 测量电源电压，过高时与供电部门协商解决； (4) 检查装配质量，重新按要求装配； (5) 检修铁心或重新计算绕组匝数，进行补偿； (6) 调整气隙，或更换新转子，或重新计算绕组匝数，重绕
电动机振动	(1) 转子不平衡； (2) 风扇不平衡； (3) 气隙不均； (4) 轴承磨损，间隙不合格； (5) 基础强度不够或地脚松动； (6) 转轴弯曲； (7) 铁心变形或松动； (8) 联轴器或皮带轮安装不合要求； (9) 绕线转子的绕组短路； (10) 笼型转子开焊或断路； (11) 机壳强度不够； (12) 定子绕组故障（短路、断路、接地、连接错误等）	(1) 检查原因，经过清扫，紧固各部螺丝后，校静、动平衡； (2) 检修风扇，校正其几何形状和校平衡； (3) 调整气隙，使之符合规定； (4) 检查轴承间隙，磨损严重时，更换新轴承； (5) 加固基础，重新打平地脚并紧固地脚螺栓； (6) 校直转轴； (7) 校正铁心，然后重新叠装并固紧铁心； (8) 重新找正，必要时检修联轴器或皮带轮； (9) 查出短路处，进行修理； (10) 查出开焊或断路处进行补焊或更换笼条； (11) 找出薄弱点，进行加固，增大其机械强度； (12) 拆开电动机，查出故障，进行修理
集电环发热或火花过大	(1) 电刷牌号不符； (2) 集电环椭圆或偏心； (3) 电刷压力太小或刷压不均； (4) 电刷被刷握卡住； (5) 集电环表面污垢； (6) 集电环表面粗糙； (7) 电刷数目不够或截面积过小	(1) 采用制造厂规定牌号电刷或用性能相近的电刷代用； (2) 车削或磨削集电环，调整偏心； (3) 检修刷握及弹簧，调整刷压； (4) 修磨电刷，使之在刷握内灵活，间隙均匀； (5) 清除污物，用干净布沾汽油擦净集电环表面； (6) 车削或磨削集电环表面，使其粗糙度达到要求； (7) 增加电刷数目或增大电刷接触面积，使电流密度符合工作要求
电动机运行时，声音不正常	(1) 气隙不均匀； (2) 定、转子相蹭； (3) 转子蹭绝缘纸或槽楔； (4) 轴承磨损，有故障； (5) 改极重绕时与槽配合不当； (6) 定、转子铁心松动； (7) 轴承缺少润滑脂； (8) 风扇碰风罩； (9) 风道堵塞； (10) 电压太高或不平衡； (11) 重绕时，每相匝数不等； (12) 绕组有故障	(1) 调整气隙； (2) 定、转子硅钢片有突出的应锉去，如轴承损坏应重新装配，更换轴承； (3) 修剪绝缘纸或检修槽楔； (4) 检修或更换新轴承； (5) 校验定、转子槽配合； (6) 检查松动原因，重新进行压装紧固处理； (7) 清洗轴承，重新按要求填加润滑脂； (8) 修理风扇及风罩，使其尺寸正确，并重新安装； (9) 清理通风道； (10) 测量电源电压，查明电压过高或不平衡的原因，然后进行处理； (11) 重新绕制，使各相匝数相等； (12) 查明故障，进行修理

续表

故障现象	故障原因	处理方法
轴承过热	(1) 轴承损坏; (2) 润滑脂过多或过少; (3) 油质不好，含有杂质; (4) 轴承与轴颈配合过松或过紧; (5) 轴承与轴承室配合过松或过紧; (6) 油封过紧; (7) 轴承盖偏心与轴相擦; (8) 电动机两侧端盖或轴承盖未装平; (9) 电动机与传动机构联接偏心; (10) 皮带过紧; (11) 轴承型号偏小，轴承过载; (12) 轴承间隙过大或过小; (13) 滑动轴承油环转动不灵活; (14) 润滑油太稠或润滑脂锥入度不够	(1) 更换轴承; (2) 检查油量，润滑脂容量不宜超过轴承内容积的70%; (3) 更换洁净润滑脂或润滑油; (4) 过松时，采用农机2号胶粘剂或低温镀铁处理；过紧时适当车削轴颈，使之符合配合公差要求; (5) 过松时，轴承室镶套，过紧时重新加工轴承室，使之符合配合公差要求; (6) 修理或更换油封; (7) 修理轴承盖，使之与轴的间隙合适且均匀; (8) 按正确工艺装端盖或将轴承盖装入止口内，然后均匀紧固螺钉; (9) 重新找正，校准电动机与传动机构连接的中心线; (10) 调整传动皮带张力，使之符合要求; (11) 重新选择合适的轴承型号; (12) 更换新轴承; (13) 检修油环，使其尺寸正确，或更换油环; (14) 更换黏度合适的润滑油或更换锥入度较高的润滑脂
电动机温升过高或冒烟	(1) 电动机过载; (2) 单相运行; (3) 电源电压过高; (4) 电源电压过低; (5) 室、转子相蹭; (6) 通风不畅; (7) 绕组表面沾满尘垢或异物，影响散热; (8) 电动机频繁启动或正反转次数过多; (9) 拖动的生产机械阻力过大; (10) 进风温度过高; (11) 环境温度过高; (12) 火烧拆线，使铁心过热铁损增大; (13) 绕线转子线圈接头松脱或笼型转子开焊或断条; (14) 重绕后绕组浸渍不良; (15) 绕组接线错误; (16) 绕组匝间短路、相间短路或绕组接地	(1) 测量定子电流，如超过额定电流，须降低负载或更换较大容量电动机; (2) 检查熔断器、并关及电动机，排除故障; (3) 如电网电压过高，应与供电部门联系解决; (4) 如为电源线压降过大引起，应更换合适的电源线，如为电网电压过低应与供电部门联系解决; (5) 检查原因，如轴承间隙超限，更换轴承；如轴承与轴颈、轴承室松动，应修复轴颈及轴承室；如轴弯，应校直轴；如铁心松动或变形，应修理铁心; (6) 如风扇损坏，应修理或更换风扇；如通风道堵塞，应清除风道污垢、灰尘及杂物，移开遮挡进出风口的物件; (7) 清扫或清洗电动机，消除尘垢或异物，并使电动机通风沟畅通; (8) 根据生产需要选择合适型号的电动机; (9) 检修生产机械，排除故障; (10) 检查冷却水装置是否有故障，然后检修，排除故障; (11) 改善环境温度，隔离电动机附近高温热源，给电动机遮阳，不许电动机在日光下暴晒; (12) 做铁心检查试验，检修铁心，重新涂漆叠装铁心，如铁心磁性变坏，应重新设计定子绕组，予以补偿; (13) 查明原因，查出绕组转子松脱处加以修复；对笼型转子铜条补焊或更换铜条；对铸铝转子，则更换转子或改为铜条转子; (14) 要采取两次浸漆工艺，最好采用真空浸漆措施; (15) Y形接线电动机误接成△形，或△形接线电动机误接成Y形，必须立即停电改接; (16) 查找出短路或接地的部分，按绕组修理方法予以修复

（2）直流电动机的常见故障及处理方法见表1.2-4所列。

直流电动机的常见故障及处理方法　　表1.2-4

故障现象		故障原因	处理方法
绝缘电阻低		（1）电机绕组和导电部分有灰尘、金属屑、油污物； （2）绝缘受潮； （3）绝缘老化	（1）用压缩空气吹净； （2）在用上述方法无效时，可用弱碱性洗涤剂水溶液进行清洗，然后进行干燥处理； （3）浸漆处理或更换绝缘
电枢接地		（1）金属异物使线圈与地接通； （2）电枢绕组槽部或端部绝缘损坏	（1）用220V小容量试灯查出接地点，排除异物； （2）用低压直流电源测量片间压降或用换向片和轴间压降法找出接地点，更换故障线圈
电枢绕组	短路	（1）电枢线圈接线错误； （2）换向片间或升高片间有焊锡等金属物短接； （3）匝间绝缘损坏	（1）按正确接线圈纠正电枢线圈与升高片的连接； （2）用测量片间压降的方法查出故障点，清除故障物； （3）更换绝缘
电枢绕组	断路	（1）接线错误； （2）电枢线圈和升高片并头套开焊	（1）同上项（1）条； （2）补焊连接部分
电枢绕组	接触电阻大	（1）电枢线圈和升高片并头套焊接不良； （2）升高片和换向片焊接不良	（1）补焊连接部分； （2）补焊和加固升高片和换向片的连接
换向器	片间短路	（1）片间云母损坏； （2）换向器3°锥面因涂封绝缘处理不好，进入金属异物	（1）换向器解体后更换片间云母； （2）清除金属异物，3°锥面间隙处作绝缘涂封处理
换向器	接地	（1）V形绝缘环30°锥面损坏； （2）换向器内部进入金属异物； （3）换向器V形绝缘环3°锥面有粉尘，引起爬电	（1）换向器解体后更换V形绝缘环； （2）换向器解体后清除异物； （3）清除粉尘，加强绝缘涂封，提高表面绝缘电阻
换向器	外圆变形	（1）片间绝缘、V形绝缘环产生热收缩； （2）换向器压圈、螺帽等紧固件运行后产生松动	（1）换向器热态下对称均匀地旋紧螺帽； （2）换向器外圆偏摆超过规定时，应将电枢放在车床或电机本体上车削换向器外圆
换向器	升高片断裂	（1）电机扭振和机械冲击使升高片根部疲劳破坏； （2）升高片材质硬脆； （3）升高片机械碰伤	（1）改进升高片固定结构，提高升高片固有自振频率，防止运行时谐振； （2）局部更换升高片； （3）局部更换升高片
电机过热		（1）负载过大； （2）电枢线圈短路； （3）主极线圈短路； （4）电枢铁心绝缘损坏； （5）冷却空气量不足，环境温度高，电机内部不洁净	（1）减少和限制负载； （2）同电枢绕组短路项； （3）查出短路点，补强绝缘； （4）局部或全部进行绝缘处理； （5）清理电机内部，增大风量，改善周围冷却条件
发电机不发电，电压低、不稳定		（1）电枢线圈匝间短路； （2）励磁绕组断路，接错线； （3）电刷不在中性位置； （4）转速不够	（1）同电枢绕组短路项； （2）查出原因，纠正接线； （3）调整电刷到中性位置； （4）提高转速

续表

故障现象		故障原因	处理方法
电动机转速不正常		(1) 励磁线圈断路、短路，接线错误； (2) 电刷不在中性位置； (3) 启动器接触不良，电阻不适当； (4) 负载力矩过大	(1) 纠正接线错误，消除短路； (2) 调整电刷到中性位置； (3) 更换适当启动器； (4) 减少负载阻力矩
机械振动		(1) 电机的基础不坚固或电机在基础上固定不牢固； (2) 机组、电机轴线定心不正确； (3) 电枢不平衡； (4) 轴颈与轴瓦间隙太大或太小	(1) 增加基础的坚实性和加强电机在基础上的固定； (2) 重新正确调整好机组轴线定心； (3) 重新校好电枢平衡； (4) 调整轴颈与轴瓦间隙
滚动轴承发出噪声		(1) 轴承内润滑脂充得太满； (2) 滚珠磨损； (3) 轴承与轴配合太松	(1) 减少润滑脂； (2) 更换轴承； (3) 使轴与轴承达到要求的配合精度
滑动轴承发热、漏油		(1) 轴颈与轴瓦间隙太小，轴瓦研刮不好； (2) 油环停滞，压力润滑系统的油泵有故障，油路不畅通； (3) 油牌号不适合，油内含有杂质和脏物； (4) 油箱内油位太高； (5) 轴承挡油盖密封不好，轴承座上下接合面间隙大	(1) 研刮轴瓦，使轴颈和轴瓦间隙合适； (2) 更换新油环，排除油路系统故障，保证有足够的润滑油量； (3) 更换润滑油，清除杂质； (4) 减少油量； (5) 改进轴承挡油盖的密封结构，研刮轴承座上下接合面使之密合
通风冷却系统	冷却器漏水	冷却器管与承管板铆接不良	补焊止漏
	冷却器堵塞	冷却水管内部积聚杂质	冲洗水管，必要时加装水过滤器
	冷却器水温高	(1) 冷却器容量小； (2) 进水温度高	(1) 加大冷却器容量； (2) 降低冷却器进水温度
	冷却空气含尘量大	(1) 过滤器效能差； (2) 电机密封不严	(1) 清洗过滤器；更换过滤器内的油液；改进过滤器结构； (2) 防止电机漏风
	风道潮湿	(1) 冷却器漏水； (2) 轴承漏油	(1) 消除漏水； (2) 消除漏油

1.3 内燃机

1.3.1 概述

1.3.1.1 内燃机的特点及用途

(1) 内燃机是将燃料（汽油、柴油、煤气等）在其燃烧室中燃烧所产生的热量直接转化为机械能的一种动力机械。由于它的能量转换是通过活塞在汽缸内往复运动而实现的，所以这种内燃机也称为往复活塞式发动机。

(2) 图 1.3-1 所示为 YC6112 系列车用柴油机外貌图。

(3) 内燃机作为一种能源独立的动力装置，广泛地应用于需要经常作大范围、长距离行走或无电源地区的施工机械上，是由于它具有体积小、质量轻、机动性好、热效率高、功率帮转速的变化范围广、配套方便、使用经济性能好，以及维修方便等特点。

图 1.3-1 YC6112 系列车用柴油机外貌图

例如：载重汽车、自卸卡车、挖掘机、装载机、推土机、铲运机、平地机、压路机、汽车起重机、混凝土搅拌输送车、混凝土输送泵及泵车、稳定土拌和机、石料散布车、沥青混凝土摊铺机、水泥混凝土摊铺机等施工机械上的动力装置均为内燃机中的柴油机。

(4) 常见的几种典型施工机械对内燃机功率的要求如下：推土机 5.9～7.4kW/t（整机质量）；履带式装载机 58.8kW/m^3（斗容量）；轮胎式装载机 51.5kW/m^3（斗容量）；挖掘机 99.3～117.6kW/m^3（斗容量）。

1.3.1.2 内燃机的分类

(1) 按所用燃料分类：可分为柴油机、汽油机、煤气机、天然气机等。

(2) 按燃料着火方式分类：可分为点燃式内燃机、压燃式内燃机。

(3) 按完成一个工作循环的行程数分类：可分为二冲程内燃机、四冲程内燃机。

(4) 按冷却方式分类：可分为水冷式内燃机、风冷式内燃机。

(5) 按进气方式分类：可分为自然吸气式内燃机和增压式内燃机。

(6) 按汽缸排列方式分类：可分为直列立式内燃机、直列卧式内燃机、V 型内燃机、W 型内燃机、星型内燃机、对置式内燃机。

(7) 按用途分类：可分为土方机械用、建筑机械用、汽车用、拖拉机用、家用、船用等。

1.3.1.3 柴油机与汽油机的比较

(1) 柴油机坚固耐用，压缩比较大，燃气膨胀充分，热量利用程度较好，燃料比汽油机省，同时柴油价格相对汽油低，因此使用柴油机经济性较好。柴油机是依靠压缩气体来提高温度，喷油自燃，没有点火系统，所以故障较少，保养容易，工作可靠。

(2) 柴油机汽缸压力高，机件受力大，因此与相同功率的汽油机相比，柴油机体积和质量都比较大；同时柴油机的启动较慢，运转时的噪声较大。

(3) 柴油机的喷油泵和喷油器精密度高，加工比较困难，其制造成本较高。

由于柴油机具有工作可靠、经济性好、功率使用范围宽等优点，因此，在自行式施工机械中广泛采用柴油机为动力装置。

1.3.1.4 柴油机的发展概况

(1) 柴油机是世界上用途最广的动力机械之一。国内从 1901 年仿制的第一台煤气机算起，经历了漫长的岁月，主要的工业体系是新中国成立以后形成的。全国的柴油机、汽油机生产厂家由新中国成立前的30多个增加到400多个，生产柴油机汽缸直径从65mm到1500mm，单机功率从2.2kW到9000kW。到2012年止，国内生产的柴油机总台数约3000多万台。

(2) 国内的中低速柴油机的单机功率一般都在300kW以上，我们习惯上称它们为大功率柴油机。虽然这与国际上通常的大功率柴油机概念不很一致，但当前还是符合国情的。柴油机长期来主要是按用途、分部门实施条块管理各自发展的。如低速为主的柴油机，主要服务于船舶，以往一直由船舶工业系统归口管理；然而，这类柴油机有很强的通用性。

(3) 近几年国内柴油机的节材工作取得了显著成绩，新开发的柴油机强化程度提高，单缸柴油机比质量降低到14.4kg/kW以下，多缸柴油机不会超过10kg/kW，产品品种有了较大增加，引进和自制了大批能供汽车、建筑机械、工程机械、发电机组使用的先进机型。

(4) 国内柴油机与国外先进水平相比还有一定差距，主要表现在可靠性、使用寿命等方面。

国产高速柴油机无故障间隔时间一般为800～1800h，国外则为1500～2500h；在排放、噪声等方面的环保指标也比国外差。

(5) 可喜的是国内目前许多柴油机生产厂家同瑞士、德国、美国、瑞典、俄罗斯、日本、意大利等国家联营生产先进的柴油机机型。相信从事国内柴油机研制工程技术人员不断总结经验、不断努力、不断创新，能使我国的柴油机研制水平一定能赶上和超过世界先进水平。

1.3.1.5 柴油机的型号编制方法

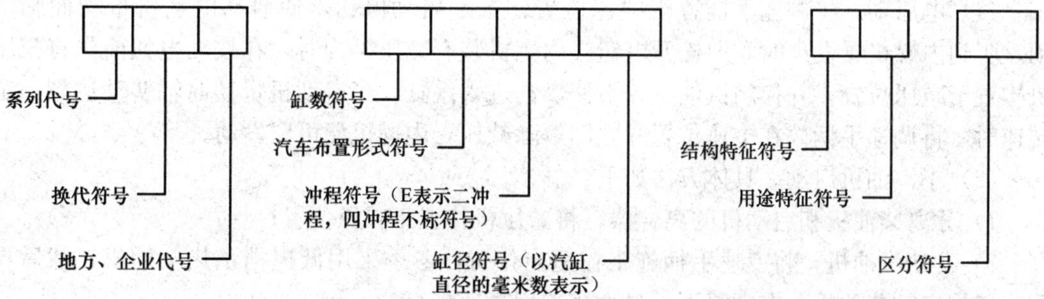

1. 柴油机型号示例

(1) 165F——单缸、四冲程、缸径65mm、风冷、通用型；

(2) R175ND——单缸、四冲程、缸径75mm、凝气冷却、发电机组用（R175产品换代符号）；

(3) 12V135ZG——12缸、V型、四冲程、缸径135、水冷增压、工程机械用；

(4) 8E150C-1——8缸、直列、二冲程、缸径150mm、水冷、船用主机、左机基本型；

(5) G8300ZD$_Z$C——8缸、直列、四冲程、缸径300mm、增压倒转、船用主机、右机基本型（G为产品系列代号）。

2. 汽油机型号示例

(1) 1E65F——单缸、二冲程、缸径65mm、风冷、通用型；

(2) 492QA——四缸、直列、四冲程、缸径 92mm、水冷、汽车用(A 为区分符号)。

1.3.2 内燃机的使用要点

1.3.2.1 内燃机启动前的准备

(1) 检查机件。内燃机在正常使用期内,每次启动前要查看机件的固定和连接情况。固定部分要牢固可靠,运动部件应灵活无阻。

(2) 检查燃油量。燃油箱内油量应该充足,不足时要及时添加经过沉淀、过滤的燃油。

(3) 开通油路。开启管路上的油阀,拧开喷油泵及燃油滤清器的放气螺钉(带有手油泵的可用人工泵油),将油路中空气排出,并查看有无漏油现象。

(4) 检查冷却水。水量不够时要及时补充清洁软水,并查看有无漏水现象。

(5) 检查机油。拔出量油尺检查机油贮量。如油面高度低于规定标志时应添加,如油面高度超过标志应查明机油增多原因,并予以解决。

(6) 人工润滑。给需要人工加油的部位加足润滑油。

(7) 清理杂物。查看机器周围及上面,如有工具或其他杂物,应将其存放好。

(8) 人工转动。凡能用人力转动曲轴的内燃机,应在开机前转动曲轴数转,以改善各摩擦部位润滑条件,减少启动阻力。转动曲轴时,要使油量控制机构处于停止供油位置,如有减压机构应置于减压位置。

1.3.2.2 内燃机的启动

(1) 电启动。将调速手柄置于中速位置,按下启动电钮,使启动电动机带动曲轴转动,听到内燃机爆发声时立即松开电钮。内燃机装有减压机构时,在按动电钮前先将减压机构置于减压位置,并控制供油量,不使燃油进入汽缸。当启动机带动曲轴转动达到一定转速时,将调速手柄放在中速位置并立即解除减压,内燃机便可以发动。

(2) 小汽油机启动。具体方法如下:

1) 分离柴油机和启动机的离合器,将减压机构置于减压位置;

2) 发动汽油机,将变速手柄施工在适当位置,冬季采用低速挡预热柴油机,然后再用高速挡启动柴油机,在常温下,可直接采用高速挡启动;

3) 扳动接合手柄使启动齿轮与柴油机飞轮齿圈啮合(必须在离合器结合前实施)。接合后立即松手,以便柴油机启动后能自动分离;

4) 平稳结合启动机离合器,驱使柴油机转动达到一定转速后,把减压手柄放在"半开"位置,其中的两缸先着火启动,随后把手柄放到"运转"位置,柴油机即可启动;

5) 柴油机启动后,启动齿轮与飞轮齿圈能自动脱开,而后扳动离合器手柄,使离合器分离,然后使汽油机熄火。

(3) 压缩空气启动。启动前应转动曲轴使第一缸活塞处于压缩冲程终了后 15°左右的位置,调速器手柄放在中速位置,然后打开贮气瓶的启动阀即可启动。待听到柴油机爆发声后再关闭启动阀。

1.3.2.3 内燃机的运转

(1) 内燃机启动后应立即作低速运转,待机温上升时再调到额定转速,然后逐步加上负荷。

(2) 内燃机在运转中应密切注意各仪表指示数值是否在规定范围内。一般应为：机油压力0.15～0.4MPa；机油温度70～90℃；进水温度55～65℃；出水温度75～85℃。

(3) 观察排气的颜色，正常燃烧时不应有黑烟。

(4) 倾听内燃机运转时的声音，正常运转时应速度稳定无异声。

(5) 柴油机不宜长时间低速运转，以避免燃烧室内积炭。

(6) 使用内燃机必须按照规定的功率范围带负荷。内燃机在额定功率下连续运转的时间一般不应超过12h。

1.3.2.4　内燃机的停机

(1) 内燃机停机前应进行一次检查，查看有无不正常现象，以便停机后及时维修。

(2) 内燃机停机前先要逐步解除负荷，然后降低转速运转数分钟，待水温下降到70℃以下时，方能进行停机。

(3) 内燃机在运转中如遇到下述情况应紧急停机：机油压力突然下降；内燃机出现异响；机件损坏或油水管破裂；内燃机温度急剧上升；内燃机飞车等。

(4) 内燃机停机后的工作：

1) 及时排除工作中所发现的故障；

2) 擦拭内燃机外部，如发现漏油、漏水或零件松动等应立即排除；

3) 对内燃机进行日常维护的作业项目；

4) 加足燃油、润滑油和冷却水，寒冷季节应采取防冻措施；

5) 把所有工具、器材收检整齐，保持内燃机及其周围的清洁与整齐工作。

1.3.2.5　内燃机的安全操作要点

(1) 大型内燃机必须安装在室内，小型的与其他机械联动的如安装在室外时，应搭设作业机棚，周围设置防护栏杆。

(2) 动力间应有良好的通风，内燃机周围应有1m宽以上的通道。排气管必须引出室外，并不得与可燃可爆物接触。

(3) 汽油机的曲轴箱严禁采用明火加温。柴油机如用明火加温曲轴箱时，须有专人看管。

(4) 曲艺轴箱内的润滑油面应在标尺规定范围内。在检查或添加燃油时，特别严禁吸烟或者有明火接近。

(5) 冷却水必须采用清洁的软水，水不足时应及时添加。由外部进行循环的冷却系统，应将供水阀门全部开启。

(6) 用小发动机启动时，每次启动时间不得超过5min。用直流电动机启动时每次不得超过10s。用压缩空气启动时，应将飞轮上的标志对准启动位置。如连续进行三次仍不能启动时，应检查其原因，并及时排除后再启动。

(7) 柴油机低温启动时，如采用空气预热器预热，时间为15～20s，预热后立即启动。用启动液启动时，应先将曲轴摇转1～2转，再喷射1～2s的启动液进行启动，启动后立即停止喷射，并应作好启动液的防毒工作。

(8) 内燃机启动后，要以低速运转3～5min后，才可以逐渐增高转速和载荷。低速运转时，机油压力、排气管排烟应该正常，各系统管路也应无泄漏现象。当温度和机油压力正常后，才可载荷作业。

(9) 当内燃温度过高，冷却水沸腾，必须打开水箱，但是，操作人员应该戴上手套，面部必须躲开水箱盖口。严禁采用冷水注入水箱或浇泼内燃机强制降温。

(10) 停机前应卸去载荷，进行中速运转，再关闭油门，停止运转。装有涡轮增压器的内燃机，作业后应怠速运转 5～10min，才能进行停机。

(11) 水冷内燃机，在气温降到5℃以下时，工作结束后应放尽各部存水。放水时要开启各部排水阀门及水箱。必须待水放尽，操作人员才可离开岗位。由外部供循环水的内燃机，则应在停机前关闭进水阀（或水泵）。

(12) 排水管口向上的内燃机应在排气管口加盖。

(13) 严禁采用汽油或煤油清洗内燃机的空气滤清和滤心。

1.3.3 内燃机的技术试验规程

1.3.3.1 内燃机试验前的检查

(1) 检查内燃机的各部件、总成、仪表等，必须装配齐全无误。

(2) 内燃机的机体安装必须牢固，各传动带的松紧度应合适。

(3) 检查燃油（汽油和柴油）、润滑油和冷却水等，均应符合出厂的规定。

(4) 检查各部管路和接头安装是否正确，电、气线路完整，包扎、卡固必须良好。

1.3.3.2 内燃机的空载试验

(1) 内燃机的空载实验应在冷却水温达到 75～85℃时才能进行。

(2) 试验时间，如原生产企业无特殊规定，应按表 1.3-1 所规定时间进行。

新机与重新装配的内燃机试验时间 **表 1.3-1**

序号	转速（r/min）	汽油机（min）	柴油机（min）
1	最低限速	35	5
2	中速	50	50
3	最高限速的 3/4	5	—
4	最高限速	—	5
新内燃机（包括重新启用的内燃机）			
5	最低限速	20	5
6	中速	20	30

(3) 对空载试验的内燃机要求作如下的检查：

1) 遇上下列环境时，应能顺利启动：柴油机不低于 5℃；汽油机不低于－5℃；汽油机启动或用汽油机启动的柴油机不得低于 0℃；采用电动机启动次数不得超过 3 次，每次连续时间不得超过 10s。

2) 启动后怠速运转稳定，在低速、中速、高速均应运转均匀；突然加速或减速时，不熄火、不断火，化油器、消声器不应有回火或突爆响声，排烟色正常，无过热现象。

3) 在常温下运转时，不应有下列不正常的响声：主轴承及连杆轴承的敲击声；活塞与缸体的敲击声；活塞销的敲击声；齿轮与滚动轴承的剧烈响声和不均匀敲击声；水泵叶轮和泵壳的敲击声；燃烧不正常的敲击声、漏气声等。

4）冷却水温度最高不应超过90℃，机油压力必须符合生产企业的规定。

5）内燃机的各部管道及各密封面的接口处，不应有漏水、漏油、漏气等缺陷，电气线路必须保证绝缘良好。

6）加速过程中，机油加油管及通气管口不应有不正常的喷气、喷油现象。用于已实行环保控制地区的内燃机，其噪声及排放标准必须符合国家规定要求。

7）内燃机的最高和最低转速应符合生产企业厂家规定，其允许误差，最高转速不应超过额定转速的5%，最低转速不应低于额定怠速的5%。

8）汽缸压力应符合生产厂家规定，在启动机正常转速下，汽油机各汽缸压力相差不应超过5%，柴油机各汽缸压力相差不应超过8%。

（4）对空载试验中存在问题的内燃机，必须排除或进行必要的检修。

1.3.3.3 内燃机的载荷试验

（1）额定载荷试验，一般应在测功器上按表1.3-2进行。

内燃机在额定载荷试验的运转时间　　表1.3-2

序号	试验载荷	运转时间（min）	
		汽油机	柴油机
1	额定载荷的20%	10	10
2	额定载荷的40%	10	15
3	额定载荷的60%	15	30
4	额定载荷的80%	20	30
5	满载荷	5	5
6	总测试时间	60	90

（2）新的和重新装配的内燃机，如已有出厂检验合格证，可不再进行额定载荷试验。

（3）已装在施工机械上的内燃机，应结合施工机械进行额定载荷试验，并测定燃料消耗量。

（4）额定荷载试验亦应达到上述空载试验要求所做的全部检查。

（5）内燃机进行完额定载荷试验后，当热机时检查如下内容：复核气门间隙和汽缸盖螺栓扭力；曲轴箱内的机油，如果发现金属屑或渗漏的冷却水，则应拆检排除，并更换机油。

1.3.4 内燃机的合理选择

1.3.4.1 内燃机类型的选择

（1）内燃机种类的选择。内燃机种类的选择可根据各生产厂家提供的主要性能技术参数和表1.1-1进行选择。

（2）冷却方式的选择。内燃机的冷却方式有水冷和风冷。水冷的效果好，冷却比较均匀，强化冷却的潜力较大，平均有效压力值比风冷式内燃机要高5%～10%，但需要有冷却系统，结构比较复杂。风冷式内燃机质量轻，启动快，工作可靠，磨损小，维护使用简便，特别能在环境温度－50～＋60℃范围内工作，不足之处是运行中噪声大结构密封性要求高。因此，大型水冷式内燃机的应用范围比风冷式的内燃机范围广，大型风冷式内燃机适用于沙漠、山丘等缺水地区、严寒地区及无清洁水源的地区。

(3) 进气方式的选择。内燃机的吸气方式有吸入式和增压式两种。小型内燃机由于采用增压的效果较差，且结构复杂，制造成本增大，所以很少采用增压式吸气。相反，大型内燃机多采用增压式吸气，主要原因是能有效地提高内燃机性能指标。

1.3.4.2 内燃机的经济选择

对内燃机的经济选择，主要考虑内燃机使用的经济指标，也就是燃油消耗率和有效率。降低内燃机的燃油消耗，节约内燃机的耗油量，是提高内燃机经济效益最主要的内容。

(1) 选择增压式进气方式是提高内燃机功率和经济效益的最有效的措施。实践证明，在不增加油耗的情况下，如果进入汽缸的空气压力比自然充气压力提高 40kPa，内燃机的功率可以提高 30%～50%。

目前国内中、小型内燃机广泛采用废气涡轮增压器，其增压效果显著。这种增压器是利用废气的能量提高柴油机功率。据有关资料表明：如 6 缸柴油机采用废气涡轮增压后，在中（增压比为 1.4～2)、低（增压比为 1.4 以下）增压时，功率可提高 30%～60%，耗油率下降 2%～6%。若采用高压以恢复内燃机功率，其效果更加显著。

(2) 对没有增压的内燃机可以采用另加增压器的措施来提高经济效益，其主要方法如下：

1) 选择合适的增压器型号，同时设计利用废气脉冲能量的排气管，并通过试验选定；

2) 参照使用说明书正确安装增压器，注意管道连接正确，内部畅通，外部严格密封；

3) 经常检查温度和运转情况，做到勤听、勤摸、勤看、勤察、勤洗、勤检查，确保内燃机不漏油、不漏水、不漏气、不漏电；

4) 采用改善内燃机负荷和机械负荷的措施，努力提高内燃机的性能。

(3) 为了充分利用我国资源和降低使用成本，可以采用适当措施使用重柴油。因为重柴油的质量指标除凝点较高会影响高速柴油机燃烧过程外，其余都能满足要求，而且重柴油的十六烷值比较高，其燃烧的性能比较好。

1.3.4.3 内燃机的功率选配

施工机械选用的内燃机是通过各种要求精心选配完成的，其中最主要的是以功率大小来确定。功率过小，内燃机会经常出现超负荷工作，影响使用寿命；功率过大则会出现"大马拉小车"现象，增加使用成本，降低使用效率。

合理地选配好内燃机，能有效地使施工机械在正常工作载荷与内燃机的持续功率（12h 功率）相符合，并且有一定的超负荷备用系统，这样才能获取较高的动力性和经济性。

配套内燃机的功率计算公式：

$$P = K\frac{P_2}{\eta}$$

式中 P——配套内燃机的功率，kW；

K——备用系数，一般取 $K=1.5$；

P_2——工作机的轴功率，kW；

η——传动效率，依传动机构类型而定。一般联轴节取 0.99，齿轮传动取 0.9～0.99，蜗杆蜗轮传动取 0.8～0.85，皮带传动取 0.85～0.92。

根据计算的配套功率，按内燃机 12h 标定功率选配。由于内燃机大多数不是针对专用施工机械设计的，选配时应注意折算。如车用发动机用到施工机械上，应把铭牌功率（15min 功率）折扣 55%～65%。

总之，通过内燃机类型的选择、经济指标的选择和功率选配的验算，从性能指标、结构型式、可靠性、通用性和经济性等各方面综合的评定，才有可能选择出最经济、最合理的内燃机与施工机械厂配套。

1.3.5 内燃机的维护保养

内燃机要保持正常运转，除正确操作外，还必须进行系统的定期维修保养。根据内燃机结构及使用环境条件的不同、保养要求和方法也有不同，现将施工机械配装较多的 135 系列柴油机维护保养内容列出。

1.3.5.1 内燃机的日常维护

（1）检查曲轴箱内油面高度，油量不足时应按规定要求添加。

（2）检查散热箱内的水位，必要时按规定要求进行补充。

（3）检查油箱内的燃油是否足够，如若不够时则按规定要求进行补充。

（4）检查柴油机各附属装置是否安装正确和稳固程度，必要时重新安装或加固。

（5）检查柴油机安装的稳固情况及与从动设备的连接情况。

（6）检查喷油泵传动联接器上的相关位置（供油提前角）是否变动。

（7）保持柴油机的整洁，清除表面油污、水迹及尘埃，尤其要注意电器劾上的清洁。

（8）将散热箱及风扇上的尘埃必须擦洗干净，或用压缩空气吹净。

（9）消除柴油机漏油、漏水和漏气等现象及其他不正常的现象。

1.3.5.2 内燃机的一级保养（每累计作业 100h 后）

（1）按日常维护要求进行保养工作。

（2）检查蓄电池的电压及电液相对密度，电液相对密度一般不应低于 1.27。并检查电解液面是否在极板上 10～15mm 处，不足时添加蒸馏水。

（3）检查风扇及充电发电机传动皮带的松紧度，并及时进行调整。

（4）拆开机体侧面盖板，拔开机油泵的粗滤网锁紧弹簧片，取出粗滤网清洗。每隔 200h 清洗机油精滤器及粗滤器，然后将机油全部换新（如果机油较清洁，可适当延长更换时间）。

（5）检查喷油泵孤机油储存量，如需要则应及时添加机油。

（6）按规定要求向各注油嘴处注入润滑脂或润滑油。

（7）清洗内燃机上的空气滤清器，并更换机油。

（8）清洗燃油滤清器（如使用经过沉淀及滤清的燃油，可每隔 200h 清洗一次）。

（9）清洗机体盖板上通气管内的滤芯，注意清洗后必须浸上机油重新安装好。

（10）进行保养拆卸的零部件，重装时应保证安装位置的正确，然后开动柴油机，检查运转情况，消除所存在的故障及不正常的现象。

1.3.5.3 内燃机的二级保养（每累计作业 500h 后）

（1）按一级保养的要求进行保养工作。

（2）检查喷油嘴的喷油压力及喷油情况，必要时进行清洗，并对喷油嘴作以调整。

(3) 认真检查喷油泵的工作情况，必要时将对油泵进行重新地调整工作。

(4) 检查配气室及供油提前角，必要时对供油提前角进行调整。

(5) 检查内燃机的进、排气门的密封情况，不合要求时应给予以研磨修正。

(6) 检查水泵溢水孔的滴水情况，如滴水成流时，应更换封水圈。

(7) 拆开机体侧面盖板，从缸套下端检查汽缸套封水橡皮圈是否漏水现象，必要时更换。

(8) 拆下机体前盖板，检查传动机构盖板上的喷油塞是否畅通。

(9) 检查机油冷却器及散热箱是否正常工作、是否漏水等。

(10) 检查连杆螺钉、曲轴螺钉、汽缸盖螺母，以及机体螺栓的紧固及保险情况。并要求按照规定进行重新紧固汽缸盖螺母等。

(11) 检查电器设备上电线接头，如若发现有烧痕现象，则应及时给予清理。

(12) 清洗内燃机的油底壳。拆开机油冷却器，清洗滤心。

(13) 清洗燃油箱及其管道，清洗冷却系统水垢。

(14) 每累计工作 1000h 后，将发电机及启动机拆开，洗掉各机件上旧的轴承润滑脂，并换上新的润滑脂，同时检查启动机的齿轮传动装置是否正常运行。

(15) 普通地检查发电机各机件，并进行必要的修正和调整。

(16) 在保养中拆下的各零、部件，在装回时应保证安装位置正确，然后开动柴油机，检查运转情况，并消除所有故障及不正常工作现象。

1.3.6 内燃机常见故障及处理方法

柴油机的常见故障及处理方法见表 1.3-3 所列。

柴油机的常见故障及处理方法 **表 1.3-3**

故障现象	故障原因	处理方法
柴油机不易启动	(1) 燃油系统中有空气； (2) 燃油管堵塞； (3) 滤清器堵塞； (4) 输油泵不供油或供油断续； (5) 喷油压力低，雾化不良； (6) 汽缸压力太低； (7) 启动转速太低； (8) 温度太低；	(1) 检查油管接头是否松动，打开放气螺钉排除空气； (2) 检查管路，清除堵塞； (3) 清洗滤清器； (4) 检查供油管路是否漏气，如排除漏气后仍不供油，应检修输油泵； (5) 检查喷油器，调整压力； (6) 检查气门间隙、气门密封面、缸壁间隙；检查活塞环是否损坏；汽缸垫是否漏气等，有缺陷应更换、调整、修复； (7) 检查启动系统，如蓄电池是否充足；接线是否正确和牢靠；启动机是否有故障； (8) 预热柴油机；
排气管冒黑烟	(1) 超载； (2) 各缸供油不均，有的供油太多； (3) 燃油雾化不良； (4) 喷油时间过晚； (5) 空气不足； (6) 气门间隙过大，气门密封不严； (7) 喷油泵扇齿松动	(1) 减载； (2) 调整供油量，使各缸供油均匀； (3) 检查调整喷油器； (4) 调整喷油提前角； (5) 检查滤清器是否堵塞，并清除； (6) 检查调整气门间隙，检查并研磨气门； (7) 检查调整后紧固

续表

故障现象	故障原因	处理方法
排气管冒蓝烟	(1) 空气滤清器堵塞，进气不畅通，或滤清器中机油过多； (2) 柴油机油底壳油面过高； (3) 活塞环磨损严重，弹性不足，缸壁间隙过大	(1) 清洗滤清器，检查滤清器中油面，使其符合要求高度； (2) 放出多余机油，使其符合规定高度； (3) 活塞环弹力不足应更换，缸壁间隙过大应修理
排气管冒白烟	(1) 燃油中有水； (2) 缸垫损坏，缸盖裂纹向缸内漏水； (3) 天冷水温太低； (4) 喷油提前角过大，空车时冒白烟； (5) 喷油压力低，雾化不良，有油滴	(1) 更换燃油； (2) 检查更换缸垫，检查修复缸盖； (3) 预热柴油机； (4) 调整喷油时间； (5) 检查喷油器针阀副，密封不良应更换。调整喷油压力到规定值
机油压力过低	(1) 限压阀调整不当； (2) 机油泵磨损严重； (3) 机油过稀； (4) 机油集滤器堵塞； (5) 主轴颈、连杆轴颈间隙过大	(1) 调整限压阀； (2) 检修机油泵； (3) 更换合适机油； (4) 清洗集滤器； (5) 调整、修理
机油压力过高	(1) 限压阀调整不当； (2) 机油过稠； (3) 油路堵塞	(1) 调整限压阀； (2) 更换机油； (3) 清洗油路
油底壳油面升高	(1) 汽缸套封水圈损坏； (2) 汽缸盖裂缝； (3) 汽缸垫损坏； (4) 汽缸套与机体接合面间漏水； (5) 汽缸套穴蚀穿孔	(1) 更换封水圈； (2) 修复汽缸盖或更换； (3) 更换汽缸垫； (4) 检查汽缸套台肩与机体之间的铜垫，必要时更换； (5) 更换汽缸套
柴油机无怠速	(1) 供油量不均匀； (2) 调速器调整不当； (3) 调速器怠速弹簧过软； (4) 操纵手柄未放到底	(1) 调整供油量，使其均匀； (2) 调整调速器； (3) 更换； (4) 检查调整操纵机构
柴油机过热	(1) 超载； (2) 喷油过早或过晚； (3) 冷却水不足； (4) 风扇皮带打滑； (5) 节温器失效； (6) 水套、水箱中水垢太多； (7) 水箱堵塞，散热片压倒； (8) 水泵损坏	(1) 减载； (2) 调整喷油时间使其符合要求； (3) 添加冷却水，检查有无漏水； (4) 调整皮带使其符合要求； (5) 更换节温器； (6) 清除水垢； (7) 修理水箱； (8) 检查水泵，调整间隙或修理
柴油机运转不稳	(1) 各缸供油不均匀； (2) 油路中有空气； (3) 喷油器积炭或滴油； (4) 调速器与喷油泵连接销和孔磨损，间隙过大； (5) 喷油泵装配不良，调整齿杆和油门拉杆移动不灵活； (6) 调速器飞锤或钢球移动不活络； (7) 调速器传动盘或推力盘磨损； (8) 喷油泵柱塞弹簧或出油阀弹簧折断； (9) 个别汽缸工作不正常，如喷油器堵塞、卡住、气门漏气等	(1) 调整供油均匀性，必要时更换柱塞副； (2) 排除空气； (3) 检查、清洗、调整喷油器； (4) 修理或更换销子； (5) 检修，重新装配； (6) 检查校正； (7) 更换； (8) 更换； (9) 检查并排除故障，使其正常工作

续表

故障现象	故 障 原 因	处 理 方 法
柴油机功率不足	（1）供油量不足、不均； （2）喷油压力过低，雾化不良； （3）喷油时间不正确； （4）气门间隙不当； （5）气门磨损，密封不严； （6）活塞环磨损，弹力下降； （7）缸壁间隙过大	（1）检查调整，必要时更换柱塞副； （2）检查调整，必要时更换喷油器针阀副； （3）调整； （4）调整； （5）研磨，必要时修理； （6）更换； （7）修理
柴油机飞车	（1）喷油泵齿杆或油门拉杆卡住； （2）喷油泵齿杆或油门拉杆脱开； （3）调速器调整不当，不能停油； （4）飞锤卡住，钢球不活络； （5）调速弹簧折断； （6）空气滤清器内机油过多	出现飞车必须采取有效措施，使其迅速停车，检查故障予以排除
柴油机有不正常的响声	（1）喷油时间过早，汽缸内有有节奏的清脆的敲击声； （2）喷油时间过晚，汽缸内发生低沉的敲击声； （3）活塞与汽缸配合间隙过大，在汽缸全长上有清晰的敲击声，转速变化时更明显，热车后声音减小； （4）活塞销与连杆铜套配合过松，发出轻微而清晰的敲击声，低速或转速变化时更明显； （5）连杆轴承间隙过大，发生钝音的金属撞击声，转速突然降低时尤为明显； （6）主轴承响。滑动轴承间隙过大时，在曲轴箱处可以听到沉重的撞击声，从加机油口处听更明显；如属滚动轴承，过松时可听到霍霍声，过紧时则可听到尖锐刺耳的响声，加大油门时更明显； （7）活塞顶碰撞气门或缸盖，在缸盖处发出沉重而均匀有节奏的撞击声，用手摸汽缸盖罩盖的螺栓时有感觉； （8）齿轮有不正常响声，在齿轮室外可以听到响声，转速突然降低时有撞击声	（1）调整喷油时间； （2）调整喷油时间； （3）修理； （4）换销子，配铜套； （5）更换连杆轴承； （6）调整或更换轴承； （7）查明碰撞原因，采取调整气门间隙、加厚汽缸垫等措施； （8）调整齿隙，必要时更换齿轮
柴油机转速未变而涡轮增压器压力下降或上升	（1）进气管路或空气滤清器阻塞； （2）压气机部分空气流道沾污； （3）涡轮部分和转子积炭或轴承损坏，阻力增加使转速下降； （4）进气管路、接头漏气； （5）涡轮排气不通畅使转速下降； （6）涡轮增压器喷嘴或通道积炭阻塞，导致转速增高	（1）及时清洗并吹净； （2）清洗干净； （3）拆检清洗或更换轴承； （4）检修，拧紧接头螺钉； （5）清理排气道，检查转子和轴承等； （6）清除积炭
涡轮增压器剧烈振动或有异响	（1）压气机叶轮或涡轮损坏； （2）转子轴上积炭严重，失去平衡； （3）旋转件与固定件相碰； （4）轴承磨损，间隙过大，或产生干摩擦	（1）修理或更换； （2）拆下转子轴，清理积炭； （3）找出碰擦部位进行修理； （4）更换轴承，注意润滑油路的疏通

1.4 柴油发电机组

1.4.1 概述

1.4.1.1 柴油发电机组的用途

柴油发电机组是以柴油为主燃料的一种发电设备，以柴油发动机为原动力带动发电机（即电球）发电，把动能转换成电能和热能的动力机械设备。柴油发电机组属于混合动力装置，具有工作可靠、性能稳定、启动迅速、并能很快达到全功率以及对自然环境适应性强等特点。广泛地应用在无交流电源建筑、市政、公路、铁路、隧道、水利、港口及国防工程等施工中，其主要作用：

（1）当施工现场无电源并需要用电时，可以选择柴油发电机组自建发电系统供电。

（2）当大型企业施工机械（如大型铲运机、大型起重机、大型挖掘机、大型装载机、大型电动轮车等）需要选择混合动力装置时，就可以选择柴油发电机组供电，能使每一辆大型的移动式施工机械上的电动轮胎及工作装置能正常运转。

（3）作为移动式应急发电站，在工程的常用电源因故障断电后，能迅速紧急启动运行，保证工程负荷的连续供电。例如冶炼厂、石油化工厂的自动生产线和通信、银行、医院、机场、星级宾馆、高层建筑的消防设备、事故照明、电梯等，以及商业区、群众集合场所的临时照明。柴油机发电站都属于应急电站，要求几秒内能迅速恢复供电的单位，对于应急电站的柴油发电机组要求连续供电的时间不会超过12h。

（4）有些远离公用电力网的海岛、矿山、农村、军事基地等需要柴油发电机组长期运行供电。图1.4-1所示为柴油发电机组的外貌图。

(*a*)

(*b*)

图1.4-1 柴油发电机组外貌图

(*a*) 康明斯发电机组；(*b*) 上海柴油发电机组

1.4.1.2 柴油发电机组的组成与分类

整套发电机组由柴油发动机、发电机（即电球）、控制器三部分组成。也就是由底座、柴油发动机、底座油箱、发电机组（即电球）、控制器（起到控制的作用，也起到保护机组的作用）、散热器（风冷：风扇；水冷：水箱）、静音箱等部件组成。柴油发电机组的分类：

1. 固定发电机组

固定发电机组分为室内安装和室外集装箱安装两种方式：

(1) 室内安装要求有单独的柴油机房，柴油发电机组及其附属设备都安装在柴油机房中，要求机房比较面积充裕，进、出口通风应畅通无阻，便于采集降噪处理，有利于维护保养。这种安装方式适用于所有的通信基站和野外作业的特大型施工机械；

(2) 室外集装箱安装方式在没有固定机房安装设备的情况下不可采用，机组容量一般不大，价格较高，由于受机组使用环境的要求在寒冷地区不宜使用。

2. 移动发电机组

移动发电机组主要适用于通信基站、微波站以及光缆继中站等通信局站，容量不大，使用机动灵活，取代固定油机可降低工程的投资。移动发电机组主要适用于拖车式、便携式以及汽车抬架方式三种。其中便携式容量较小，大多采用汽油发电机组。

3. 自启动机组

该机组是基本型机组基础上增加自动控制系统。它具有自动化的功能。当市电突然停电时，机组能自动启动、自动切换开关、自动运行、自动送电和自动停机等功能；当机油压力过低时、机油温度或冷却水温度过高时，能自动发出声光警告信号，能自动紧急停机进行保护。

4. 微机控制自动化机组

由几组有性能完善的柴油机、三相无刷同步发电机、燃油自动补给装置、机油自动补给装置、冷却水自动补给装置及自动控制屏装置组成。自动控制屏采用可编程自动控制器PLC 控制。它除了具有自动启动、自动切换、自动运行、自动投入和自动停机等功能外，并配有各种故障报警和自动保护装置，此外它还通过 RS232 通信接口，与主计算机连接，进行集中监控实现遥信、遥测和遥控。

1.4.1.3 柴油发电机组的特点

(1) 热效率高，燃油消耗低。柴油机的有效热效率为 30%～46%，高于蒸汽机（20%～46%）、燃气轮机（20%～30%），因此其燃油消耗较低。

(2) 设备紧凑，单位功率质量轻。与蒸汽机相比，因柴油发电机组的设备比较简单、辅助设备少、体积小、质量轻，安装地点灵活，占地面积小无须水坝、锅炉，冷却水少，不与电网并联，所以柴油发电机组金属耗量低。

(3) 启动迅速，并能很快达到全功率。柴油机的启动一般只需用几秒钟，在应急状态下可在 1min 内带全负荷，在正常工作状态 15～30min 内带到全负荷，柴油机的停机过程也很短，并且可以频繁启停。

(4) 单机容量等级多。柴油发电机组的单机容量从几十千瓦到几兆千瓦，用作高层建筑、大型桥梁施工、隧道施工、工矿企事业单位、军事设施的施工等，可选择的范围大，并能适应多种容量用电负荷。

(5) 维修操作简单，所需要操作人员较少，在备用期间的保养容易。

(6) 柴油发电机组的电能成本高，柴油机只能使用液压燃料，目前液体燃料价格也较贵。

(7) 柴油机运行机构是活塞式往复机构，因此运行时的磨损大，检修比较频繁，使用寿命较短；运行的稳定性和过负荷能力有待于进一步提高；另外，柴油发电机组只允许超过标定功率的10%运行1h。

（8）柴油发电机组运行振动大，噪声又高，机房的油雾多，工作人员操作条件较差，对周围建筑物的环境污染严重。

（9）单机容量小，电站的总装机容量不可能很大，所以，不适宜作为区域电站的动力设备。

1.4.1.4 柴油发电机组的型号编制方法

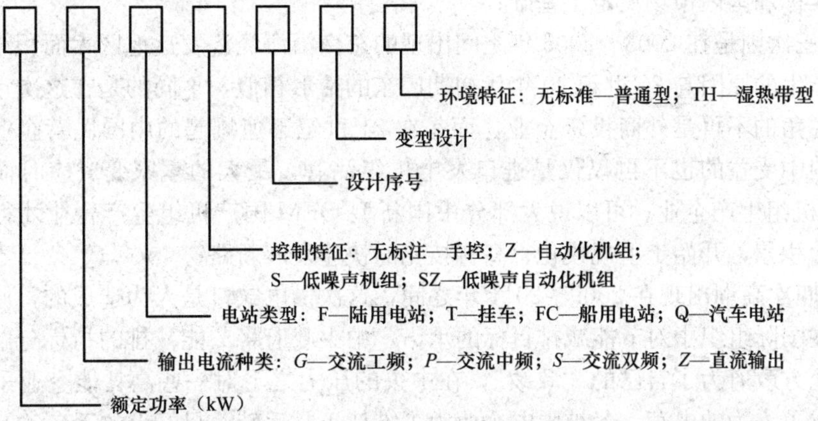

例如：300GF18表示额定功率300kW、交流工频、陆用、设计序号为18的普通型柴油发电机组。

1.4.1.5 柴油发电机组的发展概况

（1）中国是柴油发电机组生产和销售的大国，世界上有12个柴油发电机组销售最大国家和地区，分别是欧洲、北美、东中、非洲产油国家、中国、俄罗斯、印度、东盟国家、南非、日本、巴西和韩国，中国按单国销售量算名列世界第一。

（2）中国每年销售的柴油发电机组是多少？没有一个准确的数字，因为民营企业已占柴油发电机组的主要部分，比较分散，难以实现准确统计。

（3）据行业数据统计显示，2010年全国26个企事业上报数字统计，累计完成工业总产值58.76亿元，销售产值61.64亿元，实现利润总额10.38亿元。而根据经验，未被统计到的发电机机组企业的销售额大致为被统计企业的3倍以上，也即2010年国产发电机组的销售总额超过180亿人民币。

（4）同时根据海关对发电机组产品的进口统计，2010年中国共进口2000kVA以下内燃发电机组为9638台，进口值为7.58亿美元。国产和进口两项相加，2010年度中国市场柴油发电机组的销售量约在228亿人民币左右。

（5）如果研究中国和全球柴油发电机组市场的发展轨迹可以发现两条曲线，一条是“波形曲线”，一条是“平直上升曲线”。波形曲线是因应柴油发电机组“替代电源”的用途而产生的。柴油发电机组这一用途的市场特征是，在电网供电缺口较大时，其作用同步增大，在电网供电缺口缩小时，其作用同步减小。

（6）自20世纪80年代末以来，国内先后发生过四次较大规模的全国性或区域性电力供应紧张。

1）第一次是20世纪80年代后半期，因中国改革开放开始拉动国民经济走上快速增长的轨道，而陈旧的电力建设水平不能及时增加供电量，造成当时全国性缺电局面，各用电单位为弥补电力缺口，纷纷寻购柴油发电机组作为替代电源，使当时柴油发电机组市场火了一把；

2）第二次是在20世纪90年代初期的广东，邓小平南巡讲话之后引起广东地区率先掀起外商投资热潮，短期内数万家工厂鸣笛开工，引起广东省区域性供电紧张，以及涉及全国供电紧张。在这一次区域性市场热销中获利最大的是进口发电机组企业，像国际巨头康明斯、卡特彼勒、威尔信等都是利用这一市场机会进入国内，并迅速成为市场赢家。为此后十多年称霸国内市场奠定了基础；

3）第三次则是在2003～2005年之间出现的东南沿海经济发达地区大面积结构性供电紧张，其产生的原因与20世纪90年代初期广东的情形相似，不同的是在这次市场旺销中成为买方主角的不再是外商投资企业，而是在21世纪迅速崛起的中国民营企业，而在这次市场旺销中受益的也不再仅仅是进口发电机组品牌，最大的赢家变成应时而生的新型OEM国产机组生产企业。可以说大部分中国新型OEM国产机组生产企业才得以完成其资本的原始积累，开始走上规模化、高科技化的快速发展新路；

4）第四次高潮出现在2009～2011年之间，这次供电缺口是人为造成的，原因是为了完成中国在国际组织中对节能减排目标的承诺，中央政府将节能减排的指标分解给各地方政府，各地方政府为了自己的"政绩"，在中央的压力之下对一些高耗能企业采取拉闸限电措施形成了人为的电荒。各被限电企业为了维持正常运转，只好求救于自备电源。

（7）根据世界各国的经验，这种市场需求波峰的出现是在所难免的，这不仅是供电能力调节的问题，可能还有电网安全方面的原因，比如前几年出现的美国、加拿大大规模停电和前年出现的欧洲大停电，其原因并不是供电能力不足。而是电网年久失修不能承受过大负载，造成国家电网瘫痪，而美、欧大停电之后都刺激市场形成备用发电机组需求高峰，这可能就是柴油发电机组"替代电源"的现代版用途了。而这种情形，2008年初因中国南方大面积、长时间的冰雪凝冻灾害，如出一辙地再次出现。目前市场普遍认为，始自2008年以后的全国性发电机组持续热销，就是由那次冰雪凝冻灾害所引发的，而且这种重视备用电源观念的普及，将对中国发电机组市场未来几年的走向产生长远影响。

（8）按照中国目前的发展模式和发展速度，我们有理由相信，发达国家和地区的今天就是我们的明天，中国柴油发电机组市场常态需求的市场曲线肯定会呈现为一条平直上升曲线。

1.4.2 柴油发电机组的使用要点

1.4.2.1 柴油发电机组启动前的准备

对于自动化机组，平时应经常进行检查，利用定期自检或试机，及时排除机组、控制电路和各种管道的故障，以保证机组的运行可靠性。此外，柴油机是一种热机，它对环境温度和本身条件有一定的要求，为了提高备用机组的可靠性，使它能顺利地投入运行，在运行前还需进行预热和预润滑，必须使机组处于良好的备用状态。

1. 预润滑

柴油机在启动前，为了使其动部件之间充满油膜，需要预润滑，通常有以下几种方式：

(1) 一次注入式：在柴油发电机组启动前或启动的同时，一次注入足够充满需要润滑部位的机油量，或者建立一定的油压。

(2) 周期润滑式：通常另设一台电动预润滑泵，当机组处于备用状态时，该泵实施定时自动泵油，周而复始地对它进行预润滑。利用 PC 的定时功能，保证每隔一定时间接通电动机电源及泵油一段时间。机组投入运行后，预润滑功能即自行退出。

2. 柴油机预热

除一般小型机组，制造商允许采用直接冷态启动外，为了使应急机组能够满足启动时没有低速暖机过程，而立即提升速度合闸带负载的要求，预热措施使水、油温度保持在要求范围内，是很有必要的。常见的加热方式有电灵和利用废热两种，后者用于装有多台机组的发电站，使任何运行机组的冷却水出来流入备用机组水套，利用冷却水废热加热火备用机组，达到节能目的。当然为此须要增设连接管道和控制流向的电磁阀，必要时还需要增设增压泵。

3. 发电机驱潮

为防止发电机因受潮使绝缘下降而诱发事故，在备用状态下要采取措施烧烤发电机。有了良好的绝缘，才能保证可靠运行。

4. 调速器预置位

为了缩短启动过程，应急机组采用定位启动方式。所谓“定位”，就是在准启动状态下把调速器从停机位置调到满载时额定转速位；必要时增设一套启动时使用的限油机构，防止柴油机超速保护动作，并提高启动成功率。

5. 定期自检运行

作为应急机组应经常处于长期的备用状态，为了提高运行的可靠性，每隔 10 天左右就要运行 5～10min。一般不合闸，就可以比较全面地了解机组的运行情况，并使机组长期保持良好的准启动状态。这种防患于未然而定期自检运行是极其必要的。由于使用 PC 固有的定时器和计数器，极容易取得长延时信号，因此，这种定期启动的主令信号的获取是很方便的。

1.4.2.2　柴油发电机组的启动

柴油机的启动过程分为正常和应急两种，其区别就是有无升速和低速暖机环节。机组的正常启动过程包括：升速（从停机到点火转速位）、启动、暖机、升速（从点火转速位到额定转速位）、建压、合闸等环节，也就是从启动柴油机到发电机供电为止的全过程。

但是，应急机组的首要任务是在最短的时间内，尽快地恢复供电，一般采用定位启动方式，取消升速和低速暖机，达到缩短启动时间的目的。这两种过程可以只要一种控制程序，即采用 PC 有条件跳转功能，在应急情况下不执行升速和暖机。控制对象有：启动所需动力源（电源或气源）、油门、合闸机构等。当然，不同机组有不同控制要求和各种附带操作，所以编制程序必须全面、细致。

柴油发电机组启动过程控制流程可见图 1.4-2 所示。

1. 启动

为了提高启动的成功率，整个启动过程包括三次试启动。每次接通启动动力源时间以及两次启动间隔时间由产品标准规定，通常都是可调的，由用户根据实际情况确定。一般中、小型机组只要 4～6s 就够了。柴油在汽缸内自动点火爆燃，标志着机组启动成功，同

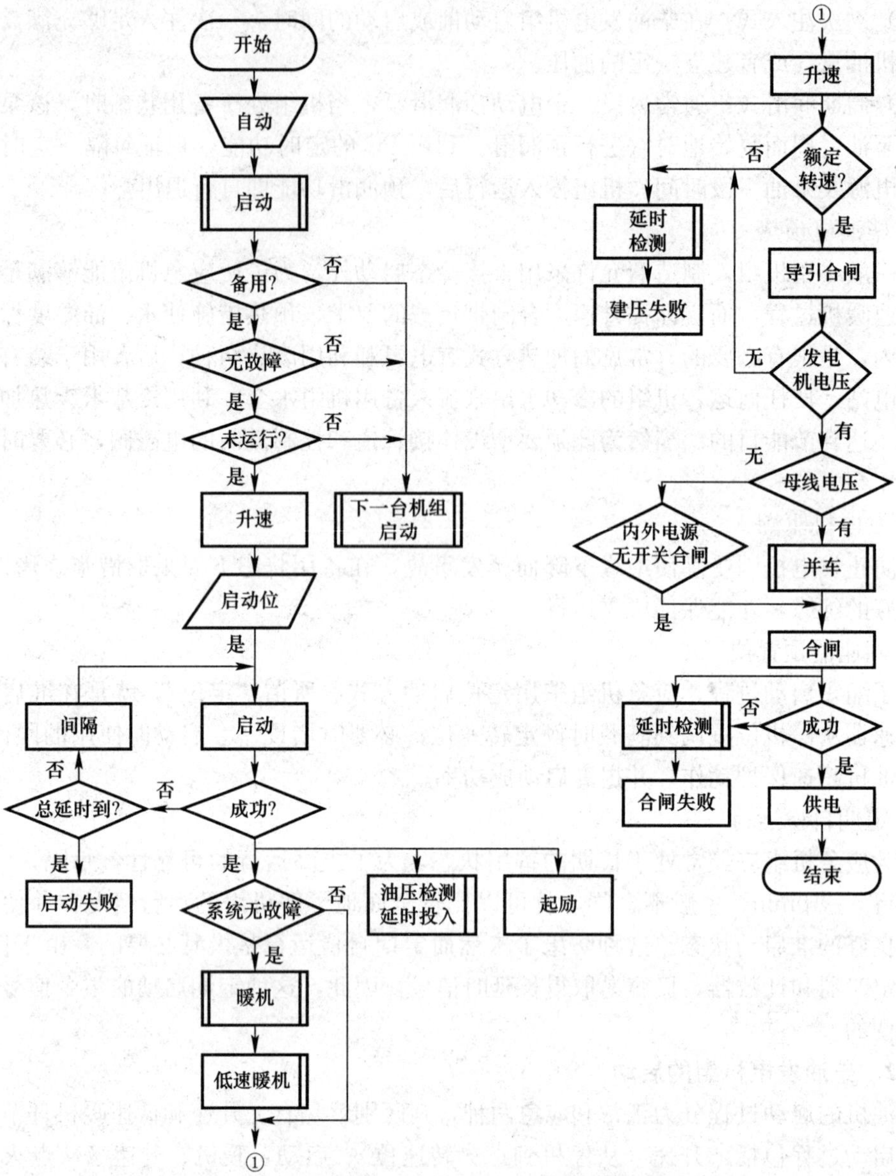

图 1.4-2　柴油发电机组的启动程序控制流程图

时切断启动动力源和预润滑环节，开始执行一一指令。如果机组在三次启动总延时结束时，仍未达到点火转速，即按“启动失败”故障处理。

2. 暖机

如果电网运行正常，允许机组按正常启动程序进行控制。柴油机启动成功后，即维持低速运转一段时间，同时计时控制暖机时间。待暖机结束，柴油机就继续升速，直至额定转速。“机油压力过低”保护则在启动成功后延时接入。

3. 建压合闸

自动化机组的发电机配有自动电压调整器，事先都已整定在额定电压位置上，一般不需要重新调整。不过有的可控相复励装置、可控硅励磁调节装置等需要起励，触发它们的起励装置投入正常工作，所以机组启动成功之后，要有“起励”指令。随着机组达到额定转速，发电机建立额定电压，经过检测确认，才能根据电网有无电压向发电机主开关的合闸机构发出“并网”或“应急”合闸指令。如果母线无电压时，应急合闸是容易实现的，合闸后，再分级加载，恢复供电。发电机主断路器合闸后，必要时，其辅助触点断开发电机加热电阻丝的电路。至此，整个柴油发电机组的启动程序结束。

1.4.2.3 柴油发电机组的停机

跟启动过程一样，机组的停机过程也有正常和紧急两种，但其主要区别则在于停机过程中有无减速和低速冷机环节。当运行机组发生故障或其他严重情况时，为了防止故障扩大，保证机组安全，应按紧急停机处理。发电机分闸卸载后，直接切断燃油或进气，强迫停机。所以，现在根据柴油机动力源码不同，分别采用电磁铁或汽缸作为停机的执行元件，直接推油门齿条，使喷射油泵失去作用以实现停机，也就是同时采用蝶阀关闭燃烧空气进气管，来达到加速停机的目的。

柴油发电机组停机程序控制流程图见图 1.4-3 所示。

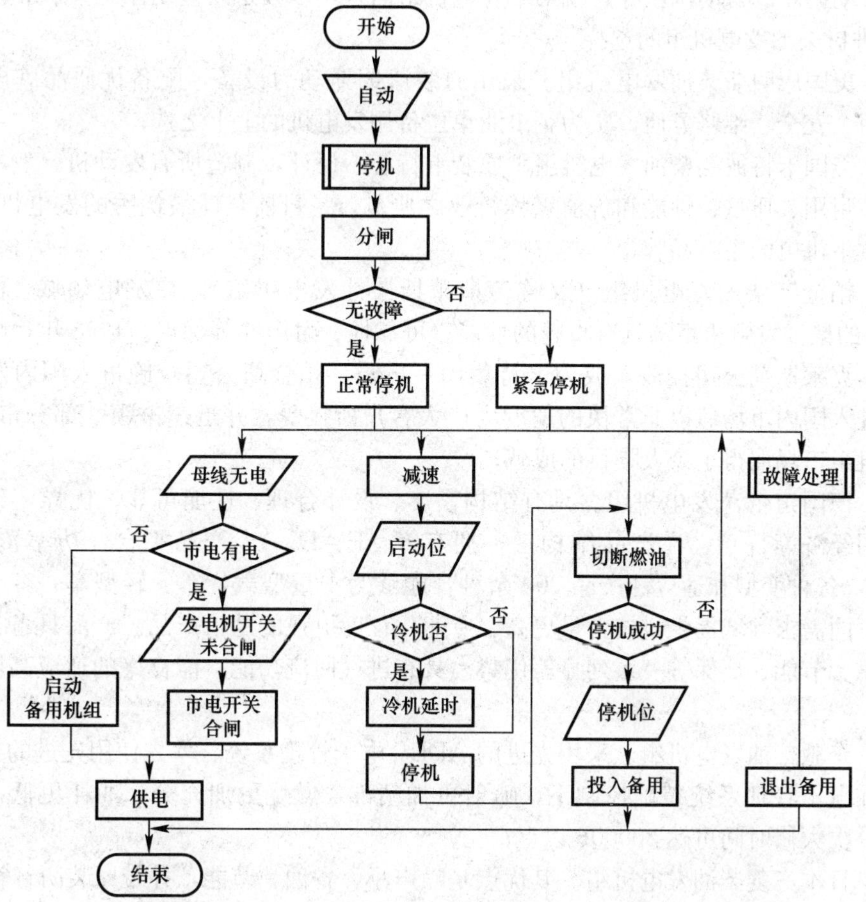

图 1.4-3 柴油发电机组停机程序控制流程图

（1）分闸。机组停机前，应该先进行卸载，断开发电机主断路器后再停机。为了严格遵守这一安全操作规程，停机应受分闸的制约，必须前分闸后停机。在编制控制程序时应满足这一要求，使机电相互联锁，控制过程才能更为合理可靠。

（2）冷机。正常停机时，分闸后，以低速运转一段时间达到冷机目的。用定时器计时，冷机时间到，即发出转移指令。紧急停机时，则不经“冷机”直接转向“停机”。

（3）停机。正常机组停机时，把调速器退到“停机”位，跟紧急停机一样，用停机专用执行元件切断油路。停机后再根据机组的实际工况，自动投入或退出备用。

1.4.3 柴油发电机组的合理选择

1.4.3.1 柴油发电机组类型的选择

1. 各类型式的分类的选择

目前，柴油发电机组的类型很多，按运输方式可分为挂车式、汽车式和固定式等；按柴油的类型可分为增压、非增压，循环水冷、直流水冷等型式；按励磁方式可分为不可控相复励励磁、三次谐波励磁、无刷励磁了、可控硅励磁和直流励磁机励磁等；按调压方式可分为手动调压、自动调压等。就某一发电机组而言，多数是以上几种类型中来选择。

2. 进口柴油发电机组的选择

（1）美国康明斯柴油发电机组。采用原装康明斯动力设备，配备优质品牌电机，节能、耐用、安全、维修方便，实为企事业单位备用发电机的上上之选；

（2）美国卡特彼勒柴油发电机组。原装卡特统一设计，制造所有发动机、发电机、控制系统。耐用、质量、性能和价值堪称行业之典范，是目前全球最优秀的发电机组产品，广东老黄牛机电的主打品牌；

（3）帕金斯柴油发电机组（又称劳斯莱斯柴油发电机组）。在发电领域，涵盖 7～1811kW 的柴油发电机组都具有卓越的性能、可靠性、耐用性等优点。1998 年，帕金斯公司被美车克莱斯勒公司控股，成为卡特集团一成员。帕金斯公司较晚进入国内发电机市场，但进入国内市场后以非常快的速度为广大客户所接受，并迅速占领一部分市场份额，在发电机组市场取得了令人瞩目的成就；

（4）德国道依茨发电机组。具有结构紧凑、设计合理、性能可靠、优异，工作寿命长，使用经济等特点。在产品结构上，拥有 C、E、D 三大产品平台，功率覆盖 10～1760kW，各种变型和适应性产品 300 余种，能够为中重型载货车、轻型车、客车、工程机械等不同需求领域提供科技含量更高、专业化程度更强的动力产品。产品具备先进、高效、可靠、节能、环保等一系列显著优势。具有进气回流功能，能良好的适应高原、高海拔地区；

（5）奔驰柴油发电机组。采用先进的 ADEC 电子管理系统，率先使用先进的共轨喷射技术，在电子管理系统精确控制下，喷射更加精准，燃烧更加充分，油耗更低，节能环保。第一次大修时间可达 30000h 以上；

（6）日本三菱柴油发电机组。其优点是噪声小、省油、节能，并带原装防音箱；

（7）韩国大宇系列柴油发电机组。其产品被广泛应用于国防、航空、车辆、船舶、工程机械等，并以其体积小、重量轻、抗突加负载能力强、噪声低、经济可靠等特点被世界认可；

（8）瑞典沃尔沃系列环保型机组。采用电子喷射柴油发动机，其品牌与它的三个核心价值观：质量、安全、环保紧密联系在一起，在六缸发动机及电子喷射等方面技术傲视群雄。

3. 国产柴油发电机组的选择

(1) 潍柴柴油发电机组。柴油机动力选用里卡多R系列发动机是潍坊柴油机厂与英国合资生产的R4105、R6105主导产品，功率范围40～100kW，质量稳定，价廉物美。潍坊柴油发电机组采用先进的技术生产，其动力性、经济性和可靠性在同类柴油机产品中处于领先地位，是中档功率范围国产机中的首选产品。

(2) 上柴发电机组。上海柴发电机组生产的产品具有动力性能好、扭矩储备大、燃油耗率和机油耗率低。因为采用J98、J114b型废气涡轮增压器匹配，具有很强的高原工作能力，能在海拔5000m高原地区使用，功率下降低于3%。

(3) 玉柴生产柴油发电机组。玉柴发电机组产品所配套动力全部采用玉柴自行生产的优质柴油机，功率强劲，能在海拔1000m以下能输出铭牌额定功率，并能在小于1h内输出额定功率110%超负载功率；燃油消耗率和润滑油消耗率远优于国内同类产品，振动小、噪声低、可靠性高、排放低，符合国家环保要求。

(4) 济柴柴油发电机组。自主研发及与世界著名内燃机设计商奥地利AVL合作开发发动机设计技术，调压精度高、动态性能好、电压波形畸变小、效率高、机构紧凑。

4. 柴油发电机组调压方式的选择

目前，柴油发电机组的调压方式有手动调压、自动调压和手动兼自动调压三种。手动调压结构简单，但要人工操作，灵敏度太差，劳动强度大，只适应负载较稳定、容量不大的发电机。自动调压有炭阻式、自励恒压式、三次谐式和可控硅等方式。

1.4.4 柴油发电机组的维护保养

柴油发电机组的维护保养工作主要是：例行保养（表1.4-1）、一级保养（表1.4-2）、二级保养（表1.4-3）、三级保养（表1.4-4）等。

例行保养（每班进行） **表1.4-1**

序号	保养项目		技术要求
1	发动机	(1) 检查燃油箱存油量； (2) 检查油底壳、喷油泵调速器油位； (3) 检查冷却液液位、润滑水泵； (4) 检查各管路、管接头及其密封性； (5) 检查空气滤清器； (6) 检查发动机运转情况	(1) 油不足时，应予加足。检查沉淀杯中有无污物和水分，必要时应予拆卸清洗。清洁通气孔和加油口滤网； (2) 油底壳油不足时，应予加足。每工作50h检查一次喷油泵调速器油位，必要时添加； (3) 冷却液不足时，应予加足。每工作50h，水泵轴承应加注润滑脂一次； (4) 管路、管接头如有松动，应予紧固；如发现漏水、漏油、漏气现象，应予消除； (5) 检查油浴式滤清器中的机油量，保持油面在规定高度上；每工作50h应用柴油或汽油清洗油浴式滤清器滤芯一次。装复前应用压缩空气吹干。同时，更换油盘中的机油。检查干式滤清器纸质滤心有无堵塞，必要时应清除灰尘； (6) 发动机应易于启动，各速运转正常，无异响，排气烟色正常。否则，应查明原因，排除故障

续表

序号	保养项目		技术要求
2	电气设备及仪表	(1) 检查蓄电池； (2) 检查启动机、发电机； (3) 检查线路、开关； (4) 检查各仪表、指示灯	(1) 清除蓄电池外表所粘附的污物，疏通通气孔； (2) 启动机、发电机应工作正常； (3) 线路应连接完好，无短路、断路、漏电现象；开关应完好无损，工作正常、有效。否则，应予检修； (4) 各仪表应反应灵敏，示值正确，如有异常，应查明原因，排除故障。工作时，油道机油压力应为 0.3～0.5MPa，不低于 0.049MPa；冷却水出水温度应不高于 98℃。指示灯应工作正常
3	发电机	(1) 检查发电机外部； (2) 检查各连接导线； (3) 清洁、检查控制箱； (4) 检查发电机运转情况； (5) 检查发电机空载电压	(1) 各附件应齐全、完好，紧固件无松动，通风孔应通畅。清除外部尘土与油污； (2) 导线应连接良好，接地装置应完好（接地电阻应不超过 4Ω），无漏电等异常现象。否则，应查明原因，排除故障； (3) 1) 清除控制箱中各元件上粘附的灰尘及污物。各电子元件的连接接头应无脱焊、断头与松动现象，否则，应予修复； 2) 清洁控制箱外表及仪表面板。仪表面板上的电流表、电压表、频率表应动作灵敏、示值正确；各开关、指示灯应齐全、有效。否则，应及时检修。 (4) 发电机应运转平稳，无异响、无异常火花及过热现象（轴承工作温度不应超过 85℃）。否则，应查明原因，及时停机检修； (5) 每工作 25h 进行检查，空载电压应达额定电压的 1.05 倍。否则，应查明原因，予以检查调整
4	传动装置	(1) 检查 V 形皮带（5GF 型）； (2) 检查弹性柱销联轴器	(1) V 形皮带应运转正常，张紧度适宜。否则，应予调整； (2) 联轴器应传动正常，无松动、异响现象
5	整机	(1) 清洁整机外表； (2) 检查各部连接螺栓； (3) 润滑	(1) 清除整机外表尘土、油污，保持机容整洁； (2) 如有松动，应予紧固； (3) 按机器出厂说明书进行润滑

一级保养（每工作 200h 进行）　　**表 1.4-2**

序号	保养项目		技术要求
1	例行保养		完成本级保养作业项目外的例保项目
2	发动机	(1) 清洁空气滤清器； (2) 清洗机油滤清器； (3) 检查油底壳机油油质； (4) 清洗输油泵滤网； (5) 检查 V 形皮带的张紧度； (6) 清洗冷却液散热器	(1) 对于油浴式滤清器，应清洗滤清器壳、通道及滤芯，更换机油，装复前用压缩空气吹干；对于干式滤清器，应清除滤清器壳体内壁与纸质滤芯上的尘土； (2) 每工作 100～200h，清洗检查机油滤清器一次，如发现滤芯已硬化或损坏，应予更换。安装时密封垫应对准各油道孔； (3) 检查机油油质，如有必要，应予更换； (4) 清洗滤网，如发现滤网损坏，应予更换； (5) V 形皮带的张紧度应适宜。正常情况下，在单根皮带中段施加 30～50N 的压力，皮带下沉量应为 10～20mm，否则，应予调整。V 形皮带如有损坏，应予更换； (6) 清洗散热器外部，清除尘土、脏物；冲洗散热器内部，清除沉积物，并消除渗漏
3	电气设备及仪表	检查蓄电池	蓄电池电解液液面应高出极板顶面 10～15mm，电解液不足时，应加注蒸馏水。清除蓄电池桩头及连接板上的氧化物，并除以凡士林防腐

续表

序号	保养项目		技术要求
4	发电机	(1) 清洁发电机内部； (2) 检查内部各元件线路连接情况； (3) 检查硅整流器	(1) 用不大于40kPa的干燥压缩空气吹扫发电机各缝隙处及内部的积尘； (2) 励磁主回路、磁极绕组变阻器等应无短路、断路现象，接点应良好，导线绝缘也应良好。接点如有烧损、锈蚀，应予更换；导线如有破损，应予包扎或更换； (3) 硅整流器应性能良好。如经检测，达不到规定要求时，应予更换
5	传动装置	(1) 检查V形皮带； (2) 检查弹性柱销联轴器	(1) 如张紧度不合适，应予调整； (2) 联轴器连接螺栓如有松动，应予紧固
6	整机	润滑	按机器出厂说明书进行润滑

二级保养（每工作600h进行）　　**表1.4-3**

序号	保养项目		技术要求
1	一级保养		完成本级保养作业项目外的一级保养
2	发动机	(1) 清洗燃油系统； (2) 清洗、检查喷油器； (3) 检查喷油提前角； (4) 更换油底壳、喷油泵机油； (5) 检查调整机油压力； (6) 检查各主要螺栓的紧固情况； (7) 检查调整气门间隙与减压升程； (8) 检查排气管与消声器； (9) 检查水泵； (10) 检查节温器； (11) 清洁检查风扇	(1) 清洗燃油箱、燃油管路、输油泵及滤网；更换燃油滤清器滤芯；紧固管路各接头，消除渗漏； (2) 清洗喷油器，检查喷油器的喷油开启压力（17.5±0.50MPa）和燃油雾化情况，必要时，应进行调整； (3) 按照柴油机使用和保养说明书的规定，检查喷油提前角是否正常，如与规定值不符，应进行调整； (4) 更换时，应清洗油底壳、集油器滤网及喷油泵室，必要时，应清洗油路，并用压缩空气吹干； (5) 主油道的机油压力应为300～500kPa。否则，应予调整； (6) 用规定力矩（见表1-38）进行检查、紧固； (7) 检查并调整气门间隙，冷态时，进气门间隙为0.25～0.30mm，排气门间隙为0.30～0.35mm；检查减压升程，并调整减压螺钉到合适位置； (8) 清除排气管与消声器中的积炭，检查密封情况； (9) 检查水泵泄水孔与水泵漏水情况，必要时更换水封；更换轴承润滑脂，检查轴承密封效果； (10) 清洗并检查节温器的开、闭性能，节温器的启开温度为70℃，全开温度为85℃； (11) 清洗风扇；检查风扇叶片有无变形；检查、紧固连接件
3	电气设备及仪表	(1) 检查蓄电池； (2) 检查启动机与发电机； (3) 检查发电机调节器； (4) 检查预热塞	(1) 检查电解液相对密度，不同环境温度下使用的蓄电池电解液相对密度值是不相同； 相对密度值每下降0.04，相当于放电25%，蓄电池冬季放电超过25%，夏季放电超过50%时，应进行充电。 (2) 1) 启动机、发电机的紧固件和导线应连接牢固，导线绝缘应良好，如有裂损，应予修复或更换； 2) 清除启动机、发电机的内部积尘，清洁集电环、碳刷，检查碳刷接触情况，必要时，应进行打磨，检查、调整刷簧弹力； 3) 检查轴承润滑和密封情况，必要时，应加注润滑脂，更换密封件。 (3) 调节器触点应光洁、平整，接触良好，如有烧蚀，应予打磨修整，必要时，调整触点工作间隙和铁心间隙； (4) 测试预热塞性能及电阻丝绝缘情况，必要时，予以更换

续表

序号	保养项目		技术要求
4	发电机	（1）检查发电机绝缘电阻； （2）清洁滑环表面； （3）检查电刷与滑环的接触情况； （4）检查变阻器及电压调定电位器； （5）检查轴承润滑情况	（1）用500V兆欧表检查主发电机和励磁机绕组的线间及对地绝缘电阻，发电机在热稳定状态下的绝缘电阻值应不低于0.5MΩ；冷态下的绝缘电阻值应不低于2MΩ。必要时，应对发电机进行干燥处理或更换绕组和绝缘材料； （2）用煤油擦净滑环表面，再用干布擦净； （3）电刷与滑环应接触良好，其接触面积应不小于75%，否则，可通过用砂布打磨滑环与电刷表面使两者达到良好接触。刷簧弹力应符合要求，否则，应予调整； （4）接点与导线绝缘应良好，变阻器与电压调定器应功能正常，必要时，应予检修或更换元件； （5）卸下轴承盖，检查轴承润滑情况，视情况添加或更换润滑脂。轴承应无松旷现象，轴承盖与轴承端面的间隙应适宜，否则，应予调整
5	整机	润滑	按机器出厂使用说明书进行润滑

三级保养（每工作1800h进行）　　**表1.4-4**

序号	保养项目		技术要求
1	二级保养		完成本级保养作业项目外的二级保养
2	发动机	（1）更换空气滤清器纸质滤芯； （2）检查喷油泵、调速器； （3）检查气门、气门导管； （4）检查气门弹簧； （5）检查摇臂轴与摇臂衬套的配合间隙； （6）检查汽缸盖、汽缸体组件； （7）检查活塞组件； （8）检查连杆轴瓦、曲轴轴承及曲轴； （9）检查喷油泵、喷油器的磨损情况； （10）检查汽缸垫和进、排气管垫； （11）检查凸轮轴轴承磨损情况； （12）检查机油泵； （13）检查冷却系统； （14）检查传动机构	（1）更换滤芯时，应清洁滤清器壳体，并更换损坏的附件； （2）由专业人员进行检查、调校或修理； （3）1）检查气门密封性，必要时，进行研磨；如密封环带过宽，应予修刮，必要时，更换气门或座圈； 2）检查气门与导管配合间隙及其磨损情况，如已磨损超限，应予更换。 （4）如出现弯曲、断裂或弹力不足，应予更换； （5）如磨损超限，应更换衬套； （6）拆卸汽缸盖，清除燃烧室和进、排气管道中的积炭，并清洗干净。汽缸盖应无裂纹，必要时，研磨底平面。清洗汽缸套，并检查其磨损情况，必要时，进行修理或更换。清洗汽缸体并检查其有无损伤。 （7）清洗并检查活塞、活塞环、活塞销及铜套的磨损情况，检查活塞环的开口间隙，如磨损超限，应予更换； （8）如磨损超限或损伤，应予更换或修理； （9）视需要更换偶件； （10）如已损坏或已失去密封作用，应予更换； （11）如磨损超限，应更换相应的轴承； （12）拆卸、清洗并检查内外转子、轴、轴承及壳体间的配合，检查零件的磨损情况，必要时，调整或更换零件； （13）1）拆卸、清洗并检查水泵零件的磨损情况，更换磨损严重的零件； 2）清洗散热器，并做压力试验，检查其密封性能和卸压阀性能，如达不到要求，应予修理。当水箱内压力比大气压高出20～30kPa时，蒸气阀打开；当水箱内压力比大气压低1～12kPa时，空气阀打开； 3）清洗、检查和修理风扇及其罩壳； 4）清洗并检查水泵轴承，如轴承磨损严重，应予更换； 5）检查V形皮带，如磨损严重，应予更换。 （14）检查传动齿轮、启动齿轮的啮合及齿面磨损情况，启动离合器的工作应正常，更换磨损超限或损坏的零件

续表

序号	保养项目		技术要求
3	电气设备及仪表	(1) 检查蓄电池； (2) 拆检启动机、发电机； (3) 检查发电机调节器	(1) 蓄电池槽、盖及隔离板如有裂纹或损坏，应予修补或换新。清除槽内沉淀物及极板间的异物。检查、修整蓄电池安装架与固定件，保持装置牢固； (2) 1) 清洁定子、转子及各零部件，清除污物、尘土； 2) 清洗轴承，检查轴承磨损情况，如磨损超限，应予更换，并重新润滑； 3) 检查定子、转子的线圈与导线，测量绝缘性能，绝缘值应符合规定，必要时，进行修理； 4) 检查整流子、集电环及碳刷，必要时，打磨修整接触表面，保持接触面积不小于75%。如碳刷磨损超限（超过原厚度的1/3），应予更换； 5) 检查刷簧弹力，如弹力不足，应予调整或更换； 6) 检查启动机的传动机构，必要时，进行修理并更换磨损超限或损坏的零件；检查启动齿轮的啮合及磨损情况，必要时，进行调整或更换。 (3) 清洁、检查触点，如有烧蚀，应予修磨，必要时，予以调整或更换
4	发电机	(1) 检查发电机主要零部件； (2) 清洗检查风扇叶轮； (3) 检查发电机振动情况； (4) 检查、校准各仪表、开关及指示灯	(1) 1) 彻底清洁发电机内部，必要时拆卸检查主要零部件； 2) 检查发电机各部分绕组的绝缘老化情况，如有必要，应予修整或更换绕组和绝缘材料； 3) 检查发电机转子与整流器间的连接导线，如绝缘失效或损失，应予更换； 4) 检查电刷与滑环的磨损情况，电刷磨损量达原厚度1/3时，应予更换；滑环磨损严重时，应予修整或更换。刷簧压力应正常，刷簧如损坏或失效，应予更换； 5) 检查轴承磨损情况，若磨损超限，应予更换，同时更新润滑脂并更换密封件。 (2) 清洁风扇叶轮，叶轮应完好、无损； (3) 测量发电机转子在空载状态下的轴向、径向振动值，如振动值偏大，应进行下列检查： 1) 检查转子动平衡； 2) 检查定子与转子间的间隙（间隙不均度应不超过10%）； 3) 检查轴承与孔、轴的配合情况，如不符合规定要求，应予调整或更换相应零件。 (4) 导线应连接良好，各仪表、开关及指示灯如有损坏，应予修理或更换
5	传动装置	(1) 检查V形皮带传动； (2) 拆检弹性柱销联轴器	(1) 1) V形皮带如有断裂，或磨损严重，应予成组更换； 2) 带轮如磨损严重，应予更换； 3) 检查、校正主、从动带轮相互位置。 (2) 弹性橡胶圈如有老化或磨损严重，应予成套更换；螺栓、螺母如有变形、损坏，应予更换； 安装时，发电机轴与发动机轴的同轴度误差应控制在允许范围之内
6	整机	(1) 检查减震器、连接件； (2) 补漆； (3) 润滑	(1) 检查机座、仪表盘、控制箱的减震橡胶块、弹簧及螺栓等连接件。如发现橡胶块老化、弹簧失效或损坏，应予检修、更换；连接件如有缺损，应予配齐；底座、滑橇如有损坏，应予修整； (2) 对局部脱漆部位进行除锈补漆； (3) 按机器出厂使用说明书进行润滑

1.4.5 柴油发电机组的常见故障及处理方法

柴油发电机组的常见故障及处理方法见表 1.4-5 所列。

柴油发电机组的常见故障及处理方法 表 1.4-5

故障现象		故障原因	处理方法
不能启动	电器部分	(1) 电路工作不正常； (2) 蓄电池电力不足； (3) 蓄电池接头腐蚀或电缆连接松动； (4) 电缆连接不良或充电器、蓄电池故障； (5) 启动发电机故障； (6) 控制屏启动已有电路故障； (7) 其他可能出现故障	(1) 检查电路； (2) 给蓄电池充电，必要时更换电池； (3) 检查电缆接线柱，拧紧螺母，更换腐蚀严重的连接柱及螺母； (4) 检查充电器与蓄电池之间的连接； (5) 检查电路或更换零部件； (6) 检查控制屏的启动，停止控制电路
	机械部分	(1) 发动机缸内燃油不足； (2) 燃油油路中有空气； (3) 燃油滤清器堵塞； (4) 燃油系统工作不正常； (5) 空气滤清器堵塞； (6) 调速器工作不正常；	(1) 检查燃油箱并注满油； (2) 排除燃油系统中的空气； (3) 清洗或更换燃油滤清器； (4) 检查燃油系统并解决问题； (5) 更换空气滤清器； (6) 检查调速器
转速低或转速不稳		(1) 燃油滤清器堵塞； (2) 燃油系统工作不正常； (3) 调速器工作不正常； (4) 环境温度低或未预热； (5) AVR/DVR 工作不正常； (6) 发动机转速过低	(1) 更换燃油滤清器； (2) 检查发动机之预热系统； (3) 让发动机空载运行一段时间，并使达到运行温度； (4) 检查发动机调速器； (5) 调整发动机的启动速度
电压频率低或指示为零		(1) 燃油滤清器堵塞； (2) 燃油系统工作不正常； (3) 调速器工作不正常； (4) 4AVR/DVR 工作不正常； (5) 发动机转速过低； (6) 仪表连接故障； (7) 指示仪表故障	(1) 更换燃油滤清器； (2) 检查燃油系统； (3) 检查发动机调速器； (4) 检查仪表，必要时更换仪表； (5) 检查发动机的转速部分； (6) 检查仪表连接回路； (7) 更换有故障的仪表
附加装置不工作		(1) 过载跳闸； (2) 短路或过载跳闸； (3) 附加装置工作不正常	(1) 降低机组负荷并测量环境温度是否过高； (2) 检查发电机组输出口设备及回路； (3) 检查附加装置工作装置
发电机组无输出		(1) 1AVR/DVR 工作不正常； (2) 仪表连接故障； (3) 过载跳闸	(1) 检查仪表，必要时更换仪表； (2) 降低发动机组负荷，并测量环境温度是否过高
机油压力低		(1) 机油油位高； (2) 缺少机油； (3) 机油滤清器堵塞； (4) 机油泵工作量不正常； (5) 传感器、控制屏或连线故障； (6) 其他可能出现的故障	(1) 放出多余之机油； (2) 向油底壳添加机油，并检查机油箱是否有泄漏现象； (3) 更换机油滤清器； (4) 检查传感器与控制屏及接地之连接线是否松动或断开，检查传感器是否需要更换
水温过高		(1) 发电机组过载； (2) 检查是否缺少冷却水； (3) 水泵出现故障； (4) 传感器、控制屏或连线故障； (5) 水箱中冷系统堵塞或太脏； (6) 其他可能出现之故障	(1) 降低机组运行负荷； (2) 待发动机冷却后，检查水箱冷却液液位及是否有泄漏现象，必要时应给予补充； (3) 检查传感器与控制屏接地之连接是否松动或断开，检查传感器是否需要更换； (4) 检查并清洁水箱、中冷器，检查水箱前后是否有杂物阻碍空气流通

续表

故障现象	故障原因	处理方法
整个发电机组过热	(1) 发电机组间超负载运行； (2) 发电机不清洁，通风散热不良； (3) 导线有匝间或相间短路； (4) 并联运行的发电机，电网电压过高； (5) 环境温度太高（达 40℃）	(1) 将负荷减至正常值； (2) 用压缩空气吹洗内部，改善通风条件； (3) 检查各绕组情况，并修复； (4) 降低电网电压至规定值； (5) 适当降低发电机负荷
超速	(1) 仪表连接故障； (2) 传感器、控制屏或连线故障； (3) 可能是其他方面出现的故障	(1) 检查仪表连接回路； (2) 检查传感器与控制屏接地的连接是否松动或断开，检查传感器是否需要更换
电刷与换向器或滑环过热	(1) 发电机过负荷，引起励磁机过负荷； (2) 电刷压力过大； (3) 电刷火花太大	(1) 降低发电机负荷； (2) 更换弹簧，调节电刷压力； (3) 检查电刷是否正常
负荷电流波动	(1) 负荷时大时小； (2) 原动机有故障，如调速器失灵； (3) 变阻器接触不良； (4) 电网电压太低或功率因素太低	(1) 通知用户稳定负荷； (2) 排除原动机故障； (3) 检修变阻器； (4) 消除电网故障，可加均压线等
有负荷时励磁电流太大	(1) 负荷的功率因数太低； (2) 转速太低	(1) 检查功率因数太低原因，设法调整或提高功率因数； (2) 调整转速达到额定值
发电机振动	(1) 发电机与原动机的同轴度超过规定值； (2) 轴已弯曲； (3) 底盘自振频率与发电机振动频率相同，发生共振； (4) 原动机振动； (5) 转子失去平衡； (6) 联轴器装置不正确； (7) 皮带连接不符合要求； (8) 发电机内部定子或转子有线圈短路； (9) 定子或转子铁心变形，气隙不均匀	(1) 调整轴中心线在允许范围内； (2) 调直或更换； (3) 尽量避免在共振区内运行，若共振发生在额定转速，则应改变底盘结构； (4) 调整加固或修理原动机； (5) 认真校验； (6) 调整联轴器装置； (7) 调整或重新连接； (8) 检查并消除短路； (9) 调整或送检修
电刷出现较大火花	(1) 电刷牌号不对； (2) 电刷座或电刷位置不正； (3) 电刷压力太小，接触不良，或接触面积太小； (4) 滑环或换向器表面粗糙、不圆或脏污； (5) 发电机组振动； (6) 电刷在刷握内松动	(1) 更换合适的同牌号电刷； (2) 调整位置； (3) 调整电刷合适的压力，检修接触不良位置，处理接触故障； (4) 车磨并擦光； (5) 若振动异常，应采取防振措施； (6) 更换新电刷

1.5 空压机

1.5.1 概述

1.5.1.1 空压机的特点及用途

空压机是一种以内燃机或电动机为动力，将常压空气压缩成高压气体而具有气流能的一种动力装置，是一切风动工具的动力源。活塞式空压机是目前工程施工中使用最多的空压机，与其他类型的空压机相比较，其特点是：工作压力范围广，从低压到高压都能达到；工作可靠且效率高；操作方便、安全；没有污染。但其外形尺寸、质量大和振动大，易损零件较等。

空压机的主要用途是为建筑、铁路、公路、隧道、市政、矿山、化工、港口、军事设施、地下等工程施工提供具有各种压力等级的所需要压缩空气，即为所有的风动机械、喷涂、喷浆、喷漆、输送混凝土、装修工程用的风动器具及散装水泥车等提供动力，也可为轮胎充气。图 1.5-1 所示为空压机配用于风动凿岩机进行采石工作的示意图。

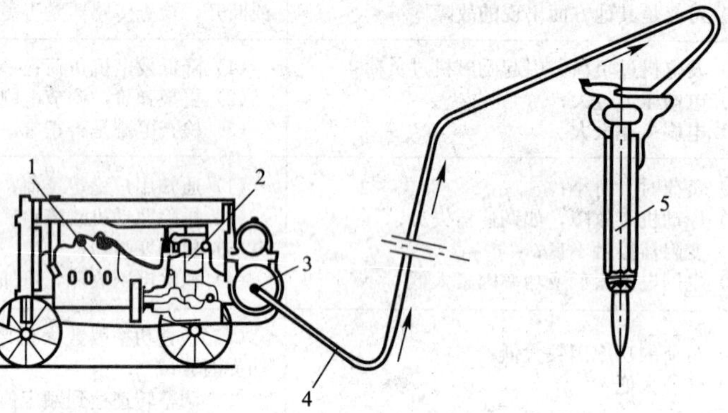

图 1.5-1 空压机配用于风动凿岩机进行采石工作的示意图

1—发动机；2—空压机；3—储气筒；4—管路；5—风动凿岩机

1.5.1.2 空压机的分类

工程建设中使用的空压机有活塞式、螺杆式和滑片式等类型。各种型式空压机的分类方法大体相同，主要是以排气量、排气压力和轴功率分类。往复活塞式分类见表 1.5-1 所列。

活塞式空压机的分类 **表 1.5-1**

分类方法	名 称	主 要 说 明
按排气量分类	微型 小型 中型 大型	$1m^3/min$ 以下 $1\sim10m^3/min$ $10\sim100m^3/min$ $100m^3/min$ 以上
按排气压力分类	低压 中压 高压	0.2～1.0MPa 1～10MPa 10～100MPa
按气缸排列方式分类	卧式 立式 角式 对置平衡式	气缸水平放置 气缸垂直放置 各气缸之间有一定夹角，如 L 形、V 形、W 形 各气缸作“H”形排列，水平配置
按压缩级数分类	单级 双级 多级	压缩比 2～8 压缩比 7～50（用于低、中压） 压缩比大于 50（用于高压）
按作用次数分类	单作用 双作用	活塞往复运动一次（二个冲程）完成一次压缩过程 活塞往复运动一次（二个冲程）完成二次压缩过程
按动力来源分类	电动机驱动 内燃机驱动	适应于有交流电源的大、中、小型空压机 适应于无交流电源的移动式空压机

1. 活塞式空压机

图 1.5-2 所示为工程上常见的几种活塞式空压机的外貌图。

图 1.5-2 活塞式空压机的外貌图

(*a*) 国产空压机；(*b*) 国产空压机；(*c*) 法国美优乐空压机；(*d*) 美国谷轮空压机

活塞式空压机构造与工作原理如图 1.5-3 所示。当活塞从上止点向下止点移动时，汽缸上部容积增大，汽缸内的空气变稀，压力降低（见图 1.5-3*a* 所示），在汽缸内外压力差作用下，进气门 1 被打开，排气门 2 关闭，空气被吸入汽缸内；当活塞行至下止点时，吸气过程结束。当活塞从下止点向上止点移动时（见图 1.5-3*b*），进气门关闭，此时汽缸容积逐渐变小，空气被压缩，压力上升；当汽缸内气压升到能克服气门背压与弹簧力之和时，排气门 2 被打开，排出压缩空气；活塞行至上止点时，完成了压缩和排气两个过程。由此可以看出，活塞往复两个行程即完成吸气、压缩、排气三个过程。这三个过程构成空压机的一个工作循环。活塞式空压机按此循环周而复始地工作。

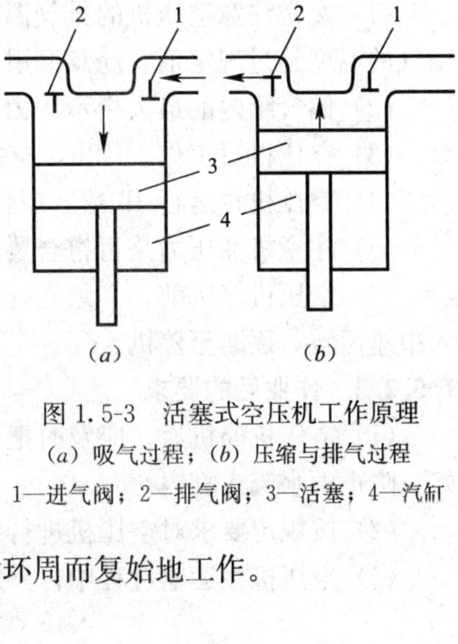

图 1.5-3 活塞式空压机工作原理

(*a*) 吸气过程；(*b*) 压缩与排气过程

1—进气阀；2—排气阀；3—活塞；4—汽缸

2. 活塞式空压机的型号编制方法

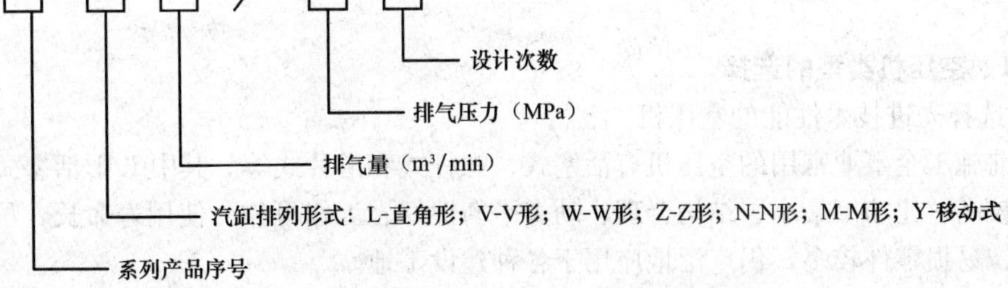

1.5.2　空压机的使用要点

1.5.2.1　作业前的准备工作

（1）固定式空压机必须安装稳固。

（2）仔细检查空压机的各连接部分的结合情况，连接必须牢固、可靠。

（3）打开蓄气罐的放气闸阀，必须使空压机在无负荷的状态下进行启动。

（4）检查油池内的润滑油是否足够，润滑情况是否处于正常状态。

（5）检查空压机的主离合器是否已使主机与柴油机脱开状态。

（6）检视各气压表、油温表、水温表、安全阀的灵敏度和负荷调节器等工作是否正常。全可靠，关键的一些仪表是否经过标定。

（7）发动机启动后应先低速运转一段时间，待水温、油温达到规定值后，接上主离合器，使发动机与空压机一起在规定的转速下空负荷运转，待水温、油温及其转速达到规定值后，逐渐关上闸阀，使空压机投入正常运转。观察负荷调节器工作是否正常。

（8）阀盖上的压盖须一次上紧，用力不要过猛，不允许空压机工作时又重新拧紧压盖螺母。

（9）空压机上的滤清器应经常保持清洁的状态。

1.5.2.2　作业前的准备工作

（1）经常注意空压机的排气温度及压力，最后的排气温度不得超过 180℃，严禁压缩空气的温度超过规定值。注意润滑油温度及压力，其最高温度不得大于 85℃。

（2）储气罐内的最大指示压力不得超过规定压力。

（3）空压机每工作 1～2h，应打开管路中的放水阀，排除其中的油水。

（4）空压机每运行 4h 后，应将储气罐内积聚的油分、水分放出来。

（5）注意机油压力是否符合要求，过高或过低都应停车检查。

（6）空压机停机前，必须先打开储气罐闸阀，将储气罐内的气体放空，柴油机相应转入中速运转，逐渐至停机。

1.5.2.3　作业后的要求

（1）空压机停机后，应及时把中间冷却器的放水开关打开，将水放干净，将排气管盖好，防止雨水流入缸内。

（2）按规定要求对空压机进行维修保养作业。

（3）空压机在运输过程中，一定要按照有关要求采取安全措施。

1.5.3　空压机的合理选择

1.5.3.1　空压机类型的选择

1. 选择先进技术性能的空压机

目前施工企事业常用的空压机有活塞式、螺杆式和滑片式等。其中 L 形活塞式空压机的效率较高、比功率最小、结构合理、动力平衡性好、工作可靠、使用寿命长，虽然安装较麻烦、易损零件较多，仍广泛地应用于各种建设工地。

螺杆式空压机与活塞式空压机相比，结构简单、紧凑、质量轻，安装、维修保养简单，使用寿命长，但功率大、噪声也大，耗电多，功率比同容量的活塞式空压机大。因此，只适应大型的、压缩空气需要数量大的工程建设之中。

滑片式空压机结构简单，操作维修方便，但滑片与缸壁及转子槽内相对运动产生的摩擦损失较大，机械效率较低，对于用压缩空气较少的场所，可以考虑选用。

2. 选择经济的动力装置

一般情况下，固定式空压机是以电动机为动力装置，而移动式空压机则是以内燃机为动力装置。这两类动力装置的空压机，其技术性能比较见表 1.5-2 所列。对于工程量较大、施工期较长（半年以上），用电比较方便的工程，应优先选择电动空压机，以降低空压机使用成本。若施工工地远离城镇，架设电力线路费用太高，可考虑自建柴油发电机组供电；对于施工工地无电源的短期、临时和分散工程，或工程的施工准备阶段，大多采用内燃空压机。

电动式和内燃式空压机技术经济性能比较表　　表 1.5-2

项目 类型	机动性	工作可靠性	安装情况	价　格	耗电量	操　作	维修费用
电动式空压机	差	好，机器很少停机	组装复杂，时间较长（固定式）	便宜	耗电量约 0.1kW·h/m^3	方便，可采用自动控制	低
内燃式空压机	好	差，故障多，机器停转次数多	组装简单、方便（移动式）	贵	耗柴油约 0.04kg/m^3	麻烦，特别是冬天启动困难	高

3. 选择合适的额定气压

目前使用的风云机械，一般规定气压必须小于 0.6～0.8MPa，而空压机的出口额定排气压力有 0.7～0.8MPa，完全能满足气动工具的用气要求。如果系统中某些地方的工作压力要求较低，可以采用减压阀来供气。如果用户需要的压缩空气压力大于 0.8MPa，不能采取强行增压的方式获取，必须选用出气压力较大的空气压缩机。凡是用气设备的额定气压在 0.6MPa 以上者，或输气管道较长（500m 以上），管道的摩擦损失气压较大时，均应选用额定气压为 0.8MPa 以上的空压机，以保证风动机械有足够的使用气压。否则可选用 0.7MPa 的机型，以降低动力消耗和运行费用。

4. 选择合适的冷却方式

在固定式大型空压机和冷却水源方便的地方，可以选择运行可靠的水冷式空压机。而在缺水的山区或高原地区，则应选择风冷式空压机；必须指出，在所有建设工地上使用的小型空压机，一般选用风冷式空压机。

5. 选择合理的调节方法

当前，空压机的排气量调节方法很多，主要有控制原动机开停，控制原动机与空压机脱开和接合，改变原动机或空压机转速，控制吸入空气量，控制吸入与压出连通，压开吸气阀，改变余隙，以及其他联合调节方法等。但是，从经济意义考虑，采用改变转速的调节方法和控制原动机开停的调节方法都是比较经济的，应当优先选择。

1.5.3.2　空压机容量的选择

当前国内生产的 L 型活塞式空压机容量（排气量）有：3，6，10，20，40，60，

100 (m^3/min) 等，其他型式的活塞式空压机容量有 0.05，0.10，0.20，0.40，0.50，0.60，0.80，1.0，1.5，1.8，2.0，2.5，3，6，9 (m^3/min)；螺杆式空压机容量有 3.0，6.0，7.0，9.0，10，12，18，20，25，30，40 (m^3/min)；可见表 1.5-3 所列的技术性能参数比较。同时，在进行容量选择时应考虑以下几方面因素。

常用空压机技术性能的比较 **表 1.5-3**

类 型	结 构	维 修	使 用	比功率 [kW/(m^3·min^{-1})]	绝热效率	机械效率	等温效率
活塞式	复杂，质量大，尺寸也大	安装麻烦，易损零件多，维修复杂	工作可靠，使用寿命长	4.8～6.8，(L形为 4.8～5.22)	中型为 0.7～0.8，小型为 0.65～0.7	0.85～0.95	0.53～0.7
螺杆式	紧凑，体积小，质量轻，运输方便	易损零件少，维修简单	噪声大，使用寿命长	7.25～7.8	0.6～0.7	0.95～0.98	—
滑片式	简单	方便，故障少	滑片容易磨损	7.0～7.5	0.6～0.7	0.7～0.75	—

1. 选择效率最高的机组

空压机的主要效率指标有等温效率、绝热效率和比功率 3 种，分别是衡量水冷式空压机经济性的主要指标，衡量风冷式空压机经济性的主要指标，衡量工作条件和介质均相同的空压机运行经济性指标。常用空压机的等温效率、绝热效率及比功率值可参考表 1.5-3 的有关数据，其中容量较大的空压机效率较高。因此在一般情况下，应优先选择容量较大的空压机。

2. 选配小容量的空压机

装机容量较大的空压机站，为适应耗气量大小变化的情况，可适当选用一些（如两台）容量较小的空压机，以备在用气量较小时使用。选配小容量空压机，应考虑大型空压机检修时其余空压机容量之和不小于所需的工作容量，以保证风动机械的正常运行。

1.5.3.3 空压机站容量的计算

1. 风动机械耗气量的计算

根据施工现场计划使用风动机械的种类、台数和工作情况计算，其计算公式如下：

$$Q = \Sigma k_1 k_2 m b_1$$

式中 Q——风动机械的总耗气量，m^3/min；

k_1——风动机械磨损增加耗风的系数，一般取 1.1～1.25；

k_2——风动机械同时工作系数，不同作业面有不同计算方法，可按表 1.5-4 所列选取；

m——同型号的风动机械台数；

b_1——单台风动机械的耗气量，m^3/min。

风动机械同时工作系数 **表 1.5-4**

类别	小型风动机械和机具（凿岩机、风镐等）			较大型风动机械（装岩机、锻钎机等）		
台数	1～6	7～10	11～30	1～2	3～4	5～6
同时工作系数 k_2	1.0～0.9	0.98～0.8	0.79～0.75	1～0.8	0.79～0.6	0.59～0.4

2. 输送压气管道漏损量的计算

风动机械是靠管道输送压缩空气到各工作地点才能进行作业，而管道漏气量按下式计算：

$$Q_1 = K_3 L$$

式中 Q_1——管道漏气量，m^3/min；

K_3——管道漏气系数，与接头严密程度有关，一般取 K_3＝1.3～1.5m^3/min；

L——输送管道的长度，km。

3. 空压机站工作容量的计算

一个空压机站所需要的总容量按下式计算：

$$Q_{总} = K_4 \cdot K_5 (Q + Q_1)$$

式中：$Q_{总}$——空压机工作总容量，m^3/min；

K_4——空压机的工作系数，一般取 K_4＝1.2～1.35；

K_5——海拔高度的修正系数，按表1.5-5选取。

海拔高度的修正系数 **表1.5-5**

海拔高度（m）	0	500	1000	1500	2000	2500	3000	3500	4000	4500	5000
修正系数 K_5	1.00	1.05	1.10	1.15	1.20	1.25	1.30	1.35	1.40	1.45	1.50

4. 空压机站装机总容量的确定

空压机站装机总容量的确定方法按下式进行：

$$Q_{总} = K_6 \cdot Q_k$$

式中：$Q_{总}$——空压机站装机总容量，m^3/min；

K_6——空压机维修保养备用系数，一般电动空压机站取 K_6＝1.3～1.5，内燃空压机站取 K_6＝1.4～1.6，新机可取下限值；

Q_k——空压机站实际装机容量，可按计算装机容量确定，一般应考虑经常工作容量，并符合产品容量，备用至少1～2台。

1.5.4 空压机的维护保养

空压机的维护保养主要是通过例行保养（表1.5-6）、一级保养（表1.5-7）、二级保养（表1.5-8）、三级保养（表1.5-9）来达到目的。

例行保养（每班进行） **表1.5-6**

序号	保养项目		技术要求
1	电气设备及仪表	（1）检查各仪表； （2）检查线路； （3）检查启动机、发电机	（1）各仪表应反应灵敏，示值正确； （2）线路应连接良好，无短路、断路现象； （3）启动机、发电机应工作正常
2	传动系统	检查离合器	离合器应操纵灵活，工作正常，无异响及打滑现象

续表

序号	保 养 项 目		技 术 要 求
3	空压机	(1) 检查油底壳油面； (2) 检查中间冷却器及贮气罐； (3) 检查排气管路； (4) 检查排气量调节系统； (5) 检查压缩机的工作情况	(1) 油面应在油标尺上、下刻度线之间，油不足时，应予加足； (2) 每天打开排水阀排放二次，第一次在压缩机启动后、供气前排放；第二次在将要停车时排放，并用压缩空气吹扫 2～3min，同时注意保持散热管外表面清洁； (3) 应无漏气现象； (4) 应工作正常，控制气压应在 0.5～0.7MPa 范围内，否则，应查明原因，排除故障； (5) 压缩机应工作正常，无异响、渗漏及过热现象；各仪表读数应正常；各安全阀应动作灵敏，工作可靠
4	整机	(1) 清洁整机外部； (2) 检查整机各连接部位； (3) 检查轮胎气压； (4) 润滑	(1) 清洁整机外部，除去尘土、油污，保持机容整洁； (2) 各连接件应连接紧固，无松动现象； (3) 胎压应正常； (4) 按机器出厂使用说明书进行润滑

一级保养（每工作 200h 进行） **表 1.5-7**

序号	保养项目		技术要求及说明
1	例行保养		完成本级保养作业项目外的例行保养
2	传动系统	检查离合器	检查离合器、润滑轴承及拨动臂等处
3	空压机	(1) 清洗空气滤清器； (2) 更换压缩机油； (3) 检查风扇皮带张紧度，润滑风扇皮带轮轴承； (4) 检查排气量； (5) 清洁散热片	(1) 用 70～80℃碱水（每升水加 150g 苛性钠）洗涤滤清器之后，再用沸水洗涤，并吹干； (2) 放尽旧油，清洗油底壳后加入新机油。新机或大修后的机器，首次使用工作 50h 后，应换新油； (3) 皮带张紧度应符合规定要求，否则，应予调整。润滑风扇皮带轮轴承； (4) 排气量如有降低，应查明原因，排除故障； (5) 除去粘附于散热片表面的油污。工作环境恶劣时，可相应缩短保养周期
4	整机	润滑	按机器出厂使用说明书进行润滑

二级保养（每工作 600h 进行） **表 1.5-8**

序号	保养项目		技术要求及说明
1	一级保养		完成本级作业项目外的一级保养
2	电气设备及仪表	(1) 检查启动机； (2) 清洁发电机	(1) 紧固件应紧固可靠；导线应无损坏，连接、绝缘应良好。润滑轴承； (2) 清除外部积尘，用汽油擦去集电环和线圈上的油污。润滑轴承
3	传动系统	检查离合器	当离合器分离时，摩擦片与固定卡盘间应有 0.15～0.25mm 间隙，且转动灵活；当离合器接合后，进退座与滑动板间应有 0.20～0.35mm 的间隙。否则，应予调整
4	空压机	(1) 检查中间冷却器； (2) 检查气阀组件； (3) 检查排气量调节系统； (4) 检查排气温度、工作油温	(1) 清洗冷却器散热管内部，除去污物； (2) 清洗气阀，除去污垢。阀片、弹簧若有损坏或阀座垫圈漏气时，应更换新件；若阀片与阀座接触不良时，应调整弹簧及阀片，必要时，重新研磨或更换阀片； (3) 如调节失灵时，应查明原因，排除故障； (4) 排气温度应低于 180℃，工作油温应低于 80℃，否则，应查明原因，排除故障
5	整机	润滑	按机器出厂使用说明书进行润滑

三级保养（每工作 1800h 进行） 表 1.5-9

序号	保养项目		技术要求及说明
1	二级保养		完成本级保养作业以外的二级保养
2	电气设备及仪表	检查启动机、发电机	（1）清洁内部，润滑轴承； （2）碳刷磨损超过 1/4 时，应予更换； （3）检查启动机齿轮磨损情况，磨损超限时，应予更换。传动装置应传动灵活
3	空压机	（1）检查气阀组件； （2）检查活塞环的磨损情况； （3）检查连杆小头衬套及轴瓦的磨损情况； （4）检查圆锥滚动主轴承； （5）检查排气量调节系统	（1）拆检、清洗气阀组件。除去污物及积炭，更换损坏的零件，消除漏气现象； （2）如活塞环磨损超限，应予更换，活塞环的开口间隙应符合要求； （3）连杆小头衬套及连杆轴瓦磨损超限时，应予更换； （4）轴承磨损超限或损坏时，应予更换； （5）应功能正常，否则，应予检修
4	整机	（1）检查车架； （2）润滑车轮轴承； （3）检查牵引装置； （4）检查漆面； （5）润滑	（1）铆、焊在车架上的零部件如有脱铆、脱焊，应予补铆、补焊； （2）更换轴承润滑脂； （3）销轴、销套磨损严重时，应予更换； （4）必要时进行局部除锈补漆； （5）按机器出厂使用说明书进行润滑

1.5.5 空压机的常见故障及处理方法

活塞式空压机的常见故障及处理方法见表 1.5-10 所列。

活塞式空压机的常见故障及处理方法 表 1.5-10

故障现象	故 障 原 因	处 理 方 法
1. 不正常的响声		
汽缸内发生敲击声	（1）活塞与缸盖间死点间隙太小，发生直接撞击； （2）活塞杆与活塞连接螺帽松动或脱扣，或者螺帽防松垫开口销松动； （3）汽缸（或汽缸套）磨损，间隙超差太大； （4）活塞或活塞环磨损； （5）活塞或活塞环在汽缸中工作时，润滑油或者冷却水不够而高温国产生干摩擦，使活塞环卡在活塞中； （6）曲轴-连杆机构与汽缸的中心线不一致； （7）润滑油过多或有污垢，使活塞与汽缸磨损加大； （8）活塞端面丝堵松动，顶在缸盖上； （9）活塞杆与十字头紧固不牢，活塞向上串动，碰撞汽缸盖； （10）汽缸中枳聚水分； （11）汽缸中掉入金属碎片或其他坚硬物； （12）润滑油过少引起干摩擦	（1）调整活塞的行程，增大活塞与汽缸之间死点的间隙； （2）检查拧紧螺帽，加好防松垫圈或开口销等防松装置； （3）镗磨汽缸或更换汽缸套，然后配合适的活塞和活塞环； （4）更换、修埋活塞，或拆换活塞环； （5）拆下活塞，取出活塞环，进行清洗、检查，对烧伤有划痕的活塞环要进行修理或者更换； （6）检查并调整使曲轴-连杆机构与汽缸的中心线一致； （7）适当地调整供油量，并将活塞或汽缸进行清洗； （8）检查活塞上的丝堵，拧紧丝堵，更换及拧紧固定丝堵的顶丝； （9）检查活塞上的丝堵，拧紧丝堵，更换及拧紧固定丝堵的顶丝； （10）查出积水原因，并进行修理； （11）取出掉入物； （12）检查注油系统，保持汽缸润滑良好

续表

故障现象	故 障 原 因	处 理 方 法
	1. 不正常的响声	
曲轴箱内发生撞击声	(1) 连杆大头与连杆轴承之间磨损、松弛，或连杆轴承与曲柄轴颈间隙超差过大； (2) 十字头销与衬套配合间隙过大，或由于长时间的运转使十字头销与衬套磨损间隙过大； (3) 曲轴、轴颈磨损严重，曲轴椭圆度、圆锥度超差过大； (4) 十字头销与十字头体松动； (5) 曲轴瓦断油或过紧，并发热以致烧坏； (6) 曲轴箱内曲轴瓦螺栓、螺帽或连杆螺栓十字头螺栓松动、脱扣、折断等； (7) 十字头滑板与机身导轨间隙过大，或十字头、滑块的紧固螺栓松动有间隙； (8) 曲轴两端的圆锥滚动轴承磨损严重，间隙过大	(1) 进行检查修理，使连杆大头与连杆轴承间隙合适。连杆轴承与曲柄轴颈的配合公差要在规定的范围之内； (2) 在装配时要保证十字头销与衬套的间隙在规定的范围内，对磨损间隙超差的应修理或更换； (3) 检查曲轴、轴颈的椭圆度和圆锥度，对超差过大者要进行修理或更换； (4) 检查十字头开口销、防松垫等，并要装配好，防止松动； (5) 检查润滑油的供应情况，曲轴瓦配合间隙应符合规定； (6) 检查紧固螺栓螺帽，脱扣时应更换新的； (7) 检查、调整间隙，对超差太大的进行修理； (8) 更换新滚动轴承
吸、排气阀的敲击声	(1) 吸、排气阀片折断； (2) 阀弹簧松软或损坏； (3) 阀座深入汽缸与活塞相碰； (4) 阀座装入阀室时没有放正，或阀室上的压盖螺栓没拧紧； (5) 负荷调节器调得不当，产生半卸荷状态，使阀片与压开进气阀节装置中的减荷叉顶撞	(1) 检查汽缸上的气阀，对磨损严重或折断的要更换新阀片； (2) 更换新的阀弹簧； (3) 用加垫的方法使阀片升高； (4) 检查阀是否装得正确，阀室上的压盖螺栓要拧紧； (5) 重新检查调整负荷调节器，使其动作灵敏可靠
飞轮或联轴器的敲击声和不正常的响声	(1) 连接螺栓或键松动； (2) 联轴器中间连接件严重磨损； (3) 联轴器、飞轮配合不正确； (4) 空压机的联轴器在安装时与电动机的联轴器中心线偏差太大	(1) 拧紧连接螺栓，键的配合要合适； (2) 检查、修理或换上新的连接件； (3) 在装配时要配合好，不合要求的要修理； (4) 重新进行调整找正
	2. 过度发热	
汽缸过热	(1) 冷却水不足，或冷却水中断； (2) 二级汽缸过热，可能是中间冷却器缺水，由一级汽缸排出的压气得不到冷却，或中间冷却器冷却不好； (3) 硬质水中的沉积物太多（水污），附于汽缸壁上影响冷却； (4) 活塞、活塞环发生故障或汽缸中缺油引起干摩擦； (5) 汽缸余隙过小，使上下死点压缩比过大，残留在汽缸内的高压气体过多，而引起汽缸内温度升高； (6) 运动机构中的活塞杆弯曲，使活塞在汽缸中不垂直度超过规定而引起活塞与汽缸贴面倾斜，导致摩擦加剧而产生高温，使汽缸过度发热； (7) 活塞环折断后与汽缸工作表面发生严重磨损而导致汽缸发热过高	(1) 适当加大冷却水的流量，调节冷却水的进水温度不要太高，检查供水管道，堵塞时要进行清洗； (2) 除按（1）检查外，还必须检查中间冷却器和清洗冷却器； (3) 检查汽缸水套，发现水污积聚太多时要清洗汽缸水套，除去水污； (4) 检查活塞、活塞环和注油器给汽缸注油情况； (5) 调整汽缸的上下死点间隙，保持间隙在规定的标准内； (6) 检查活塞在汽缸中的运动情况，如果跑偏磨损汽缸一个侧面时，应将整个活塞组抽出，检查活塞杆是否弯曲变形。若活塞杆弯曲，则应及时修理或更换； (7) 更换新的活塞环

续表

故障现象	故障原因	处理方法
	2. 过度发热	
轴承过热	(1) 轴瓦与轴颈的接触面过小，使单位面积上的比压过大，这种现象大多发生在新机器试运转或换新轴瓦后； (2) 轴承本身偏斜或曲轴弯曲变形； (3) 轴瓦质量不好，润滑油质量不佳，或油路堵塞。齿轮油泵供油压力太低，以及供油中断，造成轴瓦缺油，产生干摩擦； (4) 安装时，空压机主轴与电动机主轴联轴器未找正，误差太大，致使两轴倾斜； (5) 对称平衡式空压机电动机在中间，其轴两端各带动一台空压机时，在安装中没有找好间隙，更没有找平、找正	(1) 用涂色法刮研轴瓦，使其接触面符合要求，改善单位面积上的比压； (2) 调整其配合间隙，检查曲轴是否弯曲变形，发现属于此情况，应修理或更换新曲轴； (3) 使用符合要求的润滑油，检查、清洗油泵和管路，更换符合要求的轴瓦； (4) 安装中，必须使两轴的中心线保持在同一水平线上； (5) 安装时，电动机与空压机必须找平、找正，一定要按要求留有间隙，若间隙过小将烧坏主轴承
吸、排气阀温度过热，排出的压气温度过高	(1) 一级吸气温度高； (2) 中间冷却器效率低，二级进气温度高； (3) 气阀有漏气现象，排出的高温气体漏进汽缸，再压缩后排气温度更高； (4) 在装配气阀组件时没有清洗，使各配合不严而有小缝隙，导致高压气体串回汽缸引起排气温度过高； (5) 活塞环质量不佳，吸、排气互相串气	(1) 降低一级吸气温度； (2) 检修中间冷却器，使冷却器起到冷却作用，使其排气温度不超过规定值； (3) 检修研磨气阀座与阀片，使接触严密或更换新的阀片、阀座，防止串气； (4) 清洗气阀组件后，才能进行组装； (5) 检修更换活塞环
活塞杆过热	(1) 活塞杆与填料函装配时产生偏斜； (2) 活塞杆与填料配合间隙过小（包括编织塞线塞得太紧）； (3) 活塞杆与填料的润滑油有污垢或润滑油不足造成干摩擦； (4) 填料函中有杂物； (5) 填料函中的金属盘密封圈卡住不能自由移动； (6) 填料函中的金属盘密封圈装错，油道堵住，润滑油供不上； (7) 填料函往机身上装配时螺栓紧得不正，使其与活塞杆产生倾斜，活塞杆在运转时与填料中的金属盘摩擦加剧，产生发热	(1) 重新装配，不得偏斜； (2) 活塞杆与填料应按规定的间隙装配，塞线松紧要合适； (3) 保证有足够的供油量或更换润滑油，清洗油污垢； (4) 取出填料函拆开清洗； (5) 在安装时要试一下，活动要自由，并按规定保持一定间隙； (6) 拆开检查，看看是否装错，装错了的改过来； (7) 重新检查填料函，将其倾斜改过来
曲轴箱内曲轴两端盖发热	(1) 曲轴的主轴承（锥形滚珠轴承）咬住； (2) 靠近电动机联轴器端发热，是因为与电动机上的联轴器连接间隙过小，电动机轴串动时顶住空压机曲轴，这时多产生曲轴前端发热；反之，两联轴器间隙过大，使曲轴的后端发热	(1) 拆开曲轴箱，检查轴承，并更换新滚珠轴承； (2) 重新调整两联轴器间隙，并要求电动机与曲轴的轴心线必须在一条直线上，而联轴器的间隙应符合规定要求
	3. 油温增高、油压降低或增大	
油温增高	(1) 油质不好或污秽； (2) 运动机构装配间隙过小，或者中间夹杂有较硬的金属颗粒； (3) 润滑油供应不足； (4) 油冷却器中的水管内水垢太多	(1) 更换符合规格的润滑油； (2) 重新调整运动机构的间隙，使其符合配合标准，装配时注意防止杂物和金属颗粒掉入； (3) 提高油泵的供油量； (4) 清洗冷却器水管的水垢

续表

故障现象	故障原因	处理方法
3. 油温增高、油压降低或增大		
润滑油压力降低	(1) 油压表损坏（包括接头损坏、堵住），不起指示作用； (2) 油泵磨损过大，油从缝隙中流回； (3) 油泵进油管被污物堵住； (4) 油泵油压调节阀的调节螺钉松动，或油压调得太低，或调压弹簧失去弹性，使调节阀与阀座接触不严，致油漏回油箱； (5) 有一根或数根油管破裂，或有微细的裂纹而漏油； (6) 有一根或数根油管堵住； (7) 油管接头处松动漏油，特别是机身油路中的油管接头松动，或没拧紧，使润滑油在接头处漏失； (8) 机身油池中油面太低，油泵吸不上油来； (9) 润滑油质量不符合规定，黏度小； (10) 轴瓦、十字头滑板、导轨间隙过大，过多地流油； (11) 机身油池内的滤清器过滤网堵塞； (12) 润滑油冷却器中的油管堵塞； (13) 油压调节阀有故障； (14) 油管路中有空气存在； (15) 机身油道、曲轴体内油孔、连杆体内的油孔堵塞	(1) 检修或更换新油压表； (2) 检查或更换齿轮油泵； (3) 清洗油管； (4) 检查调节螺钉，并拧紧，更换调压弹簧，重新调整油压调节阀的螺钉，使油压达到规定值； (5) 检查所有的油管，将破裂的油管更换； (6) 检查所有的油管，用吹气或用打气筒打气法，直至疏通为止； (7) 认真查看润滑系统中的各部油管接头，将松动的拧紧； (8) 用油标检查油池中的油面，按规定将油加入到应有的高度； (9) 加入符合规定的润滑油； (10) 调整轴瓦垫使间隙合适，调整滑板和导轨间隙使其符合规定； (11) 清洗滤清器上的滤网； (12) 清洗油管； (13) 检查调整油压调节阀，至其故障消除为止； (14) 拧开油管接头把空气放出； (15) 用钢丝将各油孔通空
润滑油压力增高	(1) 润滑油压力表不准或已坏； (2) 齿轮油泵的回油阀调节螺栓调得不合适，使油压调得太高； (3) 润滑油太凉，刚一开车时黏度大，使油压增高，待开车运转一段时间就能恢复到正常油压	(1) 校准或更换新的压力表； (2) 重新调整回油阀，使其符合规定的油压； (3) 这属于正常现象，也可在开车前把润滑油冷却水管关闭，待油压油温正常后打开
润滑油压力调节阀不正常	(1) 压力调节阀不严密，漏油引起阀与阀座处发热； (2) 调节阀弹簧压力过小，使调节阀小球与阀座时断时接，发出吱吱的响声； (3) 用润滑油不当，两种牌号的润滑油混合，使油变质	(1) 研磨调节阀使其严密； (2) 更换新的弹簧； (3) 检查油质，更换符合要求的新润滑油
4. 漏气		
间隙卸荷阀漏气严重	(1) 阀体装配倾斜，间隙卸荷阀与汽缸壁锥面密封不良； (2) 阀与缸壁锥面的圆度和表面粗糙度不够； (3) 阀杆密封盘根塞线不严密	(1) 检修和装配时一定要装正，不得倾斜； (2) 研磨阀与缸壁的锥体面； (3) 装配时密封盘根塞线要塞严
安全阀漏气严重	(1) 安全阀的弹簧没压紧或弹簧失效； (2) 安全阀与阀座间有杂质，使阀面接触不严密； (3) 安全阀连接杆螺纹损坏； (4) 密封表面损坏； (5) 阀弹簧的支承面与弹簧中心线不垂直，弹簧受压后偏斜	(1) 调整弹簧或更换新弹簧； (2) 清洗杂质，或重新研磨阀与阀座接触面； (3) 检修或更换连接螺杆； (4) 可重新研磨或车削； (5) 装配、检修时，一定要使弹簧的中心线处于垂直位置

续表

故障现象	故 障 原 因	处 理 方 法
	5. 排气量降低	
汽缸的故障	（1）汽缸磨损或擦伤超过最大的允许限度，形成漏气，影响排气量； （2）汽缸盖与汽缸体结合不严，装配时汽缸垫破裂或不严密形成漏气，影响排气量； （3）汽缸冷却水供给不良，气体经过阀室进入汽缸时形成预热，影响排气量； （4）活塞与汽缸配合不当，间隙过大，形成漏气，影响排气量	（1）车削或重新镗铣汽缸，经过珩磨修理磨损、拉伤的汽缸，并更换加大的活塞、活塞环，重新进行装配； （2）刮研汽缸盖与汽缸体结合面或换汽缸垫； （3）保证合适的冷却水，不应使汽缸超过规定的温度； （4）对检修的空压机镗缸后，要装配合适的活塞、活塞环
空气滤清器的故障	（1）滤清器因冬季结冰或积垢堵塞，阻力增大，影响吸气量； （2）空气滤清器装置的位置不当，吸入不清洁的空气而过早堵塞； （3）吸气管安装得太长，或吸气管径太小	（1）更换或按规定时间清洗空气滤清器； （2）在安装空气滤清器时，一定要选择合适的位置，保证吸入洁净空气； （3）应按空压机的排气量大小来设计安装管径、长短合适的吸气管
活塞环的故障	（1）活塞环因润滑油质量不良或注入油量不够，使汽缸内温度过高，形成咬死现象，使排气量减少，而且可能引起压力在各级中重新分配； （2）活塞环使用时间过长有磨损； （3）活塞磨损或汽缸磨损，其圆锥度、椭圆度超过公差太大，而产生漏气	（1）拆出活塞后清洗，检查活塞槽、活塞环，更换已损坏的活塞环，并检查注油器油路，保证汽缸中有良好的润滑； （2）更换新的活塞环； （3）修理汽缸和活塞，使其达到规定的间隙，或更换新的汽缸、活塞、活塞环等

2 土石方机械

2.1 概述

2.1.1 土石方施工机械的特点与类型

(1) 应用于各类基本建设工程中，对土方、石方或其他材料进行切削、挖掘、凿岩、放炮、铲运（短距离运输）、回填、平整及压实等施工作业的机械和设备称为土石方施工机械。

(2) 在各类基本建设施工中，土石方工程是最基本，也是工程量和劳动强度最大、施工期限长、施工条件复杂的工程之一。土石方工程所应用的机械设备，具有功率大、机型大、机动性大、生产效率高和类型复杂等特点。根据其在施工中所起的作用不同，可将土石方工程机械分为推土机械、铲运机械、挖掘机械、装载机械、平地机械、凿岩机械、破碎与筛分机械等类型。

(3) 目前，土石方工程施工的大部分工序都可由土石方施工机械来完成。它不但可以节省劳动力，减轻繁重的体力劳动，而且施工质量好，作业效率高（据有关资料表明：土石方工程机械施工是人力施工生产率的 15～20 倍），工程造价低，经济效益好，深受广大施工企业和工程业主的欢迎。

(4) 土石方施工机械的主要类型与型号编制见表 2.1-1、表 2.1-2 所列。

土方工程机械的主要类型与型号编制 **表 2.1-1**

类	组		型		特性	产品		主参数代号		
名称	名称	代号	名称	代号	代号	名称	代号	名称	单位	表示法
挖掘机械	单斗挖掘机	W（挖）	履带式	—	—	履带式机械挖掘机	W	整机质量	t	主参数
					D（电）	履带式电动挖掘机	WD			
					Y（液）	履带式液压挖掘机	WY			
			汽车式	Q（汽）	—	汽车式机械挖掘机	WQ			
					Y（液）	汽车式液压挖掘机	WQY			
			轮胎式	L（轮）	—	轮胎式机械挖掘机	WL			
					D（电）	轮胎式电动挖掘机	WLD			
					Y（液）	轮胎式液压挖掘机	WLY			
			步履式	B（步）	—	步履式机械挖掘机	WB			
					Y（液）	步履式液压挖掘机	WBY			

续表

类	组		型		特性	产品		主参数代号		
名称	名称	代号	名称	代号	代号	名称	代号	名称	单位	表示法
挖掘机械	多斗挖掘机	W（挖）	斗轮式	U（轮）	—	斗轮式机械挖掘机	WU	生产率	m³/h	主参数
					D（电）	斗轮式电动挖掘机	WUD			
					Y（液）	斗轮式液压挖掘机	WUY			
			链斗式	T（条）	—	链斗式机械挖掘机	WT			
					D（电）	链斗式电动挖掘机	WTD			
					Y（液）	链斗式液压挖掘机	WTY			
	挖掘装载机	WZ	—	—	Y（液）	液压挖掘装载机	WZY	斗容	m³	
	多斗挖沟机	G（沟）	斗轮式	L（轮）	—	斗轮式机械挖掘机	GL	挖沟深度	m	
					D（电）	斗轮式电动挖掘机	GLD			
					Y（液）	斗轮式液压挖掘机	GLY			
			链斗式	D（斗）	—	链斗式机械挖掘机	GD			
					D（电）	链斗式电动挖掘机	GDD			
					Y（液）	链斗式液压挖掘机	GDY			
			链齿式	C（齿）	—	链齿式液压挖掘机	GC			
	掘进机	J（掘）	盾构式	D（盾）	—	盾构掘进机	JD	盾构直径		
			顶管式	G（管）	—	顶管掘进机	JG	管子直径		
			隧道式	S（隧）	—	隧道掘进机	JS	刀盘直径		
			涵洞式	H（涵）	—	涵洞掘进机	JH	掘进直径		
铲土运输机械	推土机	T（推）	履带式	—	—	履带式机械推土机	T	发动机功率	kW	主参数
					Y（液）	履带式液压推土机	TY			
					S（湿）	履带式湿地推土机	TS			
			轮胎式	L（轮）	—	轮胎式推土机	TL			
	铲运机	C（铲）	自行轮胎式	—	D（斗）	普通装斗式铲运机	CD	铲斗几何容积	m³	
					S（升）	升运式铲运机	CS			
					Z（装）	斗门装料式铲运机	CZ			
			拖式	T（拖）	—	机械拖式铲运机	CT			
					Y（液）	液压拖式铲运机	CTY			
	装载机	Z（装）	履带式	—	—	履带式装载机	Z	装载能力	t	
			轮胎式	L（轮）	—	轮胎式装载机	ZL			
	平地机	P（平）	自行式	—	—	机械式平地机	P	发动机功率	kW	
				—	Y（液）	液压式平地机	PY			
			拖式	T（拖）	—	机械拖式平地机	PT			
					Y（液）	液压拖式平地机	PTY			

凿岩施工机械的主要类型与型号编制　　表 2.1-2

组别	型别	特性代号	产品名称及代号	主参数
气动	手持式	P（频） X（水） C（尘）	手持式凿岩机（Y） 手持式高频凿岩机（YP） 手持式水下凿岩机（YX） 手持式集尘凿岩机（YC）	凿岩机的质量（kg）
	气腿式 T（腿）	P（频） C（尘）	气腿式凿岩机（YT） 气腿式高频凿岩机 YTP 气腿式集尘凿岩机 YTC	
	向上式 S（上）	C（侧） P（频） D（多）	向上式凿岩机（YS） 向上式侧向凿岩机（YSC） 向上式高频凿岩机（YSP） 向上式多用凿岩机（YSD）	
	导轨式 G（轨）	P（频） Z（转）	导轨式凿岩机（YG） 导轨式高频凿岩机（YGP） 导轨式外回凿岩机（YGZ）	
内燃 N（内）	手持式	F（附）	内燃凿岩机（YN） 带附缸的内燃凿岩机（YNF）	
液压 Y（液）	液腿式 Y（液） 导轨式 G（轨）	— —	液腿式液压凿岩机（YYY） 导轨式液压凿岩机（YYG）	凿岩机的质量（kg）
电动 D（电）	手持式 支腿式 T（腿） 导轨式 G（轨） 旋转式 X（旋）	— — — —	手持式电动凿岩机（YD） 支腿式电动凿岩机（YDT） 导轨式电动凿岩机（YDG） 旋转式电动凿岩机（YDX）	

2.1.2 土方施工机械的适应范围与使用条件

在各项土石方工程的施工中，选择什么型号的土石方施工机械，应综合考虑土质的种类、地形、运距、施工期限等因素，经济合理地选定。常用土方工程施工机械适应范围见表 2.1-3 所列。在土方工程施工中，土方工程施工机械的适用范围如表 2.1-4 所列。

土方工程施工机械的适应范围　　表 2.1-3

机械名称、特性	作业特点及辅助机械	适用范围
推土机 操作灵活，运转方便，需工作面小，可挖土、运土，易于转移，行驶速度快，应用广泛	1. 作业特点 （1）推平；（2）运距 100m 内的堆土（效率最高为 60m）；（3）开挖浅基坑；（4）推送松散的硬土、岩石；（5）回填、压实；（6）配合铲运机助铲；（7）牵引；（8）下坡坡度最大 35°，横坡最大为 10°，几台同时作业，前后距离应大于 8m 2. 辅助机械 土方挖后运出，需配备装土、运土设备推挖Ⅲ、Ⅳ类土，应用松土机预先翻松	（1）推Ⅰ～Ⅳ类土； （2）找平表面，场地平整； （3）短距离移挖回填，回填基坑（槽）、管沟并压实； （4）开挖深不大于 1.5m 的基坑（槽）； （5）堆筑高 1.5m 内的路基、堤坝； （6）拖羊足碾； （7）配合挖土机从事集中土方、清理场地、修路开道等工作

续表

机械名称、特性	作业特点及辅助机械	适 用 范 围
铲运机 操作简单灵活，不受地形限制，不需特设道路，准备工作简单，能独立工作，不需其他机械配合能完成铲土、运土、卸土、填筑、压实等工序，行驶速度快，易于转移；需用劳力少，动力少，生产效率高	1. 作业特点 (1) 大面积整平；(2) 开挖大型基坑、沟渠；(3) 运距 800～1500m 内的挖运土(效率最高为 200～350m)；(4) 填筑路基、堤坝；(5) 回填压实土方；(6) 坡度控制在 20°以内。 2. 辅助机械 开挖坚土时需用推土机助铲，开挖Ⅲ、Ⅳ类土宜先用松土机预先翻松 20～40cm；自行式铲运机用轮胎行驶，适合于长距离，但开挖也须助铲	(1) 开挖含水量 27%以下的Ⅰ～Ⅳ类土； (2) 大面积场地平整、压实； (3) 运距 800m 内的挖运土方； (4) 开挖大型基坑（槽）、管沟，填筑路基等。但不适于砾石层、冻土地带及沼泽地区使用
平地机 操作比较灵活，运转方便，需要的工作面大，能从事平土、路基整形、修整边沟和斜坡，修筑路堤等工程	1. 作业特点 (1) 高度 0.75m 以内路侧取土填筑路堤； (2) 高度在 0.6m 以内路侧弃土，开挖路堑。 2. 辅助机械 平地机可与推土机、铲运机、装载机等联合作业	(1) 平Ⅰ～Ⅲ类土； (2) 找平表面，场地平整； (3) 长距离切削平整； (4) 截水沟
正铲挖掘机 装车轻便灵活，回转速度快，移位方便；能挖掘坚硬土层，易控制开挖尺寸，工作效率高	1. 作业特点 (1) 开挖停机面以上土方；(2) 工作面应在 1.5m 以上；(3) 开挖高度超过挖土机挖掘高度时，可采取分层开挖；(4) 装车外运。 2. 辅助机械 土方外运应配备自卸汽车，工作面应有推土机配合平土、集中土方进行联合作业	(1) 开挖含水量不大于 27%的Ⅰ～Ⅳ类土和经爆破后的岩石与冻土碎块； (2) 大型场地整平土方； (3) 工作面狭小且较深的大型管沟和基槽路堑； (4) 独立基坑； (5) 边坡开挖
反铲挖掘机 操作灵活，挖土、卸土均在地面作业，不用开运输道	1. 作业特点 (1) 开挖地面以下深度不大的土方；(2) 最大挖土深度 4～6m，经济合理深度为 1.5～3m；(3) 可装车和两边甩土、堆放；(4) 较大较深基坑可用多层接力挖土。 2. 辅助机械 土方外运应配备自卸汽车，工作面应有推土机配合推到附近堆放	(1) 开挖含水量大的Ⅰ～Ⅲ类的砂土或黏土； (2) 管沟和基槽； (3) 独立基坑； (4) 边坡开挖
拉铲挖掘机 可挖深坑，挖掘半径及卸载半径大，操纵灵活性较差	1. 作业特点 (1) 开挖停机面以下土方；(2) 可装车和甩土；(3) 开挖截面误差较大；(4) 可将土甩在基坑（槽）两边较远处堆放。 2. 辅助机械 土方外运需配备自卸汽车、推土机，创造施工条件	(1) 挖掘Ⅰ～Ⅲ类土，开挖较深较大的基坑（槽）、管沟； (2) 大量外借土方； (3) 填筑路基、堤坝； (4) 挖掘河床； (5) 不排水挖取水中泥土

续表

机械名称、特性	作业特点及辅助机械	适用范围
抓铲挖掘机 钢绳牵拉灵活性较差，工效不高，不能挖掘坚硬土；可以装在简易机械上工作，使用方便	1. 作业特点 (1) 开挖直井或沉井土方；(2) 可装车或甩土；(3) 排水不良也能开挖；(4) 吊杆倾斜角度应在45°以上，距边坡应不小于2m。 2. 辅助机械 土方外运时，按运距配备自卸汽车	(1) 土质比较松软，施工面较狭窄的深基坑、基槽； (2) 水中挖取土，清理河床 (3) 桥基、桩孔挖土； (4) 装卸散装材料
装载机 操作灵活，回转移位方便、快速；可装卸土方和散料，行驶速度快	1. 作业特点 (1) 开挖停机面以上土方；(2) 轮胎式只能装松散土方，履带式可装较实土方；(3) 松散材料装车；(4) 吊运重物，用于铺设管道。 2. 辅助机械 土方外运需配备自卸汽车，作业面需经常用推土机平整并推松土方	(1) 外运多余土方； (2) 履带式改换挖斗时，可用于开挖； (3) 装卸土方和散料； (4) 松散土的表面剥离； (5) 地面平整和场地清理等工作； (6) 回填土； (7) 拔除树根

土方工程施工机械的使用条件 **表 2.1-4**

路基种类		主导机械	辅助机械	填挖高度/m	水平运距/m	集中工作量/m^3	最小工作面长度或高度/m
路堤	路侧取土	(1) 自行平地机		<0.75			300～500
		(2) 73kW 推土机		<3	10～40	不限	
		(3) 102～146kW 推土机		<3	10～80	不限	
		(4) 6～8m^3 拖式铲运机	73kW 推土机	<5	100～250	>5000	50～80
		(5) 6～8m^3 拖式铲运机	73kW 推土机	>6	250～700	>5000	80～100
	远运取土	(1) 6～8m^3 拖式铲运机		不限	>700	>5000	50～80
		(2) 9～12m^3 拖式铲运机		不限	>1000	>5000	50～80
		(3) 9m^3 以上自行铲运机		不限	>700	>5000	50～80
		(4) 挖掘机配合自卸汽车等		不限	500～5000	>10000	2.5～3.5
		(5) 装载机配合自卸汽车		不限	500～5000	>1000	
路堑	路侧弃土	(1) 自行平地机		<0.6			300～500
		(2) 73kW 推土机		<3	10～40	不限	
		(3) 102～146kW 推土机		<3	10～80	不限	
		(4) 6～8m^3 拖式铲运机	59kW 推土机	<6	100～300	>5000	50～80
		(5) 6～8m^3 拖式铲运机	59kW 推土机	<15	300～600	>5000	100
		(6) 9～12m^3 拖式铲运机		<115	>1000	>5000	200

续表

路基种类		主导机械	辅助机械	填挖高度/m	水平运距/m	集中工作量/m^3	最小工作面长度或高度/m
路堑	纵向利用	(1) 73kW 推土机		不限	20～70	不限	
		(2) 102～146kW 推土机		不限	<100	不限	
		(3) 6～8m^3 拖式铲运机	59kW 推土机	不限	80～700	>5000	100
		(4) 9～12m^3 拖式铲运机		不限	>1000	>5000	100
		(5) 9m^3 以上自行铲运机		不限	>500	>5000	100
		(6) 挖掘机配合自卸汽车等		不限	500～5000	>10000	2.0～2.5
		(7) 装载机配合自卸汽车		不限	500～5000	>1000	
	半填半挖路基	102～146kW 推土机		不限	20～80	不限	

注：本表均指松土，如土质坚硬时应先用松土机将土疏松。

2.1.3 土石方施工机械的发展概况

2.1.3.1 国外土石方施工机械的发展特点

现代科学技术的迅速发展为建设施工机械创造了优异的物质和技术条件，同时也促进了土石方施工机械的现代化。其发展特点主要有如下几点：

(1) 土石方施工机械已广泛采用新技术、新材料、新结构和新工艺。液压技术和液压伺服机构在土石方施工机械中得到广泛应用，其工作装置已全部实现液压化，操纵轻便灵活，自动化程度高。

(2) 先进的工业国在制造技术上互相渗透。为了增强竞争能力，一是到别国就地设厂生产销售土石方施工机械，二是购买专利引进先进技术，还有搞技术合作的跨国公司。普遍重视安全、舒适及防止公害问题，例如，滚翻式安全司机棚的出现，使驾驶室具有隔音、防振的功能，并且装有空调设备，司机的视野开阔，操作简单等。

(3) 广泛应用机电一体化技术，逐步实现施工机械的节能化、自动化和智能化，是土石方施工机械的发展趋势。在少数发达国家，电子和激光技术在土石方施工机械上已得到广泛应用，有效地提高了工作装置的自动跟踪能力和控制精度，缩小了工作误差，提高了施工质量。

(4) 在土石方施工机械上安装先进的微处理机和电子监控系统，优化信息反馈技术，可提高机械对作业环境的适应性，使机械经常处于最佳工作状态，保持良好的动态特性，构成最优的人机闭合循环系统。安装电子监测系统，可严密监视机械各系统性能的变化情况，预报故障，显示故障发生部位。当司机操作失误时，监测系统还可迅速报警，起到人机自我安全保护作用。应用电子复合控制装置，可降低履带式行走机构的滑转率，降低燃油消耗，提高生产率。

(5) 目前的土石方施工机械已广泛采用传动部件通用化、标准化，系统化程度高、互换性好，可实现存放、运输、维修部件化，提高机械的完好率和利用率，充分发挥土石方施工机械的效益。就世界范围而言，各类工程建设项目日趋大型化、现代化、高标准化。

土石方施工机械将面向世界市场，朝着大容量、大功率、高效率、高智能、低能耗、低公害、安全可靠和维修简便的方向发展。

（6）重视为用户服务，对产品实行全面质量管理。各国的土石方施工机械械制造商已在20世纪90年代，从供人选择的状态转入根据用户经济利益和具体要求来发展新产品的阶段。并且在各国的大、中城市设有土石方施工机械供应、维修一条龙服务的机构。

美国、日本和俄罗斯是当前世界上土石方施工机械的生产大国，其共同的特点是专业化生产程度高、生产能力强、产品自成体系、品种齐全，并不断采用新技术，更新产品，逐步实现土方施工机械的现代化。美国卡特彼勒公司是世界上最大的土石方施工机械生产企业，主要生产成套的多系列的现代化土石方施工机械，特别是生产的履带式推土机除系列基本型外，还有多种产品，不但品种齐全，而且结构新颖、性能先进，其销售额居世界第一位。日本小松制作所也是当前世界第二大土石方施工机械生产企业，其中推土机、挖掘机、装载机在技术上具有世界一流水平，在国际市场上有很强的竞争能力。

2.1.3.2 国内土石方施工机械的发展特点

1. 土石方施工机械制造业的发展

国内的土石方施工机械虽然起步较晚，但发展很快。在20世纪70年代已初步形成以土石方施工机械为主导产品的机械制造业。全国有山东山工机械有限公司、徐州工程机械科技股份有限公司、湖南山河智能机械股份有限公司、郑州郑工机械集团有限公司、天津工程机械有限公司、广西柳工工程机械股份有限公司、厦门工程机械股份有限公司等十多家重点和骨干生产企业，先后引进国外同类产品的先进技术，品种逐年递增，部分产品的技术性能已达到国外先进水平。现在国内的土石方施工机械已发展成为一个独立的制造体系，产品已形成系列，其品种的规格已多达100余种，年生产能力达万多台，产品绝大多数供应国内市场，并有部分出口到国外市场。

2. 从“市场机遇”看土石方施工机械的发展

国内的城市化、现代化建设，使土石方施工机械具有良好的市场前景。根据国家“十五”发展规划，“十五”期间的投资重点仍是交通运输、水利、建筑、电力通信及环保行业等基础设施的建设，其中公路建设投资10000亿元、铁路建设投资3500多亿元，国家对基础设施建设投资力度加大，使土石方施工机械有较大的发展空间。特别是近二十年来，我国的“西气东输”、“西电东送”、“南水北调”、青藏铁路建设及沪京、京广、郑西、沪杭等十多条高铁线路，10000多km运营的高铁和在建18000km的高铁都需要大量的土石方施工机械，这必将促进其大力发展。

3. 从“环境需要”看土石方施工机械的发展

改革开放以来，国内人才、技术和市场环境为土石方施工机械的高速发展奠定了坚实的基础和发展环境，全球一体化为国际采购提供了极大的可能性。土石方机械上的许多配件如发动机、液压元件、电气元件等都可采用进口元件，以提高整台机械的可靠性，国内土石方机械制造厂家可以选择世界品质最优秀的配件，以提高土石方施工机械的整机质量；中国在土方施工机械行业发展的同时，也培养了一大批掌握先进技术的成熟人才，国内工程技术人员已经掌握先进的机械制造、液压以及自动控制等关键技术，而且企业还可以直接从国际市场吸引和招聘关键管理和技术人才；通过引进和技术合作，我国土石方施工机械制造企业已经具备参与国际竞争的能力。

4. 从"行业的稳定性"看土石方施工机械的发展

土方机械行业相对高科技行业具有较强的抗干扰与稳定性。土石方施工机械行业产品生产周期长，需要资金雄厚，受市场冲击影响相对于高科技行业小，具有相对的稳定性。资料表明，一度被视为夕阳行业的土石方机械工业近几年来保持了持续稳定的增长势头，成为工业发展的亮点。随着土石方机械产品结构的调整，技术含量高、质量好的产品在市场份额中的比例越来越大，土石方机械产品市场资源配置逐步趋于优化，市场不断过滤掉一批生产规模小、产品单一、生产质量差的企业，而一批有规模、有实力、规范运作的大公司担当起市场的中流砥柱，对市场起到稳定和推动的作用，进一步提高了土石方施工机械行业整体的抗干扰性和稳定性。

5. 今后我国土石方施工机械的发展趋向

(1) 面向大型化和机群化发展，以满足大型土石方工程和市政建设要求。企业的竞争力最终表现为对用户的服务能力。土石方机械制造业必须面对用户需求，了解用户使用产品的条件。单机研发已不能满足施工系统对土石方施工机械的要求，新的机械配套模式、机群设计和研发成为当今土石方机械设计与研发的一个重要方向。例如：由三一重工股份有限公司等单位，承担的国家高技术研究发展计划 863 "机群智能化工程机械"计划，就是针对道路施工系统而开发的"大型成套土石方施工机群、碎石机群、沥青路面施工机群"的重要课题；

(2) 面向产品生命周期的协作设计。要持续保持真正的竞争优势，只有通过卓越的创新产品。从产品的观点看，土石方机械制造企业必须突破以往产品开发的模式，企业的研发管理和研发人员必须致力于产品规划、设计、采购、制造、营销和服务 6 大关键过程，即整个产品生命周期跨部门、跨企业的协同设计，现代设计软件可以保证所有供应商、合作伙伴和客户都在第一时间得到所需要的一致的产品信息，并利用这些信息展开实时的协同工作，从而减少设计变更，降低设计成本，缩短上市时间，并推出高质量、系列化、模块化和标准化的产品。面向产品生命周期的协同设计使开发过程中每个环节都有机会产生更大的创新，并成为土方机械设计中的一个新动向；

(3) 采用新结构、新技术、新材料、新工艺，提高土石方施工机械的自动化。现代技术的高速发展，任何希望保持未来市场领先优势的土石方机械的制造业，必须考虑到未来的发展需要，并要不断研究和开拓新的产品，以解决不断变化的施工过程中产生的新问题。对施工工艺进行研究是土石方机械产品的发展方向和创新突破口；

(4) 控制系数采用电液比例操纵、计算机集成控制和激光等技术在土石方施工机械上的应用，大大提高土石方施工机械的智能化。智能化是面向 21 世纪的发展趋势之一，即是将人工智能融入施工过程的各个环节，通过模拟人类专家的智能活动，取代或延伸施工过程中的部分脑力劳动。在施工过程中系统能够自动监测其运动状态，在受到外界干扰或内部激励时能自动调整其参数，以达到最佳状态和具备组织能力；

(5) 绿色环保是土石方机械长期发展史的必然条例，也是我国土石方机械参与国际竞争的必然要求和施工机械发展的必然趋势。绿色环保包括绿色土石方机械、绿色制造、绿色施工。绿色土石方机械应具备无污染、低排放、低噪音、无泄漏的特点。绿色制造应按 ISO 14000 环境管理体系标准来规范和要求企业。绿色施工指土石方施工机械设计和施工组织中应尽可能保护环境，减少施工对环境的影响。我国 2002 年通过的

《清洁生产促进法》明确提出了“清洁生产”、“绿色机械”的概念，这是今后机械工业发展必须遵循的原则，也是土石方施工机械技术发展的重要课题和体现土石方机械水平的重要标志；

（6）提高土石方机械的安全性、舒适性和可靠性，是提高土石方机械生产效能的重要环节，省力操作，安全防护，降低噪声，提高可靠性，将是土石方施工机械今后继续发展的方向。在恶劣的施工环境中，人们越来越关注土石方机械的人性化设计。如防尘、减振、降噪及宽视野的驾驶室，操作的自动换挡等。驾驶室将逐步实施 ROPS 和 FOPS 设计方法，配装冷暖空调，此外全密封及降噪处理的“安全环保型”驾驶室，采用人机工程学原理设计的可全方位调节驾驶员座椅，功能集成的操纵手柄，全自动换挡装置及电子监控与故障自诊断系统等都将逐步采用，以改善驾驶员的工作环境，保证驾驶员的人身安全，提高作业效率；

（7）我国土石方施工机械生产行业产品创新不断加快，质量、舒适、安全、智能、环保、“群发”日益提高。产品创新是企业发展的关键支点，是市场竞争之必然需求。产品创新体现在企业为了更好地满足消费者对于新功能、新结构、新外观的需求而不断的开发新产品或者对原型产品不断升级、更新换代。随着市场供应的日益丰富，顾客选择产品的范围越来越大，惟有那些精益求精、品质卓越、服务优良的产品，才能给顾客带来更大的价值和满足感，才能在众多的竞争对手中脱颖而出。考虑使用人员的安全和舒适性是未来土石方施工机械产品发展的一大趋势；

（8）企业竞争力最终表现为对用户的服务能力，即为用户解决问题的能力和为用户创造价值的能力。土石方施工机械制造企业必须面对用户的需求，了解用户使用产品的条件和环境，考虑如何使用户的效益最大化。单机研发已不能满足施工系统对施工机械的要求，新的机械配套模式对单机性能、机群调度提出了严峻的挑战，机群设计和研发成为当今工程机械设计和研发的重要方向。如：大型成套碎石机群、土石方施工机群等都是面向施工系统的机群。

2.2 推土机

2.2.1 概述

2.2.1.1 推土机的用途

在各项工程施工中，推土机是处理土石方工程的主要机械之一，主要用于推运土方、石碴、开挖基坑、平整场地、清理树根和石块、堆集散料、填沟压实、助推及牵引等作业。是一种结构简单，操纵灵活，生产效率高，既能独立完成拖、拉、铲、运、压、裂、装、填等多种作业，又能多台集体作业，或配合其他机械联合施工的土方机械。所以，广泛地应用于建筑、市政、水利、铁路、公路、矿山和国防工程的施工中。

采用推土机推运土石方工程的经济距离在 100m 以内，一般不超过 120m。图 2.2-1 所示为各类推土机的外貌图。

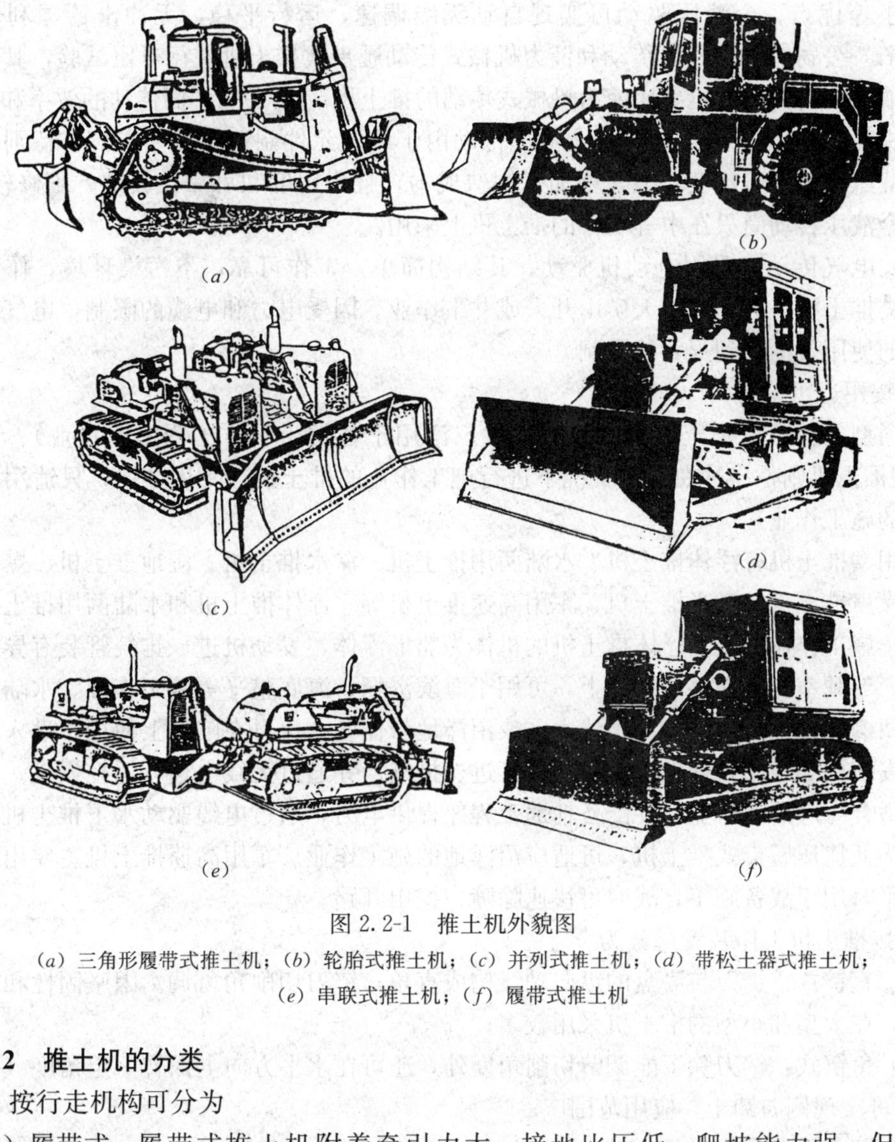

图 2.2-1 推土机外貌图

(*a*) 三角形履带式推土机；(*b*) 轮胎式推土机；(*c*) 并列式推土机；(*d*) 带松土器式推土机；(*e*) 串联式推土机；(*f*) 履带式推土机

2.2.1.2 推土机的分类

1. 按行走机构可分为

(1) 履带式：履带式推土机附着牵引力大，接地比压低，爬坡能力强，但行驶速度低；

(2) 轮胎式：轮胎式推土机行驶速度高，机动灵活，作业循环时间短，运输转移方便，但牵引力小，适用于经常变换工地和野战的情况下使用。

2. 按传动方式可分为

(1) 机械传动：传动效率高，制造简单，维修方便。但牵引力不能随外阻力自动变化，换挡频繁，操作笨重，动载荷大，发动机容易熄火，作业效率较低；

(2) 液力机械传动：在其他条件不变的情况下，将主离合器变为液力变矩器、机械变速箱变为动力换挡变速箱而成。车速和牵引力可随外阻力变化而自动变化，改善了牵引性能，操纵轻便，可不停车换挡，作业效率高。但传动效率低，制造成本高，维修较困难；

(3) 全液压传动：除工作装置采用液压操纵外，行走机构驱动采用液压马达，具有燃油消耗低、作业效率高、操纵灵活、可原地转向、机动性强、结构紧凑、载荷分配合理，动载荷小等优点。全液压驱动可实现自动无级调速，运行平稳，无冲击德国利勃海尔（Uebherr）公司曾对全液压传动和液力机械式传动履带式推土机进行对比试验，其结果表明：全液压传动的推土机要比液力机械式传动的推土机节能10%，而传动的效率和生产率则分别提高25%和15%～25%。全液压传动由于液压元件制造精度要求高，特别是低速大扭矩液压马达制造难度较大，增加了制造成本，且耐用度和可靠性较差，维修较困难，故目前全液压传动尚只在中等功率的推土机上采用。

（4）电气传动：采用电动机驱动，其结构简单，工作可靠，不污染环境，作业效率高。此类推土机一般用于露天矿山开采或井下作业。因受电力和电缆的限制，电气传动式推土机的使用范围受到很大的限制。

3. 按用途可分为

普通型（普通型推土机通用性好，可广泛用于各类土石方工程施工作业）、专用型（专用型推土机则是一种在特定工况下进行施工作业的推土机，专用性强，只适用于特殊环境下的施工作业）。

专用型推土机有浮体推土机、水陆两用推土机、深水推土机、湿地推土机、爆破推土机、低噪声推土机、激光推土机、军用高速推土机等。浮体推土机和水陆两用推土机属浅水型推土施工作业机械。浮体推土机的机体为船形浮体，发动机进、排气管装有导气管通往水面，驾驶室安装在浮体平台上，可用于海滨浴场、海底整平等施工作业。水陆两用推土机属两栖型推土机，主要用于浅水区或沼泽地带作业，也可在陆地上使用，潜入水下作业时，发动机必须通过伸出水面的导气管进、排气，并通过无线电进行遥控操纵。深水型推土机适合海底潜水作业，并配备辅助工程船提供电力，通过电缆驱动水下推土机。湿地推土机为低比压履带式推土机，可适应沼泽地的施工作业。军用高速推土机主要用于国防建设，平时用于战备施工，战时可快速除障、挖山开路。

4. 按推土机工作装置可分为

（1）直铲式：铲刀与底盘的纵向轴线构成直角，铲刀切削角可调。因坚固性和制造的经济性，在大型和小型的推土机采用较多；

（2）角铲式：铲刀除了能调节切削角度外，还可在水平方向上回转一定角度（一般土250°），可实现侧向卸土，应用范围广；

5. 按功率等级可分为

超轻型推土机（功率在30kW以下）、轻型推土机（功率在30～74kW之间）、中型推土机（功率在74～220kW之间）、大型推土机（功率在220～520kW之间）、特大型推土机（功率在520kW以上）。

2.2.1.3 推土机的基本构造

（1）任何形式的推土机都是由基础车、工作装置及其操纵机构三大部分组成。

（2）基础车一般是在通用的履带式拖拉机上加以改进或特制的轮胎式底盘。由于篇幅有限，本书不予介绍。

（3）推土装置是基础车前端的一种可拆换的悬挂装置。任何形式的推土装置都是由带切削刀片的铲刀、推杆（或推架）和相应的支撑三部分组成。操纵机构是用采控制铲刀的升降运动和推土机前进后退或转弯等动作。

（4）目前我国广泛使用的推土机中，机械操纵的履带式直铲推土机基本停止使用；液压操纵的履带式直铲推土机有 T60 型、T120 型和 T180 型；液压操纵的履带式斜铲推土机有 T120A-6 型、T120A-2 型与 T150B-2 型等；液压操纵的轮胎式斜铲推土机有 TL160 型、TL180 型 TL220 型与 T220 型等。

2.2.1.4 推土机的发展概况

（1）对推土机的研制工作，我国是新中国成立以后才开始，大致经历了萌芽时期、专业形成时期和产品系列形成时期三个阶段。最早的推土机是在农用拖拉机上加装推土装置，性能较差。到 20 世纪 60 年代才开始生产以推土机专用的动力基础车制造的推土机。目前国内生产的履带式推土机有红旗 100、上海 120、T120、移山 180、T180、TY180、黄河 220、T240、T320、TY200、TY320 型等；轮胎式推土机有 TL160、TL180、TL210、TL220 等型号。

（2）20 世纪 80 年代以来，我国在研制推土机方面有较大的突破，并大量引进国外技术，在新机种上采用了当前世界上先进结构，如：柴油机上采用增压器，主离合器上采用液力变矩器，动力换上变速箱、应用湿式多片粉末冶金摩擦离合器、密封润滑履带、工作装置操纵液压化、转向与制动联动、宽基超低压大型轮胎、保温隔声驾驶室等。在生产工艺上，采用了二氧化碳气体保护焊、负压造型铸造、超硬滚齿、齿轮液下中频感应淬火、轨链节踏面中频感应淬火、驱动轮镶齿锻、支重轮翻边锻压、阀体清砂等新的工艺，大大提高了国产推土机的技术性能。

（3）今后我国推土机的发展将从以下几方面来考虑：提高推土机产品寿命和可靠性，扩大生产规模和降低产品成本，进一步发展机电液一体化和大功率多功能推土机等。

（4）国外履带式推土机是在 20 世纪 30 年代发展起来，而轮胎式推土机则在 20 世纪 40 年代才出现。由于履带式推土机具有良好的越野性及牵引性能，所以在几十年的推土机发展过程中保持着重要地位，技术性能也在不断改善。

（5）由于全世界范围内工程量日益增加，规模不断扩大，工程环境的多样化，施工范围已不仅仅限于平川丘陵地域，也在向高山（例如青藏铁路是在海拔高度 3500～5000m 建成）、水下（例如所有的过江隧道与海底隧道）、沼泽、严寒地（例如青藏铁路有 600km 地段长年处于冻土层）等地区发展，这样便出现了各种新型高效、适应性强的推土机，如可在海拔 3000m 以上地区作业的推土机，可在水下 60m 作业的推土机，可在接地比压为 11kPa 的沼泽地区作业保持良好通过性的推土机。

（6）为了使推土机有较高的经济效益，要求新型推土机具有快速、强力、高效等特点：

1）在快速方面，以往机械传动的履带推土机，其作业速度为 3～4m/min，采用液力机械传动后，推土机的作业速度可以提高 1.1～1.5 倍。另外，推土机也可以采用轮胎式行走机构，以提高作业效率。但由于轮胎行走机构的附着牵引性能较差，因此它的发展受到了一定的限制；

2）在强力方面，促使推土机向大型化发展，基础车的发动机功率不断加大。美国在 20 世纪 70 年代末生产了功率为 515kW 的履带式推土机和 2058kW 的铰接车架的轮胎式推土机；

3）在高效方面，为了提高推土机的生产效率，除了快速、强力两方面，还加大了铲刀尺寸。在操纵方面还发展了自动控制、无线电遥控和激光控制，使推土机作业进一步自动化。并且可高效地能在有害的介质和危险的地段进行推土作业；

4）在安全性、舒适性方面，美、日、德、俄等国家，于20世纪80年代后期已先后在推土机上安装电子监测系统（EMS）、滚翻保护机构（ROPS）和落物保护机构（FOPS）。驾驶室采用二次减振装置，装有悬挂式座椅和空气调节装置。新型的全封闭驾驶室噪音小、视野好、操纵杆布置合理、工作舒适等。

2.2.1.5 推土机的生产率计算

推土机的生产率可按标准台班所完成的土方量（m^3）来进行计算，其计算式如下：

$$Q=\frac{60TqK_{B}K_{n}}{tK_{p}}$$

式中 Q——标准台班完成的土方量，m^3/台班；

T——推土机每台班作业持续时间，h；

q——推土刀前堆集的土壤体积，m^3；

K_B——时间利用系数，一般取 $K_B=0.85\sim0.95$；

K_n——运土中土壤漏耗系数，一般取 $K_n=0.75\sim0.88$；

K_P——土壤松散系数，当土壤为Ⅰ等时，其 $K_P=1.08\sim1.17$；当土壤为Ⅱ等时，其 $K_P=1.14\sim1.28$；当土壤为Ⅲ等时，其 $K_P=1.24\sim1.30$；当土壤为Ⅳ时，其 $K_P=1.28\sim1.32$；

t——推土机每一作业循环所需要的时间，min，其值可按下式进行计算。

$$t=\frac{L_1}{v_1}+\frac{L_2}{v_2}+\frac{L_3}{v_3}+2t_n+t_c+t_o$$

式中 L_1、L_2、L_3——铲土、运土、回程距离，m；

v_1、v_2、v_3——铲土、运土、回程速度，m/min；

t_n——推土机调头所需要的时间，min；

t_c——推土机变速所需要的时间，一般为0.08～0.17min；

t_o——推土刀下降所需要的时间，min。

若利用推土机作场地平整时，对生产率可按下式进行计算。

$$Q=\frac{60T(\cos\alpha-m)Lt_c}{n\dfrac{L}{\nu_p}+t_c}$$

式中 α——推土刀安装的平面角；

m——相邻两次平整时的重叠宽度，0.3～0.5m；

L——平整地段长度，m；

T——推土机每台班作业持续时间，h；

B——推土刀宽度，m；

n——推土机沿一处作业的行程次数，一般情况下为1～2次；

ν_p——推土机的工作速度，m/min。

决定推土生产率高低的因素很多，但人是其中最重要的因素。此外，机械的技术性能状况、司机的操作技能、施工组织和管理水平的高低也直接影响着推土机的生产率。所以，具体计算时，一定要从实际出发，综合考虑各种影响因素，并要进行客观的分析，以使计算结果具有实际意义。

2.2.2 推土机的使用要点

2.2.2.1 作业前的准备工作

（1）发动机部分按柴油机操作规程进行检查与准备。

（2）了解作业区的地势和土壤种类，测定危险点及选定最佳的操作方法。

（3）如果作业区有大块石头或大坑穴时，应预先清除或填平。

（4）启动前，应将所有的控制杆置于“中间”或“固定”位置。

（5）履带推土机的履带松紧要适度，且左右均匀。轮胎推土机轮胎气压必须符合要求，且各轮胎气压应保持一致。

（6）检查燃油、润滑和冷却系统，不得有渗漏现象，冷却水应足够，油位应正常。

（7）进行保修或加油时，发动机必须熄火，推土机的推土铲及松土器必须放下，制动锁杆要在“锁住”位置。

（8）检查电气系统、操作系统及工作装置，各部分必须处于良好的工作状态，必要时进行调整；检查各仪表是否正常。

（9）发动机传动部分带有胶带连接的推土机，不得用其他机械推拉启动，以免打坏锁轴。

2.2.2.2 作业与行驶中的注意事项

（1）除驾驶室之外，机上其他地方禁止载人；行驶中任何人不得上下推土机。

（2）行驶时，铲刀应离地面 40～50cm。

（3）严禁在运转中，或在斜坡上，进行紧固、润滑保养和修理推土机。

（4）上下斜坡时，先选择最合适的斜坡运行速度，在斜坡上不得改变运行速度。行驶时，应直接向上或向下行驶，不得横向或对角线行驶。下坡时，禁止空挡滑行或高速行驶；下陡坡时，应放下推土铲使之与地面接触，倒退下坡。避免在斜坡上转弯掉头。轮胎推土机不能在超过规定坡度的场地上作业。

（5）在坡地工作时，若发动机熄火，应立即将推土机制动，用三角木等将推土机履带楔紧后，将离合器杆置于脱开位置，变速杆置于空挡位置，方能启动发动机，以防推土机溜坡。

（6）工作中驾驶员需要离开机器时，必须将操纵杆置于空挡位置，将推土机铲刀放下并将机器制动，熄灭发动机后方可离开。

（7）在危险或视线受限的地方，一定要下机检视，确认能安全作业后方能继续工作。严禁推土机在倾斜的状态下爬过障碍物；爬过障碍物时不得脱开一个离合器。

（8）避免突然起步、加速或停止；避免高速行驶或急转弯。

（9）填沟或回填土时，禁止推土机铲超出沟槽边缘，可用一铲顶一铲的推土方法填土，并换好倒车挡后，才能提升推土铲进行倒车。在深沟、陡坡的施工现场作业时，应由专人指挥，以确保安全。

（10）多台推土机在施工现场联合作业时，前后距离应大于 8m；左右距离应大于 1.5m。若工程需要并铲作业时，必须用机械性能良好、机型相同的推土机，驾驶员必须技术熟练。

（11）在垂直边坡的沟槽作业时，对于大型推土机，沟槽深度不得超过 2m；对小型推土机，沟槽深度不得超过 1.5m。若沟槽深度超过上述规定值时，必须按规定放安全装置或采取其他安全措施后，方可进行施工。

（12）轮胎推土机用于除冰、除雪作业时，轮胎要加防滑链。用于清除石料作业时，要加装轮胎保护链。

（13）工作现场有电线杆时，应根据电线杆的结构、埋入深度和土质情况，使其周围保持一定的安全土堆。电压超过 380V 的高压线，其保留土堆大小应征得电业部门或电业专业人员的同意。

（14）在爆破现场作业时，爆破前，必须把推土机开到安全地带。进入现场前，操作人员必须了解现场有无瞎炮等情况，确认安全后，方可将推土机开入现场。如发现有不安全之处，必须待处理后再继续施工。

（15）若必须要在推土铲下进行维修等作业，则首先应将推土铲升到所需位置，先锁好分配器，锁住安全锁，并用垫块将推土机垫牢固后，方可进行作业。

（16）履带推土机不得长距离行驶，需长距离转移时，必须用平板车装运。装运时，变速杆应处于空挡位置；制动杆、安全锁杆必须置于锁住位置。

（17）履带推土机不准在沥青路面上行驶，当必须从沥青路面上通过时，应铺设道木、草袋等以免破坏路面。通过铁路时，应在轨道两边和中间铺设道木，直行通过，禁止转向。通过交叉口时，应注意来往行人和车辆，确保安全通过。

（18）倒车时，应特别注意块石或其他障碍物，防止碰坏油底壳。

2.2.2.3 作业后的要求

（1）推土机应停放在安全、平坦、坚实且不妨碍交通的地方。冬季应选择背风向阳的地方，将发动机朝阳，铲刀放下着地。

（2）熄火前应让发动机怠速 5min，熄火后把变速杆置于空挡位置，把制动杆、安全锁杆置于锁住位置。并按规定对推土机进行例行保养。

2.2.3 推土机的施工工艺

2.2.3.1 推土机施工的基本过程

推土机的基本作业是铲土、运送、卸土和空回四个工作过程，如图 2.2-2 所示。提高推土机作业效率的原则是：铲土时应以最短时间、最短距离铲满土；运送时应尽量减少土

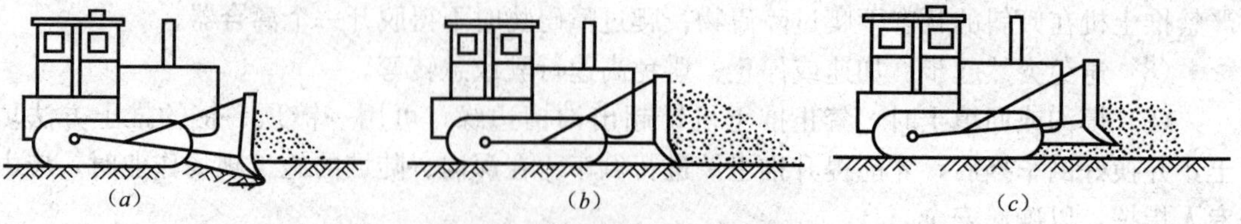

图 2.2-2 推土机的基本作业
（*a*）铲土行程；（*b*）运土行程；（*c*）卸土行程

壤漏损，使较多的土运送到卸土点；卸土时应根据施工条件采取不同的卸土方法，以达到施工技术要求和施工安全；空回时应以较快的速度驶回铲土处。

2.2.3.2 直铲推土机的基本作业

1. 推土机的铲土作业

（1）在此作业行程内，使铲刀切入土中一定深度，以最短的时间、最短的距离，使其铲刀前堆满土壤，并用铲刀推动；

（2）推土机铲土的深度，视土壤类别而不同，当在Ⅰ级土壤铲土深度约 20cm 时，铲刀的铲土角可陡一些，约 60°～65°，在Ⅲ级土壤中铲土深度在 10～15cm 时，其铲土角度可用 52°～57°；至于在Ⅳ级以上的黏性土壤内铲土深度应在 0～15cm 范围内变动，其铲土角应调至 45°；

（3）为了在最短的时间最短的距离内铲满土或多铲土，一般常用接力铲土法。这种铲土法是分次铲土、叠堆推运，分次的目的是使柴油机有喘息接力的含义。按铲土距离的不同，此法又分 4 次、6 次接力铲土，如图 2.2-3 所示。

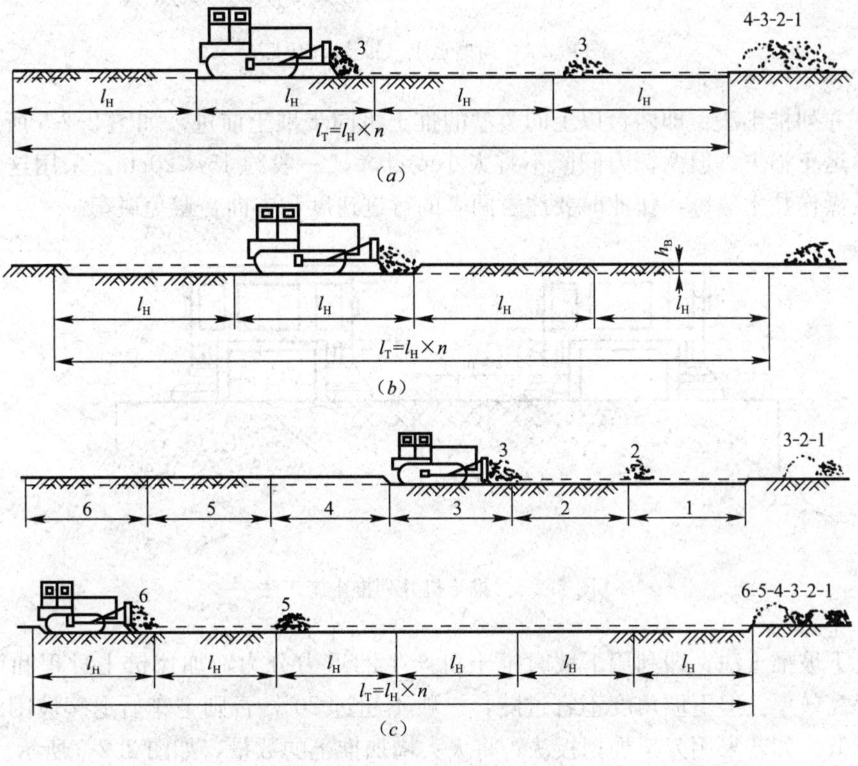

图 2.2-3 接力铲土施工法

(*a*) 四次接力铲土施工法；(*b*) 刨削式铲土施工法；(*c*) 六次接力铲土施工法

l_H—铲土长度；h_B—铲土深度；l_T—工作地段总长度（$l_T=l_H\times n$ n 为分段数）

（4）推土机第一次铲土时，应以最大可能深度切入土中，以刨削式铲土为好，从靠近填土处开始。铲土时，当柴油机稍有超负荷现象时即停止铲土，然后退回。推土机以同样方法进行第二次铲土，接着第三次铲土，并沿着前进方向把第一、二次所留的土推送到填土处。这样可以使柴油机功率得到充分利用。此法若与沟槽推土法配合，可以减少土壤的漏损，大大提高推土效率。

2. 推土机的运土作业

在此作业行程中，为了尽可能地减少运土损失，常用的有沟槽运土（或推土）法、推土机并列推土法以及铲刀加挡板法。

（1）沟槽推土法：在运送土壤时，为了尽可能地减少运土中的损失，可在一固定作业线上多次推运使之形成一条土槽，或者利用铲刀两端外漏的土壤所形成的土埂进行运土，如图 2.2-4 所示，一般槽深不大于铲刀的高度。

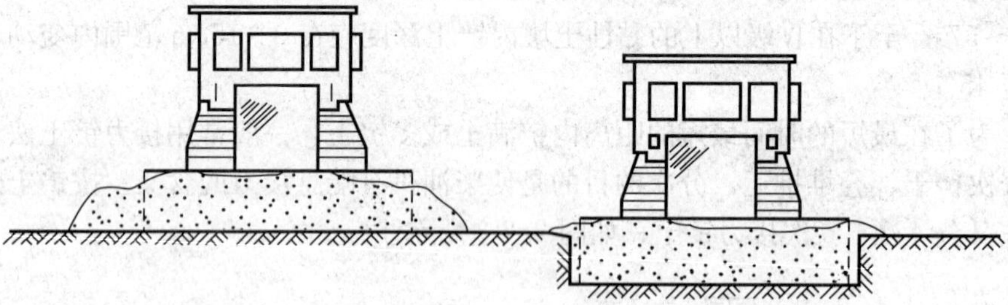

图 2.2-4 沟槽运土（推土）施工法

（2）并列推土法：即两台以上同类型的推土机同步推土前进，如图 2.2-5 所示。这样可以减少运土损失。但两铲刀间隔不宜太小或过大，一般约 15～20cm。采用这种方法要求驾驶员操作技术熟练，作业时要注意两者的行进速度和方向，避免碰车。

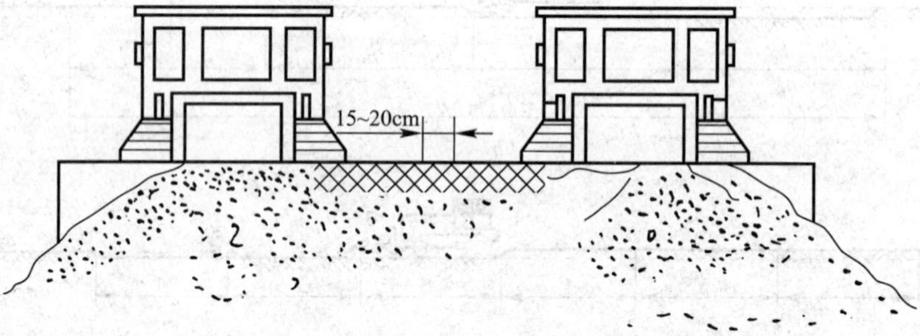

图 2.2-5 推土机并列推土施工法

（3）下坡推土法：即利用下坡时推土机产生的重力分力，加速铲土过程和增大送土量，以提高效率。但下坡角度不宜过陡，一般不超过 20°，否则空车后退爬坡困难，反而使效率降低。如若采用刀架加挡板法，将大大增加推土的数量，如图 2.2-6 所示。

3. 推土机的卸土作业

（1）此作业行程是以提升铲刀来进行的。卸土的方法视施工条件不同而异。图 2.2-7 所示为推土机在分层填土行驶时卸土的情况。推土机在前进中要徐徐地提升刀架来卸土，铲刀提升的高度应等于所填土层的厚度。卸土路程的长度为 4～6m；

（2）图 2.2-8 所示为推土机自路侧取土坑或自路堑运土填筑路堤过程中，在推土机前进或停止后，将推土机铲刀慢慢地高高提升，以达卸土之目的，有时又将铲刀重新放下，让推土机倒退行驶将上拖平一下；

图 2.2-6 刀架加挡板施工法

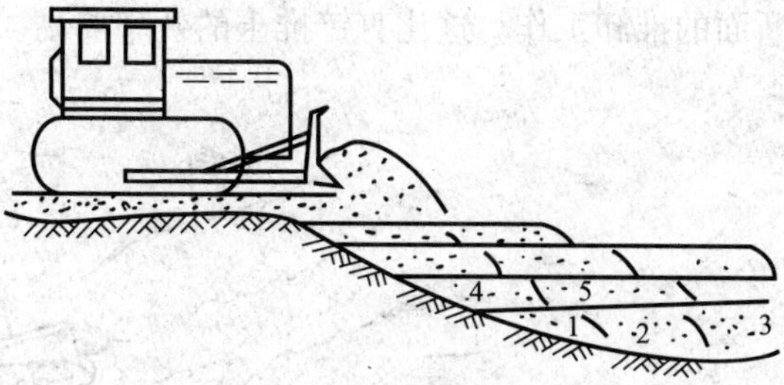

图 2.2-7 推土机分层填土卸土施工法

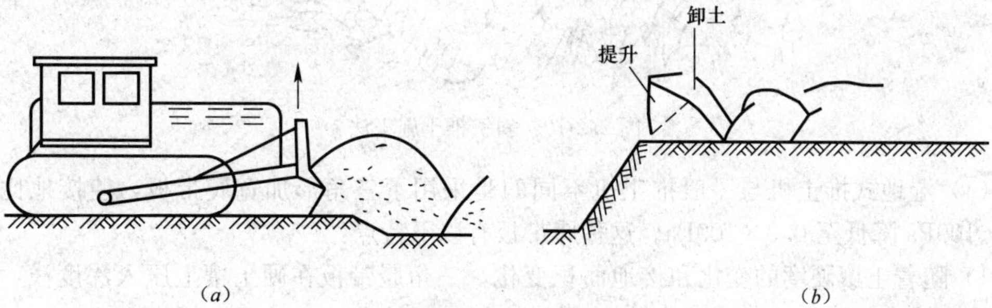

图 2.2-8 推土机局部填土、卸土施工法

(a) 局部填土；(b) 提起铲刀卸土下填摊单程序

(3) 其他如从路堑取土填筑堑沟、山坑以及填筑路堤时，推土机卸土时应迅速的提升铲刀来卸土，如图 2.2-9 所示。

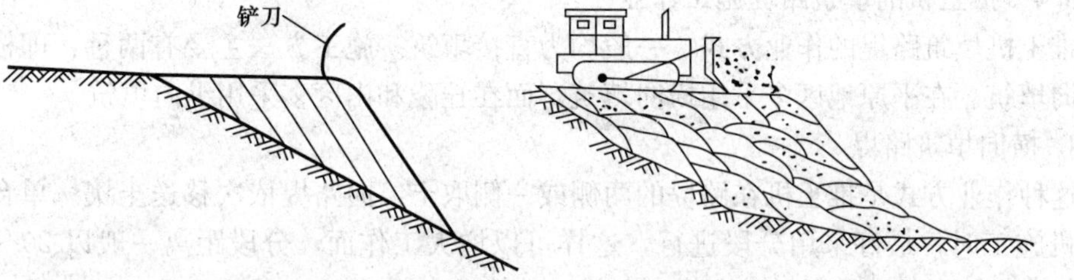

图 2.2-9 推土机填筑边坡下沟槽等卸土施工法

2.2.3.3 回转式、湿地式推土机的基本施工作业

(1) 回转式推土机基本作业与直铲推土机相同。只是它更适合于傍山挖土填筑路堤以及在狭窄处回填沟槽和平整场地等作业。由于斜铲推土机的铲土、运土、卸土三个行程是同时连续进行的，其工作情况与平地机的工作基本相似。因此，在进行平整土壤面层等工作时，大都是采用低挡进行。

(2) 斜铲平面角（如图 2.2-10 所示），应根据所进行工作的对象不同而不同。一般在推土时为 90°（直角），平土时为 60°填土时为 40°。

(3) 斜铲推土在傍山取土时，应将铲刀调整为 60°平面角，然后向坡外平斜，并使其较坡面前端稍有下倾，以便在推土过程中，造成内倾的横向坡度，使机械安全运行。在挖土过程中坡上的土壤被内，角切取后，就沿刀片卸于坡外，形成一条行驶道。随着此道的加宽，当超过刀宽较多时，推土机在切取土壤后就要向外侧转向，卸土于坡下，一次完成全断面的推卸工作。这比直铲推土的效率要高。

图 2.2-10　斜铲推土施工法

（4）湿地式推土机与一般推土机不同的是采用了三角形加宽履带板，使接地比压由 1.3×109Pa 降低至 0.3×109Pa。这种履带板有以下特点：

1）随着土壤硬度的变化和接地面积变化，三角履带板在硬土壤上压入深度浅，接地面积小，接地比压高。反之，接地比压低；

2）三角履带在软土上压入的深度深，接地面积大，接地比压小。因此在松软的地面上作业效果较好。同时土壤剪力的增加有助于发挥机械的牵引力；

3）由于三角履带板的顶角大于 90°，所以不易黏结土壤，且易剥落，使履带本身起到自洁作用。湿地推土机，不但可以用于沼泽地区施工，而且用于一般性质土壤的施工。

2.2.3.4　推土机的填筑路堤施工作业

推土机填筑路堤的作业方式，一般均为直接填筑。施工方法主要有两种：即横向填筑与纵向填筑。在平原地区多采用横向填筑，而在丘陵和山区多采用纵向填筑。

1. 横向填筑路堤

这种作业方式是推土机在路堤的两侧或一侧取土，向路堤依次移送土壤。单台或多台推土机施工时，最好采用分段进行，这样可以增大工作面，分段距离一般以 20～40m 为宜，每段也可以按班组的能力划分：

在一侧取土时，每段一台推土机，作业线路可采用“穿梭”法进行，如图 2.2-11 所示。在施工中，推土机推满土后，可向路堤直送到路堤坡脚，卸土后按原推土路线退回到挖土始点。这样在同一线路中按沟槽运土法送二刀、三刀就可挖到 0.7～0.8m。此后推土机作小转弯倒退，以便向一侧移位，仍按同法推邻侧的土壤。以此类推地向一侧转移，直至一段路堤完工。然后推土机反向侧移，推平取土坑所遗留的各条土埂。

当推土机由两侧取土坑推土时，每段最好用两台并以同样的作业法，面对路堤中心线推土，但双方一定要推过中心线一些，并注意路堤中心线的压实，图 2.2-12 所示为从两侧取土时。作业线路图。当路堤填高时，应分层有序地进行，一般每层厚度约 20～30cm，并分层压实。

当采用单机推土填筑路堤高度超过 1m 时，应设置推土机进出坡道，如图 2.2-13 所示。通道坡度应不大于 1∶2.5，宽度应与工作面宽度相同，长度约 5～6m。当采用综合机械化施工时，路堤填筑高度超过 1m 后，多采用铲运机来完成。

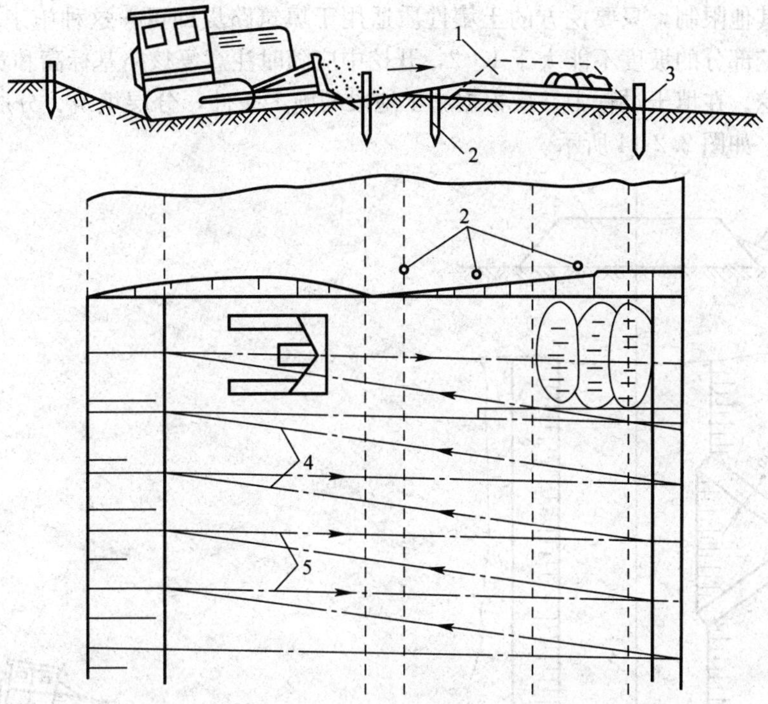

图 2.2-11 推土机从一侧取土填筑路堤施工法

1—路堤；2—标定桩；3—间距为100m的高标杆；4、5—推土机“穿梭”作业路线

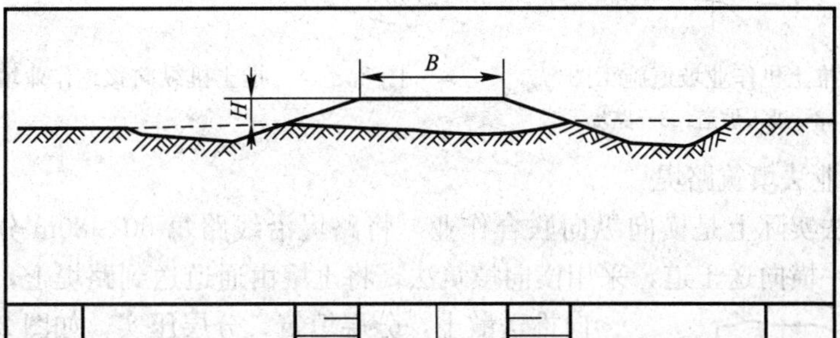

图 2.2-12 推土机从两侧土坑取土填筑路堤作业的线路图

B—路基宽；H—路基高

2. 纵向填筑路堤

纵向填筑路堤作业的方法多用于移挖作填工程，其开挖深度与填筑高度可按设计标高

规定，不受其他限制，只要挖方的土壤性质适用于填筑路堤即可。这种施工方法最经济，但应注意开挖部分的坡度不能大于1∶2，开挖中应随时注意复核路基标高和宽度，避免出现超挖和欠挖。在填土过程中，应根据施工地段的施工条件，分层填筑、分层压实。纵向填筑作业法，如图2.2-14所示。

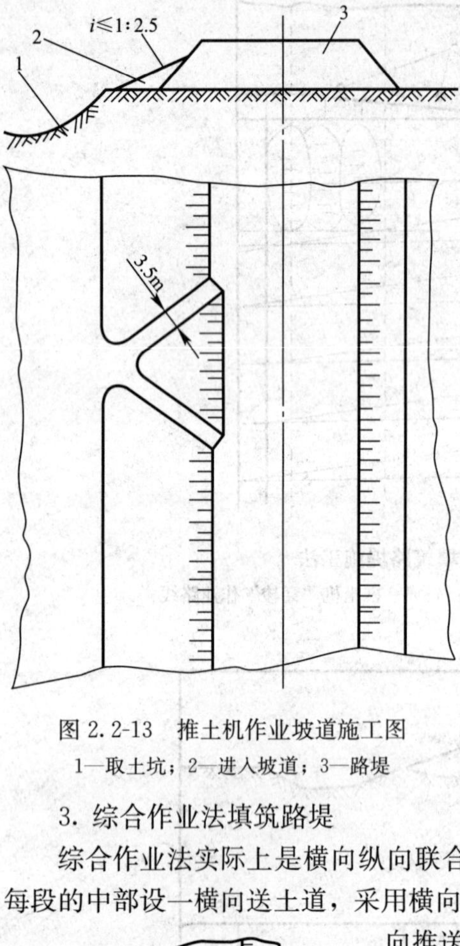

图2.2-13　推土机作业坡道施工图

1—取土坑；2—进入坡道；3—路堤

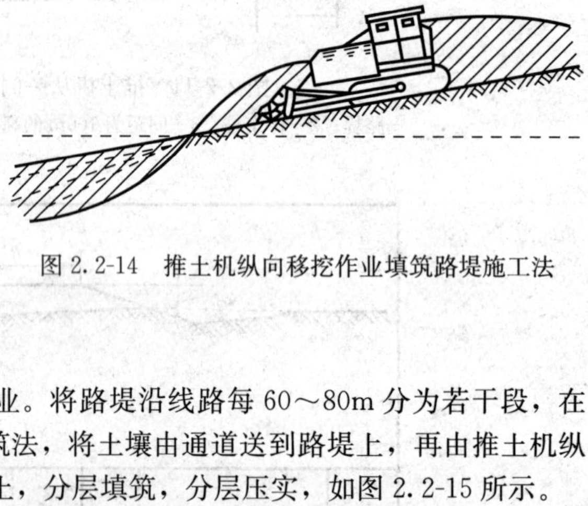

图2.2-14　推土机纵向移挖作业填筑路堤施工法

3. 综合作业法填筑路堤

综合作业法实际上是横向纵向联合作业。将路堤沿线路每60～80m分为若干段，在每段的中部设一横向送土道，采用横向填筑法，将土壤由通道送到路堤上，再由推土机纵向推送散土，分层填筑，分层压实，如图2.2-15所示。

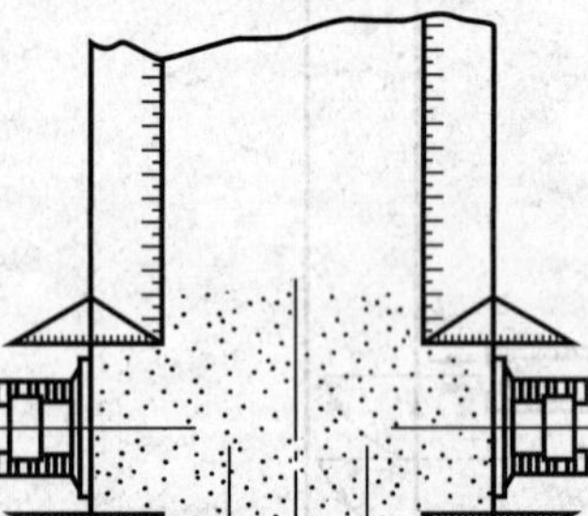

图2.2-15　推土机横向纵向联合作业填筑路堤

2.2.3.5　推土机的开挖路堑

用推土机开挖路堑有两种施工情况：一种是在平地上挖浅路堑；另一种是在山坡上开挖路堑或移挖作填开挖路堑。

1. 平地上两侧弃土，横向开挖路堑

（1）用推土机横向开挖路堑，其深度在2m以内为宜，如图2.2-16所示。开始推土机以路堑中线为界，向两侧横向按“穿梭”作业法进行，将路堑中挖出的土送至两侧弃土堆，最后，再作专门的清理与平整。如开挖深度超过2m，则需与其他机械配合施工；

（2）此外，对上述施工作业，推土机也可用环形作业法施工，如图2.2-17所示。施工时推土机可按椭圆形或螺旋形路线运行，这种运行路线可以对弃土堆进行分层平整和压实；

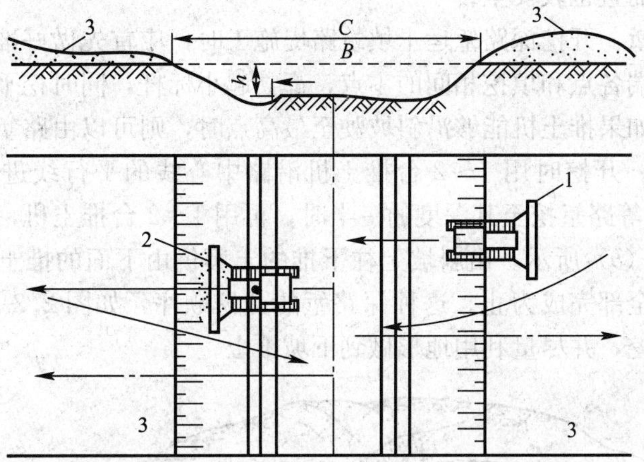

图 2.2-16 推土机在平地横向开挖路堑施工作业图

1、2—两台推土机采用“穿梭”作业法；3—弃土堆

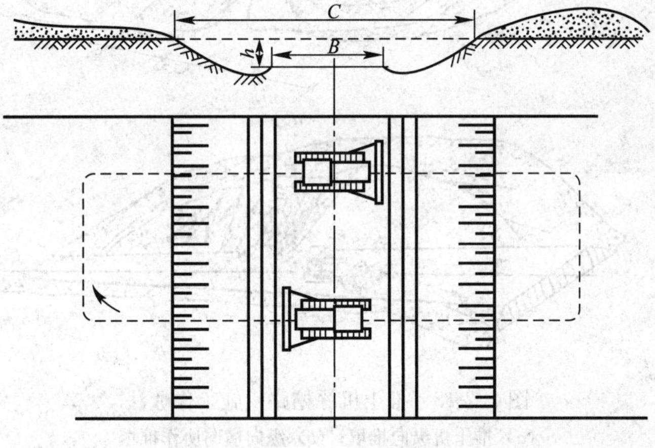

图 2.2-17 推土机环行作业法开开挖路堑施工作业区图

(3) 采用何种开挖路堑和施工作业方法，都应注意排水问题，绝对不允许使路堑的中部下凹，以免积水。在整个路堑的开挖段上，应作出排水方向的坡度以利排水。在接近挖至规定断面时，应随时复核路基的标高和宽度，以免出现超挖或欠挖。通常在挖出路堑的粗略外形后，多采用平地机来整修边坡和边沟。

2. 纵向开挖山坡路堑

(1) 开挖傍山半路堑：一般多用回转推土机进行，开挖时先由路堑边坡上部开始，沿路中线行驶，渐次由上而下，分段分层将土送至坡下填筑路堤处，由于推土机沿山边施工，要特别注意安全。推土机应在坚实稳定的土壤上行驶，填土时应保持道路内侧低于外侧，行驶纵坡坡度不要超过推土机的最大爬坡角。

推土机的平面角应根据土壤的性质来调整。在Ⅰ、Ⅱ级土壤上施工时，可调至60°；Ⅲ、Ⅳ土壤上可调至45°。推土时用铲刀的右角切入土壤，使被切下的土壤沿刀身向外送出。推土机开挖山边半路堑时，如果山坡不大（25°以下），也可用直铲推土机，但在下坡送土时，最好铲土数次后，将土壤堆成堆，最后再将土壤一起推送到边坡前沿。这样不但可以提高生产率，而且也较安全；

（2）开挖深路堑：开挖深路堑运土填筑路堤施工时，应首先做好准备工作。要在开挖路堑的原地面线顶端各点和填挖相间的零点，都立起小标杆，同时挖平小丘，使推土机可以进入施工现场，如果推土机能够沿斜坡驶至最高点时，则可以由路堑的顶点开始，逐层开挖推送至路堤处。开挖时用1～2台推土机沿路中心线的平行线进行纵向堆填，如图2.2-18（*a*）所示。等路堑挖至其深度的一半时，再用1～2台推土机，横向分层推削路堑斜坡，如图2.2-18（*b*）所示。由斜坡上往下推的土壤仍由下面的推土机送到填土区，这样挖到路堑与路堤全部完成为止。这种深路堑的开挖顺序，如图2.2-19所示。而且每层可按沟槽推土法开挖，并尽量利用地形做到下坡推土。

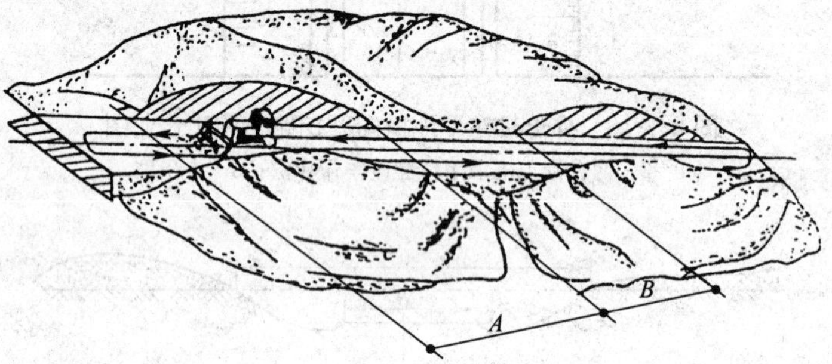

（*a*）

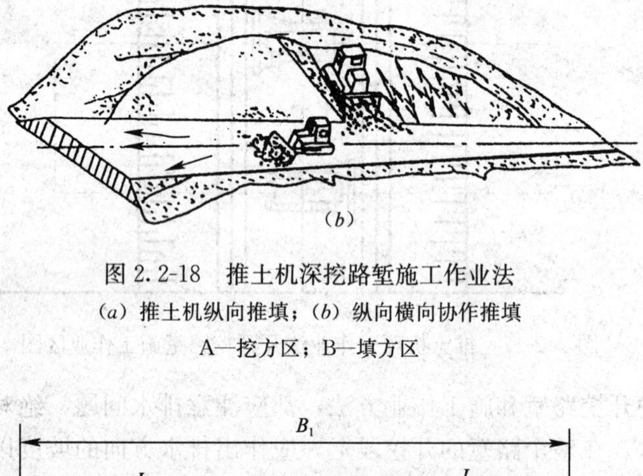

（*b*）

图2.2-18　推土机深挖路堑施工作业法

（*a*）推土机纵向推填；（*b*）纵向横向协作推填

A—挖方区；B—填方区

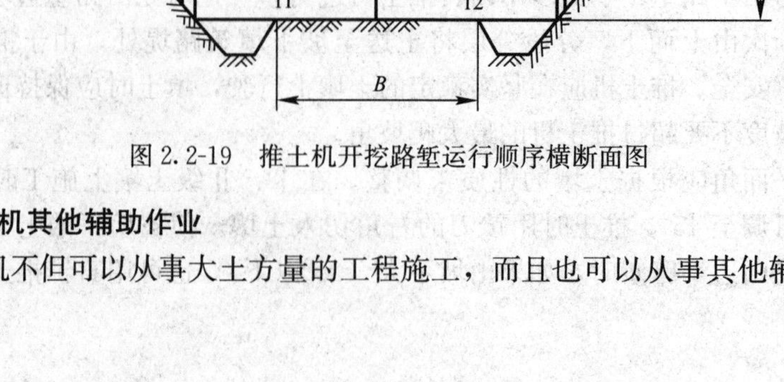

图2.2-19　推土机开挖路堑运行顺序横断面图

2.2.3.6　推土机其他辅助作业

（1）推土机不但可以从事大土方量的工程施工，而且也可以从事其他辅助工作，如平整场地和回填土作业。

（2）在平整场地时，应选用回转推土机，在Ⅰ、Ⅱ级土壤上平面角可调至60°前进。开始平整时，推土机应从已经平整过的相当于设计标高的平坦部位开始。绝对不能在不平的位置处开始平整。否则当推到较远距离时，很容易形成一个斜面。若平整场地较大，最好分若干小区，再在各小区中选定标高，放平推土机再进行平整。

（3）如果场地是松散土壤，不平度也较小，也可用直铲推土机，将铲刀松放在地面上，以倒驶的方法拖平。总之在场地平整中，不论是前进还是倒驶拖平，均应随时注意分块比平，以便随时纠正。

（4）推土机进行涵洞回填时，也应选用回转推土机。回填时从涵洞的两侧交替推土，并尽可能地分层进行，以免压裂涵管。如用直铲推土机回填时，推土机驶离卸土位置时不要提升铲刀，应顺势后拖，顺便摊平土堆。当涵洞上面填土高过1m后，方可在涵洞上行驶。

2.2.4 推土机的安全技术规程

2.2.4.1 推土机的作业条件

（1）推土机在坚硬土壤或多石土壤地带作业时，应先进行爆破或用松土器翻松。

（2）不得用推土机推石灰、烟灰等粉尘物料和用作碾碎石块的作业。

2.2.4.2 作业前检查和启动

1. 作业前重点检查

（1）各系统管路应无裂纹或泄漏；

（2）推土机各机构上的所有螺栓联接应紧固；

（3）各操纵杆和制动踏板的行程、履带的松紧度、轮胎气压等方面均应符合要求；

（4）推土机上的动力铰盘、液压缸等处均应无污泥。

2. 推土机行驶前严禁有人站在履带或刀片的支架上，机械四周应无障碍物，确认安全后，方可开动。严禁拖、顶启动

2.2.4.3 作业中的安全注意事项

（1）推土机在运转中，必须随时注意各仪表的指示值、离合器、制动器、铰盘和液压操纵系统等作用均应灵活可靠。

（2）推土机在运行中不得将脚搁在制动踏板上。变速时应停机进行，若齿轮啮合不顺，不得强行啮合。推土机在石子和黏土路面高速行驶或上下坡时，不得急转弯。需要原地旋转和急转弯时，均应用低速进行。

（3）当推土机在施工中越障碍物时，必须用低速行驶，不得采用斜行或脱开一侧转向离合器超越。在浅水地带行驶或作业时，必须查明水深，应以冷却风扇叶不接触水面为限。下水前和出水后，均应对行走装置加润滑脂。

（4）推土机在上下坡过程中，应用低速挡行驶，上坡不得换挡，下坡不得脱挡滑行。横向行驶的坡度不得超过10°。如须在陡坡上推土机时，应先进行挖填，使机身保持平衡，方可作业。在上坡途中，如内燃机突然熄灭，应立即放下推土板，并锁住制动踏板。分离主离合器，方可重新启动。

（5）机械操纵式推土机牵引重载下坡时，应选用低速挡，严禁空挡滑行。如推土机下行速度大于内燃机传动速度时，方向杆的操纵应与平地行走时操纵的方向相反。同时不应使用制动器。

（6）无液力变矩器的推土机在作业中有超载趋势时，应稍微提升刀片或变换低速挡。

（7）填沟作业驶近边坡时，其推土机的刀片不得超出边缘。后退时应先换挡，方可提升刀片进行倒车。在深沟、基坑或陡坡地区作业时，必须有专人指挥，其垂直边坡高度一般不超过 2m。否则应放出安全边坡。

（8）推房屋的围墙或旧房墙面时，其高度一般不超过 2.5m。严禁推带有钢筋或与地基基础连接的混凝土桩等建筑物。

（9）在电杆附近作业时，应保留一定的土堆，其大小可根据电杆结构、土质、埋入深度等情况确定。推树干时应注意树干的倒向和高空架设物。

（10）两台以上推土机在同一地区作业时，前后距离应大于 8m，左右相离应大于 1.5m。

（11）履带式推土机严禁长距离的倒退行驶。

2.2.4.4 作业后安全注意事项

（1）停机时，应先分离离合器，落下刀片，锁住制动踏板。将主离合器操纵杆、变速杆置于空挡，然关闭内燃机。坡道停机，应将变速杆挂低速挡、接合主离合器，并将轮胎或履带楔庄。

（2）推土机工作完毕后，应将设备开到平坦安全的地方，落下铲刀，关闭内燃机，最后锁好门窗。

2.2.5 推土机的合理选择

2.2.5.1 合理经济机型的选择

在土石方的施工过程中，如何根据推土机的技术落后性能和土方工程条件，选择合理的机型，充分发挥推土机的功能；以及工程条件比较复杂，如何创造条件，采取有效措施或先进的施工方法，使现有的推土机发挥出应有功能。对这些问题，现场施工技术人员和管理人员必须认真考虑。

推土机的类型选择，主要考虑以下几方面情况：

（1）土方量大小：当土方量大而且集中，应选用大型推土机；土方量小而且分散，应选用中、小型推土机，土质条件允许的可选用轮胎式推土机。

（2）土壤性质：一般推土机均适合一、二级土壤施工或三、四级土壤预松后施工。如土壤比较密实、坚硬，或冬季冻土，应选用液压式重型推土机或带松土齿推土机；如果土壤属潮湿软泥，最好选用宽履带式推土机。

（3）施工现场：在危险地带作业，如有条件可采用自动化推土机。在修筑半挖半填的傍山坡道时，最好选用回转式推土机；在严禁噪声的地方施工时，应选用低噪声推土机；在水下作业时，可选用水下推土机；在高原地区则应选择高原型推土机等。

（4）作业要求：根据施工作业的各种要求，为减少投入现场机械的台数和提高机械化作业的范围，最好选用具有多种功能的推土机施工作业。

如何选择合适的推土机，还应考虑其整个的经济性。所施工的单位必须对土方成本进行计算，才能决定出施工机械的使用费和机械生产率，选择推土机型号时，应初选两种或两种以上的机械，经过计算比较，选择土方成本最低的推土机。对于租用的推土机，土方成本可按合同规定的定额标准计算。

2.2.5.2 辅助机械的选配

在大型的、重点的土石方工程施工过程中，有时还需要松土机械或压实机械来进行配合推土机施工作业，以加速施工进度。选择辅助机械时，必须满足以下的各项经济条件才能进行选取。

1. 推土机与松土机联合作业的经济条件式

$$\frac{\Sigma P_{松\cdot推}}{N_{推}+N_{松}} > \frac{\Sigma P_{推}}{N_{推}} = P_{推}$$

式中 $\Sigma P_{松\cdot推}$——使用松土机松土时的生产率总和，m^3/h；

$N_{推}$——推土机的作业台数；

$N_{松}$——松土机的作业台数；

$P_{推}$——单台或平均每台推土机的生产率总和，m^3/h；

$\Sigma P_{推}$——推土机单独作业时，各台推土机的生产率总和，m^3/h。

2. 推土机与压路机联合作业的经济条件式

$$\frac{\Sigma P_{推\cdot压}}{N_{推}+N_{压}} > \frac{\Sigma P_{推}}{N_{推}} = P_{推}$$

式中 $\Sigma P_{推\cdot压}$——使用压路机时，各推土机生产率的总和，m^3/h；

$N_{压}$——压路机作业的台数。

3. 推土机、松土机与压路机联合作业的经济条件式

$$\frac{\Sigma P_{松\cdot推\cdot压}}{N_{松}+N_{推}+N_{压}} > \frac{\Sigma P_{推}}{N_{推}} = P_{推}$$

式中 $\Sigma P_{松\cdot推\cdot压}$——使用松土机和压路机辅助作业时，各台各推土机生产率的总和，m^3/h。

2.2.5.3 压实方法的选择

推土机自行压实土壤，或者使用其他施工机械压实的效果比压实机械压实的效果差，但在工程量较小的情况下，实行铲、运、卸、压等综合作业，可减少投入机械的种类和台数，简化施工组织，并能获得较高的经济效益。

1. 推填压实法

在砂质土壤中填筑的土方，采用推填压实法的生产率最高。方法是：推土机将土成堆地向前推挤，待土层厚为0.5～1.0m时，再纵向平整和辗压。在居高临下的大坡度推土，应采用分层推填最为合适。

2. 分层压实法

在黏性土壤中填筑土方，为保证压实质量，将土铺成0.2～0.3m的土层，在继续前进铺土的过程中辗压一遍；为保证土层普遍被辗压，要求推土机的运行路线适当错开。当铺填两层（纵向延长20m以上）之后，应在纵向再平整压实际3～5次，然后再继续填筑，按此方法重复压实。

2.2.6 推土机的维护保养

2.2.6.1 履带式推土机的维护保养

TY180型履带式推土机的维护保养工作主要是：例行保养（表2.2-1）和一级保养（表2.2-2）、二级保养（表2.2-3）、三级保养（表2.2-4）。

例行保养（每班进行） **表2.2-1**

序号	保养项目		技术要求
1	发动机	（1）检查燃油箱存油量及燃油箱； （2）检查油底壳机油油位； （3）检查冷却液液位； （4）检查空气滤清器； （5）检查发动机各系统、管路、软管及管接头； （6）检查各零部件的紧固情况； （7）清洗发动机外部； （8）察听发动机运转声响	（1）油量不足时，应予加足。注意排出油箱底部积水及沉淀物，清洁加油口、排放口及油箱外部，疏通燃油箱盖上的通气孔； （2）在停机状态下检查，油面应位于抽标尺上下刻度线之间，油量不足时，应予加足（注意：该发动机油标尺两侧面刻线位置，分别测量发动机停止和运转状态下的机油量，观察时，切勿弄错）； （3）液面不得低于水箱上室的一半，液量不足时，应补充冷却液到接近加液口底部处，然后使发动机怠速运转5min再检查液位，仍不足时，再加足冷却液； （4）清除初滤器集尘杯或排尘口的积尘。检查尘土指示器的工作情况，当尘土指示器透明环带显示红色时，表明滤清器滤芯堵塞，应按规定程序清洗或更换滤心。清洗后要按一下尘土指示器顶部的按钮，红色圆筒即恢复原位，透明环带的红色即行消失； （5）排除渗漏现象，各部管接头如有松动，应予紧固。更换老化、破裂或扭结的软管； （6）各零部件应连接牢固、可靠，如有松动，应予紧固，螺栓、螺母如有短缺，应予补足； （7）擦净发动机外部，消除油垢、水及尘土； （8）发动机应容易启动，能以不同转速正常运转，无异响，排气烟色正常，无过热现象。否则，应查明原因，排除故障
2	电气设备及仪表	（1）检查启动机、发电机； （2）检查电线及开关； （3）检查各指示仪表、报警装置、指示灯及照明灯具	（1）启动机、发电机应工作正常； （2）电线应无损坏、无短路，接头无松动，各电气开关应灵敏有效； （3）各指示仪表、报警装置及指示灯应反应灵敏，工作可靠，示值正确。工作时，机油压力为0.2～0.35MPa（调定值为0.1～0.55MPa），水温为70～90℃，照明设备应齐全有效
3	传动系统	（1）检查主离合器和小制动器； （2）检查变速箱、后桥油面； （3）检查终传动装置	（1）1）主离合器工作时，油面应在油标尺的两刻线之间，不足时，应予补充； 2）主离合器应工作正常，接合平稳。不打滑，不发抖； 3）小制动器应功能可靠，制动效果应符合要求，换挡灵活。 （2）发动机停止运转时检查。油面应在油标尺的两刻线之间，不足时，应加油至规定的油面高度，工作时，应无异响，消除漏油现象。 （3）工作时，终传动装置应运转平稳，无异响，无漏油现象，否则，应查明原因，排除故障
4	转向系统	检查转向离合器和转向制动器	转向离合器应工作正常；转向制动器工作应灵敏，制动可靠

续表

序号	保养项目		技术要求
5	行走系统	（1）检查履带张紧度； （2）检查行走性能； （3）检查履带板固定螺栓、螺母； （4）检查支重轮、托带轮、引导轮	（1）将直尺置于引导轮与托带轮之间的履带上，此段履带中部履齿与直尺间隙应为20～30mm，左右一致，超过或不足时，应按规定进行调整； （2）工作时，推土机应无跑偏，啃轨现象，否则，应查明原因，排除故障； （3）螺栓、螺母如有松动，应用588～725N·m的拧紧力矩拧紧，如有缺损，应予更换补齐； （4）消除漏油现象，磨损超限时应予修复或更换
6	液压系统	（1）检查液压油泵、液压阀、液压油缸及其他元件； （2）检查液压油管、软管及管接头	（1）应工作正常，工作时无异响及过热；消除渗漏现景，各液压阀应灵敏、可靠，外部应清洁； （2）各管接头如有松动，应予紧固；排除漏油现象；液压软管如有损坏、老化失效时，应予更换
7	工作系统	（1）检查推土铲刀角、刀片； （2）检查裂土器松土齿护套	（1）铲刀刀角、刀片磨损严重时，应调转使用或更换； （2）裂土齿护套如磨损严重或断裂，应予更换
8	整机	（1）清洁整机外部； （2）检查外部各连接螺栓、螺母； （3）检查整机外部各盖板、护罩、踏板、扶手等零部件； （4）检查整机泄漏情况； （5）清洁驾驶室内部； （6）检查电风扇，暖风机； （7）检查各操纵机构； （8）润滑	（1）清除整机外部粘附的泥土及杂物； （2）螺栓、螺母如有松动，应予紧固；如有缺损，应予补充更换； （3）各零部件应无损坏、丢失或松动，紧固件应齐全。否则，应予修复、更换、补充或紧固； （4）从外部观察，整机应无漏油、漏水、漏电及漏气现象。否则，应找出原因，予以排除； （5）清洁内部，除去尘土及杂物，各挡风玻璃透明良好，门窗启闭灵活； （6）夏天应检查电风扇，冬天检查暖风机，要求工作正常； （7）转向离合器，转向制动器、主离合器等操纵机构均应灵活、有效，不得有卡阻和打滑现象； （8）按机器出厂使用说明书进行润滑

一级保养（每工作200h进行） **表2.2-2**

序号	保养项目		技术要求
1	例行保养		完成本级保养作业项目外的例行保养项目
2	发动机	（1）清洗燃油滤清器； （2）清洗机油滤清器（直流式滤清器）； （3）清洁曲轴箱通风器； （4）检查风扇皮带张紧度； （5）检查水箱支架固定螺栓； （6）检查空气滤清器	（1）进行拆洗，滤网如有损坏，应予更换； （2）进行清洗，并更换滤清器滤芯，加油至滤心2/3处。对于换下的旧滤芯，应检查有无金属层屑，若有，则说明发动机内部有异常磨损，应查明原因，及时处理； （3）清洗通风器体及滤芯，滤芯如有损坏，应予更换； （4）在单根皮带中部施以59N的压力，其下沉量10～15mm为适宜，否则，应调整皮带张紧度。皮带如磨损严重或有破裂时，应予更换； （5）螺栓如有松动，应予紧固； （6）清洁滤清器体及滤芯。滤芯如有损坏，应予更换

续表

序号	保养项目		技术要求
3	电气设备及仪表	(1) 检查发电机皮带张紧度； (2) 检查发电机调节器	(1) 在单根皮带中部施以59N的压力，皮带下沉量为10～15mm为适宜，否则，应调整皮带张紧度。磨损严重或破裂的皮带，应予更换； (2) 调节器触点应保持光滑、平整、清洁，接触良好。如有烧蚀，应予修理或更换
4	传动系统	(1) 检查主离合器； (2) 检查小制动器； (3) 检查主离合器操纵杆行程； (4) 检查主离合器润滑油滤清器； (5) 检查变速操纵杆行程	(1) 发动机在额定转速运转时，变速箱挂上五挡，踏下制动踏板接合主离合器后，在2s内发动机应能停止转动，否则，应调整主离合器； (2) 发动机在额定转速下运转，把离合器杆推到底，主离合器轴在3s内应能停止转动，否则需要进行调整； (3) 主离合器操纵杆行程为220±40mm。当主离合器接合时，小制动器的制动带与制动毂之间的间隙约为0.8mm，主离合器完全分离时，制动带应抱紧制动毂。否则，应于调整； (4) 应予清洗； (5) 变速杆行程为：95±15mm（空挡→1、2、3挡的行程）；105±15mm（空挡位置的左、右行程）
5	转向系统	(1) 检查转向拉杆行程； (2) 检查转向制动踏板行程； (3) 清洗转向离合器润滑油滤清器；	(1) 转向拉杆行程应为145～160mm，左、右拉杆行程应保持一致，如不符，应予调整； (2) 踏板行程应为120～140mm，如超过210mm时，应予调整，左、右制动踏板行程应保持一致； (3) 清洗粗，细滤清器。细滤清器清洗后启动发动机，松开细滤清器顶部的排气螺塞，排除空气后拧紧
6	行走系统	检查履带螺栓的紧度	发现松动应立即拧紧，拧紧力矩为588～725N·m
7	液压系统	(1) 检查工作油箱油量； (2) 检查工作油箱油温，清洗滤清器	(1) 将铲刀放落于地面，停止发动机5min后，在油标检视孔检查，油位应位于检视孔中心处。视需要添加； (2) 工作时油温为70～80℃，最高不超过85℃，如果油温异常升高，应查明原因，排除故障。清洗滤清器滤芯
8	整机	润滑	按机器出厂使用说明书进行润滑

二级保养（每工作600h进行） **表2.2-3**

序号	保养项目		技术要求
1	一级保养		完成本级保养作业项目外的一级保养项目
2	发动机	(1) 清洗燃油箱； (2) 拆洗燃油滤清器 (3) 清洗PT泵燃油滤清器；	(1) 每工作1000h清洗燃油箱及加油口滤网。排放浮子油箱中的积水和杂质。浮子油箱上面的通气孔应经常保持清洁畅通； (2) 清洗滤清器壳体内腔，更换滤心，装好滤清器盖，拧紧后，用手动油泵向滤清器充油，并排放燃油系统内的空气； (3) 清洗滤清器，滤网如有损坏，应予更换；

续表

序号		保养项目	技术要求
2	发动机	(4) 检查油底壳机油； (5) 更换旁通式滤清器滤芯； (6) 检查冷却液缓蚀器； (7) 检查冷却液、散热器； (8) 清洗冷却系统； (9) 检查进、出水管及水泵； (10) 检查机油散热器； (11) 检查进、排气管及接头部位； (12) 检查气门间隙； (13) 检查气门摇臂与丁字头	(4) 新机首次使用或大修后首次使用的发动机，工作50h后应更换机油。在正常使用条件下，每工作600h应换机油； (5) 清洗滤清器壳内腔，除去油污及杂质，疏通出油口通气孔，更换滤心，向壳内注满新油，并更换O形圈； (6) 清洗缓蚀器体内腔，更换缓蚀器滤芯； (7) 每工作1000h检查清洗散热器一次。如有渗漏或损坏，应予修理。修理后的散热器应进行水压试验，在0.2MPa的压力下，经5min，不得有渗漏现象。散热器管无法修复时，允许堵管，但堵管数不得超过总数的10%； (8) 每工作1000h冲洗一次，除去污物； (9) 消除漏水现象，各部件如有损坏，应予更换； (10) 散热器应清洁无损伤，散热片应平整无皱纹，各油管接头应紧固，不得松脱； (11) 进、排气管和接头部位应无裂纹、变形，密封严密，无漏气现象。固定螺栓如有松动，应予紧固； (12) 冷车时，进气门间隙为0.41mm，排气门间隙为0.74mm。如不符，应进行调整； (13) 气门摇臂头与丁字头的接触表面如有磨损，应予更换。检查并调整丁字头，使两个气门的工作保持一致
3	电气设备及仪表	(1) 检查发电机； (2) 检查启动机； (3) 检查发电机调节器	(1) 每工作750h拆检一次，清洁内部，润滑轴承。集电环如有烧蚀，应予修磨。导线应接触牢固，绝缘良好，无脱焊。整流子应清洁光滑。碳刷磨损达到极限尺寸时，应予更换。碳刷弹簧弹力应符合规定； (2) 拆洗启动机。清除相邻整流子槽内的积炭，整流子应清洁光滑，如有轻微烧伤，可用0号砂纸磨光，烧蚀严重或圆柱度公差在0.05mm以上者，应予修理。传动装置应灵活可靠，齿轮无严重磨损。导线连接牢固、绝缘良好，无脱焊。碳刷磨损达到极限尺寸时，应予以更换； (3) 若调节器的标定电压发生变化，应通过调节弹簧予以调整；必要时更换调节器
4	传动系统	(1) 检查主离合器及后桥箱的通气罩； (2) 检查传动系统各部件连接螺栓； (3) 检查润滑油； (4) 检查主离合器、变速箱、后桥及终传动； (5) 检查主离合器及变速杆的操纵力	(1) 清洗通气罩，除去尘土，如有堵塞，应予疏通； (2) 螺栓如有松动，应予紧固； (3) 润滑油如变质、老化，应予更换，换油周期不长于工作1000h； (4) 应工作正常，无异响及过热现象，否则，应查明原因，排除故障。新机或大修后首次使用的机器工作250h应换油。每工作600h，应放尽旧油，将放油塞上磁铁所吸附的铁末清除干净，加新油至规定油面高度。注意清洗离合器油冷却散热器，消除渗漏现象； (5) 工作时，主离合器杆的操纵力应小于49N；变速杆及进、遇杆操纵力应小于98N

续表

序号	保养项目		技术要求
5	行走系统	(1) 检查行走机构; (2) 检查履带板履齿高度	(1) 各零部件如有损坏，应予修复或更换; (2) 履带板的履齿高度如小于或等于 25mm 时，应予修理或更换
6	制动系统	检查制动踏板操纵刀及制动间隙	制动踏板操纵刀应小于 196N，摩擦片与制动毂之间间隙为 0.3mm，如不符，应予调整
7	液压系统	(1) 检查液压油缸; (2) 检查液压油质量; (3) 检查各液压系统的工作情况; (4) 检查液压系统各管路、软管接头	(1) 油缸如有内泄外漏，应拆检修理。清洗各零部件，更换橡胶密封件及其他有损坏的零件; (2) 每工作 1000h 应更换液压油。放尽旧油并加入新油后，启动发动机低速运转，扳动手柄使油缸往返几次，油量不足时，再补充液压油到油标检视孔中部为止; (3) 工作时，若各液压系统不能正常工作，应查明原因，排除故障。如系统工作时有噪声或管路有振动，应排除空气; (4) 如有松动，应予紧固，排除漏油；液压软管如有老化、损坏，应予更换
8	整机	润滑	按机器出厂使用说明书进行润滑

三级保养（每工作 1800h 进行） **表 2.2-4**

序号	保养项目		技术要求
1	二级保养		完成本级保养作业项目外的二级保养
2	发动机	(1) 检修机油冷却器; (2) 清洗机油油道及油底壳; (3) 检查节温器; (4) 检查进、排气门; (5) 检查汽缸盖; (6) 检查 PT 泵及喷油器	(1) 冷却器心中管子变形或损坏不超过全部管子的 5%时，可进行修复。超过 5%时，应予更换。修复后的冷却器心应放入水槽中进行气压试验，不得漏气，试验气压为 0.25～0.28MPa; (2) 彻底清洗油道及油底壳，除去污物; (3) 节温器功能应正常。当水温达到 77℃时，节温器阀门应开始开启；达到 85℃时，阀门应充分开启。不符上述要求时，应予更换; (4) 用气门密封真空试验器检查气门的密封性，当真空计（汞柱）的指针超过 50.3～84.7kPa 时，将手从按钮上松开，将断流阀关闭，指针从 50.3kPa 降到 40.7kPa 时所需的时间在 10s 以上为合格; (5) 汽缸盖应无裂纹，否则，应予修理或更换。修复后的汽缸盖应进行压力试验: 1) 水压试验时，水温为 80～90℃，水压为 0.25～0.60MPa，试验 5min，不得有渗漏。 2) 气压试验时，应将汽缸盖放在水槽内，再用 0.14～0.21MPa 的压缩空气加压，应无漏气现象。 (6) 应由专业人员在试验台上进行校验
3	电气设备及仪表	检查各灯具、线路等	各照明灯照明有效，光束方向正确，线路接点牢固，接地良好，各种开关灵活、有效，喇叭声响正常。各种导线的规格应符合规定，安装与包扎牢固，位置符合要求

续表

序号	保养项目		技术要求
4	传动系统	(1) 检查主离合器、小制动器和联轴节； (2) 检查变速箱； (3) 检查后桥； (4) 检查终传动装置	(1) 主离合器摩擦片磨损严重时，应予更换；小制动器摩擦片沾有油污时，应清洗，磨损严重时应更换。其他各零部件如磨损严重或损坏，应予修理或更换。联轴节、十字轴轴承不松动，螺栓紧固； (2) 1) 变速杆应操纵灵活、轻便，到位准确，定位可靠； 2) 工作时，变速箱如有异响及噪声，应查明原因，排除故障。 (3) 工作时，后桥内应无异响，必要时进行调整： 1) 锥齿轮的啮合间隙为 0.25～0.35mm，不得大于 0.75mm； 2) 接触印痕长度大于全齿长的 50%，印痕的中点与齿轮小端距离为 15～25mm； 3) 印痕的高度为 50%的有效齿高，并位于有效齿高的中部，其他零部件如有损坏，应予更换或修复。 (4) 排除漏油现象
5	转向系统	检查转向离合器及制动器	转向离合器及制动器应工作正常，制动器摩擦片厚度不小于 5mm，各零部件磨损严重时，应予修理或更换
6	行走系统	(1) 检查引导轮； (2) 检查履带销套的磨损情况； (3) 检查行走架； (4) 检查履带节高度	(1) 引导轮磨损超限时，应予更换。工作时，若引导轮发生横向偏摆，应予调整。引导轮外盖与侧板的间隙为 0.5～1mm，最大不超过 5mm；挂板与引导轮架间隙为 2mm，不得大于 5mm； (2) 在引导轮与履带之间插入木块，绷紧履带，在离开锁紧履带销（拆装用）二节的地方测量 4 节履带的长度，测量值的 1/4 就是实际节距。节距超限时，进行翻转修理：标准节距为 216mm，应翻转的节距为 219mm，翻转的极限节距为 221mm； (3) 行走架焊缝如有开裂，应予补焊； (4) 履带节高度为 123±0.3mm，如小于 117mm 时，应予修复或更换
7	液压系统	(1) 检查液压油泵、液压阀、液压油缸及其他元件； (2) 检查液压系统的工作压力	(1) 在额定工作压力下，液压油泵、液压阀、液压油缸应无渗漏，无噪声、过热等现象，油缸无爬行现象。 (2) 1) 主离合器操纵系统工作压力调整值为 3.92MPa，溢流阀调定压力为 0.39MPa； 2) 转向离合器操纵系统压力为 0.98～1.19MPa；回油压力（变速箱润滑油压力）为 0.147MPa； 3) 工作装置液压系统压力不大于 13.73MPa。裂土器液压油路中压力不大于 15.7MPa
8	工作装置	(1) 检查铲刀的工作情况； (2) 检查工作装置	(1) 根据土质及工况，对推土装置进行调整： 1) 直铲：铲刀的切削角可通过支撑调整；铲刀的水平角可通过倾斜油缸调整。左、右刀角在垂直面的高度差，不得大于 735mm； 2) 斜铲：在水平面向左或向右可旋转 25°；铲刀在垂直面内两刀角相对高度差为 500mm。 (2) 焊缝如有开裂，应予补焊。销轴、销套等如磨损超限时，应予更换。刀片使用一段时间后，可翻转 180°继续使用

续表

序号	保养项目		技术要求
9	整机	(1) 检查整机机架、外部盖板、护罩、踏板、扶手等构件; (2) 检查紧固各部连接螺栓、螺母; (3) 检查机器表面涂漆情况; (4) 润滑	(1) 铆、焊在机架上的零部件应牢固,无脱焊、脱铆现象。各构件无松动、破裂及短缺; (2) 各部螺栓、螺母如有松动,应予紧固,特别是发动机、空气滤清器、消声器、支重轮及履带板等处的螺栓; (3) 必要时,进行局部补漆; (4) 按机器出厂使用说明书进行润滑

2.2.6.2 轮胎式推土机的维护保养

TY210型轮胎式推土机的维护保养工作主要是:例行保养(表2.2-5)和一级保养(表2.2-6)、二级保养(表2.2-7)、三级保养(表2.2-8)。

例行保养(每班进行) **表2.2-5**

序号	保养项目		技术要求
1	发动机		参照TY180型推土机相应内容(一、二、三级保养也同样)
2	电气设备及仪表	(1) 检查各仪表; (2) 检查各线路	(1) 各仪表应动作灵敏,示值正确。如有异常,应查明原因,及时修理; (2) 线路连接良好,无漏电现象
3	传动系统	(1) 检查变速箱; (2) 检查前后传动轴连接螺栓	(1) 检查变速箱油位,不足时添加,应无漏油现象; (2) 前、后传动轴螺栓如有松动,应予紧固,拧紧力矩为44.1～49N·m
4	制动系统	(1) 检查油水分离器; (2) 检查总泵制动液	(1) 拧下油水分离器放油螺塞,排放油污。每24小时贮气筒内积存的机油量如超过10～15cm^3时,要及时排除,且应查明原因,排除故障; (2) 不足时添加
5	行走机构	检查轮胎	清除轮胎夹刺物;轮胎气压为274～314kPa,气压不足时,应予充足
6	液压系统	(1) 检查液压管路、管接头; (2) 检查液压油缸活塞杆	(1) 如有渗漏,应予排除; (2) 应保持活塞杆的清洁,如有脏污应及时清除
7	整机	(1) 检查外部各连接螺栓; (2) 检查各操纵机构; (3) 清洁; (4) 润滑	(1) 如有松动,予以紧固; (2) 应操纵灵活,无卡滞; (3) 清除外部的尘土和油污; (4) 按机器出厂使用说明书进行润滑

一级保养(每工作200h进行) **表2.2-6**

序号	保养项目		技术要求
1	例行保养		完成本级保养作业项目外的例行保养项目
2	电气设备及仪表	(1) 检查各示警装置及照明灯具; (2) 检查各压力表压力	(1) 均应完好无损,如有损坏,应予修复或更换; (2) 变速器压力表正常显示值为1.4～1.6MPa;液力变矩器进口处油压力为617kPa,出口处油压力为392～490kPa。如有不符,应查明原因,排除故障

续表

序号	保养项目		技术要求
3	传动系统	(1) 检查变速箱； (2) 检查前后桥油位； (3) 检查轮辋与制动盘固定螺栓	(1) 清洗变速箱润滑油滤清器，清除渗漏现象； (2) 打开加油口螺塞，油面应与螺孔相平，视需要添加； (3) 按规定扭矩紧固松动的螺栓
4	转向系统	检查转向性能	转向操纵灵活轻便，低速转向不沉滞，高速转向不轻飘，无液压油泄漏
5	制动系统	检查驻车制动性能	制动应灵活可靠，视需要调整制动间隙至规定值
6	液压系统	(1) 检查液力变矩器； (2) 检查液压管路、软管和各部管接头	(1) 压力应正常，运转时无异响、不过热，否则，应查明原因，排除故障； (2) 如有渗漏，应消除；软管老化、破裂者，应更换
7	工作装置	(1) 检查固定螺栓； (2) 检查铲刀	(1) 如有松动，应紧固； (2) 刀角、刀片磨损严重时，应予更换；铲刀各焊缝应无开裂；钢结构件应无变形、破裂。刀片固定螺栓应无松动，视需要，对螺栓加以紧固或更换
8	整机	润滑	按机器出厂使用说明书进行润滑

二级保养（每工作600h进行） **表2.2-7**

序号	保养项目		技术要求
1	一级保养		完成本级保养作业项目外的一级保养项目
2	电气设备及仪表	检查启动机与发电机	(1) 启动机各紧固件、导线应连接牢固；导线绝缘良好，如有破损，应予修复或更换； (2) 清洁发电机，清除内腔尘土，用汽油擦净集电环和线圈上的油污
3	传动系统	检查传动轴	(1) 清洗伸缩节花键，装配时，应注意使两端万向节叉处于同一平面内； (2) 清洗万向节十字轴钢碗及滚针，如磨损严重，应予更换；加注润滑脂； (3) 检查传动轴螺栓，如有损坏进行拆修时，不得与其他螺栓混用，更不得以普通螺栓代替
4	转向系统	(1) 检查方向盘及转向系统油路； (2) 检查转向器	(1) 方向盘操作力矩不大于1.9N·m，自由转角左、右各不超过9°。油路应无渗漏现象，否则，应予调整检修； (2) 应性能良好，工作可靠，无裂纹，不渗漏。转向器油量不足时，应予补足

续表

序号	保养项目		技术要求
5	制动系统	(1) 检查行车制动功能； (2) 检查调整驻车制动器间隙与行车制动器间隙； (3) 检查制动器气液总泵	(1) 路试车速为30km/h时制动距离应不大于13m，超过此值，应全面检查、调整制动系统； (2) 驻车制动气室气压达392kPa以上时，能完全解除制动。在充气状态下，驻车制动器摩擦片与制动盘间隙为0.2mm，行车制动器摩擦片与制动盘间隙为0.1～0.2mm，如有不符，应调整； (3) 制动应灵敏，工作1200h更换制动液，排除油液中混入的空气
6	整机	润滑	按机器出厂使用说明书进行润滑

三级保养（每工作1800h进行） **表2.2-8**

序号	保养项目		技术要求
1	二级保养		完成本级保养作业项目外的二级保养项目
2	电气设备及仪表	(1) 检查发电机和启动机； (2) 检查蓄电池； (3) 调整发电机调节器	(1) 清洗各机件、轴承，加注新润滑脂。检查碳刷磨损情况。如磨损量超过1/3时，应更换碳刷。检查启动机齿轮磨损情况，传动装置应传动灵活可靠。 (2) 略。 (3) 清洁触点，调整充电电压及电流
3	传动系统	(1) 检查变速箱齿轮及轴承； (2) 检查变速离合器； (3) 检查三联阀和变速阀； (4) 拆检前、后驱动桥； (5) 解体检查轮边减速器	(1) 进行解体全面检查。变速齿轮应无断裂，齿轮啮合表面应无剥落等现象。更换磨损损坏的密封件，应及时清除渗透现象； (2) 主、被动摩擦片磨损严重时应更换；活塞密封环损坏漏油时应更换；碟形弹簧及密封件损坏时应更换； (3) 阀体应无裂纹，各阀座孔应无明显磨损及拉伤等现象，无法修复时应迅速更换；各压力阀、弹簧及滑阀应无明显磨损、拉伤及变形，否则应予更换，按规定压力值调控各压力阀； (4) 1) 检查主、被动圆锥齿轮，校对其啮合间隙及啮合印痕位置； 2) 检查调整差速器。用更换调整垫片的方法，调整其齿轮间隙，各齿轮齿面应无咬合、点蚀及破裂，否则，应予更换。主、从动锥齿轮必须成对更换，同时应更换磨损、老化的密封件。 (5) 1) 行星齿轮机构的太阳轮、行量轮及内齿圈不得有断齿，齿轮啮合面不得有剥落、点蚀及破裂损伤，否则，应予更换；行星齿轮轴、轴承、齿轮内圆，如磨损严重时，应及时予以更换； 2) 检查轮毂轴承间隙，视需要进行调整或更换

续表

序号	保养项目		技术要求
4	转向系统	(1) 拆检全液压转向器； (2) 检查供需阀； (3) 检查双联泵； (4) 检查转向油缸	(1) 液压系统的检查和调整必须在工厂的专用设备和专业人员指导下进行，工作环境条件必须满足液压元件装配要求： 1) 阀体、阀盖各部件应无裂纹，阀套无明显磨损，并无渗漏； 2) 弹簧片无裂损； 3) 定子、转子、连动轴无严重磨损； 4) 老化、失效和磨损损坏的密封件应予更换； 5) 检查 EKA-D30 阀块内各阀工作压力，视需要调整。溢流阀压力为 14MPa；双向缓冲阀压力为 15MPa。 (2) 1) 阀体应无裂纹，各阀孔无明显磨损及拉伤； 2) 各阀杆与阀芯无明显拉伤与磨损，与阀孔装配应滑动灵括，无卡滞，无松旷； 3) 弹簧弹力应符合规定。 (3) 1) 泵体应无裂纹，内腔无明显磨损与拉伤； 2) 泵齿轮啮合面、端面及齿顶无明显的磨损，齿轮外圆与泵体间隙、齿轮啮合间隙及端隙在规定范围内，否则，应予更换； 3) 密封件性能良好，否则，应更换老化及磨损严重的密封件； 4) 条件允许时，应进行压力及流量试验。 (4) 1) 解体清洗后检查。油缸内壁及活塞、活塞杆应无明显磨损、拉伤或变形； 2) 更换老化、破损及磨损严重的各密封件及防尘圈； 3) 检查转向油缸，油缸工作行程如有不符，应予调整
5	行走机构	检查轮胎	磨损严重，如胎冠花纹高度小于 4mm 或出现撕裂及内部脱层等现象时，应予更换
6	制动系统	(1) 检查空压机； (2) 检查气制动总阀； (3) 拆检气液总泵； (4) 检查制动管路 (5) 检查轮边制动器	(1) 空压机如有大量窜油现象，应更换括塞环；气阀封闭不严时，应进行研磨。发动机转速为 700～800r/min 时，系统气压必须达到 686kPa 的稳定压力； (2) 进、排气阀门应封闭良好，弹簧无断裂或变形；活塞无卡滞现象； (3) 1) 解体清洁； 2) 气室加力活塞如密封不良，应更换磨损或老化的活塞皮碗； 3) 泵体内腔小活塞应滑动灵活，无拉伤。 (4) 各管道及接头应无漏气或堵塞现象；各单向阀、调压阀，均应作用良好，更换已老化、破裂的软管。 (5) 1) 防尘圈应完好，矩形密封圈不漏油，否则，应予更换； 2) 检查摩擦片与制动盘间隙，其间隙值为 0.1～0.2mm，如有不符，应予调整； 3) 摩擦片上的槽沟磨平时，应予更换

续表

序号	保养项目		技术要求
7	液压系统	(1) 拆检液力变矩器； (2) 检查液压油； (3) 检查油缸	(1) 1) 解体清洗泵轮，涡轮及导轮。气蚀与磨损严重的，应予更换； 2) 更换各密封件； 3) 自由轮及挡板有严重压痕、剥落（圆柱滚子与自由轮内外圈）时，应予更换； 4) 传动长齿轮应无断齿，啮合面无剥落； 5) 检查锁紧离合器；更换活塞密封环；更换有裂纹的碟形弹簧；主、从动摩擦片磨损严重时，应予更换； 6) 各部轴承应完好，锥滚子轴承间隙不超限，否则，应予调整。 (2) 清洗滤清器，视需要更换新件；更换液压油。 (3) 1) 油缸内壁、活塞、活塞杆均无拉伤与严重磨损； 2) 更换磨损失效及老化的密封环与防尘圈
8	工作装置	(1) 检查操纵阀； (2) 检查铲刀各受力部位焊缝及钢结构件	(1) 1) 阀体应无裂纹，滑阀孔无拉伤或严重磨损，各油孔无堵塞，清洁状况良好。阀内设置的溢流阀开启压力符合规定值（正常开启压力为16MPa)； 2) 阀杆无拉伤和卡滞，无松旷现象； 3) 更换老化、磨损失效的密封件。 (2) 如有裂缝应进行焊接或加固，如有变形应进行校正
9	整机	(1) 检查各连接部位连接螺栓； (2) 检修外部； (3) 补漆； (4) 润滑	(1) 松动者紧固，损坏者更换； (2) 铆、焊在机身上的各零部件均应牢固，位置正确；车架及附属结构件如有开裂、开焊等损坏情况，应进行修复。各盖板、护罩、踏板、扶手等外部件和紧固件应齐全、紧固、无短缺或松动； (3) 对局部脱漆部位进行补漆； (4) 按机器出厂使用说明书进行润滑

2.2.7 推土机的常见故障及处理方法

2.2.7.1 履带式推土机的常见故障及处理方法

履带式推土机的常见故障及处理方法见表2.2-9所列。

履带式推土机的常见故障及处理方法　　表2.2-9

故障现象	故障原因	处理方法
主离合器打滑	(1) 主离合器调整不当不能压紧； (2) 摩擦片磨损过度； (3) 干式摩擦片沾油； (4) 主离合器弹簧性能减弱	(1) 重新调整； (2) 磨损超过原厚度1/2时，应更换； (3) 清洗，更换油封； (4) 进行修复或更换

续表

故障现象	故 障 原 因	处 理 方 法
制动器打滑或不起作用	(1) 摩擦片沾有油污； (2) 摩擦片磨损，露出铆钉头； (3) 踏板行程过大； (4) 转向离合器不能分离	(1) 清洗或更换； (2) 更换摩擦片； (3) 调整； (4) 调整离合器或加以修理
制动带过热	制动带调整过紧或制动带下部顶丝未调好	重新调整
差速齿轮有异响	(1) 大圆锥齿轮轴向游隙过大； (2) 圆锥齿轮副的啮合印痕和啮合间隙不正确； (3) 圆锥齿轮轮齿磨损、剥落或折断； (4) 大圆锥齿轮轴上的轴承严重磨损	(1) 调整； (2) 调整； (3) 成对更换齿轮； (4) 更换轴承
后桥箱发热	(1) 润滑油不足或质量不佳； (2) 圆锥齿轮啮合间隙或大圆锥齿轮轴向游隙过小； (3) 连接盘与轴承座不同心； (4) 转向离合器打滑； (5) 制动带打滑或调整过紧	(1) 添加油料或更换； (2) 调整； (3) 检查修理； (4) 调整或修理； (5) 调整或修理
驱动轮浮动油封漏油	(1) 接触面磨损或有缺口、裂纹； (2) O形密封圈老化变形； (3) 装配不当	(1) 更换或重新研磨； (2) 更换； (3) 重新装配
引导轮、支重轮、托带轮漏油	(1) 浮动油封磨损面损坏或有裂纹； (2) 油封胶圈老化，失去弹力； (3) 装配不当； (4) 加油过量或轴端油堵松动	(1) 更换； (2) 更换； (3) 重新装配； (4) 按要求加油或拧紧油堵
引导轮、支重轮、托带轮磨损过大	(1) 三轮的中心不在一条直线上对准； (2) 台车架变形； (3) 台车架斜撑轴磨损； (4) 台车架斜撑轴承盖螺栓松动	(1) 校正中心； (2) 校正修理； (3) 调整轴衬； (4) 拧紧
履带经常脱出	(1) 履带太松； (2) 支重轮、引导轮或托带轮的凸缘磨损； (3) 三轮中心未对准	(1) 调整张力； (2) 修理或更换； (3) 调整或修理，校对中心
履带张紧装置不能调整	(1) 油嘴锥面接触不良； (2) 密封环磨损或损坏； (3) 紧固螺栓松动	(1) 修理或更换； (2) 更换； (3) 调整并拧紧螺栓
履带板及履带销松动	(1) 履带板固定螺栓松动； (2) 锁紧履带销松动	(1) 紧固，扭矩为600～740N·m； (2) 打紧
操纵杆在中间位置铲刀自动下降	(1) 制动带间隙大； (2) 操纵系统失灵	(1) 调整制动带； (2) 调整

续表

故障现象	故障原因	处理方法
操纵杆在下降位置铲刀不能下降	(1) 制动带间隙小; (2) 操纵系统失灵; (3) 锥形离合器未与卷筒脱开	(1) 调整制动带; (2) 调整; (3) 调整间隙
操纵标在上升位置,铲刀不能上升或上升慢	(1) 锥形离合器与卷筒锥面接触不良; (2) 锥形离合器沾油,卷筒打滑; (3) 制动带间隙小	(1) 调整离合器与卷筒间隙; (2) 清洗油污; (3) 调整制动带
操纵杆行程大	(1) 离合器臂滚轮架与操纵轴的位置不正确; (2) 锥形离合器与卷筒间隙过大	(1) 调整位置; (2) 调整间隙
铲刀不易切土	刀片切削边缘磨钝	磨刃,翻面使用或更新
铲刀焊缝开裂	意外碰撞和超载	去掉开裂焊缝,校正重焊
绞盘过热	(1) 当离合器接合时制动器不能分离; (2) 主动鼓沾油污; (3) 离合器不能完全分离,主动鼓产生摩擦而发热; (4) 卷扬筒轴承间隙过小	(1) 调整离合器和制动器操纵装置; (2) 清洗主动鼓; (3) 调整两鼓之间的间隙; (4) 调整轴承间隙
液压操纵系统油温过高	(1) 油量不足; (2) 油箱滤清器滤网堵塞; (3) 分配器阀上、下弹簧装反	(1) 添加液压油至规定量; (2) 清洗滤清器; (3) 重新装配
液压操纵系统作用慢或不起作用	(1) 油箱加油过多; (2) 油箱油太少; (3) 油路中吸入空气; (4) 油箱加油口盖通气孔堵塞; (5) 油泵自紧油封损坏	(1) 放出过多的油; (2) 添加至规定油面; (3) 检查,并拧紧从油箱到液压泵的油管接头; (4) 清洗通气孔及填料; (5) 更换油封
液压操纵系统耗油量增加	(1) 液压泵紧固螺栓松动; (2) 液压泵接合面处密封损坏; (3) 液压泵自紧油封损坏; (4) 分配器螺栓松动或垫片损坏; (5) 分配器操纵手柄球形密封圈损坏; (6) 分配器油管接头密封圈损坏; (7) 液压缸活塞杆唇形密封圈破损; (8) 液压缸输油管密封环损坏; (9) 液压虹导向套密封环损坏	(1) 拧紧螺栓; (2) 更换密封环; (3) 更换油封; (4) 拧紧螺栓或更换垫片; (5) 更换密封圈; (6) 更换密封圈; (7) 更换唇形密封圈; (8) 更换密封环; (9) 更换密封环
铲刀不能提升或提升很慢(液压操纵)	(1) 油箱中油量不足; (2) 液压泵未接通; (3) 油温过低或过高(低于 30℃或高于 70℃); (4) 油路中吸入空气;	(1) 加油至规定油面; (2) 将液压泵分离接合杠杆置于接合位置; (3) 使油温处于正常; (4) 检查并拧紧管路接头;

续表

故障现象	故障原因	处理方法
铲刀不能提升或提升很慢（液压操纵）	(5) 分配器回油阀卡住，或阀的配合面上沾有污物； (6) 安全阀漏油或开闭压力过低； (7) 液压泵卸压片密封环损坏； (8) 液压泵磨损严重	(5) 用木棒轻敲回油阀盖或取出回油阀清洗阀座。重新装回； (6) 检查，调整压力； (7) 更换密封环； (8) 适当加垫或更换新泵
主离合器分离不彻底	(1) 钢片翘曲、飞轮表面不平或离合器间隙过大等； (2) 前轴承卡死，轴承严重缺油烧毁而咬死； (3) 安装不当。钢片总成或分离拨叉装反； (4) 压脚调整不当或磨损严重； (5) 轴头螺母松动	(1) 更换、修复或调整； (2) 更换新轴，定期加油； (3) 重新安装； (4) 重新调整或更换压脚； (5) 紧固
主离合器接合不上	(1) 调整盘调整过量，摩擦片间隙过小； (2) 操纵杆调整不当，助力器不能与活塞随动	(1) 回松调整盘，调整间隙； (2) 调整操纵系统，检查助力器
主离合器油池油温高	(1) 主离合器打滑； (2) 油池加油过多； (3) 齿轮泵工作不正常	(1) 调整； (2) 放出多余的油； (3) 检修
主离合器操纵费力	(1) 油池油量不足； (2) 机油滤网堵塞，助力器来油困难； (3) 增力器油路泄漏	(1) 加油； (2) 清洗滤清器； (3) 修复
主离合器发抖	(1) 离合器套失圆太大； (2) 固定螺栓松动较大	(1) 修复； (2) 紧固螺栓
主离合器分离后联轴节久转不停或停下太慢	(1) 小制动器调整不当； (2) 制动摩擦片沾有油污； (3) 制动摩擦片磨损严重	(1) 重新调整； (2) 清洗； (3) 更换
主离合器接合时卡住	(1) 前固定螺母松动； (2) 离合器导向销松动； (3) 压脚磨损	(1) 紧固固定螺母； (2) 修复或更换； (3) 修复或更换
液力变矩器过热（TY320 型）	(1) 风扇皮带松弛； (2) 发动机水温过高； (3) 油冷却器阻塞； (4) 齿轮泵磨损，致油循环不足	(1) 更换皮带； (2) 参阅发动机章； (3) 清洗或更换； (4) 更换齿轮泵
推土机突然熄火，主离合器分不开	助力器失灵，助力器背部形成真空	操纵手柄，往复运动滑阀逐渐消除真空，即可分离
变速器挂挡或摘挡困难	(1) 联锁机构调整不当； (2) 离合器分离不彻底； (3) 小制动器摩擦片严重磨损； (4) 齿轮损坏； (5) 花键磨损产生台肩	(1) 重新调整； (2) 将离合器操纵杆推到底或调整间隙； (3) 更换； (4) 修圆齿端，严重时更换； (5) 修复使用，严重时更换

续表

故障现象	故障原因	处理方法
变速器响声异常	(1) 轴承间隙过小； (2) 零件松动	(1) 更换轴承或重新装配； (2) 检查后紧固或更换
变速器过热	(1) 油量不足； (2) 油质不佳； (3) 内部零件损坏	(1) 添加润滑油至规定油位； (2) 清洗后，重加符合规定的润滑油； (3) 更换
变速杆沉重	(1) 润滑油过厚（特别在冬天）； (2) 拨叉轴弯曲	(1) 更换润滑油； (2) 校正或更换
变速器齿轮难于啮合	(1) 齿轮有杂物夹入； (2) 拨叉轴弯曲或磨损； (3) 齿轮的齿面或内圆角磨损； (4) 主离合器分不开	(1) 清除； (2) 更换； (3) 修理或更换； (4) 调整主离合器
变速杆挂挡后不起步	(1) 液力变矩器和变速器的油压不上升； (2) 油管及接头未拧紧，混入空气或漏油； (3) 齿轮泵磨损或卡住； (4) 变速器油量不足； (5) 变速器滤清器芯堵塞	(1) 检查修理； (2) 检查修理； (3) 检查更换； (4) 添加到规定油量； (5) 清洗或更换
转向离合器打滑使推土机跑偏	(1) 被动片沾油 (2) 摩擦片磨损过大； (3) 弹簧失效； (4) 操纵杆与橡皮缓冲垫间有杂物； (5) 调整锁紧螺母松动	(1) 清洗并排除漏油； (2) 补加一片主动片或被动片，重新调整操纵杆行程或更换新片； (3) 更换； (4) 清除； (5) 调整、紧固
转向操纵杆拉到底，推土机不转弯	(1) 操纵杆顶端或助力器推杆之间的间隙太大； (2) 操纵杆的自由行程过大； (3) 分离机构调整不当； (4) 转向分离轴承损坏	(1) 调整； (2) 调整； (3) 调整分离机构的球面螺帽； (4) 更换
转向操纵杆操纵费劲	(1) 转向离合器操纵机构调整不当； (2) 助力器内机油不足； (3) 助力器内机油过稀； (4) 助力器内有污物	(1) 重新调整； (2) 补充或换油至规定量； (3) 更换机油； (4) 检查过滤网，清洗换油
未拉转向操纵杆时推土机跑偏	(1) 操纵杆无自由行程； (2) 转向离合器摩擦片沾油或磨损； (3) 离合器弹簧失效或折断； (4) 操纵杆与橡胶缓冲垫之间有杂物； (5) 制动器的制动锁锁住	(1) 调整； (2) 清洗或更换； (3) 更换； (4) 清除； (5) 扳开制动锁
推土机不能转弯	(1) 制动带沾油或磨损过度； (2) 制动间隙过大； (3) 操纵杆自由行程太大； (4) 操纵机构各连接处间隙过大	(1) 清洗或更换； (2) 调整； (3) 调整； (4) 检查并更换已磨损的零件
拉右转向操纵杆时，推土机不向右转而停下	(1) 后桥轴轴向游动量过大； (2) 左边调整螺母未拧紧； (3) 后桥轴支承轴承间隙过大	(1) 调整； (2) 旋紧调整螺母； (3) 调整左右支承轴承的间隙

2.2.7.2 轮胎式推土机的常见故障及处理方法

轮胎式推土机的常见故障及处理方法见表2.2-10所列。

轮胎式推土机的常见故障及处理方法 **表2.2-10**

故障现象	故障原因	处理方法
变矩器发热至120℃以上，机械无力	(1) 油底壳油量不足； (2) 工作压力低于主压力阀的调整压力(1.5MPa)，使变矩器控有回油，不能循环； (3) 油路中存在较多空气； (4) 发动机工作不正常	(1) 添加油量； (2) 解决变速器密封环处和油路系统中的渗漏。如由于油泵损坏引起时，则应检修或更换主油泵； (3) 空转发动机（空挡），进行放气； (4) 检修发动机
变矩器漏油严重	(1) 变矩器内密封圈和油封老化或损坏； (2) 变矩器内压力过高	(1) 更换密封圈和油封； (2) 排除油路故障，使油路畅通
变矩器有异声	(1) 变矩器叶片发生气蚀现象； (2) 零件损坏或有位移现象	(1) 排除进口系统三联阀卡死或油路系统中的故障。若叶片损坏，则应更换叶轮； (2) 拆卸检查
变矩器齿轮箱漏油	(1) 主油泵端面油封损坏； (2) 变矩器泵轮处橡胶油封老化或损坏	(1) 检修油泵； (2) 更换油封
变速离合器温度突然上升	(1) 离合器冷却油供应不足； (2) 油塞不能回位	(1) 排除油路循环系统故障，检修变速辅助油泵； (2) 调整活塞间隙，更换碟形弹簧
变速器工作压力不足	(1) 三联阀失灵； (2) 主油泵损坏； (3) 变速离合器内漏油严重； (4) 滤网堵塞	(1) 检修三联阀； (2) 检修更换； (3) 更换活塞、钢套、O形密封圈； (4) 清洗或更换
变速器挂不上挡	(1) 变速操纵阀有故障； (2) 操纵杆系失灵； (3) 内摩擦片卡死； (4) 输出轴高或低挡齿轮铜套烧死	(1) 检修变速操纵阀； (2) 调整或检修操纵系及变速操纵阀内定位钢球、定位销、弹簧等； (3) 检修变速离合器； (4) 更换铜套
变速器驱动力不够	(1) 工作油泵油量不足； (2) 主油泵损坏； (3) 三联阀失灵； (4) 变速离合器漏油严重； (5) 快速回油阀失灵	(1) 补充油量； (2) 检修油泵； (3) 检修三联阀； (4) 更换铜套、O形密封圈或活塞环； (5) 检修或更换
液力变矩器漏油	(1) 油管接头未拧紧或有损坏； (2) 密封件破坏	(1) 拧紧接头或检修管路及接头； (2) 更换
拖启动失灵	(1) 变速辅助油泵不供油； (2) 变矩器锁死及拖启动操纵失灵； (3) 变矩器锁紧离合器不能接合	(1) 检查变速器动力输出的单个离合器转轮机构是否工作正常（泵的转向应正确）。检修油泵； (2) 检修； (3) 检修

续表

故障现象	故 障 原 因	处 理 方 法
行驶时前轮有摇摆现象	(1) 转向节支承轴松动； (2) 转向节支承轴滚动轴承间隙过大； (3) 转向加力器有毛病	(1) 拧紧螺栓； (2) 调整滚动轴承间隙； (3) 调整操纵阀杆位置或更换新件
驱动桥有异响	(1) 差速器损坏； (2) 其他零件损坏	(1) 检修差速器； (2) 检修或更换
前轮倾斜	转向节支承轴滚动轴承损坏	更换滚动轴承并检查相应零件是否完好
方向盘空行程过大	(1) 转向杆系松动或调整不良； (2) 操纵阀杆的固定螺母松动退位	(1) 拧紧转向系统紧固件，各球销的锥度配合应紧固； (2) 正确固定好阀杆
转向沉重	(1) 转向主泵损坏； (2) 油路漏损严重，油压不能建立	(1) 检修更换油泵； (2) 检查各阀，排除卡阻及内漏现象，拧紧各接头，调整压力；
车轮振摆	转向加力器操纵阀位置不准确	调整或更换操纵阀
贮气筒气压降至0.75MPa以下，气体仍从压力阀调整孔排出	(1) 放气孔被堵塞； (2) 止回阀漏气； (3) 阀门鼓膜漏气，盖不住阀门座	(1) 用细铁丝通开放气孔； (2) 检查止回阀密封情况，更换损坏的橡胶阀体； (3) 检查阀门鼓膜和阀门座密封情况，更换损坏件
放气时，气压低于0.75MPa	调整螺钉过松，阀门鼓膜放气压力低	将调整螺钉拧进少许
停止供气后，贮气筒压力下降太快	止回阀漏气	检查止回阀及其密封情况，更换损坏零部件
放气时气压高于0.8MPa	调整螺钉过紧，阀门鼓膜的放气压力过高	将调整螺钉退出少许
发动机熄火后贮气筒气压下降太快	(1) 阀门不良； (2) 阀门损坏； (3) 回位弹簧压力小	(1) 如在15～20min内气压降超过0.05MPa时，应检修。连续踩下制动踏板并猛然放松，使气体吹去阀门污物； (2) 更换阀门； (3) 可在弹簧下加一垫片增大压力或更换新件
发动机熄火后踩下制动踏板气压迅速下降	橡胶鼓膜损坏	更换
制动解除迟缓，固定盘发热	可能是活塞被脏物卡住而运动不灵活	拆开检查、清洗
制动不灵	(1) 摩擦片磨损严重； (2) 油路系统堵塞； (3) 主制动阀故障； (4) 制动分泵有故障	(1) 检查摩擦片间总间隙，如已达5mm时可将调整垫片撤去； (2) 清除； (3) 检修排除故障； (4) 检修或调整
制动摩擦片发热	(1) 摩擦片分离不彻底； (2) 主制动阀有故障； (3) 油路堵塞	(1) 摩擦片间隙应调整，并检查制动分泵或气渡总泵活塞如果不回位应调整； (2) 排除； (3) 检查调整

续表

故障现象	故障原因	处理方法
制动时跑偏	（1）个别制动分泵中有空气，四轮不能同时制动； （2）轮边制动器的四个摩擦片间隙不一致	（1）排出分泵体内的空气； （2）检查调整
铲刀不能提升或提升高度不够	（1）限位螺母松脱； （2）限位螺母与弹簧座间隙不够	（1）取下定位套，锁紧限位螺母； （2）调整间隙
铲刀提升缓慢	（1）工作压力低，油箱油位过低； （2）密封件损坏； （3）接头接合不严； （4）油路堵塞	（1）添加至合适油面高度； （2）更换新件； （3）拧紧管接头； （4）清洗，疏通油道

2.3 铲运机

2.3.1 概述

2.3.1.1 铲运机的用途

（1）铲运机是利用装在前、后轮之间的铲斗，在行驶中顺序进行铲削、装载、运输和铺卸土壤循环作业式的高效铲土运输机械。铲运机是一种多功能的机械，它能独立地完成铲、装、运、卸各工序，还兼有一定的压实和平地性能，因而具有较高的技术经济指标。所以，它广泛地应用于各种建筑、公路、铁路、市政、矿山、农田、水利、机场、港口、工业厂房、国防建设等工程的土方填挖及场地平整中。

（2）铲运机适用于四级以下的土壤工作，要求作业地区的土壤不含树根、大石块和过多的杂草。如用于四级以上的冻土或土壤时，必须事先预松土壤。链板装载式铲运机适用范围较大，除可装普通土壤外，还可铲装砂、砂砾石和小的石碴等物料。

（3）铲运机的经济运距与行驶道路、地面条件、坡度等有关。一般拖式铲运机（用履带式机械牵引）的经济运距在500m以内。而轮胎自行式铲运机的经济运距则为800～1500m。

（4）在工业发达的国家中，土方工程有一半的土方量是由铲运机来完成的。所以，铲运机是土方工程中应用最广泛的重要机种之一。铲运机的外貌如图2.3-1所示。

2.3.1.2 铲运机的基本构造

（1）现介绍自行式铲运机的构造，自行式铲运机一般由专用基础车和铲土斗两部分组成，如图2.3-1（*b*）所示，基础车为铲运机的动力头，由发动机、传动系统、转向系统和车架等部分组成，都安装在中央框架上。铲土斗是铲运机的主体，其构造基本同拖式铲运机铲土斗。

（2）自行式铲运机铲斗容量和机型尺寸，一般都较大，不易自由卸土，故设计成强制卸土的型式。液压操纵的自行式铲运机，其铲土斗的升降、斗门的开启与关闭以及强制式卸土板的移动，都由各自的操纵油缸控制，这些操纵油缸分别安装在铲运机的前、后部及两侧。

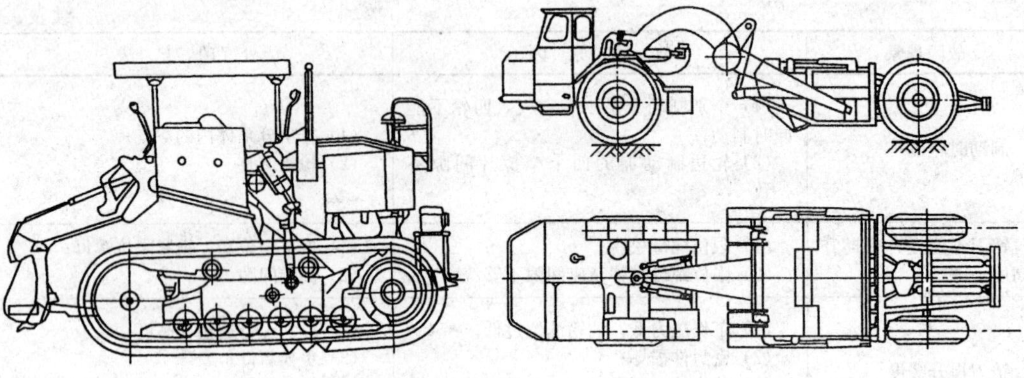

(*a*)　　(*b*)

图 2.3-1　自行式铲运机外貌图

(*a*) 履带式铲运机；(*b*) 轮胎式铲运机

(3) 作业中为能有效制动，自行式铲运机还安装有制动四个车轮酌液（气）压制动系统。自行式铲运机动力装置要求功率较大，常使用大型柴油机，并将其安装在基础车的前部，用来驱动整机和铲运机各液压工作系统的油泵。

(4) 为了使铲运机在铲土过程中能装满铲斗，通常还增设输送机构。有的铲运机考虑到作业时不需另用推土机或其他机械实行助铲，特在铲运机的前后各装一台可分别操纵的柴油机，作为前后驱动的自行式铲运机。

2.3.1.3　铲运机的分类

(1) 按铲斗容积大小分为小型（$3m^3$ 以下）、中型（$4\sim15m^3$）、大型（$15\sim30m^3$）、特大型（$30m^3$ 以上）。

(2) 按牵引车与铲运斗的组装方式分：

1) 拖式铲运机：铲运斗由单独的牵引车拖挂进行工作。牵引车可以是履带式或轮胎式拖拉机。路面条件不好时可用履带式牵引车，运距一般在 300m 以内。用轮胎式牵引车，其速度高，距离可大几倍；

2) 自行式铲运机：牵引车与铲运斗组成的机体，二者不可分离。绝大多数为轮式，行驶速度高，机动灵活，生产率高，运距适应于 200～3000m。在大型土方工程中，用 $25m^3$ 或更大的自行式铲运机与用 $8\sim10m^3$ 拖式铲运机相比，成本降低 30%～50%，劳动生产率提高 2～3 倍。而与用挖掘机和其他机械相比，技术经济指标提高 5～8 倍。

(3) 按牵引车行走装置型式分：履带式（接地比压低、牵引力大，速度较慢）、轮胎式（速度快、机动灵活、运距远、生产率高）。

(4) 按传动系型式分：可分为机械式、液力机械式、柴油机-电力驱动式（柴油机驱动发电机，再带动装在轮毂内的电动机（即电动轮）旋转，使车辆行驶。适用于大型铲运机）。

(5) 按发动机台数分：单发动机式（用于单轴驱动的铲运机，因附着重量小、牵引力小，铲装时需要进行助铲）、双发动机式（用于双轴驱动的铲运机，其牵引力大，适应于铲装阻力大、道路条件恶劣或陡坡等行驶阻力大的场合）、多发动机式（适于多斗串联式铲运机）。

(6) 按装载方式分

1) 普通式：铲斗前部有斗门，在行进中，靠牵引力把刀片切削下来的土屑从斗门与刀片间的缝隙中挤入铲斗，装斗阻力较大。

2) 链板式：刀片切下来的土屑由链板升运机构装入铲斗。装土阻力比普通式约降低60%，能自装，不需助铲。用于1000m运距内、行驶阻力较小的工程中，经济效益较高。

(7) 按卸载方式分

1) 自由式：卸载时，将铲斗倾斜，土壤靠自重倒出，适用于小型铲运机；

2) 强制式：用可移的铲斗后壁将斗内土壤强制推出，卸装干净彻底，用得最多；

3) 半强制式：铲斗后壁与斗底为一整体，卸载时绕前边铰点向前旋转，将土倒出。

2.3.1.4 铲运机的发展概况

新中国成立前，我国不能制造铲运机。新中国成立后的第一个五年计划期间，进口了一批前苏联制造的拖式铲运机。直至1963年我国自己设计制造的$C_{3\sim6}$型铲运机通过鉴定，并成批生产。20世纪80年代以来，由沈阳矿山机械厂、沈阳桥梁厂、郑州工程机械厂等单位制造出六个拖式铲运机品种。到1995年底分别从捷克斯洛伐克、美国、日本等国家引进了90多台大、中型自行式铲运机，并与其中一些国家联营，生产了许多新型的、具有先进水平的铲运机，如CL-16型、CL-24型、CL-40型等大型铲运机。这些铲运机均广泛采用液压、液力技术、电子计算机技术、激光技术和电液伺服控制技术等。目前，铲运机的发展趋势有如下特点：

1. 向大功率、大斗容、高速度、高效率方向发展

各项大型建设工程的现场清理及施工都迫切需要大功率、大斗容、高速度、高效率的铲运机。以美国CAT公司生产的666B型双轴牵引车为动力的铲运机，堆尖斗容为41.3m^3，由总功率为698kW的双发电机驱动，充分显示了该机功率大、斗容大的特点。

2. 广泛采用液压、液力技术，并向机电液一体化方向发展

由于液压元件具有质量轻、结构简单、操作方便等优点，在铲运机的设计中越来越注重使用液压、液力系统进行操纵，如液压导向、液压制动、液压动力输出、液压传动驱动轮、液压马达等，铲运机由机械传动向液力—机械式和全液压传动方向发展。随着电子技术的飞速发展，一些发达国家在铲运机的传动系统中使用无级变速系统、微型计算机、电液伺服控制技术、红外线、激光自动找平技术等，正向机电液化、自动化方向发展。

3. 广泛采用新技术、新结构、新材料、新工艺

(1) 例如用连续爆破和排土的方法减轻铲运机的铲装阻力。它是直接利用燃料产生的热能对土壤作功，即用爆破方法剥离、破碎、抛移土壤。利用这种施工方法可提高功效大约20倍；

(2) 苏联研制的带振动部件Д-357型自行式铲运机，其特点是铲刀刃联结在一个曲柄连杆机构上，由装在铲土部件上的液压马达带动回转，使切削刃在工作过程中产生摆动，可减少切削阻力，提高铲斗充满程度，适用于黏重土壤。

(3) 采用激光系统来观察平整地段的高差大小，确定地面的不平整度，可使铲运机提高工效5%～10%，降低能耗5%～6%。

(4) 为了提高零部件的耐磨性和减轻机器质量，国外都大量采用低合金高强度钢。另外，采用特种材料，如铲壁采用复合玻璃钢板，提高了耐磨性和脱土性；粉末冶金已广泛

用作湿式离合器摩擦片衬垫；履带支承轮滑动轴承采用双金属衬瓦；用特种塑料、尼龙等制作的齿轮、轴承、密封垫等零部件，都已取得良好的效果。

(5) 在行走机构中采用了具有特种花纹、横断面用特种橡胶制成的轮胎；另有一种轮胎可加注液体，以增加铲运机的附着力，改善机器的稳定性。

(6) 广泛采用新技术和新工艺，是降低单位金属消耗量的根本途径，其主要措施是：受力体采用优质合金钢及合理的轧制、冲压或弯曲型钢。主要配套件（发动机、变速箱、驱动桥、液压元件）等的性能应尽量满足具体机型的使用要求，并采用先进的制造工艺。

4. 发展专用铲运机

专用铲运机是为某种特殊土方工程施工的需要而制造的特种施工机械。例如：瑞典生产的 YBL—630 型双斗式井下铲运机，适应地下矿铲装矿石；德国生产的 LF—4（K）型遥控铲运机，适应危险地段的铲装作业；日本生产的湿地作业铲运机，以及美国生产的水下铲运机等，都能在这些特殊的施工场合应用。

5. 改善司机的操作条件

例如在驾驶室内设置安全保护装置，可保护司机在施工中不受损伤；同时，采用隔噪、隔热、防尘和必要的空调，并将标准结构的驾驶室装在减震器上，座位支承在可调式弹性悬架上，以及保证工作装置和作业前方有良好的视野等；先导操纵的广泛采用减轻了体力劳动强度；并按人机工程学的理论原理合理安排各操纵杆件和有效的弹性悬架。另外操纵自动化程度的提高及微处理机在铲运机上的应用等，也将进一步改善司机的工作条件。

2.3.1.5 铲运机的生产率计算

铲运机的生产率是以单位时间（h）内所完成的土方量（m^3）来进行计算的，其计算式如下：

$$Q=\frac{3600Q_nK_c}{T_CK_P}$$

式中 Q——铲运机的生产率，m^3/h；

Q_n——铲土斗容量，m^3；

K_C——铲土壤充盈系数，砂子为 0.75，其他土壤为 0.86～1.0，最高可达 1.3；

T_C——铲运机从铲土至卸土完毕循环延续所用的时间，s；

K_P——土壤松散系数，当土壤为Ⅰ等时 $K_P=1.08\sim1.17$；当土壤为Ⅱ等时 $K_P=1.14\sim1.28$；当土壤为Ⅲ等时，其 $K_P=1.24\sim1.30$；当土壤为Ⅳ时，其 $K_P=1.28\sim1.32$。

铲运机每一个循环所需要的时间 T_C 可由下式进行计算：

$$T_C=\frac{L_C}{v_C}+\frac{L_Y}{v_Y}+\frac{L_X}{v_X}+\frac{L_r}{v_r}+t_n+2t_m$$

式中 L_C、L_Y、L_X、L_r——分别为铲土、运土、卸土和回程的距离，m；

v_C、v_Y、v_X、v_r——分别为铲土、运土、卸土和回程的速度，m/s；

t_n——铲运机换挡所需的时间，5～10s；

t_m——铲运机一次调头所需的时间，15～30s。

2.3.2 铲运机的使用要点

2.3.2.1 作业前的准备工作

(1) 内燃机部分，按通用操作规程的有关规定执行。

(2) 操作人员应熟悉本机性能及结构特点。

(3) 要了解和熟悉施工规范及施工工艺、进度和技术要求，并对现场作业面的情况，取土、卸土方式，以及协同作业情况做仔细研究。

(4) 各轮胎应完好，气压应充足且一致，并应符合技术规范规定要求。检查、清除有损轮胎的污垢杂物、夹石等。

(5) 检查各操作机件是否灵敏，连接件是否松动，制动系统应完好有效。

(6) 检查各部油位及润滑点是否加足润滑油。

(7) 拖式铲运机应检查拖拉机与铲运机之间的各部连接是否牢固可靠，要按有关规定安装防护装置。

(8) 施工前应踏勘施工现场及便道情况，要保证道路平整，安全畅通。一般情况下要求道路应比机身宽出1～1.5m。

(9) 检查各仪表、液压系统及钢丝绳工作系统是否完好，液压系统应无渗漏，不符合要求者应及时处理、修复。

(10) 对全机进行试运转，确认各部件工作正常。

2.3.2.2 作业中的注意事项

(1) 起步作业前应检查铲运机各连接部、轮胎前后、铲斗或其他危险部位，确认四周无人并安全可靠后方可运行。

(2) 施工中要经常注意仪表指示器等工作情况，整机各部件运行无异响。

(3) 作业中，应经常注意施工指示标志及地下构造物、电缆等设施，确保施工安全。

(4) 作业中除驾驶室按规定乘坐操作人员外，其他部位不准搭载其他人员。

(5) 要经常注意施工现场中的大石块、树根及有碍作业的障碍物，并先行清除。

(6) 铲运机铲斗位置不正时，不准铲土。在所填土基上作业时，一定要注意松土路基造成倾覆的危险，尤其在高填土或半坡填土作业时，其外侧一般离坡缘最少应在1～1.5m以上，并要有专人指挥。

(7) 禁止在陡坡上进行危险性作业，如转弯、倒车等。如必须在陡坡上行驶，必须在采取切实可行的安全措施后，方可低挡行驶。

(8) 铲运机与推土机协同作业时，铲运机铲出深度一般不超过30cm，推土机助推时要平稳。铲运湿土时，每隔一定时间后，要及时清理斗中积土，保证工作效率。

(9) 夜间施工作业时，要有良好的照明和专业指挥人员进行指挥。

(10) 经过桥梁时，须先确认载重是否超过桥梁最大承载范围后，方可通过；在傍山不平的道路上行走时，铲斗应提到适当的位置，下坡时不得空挡滑行；在斜坡上停机时，除全制动外，还应在轮胎或推土机前后方向上分别楔上三角木块。

(11) 机构运行作业中，严禁保养和修理。

(12) 转移工地或用平板车载运时，一定要注意不能超宽超高。如拆开分运时，必须垫稳、捆牢、楔好后，才能运行。

2.3.2.3　作业后的要求

（1）按保修规程的要求，进行例行保修作业。

（2）铲运机长期不用停放时，应按封存规定进行保养、润滑、涂油、包封，并把轮胎垫离地面，整机加盖。

2.3.3　铲运机的施工工艺

铲运机的基本作业是铲土、运土、卸土三个工作行程和一个空载回驶行程。在施工中，由于挖填区的分布情况不同，为了提高生产效率，应根据不同施工条件（工程大小、运距长短、土的性质和地形条件等），选择合理的开行路线和施工方法。

2.3.3.1　开行路线

1. 椭圆形开行路线

从挖方到填方按椭圆形路线回转（图 2.3-2*a*）。作业时应常调换方向行驶，以避免机械行驶部分的单侧磨损。适于长 100m 内，填土高 1.5m 内的路堤、路堑及基坑开挖、场地平整等工程采用。

2. “8”字形开行路线

铲运机在装土、运土和卸土时按“8”字形运行，一个循环完成两次挖土和卸土作业（见图 2.3-2*b*）。装土和卸土沿直线开行时进行，转弯时刚好把土装完或倾卸完毕，但两条路线间的夹角，应该小于 60°。本法可减少转弯次数和空车行驶距离，大大提高生产率，同时一个循环中两次转弯方向不同，可避免机械行驶部分单侧磨损。适于开挖管沟、沟边卸土或取土，坑较长（300～500m）的侧向取土、填筑路基以及场地平整等工程采用。

3. 大环形开行路线

从挖方到填方均按封闭的环形路线回转。当挖土和填土交替，而刚；好填土区在挖土区的两端时，则可采用大环形路线（图 2.3-3*a*）。其优点是一个循环能完成多次铲土和卸土，减少铲运机的转弯次数，提高生产效率。本法亦应常调换方向行驶，以避免行驶部分的单侧磨损。适于工作面很短（50～100m）和填方不高（0.1～1.5m）的路堤、路堑、基坑以及场地平整等工程采用。

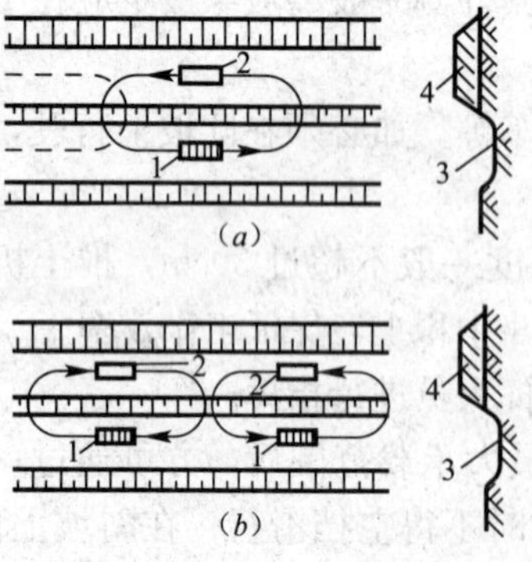

图 2.3-2　椭圆形及“8”字形开行路线
（*a*）椭圆形开行路线；（*b*）“8”字形开行路线
1—铲土；2—卸土；3—取土坑；4—路堤

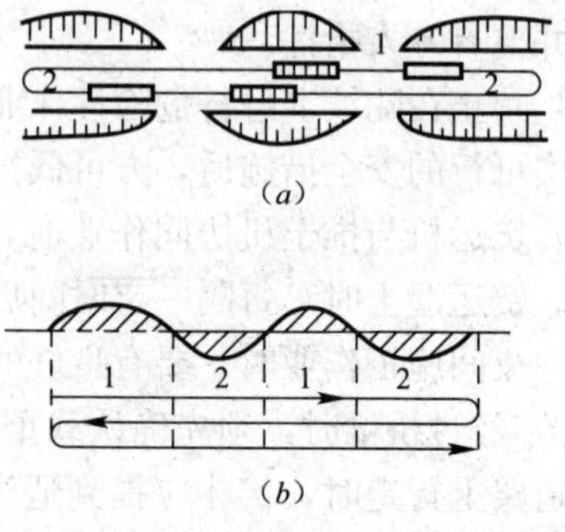

图 2.3-3　大环形及连续式开行路线
（*a*）大环形开行路线；（*b*）连续式开行路线
1—铲土；2—卸土

4. 连续式开行路线

铲运机在同一直线段连续地进行铲土和卸土作业（图 2.3-3*b*）。本法可消除跑空车现象，减少转弯次数，提高生产效率，同时还可使整个填方面积得到均匀压实。适于大面积场地整平填方和挖方轮次交替出现的地段采用。

5. 锯齿形开行路线

铲运机从挖土地段到卸土地段，以及从卸土地段到挖土地段都是顺转弯，铲土和卸土交替地进行，直到工作段的末端才转 180°弯，然后再按相反方向作锯形开行（图 2.3-4）。本法调头转弯次数相对减少，同时运行方向经常改变，使机械磨损减轻。此法适于工作地段很长（500m 以上）的路堤、堤坝修筑时采用。

6. 螺旋形开行路线

铲运机成螺旋形开行，每一循环装卸土两次（图 2.3-5）。本法可提高工效和压实质量。适于填筑很宽的堤坝或开挖很宽的基坑、路堑。

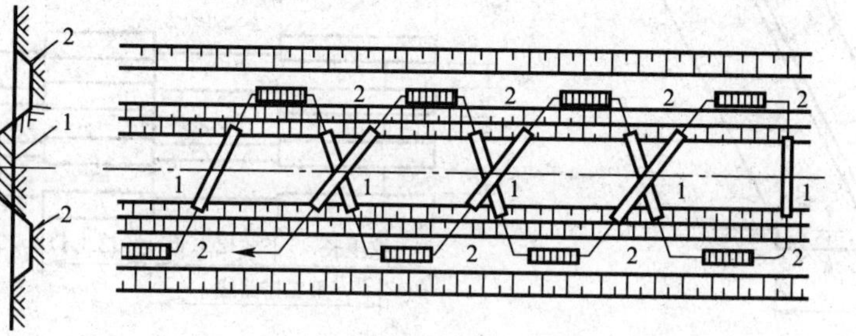

图 2.3-4 锯齿形开行路线

1—铲土；2—卸土

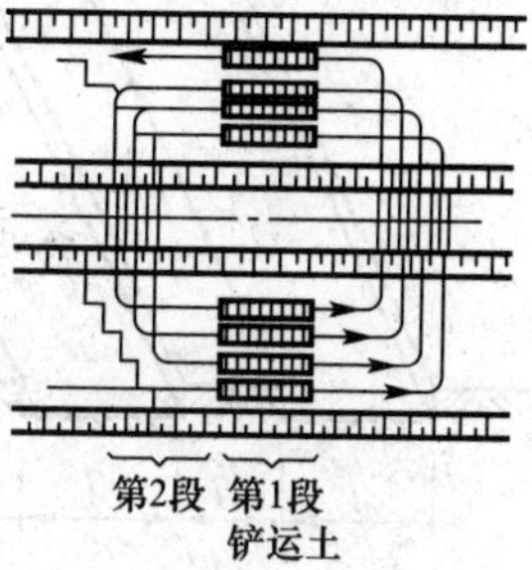

图 2.3-5 螺旋形开行路线

2.3.3.2 作业方法和提高生产率的措施

1. 下坡铲土法

铲运机顺地势（坡度一般 3°～9°）下坡铲土（图 2.3-6），借机械往下运行重量产生的附加牵引力来增加切土深度和充盈数量，可提高生产率 25%左右。最大坡度不应超过 20°，铲土厚度以 20cm 为宜；平坦地形可将取土地段的一端先铲低，保持一定坡度向后延伸，创造下坡铲土条件，一般保持铲满铲斗的工作距离为 15～20cm。在大坡度上应放低铲斗，低速前进。适于斜坡地形大面积场地平整或推土回填沟渠用。

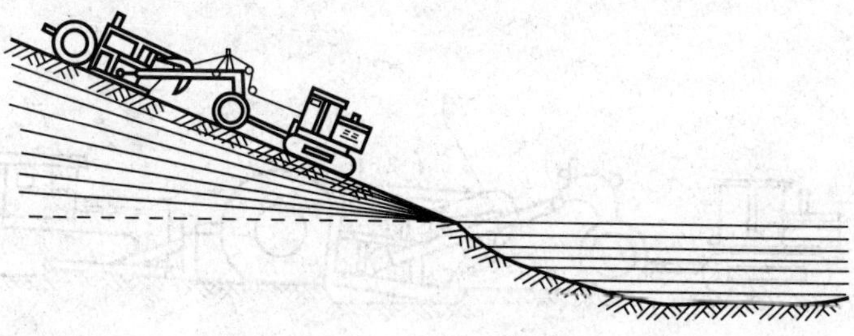

图 2.3-6 下坡铲土施工法

2. 跨铲法

在较坚硬的地段挖土时，采取预留土埂间隔铲土（图 2.3-7）。土埂两边沟槽深度以不大于 0.3m、宽度在 1.6m 以内为宜。本法铲土埂时增加了两个自由面，阻力减少，可缩短铲土时间和减少向外撒土，比一般方法可以提高生产效率。适于较坚硬的土铲土回填或场地平整。

3. 交错铲土法

铲运机开始铲土的宽度取大一些，随着铲土阻力增加，适当减少铲土宽度，使铲运机能很快装满土（图 2.3-8）。当铲第一排时，互相之间相隔铲斗一半宽度，铲第二排土则退离第一排挖土长度的一半位置，与第一排所挖各条交错开，以下所挖各排均与第二排相同。适于一般比较坚硬的土的场地平整。

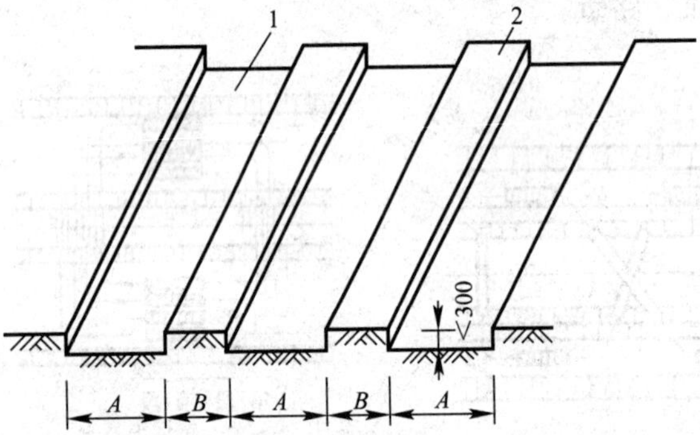

图 2.3-7 跨铲法

1—沟槽；2—土埂

A—铲斗宽；*B*—不大于拖拉机履带净距

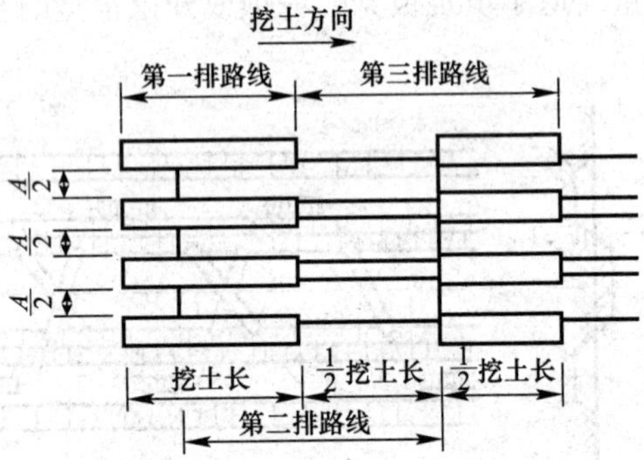

图 2.3-8 交错铲土法

A—铲斗宽

4. 助铲法

在坚硬的土体中，使用自行铲运机，另配一台推土机在铲运机的后拖杆上进行顶推，协助铲土（图 2.3-9）。这样做可缩短每次铲土时间，装满铲斗，可提高生产率 30%左右；推土机在助铲的空余时间，可作松土和零星的平整工作。助铲法取土场宽不宜小于 20m，长度不宜小于 40m；采用一台推土机配合 3～4 台铲运机助铲时，铲运机的半周程距离不应小于 250m，几台铲运机要适当安排铲土次序和开行路线，互相交叉进行流水作业，以发挥推土机效率。此法适于地势平坦、土质坚硬、宽度大、长度长的大型场地平整工程采用。

图 2.3-9 助铲法施工示意图

1—铲运机铲土；2—铲运机助铲土

5. 双联铲运法

铲运机运土时所需牵引力较小，当下坡铲土时，可将两个铲斗前后串在一起，形成一起一落依次铲土、装土（又称双联单铲）（图 2.3-10）；当地面较平坦时，将两个铲斗串联，同时起落，同时进行铲土，又同时起斗开行（称为双联双铲）。前者可提高工效20%～30%，后者可提高工效约60%。此法适于较松软的土，进行大面积场地平整及筑堤时采用。

图 2.3-10 双联铲运施工示意图

2.3.4 铲运机的安全技术规程

2.3.4.1 作业条件

（1）拖式铲运机的牵引机械请参考本章本节中的有关规定执行。

（2）铲运机在四级以上的土壤作业时，应先翻松，并清除其障碍物。

2.3.4.2 作业前的检查和起动

每次铲运机作业前，应仔细检查钢丝绳、轮胎气压、铲土斗及卸土扳回缩弹簧、拖把后向接头、撑架以及各部滑轮等，液压式铲运机还应检查各液压管接头、控制阀等，确认正常后，方可起动。

2.3.4.3 作业中安全注意事项

（1）作业时，严禁任何人上下机械、传递物件，以及在铲斗内、拖把或机架上坐立。

（2）两台铲运机同时作业时，拖式铲运机前后距离不得少于10m，自行式铲运机不得少于20m。平行作业时两机间隔不得少于2m。在狭窄地区不得强行超车。

（3）铲运机上下坡道时，应低速行驶，不得途中进行换挡，下坡时严禁脱挡滑行，行驶的横向坡度不得超过6°，坡宽应大于机身的2m以上，在新填筑的土堤上作业时，离坡边缘不得少于1m。需要在斜坡横向作业时，须先挖填，使机身保持平稳，作业中不得倒退。

（4）在不平场地上行驶及转弯时，严禁将铲斗提升到最高位置。

（5）行驶时，应支线让干线，空载让重载，下坡让上坡。

（6）铲运机在坡道上不得进行保修作业，在陡坡上严禁转弯、倒车和停车。在坡上行驶中，铲运机突然熄火时应将铲斗落地，制动牢靠后，再行起动。

（7）铲土时，铲运机应直线行驶，助铲时应有助铲装置，正确掌握斗门开启的大小，不得切土过深，两机要相互配合，尽量作到平稳接触，等速助铲。

（8）夜间作业时，前后照明应齐全完好。自行式铲运机的大灯应照出30m以远，如遇对方来车，应在100m以外将大灯光改为小灯光，并低速靠边行驶。

（9）拖拉陷车时，应有专人指挥，前后操作人员应协调，确认安全后，方可起步。

（10）自行式铲运机的差速器锁，只能在直线行驶的泥泞路面上短时间使用，严禁在差速器锁住时转弯。

（11）非作业行驶时，铲斗必须用锁紧链条挂牢在运输行驶位置上。机上任何部位均不得载人或装载易燃易爆等物品。

2.3.4.4 作业后的安全注意事项

（1）修理斗门或在铲斗下检修作业时，必须把铲斗升起后用销子或锁紧链条固定，再用垫木将斗身顶住，并制住轮胎。

（2）作业结束后，应将铲机停放在平坦的地面，并将铲斗落在地面上。液压操纵的应将液压缸缩回，将操纵杆放在中间位置。进行清洁、润滑后锁好门窗。

2.3.5 铲运机的合理选择

2.3.5.1 合理选择机型

根据使用经验，影响铲运机生产效能的工程因素主要有：土壤性质、运距长短、施工期限、现场情况、当地条件、土方量大小及气候（如冬天、雨季）等，因此，可按这些因素合理选择机型。

1. 按土壤性质选择

（1）当土方工程为一、二类的土壤时，选择各类铲运机均可以；如果是三类土壤，则可选择重型的履带式铲运机；若为四类土壤，则首先进行翻松，然后选择一般的铲运机铲运土。

（2）当土壤的含水量在25%以下时，采用一般的铲运、机都可以；如施工现场多软泥或沙地，则必须选择履带式铲运机；如土壤湿度较大或在雨季施工，应选择强制式或半强制式的履带式铲运机。由于土壤的性质和状况可因气候等自然条件而变化，也可因人为的措施而改善，因此，选择铲运机时应综合考虑其施工条件及施工方法。

2. 按运土距离选择

（1）当运距小于70m时，铲运机的性能不能充分发挥，可选择推土机运土；

（2）当运距在70～300m时，可选择小型（斗容在6m^3以下）铲运机，其经济运距为100m左右。

（3）当运距在300～800m时，可选择中型（斗容6～10m^3）铲运机，其经济运距在500m左右。

（4）当运距在800～3000m时，可选择轮胎式的大型（斗容在10～25m^3）自行式铲运机，其经济运距为1500～2500m左右。

（5）当运距在3000～5000m时，可选择特大型（斗容25m^3以上）自行轮胎式铲运机，其经济运距为3500～4000m。同时，也可以选择挖装机械和自卸汽车运输配合施工，但是均应进行比较和经济分析，最后选择机械施工成本最低的施工设备。

3. 按土方数量选择

正常情况下，土方量较大的工程，选择大、中型铲运机，因为大、中型铲运机的生产能力大，施工速度较快，能充分发挥机械化施工的特长，保质保量，缩短工期，降低工程成本。对于小量或零散的土方工程，可选择小型的铲运机施工。

4. 按施工地形选择

利用下坡铲装和运输可提高铲运机的生产率。适合铲运机作业的最佳坡度为7°～8°，坡度过大不利于装斗。因此，铲运机适用于从路旁两侧取土坑的土来填筑路堤（高3～8m）或两侧弃土挖深3～8m路堑的作业。纵向运土路面应平整，纵坡度不应小于5°。铲运机适用于大面积场地平整作业，铲平大土堆，以及填挖大型管道沟槽和装运河道土方等工程。

5. 按铲运机的种类选择

双发动机铲运机可提高功率近一倍，并具有加速性能好、牵引力大、运输速度快、爬坡能力强、可在较恶劣地面条件下施工等优点。但其投资大，且铲运机的质量要增加10%～43%，折旧和运转费用增加27%～33%。所以，只有在单发动机式铲运机难以胜任的工程条件下，双发动机的铲运机才具有较好的经济效果。

2.3.5.2 经济选择机型

（1）经济型铲运机的选择方法与推土机基本相同，首先选择两种或两种以上的合理机型，然后经过技术经济分析和评价，最后选择技术上合理、经济效益最好的铲运机。对于租用铲运机，可按照合同或商定的台班费除以定额或商定的台班产量所得的土方成本进行比较，从多种方案中选择土方成本最低的铲运机施工。

（2）对于自用的铲运机选择原则也基本相同。由于工程条件对机械费用和生产率的影响甚大，因此必须经过详细的计算或试验综合考虑，选择生产效能高、土方成本低的铲运机。

2.3.6 铲运机的维护保养

国产CL-7型自行式铲运机的维护保养工作是：例行保养（表2.3-1）、一级保养（表2.3-2）、二级保养（表2.3-3）、三级保养（表2.3-4）。

例行保养（每班进行） **表2.3-1**

序号	保养项目		技术要求
1	发动机		参照本章推土机的相应内容执行（一、二、三级保养也同此）
2	电气设备及仪表	（1）检查各指示仪表灯具及示警装置； （2）检查起动机，发电机	（1）各指示仪表应反应灵敏，示值正确，符合工作要求。指示灯、各灯具及照明设备应齐全有效，工作正常； （2）起动机、发电机应工作正常
3	传动系统	（1）检查液力变矩器、变速箱、加力箱； （2）检查变矩器液力传动的冷却系统； （3）检查主传动与差速器、轮边减速器	（1）应工作正常，无异响，无过热现象。液力传动油油面应达规定高度，油量不足时应予添加，消除漏油现象。 工作时，传动轴应无异响；传动轴连接螺栓如有松动，应予紧固。 观察变矩器油温表，油温应在40～120℃之间，如高于或等于120℃时，应查明原因，排除故障。 （2）消除渗漏油现象，油路应畅通无阻。 （3）应工作正常，无异响；消除漏油现象

续表

序号	保养项目		技术要求
4	转向系统	检查转向性能	转向应轻便、灵活、可靠，消除渗漏油现象，清除转向装置上粘附的尘土及油污
5	行走系统	检查轮胎及轮辋固定螺栓、螺母	轮胎外表应无异物扎入或嵌入，轮胎气压正常；螺栓、螺母如有松动，应予紧固
6	制动系统	（1）检查制动性能； （2）检查制动系统密封性； （3）检查制动系统气压； （4）检查贮气筒和油水分离器	（1）制动应有效、可靠； （2）制动系统应无漏气现象。管路及管接头如有松动，应予紧固； （3）观察气压表。制动气压应为 0.68～0.70MPa，必要时，进行调整； （4）必要时，排放贮气筒内的积水和油污。冬季每班作业结束后，必须放出积水及油污
7	液压系统	（1）检查液压油箱油位； （2）检查液压油泵、液压阀、液压油缸； （3）检查液压系统密封性	（1）油量不足时，应予加足； （2）工作时，液压油泵应工作正常，无异响；各操纵液压阀应灵敏、可靠；油缸应无渗漏油现象。否则，应查明原因，排除故障； （3）消除渗漏现象。管路及管接头如有轮动，应予紧固
8	工作装置	（1）检查铲斗刀片； （2）检查各润滑点	（1）刀片磨损后不能满足使用要求时，可翻转使用或更换； （2）加注润滑脂进行润滑
9	整机	（1）清洁整机外部； （2）检查整机外部连接螺栓、螺母； （3）检查整机泄漏情况； （4）检查整机零部件； （5）检查各操纵杆； （6）润滑	（1）清除整机外部粘附的泥土、杂物，擦净驾驶室内、外部粘附的尘土； （2）螺栓、螺母如有松动，应予紧固；如有缺损、应予补齐； （3）机器应无漏油、漏水、漏气、漏电等情况，否则应予消除； （4）零部件如有损坏、丢失或松动时，应予修复（或更换）、补充或紧固； （5）各操纵杆应操纵灵活、定位可靠； （6）按机器出厂使用说明书进行润滑

一级保养（每工作 200h 进行） **表 2.3-2**

序号	保养项目		技术要求
1	例行保养		完成本级保养作业项目外的例行保养项目
2	电气设备及仪表	检查启动机、发电机的紧固情况	紧固件应连接牢固，导线接触良好；消除外部污物
3	传动系统	（1）检查液力（包括变矩器、变速箱、加力箱）传动油； （2）检查液力传动油滤清器； （3）检查驱动桥（主传动与差速器）轮边减速器油位	（1）新机运转 200h 换油一次，新机或大修后首次使用的机器应换油。加注规定牌号的新油至规定的油面高度； （2）清洗滤清器，滤网，可用汽油或煤油清洗，再用毛刷刷净（不得用棉纱擦拭）； （3）油量不足时，应予添加。润滑传动轴万向节及伸缩叉

续表

序号	保养项目		技术要求
4	转向系统	(1) 检查方向盘回转度； (2) 检查转向机油位及固定螺栓； (3) 检查转向系统滤油器	(1) 方向盘的回转度如超过30°时，应调整蜗杆与滚轮之间间隙，以恢复正常； (2) 油量不足时，应予添加，固定螺栓如有松动，应予紧固； (3) 清洗滤油器滤网
5	行走系统	测量轮胎气压	轮胎气压应为0.25～0.32MPa，不足时，应予充气
6	制动系统	(1) 检查油水分离器； (2) 检查贮气筒； (3) 检查主制动阀	(1) 清除油水分离器中的油污；当制动气路中的气压超过0.9MPa时，应调整压力控制阀； (2) 排放贮气筒中的油污； (3) 如果在15～20min内，主制动闷气压下降超对50kPa时，应即检修主制动阀
7	工作装置	检查铲斗、辕架、卸土板等	各受力焊缝如有开焊，应予补焊；如有变形，应予校正；各零部件如有损坏，应予修复或更换
8	整机	润滑	按机器出厂使用说明书进行润滑

二级保养（每工作600h进行） **表2.3-3**

序号	保养项目		技术要求
1	一级保养		完成本级保养作业项目外的一级保养项目
2	电气设备及仪表	(1) 检查各处导线及接线柱； (2) 检查发电机调节器	(1) 各导线接头应连接良好，接线柱如有松动，应予紧固；更换破损、烧损的导线； (2) 调节器应工作正常，各触点应光洁、平整、接触良好。如有烧烛，应予修磨，必要时进行调整
3	传动系统	(1) 检查分动箱、驱动桥、轮边减速器的润滑油； (2) 检查传动系统各部件连接螺栓；	(1) 检查润滑油油质，根据需要，予以更换。如油量不足，应于补足； (2) 螺栓如有松动，应予紧固
4	制动系统	(1) 检查空气压缩机； (2) 检查制动气室； (3) 检查制动器间隙； (4) 检查制动性能	(1) 空气压缩机应工作正常； (2) 1) 制动气室防尘橡胶护罩如有损坏，应及时更换； 2) 消除制动气室内的油污脏物。活塞上的橡胶密封圈如有损坏，应予更换；装配时应涂一层凡士林（气温低于−10℃以下时，使用低凝点的高级凡士林）。 (3) 检查制动摩擦片与制动鼓之间间隙，凸轮处间隙值为0.50mm；下支点处为0.3mm。不符合要求时，应予调整； (4) 制动应灵敏、平稳、有效、可靠，无拖滞现象。当铲运机以30km/h速度行驶进行制动时，制动距离应不大于16m
5	液压系统	(1) 检查转向、工作装置液压油质量； (2) 检查管路及管接头；	(1) 检查液压油质量。必要时，更换液压油； (2) 管路及管接头如有松动，应予紧固；液压软管如有损坏、开裂，应予更换；

续表

序号	保养项目		技术要求
5	液压系统	（3）检查液压油缸； （4）检查各液压装置； （5）检查液压系统各连接部位	（3）液压油缸应无内泄外漏现象，必要时，拆洗液压油缸，更换磨损严重及损坏的液压元件； （4）工作时，各液压装置应工作正常，若不能满足工作要求时，应查明原因，排除故障。液压系统工作时，如有噪声或管路有振动，应排除混入油液中的空气； （5）各连接部位应连接可靠，无松动渗漏现象
6	工作装置	（1）检查卸土板； （2）检查斗门； （3）检查刀片固定螺栓； （4）检查后轮	（1）卸土板应往复自如，无卡滞现象，卸土情况良好； （2）斗门应起落平稳，关闭严密，运土时不漏土； （3）螺栓如有松动，应予紧固； （4）拆检、润滑轴承。轴承如磨损严重，应予更换
7	整机	润滑	按机器出厂使用说明书进行润滑

三级保养（每工作1800h进行） **表 2.3-4**

序号	保养项目		技术要求
1	二级保养		完成本级保养作业项目外的二级保养项目
2	电气设备及仪表	（1）检查起动机； （2）检查发电机	（1）拆检起动机，清洁内部，润滑轴承。导线应完好，碳刷磨损超限时，应予更换；整流子应光滑、无脱焊；传动装置应动作灵活，传动可靠，齿轮无严重磨损；碳刷弹簧压力应符合规定； （2）每工作1000～1500h进行检查； 1）拆洗、清洁发电机内部，擦净集电环及线圈等部位的油污； 2）清洗轴承，更换润滑脂； 3）线圈、转子、整流子应无脱焊现象。转子线圈应无断路或短路；脱焊的应修复，烧损的应更换； 4）用万用电表检查整流元件，整流元件组应正常； 5）碳刷磨损严重时，应予更换；刷簧压力应正常，刷架和出线螺钉对地绝缘良好
3	传动系统	（1）检查液力箱； （2）检查液力机械（包括变矩器、变速箱、加力箱）传动装置； （3）清洗液力传动油散热器； （4）检查驱动桥及轮边减速器；	（1）每工作1000h换油。扭转减振器应功能正常，各零部件磨损超限或有损坏时，应予更换； （2）应工作正常，无异响及过热现象。变矩器自动锁闭机构功能可靠，变速箱各离合器无打滑现象。各零部件磨损超限或损坏时，应予更换。清洗壳体内部，保持油路畅通、清洁、无堵塞。消除渗漏油现象； （3）清洗散热器，除去浊污；如有渗漏，应予修复； （4）每工作1000h换油。各零部件磨损超限或损坏时，应予更换或修复。主传动螺旋锥齿轮的啮合间隙为0.30～0.45mm，主、被动螺旋锥齿轮轴上的圆锥轴承轴向间隙各为0.10mm，被动锥齿轮与调整螺栓头部的间隙为0.20～0.40mm，各间隙值不符上述规定时，应予调整；

续表

序号		保养项目	技术要求
3	传动系统	(5) 检查传动轴	(5) 进行拆检、清洗、润滑，零部件磨损严重时，应予更换。装配时，应使传动轴两端的万向节叉（即伸缩叉与传动轴的凸缘叉）保持在同一平面，并应按平衡时所作的箭头方向进行装配
4	转向系统	检查转向性能	转向器每工作 1000h 应换油。转向应轻便、灵活、可靠、无死点。单轴牵引车相对工作装置能左、右 90°转向。转弯直径应符合规定，如有异常，应查明原因，排除故障
5	制动系统	(1) 检查空气压缩机； (2) 检查制动器； (3) 检查各气阀； (4) 检查制动性能	(1) 空气压缩机应工作正常，如果经 24h 工作后，在油水分离器和贮气筒中聚集的机油超过 10～15cm^3 时，应查明窜油原因，并及时维修气阀应无漏气。活塞及活塞环磨损超限时，应予更换； (2) 制动器应功能可靠。摩擦片磨损严重时，应予更换；制动鼓磨损超限时，应予修理。制动鼓直径为 ϕ500mm，镗削极限尺寸为 ϕ505mm，同一轴左、右制动鼓内径之差应小于 1mm。其他零件磨损超限或损坏时，应予修复或更换； (3) 各气阀应功能可靠，无漏气现象； (4) 在一般路面上，机器以 30km/h 的速度行驶进行制动时，制动距离不超过 16m，否则，应检查制动系统，排除故障
6	液压系统	(1) 检查液压油箱； (2) 检查液压油泵、液压阀、油缸 (3) 检查液压系统工作压力	(1) 清洗转向及工作装置液压油箱，更换液压油； (2) 在额定工作压力下，液压油泵、液压阀、油缸应无渗漏，油缸应伸缩平稳，无卡滞及爬行现象； (3) 1) 液力机械传动系统：变速箱空挡及前进挡主油压为 0.75～1.2MPa；倒挡主油压为 1.05～1.6MPa。变矩器进油压力为 0.63MPa；出口油压为 0.35MPa。皮氏限压阀压力为 0.42MPa；润滑压力阀压力为 0.175～0.21MPa；散热系统旁通阀压力为 0.25～2.30MPa。 2) 转向系统：安全阀油压力为 10MPa；双作用安全阀油压为 1.2MPa。 3) 工作装置安全阀压力为 10MPa；不符上述规定时，应查明原目，进行调整
7	工作装置	(1) 检查各铰接处销轴、销套； (2) 检查工作装置与牵引车的连接； (3) 检查尾架	(1) 各铰接处的销轴、销套磨损严重时，应予更换； (2) 应连接牢固，连接螺栓如有松动，应予紧固；上、下立轴及水平轴磨损严重时，应更换轴及衬套； (3) 尾架应紧固，无脱焊、无变形，顶推装置齐全

续表

序号	保养项目		技术要求
8	整机	(1) 检查各零部件在车架上的固定情况； (2) 检查驾驶室； (3) 检查、紧固各部连接螺栓； (4) 检查喷漆表面； (5) 润滑	(1) 各零部件在车架上应固定牢固，无脱焊、脱铆现象；固定螺栓如有松动，应予紧固； (2) 驾驶室应无变形，门、窗启闭灵活，密封良好，门锁、门把完好。座椅如有损坏，应予修复；座椅应调整自如；固定螺栓如有松动，应予坚固。润滑门，窗各铰接点； (3) 发动机、发动机罩、驾驶室、挡泥板、转向器、制动器等连接螺栓应紧固，损坏或缺损者，应予更换补充； (4) 必要时进行补漆或整机喷漆； (5) 按机器出厂使用说明书进行润滑

2.3.7 铲运机的常见故障及处理方法

铲运机的常见故障及处理方法见表 2.3-5 所示。

铲运机的常见故障及处理方法 **表 2.3-5**

故障现象	故障原因	处理方法
挂挡后机械不走或有蠕动现象	(1) 变速器挡位不对； (2) 油液少； (3) 挡位杆各固定点有松动	(1) 重新挂挡； (2) 添加油料到规定容量； (3) 紧固
液力变矩器油温高且升温快	(1) 油量过多或过少； (2) 滤抽器堵塞； (3) 离合器打滑； (4) 变速器挡位不对； (5) 有机械摩擦	(1) 放出或注入油量至规定额； (2) 清洗或更换滤油器； (3) 除去离合器摩擦片和压板上的油污； (4) 重新挂挡； (5) 检查后调整或修理
主油压表上升缓慢，供油泵有响声	(1) 滤网堵塞； (2) 油量少； (3) 各密封不良，漏损多； (4) 油液起泡沫	(1) 清洗滤网，必要时更换； (2) 添加油料至规定要求； (3) 更换密封件，消除漏损； (4) 检查后更换
车速低，油温升高	(1) 使用挡位不正确； (2) 制动蹄未解脱； (3) 工作装置手柄及气动转向阀手柄位置不对	(1) 换至适当挡位； (2) 松开制动蹄； (3) 调整到中间位置
各挡位主油压低	(1) 油量少； (2) 液压泵磨损； (3) 离合器密封漏油； (4) 滤网堵塞； (5) 主调压阀失灵	(1) 添加至规定量； (2) 检查修理，必要时更换； (3) 更换密封件； (4) 清洗滤网，必要时更新； (5) 检查修复或更换

续表

故障现象	故障原因	处理方法
主油压表摆动频繁	(1) 油量少； (2) 油路内进入空气； (3) 油液泡沫多	(1) 添加到规定量； (2) 将空气排出； (3) 检查后更换油液
转向无力	阀调压螺栓松动，油压低	紧固、调整，使油压正常
转向不灵	(1) 油量少； (2) 系统有漏油现象； (3) 滤油器阻塞	(1) 增添油量到规定量； (2) 检查后，紧固接头，更换密封件； (3) 清洗，必要时更换滤网
转向有死点	(1) 换向机构调整不当； (2) 转向阀节流滤网阻塞	(1) 重新调整； (2) 清洗，必要时更换滤网
转向失灵、油温升高	(1) 转向阀或双作用安全阀的调整阀或单向阀失灵 (2) 油路有阻塞 (3) 油量少	(1) 检查后调整或修理 (2) 清洗滤网或更换 (3) 添加到规定量
方向盘自由行程大于30°	(1) 转向机轴承间隙大； (2) 拉杆刚性不足，接合处间隙大	(1) 调整，必要时更换； (2) 进行加固并调整间隙
气压降至0.68MPa以下，空气仍从压力控制器排出	(1) 控制器放气孔被堵塞； (2) 止回阀漏气	(1) 用细铁丝通开放气孔； (2) 检查密封情况，如橡胶阀体损坏，应更换新件。检查后，如密封件损坏，应更换新件
放气压力低于0.68MPa	控制器调整螺钉过松，阀门开放压力低	将调整螺钉拧入少许
停止供气后贮气筒压力下降快	控制器止回阀漏气	检查止回阀密封情况，如损坏更换新件
放气压力高于0.7MPa	控制器调整螺钉过紧，阀门开放压力高	将调整螺钉拧出少许
发动机熄火后贮气筒压力迅速下降	(1) 阀门密封不良或阀门损坏； (2) 阀门回位弹簧压力小	(1) 连踏制动踏板数下并猛然放松，使空气吹掉阀门上脏物。如阀门损坏，应更换； (2) 检查，如压力不足，可在弹簧下加垫片或更换新件
熄火后下制动踏板压力迅速下降	活塞鼓膜损坏	更换新膜
制动鼓放松缓慢、发热	活塞被脏物卡住，运动不灵活	拆开检查，清除脏物
绞盘卷筒发热	制动带太紧	调整制动带
操纵时，斗门不起或卸土板不动	(1) 绞盘摩擦锥未能接上； (2) 摩擦锥的摩擦片磨损； (3) 摩擦片上有油垢	(1) 调整摩擦离合器； (2) 更换新件； (3) 清洗
铲斗提升位置不能保持所需高度	(1) 制动器松动； (2) 制动带磨损； (3) 制动带上有油垢； (4) 弹簧松弛	(1) 调整制动带； (2) 调整，必要时更换； (3) 清洗； (4) 更换

续表

故障现象	故障原因	处理方法
卸土后，卸土板不回原位，斗门放不下	(1) 卸土板歪斜，滚轮卡死； (2) 钢丝绳卡住在滑轮组的缝里	(1) 矫正歪斜，更换滚轮； (2) 打出钢丝绳，更换并矫正滑轮壳
卸土扳回位后斗门放不下	(1) 卸土板歪斜，滚轮卡死； (2) 斗门臂歪斜与斗臂卡住	(1) 矫正歪斜，更换滚轮； (2) 消除歪斜
滑轮组发热或咬住	(1) 滑行歪斜或不动； (2) 润滑油不足或轴承损坏	(1) 换滑轮并消除歪斜原因； (2) 及时加油或更换轴承
钢丝绳滑出	挡绳板损坏或位置不恰当	修理或调整
铲斗各部动作缓慢	(1) 油箱油量少； (2) 工作油泵压力低，有内漏现象； (3) 多路换向阀调压螺钉松动，回路压力低 (4) 油缸、多路换向阀有内漏； (5) 油路或滤网有堵塞现象	(1) 添加至规定量； (2) 检查部件磨损和密封情况，必要时更换新件； (3) 将调压螺钉拧紧； (4) 检查部件磨损和密封情况，必要时更换新件； (5) 疏通油路、清洗滤网或更换

2.4 装载机

2.4.1 概述

2.4.1.1 装载机的主要用途

装载机是用一个装在专用底盘或拖拉机底盘前端的铲斗，铲装、运输和倾卸散状物料(煤、沙石、土方等)、装抓木材和钢材，并能清理路面、平整场地（推土、挖土、松土）及牵引作业的一种高效率的土方工程机械。因此，它被广泛地应用于建筑、市政、公路、铁路、料场、矿山、水电、港口和国防建设等工程中。装载机的作业对象是各种土壤、砂石料、灰料及其他筑路用散粒状物料等。图 2.4-1 所示为国产装载机外貌图。

2.4.1.2 装载机的分类

1. 按行走装置不同可分为

（1）履带式装载机：如图 2.4-1（*a*）所示，该机的重心低，稳定性好；接地比压低，通过性能好，在松软的地面运行附着性能好、不打滑；特别适合在潮湿、松软的地面工作。其工作量集中，适用于在不需要经常转移和地形复杂地区作业。如果作业运输距离超过 30m，则作业成本有明显增加；转移时又需要平板车拖运，且行走装置修理技术要求高；

（2）轮胎式装载机：如图 2.4-1（*b*）所示，该型装载机具有自重轻、行走速度快、机动性能好、作业循环时间短、工作效率高等优点，且转移工地靠自身运行、不损伤路面、转移迅速，其修理费用低。

2. 按传动系统不同可分为

（1）机械式传动装载机：其牵引力不能随外载荷的变化而自动变化，只能通过柴油机油门和变速箱挡位的改变在一定的范围内变化，因此只在部分履带式装载机上采用；

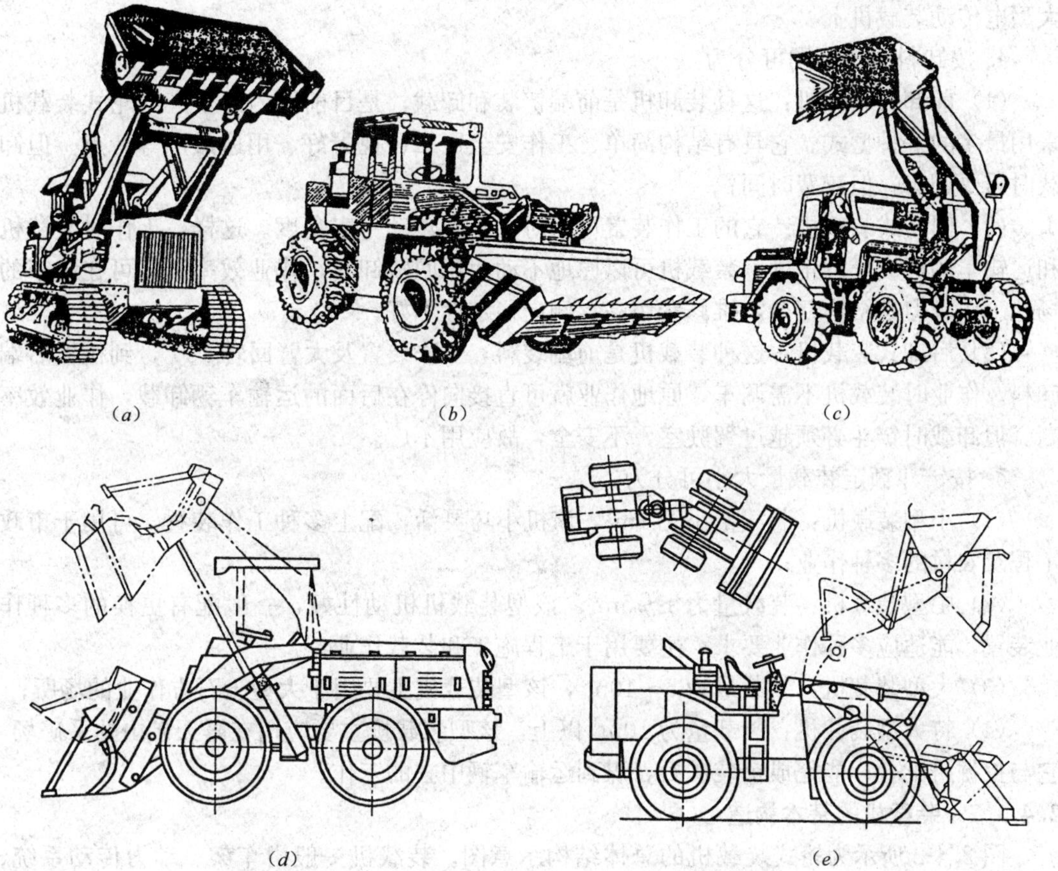

图 2.4-1 装载机的外貌图

(*a*) 履带式装载机;(*b*) 轮胎式装载机;(*c*) 全回转式装载机;(*d*) 整体式装载机;(*e*) 铰接式装载机

(2) 液力机械传动装载机:其牵引力和车速变化范围大,随着外阻力的增加,车速可自动下降至零,而牵引力增加至最大。液力机械传动还可减少动载荷,保护机器。因此,无论是轮胎式装载机还是履带式装载机都普遍采用液力机械传动;

(3) 液压传动装载机:它可以充分利用发动机的功率,降低燃油消耗,提高生产率。但车速变化范围窄,致使装载机车速偏低,目前只用于110kW以下的装载机上。

3. 按车架结构形式和转向方向不同可分为

(1) 铰接车架转向装载机:这种装载机转弯半径小,机动灵活,可以在狭小的场地作业,作业循环时间短,生产效率高。其轴距一般较长,纵向稳定性好,行走时纵向颠簸小。它的前后车架的铰销可以布置在轴中点,使前后轮的转弯半径相同,后轮沿前轮压过的车辙滚动,可减少松软地面的滚动阻力。但铰接式装载机在转向和高速行驶时稳定性差;

(2) 整体车架式装载机:其转向方式有后轮转向、前轮转向、全轮转向和差速转向。前三种属于偏转车轮的转向。由于装载机的工作装置布置在前端,若用前轮转向则布置较困难。满载时前轮负载大,使得转向阻力大。因此,装载机一般不采用前轮转向。有的整体车架式装载机靠两侧车轮的速差来实现转向,称为差速转向,多用于小型全液压驱动和大型电传动装载机上。

4. 按卸料方式不同可分为

（1）前卸式装载机：这种装卸机是前端铲装和卸载，是目前国内外生产的轮式装载机采用最多的一种型式。它具有结构简单、工作安全可靠、视野好、用途最广等特点。但卸载时需要调车，但较费时间；

（2）回转式装载机：它的工作装置可相对于车架转动一定角度。这样，工作时装载机和运输车辆可成任意角度，装载机可以原地不动而靠回转卸料，作业效率高，可在狭窄的场地工作。但其结构复杂，维修费用高，侧向稳定性不好；

（3）后卸式装载机：这种装载机是前端装料，工作装置及大臂回转 180°，到机器后端卸料。作业时装载机不需调车，原地作业就可直接向停在后面的运输车辆卸载，作业效率高。但卸载时铲斗必须越过驾驶室，不安全，故应用不广。

5. 按铲斗额定装载量大小可分为

（1）小型装载机：装载量小于 $1m^3$，该机小巧灵活，配上多种工作装置，可用于市政工程及农村的多种作业；

（2）中型装载机：装载量为 $1\sim5m^3$，该型装载机机动性好，一般配有更换的多种作业装置，能适应多种作业要求，主要用于工程施工和装载作业；

（3）大型装载机：装载量为 $5\sim10m^3$，该型装载机主要用于大型土石方作业的场所；

（4）特大型装载机：装载量为 $10m^3$ 以上，该型装载机主要应用在露天矿山的采矿场，它与挖掘机配合；能完成铲装矿石、煤到运输车辆中去的工作。

2.4.1.3 装载机的基本构造

图 2.4-2 所示为轮式装载机的总体结构示意图。装载机一般由车架、动力传动系统、行走装置、工作装置、转向制动系统、液压系统和操纵系统等组成。柴油机的动力经变矩器传给变速箱，再由变速箱把动力经传动轴（万向传动）分别传到驱动桥，以驱动车轮转动。柴油机动力还经过分动箱驱动油泵工作。工作装置由动臂、铲斗、杠杆系统、动臂油

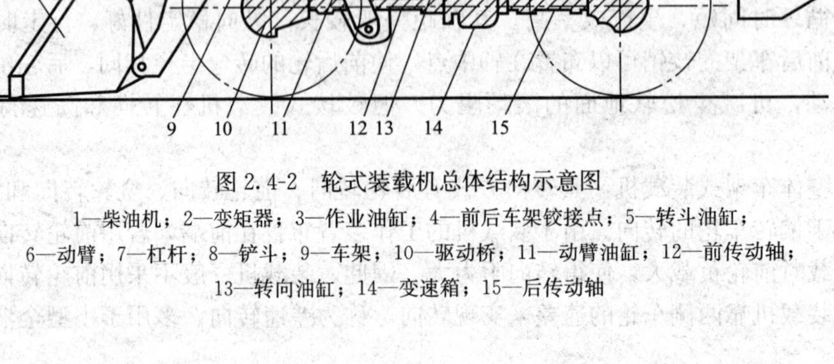

图 2.4-2　轮式装载机总体结构示意图

1—柴油机；2—变矩器；3—作业油缸；4—前后车架铰接点；5—转斗油缸；6—动臂；7—杠杆；8—铲斗；9—车架；10—驱动桥；11—动臂油缸；12—前传动轴；13—转向油缸；14—变速箱；15—后传动轴

缸和转斗油缸等组成。动臂一端铰接在车架上，另一端安装了铲斗，动臂的升降由动臂油缸来带动。铲斗的翻转由转斗油缸通过杠杆来实现。车架由前后两部分组成，中间车架的铰接用铰销连接，依靠转向油缸可使前后车架绕铰销相对转动，以实现转向。

2.4.1.4 装载机的发展概况

（1）装载机最早出现在20世纪20年，其铲斗安装在两根垂直的立柱上，铲斗的升降由钢丝绳操纵。我国生产装载机的历史比较短，20世纪60年代初在测绘国外产品基础上开始小批量试制生产单斗式装载机，到现在已形成了柳州工程机械有限公司、厦门工程机械有限公司、徐州工程机械集团有限公司、成都工程机械有限公司、郑州工程机械有限公司、中联重科工程机械有限公司、鼎盛天工程机械有限公司、山推工程机械有限公司等几十个家大型生产企业规模。

（2）我国装载机的年总产量已达到20000多台，规格型号有近4500多个，装载质量从0.3t到30t，其中大型机占50%，轮胎式占90%以上。除单斗轮胎式装载机和履带式装载机外，我国近几年还开发出小量的多功能装载机，如装载挖掘机和伸臂装载机等。

（3）经过五十多年的发展，我国装载机的结构和性能都有了较大的提高，产品技术水平普遍达到国际20世纪90年代中期水平，有些产品已达到国际21世纪初期的水平。例如厦门工程机械有限公司，在20世纪90年代初期引进美国卡特彼勒公司980S轮胎式装载机制造技术，并获美国卡特彼勒公司质量合格证书和生产许可证。主导产品已出口到美国、埃及、阿尔及利亚、匈牙利、突尼斯、玻利维亚和东南亚等30多个国家；

特别是最近几年来，利用电子对抗技术消除或降低噪声，改变单一吸声材料密封等限制噪声传播的降噪方法，选用更加节油的发动机，改善尾气排放，减少环境污染，研制出更可靠灵敏的传感元件和控制元件的机电一体化系统，由集成电路逻辑比较向电、气、液机电一体化发展。

在国内经济展开结构调整、消费升级、工程机械市场不够给力的大背景下，众多企业将目光放到了海外市场。包括柳工、三一、徐工、中联在内的工程机械企业都开始进一步加大布局海外；纷纷通过各种手段拓展海外市场，以完善产业链、拓展市场份额、提升竞争力。徐工、中联重科、山推、鼎盛天工等主机企业更是拿下出口大单，创下行业的历史纪录。

（4）目前装载机的发展特点是：

1）装载机向人机电一体化发展。现代工程建设中，不但工程量大、质量要求高，而且大都是机械化群体施工。这就要求装载，机等施工机械具有先进的技术性能、优良的作业质量和效率。利用现代发达的电子技术、计算机技术可以实现机器的无人化、智能化和人机控制以及对机器的自动监控和管理，达到装载机等施工机械快速、高效施工作业的目的；

2）装载机朝大型化及小型化方向发展。如美国克拉克公司生产的675型装载机，功率达到1000kW，斗容在15～40m^3；而日本东洋远搬株式会社生产的310型装载机，其斗容量仅为0.11m^3，功率9.8kW；

3）装载机动力装置普遍。采用废气涡轮增压柴油发动机，以提高装载机单位自重功率和降低燃料消耗；

4）装载机底盘性能日趋完善。表现在广泛采用液力、液压传动，注意解决发动机功率在作业过程中的合理匹配及使用问题；增设了紧急制动以提高安全可靠性，如采用封闭油冷湿式多片制动器，以提高制动效果，减少维修保养量；

5）国外装载机非常重视机器与驾驶人员的安全保护，都采用标准的翻车保护结构和电子监控系统注重操作人员的舒适性，驾驶室采用隔噪、隔热、防尘、空调及可调座位等。

2.4.1.5 装载机的生产率计算

装载机的生产率是指装载机在单位时间内所完成的生产量（m^3/h），它既是衡量装载机生产能力的一个指标，又为合理选用装载机提供依据。装载机的生产率除取决于装载机本身的技术性能（如斗容大小、牵引力、铲起力、作业速度等）外，还与物料种类、作业方式、运输距离、路面条件以及司机操纵的熟练程度等有密切关系。装载机的生产率计算按照是否考虑时间利用率分两种：

1. 技术生产率

技术生产率指装载机在一定的生产条件下，正确地组织生产过程、掌握先进的操纵方法，在每小时内所能完成的最大生产量：

$$Q=\frac{3600V\cdot K_1}{TK_2}$$

式中 Q'——技术生产率，m^3/h；

V——装载机额定铲斗容量，m^3；

K_1——铲斗装满系数。它的选择取决于所铲装物料种类和块度、铲斗的形状和尺寸、装载机的结构、司机操作熟练程度等因素，对于有经验的司机，K_1＝建议取值：砂石取 K_1＝0.9～1.2；经破碎块度小于 40mm 的石灰石和块度小于 50mm 的砾石，取 K_1＝1.0～1.2；经破碎、块度小于 50mm 的坚硬岩石，取 K_1＝0.7～1.0；装载黏土、凝固的砾质土、爆破的砾石时，取 K_1＝0.45～0.7；

T——装卸一铲斗所需循环作业时间，s；

K_2——物料松散系数，通常取 K_2＝1.2～1.5。

2. 实际生产率

实际生产率是指装载机在具体生产条件下，考虑到停车、维修、转移工作面等因素在单位时间内实际达到的生产量，它与技术生产率主要不同在于考虑了时间利用系数 K_c，所以实际生产率为：

$$Q=\frac{3600VK_1K_c}{TK_2}$$

式中 K_c——时间利用系数，在正常技术水平和组织条件下，可取 K_c＝0.75－0.85。

计算装载机的生产率，除了已经给定的斗容以及所装物料的质量、性质外，主要是要找出影响作业循环的时间因素。一个作业循环由以下几个工序的时间所组成：

$$T=t_1+t_2+t_3+t_4+t_5+t_6+t_7+t_8$$

式中：t_1——铲掘装斗时间，s；

t_2——提升工作装置至运输位置时间，s；

t_3——满载运输至卸料地点时间，s；

t_4——提升动臂至卸载高度时间，s；

t_5——卸料时间，s；

t_6——把工作装置下降至运输位置时间，s；

t_7——装载机返回至铲掘地点时间，s；

t_8——其他所需的辅助时间（换挡、转向等），s。

2.4.2 装载机的使用要点

2.4.2.1 作业前的准备工作

（1）发动机部分，按柴油机操作规程进行检查和准备。机械在发动前，先将变速杆置于空挡位置，各操纵杆置于停车位置，铲斗操作杆置于浮动位置，然后再启动发动机。

（2）作业前，应检查作业场地周围有无障碍物和危险品，并对施工场地进行平整，便于装载机和汽车的出入。

（3）作业前，装载机应先无负荷运转 3～5min，检查各部件是否完好，确认：一切正常后，再开始装载作业。

2.4.2.2 作业与行驶中的注意事项

（1）除驾驶室外，机上其他地方严禁载人。装料时铲斗的装料角度不宜过大。

（2）装料时应低速进行，不得采用加大油门，高速将铲斗插入料堆的方式进行装料。

（3）装料时，驱动轮如有打滑现象，应微升铲斗，再装料。如某些料场打滑情况严重时，应使用防滑链条。装载机不能在坡度较大的场地上作业。

（4）在土质坚硬的情况下，不宜强行装料，应先用其他机械松动后，再用装载机装料。

（5）向车上卸料时，必须将铲斗提升到不会触及车厢挡板的高度，严防铲斗碰撞车厢。

（6）在装载作业中，应经常注意液力变矩器油温情况，当油温超过规定数值时，应停机降温后再继续作业。向车内卸料时，不准将铲斗从汽车驾驶室顶上越过。

（7）装载机一般应采用中速行驶；在平坦的路面上行驶时，可以短时间采用高速挡。上坡及不平坦的道路上应采用低速挡。

（8）下坡时，应采用制动减速，不可踩离合器踏板，以防切断动力导致溜车事故。

（9）行驶中，在不妨碍通过性能的前提下，铲斗应尽可能降低高度。

（10）通过桥涵时，应先注意交通标志所限定的载重吨位及行驶速度，确认可以通过后再匀速通过。在桥上应避免变速、制动和停车。

（11）涉水时，应在发动机正常有力、转向机构灵活可靠的情况下进行，并应对河流的水深、流速及河床情况了解后再通过。涉水深度不得超过发动机油底壳离地高度。

（12）涉水后应立即停机检查，如发现因浸水造成制动失灵时，则应进行连续制动，利用发热排除制动片内的水分，以尽快使制动器恢复正常。装载机作业时，铲斗下边严禁站人。

2.4.2.3 作业后的要求

（1）装载机应停放在平坦、安全、不妨碍交通的地方，并将铲斗落到地面。

（2）停机前，发动机应怠速运转 5min，切忌突然停车熄火。

（3）按保修规程的规定，对装载机进行例保。

2.4.3 装载机的施工工艺

2.4.3.1 施工要点

（1）机械开挖应根据工程规范、地下水位高低、施工机械条件、进度要求等合理地选用施工机械，以充分发挥机械效率，节省机械费用，加速工程进度。一般深度 2m 以内的大面积基坑开挖，宜采用推土机或装载机推土和装车；对长度和宽度均较大的大面积土方一次开挖，可用铲运机铲土；对面积大且深的基础，多采用 $0.5m^3$、$1.0m^3$ 斗容量的液压正铲挖掘；如操作面较狭窄，且有地下水，土的湿度大，可采用液压反铲挖掘机在停机面一次开挖；深 5m 以上，宜分层开挖或开沟道用正铲挖掘机下入基坑分层开挖；对面积很大很深的设备基础基坑或高层建筑地下室深基坑，可采用多层接力开挖方法，土方用翻斗汽车运出；对于地下土可用拉铲或抓铲，效率较高。

（2）土方开挖应绘制土方开挖图（图 2.4-3），确定开挖路线、顺序、范围、基底标高、边坡坡度、排水沟和集水井位置以及挖出的土方堆放地点等。绘制土方开挖图应尽可能使机械多挖，减少机械超挖和人工挖方。

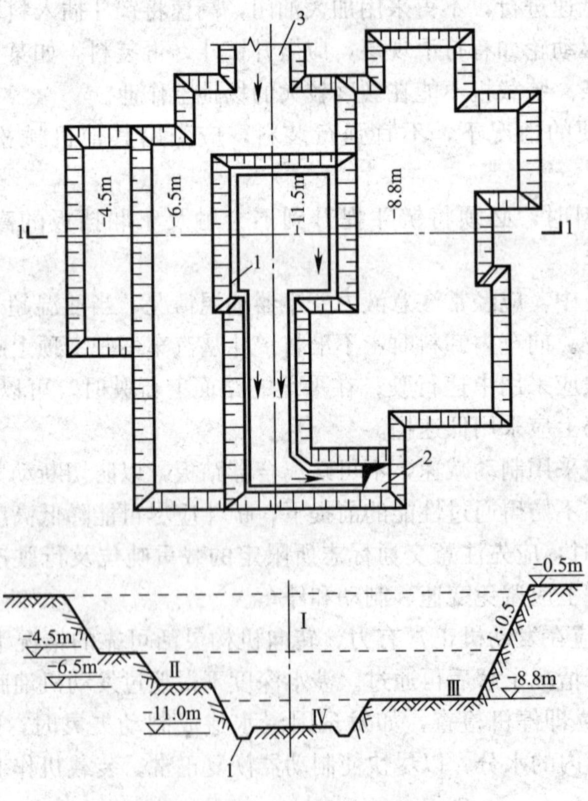

图 2.4-3 土方开挖示意图

1—排水沟；2—集水井；3—土方机械进出口

Ⅰ、Ⅱ、Ⅲ、Ⅳ—开挖次序

(3) 大面积基础群基坑底标高水平不一致，机械开挖次序一般采取先整片挖平，然后再挖个别较深部位。当一次开挖深度超过挖土机最大挖掘高度（5m以上）时，宜分2～3层开挖，并修筑10%～15%坡道，以便挖土机及运输车辆进出。

(4) 基坑边角部位，机械开挖不到之处，应用少量人工配合清坡，将松土清至机械作业半径范围内，再用机械掏取运走。人工清土所占比例一般为1.5%～4%，修坡以厘米作限制误差。大基坑宜另配一台推土机清土、送土、运土。

(5) 挖掘机、运土汽车进出基坑的运输道路，应尽量利用基础侧或两侧相邻的以后需开挖的基础部位，使它互相贯通作为车道（图2.4-4），或利用提前挖除土方后的地下设施部位作为相邻的几个基坑开挖地下运输通道，以减少挖土量。

(6) 对面积和深度均较大的基坑，通常采用分层挖土施工法，使用大型土方机械，在坑下作业。如为软土地基或在雨期施工，进入基坑行走需铺垫钢板或铺路基箱垫道。

(7) 对大型软土基坑，为减少分层挖运土方的复杂性，可采用“接力挖土法”，它是利用两台或三台挖土机分别在基坑的不同标高处同时挖土。一台在地表，两台在基坑不同标高的台阶上，边挖土边向上传递到上层，由地表挖土机装车，用自卸汽车运至弃土地点。上部可用大型挖土机，中、下层可用液压中、小型挖土机，以便挖土、装车均衡作业。机械开挖不到之处，再配以人工开挖修坡、找平。在基坑纵向两端设有道路出入口，上部汽车开设单向行驶。用本法开挖基坑，可一次挖到设计标高，一次完成，一般两层挖土可挖到−10m，三层挖土可挖到−15m左右，可避免将载重汽车开进基坑装土、运土作业。这样，工作条件好，效率高，并可降低成本。

(8) 对某些面积不大、深度较大的基坑，一般亦宜尽量利用挖掘机开挖，不开或少开坡道，采用机械接力挖运土方法和人工与机械合理的配合挖土，最后用搭枕木垛的方法使挖土机开出基坑，如图2.4-5所示。

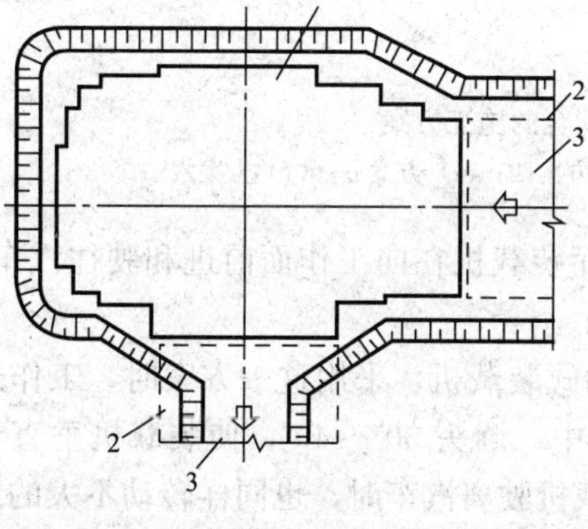

图2.4-4 利用后开挖基础部位作车道

1—先开挖设备基础部位；2—后开挖设备基础或地下室、沟道部位；3—挖掘机、汽车进出运输道

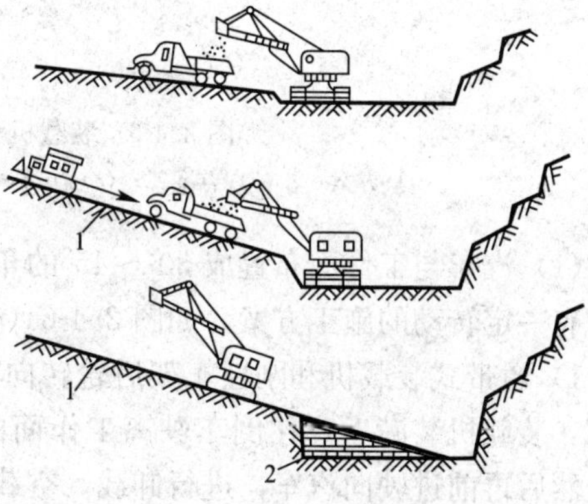

图2.4-5 深基坑机械开挖

1—坡道；2—搭枕木垛

(9) 机械开挖应由深而浅，基底及边坡应预留一层300～500mm厚土层用人工清底、修坡、找平，以保证基底标高和边坡坡度正确，避免超挖和土层遭受扰动。

2.4.3.2 施工方案

装载机在进行大型土石方工程的装载作业中，如何与载重汽车紧密配合，创造出最佳的经济效益，是每个驾驶员十分关注的问题，下面介绍应用较广泛的几种施工工艺方案，如图 2.4-6 所示。

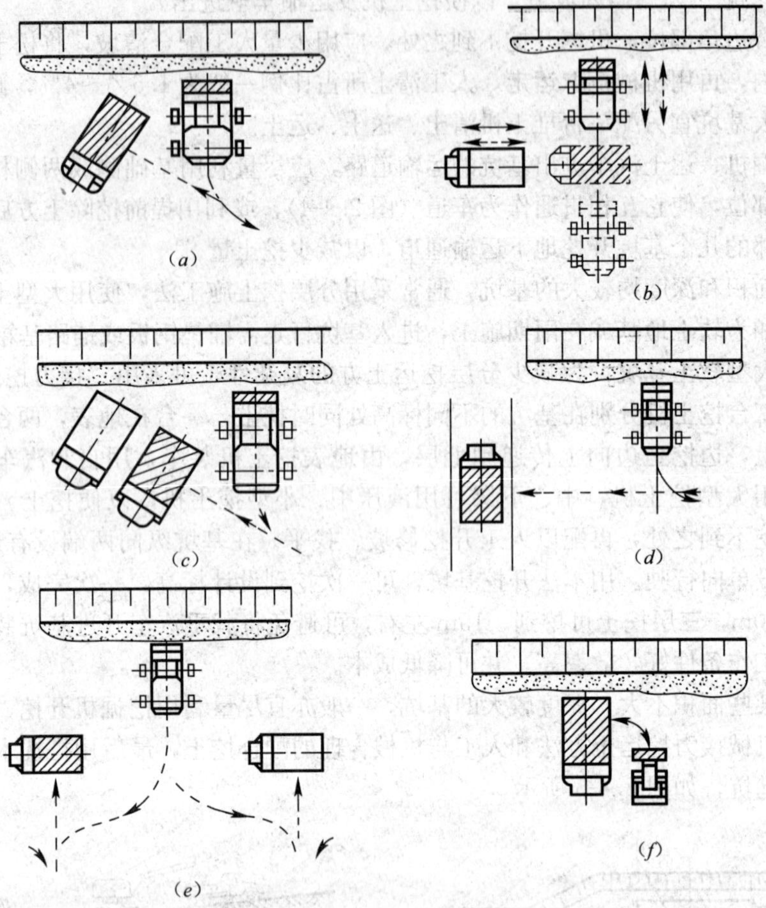

图 2.4-6 装载机与汽车配合的施工方案

(*a*) 方案一；(*b*) 方案二；(*c*) 方案三；(*d*) 方案四；(*e*) 方案五；(*f*) 方案六

(1) 汽车与工作面布置成 30°～45°的角度，而装载机在向工作面前进和驶往汽车时，都带有一定转动的施工方案，如图 2.4-6 (*a*) 所示。

1) 履带式装载机和刚性车架后轮转向的轮胎式装载机，采用这一方案时，工作过程如下：装载机装满后，在倒车驶离工作面的过程中，调头 30°～45°，使装载机垂直于汽车，然后再前进驶向汽车，进行卸载。空载的装载机驶离汽车时，也同样转动不大的角度倒车，使装载机垂直于工作面，然后再前进驶往工作面，进行装载土石方；

2) 按照这种方案，装载机可以从工作面向汽车移动很小的距离 (10～15m)，并可在铲装时垂直地驶往工作面。但必须考虑到汽车布置过于靠近装载机，就要求用低速准确的调车，结果增加了装载机向汽车运行的时间，反而降低了装载工作生产率。在装载机从汽车侧面装载时，两者之间的距离不应小于 300mm；

3) 铰接式车架的轮胎式装载机的工作过程如下：装载机在工作面铲装施工后，直线倒车后退 3～5m，然后用转向油缸使前车架转动 35°～45°，装载机再前进驶往汽车进行卸载。这种方案可保证得到最少的工作循环时间，所以，我国铰接式轮胎装载机得到广泛应用和发展。

（2）汽车往复地平行于工作面前进和后退，装载机则像穿梭一样垂直于工作面前进和后退的施工方案，如图 2.4-6（*b*）所示。装载机装载后，后退行驶直线距离 6～10m。这个距离是考虑在土堆和装载机之间，汽车能安全地行驶。在装载机后退的同时，把铲斗提升到卸载位置的过程中，汽车后退到与装载机垂直布置位置，在铲斗卸载后，汽车向前行驶一段距离，以保证装载机自由地驶往工作面，进行下一次铲装作业。循环重复如前，直到汽车装满为止。

上述施工方案优点是避免装载机的转动，对于履带式装载机特别重要。用这种方案，其工作循环时间，不仅取决于装载机司机的熟练程度，也取决于与配合的汽车司机的熟练程度。

（3）在装载机一侧成对地配置两台汽车的装载方案。装载机驶离工作面和驶向工作面时，转动 30°～90°，如图 2.4-6（*c*）所示。成对单侧配置的汽车，是倒车驶往工作面的，这使得装载机等车时间减少了，但使汽车调车复杂了，同时在装载第二辆汽车的第一斗时装载机移动距离增加了。

（4）装载机向布置在干线上的汽车进行装载的方案，如图 2.4-6（*d*）。装载机装载后，在垂直于运输工具的方向上，倒车转动地驶离工作面，在转动 90°角后，装载机直线前进，驶往汽车进行卸载。空载的装载机沿直线倒车，随后在垂直于工作面的方向上转动 90°，再直线驶往工作面进行下一次装载。当装载工作面较小时，可使装载机装载后沿直线后退，然后前进驶向运输工具时转动 90°，使装载机垂直于运输工具卸载。这种施工方案增加装载机运行距离，但由于汽车不必在破坏性很大的工作面底板上行驶，因而减少了轮胎的磨损。

（5）在装载机两侧，汽车平行于工作面布置的施工方案，如图 2.4-6（*e*）。此方案是在工作量不大和运输距离较小时，一个汽车司机可以在两台汽车上工作。当后面的汽车装载时，前面的汽车把土方运输到卸载场地，空载汽车回到工作面后，汽车司机则转移到后面已经装满的汽车上，把土方运输到卸载点，这时空车进行装载。

（6）当汽车垂直于工作面布置时，装载机在卸载时向汽车转动 90°角的施工方案如图 2.4-6（*f*）所示。当汽车垂直于工作面，应倒车行驶到离装载机不远的距离，待装载机铲装土方后，平行于汽车倒车行驶，然后转动 90°驶往汽车进行卸载。空载的装载机倒车后退，并转动 90°角而驶离汽车，然后驶向工作面进行下一次装载。这种装载方案生产能力小，但可在非常复杂的条件下工作。

2.4.3.3 铲装方法

装载机的生产能力，在很大程度上取决于铲装时铲斗的装满系数。操纵熟练的司机可得到较好的铲斗装满系数，而不致产生附加的载荷。装载机的操纵方法有如下几种：

1. 一次铲装法

图 2.4-7（*a*）。此法是装载机直线前进，铲斗刀刃插入料堆，直至铲斗后壁与料堆接触时为止。在铲斗插入时，装载机用一挡或二挡前进，行驶的速度在 2.5～4.0km/h 以内。然后铲斗在翻斗油缸作用下，翻转到水平位置。在整个翻斗过程中，装载机不行走。待铲斗提升到运输位置（距地面高 300～400mm），后退驶离工作面。驶到卸载点后，铲

斗再提升到为把物料卸载到运输车辆中所需的高度。

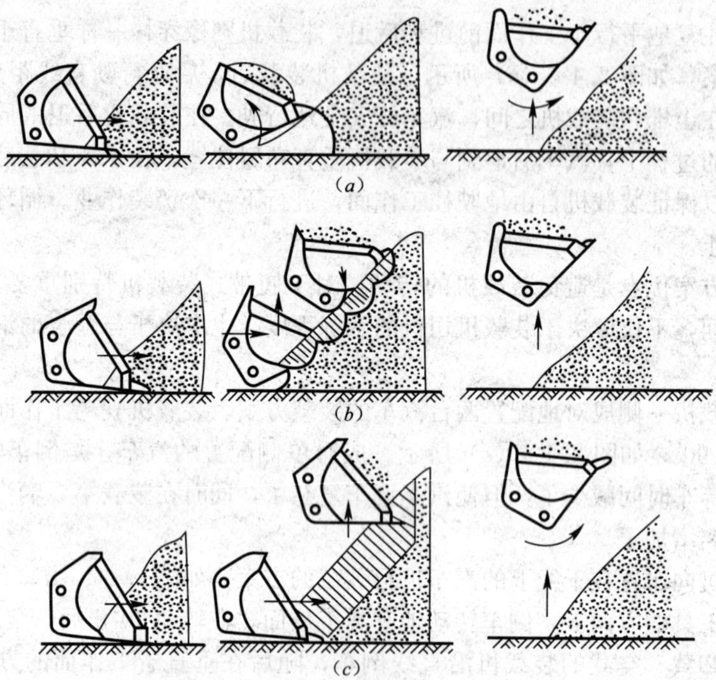

图 2.4-7 装载机铲装方法

(*a*) 一次铲装法；(*b*) 配合铲装法；(*c*) "挖掘机" 铲装法

一次铲装法是最简单的铲装方法，对驾驶员的操作水平要求不高，但需要把铲斗很深地插入料堆，其作业阻力大，因而要求装载机有比较大的插入力，同时需要很大的功率来克服铲斗上翻时的转斗阻力。此法仅用在铲装密度小的松散物料，如沙、煤、散土方、焦炭等。

2. 配合铲装法

此法是在装载机前进的同时，配合以转斗或动臂提升动作来进行铲装作业，其方法主要有二种：

(1) 当铲斗插入料堆不大的深度（约为 20%～50%的斗深）时，在装载机前进的同时，间断地操纵铲斗上翻，并配合动壁提升，直至装满铲斗，如图 2-4-7 (*b*) 所示；

(2) 装载机在前进的同时，配合以动臂提升（图 2.4-7 (*c*)），在斗刃离开料堆后，铲斗转至运输位置。这种方法又称"挖掘机"的铲装法。

采用配合铲装施工的方法，是铲斗不需要插得很深，特别是采用前一种配合铲装法，靠插入运动与斗刃转动及提升运动的配合，使插入阻力大大减少，其阻力一般为一次铲装法的 1/2～1/3，并且斗也容易装满，用来铲装砾石、黏土、冻土和不均匀的块状物料是一种比较有效的作业方法，但其操作水平要求较高。在插入时是转斗还是提升动臂，或是两者配合动作，需视物料种类和司机的熟练程度而异，一般难以插入的物料，如大块岩石、大块冻土等，则需要配合铲斗的上下摆动或动臂的自动提升，以摆脱大块岩石，降低插入阻力。

2.4.4 装载机的安全技术规程

2.4.4.1 作业条件

(1) 装载机不得在倾斜度超过规定的场地上工作，作业区内不得有障碍物及无关人员。

(2) 装载机运送距离不宜过大，行驶道路应平坦。在石方施工场地作业时，轮式装载机应在轮胎上加装保护链条或用钢质链板直边轮胎。

2.4.4.2 作业前的检查和启动

作业前，检查液压系统应无渗漏，液压油箱油量应充足，轮胎气压应符合规定，制动器灵敏可靠。

2.4.4.3 作业中安全注意事项

(1) 起步前，应先鸣声示意，将铲斗提升离地面 0.5m 左右。作业时，应使用低速挡，用高速挡行驶时，不得进行升降和翻转铲斗动作。严禁铲斗载人。

(2) 装堆积的砂土时，铲斗宜用低速插入，逐渐提高内燃机转速向前推进。

(3) 在松散不平的场地作业，可把铲臂放在浮动位置，使铲斗平稳地推进，如推进时阻力过大，可稍稍提升铲臂。装料时，铲斗应从正面插入，防止铲斗单边受力而损坏。

(4) 往运输车上卸料时应缓慢，铲斗前翻和回位时不得碰撞运输车的箱体。

(5) 铲臂向上或向下动作到最大限度时，应速将操纵杆回到空挡位置，防止在安全阀作用下发出噪音和引起故障。

(6) 经常注意各仪表和指示信号的工作情况，察听内燃机及其他各部的运转声音。发现异常，应立即停车检查。待故障排除后，才可继续作业。

(7) 装载机作业场地和行驶道路应平坦。在石方施工场地作业时，应在轮胎上加装保护链条或用钢质链板直边轮胎。

(8) 作业前重点检查项目应符合下列要求：照明、音响装置齐全有效；燃油、润滑油、液压油符合规定；各连接件无松动；液压及液力传动系统无泄漏现象；转向、制动系统灵敏有效；轮胎气压符合规定。

(9) 启动内燃机后，应怠速空运转，各仪表指示值应正常，各部分管路密封良好，待水温达到 55°、气压达到 0.45MPa 后，可起步行驶。

(10) 高速行驶时应采用前两轮驱动；低速铲装时，应采用四轮驱动。行驶中，应避免突然转向。铲斗装载后升起行驶时，不得急转弯或紧急制动。

(11) 在公路上行驶时，必须由持有操作证的人员操作，并应遵守交通规则，下坡不得空挡滑行和超速行驶。

(12) 装料时，应根据物料的密度确定装载量，铲斗应从正面铲料，不得使铲斗单边受力。卸料时，举臂翻转铲斗应低速缓慢动作。

(13) 操纵手柄换向时，不应过急过猛，满载操作时，铲臂不得快速下降。

(14) 在松散不平的场地作业时，应把铲臂放在浮动位置，使铲斗平稳地推进；当推进时阻力过大时，可稍稍提升铲臂。

(15) 铲臂向上或向下动作到最大限度时，应速将操纵杆回到空挡位置。

(16) 不得将铲斗提升到最高位置运输物料，运载物料时，宜保持铲臂下铰点离地面0.5m，并保持平稳行驶。

(17) 铲装或挖掘应避免铲斗偏载，不得在收斗或半收斗而未举臂时前进。铲斗装满后，应举臂到距地面约0.5m时，再后退、转向、卸料。

(18) 当铲装阻力较大，出现轮胎打滑时，应立即停止铲装，排除过载后再铲装。

(19) 在向自卸汽车装料时，铲斗不得在汽车驾驶室上方越过。当汽车驾驶室顶无防护板装料时，驾驶室内不得有人。

(20) 在向自卸汽车装料时，宜降低铲斗及减小卸落高度，不得偏载、超载和砸坏车厢。

(21) 在边坡、壕沟、凹坑卸料时，轮胎离边缘距离应大于1.5m，铲斗不宜过于伸出。在大于3°的坡面上，不得前倾卸料。

(22) 作业时，内燃机水温不得超过90℃，变矩器油温不得超过110℃，当超过上述规定时，应停机降温。

2.4.4.4 作业后安全注意事项

(1) 作业后的装载机，应停放在较平坦的作业面，同时将铲斗放落地面上，其操纵杆放在空挡位置，并拉紧手制动器。

(2) 装载机转向架未锁闭时，严禁站在前后车架之间进行了检修保养。

2.4.5 装载机的合理选择

对装载机的正确、合理选择，必须根据搬运物料的种类、形状、数量，堆料场地的地形、地质、周围环境条件、作业方法及配合运输的车辆等多方面情况来进行仔细选择。

2.4.5.1 斗容量的选择

(1) 装载机的斗容量选择可根据装卸物料的数量及要求完成时间来确定。一般情况下，所搬运物料的数量较大时，应选择较大斗容量的装载机，以提高其生产率；否则，可选择较小斗容量的装载机，以减少机械的使用费用。

(2) 如装载机与运输车辆配合施工时，则运输车辆的斗容量应该是装载机斗容量的2倍～3倍，不得超过4倍，过大或过小都会影响车辆的运输效率。

2.4.5.2 行走机构方式的选择

(1) 当堆料现场地质松软、雨后泥泞或凹凸不平时，应当选择履带式装载机，以充分发挥履带式装载机的防滑、动力性能好和作业效能高的作用；若现场地质条件好，天气又好，则以选用轮胎式装载机为宜。

(2) 对于零散物料的搬运，在气候、地质条件允许的情况下，优先选择轮胎式装载机，因为轮胎式装载机的行走方便、速度快、转移迅速，而履带式装载机不但转移速度慢，而且不允许在公路上或街道上行驶。

(3) 当装载的施工场地的地狭窄小时，可选用能作90°转弯铲装和卸载的履带式装载机，或者选择另外的装载机施工服务业，如回转式装载机。

(4) 当与运输车辆配合施工时，可根据施工组织的装车方法选用。如果场地较宽，采用V形装车方法，应选用轮胎式机械，其操作灵活，装车效率较高；如果场地较小，可以选择能转 90°弯的履带式装载机。

2.4.5.3 现有机型的选用

优先选用现有装载机是选择机械的重要原则。如果现有机械的技术性能与工作环境不相适应，则应采取多种措施，创造良好的工作条件，充分发挥现有装载机的特性。如现有装载机机型容量较小，可以采用两台共装一台。自卸卡车，或改选载重量较小的自卸卡车，以提高联合施工作业效率。

2.4.5.4 其他因素的考虑

正确、合理地选择装载机必须全面考虑机械的使用性能和技术经济指标。如装载机的最大卸载距离、最大卸载高度、卸料的方便性、工作装置的可换性、操作简便性、工作安全性等；特别应优先选择燃油消耗率低、工作性能优良的先进产品。

2.4.6 装载机的维护保养

国产 ZL40、ZL50 型装载机的维护保养工作主要是：例行保养见表 2.4-1、一级保养见表 2.4-2、二级保养见表 2.4-3、三级保养见表 2.4-4 所列。

装载机的例行保养（每班进行） **表 2.4-1**

序号	保养项目		技术要求
1	发动机		参照本章推土机的相应内容执行（一、二、三级保养也按此执行）
2	电气设备及仪表	(1) 检查各指示仪表、指示灯、各灯具及照明设备； (2) 检查起动机、发电机	(1) 各指示仪表应反应灵敏，示值正确。工作时，水温、机油温度不超过 90℃，变矩器油温不超过 110℃，机油压力正常，指示灯、各灯具应工作正常，照明设备齐全有效； (2) 起动机、发电机应工作正常
3	传动系统	(1) 检查液力变矩器、变速箱； (2) 检查传动轴； (3) 检查液力变矩器、变速箱油冷却系统； (4) 检查驱动桥、轮边减速器	(1) 应工作正常，无异响及过热现象，否则，应找出原因，排除故障。每工作 50h 检查油量，油位应位于上、下油位开关之间，在启动发动机前，尤应注意检查，打开油位开关，如无油溢出，则应加油至油位开关有油溢出为止，方可启动； (2) 工作时，传动轴应无异响；连接螺栓如有松动，应予紧固； (3) 消除渗漏油现象，油路应畅通无阻； (4) 应工作正常，无异响或漏油现象，否则，应查明原因，排除故障
4	转向系统	检查转向性能	转向动作应轻便、灵活、平顺、可靠，消除渗漏油现象，消除转向装置上粘附的泥土及油污
5	行走系统	检查轮胎及轮辋固定螺栓、螺母	轮胎外表应无异物扎入或嵌入，胎压正常；固定螺栓、螺母如有松动，应予紧固

续表

序号		保养项目	技术要求
6	制动系统	(1) 检查制动性能； (2) 检查制动系统密封性； (3) 检查制动气压； (4) 检查制动加力器油量； (5) 检查贮气筒及油水分离器； (6) 检查驻车制动器	(1) 制动应灵敏、平稳、可靠； (2) 制动系统应无漏气、渗漏油现象；各管接头如有松动，应予紧固； (3) 观察气压表。制动气压应为0.68～0.70MPa； (4) 每工作50h检查，油量不足时，应添加； (5) 排放贮气筒及油水分离器中的积水及油污； (6) 制动器应制动有效，安全可靠
7	液压系统	(1) 检查液压工作油箱油面； (2) 检查液压油泵、液压阀、液压油缸； (3) 检查液压系统密封性；	(1) 油量不足时，应予添加； (2) 工作时，液压油泵应工作正常，无异响；各液压阀应灵敏，工作可靠，油缸无内泄外漏现象。否则，应查明原因，排除故障； (3) 消除渗漏现象。管接头如有松动，应予紧固
8	工作装置	(1) 润滑各润滑点； (2) 检查工作装置的工作情况	(1) 加注润滑脂，进行润滑； (2) 工作装置（铲斗、摇臂、动臂、动臂油缸等）各活动部件应转动灵活，工作正常
9	整机	(1) 清洁整机外部； (2) 检查各操纵杆； (3) 检查整机外部连接螺栓、螺母； (4) 检查各零部件； (5) 检查整机泄漏情况； (6) 润滑	(1) 清除整机外部粘附的泥土、油污、杂物，清洁驾驶室内、外部； (2) 各操纵杆应操纵灵活，到位准确，定位可靠 (3) 螺栓、螺母如有松动，应予紧固；如缺损，应予补充； (4) 零部件如有损坏，应予修复或更换；如有松动，应予紧固； (5) 机器应无漏油、漏水、漏气、漏电现象。否则，应查明原因，予以排除； (6) 按机器出厂使用说明书进行润滑

一级保养（每工作200h进行） **表2.4-2**

序号		保养项目	技术要求
1	例行保养		完成本级保养作业项目外的例行保养项目
2	电气设备及仪表	检查起动机、发电机，检查蓄电池（略）	紧固件应连接牢固，导线接触良好，消除外部污物
3	传动系统	(1) 检查变矩器、变速箱油冷却系统； (2) 检查前、后桥油位	(1) 清洗滤油器滤芯，除去污物；散热器如有渗漏，应予消除； (2) 油量不足时，应从左、右轮毂注油孔加油。油位应与桥壳油位螺孔下缘齐平
4	转向系统	检查方向机、随动杆等的固定螺栓	固定螺栓如有松动，应予紧固
5	行走系统	检测轮胎气压	气压应为0.28～0.30MPa，不足时充气

续表

序号	保养项目		技术要求
6	制动系统	(1) 检查制动盘固定螺栓; (2) 检查油水分离器; (3) 检查贮气筒内气压	(1) 螺栓如有松动，应予紧固; (2) 排放油水分离器中的油污。当制动气路中的气压超过 0.9MPa 时，应调整油水分离器上的压力控制阀; (3) 停车后，30min 内贮气筒内气压下降不越过 98kPa。否则，应查明原因，排陈故障
7	工作装置	检查工作装置（铲斗、动臂、摇臂、拉轩）及固定螺栓	检查各部件的焊缝有无开焊或变形，如有应及时修理。固定螺栓如有松动，应予紧固。损坏的零部件应予修复或更换
8	整机	(1) 检查前、后车架及副车架; (2) 润滑	(1) 各部件焊缝如有开裂应予补焊。如有变形损坏，应予修复。固定螺栓如有松动，应予紧固; (2) 按机器出厂使用说明书进行润滑

二级保养（每工作 600h 进行） **表 2.4-3**

序号	保养项目		技术要求
1	一级保养		完成本级保养作业项目外的一级保养项目
2	电气设备及仪表	(1) 检查导线及接线柱; (2) 检查发电机调节器	(1) 导线应连接良好，各接线柱如有松动，应予紧固；打磨烧蚀的触点; (2) 调节器应工作正常，各触点应光洁、平整、接触良好，如有烧蚀，应予修磨。必要时进行调整
3	传动系统	(1) 检查变矩器—变速箱内油的质量; (2) 检查前、后桥壳内的油质; (3) 检查传动系统各部件连接螺栓	(1) 检查油质。如油液中有污物或油液变质，应予清洗后更换新油。每工作 1200h 必须换油一次。如油中含有金属碎屑时，则应查明原因，排除故障; (2) 检查油质，根据需要更换新油。每工作 1200h 必须换油并消除渗漏油现象; (3) 螺栓如有松动，应予紧固
4	转向系统	(1) 检查方向机油位; (2) 检查方向机自由行程及随动杆	(1) 油量不足时，应予添加; (2) 方向机转向效率应不低于 90%，随动杆安装距离应在 5.36mm 以上，方向机与随动杆均应工作正常。方向机自由行程超限时，应予调整，随动杆万向节及球销磨损超限时，应予更换
5	制动系统	(1) 检查空气压缩机; (2) 检查制动助力器及盘式制动器; (3) 检查制动性能; (4) 检查驻车制动器	(1) 空气压缩机应工作正常，制动系统压力稳定。若出现气压波动，应检查排气阀门，并进行研磨; (2) 制动助力器及盘式制动器应功能可靠。当气压为 0.68～0.70MPa 时，出口油压应达到 98MPa; (3) 制动应灵敏可靠。在平直干燥的水泥路面上以 25～30km/h 速度行驶作点式制动时，应迅速出现制动现象，且车辆不跑偏; (4) 制动器应功能可靠。制动摩擦片与制动毂之间间隙为 0.15～0.30mm，必要时进行调整。完全拉紧操纵杆进行制动时，机器应不能起步，在不小于 8% 的坡道上能停车；解除制动后，摩擦片不得与制动毂接触

续表

序号	保养项目		技术要求
6	液压系统	(1) 检查液压油箱油质； (2) 检查液压管路及管接头； (3) 检查液压油缸； (4) 检查液压系统的工作情况； (5) 检查液压系统各部位连接螺栓；	(1) 应仔细检查液压油油质，必要时，更换液压油。每工作1200h应清洗油箱及过滤器，除去污物后更换液压系统液压油； (2) 管路及管接头如有松动应予紧固，液压软管如有损坏、开裂，应予更换； (3) 液压油缸应无内泄外漏现象，必要时，拆卸油缸，更换磨损严重及损坏的液压元件； (4) 工作时，各液压系统应工作正常，最大工作压力应达到14.7MPa，不符合规定时，应查明原因，排除故障； (5) 各连接部位应连接可靠，螺栓如有松动应予紧固，消除渗漏现象
7	工作装置	检查铲斗	斗齿刃磨损严重时，可用铬钼型“堆-212”电焊条补焊；铲斗主切削板严重磨损时，可切割后更换，并用T507电焊条焊接。每工作1200h检查各铰接点销轴、销套，磨损超限时（配合间隙超过0.80mm时），应予修理或更换
8	整机	(1) 检查前、后桥与车架的连接螺栓； (2) 检查装载机各部位； (3) 润滑	(1) 连接螺栓如有松动，应予紧固； (2) 在空载和重载下进行各种动作，各部位应无异响和异常现象。在铲斗装满时，由最低位置上升到最高位置所需时间应不大于8s，否则，应查明原因，排除故障； (3) 按机器出厂使用说明书进行润滑

三级保养（每工作1800h进行） **表2.4-4**

序号	保养项目		技术要求
1	二级保养		完成本级保养作业项目外的二级保养项目
2	电气设备及仪表	(1) 检查起动机； (2) 检查发电机	(1) 拆检起动机，清洁内部，润滑轴承；导线应完好；碳刷磨损超限时，应予更换；整流环应光滑、清洁，无脱焊；传动装置应灵活可靠；齿轮无严重磨损；碳刷弹簧压力应调整在7.8～9.8N为宜； (2) 1) 进行拆洗、清洁内部，擦净集电环及各部油污； 2) 清洗轴承，更换润滑脂；轴承如有松旷，应予更换； 3) 线圈、转子、硅二极管的焊头应无脱焊现象； 4) 碳刷磨损严重时，应予更换，碳刷架和出线螺钉与外壳的绝缘应良好； 5) 用万用表高阻挡检查硅二极管，如硅二极管正反向电阻相差极大或极小时，应予更换

续表

序号	保养项目		技术要求
3	传动系统	（1）检查变矩器、变速箱工作情况； （2）检查变矩器、变速箱油的散热器； （3）检查前、后桥； （4）拆检传动轴	（1）应工作正常，无异响及过热现象。变速箱各离合器应无打滑现象，必要时进行拆检，各零部件磨损超限或损坏时应予更换； （2）清洗散热器，除出污物；如有渗漏，应予修复； （3）工作时如有异响，应予拆检；各零部件磨损严重或损坏时，应予更换。主传动螺旋锥齿轮的啮合间隙为0.20～0.40mm，使用限度为0.55mm；被动螺旋锥齿轮与止推螺栓的铜套间隙为0.25～0.30mm。啮合痕迹沿齿长、齿高方向均为50%，位置沿齿高方向适中，沿齿长应靠近前（小）端。差速器齿轮应转动平顺，啮合间隙为0.1～0.4mm。 （4）进行拆洗，传动轴花键与滑动叉花键的侧隙不大于0.30mm，十字轴轴颈与滚针轴承的间隙不大于0.13mm，万向节轴承与轴承座孔的间隙不大于0.052mm，超限时，应予更换
4	转向系统	检查转向性能	转向应轻便、灵活、平顺，无卡滞及渗漏油现象。必要时进行调整，转向角左、右各为35°。拆下转向垂臂，当方向盘在中间位置时，其旋转力为8.8～14.7N；当方向盘转到极限位置时，油压应为12MPa。磨损严重或损坏的零部件应更换
5	制动系统	（1）检查空气压缩机； （2）检查盘式制动器； （3）检查制动助力器更换制动液； （4）检查制动性能； （5）检查驻车制动	（1）空气压缩机应工作正常。如工作24h后，在油水分离器及贮气筒中聚积的机油超过10～16cm³时，应查明窜油原因，及时维修；气阀应无漏气；活塞及活塞环磨损超限时，应予更换； （2）盘式制动器应工作正常，摩擦片磨损超限时，应予更换；制动活塞应功能可靠，密封良好，无渗漏现象； （3）制动助力器应工作正常，密封件及弹簧应完好，无变形及损坏，否则应予更换。更换制动液； （4）在平直、干燥的水泥路面上以25km/h速度制动时，其制动距离不大于10m；以30km/h的速度行驶，点试制动，应迅速产生制动现象，且不跑偏； （5）各零部件磨损严重或损坏时，应予修复或更换。摩擦片磨损，铆钉头距表面0.5mm或有严重烧蚀、沾有油污时，应予更换
6	液压系统	（1）检查液压油泵、液压阀、油缸； （2）检查液力、液压系统工作压力	（1）在额定工作压力下，液压油泵、液压阀、油缸应无渗漏，油缸应伸缩平稳、无卡滞及爬行现象。动臂油缸在铲斗装入额定载质量的物料时，将发动机熄火，把分配阀置于封闭位置，其沉降量应小于40mm/h； （2）1）变矩器—变速器：变矩器进口油压为0.56MPa，出口油压为0.28～0.45MPa。润滑系油压为0.1～0.2MPa。变速工作压力为1.1～1.5MPa； 2）转向系统工作压力为1.2MPa。 油压不符合上述规定值时，应查明原因，排除故障，必要时予以调整

续表

序号	保养项目		技术要求
7	整机	(1) 检查车架及副车架； (2) 检查驾驶室； (3) 检查紧固各部连接螺栓； (4) 检查喷漆表面； (5) 润滑	(1) 车架轴座间间隙大于 0.25mm，副车架轴座间隙大于 0.70mm 时，应更换磨损的铜垫圈。销轴、销套磨损严重时，应予更换。各零部件在车架及副车架上应固定可靠，无脱焊、脱铆现象； (2) 驾驶室应无变形，门窗关闭灵活、密封良好，门锁、门把完好，座椅如有损坏应予修复，固定螺栓如有松动应予紧固； (3) 螺栓如有松动，应予紧固（如发动机及发动机罩、驾驶室、挡泥板、制动、转向、传动等）； (4) 必要时进行补漆或整机喷漆； (5) 按机器出厂使用说明书进行润滑

2.4.7 装载机的常见故障及处理方法

轮胎式装载机的常见故障及处理方法见表 2.4-5 所列。

轮胎式装载机的常见故障及处理方法 **表 2.4-5**

故障现象		故障原因	处理方法
一、传动系统	1. 各挡变速压力均低	(1) 变速器油池油位过低； (2) 主油道漏油； (3) 变速器滤油器堵塞； (4) 变速泵失效； (5) 变速操纵阀调压阀调整不当； (6) 变速操纵阀调压阀弹簧失效； (7) 变速操纵阀调压阀蓄能器活塞被卡	(1) 加油到规定油位； (2) 检查主油道； (3) 清洗或更换滤油器； (4) 拆开检查或更换变速泵； (5) 按规定重新调整； (6) 更换调压阀弹簧； (7) 拆检并消除被卡的现象
	2. 某个挡变速压力低	(1) 该挡活塞密封环损坏； (2) 该油路中密封圈损坏； (3) 该挡油道漏油	(1) 更换密封环； (2) 更换密封圈； (3) 检查漏油处并予排除
	3. 变矩器油温过高	(1) 变速器油池油位过低； (2) 变速器油池油位过高； (3) 变速压力低，离合器打滑； (4) 变矩器油散热器堵塞； (5) 变矩器连续高负荷工作时间太长	(1) 加油到规定油位； (2) 放油到规定油位； (3) 见 1、2； (4) 清洗或更换散热器； (5) 适当停车冷却
	4. 发动机高速运转，车开不动	(1) 变速操纵阀的切断阀阀杆不能回位； (2) 未挂上挡； (3) 变速调压阀弹簧折断； (4) 见 1 的 (1)、(2)、(3)、(4)	(1) 拆检切断阀，找出不能回位的原因，并予排除； (2) 重新推到挡位或重新调整变速操纵杆系； (3) 更换调压阀弹簧； (4) 见 1 的 (1)、(2)、(3)、(4)

续表

故障现象		故障原因	处理方法
一、传动系统	5. 驱动力不足	(1) 变速压力太低； (2) 变矩器油温过高； (3) 变矩器叶轮损坏； (4) 大超越离合器损坏； (5) 发动机输出功率不足	(1) 参见1、2； (2) 参见3； (3) 拆检变矩器并更换叶轮； (4) 拆检大超越离合器并更换被损坏零件； (5) 检修发动机
	6. 变速器油位增高	(1) 转向泵轴端窜油； (2) 双联泵轴端窜油	(1) 更换转向泵轴端油封； (2) 更换双联泵轴端油封
二、制动系统	1. 脚制动力不足	(1) 夹钳上分泵漏油； (2) 制动液压管路中有气； (3) 刹车气压低； (4) 加力器皮碗磨损； (5) 轮毂漏油到刹车片上； (6) 刹车片已到磨耗极限	(1) 更换分泵矩形密封圈； (2) 进行放气； (3) 检查空压机控制阀、空气罐及管路密封性； (4) 更换皮碗； (5) 检查或更换轮毂油封； (6) 更换刹车片
	2. 刹车后挂不上挡、表不指示	(1) 制动阀推杆位置不对； (2) 制动阀回位弹簧失效、损坏； (3) 制动阀活塞杆卡住	(1) 调整推杆位置； (2) 检查或更换回位弹簧； (3) 拆检制动阀活塞杆及鼓膜
	3. 制动器不能正常工作	(1) 制动阀推杆位置不对、活塞杆卡住、回位弹簧失效或折断； (2) 加力器动作不良； (3) 夹钳上分泵活塞不能回位	(1) 见2； (2) 检查加力器； (3) 检查或更换矩形密封圈
	4. 停车后空气罐压力迅速下降（30min气压降超过0.1MPa）	(1) 气制动阀进气门被脏物卡住或损坏； (2) 管接头松动或管路破裂； (3) 空气罐进气口单向阀不密封或压力控制器不密封	(1) 连续制动几次吹掉脏物或更换阀门； (2) 拧紧接头或更换刹车管； (3) 检查不密封原因，必要时更换
	5. 刹车气压力上升缓慢	(1) 管接头松动； (2) 空压机工作不正常； (3) 油水分离器放油塞未关紧； (4) 制动阀进气阀门或鼓膜不密封； (5) 压力控制器放气孔堵塞或止回阀及鼓膜漏气	(1) 拧紧接头； (2) 检查空压机工作情况； (3) 重新关紧； (4) 检查并清洗制动阀内部，找出不密封处并予排除； (5) 清洗放气孔，检查止回阀及鼓膜不密封原因并予排除
	6. 手制动力不足	(1) 制动鼓与刹车片间隙过大； (2) 刹车片上有油	(1) 按使用要求重新调整； (2) 清洗干净刹车片

续表

故障现象		故障原因	处理方法
三、液压系统	1. 动臂提升力不足或转斗力不足	(1) 液压缸油封磨损或损坏； (2) 分配阀过度磨损，阀杆与阀体配合间隙超过规定值； (3) 管路系统漏油； (4) 双联泵严重内漏； (5) 安全阀调整不当，压力偏低； (6) 吸油管及滤油器堵塞	(1) 换油封； (2) 拆检并修复，使间隙达到规定值或更换分配阀； (3) 找出漏油处并予排除； (4) 更换双联泵； (5) 将系统压力调至规定值； (6) 清洗滤油器并换油
	2. 发动机高速时，转斗或动臂提升缓慢	(1) 见1； (2) 流量转换阀阀杆被卡，辅助泵来油不能进入工作装置	(1) 见1； (2) 清洗流量转换阀，消除阀杆卡住的现象
四、转向系统	1. 方向盘空行程过大	(1) 齿条与转向臂轴间隙过大； (2) 万向节间隙过大	(1) 按要求进行调整； (2) 更换万向节
	2. 转向力矩不足	(1) 转向泵磨损，流量不足； (2) 转向溢流阀压力过低； (3) 转向阀严重内漏	(1) 检修或更换转向泵； (2) 将溢流阀压力调至规定值； (3) 检修或更换转向阀
	3. 打方向盘费劲	(1) 转向阀滑阀卡住； (2) 转向液压系统流量不足； (3) 流量转换阀调速弹簧失效或折断； (4) 流量转换阀阀杆被卡	(1) 检修阀体与滑阀之间的配合间隙达到使用要求； (2) 见2； (3) 更换弹簧； (4) 清洗阀杆、阀座，消除卡住现象
	4. 转向臂轴或其他受力件损坏	(1) 车在直线位置时，转向臂轴上扇形齿未对中间位； (2) 转向液压系统压力过低； (3) 进转向缸油管接错	(1) 按规定调至中间位； (2) 按规定调整压力； (3) 按要求连接管路

2.5 挖掘机

2.5.1 概述

2.5.1.1 挖掘机的用途

(1) 挖掘机是土方工程机械中一种用斗状工作装置挖取土壤、石块或其他材料，或用于剥离土层的机械，也是开挖土石方工程的主要机械设备。挖掘机广泛应用于建筑工程、市政工程、公路工程、铁路工程、水利工程、矿山和国防等工程的施工中。据统计，一台斗容为 $1m^3$ 的单斗挖掘机，在挖掘四级以下的土时，每个台班生产率大约相当 300～400 工人一天的工作量；而一台日产 20 万 m^3 的大型斗轮挖掘机，则可代替 5 万～6 万人的劳动。可见挖掘机的作用在现代化建设中是十分重要的。

(2) 挖掘机可进行工程建设中的基坑挖掘、疏通河道、修筑道路、清理废墟、挖掘水库和河道、剥离表土、开挖矿石等，如果与载重汽车等运输工具配合进行远距离的土石方转移，具有很高的生产效率。

(3) 图 2.5-1、图 2.5-2 所示为机械与液压单斗挖掘机外貌图。

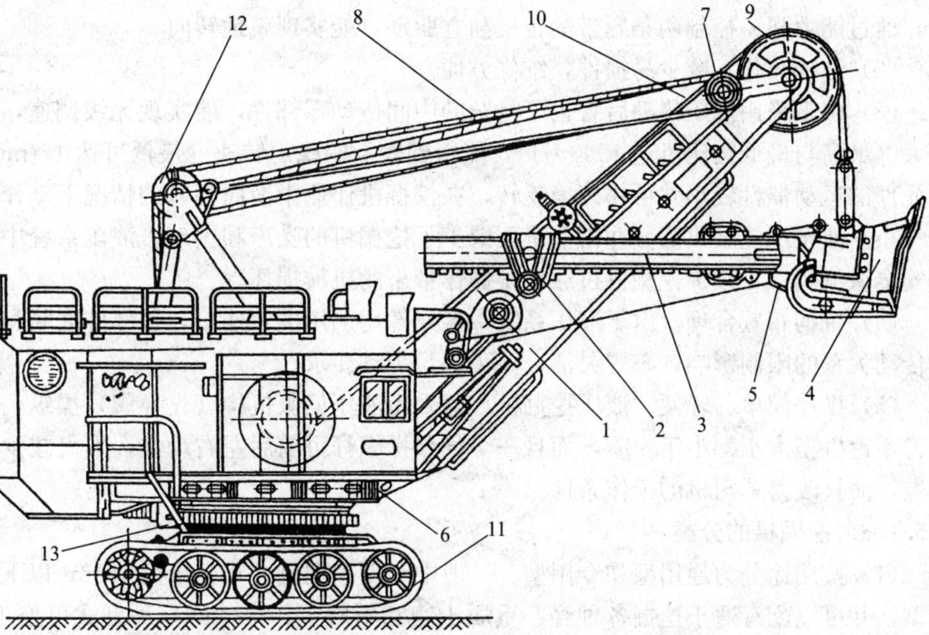

图 2.5-1 机械式挖掘机正产施工外貌图

1—动臂；2—推压机构；3—斗杆；4—铲斗；5—开斗机构；6—回转平台；7—动臂提升滑轮；8—动臂提升钢绳；9—铲斗提升滑轮；10—铲斗提升钢绳；11—履带行驶装；12—双脚支；13—回转装置

(*a*)　　(*b*)

图 2.5-2 全液压挖掘机外貌图

(*a*) 正铲式挖掘机；(*b*) 反铲式挖掘机

2.5.1.2 挖掘机的特点

大型的正铲挖掘机械主要应用在大型的土木工程中，所以这里主要表述常用于中小型工程的建筑、市政施工中的单斗液压挖掘机，所以下面介绍全液压挖掘机的特点。

(1) 技术性能高，工作装置型式增加。与同等级机械式挖掘机相比，挖掘力可增加

30%，整机质量则能减少30%。在整机参数不变的情况下，可适当加大铲斗容量。使用抓斗时可强制切土和闭斗。由于行走牵引力和整机质量之比的提高，因而行走速度、爬坡能力也提高。换装上加宽、加长履带装置，可使挖掘机接地比压降低，适应湿地、沼泽地作业，通过能力强。控制两条履带的正反独立驱动，能实现就地转向。

(2) 结构简化，减少易损件，维修方便。

(3) 由于采用液压传动后省去了复杂的中间传动零部件，能实现无级调速，且调速范围大（最高与最低之比可达1000：1)，能得到较低的稳定转速（最低可达1r/min)，而液压元件的运动惯性较小并可作高速反转，在挖掘机作业中换向频繁的情况下动作平稳，冲击很小。液压油能吸收部分冲击能量而减少了挖掘机的噪声和振动。液压系统中设置了各种安全溢流阀，可减少挖掘机过载或误操作带来的机械损坏。

(4) 机构布置合理。由于液压系统中各元件均采用油管连接，各部件之间相互位置不受传动关系的限制影响，布置灵活，便于满足传动要求。

(5) 操作简单、轻便。液压挖掘机普遍采用液压伺服机构（先导阀）操纵，故手柄操作力不论机型大小都小于30N，而且一个伺服操纵杆可前后左右动作，不仅减少了操纵杆件数，而且改善了司机的工作条件。

2.5.1.3 挖掘机的分类

(1) 按用途分为通用型和专用型。一般中小型挖掘机（斗容量在1.6m^3以下）多为通用型，并可以配有适于挖掘各种轻、重质土壤和不同工作尺寸的多种型式可换工作装置。专用型挖掘机应用于大型的土石方工程（如飞机场的修筑、大型的深基础、大型的水利建设等)、同时也应用于矿山采掘和装载作业。

(2) 按工作装置特点可分为：正铲、反铲、刨铲、刮铲、拉铲、抓斗、吊钩、打桩器、拔根器，如图2.5-3所示。

(3) 按动力装置可分为：电力驱动式、内燃机驱动式、混合动力装置等。

(4) 按作业方式可分为循环作业式（单斗挖掘机）和连续作业式（多斗挖掘机）两大类。

(5) 按动力传递和控制方式分为机械式、机械液压式和全液压式三种。机械式的工作装置，其动作是由钢丝绳牵引，机械的动力传递为机械式传动，目前仅在矿用大型挖掘机上采用；机械液压式的特点是，工作装置、回转机构的动作由液压元件来完成，而行走机构则靠机械传动来完成；全液压式挖掘机，即工作装置、回转机构、行走机构的动作均由液压元件来完成，是目前使用最广泛的一种机型。

(6) 按行走方式分为履带式、轮胎式、拖挂式3种。履带式挖掘机使用最为广泛，它有良好的通过性能，特别适用于土建施工现场作业；轮胎式挖掘机多用于市政工程和国防工程，它的优点是行走时不破坏城市路面，行走速度快，机动性好，在中小型（0.6m^3以下的斗容）工程中采用较多；拖挂式本身不设行走驱动机构，移动时由牵引车牵引，最大的优点是结构简单，成本低，但很少采用。

2.5.1.4 挖掘机的基本构造

单斗全液压正铲挖掘机主要由动力装置、工作装置、回转装置、传动系、操纵系及底座（机架）等主要部分组成。底座是全机的骨架，它支承在行走装置上，其上面又装有回转装置连同回转平台。在回转平台上装有柴油机、液压传动系、工作装置及操纵室等。工

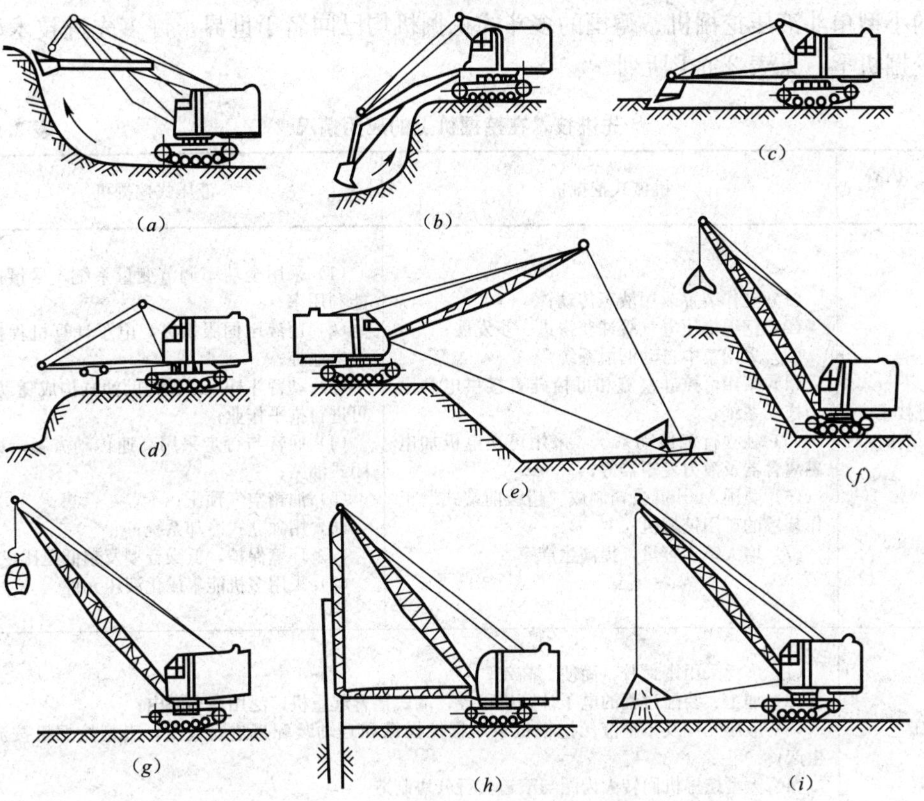

图 2.5-3　单斗挖掘机工作装置主要型式

(a) 正铲；(b) 反铲；(c) 刨铲；(d) 刮铲；(e) 拉铲；(f) 抓斗；
(g) 吊钩；(h) 打桩器；(i) 拔根器

作时回转平台可带着其上面所有的设备绕一中心立轴作360°的回转（正、反两个方向）、工作装置包括动臂与带柄的正铲斗。动臂是支持铲斗工作的臂架，其下端铰装在回转平台的前缘，由动臂油缸来改变其倾斜度，从而改变其伸幅。工作时斗柄可由斗柄油缸使之绕动臂顶端转动，铲斗本身也可由铲斗油缸执行转动。正铲挖掘机的铲斗口朝上，反铲挖掘机的铲斗口朝下，其他基本相同。工作装置除铲斗、拉铲、抓铲外，也可换成其他形式。

2.5.1.5　挖掘机的发展概况

挖掘机和其他工程机械一样，我国新中国成立前均不能生产。新中国成立后，挖掘机制造业从无到有，并逐步成长和发展起来。其生产发展历程可归纳为四个不同的历史阶段，即创业阶段（1954～1957年）、专业形成阶段（1958～1966年）、开发液压挖掘机阶段（1967～1977年）、发展阶段（1978年以后）。所以，从20世纪60年代以来，我国不仅能成批生产机械传动的各类单斗挖掘机，而且能成批生产半液压和全液压单斗挖掘机。特别是改革开放以来，我国不断引进先进的制造技术和与发达国家联营开发全液压挖掘机，使我国的单斗全液压挖掘机的研制迈上一个新台阶。

目前，世界先进国家在不断变革挖掘机的工作装置和动力装置，是挖掘机制造业向前发展的重要标志。根据各国土壤、地质、气候条件的不同，各类挖掘机的发展有其自身特点。如美国、俄罗斯及日本的单斗挖掘机较为发达，特别是美国的大型单斗液压挖掘机、日本的小型单斗液压挖掘机、德国的多斗式挖掘机均已闻名于世界。许多先进技术已被应用在挖掘机上，见表 2.5-1 所列。

先进技术在挖掘机上的应用情况　　表 2.5-1

种类 \ 内容	机械式挖掘机	液压式挖掘机
先进技术与结构	（1）工作装置改用液压传动； （2）钢绳推压电气缓冲获得进一步发展； （3）采用集中自动润滑系统； （4）采用可控硅整流和可控硅直接供电的电力拖动系统； （5）独立行走传动系统，采用可逆电机加电磁离合器及液力变矩器等； （6）美国 Marion 公司制成“超级前端式”工作装置的矿用挖掘机； （7）增大铲斗容量，提高生产率	（1）采用全功率调节变量系统，尽量提高功能利用率； （2）用液压伺服操纵，电子计算机程控及无线电遥控； （3）动臂斗杆间增设辅助油缸构成随动系统，可进行推平作业； （4）回转与行走采用高速传动方案，回转用闭式油路； （5）油箱空气预压； （6）用独立式冷却系统； （7）环境保护，低噪音型及超低压比挖掘机； （8）采用多机能集成化液压元件
新工艺	（1）广泛采用密封胶，简便、高效； （2）加工、装配过程的电子计算机程控，墙式摇臂起重机广泛用在车间内； （3）液压元件及小型液压挖掘机采用程控操纵和自动装配机进行装配，大型挖掘机按流水线生产； （4）大型挖掘机回转大齿圈与滚道实行分块制造	
新材料	（1）广泛使用低合金高强度的钢材； （2）采用多种合金钢材料和特种碳钢，冷拔钢材的棒料和管材日益增多； （3）铲斗等易磨损零件采用耐磨金属。如铲斗、推压齿轮齿条用含镍高锰钢，这种钢材的斗齿在火成岩中寿命高，可铲挖 $50\times10^4\sim65\times10^4$t 土石方；大型铲斗刃口用 10B30 硼钢； （4）采用轻金属、工程塑料。如美国 Marion 公司 7500 步行式挖掘机用硬铝动臂，质量减轻 30%，塑料轴瓦提高耐磨性	

2.5.1.6 挖掘机的生产率计算

单斗挖掘机的生产率决定于机械的铲斗容量、机械的工作速度，以及土壤的特性，可按下式计算：

$$Q = V \cdot n \frac{K_C}{K_S} \cdot K_B$$

式中：Q——单斗挖掘机生产率，m^3/h；

V——铲斗容量，m^3；

K_C——铲斗充满系数，见表 2.5-2；

K_S——土壤的松散系数，见表 2.5-2；

K_B——时间利用系数，一般取 0.7～0.85；

n——每小时的挖土次数，可参考表 2.5-3 中的数值或按下式确定：

$$n = \frac{3600}{\Sigma t}$$

式中：Σt——挖掘机每一工作循环所需的总时间，s。其中包括挖土时间、回转时间、卸土时间以及辅助动作时间等等。

铲斗的充满系数 K_C 和土壤松散 K_S **表 2.5-2**

序号	土壤类型	K_S	K_C 最大值	
			正铲	拉铲
1	一	1.0～1.15	0.95～1.23	0.80～1.22
2	二	1.14～1.16	1.05～1.12	0.90～1.00
3	三	1.15～1.17	1.00～1.18	0.98～1.08
4	四	1.16～1.28	1.30～1.42	1.18～1.26

单斗挖掘机每小时的挖土次数 **表 2.5-3**

序号	工作装置	挖掘机的斗容量（m^3）			
		0.25	0.5	1	2
1	正铲	215	200	180	160
2	反铲	175	155	145	—
3	拉铲	175	155	145	125
4	抓铲	160	150	135	—

2.5.2 挖掘机的使用要点

2.5.2.1 作业前的准备工作

（1）内燃机部分，按通用操作规程的有关规定执行。

（2）仔细阅读挖掘机使用说明书等有关技术资料，详细了解施工现场的任务情况，并采取相应的安全措施。

（3）检查挖掘机停机处土壤的坚实情况和平稳性，轮胎式挖掘机应加支撑并保持平稳、可靠。并检查液压系统有无渗漏。

（4）当挖掘机对基坑、沟槽施工时，应仔细地检查路堑和沟槽边坡的稳定情况，以防止挖掘机倾覆。

（5）严禁任何人员在挖掘机作业区内停留。挖掘机操作室内禁止无关人员进入，并不准放置妨碍操作的任何物品。

（6）挖掘机工作场地，应有汽车出入的通道。

（7）轮胎式挖掘机应检查轮胎是否完好，气压是否符合规定。

（8）对挖掘机的发动机、传动装置、制动装置、回转装置以及仪器、仪表等进行检查，并经试运转确认正常后，方可开始工作。

（9）机械传动挖掘机卷筒上的钢丝绳必须经常检查，不准有结节、扭绕现象。断丝超过5%或钢丝绳磨损超过规定时，必须更换。

2.5.2.2 作业与行驶中的注意事项

（1）发动机启动或操作开始前应发出信号。

（2）装载作业时，应待汽车停稳后，再进行装料。

（3）卸料时，在不碰击自卸汽车任何部位的情况下，铲斗应尽量降低，并禁止铲斗从汽车驾驶室上越过。

（4）施工作业时，禁止任何人上下机械和传递物件，不准边工作边维修、保养。

（5）施工作业中，不要随便调节发动机、调速器以及液压系统、电气系统。

（6）在施工作业时，要注意选择和创造合理的工作面，严禁掏洞挖掘。

（7）禁止用铲斗击（破）碎坚固物体，也不准用回转机械方式使用铲斗破碎坚固物体。

（8）禁止将挖掘机布置在上下两个采掘段（面）内同时作业。在工作面内移动时，应先整地面并排除通道内的障碍物。如需在松软地面上移动时，须在行走装置下垫方木。

（9）作业时，如遇较大石块或坚硬物体时，应先清除再继续作业，禁止挖掘未经爆破的五级以上岩石。

（10）禁止用铲斗杆或铲斗油缸全伸出顶起挖掘机。铲斗没有离开地面时，挖掘机不能做横向行驶或回转运动。

（11）挖掘机禁止在电线等架空物下施工作业，更不准将挖掘机满载的铲斗长时间地滞留在空间。

（12）禁止用挖掘机动臂拖拉位于侧面的重物；禁止用液压挖掘机工作装置突然下落冲击的方式进行挖掘。

（13）回转平台上部在做回转运动时，回转手柄不能做相反方向的操作。

（14）操作人员必须随时注意机械各部件的运转情况，发现异常应立即停机，及时检修。

（15）正铲装置处于履带行走装置对角线位置（45°左右）时，不得在停机面以下作业。

（16）机械传动式挖掘机：作业时，禁止用手触摸滑轮和钢丝绳；对动臂顶端滑轮和钢丝绳进行检修或拆换时，应将铲斗和动臂放落到地面或使用带-钩的梯子。禁止人员在动臂上爬上爬下。

（17）液压挖掘机，在工作中应经常检查液压油温度是否正常。

（18）挖掘机行走时，遇电线、交叉道、管道和桥梁时，须有专人指挥，挖掘机与高压电线的距离不得少于5m；应尽可能避免倒退行走。

（19）行走时动臂应和履带平行，回转台应止住，铲斗离地面1m左右。下坡应用低速行驶，禁止变速和滑行。

（20）挖掘机行走路线应与路面、沟渠、基坑等保持足够的安全距离，以免滑翻。

2.5.2.3 作业后的要求

（1）挖掘机需在斜坡上停车时，铲斗必须降落到地面，所有操纵杆置于中位；停机制动，且应在履带或轮胎后部垫置楔块。

（2）工作结束后，应将机身转正，将铲斗放落到地面，并将所有操纵杆放到空挡位置，各部位制动器制动，关好机械门窗后，操作人员方可离开。

（3）按保修规程的规定，进行例保作业。

2.5.3 挖掘机的施工工艺

2.5.3.1 正铲挖掘机

1. 适应范围

正铲挖掘机适用于开挖一～四类的土、经爆破后的岩石和冻土。土含水量应小于

27%，土块粒径应小于土斗口宽度的1/3。正铲挖掘力大，生产率高，主要用于开挖停机面以上的土方，工作面的高度一般不小于1.5m，过低一次不易装满铲斗，将降低生产效率。正铲经济合理的挖土高度见表2.5-4所列，开挖高度超过挖土机挖掘高度时，可分层开挖。正铲开挖应；配备一定数量的自卸汽车运土，汽车道路应设置在正铲斗回转半径之内，可以在向二平面内，也略高于正铲的停机面，以便正铲下沟槽挖土。由于正铲不便于转移，一般用于较大型土方工程。

正铲的开挖高度参考数值（m）　　**表2.5-4**

序 号	土的类别	挖掘机的斗容量（m^3）			
		0.5	1.0	1.5	2.0
1	一～二	1.5	2.0	2.5	3.0
2	三	2.0	2.5	3.0	3.5
3	四	2.5	3.0	3.5	4.0

2. 施工工艺

（1）开挖方式　正铲挖掘机的挖土特点是"前进向上，强制切土"，根据开挖路线与运输汽车相对位置的不同，一般有以下两种：

1）正向开挖，侧向装土法　正铲向前进方向挖土，汽车位于正铲的侧向装车，如图2.5-4（*a*）、（*b*）所示。本施工方法的铲臂卸土回转角度最小（<90°），装车方便，循环时间短，生产效率高。用于开挖工作面较大而深度不大的边坡、基坑（槽）、沟渠和路堑等，为最常用的开挖方法。

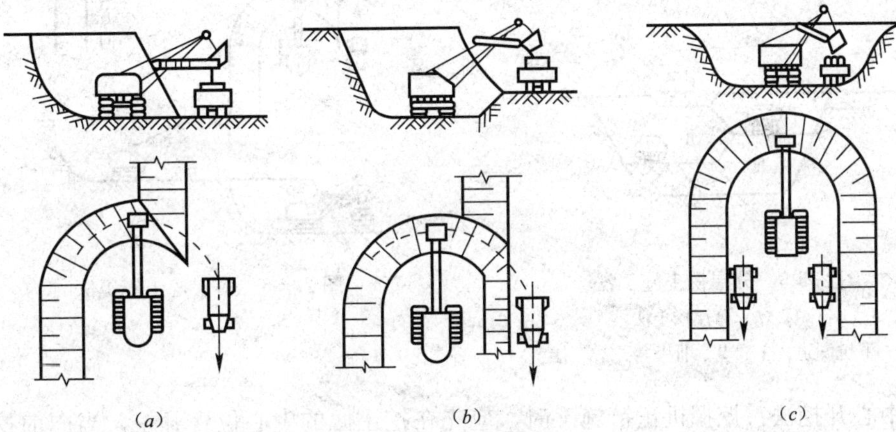

图2.5-4　正铲挖掘机开挖方式

（*a*）、（*b*）正向开挖、侧向装土；（*c*）正向开挖、后方装土

2）正向开挖，后方装土法　正铲向前进方向挖土，汽车停在正铲的后面，如图2.5-4（*c*）所示。本方法开挖的工作面较大，但是其铲臂卸土回转角度较大（在180°左右），且汽车要侧向行车，增加工作循环时间，生产效率降低（回转角度180°，效率约降低23%；回转角度130°，效率约降低13%）。用于开挖工作面较小且较深的基坑（槽）、管沟和路堑等。

挖土机挖土装车时，回转角度对生产率的影响数值参见表 2.5-5 所列。

影响生产率参考表 **表 2.5-5**

土的类别	挖掘机的回转角度		
	90°	130°	180°
一～四	100%	87%	77%

(2) 挖土方法和提高生产率的措施。主要有以下几种施工措施：

1) 分层开挖法：将开挖面按机械的合理高度分为多层开挖，如图 2.5-5 (*a*) 所示；当开挖面高度不能成为一次挖掘深度的整数倍时，则可在挖方的边缘或中部先开挖一条浅槽作为第一次挖土运输的线路，如图 2.5-5 (*b*)，然后再逐次开挖直至基坑底部。用于开挖大型基坑或沟渠，工作面高度大于机械挖掘的合理高度时采用。

2) 多层挖土法：将开挖面按机械的合理开挖高度，分为多层同时开挖，以加快开挖速度，土方可以分层运出，亦可分层递送至最上层（或下层），用汽车运出（图 2.5-6）。但两台挖土机中，上层挖土机应先开挖，沿前进方向与下层挖土机保持 30～50m 的距离。适于开挖高边坡或大型基坑。

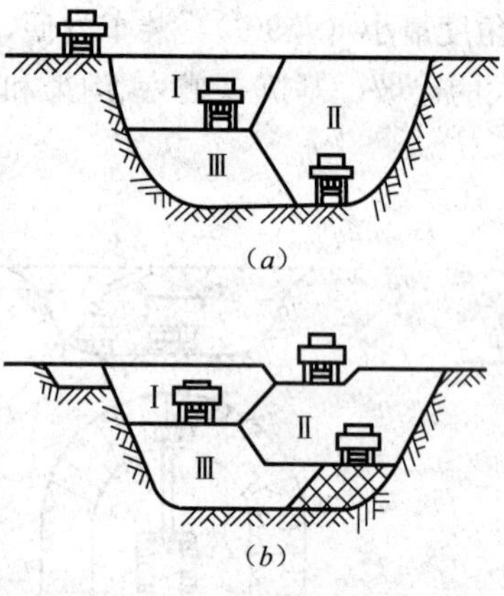

图 2.5-5 分层挖土施工法
(*a*)、(*b*) 分层挖土法
1—下坑漏道；Ⅰ、Ⅱ、Ⅲ—一、二、三层

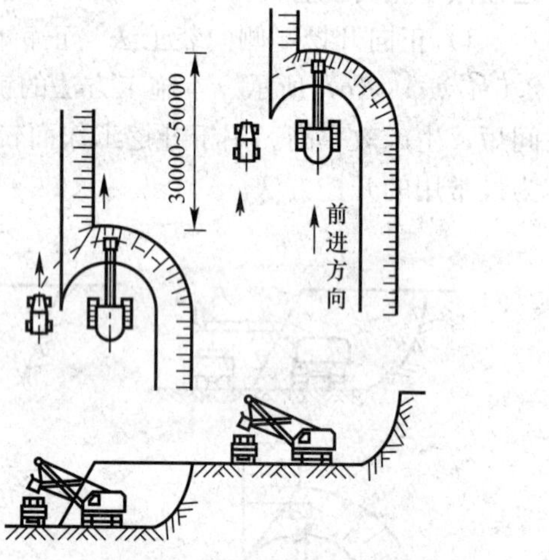

图 2.5-6 多层挖土施工法

3) 中心开挖法：挖掘机正铲施工时，应先在挖土区的中心位置开挖，当向前挖至回转角度超过 90°时，则转向两侧开挖，运土汽车按八字形停放装土，如图 2.5-7 所示。本施工方法开挖移位方便，回转角度小（<90°）。挖土区宽度宜在 40m 以上，以便于汽车靠近正铲装车。适用于开挖较宽的山坡地段或基坑、沟渠等。

4) 上下轮换开挖施工法：先装土层上部 1m 以下土挖入 30～40cm，然后再挖土层上部 1m 厚的土，如此上下轮换开挖，如图 2.5-8 所示。本法挖土阻力小，易装满铲斗，卸土容易。适于土层较高，土质不太硬，铲斗挖掘距离很短时使用。

5) 顺铲开挖施工法：正铲挖掘机铲斗从一侧移向另一侧，并且是一斗挨一斗地顺序进行开挖，如图 2.5-9 (*a*)，每次挖土增加一个自由面，使阻力减小，易于挖掘。也可依据土质的坚硬程度使每次只挖 2～3 个斗牙位置的土。适于土质坚硬，挖土时不易装满铲斗而且装土时间长时采用。

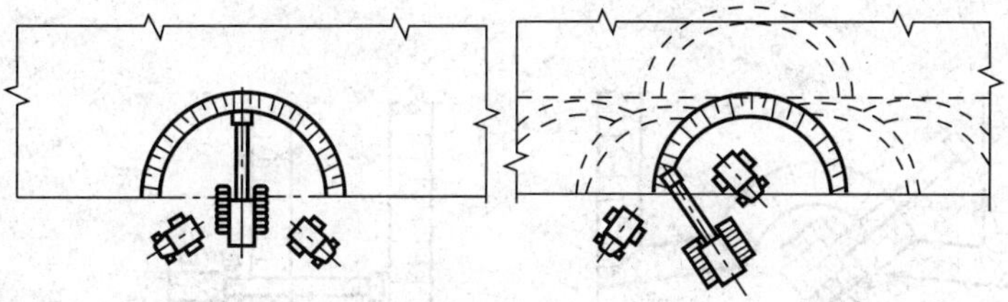

图 2.5-7　中心开挖施工法

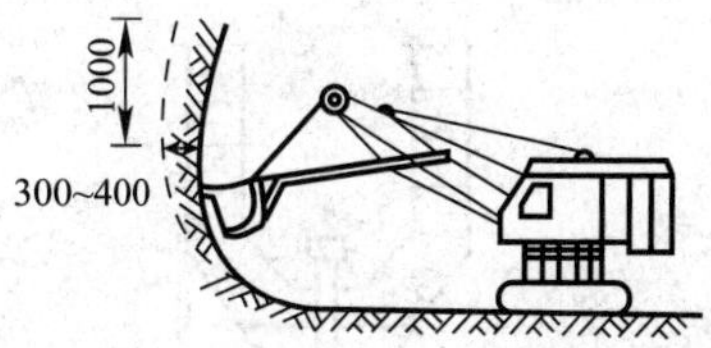

图 2.5-8　上下轮换开挖施工法

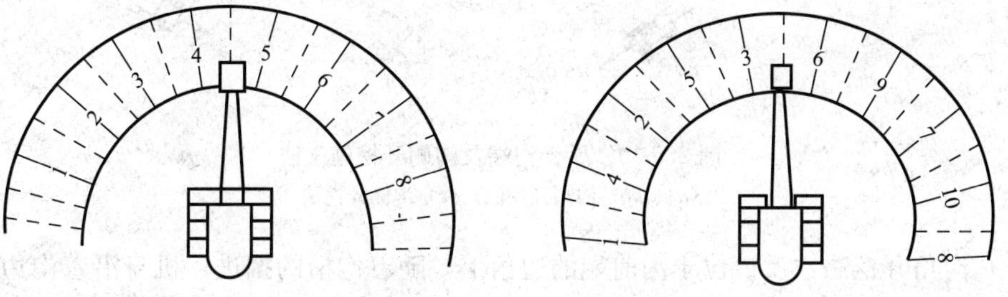

（*a*）　　（*b*）

图 2.5-9　顺铲和间隔开挖施工法

（*a*）顺铲开挖法；（*b*）间隔开挖法

6）间隔开挖法：即在扇形工作面上第一铲与第二铲之间保留一定距离，如图 2.5-9（*b*），使铲斗接触土体的摩擦面减少，两侧受力均匀，铲土速度加快，容易装满铲斗，生产效率高。适于开挖土质不太硬、较宽的边坡或基坑、沟渠等。

2.5.3.2　反铲挖掘机

1. 适用范围

反铲挖掘机适用于开挖一～三类的砂土或黏土。主要用于开挖停机面以下深度不大的基坑（槽）或管沟及含水量大的土，最大挖土深度为 4～6m，经济合理的挖土深度为 1.5～3.0m。对地下水位较高处也适用，挖出的土方卸在基坑（槽）、管沟的两边堆放或用推土机推到远处堆放，或配备自卸汽车运走。

2. 施工工艺

反铲挖掘机的挖土施工的特点是“后退向下，强制切土”。根据挖掘机的开挖路线与运输汽车的相对位置不同，一般有以下几种施工工艺：

（1）沟端开挖施工法：反铲停于沟端，后退挖土，同时往沟一侧弃土或装汽车运走，如图 2.5-10（*a*）。挖掘宽度可不受机械最大挖掘半径的限制，臂杆回转范围仅 45°～90°，同时可挖到最大深度。对较宽的基坑可采用图 2.5-10（*b*）的方法，其最大一次挖掘宽度为反铲有效挖掘半径的两倍，但汽车须停在机身后面装土，生产效率降低。也可采用几次沟端开挖法完成作业。适于一次成沟后退挖土，挖出土方随即运走时采用，或就地取土填筑路基或修筑堤坝等。

（2）沟侧开挖法：反铲停于沟侧沿沟边开挖，汽车停在机旁装土或往沟一侧卸土，如

图 2.5-10 (*c*) 所示。本法铲臂回转角度小，能装土弃于距沟边较远的地方，但挖土宽度比挖掘半径小，边坡不好控制，同时机身靠沟边停放，稳定性较差。用于横挖土体和需将土方甩到离沟边较远的距离时使用。

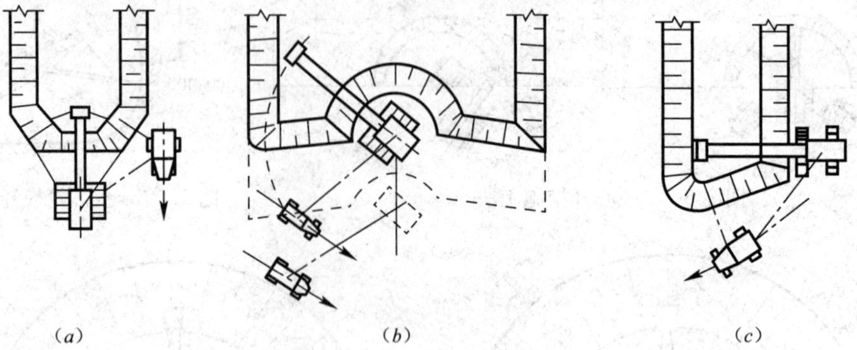

图 2.5-10　反铲沟端及沟侧开挖施工法

(*a*)、(*b*) 沟端开挖法；(*c*) 沟侧开挖法

(3) 沟角开挖法：反铲位于沟前端的边角上，随着沟槽的掘进，机身沿着沟边往后作“之”字形移动，图 2.5-11 所示。臂杆回转角度平均在 45°左右，机身稳定性好，可挖较硬的土体，并能挖出一定的坡度。适于开挖土质较硬，宽度较小的沟槽（坑）。

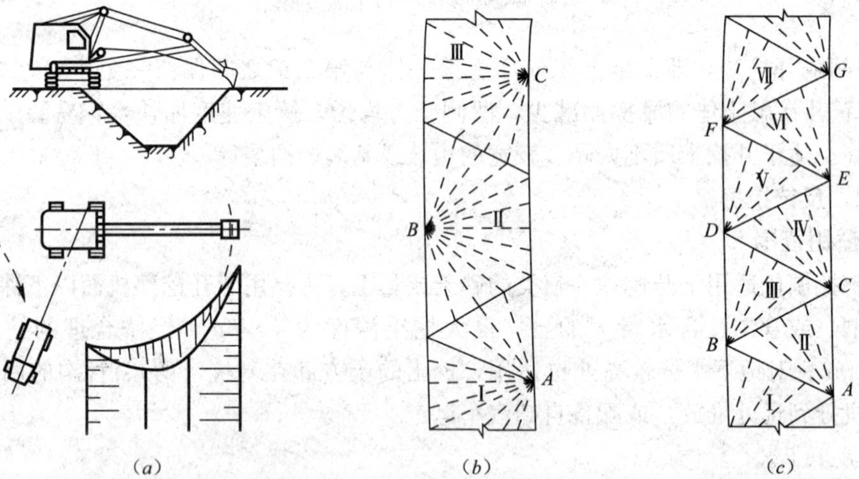

图 2.5-11　反铲沟角开挖施工法

(*a*) 沟角开挖平剖面；(*b*) 扇形开挖平面；(*c*) 三角开挖平面

(4) 多层接力开挖法：用两台或多台挖土机设在不同作业高度上同时挖土，边挖土边将土传递到上层，由地表挖土机连挖土带装土，如图 2.5-12 所示；上部可用大型反铲，中、下层用大型或小型反铲进行挖土和装土，均衡连续作业。一般两层挖土可挖深 10m，三层可挖深 15m 左右。本法可开挖较深基坑，一次开挖到设计标高，一次完成，避免汽车在坑下装运作业，提高生产效率，且不必设专用垫道。适于开挖土质较好、深 10m 以上的大型基坑、沟槽和渠道。

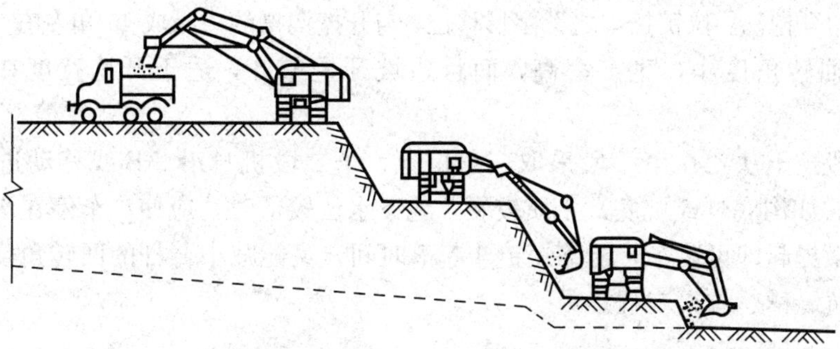

图 2.5-12　反铲多层接力开挖施工法

2.5.3.3　拉铲挖掘机

1. 适用范围

拉铲工作时，可利用惯性力，将铲斗甩出去，挖得比较远。适用于在一～三类的土开挖较深较大的基坑（槽）、沟渠，挖取水中泥土以及填筑路基、修筑堤坝等。拉铲挖土大多将土直接卸在基坑（槽）附近堆放，或配备自卸汽车装土运走，但工效较低。

2. 施工工艺

拉铲挖掘机的挖土特点是“后退向下，自重切土”。拉铲挖土时，吊杆倾斜角度应在45°以上，先挖两侧然后中间，分层进行，保持边坡整齐；距边坡的安全距离，应不小于2m。开挖方式有以下两种：

（1）沟端开挖法：拉铲停在沟端，倒退着沿沟纵向开挖（图 2.5-13）。开挖宽度可以达到机械挖土半径的两倍，能两面出土，汽车停放在一侧或两侧，装车角度小，坡度较易控制，并能一开挖较陡的坡。适于就地取土填筑路基及修筑堤坝等。

（2）沟侧开挖法：拉铲停在沟侧沿沟横向开挖（图 2.5-14），沿沟边与沟平行移动，如沟槽较宽，可在沟槽的两侧开挖。本法开挖宽度和深度均较小，一次开挖宽度约等于挖土半径，且开挖边坡不易控制。适于开挖土方就地堆放的基坑、槽以及填筑路堤等工程。

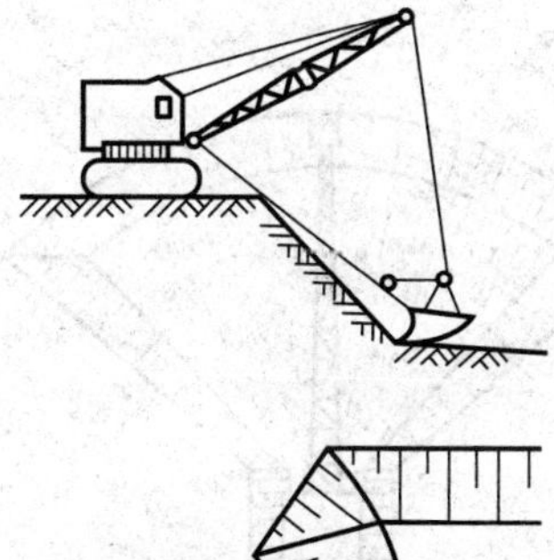

图 2.5-13　拉铲沟端开挖施工法

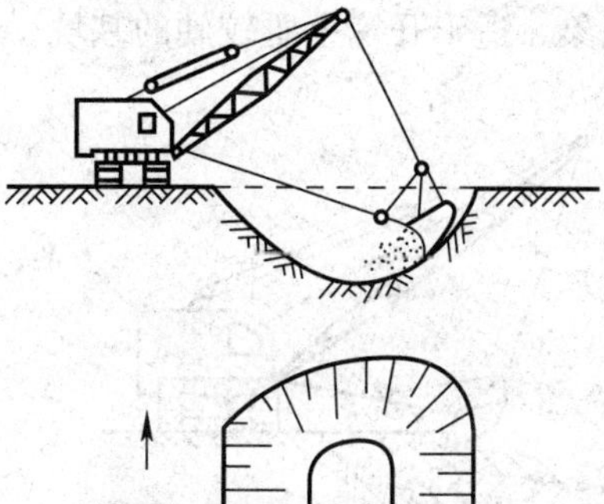

图 2.5-14　拉铲沟侧开挖施工法

(3) 三角开挖法：拉铲按“之”字形移位，与开挖沟槽的边缘成45°角左右（图2.5-15）。本法拉铲的回转角度小，生产率高，而且边坡开挖整齐，适于开挖宽度在8m左右的沟槽。

(4) 分段挖土法：在第一段采取三角挖土，第二段机身沿AB线移动进行分段挖土（图2.5-16）。如沟底（或坑底）土质较硬，地下水位较低时，应使汽车停在沟下装土，铲斗装土后稍微提起即可装车，能缩短铲斗起落时间，又能减小臂杆的回转角度。适于开挖宽度大的基坑、槽、沟渠工程。

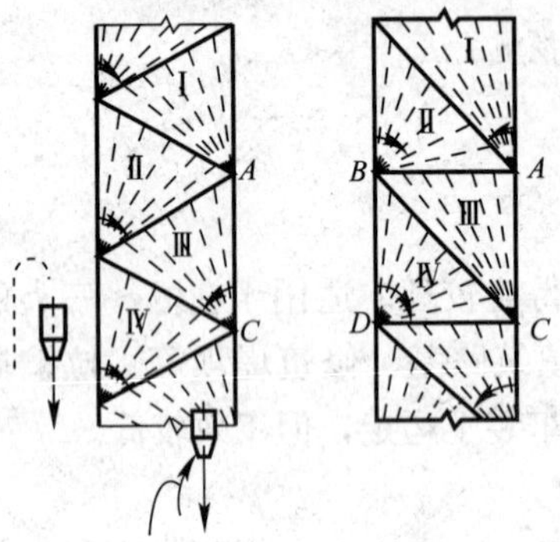

图2.5-15 拉铲三角沟侧开挖施工法
A、B、C、D—拉铲停放位置
Ⅰ、Ⅱ、Ⅲ、Ⅳ—开挖次序

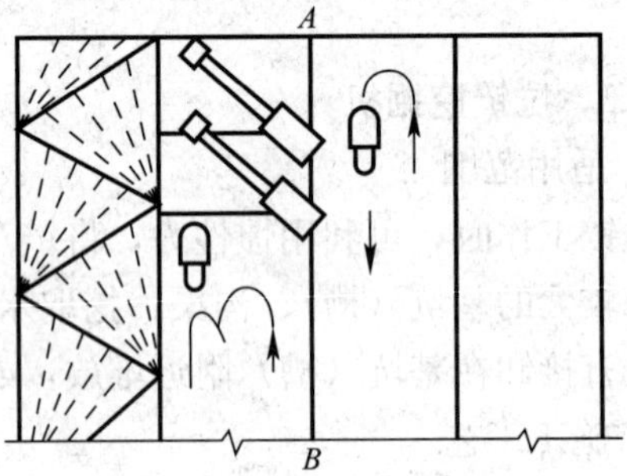

图2.5-16 拉铲分段挖土施工法

(5) 分层挖土法：拉铲从左到右，或从右到左顺序逐层挖土，直至全深（图2.5-17）。本法可以挖得平整，拉铲斗的时间可以缩短。当土装满铲斗后，可以从任何高度提起铲斗，运送土时的提升高度可减少到最低限度，但落斗时要注意将拉斗钢绳与落斗钢绳一起放松，使铲斗垂直下落。适于开挖较深的基坑，特别是圆形或方形基坑。

(6) 顺序挖土法：挖土时先挖两边，保持两边低、中间高的地形，然后顺序向中间挖土（图2.5-18）。本法挖土只在两边遇到阻力，较省力，边坡可以挖得整齐，铲斗不会发生翻滚现象。适于开挖土质较硬的基坑。

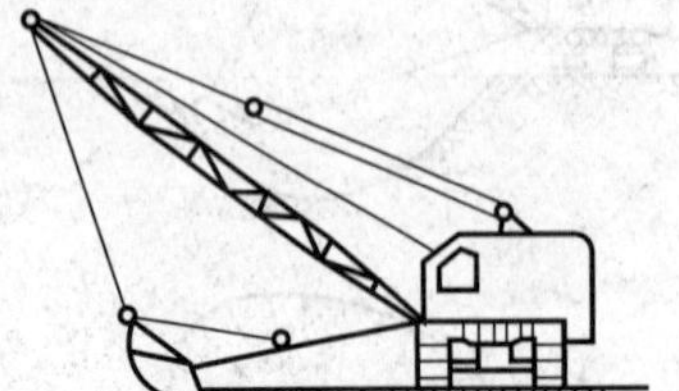

图2.5-17 拉铲分层挖土方施工法

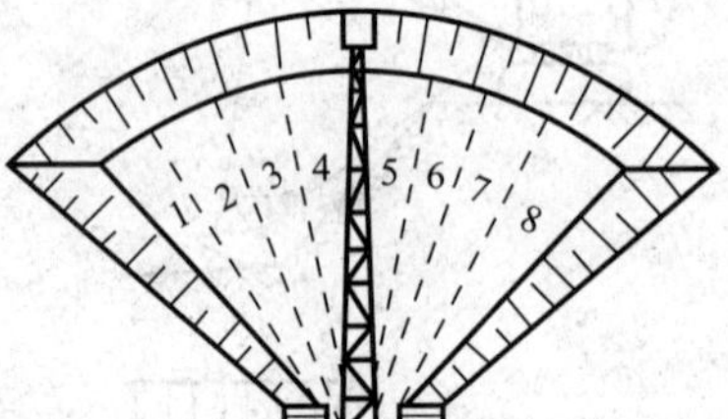

图2.5-18 拉铲顺序挖土施工法
1～8—拉土顺序

(7) 转圈挖土法：拉铲在边线外顺圆周转圈挖土，如图2.5-19（a）所示，形成四周低中间高，可防止铲斗翻滚。当挖到5m以下时，则需配合人工在坑内沿坑周边往下挖一条宽 50cm、深 40～50cm 的槽，然后进行开挖，直至槽底平；接着再人工挖槽，再用拉铲挖土，如此循环作业至设计标高为止。适于开挖较大、较深的圆形基坑。

（8）扇形挖土法：拉铲先在一端挖成一个锐角形坑，然后挖土机沿直线按扇形后退挖土直至完成，如图 2.5-19（*b*）所示。本施工方法是挖土机移动次数少，汽车在一个部位循环，道路少，装车高度小。适于挖直径和深度不大的圆形基坑或沟渠。

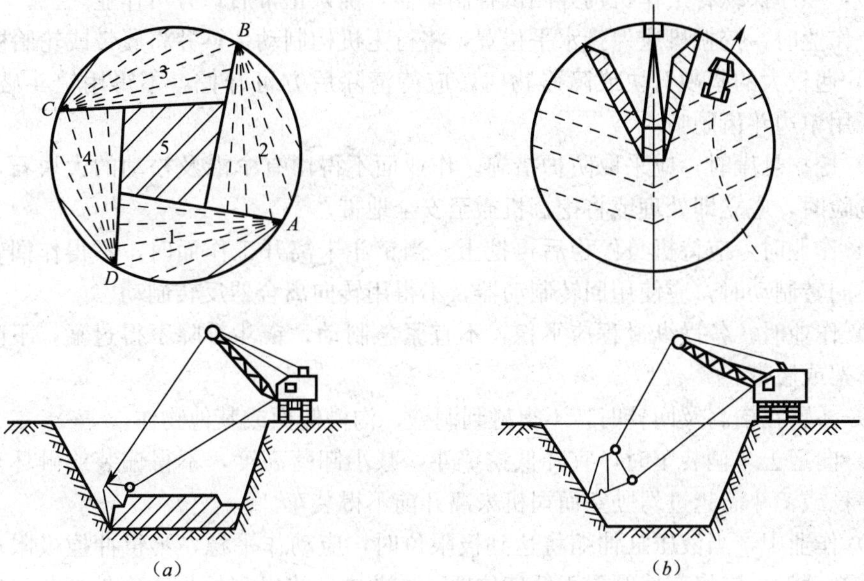

图 2.5-19　拉铲转圈和扇形挖土施工法

（*a*）转圈挖土；（*b*）扇形挖土

A、*B*、*C*、*D*—拉铲停放位置；1、2、3、4、5—开挖次序

2.5.4　单斗挖掘机的安全操作技术规程

（1）单斗挖掘机的作业和行走场地应平整坚实，对松软地面应垫以枕木或垫板，沼泽地区应先作路基处理，或更换湿地专用履带板。

（2）轮胎式挖掘机使用前应支好支腿并保持水平位置，支腿应置于作业面的方向，转向驱动桥应置于作业面的后方。采用液压悬挂装置的挖掘机，应锁住两个悬挂液压缸。履带式挖掘机的驱动轮应置于作业面的后方。

（3）平整作业场地时，不得用铲斗进行横扫或用铲斗对地面进行夯实。

（4）挖掘岩石时，应先进行爆破。挖掘冻土时，应采用破冰锤或爆破法使冻土层破碎。

（5）挖掘机正铲作业时，除松散土壤外，其最大开挖高度和深度，不应超过机械本身性能规定。在拉铲或反铲作业时，履带距工作面边缘距离应大于 1.0m，轮胎距工作面边缘距离应大于 1.5m。

（6）作业前重点检查项目应符合下列要求：

1）照明、信号及报警装置等齐全有效；燃油、润滑油、液压油符合规定；

2）各铰接部分连接可靠；液压系统无泄漏现象；轮胎气压符合规定。

（7）启动前，应将主离合器分离，各操纵杆放在空挡位置，并应按有关规定启动内燃机。

（8）启动后，接合动力输出，应先使液压系统从低速到高速空载循环10～20min，无吸空等不正常噪声，工作有效，并检查各仪表指示值，待运转正常再接合主离合器，进行空载运转，顺序操纵各工作机构并测试各制动器，确认正常后，方可作业。

（9）作业时，挖掘机应保持水平位置，将行走机构制动住，并将履带或轮胎楔紧。

（10）遇较大的坚硬石块或障碍物时，应待清除后方可开挖，不得用铲斗破碎石块、冻土、或用单边斗齿硬啃。

（11）挖掘悬崖时，应采取防护措施。作业面不得留有伞沿及松动的大块石，当发现有塌方危险时，应立即处理或将挖掘机撤至安全地带。

（12）作业时，应待机身停稳后再挖土，当铲斗未离开工作面时，不得作回转、行走等动作。回转制动时，应使用回转制动器，不得用转向离合器反转制动。

（13）作业时，各操纵过程应平稳，不宜紧急制动，铲斗升降不得过猛，下降时，不得撞碰车架或履带。

（14）斗臂在抬高及回转时，不得碰到洞壁、沟槽侧面或其他物体。

（15）向运土车辆装车时，宜降低挖铲斗，减小卸落高度，不得偏装或砸坏车厢。在汽车未停稳或铲斗需越过驾驶室而司机未离开前不得装车。

（16）作业中，当液压缸伸缩将达到极限位时，应动作平稳，不得冲撞极限块；作业中，当需制动时，应将变速阀置于低速位置；作业中，当发现挖掘力突然变化，应停机检查，严禁在未查明原因前擅自调整分配阀压力。

（17）作业中不得打开压力表开关，且不得将工况选择阀的操纵手柄放在高速挡位置。

（18）挖掘机在进行反铲作业时，斗臂应停稳后再挖土。挖土时，斗柄伸出不宜过长，提斗不得过猛。

（19）作业中，履带式挖掘机作短距离行走时，主动轮应在后面，斗臂应在正前方与履带平行，制动住回转机构，铲斗应离地面1m。上、下坡道不得超过机械本身允许最大坡度，下坡应慢速行驶，不得在坡道上变速和空挡滑行。

（20）轮胎式挖掘机行驶前，应收回支腿并固定好，监控仪表和报警信号灯应处于正常显示状态、气压表压力应符合规定，工作装置应处于行驶方向的正前方，铲斗应离地面1m长距离行驶时，应采用固定销将回转平台锁定，并将回转制动板踩下后锁定。

（21）当在坡道上行走且内燃机熄火时，应立即制动并楔住履带或轮胎，待重新发动后，方可继续行走。

（22）作业后，挖掘机不得停放在高边坡附近和填方区，应停放在坚实、平坦、安全的地带，将铲斗收回平放在地面上，所有操纵杆置于中位，关闭操纵室和机棚。

（23）履带式挖掘机转移工地应采用平板拖车装运。短距离自行转移时，应低速缓行，每行走500～1000m应对行走机构进行检查和润滑。

（24）保养或检修挖掘机时，除检查内燃机运行状态外，必须将内燃机熄火，并将液压系统卸荷，铲斗落地。利用铲斗将底盘顶起进行检修时，应使用垫木将抬起的轮胎垫稳，并用木楔将落地轮胎楔牢，然后将液压系统卸荷，否则严禁进入底盘下工作。

2.5.5 挖掘机的合理选择

2.5.5.1 选择合理机型

（1）按施工土方位置选择：当土方在停机面以上时，就可以选择正铲挖掘机；当土方在停机面以下时，一般选择反铲挖掘机；若开挖深沟或基坑，可选择拉铲或抓斗（土壤松软）挖掘机。

（2）按土壤性质选择：挖取水下或潮湿泥土时，应当选用拉铲、抓斗或反铲挖掘机；若土壤比较坚硬或开挖冻土时，应选用重型挖掘机；而装卸松散物料，采用抓斗挖掘最有效。

（3）按土方运距选择：在地形平坦的场地挖取松软土壤或开挖各种沟槽，最好选择生产效率高的多斗挖掘机，其次考虑其他机型；当运土距离较远，挖掘机必须与运输机械配合施工时，注意挖斗容量与运输车辆的斗容量合理配套。

（4）按土方量大小选择：当土方工程量不大而必须采用挖掘机施工时，可选用机动能大的轮胎式挖掘机或装载机；而大型土方工程，必须选用大型专用的挖掘机，并可以采用多种机械联合施工，可装较大的石块，有利于提高运输车辆的生产率。

（5）优先选择先进的新型机种：选择施工机械的原则是以本单位现有机械为主；如果另有机械来源，则应根据施工条件和要求优先选择先进的新产品，如液压挖掘机、多功能挖掘机，以提高挖掘生产率，缩短施工期，降低施工成本。

（6）根据上述各种工程条件，能选择出来的挖掘机可能有好几种，这样还必须进行综合地考虑。如大型施工机械受地形条件的限制，与运输工具配合的组织计划工作比较复杂，因此，对挖掘机的容量选择十分重要。除此以外，主要根据土方工程量、挖掘土层厚度、土壤性质、气候条件、施工环境、工程期限等，选择出符合“高速、低耗、安全”施工条件的挖掘机。

2.5.5.2 选择经济机型

（1）挖掘机的经济机型主要是考虑能源消耗和施工的成本，能源消耗可用机械耗油率来衡量，施工成本可用单位土方成本来进行比较。

（2）挖掘机的单位土方成本可按其生产率计算，或按台班产量定额及台班费用定额进行计算，并参考表2.5-6。表中台班费只是一个设定值，依地区、工程情况而不同，只供参考。从表中数值可知，一般挖掘机容量较大，其机械化施工的土方成本较低，因此，在满足工程量和挖土高度的条件下，选择大容量挖掘机是比较合算的。

单斗挖掘机施工土方预算成本参数　　表2.5-6

规格	主要项目	普通土		硬土		砂砾硬土	
	装车与否	不装车	装车	不装车	装车	不装车	装车
$0.5m^3$	台班定额（台班/km^3）	2.68	3.08	2.97	3.41	3.58	4.11
	土方定额（m^3/台班）	373	325	337	293	279	243
	台班费（元/台班）	266.54	266.54	266.54	266.54	266.54	266.54
	土方成本（元/m^3）	0.71	0.82	0.79	0.91	0.96	1.10

续表

规　格	主要项目	普通土		硬　土		砂砾硬土	
$1.0m^3$	台班定额（台班/km^3）	1.87	2.15	2.08	2.39	2.55	2.93
	土方定额（m^3/台班）	535	465	481	418	392	341
	台班费（元/台班）	266.54	266.54	266.54	266.54	266.54	266.54
	土方成本（元/m^3）	0.50	0.57	0.55	0.64	0.68	0.78

2.5.5.3　选配联合施工机械

（1）大型的土石方工程中，当挖掘机与运输机械联合施工时，为保证流水作业连续均衡，提高挖掘和运输机械的总生产率，运输机械的斗容量应是挖掘机械斗容量的整数倍，一般选3倍左右。

（2）挖掘机与自卸汽车联合施工时，每台挖掘机必须配合的自卸汽车台数可按下式计算：

$$N_{汽车}=\frac{t_{汽}}{nt_{挖}}$$

式中　$N_{汽}$——自卸汽车台数，台；

$t_{汽}$——汽车运土循环时间，min；

$t_{挖}$——挖掘机工作循环时间，min；

n——每台汽车装土的斗数。

如果知道汽车的台数，要选配挖掘机的台数，可按下，式计算其台数：

$$N_{挖}=\frac{N_{汽}\,nt_{挖}}{t_{汽}}$$

式中　$N_{挖}$——应配合的挖掘机台数；

$N_{汽}$——投入施工的自卸汽车台数。

2.5.6　挖掘机的维护保养

2.5.6.1　轮胎式液压挖掘机的维护保养

国产WLY60型轮胎式液压挖掘机的维护保养工作主要是：例行保养（表2.5-7）、一级保养（表2.5-8）、二级保养（表2.5-9）、三级保养（表2.5-10）等。

例行保养（每班进行）　　**表2.5-7**

序号	保　养　项　目		技　术　要　求
1	发动机	（1）检查燃油箱存油量； （2）检查油底壳机油油面； （3）检查燃油、润滑系统各管路及管接头； （4）旋转机油粗滤器手柄；	（1）每班作业结束后应加足燃油； （2）发动机启动前，油面应在油标尺上、下刻线之间，油量不足时，应补足； （3）消除渗漏现象，管路及管接头如有松动，应予紧固； （4）视环境情况，每工作4～5h后应按规定方向转动刮片式粗滤器手柄，刮去油污；

续表

序号		保 养 项 目	技 术 要 求
1	发动机	(5) 检查进风管道; (6) 检查空气滤清器; (7) 检查各部件的紧固情况; (8) 清洁发动机及附属设备外部; (9) 察听发动机运转声响	(5) 消除落入进风管的杂物、尘土，保持进风管清洁畅通; (6) 每工作 10～60h 应清洁空气滤清器滤芯和底壳：更换机油，加油至底壳上的油面标记处; (7) 各零部件应连接紧固，如有松动，应予紧固; (8) 擦净外部油、水及尘土; (9) 发动机应容易启动，各速运转正常，无异响，排气烟色正常。否则，应查明原因，排除故障
2	电气设备及仪表	(1) 检查各指示仪表、指示灯及照明装置、喇叭; (2) 检查各电气开关及八心插头; (3) 检查启动机、发电机	(1) 各指示仪表应反应灵敏、示值正确、数字清晰、表面平整、密封良好。工作时，机油压力为 0.2～0.4MPa，怠速时应不低于 0.05MPa。气压为 0.5～0.65MPa；紧急情况下应不低于 0.3～0.4MPa 方可起步。各指示灯及照明装置应齐全有效，喇叭声响正常; (2) 各电气开关应功能正常。机械行驶时，应将八心插头插上；回转、挖掘时，应将八心插头拔掉。工作结束后，切断电源; (3) 启动机、发电机应工作正常
3	传动系统	(1) 检查离合器; (2) 检查液压油泵传动箱及变速箱; (3) 检查上、下传动箱; (4) 检查传动轴; (5) 检查前、后驱动桥	(1) 离合器应接合平稳，分离彻底，操纵轻便，工作可靠; (2) 应操纵灵活，到位准确可靠，无异响，消除渗漏油现象; (3) 传动箱应工作正常，无异响及渗漏油现象; (4) 传动轴应工作正常，无异响。连接螺栓如有松动，应予紧固; (5) 前、后驱动桥应工作正常，无异响；消除漏油现象
4	转向系统	(1) 检查转向性能; (2) 检查转向油箱油量	(1) 转向应轻便灵活。消除转向系统的渗漏现象，清除转向装置上粘附的泥土、油污; (2) 油量不足时，应予补足
5	行走系统	检查轮胎	轮胎应无异物扎入或嵌入，胎压应正常；螺栓如有松动，应予紧固
6	制动系统	(1) 检查空气压缩机; (2) 检查油水分离器、贮气筒; (3) 检查行驶制动性能; (4) 检查驻车制动器（在上传动箱上安装）; (5) 检查作业时制动情况（前、后轮）; (6) 检查各气路	(1) 空气压缩机应工作正常。机油油位应在油标尺上、下刻线之间，油量不足时应于补充; (2) 排放油水分离器及贮气筒内的油、水; (3) 制动应灵敏、可靠，无跑偏及拖滞现象。制动系统如有漏气现象，应及时排除; (4) 制动器应功能正常，制动可靠; (5) 操纵手柄操纵气开关，前、后轮应制动可靠；前桥接通时，两悬挂油缸应闭锁; (6) 各气路应无漏气现象。管路及管接头如有松动，应予紧固

续表

序号	保养项目		技术要求
7	回转机构	（1）检查回转减速器； （2）检查回转支承连接螺栓； （3）检查回转装置工作情况	（1）回转减速器应工作正常，无异响；消除渗漏油现象； （2）螺栓如有松动，应予紧固； （3）回转装置应转动灵活、平稳，如有异常现象，应查明原因，排除故障
8	液压系统	（1）检查液压油箱油量； （2）检查液压油泵、液压马达等液压元件； （3）检查管路及管接头； （4）检查液压油油温	（1）油量不足时，应加注至规定的油位高度； （2）各液压元件应工作正常，无异响，无过热。如有渗漏，应予消除；连接螺栓如有松动，应予紧固； （3）管路及管接头如有松动，应于紧固； （4）观察液压油油温表，油温不得超过 80℃
9	工作装置	检查铲斗及铲斗臂、杆	应无裂损，工作正常
10	整机	（1）清洁整机外部； （2）检查外部连接螺栓； （3）检查泄漏情况； （4）润滑	（1）清除整机外部粘附的尘土及油泥； （2）螺栓如有松动，应予紧固；如有缺损，应予补充； （3）应无漏油、漏气、漏电现象； （4）按机器出厂使用说明书进行润滑

一级保养（每工作 200h 进行） **表 2.5-8**

序号	保养项目		技术要求
1	例行保养		完成本级保养作业项目外的例行保养项目
2	发动机	（1）检查燃油箱； （2）更换发动机油底壳机油； （3）检查喷油泵及调速器油面； （4）清洗机油粗滤器； （5）检查三角皮带张紧度、皮带断裂指示灯； （6）检查气门间隙； （7）检查冷却系统	（1）清洗油箱加油口滤网，清除油箱外部的尘土及油污，排放油箱中的积水及污物； （2）更换机油，应在发动机热状态下进行，并加油至油标尺标记处； （3）油面应在油标尺上、下刻线之间，油量不足时，应予补足； （4）拆洗机油粗滤器。滤心如有损坏，应予更换。心轴应能用手转动，无明显阻滞； （5）用拇指在两皮带轮间的皮带中部，施加 30～50N 压力，皮带下沉量为 15～25mm 时，表示皮带的张紧度适宜。如不符上述规定，应予调整。新皮带首次使用 20h 后，应检查并调整皮带张紧度。如皮带断裂指示灯亮，则表明风扇皮带损坏，应更换皮带。润滑风扇皮带张紧轮轴承； （6）冷车时，进、排气门间隙均为 0.20～0.25mm； （7）清除散热片上的泥土及油污。在工作环境差的条件下工作时，应缩短保养周期
3	电气设备与仪表	检查线路及接头	各导线应连接牢固，绝缘良好。接头如有松动，应予紧固

续表

序号	保养项目		技术要求
4	传动系统	(1) 检查离合器踏板自由行程； (2) 检查传动系统各齿轮箱油位； (3) 检查前桥接通装置及悬挂控制汽缸工作情况； (4) 检查传动轴	(1) 离合器踏板的自由行程应为 2.0～3.0mm，必要时进行调整。离合器三个分离杠杆与分离轴承的间隙为 5mm； (2) 每工作 100h 检查，油量不足时，应加油至规定的油位高度； (3) 操纵手柄操纵阀时，前桥接通装置及两悬挂油缸闭锁装置均应工作正常； (4) 润滑传动轴滑动叉、滚针轴承；各部位连接螺栓如有松动，应予紧固
5	行走系统	检查轮胎气压	前轮气压为 0.37MPa；后轮气压为 0.35MPa。必要时充气
6	制动系统	(1) 检查空气压缩机皮带张紧度； (2) 检查气路气压； (3) 检查行驶制动器； (4) 检查驻车制动器	(1) 用拇指以 30～50N 的力压下单根皮带中部，皮带下沉量应为 12～15mm，必要时调整。皮带如磨损严重或损坏时，应予更换； (2) 气路气压应为 0.5～0.65MPa，最高气压不超过 0.8MPa，不符规定时，应进行调整； (3) 制动鼓与摩擦片的间隙应为 0.2～0.6mm； (4) 驻车制动应灵活、可靠。空载条件下，操纵杆拉到有效行程的 2/3 起步，发动机有熄火现象为宜。摩擦片与制动鼓的间隙应符合规定值，不得小于 0.6mm
7	回转机构	(1) 检查回转减速器油位； (2) 检查回转支承	(1) 每工作 100h 检查油位，油量不足时，应加油至规定油位高度； (2) 润滑回转支承。连接螺栓如有松动，应予紧固
8	液压系统	(1) 清洗液压油滤清器及转向油箱滤清器； (2) 检查各液压系统的密封性； (3) 检查散热器	(1) 用煤油或柴油清洗滤清器滤芯，除去油污； (2) 消除渗漏现象； (3) 清除散热器外部的泥土、灰尘，消除渗漏现象
9	整机	(1) 检查各部位连接螺栓； (2) 润滑	(1) 螺栓如有松动，应予紧固； (2) 按机器出厂使用说明书进行润滑

二级保养（每工作 600h 进行） **表 2.5-9**

序号	保养项目		技术要求
1	一级保养		完成本级保养作业项目外的一级保养项目
2	发动机	(1) 检查燃油滤清器； (2) 清洗机油精滤器； (3) 检查机油散热器； (4) 检查气门密封性；	(1) 清洗燃油滤清器滤芯。滤心及密封圈如有损坏，应予更换； (2) 清洗机油精滤器，疏通油道。转子装配后应能自由转动。转子与转子盖必须按规定标记对准，以免破坏转子平衡； (3) 除去机油散热器外部的尘土； (4) 1) 检查气门密封情况，必要时研磨气门；

续表

序号	保养项目		技术要求
2	发动机	(5) 检查进、排气管； (6) 检查冷启动装置； (7) 检查喷油器喷油压力及喷雾情况； (8) 检查喷油提前角	2) 气门与气门座接触环带宽度为1.5～2.5mm； 3) 更换气门座或气门时，气门顶面应低于汽缸盖下平面1±0.15mm。 (5) 进、排气管连接螺栓如有松动，应予紧固。清除排气消声器内的积炭； (6) 应在进入冬季前进行，向冷启动装置的油罐内加注规定容量的柴油，接通点火开关，按下预热按钮10～15s，启动时发动机应即能启动； (7) 喷油器喷油压力为18MPa，喷雾应良好； (8) 喷油提前角如不符合规定值时，应予调整
3	电气设备与仪表	(1) 检查继电调节器； (2) 检查启动机、发电机	(1) 清洁调节器内、外部，各触点应完好。调节器应工作正常，必要时调整； (2) 碳刷与整流子应接触良好，碳刷磨损超限时应予更换
4	传动系统	(1) 检查离合器； (2) 检查各齿轮箱润滑油	(1) 离合器摩擦片磨损严重时，应予更换； (2) 更换各齿轮箱润滑油，消除漏油现象
5	转向系统	(1) 检查方向盘的自由行程； (2) 检查转向性能	(1) 方向盘的自由行程为8°，如自由行程过大，应查明原因，排除故障； (2) 当发动机熄火时，转动方向盘，应能有一定程度的转向效果
6	制动系统	(1) 检查空气压缩机； (2) 检查车轮制动器； (3) 检查驻车制动器	(1) 空气压缩机应工作正常，气路系统中压力稳定； (2) 制动摩擦片磨损严重时，应予更换。回位弹簧功能应正常，分泵无漏气现象。工作时，制动蹄应灵活，制动鼓无过热现象。清洗并润滑轴承； (3) 各部连接螺栓应无松动，销轴、销套磨损超限时应予更换
7	回转系统	更换回转减速器润滑油	每工作500h换油一次
8	液压系统	(1) 检查液压油质量； (2) 检查液压油缸； (3) 检查液压系统各部位连接螺栓； (4) 检查液压系统的工作情况	(1) 检查液压油油质，根据需要更换液压油。机器首次使用100h后应换油，并清洗滤清器； (2) 液压油缸应无内漏外泄现象，必要时拆卸油缸，更换磨损严重及损坏的液压元件； (3) 螺栓应连接紧固，如有松动，应予紧固； (4) 液压系统的工作压力应符合规定，否则，应查明原因，排除故障
9	工作装置	检查各铰接处销轴、销套	各销轴与销套的配合间隙应不超过0.35mm
10	整机	(1) 检查前、后桥车架及驾驶室等各部位连接螺栓、螺母； (2) 检查各操纵机构； (3) 润滑	(1) 连接螺栓如有松动，应予紧固；如有缺损，应予更换补齐； (2) 各操纵机构应操纵轻便、灵活，到位准确，定位可靠。各连接螺栓如有松动，应予紧固； (3) 按机器出厂使用说明书进行润滑

三级保养（每工作1800h进行） 表2.5-10

序号	保养项目		技术要求
1	二级保养		完成本级保养作业项目外的二级保养项目
2	发动机	（1）检查燃油箱； （2）检查喷油泵、调速器； （3）清洗润滑系统 （4）检查进风道； （5）检查汽缸盖； （6）检查曲轴连杆组件； （7）检查凸轮轴； （8）检查气门组件； （9）检查活塞与汽缸套的配合间隙	（1）彻底清洗燃油箱，消除渗漏现象； （2）每工作3000h应由专业人员进行检查、调试，修理喷油泵、调速器； （3）清洗机油管路、机油冷却器及油底壳，换入新机油； （4）清洁进风道及风扇； （5）拆洗汽缸盖，清除积碳。缸盖应无裂痕，缸盖平面度公差横向不大于0.04mm，纵向不大于0.06mm； （6）1）清除活塞积碳，必要时更换活塞环； 2）曲轴主轴与主轴承配合间隙为0.07～0.141mm，最大不超过0.30mm；连杆轴颈与连杆轴承的配合间隙为0.6～0.131mm，最大不超过0.30mm。超限时应修磨曲轴并选配轴承。 （7）凸轮轴轴颈与轴承的配合间隙为0.065～0.175mm，凸轮轴轴向间隙为0.15～0.26mm，超限时，应更换轴承及止推垫片。 （8）1）清洗气门组件，清除积炭，研磨气门。必要时，更换气门； 2）气门杆与气门导管配合间隙为0.055～0.105mm，最大不超过0.20mm； 3）气门弹簧如有严重变形，弹力不足时，应予更换。 （9）活塞裙部与缸套的配合间隙为0.278～0.338mm，最大不超过0.75mm，必要时，更换缸套并选配活塞
3	电气设备及仪表	（1）检查电气线路、灯具及仪表等； （2）检查启动机； （3）检查发电机	（1）电气线路应完整，包扎卡固良好。各照明灯具、信号标志齐全有效，喇叭声响清脆宏亮、无异响。仪表齐全，示值正确； （2）拆检启动机，清洁内部，润滑轴承。导线应完好，整流子应光滑清洁，无脱焊。碳刷磨损超限时，应予更换；刷簧弹力符合要求。传动装置应传动灵活、可靠； （3）拆检、清洁内部，揩净集电环及各部油污，清洗轴承并更换润滑脂。线圈、转子、硅二极管的焊头应无脱焊。碳副磨损超限时，应予更换；碳刷架及出线螺钉与外壳应绝缘良好。硅二极管如有损坏，应予更换
4	传动系统	（1）检查离合器； （2）检查各齿轮箱； （3）检查传动轴	（1）检查并调整离合器润滑分离叉衬套、分离轴承。如分离轴压紧弹簧失效，摩擦片磨损严重时，应予更换； （2）1）齿轮、轴承磨损严重或损坏时，应予更换； 2）前、后桥主传动锥齿轮的啮合间隙应为0.20～0.35mm，接触印迹应符合汽车主传动的要求，必要时进行调整； 3）上、下传动箱锥齿轮的啮合间隙为0.20～0.28mm，必要时进行调整。 （3）拆检传动轴。万向节十字轴径向间隙大于0.25mm时，应更换磨损严重或损坏失效的零件

续表

序号	保养项目		技术要求
5	行走系统	(1) 调整轴头轴承间隙； (2) 检查轮胎磨损情况	(1) 轴承如有松旷，应调整间隙，同时润滑轴承； (2) 轮胎如有损坏，应予换新
6	制动系统	(1) 检查空气压缩机及驻车制动器； (2) 检查制动性能	(1) 空气压缩机向贮气筒充气时，由零达到规定压力所需时间为 3～4min。达不到上述要求时，应查明原因，排除故障；当空压机有损坏时，应予修复或更换； (2) 当踏下制动踏板全行程的 4/5 时，应能产生最佳制动效果
7	回转机构	(1) 检查回转减速器； (2) 检查回转小齿轮及齿圈	(1) 齿轮及轴承磨损严重或损坏时，应予更换； (2) 齿轮磨损严重时，应予更换
8	液压系统	(1) 更换液压油； (2) 检查液压油泵、液压马达、液压阀、油缸； (3) 检查液压系统工作压力	(1) 更换液压油，同时清洗液压油箱； (2) 在额定工作压力下应无渗漏现象。油缸应伸缩平稳，无卡滞及爬行现象； (3) 1) 液压油泵工作压力最大为 14MPa； 2) 液压马达工作压力最大为 10MPa； 3) 转向系统工作压力最大为 7MPa。 不符合上述规定时，应予调整
9	工作装置	(1) 检查铲斗； (2) 检查各铰点销轴、销套	(1) 铲斗磨损严重时，应予修复。斗齿和橡胶卡销磨损严重或损坏时，应予更换； (2) 销轴、销套磨损严重时，应予更换
10	整机	(1) 检查机架； (2) 检查驾驶室； (3) 检查紧固各部位连接螺栓； (4) 补漆； (5) 润滑	(1) 机架应完好，各零部件在机架上应固定牢靠，无脱焊、脱铆现象；连接螺栓如有松动，应予紧固； (2) 驾驶室应无变形，门窗应关闭严密，开关自如，门锁牢固可靠。座椅如有损坏，应予修复；固定螺栓如有松动，应予紧固； (3) 螺栓如有松动，应予紧固； (4) 对局部脱漆部位进行补漆； (5) 按机器出厂使用说明书进行润滑

2.5.6.2 履带式液压挖掘机的维护保养

国产 WY60A 型履带式液压挖掘机的维护保养工作主要是：例行保养（表 2.5-11）、一级保养（表 2.5-12）、二级保养（表 2.5-13）、三级保养（表 2.5-14）等。

例行保养（每班进行） **表 2.5-11**

序号	保养项目		技术要求
1	发动机	(1) 检查燃油箱油量； (2) 检查燃油箱油管、管接头及滤清器； (3) 检查油底壳机油油位；	(1) 根据需要，加足燃油； (2) 如有渗漏，应予排除； (3) 检查机油油位，应将机器置于水平位置进行，油位应在油标尺上、下刻线之间，不足时加足。如油位过高，应查明原因，排除故障；

续表

序号		保养项目	技术要求
1	发动机	(4) 检查机油管、管接头及滤清器； (5) 检查水分离器； (6) 检查冷却系进风道； (7) 检查进排气管的接合部位； (8) 清洁空气滤清器； (9) 检查各零部件的紧固情况； (10) 察听发动机运转情况	(4) 如有渗漏，应予排除； (5) 排放水分离器内的积水； (6) 进风道应经常保持畅通，如积有尘土杂物，应及时清除； (7) 如有漏气现象，应予排除； (8) 清洁滤清器排尘阀的排放口；当集尘器中尘土量达到一半时，应立即倒掉尘土，清洁集尘器； (9) 各零部件应连接紧固、可靠，如有松动，应按规定力矩予以紧固； (10) 发动机应启动迅速，各速应运转正常，无异响、异烟；否则应查明原因，排除故障。走合期间工作50h后，应紧固缸盖螺栓，检测气门间隙，如有不符，应按规定予以调整
2	电气设备与仪表	(1) 检查各指示仪表、指示灯、报警装置、照明灯； (2) 检查各电气开关及导线； (3) 检查启动机、发电机	(1) 各指示仪表应反应灵敏，示值正确。在正常工作范围内，各指示灯、报警装置、照明灯应工作正常，齐全有效。如有异常，应查明原因，排除故障； (2) 各电气开关应接触良好，功能可靠，导线完好无损。 (3) 启动机、发电机应工作正常
3	行走系统	(1) 检查行走减速器； (2) 检查行走制动器； (3) 检查导向轮、支重轮、托带轮； (4) 检查履带板； (5) 检查行走装置工作情况； (6) 检查各部安装螺栓、螺母	(1) 行走减速器应工作正常，无异响。消除渗漏现象。每工作50h，检查紧固螺栓。检查油量，油不足时应予加足； (2) 制动器应功能良好，制动可靠。否则，应查明原因，排除故障； (3) 应无渗漏油现象； (4) 固定螺栓如有松动，应予紧固。履带过松时，应予调整； (5) 行走装置应工作正常，无异响，无跑偏，无啃轨。否则，应查明原因，及时排除故障； (6) 螺栓、螺母如有松动，应予紧固；如有缺损，应予补充
4	回转机构	(1) 检查回转减速器； (2) 检查回转制动器； (3) 检查回转支承； (4) 检查回转机构工作情况	(1) 回转减速器应工作正常，无异响。消除渗漏油现象。每工作50h，检查油位，油不足时，应予加足。连接螺栓若有松动，应予紧固； (2) 回转制动器应功能正常，制动可靠； (3) 连接螺栓如有松动，应予紧固。在回转平台工作情况下，扳动加油阀，润滑转台齿圈； (4) 回转平台回转应灵活、平稳，如有异常现象，应查明原因，及时排除故障
5	液压系统	(1) 检查液压油箱油面； (2) 检查液压油泵、液压马达、液压阀、油缸等液压元件； (3) 检查管路及管接头	(1) 油面应在油标尺规定的高度范围内，油不足时，应予补充； (2) 各液压元件应工作正常，无异响，无过热。消除渗漏现象。连接螺栓如有松动，应予紧固； (3) 管路及管接头如有松动，应予紧固。消除渗漏现象

续表

序号	保养项目		技术要求
6	工作装置	检查铲斗	斗齿如有松动，应予紧固；磨损严重超限时，应予焊修或更换
7	整机	(1) 清洁整机外部； (2) 检查各部连接螺栓、螺母； (3) 检查各操纵机构； (4) 润滑	(1) 清除整机外部粘附的泥土、杂物； (2) 螺栓、螺母如有松动，应予紧固；如有缺损，应予补充； (3) 各操纵机构应操纵轻便灵活，无卡阻且到位准确，定位可靠。如有异常，应查明原因，排除故障； (4) 按机器出厂使用说明书进行润滑

一级保养（每工作 200h 进行） **表 2.5-12**

序号	保养项目		技术要求
1	例行保养		完成本级保养作业项目之外的一级保养项目
2	发动机	(1) 清洗燃油滤清器； (2) 清洗输油泵滤网； (3) 检查喷油泵及调速器油位； (4) 更换油底壳机油； (5) 清洗机油滤清器； (6) 清洁散热片与机油冷却器； (7) 检查风扇皮带张紧度； (8) 清洗空气滤清器	(1) 清洗燃油滤清器壳体及滤心，清除污物； (2) 每工作 100h，应清洗滤网一次； (3) 每工作 100h 进行一次检查，油量不足时，应予加足，直至油从检查口溢出为止（装有溢油管时）； (4) 更换机油。新机或大修后首次使用的发动机工作 20～30h 后应换油一次； (5) 清洗机油滤清器，更换滤心； (6) 每工作 100h，应清洗散热片和机油降却器，除去油污及尘土，在尘土浓度太的工作条件下，应适当缩短清洁周期； (7) 在单根皮带中段施以 30～50N 的力，皮带下沉量为 10～15mm 时，张紧度合适。皮带过紧或过松，应予调整； (8) 拆洗空气滤清器，清除尘土，滤芯应采用小于 0.5MPa 的压缩空气从里向外斜吹。滤芯如损坏，应予更换
3	电气设备及仪表	(1) 检查发电机皮带张紧度； (2) 检查报警装置（装有时）； (3) 检查电阻加热管或火焰预热塞； (4) 检查接线柱及导线； (5) 检查启动机、发电机	(1) 在单根皮带的中部施以 30～50N 的压力，皮带下沉量应为 10～15mm，如不符，应调整皮带张紧度； (2) 每工作 100h 检查，报警装置应工作正常； (3) 应在入冬前进行检查。电阻加热管或火焰预热塞应工作正常。否则，应予修理或更换； (4) 清除接线柱上的尘土，接线柱及导线如有松动，应予紧固； (5) 紧固件应牢固，接触良好。清除外部粘附的尘土及污物
4	行走系统	检查履带张紧度	履带的下沉量为 25～60mm，不符要求时，应予调整
5	回转机构	(1) 检查回转支承； (2) 检查中央回转接头安装螺栓及软、硬管接头	(1) 润滑双排滚球式回转支承；连接螺栓如有松动，应予紧固； (2) 安装螺栓如有松动，应予紧固。所有软、硬管接头应无渗漏油现象

续表

序号	保养项目		技术要求
6	液压系统	(1) 检查液压油滤清器； (2) 检查液压油冷却器； (3) 更换液压油（新机或大修后首次使用）； (4) 清洗液压油箱加油口滤网	(1) 当液压油污染指示信号器显示时，应清洗滤清器，更换纸质滤芯； (2) 当油温指示信号器显示时，应清洗液压油冷却器，除去尘土及污物； (3) 新机或大修后首次使用200h后，应更换液压油并清洗液压油箱； (4) 清洗滤网，除去污物
7	整机	润滑	按机器出厂使用说明书进行润滑

二级保养（每工作600h进行） **表2.5-13**

序号	保养项目		技术要求
1	一级保养		完成本级保养作业项目外的一级保养项目
2	发动机	(1) 清洗润滑系统更换机油； (2) 检查气门间隙； (3) 检查气门密封情况； (4) 检查汽缸垫的密封情况，紧固缸盖螺栓 (5) 检查缸盖温度报警器； (6) 清洁燃油箱及燃油系统管道； (7) 清洗油水分离器（装有分配式喷油泵的发动机）	(1) 清洗油底壳及机油管道。清除油污，更换机油； (2) 每工作300h进行检查，首次使用的新机或大修后首次使用的发动机，工作20h后应进行检查，如不符规定，应予调整。冷车时，进、排气门的间隙各为0.15mm； (3) 拆下缸盖，清除积碳，观察气门配合锥面的密封情况，必要时研磨气门； (4) 汽缸垫如有损坏或失去密封者应予更换。更换时，用30N·m的力矩，按规定顺序拧紧缸盖螺栓； (5) 卸下传感器或温度开关，浸入150～155℃的热机油中，指示灯应亮，表示正常，否则，应予检修； (6) 每工作500h，应排放燃油箱中的沉淀物，并清洗油箱一次； (7) 卸下滤芯，倒出油水分离器内的油污，用柴油清洗干净后装复。安装时应注意密封，并排放混入燃油中的空气
3	电气设备及仪表	(1) 检查电路； (2) 检查发电机（直流发电机）	(1) 对电路各接头进行检查，如有松动，应予紧固；如有烧蚀、损坏，应予修理或更换； (2) 拆检发电机并清洗内部，润滑轴承；各零部件磨损严重时，应予修复或更换
4	行走系统	(1) 检查行走减速器润滑油质量； (2) 检查行走制动器	(1) 检查润滑油质量，根据需要，更换润滑油； (2) 左、右行走制动器应功能良好，制动可靠，如制动效率降低时，应更换制动摩擦片，并注意不要使油污沾染摩擦片
5	回转机构	(1) 检查回转减速器润滑油质量； (2) 检查回转制动装置； (3) 检查回转支承齿圈润滑油路	(1) 检查润滑油油质，根据需要更换； (2) 回转制动应工作可靠，如制动效率降低，应查明原因，排除故障； (3) 保持润滑油路畅通
6	液压系统	(1) 检查液压油质量； (2) 检查液压油滤清器； (3) 清洗液压油冷却器散热片	(1) 检查液压油油质，根据需要，更换液压油； (2) 清洗液压油滤清器，更换纸质滤芯； (3) 清除液压油冷却器散热片上的污垢，消除渗漏现象

续表

序号	保养项目		技术要求
7	工作装置	检查工作装置	如有开焊应予补焊；各零部件磨损严重或损坏时，应予修复或更换
8	整机	(1) 检查各机构工作情况； (2) 润滑	(1) 发动机运转正常后，在额定转速下，在空斗时，各机构动作几次，应工作正常。回转、行走、制动功能良好； (2) 按机器出厂使用说明书进行润滑

三级保养（每工作1800h进行） 表2.5-14

序号	保养项目		技术要求
1	二级保养		完成本级保养作业项目外的二级保养项目
2	发动机	(1) 更换空气滤清器滤心； (2) 更换燃油滤清器滤心； (3) 检查调整喷油泵及喷油器； (4) 检查喷油提前角； (5) 检查汽缸盖、汽缸及活塞； (6) 检查活塞环； (7) 检查气门弹簧及气门与导管的间隙； (8) 检查曲轴轴向间隙及各轴承的配合间隙；紧固连接螺栓； (9) 检查火焰预热装置	(1) 更换空气滤清器滤芯，至少每年应更换一次； (2) 每工作1200h，或发动机功率下降时，应更换燃油滤清器滤芯，并排放混入燃油系统中的空气； (3) 1) 检查喷油泵供油量，必要时进行调整； 2) 检查喷油器雾化情况，必要时更换喷油器偶件，喷油压力为17.15±0.784MPa。 上述工作应由专业人员按说明书规定在试验台上进行。 (4) 如有不符，应按规定予以调整； (5) 拆卸缸盖，清除积炭，检查汽缸及缸盖。缸盖应无裂痕。汽缸套内孔圆度及锥度与活塞裙部的配合间隙超过允许值时，应进行修理或更换； (6) 活塞环弹力不足或磨损超限失去密封作用者，应予更换； (7) 气门弹簧如有弯曲、断裂或弹力不符规定者，应予更换； (8) 曲轴轴向间隙及各轴承的配合间隙如超过极限值或轴承出现合金剥落及烧蚀等情况，应予调整或重新选配轴承及止推板；按规定顺序及拧紧力矩紧固连接螺栓； (9) 应在入冬前进行检查。预热塞功能良好，燃油供给应正常，否则应查明原因，排除故障
3	电气设备及仪表	(1) 拆检启动机； (2) 拆检交流发电机； (3) 检查发电机调节器	(1) 每工作1200h进行检查。清洁内部及转子，润滑轴承。如轴承松旷，碳刷磨损严重，应予更换。线圈、整流子如有脱焊应焊修。启动齿轮应无严重磨损，传动装置应灵活可靠，否则，应予修理或更换； (2) 每工作1200h检查。清洁发电机各部，润滑轴承。轴承如有松旷应予更换，集电环如有烧蚀应予修磨。线圈、转子、硅二极管的焊头应无脱焊；碳刷磨损严重时应予更换；导线及导线与外壳应连接牢固绝缘良好。弹簧弹力应符合原厂规定。 (3) 调节器应工作正常，各触点应清洁、平整且接触良好，触点如有烧蚀应予修磨

续表

序号	保养项目		技术要求
4	行走装置	(1) 检查行走减速器； (2) 检查行走制动器； (3) 检查导向轮、支重轮、托带轮及驱动轮； (4) 检查行走性能	(1) 更换润滑油，如放出的旧油中发现有金属碎屑时，应查明原因，排除故障； (2) 制动摩擦片磨损严重时，应予更换； (3) 消除渗漏油现象。部件磨损超限时，应予修复或更换； (4) 工作时，行走装置应无异响。行走的直线性、转弯灵活性、行走制动性应符合原厂规定的要求
5	回转机构	(1) 检查回转减速器； (2) 检查回转制动器； (3) 检查回转支承齿圈	(1) 更换润滑油。如放出的旧油中发现有金属碎屑时，应查明原因，排除故障； (2) 制动摩擦片磨损严重时，应予更换； (3) 如齿圈及与其相啮合的小齿轮磨损严重或损坏，应予更换
6	液压系统	(1) 更换液压油； (2) 检查各液压油泵、液压马达、液压阀及油缸； (3) 检查液压系统压力	(1) 清洗液压油箱，加注规定牌号新油至规定的油面高度； (2) 在额定工作压力下，各液压油泵、液压马达、液压阀应工作正常，无异响及渗漏。油缸应伸缩平稳，无内漏外泄及爬行现象； (3) 液压系统最大工作压力为25MPa，操纵系统工作压力为25MPa
7	工作装置	(1) 检查工作装置各铰接点销轴、销套； (2) 检查工作装置工作情况	(1) 各销轴、销套磨损严重时，应予更换，并进行润滑； (2) 工作时，工作装置应动作灵活。铲斗在装入额定载质量的物料时，动臂油缸活塞杆全部伸出（工作部分）；10min内，活塞杆下沉量应不大于10mm。否则，应查明原因，排除故障，必要时更换磨损严重或损坏的液压元件
8	整机	(1) 检查整机； (2) 检查整机外部喷漆表面； (3) 润滑	(1) 各部件应安装牢固，无脱焊，无变形；联结螺栓如有松动，应予紧固； (2) 必要时进行补漆或整机喷漆； (3) 按机器出厂使用说明书进行润滑

2.5.7 挖掘机的常见故障及处理方法

单斗液压挖掘机的常见故障及处理方法见表2.5-15所列。

挖掘机的常见故障及处理方法 表 2.5-15

故障现象		故障原因	处理方法
整机方面	功率下降	(1) 柴油机输出功率不足； (2) 液压泵磨损； (3) 分配阀或主溢流阀调整不当； (4) 工作油排量不足； (5) 吸油管路吸进空气	(1) 检查修理； (2) 检查或更换； (3) 调整压力到合适； (4) 从油质、系统泄漏、元件磨损等方面检查； (5) 排出系统中空气，紧固接头，检查和更换密封件
	作业不良	(1) 液压泵出现故障； (2) 液压泵排油量不足	(1) 检查或更换； (2) 检查油质、泵的磨损、密封等，必要时更换
	回转压力不足	(1) 缓冲阀调整压力下降； (2) 液压马达性能下降； (3) 回转轴承损坏	(1) 调整压力到合适； (2) 检查和更换； (3) 更换
	回转制动失灵	(1) 缓冲阀调整压力下降； (2) 液压马达性能下降	(1) 调整压力到合适； (2) 检查和更换
	回转时异音	(1) 回转副的大小齿轮油脂不足； (2) 液压马达性能下降	(1) 加润滑脂； (2) 检查和更换
	行走力不足	(1) 溢流阀调整压力低； (2) 缓冲阀调整压力低； (3) 液压马达性能下降； (4) 中央回转接头密封损坏	(1) 调整压力到合适； (2) 调整压力到合适； (3) 检查和更换； (4) 检查和更换
	行走力不轻快	(1) 履带内有石块等异物夹入； (2) 履带板张紧过度； (3) 缓冲阀调整压力不合适； (4) 液压马达性能下降	(1) 除去异物调整； (2) 调整到合适； (3) 调整压力到合适； (4) 检查和更换
	行走时跑偏	(1) 履带张紧左右不同； (2) 液压泵性能下降； (3) 液压马达性能下降； (4) 中央回转接头密封损坏	(1) 调整； (2) 检查和更换； (3) 检查和更换； (4) 更换
	操作重	(1) 伺服回路压力低； (2) 分配阀阀杆有异物夹入； (3) 转向接头的润滑不良； (4) 转向接头不圆滑	(1) 检查，调整； (2) 检查，更换； (3) 检查和加油； (4) 检修
	变速器有噪声	(1) 润滑油浓度低； (2) 润滑油不足； (3) 齿轮磨损或损坏； (4) 轴承磨损、损坏或烧毁； (5) 齿轮间隙不合适； (6) 差速器和万向节磨损	(1) 更换润滑油； (2) 加油； (3) 更换； (4) 更换轴承； (5) 更换； (6) 更换
	变换手柄挂挡困难	(1) 齿轮齿面异状，花键轴磨损； (2) 换挡拨叉固定螺钉松动或脱落； (3) 换挡拨叉磨损过度	(1) 修理，更换； (2) 紧固或重装； (3) 更换
	滑动齿轮脱开	(1) 输出轴沟槽磨损，弹簧损坏； (2) 轴叉磨损剧烈	(1) 更换； (2) 更换

续表

故障现象		故障原因	处理方法
整机方面	驱动桥杂音	(1) 轴承壳破损； (2) 齿轮啮合间隙不合适； (3) 润滑油黏度不合适； (4) 润滑油过多或过少	(1) 更换； (2) 调整齿轮间隙； (3) 更换润滑油； (4) 调整油量
	万向节杂音、漏油	(1) 缺乏润滑油； (2) 油封漏油	(1) 加润滑油； (2) 更换
	轮边减速器漏油	(1) 油封漏油； (2) 轮壳轴承间隙过大； (3) 加油过多	(1) 更换； (2) 调整间隙； (3) 调整油量
	制动器打滑	(1) 制动鼓中流入润滑油； (2) 壳内进入齿轮油； (3) 摩擦片表面有污物或油渍	(1) 换壳边密封； (2) 更换油封； (3) 清洗摩擦片
	制动器完全失灵	(1) 液压缸活塞杆间隙过大； (2) 贮气筒故障； (3) 制动块间隙或大或小； (4) 制动衬里磨损； (5) 液压系统内混入空气； (6) 牵引钢绳断裂	(1) 调换密封圈； (2) 检查单向阀管路和密封； (3) 调整间隙； (4) 更换； (5) 排出空气，紧固接头，更换密封； (6) 修复或更换
液压系统方面	液压泵、液压马达、液压缸、各种阀过热	(1) 系统压力太高； (2) 卸载阀压力调得太高； (3) 油脏或供油不足； (4) 油冷却系统故障； (5) 液压泵效率过低； (6) 液压泵吸空； (7) 油内有空气混入； (8) 泵超载工作； (9) 元件磨损或损坏	(1) 调整安全阀压力到合适； (2) 调整到合适； (3) 清洗或更换滤清器，检查油的黏度，把蓄能器充满到合适； (4) 检查或更换元件； (5) 检查或更换元件； (6) 更换滤清器，清洗被阻塞的入口管道，清洗蓄能器通气口，更换工作油，调整泵速； (7) 拧紧易漏接口，把蓄能器油面充满到合适，排出系统中空气，更换泵轴的密封； (8) 调整工作载荷，使泵和系统负荷一致； (9) 检查和更换
	液压泵响声太大	(1) 吸空； (2) 油内有空气； (3) 连接太松或错位； (4) 磨损或损坏	(1) 更换滤清器，清洗被阻塞的入口管道，清洗蓄能器通气口，更换工作油，调整泵速； (2) 拧紧接口把蓄能器油面充满到合适，排出系统中空气，更换密封； (3) 调整好位置和紧固，检查密封和轴承； (4) 检查和更换
	马达杂音	(1) 连接松动或错位； (2) 磨损或损坏	(1) 整位并紧固，检查密封和轴承 (2) 检查和更换

续表

故障现象		故障原因	处理方法
液压系统方面	安全阀有杂音	(1) 开启压力或传到下一阀的压力调得太高； (2) 阀门或阀座磨损	(1) 调整安全阀压力到合适 (2) 检查或更换元件
	系统没油	(1) 泵不吸油； (2) 驱动泵的设备失效； (3) 驱动泵的设备连接切断； (4) 驱动泵的电动机反接； (5) 泵的进出口接反； (6) 油从安全阀返回； (7) 液压泵已损坏	(1) 更换滤清器。清洗被阻塞的入口管道，清洗蓄能器的通气口；更换系统的油；调整泵速； (2) 如电动机、柴油机等，应修复或更换检查电气线路； (3) 更换或调整； (4) 改变电线接头； (5) 改变进出口接头； (6) 调整安全阀压力，检查或更换元件； (7) 检查和更换
	系统中供油不足	(1) 流量控制阀调整不当； (2) 安全阀或卸载阀调整不当； (3) 系统外漏； (4) 液压元件磨损	(1) 按需要重新调整； (2) 重新调整； (3) 紧固连接接头；从系统中排出空气； (4) 检查并更换
	系统油量过大	流量控制阀调整不当	按需要重新调整
	系统中没有压力或压力过低	(1) 没有油； (2) 流量太低； (3) 减压阀调整不当； (4) 外漏严重； (5) 液压阀磨损或损坏	(1) 更换滤清器。清洗被阻塞的入口管道，清洗蓄能器通气口；更换工作油；调整泵速； (2) 按需要重新调整； (3) 重新调整； (4) 紧固接头，从系统中排出空气； (5) 检查并更换
	压力不稳	(1) 油中有空气； (2) 安全阀磨损； (3) 油脏； (4) 液压元件磨损	(1) 拧紧易漏接口，把蓄能器油面充满到合适，排出空气，更换密封； (2) 检查并更换； (3) 清洗或更换粗滤器和精滤器，排出脏油，冲洗并换新油； (4) 检查并更换
	压力太高	安全阀或卸载阀调整不当或磨损	重新调整到合适，检查或更换
	液压马达、液压缸不动作	(1) 没有油或没有压力； (2) 顺序阀或变量机构磨损； (3) 机械部分故障； (4) 液压缸，液压马达磨损或损坏	(1) 更换滤清器。清洗被阻塞的入口管道，清洗蓄能器通气口；更换工作油；调整泵速； (2) 调整和更换； (3) 检查机械部分； (4) 检查或更换
	液压缸、液压马达动作缓慢	(1) 流量太低； (2) 油的黏度太大； (3) 压力不足； (4) 联动装置润滑不当； (5) 液压缸、液压马达磨损或损坏	(1) 按需要重新调整； (2) 提高油温。若黏度不合适，就换油； (3) 按需要重新调整减压阀； (4) 清除脏物并加润滑； (5) 检查并更换

续表

故障现象		故障原因	处理方法
液压系统方面	工作装置运动不稳	(1) 压力不稳定； (2) 油中混入空气； (3) 联动装置润滑不当； (4) 液压缸、液压马达磨损或损坏	(1) 检查或更换安全阀，清洗滤油器或换新油； (2) 拧紧接头，把蓄能器油面充满到合适，排出空气，更换密封件； (3) 消除脏物并加润滑； (4) 检查并更换
	工作速度过快	流量过大	重新调整流量控制阀
	油的泡沫太多	(1) 油号不对或黏度不合适； (2) 油频繁地通过安全阀； (3) 安全阀磨损或损坏	(1) 排出油，冲洗系统，再注新油； (2) 调整安全阀使压力合适； (3) 检查并更换
	回油压力突然升高，爆坏管接头	背压阀阀芯卡死	拆检或更换
	管路剧烈振动	(1) 液压系统中有空气； (2) 工作油不足； (3) 管路没有固定压板； (4) 背压阀阀芯不灵活或卡死	(1) 拧紧接头，把蓄能器充满到合适，排出系统中空气或更换密封件； (2) 检查并加油； (3) 加固定压板； (4) 拆检或更换
转向系统方面	转向系统压力	(1) 转向系统安全阀损坏、磨损或调整不当； (2) 转向油缸内串通； (3) 油缸磨损	(1) 调整安全阀压力到合适，修复或更换； (2) 检查，必要时予以改装； (3) 修复或更换
	转向速度过快	变量机构阀杆不动，使泵处于最大流量位置	修复或更换
	转向速度太低	(1) 泵吸油不足； (2) 安全阀调整不当； (3) 泵磨损或损坏	(1) 检查滤油器是否阻塞，泵入口是否漏损； (2) 调整到合适； (3) 修复或更换
	方向盘慢转统时转向困难	(1) 系统污染严重； (2) 油位太低	(1) 把油排出，冲洗系统，重新注油； (2) 加油到合适位置
	转向回位不足	阀杆有异物粘附	清洗阀和阀杆，有破损则修复或更换
	机械向一边歪斜	阀不平衡或磨损严重	更换
	转向离合器压力低	(1) 油位太低； (2) 吸油滤网阻塞； (3) 补油泵磨损； (4) 主调整阀泄漏	(1) 加油到合适位置； (2) 清洗或更换； (3) 用流量计检查泵； (4) 修复或更换
	转向反常	操纵阀杆位置不当	修复或更换

续表

故障现象		故障原因	处理方法
制动系统方面	制动太慢	(1) 制动管路损坏； (2) 制动控制阀调整不当； (3) 传动系统油压太低； (4) 液压传动系统油位太低	(1) 更换； (2) 调整到合适； (3) 检查液压传动系统动作； (4) 加油到合适位置
	不能制动	(1) 制动操纵阀失灵； (2) 制动管路有故障	(1) 修复或更换，检查传动压力； (2) 更换
	制动脱不开	制动控制调整不当或者失效	调整修理或更换
	紧急制动不能完全脱开	(1) 传动压力不足； (2) 管路流通不畅； (3) 制动油缸或联动装置损坏	(1) 检查液压传动系统的工作情况； (2) 检查给油软管和备件； (3) 修复或更换
工作装置方面	载荷自动降落	(1) 液压缸漏油或磨损； (2) 液压缸控制阀杆串通	(1) 修复或更换； (2) 更换阀装置
	铲斗和动臂回路油压低	(1) 安全阀损坏、磨损或调整不当； (2) 液压缸上下腔窜油； (3) 液压泵磨损	(1) 检查，修理或更换； (2) 更换液压缸密封元件； (3) 修复或更换
	液压缸抖动	(1) 油位太低； (2) 活塞杆衬垫太紧； (3) 活塞与液压缸配合太松； (4) 活塞杆弯曲	(1) 加油到合适位置； (2) 调整到合适； (3) 检查修复或更换； (4) 拆开液压缸全面检修
	当阀从中间位置移动时载荷下降	(1) 单向阀污染； (2) 单向阀阀座损伤	(1) 清洗并检查滤清器； (2) 修复或更换
	操纵阀心有卡住倾向，操作困难	(1) 油温太高； (2) 系统太脏； (3) 油压太高； (4) 阀心弯曲； (5) 联动装置束缚； (6) 操纵装置磨损或损坏； (7) 系统温度太低	(1) 检修液压系统； (2) 排出系统中油，清洗并更换； (3) 根据液压系统取合适值； (4) 更换； (5) 检查并修复； (6) 修复或更换； (7) 适当提高油温
	操纵手柄不能定位	(1) 部分磨损或损坏； (2) 振动太大； (3) 阀芯的行程受阻	(1) 修复或更换； (2) 消除振源； (3) 检查并重新调整联动装置
	铲斗提升太快	变量机构或操纵阀不能正确地起作用，而使泵处于最大流量位置	检查、调整、修理或更换变量装置
	铲斗提升太慢	(1) 泵流量不够； (2) 安全阀调整压力太低； (3) 泵磨损或损坏	(1) 检查泵吸油泄漏量； (2) 调整到合适； (3) 修理或换件
	铲斗在保持位置自动倾斜	(1) 操纵阀杆不在正确的中间位置； (2) 液压缸密封衬垫损坏	(1) 调整到正确的中间位置； (2) 更换

续表

故障现象		故障原因	处理方法
软管部分	管内脆裂	温度太高	更换软管装置，装设保护装置
	软管内壁裂缝，但室温下柔软	温度太低	更换软管装置，在操作前给系统加温
	使用时间不长，出现破裂	软管与工作压力不适应	用相应压力的软管更换
	软管表层破裂	软管受摩擦或金属丝线被大气腐蚀	排除障辞物或重新布置软管到适当位置，更换软管
	使用时间不长后弯曲处破裂	弯曲半径不合适	按正确的弯曲半径重新装设新管
	扭转处破裂	软管太紧	按同样的平面和弯曲装设新管或重新安装消除过紧力
	安装破坏或泄漏	安装或装配不合适	按要求重新安装
	软管遇油膨胀	软管类型不合适	用耐油软管装配
	软管受压伸长	使用的软管太短	更换软管
	软管在夹紧位置擦伤	夹子太大，与软管直径不适合，从而产生相对运动	改换小夹子

2.6 平地机

2.6.1 概述

2.6.1.1 平地机的用途

平地机主要是利用刮土铲刀进行土壤切削、刮送和整平作业的土方机械。它可进行砂石或砾石路面的维修；路基路面的整形；挖沟、草皮或表层土的剥离；修刮边坡等切削平整作业。它还可以完成材料的推移、混合、回填、铺平作业，如果配置推土铲、松土器、犁扬器、加长铲刀、扫雪器等工作装置，就能进一步提高其工作能力，扩大使用范围。因此，平地机是一种效能高、作业精度好、用途广的施工机械，被广泛用于公路、铁路、机场、停车场等大面积场地的整平作业，也被用于进行农田整地、路堤整形及林区道路的整修等作业。

随着我国交通事业迅速发展，高等级公路将会越来越多。而修建高等级公路，对路面的平整度有很高的要求，这种高精度的大面积平整作业是由平地机来完成的。因此，在土方施工作业中，平地机有着其他机械所不可替代的独特作用。

图 2.6-1 所示为履带式和轮胎式平地机外形图。

2.6.1.2 平地机的分类

（1）平地机按行走方式可分为拖式和自行式两类。前者因机动性差和操纵控制性能差，在国内外现已淘汰。自行式平地机又分为机械操纵式和液压操纵式两种。机械操纵式结构复杂，操纵性能差，现已被淘汰。目前平地机基本采用液压操纵。

（2）按车轮数目可分为四轮与六轮两种。四轮平地机是前桥两轮、后桥两轮，用于轻型平地机。六轮平地机是前桥两轮、后桥四轮，后桥传动通过两侧平衡箱内的串联传动装置将动力传到四个车轮。

(*a*) (*b*)

图 2.6-1 平地机的外形图
(*a*) 履带式平地机，(*b*) 轮胎式平地机

(3) 根据车轮驱动情况，有后轮驱动和全轮驱动。由于刮刀位于前后桥之间，在结构上给全轮驱动造成困难，因此目前以后轮驱动为多。

(4) 根据车轮转向情况，分为前轮转向和全轮转向两种。全轮转向指前轮和后轮都可以单独转向或同时转向。由于后轮由平衡箱驱动，很难使车轮单独偏转，故后轮转向是由油缸控制整个后桥箱相对于机架转动，一般转角不大，目前逐渐倾向于用车架铰接转向方式代替后轮转向方式。

(5) 按车架的型式分为整体式车架和铰接式车架。整体式车架是将后车架与弓形前车架焊为一体，这种车架整体刚性好。铰接式车架是将两者铰接，用液压缸控制其转动角，使机器获得更小的转弯半径和更好的作业适应性。

(6) 从轮子的情况考虑，若按转向轮对数×驱动轮对数×车轮总对数分类，则目前共有：1×1×2、2×2×2、1×2×3、1×3×3、3×3×3 共五种形式。驱动轮数越多，机械在工作中所产生的附着牵引力越大；转向轮数越多，机械的转弯半径就越小。因此，上述五种机型中以 3×3×3 型平地机的性能最好。

2.6.1.3 平地机的发展概况

我国自 20 世纪 50 年代开始在天津工程机械厂试制拖式平地机，1963 年仿苏联的 U-144 型而试制成 P_1-90 型机械式自行平地机。1965 年又试制成了 P_2-160 型自行式液压操纵型平地机，开始了我国新一代平地机的生产。20 世纪 90 年代以来，天津工程机械厂引进德国制造技术，先后生产了 F 系列 5 种型号产品。另外还引进美国卡特皮勒公司 16G 大型平地机的主要部件，生产出 PY250 型平地机，并形成从 82～186kW（112～250HP）7 种型号平地机的生产能力。这类平地机的特点是：后置式发动机；动力换挡行星变速器；桥边行星减速传动；全封闭免调整的湿式多片制动器；双回路气动操纵；前轮偏转，机架折身的小半径转向；中立关闭、恒压控制回路的液压操纵系统，并装有冷热风及增压装置和电子监控装置等。此外，哈尔滨第一重型机器厂也引进美国德莱塞公司的技术，按该公司生产许可证生产了A500E型平地机。虽然我国在研制平地机方面与国外先进技术相比有一定的差距，但可以预料，随着整个施工机械的发展，随着对引进技术的消化与吸收，我国平地机的研制水平将会得到迅速提高，逐步满足国内市场的需求并打入国际市场。

目前国外研制平地机的主要特点是电子技术的应用。20世纪90年代以来，在控制系统方面，电子技术的应用使控制传动系统与动力装置保持最佳匹配状态，提高机器的使用性能；采用速度传感器及控制系统控制作业速度，提高作业质量等。在使用与维护方面，采用电子监控系统保证机器正常安全工作，一旦有问题，即发出警报等。

降低司机的劳动强度，提高机器使用的安全性和舒适性，是提高作业效率和生产率的重要方面，这一点已在国外得到普遍重视。如驾驶室已实现了标准化，隔热、隔声、防尘、空调等设备的使用，使得操作人员的工作条件大为改善。

2.6.1.4 平地机的生产率计算

不同种类的施工作业生产率计算方法各异。同种作业因施工条件不同也不能用同一公式准确考核。决定平地机生产率的主要因素有铲刀长度、作业速度、工作行程、场地宽度、调头时间、时间利用率等，而这些是由机器性能、场地条件、司机技术熟练程度、施工组织管理水平等多种因素综合决定的。计算生产率时应根据具体条件全面考虑各种因素，充分利用统计资料和经验数据。

（1）粗平整作业：场地平整作业大多包含有铲切、运移（摊铺、疏散）、修整等工作，可用每小时切出土壤的体积表示生产率Q_1。

$$Q_1 = \frac{1000LAK_B}{2L\dfrac{N_k}{v_1} + \dfrac{N_n}{v_2} + \dfrac{N_O}{v_3} + t_{nO}(N_k + N_n + N_O)}$$

式中 Q_1——粗平整生产率，m^3/h；

L——工作路段长度，m；

A——填土截面面积，m^2；

K_B——工作时间利用系数，取0.85～0.90；

N_n——切土作业往返次数；

N_k——运土作业往返次数；

N_O——修整作业往返次数；

v_1——切土实际运行速度平均值，km/h；

v_2——运土实际运行速度平均值，km/h；

v_3——修整作业实际运行速度平均值，km/h；

t_{nO}——平地机调头时间，t_{no}，取h=0.08～0.10h。

（2）精平整作业：精平整作业时可按每小时的平整面积表示平地机的生产率

$$Q_2 = \frac{60L(B\cos\alpha - b)k_B}{n\left(\dfrac{L}{v} + t_{nO}\right)}$$

式中 Q_2——精平整生产率，m^2/h；

B——铲刀长度，m；

α——铲刀水平调整角，（°）；

b——相邻两次平整重叠宽度，m，取0.3～0.5；

n——平整遍数，取 1～2；

v——平地作业实际运行速度平均值，m/min。

2.6.2 平地机的使用要点

2.6.2.1 作业前的准备工作

（1）内燃机部分，按内燃机操作规程的有关规定执行。

（2）详细了解作业内容和施工技术要求，并仔细检查作业区内各种桩号的所在位置。

（3）检查平地机四周有无障碍物及其他危及安全作业的因素，并让无关人员离开作业现场，确保安全施工。

（4）根据日常保养要求，仔细检查平地机有无部件松动、丢失、过度磨损、泥沙堆积、液体渗漏及轮胎磨损和气压降低等情况，并予以排除。

（5）检查液压油、变速箱的润滑油、燃油箱、蓄电池电压、灯光、警示灯、安全标志等是否正常。

（6）检查液压控制器、制动器、行车制动、发动机、油门踏板、离合器及踏板的工作是否正常。

（7）将操纵手柄、变速器操纵杆置于空挡位置，其余手柄均置于中间位置，启动发动机，检查有无异常声响，左右转向功能是否正常。

（8）检查各仪表、灯光指示、喇叭等工作是否正常。

（9）将刮刀等作业装置置于运输状态，检查其是否完好，动作是否正常。

（10）对铰接式平地机，检查其铰接转向装置是否完好。在行驶前，需将前、后轮调整在一条直线上。

2.6.2.2 作业中的注意事项

（1）启动发动机时，时间一次不得超过 30s。如需再次启动，须将钥匙转回关闭位置，待 2min 后再启动。

（2）在作业过程中，如遇报警信号灯闪亮或报警器鸣响时，应尽快停止平地机的工作，查明故障并予以排除后，方可继续作业。

（3）发动机启动后，各仪表读数均应在规定值的范围内。发动机运转时，不得操作冷启动开关。否则会造成发动机严重损坏。

（4）驾驶平地机时不得把脚放在离合器或制动踏板上。起步、停车或转向应使用离合器。

（5）行驶中应把刮刀升高，并保持在平地机宽度内，确保转向时前轮不碰刮刀。

（6）在发动机处于高速运转状态下时，不得切换转入较低挡位，以免损坏变速器。

（7）转向时，或使用轴驱动轮转向时，不得锁止差速器。可使前轮倾斜以减少平地机转向半径，但在高速行驶时不得使用，以防出现急剧的反作用力，转向后应该把前轮定在垂直的位置。

（8）在陡坡上作业时，不得使用铰接机架，以防止翻车造成严重的人机损伤。在陡坡上来回进行作业时，刮刀伸出的方向应始终朝向下坡方向。

（9）如果遇到紧急情况，应采用驻车制动停机后，必须经调整驻车制动后，方可再次使用驻车制动。平地机作业时，刮刀与机架中心线的工作夹角应在15°～75°的范围内。

(10) 左（右）侧平地时，侧摆转盘手柄使转盘与牵引架稍向机架左（右）偏置，在要求的切土深度把刮刀水平放置，前轮向左（右）倾斜，料堆在左（右）双驱动轮之外形成。

(11) 如果用铰接式平地机左（右）倾平地时，使机架向右（左）铰接。如果驱动轮打滑，则减小铰接角度，可以减少切土角度及侧推力。

(12) 一旦刮平操作开始后，可使用增减开关来改变"坡度跟踪控制器"的提升。这样可以使泥土被带出刮刀外。

(13) 在"S"，形弯道路肩上右（左）起点作业时，前轮需稍向左（右）倾斜，向右（左）打方向，把刀尖定在左（右）前轮外侧后面。平地时，始终让刀尖处在接近边沟的路肩边缘上。

(14) 在右侧开"V"，形边沟时，让刀尖处于右前轮外缘，刀尾处于左双轴驱动轮之前，刮刀后倾，升起刀尾，以便将泥土运向左双轴驱动轮内侧，同时前轮左倾，沿着标线慢慢前进。如果使用铰接式平地机在硬土质上作业时，需调直机架，以免阻力过大，引起平地机侧移；在松土质上作业时，应使驱动轮在硬地上行走。在第二遍作业时，右前轮应在第一遍作业刮出的斜面上行走，并以稍快的速度切出规定的坡度。

(15) 高坡切削时，应确保双轴驱动轮靠近坡脚，同时让转盘和刮刀尽可能朝向平地机工作的一边侧移。

(16) 做路拱时，先将路料堆放在路中央，使平地机刮刀前倾成60°～70°角，稍提刀尾，平地机沿堆料中央匀速行驶，使路料沿刮刀向两侧移动。采用同样的方法在道路的两侧作业，刮出路面的横坡。在接近路肩时，让刀尾和双轴驱动轮成一直线。

(17) 维修道路作业时，应确保转盘居中，刮刀与机架中心线成30°角，刮刀后倾，可使刮刀做最大切削以清除隆起和坑槽。朝向路中央工作时，前轮向刀尾一侧倾斜。

2.6.2.3 作业后的要求

(1) 把平地机停放在平地上，变速器置于空挡位置，拉上驻车制动，刮刀及附属工作装置降至地面，但不得向下施压，以减轻液压油缸的负荷，关掉发动机，把蓄电池开关拨到断开（off）位置，取下点火钥匙。

(2) 装好铰接式平地机的锁销。

(3) 用压缩空气（与正常气流方向相反）清洁散热器，清洁时应注意安全。

(4) 按保修规程的规定，进行维修保养。

2.6.3 平地机附属装置的操作要点

2.6.3.1 松土器

(1) 对于特硬的土层应减少松土器的齿数，并且应在平地机低速行驶状态下，把松土器齿慢慢降下，插入土层，不得让齿在大石块或路面等硬层上滑动。

(2) 在转弯和机架铰接时不得使用松土器。

(3) 松土器齿深调节：把松土器降至离地面10cm左右处，取下每个齿的楔块；齿上有调节槽口，把齿移至要求的深度，装上楔块，使槽口与松土器齿梁骨啮合。

(4) 松土器齿角调节：将松土器轻轻降至地面，卸下连接松土器牵引架和松土器齿梁架的连接螺栓，使松土器齿梁架倾斜到要求的角度后，再重新连接紧固好。

(5) 松土器齿尖更换：用手锤沿齿尖方向敲击齿尖，使要更换的齿脱离齿柄；更换新齿时，轻轻向上敲紧，使齿尖与齿柄紧固。

2.6.3.2 裂土器

(1) 使用裂土器时，应在平地机行走状态下，让齿缓慢地插入地面。如果发生驱动轮打滑，应提升裂土器，直至车轮恢复牵引。对特硬土层应减少齿数。转弯时应避免使用裂土器。

(2) 齿角调节分液压控制和人工调节两种方式。对液压调节的，可通过控制盘上的一个附加开关来调节齿角大小；人工调节齿角时，应将裂土器降到地面，但不能向下施压，卸下控制杆枢轴销及控制杆与裂土器力臂上的连接销，慢慢地升降裂土器，使其达到所要求的角度后，装上控制杆并固定。

(3) 更换齿尖：把裂土器降至一支撑物上，使齿尖处于悬空状，卸下齿尖紧固连接销，更换齿尖后紧固。

2.6.3.3 推土刀

(1) 推土刀与松土器为同一控制手柄。

(2) 推土刀倾角的调节：把刀降至地面，但不得向下施压，卸下推臂卡子和插销，升降刀片调至所要求的推土刀倾角后，将推土刀与推臂连接紧固好。

2.6.3.4 自动找平装置

下面以 Blade—Pro™式自动找平装置为例，进行具体操作要点的论述：

(1) 按规定安装远程接口盒、旋转传感器、刮刀斜度传感器、主降斜度传感器、超声波斜度跟踪控制器等。

(2) 明确所施工路段的技术要求和现场的平整度，路面横向坡度等数据。

(3) 找平装置的基准可以是已刮平整的路面，也可以是一条直线。超声波斜度跟踪器装在刮刀外缘的顶部，与基准面的距离应在规定的范围内。

(4) 当需要横坡自动标高手动时：

1) “设置开关”拨至扩开的位置；

2) “操作方式开关”拨到左侧位置；

3) 把刮刀倾斜方向开关转换到与所需斜度相匹配位置；

4) 使用“增/减”开关调整所需的横向倾斜度；

5) 向前推动远程“自动/手动”开关，待操作接口盒右上角的自动指示灯亮绿色，左边的自动指示灯亮红色，这时自动操作启动；

6) 如果回程是在路横梁的同一侧时，把“操作方式”开关拨到右边，此时被横向倾斜控制的一侧是左侧，同时刮刀倾斜角方向被自动改变。

(5) 标高和横坡度都自动作业时：

1) 将“设置”开关置于“开”的位置；“操作方式”开关拨到左侧位置；

2) 把倾斜开关变换到所需倾斜方向一致的位置；

3) 用右边“增/减”开关输入所需的横倾坡度值；

4) 向前推动远程“自动/手动”开关，此时操作接口盒右上角自动指示灯被点亮绿色，右侧指示灯亮红色；

5）调整刮刀跟踪器；

6）放松底部管夹螺栓，使“超声波坡度 Tracer[R]”在标高基准上方对中，垂直装好管；

7）放松支臂后边的圆形手柄，在标高基准上方测量“斜度跟踪控制器”的垂直度，然后在标高基准面上方垂直找正。“斜度跟踪控制器”应与基准面垂直；

8）按下接口盒左边的“R ESET”按钮，使跟踪器锁定到基准上；

9）向前推下左边的“自动/手动”开关，待操作接口盒左上角的自动指示灯呈绿色，注意左右两边的指示灯此时均为绿色，自动操作开始；

10）一旦刮平作业开始，可使用左边的“增/减”开关来改变“坡度跟踪控制器”的提升，这样可以使泥土被带出刮刀外。

如果回程作业也是在拱顶的同一侧，则把“操作方式”开关置于右边，此时跟踪控制器控制着右侧及左侧的横向斜度，刮刀的倾斜方向被自动地调整到所需斜度。在刮刀已经被设置到基准后，如果右侧的跟踪器没有被设置到基准，则须按下右边的“RESET”按钮。

(6) 在作业时，始终使超声波斜度 Tracer[R]控制器上中间的指示灯亮，这时刮刀处于规定的控制值内。上下指示灯亮时，则表示超出规定值。

2.6.4 平地机的施工工艺

2.6.4.1 平地机的基本操作方法

1. 前轮倾斜的运用

作业时，由于刮刀有一定回转角，或由于刮刀在机外刮侧坡，使机器受到一个侧向力的作用，常会迫使机器前轮发生侧移以致偏离行驶方向，加剧轮胎的磨损；对前轮的转向销轴产生很大力矩。使偏摆前轮的阻力增大。这时，可以采用倾斜车轮的方法来避免，原则是：前轮的倾斜应总是与外力呈相抵消状态。例如：当刮刀以大回转角作业时，物料流向左侧，前轮应向左侧倾斜（图 2.6-2）；当刮坡作业时（图 2.6-3），轮子的倾斜方向取决于坡土的性质。

(1) 当土壤为软黏土时，刮刀受到一个切进力的作用，此时操纵轮子向离开坡道的方向倾向（图 2.6-3*a*），这样可以防止刮刀啃入土内；

(2) 当土壤为硬质土时，操纵前轮向坡道一侧倾斜（图 2.6-3*b*）。前轮倾斜除了用来抵消机器受到的侧向力外，还可用于刮坡作业时刮刀切入深度的微调，以提高刮削精度。

2. 斜行作业

利用车架铰接或全轮转向的特点，平地机可以斜行作业。在很多作业场合需要采用斜行作业法，使车轮避开料堆，使机器更加稳定，参见图 2.6-4 所示。

3. 保持机器的稳定

应尽可能保证后轮在比较平坦的路面上行驶，必要时可以让前轮在坡道和土丘上行走，而机身放在平坦的地面以保持平地机的稳定。这样，平地机便于控制，刮刀也易于调节，可以保证具有较好的作业效果。图 2.6-5 所示为刮坡作业时后轮在地面上。前轮在坡上，使刮刀侧伸出的距离增大，机器横向宽度尺寸增大，作业的稳定性得到提高。

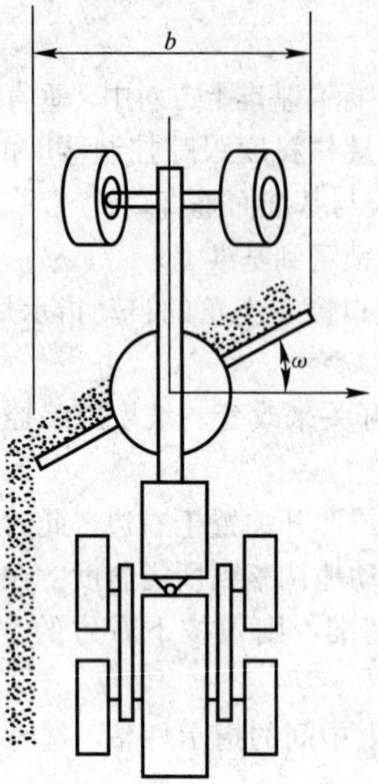

图 2.6-2 回转角的运用

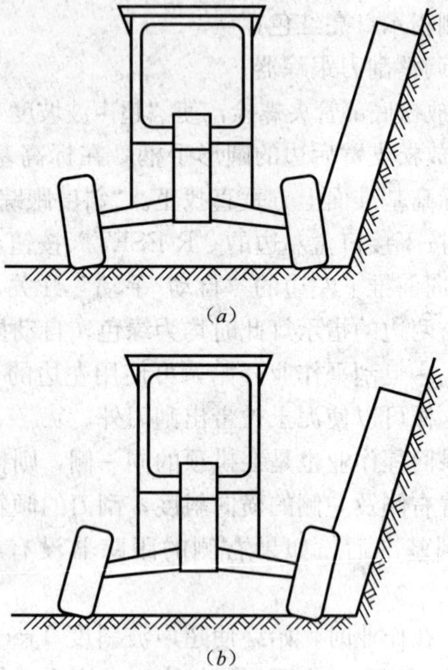

图 2.6-3 刮坡时前轮的倾斜

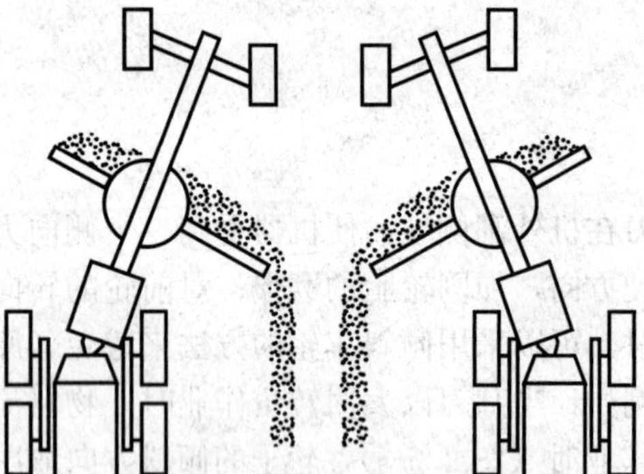

图 2.6-4 斜行作业

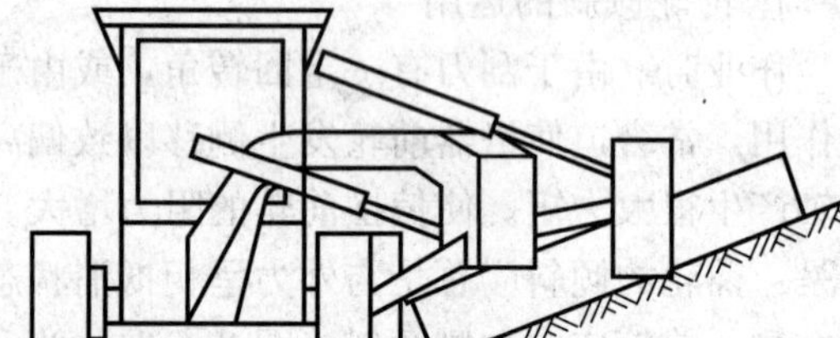

图 2.6-5 偏置行驶刮坡

4. 刮刀侧移

平地机作业时，除了采用前轮或后轮转向操纵机器沿要求的行驶路线作业外，还常需要同时操纵刮刀侧移来辅助实现刮刀的运动轨迹。当在弯道上或作业面边界呈不规则的曲线状地段作业时，可以同时操纵转向和刮刀侧向移动，机动灵活地沿曲折的边界作业。当侧面遇到障碍物时（图 2.6-6），一般不采用转向的方法躲避，而是将刮刀侧向收回。避过障碍物后再将刮刀伸出。

5. 刮土移土作业

（1）刮土直移：如图 2.6-7 所示，将刮刀回转角移置为 0°（即刮刀轴线垂直于行驶方向），此时的切削宽度最大。但是，只能以较小的入土深度来作业，这种作业的方式主要用于平地机铺平作业；

（2）刮土侧移：保持一定的回转角，在切削和运土过程中，土沿刮刀侧向流动，回转

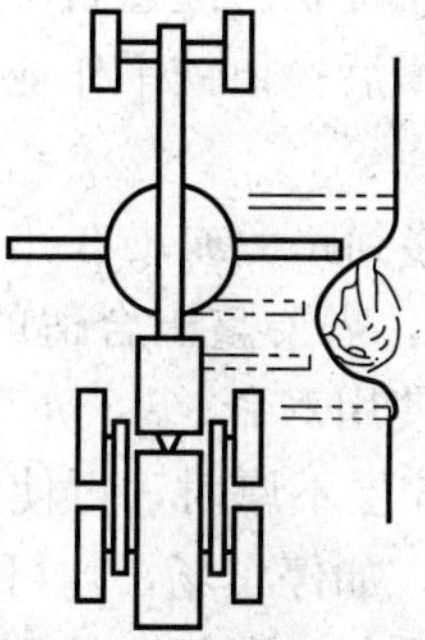

图 2.6-6 躲避障碍物示意图

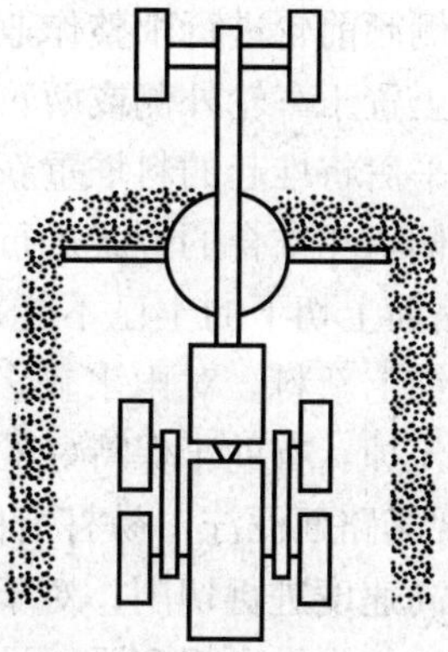

图 2.6-7 刮土直移示意图

角越大，切土和移土能力越强。刮刀侧移时应注意不要让车轮在料堆上行走，应使物料从车轮中间或两侧流过；必要时可采用斜行方法进行作业，使物料离开车轮更远一些。刮土侧移常用于物料混合作业，将待混合的物料用刮刀一端切入，从刮刀另一端流出。物料流动时有两种运动，即纵向滚动和横向流动，类似螺旋状运动（图 2.6-8），物料在运动中得到混合。这时应注意刮刀的回转角大小要适当，并要求采用较大的铲土角。如果回转角太大，物料就得不到充分的滚动混合，会影响混合质量。刮土侧移用于铺平时也应当注意采用适当的回转角，始终保证刮刀前有小量的但却是足够的料，既要运行阻力小，又要保证铺平质量。以切削整形为主的作业，平地机的运行速度一般可控制在 4～6km/h；如果是物料混合、铺平作业时，则平地机运行速度采用 6～10km/h 为宜；当地面容易停陷车时，应适当提高平地机的作业速度。

2.6.4.2 平地机的施工技术

1. 整修道路和场地施工技术

（1）平地机常用于进行旧的路面整修。整修作业时，让刮刀保持一定回转角，使切深适宜，同时在刀前保持少量的土流向铲刀尾部，形成很小的条堆，道路刮平后再将条堤均匀地摊铺开。当路面崎岖不平时会使刮平效果变差，此时应尽量让后轮在较平的地方行走，采用斜行方法作业。很多旧的路面由于重型车辆行驶，地面留下很深的沟痕、轮迹，路面破坏较严重；

（2）此时应置刮刀切深与沟、坑一样深进行切削（如图 2.6-9 所示），采用小切削角、

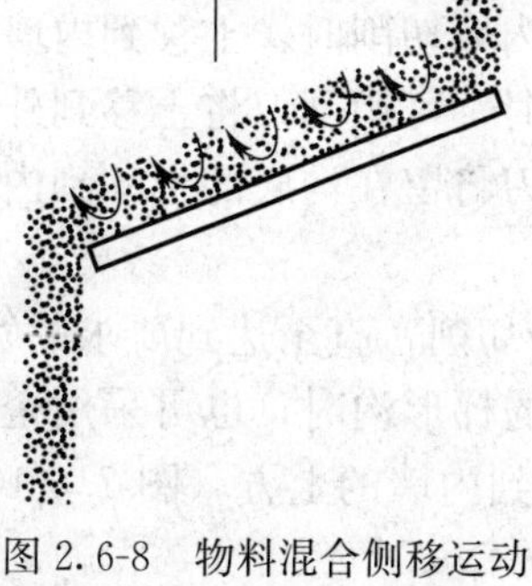

图 2.6-8 物料混合侧移运动

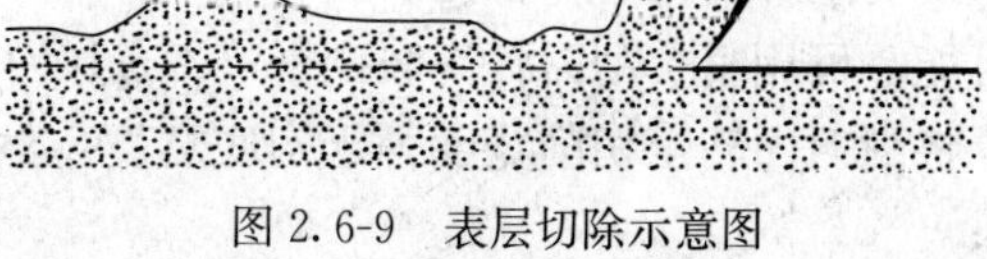

图 2.6-9 表层切除示意图

大回转角，同时侧倾前轮进行削整作业。若机器牵引力不够，可作分层切削，去除所有的坑洞，将切下的土置于车轮外侧或两轮中间并使之形成条堤状。注意料堆尽可能离开车轮远一些。道路刮平后将堆起的料堆重新摊铺在路面上，最后一道铺平作业应以略快的速度采用刮土直移和侧移相结合的方式进行。并注意以下两点：

1）有些旧路面上切下的土已不能再用，可将它们移到路旁或堆在路中间，用其他车辆运走，然后再铺上新料。对雨水较多、较泥泞的路面，需要整出合适的路拱和超高度，这样会使水很快流掉，有助于保持好的路面形状和延长使用寿命；

2）在施工现场路面泥泞，易打滑的情况下，当泥泞层不厚时，可使用平地机以大回转角、小切深与高速度进行切削；对于较大面积的场地，如停车场，均可采用纵向和横向相结合的作业方式，先纵向粗刮平，再横向刮平，反复进行。对于一些刮刀无法作业的死角，可借助于推土铲，采用前推切削后拖铺平的方式进行作业。

2. 开挖沟渠施工技术

（1）开挖沟渠时应尽可能沿沟渠的走向设置标记。标记可用短木杆平行于沟渠设置，它可以位于平地机的正中，以帮助司机确定开挖方向。司机可根据标记（正中车灯对准标记）将刮刀边刃切入土内，边刃位于一侧的轮迹上，刮刀尾部提升高度则按照沟墙的角度要求调整（图 2.6-10*a*）。当进行第二遍切削时，一侧的车轮在沟内行驶，轮子即作为导向。当沟很深时，应避免后轮进入沟内以免翻车：

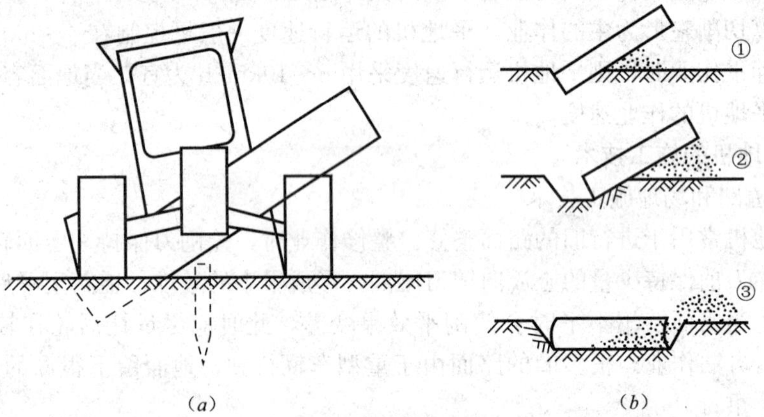

图 2.6-10 挖沟技术

(*a*) 第一遍切挖；(*b*) 挖沟程序

（2）第一遍切削之后，接着进行大切削量的施工作业，直至达到应有的深度和宽度。每一次切下的土应清出沟底，以便作下一次切削。当进行沟内墙切削时，土移到内墙的上面，然后再用刮刀移到别处。当按照要求必须作沟外墙切削时，可用刮刀将土移到外墙上部，也可以留在沟的底部。在进行最后一次切削之前，用刮刀将留在沟底的土移到内墙上部，此时轮子沿着沟底进行施工；

（3）切削梯形沟时，首先切出 V 形沟、平行地进行内墙切削，直至达到要求的宽度，若有可能，可用整个刮刀将沟底刮平（2.6-10*b*）。切削较宽的梯形沟时，也可采用全刮刀切削，将刮刀回转至切削宽度等于沟底宽度，然后将土切移到内墙的上方（图 2.6-10*b* 中的③）；

（4）挖沟取出的土可用来铺路基、路肩或运走。对于所有的挖沟作业施工，都应将平地机前轮倾斜（垂直于水平面），以保持平地机运行稳定；

（5）在松软的边缘处挖沟，应让平地机的后轮在坚实的地面上行驶，可让前轮行驶于松软的地面上，呈斜行偏驶状态。

3. 修刮边坡施工技术

（1）在刮削缓坡时，将前轮沿行驶方向放在斜坡上（单轮或双轮），后轮在坚实的地面上行驶。若有可能，采用由上向下的顺序，开始先刮削坡上部边缘，逐步向下移，前轮倾斜防止下滑。应注意在陡坡上行驶是危险的；

（2）刮削陡坡时，首先在坡脚行驶，清理路面，以避免刮坡时因地面不平使刮刀摆动，然后才可刮坡。侧伸出刮刀，按照要求的坡度角，用较小的切削角刮削，后轮不要太靠近坡脚，留出位置让土流在轮子的外侧；

（3）平地机在作下一次刮坡之前，首先去除前一次刮坡堆在坡脚下的土，可以采用刮刀刮土侧移的方法将土移到远离坡脚的地方。如果在小坡度的边坡上施工，也可以采用较大的回转角（刮刀上部靠后，底部靠前）将刮下的土由下向上移动，并将土堆在坡的上方。

4. 修整路形的施工技术

（1）平地机修整路形就是从边沟铲出土壤并移到路基上，修整成所需的路拱。如图2.6-11所示为平地机修整路形时的施工程序示意图。首先是用刮刀在路两侧按标记铲挖边沟，挖掘出的土移到沟内墙上方，并依次刮送到路中间。最后修刮成需要的路拱。一般一侧边沟所挖出的土方量正好铺填到另半边路基，使能修成所要求的坡度；

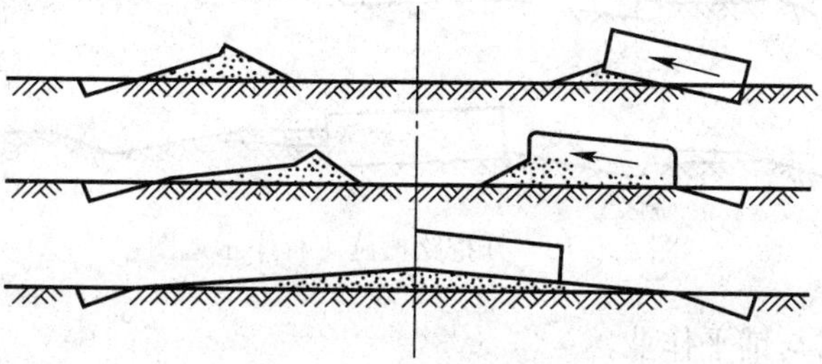

图2.6-11 修整路形时施工程序示意图

（2）因为从边沟铲出并移送到路基上的上是松散的。平地机轮胎驶过后会压出很多凹槽，这样给下一次作业造成困难，所以在刮送第二层土时最好让平地机当作轮胎压路机来回驶压一层，或加挂拖式碾压滚子压一遍，这样将大大有利于第二层土的刮送作业；

（3）当土方量基本够了的情况下可转入修刮路拱的工作。施工人员先在路基上用白粉放好标高。平地机由路边向路的中间逐次轻刮一遍，于是路基就基本形成，最后将路中间的小土堤刮散。使路中心露出标高白粉，如果流向两侧的余料土较多，可将余料再向两外侧铺刮，直到满足工艺要求为止。

5. 开挖路槽的施工技术

在修好的路基上铺筑路面之前要先挖好路槽。槽内铲出的土移送到路肩上并加以平整。最后按照要求的坡度平整好槽底。开挖路槽的施工程序如图2.6-12所示。

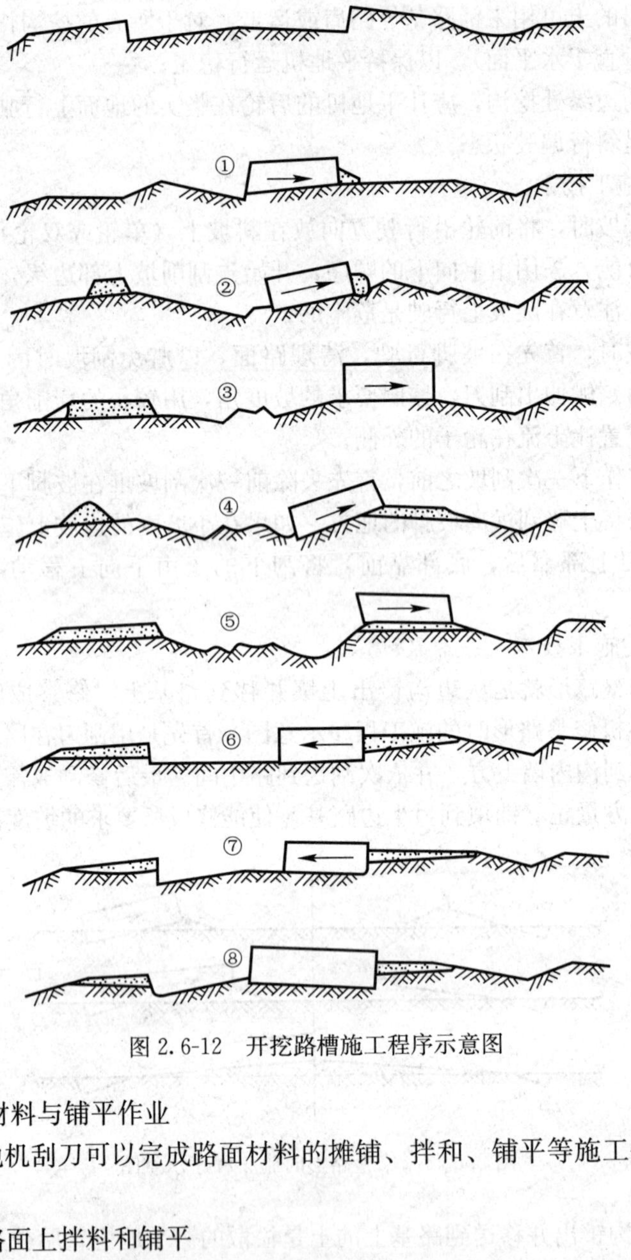

图 2.6-12 开挖路槽施工程序示意图

6. 路拌路面材料与铺平作业

直接利用平地机刮刀可以完成路面材料的摊铺、拌和、铺平等施工作业，其方法主要有如下两种：

(1) 直接在路面上拌料和铺平

1) 施工中，只要可能，让卡车将材料以条堤形卸在路侧，不要卸得太靠近路边，因为刮料时物料可能从刮刀内流出去。然后机器平行于料堆行驶，刮刀侧伸出。逐层地切移物料堆，使物料沿刮刀侧向移动，物料得到混合。切移方式可从路两侧到路中间，再由中间到两侧，交替进行（图 2.6-13*a*）。

2) 在路面较窄时，卡车只能将料从车后卸下堆料于路中间。先使用推土铲将料堆纵向摊铺开，然后使用刮刀反复拌合铺平（见图 2.6-13*b*）。

3) 在行车道上拌合堆置两边的材料时。先将大粒料刮在车道内铺平，再把另一边的小粒料铺在大粒料上（见图 2.6-13*c*）。然后按图 2.6-13*a* 所示的办法进行拌合。

4) 当铺设松散的石子和砂子时，刮刀只能刮较少的料，同时以较高的速度行驶，否

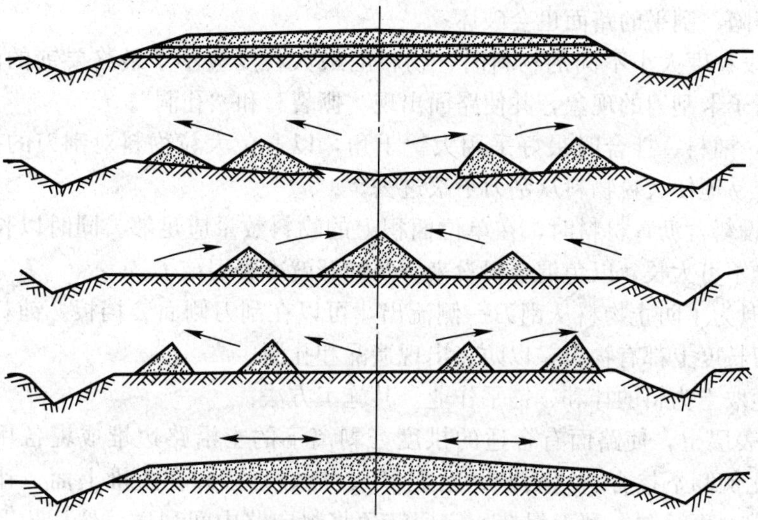
(a)

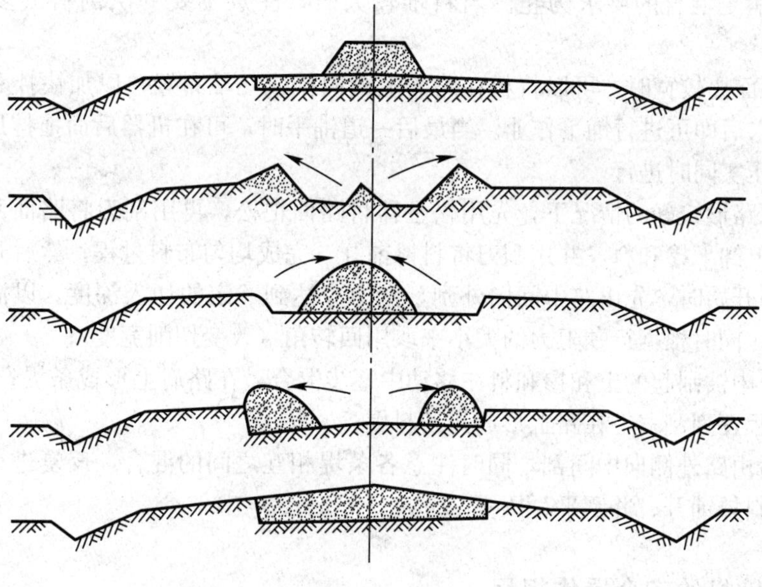
(b)

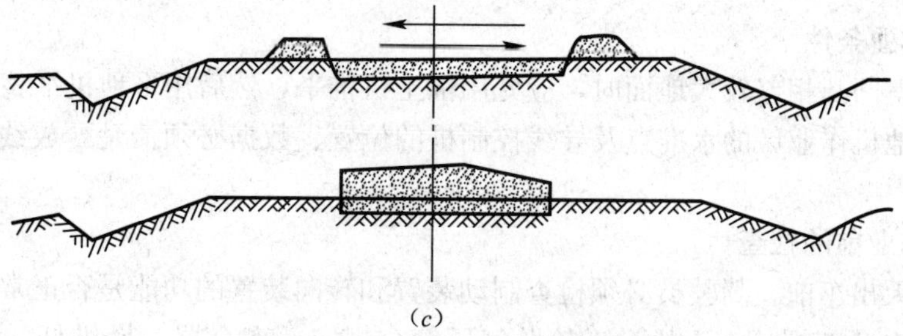
(c)

图 2.6-13 平地机路拌材料的程序示意图
(a) 在路基上拌合路面材料；(b) 在路基行车道上拌合路面材料；
(c) 在路基行走道上拌合堆置路面材料

则机器可能停陷，刮平的路面也会破坏。

5）当铺设粒度大小不同的物料时，物料的最大粒度应小于最终要铺的路层的厚度，否则会出现石子卡刮刀的现象，并使路面出现“撕裂”和“孔洞”。

6）所以，铺料、拌合时最好采用大铲土角，以避免大粒物料对刮刀的推挤力作用，同时这样可容易地使大粒物料从刮刀下滚过去。

7）当铺设料含沥青材料时，在单位面积上的物料数量应足够。同时以长条形料堆方式堆卸，料堆不可太长，以免混合料没来得及铺开就冷凝固结了。

8）铺平时为了防止物料从刮刀一侧流出，可以在刮刀侧面装挡板。铺料时应注意保证沿整个刮刀长度上都有物料，以防止出现遗漏和孔洞。

（2）就地取土为料的拌和、铺平作业。其施工方法：

1）剥离表层土，使路面有合适的拱度，剥离下的土沿路边堆成堤备用。然后按照要求的混合比例卸下掺合料（石灰、水泥等）。最好直接卸在土堆上面。让平地机沿着料堆在上面或侧面行驶，刮刀保持一定回转角将料向路中间刮送，然后再刮回路边，反复进行直到满足混合的要求为止。当料堆较大时，注意不要一次刮料太多，可分几次刮送；

2）当路面比较宽时，可以将料在路面上横向排成几堆布置，以加快拌和速度。物料混合达到要求后即可进行铺平作业。当最后一道铺平时，可在机器后面拖挂压路碾，这样能使铺平与压实同时进行；

3）在原路形较好的情况下，先用松土器将路面耙松，再用刮刀将路面刮平。接着在刮平的路面上卸下掺和料，并用刮刀将料摊铺开，完成均匀布料过程，然后开始拌合；

4）拌和开始时，先由路中间向外刮，刮刀应达到一定的切入深度。以满足物料混和比例的要求，同时根据行驶阻力的大小来取用回转角（改变切削宽度）；

5）施工中被刮起的土和掺和料在移动中逐步混合，在路肩上形成条堤；若路面较宽，可用几个行程逐列刮移，在路上形成几条料堤；

6）然后由路外侧向中间刮，同时注意各条堤相互之间的混合，反复进行直到拌好为止。最后将料摊铺开、并刮平、压实。

2.6.5 平地机的安全操作规程

2.6.5.1 作业条件

（1）平整凹凸相差较大地面时，应先用推土机推平，然后用平地机平整。

（2）平地机作业区的水准点及导线控制桩的位置、数据必须清楚，放线验线工作应基本完成。

2.6.5.2 作业前的检查

（1）每天出车前，驾驶员必须检查制动装置和转向装置的功能是否正常。

（2）检查各部螺栓有无松动、轮胎气压符合规定。离合器、操纵杆、变速杆均在空挡位置，传动机构、工作装置均应完好，液压系统油路、液压缸、操纵阀等无泄漏现象。

（3）起步前确认平地机周围无障碍物及行人时，先鸣声示意，再用低速挡起步。

（4）平地机在高速行驶时，应锁上车架铰接和前轮倾斜的锁定销。

（5）司机进入座位后注意将座位和操纵台牢固定位并锁定。

2.6.5.3 作业中安全注意事项

（1）作业时，应先将刮刀或齿耙下降到接近地面。起步后方可让刮刀或齿耙切土。

（2）刮刀的回转与铲土角的调整以及向机外倾斜都必须在停机时进行，但刮刀左右端的升降动作，可在机械行驶中随时调整。

（3）作业中，根据铲土阻力大小，随时少量调整刮刀的切土深度，但刮刀升降量差，不得过大，以免造成工作面的波浪形。

（4）各类铲刮作业都应低速行驶，角铲土和使用齿耙时必须用一挡。刮土和平整作业可用二、三挡。换挡应在停机时进行。

（5）遇到坚硬土质需用齿耙翻松时应缓慢下齿，不得用齿耙翻松石渣路面及混凝土路面。

（6）转弯或调头时，应用最低速度。下坡时严禁空挡滑行。行驶时必须将刮刀和齿耙升到最高位置，并将刮刀斜放，刮刀两端不得超出后轮外侧。

（7）正常行驶时，应将松土器、刮刀、耙土器提到适当高度，防止与其他障碍物相碰撞。

2.6.5.4 作业后安全注意事项

（1）平地机在工间停歇或不使用时应使工作装置落地或固定，熄灭发动机，取下点火钥匙，防止意外起动。

（2）平地机作业完毕后，应停放在平坦、安全的地方，并拉上手制动器手柄，关好门窗。

2.6.6 平地机的合理选择

2.6.6.1 铲土角的选择

（1）铲土角即切削角，指刮刀切削刃与地面所成的夹角。铲土角的大小一般依作业类型来确定，一般平地机铲土角都有一定的调整范围以适应不同的作业要求。

（2）中等的切削角（60°左右）适用于通常的平整作业。当切削、剥离土壤时，例如剥离草皮、刮平凸缘、切削路边沟等，需要较小的铲土角，以降低切削阻力。

（3）当进行摊铺、混合物料的作业时，应选用较大的铲土角，这样可以避免大粒物料对铲刀的推挤力。大粒物料较容易从刮刀下滚过去；由于铲土角大，刮刀载料减少，使物料滚动混合作用加强。

2.6.6.2 刮刀回转角选择

（1）刮刀回转角ω是指刮刀与横向坐标轴X轴的正向夹角α（图 2.6-14）。当回转角ω增大时，工作宽度b减小，而物料的侧移输送能力提高，切削能力也提高，刮刀单位切削宽度上的切削刀增大。

（2）对于剥离、摊铺、混合作业及硬土切削作业，回转角可取 30°～50°；对于推土摊铺或进行最后一道刮平，以及进行松软或轻质土刮整作业时，回转角可取 0°～30°。回转角应视具体情况及要求来确定。

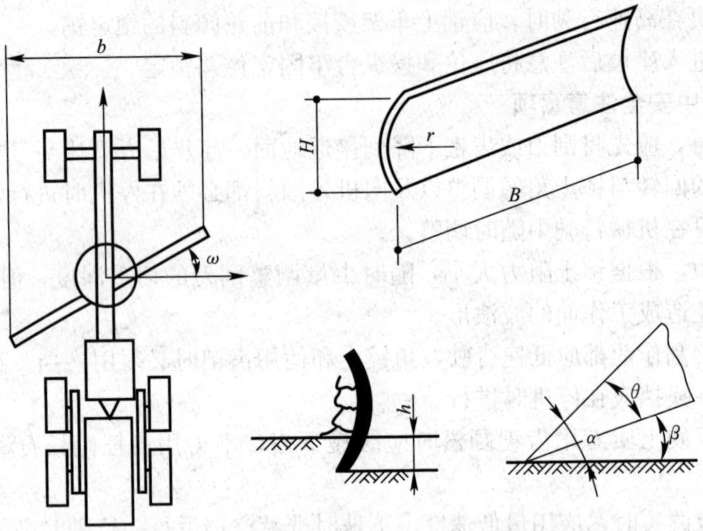

图 2.6-14 切削刀具的主要工作参数示意图

α—切削角（又称铲土角）；β—切削后角；b—切削宽度；h—切削深度；ω—回转角；H—刀具高度；B—刀具宽度；θ—刃角；r—刀面圆弧半径

（3）将刮刀回转 180°，平地机可在倒退行驶状态下进行作业，这特别适合于狭窄地段施工。在机器调头困难的情况下进行往复作业（也称穿梭作业法），可以提高工作效率。刮刀回转 180°比机器调头要快和容易，尤其是短距离施工特别适宜。

（4）因此，平地机的倒退挡较多，用于慢进慢退同时作业或慢进作业，加快退回。刮刀回转时应注意操纵顺序，防止刮刀碰轮胎、耙土器等。

2.6.6.3 动力装置的选择

目前，平地机的动力装置有 3 种形式，即风冷式柴油发动机、水冷式柴油发动机、混合动力装置（柴油机-发电机-电动机）。例如国产 PY160A 型平地机采用 6135-10 型风冷式柴油发动机；国产 PY180 型平地机采用水冷式增压柴油发动机；美国卡特皮勒公司生产的 160G 型平地机也采用水冷式柴油发动机；对于大型或特大型平地机则采用混合动力装置。

现在国外许多公司生产的平地机上装用工程机械专用柴油发动机，而这些发动机上都采用了废气涡轮增压技术，能较好地适应施工中的恶劣工况，在高负荷低转速下可以较大幅度地提高输出扭矩，以适应作业负荷的剧烈变化。国产平地机基本采用普通的柴油发动机，其价格较低，体积也比前者小，通常在传动系统中安装液力变矩器，使发动机的负荷比较平稳。

2.6.7 平地机的维护保养

平地机的维护保养工作主要是：例行保养（表 2.6-1）、一级保养（表 2.6-2）、二级保养（表 2.6-3）、三级保养（表 2.6-4）等。

例行保养（每班进行） **表 2.6-1**

序号	保养项目		技术要求
1	发动机		参照挖掘机相应内容执行（一、二、三级保养也如此）
2	电气设备及仪表	（1）检查仪表及警示装置； （2）检查电气系统连接线； （3）检查启动机、发电机性能	（1）运转后检查各指示灯及仪表，均应反应灵敏，指示正常。如有异常，应查明原因及时修理或更换； （2）各连线接头应连接牢固，无锈蚀、破损。否则，应予排除； （3）应工作正常，性能良好。否则，查明原因，排除故障
3	传动系统	（1）检查变速箱油位； （2）检查变速箱的泄漏情况； （3）检查传动系统的连接情况； （4）检查后桥箱、平衡箱油位；	（1）油不足时，应予加足； （2）如有泄漏，应及时排除； （3）如有松动，应及时拧紧； （4）每工作 50h，检查油位，油不足时应添加
4	转向系统	检查转向性能	应在发动机运转时检查。方向盘转动应灵活可靠，无松旷、卡阻现象；前轮应随之灵活转动，否则，应排除故障。
5	行走系统	（1）检查轮胎损坏情况； （2）检查轮胎气压； （3）检查车轮螺母紧固情况	（1）外胎如有割伤、裂纹或有异物刺入以及夹嵌石块等，应及时排除，必要时进行修补； （2）每工作 50h 进行检查。14.00-24 型轮胎，前轮气压 0.2MPa；后轮气压 0.25MPa。17.5-25 型轮胎，前轮气压 0.15MPa；后轮气压 0.175MPa。气压不足时，应予补足； （3）每工作 50h 检查车轮螺母紧固情况，如有松动，应以 450N·m 的力矩拧紧
6	制动系统	检查制动性能	应在机器行驶时检查。如制动不良，应予检查排除
7	液压系统	（1）检查液压油箱油位； （2）检查液压系统	（1）应在刮刀、推土铲刀落地，发动机停止运转及液压油冷却后进行检查。油面应在观察玻璃的中位，不足时，加足； （2）如有泄漏，应及时排除
8	工作装置	检查刮刀回转涡轮箱油位	每工作 50h 检查涡轮箱油面，油不足时，应添加
9	整机	（1）清洁外部； （2）检查操纵部件性能； （3）检查、紧固外露螺栓； （4）润滑	（1）清除粘附在作业装置上的泥土、杂物，并清洁整机外部。在各加工表面涂以润滑脂； （2）各操纵部件应灵活可靠，到位准确。否则，应予检修； （3）每工作 50h 检查螺母、螺栓，如有松动，应按规定扭矩拧紧；如有损坏，要及时更换； （4）按机器出厂使用说明书进行润滑

一级保养（每工作200h进行） **表2.6-2**

序号	保养项目		技术要求
1	例行保养		完成本级保养作业项目外的例行保养项目
2	电气设备及仪表	(1) 检查V形皮带报警装置； (2) 检查线路照明及各警示灯具	(1) 走合期工作100h检查一次，以后按此规定间隔进行检查，检查应在发动机停止运转后进行。用手指压进报警开关销，蜂鸣器应发出声响，否则，应查明原因。排除故障； (2) 均应完好无损，如有损坏，应予修复或更换
3	转向系统	检查转向机构紧固件的连接情况	走合期间工作100h检查一次，以后按此规定间隔进行。检查转向杆的槽形螺母、转向梯形拉杆和转向缸的螺栓是否紧固，松动时，按规定扭矩拧紧
4	制动系统	检查驻车制动器性能	走合期间工作100h检查一次，以后按此规定间隔进行检查。用正常拉力将手柄拉到第4个齿槽时，如达到全部的制动力，即视为正常；超过第4个齿槽时，须进行调整
5	液压系统	检查作业系统和转向液压系统	走合期间工作100h检查一次，以后按此规定间隔进行。 检查液压系统的密封性，如有渗漏，应及时排除；转向泵工作压力为15MPa；作业液压系统压力为13MPa（刮刀回转和前推土铲刀为10MPa）。如不符规定，应检查调整
6	工作装置	检查刮刀和回转圈导向间隙	走合期间工作100h检查一次，以后按此规定间隔进行。如刮刀动作间隙过大，就要成对更换防磨条和导衬；如径向跳动超过3mm，横向摆动超过2.5mm，必须调节回转圈导板，必要时更换导板； 对导板横向的调节，可通过调整垫片进行，以达到齿圈与4块导板间的轴向间隙为0.6～0.8mm；对回转圈的径向调节，可靠调节螺栓进行，使回转圈能自由旋转360°
7	整机	润滑	按机器出厂使用说明书进行润滑

二级保养（每工作600h进行） **表2.6-3**

序号	保养项目		技术要求
1	一级保养		完成本级保养作业项目外的一级保养项目
2	电气设备及仪表	(1) 检查启动机； (2) 清洁交流发电机； (3) 检查预热塞的性能	(1) 检查紧固件是否牢固，导线连接是否良好，导线绝缘有无损坏，有异常者，均应予以修复； (2) 清除外部尘土，用汽油擦净整流子和线圈部分的油污；检查并清洁轴承，更换润滑脂； (3) 在寒冷季节进行检查，如工作正常，预热塞周围的进气管应能变暖。否则，应测试电器功能或检查燃油供给装置，必要时，应予检修或更换预热塞

续表

序号	保养项目		技术要求
3	传动系统	(1) 检查万向节传动轴； (2) 清洗变速箱吸油滤网； (3) 更换变速箱油滤清器滤芯； (4) 更换变速箱及后桥箱的润滑油； (5) 检查平衡箱链条的张紧度	(1) 变速箱至后桥的万向节十字轴和接头套筒如有松旷，应予检修，必要时换新； (2) 走合期间工作 100h 清洗一次，以后每工作 1000h 进行； (3) 走合期间工作 100h 更换一次，以后按此规定间隔进行。更换滤芯并换上涂油的密封环，装复后注意检查密封性能。滤清器螺钉拧紧力矩为 28～34N·m； (4) 走合期间工作 100h 换油一次，以后每工作 1000h 进行； (5) 走合期间工作 100h 检查一次，以后按此规定间隔进行。如链条与平衡箱相碰，应即调整
4	转向系统	(1) 检查前轮转向角及倾斜角； (2) 检查调整前轮毂轴承间隙	(1) 应旋转灵活，工作可靠。前轮的转向角为 45°，倾斜角为±17°。不符上述规定时，应检查调整； (2) 轴承应运转自如，不松旷、不卡阻，必要时调整
5	制动系统	(1) 检查轮边制动器衬片； (2) 检查调整轮毂轴承间隙	(1) 当制动衬片剩余厚度不足 3mm 时，应予换新，同时将对面车轮的制动衬片一起更换。重调衬片与制动鼓的间隙（约为 0.75mm）；排放液压制动系统中的空气； (2) 检查轮毂轴承的间隙，使其运转自如，不松旷、不卡阻，必要时进行调整
6	液压系统	更换液压油回油滤心	走合期间工作 100h 更换一次，以后按此规定间隔进行
7	工作装置	更换刮刀回转涡轮箱的油	走合期间工作 100h 换油一次，以后按每工作 1000h 进行
8	整机	(1) 清洁整机外部； (2) 润滑	(1) 清洗干净； (2) 按机器出厂使用说明书进行润滑

三级保养（每工作 1800h 进行） **表 2.6-4**

序号	保养项目		技术要求
1	二级保养		完成本级保养作业项目外的二级保养项目
2	电气设备及仪表	拆检启动机、交流发电机	拆开启动机及发电机总成，清洗各机件轴承，吹干后加注新的润滑脂。检查启动机齿轮磨损及传动装置是否灵活；检查碳刷和整流子的磨损及刷架弹簧的弹力，必要时更换碳刷及刷架弹簧；修磨整流子的表面；如整流子的表面与云母表面之间的高度低于规定值时，应予更换
3	传动系统	更换平衡箱的油	走合期间工作 100h 换油一次，以后按此规定间隔进行
4	转向系统	(1) 更换前轮毂润滑脂； (2) 检查前轮轴承磨损情况	(1) 每工作 2000h 更换一次润滑脂。清洗轮毂、转向节轴、轴承和盖，必要时更换盖上的密封圈和轴承，并加注新的润滑脂； (2) 如磨损严重应换新，并调整轴承间隙

续表

序号	保养项目		技术要求
5	行走系统	（1）检查橡胶轮胎磨损情况； （2）检查轮毂轴承间隙及制动鼓的磨损情况	（1）轮胎磨损严重者应换新。检查轮胎螺栓的完好情况，松动者应紧固，损坏者应更换； （2）轴承和制动鼓磨损严重时，应修复或更换
6	液压系统	（1）更换液压油，清洗液压油箱； （2）检查液压系统油路	（1）走合期间工作 500h 清洗液压油箱并更换液压油一次，以后按此规定间隔进行； （2）1）如有阻塞，应予清洁疏通； 2）泵、阀、油缸、油管如有渗漏，应予检查修理
7	整机	（1）检查各部件的连接可靠性； （2）检查机身各结构件； （3）补漆； （4）润滑	（1）各连接组件间的连接螺栓、卡销均不得松动，否则，应予紧固；如有损坏或缺件应更换补齐； （2）在机身上的所有部件必须牢固，不脱焊、开铆或变形，否则，应予修复； （3）对局部脱漆部位进行补漆； （4）按机器出厂使用说明书进行润滑

2.6.8 平地机的常见故障及处理方法

平地机的常见故障及处理方法见表 2.6-5 所列。

平地机的常见故障及处理方法　　表 2.6-5

故障现象		故障原因	处理方法
发动机	发动机不能启动	（1）燃油系统中有空气； （2）燃油管或燃油滤清器堵塞； （3）蓄电池电量不足； （4）电气系统接头松脱	（1）放气、紧固油管接头； （2）清洗、疏通； （3）充电； （4）修复线路
	机油压力失常	（1）机油不足； （2）机油泵磨损或损坏； （3）机油滤清器堵塞	（1）加油； （2）修理或更换； （3）清洗、疏通
	冷却水温度过高	（1）冷却水不足； （2）水泵或冷却水管路出故障	（1）加足水； （2）修理水泵或修复管路
传动系统	变矩器出口压力过低	（1）油位过低； （2）出口压力阀在打开位置卡住； （3）泵及补偿系统漏油或堵塞	（1）加油； （2）修理、清洗； （3）修理、清洗、疏通
	变矩器操纵压力过低	（1）油位过低； （2）操纵压力阀在打开位置卡住； （3）泵及补偿系统漏油或堵塞	（1）加油； （2）修理、清洗； （3）修理、清洗
	变速箱换挡困难（人力换挡变速箱）	（1）齿轮齿面异状，花键轴磨损； （2）换挡拨叉固定螺栓松动，脱落	修理、更换

续表

故障现象		故障原因	处理方法
传动系统	变速箱挂不上挡（动力换挡变速箱）	（1）控制杆调整不正确，阀门不到位； （2）管路接错； （3）油压力建立不起来，油泵出毛病； （4）离合器活塞密封圈损坏	（1）重新调整； （2）重接； （3）修泵或更换； （4）更换密封圈
	变速箱异响	（1）润滑油黏度低； （2）润滑油不足； （3）齿轮磨损； （4）轴承损坏	（1）换油； （2）加油； （3）修理，更换； （4）修理，更换
	驱动桥异响	（1）轴承磨损松动； （2）齿轮啮合间隙不正确； （3）齿轮、差速器等的螺栓松动	（1）调整轴承； （2）调整； （3）重新上紧
	串联箱内有异响	（1）链条太松； （2）串联箱体与后桥体连接的间隙太大	（1）调整； （2）调整
制动系统	制动无力或失灵	（1）刹车油漏损； （2）刹车油路中混入空气； （3）油路堵塞； （4）制动带间隙太大； （5）制动带表面有油污； （6）气路压力过低，气路系统漏气	（1）加油，排除漏油原因； （2）放气； （3）清洗疏通； （4）调整； （5）清除油污，排除漏油故障； （6）修理
	制动器不能松开	（1）油路阻塞，回油困难； （2）闸带间隙太小	（1）清洗疏通； （2）调整
	停车制动失灵	（1）停车制动器制动表面油污； （2）停车制动空行程太大	（1）清洗疏通； （2）调整
转动系统	转向操纵费力	（1）转向油路系统压力低； （2）油流量太小，油位过低； （3）转向器油液内漏严重	（1）调整安全阀压力； （2）检查油泵，加足油； （3）修理，更换
	前轮摆振	转向油缸或拉杆轴承磨损	更换轴承
工作装置	作业装置操纵失灵	（1）油泵损坏； （2）安全阀卡住、泄漏	（1）换泵； （2）修理
	作业装置不能保持确定位置	（1）油缸活塞密封圈损坏，内漏； （2）锁阀失灵	（1）换密封圈； （2）修理
	刮刀作业时颤动	（1）刮刀滑道配合间隙过大； （2）回转圈支承间隙过大	调整
	刮刀不能回转	（1）驱动马达损坏； （2）回转支承滑道卡住	（1）更换； （2）调整、消除卡滞
	刮刀不能侧伸	（1）刮刀导向装置阻塞； （2）中央回转接头漏油	（1）清洗； （2）修理

续表

故障现象		故障原因	处理方法
液压系统	系统压力不足或完全无压力	(1) 泵严重磨损，内漏严重； (2) 油温过高，引起油黏度下降； (3) 溢流阀工作不正常或堵塞，弹簧失效	(1) 更换； (2) 降低油温； (3) 修理
	油流量太小，或完全不流油	(1) 油位低，吸不上油； (2) 温度太低，致使黏度太大，吸不上油； (3) 变量泵的调节机构失灵； (4) 内漏严重	(1) 停机、加足油； (2) 提高油温； (3) 修理； (4) 修理、更换
	泵异响、振动	(1) 进入空气，油面太低； (2) 油太冷，黏度太高或泵吸空； (3) 泵故障	(1) 加油、排气； (2) 加热； (3) 修理、更换
	系统发热	(1) 冷却器堵塞； (2) 内部泄漏过大； (3) 环境温度过高	(1) 拆卸、清洗； (2) 检修有关元件； (3) 停机、冷却
	操纵手柄沉重	(1) 操纵阀被污物卡住； (2) 弹簧失效	(1) 清洗； (2) 更换
	油缸动作不可靠	(1) 油缸内积存空气； (2) 活塞密封损坏	(1) 检查、排气； (2) 更换密封圈

2.7 岩石凿岩爆破技术与裂土技术

2.7.1 概述

2.7.1.1 岩石的凿岩爆破与混凝土路面的破碎

(1) 在道路修建过程中，除了需要填筑、开挖土方路基路堑外，常常在路线通过山岭和丘陵以及沿溪傍山地带时，会遇到集中的或分散的岩层和大块石，在城市建筑与市政工程中常常因为翻修路面或拆毁人工构筑物等，要进行石方工程施工。

(2) 以往主要是依靠人工打眼利用炸药进行爆破，这样劳动量大而效率低，远远不能满足道路工程等修建要求，因此，石方的开挖必须实现机械化和科学爆破化，以提高生产率和减轻体力劳动。

(3) 在城市区域内作业是禁止使用炸药来爆破的，除了机械破碎外，现在部分已应用无声破碎技术进行破碎，但成本很贵。

2.7.1.2 裂土技术

(1) 裂土技术是利用岩石的物理性能，如岩石发达的层理和解理、裂缝、断层等各种薄弱的界限，以及脆性和结晶石料的密度、硬度、韧性和湿度等性质的特点，用特殊设计的裂土冲击工具以冲、压、碾、击、折等各种复杂的作用力把岩石破碎。

（2）由于裂土冲击器拖拉机能力不断地提高和改进，截至目前，除了最坚硬的岩石外，已经有了一个取代爆破作业的趋势。

（3）裂土冲击作业和凿岩爆破作业比较，具有如下优点：

1）裂土冲击作业便于城市中心地区进行，这样能充分利用现场土方机械和设备，提高了机械的利用率；

2）同时省略了凿岩爆破的设备及整个施工的工艺过程，从而大大地减少了机械设备费，降低了工程施工成本。

（4）爆破技术很难掌握爆破后碎石块的大小，但使用裂土冲击技术，在裂土冲击过程中，通过改变裂土的深度、行间幅宽和行程方向，一般可以获得预想的碎石块度。根据实践证明，一般用裂土器凿开的碎石要比炸开的碎石块度小得多。

（5）因此一些水泥厂和采石场在由爆破改为裂土冲击作业后，其破碎机的碎石效率有了显著的提高，也进一步提高了工厂的生产率和降低了成本。

2.7.2 采石料场的作用及其选择

（1）对工业性的采料场，与兴建的房屋、公路、城市道路等有关系。它的作用是预定使用数年，以供应新建房屋工程、市政工程和几个公路地区所辖的公路大、中、小修之用。这种采料场的设置，必须有周密勘查设计。

（2）选择采料场的主要条件是：石料成分、地质上的特殊性和开采时的技术条件、运输通道、加工可能性以及矿床储存量等。这种采石料场生产的石料也作为商品碎石，按碎石大小规格分别定价供应建筑施工单位。

2.7.3 石料凿岩爆破和加工机械

石料开采与加工的机械，根据施工过程来分有石料开采与碎石加工两大过程。按开采的方式不同，有机械裂土冲击和凿岩钻孔爆破取石两种。前者使用的主要机械是拖拉机带裂土器和气动冲击锤（又称破坏器），后者有空气压缩机、凿岩机等。两者所采得的半成品块石或碎石，都要通过石料破碎机与筛分设备进行破碎，筛分成各种不同规格大小的碎石成品。本节只就建筑工程、公路工程、市政工程中最常用的几种用来破碎岩石、水泥混凝土、沥青混合料以及一些级配碎石粘结道路基层、面层和人工构筑物的裂土器、气动破碎器、凿岩机、破碎机、筛分机等加以介绍。

2.7.4 裂土器与风动冲击破碎器

2.7.4.1 裂土器

（1）裂土器的作用：裂土器可以凿裂硬土、黏土、页岩和黏结的砾石等。对层理发达夹层重叠的岩石也可以使用裂土器，但是对坚厚的岩层，必须要在打眼放炮或用风动冲击锤破碎后才能进行裂土作业。

（2）裂土器的结构：裂土器是牵引松土机的改进和变形，它由推土机（或拖拉机）、裂土器和操纵机构三大部分组成。虽然不同的制造厂家所生产的裂土器固定架、刀齿和液压操纵机构具有多种形式，但是归纳起来一般固定架的结构有铰链式结构、平行四边形连杆结构、可调整平行四边形连杆结构。

图 2.7-1 所示为可调整平行四边形连杆单柱裂土器作用原理，它主要用于凿深的裂土工作，裂土器后边还设有推块，便于遇到特别坚硬的岩石时，可以用另一台推土机顶住推块助推。多柱裂土器则适用于凿入要求较浅的场合。

图 2.7-1 可调整平行四边形连杆单柱裂土器外貌图

所有单柱或多柱的裂土器都是采用液压工作油缸来调整凿土角度的，调整量可达 33°。最大凿深可达 710～1145mm。功率则在 441～514kW，在市政工程的翻修道路黏结材料基层、面层时，一般只要求采用中等功率即可（55～102kW）。

2.7.4.2 风动冲击破碎器

1. 风动冲击破碎器的用途

（1）可用来破碎水泥混凝土建筑物、混凝土路面块板，开挖破碎隧道、管道礁石以及其他沥青混合料、级配碎石路基层和路面面层等；

（2）可用于开采破碎石灰石、矿石和坚石；

（3）可用于钢铁厂破碎矿渣、炉渣等。

2. 风动冲击破碎器的结构与工作原理

（1）风动冲击破碎器有固定式和移动式（图 2.7-2）两种，固定式气动冲击破碎器主要用于工厂内。它用机座安装在混凝土基础上；

（2）破碎器的冲击锤构造和操纵机构与移动式冲击锤完全相同；

（3）移动式冲击破碎器主要由冲击锤、履带式行走装置和气、液压操纵机构 3 大部分组成。冲击锤、行走装置、液压油泵都以压缩空气为力流。

3. 风动冲击破碎器的结构与工作原理

（1）冲击锤工作原理如图 2.7-3 所示，它是一只双作用的活塞式风动工具，其压气交替地从气缸两端进入，使活塞在缸内往复运动，冲击锤杆，然后再通过钢凿击碎岩石。当压缩空气自气缸 2 的上端进入时，气缸的下端排气，压缩空气的压力推着活塞下行，锤击钢钎 3，于是凿头就凿击着岩层将它击碎，这个过程称为工作行程。当压缩空气自气缸的下端进入时，气缸的上端排气，于是压气推动活塞上行，准备下一次的锤击。这个过程称为返回行程。这样活塞不断地上下运动着，锤杆和凿头就如此周而复始地对着岩层冲击，使岩石破碎或凿裂；

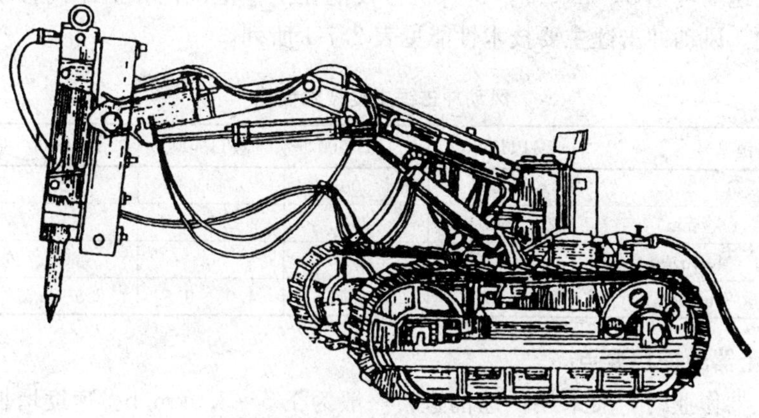

图 2.7-2 履带式风动破碎器外貌图

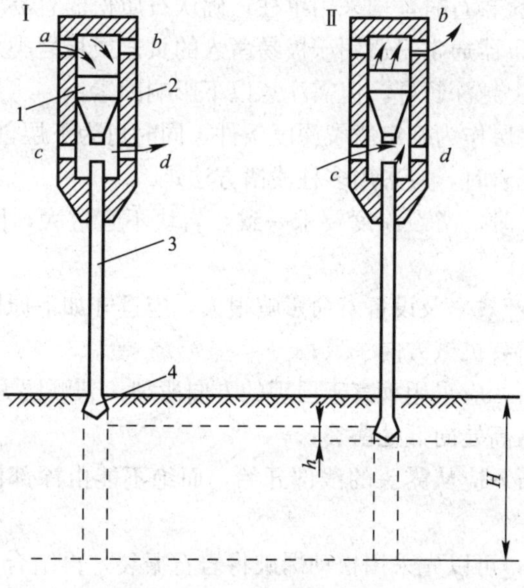

图 2.7-3 冲击锤工作原理

Ⅰ—冲程；Ⅱ—回程；

1—活塞；2—气缸；3—锤杆；4—凿头

（2）冲击锤主要由气缸、活塞和配气机构组成。气缸和活塞为冲击锤的主体。气缸体上下缸盖和下底导杆座各用 4 个螺栓与缸体固定。上缸盖前面开有进气孔，供压缩空气进出于气缸内腔之用。气缸中部正面有排气孔的阀门，气缸内部装有双作用活塞，活塞下部的活塞杆就是冲击锤的冲杆。冲杆与活塞联为一体，冲杆下端部可以根据岩石物理性能不同，装上各种不同作用形式的可换凿杆；

（3）操纵冲击锤方向的是液压系统，液压泵是靠风马达驱动的。操纵机构用 4～6 个液压工作油缸，由“Z”字形杠杆式结构连接（图 2.7-2）；

（4）整个风动破碎器的冲击锤、操纵机构和组成部分都安装在一个履带式底盘上，它的行走装置构造与一般履带式拖拉机基本相同，不同的是行走装置的履带是用风马达驱动的。一般行驶速度可达3～4km/h，这种机械仅能在工作范围内作短距离移动之用，不能作长距离行驶。风动冲击锤主要技术性能见表2.7-1所列。

风动冲击锤主要技术性能 **表2.7-1**

冲击锤型号	1PH-600	1PH-500	1PH-400	1PH-300	YD-60CB
质量	624	500	405	225	68
冲击次数（次/min）	350	360	350	350	1400
冲击功（N·m）	1200	1000	800	600	260
空气消耗量（m^3/min）	7～9	5.5～7.5	4.05～6.5	2.5～4.5	5.2

2.7.4.3 裂土器的使用要点

（1）裂土器作业时，应采用低速前进，一般为1.5～3.0km/h。速度增加将会加速拖拉机底盘及刀柄齿尖的磨损。在凿裂软石时，也不能提高牵引速度，多采用增加裂土器齿数的方法提高工效。

（2）一般在开始凿裂岩石时，均采用单柱，确认石质松弱且易于凿入凿碎时，才可改用二柱。而采用三柱裂土器通常只适用于极易凿入的页岩或板岩类岩石。

（3）裂土深度原则上越深越好，但需注意以下影响因素：

1）以岩石界面和夹层作为确定凿裂深度条件，同时可为下层创造平坦的工作面；

2）凿裂页岩和硬泥岩时，应采用多柱浅凿方法；

3）采用铲运机施工时，凿裂深度要求一致，岩块不宜过大，因此不能采用深凿办法施工。

（4）凿岩方向对生产效率及设备寿命影响很大，应遵守如下原则：

1）裂土方向要与铲装机械方向一致；

2）垂直层理的岩石，应采用垂直于层理的方向凿裂，若顺层方向，则会凿出沟槽；

3）在斜坡上，应从高处向低处凿裂；

4）倾斜走向的岩石，应从露头的浅部开始，而绝不能由深部向浅部凿裂，以保证在预定的深度作业。

对难以凿裂的岩石，可以先采用松动爆破将岩石振裂，再结合裂土法开挖，铲运机施工，经济效果较佳。

2.7.4.4 裂土器的合理选择

合理选择裂土作业的设备时，应注意以下要点：

（1）发动机的功率：功率是表示其拖拉机牵引已被裂土器凿裂的岩石翻松和拉开的能力。

（2）裂土器刀尖凿入力：裂土器刀尖凿入力是决定裂土器能否凿入岩石，并在工作中保持凿入深度的能力。为此必须考虑刀材与岩石的硬度、凿入岩石后刀的铲角及加压的压力大小等多种因素。

（3）拖拉机的自重：拖拉机（或推土机）的自重表示是否具有足够的附着力，来保证裂土器在工作时，稳定自如地发挥发动机的功能。

确定裂土法开挖石方后，必须根据岩石情况、施工任务、机具设备来选择适当的主机和裂土器，避免因选用机型上的差错造成裂土法开挖石方的失败。

2.8 凿岩机

2.8.1 概述

凿岩机是市政、公路、建筑、铁路、水利、矿山等石方工程中钻凿向下或倾斜炮孔的凿岩工具。按动力可分为风动、内燃、电动和液压4种；按操作形式可分为手持式、气腿式、向上式和导轨式4种。各类凿岩机的主要特点及适应范围见表2.8-1。

各类凿岩机的主要特点及适应范围　　表2.8-1

类别	风动凿岩机	内燃凿岩机	电动凿岩机	液压凿岩机
动力	压缩空气	汽油机	电动机	高压液体
主要特点	结构简单，成本低，使用、维修方便，适应性强。但需配备大型或中型的空气压缩机及其管路，投资费用高，能量利用率仅10%，噪声和振动大	本身具有动力，可单独作业，机器较轻，便于流动携带。但结构复杂，操作费力，维修困难，噪声和振动大，尘粉多，且有废气污染	动力来源方便单一，配套设备简单，能量利用率高达60%，动力消耗小，是同级风动凿岩机的1/10，其噪声和振动也较小，是凿岩机的发展方向，但钻完清理炮眼困难。采用湿式凿岩和防尘时，需要的辅助设备又增多	动力来源方便，动力单一化，配套设备简单，凿岩速度快，为同级风动凿岩机的2～3倍，能量利用率高（为40%），动力消耗为同级风动凿岩机的1/3～1/4；无排气，噪声小，工作环境好。但质量较大，目前只有导轨式凿岩机
适用范围	需要有压缩空气动力源，可钻凿中等硬度和坚硬岩石（f=5～18），能钻凿任何方向的炮孔，广泛适应野外固定场地（如采石场）和移动场地（道路、桥涵）的凿岩作业	广泛适应于无水、电、风压的地区作业，特别适应市政零星石方工程的钻凿作业（露天场地）； 不适于隧道施工、井下施工，不适于45°以上的向上倾斜钻眼	需有电源的地方，钻凿中硬岩石（$f \leqslant 10$～12），如配上气腿可钻凿任何方向的炮孔，适用于露天市政、公路、铁路和隧道内的凿岩。但当岩石硬度$f>10$时，钻头磨损很大，同时有瓦斯的隧道不能使用	需有电源的地方，并需与凿岩台架和凿岩台车配套使用 广泛适应采石场、隧道、地下工程、矿井等钻凿中硬和坚硬石方工程的作业

2.8.2 风动凿岩机

（1）风动凿岩机是以压缩空气推动活塞运动的凿岩工具，它具有结构简单、坚固耐用易于维修及价格低廉等优点。

（2）风动凿岩机主要由柄体、棘轮机构、配气机构、气缸和机头等组成，气腿式凿岩机的外貌如图2.8-1所示，手持式风动凿岩机外貌如图2.8-2所示。

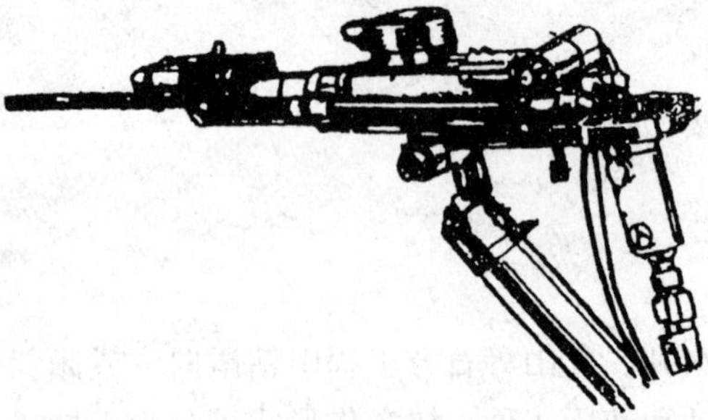

图 2.8-1 气腿式风动凿岩机外貌图

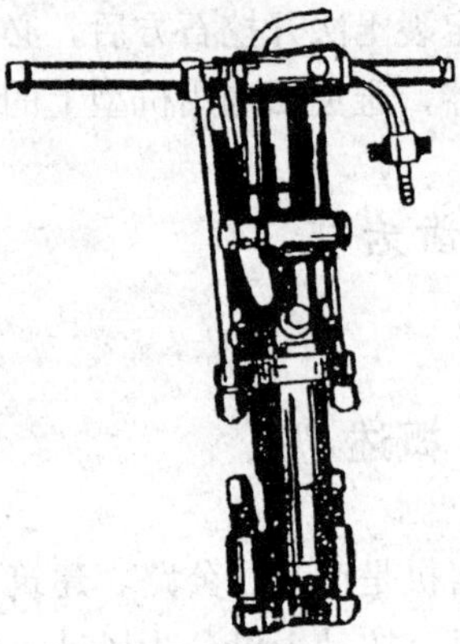

图 2.8-2 手持式风动凿岩机外貌图

(3) 风动凿岩机转钎机构的特点是合理地利用了活塞返回行程的能量来转动钎子的，具有零件少、凿岩机结构紧凑的优点。

2.8.3 内燃凿岩机

(1) 内燃凿岩机是一种以小功率内燃机为动力的凿岩机械，它广泛适用于风动凿岩机不方便的露天工程建设中钻凿垂直向下的炮孔，具有质量轻、携带方便等特点。

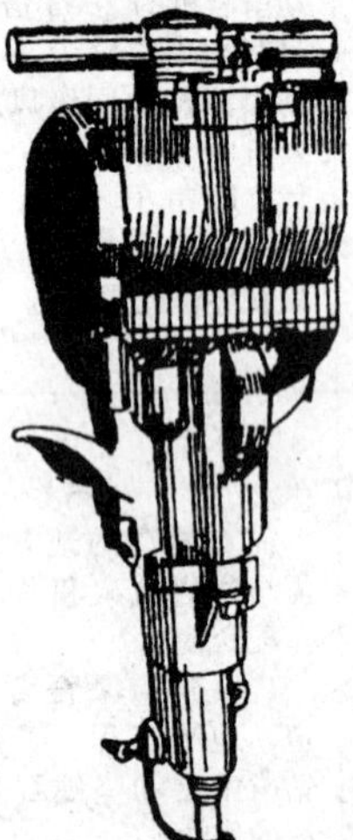

图 2.8-3 YN 型内燃机构造图

(2) 目前国内外生产的各种内燃机，在结构上都是大同小异的，图 2.8-3 所示为国产典型的 YN 型内燃机构造图。

(3) YN 型内燃凿岩机是由内燃机、凿岩机和空气压缩机组成。它装有单缸二冲程汽油发动机。发动机装在气缸的上部，在发动机气缸内有两个运动方向相反的活塞发动机，其中一个发动机活塞转动发动机的曲轴，另一个冲击活塞是自由活塞，运动在气缸延伸部分，作冲击运动。燃料的压缩和点火在两个活塞之间的燃烧室内进行。回转机构的结构形式有曲轴通过摆动轴、棘轮装置转动钎子，也有通过冲击活塞转动套及上棘轮的键槽作用使钎子回转。炮孔在冲击活塞作用下产生的粉尘，依靠空气压缩室的气体来清除干净。

2.8.4 电动凿岩机

(1) 电动凿岩机是利用曲柄连杆机构的作用，将电动机的旋转运动转变成活塞往复的冲击运动的凿岩机。

(2) 电动凿岩机主要由电动机和冲击回转机构（又称工作头）两部分组成，动力的联结方式有齿轮与胶带传动、软轴传动和直接传动3种。其中电动机与工作头组成一个整体，其容量在2～3kW范围内。

(3) 这类电动机必须具有很高的防潮性和牢固的机械强度。而冲击回转机构是使钎杆产生冲击回转运动，该机构有偏心机构、活塞压气机构和可变偏心距式曲柄滑块机构三种。图2.8-4所示为支腿式电动凿岩机外貌图。

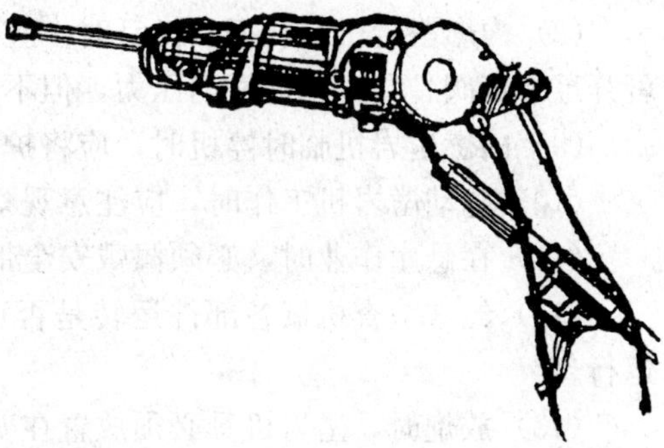

图2.8-4 支腿式电动凿岩机外貌图

2.8.5 凿岩机的使用要点

2.8.5.1 作业前的准备工作

(1) 内燃机或电动机部分，按内燃机或电动机的操作规程中有关规定执行。

(2) 检查钻杆、工具、气管接头是否准备齐全。

(3) 检查各气管接头是否松动漏气，必要时紧固。

(4) 检查机件有无脱落、松动或变形；检查内燃凿岩机各油管是否漏油；检查电动凿岩机是否漏电。必要时紧固和排除漏电故障。

(5) 由汽油与润滑油混合而成的内燃凿岩机燃油，加注前必须充分搅拌并注意防火。

(6) 检查冷却水是否畅通。

(7) 用启动绳发动时，不得将启动绳绕在手上，以免启动后机器反转伤人。启动后应低速稳定空转2～4min后，再正式作业。

(8) 作业前，要用压力计检查进气管内的气压是否保持在规定的范围内，进水管内的水压不能超过气压，否则，水将浸入气路，影响作业。

2.8.5.2 作业中的注意事项

(1) 开机时应用信号通知有关人员，同时钻杆不应粘附杂物，人体各部及衣服不得触及钻杆（或排气管）。

(2) 根据钻孔要求，选配钻杆、钻头及支架。钻杆露出岩石部分不得超过2m。

(3) 开始钻孔时，必须扶正凿岩机，稍开一点风门，待开好孔后，再开大风门，钻孔与钻杆必须同心。

(4) 钻孔前，应扳动气（水）吹（洗）开关，将钻孔部位粉尘吹（洗）干净。

(5) 钻孔的轴向推力要适度，以机器的震动小又不超载运转为宜。

(6) 作业中遇到卡杆时，必须关闭风门，用手转动凿岩机体，使钢钎转动以松动钎头，顺着钻进方向退回。切勿利用在作业的凿岩机将钢钎硬拔出来，也不得用摇摆凿岩机的办法强行退钎。更换钻头时，亦必须先关闭风门。

(7) 对于气腿式和柱架式凿岩机，当钢钎与凿岩机前进方向不一致时，应立即停机检查并排除。

（8）内燃凿岩机在装钎、换钎时，应减小节流阀的开度，使机器慢速运转，开孔后方可开足节流阀，同时施加适当压力，但不允许用身体施压。

（9）内燃凿岩机临时停机时，应将护罩上的铜皮掀下，使火花塞导线搭铁。

（10）电动凿岩机工作时，应注意观察电流值是否正常。

（11）在悬崖作业时，必须佩戴安全带，绑紧无误后，方可工作。

（12）经常检查机械各部件运转是否正常，必要时应停机检查，排除。严禁机械带病运行。

（13）放炮时，凿岩机具必须放置在安全地方。

2.8.5.3　作业后的要求

（1）清洁机具表面粉尘。

（2）按保修规程的规定，进行维修保养。

2.8.6　凿岩机的合理选择

根据使用凿岩机的条件和要求不同，可按下述方法来合理选型。

（1）野外坚石处理的石方工程，一般选用内燃凿岩机，如采石场的石方工程应采用风动凿岩机，并配备空气压缩设备来提供动力源。

（2）零星石方或新修路基础上小型石岩等不便于使用气腿式凿岩机之处，可选手持式内燃凿岩机。其附属设备少、投资省、便于移动，能量利用率高等。

（3）一般石方工程的施工应尽量采用或创造条件使用气腿式凿岩机。因其操作灵活，推进力可以调节，凿岩效率高，凿岩质量和效果都能满足市政、建筑、水利、水电、地下、公路、铁路及国防等工程施工的要求。

（4）当开凿与地面成60°以上的向上炮眼时，最好选用向上式凿岩机；当钻孔深度超过3m时，最好选用导轨式凿岩机；当大型石方工程钻孔时应考虑选凿岩台车。

（5）轻中型手持式凿岩机，适用于四～十五类岩石，配有气腿可钻凿水平或倾斜炮孔；重型凿岩机能钻孔深度9～20m以上，适用于十～十五类岩石。

（6）在一般情况下，钻进凿岩的速度是石方工程施工进展的关键，应重点考虑。在同类型的凿岩机中，应选择冲击功率最大的高频凿岩机、导轨式凿岩机，以提高生产率。

（7）选择时应考虑动力设备的配套齐全，如风动凿岩机需配备空压机及输气管道；电动凿岩机需要配备发动机或变压器，使用气腿时需配备小型空压机等。总之，配套设备的种类、规格、数量都应满足施工作业要求，以满足凿岩工程顺利开展。

2.8.7　凿岩机的维护保养

国产YN-30A型、东方红23型内燃机的维护保养工作主要是：例行保养（表2.8-2）、每周保养（表2.8-3）等。

例行保养（每班进行）　　表 2.8-2

序号	保养项目		技术要求
1	发动机	（1）检查燃油箱存油量及油箱盖通气孔； （2）燃油的调配及加注； （3）检查空气滤清器； （4）清洁火花塞； （5）清洁气缸中的斜气道及进气阀； （6）检查机器运转情况	（1）根据需要，加足燃油；清洁、疏通油箱盖通气孔； （2）YN-30A 型凿岩机发动机按体积计汽油与润滑油的比例为 12∶1；东方红 23 型凿岩机，发动机按体积计，汽油与润滑油的比例为 16∶1。在容器中搅拌混合均匀后，用带有滤网的漏斗加入燃油箱； （3）每工作 4h 后，应在煤油中清洗空气滤清器，并在滤心上滴上少量清洁的机油； （4）清除火花塞上积炭，火花塞心子如有松动、漏气，应予更换； （5）每工作 4h 后，将发动机活塞转到上止点，拧下进气阀，用气道捅针清除斜气道中积碳，以保证畅通。清洁进气阀及孔，使钢球跳动灵活； （6）机器应起动容易，运转正常，否则，应查明原因，排除故障。新机首次使用 100h 内，应控制发动机转速。YN-30A 型凿岩机转速应小于或等于 2600r/min，空转转速不高于 2200r/rain。东方红 23 型凿岩机，转速应小于或等于 2700r/min。冷起动后，应以大油门低转速运转 2～4min，待机器走热并充分润滑后，方可开始工作
2	转钎机构	（1）润滑转轴； （2）检查转钎工作	（1）每工作 2h 后，应向转轴润滑孔加注机油； （2）YN-30A 型凿岩机如转钎无力，应检查上棘轮、滚针、隔离片等零件，如有损坏，应予更换； 东方红 23 型凿岩机，如转钎无力，应检查推动爪及柱塞、弹簧，如有损坏，应予更换
3	排粉机构	（1）检查六方密封圈及气道吹风孔； （2）检查排粉情况	（1）如六方密封圈损坏，应予更换，吹风孔堵塞应予疏通； （2）YN-30A 型凿岩机，如排粉不良，应检查吹风阀并进行清洁，如有损坏，应予更换； 东方红 23 型凿岩机如排粉不良，应检查排气阀片及柱塞弹簧，如有异常，应予调整或更换
4	整机	（1）清洁整机外部； （2）检查各部螺栓； （3）检查油、气渗漏情况； （4）润滑	（1）清除机器外部尘土油污。拆下护罩，清除气缸散热片及飞轮导风翼片上的污物； （2）螺栓如有松动，应予紧固； （3）消除渗漏现象； （4）按机器出厂使用说明书进行润滑

每周保养（每工作 50h 进行） **表 2.8-3**

序号	保养项目		技术要求
1	例行保养		完成本级保养作业项目外的例行保养项目
2	发动机	（1）拆检、清洗、清除积碳； （2）检查曲轴箱轴承； （3）检查燃油箱及燃油过滤网； （4）清洗汽化器，检查橡胶片及汽化器的密封性； （5）清洗空气滤清器； （6）检查柄体底部止回阀片； （7）检查斜气道进气阀的钢球与挡销间隙； （8）检查气缸垫等各部密封件； （9）检查火花塞； （10）检查磁电机点火时间； （11）检查断电器的间隙； （12）检查磁电机线圈、电容器、火花塞的导线及接头	（1）1）拆检、清洗，清除活塞、活塞环、排气孔、排气管及火花塞积碳； 2）清除飞轮磁电机上的油污； 3）润滑各运动件表面；活塞环如磨损严重或开口间隙超过 2mm 时，应予更换； 4）拆检冲击活塞机构，清除活塞、活塞环、排风阀上的积炭。活塞环如磨损严重或开口间隙超过 2mm 时，应予更换。 （2）轴承如有损坏或松旷，应予更换； （3）清洗燃油箱，除去污物，每工作 20h，应拆下燃油过滤网清洗，去除污物； （4）清洗汽化器腔，除去污物。如卡膜失效，橡胶片损坏、漏气，应予更换； （5）拆洗空气滤清器。滤心如有损坏，应予更换； （6）止回阀片与挡板的距离应为 2.5～3mm，如有弯曲或密封不良，应予调平或更换； （7）YN-30A 型凿岩机钢球与挡销的跳动间隙为 0.4～0.8mm。如磨损严重，间隙超过上述规定时，应予调整或更换； 东方红 23 型凿岩机钢球与挡销间的跳动间隙应为 0.42～0.7mm。超过 1mm 时，应予调整或更换清洁进气道，除去积炭； （8）如有漏气、漏油或损坏时，应予更换； （9）清除积炭、调整间隙，YN-30A 型凿岩机火花塞电极间间隙为 0.5～0.7mm；东方红 23 型凿岩机火花塞电极间间隙为 0.4～0.6mm； （10）YN-30A 型凿岩机磁电机点火时间应以飞轮箭头对准曲轴刻线为准； 东方红 23 型凿岩机磁电机点火时间应以飞轮箭头对准曲轴刻线为准，点火提前角为 34°～38°，不符合上述规定时，应予调整。 （11）YN-30A 型凿岩机自金间隙为 0.4～0.5mm；东方红 23 型凿岩机白金间隙为 0.3～0.5mm，不符合规定时应予调整； 白金触点如有松动，应予铆固，如有烧蚀或粘附油污，应予修磨、清洁。并在羊毛毡上滴 2～3 滴机油。 （12）磁电机、电容器如有损坏，应予修复或更换，导线应绝缘良好，接头如有接触不良，应予焊接或紧固
3	转钎机构	（1）检查、润滑转钎机构零部件； （2）转钎轴承	（1）YN-30A 型凿岩机应清洁转动套筒、上棘轮、滚针、隔离片及柄体止回阀片，如有损坏应予更换。装配时，应滴涂润滑油。东方红 23 型凿岩机经清洗岳，如发现推动爪、柱塞、弹簧损坏；滚柱、棘轮磨损严重者应予修理或更换，并加注适量润滑油； （2）东方红 23 型凿岩机应清洁轴承并加润滑脂。轴承损坏时，应予更换

续表

序号	保养项目		技术要求
4	排粉机构	(1) 检查清洁压气机活塞及活塞环； (2) 检查清洁风道及零部件； (3) 检查排气阀座、阀片及弹簧	(1) 东方红23凿岩机应清除活塞及活塞环积炭；活塞环磨损严重、开口间隙超过2mm时，应予更换； (2) YN-30A型凿岩机应清洁吸风道、进吹风阀及六方密封橡胶圈，如有损坏应予更换； 东方红23型凿岩机应检查、清洁转动齿轮、六方橡胶密封圈，如有损坏、老化、漏气等情况，应予更换。 (3) 排气阀座松动，阀片及弹簧失灵或损坏时，应予铆固、修复或更换。弹簧弹力不符规定者，应予更换
5	整机	(1) 解体检验、清洗、安装； (2) 检查各部连接情况； (3) 检查机器运转情况； (4) 润滑	(1) 解体后，对各零部件进行清洗、检验，磨损超限或有损坏的零部件，应予修复或更换； 并按规定顺序装配，注意润滑； (2) 连接螺栓应紧固，消除漏气、渗漏油现象； (3) 机器应运转正常，如有异常现象，应查明原因，予以排除； (4) 按机器出厂使用说明书进行润滑

2.8.8 凿岩机的常见故障及处理方法

国产风动气腿式、向上式和导轨式凿岩机的常见故障及处理方法见表2.8-4、表2.8-5、表2.8-6所示。

气腿式凿岩机常见故障的处理 **表2.8-4**

故障现象	故障原因	处理方法
汽水联动机构失灵	(1) 注水阀的密封圈磨损，机器工作时漏水，排出的废气成雾状； (2) 注水阀体后部的弹簧失效，当压气停止时，弹簧不能关闭水路； (3) 注水阀上的密封圈耐油性差，经油浸以后其尺寸涨大，堵塞了水路； (4) 注水阀体的通水孔被堵死； (5) 水压高于弹簧的压力	(1) 更换密封圈； (2) 更换弹簧； (3) 更换质量较高的密封圈； (4) 用小铁丝通空； (5) 降低水压
活塞运动不灵活，使凿岩机停止运动	(1) 活塞大头与气缸内孔、活塞小头与导向套内孔的配合间隙选择得太小，当活塞运动时，机体发热； (2) 零件加工粗糙或保养不好，使零件表面生锈或磕碰； (3) 活塞、气缸、导向套等零件的同心度和几何精度，不符合图纸要求；	(1) 按制造公差选择适当的配合间隙； (2) 按要求制造零件，并妥善保管； (3) 按照图纸要求制造凿岩机的零件；

续表

故障现象	故障原因	处理方法
活塞运动不灵活，使凿岩机停止运动	(4) 机器停止凿岩后，放的位置不当或把排气口向上，使石块及粉尘落入机器内部； (5) 润滑不佳，机体发热； (6) 活塞的材质或热处理不好，使活塞的冲击端因受冲击而出现镦粗； (7) 机器在装配时，其零件没有清洗干净	(4) 注意机器使用完毕后，放到无水滴、无粉尘的地方，并把排气口向下； (5) 及时加油润滑； (6) 选用好的材质和正确的热处理方法； (7) 注意清洗干净零件后，才能装配机器
水针损坏	(1) 钎套六方已磨损而尺寸过大，机器工作时钎尾摇摆而易切断水针； (2) 钎尾不符合制造要求，使中心孔过小或中心孔歪斜； (3) 水针制造质量不好，弯曲度过大，直径太粗或头部未加工成圆锥形	(1) 六方钎套如磨损到一定尺寸后就应更换； (2) 按图纸制造钎尾的中心孔； (3) 水针要进行防锈处理，水针全长的弯曲度不应超过0.5mm
活塞使用寿命短，冲击端出现断裂	(1) 活塞制造质量差，选用的材质和热处理工序不合适； (2) 钎尾的硬度过高，或者钎尾端面不垂直，当活塞冲击钎尾时，局部受力过大； (3) 压气压力过高； (4) 机器在开动时，给气压过猛或空打时间过长； (5) 凿岩作业时，气腿的轴推力不够，活塞不能冲击钎尾，产生空打现象	(1) 正确选择活塞的材质和热处理工序； (2) 选择合适硬度的钎尾的钢钎，并且钎尾端面应垂直； (3) 降低气压； (4) 机器在开动时，按低、中、高压气量进行； (5) 调节气腿与水平线的夹角，使气腿有足够的轴推力
关闭了操纵把手，凿岩机仍有轻微运动	(1) 操纵阀磨损，配合间隙增大，产生串气现象； (2) 密封胶圈磨损而串气； (3) 制造操纵阀时，个别通气孔的位置错了	(1) 更换操纵阀； (2) 更换密封圈
螺旋棒与螺旋母磨损快，使用寿命短	(1) 润滑不好； (2) 粉尘或脏物进入凿岩机内部； (3) 润滑油内含有砂粒或粉尘； (4) 螺旋棒和螺旋母已超过磨损极限	(1) 定期向注油器注油； (2) 精心保养和定期拆洗机器； (3) 选择清洁的润滑油； (4) 更换螺旋棒和螺旋母
调压阀不灵活或受机器振动而串位	(1) 调压阀上的进、排气孔道，制造时弧度太短，在转动调压阀时使气腿轴推力的变化很突然； (2) 固定调压阀位置的弹簧失效； (3) 伸缩管上的两个密封圈被磨损	(1) 更换调压阀； (2) 更换弹簧； (3) 更换密封圈

续表

故障现象	故障原因	处理方法
气腿的伸缩管缩回动作不灵	(1) 伸缩管弯曲，主要原因有： 1) 凿岩机工作时，支承的位置不合适，受力不匀； 2) 凿岩机断钎；凿岩机和气腿摔到岩石上； 3) 伸缩管在制造时厚薄不均匀，增大了弯曲力。 (2) 伸缩管内的密封圈磨损； (3) 气腿内的回程孔被油垢及脏物堵塞； (4) 钢质的外套管内壁生锈，使胶碗运动不灵，并加快了胶碗的磨损； (5) 气腿快速缩回，扳机变形量大，按扳机时，气腿缩回困难	(1) 下述几种排除方法： 1) 调整支承位置； 2) 防止断钎； 3) 更换弯曲的伸缩管。 (2) 更换密封圈； (3) 通空回程孔； (4) 擦锈，并更换磨损的胶碗； (5) 更换材质好的、不变形的尼龙扳机
凿岩机工作时，从排气口向外喷水	(1) 水压高于气压，易往机器内部灌水； (2) 水针套磨损、密封圈也损坏； (3) 钎杆中心孔堵塞，水排不出去； (4) 水针尺寸太短	(1) 降低水压到合适值； (2) 更换密封圈； (3) 通空钎杆中心孔； (4) 按要求制造水针长度
凿岩机润滑不良	(1) 润滑油牌号选择不合适； (2) 盛润滑油的器具无盖，润滑油内进入了脏物； (3) 注油器上的油量调节得不合适； (4) 注油器内长通油管未焊牢固，受震动脱落，影响润滑油的流出； (5) 注油器内的油阀被堵塞； (6) 润滑油内有水分	(1) 选择适合的润滑油； (2) 盖上盖子； (3) 调节适当的油量； (4) 焊牢通油管； (5) 通空油阀； (6) 更换润滑油
嵌在转动套内的钎套松动	(1) 钎套的外圆尺寸小； (2) 转动套的内孔尺寸大	(1) 更换外圆尺寸小的钎套； (2) 更换内孔尺寸大的转动套，装配时，一定要采用“热装”及加热后拆卸

YSP45 型凿岩机常见故障及处理方法 **表 2.8-5**

故障现象	故障原因	处理方法
凿岩速度降低	(1) 工作气压低； (2) 气腿轴推力过大； (3) 气腿推力不足，伸缩不灵，机器后跳；	(1) 1) 核算压气管路是否超过额定负荷，如果超过则应适当减少同时工作的机器台数或其他耗气作业。工作气压最低不能小于 0.4MPa； 2) 消除管路漏耗，检查气压管路、开关等是否规格太小； 3) 输气胶管不应太长，总长不大于 25m。 (2) 将调压阀顺时针转动，以减小推力。 (3) 1) 将调压阀反时针转动以增大推力。若定位用的涨圈磨损则应更换；

续表

故障现象	故 障 原 因	处 理 方 法
凿岩速度降低	（4）润滑不良； （5）钎子质量不合要求； （6）机头返水，发生“洗锤”现象，破坏正常润滑； （7）消音罩结冰； （8）主要零件磨损	2）检查气腿与机器各联接处是否松动漏气，手把放气阀是否漏气； 3）检查气腿内活塞胶碗及密封圈是否受震，松脱而磨损失效； 4）清除气腿内部夹杂的脏物； 5）检查调压阀有关孔槽是否堵塞，凸缘是否磨损严重而致使调压不灵。 （4）1）检查注油器是否缺油； 2）润滑油太稀、太浓或太脏，应及时按规定条件更换； 3）注油器油路小孔堵塞应清洗，用气吹通油路各孔。 （5）1）钎尾长短不合要求，相差太大，应选用符合要求的钎子； 2）钎杆弯曲严重，应校直。 （6）1）水针折断，立即更换； 2）钎杆中心孔不通或太小，要更换钎杆； 3）水针孔径不能超过 3mm，以免水压降低； 4）水压高于气压，高压水流入机体，应及时降低水压； 5）注水系统失灵，气、水混合进入机体，应立即检修； 6）“常吹气”失灵，气针堵塞或胶垫位置装错，应立即检修。 （7）清除罩内和排气口处凝结的冰瘤。 （8）1）缸体和活塞两配合表面擦伤，用油石磨光； 2）配气阀磨损应及时更换； 3）主要零件（活塞、螺旋棒、螺旋母、棘爪、转动螺母、钎套等）超过磨损极限，要及时更换
启动不灵	（1）润滑油太浓、太多； （2）阀与阀套磨损严重； （3）机头返水； （4）气腿推动力过大	（1）润滑油的浓度和用量要调节适当； （2）更换磨损严重的零件； （3）查找原因及时消除； （4）调节调压阀，减小气腿推力
汽水联动机构失灵	（1）水压过高； （2）气路和水路小孔堵塞； （3）注水阀端部磨损； （4）注水阀体内零件锈蚀； （5）密气及密水胶圈已损坏	（1）应当采取措施降低水压； （2）穿通小孔； （3）更换零件 （4）清洗除锈； （5）更换零件
水针折断	（1）活塞小端打堆，钎尾中心孔不正； （2）钎尾和钎套配合间隙过大； （3）水针太长； （4）钎尾水孔太浅	（1）更换新活塞和钎子，或者修复； （2）钎套内六方对边尺寸磨损至 25mm 时应更换，否则不只是容易折断水针，而且也容易损坏活塞和钎子； （3）修正水针长度； （4）应按钎尾制作图造钎尾

续表

故障现象	故障原因	处理方法
断钎严重	（1）管路压气太高； （2）骤然大开车； （3）钎子弯曲； （4）钎尾凸台的过渡圆角太小； （5）钎尾有热处理裂纹	（1）采取降压措施； （2）凿岩时启动要平稳； （3）校直钎子； （4）按图纸要求制作钎尾； （5）改进钎尾制作工艺

导轨式型凿岩机常见故障及处理方法 **表 2.8-6**

故障现象	故障原因	处理方法
机器漏气	（1）壳体结合处不严，一般是密封圈已损坏； （2）长螺杆未拉紧	（1）修理或更换密封圈； （2）拉紧长螺杆
工作气压低	（1）管路气压低； （2）气路管径不符合规格； （3）负荷过大，即同时使用气压的机器过多，而造成气压降低	（1）检查后调节气压； （2）更换不符合规格的管径； （3）减小负荷，即减小同时工作机器的台数
转速加快，但不进尺寸，孔中不出岩粉	（1）钎头磨钝或合金片破碎、掉片； （2）钎杆折断或套管脱口； （3）推进气动机、推进丝杠等出故障	（1）更换钎头； （2）更换钎杆； （3）检查后处理故障
凿速突然下降，转钎不正常	（1）棘爪或螺旋棒、棘齿等磨钝，小弹簧损坏，使个别爪、齿不起作用； （2）花键母、螺旋母的键槽磨宽； （3）钎杆钎头损坏，脱片或碎片； （4）无油润油，使运动零件产生干摩擦	（1）更换磨钝的零件； （2）更换花键母和螺旋母； （3）更换钎杆或钎头； （4）注润滑油
机器声音不正常	（1）紧固螺丝松动或拧紧力量不均匀； （2）活塞、汽缸等轻微研卡	（1）均匀紧固螺母； （2）修理活塞或汽缸
一个方向不转	（1）滑套或换向套损坏、卡滞，不能向另一端运动，可扳动换向操作阀、细听柄体中有无活动的声音； （2）棘爪磨损，折断	（1）检查更换； （2）更换
返水或排气口结冰	（1）钎尾胶圈损坏； （2）水针头部缺欠或磨损； （3）压气中含水量过高	（1）更换新胶圈； （2）更换水针； （3）减少压气中的含水量
不回转，但能冲击	（1）长螺杆拉力不匀，回转部分被卡； （2）滑套或柄体损坏、卡滞，不能向两端运动，可扳动换向操作阀，细听柄体内有无动作的声音；	（1）均匀拉紧长螺杆； （2）检修或者更换；

续表

故障现象	故障原因	处理方法
不回转，但能冲击	（3）换向套、棘爪、螺旋棒、花键母太高，长螺杆拉紧压死不转，放松长螺杆，间隙加大后即转； （4）棘爪、小弹簧或螺旋棒损坏，不起止逆作用。这种现象往往是转速逐渐变慢，最后停止转动； （5）花键母、螺旋母键槽全部磨损，这种现象往往是转速逐渐变慢，最后停止转动； （6）花键母、螺旋母松脱，发生卡滞或花键母、螺旋母滑扣，不能带动钎具回转； （7）拆卸钎尾套时，将回转套端面打毛，回转时卡滞； （8）活塞打断，此时冲击功显著变小，钎具不转，不久冲击也停止	（3）检查更换不符合规格要求的零件； （4）检查、更换零件； （5）检查、更换； （6）检查、修理花键母或螺旋母； （7）将毛刺修平； （8）更换打断的活塞
活塞不冲击（换向阀在中间位置）	（1）长螺杆松紧不一致，活塞不能运动； （2）气缸、活塞、导向套、花键母不同心，或螺旋棒与阀套之间的配合太紧。如安装时已按要求检查过，可排除此原因； （3）安装阀时，忘记放定位销； （4）阀变形，安装时手摇阀、阀片不跳动； （5）阀内油太多或无油； （6）阀内进入污物。污物由气管中带入，先关气后关水，水将污物倒灌入阀内，气管弯头中卡环折断吹入阀中； （7）气缸气孔堵塞等	（1）均匀拉紧螺杆； （2）检查更换不符合要求的零件； （3）安上定位销； （4）检查后，更换阀； （5）调节注油器； （6）清洗； （7）清洗

2.9 石料加工机械

2.9.1 概述

2.9.1.1 用途及工作对象

破碎与筛分机械是加工生产各种规格碎石及砂料的机械设备，在建筑、市政、公路、铁路、水利、矿山等工程施工中，需要大量的、各种不同粒径的砂、石作为建筑材料的填料、混凝土骨料。在没有天然砂子和砾石来源，而有石料供应的地方，可采用破碎机来进行砂石骨料加工，满足工程上需要。

在房屋建筑、道路路面和基层修筑工程中，需要大量的碎石材料作为各种混凝土的骨料，或直接作为铺筑材料。因此破碎及筛分机械是各类工程材料生产的基本设备之一。

筛分机械主要用于各种碎石料的分级，以及脱水、脱泥、脱介等作业。在公路石料生产中，筛分机械常与各种碎石机配套使用，组成联合碎石设备。破碎及筛分机械的工作对象是各种硬度不同的岩石材料及砂料。适用的岩石材料抗压强度一般不超过250MPa。

2.9.1.2 国外水平及发展趋势

（1）国外破碎及筛分机械的发展已有100多年的历史。代表产品先进水平的生产国主要是美国、日本、德国和意大利等。颚式碎石机的规格已发展到3000mm×2000mm（简摆式）和2400mm×1800mm（复摆式）的水平，其功率已达400kW以上，生产能力可达2000t/h。旋回式碎石机的最大生产能力已达6000t/h，最大规格为1800～2800mm，并采用自动控制装置。

（2）圆锥式碎石机的最大规格已达3050mm，进料宽度为660mm，台时的处理能力最大达4000t以上。其多数产品每种规格均有3～4种形式的破碎腔，其偏心距可通过变更偏心套来产生3～6种尺寸，并配有自动控制系统，从而可保证用户在最佳状态下使用设备。

（3）反击式碎石机的最大规格，单轴型为2500mm×2000mm，双轴型为2000mm×3000mm，并可具有多种破碎功能，以及一次完成破碎硬岩石的作业。

（4）颚式碎石机的发展趋势是：破碎腔采用小钳角（15°～30°）高深式腔型；应用液压传动技术；颚板多采用高韧性耐磨锰钢；采用厚钢板箱形机架；动颚采用滚柱轴承等。

（5）旋回式碎石机发展趋势主要是向规格的大型化方向发展，其目的是力求通过采用最新技术和大型化达到单机的稳定作业。旋回式碎石机的发展特点是：采用自动控制、监控和安全装置；用滚动轴承代替滑动轴承；采用大深度、小钳角的非阻塞型破碎腔；采用低速同步电动机直接带动伞齿轮传动；使用转矩限制联轴器、速度传感开关以及螺旋伞齿轮等。

（6）圆锥式碎石机的发展方向，主要是进一步改进破碎腔，完善自动控制系统，从而实现运行的自动调整及最佳化作业以提高产量、降低能耗和费用。

（7）破碎机械的一般发展趋势是，采用先进的自动控制技术、液压传动技术，改进破碎腔，从而使机械达到最佳的运行状况，充分利用功率和提高生产能力。

（8）移动式联合碎石设备具有安全、简便、投产快、机动性好及生产率高等特点，是岩石材料的加工设备。其发展趋势主要在于，采用完善的计算机全自动控制系统，使各个系统实现合理匹配，在保证整机具有最佳经济效益的前提条件下，使给定粒度的碎石产量达到最大。

2.9.1.3 国内水平及发展方向

（1）我国破碎及筛分机械的生产已有40多年的发展历史。在产品的设计与制造方面，通过技术改造和引进，已经历了由小到大，由少到多，由单一产品到品种规格齐全、技术性能先进的发展过程，已能基本满足各种石料生产的需要，一些产品还远销国外。

（2）颚式碎石机系列、旋回式碎石机以及圆锥式碎石机等，其技术性能已达到国际水平。我国引进及自行设计生产的联合碎石设备的技术水平和生产能力也在不断提高。

（3）国产碎石机的发展方向主要是采用和完善自动控制装置，不断采用新结构、新材料，提高产品的生产能力和降低能耗等。

2.9.2 石料破碎机械

（1）破碎机是将开采所得的天然石料按一定尺寸进行破碎加工的机械。石料破碎机械的类型很多，常用的有颚式破碎机、旋回破碎机、锥式破碎机、锤式破碎机、辊式破碎机和反击式破碎机等。其中颚式破碎机在建筑、市政、公路、铁路、水利等工程中应用最多。

（2）各种碎石机的破碎方式如图 2.9-1 所示。

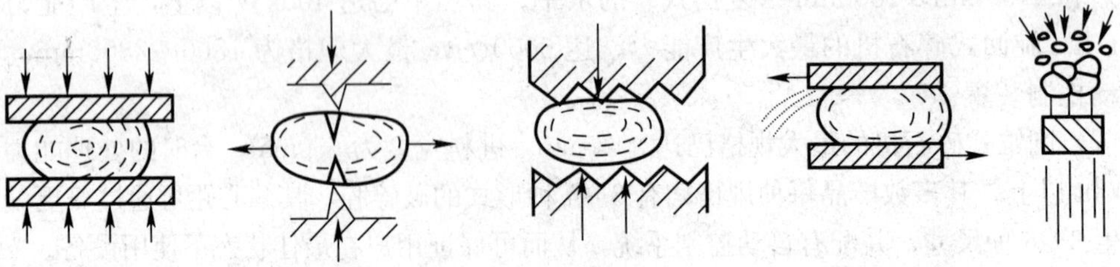

图 2.9-1 破碎方式

(a) 挤压；(b) 劈裂；(c) 折断；(d) 磨碎；(e) 冲击

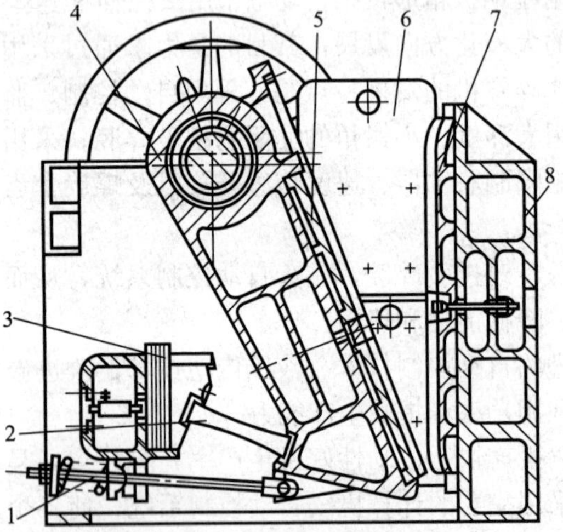

图 2.9-2 复摆颚式碎石机

1—锁紧弹簧；2—肘板；3—调整垫片；4—动颚部；5—活动颚板；6—侧板；7—固定颚板；8—机架

2.9.2.1 颚式破碎机

颚式破碎机的工作部分主要是由两块颚板（活动颚板和固定颚板）组成。活动颚板对固定颚板作周期性的往复运动，时而靠近，时而分开，由此使装在两颚板间的石块受到挤压、劈裂和弯曲作用而破碎。

颚式碎石机的总体结构特点：颚式碎石机结构简单、工作可靠、维修方便，主要用于粗碎和中碎各种岩石。投料尺寸为 100～1500mm，出料尺寸为 40～350mm，岩石的抗压强度不超过 250MPa。简摆颚式碎石机一般为大、中型机械，常用于粗碎作业，破碎比为 3～6；复摆颚式碎石机如图 2.9-2 所示，一般为中、小型机械，其破碎比可达 10。其中常用的颚式碎石机多数为复摆式。

2.9.2.2 颚式破碎机的使用要点

1. 起动前的准备工作

（1）应先启动润滑泵电机，待油压、流量指示器达到规定值后，再启动主电动机，并注意电流表指针变化是否正常。

（2）认真检查破碎机的主要零件是否完好，紧固螺栓等连接件是否松动，皮带轮外罩是否完整，传动件是否相互牵连等；

（3）检查辅助设备如皮带运输机、电器设备和信号设备等是否完好；

（4）检查辅助设备如皮带运输机、电器设备和信号设备等是否完好；

（5）检查破碎腔中有关其他物料。若有石块或杂物，必须清理干净，以保证破碎机无任何阻力的情况下空载下启动；

（6）认真检查润滑油箱的油量，必要时补充润滑油。

2. 工作中的注意事项

(1) 破碎机起动后，要经过一定时间，才能达到正常回转速度。在正常运转过程中，也要注意电流表的指示值；

(2) 破碎机正常运转后，才可向破碎机给岩石，给岩石时应根据矿块的大小和破碎机的工作情况，及时调整给石量，保证给石均匀，避免过载；

(3) 破碎机在运转中，要经常注意大块石卡住现象，如卡住要用铁钩翻动，使其排除；

(4) 当电气设备自动跳闸后，若原因不明，严禁强行连续起动；

(5) 工作中，应经常检查各润滑点是否良好，并注意轴承的温度，特别是偏心轴承的温度不得超过60℃，如温度超过允许范围，或机器有不正常的声音，应立即停车检查，找出原因，采取措施消除。

2.9.2.3 颚式破碎机的维护保养

颚式破碎机的维护保养工作主要是：例行保养（表2.9-1）、一级保养（表2.9-2）、二级保养（表2.9-3）。

例行保养（每班进行） **表2.9-1**

序号	保养项目		技术要求
1	传动机构	(1) 检查传动皮带的紧度； (2) 检查防护装置； (3) 检查传动机构的工作情况	(1) 应松紧适度，传递功率有效，必要时予以调整。皮带及皮带轮如粘有油污时，应予清除； (2) 如发现有不安全现象，应予处理； (3) 检查证明传动机构工作正常后，方可起动机器
2	工作机构	(1) 清除破碎腔内碎石； (2) 检查定、动颚板固定螺栓； (3) 检查调节装置	(1) 空载起动前，应检查破碎腔内有无碎石及杂物，如有，应清理干净； (2) 螺栓如有松动，必须予以紧固； (3) 检查调节装置和弹簧压力
3	电气设备	(1) 检查电动机； (2) 检查电气控制系统	(1) 应运转正常，无异响、不过热。起动装置应完好； (2) 各电气控制元件应工作正常
4	整机	(1) 检查基础连接螺栓； (2) 润滑	(1) 如有松动，应予紧固； (2) 按机器出厂使用说明书进行润滑

一级保养（每工作600h进行） **表2.9-2**

序号	保养项目		技术要求
1	例行保养		完成本级保养作业项目外的例行保养项目
2	传动机构	(1) 检查传动皮带轮及飞轮； (2) 检查传动皮带； (3) 检查防护装置	(1) 应运转正常，无异常振动现象； (2) 皮带如有损坏，应予更换； (3) 检查螺栓固定情况，如固定螺栓有松动，应予紧固
3	工作机构	(1) 检查定、动颚板和衬板； (2) 检查调整座及液压起顶（起顶螺栓）装置	(1) 颚板磨损后（通常下端磨损较甚）可倒置继续使用； (2) 调整座和液压起顶机（起顶螺栓），如有损坏，应查明原因，予以修复

续表

序号	保养项目		技术要求
4	电气设备及仪表	(1) 检查电动机； (2) 检查起动设备； (3) 检查电缆线	(1) 润滑电动机轴承，拆下端盖，检查润滑油量和油质，不足时增补，脏污时更换； (2) 清除起动设备外部粘附的尘土、油污，检查触点的烧伤和磨损情况，当触头表面出现凹凸不平时，应予磨平修复。触头磨损严重时，应予更换； (3) 电缆的外皮如有裂伤和破损，应进行防护处理
5	整机	(1) 清洁全机； (2) 检查悬挂、牵引装置（移动式）； (3) 润滑	(1) 清除全机各部所粘附的尘土、石屑和杂物； (2) 如有损坏，应予修复； (3) 按机器出厂使用说明书进行润滑

二级保养（每工作 1200h 进行） **表 2.9-3**

序号	保养项目		技术要求
1	一级保养		完成本级保养作业项目外的一级保养项目
2	传动机构	(1) 检查偏心机构； (2) 更换传动皮带； (3) 检查防护装置	(1) 拆洗偏心机构。检查主轴两端轴承的磨损情况，如损坏严重，应予更换；检查皮带轮、飞轮，修复其损坏部位。清洗后按规定装满润滑脂。装复试车时，应运转正常，无异常振动现象； (2) 更换损坏的传动皮带，并调整其张紧度； (3) 防护装置如有开裂、变形等情况，应予修复
3	工作机构	(1) 检查定、动颚板和衬板； (2) 检查出料口装置	(1) 更换磨损严重或破裂的定、动颚板及衬板； (2) 调整出料口装置（液压起顶机或起顶螺栓）和弹簧压力，如弹簧压力降低影响功能时，应予更换
4	电气设备	(1) 检查电动机； (2) 检查起动设备； (3) 检查电气控制系统； (4) 检查电缆线	(1) 1) 拆开电动机，清除内腔各部的灰尘、油污；检查线圈的绝缘情况；更换磨损严重的碳刷，调整刷簧压力； 2) 清洗电动机轴承，并检查其磨损情况。清洗后更换润滑脂，但不要加得太满，一般为其容积的 50%～70%即可。 (2) 起动设备应功能正常，如有故障应查明原因，予以修复。 (3) 1) 清洁电气控制系统各接线及电气元件，清除外部尘土，各电气元件应功能正常； 2) 检查电源线、辅助线等各导线的绝缘情况，各接线柱应紧固； 3) 工作时，如破碎机超负荷时，送料装置的传送带驱动装置应能率先自动切断电源。 (4) 破损严重时，应予更换
5	整机	(1) 检查牵引、行走装置（移动式）； (2) 清洁全机； (3) 检查各部连接螺栓； (4) 补漆； (5) 润滑	(1) 检查牵引杆和悬挂机构的完好情况，如有损坏应予修复。检查轮胎，如气压不足，应予充气，如有变形、老化等情况，应予修理或更换； (2) 清除全机各部所粘附的尘土、石屑和油污，保持机容整洁； (3) 松动者予以紧固，损坏者予以更换； (4) 对局部脱漆部位进行补漆； (5) 按机器出厂使用说明书进行润滑

2.9.3 石料筛分机械

2.9.3.1 概述

(1) 筛分机械是将已经破碎的石料，或直接取自采料场的砂砾石，按颗粒大小筛分成不同级别，作市政、建筑等工程的骨料或其他用途，在筛分破碎的石料时，筛分机与破碎机应配套使用。

(2) 砂石料的筛分有干式和湿式两种。当原始石料中含有黏土、淤泥、有机物等杂质时，采用湿式筛分，高压水冲洗和筛分同时进行。

(3) 筛分机按其作用特性分为固定筛和活动筛。固定筛使用时安装成一定的倾角，使材料在其本身重力的垂直分力作用下，克服筛子的摩擦阻力，在筛面上移动分级。固定筛主要用于预先的粗筛，使原材料在进入碎石机或下级筛分机前筛出超粒径的大料。

(4) 活动筛按其传动方式又分为圆筒筛和振动筛。振动筛又可按工作部分运动特性分为偏心半振动筛、自定中心振动筛、重型振动筛、惯性振动筛和共振筛等。

2.9.3.2 筛网

(1) 筛分机械的筛网构造有算栅、冲制板栅和网栅 3 种形式。算栅用平行栅条做成，一般用旧钢轨或不同型钢焊接而成，主要用于固定筛；冲制板为具有冲压孔或钻成孔（厚度为 0.3～10mm）的钢板制成，筛孔形状为圆形、方形或短形；网筛用直径 3～16mm 的钢丝（筋）编成或焊成。

(2) 网孔形状为方形、矩形或长条形，孔径一般为 6～85mm。长条形筛孔适合于筛分潮湿的物料，矩形或方形孔适合于筛分干燥物料。

(3) 网筛的筛孔大小决定于材料的粒径、筛面的倾角及板或钢丝厚等因素，详见表 2.9-4。

各种倾角下筛网的最佳孔径 表 2.9-4

石子级别 (mm)	筛的倾角					
	15°		20°		22.5°	
	筛孔尺寸 (mm)	钢筋直径 (mm)	筛孔尺寸 (mm)	钢筋直径 (mm)	筛孔尺寸 (mm)	钢筋直径 (mm)
5	6.5	1.6	6.5	1.6	6.5	1.6
20	22	6	23	6	23	6
40	43	12	44	12	44	12
80	85	16	86	16	87	16

2.9.3.3 圆筒旋转筛

(1) 圆筒旋转筛系借圆筒的旋转，使骨料在筒内运动，并通过圆筒表面的筛孔，将骨料筛分成若干等级。

(2) 圆筒旋转筛用于筛分碎石和砾石，在这种筛分机中，筛分和冲洗可以同时进行。

(3) 图 2.9-3 所示为圆筒旋转筛的构造。它主要由固定支架、内外圆筒、传动装置和进料槽等部分组成。筛子为两层圆筒，内圆筒由两段合成，外圆筒围在第一段内圆筒之外，其长度较短，筒上亦开有孔眼。

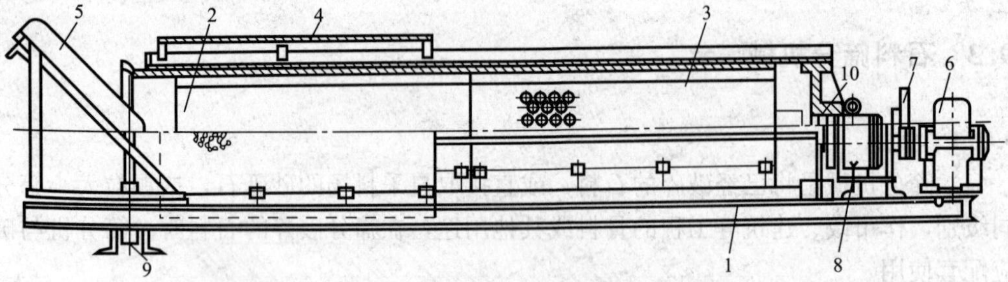

图 2.9-3 圆筒筛的构造

1—支架；2、3—内圆筒；4—外圆筒；5—进料槽；6—减速器；7—齿轮；8—电动机；

9—支承滚子；10—十字撑架

（4）由进料槽装入的石料，随着旋转的圆筒在内作螺旋运动，最小的石料先从筒上第一段筛眼中筛出，较大之石料则继续向出料口移动，落在第二段上进行第二次筛分，剩下的大石料则通过内筒的边缘卸出。

2.9.3.4 振动筛分机

振动筛的类型很多，其共同的特点是筛面产生频率高而振幅较小的振动。由于筛面作强烈的振动，筛面上的物料发生拆离现象，并且物料也不容易堵塞筛孔，故有较高的生产率和筛分效率。振动筛的构造比较简单，质量较轻，筛分每吨石料所耗电能较少，故广泛应用于采石场及其他场合。

1. 振动筛的分类

振动筛按其工作部分运动特性分为偏心半振动筛、重型振动筛、自定中心振动筛、惯性振动筛、直线振动筛、共振筛等。

（1）偏心半振动筛：该机是借偏心轴的转动使筛框作圆周运动，其筛框振幅是一定的，等于偏心距的两倍，不受偏心轴转速和筛上重量大小的影响。因偏心半振动筛惯性力大，引起建筑物振动，且轴承构造复杂，已被新式的圆振动筛取代；

（2）共振筛：是借偏心轴的旋转带动橡胶弹簧，使筛分机产生振动而工作，其特点是振动系统的自振频率与振动器的强迫振动频率接近相等。共振筛有单层和双层两种方式。适用于中、细粒石料的干、湿式筛分和脱泥，最大入料粒度为100mm；

（3）惯性共振筛：与偏心半振动筛的主要区别是振动筛与固定机架之间没有刚性联系，而是用弹簧或板弹簧相连的。振箱的运动不是强制运动，而是由偏心块旋转时的离心力和冲击力（均为惯性力）所引起的。其缺点是引起皮带轮时紧时松，使机电工作不稳定并影响其寿命；

（4）自定中心振动筛：它是在单轴惯性振动筛的基础上改进而来的，也是用带偏心的振动器使筛子振动的。但该机的振幅随给料量波动而变化，影响筛分效率，而且在起动、停机时，筛分机经过共振区的振幅加大，对设备和建设物不利；

（5）圆振动筛：这是我国鞍山矿山机械厂引进美国R·S公司技术制造的产品。它具有结构先进、振动噪声小、筛箱坚固耐用、易于维修等特点，在国内用它广泛替代了其他类型的振动筛；

（6）直线振动筛：其振动由两根带有偏心重量的轴作反向同步回转而产生，其运动轨迹为往复的直线，筛面是水平安装，物料在筛面上移动不依靠倾角，而取决于振动的方向角。

2. 振动筛的组成

图 2.9-4 所示为 SGZ_2-15 型共振筛示意图。它主要由振动器、传动弹簧、筛箱、线性弹簧、缓冲弹簧、底架、机架、支撑弹簧、板弹簧和电动机等组成。

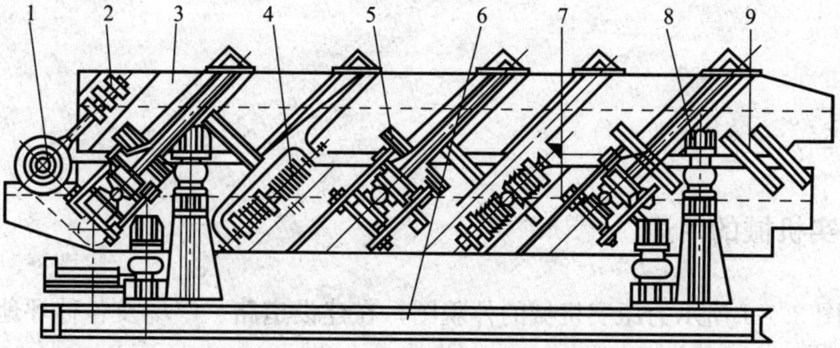

图 2.9-4 SGZ_2—15 型共振筛

1—振动器；2—传动橡胶弹簧；3—上筛箱；4—线性橡胶弹簧；5—缓冲橡胶弹簧；6—底架；7—下筛箱（机架）；8—支撑弹簧；9—板弹簧

3. 振动筛的使用要点

（1）开机前应全面检查各紧固件的状况，如配重块与飞轮的连接螺栓、激振器的固定螺栓、支承弹簧与筛箱、筛架的连接螺栓等；

（2）采用橡胶缓冲器支承时，要防止橡胶沾油、暴晒，并经常检查其是否有老化现象；

（3）注意向各润滑点按规定加注润滑油；注意检查轴承温度，一般温升不应超过70℃；

（4）振动筛应在空载下启动。工作时，应连续均匀给料，不允许有超载现象，给料落差不可太大，以免造成对筛面的冲击；

（5）注意检查轴承温度，一般温度不应超过 70℃。

3 压实机械

3.1 概述

3.1.1 压实机械的用途

（1）如图 3.1-1 所示为压实机械的外貌图，在建设道路、广场及各种坪地时，主要采

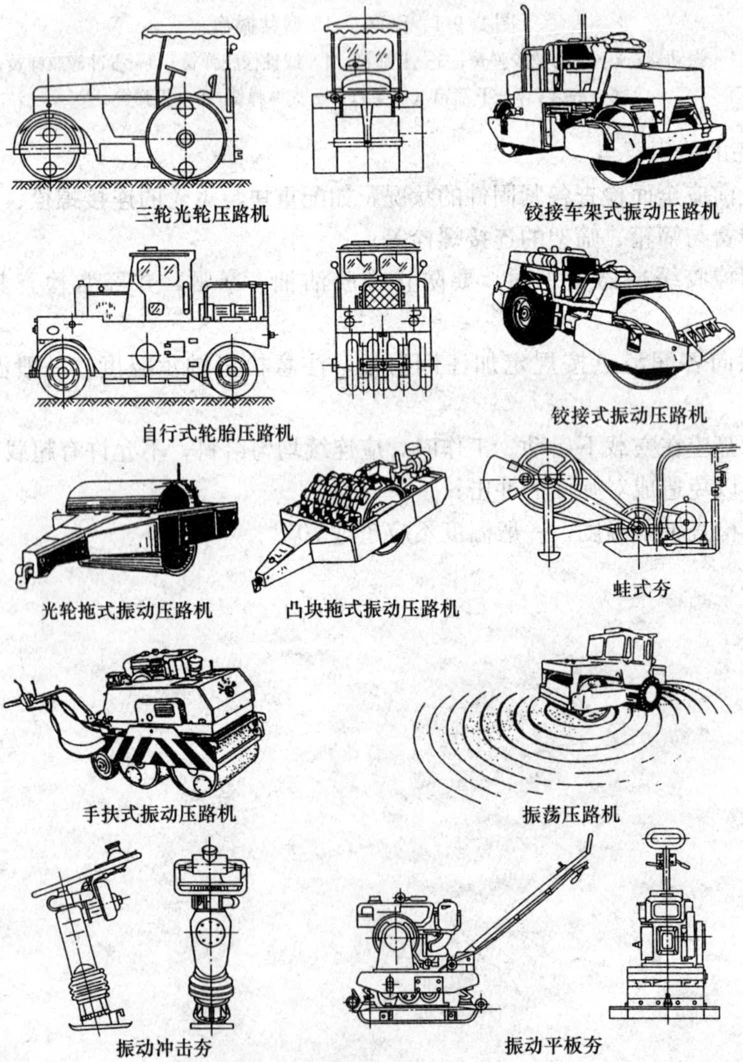

图 3.1-1 压实机械的外貌图

用的道路建筑材料有沥青混凝土和水泥混凝土、稳定土（灰土、水泥加固稳定土和沥青加固稳定土等），以及其他筑路材料。为了使筑路材料颗粒处于较紧的状态和增加它们之间的内聚力，可以采用静力和动力作用的方法使其变得更为密实。这种密实过程对提高各种筑路材料和整体构筑物的强度有着实质性的影响，这一功能需要压实机械来完成。

（2）对于塑性水泥混凝土，材料的密实过程主要是依靠振动液化作用使材料颗粒之间的内摩擦力和内聚力降低，从而在自重的作用下下沉而变得更加密实。

（3）对于包括碾压混凝土在内的大多数筑路材料来说，它们都可以通过压实机械的压实作用来完成这种密实过程。

（4）在筑路过程中，路基和路面压实效果的好坏，是直接影响工程质量优劣的重要因素。因此，必须要采用专用的压实机械对路基和路面进行压实以提高它们的强度、不透水性和密实度，防止因受雨水风雪侵蚀而产生沉陷破坏。

3.1.2 压实机械的分类

1. 按压实机械工作机构的作用原理，可分为以下几种主要的压实方法（图 3.1-2）：

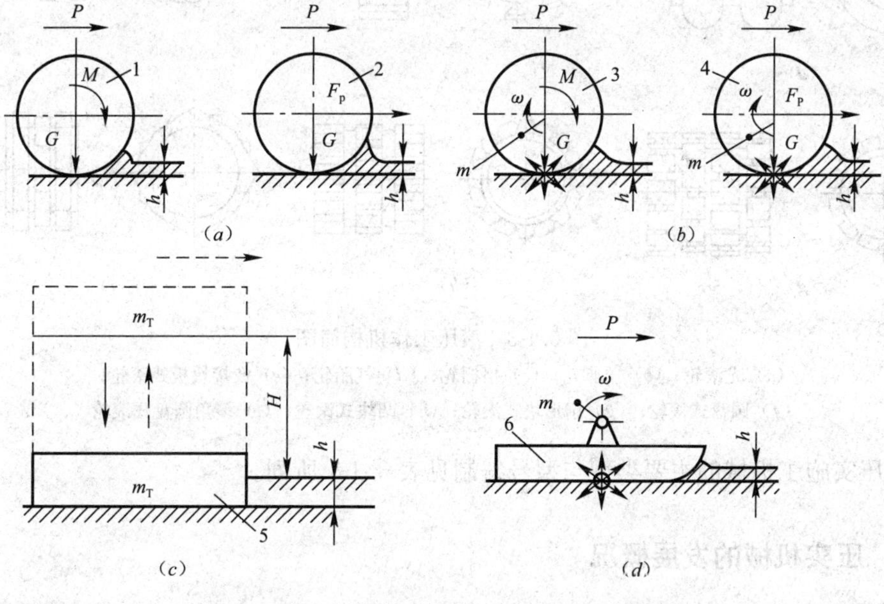

图 3.1-2　压实方法和压实机械的工作机构

（*a*）滚压；（*b*）振动压实；（*c*）夯实；（*d*）振动夯实

1—静力作用驱动滚轮；2—静力作用驱动滚轮；3—振动作用驱动滚轮；4—振动作用；5—夯板；6—振动平板或振动平板夯；*M*—力矩；*G*—压路机的重力；*h*—材料的变形量；*P*—牵引力；*m*—偏心块旋转质量；*ω*—旋转角速度；m_T—夯板质量；*H*—夯板下落高度

（1）滚压：碾压滚轮沿被压材料滚动运行，如图 3.1-2（*a*）所示。这类压实机械包括各种型号的光轮压路机、轮胎压路机、羊脚压被动滚轮；路机及各种拖式压路滚等；

（2）振动作用：给材料短时间的连续脉动冲击，如图 3.1-2（*b*）。这类机械包括各种拖式和自行式振动压路机；

（3）夯实：以压实构件对被压材料作周期撞击达到压实，如图 3.1-2（*c*）所示。这类机械包括各种内燃式和电动式夯土机等；

（4）振动夯实：除具有冲击夯实力外，还有振动力同时作用于被压实层，如图 3.1-2（*d*）所示。这类机械包括振动平板夯和快速冲击夯等。

2. 按行走方式分为拖式和自行式两类。

3. 按碾压轮的形状可分为光轮、羊脚轮和充气气胎轮等，如图 3.1-3 所示。

光轮也可采用在其表面覆盖橡胶层的滚轮，常见的羊脚轮也可采用凸块式碾轮。

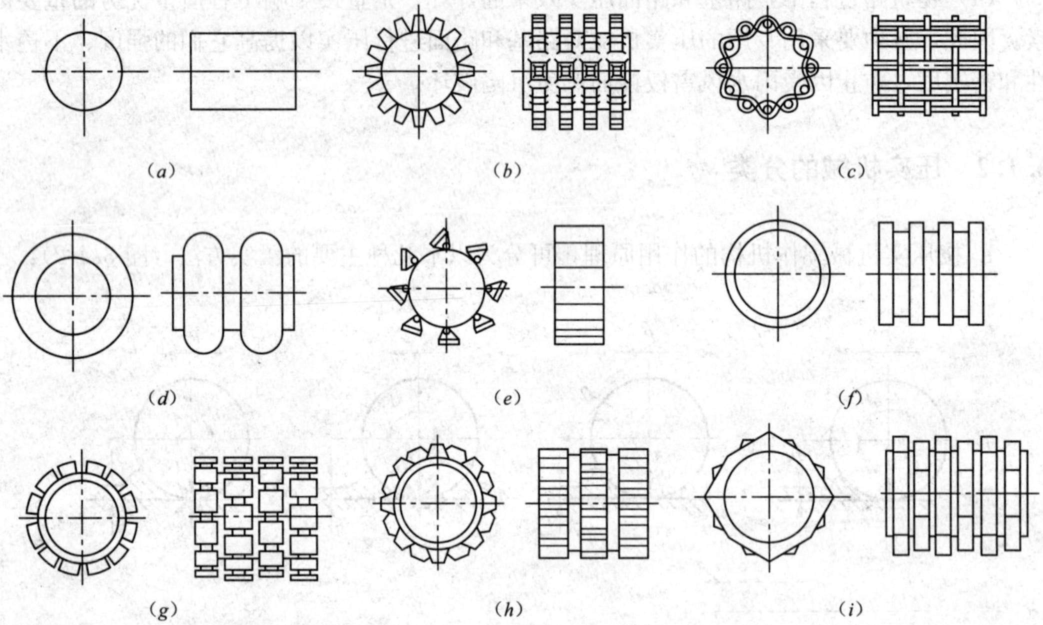

图 3.1-3 滚压工作机构简图

（*a*）光滚轮；（*b*）羊脚轮；（*c*）格栅轮；（*d*）气胎轮；（*e*）铰接块板式滚轮；（*f*）圆盘式滚轮；（*g*）扇形块式滚轮；（*h*）凸块式滚轮；（*i*）多角圆盘式滚轮

4. 压实施工机械的主要类型与型号编制见表 3.1-1 所列。

3.1.3 压实机械的发展概况

3.1.3.1 静力式压路机的发展概况

1. 国外水平及发展趋势

（1）为了适应我国交通运输事业的迅速发展，满足我国高等级公路的建设需要，从 20 世纪 80 年代以来，我国大量购置和引进了国外压实机械。

（2）国外静力式压路机的技术水平较高，特点是采用全液压驱动，铰接式车架转向，可无级变速的行驶速度，以及宽阔的视野和方便舒适的操纵性。除此而外，国外静力式压路机产品的标准化、系列化程度较高，在较宽的机重范围内型号较多，可供选择和使用的机型亦较多，因此，国外压路机在我国占有一定比例。

压实施工机械的主要类型与型号编制 **表 3.1-1**

类	组		型		特性	产 品		主参数代号		
名称	名称	代号	名称	代号	代号	名称	代号	名称	单位	表示法
压实机械	静作用压路机	Y（压）	拖式	T（拖）	—	拖式光轮压路机	PT	工作质量	t	主参数
					K（块）	拖式凸块压路机	YTK			
					Y（羊）	拖式羊足压路机	YTY			
			自行式	—	2（两）	两轮光轮压路机	2Y	最小工作质量/最大工作质量	t/t	
					2J(两铰)	两轮铰接光轮压路机	2YJ			
					3（三）	三轮光轮压路机	3Y			
					3J(三铰)	三轮铰接光轮压路机	3YJ			
	振动压路机	Y（压）	光轮式	—	ZB(振并)	两轮并联振动压路机	YZB	工作质量	t	
					ZC(振串)	两轮串联振动压路机	YZC			
					4Z(四振)	四轮振动压路机	4YZ			
			组合式	Z（组）	Z（振）	光轮轮胎组合振动压路机	YZZ			
			轮胎驱动式	—	Z（振）	轮胎驱动组合振动压路机	YZ			
					ZK(振块)	轮胎驱动凸振动压路机	YZK			
			振动式	D（荡）	Z（振）	振荡式振动压路机	YZD			
			拖式	T（拖）	Z（振）	拖式振动压路机	YZT			
	轮胎压路机	YL（压轮）	自行式	—	—	自行式轮胎压路机	YL			
			拖式	T（拖）	—	拖式轮胎压路机	YLT			
	振动冲击夯	HC（夯冲）	电动式	—	—	电动振动冲击夯	HC		kg	

（3）尤其是在筑路工程中，静力式压路机在路面的最终压实或在压实深度不大的地方仍有一定特殊的压实效果，因而仍得到使用。

（4）国外静力式压路在将会朝着性能更先进，操纵更方便，控制测量更完善的方向发展。

2. 国内的水平及发展方向

（1）20 世纪 80 年代以前，国内主要以生产静作用压路机为主。之后由于我国大力发展高速公路、高铁建设，对路面的质量要求越来越高，推动了压实机械朝着振动压实发展。

（2）振动压路机的生产品种和型号逐渐增多，产品质量也得到很大提高，促使静力式压路机的品种和质量也有相应提高。

（3）目前国产静力式压路机械技术性能已达到国外同类产品水平，在国内外工程施工中得到广泛的使用。

3.1.3.2 振动压路机的发展概况

1. 国外水平及发展趋势

20 世纪 90 年代以来，瑞典乔戴纳米克研究所在振动压路机液压化、电子化的基础上提出智能压路机的概念，使振动压实机械的研究和应用进入新的领域。纵观振动压路机发展简史，振动压路机水平及发展趋势可归纳为：

（1）液压化：全液压振动压路机能使压路机结构简单、布置方便且操纵简便、省力。特别是液压传动使行走系统无级变速；使振动系统根据施工要求在大范围内调频和变幅。

振动压路机使用性能和应用范围大大改善。同时，液压化为机器自动检测和控制提供了条件。

（2）系列化：为了适应各种工程和工序施工的要求，振动压路机不但各种型式齐全，而且产品系列亦不断扩大和完善。对于某一产品又可派生出多种变型产品。其中 CA25S 型振动压路机可变型为压实黏土用的 CA25P、双轮驱动的 CA25D、双轮驱动压实黏土用的 CA25PD 和压实面层的 CA25R 等型号。

（3）电子化：测试技术和微电子技术在振动压路机上的应用可以提高生产率，确保压实质量和机器正常工作。电子化主要表现在机器状态和参数的检测、处理和显示以及密实度计。密实度计可以自动记录被压实材料的密实度值，电子化的另一个表现是测试压路机。测试压路机可以在工程施工过程中提供压实质量控制依据，而电子化的最高表现是智能压路机。智能压路机可以自动调节自身状态，使之与周围环境及压实材料相适应，优化压实过程。

（4）标准化：标准化包括两个方面内容。一方面适应施工工艺，产品性能参数尽可能标准化。例如，振动轮尺寸、静线压力、激振频率、振幅、行驶速度等。另一方面为了简化加工工艺，降低成本，生产厂家尽力将本公司产品零件标准化。同时，标准化有利于采用模块组合设计方法，将一台机器分成不同的模块，提高新产品开发速度，满足一机多用的需要。

（5）舒适、方便、安全化：为了提高生产率，延长机器使用时间和寿命，振动压路机均在减振降噪方面进行了大量工作。同时采用双方向盘、可移动方向盘、旋转座椅并且将操纵手柄设计在座椅扶手上，尽可能减少操纵失误和减轻司机的劳动强度，满足操纵方便性。

（6）专用压实机械：例如：斜坡压路机、水下压路机、垃圾压路机、RCC 专用振动压路机、回填压路机等专用压路机的开发得到重视。

（7）压实新技术：例如：振荡压实技术、垂直振动压实技术、调频调幅技术、橡胶压实轮技术被逐步应用于工程施工中；

（8）管理现代化：现代化管理带来的收益是潜在的和巨大的。现代化管理包括产品设计、制造、销售、使用、维修各个环节，特别是售前、售后服务的规范化。

2. 国内的水平及发展方向

（1）1984 年徐州工程机械厂引进瑞典戴纳帕克公司的 CA25 轮胎驱动振动压路机和 CC21 型串联式振动压路机技术。1985 年温州冶金机械厂研制了 19t 振动压路机。1987 年洛阳建筑机械厂引进了德国宝马公司 BW217D 和 BW217AD 振动压路机技术。江麓机械厂引进德国凯斯伟博麦士公司的 W1102 系列振动压路机技术。以后各生产厂家在此基础上不断开发新的产品，使本厂产品多品种并系列化。

（2）20 世纪 90 年代初期，随着基础工业元件的发展，特别是液压泵、马达、振动轮用轴承、橡胶减振器的引进生产，使振动压路机技术总体水平和可靠性有很大的提高。

（3）在基础元件支持下，振动压路机引进技术不断得到消化吸收，国内大专院校和科研院所的科研攻关，使自行开发和研制振动压路机的能力有较大的提高。标志着我国振动压路机科研和产品开发达到新的水平。

（4）目前我国有三十多家工厂生产振动压路机，并初步形成手扶系列、拖式系列、自行系列等产品，不仅满足国内需要，而且多家企业有较大数量的出口能力。

(5) 我国振动压路机起步较晚，整体水平与国外先进水平相比仍有差距，主要表现在：产品型号系列不全，重型和超重型振动压路机生产数量和品种仍然较少；专用压实设备缺乏；综合技术经济指标和自动控制方面仍低于国外先进水平。

3.1.4 压实机械生产率的计算

3.1.4.1 土壤压实生产率的计算

(1) 各类压实机械的压实面积生产率均可按以下公式计算：

$$Q=\frac{60(b-c)LK_{\mathrm{B}}}{\left(\frac{L}{v}+t\right)^{n}}$$

式中 Q——压实机械的压实面积生产率，m^2/h；

b——一次碾压宽度，m；

c——相邻两碾压带的重叠宽度，m，一般情况下，取 $c=0.15\sim0.25$；

L——碾压地段的长度，m；

v——压路机作业速度，m/min；

t——转弯掉头时间，min；拖式压路机取 $t=0.25\sim0.35$min，自行式压路机取 $t=0.07\sim0.08$min；

n——同一地段所需的碾压遍数；

K_{B}——时间利用系数，$K_{\mathrm{B}}=0.8\sim0.9$。

(2) 土石填方压实的体积生产率，而决定生产率的主要因素是：轮宽、碾压遍数、工作效率、铺层厚度等。体积生产率的计算公式为：

$$Q'=\frac{B\times v\times H\times 1000}{n}\times C$$

式中 Q'——土石填方压实的体积生产率，m^3/h；

C——效率因素，C=实际生产率/理论生产率；

B——滚轮宽度，m；

v——碾压速度，km/h；

H——压实后的铺层厚度，m。

(3) 如果压路机处于近似连续工作状态，即每小时工作 50min 左右，并采用正常的重叠宽度来碾压，则压实效率为 0.75。

例如：10t 振动压路机碾压砂土时，已知 $B=2.13$m，$v=4$km/h，$H=0.5$m，$n=6$ 次。则

$$Q'=\frac{B\times v\times H\times 1000}{n}\times C=\frac{2.13\times 4\times 0.5\times 1000}{6}\times 0.75=530\mathrm{m}^3/\mathrm{h}$$

(4) 碾压不同材料时的最大铺层厚度取决于材料类别及密实度要求，这对压路机生产率的计算有很大的影响。适用于房屋建筑方面各类小型压实设备的最大铺层厚度和压实生产率如表 3.1-2 所列。瑞典 Dyndpac 公司给出的通常情况下用各种不同类型振动压路机碾

压路堤材料、基层和底基层的实际最大铺层厚度如表 3.1-3 所列，供对压路机的选型计算参考。

小型压实设备的最大铺层厚度 H 和压实生产率 Q **表 3.1-2**

设备类型及质量	岩石填方	砂和砾石	粉　砂	黏　土
振动平板压实机				
50～100kg	—	0.15/15	—	—
100～200kg	—	0.20/20	—	—
400～500kg	—	0.35/35	0.25/25	—
600～800kg	0.50/60	0.50/60	0.35/40	0.25/20
振动夯实机 75kg	—	0.35/10	0.25/8	0.20/6
双轮压路机 600～800kg	—	0.20/50	0.10/25	—
两轮压路机 1200～1800	—	0.20/80	0.15/50	0.10/30

注：表内数值以 H/Q 表示，单位分别为 m 和 m^3/h。

各类压路机在不同应力场合下压实后的实际最大铺层厚度（m） **表 3.1-3**

压路机形式及质量	路　堤				底基层	基　层
	岩石填方①	砂砾石	粉土	黏土		
拖式振动压路机						
6t	0.75	0.6	*0.45	0.25	*0.40	*0.30
10t	*1.50	*1.00	*0.70	*0.35	*0.60	*0.40
15t	*2.00	*1.50	1.00	*0.50	*0.80	—
6t 凸块	—	0.6	*1.45	*0.30	*0.40	—
10t 凸块	—	1.00	*0.70	0.40	0.60	—
自行振动压路机						
7t	—	*0.40	*0.30	0.15	*0.30	*0.25
10（5）t	0.75	*0.50	*0.40	0.20	*0.40	*0.30
15（10）t	*1.50	*1.00	*0.70	*0.35	*0.60	*0.40
8（4）t 凸块	—	0.40	*0.30	*0.20	0.30	—
8（7）t 凸块	—	0.60	*0.40	*0.30	0.40	—
15（10）t 凸块	—	1.00	*0.70	*0.40	0.60	—
两轮振动压路机						
2t	—	0.3	0.20	0.10	0.20	*0.15
7t	—	*0.40	*0.30	0.15	*0.30	*0.25
10t	—	*0.50	*0.35	0.20	*0.40	*0.30
13t	—	*6.0	*0.45	0.25	*0.45	*0.35
18t 凸块	—	*0.90	*0.70	*0.40	0.60	—

注：*——最适应用的。

① 适应于为压实岩石填方而特殊设计的压路机。

（5）由于土的特性差异很大，与表 3.1-2、表 3.1-3 所给出的数值可能有一定的出入，计算出的生产率只适用于压实机械近似连续工作情况，而未考虑全部工作效率的影响。由于土壤的性质变化很大，再加上其他原因，如计划不周、各方面工作不协调、机器故障、气候条件及人为因素等都会影响到压路机的生产率，因此设备在长期工作中的实际平均生产率要比近似连续工作情况下计算出的生产率低得多。

3.1.4.2 沥青铺装层碾压生产率计算

(1) 由于在压实沥青铺装层的过程中，热混合料的冷却温度随时间而变化，因此碾压要受到一定的时间限制。压路机应有足够高的生产率以满足时间的限制，既要满足铺装平均能力，又要能应付偶然出现的数辆装载沥青热混合料卡车同时到达时的峰值；

(2) 确定沥青铺装层压路机面积生产率的主要因素是滚轮宽度、碾压速度、所需碾压遍数。与土壤的压实类似，面积生产率一般由下式计算：

$$A = C \times \frac{B \times v \times 1000}{n}$$

式中 A——面积生产率，m^2/h；

C——效率系数，C=实际生产率/理论生产率；

B——滚轮宽度，m；

v——碾压速度，km/h；

n——碾压遍数。

3.1.5 压实机械的合理选择

3.1.5.1 合理机型的选择

(1) 按工程量大小选择。填筑土方工程量较大时，应选择大型或中型的静压式机械，如组合式的压路机，可以提高压路机的生产率，缩短工期；当土方量较小或施工场地较狭窄时，应选用冲击式夯实机械，以减少边角剩余土方，从而减少人工压实的工作量。

(2) 按土壤性质选择。根据土壤类别选择压路机机型时，应注意机型特点：如黏土和部分粉质黏土不宜采用振动式压路机；砂土和部分粉质黏土不宜采用羊足碾或带槽式压路滚；而轮胎式压路机则适用于各种土壤，因为轮胎的气压可任意调节。

(3) 按填土层厚度选择。凡是填土层较厚的基础压实，最好选择单位面积压力较大的压路机，如轮胎式压路机、重型打夯机、羊足碾等，以保证压实质量；对于路面或场地表面的压实，必须选择光面压路机，才能获得既密实又平整的压实质量。

(4) 对压实机械本身而言，各种不同类型、不同规格的机械对各种施工条件的适应也各不相同。如重型光轮压路机常用于路基垫层和路基，而中、轻型的则多用于路面。它们对黏性薄层土壤的压实最为有效，但对含水量高的黏土或粒度均匀的砂土则不适用。

1) 羊脚碾压路机常用来作路基或基坑回填土的底层补压工作，特别对湿度较大、粒度大小不等的黏性土及土块、破碎的岩块压实效果较好，而对表层及砂土的压实则完全不适用；

2) 轮胎压路机能适应各种土质条件的压实工作，而压实沥青路面效果最好；

3) 振动压路机能适应各种土质条件的压实工作，特别对砂质土壤的压实效果最好。大型振动压路机对深层的压实效果比其他机型都好；

4) 小型振动压路机和小型夯实机械适用于小规模工程和狭窄的场合，对构筑物的回填土的压实效果也较好。

(5) 在实际施工中，用单一机型的压实机械往往难以完成整个工程的压实工序，通常需要采用大、中、小型配合或多机种组合进行。为此，压实机械的选择和配备必须考虑工程类型、施工规模及压实作业的允许时间等因素。

(6) 考虑其他因素。选用机械应以自身设备为主，其次考虑租用和购置。由于振动式压路机无论在压实质量、压实层厚度（可达0.5～1m），压实生产率等都优于静压式压路机和冲击式夯实机械，同时机械的质量轻（为同等压实效果的静压式压路机的1/3以下），适应性强（可在狭窄地点作业），适合于大面积填筑土方工程的压实工作，可以优先考虑。

(7) 路面压实机械的选择：

1) 按填筑材料选择：因为道路的设计承载力不同，所使用的填筑材料也不同，因此，应根据填筑材料的品种和强度，选择适当线压力（压轮每厘米长度所产生的压力）的压路机以保证碾压作用。按路面形式选择压路机类型，可见表3.1-4；

2) 按路面要求选择：当道路（特别是高等级公路）对路面的平整度要求甚高时，如果选用一般压实机械碾压时，则路面容易形成波浪现象，因此，必须选择三轮三轴式压路机，以压平起伏的路面。对于沥青混凝土路面的终压，选用三轮三轴式压路机更为适宜。

根据路面形式选择压路机 **表3.1-4**

路面形式	各个碾压阶段所需压轮线压力（N/cm）	各个碾压阶段所需速度（km/h）	使用压路机的质量（t）	应用压路机的类型
碎石路面	300～400 500～700 800～1200	1.5～2 1.5～2 3～4	5～8 7～8 12～15	内燃式三轮二轴式压路机
砾石铺砌层	300～400 500～750	1.5～2 3～4	5～6 7～8	内燃式三轮二轴式压路机
沥青混凝土	300～400 400～750 500～750	1.5～2 2.5～3 2～4	5～6 7～8 12～15	内燃二、三轮二轴及三轮三轴轮胎式压路机
冷浇沥青	70～90 100～130	2～3 2～4	0.7～1 1.5～2	内燃二、三轮二轴及三轮三轴轮胎式压路机
沥青碎石	300～400 500～750	2～3 3～4	5～6 8～10	内燃三轮二轴式压路机

3.1.5.2 经济机型的选择

在合理机型选择之后，还必须计算所选项目机械的土石方压实成本，通过各方面的比较，在综合分析的基础上作出最经济合理的选择。其选择的步骤如下：

(1) 计算压路机的生产率。据初选压路机的使用技术性能（如机械速度、压实宽度等）、填筑土壤的性质及施工条件（如压实厚度和压实次数），按下式计算：

$$P=\frac{8\times 60(b-b')hLk_1}{\left(\frac{L}{v}+t_n\right)}$$

式中 P——压路机的生产率，m^3/台班；

b——松土或压轮宽度，m；

b'——相邻两次滚压的搭接宽度，m，一般取 0.25～0.3m；

h——松、压土层深或厚度，m，一般松土深 0.15～0.55m，压土层厚 0.1～0.5m；

L——松、压地段长度，m；

v——机械运行速度，一般为 30～60m/min；

t_n——一次转头时间，取 0.2～0.3min；

n——在同一地点的松、压次数。

（2）计算压路机的使用费，可以根据定额台班费或商定台班费计算。

（3）根据生产率和使用费计算单位土方的压实成本。

（4）进行比较，并选择土方压实成本费用最低的机型。

3.1.5.3 按参数图表选择压实机械

（1）根据不同的作业内容选定压实机械的参考表列于表 3.1-5。

（2）根据不同土质条件选择压实机械的参考表列于表 3.1-6。

根据不同的作业内容选定压实机械的参考表　　表 3.1-5

序号	作业内容	使用机械	参考摘要
1	广场与道路填土，江河筑堤，填筑大坝等的压实	羊脚压路机、轮胎压路机、振动压路机等	适于大面积而较厚填土层的压实，振动压路机压实砂质土效果好，羊脚压路机适应黏性土质多的地方
2	填土坡面的压实	夯具、捣棒，拖式振动压路机、带坡面压实附件的挖掘机	沿着坡面进行夯实时使用，规模小的时候使用夯具或捣棒等，规模大的时候使用拖式压路机
3	桥、涵的里外侧沟等基础的压实	夯具、捣棒	在面积受限制的地方用来压实
4	沥青路面表层的压实	光轮压路机、轮胎压路机、振动压路机	大规模铺路工程，先用轮胎压路机进行粗压实，后用光轮压路机进行碾压，简易铺路小规模作业时，只用振动压路机来进行碾压

根据不同土质条件选择压实机械的参考表　　表 3.1-6

压实机械 / 土质种类	滚筒式压路机	轮胎式压路机	大型振动压路机	土壤压路机	牵引式羊足压路机	推土机		小型振动压路机	振动平板夯、摇摆压路机	备 注
						普通型	湿地型			
岩块等，经过挖掘，压实也不容易成粒化的岩石			☆					⊙	⊙大	硬岩
风化岩、泥岩，已成为细粒化，但容易成为紧密的岩等		○大	☆	○	○⊙			⊙	⊙大	软岩
单粒度为砂、碎石、砂丘的石等			○					⊙	⊙	砂含砾石砂
含有适当量的细粒粉而粒度良好的容易密实的土，细砂，碎石等		☆大	○	○				⊙	⊙	砂质土含砾石砂质土

续表

压实机械 土质种类	滚筒式压路机	轮胎式压路机	大型振动压路机	土壤压路机	牵引式羊足压路机	推土机		小型振动压路机	振动平板夯、摇摆压路机	备 注
						普通型	湿地型			
细粒多但灵敏性低，低含水率罗姆土，容易坍的泥岩等		○大		☆	☆				⊙	黏性土含砾石黏性土
含水率调节困难，不容易用来作交通使用的细砂质土						★				含水分过剩砂质土
罗姆土等，高含水率，灵敏性高的土；黏土；黏性土						★	★		⊙	灵敏的黏性土
黏度分布好的土	○	☆大	☆	☆				☆	⊙	颗粒材料
单粒度的砂及黏度差混有碎石的砂	○	○大	☆	☆				⊙	⊙	砂混碎石的砂
砂质土			☆小					☆	⊙	—
黏性土			○小			○		○	⊙	—

注：☆——有效的；○——可以使用；★——因交通关系其他机械不能使用时，不得已才使用；⊙——因施工现场规模所限，其他机械不能使用时而选用的机械；大——大型的机械设备；小——小型的机械设备。

3.2 夯实机械

夯实机械可分为振动平板夯、振动冲击夯和蛙式夯实机三种。由于其体积小、质量轻、操纵简便、机动灵活，常用于狭窄的沟槽回填及大型碾压机械不能到达的场地进行压实作业。

3.2.1 振动平板夯

3.2.1.1 概述

(1) 振动平板夯有电动式和内燃式两种。它是利用电动机或内燃机驱动的一种冲击与振动综合作用的平板式夯实机械，对于各种土有较好的压实效果，特别是对非黏性的砂质黏土、砾石、碎石的效果最佳。

(2) 振动平板夯与被压材料的接触为一平面，在工作量不大的工程中，尤其在狭窄地段工作时，得到广泛地使用。

(3) 振动平板夯按其质量可以分为：轻型（0.1～2t）、中型（2～4t）和重型（4～8t）；按其结构原理可分为单质量振动平板夯和双质量振动平板夯。单质量的平板夯，全部质量参加了振动运功；而双质量的平板夯仅下部振动，弹簧上部不振动，但对土壤有静压力。试验表明，当弹簧上部的质量为机械总质量的40%～50%时，可以保证机械稳定地工作，而且消耗功率少。当质量大于100kg时，通常都制成双质量振动平板夯。

3.2.1.2 一般要求

（1）内燃式振动平板夯的工作质量允许偏差为±5%，电动式平板夯的工作质量允许偏差为0～−15%。

（2）平板夯的振动频率应符合设计要求，其偏差不得超过±3Hz。

（3）电动式平板夯的电机定子绕组对机壳绝缘电阻应不大于或等于2MΩ。电机接地端子接触电阻应不大于0.1Ω，在接地端子处应有接地标志。

（4）平板夯应具有良好的减振性能，在振动夯实松土时，其上机架纵向对称中心平面上前、后两端垂直振幅的平均值不得大于0.4mm。

（5）操纵机构应轻便灵活、工作可靠，其手柄的操作力不得超过100N。

（6）平板夯应具有良好的夯实性能，对粒径小于5mm的砂性土壤夯实10遍后，其表层的压实度不得小于90%。

3.2.1.3 连续工作1.5h后的特殊要求

（1）振动箱内润滑油的油温不得超过80℃。

（2）用指甲在振动箱的漆膜上划一下，如无凹陷划痕，则漆膜的硬度合格；

（3）用利刀在漆膜上纵横各划5条刀痕（刀痕间隔1mm，呈井字状），深度达金属层，手摸刀痕处，漆膜不能脱落，则黏附牢固性为合格。

（4）用利刀刮下漆膜，如刮屑为碎末则太脆，如整块黏在一起则太软，如刮屑有弹性地卷曲则漆膜弹性合格。

3.2.2 振动冲击夯

3.2.2.1 概述

（1）振动冲击夯又称快速冲击夯。它是一种20世纪80年代出现的一种小型夯实机械，不仅适用于压实砂、石等散状物料，也适用于压实黏性土，可广泛用于建筑、公路、铁路、堤坝、水库、水利、市政工程路基的夯实，以及各种回填土、条形基础、基坑及墙角等狭窄地带的土壤夯实工作。常用的振动冲击夯有内燃式冲击夯。

（2）内燃式打夯机俗称爆炸夯或火力夯，它直接利用燃料在机体（气缸）内燃烧产生的燃气压力，推动缸内活塞作无行程限制的运动，而使夯头产冲击能量的打夯机。其单位时间夯击土壤的次数比蛙式的少，但夯击能量比蛙式大。对于夯实沟槽、穴坑、墙边、墙角比较方便，尤其适用电力供应困难的场所。

（3）内燃式打夯机由燃料供给系统、点火系统、配气机构、夯身、夯头和操纵机构等部分构成。

3.2.2.2 使用要点

（1）内燃冲击夯启动后应让机器怠速运转3～5min，然后逐渐加大油门，待夯机跳动稳定后，便可进行作业。

（2）电动冲击夯启动时应先检查电机旋向是否正确，否则需调换相线。

（3）作业时不宜将手把握得太紧，以减少对人体的振动。

（4）正常工作时，不要使劲往下压手把，以免影响夯机跳起高度。在较松的填料上作业或上坡时，可将手把稍向下压，以增加夯机前进速度。

(5) 在特别需要增加压实载荷的地方，可以通过手把控制夯机在原地反复夯实。

(6) 内燃夯机可通过调整油门的大小，在一定范围内改变夯机振动频率。

(7) 转移工地时，先将夯机手把稍向上抬起，把运输轮装入夯板上挂钩内，再压下手把使重心后倾，推动手把便可使夯机作短途运输。

(8) 内燃夯机应避免在高速下连续工作，严禁在汽油机高速运转时按停车按钮，以免损坏汽油机。

(9) 电动夯操作人员要戴绝缘手套和穿绝缘鞋。作业时，导线不能拉得过紧。注意导线绝缘表面保持良好，严禁冒雨作业。

(10) 夯机严禁在水泥路面或其他坚硬地面上工作。

3.2.3 蛙式夯土机

3.2.3.1 概述

(1) 蛙式夯实机是我国创制的夯实机械，由于它的构造简单、体积小、重量轻、维修方便、操作容易、压实效果好和生产率高，所以被广泛地应用于建筑、给水排水工程、道路工程施工中压实面积小，无法使用大、中型压实机械的夯实灰土和素土地基、地坪及完成场地的平整工作等。目前工程上常用的有电动蛙式打夯机。

(2) 电动蛙式打夯机的构造如图 3.1-1 所示。在机械结构部分有拖盘、传动系统、前轴装置、夯头架、操作手柄和润滑系统组成；电气控制部分有电动机、电气设备和输电电缆。

3.2.3.2 使用要点

(1) 蛙式夯实机在工作前应检查传动皮带是否良好，松紧度是否合适，皮带轮与偏心块的安装是否牢靠。

(2) 夯实时夯土层必须摊铺平整，不准打坚石、金属及硬的土层。

(3) 夯实机扶手上应装按钮开关，并包绝缘材料，操作者应戴绝缘手套作业。其电源电缆必须完好无损，作业时严禁夯击电源线，移动时应停机将电源线移至夯实机后方，并应防止电源线扭结。

(4) 手握扶手时要掌握机身平稳，不可用力向后压，以免影响夯实机的跳动，但要随时注意夯实机的行进方向，并及时加以调整。

(5) 工作过程中，可根据需要，在一定范围内调整夯实机的油门大小，以改变夯击频率。

(6) 多机作业时，其并列间距不得小于 5m，前后间距不得小于 10m。

(7) 夯实机前进方向和靠近 1m 范围内，不准站立非操作人员。

3.3 静力式压路机

3.3.1 概述

3.3.1.1 用途与分类

(1) 静力式压路机可用来压实公路路基和路面、铁路路基、建筑物基础及土石坝、河堤、广场和机场跑道等各类工程的地基，以提高基础的强度、不透水性及稳定性，使之达到足够的承载力和平整的表面。

（2）静力式压路机：

1）按碾压轮的结构特点可分为刚性光轮压路机、羊脚轮压路机及凸块轮压路机；

2）按行驶方式可分为自行式压路机和拖式压路机；

3）按碾压轮数量可分为单轮压路机、双轮压路机和三轮压路机；

4）按驱动轮的数量可分为单轮驱动压路机、双轮驱动或三轮压路机等；

5）按动力传动方式可分为机械传动式压路机、液力机械传动式压路机和全液压传动式压路机。

3.3.1.2 使用范围

（1）光轮压路机：光轮压路机的滚轮是一个圆柱形筒体，以压路机的自重保证压实作用，还可通过增减配重适当调整其线压力，扩大其应用范围。光轮压路机按其质量可分为轻型、中型和重型几种，其应用范围见表 3.3-1。

光轮压路机按质量划分的应用范围　　表 3.3-1

压路机型式	质量（t）	单位线压力（kN/m）	应用范围
轻型	≤5	＜40	压实人行道和修补沥青路面，路基和路面的预压实
中型	6～10	40～60	路基和路面的中间压实以及简易路面的最终压实
重型	＞10	＞60	砾石和碎石路基以及尖子混凝土路面的最终压实

（2）羊脚压路机：羊脚压路机有较大的单位压力（包括羊脚的挤压力），压实深度大而均匀，并能挤碎土块，因而有很好的压实效果和较高的生产率。它广泛用于黏性土的分层压实，而不适用非黏性土和高含水量土的压实。

（3）轮胎压路机：轮胎压路机机动性好，便于运输，进行压实工作时土壤与轮胎同时变形，全压力作用时间长，接触面积大，并有糅合的作用，压实效果好，适用于压实黏性土及非黏性土，如黏土、砂黏土、砂土和砂砾土等。

（4）格栅式压路机：格栅式压路机如图 3.1-3（*c*）所示，具有格栅状的支承表面，它由型钢条编结或钢质弓形板制成。在碾压过程中也有糅合作用，格栅的不大的支承基面可以保证对地面有很大的接触压力，能激起上层材料的粉碎，压实效果好。这种压路机广泛应用于在冬季条件下含有达 60cm 大小冻土块的土的压实。格栅式压路机的生产率比同质量吨位的轮胎压路机高 20%～30%。

（5）块板式压路机：块板式压路机如图 3.1-3（*e*）所示，具有宽度不大的圆柱状的滚轮，在其表面上沿全宽度铰接布置着许多块板。滚轮经块板向被压材料表面仅施加垂直作用的静作用力，不发生被压材料的水平位移。块板式压路机用于低黏性土和松散土壤的压实。

（6）圆盘式压路机：圆盘式压路机如图 3.1-3（*f*），具有不同直径的圆盘同轴安装的滚轮。在碾压开始时滚轮沉埋到被压材料内，所有圆盘与材料接触，随着压实程度的提高，滚轮将向上升起，与材料接触的仅是大直径的圆盘，接触压力因而增加。圆盘式压路机用于非黏性和低黏性土的压实。

（7）扇形块式压路机：扇形块式压路机如图 3.1-3（*g*）备有光面的滚筒，在其筒缘上安装着带扇形块的轮圈。当工作时，碾压滚轮在土中沉埋到滚筒的筒缘处，然后随作业的进行渐渐地升起，仅扇形块紧贴地表面，因而接触压力增加。扇形块式压路机同圆盘式压路机的适用范围相同。

(8) 凸块式压路机：凸块式压路机如图 3.1-3 (*h*) 所示，具有圆柱形筒状的滚轮，在其上焊有多排对称状的凸块，与羊脚滚轮相比，按凸块自身的结构相似于羊脚滚轮羊脚的布置，但凸块高度较低，个数较少。碾压是在压路机的重力作用下进行，同时也有凸块的糅合作用。此外，由于凸块切入被压材料速度快，对材料产生动力作用（冲击载荷），因此对于此类压路机而言，可以不要求采用附加的激振器。凸块式压路机工作速度高，可用于大面积土壤以及垃圾的压实。

(9) 多角圆盘式压路机：多角圆盘式压路机如图 3.1-3 (*i*) 所示，由安装在同一根轴上一个跟一个地或相对有间隔地排列的多角圆盘组装而成。圆盘传给土壤挤压和糅合力。由于工作速度较高（可达 40km/h），在碾压作业时，还有附加的冲击载荷对材料发生作用。多角圆盘的周边磨损较快，但圆盘易于更换。此类压路机的应用范围同凸块式压路机。

3.3.2 压路机的使用要点

3.3.2.1 拖式压路机的使用要点

(1) 根据碾压土料性质及填土层厚度选择适宜的凸块端面接触压力，可通过往碾轮中增减配重的办法来调整凸块的单位压力，使之与土料的接触压力相适应。

(2) 土的含水率，应是最佳含水率。过高过低的含水率都不能碾压。

(3) 土的压实厚度为 200~300mm，碾压遍数 8~16 遍。

(4) 碾压面应平整，不平整的在碾压前应事先平整。

(5) 凸块磨损到超过高度的 25%时，应换新或堆焊复修。

3.3.2.2 自行式光轮压路机的使用要点

(1) 若新填路基松软时，应先用羊足碾或打夯机逐层碾压或夯实后，才能用压路机碾压。

(2) 两台以上压路机在平道上行驶或碾压时．其间距至少保持在 3m 以上；在坡道上禁止纵队行驶，以防制动器失灵或溜坡而造成撞车事故。

(3) 碾压直线道路时，应自两边路肩逐次移向路中心碾压，以保持道路规定的路拱；在弯道或沿山坡道路碾压时，应自内侧逐次向外侧移，以保证规定的弯道超高，或使沿山坡道的外侧略高于内侧，以确保安全。

(4) 碾压新开道路时，应离路边缘 0.5m 以上，以防塌陷，上下坡时禁止换挡和滑行。

(5) 碾压时应用低速进行，变速时必须停机，不要在一个碾压行程中变速，以免造成路面不平，碾压过程要注意保持正确的行驶方向。

(6) 禁止用牵引法强制启动内燃机，也不能用压路机拖拉任何机械或物件。特别是对三轮两轴式压路机平时不应将差速器锁死，只有在一边轮子打滑时，才可将差速锁死装置接上。

（7）压路机应停在平坦的地方，不要停放在土路边缘或斜坡上，如遇特殊情况必须停放时。除拉紧手制动外，还应在下坡一侧的轮子底下塞以楔木，以防溜滑。

3.3.3 压路机压实路基的施工工艺

3.3.3.1 路基压实施工的基本知识

（1）根据路基土质特性和所选用的压路机压实功能，确定适宜的厚度。

（2）测定土壤的含水量。含水量应控制在最佳含水量的±2%范围之内。表 3.3-2 所列为各类土壤的最佳含水量。一般土壤含水量是由工程技术人员通过试验的方法测定后，通知压路机驾驶员。驾驶员也可以通过“手握成团，没有水痕，离地 1m，落地散开”的简易方法来判断土壤的含水量。

几种土壤的最佳含水量和最大密度 **表 3.3-2**

土壤种类	砂 土	砂质粉土	粉 土	亚粉土	黏 土
最佳含水量（%）	8～12	9～15	16～22	12～15	19～23
最大干密度（g/cm^3）	1.8～1.88	1.85～2.08	1.61～1.80	1.85～1.95	1.58～1.70

（3）压路机驾驶员应在作业前，检查和调整压路机各部位及作业参数，保证压路机正常的技术状况和作业性能；

（4）在压实作业中，驾驶员应与工程技术人员配合，随时掌握和了解压实层的含水量及压实度的变化，遵从技术人员的指导。压实度是路基压实施工中重要的技术质量指标，必须按规定要求，压实达到标准。

3.3.3.2 路基压实施工的三个步骤

1. 初压

对铺筑层进行最初 1～2 遍的碾压施工作业。其目的是使铺筑层表层形成较稳定、平整的承载层，以利压路机以较大的作用力进行进一步的压实作业；一般采用重型履带式拖拉机或羊足碾进行路基的初压，也可用中型静压式压路机或振动压路机以静力碾压方式进行初压作业；初压时的碾压速度应不超过 1.5～2km/h。初压后需要对铺筑层进行整平；

2. 复压

继初压后的 5～8 遍碾压作业。复压的目的是使铺筑层达到规定的压实度，它是压实的主要作业阶段。在复压作业中，应尽可能发挥压路机的最大压实功能，以使铺筑层迅速达到规定的压实度。复压施工的碾压速度应逐渐增大。一般静光轮压路机取 2～3km/h，轮胎压路机为 3～4km/h，振动压路机为 3～6km/h。复压中，应随时测定压实度，以便做到既达到压实度标准，又不过度碾压。

3. 终压

继复压之后，对每一铺筑层竣工前所进行的 1～2 遍碾压施工。终压的目的是使压实层表面密实平整。终压施工作业采用中型静压式压路机或振动压路机以静力碾压方式进行碾压，其碾压速度可高于复压时的速度。

3.3.3.3 路基压实施工应遵循的原则

1. 先轻后重

先用较轻的或不加配重的压路机进行初压，然后再换用重型或加配重的压路机进行复压。

2. 先慢后快

压路机碾压速度随着碾压遍数增加而逐渐由慢到快。随着碾压遍数的增加，铺筑层的密实度增加而可逐渐加快碾压速度，有利于提高压路机的作业效率。

3. 先边后中

在碾压作业中始终坚持先从路基一侧，距路基边缘 30～50cm 处开始，沿路基延伸方向，逐渐向路基中心线处进行碾压，当碾压到超过路基中心线 30～50cm 后，再从路基另一侧边缘开始向路基中心线处碾压；进行弯道路段碾压作业时，则应由路基内侧低处逐渐向外侧高处碾压，碾压完一遍后，再从内侧开始向外侧碾压，连续重复循环下去。

3.3.3.4 路基压实施工中的注意事项

(1) 进行路基压实作业时，压路机负荷较大，应做好压路机的技术保养工作。

(2) 为了保证铺筑层的质量，应做到当天铺筑当天压实。

(3) 碾压中，土体出现“弹簧”现象，应立即停止碾压，并采取相应的技术措施，待含水量降低后再进行碾压。对于局部“弹簧”现象，也应及时处理，不然会造成路基强度不均，留下隐患。

(4) 压实施工中，应随时掌握和了解压实层的含水量和压实度变化情况，以便及时调整作业规范。

(5) 碾压时，若压实层表层出现起皮、松散、裂纹等现象，应及时查明原因，采取措施处理后，再继续碾压。一般是土壤含水量低、压路机单机线压力高、碾压遍数过多及土质不良等原因而造成上述不良现象。

(6) 碾压时，相邻碾压轮迹应相互重叠 20～30cm。并随时注意路基边坡及铺筑层土体的变化情况，出现异常应及时处理，以免发生陷车或翻车事故。一般碾压轮外侧面距路缘不小于 30～50cm，山区公路则距沟崖边缘不小于 100cm。

(7) 遇到死角或作业场地狭小的地段，应换用机动性好的小型压实机械，予以压实。切不可漏压，以免路基强度不均匀而留下隐患。

3.3.4 压路机安全技术规程

根据中华人民共和国住房和城乡建设部所发布的《建筑机械使用安全技术规程》，现摘录有关压路机的安全技术规程如下：

(1) 作业前，检查各系统管路及接头部分应无裂纹、松动和泄漏现象，滚轮的刮泥板应平整良好，各紧固螺栓无松动，确认正常后，方可启动。

(2) 开动前，机械周围应无障碍和人员。

(3) 压路机在运行中不得进行修理或加油。需要在机械底部进行修理时，应将内燃机熄火，用制动器制动住机械，并楔住滚轮。

(4) 变换压路机前进后退方向，应待滚轮停止后进行。严禁利用换向离合器作制动用。

(5) 在新筑道路上碾压时，应从中间向两侧碾压，距路基边缘不少于 0.5m。上坡时变速应在制动后进行，下坡时严禁脱挡滑行。

(6) 碾压傍山道路时，必须由里向外碾压，距路基边缘不得少于1m。碾压第二遍时，必须重叠半个滚轮压痕。

(7) 两台压路机同时作业时，前后间距不得小于3m。在坡道上不得纵队行驶。

(8) 需要增加总质量时，可在滚轮内加黄砂或水。气温降至0℃时，不得用水增重。

(9) 轮胎压路机作业前，检查轮胎气压是否符合要求，避免在大块石基础层上作业。

(10) 压路机转移工地如若距离较远时，必须应用汽车或平板拖车装运，不得用其他车辆拖拉牵运。

(11) 压路机作业完毕后，应将压路机停放在平坦坚实的地方，并制动住。不得停放在土路边缘及斜坡上，也不得停放在妨碍交通的地方。

(12) 压路机在严寒季节停机时，应将滚轮用木板垫离地面。

(13) 振动式压路机还应遵守下列规定：

1) 起振必须在压路机行走后进行，停振必须在压路机停车前进行。在坚硬路面上行走时，严禁振动；

2) 碾压松软路基时，应先在不振动情况下碾压1～2遍，然后再用振动碾碾压。严禁在尚未起振的情况下调节振动频率。

3.3.5 压路机的维护保养

3.3.5.1 光轮式压路机的维护

(1) 光轮式压路机上各相对运动部件间均需进行必要的润滑，适当地润滑能使相对运动的零部件之间减少磨损和发热。但是，如果润滑剂过多，将会造成部件的发热及零部件的急剧磨损，因此，必须严格按规定进行定期润滑保养。

(2) 光轮式压路机上主要润滑部位，随着机械结构的不同而不同，必须按照各自的使用保养说明书的具体要求来进行润滑剂的选择与加注。

(3) 光轮式压路机上所用润滑油或润滑脂的牌号见有关资料。

3.3.5.2 光轮式压路机的保养

1. 日保养（运转8～10h）

(1) 检查变速器、分动器和液压油箱中油位及油质，必要时添加；

(2) 必要时向最终传动齿轮副或链传动装置加注润滑油或润滑脂；

(3) 清洁各个部位，尤其要注意调节和清洁刮泥板；

(4) 检查与调试手制动、脚制动器和转向机构；紧固各部螺栓，检视防护装置，清洁机体；

(5) 检查燃油箱油位，检查空气滤清器集尘指示器。

2. 日保养（运转50h）

(1) 更换油底壳润滑油、更换机油滤清器，清洗空气滤清器滤芯；

(2) 检查油管及管接头是否有渗漏现象、检查蓄电池、检查变速器和分动器油位；

(3) 润滑传动轴十字节及轴头；润滑主离合器分离轴承滑套及踏板轴支座；

(4) 润滑侧传动齿轮副及中间齿轮轴承；润滑换向离合器压紧轴承；润滑制动铰接点、踏板和踏板轴支座；润滑变速拉杆座。

3. 半月保养（运转 100h）

柴油机散热器表面清洗，液压油冷却器表面清洗。

4. 月保养（运转 200h）

（1）更换液压油滤清器滤芯；更换油底壳油和机油滤清器；

（2）清洗空气滤清器的集尘器，检查风扇和发电机三角带的张紧力；

（3）检查并调整制动系的各部间隙及制动油缸的油平面，检查并调整换向离合器的间隙，清除液压油箱中的冷凝水；

（4）检查变速器、分动器、中央传动及行星齿轮式最终传动中的油平面；

（5）对全机各个轴承点加注润滑油，检查各油管接头处有否漏油。

5. 季保养（运转 500h）

进行柴油机气门间隙的调整；更换液压油滤清器的滤芯。

6. 半年保养（运转 1000h）

更换液压油滤清器的滤芯；清洗柴油箱，清洗柴油机供油泵中的粗滤器。

7. 年保养（运转 2000h）

更换液压油，更换变速器、分动器、主传动和末端传动中的润滑油。

3.4　轮胎式压路机

3.4.1 概述

（1）轮胎压路机是一种靠机械自身的重力，通过特制的充气轮胎对铺层材料以静力压实作用的压实机械。

（2）轮胎压路机的轮胎是由耐热、耐油橡胶制成的光面滚或细花纹工作胎面的充气轮胎。由于充气轮胎的弹性变形，轮胎压路机工作时除有静力压实作用外，还产生揉压作用（剪切压实效应），易使液相和气相物（水和空气）从铺层材料中排出。

（3）轮胎压路机出现在 20 世纪 40 年代初，20 世纪的 40～50 年代 5～7t 的轮胎压路机曾广泛地应用在飞机场道路和堤坝的建设中。由于解决了轮胎的集中调压以适应铺层材料所需的接触压力并提高了轮胎的承载能力，使轮胎压路机得到迅速发展，应用范围日益广泛。轮胎压路机可有效的压实非黏性土、少黏性土以及含最佳含水量的黏性土。带光工作胎面的轮胎压路机可用于沥青混凝土和沥青混合料的压实。

（4）拖式轮胎压路机主要用于机场地基土的压实，其质量为 100t、120t，在个别情况下可达 200t，最常用的压路机质量为 20～25t 和 40～45t。采用此种类型轮胎压路机碾压被压层的最佳厚度大于光轮式和羊脚压路机的碾压厚度，如密实度要求相同，则轮胎压路机所需碾压次数较少，因此其生产率较高。

（5）自行式轮胎压路机由于机动性好，转移方便，在筑路工程中得到了广泛的应用和发展，其整机质量也在逐渐增大。20 世纪 80 年代增加到 100kN，20 世纪 90 年代又增加到 150kN。轮胎尺寸也由 8.25～15cm 增加到 18.0～25cm。

（6）自行式轮胎压路机的外貌如图 3.1-1 所示。

(7) 现代自行式轮胎压路机具有以下特点：

1) 采用液力机械传动和液压传动。液力机械传动效率高，液压传动速度调节范围大；

2) 在机械上设有轮胎悬挂装置。这样，可使每个轮胎负荷均匀，并且在不平整地面碾压时能保持机架的水平和负荷的均匀；

3) 在终传动方面，采用全齿轮传动，差速器上装有自动锁紧装置，常采用牙嵌式闭锁差速器。采用轮胎气压集中调压装置，可得到较好的碾压效果，机械的通过性能也大为提高；

4) 采用压力喷雾洒水系统，同时压路机质量增加，采用大功率发动机和全轮驱动形式；

5) 采用铰接式机架，折腰转向，保证了机械的机动性，又减少了对铺层的横向剪力，可提高压实质量；

6) 采用宽基轮胎，宽基轮胎的断面高度与宽度之比为0.65左右（普通轮胎为1.0～0.95），宽基轮胎的接地压力比较均匀。

3.4.2 压路机的使用要点

本使用要点，不仅适用于轮胎式压路机，而且也适应静力式压路机、振动式压路机。

3.4.2.1 作业前的准备

(1) 内燃机部分，按内燃机操作规程的有关规定执行。

(2) 检查各工作机构及各紧固部件是否完好。

(3) 静压压路机，要根据工程需要采取加水、灌砂或增加减少配重的方法，将压路机的作业线压力调整到规定数值。

(4) 对于轮胎压路机，需将轮胎气压调整到规定的作业压力范围内，并且要使全机各个轮胎的气压应一致。特别是要注意以下几点：

1) 不能碾压有尖利棱角的碎石块；

2) 当碾压热铺沥青混合料时，应在工艺规定的混合料温度下进行碾压作业。为了防止碾压轮粘带沥青混合料，要向轮面涂刷少量柴油或其他防粘剂，但由于这些油剂有腐蚀橡胶轮胎的作用，应尽可能少用或不用；

3) 调整平均接地比压，使轮胎压路机有较宽的适用范围。可通过试验和经验进行粗略调整，使平均接地压力适应最佳碾压效果的施工作业要求；

4) 当轮胎压路机具有整体转向的转向压轮时，为避免转向搓移压实层材料，在碾压过程中，不应转向角度过大和转向速度过快；

5) 碾压时，各碾压轮的气压保持一致，其相对值不应大于10～20Pa；

6) 终压时，可以将转向压轮定位销插入销孔中，锁死摆动，使压实层具有平整的表面。

(5) 当启动发动机后，经试运转确认正常，且制动、转向、工作机构等性能完好后，压路机方可进行作业。

(6) 作业前压路机操作人员要熟悉并了解施工方面对压实的要求、土壤性质及含水量。对松软的路基及傍山地段的初压，作业前须勘查施工现场，确认安全后压路机方可驶入作业。

（7）振动压路机作业前要检查振动机构的工作状况是否正常。装有密实度计的压路机，要检查密实度计的工作状况。

3.4.2.2 作业中的要求

（1）作业时，操作人员应始终注意压路机的行驶方向，并遵照施工人员规定的压实工艺进行碾压。

（2）作业过程中，应注意机械的各仪表读数，若发现异常，必须查明原因并及时排除。严禁带病作业。

（3）作业过程中，应将振动压路机的振幅及频率控制在规定的范围内。

（4）振动压路机在改变行驶方向、减速或停驶前，应先停止振动。振动压路机不允许在硬质路面上振动行驶。

（5）多台压路机联合作业时，应保持规定的队形及间隔距离，并应建立相应的联络信号。

（6）必须在规定的碾压段外转向，应平稳的改变运行方向，不允许压路机在惯性滚动的状态下变换方向。

（7）必须遵照规定的碾压速度进行碾压作业，在碾压过程中，不得随意变更碾压速度及方向，不得中途停机。

（8）三轮压路机在正常情况下禁止使用差速锁止装置，特别是在转弯时严禁使用。

（9）压路机在坡道上行驶时，禁止换挡，禁止脱挡滑行。不允许压路机长距离自行转移。

（10）严禁用牵引法拖动压路机，不允许用压路机牵引其他机具。

（11）当压路机按施工工艺规定，压够遍数，或密实度计显示达到规定要求时，应停机报告施工人员检查。

3.4.2.3 作业后的要求

（1）作业后，压路机应停放在安全、平坦、坚实的场地。

（2）压路机每班作业后，应彻底清洗全机污物。特别在沥青路面上作业后，应用煤油或柴油擦洗碾压轮表面。

（3）按保修规程的有关规定，进行例保作业。

3.4.3 压路机的维护保养

3.4.3.1 压路机的技术维护

为了使轮胎压路机常处于良好的技术状态，应做好以下主要保养工作：

（1）每班均应检查和紧固各部件的螺栓，检查轮胎气压，检查轴承是否发热。

（2）按规定加注润滑油脂。

（3）经常检查和调整碾压轮轴向间隙。正常的轴向间隙为0.10～0.15mm，调整好的轴向间隙应能使碾压轮转动自如，并无明显的轴向窜动。

（4）在使用中，若各碾压轮气压不一致、轴承松旷、轴向间隙过大、前轮槽钢和叉脚变形、后轮支架变形等均会引起轮胎的偏磨。当轮胎出现偏磨后，将出现碾压轮的晃动或振动，影响压实质量。因此，当压路机工作 500～600h 或半年后，应调换各碾压轮的安装位置，使轮胎磨损趋于均匀。

（5）轮胎压路机在转场运行时，轮胎气压应保持在 0.6～0.65MPa，行驶距离不宜过远，行驶速度应符合相应机种说明书中的规定。

（6）压路机长期停置，应将机身架起，减小轮胎受压变形。

（7）经常检查和维护制动器工作的可靠性。

（8）根据具体情况修复或更换已损坏的零部件，保证压路机的正常功能。

3.4.3.2 压路机的保养

国产 YL-160 型轮胎式压路机的保养工作是：例行保养（表 3.4-1）、一级保养（表 3.4-2）。二级保养（表 3.4-3）、三级保养（表 3.4-5）

例行保养（每班进行） **表 3.4-1**

序号	保养项目		技术要求
1	发动机	（1）检查燃油箱存油量； （2）检查冷却水存量及冷却系统完好情况； （3）检查油底壳机油量； （4）检查发动机整机	（1）油量不足时，按规定加足。 （2）1）冷却水量不足时，应予加足； 2）冷却系统如有渗漏，应予排除。 （3）机油油面应位于油标尺上、下刻线之间，不足时加足；油量不正常时，应查明原因，排除故障； （4）察听发动机低、中、高速的运转情况，如有异响、异烟应查明原因，排除故障
2	电气设备及仪表	（1）检查蓄电池； （2）检查启动机和发电机； （3）检查线路和照明灯具； （4）检查各仪表	（1）清除蓄电池外表所粘附的污物，疏通通气孔； （2）应工作正常； （3）线路应连接牢固，灯具应齐全完好； （4）各仪表应工作正常，示值正确。机油压力表示值为 156.8～264.6kPa；水温表示值为 80℃；电流表示值为 0～13A（指针应稳定）
3	转向系统	（1）检查转向器； （2）检查液压油箱油量； （3）检查液压油管	（1）转向器的转动范围应在 15°之内，否则，应予调整； （2）油量不足时，应予加足； （3）液压油管接头如有松动、渗漏，应予排除
4	制动系统	（1）检查制动效果； （2）检查制动踏板的自由行程； （3）检查贮气筒	（1）制动应灵敏、可靠； （2）自由行程为 15～25mm，如有不符，应予调整； （3）打开放水阀门，放净积水和油污
5	轮胎	（1）检查轮胎气压； （2）检查轮胎螺栓； （3）检查轮胎胎面有无损伤	（1）根据施工要求，调整合适的轮胎气压。轮胎气压调整范围为 0.196～0.686MPa； （2）轮胎螺栓如有松动，应按规定拧紧力矩予以紧固； （3）轮胎胎面如有夹刺物，应予清除
6	洒水装置	（1）检查水泵性能； （2）润滑水泵轴承	（1）水泵应性能良好，工作正常； （2）每隔两天必须向水泵的滚动轴承注润滑脂
7	整机	（1）清洁整机外部； （2）紧固外部各连接螺栓； （3）润滑	（1）清除外部尘土及油污，保持整机外观整洁； （2）连接螺栓如有松动，应予紧固； （3）按机器出厂使用说明书进行润滑

一级保养（每工作200h进行） **表3.4-2**

序号	保养项目		技术要求
1	例行保养		完成本级保养作业项目外的例行保养项目
2	发动机	(1) 清洗空气滤清器； (2) 清洗燃油滤清器； (3) 清洗机油滤清器； (4) 疏通曲轴箱通气孔； (5) 紧固水箱支架固定螺栓； (6) 清洗冷却水箱； (7) 检查三角皮带张紧度	(1) 空气滤清器一般每工作100h清洗一次，但应视作业环境尘埃浓度情况，作适当的增减； (2) 清洗时，卸下外壳，取出滤心，然后将滤心浸在汽油或柴油中用毛刷轻轻地洗掉污物。如滤心破裂或难以清洗，则必须换新； (3) 清洗绕线式机油粗滤器时，先松开盖子上的四个螺母，连同盖子一起取出滤心，用煤油或柴油清洗后，再用压缩空气吹净。装复时，内外滤心两端面必须平整，以保证其密封性；清洗刮片式机油粗滤器时，应将滤心置于柴油中，转动手柄，刮去污垢。如积垢过多，可松开轴下端螺母，依次取出滤片浸入柴油中逐片清洗。然后，严格按次序及片数装复；清洗离心式机油精滤器时，先将精滤器拆开，拆下转子体，将零件浸在柴油或煤油中，用毛刷清除转子内的污物。两个喷嘴如无清洗必要，不要随意拆卸； (4) 应保持通气孔畅通； (5) 螺栓如有松动，应予紧固； (6) 将清洁水注入水箱，清除其中沉淀物，直至干净为止； (7) 在正常情况下，在单根三角皮带中段施以29～49N的压力，皮带下沉量为10～20mm时，张紧度适宜。皮带过紧或过松，都应予以调整。
3	电气设备及仪表	检查蓄电池	电解液液面应高出极板顶面10～15mm，电解液不足时，可加注蒸馏水。清除蓄电池桩头及连接板上的氧化物，并涂以凡士林油
4	传动系统	(1) 检查变速箱； (2) 检查最终传动链条的下垂度	(1) 1) 检查润滑油存量和油质，如油量不足，应予增补；油质不合要求时，应予更换； 2) 检查变速箱箱体，如有渗漏，应予排除。 (2) 在正常情况下，链条的下垂量为链条中心距的3%～4%，即23～46mm，如有不符，应予调整
5	制动装置	(1) 检查制动片与制动鼓间的间隙； (2) 检查增压器； (3) 检查制动油液量	(1) 其间隙上片为0.20mm，下片为0.15mm，如有不符，应予调整； (2) 增压器气压应为441～833kPa；增压器如有泄漏，应予消除； (3) 排除制动液中混入的空气；制动液量不足时，应予增补
6	整机	润滑	按机器出厂使用说明书进行润滑

二级保养（每工作600h进行） **表3.4-3**

序号	保养项目		技术要求
1	一级保养		完成本级保养作业项目之外的一级保养项目
2	发动机	(1) 清洗燃油箱及燃油管路； (2) 检查喷油器； (3) 检查喷油泵；	(1) 清除污物，用压缩空气吹干后，加注新煤油； (2) 检查喷油压力，观察燃油雾化情况，必要时进行清洗和调整。喷油压力为(17.2+0.98)MPa； (3) 必要时，按说明书的规定，在油泵试验台上由专业人员进行调整；

续表

序号	保养项目		技术要求
2	发动机	(4) 检查气门间隙、喷油提前角； (5) 检查进、排气门密封情况； (6) 清洗润滑系统； (7) 检查冷却系统	(4) 在冷态时，气门间隙不符合规定值者应予调整。进气门间隙为 0.25～0.30mm；排气门间隙为 0.30～0.35mm。当柴油机每工作 500h 或每次拆装后，必须进行喷油提前角的检查和调整。喷油提前角（按上止点前曲轴转角计）为 24°～27°； (5) 拆下缸盖，观察进、排气门配合锥面磨损情况，必要时进行配对研磨修理； (6) 清洗油底壳、机油管道及机油冷却器等。清除污物后，用压缩空气吹干，更换新的润滑油； (7) 1) 若水泵封水圈损坏，冷却水从壳体上的溢水孔流出时，应及时检修或更换封水圈； 2) 检查汽缸套封水圈的封水情况，如有漏水现象，应拆出缸套，更换新的橡胶封水圈； 3) 清洗冷却系统管道时，既可使用清洗液，也可用每升水加 150g 苛性钠（NaOH）的溶液灌满冷却系统，停置 8～12h 后开动柴油机，使出水温度达 75℃以上，然后放掉清洗液，再用清洁水洗净
3	电气设备及仪表	(1) 检查启动机与发电机； (2) 检查各灯具的完好情况； (3) 检查蓄电池	(1) 1) 启动机紧固件和导线应连接牢固，导线绝缘应无损坏，如有异常，应予修复； 2) 清洁发电机，清除内腔灰尘，用汽油擦去集电环和线圈部分所粘附的油污。 (2) 前大灯、制动灯、警示装置及线路等应完好，如有损坏，应予修理或更换； (3) 检查电解液相对密度，不同地区使用的蓄电池电解液相对密度值如表 3.4-4。 电解液相对密度每下降 0.04，相当于放电 25%。蓄电池冬季放电超过 25%、夏季放电超过 50%时，应进行充电
4	转向系统	(1) 检查液压转向器； (2) 检查转向油缸； (3) 检查液压管路； (4) 检查前轮立轴轴承	(1) 转向器应工作正常，协调一致，否则，应查明原因，排除故障； (2) 如有漏油现象，应检查密封圈的损坏情况，必要时更换密封圈； (3) 油管或接头处若有漏油，应予修复； (4) 轴承严重松旷者，应予更换
5	传动系统	(1) 检查差速器； (2) 检查差速锁紧装置	(1) 察听有无异响，如有，应查明原因，予以修复； (2) 应工作正常有效，否则，应查明原因，排除故障
6	整机	润滑	按机器出厂使用说明书进行润滑

不同地区电解液相对密度值表 **表 3.4-4**

气候条件（冬季温度）	充足电，在环境温度为 15℃时	
	冬季	夏季
低于零下 30℃	1.31	1.27
零下 30℃以上	1.28	1.25
零下 20℃以上	1.27	1.24
0℃以上	1.24	1.24

三级保养（每工作1800h进行） **表 3.4-5**

序号	保养项目		技术要求
1	二级保养		完成本级保养作业项目外的二级保养项目
2	发动机	(1) 检查清洗汽缸盖； (2) 检查活塞环与汽缸的磨损情况； (3) 检查连杆小头衬套及轴瓦的磨损情况； (4) 检查推力轴承、推力板的磨损和滚动主轴承转动情况； (5) 检查气门导管的磨损情况； (6) 检查气门接触带宽度，研磨气门； (7) 检查气门弹簧； (8) 检查机油泵； (9) 检修冷却水箱； (10) 检查空气压缩机	(1) 拆卸缸盖，清除积碳。如发现汽缸盖底平面度误差超过0.05mm，可在磨床上磨平，但总磨削量不得大于0.20mm。修磨后的两相邻缸盖的高度差，不得大于0.1mm。汽缸衬垫若有损坏，应予更换； (2) 1) 更换活塞环； 2) 检查汽缸磨损情况，汽缸圆柱度误差极限为0.3mm；汽缸圆度误差极限为0.1mm。 (3) 1) 连杆小头衬套如磨损严重，应予更换； 2) 连杆轴瓦如发现内壁有剥落、烧熔、拉痕严重和瓦背有松动等现象，应更换新瓦； (4) 检查推力轴承及推力板的磨损情况。曲轴前、后推力轴承磨损，轴向间隙过大时，或推力板磨损严重者，应予更换。滚动主轴承的内外圈有周向游动现象者，应予更换； (5) 进、排气门杆与气门导管的磨损极限，均为0.20mm； (6) 气门接触带过宽，密封不良时，应修刮气门座锥面，达到配合良好为止。进、排气门的气门接触带宽度均为1.70～2.20mm； (7) 弯曲、断裂或弹力不符合规定的弹簧，均应更换； (8) 易损零件应予拆检和测量，并进行调整。从动齿轮孔与从动轴的配合间隙为0.03～0.082mm。机油泵齿轮的端面和盖板间的间隙为0.05～0.115mm，必要时，可用耐油纸垫进行调整； (9) 水箱如有渗漏，应进行焊修。个别管子严重损坏无法焊修时，允许将管子堵住，但堵塞的管子不得多于3根； (10) 拆下空气压缩机缸盖，清洁活塞、阀门、阀门座、弹簧及空气道；检查阀门的工作情况和密封情况
3	电气设备及仪表	(1) 检查、清洁发电机和启动机； (2) 检查蓄电池	(1) 清洁发电机、启动机各机件、轴承；吹干后加注新润滑脂。检查启动机齿轮磨损情况，检查传动装置是否灵活； (2) 注意将蓄电池装置牢固。蓄电池电池槽、盖有裂痕时，可根据实际情况用环氧树脂修补或更换新的。酌情更换新的隔离板，清除沉淀物及夹在正、负极之间的导电物
4	传动系统	(1) 检查离合器片； (2) 检查离合器压盘； (3) 检查离合器弹簧； (4) 检查离合器分离杠杆和分离轴承的间隙； (5) 清洗变速箱、检查变速箱各部件磨损情况； (6) 检查最终传动装置	(1) 离合器片铆钉头埋入深度应不小于0.5mm，否则，应更换离合器片； (2) 压盘应无裂纹和扭曲变形； (3) 如有损坏或弹力不足者，应予更换； (4) 间隙为3～4mm，必要时予以调整； (5) 放尽污油，清洗变速箱后加注新润滑油。在清洗过程中，检查齿轮、拨叉、拨叉轴、轴承、花键以及密封件等的磨损情况，必要时，更换已损坏的零件。 (6) 1) 检查链轮的磨损情况，视情况予以修理或更换； 2) 检查链条销子和销套的磨损情况。如积垢过多，应拆下链条用汽油洗净
5	洒水装置	(1) 检查保养小汽油机； (2) 检查贮水箱； (3) 检查管道及阀门	(1) 按汽油机二级保养的要求进行检查保养，确保其工作性能良好； (2) 如有漏水等情况，应予修复； (3) 如有漏水，应予修复
6	制动系统	检查驻车制动效果	制动效果应良好、制动可靠，停车平稳。必要时，调整制动片与制动轮之间的间隙，间隙值为1～2mm

续表

序号	保养项目		技术要求
7	轮系	(1) 检查轮胎的磨损情况； (2) 检查轴承磨损情况； (3) 检查轮胎螺栓	(1) 轮胎有偏磨情况时，应将轮胎调位；磨损严重时，应更换轮胎； (2) 松旷严重的轴承应更换，并润滑轴承； (3) 更换损坏的螺栓，按规定拧紧力矩紧固螺栓
8	整机	(1) 检查外部各连接螺栓； (2) 检查机身外部各部件； (3) 补漆； (4) 润滑	(1) 更换损坏的螺栓；螺纹若有松动，应予紧固； (2) 铆、焊在机身上的各部件必须牢固，如有开焊、开裂、变形等情况，应予修复； (3) 局部脱漆部位应予补漆； (4) 按机器出厂使用说明书进行润滑

3.5 振动式压路机

3.5.1 概述

3.5.1.1 振动压路的用途

(1) 振动压路机作业时，利用其自身重力和振动压实各种建筑和筑路材料。

(2) 振动压路机最适宜压实各种非黏性土壤、碎石、碎石混合料以及各种沥青混凝土等。是建筑、市政、广场、公路、机场、海港、堤坝、铁路等工程必备的压实设备。

(3) 振动压路机的外貌如图 3.1-1 所示。

3.5.1.2 振动压路的分类

(1) 按机器结构质量可分为：轻型、小型、中型、重型和超重型。

(2) 按行驶方式可分为：自行式、拖式和手扶式。

(3) 按振动轮数量可分为：单轮振动、双轮振动和多轮振动。

(4) 按驱动轮数量可分为：单轮驱动、双轮驱动和全轮驱动。

(5) 按传动系传动方式可分为：机械传动、液力机械传动、液压机械传动和全液压传动。

(6) 按振动轮外部结构可分为：光轮、凸块（羊脚碾）和橡胶滚轮。

(7) 按振动轮内部结构可分为：振动、振荡和垂直振动。其中振动又可分为：单频单幅、单频双幅、单频多幅、多频多幅和无级调频调幅。

(8) 按振动激励方式可分为：垂直振动激励、水平振动激励和复合激励。垂直振动激励又可分为定向激励和非定向激励。

3.5.1.3 振动压路机的使用范围

振动压路机的单位线压力大，一般振动力影响很深，因此压实深度可增加，而压实遍数相应减少。振动压路机种类繁多，应用广泛。光轮振动压路机最适用于压实非黏性土壤（砂土、砂砾石）、碎石、块石、堆石、沥青混凝土及不同类型、不同厚度的沥青铺层。这种压路机在断开振动机构后，还可作为静力作用压实机用来进行整平碾压作业。

摆振式振动压路机可用于干硬性混凝土的捣实作业。羊脚或凸块式振动压路机既可压实非黏性土，又可压实含水量不大的黏性和细颗粒砂砾石，以及碎石和土的混合料。

振动压路机的应用范围列于表3.5-1。

振动压路机应用范围表 **表3.5-1**

质量与型式	块石	砂砾石		粉土、粉质土、冻碛土		黏土	
		优良级配	均匀粒级	粉质砂、粉质砾石、冰碛土	粉土、砂质粉土	低、中强度黏土	高强度黏土
3t以下光轮		▽	▽	▽	▽		
3～5t光轮		○	○	▽	▽	▽	
5～10t光轮	▽	○	○	○	▽	▽	▽
10～15t光轮	○	○	○	○	▽	▽	▽
振动凸块式					○	○	○
振动羊足式						○	○

注：○——适应；▽——可用。

3.5.2 振动压路机的使用要点

3.5.2.1 作业前的准备工作

（1）按仪表盘说明熟悉各操纵机构的位置和操纵动作。

（2）检查各连接部件的紧固件不应有松动现象。蓄电池荷电，发动机启动电路畅通。

（3）发动机的燃油、润滑油、冷却液加足，并检查无管头松脱与漏损现象。

（4）液压油箱储油足够、油管接头无松脱渗漏现象。

（5）变速箱、分动箱、驱动桥、轮边减速器及振动室的油位在正常范围内。

（6）传动带松紧程度适当，将差速锁和转向锁脱开。

（7）调节刮泥板，使之贴近轮面，但不应压得太紧，不需刮泥时可将其抬起。

（8）需调节压路机的静线压力时，可按说明书要求加载配重物。

（9）需使用洒水时，应事先加满水箱。若在夜间或雾天工作，应确认照明设备是否有效。

（10）长时间停放再度使用时，应检查液压油及各部润滑油是否变质，必要时更换新油。

3.5.2.2 启动发动机

（1）首先将换向操纵手柄和振幅选择开关置于中间位置。

（2）对于机械传动压路机，还应将变速操纵杆置于空挡，并脱开主离合器。合上电源开关，打开燃油箱与液压油箱的开关，然后按发动机说明书的程序启动发动机，并怠速空转暖车5～10min。

（3）在此过程中，应注意观察电压表、液压油温表、发动机油温表和水温表的读数是否正常，以及油压报警灯和空滤器报警灯是否熄灭，若发现异常，应立即停车进行检查维修。

（4）水冷式发动机在寒冷天气启动有困难时，应将润滑油和冷却液预热到60～80℃再注入机器内。在特殊情况时，也可以向水箱内灌注热开水。

3.5.2.3　压路机的运行与作业

（1）将发动机油门提到额定速度运行、松开手制动器。

（2）将变速操纵杆置于所需挡位、按需要将振幅选择开关置于相应位置。

（3）确认压路机运行无障碍物、按既定方向开动压路机起步行走：

1）对机械传动压路机，应在主离合器脱开的情况下扳动换向操纵杆挂挡，松开主离合器踏板，压路机就起步运行。若需变速换挡，也应先脱开主离合器进行操作。主离合器在接合或脱开时应平稳缓和，不应用力过猛。接合时必须使踏板能回到原来位置，以便离合器片能完全接合。分离时必须将踏板踩到底，以便离合器片能完全脱离。在操纵时，必须防止离合器处于半离合状态，以免摩擦片烧毁；

2）对液压传动系统，可直接轻移换向操纵杆起步，并用此杆的推拉位置来改变压路机的运行速度；压路机进入正常工作时，不得用发动机怠速的方法改变其行走速度。

（4）左右转动方向盘及试刹车，检查转向功能是否灵活正常，有问题的要调整。

（5）压路机进入作业面进行压实施工：

1）根据铺层材料和施工工艺所规定的工作速度、振动参数和碾压遍数往复滚压工作面，并操纵振动开关进行振动压实；

2）在振动过程中，改变压路机的运行方向应先断其振动，待压路机反向开行后再起振；在振动接入时不能转换振动选择开关，需要改变振幅时必须先断其振动，稍等几分钟后才能转换振幅，然后重新启动。

（6）压实沥青混凝土路面时，应使用操纵开关及时喷洒乳化剂或水。

（7）压路机在运行和作业过程中，驾驶员应始终注视其运行方向，并利用方向盘随时调整，还应注意观察各种仪表的读数是否处于正常范围，各种报警装置有无反应。压路机发生任何故障，均应立即停车处理。

3.5.2.4　压路机的制动与停车

液压传动的振动式压路机在正常情况下将换向操纵杆置于中位即可实现工作制动，遇有紧急情况可通过脚踏板或手动开关操纵应急制动器刹车。压路机紧急制动停稳后，应立即松开制动器。压路机在工作完毕，应按下列程序停车：

（1）停止振动，将换向操纵杆置于中位，使压路机停止运行。对于机械传动压路机，扳动换向操纵杆之前应先脱开主离合器。

（2）调节发动机油门，使发动机低速运转几分钟。操纵熄火捏手，使发动机停止运转，并将启动旋钮转至“0”位，接合手制动器。

（3）关闭燃油箱与液压油箱的开关，拉开电源开关。在寒冷季节，停车后还将发动机的冷却液及压路机的配重水与洒水全部放掉，或加防冻液，以防冰冻。压路机的停放、吊装与运送应遵守以下原则：

1）压路机停放在路边时，应确认不会引起交通事故，在夜间应设置信号灯。若在斜坡上停放，应在车轮下塞上止动楔块或类似物件；

2）振动压路机长期停放，应用支撑工具将框架抬起，但抬起的程度不能使振动轮离开地面，以防止引起减振块损坏；

3）长期存放的轮胎压路机或轮胎驱动振动压路机，轮胎应处于充气状态，并应垫起车架，使轮胎不承受负荷。

(4) 压路机的储存地点应干燥、不露天，或者用防雨布遮盖好，并且在附近不得有易燃物品及其他杂物。长期存放，应将外露零件的非油漆部位涂润滑脂或防锈胶保护。

(5) 吊装压路机应先将转向锁扣紧，避免两节车架有相对转动。吊链或钢绳的长度应使所有零件不会受到挤压。

(6) 除压路机说明书上有拖引说明外，一般的压路机都不会允许牵引运送。短距离的运送可行驶转移，20km以上者应使用平板车送到目的地。压路机在平板车上亦应扣紧转向锁、拉上手制动，并塞定车轮及用铁丝固定车架。

3.5.2.5 压路机在特殊情况下的使用要点

1. 压路机在寒冷季节和低温地区的使用

(1) 在寒冷季节，我国大部分地区的最低温度都在0℃以下，北方的最低气温在-20℃以下。对压实作业，原则上在寒冷季节不施工，因为冷冻会降低土的压实质量，甚至无法压实。

(2) 低温对压路机工作的影响如下：

1) 低温使发动机启动困难，原因是润滑油黏度大、蓄电池工作能力下降和燃油雾化不良；

2) 润滑油的黏度随着温度的降低而增大，流动性能变差，使发动机的润滑条件变坏，曲轴的转动阻力增大；

3) 蓄电池在低温时，电解液的黏度也增大，渗透能力下降，内电阻增加使蓄电池容量及端电压显著下降，甚至不能放电。电压降低，使发动机得不到所需的输出功率，难于达到启动所需的转速要求；

4) 低温使发动机启动的曲轴转速不高，进气管温度与气体流速低，燃油的雾化质量差，又进一步给发动机启动增加了困难；

5) 在低温条件下，各种油液黏度大、流动性差，给压路机的运行带来了困难，并加剧了机件的磨损。润滑油的流动性差，增加了某些部件的润滑困难，降低了润滑效果，从而加剧了发动机和传动部件的磨损。液压油的黏度大，增加了管路的阻力，使得液压转向操纵困难，液压驱动制动器的效能差，还增加了行车困难，对安全驾驶产生了不利影响。

(3) 压路机低温工作时应采取的措施如下。针对发动机启动困难、压路机工作能力下降、机件易于磨损和防止冻害，通常可采取如下几种技术措施：

1) 发动机预热：预热发动机最简单的方法是把热至85℃的水注入冷却系统，让冷却系统边加水边从排孔放水，待流出的水温达到30～40℃时，将放水塞关闭，停留10～15min，待发动机水套里的水温与汽缸温度趋于一致，便可启动发动机。还可将曲轴箱中的润滑油放出来，经加热后再注入，以增强润滑效果和减少曲轴运转阻力。预热润滑油时，要注意在操作过程中不能造成润滑油污染；

2) 发动机保温：在发动机和散热罩上装棉制保温套，减少热量散发；在进气管、排气管上加装铁皮保温罩，可以利用排气管的热量预热混合气。保温措施不仅可以提高低温启动性能，而且还能改善发动机在运转过程中的不良热状况；

3) 强化放电能力：要充满蓄电池，保持电解液密度为1.28g/cm^3，以保证发电能力。调节发动机的调节器，适当提高发动机的充电量，使充电电路上的电压较夏季高0.6V。这样可使蓄电池放电充足，减少发动机的低温启动困难；

4）选用低凝点柴油：随着季节的变化，对燃油进行换季保养，在寒冷季节改用低凝点的轻柴油，能有效地提高发动机低温启动性能和增加发动机功率。在缺乏低凝点柴油时，可采用预热措施来改善高凝点柴油的雾化状况；

5）换用冬季油液：对压路机所使用的润滑油、齿轮油、液压油和刹车油，改用冬季用油；

6）防止冰冻：水冷发动机应保持水温在80℃左右，发动机罩下的空间温度为30～40℃。要注意对冷却系统保暖，停车后及时放水或加注防冻液。冬季作业不要使用配重水和洒水。

2. 压路机在高温地区的使用

在炎热季节，气温高、雨水多、空气潮湿，因此给机械施工带来了许多困难，例如发动机过热、功率下降、液压传动效率降低和摩擦副的磨损加剧等。

(1) 高温对发动机的影响：

1）气温高会导致冷却系统散热困难，发动机容易过热。发动机温度高了，容易产生爆燃，使发动机工作粗暴，功率下降；

2）发动机在高温下运转，使窜入活塞顶部和燃料室内的润滑油在高温缺氧的情况下生成积炭，集附在活塞顶、燃烧室、气门顶及喷油嘴上，积炭形成炽热点，能使发动机产生自燃或爆燃现象；发动机的过热和爆燃，引起了汽缸体和缸盖热变形，甚至产生了裂纹或翘曲，还可引起缸盖烧毁，从而造成汽缸的压缩力下降，进一步降低了发动机功率；

3）高温使液压油液变稀，引起外渗内泄，降低液压传动系统的效率，使得液压驱动无力。高温季节，机械离合器和制动器的摩擦副极难散热，加剧了摩擦元件的磨损，甚至烧蚀；

4）高温地区往往伴随着潮湿和雨水，潮湿同样使发动机功率下降，在气温30℃的条件下，相对湿度为零（沙漠地区）时发动机的效率要比相对湿度为60%时提高约3%；相对湿度为100%（热带气候）时发动机的效率比相对湿度60%时下降约2%。

(2) 压路机在高温工作应采取的措施：

1）克服发动机过热的关键在于加强冷却系统的维护和保养。要经常检查和张紧风扇皮带，及时清洗散热器上的集尘，以加强散热器的通风。对于水冷发动机，还可以用水从冷却系统正常循环的反方向冲洗散热器和水套，清除水垢和沉积物，从而加强散热效果；

2）在高温季节，压路机应换用较稠的润滑油、齿轮油、液压油及滴点较高的润滑脂；

3）在高温季节，发动机启动用电量少，为防止大电流充电造成蓄电池温度升高而引起电解液加速蒸发，应调节发动机的调压器以减少充电电流，并且经常检查电解液的液面高度并及时加注蒸馏水。

3.5.3 压路机的路面施工工艺

3.5.3.1 路面基层的压实施工

1. 下承层的碾压

在铺筑底基层之前，应用3Y10/12、3Y12/15、YL9/16等型号压路机对路基按“先边后中、先慢后快”的原则碾压3～4遍，以检验路基的压实度并对松散的表层进行补充压实。需要开挖路槽的，应在路槽挖好后立即碾压，以免因气候因素影响含水量，而不易压实。下承层压实作业不宜采用振动压实，以免路基表层发生松散。

2. 基层的碾压

（1）级配碎石和级配砾石基层的碾压。粗细碎石或砾石集料与石屑或砂按密实级配比例组配的混合料，称为级配碎石或级配砾石。用这种混合料铺筑基层，经过充分压实，石料颗粒相互嵌锁，形成密实稳定的整体，具有较高的强度和稳定性。这种混合料压实的前提条件主要是级配比例、塑性指数需符合规定，并且要拌合均匀且运至工地铺撒前无离析现象。

按"松铺厚度＝松铺系数×压实厚度"计算并铺筑基层，以保证压实后铺筑层厚度符合工程要求。人工摊铺时松铺系数取 1.4～1.45，机械摊铺时松铺系数取 1.25～1.30。压实级配碎、砾石基层，一般选用 3Y12/15、YL9/16、YZJ10B、YZZ8 等类型压路机，按"先边后中、先慢后快"的原则，碾压 6～8 遍。其中振动压路机压实效果较好，轮胎压路机次之，静光轮压路机较差。碾压时，应注意以下几点：

1）压路机的驱动轮或振动轮应超过两段铺筑层横接缝和纵接缝 50～100cm；

2）前段横接处可留下 5～8m，纵接缝处留下 0.2～0.3m 不予碾压，待与下段铺筑层重新拌合后，再按第 1）条的要求进行压实施工。若两相邻碾压带应重叠 20～30cm；

3）路面两侧应多压 2～3 遍，以保证路边缘的稳定；

4）根据需要，碾压时可向铺筑层上洒少量的水，以利压实和减少石料被压碎；

5）不允许压路机在刚刚压实或正在碾压的路段内调头及紧急制动；

6）压路机应尽量避免在压实段同一横断线位置换向。

（2）填隙碎石基层的碾压。用粗粒碎石骨料，摊铺压实后，再铺撒石屑充填石间孔隙并压实而形成的结构层，称为填隙碎石基层。其施工主要方法有干法和湿法两种：

1）干法施工填隙碎石基层的碾压：首先按松铺系数为 1.2～1.3 摊铺的粗粒石料铺筑层，先选用 2Y8/10、YL6/10 型静压压路机或 YZJ10B、YZZ8 型振动压路机以静力碾压方式，碾石 3～4 遍，使粗粒石料稳定就位。然后均匀地铺撒 2.5～3cm 厚的石屑。再选用 YZZ8、CC21 型振动压路机以高振频、低振幅和较低的碾压速度进行振动压实。当大部分石屑嵌入石间孔隙内时，再次铺撒 2～2.5cm 厚的石屑，继续振动压实，直至全部孔隙均被填满为止。最后向铺筑层喷洒少量的水，再换用 3Y10/12、3Y12/15 等压路机碾压 1～2 遍，使压实层无明显轮迹和蠕动现象。

2）湿法施工填隙碎石基层的碾压。填隙碎石基层湿法施工在终压以前的施工程序和压实方法与干法施工相同。湿法施工是在终压作业开始之前，向铺筑层大量洒水，直到饱和。然后采用 3Y10/12、3Y12/15 型压路机紧随洒水车后面进行碾压。碾压中，边压边扫布和补充石屑。一般碾压到水与压碎的石粉形成足够的石粉浆，充满全部孔隙时为止。通常，若压路机碾压轮前的石粉浆形成微状波纹，或是投入碾压轮下的粗粒石料能被压碎而不能压入压实层，即说明达到压实标准。

（3）稳定土基层的碾压。由石灰、水泥、工业废渣等材料分别与土按一定比例，加适量的水，充分拌和铺筑并经过压实的结构层，称为稳定土基层。稳定土基层的压实方法与路基的压实方法相近。但是，由于对基层表面的质量有较严格的要求，在碾压时应注意以下几点：

1）严格控制松铺厚度（表3.5-2所列为几种稳定土材料的松铺系数），以保证压实后铺筑层的厚度符合工程技术要求。铺筑层厚度应遵循“宁高勿低，宁挖勿补”的原则，以保证基层的整体性与稳定性；

几种稳定土材料的松铺系数 **表3.5-2**

序号	材料的名称	松铺系数	备注
1	水泥稳定砂砾	1.30～1.35	人工摊铺
2	水泥土	1.53～1.58	机械拌合，人工整平
3	石灰土	1.53～1.58	机械拌合，人工整平
		1.65～1.70	路外场拌，人工摊铺
4	石灰土砂砾	1.52～1.56	路外场拌，人工摊铺
5	二灰土	1.50～1.70	人工摊铺
6	二灰粒料	1.30～1.50	人工摊铺
7	石灰煤渣土	1.60～1.80	人工摊铺
		1.20～1.30	机械拌合、整形
8	石灰煤渣粒料	1.40	人工摊铺
		1.20～1.30	机械拌合、整形

2）不允许使用拖式压路机或羊脚（凸块）轮压路机进行压实施工。初压后，应仔细整平和修整路拱。在整平作业时，禁止任何车辆通行；

3）严格控制含水量，一般铺筑层含水量应比最佳含水量高1%，不可小于最佳含水量。碾压过程中，若表层发干，应及时补洒少量水；

4）水泥稳定土铺筑的基层，从拌和到碾压之间的延迟时间应控制在2～4h之内，一般每作业段以200m左右长为宜，以免水泥固结，影响压实质量；

5）压路机在碾压的过程中，若出现“弹簧、松散、起皮、裂纹”等现象，应查明原因及时处理；

6）前一作业段横接缝处应留3～5m不碾压，待与下一作业段重新拌和后，再碾压，并要求压路机的驱动轮或振动轮压过横接缝50～100cm；

7）碾压过程中，若出现坑洼，应将坑洼处的铺层材料挖松5～10cm深，补平后再压实。不能直接填平坑洼并压实，以免出现重皮现象，影响与面层的结合；

8）路面两侧边缘应多压2～3遍，碾压时，应避免碾压轮沾带混合土；

9）碾压作业时，应加强压路机的技术保养，保证压路机无冲击、无振颤且运转平稳。尽量避免压路机在刚刚压实或正在碾压的路段内调头或紧急制动；

10）每班作业结束后，应及时使压路机驶离作业地段，选择平坦坚实地点停放。若需要临时在刚刚压实的路段内停放，则应使压路机与道路延伸线成40°～60°角，斜向停放；

11）压实终了应及时整形，扫除多余的混合土，并铺盖素土养生。

3.5.3.2 沥青表面处治路面面层的碾压施工

(1) 沥青表面处治面层是由沥青和石料按层铺法或拌和法，铺筑的厚度不大于3cm的一种薄层沥青路面。沥青表面处治面层主要是为了改善原有路面的平整度、防水性能和提高抗磨耗能力。沥青表面处治面层，一般是在气候干燥且较热的季节施工。

(2) 层铺法施工的沥青表面处治面层，按设计要求有单层、双层和三层这3种。各层的压实作业方法相同。

(3) 在清理后的基层或原有路面上喷洒沥青，并铺撒粒径为5～10mm大的石料后，立即用2Y6/8、YL6/10型压路机先沿路缘石或修整过的路肩往返碾压1～2遍。然后按"先边后中、先慢后快"的原则碾压3～4遍，碾压速度可由2km/h逐渐提高到3～4km/h。

(4) 碾压结束后，即可开放交通，初期应控制通行车辆的速度（一般为20km/h），并依次引导车辆按"先边后中"的原则，均匀地在路面全宽内进行行车碾压。

(5) 沥青表面处治面层施工应做到及时铺洒，立即碾压，不得脱节。双层或三层沥青表面处治面层，最后一层应多碾压1～2遍。

3.5.3.3 沥青贯入式路面面层的碾压施工

(1) 沥青贯入式面层是在初步压实的碎石层上喷洒沥青后，再分层铺撒嵌缝石料和喷洒沥青，并经压实而形成的一种路面结构层。沥青贯入式面层厚度一般为4～8cm。施工时，也应选在气候干燥炎热的季节。沥青贯入式面层的压实作业方法与填隙碎石基层相似。

(2) 待在清理后的基层上喷洒沥青并铺撒粗粒主层石料后，立即用2Y6/8、2Y8/10型压路机或YZZ8、CC21型振动压路机以静力碾压方式进行初压。开始，先沿路缘或修整过的路肩，往返各碾压1次。然后，按"先边后中"的原则，以2km/h的碾压速度，碾压1遍后，检查和修整路形。接着再碾压两遍，使主层石料稳定就位，无明显推移现象。

(3) 紧接初压之后，换用3Y10/12、3Y12/15、YL9/16型压路机以2～4km/h的碾压速度碾压4～6遍。碾压过程中，若发现石料被压碎的过多，应立即停止碾压，向铺筑层均匀地喷洒少量的水或是调整压路机的单位线荷载及平均接地比压后，再继续碾压。

(4) 当碾压到铺筑层石料嵌挤紧密，无明显轮迹时，应及时喷洒沥青和铺撒第一次嵌缝石料。然后，最好选用YZZ8、CC21型振动压路机，以33～50Hz的高振频、0.6～0.8mm的低振幅和3～6km/h的碾压速度碾压3～4遍。接着，喷洒和铺撒第二层沥青和嵌缝石料，再碾压3～4遍，使嵌缝料大部分均匀地嵌入石间孔隙。又紧接着，喷洒第三次沥青和铺撒封面料，并进行终压。

(5) 终压时，同样选用复压时的振动压路机以静力碾压方式碾压2～4遍，碾压到表层无明显轮迹为止。终压的碾压速度可提高到4～6km/h。终压结束后，开放交通，并引导通行车以20km/h的速度，按"先边后中"的原则，在路面全宽内进行行车碾压。开放交通48h后，可用Yl9/16、3Y10/12型压路机进行一次补充碾压，以消除路面表层的轮迹。碾压过程中，若因气温高，压实层材料发生蠕动现象，应立即停止碾压，待气温降低后再继续碾压。

(6) 沥青贯入式面层施工时，各作业程序应连续，不脱节。并做到当天铺筑，当天压实。通常，碾压作业的路段以200m左右为宜。

3.5.3.4 沥青碎石和沥青混凝土路面面层的碾压施工

1. 概述

(1) 沥青碎石和沥青混凝土面层均是用沥青作结合料，与一定级配的矿料均匀拌和成混合料，并经摊铺和压实而形成的一种沥青路面结构层。它们的主要区别在于矿料的级配不同。沥青碎石混合料中细矿料和矿粉较少，压实后表面较粗糙。沥青混凝土混合料，矿料级配严格，细矿料和矿粉较多，压实后表现较细密。

（2）沥青碎石和沥青混凝土面层的施工方法主要有拌热铺、热拌冷铺、冷拌冷铺等。我国目前多采用热拌热铺法施工。

（3）沥青碎石和沥青混凝土面层压实施工可选择 2Y6/8、2Y8/10、YL9/16、3Y10/12、3Y12/15、YZZ8 等多型号的压路机。

2. 接缝的碾压施工。接缝的碾压的方法有如下两种：

（1）纵接缝的碾压。摊铺沥青碎石和沥青混凝土混合料时，纵接的形成情况不同，所采取的碾压方法也不同：

1）两台以上的摊铺机梯形结队相随着进行全幅宽摊铺时，由于相邻摊铺带的沥青混合料温度相近，纵接缝无明显界限。此时，压路机正对纵接缝沿延伸方向往返各碾压一遍即可；

2）一台摊铺机在一定的作业路段内，铺完一条车道后，立即返回摊铺相邻车道或是两台摊铺机前后距离较远时，由于先摊铺的摊铺带内侧无侧向限位，沥青混合料容易在碾压轮的挤压下产生侧向滑移。这时，压路机可先从距内侧边缘 30～50cm 处沿着纵缝沿线往返各碾压一遍，如图 3.5-1 所示。然后，将压路机调到路面外侧的路缘石或路肩处开始进行初压。当碾压到距路面内侧边缘 30～50cm 的最初碾压带时，使压路机每行程只侧移 10～15cm，依次碾压到距路面内侧边缘 5～10cm 处时即暂停，对纵接缝碾压到越过纵接缝 50～80cm 处为止。这种碾压纵接缝的方法，要求前后摊铺间隔时间不能过长，一般不大于一个作业路段的摊铺时间；

3）由于受机械或其他条件的限制，相邻两条摊铺带摊铺和压实的间隔时间过长时，可先使压路机沿距无侧限一侧的边缘 30～50cm 处往返碾压各一遍，然后从路面有侧限的一侧开始进行初压。当碾压到最初碾压的轮迹时，依次错轮碾压到碾压轮（刚性轮）越出无侧限边缘 5～8cm 处为止（图 3.5-2）。由于待摊铺相邻车道时，已压实的摊铺带已冷却，需要进行接缝处理。一般是使新摊铺的混合料与压实的摊铺带搭接 3～5cm，待纵接缝处加温后将搭接的沥青混合料推回新摊铺的混合料上，并整平。然后，立即使压路机碾压轮

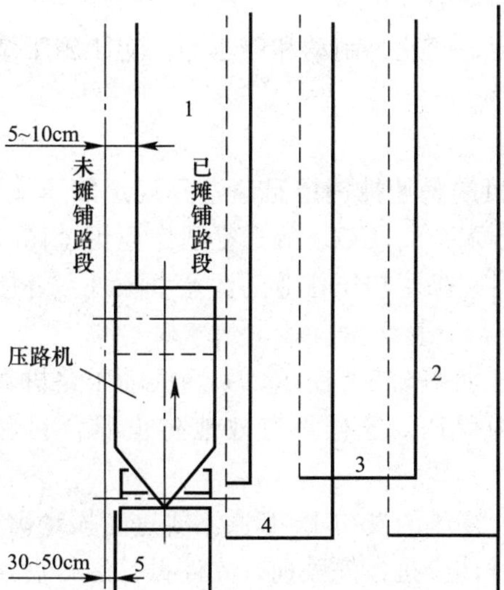

图 3.5-1　摊铺带无侧限纵接缝的碾压

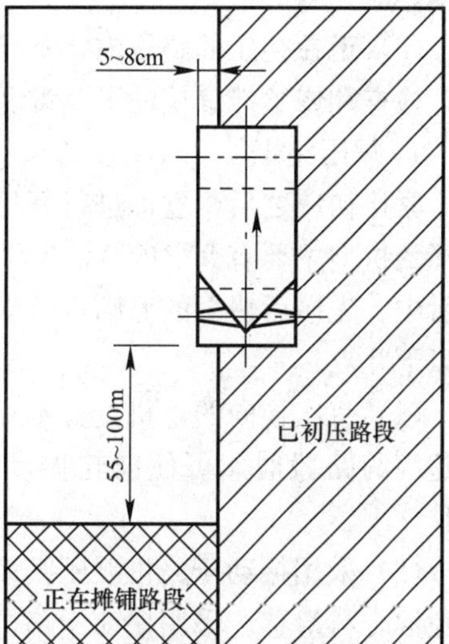

图 3.5-2　分车道摊铺无侧限边缘的碾压

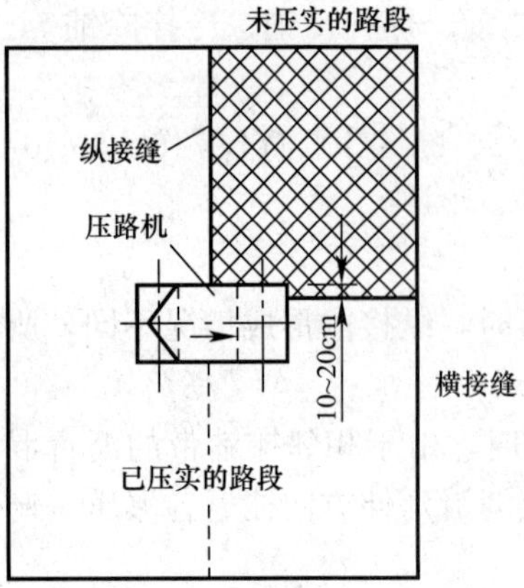

图 3.5-3 横接缝的碾压

的大部分压在已压实的摊铺带上，仅留 10～15cm 宽压在新摊铺的沥青混合料上，并使压路机向新摊铺带方向依次侧移（每行程侧移 15～20m）进行碾压，直至碾压轮全部侧移过纵接缝时为止；

（2）横接缝的碾压。在碾压横接缝时，应选用刚性光轮的压路机沿着接缝方向进行横向碾压如图 3.5-3 所示。在开始碾压时，碾压轮的大部分应压在已压实的路段上，仅留下 15cm 左右轮宽压在新摊铺的混合料上。然后，压路机依次向新摊铺路段侧移（每次侧移 15～20cm）进行碾压。直至碾压轮全宽均侧移过横接缝为止。

3. 初压施工

初压的目的是防止热沥青混合料滑移和产生裂纹。选用 2Y8/10、2Y12/15、YZZ8、CC21 等压路机，按“先边后中”的原则，以 1.5～2km/h 的碾压速度，轮迹相互重叠 30cm，依次进行静力碾压两遍。初压时应注意如下几点：

（1）掌握好开始碾压时沥青混合料的温度。若温度高，碾压时混合料易被碾压轮从两侧挤出和被碾压轮推拥或粘带，影响路面平整度；若混合料温度低，会给复压和终压带来困难而不易压实，而且碾压后易产生松散和麻坑。

（2）必须使压路机的驱动轮朝向摊铺方向进行碾压，其目的是减轻路面产生横向波纹和裂缝的可能性。

（3）进行弯道碾压时，应从内侧低处向外侧高处依次碾压，并尽量保持直线碾压。

（4）碾压纵坡路段时，不论上坡还是下坡，均应使驱动轮朝坡底方向，转向轮朝向坡顶方向，以免松散的、温度较高的混合料产生滑移。

（5）采用全驱动的双轮振动压路机进行初压时，可以使前轮振动碾压，后轮静力碾压。

（6）正在初压的路段内，不允许压路机急转弯、变速、制动和停车等。初压施工结束后，检查和修整摊铺层的平整度和路形。

4. 复压施工

紧接初压之后，立即进行复压作业。复压的目的是使摊铺层迅速达到规定的压实度。选择的机型主要有 8Y10/12、3Y12/15、YL9/16、YZ28、CC21 等。复压作业仍遵循“先边后中、先慢后快”的原则进行碾压。复压作业时，除了初压作业的注意事项外，还应注意以下几点：

（1）每次换向的停机位置不在同一横继线上，如图 3.5-4 所示。采用振动压路机碾压有超高的路段时，可使前轮振动碾压，后轮静力碾压，这样可有效地防止混合料侧向滑移。

（2）采用振动压路机碾压纵坡较大的路段时，复压的最初 1～2 遍不要进行振动碾压，以免混合料滑移。采用振动压路机进行振动碾压时，应是：停驶前，先停振；运行后，再起振。

（3）碾压半径较小的弯道时，若沥青混合料产生滑移，应立即降低碾压速度。

5. 终压施工

当复压使摊铺层达到压实度标准后，可立即进行终压作业。终压的目的是消除路面表面的碾压轮迹和提高表层的密实度。终压选用的压路机基本与复压相同，而速度则高于复压时的碾压速度。以静力碾压的方式碾压 2～4 遍。为了有效地消除路面的纵向轮迹和横向波纹，可使压路机碾压运行方向与路中线成 15°左右夹角（图 3.5-5）碾压 1～2 遍。

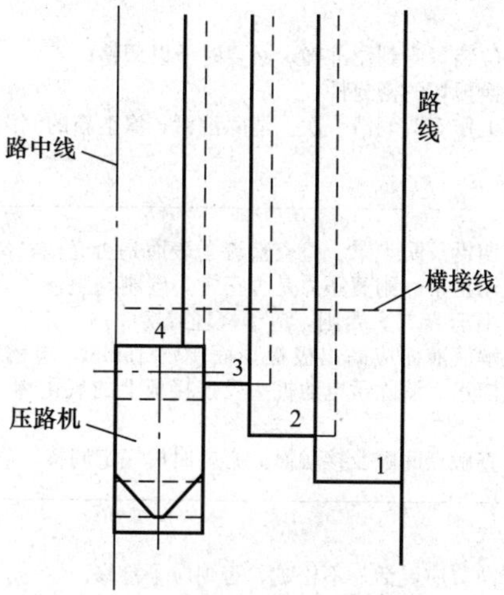

图 3.5-4 换向停车位置示意图

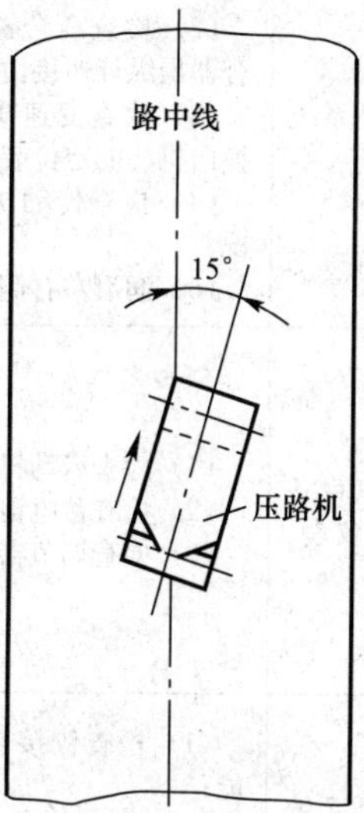

图 3.5-5 终压时消除路面纵向轮迹的方法

3.5.4 振动压路机的维护保养

振动压路机的维护保养工作主要是例行保养（表 3.5-3）、一级保养（表 3.5-4）、二级保养（表 3.5-5）、三级保养（表 3.5-6）等。

例行保养（每班进行） **表 3.5-3**

序号	保养项目		技术要求
1	发动机		参考 YL-160 型轮胎式压路机发动机部分的作业项目
2	电气设备及仪表	（1）检查各指示仪表； （2）检查启动机、发电机和照明警示设备； （3）检查蓄电池	（1）额定转速时机油压力应为 156.8～294kPa；500～600r/min 时大于 49kPa。正常水温为 75～90℃，正常油温（油底壳内）为 45～90℃。否则，应查明原因，排除故障； （2）应工作正常，接线牢固，绝缘良好，设备齐全，否则应予修复或更换； （3）清除蓄电池外表所粘附的污物，疏通通气孔
3	液压系统	（1）检查液压油箱的油量； （2）检查液压系统	（1）油面应在油标尺标定的刻度范围内，油量不足时，应予加足； （2）如有渗漏或堵塞，应予排除
4	操纵系统	检查操纵及转向、制动机构性能	各机构应灵敏可靠，无松旷、无卡阻，到位准确，性能良好，否则应查明原因，排除故障
5	整机外部	（1）检查紧固外部螺栓； （2）清洁整机外部； （3）润滑	（1）螺栓如有松动应予紧固； （2）清除外部尘土和油污； （3）按机器出厂使用说明书进行润滑

一级保养（每工作200h进行） **表3.5-4**

序号	保养项目		技术要求
1	例行保养		完成本级保养作业项目之外的例行保养项目
2	发动机		参考YL-160型轮胎式压路机发动机部分的作业项目
3	传动系统	（1）检查变速箱、副齿轮箱、差速器内的油面； （2）检查离合器及换向离合器操纵杆连接情况； （3）检查变速操纵机构和换向机构的定位装置； （4）检查传动机构密封情况； （5）润滑左右侧传动齿轮	（1）每工作50h检查一次。油面应正常，不足时按规定加足； （2）各连接处应活动自如，工作可靠，无松旷，否则应予紧固或调整； （3）定位装置应到位准确，必要时予以调整； （4）更换损坏的密封件； （5）每工作50h润滑一次。清除油污，涂上新的润滑脂
4	电气设备及仪表	（1）检查启动机、发电机； （2）检查蓄电池； （3）检查调节器	（1）定期拆下防尘罩，检查整流子表面是否光洁；碳刷在刷架内是否活动正常；刷簧压力是否正常，碳刷与整流子表面的接触面积应不小于75%。否则，应予修理或换件； （2）电解液液面应高出极板顶面10～15mm，电解液不足时，可加注蒸馏水。清除蓄电池桩头及连接板上的氧化物，并涂以凡士林油； （3）检查触点间隙及接触面，必要时按规定调整，修磨或换件
5	液压系统	（1）检查铰接转向节的性能； （2）检查振动和转向系统液压油路	（1）转向节应灵活，不松旷，否则应予检修； （2）如有松动、渗漏，应及时排除故障
6	行走机构	（1）检查振动轮和橡胶轮胎有无变形和损坏； （2）检查轮胎和橡胶减振器螺栓紧固情况，检查胎压	（1）每工作50h检查一次。如有变形和损坏，应予校正或修理；损坏严重者，应予更换； （2）每工作50h检查一次。螺栓如有松动，按规定次序和拧紧扭矩拧紧。轮胎气压应符合规定，不足时，应予充气
7	整机	润滑	按机器出厂使用说明书进行润滑

二级保养（每工作600h进行） **表3.5-5**

序号	保养项目		技术要求
1	一级保养		完成本级保养作业项目之外的一级保养项目
2	发动机		参考YL-160型轮胎式压路机发动机部分的作业项目
3	电气设备及仪表	（1）检查启动机、发电机； （2）检查各灯具及线路； （3）检查蓄电池	（1）1）启动机紧固件和导线应连接牢固，导线绝缘应无损坏，如有异常，应予修复； 2）清除发电机内腔尘土，用汽油擦净集电环和线圈上的油污。 （2）各灯具与线路应完好无损。 （3）检查电解液相对密度，不同地区使用的蓄电池电解液相对密度值见表3.4-4； 电解液相对密度每下降0.04，相当于放电25%。蓄电池冬季放电超过25%、夏季放电超过50%时，应进行充电
4	制动系统	（1）检查制动系统； （2）清除制动鼓内的污物	（1）制动间隙为1～2mm，如有不符，应予调整；制动摩擦片磨损超过原厚度的30%时，应予更换； （2）清除制动摩擦片与制动鼓之间的污物

续表

序号	保养项目		技术要求
5	转向系统	检查各转向组件	检查各转向组件的完好情况，如有故障，应予排除
6	传动系统	检查调整主离合器、换向离合器压板与摩擦片的间隙	离合器应分离彻底，结合平稳，不打滑，否则应予调整或更换零件
7	整机	润滑	按机器出厂使用说明书进行润滑

三级保养（每工作1800h进行）　**表3.5-6**

序号	保养项目		技术要求
1	二级保养		完成本级保养作业项目外的二级保养项目
2	发动机		参考YL-160型轮胎式压路机发动机部分的作业项目
3	电气设备及仪表	（1）拆检启动机和发电机； （2）检查蓄电池	（1）拆开启动机和发电机，清洁检查各组件及轴承，吹干后加注新的润滑脂；检查启动机齿轮的磨损情况及传动装置是否灵活，必要时应予修理或换件； （2）注意将蓄电池安装牢固。蓄电池电池槽、盖有裂痕时，可根据实际情况用环氧树脂修补或更换新的。酌情更换新的隔离板，清除沉淀物及夹在正、负极之间的导电物
4	液压系统	（1）清洗液压油箱及管路，更换液压油； （2）检查调整液压系统的工作压力； （3）检查液压系统各组件	（1）清洗液压油箱及加油滤网；清洗冷却器、油泵、液压马达、阀、油缸及管路外部；按规定加足液压油；排除混入液压油中的空气； （2）振动油路额定压力为15.68MPa；转向油路额定压力为9.81MPa。如有不符，应予调整； （3）检查各组件性能，如有异常，应予检修排除
5	行走系统	（1）检查驱动轮轮毂轴承的磨损情况及润滑脂质量； （2）更换振动轮振动轴左右轴承室的润滑油	（1）检查轴承间隙及损坏情况，必要时调整或更换。检查轴承室内的润滑脂，如已变质，应予更换；如不足，应按规定补足； （2）更换柴油、机油
6	传动系统	（1）检查传动轴； （2）更换变速箱、副齿轮箱的润滑油； （3）检查主离合器摩擦片的磨损情况； （4）检查换向离合器的磨损情况； （5）检查变速箱齿轮的磨损情况及轴承、油封的技术状况	（1）拆检传动轴十字轴轴承和花键伸缩套，应无松旷或卡滞，必要时清洗、润滑或换件； （2）按规定油品加足新油。变速箱夏季添加30号齿轮油，冬季添加20号齿轮油；副齿轮箱夏季添加T14柴油机油，冬季添加T8或T11柴油机油； （3）如离合器摩擦片上的铆钉头埋深小于0.5mm时，应换新摩擦片。摩擦片上如有油污应予清除干净； （4）如有打滑或分离不彻底现象，应予调整；必要时拆检摩擦片的磨损情况，摩擦片若有断裂及沾有油污，视需要清洗或更换新件； （5）拆检变速箱齿轮磨损情况，如有啃齿、断裂、裂纹、金属剥落等现象，应予修复或更换；检查各轴的轴向和径向间隙，必要时调整或更换轴承。油封损坏及老化时，应予更换
7	整机	（1）检查各部件连接可靠性； （2）检查机身各部结构伤； （3）补漆； （4）润滑	（1）各连接组件间的连接螺栓、卡销均不得松动，否则，应予紧固；如有缺件，应予补齐；损坏时，应予更换； （2）各焊接件的焊缝不得开裂，外形无变形和损坏，否则，应予修复； （3）局部脱漆部位进行补漆； （4）按机器出厂使用说明书进行润滑

3.6 压路机的常见故障及处理方法

(1) 光轮压路机的常见故障及处理方法见表 3.6-1 所列。

光轮压路机的常见故障及处理方法 **表 3.6-1**

故障现象	故障原因	处理方法
离合器滑动(主离合器和换向离合器)	(1) 离合器面片间有污垢和油污; (2) 离合器面片未全面接合; (3) 离合器摩擦片磨损; (4) 离合器压板弹簧太弱; (5) 离合器拉杆自由行程过小	(1) 拆卸并清洗离合器片表面的污垢和油污; (2) 拆卸调整; (3) 检修或更换新摩擦片; (4) 调整或更换弹簧; (5) 调整
离合器抖动	(1) 离合器面片未全面接合; (2) 离合器弹簧松紧、长短不一; (3) 分离轴承转动不灵	(1) 拆卸调整; (2) 调整或更换弹簧; (3) 清洗后加注足够油膏
变速不能啮合	(1) 齿轮齿部磨损过大; (2) 变速叉过多磨损	(1) 更换齿轮; (2) 焊补或更换变速叉
变速跳挡	(1) 齿轮齿部磨损过大; (2) 变速杆锁紧弹簧太弱	(1) 更换齿轮; (2) 更换锁紧弹簧
变速器发生响声	(1) 轴承松动过大; (2) 齿轮过度磨损; (3) 锥形齿轮间隙不对; (4) 花键轴过度磨损; (5) 齿轮油过少或过稀	(1) 更换轴承; (2) 更换齿轮; (3) 增减垫片调整其间隙为 0.6～0.7m; (4) 焊补或更换花键轴; (5) 加注齿轮油至油塞平面或换用合适黏度的齿轮油
万向节发生响声	(1) 滚针过度磨损; (2) 传动轴弯曲; (3) 润滑油缺少	(1) 更换滚针; (2) 校正或更换传动轴; (3) 加注润滑油
侧传动有大的冲击或传动不灵	(1) 齿轮齿损坏; (2) 轮齿间夹有泥沙等污垢	(1) 更换齿轮; (2) 清除泥沙及污垢
制动器失灵	(1) 制动带与制动鼓之间的间隙过大; (2) 制动带摩擦片磨损; (3) 制动杆自由行程过大	(1) 调整间隙保持在 1～1.5mm 之间; (2) 更换新摩擦片; (3) 调整拉杆使制动杆的自由行程缩小
液压泵不出油或出油量少,或压力表指示油压低	(1) 贮油箱内油量不足; (2) 滤油器上污物太多; (3) 油质太厚; (4) 安全阀太松; (5) 油管接头不密; (6) 油压表损坏; (7) 油阀弹簧折断; (8) 油泵传动的三角带过松	(1) 加足油量; (2) 用煤油清洗; (3) 更换合适的油; (4) 适当校整; (5) 检查并加密封; (6) 更换新表; (7) 更换弹簧; (8) 调整皮带紧度
转向轮转向迟缓无力	(1) 液压泵油量不足; (2) 控制阀内部漏损过大; (3) 工作油缸皮碗磨损; (4) 油压不够	(1) 调整传动皮带紧度; (2) 更换控制阀柱塞杆,使间隙保持在 0.01～0.02mm 之间; (3) 更换皮碗; (4) 调整控制阀上安全阀的弹簧弹力

续表

故障现象	故障原因	处理方法
刮泥板不能清除压轮表面的附着物	(1) 弹簧松弛; (2) 刮泥板与压轮表面间隙过大	(1) 调整弹簧; (2) 调整刮泥板
照明灯不亮或很暗	(1) 灯泡烧坏; (2) 导线损坏; (3) 发电机转速不够	(1) 更换灯泡; (2) 修理导线; (3) 调整传动皮带

(2) 手扶振动压路机的常见故障及处理方法见表 3.6-2 所列。

手扶振动压路机的常见故障及处理方法 **表 3.6-2**

故障现象	故障原因	处理方法
无振动或激振力不足	(1) 传动皮带打滑; (2) 振动离合器摩擦片磨损打滑; (3) 操纵手柄动作不准确可靠	(1) 张紧或更换皮带; (2) 调整离合器摩擦片间隙，或更换摩擦片; (3) 拧紧或增补固定螺栓
行走换向变速失灵	(1) 离合器摩擦片磨损打滑; (2) 操纵手柄动作不准确不可靠	(1) 调整离合器摩擦片间隙或更换摩擦片; (2) 拧紧或增补固定螺栓
制动失灵	制动带磨损	调整或更换制动带
下降不灵活	(1) 泵内液压油过多，超过注油口位置; (2) 零件配合较紧	(1) 放掉多余的液压油; (2) 调整
压路机后轮升不到位	泵内液压油不足	按规定加足液压油
上升缓慢或泵不起来，或泵起后有缓慢下落现象	(1) 卸载阀因阀座中有脏物，使其开闭不严; (2) 单向阀阀座内有脏物或磨损变形，失去密封性，导致一泵即起，一松即落，并且操纵手柄同时弹起; (3) 单向阀关闭不严、失灵，操纵手柄不能随意停留自行下落; (4) 活塞杆与工作油缸盖之间密封不严; (5) 卸载阀未顶起压路机后轮即开启; (6) 因卸载阀阀塞上的密封圈损坏，空气被吸入液压系统; (7) 空气通过过滤网处的油口堵塞被吸入液压系统，但油口堵塞处还看不到任何渗漏现象; (8) 空气因泵活塞 Y_x 型密封圈磨损失效，被吸入液压气流。此时在泵活塞周围，可以观察到少量渗油; (9) 在运输和维护过程中，空气可能从贮油筒进入泵油缸	(1) 可用榔头轻敲几下卸载阀调节螺钉，敲击时应垫上垫板，以免调节螺钉变形损坏; (2) 拧下油口堵塞，取出弹簧，用铜或铝棒垫在钢球上，轻轻敲击新阀座; (3) 可用榔头在泵油缸底座下表面敲几下，若仍不能排除故障则应拆下泵油缸，按上述方法 (2) 敲击新阀座; (4) 更换工作油缸盖用密封件; (5) 顺时针方向旋转卸载阀调节螺钉，直到后轮顶起为止，并用锁紧螺母将调节螺钉锁紧; (6) 更换 O 形密封圈，并排除泵内空气; (7) 拧紧油口堵塞; (8) 更换泵活塞用 Y_x 型密封圈; (9) 停机将空气排出

（3）自行式振动压路机的常见故障及处理方法见表 3.6-3 所列。

自行式振动压路机的常见故障及处理方法　　表 3.6-3

故障现象	故障原因	处理方法
离合器打滑	（1）离合器压板与离合器摩擦片以及离合器摩擦片之间接触不均匀，或间隙太大； （2）离合器摩擦片过度磨损； （3）离合器压板与离合器摩擦片以及离合器摩擦片之间有污物； （4）离合器操纵机构之拉杆长短不合适	（1）拆卸调整，或在分动器内把调整螺母旋转，使间隙达到合适； （2）更换新摩擦片； （3）拆卸并清洗离合器压板及摩擦片，更换新油； （4）调整拉杆长度
离合器脱不开	（1）离合器盘形弹簧太弱； （2）离合器摩擦片烧坏； （3）离合器压板与离合器片间隙太小	（1）更换新弹簧； （2）拆卸更换新摩擦片； （3）将调整螺母旋转，间隙调至合适
离合器推不上	（1）离合器压板与离合器片间隙过小； （2）离合器操纵拉杆长短不合适	（1）调整螺母退回； （2）调整拉杆长短
分动器内发出不正常的噪声	（1）轴承磨损过大，发生松动； （2）齿轮过度磨损； （3）箱内用油不合适	（1）更换轴承； （2）更换齿轮； （3）更换合适的油
分动器过度发热	（1）离合器摩擦片间隙太小； （2）离合器摩擦片歪斜； （3）离合器摩擦片压不住，打滑； （4）箱内用油不合适	（1）调整调节螺母，使间隙增大； （2）拆卸离合器，校平摩擦片； （3）调整摩擦片间隙； （4）更换合适的油
变速机构跳挡	（1）变速杆定位装置的弹簧太弱； （2）齿轮齿部磨损过大	（1）调整定位弹簧； （2）更换齿轮
变速不能啮合	（1）齿轮磨损过大； （2）变速叉过多地磨损	（1）更换齿轮； （2）修补或更换变速叉
变速操纵手柄位置不对	（1）变速操纵机构的拉杆长短不合适； （2）长变速杆的销孔位不对，或销钉退出	（1）调整拉杆的长短； （2）重装销钉或重新配钻铰孔或将销钉打紧旋牢
变速器发出不正常噪声	（1）轴承磨损过大，发生松动； （2）齿轮过度磨损； （3）花键轴过度磨损； （4）齿轮油过少或过稀	（1）更换轴承； （2）更换齿轮； （3）修补或更换新轴； （4）加注齿轮油到规定平面或更换合适黏度的齿轮油
终传动有较大的冲击或转动不灵	（1）齿轮齿部过度磨损或磨坏； （2）齿轮间夹有泥沙污垢； （3）链条或链轮过度磨损	（1）更换齿轮； （2）清除泥沙及污垢； （3）更换链条和链轮
终传动有较大的响声	（1）链条没张紧； （2）链条和齿轮缺油	（1）调节张紧轮； （2）重新加足润滑油
振动轮中的振动箱发热	（1）振动箱中加油量不足或过多； （2）偏心振动轴轴承进入污物	（1）重新调整振动箱中油量； （2）清洗振动箱污物
振动轮行走中有冲击	（1）两边大铜套磨损过大； （2）减振环脱胶或龟裂	（1）更换铜套； （2）更换减振环

续表

故障现象	故障原因	处理方法
刹车机构失灵或发热	(1) 刹车带与刹车鼓之间的间隙过大或过小； (2) 刹车带磨损； (3) 刹车带摩擦面有油污； (4) 钢丝绳过长	(1) 调整调节螺母使刹车带和刹车鼓之间隙合适； (2) 更换刹车带； (3) 清除油污； (4) 调整钢丝绳长度
刮泥板不能清除轮面的附着物	(1) 压紧刮泥板的弹簧松弛； (2) 刮泥板与轮面的间隙过大	(1) 调整弹簧； (2) 调整刮泥板与轮面的间隙
液压泵不出油或出油量不足，压力表油压过低	(1) 贮油箱内油液量不足； (2) 滤油器上污物太多，甚至已堵塞； (3) 天气冷，油质变厚； (4) 安全阀弹簧松； (5) 管道接头不密封或管道堵塞； (6) 油压表损坏； (7) 液压泵传动皮带打滑； (8) 齿轮液压泵内零件损坏	(1) 补充油液； (2) 将滤网取出用煤油清洗； (3) 更换合适油液； (4) 适当调整； (5) 检查修理； (6) 更换新表； (7) 调整皮带紧度； (8) 拆卸检修齿轮油泵
液压系统发热或漏油	(1) 贮油箱内油量不足； (2) 压力表压力过大； (3) 油管内有污物，流通不顺； (4) 油液过薄或过厚； (5) 管接头松动	(1) 补充油液； (2) 调整安全阀压力； (3) 清洗油管； (4) 更换合适的油； (5) 重新旋紧漏油接头
转向轮转向换向和起振离合器操纵迟缓无力	(1) 液压泵油量不足； (2) 控制阀内部漏损过大； (3) 工作液压缸活塞磨损过大； (4) 油压不足； (5) 活塞杆油封盖过紧； (6) 活塞杆生锈	(1) 调整液压泵传动皮带，检查管道是否漏损； (2) 更换控制阀柱塞，使配合间隙保持在0.01～0.02mm之间； (3) 更换皮碗或活塞； (4) 调整安全阀弹簧； (5) 将油封盖松开； (6) 磨光活塞杆并涂上润滑油
行走速度慢	(1) 发动机到分动器的三角皮带太松； (2) 三条三角皮带长度相差太多或已失效； (3) 柴油机的油门操纵机构松脱	(1) 调节皮带张紧轮使三角皮带张紧； (2) 重新更换三角皮带； (3) 重新调整油门操纵机构
振动频率上不去	(1) 分动器到振动轮之三角皮带太松； (2) 张紧弹簧太弱； (3) 三角皮带拉长，已失效； (4) 柴油机的洒门操纵机构松脱； (5) 发动机到分动箱之三角皮带太松	(1) 调节张紧弹簧的张紧力； (2) 重新更换张紧弹簧； (3) 重新更换三角皮带； (4) 重新调整油门操纵机构； (5) 张紧皮带张紧轮

4 桩工机械

4.1 概述

4.1.1 桩工机械的用途

桩工机械是一种用于完成预制桩的打入、沉入、压入、拔出或灌注桩的成孔等作业的施工机械。由于采用桩基础比采用其他型式的基础具有更大的承载能力及施工方便等优点。所以，桩工机械广泛用于工业厂房、住宅建筑、公路（特别是高速公路）、铁路（特别是高铁）、桥梁、市政、港口等工业与民用建筑的基础施工。

4.1.2 预制桩机械的分类与特点

1. 打入法

这是用桩锤冲击桩头，在冲击瞬间桩头受到一个很大的力，而使桩贯入土中属于打入法工作原理的预制桩施工机械有：

（1）柴油锤。其工作原理类似柴油发动机，是目前最常用的打桩设备，但公害较严重，在我国的城市中心地区已禁止使用这种产品；

（2）蒸汽锤。是以蒸汽或压缩空气为动力的一种打桩机械。它是在柴油锤发展起来后，被逐渐淘汰，而又获得新生的产品；

（3）液压锤。它具有冲击频率高、冲击能量大、公害少等优点的打桩机械，但构造复杂、造价高、维修技术水平要求高。

2. 振动法

它是使桩身产生高频振动，而桩尖和桩身周围的阻力大大减少，桩在自重或稍加压力的作用下贯入土中，振动法所采用的设备是振动锤。

3. 压入法

这是给桩头施加强大的静压力，把桩压入土中。该种施工方法噪声极小，桩头不受冲击力的损坏，但压入法使用的机械设备本身非常笨重、组装迁移都较困难，况且它只适用于软弱地质的施工。

除上述几种施工方法外，还有钻孔插入法、射水法和空心桩的挖土沉桩法等。

4.1.3 灌注桩的类型、功能特点及成孔方法

4.1.3.1 灌注桩施工类型

灌注桩的施工类型一览表见图 4.1-1 所示。

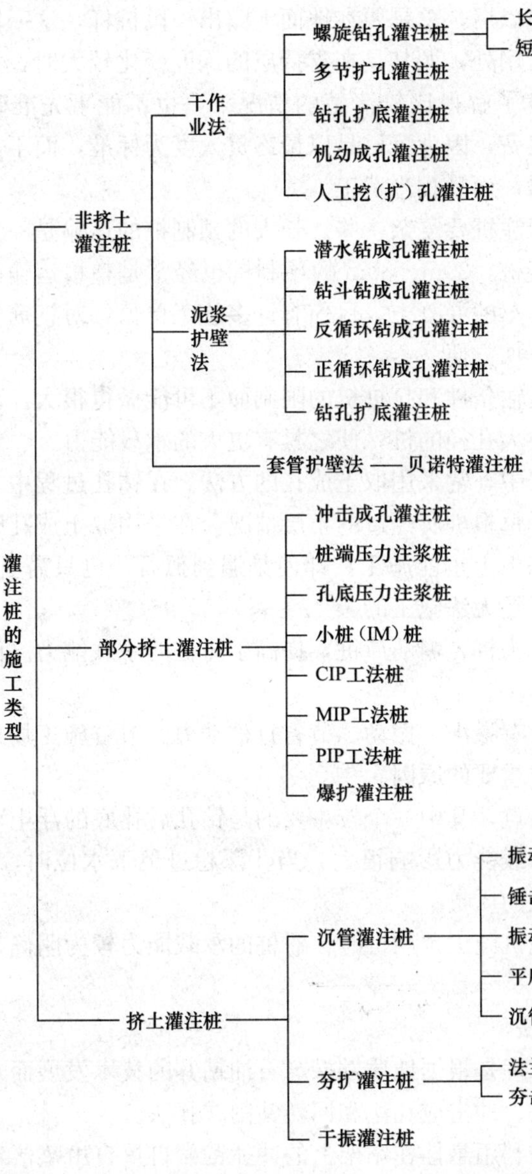

图 4.1-1 灌注桩施工类型图

4.1.3.2 灌注桩的功能特点

在发展桩基础的过程中，对在现场就地浇筑的钢筋混凝土或者混凝土的灌注桩已得到各个方面的高度重视。在工业及民用房屋建筑、港口、桥梁等施工中和其他一些部门的基

建工程中都广泛地采用了灌注桩。这是因为灌注桩具有许多优点：

(1) 灌注桩比预制桩经济，用钢量少。钢筋混凝土预制桩在设计配筋时要考虑桩在吊运和打入时的受力。而桩在吊运和打入时的受力情况，往往要比桩沉入后正常的工作情况要恶劣得多。所以，桩内的许多钢筋常常是为施工的要求而配入的，而灌注桩就不存在这样的问题。因此，常常可以使用不配任何钢筋的素混凝土桩。灌注桩比预制桩经济还在于桩的长度可以自由调节。

(2) 预制桩在打完施工以后，总是要在地面上露出一段桩杆，这一段桩杆在承台前必须截去，截下来的部分毫无用处，尤其是在支持层的深度变化较大时，截桩的工作量就会更大，就是对支持层的深度了解得比较清楚的情况下，也不能事先准确定出每根桩的长度。实际上是一种较大的浪费，因为沉桩是以最终贯入度为标准，而不是以桩沉入的长度为标准。截桩不仅浪费材料，而且相当费工。

(3) 预制桩的施工较灌注桩要复杂一些。长大的预制桩的运输是一个问题。由于要尽可能地避免在施工过程中接桩，20m、30m的预制桩也经常是整根运输的。而灌注桩，除钢筋笼外，要运送的是一车车的混凝土。目前有许多施工单位，对钢筋笼的制作，均在施工现场焊制。显然，这就更加方便。

(4) 预制桩由于受到运输条件和打桩机的限制而不可能做得很大。而灌注桩则可以根据成孔机械的能力，做成很大孔径的桩，使之具有更大的承载能力。

(5) 灌注桩在成孔过程中，常采用取土成孔的方法。在钻孔过程中，根据取出的土的情况，可以十分清楚地了解每根桩所经过的土层情况。在采用取土成孔时，灌注桩的施工不受土质条件的限制，在冻土上也能施工，即使是遇到孤石，也只需更换钻头即可通过。而预制桩在某些土质条件下是无法施工的。

(6) 灌注桩可以做成扩头桩、糖葫芦桩，提高了短桩的承载能力。而预制桩只能是等径桩，而且端部要有一个锥头。

(7) 灌注桩在施工时没有噪声、振动、节省打桩动力、节省施工场地。这是目前国内外大力发展灌注桩的一个很重要的原因。

(8) 灌注桩也有一些缺点，其中一个较主要的是钻孔后孔底的浮土对承载能力的影响很大，所以，施工技术对承载能力影响很大。当孔深超过地下水位时，要打水下混凝土，由于水泥浆的流失，影响桩的质量。

(9) 当采用冲击式打桩机施工预制桩时，对桩的承载能力较为明确；而灌注桩则必须做桩的承载能力实验。

4.1.3.3 灌注桩的成孔方法

工程上的灌注桩成孔原理是根据地质勘探与石油钻井的技术发展而来的，目前应用较多的成孔方法有冲抓成孔法、冲击成孔法和回转钻削成孔法。

(1) 冲抓成孔法。这是利用悬挂在钻架上的冲抓锥靠自重自由坠落对土壤实行强力冲击，然后将冲下的土壤抓取并卸于孔外的一种成孔方法。冲抓锥一般由锥体、瓣柄和抓片三部分构成（类似挖掘机的抓斗作业装置）。作业时，冲抓锥的提升、抓片的闭合、卸土都是靠卷扬机来完成的，只是冲切土壤是借助于冲抓锥的冲击能来实现的。

冲抓成孔法所用的机械设备，如支承架、卷扬机、动力装置等都可以安装在一台履带式基础车上，组成一台完整的冲抓成孔机。

(2) 冲击成孔法。所用的机械设备是将一个冲锥悬挂在履带式或轮胎式起重机的起重臂端部，靠其自由坠落的冲击能将土、石料冲碎，再利用泥浆泵对已冲击的孔内灌泥浆，让冲下的料渣浮起并清除于孔外。

冲锥的构造有多种型式，但是它们的冲刃大都为十字形，在清渣时，所用的清渣筒是一个带有底阀的圆筒，一般用 3～10mm 厚的钢板卷焊而成，其直径为冲孔径的 40%～60%，高度在 1.5～2m 左右，在筒的顶部焊接有吊环，供清渣时卷扬机起吊之用。筒底的阀门型式有碗形和扇形，阀门随着清渣筒在渣浆中的下降而开启、提升则闭合，以便将料渣收入筒内而清出孔外。

(3) 回转钻削成孔法。这是利用回转的工作机构将土钻削下来再清出孔外。一般都是在一台带回转盘的履带式或轮胎式基础车上安装有动力装置、钻杆、钻头、承架及导向装置等组成钻机。

国内常用钻孔灌注桩成孔方法的特性比较见表 4.1-1 所列。

国内常用钻孔灌注桩成孔方法的特性比较 表 4.1-1

特性 \ 成孔方法		螺旋钻	振动沉管	冲击、冲抓成孔	潜水电钻	正循环回转钻进	反循环回转钻进
破碎土层方法及排渣方式		螺旋钻头破碎土层，并通过螺旋钻杆将土渣输送至孔口	用重量锤或偏心振动器贯入钢管，土层被挤密实，无土渣排出	利用冲击钻头或冲抓锥自重冲击破碎岩石或土层，部分渣用抓斗或捞渣管捞出	利用潜水电机带动钻头回转钻进，渣土用冲洗液排出（用正、反循环方式排渣）	采用地面钻机驱动钻具钻进，渣土用正循环冲洗液携带排出	采用地面钻机驱动钻具钻进土层，渣土是利用反循环冲洗液由孔底吸入钻杆内的土渣，并高速排出
桩径（mm）		600 以内	500 以内	2000 以内	800～2500	1500 以内	1000～5000
经济成孔深度（m）		20	30	40	60	80	100
土质及水位条件	黏土、游泥层	▽	○	▽	○	○	○
	砂土层	○	○	○	○	○	○
	砂砾、砾石层	○	▽	○	○	▽	○
	卵石层	×	×	○	▽	×	▽
	漂砾层	×	×	○	×	×	×
	基岩层	×	×	▽	×	○	○
	地下水位以下	×	▽	○	○	○	○
施工条件	所需场地大小	小	小	较大	小	大	大
	钻渣清除难度	容易	无	较容易	难	难	难
	产生噪声、振动大小	小	大	较大	很小	小	小
	混凝土灌注方式	孔口倒入	沉管内倒入	导管水下灌注	导管水下灌注	导管水下灌注	导管水下灌注
	正常成孔作业人员数	3～4 人	3 人	5～6 人	3～4 人	3～4 人	5～6 人

注：○——适合，▽——采取措施后可以用，×——不合适。

4.1.4 我国桩工机械的发展概况

我国桩工机械行业在经历了 60 多年的发展后已经形成了一定的规模，不但可以满足国内日益增长的基础设施建设需要，而且已经走向了国际市场。我国桩工机械行业经历了从无到有、由小到大的发展历程，为中国的社会主义建设做出了不可磨灭的贡献。

4.1.4.1 桩工机械的发展历程

(1) 新中国成立前，我国几乎没有桩工机械制造业。20 世纪 50 年代初期，我国基础施工全部使用旧中国从国外进口遗留下来的蒸汽式打桩机和笨重的落锤。20 世纪 60 年代初，一机部成立第五局——工程机械局，将上海电工机械厂改为上海工程机械厂，定点生产桩工机械，成为我国最早生产桩工机械的专业生产厂。并将一机部建筑机械研究所第二研究室定为桩工机械研究室，开始了我国自行研制桩工机械的成长时期。

(2) 20 世纪 70 年代是我国桩工机械行业发展时期，这个时期成立了桩工机械行业组，有桩工机械行业制造企业 10 余家，能生产 4 大类、30 多个品种，年产量 400 余台。

(3) 20 世纪 80 年代是我国桩工机械行业壮大时期。1984 年成立了中国建筑机械化协会桩工机械分会，有桩工机械行业制造企业 20 余家，同济大学、哈尔滨建筑大学、南京建工学院、东北大学等高等院校也开始从事桩工机械新产品、新技术、新原理的研究，能生产 10 大类、50 多个品种、200 多种规格、型号的桩工机械产品。

(4) 20 世纪 90 年代是我国桩工机械行业高速发展时期。行业制造厂家已发展到 30 余家，并形成了部属研究所、企业研究所、院校研究所（室）三个层次的科研设计力量，能生产 400 多种规格、型号的桩工机械产品，销售收入达 6.5 亿元。进入 21 世纪后，随着我国各种基础设施建设和住房建设的快速发展，桩工机械制造业及其市场得到了前所未有的高速发展，形成了几十家专业生产企业及上百个产品型号的规模。

4.1.4.2 桩工机械的技术进步

(1) 制造企业与施工工法密切结合，开发研制新产品，实现了产品系列化。目前，柴油桩锤有筒式水冷、筒式风冷和导杆式三个系列共 31 个型号规格；振动桩锤有 DZ 系列、引进生产的 KM、VM 系列、液压式可调偏心矩 EP 系列，共有 47 个型号规格；液压打桩锤有一个系列共 3 个型号规格；压桩机有一个系列共 11 个规格型号；长螺旋钻孔机有一个系列共 7 个型号规格；潜水式钻孔机有一个系列共 4 个型号规格；转盘式钻孔机有一个系列共 15 个型号规格；振冲器有一个系列共 8 个型号规格；轨道式打桩架和步履式打桩架也基本形成系列，每种打桩架也有 3～5 个型号规格。

(2) 桩工机械产品普遍采用了液压传动、机械振动等先进技术，计算机辅助设计(CAD) 等先进设计手段，产品技术水平上了新的档次，达到了发达国家 21 世纪初期的技术水平。在桩工机械产品中，履带底盘三支点打桩架、液压桩锤、步履式桩架、压桩机、部分型号的转盘式钻机、振动桩锤的偏心矩调节机构、夹桩机构、回转斗式钻机的动力头等均采用了全液压传动。现在国产桩工机械普遍采用了液压传动、机械振动、变频、变幅等先进技术。

(3) 采用新原理、新结构研制了一批具有我国自己特点的桩工机械。我国有很多软土地带，为了在软土地区进行桩基础施工，例如 20 世纪九十年代，我国研制成功了用于工字钢桩的液压式锚桩平衡反力的 DY320 型压桩机，以后又相继研制成功液压式配重平衡的混凝土预制桩单桩压桩机，该压桩机具有无空气污染、无噪声、无振动等优点。又例如液压步履式打桩架也是具有我国自己特点的桩工机械，该机采用液压传动步履式新结构原理，接地比压低，通过性能好，能前后左右行走移位，也能回转，是一种结构紧凑、造价比较低，性能比较完善，操纵方便省力、技术适用性能可靠的打桩架，广泛应用在桩基础施工中。

（4）通过引进、消化、吸收进国外先进技术，促使了我国桩工机械产品技术水平的不断提高。通过引进国外产品，技术转化，促进了我国桩工机械产品的不断改进和技术水平的不断提高。特别显著地提高了我国桩工机械计算机辅助设计开发研究能力。

（5）多项桩工机械产品及新技术成果荣获各级科技进步奖。在全行业的共同努力下，60多年来开发研制成功了数百项桩工机械新技术、新产品，为完成国家重点工程的基础施工发挥了巨大作用。

4.1.4.3 桩工机械的行业现状

（1）进入21世纪以后，在国家大形势的影响下，一些中国建筑工程机械行业的大型企业如三一重机、中联重科、郑州宇通、山河智能、南车时代等纷纷进入桩工机械行业，桩工机械行业进入快速发展时期。

（2）由于桩工机械必须结合工程的目的规模、桩的品种及用途、施工工法以及施工过程中遇到的各种地质条件，因此桩工机械是一种多品种、多规格、批量小、专用性较强的施工机械。随着国家高速铁路建设项目的展开，旋挖钻机得到快速发展，销售量逐年以约25%左右。

（3）在科技成果与新产品方面，2007年桩工机械行业加大技术创新力度，新产品不断涌现。据不完全统计：

1）徐工徐州筑路机械有限公司的《海上复杂地层旋挖钻机及成孔工艺研究应用》项目于2008年3月通过专家组验收；

2）江阴市振冲机械制造有限公司研制的ZCQ180振冲器于2008年8月通过江苏省级鉴定。2007年开发新产品的有上海工程机械厂有限公司D220筒式柴油锤；

3）广东力源液压机械有限公司JB62、JB100、JB160步履式桩架；

4）北京市三一重机有限公司SR360旋挖钻机、SR220R入岩旋挖钻机、SP120反循环钻机、SFY658全液压桩架；山东福田雷沃重工股份有限公司12、18、26系列旋挖钻机；

5）浙江振中工程机械有限公司DZJ200A、EP360振动锤；北京南车时代重工机械有限公司TR250D、TR250DJ旋挖钻机、THH60液压打桩锤、DZ60液压振动锤、ZY40连续墙抓斗；

6）上海金泰工程机械有限公司SD28旋挖钻机、SG40A液压抓斗；河北新钻钻机有限公司LW33螺纹桩机、GZ18空心桩钻机、KQ600L潜水双轴钻机；

7）江苏东达工程机械有限公司DD90、DD120导杆式柴油锤，JBY40、JBY120步履式桩；内蒙古北方重型汽车股份有限公司NR1801DR、NR1802DL、NR2002SL旋挖钻机；

8）徐州鹏达基础桩工程机械研究所旋挖钻机；山东福田雷沃重工股份有限公司12、18、26系列旋挖钻机；方圆集团桩工机械厂螺纹桩机；郑州正弘桩工机械制造有限公司JLR10系列旋挖钻等。

4.1.4.4 桩行业发展的特点

（1）旋挖钻机产品形成系列并推动了行业发展。旋挖钻机产品系列向上下延伸逐步形成批量，不仅满足了施工的不同需求，也带动了一批配套件企业，壮大了行业力量，而且由于这一高科技、高附加值产品的拉动，大大提高了整个行业的产值，促进了行业的技术进步。

(2) 出口创汇大幅度增加。桩工机械行业通过引进、模仿、吸收以及自主创新等各种措施，产品的技术水平不断提升，在国内桩基础施工中几乎都是国产产品。不仅如此，还有许多产品出打进外国，其中筒式柴油锤还出口到欧美等发达国家。

(3) 在混凝土预制管桩迅速发展的带动下，液压压桩机的销售量每年增长约30%，同时混凝土预制管桩的应用也促进了生产导杆式柴油锤企业的发展。另外，地下连续墙的施工，在许多地区的基础工程项目中，液压抓斗机的发展最为迅猛。

(4) 同质化竞争加剧。目前桩工机械由于配套件和外协件供应渠道、企业创新不足和缺乏投入等因素，产品雷同较多，同质化恶性竞争，步履式长螺旋钻孔机、导杆式柴油锤和旋挖钻机等产品的生产企业较多，产品差异不大，容易发生不良竞争。

(5) 自主创新，提高产品的技术水平。科技发展规律证明，创新从来都是企业的发展之本，自主创新是以自己为主，不排除引进吸收。不断研发具有自主知识产权和核心竞争力的产品。与此同时，企业也重视引入新技术，不断提升老产品的技术水平，在产品上采用智能化的控制技术日益增多。

4.1.5 桩工机械的型号编制

桩工机械的型号编制方法见表 4.1-2 所列。

桩工机械的型号表示方法 **表 4.1-2**

类		型		特性	产品		主参数代号		
名称	代号	名称	代号	代号	名称	代号	名称	单位	表示法
柴油打桩锤	D（打）	筒式	—	—（水）	水冷筒式柴油打桩锤	D	锤冲击部分质量	kg	主参数 $\times 10^{-2}$
				F（风）	风冷筒式柴油打桩锤	DF			
		导杆式	D（导）	—	导杆式柴油打桩锤	DD			
柴油锤打桩架	J（架）	简易式	J（简）	—	简易式柴油锤打桩架	JJ			
		轨道式	G（轨）	—	轨道式柴油锤打桩架	JG			
		履带式	U（履）	S（三）	履带三支点式柴油锤打桩架	JUS			
				G（挂）	履带悬挂式柴油锤打桩架	JUG			
		步履式	B（步）	—	步履式柴油锤打桩架	JB			
振动桩锤	DZ（打振）	机械式	—	—	机械振动桩锤	DZ	振动锤功率	kW	主参数
		液压式	Y（液）	—	液压振动桩锤	DZY			
振动沉拔桩架	JZ（架振）	轨道式	G（轨）	—	轨道式振动沉拔桩架	JZG			
		简易式	J（简）	—	简易式振动沉拔桩架	JZJ			
		履带式	U（履）	—	履带式振动沉拔桩架	JZU			
		步履式	Y（液）	—	步履式振动沉拔桩架	JZB			
压桩机	YZ（压桩）	机械式	—	—	机械式压桩机	YZ	最大压桩力	kN	主参数 $\times 10^{-1}$
		液压式	Y（液）	—	液压式压桩机	YZY			

续表

类		型		特性	产品		主参数代号		
名称	代号	名称	代号	代号	名称	代号	名称	单位	表示法
成孔机	K（孔）	长螺旋式	L（长）	—	长螺旋钻孔机	KL	最大成孔直径	mm	主参数
		短螺旋式	D（短）	—	短螺旋钻孔机	KD			
		潜水式	Q（潜）	—	潜水钻孔机	KQ			
		转盘式	P（盘）	—	转盘钻孔机	KP			
		回转斗式	U（斗）	—	回转斗钻孔机	KU			
		动力头式	T（头）	—	动力头钻孔机	KT			
		冲抓式	Z（抓）	—	冲抓成孔机	KZ			
				T（套）	全套管钻孔机	KZT			
		冲吸式	C（冲）	—	冲吸成孔机	KC			
		锚杆式	M（锚）	—	锚杆钻孔机	KM			
		振冲式	Z（振）	C（冲）	水冲式振冲器	KZC	功率	kW	
				G（干）	干式振冲器	KZG			
				S（双）	双振动振冲器	KZS			
泥水分离机	NF（泥分）	—	—	—	泥水分离机	NF	罐体容积	m^3	
落锤打桩机	CL（锤落）	机械式	—	—	机械式落锤打锤机	CL	锤冲击部分质量	kg	主参数 $\times 10^{-2}$
		法兰克式	F（法）	—	法兰克式打桩机	CLF	最大桩径	mm	主参数
液压锤	CY（锤液）	—	—	—	液压锤	CY	锤冲击部分质量	kg	主参数 $\times 10^{-2}$

4.2 打桩机械

4.2.1 柴油打桩机

4.2.1.1 柴油打桩机的特点及类型

（1）柴油打桩机实质上是一个单缸二冲程发动机。它是利用活塞的往复运动，或活塞固定而缸体往复运动作为锤子进行锤击打桩。在打桩设备中，柴油打桩机使用最为广泛，它不需要外部动力和其他辅助设备。柴油打桩锤打击能量大，施工性能好和机动性强，并可施打 1∶1 的斜桩。

（2）筒式柴油打桩机是根据二冲程柴油发动机的原理设计制成的。由于锤的冲击体是在圆筒形的汽缸内，以轻质柴油为燃料，利用上活塞的冲击力和燃烧压力为驱动力而获得打桩能量的工作机，故称为筒式柴油打桩锤。它可分为下列四种类型：

1）按打桩锤功能，分直打型和斜打型，但直打型也可用于打斜桩，只因润滑方式不同，而仅限于打 15°～20°范围内的斜桩，而斜打桩锤则可打 0°～45°范围内的斜桩；

2）按打桩锤的冷却方式可分水冷式和风冷式；

3）按打桩锤的润滑方式可分为飞溅润滑和自动润滑；

4）按打桩锤的性质，可分为陆上型和水上型。

（3）柴油锤构造简单，使用方便。它不像振动锤需要外接电源，也不像蒸汽锤需要一套锅炉设备。它所需要的燃料就装在它的汽缸外面的一个油箱里。柴油锤的另一个特点是，当地层越硬时，桩锤跳得越高，这样就自动调节了冲击力。但是当地层软时，由于每打一次桩的下沉量过大，燃油不能爆发或爆发无力，桩锤反跳不起来，而使工作循环中断。这时只好重新启动。

（4）柴油锤在向前发展的过程中，目前遇到的最大问题是，就是如何消除它所产生的公害——噪声、振动和对空气的污染，这是研究部门的新课题。所以，柴油锤在城市施工中受到一定的限制。

（5）柴油锤主要由锤体、燃油供给系统、冷却系统及起落架等部分组成。图 4.2-1 所示为筒式柴油锤的工作过程图。

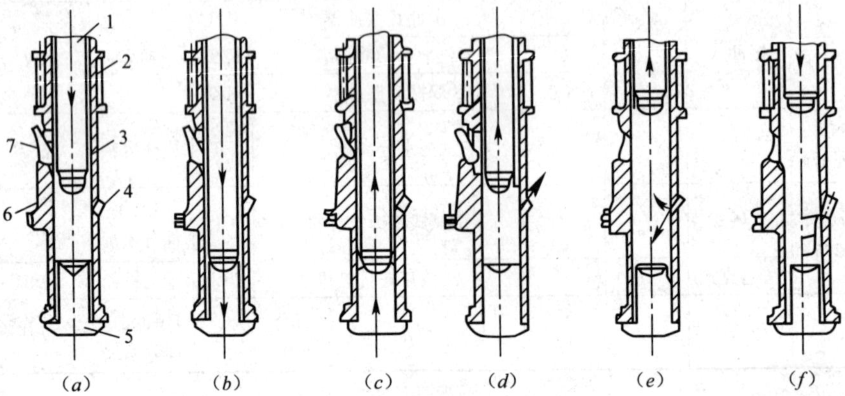

图 4.2-1 筒式柴油锤的工作过程图

（a）喷油和压缩；（b）冲击；（c）爆炸；（d）排气；（e）吸气；（f）活塞下行并扫气

1—活塞；2—柴油箱；3—气缸；4—吸、排气口；5—锤座；6—喷油泵；7—油泵操纵压块

4.2.1.2 柴油打桩机的使用要点

1. 提升桩锤

（1）柴油锤的提升是依靠左右提锤爪钩起上气缸背部的提锤托板起吊的。两个提锤爪用连杆相连，所以提锤机构就是连杆机构。提锤爪在不受外力（锁板的推力）推动时，依靠提缸爪后面的扭力弹簧使两爪向外成外八字形。

（2）当柴油锤提起时，应将起落架放下直到提锤爪低于提锤托板，此时拉动棘轮装置，与之同轴的锁板靠棘轮的推动，按逆时方向转动，使锁板的短边与左侧提锤爪接触，并推动其向里转动，同时在连杆的作用下，右侧提缸爪也向里转动，形成内八字，刚好钩住提锤托板就能将锤提起。

2. 起动活塞

（1）当插桩完毕，柴油锤下面的桩帽全部套进桩头，并依靠柴油锤及桩的自重下沉停止后，整个柴油锤的重量完全依靠桩支承着。此时，起落架提锤机构也不起作用。随即拉动棘轮，使提锤爪形成外八字形，为下一步起动活塞作准备。

（2）起落架继续下降，当摇杆撞击上气缸下部的碰块时，摇杆带动摇杆轴以顺时针方向转动。由于摇杆轴为外花键轴，与之相配有内花键的凸轮也随同以顺时针方向转动，凸轮将起动钩顶起，连接片作为起动钩的支点也被带起，使起动钩象舌头一样，伸入上气缸背部的起动槽内，钩住上活塞钩肩。

3. 打桩施工的使用要点

（1）启动前将燃油箱阀门打开，用起落架将上活塞提起并高于上气缸 1cm 左右，用专用工具将贮油室油塞打开，按规定加满润滑油，自动润滑的柴油锤，除了在油箱内加满润滑油外，还应向润滑油路加润滑油，同时排除管路中的空气。

（2）柴油打桩机的桩架必须安放平稳坚实。桩锤启动时，应注意桩锤、桩帽在同一直线上，防止偏心打桩。

（3）施工初打时，首先应关闭供油泵的油门，使锤冷打，当桩的贯入度小于 10cm/击时，才能逐渐开启油门。

（4）在打桩过程中，应有专人负责拉好曲臂上的控制绳，如遇意外情况时可紧急停锤。

（5）打桩过程中，应注意观察上活塞的润滑油是否从油孔中泄出，下活塞的润滑油应每隔 15min 注入一次，如一根桩打进时间超过 15min，则必须将桩打完后立即加注润滑油。

（6）在打桩施工过程中，其上活塞的起跳高度不得超过 2.5m。

（7）打桩施工过程中，应经常用线锤及水平尺检查打桩架。如垂直度偏差超过 1%，必须及时纠正，以免把桩打斜。

（8）打桩过程中，严禁任何人进入以桩轴线为中心的 4m 半径范围内。

（9）打桩施工完毕后，应及时对设备进行清洁一次，并加油润滑各运动部件。

（10）短期内不用时，须将燃料阀关闭。长期不用时，应将冷却水、燃油及润滑油放尽，并做一次解体保养，涂上防锈油，装好上活塞止动螺栓和下活塞保险块，然后将桩锤从桩架上放下，盖上保护套，入库保存。

4.2.1.3 柴油打桩机的安全技术规程

1. 作业条件

（1）轨道铺设，应符合原厂说明书规定。轨枕间隔不应大于 0.5m，两轨接头必须落在轨枕上，两端轨面就应设活动拉杆，轨距偏差不大于±10mm，轨道坡度不大于 1%，两轨高差不大于 5mm（轨距 4m 时）。

（2）履带式三点打桩机，在地耐力达不到标定的压应力时，应在履带下铺设 28～30mm 厚的钢板，钢板相互间距不得大于 30mm。

2. 作业前的检查和启动

（1）桩组的组装、拆卸应严格按原厂说明书规定程序执行，用伸缩式履带的打桩机，应将履带扩张后才能安装。

（2）竖立桩机导杆前，应对各连接件进行检查，轨道式的卡紧轨钳；履带三支点式的，应在导杆托架的下方垫上千斤顶，制动住行走及回转机构，导杆两侧和前端必须系缆风绳。

（3）在安装导杆时，必须将前端垫高，下支点不得少于三点，导杆不得在水平以下位置扳起或放倒。

（4）启动后，空载运转卷扬机，确认各部情况正常，然后锁牢导杆下部的制动保险锁及防偏制动销（进入作业状态后均应拔出），水平小车开至最里端位置。

（5）将导杆扳起，放松缆风绳应与扳起的高度同步，当导杆接近垂直位置时，应减慢竖立速度。履带式三支点打桩机，当扳到75°～83°时，应停止卷扬，装上后支撑，用后支撑液压缸将导杆扳到90°。

（6）筒式柴油打桩锤的冷却水，应采用清洁的软水，并经常保持干净。

（7）检查缓冲垫，如砧座和橡胶垫的接触面小于原面积2/3时，或下汽缸法兰与砧座间隙小于7mm时，均应更换橡胶垫。

（8）检查起落架工作情况并加以润滑，启动钩与上活塞接触线应在5～10mm之间。

（9）提起桩锤脱出砧座后长度不得超过200mm，否则应调整桩帽的绳扣。

（10）检查导板磨损间隙，如超过7～10mm时就应进行更换。

（11）检查各螺栓应紧固，特别是导板的固定螺栓，不得在松动及缺件的情况下作业。

（12）上活塞采用振油法润滑的，当活塞跳起时，观察油孔应有油溢出。采用自动油泵润滑的，当手扳油泵时观察油管应有油流动。

（13）导杆的导向导管，应涂润滑油脂。清扫孔的丝堵，必须用石墨粉润滑。

3. 作业中安全注意事项

（1）用桩机吊桩时，正前方吊桩距离不得大于4m，履带式三支点不得偏心吊桩，用双向导杆施工时须待导杆回转并锁住后方可起吊。

（2）作业时，桩机回转应缓慢，行走中不得同时进行回转及吊桩等其他动作。

（3）在软土层起动桩锤时，应先关闭油门冷打，待每击贯入度小于100mm时，再开启油门启动桩锤，不得在桩自沉或贯入度较大时给油起动。

（4）上活塞最大起跳高度一般不得超过2.5m（各种桩锤的目视高度可参照各个制造厂的降落距离表），达到规定高度时应减小油门，控制落距。

（5）当上活塞下落而汽缸未燃爆时，由于汽缸内压缩空气的作用，上活塞有10～20s的上下起伏，此时起落架不得落下，撞击碰块。

（6）在锤击过程中，起落架可缓慢下降，但不得低于上汽缸口以上2m。

（7）在施工作业过程中，下汽缸每15min必须注一次润滑油，如遇较难打的桩，每打一根桩至少注油一次。

（8）在施工作业中，水气套的水由于冷却蒸发而低于下汽缸吸排气口时，应及时补充。严禁在无水的情况下进行施工作业。

（9）各种柴油锤在施工作业中，当其最后10击贯入度值小于5mm时，应立即停止施工作业，证明该桩尖已经进入了硬的基础，不需再往下打了。

（10）桩帽中的填料不得偏斜，以保证锤击中心。

（11）挺杆后仰18.5°时，严禁提升桩锤。打斜桩时应将桩吊入门架固定稳当，再后仰挺杆。履带式三点支撑桩机打斜桩时，必须用后支撑杆。

（12）履带式三点支撑桩机行走时，必须有专人指挥。在坡道上行走时，应将桩机重心移在坡道的上方，坡度不得大于5°。

（13）在打桩的施工作业过程中，桩机回转制动应缓慢进行，轨道式桩机不得向同方向连续回转两周。

（14）电梯严禁超载，应经常检查防坠落卡板的可靠性，当提升钢丝绳松弛时，卡板应伸出挂在滑道的横肋板上。

4. 作业后的安全注意事项

（1）作业完毕后，应将桩锤放在已打入地下的桩头或地面垫板上，关闭油门，盖住汽缸口和进排气孔，将操纵杆置于停机位置，锁住安全限位装置。

（2）长期停用的桩锤，应从桩机上卸下，放掉燃油及润滑油和冷却水，将燃烧室及上、下活塞接触面清洗干净，作好防腐措施。

（3）轨道桩机应停放在轨道的中部，卡紧轨钳。放倒挺杆时，应先检查卷筒制动可靠，并在挺杆两侧拴好拉绳，利用动力缓慢放倒，拉绳应保持张紧，挺杆不应有摆动。

4.2.1.4 柴油打桩机的维护保养

D系列筒式柴油打桩机的维护保养主要是例行保养（表4.2-1）一级保养（表4.2-2）、二级保养（表4.2-3）、三级保养（表4.2-4）等。

例行保养（每班进行） **表4.2-1**

序号	保养项目		技术要求
1	电气设备及仪表	（1）检查操作台； （2）检查控制箱； （3）检查各电动机； （4）检查电缆； （5）检查接地装置	（1）各指示灯应齐全有效，电脑开关功能应正常，各操作手柄位置应准确可靠，否则，应予检修； （2）控制箱内各电器元件应工作正常，如有异常现象，应查明原因，排除故障； （3）电动机应运转正常，无异响或过热现象； （4）电缆线应绝缘良好，如有损伤，应及时进行包扎处理； （5）轨道必须有可靠的接地，且接地电阻不大于40Ω；立柱顶部必须装有效果良好的避雷针
2	桩锤	（1）检查燃油箱； （2）检查水箱水量； （3）检查燃油泵； （4）检查润滑情况； （5）检查燃烧室； （6）检查各固定件； （7）检查各活动件； （8）检查桩锤工作情况； （9）检查起落架	（1）燃油箱内应加满轻柴油； （2）水冷式桩锤水箱内应加满冷却水。冬季工作结束后，应放净冷却水； （3）燃油泵应工作正常； （4）1）上活塞如是振油润滑，油应能依靠惯性作用从小孔中流出，并应经常检查贮油室油量，油不足时，应予补充。 2）下活塞环的冷却和润滑如为自动加油泵润滑时，应经常打开接头，观察有无油压出；如无自动加油泵时，应每隔20～15min用油枪压入热汽缸油（压5～6下）。 （5）清洗燃烧室内部，除去积碳； （6）连接螺栓如有松动，应予拧紧； （7）加注润滑油，各活动件应灵活可靠； （8）桩锤应工作正常，跳起高度应在规定范围内，否则，应调整供油量。如桩锤不能正常工作和启动时，应查明原因，排除故障并消除漏油现象； （9）起落架提锤机构及起动机构等应工作可靠
3	卷扬机构	（1）检查卷扬机； （2）检查钢丝绳及吊具	（1）卷扬机减速器应工作正常，无异响和漏油现象；制动器应制动灵敏可靠； （2）钢丝绳及吊具应工作可靠，如有损坏，应予更换
4	回转机构	（1）检查减速器； （2）检查制动器； （3）检查回转支承	（1）减速器应工作正常，无异响或漏油现象； （2）制动器应制动灵敏可靠； （3）工作时，滚轮应转动灵活

续表

序号	保养项目		技术要求
5	行走机构	(1) 检查减速器； (2) 检查制动器； (3) 检查行走轮； (4) 检查固定器	(1) 减速器应工作正常，无异响或漏油现象； (2) 制动器应制动灵敏可靠； (3) 行走轮应转动灵活； (4) 工作时，固定器应安全可靠
6	桩架	(1) 检查桩架立柱； (2) 检查斜撑	(1) 立柱应安装牢固，工作稳定，各滑轮转动灵活，如有异常现象，应及时处理； (2) 调整好斜撑，使立柱倾斜度适合施工要求
7	整机	(1) 检查操作室； (2) 检查轨道； (3) 检查各连接螺栓； (4) 检查整机工作情况； (5) 润滑	(1) 清洁操作室内、外部，除去尘土、杂物； (2) 清除轨道上的建筑垃圾或其他障碍物，冬季还应清除积雪； (3) 螺栓如有松动，应予拧紧； (4) 各机构应运转正常，确认无误后，方可进行工作； (5) 按机器出厂使用说明书进行润滑

一级保养（每工作200h进行） **表4.2-2**

序号	保养项目		技术要求
1	例行保养		完成本级保养作业项目外的例行保养项目
2	电气设备及仪表	(1) 检查线路； (2) 检查控制箱； (3) 检查各电动机	(1) 导线应完好无损，包扎卡固良好；导线接头连接螺栓如有松动，应予拧紧； (2) 控制箱内各接触器应功能正常，触点应光滑、平整、无烧蚀现象，否则，应予检修； (3) 清除电动机散热片上的灰尘，检查轴承温升情况
3	桩锤	(1) 检查橡胶缓冲垫； (2) 检查燃油滤清器； (3) 检查燃油泵曲臂； (4) 检查起动钩	(1) 橡胶缓冲垫损坏时，应予更换； (2) 清洗滤清器，除去油污； (3) 曲臂撞击面磨损量超过3mm，曲臂轴弯曲或磨损超限时，应予更换； (4) 起动钩端部平面磨损量超过10mm时，应用J507焊条焊修，并加工至规定尺寸
4	卷扬机构	(1) 检查各卷扬机； (2) 检查钢丝绳	(1) 减速器内油不足时，应予补充。制动摩擦片与制动鼓的间隙应符合规定值，否则，应予调整； (2) 钢丝绳应无断丝、松散、扭曲、磕伤、挤扁及严重锈蚀，否则，应予更换
5	回转机构	(1) 检查减速器油量； (2) 检查回转齿轮、齿圈； (3) 检查回转制动器	(1) 油不足时，应予补充； (2) 检查、润滑回转齿轮及齿圈； (3) 制动器摩擦片与制动鼓的间隙应符合规定值，否则，应予调整
6	行走机构	(1) 检查减速器油量； (2) 检查连接螺栓	(1) 油不足时，应予补充； (2) 螺栓如有松动，应予拧紧
7	桩架	(1) 检查桩架立柱； (2) 检查各滑轮	(1) 检查、润滑桩架立柱与桩锤导向板的摩擦表面； (2) 润滑滑轮轴承，滑轮如有损伤，应予修复或更换
8	整机	(1) 检查钢轨； (2) 润滑	(1) 两轨水平差应小于50mm，如不符，应予调整。钢轨应固定牢靠； (2) 按机器出厂使用说明书进行润滑

二级保养（每工作600h进行） **表4.2-3**

序号	保养项目		技术要求
1	一级保养		完成本级保养作业项目外的一级保养项目
2	电气设备与仪表	(1) 检查电动机； (2) 检查各电器及仪表	(1) 1) 清洁电动机，用压缩空气或吹风工具吹去内外各部灰尘，并清除表面油污； 2) 检查电动机的绝缘情况，绝缘电阻值应符合规定，必要时进行干燥处理； 3) 检查电动机滑环与碳刷，接触面应光滑，表面应无污物及腐蚀现象。调整刷簧压力，消除滑环之间的积尘. 保证环间的可靠绝缘； 4) 检查、清洗电动机轴承，并重新润滑。 (2) 1) 检查控制器、接触器、继电器等的触点，如有烧蚀，应予打磨修整，对烧蚀严重的，予以更换； 2) 更换失效和损坏的开关、灯及信号装置； 3) 修整接地装置，检测接地电阻，应符合要求
3	桩锤	(1) 检查燃油箱及润滑油箱； (2) 检查水箱； (3) 检查燃油泵和自动加油泵； (4) 检查起落架； (5) 检查油管路	(1) 清洗检查，除去污物； (2) 冲洗检查，除去污物； (3) 清洗检查。零件如有损坏或磨损超限时，应予更换； (4) 1) 清洗检查各零部件。磨损严重或损坏时，应予修复或更换； 2) 弹簧失效时，应予更换； 3) 导向板导向面磨损量超过10mm时，应用T425焊条焊后进行机械加工修复。 (5) 清洗检查。油管损坏时，应予更换
4	卷扬机构	检查卷扬机	检查制动摩擦片的磨损情况，视需要予以更换；电磁制动衔铁的工作行程应符合规定值，否则，应予调整
5	回转机构	(1) 检查减速器润滑油； (2) 检查制动器； (3) 检查回转装置连接螺栓	(1) 检查润滑油油质，根据需要，更换润滑油； (2) 检查制动摩擦片的磨损情况，视需要更换。电磁制动衔铁的工作行程应符合规定值，否则，应予调整； (3) 检查、紧固连接螺栓
6	行走机构	(1) 检查减速器润滑油； (2) 检查制动器	(1) 检查润滑油油质，根据需要，更换润滑油； (2) 检查制动器摩擦片的磨损情况，视需要予以更换。电磁制动衔铁的工作行程应符合规定值，否则，应予调整
7	桩架	检查桩架立柱水平移动机构与斜撑驱动机构	应工作正常，如有损坏，应予修复
8	整机	润滑	按机器出厂使用说明书进行润滑

三级保养（每工作1800h进行） **表4.2-4**

序号	保养项目		技术要求
1	二级保养		完成本级保养作业项目外的二级保养项目
2	电气设备及仪表	(1) 检查控制箱； (2) 检查线路； (3) 检查电动机	(1) 接触器触点如有弧坑或凹凸不平时，应予打磨，检查各触点的接触情况。测量接触器线圈与磁铁、外壳的绝缘及相间绝缘，并紧固连接螺栓； (2) 检查全部导线的磨损及绝缘情况，如有损坏，应予更换，检查各接线柱连接情况，配齐缺损的元件； (3) 拆检电动机，清洁其内部。更换磨损超限的轴承，打磨修整电动机的滑环和碳刷，如碳刷磨损量超过原厚度的1/3，应予更换

续表

序号	保养项目		技术要求
3	桩锤	(1) 检查活塞环； (2) 检查导向环； (3) 检查上、下活塞球面； (4) 检查气缸； (5) 检查燃油泵； (6) 检查起落架	(1) 清除活塞环槽积碳，活塞环如磨损严重，自由开口间隙超限或损坏时，应予更换； (2) 导向环磨损严重或损坏时，应予更换； (3) 上、下活塞球面如有烧蚀，应予修理并配对研磨； (4) 上、下气缸内径磨损超限时，应予加工修理并配相应尺寸的导向环及活塞环； (5) 燃油泵曲臂曲面磨损量应不大于3mm，否则，应予修理；柱塞偶件配合间隙大于0.035mm时，应予更换； (6) 检查各零部件，磨损超限时，应予修复或更换
4	卷扬机	(1) 检查卷扬机； (2) 检查升降梯	(1) 1) 更换减速器润滑油。如减速器齿轮及轴承磨损严重或损坏时，应予更换； 2) 制动器摩擦片、各销轴及销套磨损严重时，应予更换； 3) 卷筒轴承磨损严重或损坏时，应予更换； (2) 应工作正常，安全可靠
5	回转机构	(1) 检查减速器； (2) 检查制动器； (3) 检查回转支承； (4) 检查回转齿轮、齿圈	(1) 更换润滑油。蜗轮、蜗杆及轴承磨损严重或损坏时，应予更换； (2) 制动器摩擦片、各销轴及销套磨损严重时，应予更换； (3) 滚轮磨损严重时，应予修复或更换； (4) 齿轮及齿圈如磨损严重或损坏时，应予更换
6	行走机构	(1) 检查减速器； (2) 检查制动器； (3) 检查行走轮	(1) 更换润滑油。齿轮及轴承磨损严重或损坏时，应予更换； (2) 制动器摩擦片、各销轴及销套磨损严重或损坏时，应予更换； (3) 行走轮磨损严重时，应予修理或更换
7	桩架	(1) 检查桩架、立柱等构件； (2) 检查各滑轮	(1) 各构件焊缝如有开裂，应予补焊；如有变形或损坏时，应予修复； (2) 滑轮磨损严重时，应予更换
8	整机	(1) 清洁外部； (2) 检查各部连接螺栓； (3) 检查底盘纵横梁和平台； (4) 补漆； (5) 润滑	(1) 清除机身外部粘附的尘土和油垢； (2) 如有缺损，予以补齐或更换； (3) 如出现裂纹、开焊或损坏，应查清后，逐项予以修复； (4) 对于脱漆部件，应进行除锈补漆； (5) 按机器出厂使用说明书进行润滑

4.2.1.5 柴油打桩机的常见故障及处理方法

柴油打桩机的常见故障及处理方法见表4.2-5所列。

柴油打桩机的常见故障及处理方法　　表4.2-5

故障现象	故障原因	处理方法
桩锤不能起动	(1) 土质软，桩的阻力小； (2) 外界温度过低； (3) 砧块凹形球碗有水	(1) 关闭油门，对桩突击几次然后供油起动。此时应拉动曲臂控制绳多供油一次，连续数次即可； (2) 关闭油门，突击几次，以提高汽缸内温度后启动。或打开检查孔旋盖．放入浸有乙醚的棉纱，旋紧旋盖后启动。水箱内应加热水； (3) 打开检查铜丝堵，清洗干净

续表

故障现象	故障原因	处 理 方 法
突然停止运转	(1) 燃油不足； (2) 油管堵塞； (3) 上活塞活塞环卡死	(1) 向燃油箱加油； (2) 清洗油管； (3) 打开清洗修复或更换活塞环
桩锤不能正常工作	(1) 油管内有空气； (2) 供油泵柱塞副间隙过大； (3) 供油泵曲臂严重磨损； (4) 单向阀漏油； (5) 砧块球碗有异物； (6) 润滑油流进球碗过多； (7) 汽缸磨损过大； (8) 冲击球头球面，麻点过多	(1) 拆开油管，拉动曲臂以排除空气； (2) 更换柱塞副； (3) 更换或修复曲臂； (4) 更换橡皮锥头或进油阀； (5) 清洗球碗； (6) 调整润滑油油量； (7) 修复汽缸或更换加大活塞环； (8) 修复球头、球碗
桩捶不能停止运转	(1) 供油泵内部回路堵塞； (2) 供油泵调节阀位置不正确	(1) 清洗供油泵； (2) 松开调节阀压板，调整调节阀位置
排气为黑色	(1) 燃油过多； (2) 燃油不纯	(1) 调节供油量； (2) 更换燃油
废气从缓冲橡胶处喷出	(1) 活塞环失去弹力； (2) 润滑油不足，活塞环卡死	(1) 更换活塞环； (2) 观察加油泵是否出油．或人工向油嘴加油
上活塞跳起过高	(1) 燃油过多； (2) 土质太硬	(1) 调节供油量； (2) 每锤击 10 次贯入度控制在 20mm 以内

4.2.2 蒸汽打桩机

4.2.2.1 打桩机的特点及类型

(1) 蒸汽打桩机是以蒸汽作为动力源的冲击型打桩机械，由锅炉提供饱和蒸汽供给蒸汽打桩机的蒸汽锤和蒸汽卷扬机，因此蒸汽打桩机的辅助设备多、效率也较柴油打桩锤低。但是随着桩基向大型化方向发展，特别是海底石油开发中，打入斜桩和水下打桩作业时，柴油打桩锤受到一定的局限，不如蒸汽打桩机优越。

(2) 由于蒸汽打桩锤具有结构简单、工作可靠、能适应各种性质的地基，而且操作、维修也较容易，它可以做成超大型的，可以打斜桩、水平桩，甚至打向上的桩，蒸汽锤的冲击能量可以在 25%～30%的范围内无级调节。因此仍受到重视而列为主要桩工机械之一。

(3) 蒸汽打桩锤一般有三种类型：按蒸汽锤的动作方式可分为自由落体的单作用式和强制下落的双作用式；按蒸汽锤的打击方式可分为缸体打击和活塞打击式；按蒸汽锤的应用方式可分为陆上型和水上型。蒸汽锤虽分有几种类型，但在使用上并不区分，如双作用蒸汽锤可用于陆上、水上桩，还可用于潜水打桩。

4.2.2.2 蒸汽锤的安装与使用要点

(1) 蒸汽锤在安装前，应在地面将配汽阀与蒸汽锤装好，并用木条将汽缸与配汽阀之间距离定好，防止当蒸汽锤起吊垂直时，活塞杆突然下滑，伤人伤物。其次，应将汽锤背面的滚轮全部拆下，准备安装。

（2）蒸汽锤在安装时，起吊用的钢丝绳不得拴在汽锤活塞杆上，以防活塞杆变形及拉缸。

（3）蒸汽锤安装时，应用两点起吊方式，同时起吊离地至一定高度后，下吊点停止上升，上吊点起吊至蒸汽锤垂直为止。

（4）蒸汽锤被吊起垂直后，应将下吊点钢丝绳拆去，将锤体背面的凸缘推入龙门滑道，并立即装上滚轮销及滚轮。

（5）全部安装完毕后，应将汽锤沿桩机龙门滑道上下走滑几次，确认正常后，再安装蒸汽胶管。

（6）蒸汽胶管与配汽阀连接前，应用蒸汽试通一下，管内确无异物才可连接。蒸汽胶管与配汽阀相连接处必须用专用宝塔法兰和双道卡板，两法兰之间必须用 12 号铅丝扎紧保险。

（7）桩锤启动前，必须对配汽阀及桩锤等处先进行润滑。

（8）先控制好蒸汽流量，使蒸汽缓缓进入汽锤，并预先将配汽阀及汽锤进行预热，以排除配汽阀及汽锤内的冷凝水。

（9）开始打桩前，可先进行试打几锤，并调装好汽锤的冲程，一般在刚开始时，冲程不得大于 800mm，然后视桩的贯入度大小进行调整。

（10）打桩过程中应严格按操作规程对汽锤各部定期添加润滑油。

（11）打桩过程中，应经常检查吊锤用制动环钢丝绳，两个制动环上下时应保持同步。

（12）配汽阀与锤体连接的弹簧组中弹簧损坏超过 3 根以上时，应及时停锤更换后，才可继续施工作业。

（13）汽锤沿龙门滑道上下的过程中，严禁载人。

（14）打桩过程中，配汽阀与蒸汽胶管连接法兰、汽缸盖与活塞导杆、汽缸盖与汽缸之间不得漏汽。

（15）当最后贯入度小于 2mm/击时，应停止锤击或更大吨位的桩锤。

（16）当每根桩施打完毕后，必须立即将蒸汽管路内的余汽放尽。

4.2.2.3 蒸汽打桩机的安装与使用要点

1. 一般规定

（1）安装前的作业场地，必须按施工场地的标准（倾斜度不大于 1%）进行平整、碾压、其地耐力应不小于各类桩机所需的接地应力。

（2）桩机安装区域内，以安装用起重机的最大工作半径外 8m 为界，不应有架空高压线。作业区应用明显标志或围栏，严禁闲人入内。

（3）安装人员必须熟悉桩机的结构和外形尺寸，两副纵向行走装置必须定位准确，防止底盘安装时的返工。

（4）底盘安装完毕后，应先将液压泵车定位，交将电路及各油管接装完毕。再导通液压泵车电源，然后试行走，确认无误后，方能安装架身。

（5）卷扬机及锅炉定位安装完毕后，锅炉即可进水。

（6）直式桩架可用整体起扳法，而塔式桩架因架身较重，一般宜用散件吊装法。

2. 直式桩架的安装与拆卸

（1）安装架身之前，底盘后部必须配置一定的压重，底盘与前纵向行走装置之间应以专用填件进行填实。在进行安装架身时，应注意在架身前三分之二处架设支点，其高度必须使架身与地面间的夹角大于5°。

（2）架身安装作业完毕后，必须在架身两侧及前面的10m之处，设置一定的重物或锚固件，并将缆绳拴好。当打桩机的全部安装完毕后，安装人员应重新认真检查各连接部分的紧固件，确认无误后，才能起扳。

（3）架身起扳前，必须待锅炉内的蒸汽压力加热至额定工作压力后才可起动卷扬机起扳。

（4）正式起扳架身前，应进行试扳。试扳的方法是将架身提高至400mm左右，卷扬机制动，并再次检查扳架子扒杆及各支点部分，确认无误后，再按扳架子规定扳。

（5）当架身升高至75°左右时，应放慢扳速度，架身前及两侧的缆绳应随架身的高度变化逐渐放松。

（6）当架身接近垂直时，马上停止卷扬机的运转，并将靠架身前端的缆绳逐渐放松，控制架身的垂直速度。

（7）当架身垂直后，应立即将其与底盘连接好，然后才能拆除扳架子钢丝绳，并将底盘后面的配重和前面的填件拆除。同时将架身与底盘间的固定缆绳拴好。

（8）直式桩架的拆卸与安装程序相反。

3. 塔式桩架的安装与拆卸

（1）塔式桩架的安装必须有足够的场地，供地面散件拼接。

（2）拼装前，应按杆件的不同编号，将每一层架子进行分类，便于地面安装不出差错。

（3）地面拼装时，其连接螺栓应认真紧固。在起吊时，应拴好缆绳，防止每一格架子在吊装过程在空中摇晃，撞击架身与高空工作人员。

（4）高空与地面联系必须使用统一信号，防止误解而导致返工。

（5）高空人员必须带好安全带，严禁穿硬底鞋登高。高空不得向下抛掷螺栓或其他东西，高空操作时必须有防止工具坠落的措施。

（6）必须等架身安装完毕后，锅炉才能点火升压。

（7）架身安装完毕后，应即将每层的工作面用脚手板铺平扎牢。

（8）架身拆卸与安装时的顺序基本相反。

4. 蒸汽打桩机使用要点

（1）直式桩架由于其稳定性与抗扭力矩小，因此，当架身装到30m高度时，其两侧必须配备3倍率的缆绳，才可作业。直式桩架进行移动时，侧向两缆绳须有专人收放。

（2）打桩时，当蒸汽锤升至高空后，应使杠锤杆将蒸汽锤扛好，才能进行吊桩作业。

（3）汽锤在高空时，桩机严禁移动。打桩机在移动时，应有专人来负责搬动电缆，不得作小半径弯曲或者强力进行拖拉，并防止各行走机构压坏电缆。

（4）船形轨道内严禁存放各类工具或其他杂物。冬季施工登高扶梯的踏板上，应用防滑材料绑扎，防止冰冻打滑。

（5）打桩机的横移转向机构在移动时，应注意其与纵向行走机构保持有一定距离，其最少间距应不得小于50mm。

（6）桩机吊桩时，其与桩身的水平距离不应大于4m，偏心距不应大于2m。特殊情况下不能满足上述要求时，必须采取相应的措施，并有专人监护。

(7) 运桩起吊要小必操作，防止碰撞断裂。吊点应按设计图示。如无规定时可按下列吊点操作：当桩的长度在16m内，可用一个吊点起吊，吊点位置在由桩顶至入0.293桩长处；如桩长在16m以上时，须在桩的两端部以内0.207桩长处的地方同时起吊。

(8) 插桩时要对线，位置无误后才落锤压村。开始锤击时必须控制桩锤冲击能：坠锤或单动汽锤的落距不宜大于0.5m；双动汽锤则小开气门以减少锤击密度。待桩入土到一定深度、桩体稳定、位置正常、桩身垂直后才可进入正常锤击。

(9) 预制钢筋混凝土桩或应力管桩采用坠锤时，最大落距不得超过2m，采用单汽锤时，不得超过1m。

5. 液压泵车使用要点

(1) 液压泵车在接通电源前，应认真检查桩机的安全接地，确认符合要求时，才能导通。接着，应试验液压泵车内的漏电保护装置是否灵敏可靠。

(2) 整个液压系统的最高点，应设置放气孔，防止泵内吸入空气，进入油路。

(3) 对初次起动液压泵进时，应检查泵的转动方向，防止产生逆转现象。

(4) 溢流阀的卸荷压力不宜调得过高，防止系统压力过高而损坏液压元件。

(5) 压力表开关不宜开得过度，以不使指针左右晃动为准，防止压力过高而损坏压。

(6) 各路液压缸在工作时，手动阀扳动的幅度不宜过大，防止流速过大，造成冲击，损坏液压元件。打桩机在顶升和下降时，四只液压缸不宜同步进行，而应以桩机前后两侧的液压缸交替进行，各侧液压缸每次工作时的高度不宜超过100mm，严禁单向一次大幅度顶升或降落，以确保桩机的稳定性。

4.2.2.4 蒸汽打桩机的安全技术规程

1. 作业条件

现场水源流量不得低于锅炉蒸发量的120%，水质应符合《工业锅炉水质》GB/T 1576—2008的规定，作业期间必须保证供水。

2. 作业前的检查和启动

(1) 塔式打桩机在作业之前，必须全面进行一次检查杆件的紧固情况。高空和地面都必须有专人指挥，上下协调。

(2) 直式桩机在扳起或放倒前，尾部应加10～14t配重，在底盘正前方的大梁下垫千斤顶，并在左右两侧和正前方拴好缆风绳。在扳起机架到200mm时，应停机检查各制动部位，确认良好后，才可继续提升。当扳到75°时，应缓慢进行。直立后立即收紧缆风绳。

(3) 各类蒸汽打桩机高度在30m以上时，都应使用3倍率的缆风绳。

(4) 蒸汽胶管接头必须用塔型管接头和双道卡箍卡紧，管路就无泄漏，冬季应进行保温。

(5) 安装桩锤时，吊装钢丝绳不得扣在活塞杆上，配汽阀应无漏汽。启动前应向配汽阀和活塞杆上注入润滑油。检查汽锤靠背、滚轮及销子的磨损情况，提升汽锤，检查卷扬机制动的可靠性，并检查汽锤导轨应润滑良好。

(6) 卷扬机启动之前，应该排出管路中及汽缸内的冷凝水，并缓慢地开启汽阀，能使管路和汽缸进行预热3～5min。

3. 作业中安全注意事项

（1）操作卷扬机进行吊桩、吊锤时，中途停车应使用滚筒棘轮制动。汽锤吊到高处，必须将锤固定后，方可进行吊桩作业。

（2）桩机移动时必须先将汽锤落下，左右缆风绳应有专人操作同步收放。严禁将锤吊在顶部移动桩机。电动打桩机移动时，电缆应有专人移动，弯曲半径不得过小，不得强力拖拉，防止履板碾压。桩机转向时，对走方木的桩机底盘，四支点中不得有任何一点悬空，步履式桩机横移压缸的行程不得超过 1000mm。

（3）塔式桩机行走时，其地锚必须牢固，缆风绳附近 10m 内不得站人。用卷扬机副卷筒移动桩架时，一根钢丝绳不得同时绕在两个卷筒上。直式桩机前后行走时，移动桩架钢丝绳的空端不得拴在吊桩滑轮上。

（4）直式桩机的滑行走管，倾斜度不得大于 1℃，桩机横移至走管终端距离不得小于 1m。注意防止侧滑倾倒。作业中，吊锤用的制动环钢丝绳要经常检查，环与绳的连接必须牢固。

（5）汽锤配汽阀的弹簧损坏时，应停锤更换后方可继续作业。

（6）插桩后应缓慢开启汽门，先排出汽锤内的冷凝水，调整桩锤落距不大于 800mm，最后 10 击的贯入度不小于 20mm。控制汽门应有专人负责，发现紧急情况应及时停止供汽。

（7）在混凝土灌注桩施工拔管时，必须与汽锤反打的速度相配合，不得用卷扬机硬拔。

（8）每打一根桩后暂停使用桩锤时，应将蒸汽管路的余汽放尽。

4. 作业后安全注意事项

（1）施工作业完毕后，应收紧缆风绳，直式桩机必须停在走管中部，塔式桩机应在木托板下方垫好木楔。桩锤降到最低位置。

（2）关闭总汽阀，打开放水阀，放掉管路、卷扬机中的冷凝水，锅炉按规定压好火。

4.2.2.5 蒸汽打桩机的维护保养

1. 蒸汽锤

（1）每班进行保养的内容：

1）检查锅炉主蒸汽阀，软、硬管道，各连接处法兰，均不得有鼓包或泄漏现象；

2）检查汽阀导向板不得有裂缝或断裂现象，否则应及时更换；

3）杠杆与活塞及汽阀本体的连接部位，每班必须加油 3～4 次；

4）检查活塞杆与汽阀连接螺栓。密封盘根处法兰栓松紧要适当；

5）汽锤上下滚轮每班应添加润滑油 3～4 次；

6）汽锤的密封盘根如漏气应及时更换，每打一根桩应添加润滑油。

（2）蒸汽锤工作 30 万击后进行保养的项目：

1）拆下配汽阀外端的弯管，清洗储油池，更换润滑油；

2）更换磨损松旷的配汽阀活塞销；更换汽锤中的密封盘根；

3）调整配汽阀的进气量，使配汽阀内活塞底部离开汽缸底部的距离保持 25mm；

4）测量汽锤后部凸缘宽度，使其不小于标准尺寸 10mm 以上，过小时必须堆焊磨平；

5）按说明书添加新的润滑油。

(3) 蒸汽锤工作 90 万击后进行保养的项目：

1) 解体配汽阀；检查缸体两排汽孔之间的缸壁是否有裂疑，如有裂缝应更换缸体；

2) 检查汽缸底面，如发现有活塞顶压的圈痕，应查明原因，并采取相应的措施；

3) 检查活塞环的开口间隙，当发现超过使用极限时，应及时更换，否则使打桩效率迅速下降；检查汽缸壁，如发现有拉痕，应予修整。

2. 底盘

(1) 架子拆卸时，应将各液压缸活塞杆缩至最小行程，其裸露部分应擦干净，添上润滑脂，用麻布包好。

(2) 架子安装前，各液压缸活塞杆的球头与各球座应擦干净，并涂上润滑脂，球头与球座连接用压板螺栓要保持紧固。横移转向机构上的滑动面应清除灰尘杂物，并涂上润滑脂。每天施工前，均应清理滑动面，换上新的润滑脂。

(3) 所有的润滑脂油嘴部位，每天应注入一次润滑脂。所有轴承运转 1000h 应进行保养。

(4) 每天应认真检查各部分连接情况，发现有螺栓脱落或松动处应立即添补或重新紧固。

3. 架身

(1) 每天应检查虎口板与前平撑连接件，不得有任何松动或脱落现象。否则应及时修理或更换。整个架身的紧固件部位，每月必须紧固一次。

(2) 每两周应对架身进行检查。检查时，应从最下面一层平面开始，以矩形的四个角为起点检查上下支柱之间的连接件，不应有松动或脱落现象。每层平面内四根平撑连接件，发现有螺栓松动或脱落，应及时补充或紧固。

4. 液压系统

(1) 每日开打前，液压泵车应先导通电源，检查电源电压，超过或低于额定电压的允许范围时，应查出原因，并做整改后，才能起动。

(2) 每天应检查电动机的底脚螺栓与液压泵的底脚螺栓，如果发现松动，应立即紧固。

(3) 每天应认真检液压油箱的油位高度，特别对刚启用的液压系统，更应勤检查，防止吸油口滤油器露出油面，吸入空气，影响液压系统正常运行。

(4) 液压油箱应保持清洁，在擦拭过程中，防止杂物掉入，液压油应定期检查质量，一般累计工作 1000h 后，应更换新油，更换时应将油箱洗涤干净，并使新油过 120 目以上的滤油器后进入油箱。液压油的工作温度不应大于 65℃，否则应立即停机。

(5) 由于天气气温的变化，油箱中蒸汽凝成水滴，在冬季施工作业时，应每个星期进行一次检查，发现后立即擦净。

4.2.3 液压打桩锤

4.2.3.1 概述

(1) 液压锤沉桩是 20 世纪 80 年代末年发展应用的新技术，适用于各类土层和桩型，具有较好的打斜桩能力、无废气污染危害、噪声和振动均较小、打桩效率高（一般比汽动锤和柴油锤工效高40%～50%)、可根据土质情况及桩材料的强度随时调节控制桩锤的冲击力、施工时可不设置桩垫，桩的打入精度高。

(2) 液压锤沉桩还能在打桩过程中获得桩锤冲击力，以适应地层的变化和取得贯入阻力指标，既能保证冲击能量的充分发挥而又不损害桩体，还可以按照贯入阻力确定桩是否打至预定的土层内。

(3) 由于液压锤设备及施工费昂贵、施工管理要求高、维修保养困难，需设置专用打桩机和强大的动力源，且对环境影响也较大，目前主要应用于大型桩基础工程中。

(4) 液压打桩锤也是属于冲击式桩锤，如果按其结构与工作原理来分类，可分为单作用式和双作用式两种。

(5) 单作用式液压打桩锤的冲击块是通过液压装置提升到预定的高度后快速释放，冲击块以自由落体方式打击桩体。

(6) 双作用式液压打桩锤的冲击块是通过液压装置提升到预定的高度后，再次从液压系统获得加速度能量来提高冲击时的速度而打击桩体。因此，双作用式的冲击能量要比单作用式的冲击能量大很多。

4.2.3.2 液压打桩锤的特点

(1) 没有烟气排放所造成的空气污染，且噪声小；施打斜桩的角度比柴油锤广。

(2) 软土地区施工启动性能好；如增加一个密封罩，就可用于水下打桩。

(3) 冲击块行程调节平稳，打击力峰值小，桩顶不易损坏；不排出任何废气、无噪声公害。由于冲击块重量比柴油锤重，因而使桩面获得较大的贯入度。

(4) 结构比柴油锤复杂，维修保养技术要求高，而且工作量大；

(5) 冲击频率小，作业效率也较柴油锤低。

尽管液压打桩锤存在上述不足之处，但在环境保护法的规定要求下，柴油打桩锤受到一定的限制，而液压打桩锤将得到不断完善和发展。

4.2.3.3 液压打桩锤的工作原理

(1) 图4.2-2所示为荷兰的HBM液压锤工作循环图。液压锤的工作部分是一个密闭的缸体——冲击缸体2；在缸体的上部充满液压油，中间充满惰性气体——氮，油与气之间有一浮动活塞3将两者隔开；缸体下部装有一活塞——冲击头4；冲击缸体靠驱动油缸5升降。上述装置全部装在外罩壳1内，座在桩头上。其工作循环如下：

1) 下落（图4.2-2*a*）。驱动油缸把冲击缸体提升1.2m以后，变换给油方向，由上腔给油。这时，冲击缸体以1.6g的加速度下落；

2) 冲击（图4.2-2*b*）。冲击头冲击桩头；

3) 加压（图4.2-2*c*）。冲击缸体通过液压油、浮动活塞、氮气和冲击头继续对桩施加压力。

4) 提升（图4.2-2*d*）。驱动油缸下腔进油，把冲击缸体再次提升起来。

(2) 从上述液压锤的循环过程可以看出，液压锤在工作时，首先是以冲击对桩施加压力，接着是冲击缸体通过可压缩的氮气对桩施加压力。由于氮气是可压缩的，所以冲击缸体对桩施加压力的这一过程可以持续较长时间。

(3) 在冲击缸体上部有一给油管口，可以通过给油口调节缸体内液压油的压力，从而调节了氮气的压力。氮气在液压锤里起着缓冲和传力的作用。

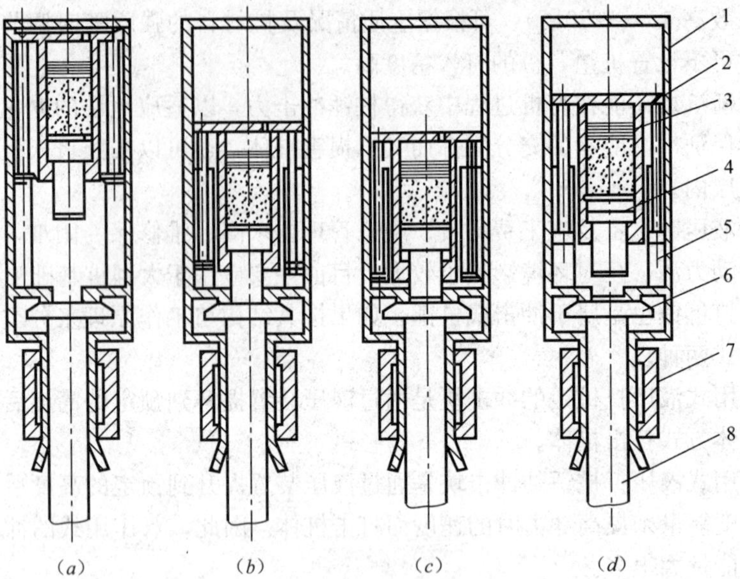

图 4.2-2 液压锤工作循环图

1—外罩壳；2—冲击缸体；3—浮动活塞；4—冲击头；5—驱动油缸；
6—桩帽；7—配重；8—桩

（4）氮的压力高，则可使冲击头撞击时产生较大的作用力，使持续加压的力保持较长。反之，降低氮气压力，则使冲击力和加压力减小。

（5）所以，液压锤可以根据沉桩阻力的大小，很方便地调节沉桩力。

4.2.3.4 液压打桩锤的使用要点

1. 一般要求

（1）桩锤在运输过程中，必须平行放置，并拴好保险绳。

（2）桩锤在运输之前，要确保动力装置中溢流阀调节正确，并安装好油路和连接信号线。

（3）在拆卸过程中要尽量减少液压油的损失，如把逆止阀从动力装置中拆下时，不要将油管拆掉。同时各进出油口必须用闷头螺栓拧好。如有可能，在拆装或运转过程中，油管应一直装在液压锤上。

（4）桩帽内无缓冲材料，千万不能启动桩锤。在使用过程中应注意经常检查，发现损坏及磨损，即应及时调换。经运输后重新使用的桩锤，每次启动前，应对溢流阀的卸载压力进行调试，以确保桩锤的正常运行。

2. 桩锤的使用要点

（1）将桩锤控制箱的各种油管及导线与动力装置连接好，注意连接好液压锤的导线。

（2）起动动力装置，并逐渐加速。

（3）打开控制板上的“电源”开关，并把行程开关调节到适当的位置：700～1200mm行程应调节至最大位置，小于600mm只要调节到一半。整个作业过程可随时进行调整。

（4）当用于人工控制时，只要按动手控阀按钮，即可提起冲击块，冲击块即下落冲击。

（5）如进行连续作业，须将“提升”和“停止”控制装置调整到所要求的位置，并把

"输出"开关拨到"自动控制"位置。

(6) 用手动控制方法进行启动，按下手动控制按钮，使冲击块至少提起300mm，然后放松按钮，桩锤即进行连续自动冲击。

(7) 对首次使用的液压锤，由于油管内呈空管状态，所以要注意添加液压油。

(8) 停锤时，只要把"输出开关"拨回关闭位置。

4.2.4 桩锤的合理选择

4.2.4.1 选择桩锤的原则及范围

(1) 选择合适的锤型和锤级必须先对桩的形状、尺寸、重量、埋入长度、结构形式以及土质、气象（海象）作综合分析，再按照桩锤的特性进行选定，有时几种锤配合使用往往更为有效。但是无论如何都必须使用锤击力能充分超过沉桩阻力的桩锤。

(2) 桩的打入阻力包括桩尖阻力、桩的侧面摩阻力、桩的弹性位移所产生的能量损失等。桩重与锤重必须相适应，桩锤和桩重的比值变化会产生不同的打桩效率。如果锤重不足，则沉桩困难，并易引起桩的头部破损。

(3) 当用大型锤打小断面的桩时，也会使桩产生纵向压曲或局部损坏。一般情况下相对于桩重，锤重越大，打击效率越高。但应同时考虑工程环境、施工进度及费用。综上所述，选择桩锤的一般原则如下：

1) 保证桩能打穿较厚的土层（包括硬夹层），进入持力层，达到设计预定的深度；

2) 桩的锤击应力应小于桩材的容许强度，保证桩不致遭受破坏；

3) 钢筋混凝土桩的锤击压应力不宜大于混凝土的标准强度，锤击拉应力不宜大于混凝土的抗拉强度，预应力桩的锤击拉应力不宜大于混凝土的抗拉强度与桩的预应力值之和；

4) 打桩时的总锤击数和全部锤击时间应适当控制，以避免桩的疲劳和破坏或降低桩锤效率和施工生产率，见表4.2-6所列；

锤击数建议控制值 **表4.2-6**

序号	桩的类型	总锤击数	最后5m锤击数
1	钢桩	<3500～4000	<1000～1200
2	预应力钢筋混凝土桩	<2000～2500	<700～800
3	钢筋混凝土桩	<1500～2000	<500～600

5) 桩的贯入度不宜过小。柴油锤沉桩的贯入度不宜小于1～2mm/击，蒸汽锤不宜小于2～3mm/击，以免损坏桩锤和打桩机；

6) 按照桩锤的动力特性，对不同的土质条件、桩材强度、沉材强度、沉桩阻力，选用工效高、能顺利打入至预定深度的桩锤。

(4) 从有关试验资料表明，柴油锤与蒸汽锤的锤击波波型不同，具有同级别的冲击力时，蒸汽锤的冲击能量要比柴油锤高1.2～1.4倍，按沉桩总贯入阻力计算所需的冲击力来选择锤型时，应考虑桩锤能量相当这个因素。

(5) 打桩施工宜选用重锤低击，选择锤重时可参考表4.2-7。

(6) 桩锤所适用的范围可见表4.2-8所列。

锤重选用参考表 **表 4.2-7**

锤型			单动蒸汽锤		筒式柴油锤					
			10t	15t	3.5t	4.5t	6t	7t	8t	15t
锤冲击力（kN）			2800～3600	3500～4300	3000～4000	4500～70000	5000～8000	6000～10000	7000～12000	12000～18000
适应的桩规格	钢管直径（mm）		500～800	600～900	500～700	600～900	800～1000	900～1200	1000～1500	1500～2200
适应的桩规格	预制桩、管桩的直径 ϕ（cm）		40～50	50～60	40～50	50～60	55～65	60～70	65～80	80～100
适应的桩规格	I、H型钢桩边长（cm）		40～50	45～60	35～45	45～55	—	—	—	—
适应的桩规格	钢板桩（幅）		3	3～4	2～3	3～4	4	4～5	5～6	—
黏性土	桩入土深度（m）		2～3	2.5～3.5	2～3	3～4	3.5～4.5	4～5	—	—
黏性土	桩尖的“P”值（Ma）		5	6.5	5	7	>7	>7	>7	>7
砂土	桩入土深度（m）		1.5～2	2～2.5	1～1.5	1.5～2	2～2.5	2～3	2.5～3.5	3.5～5
砂土	桩尖可达标准击数 N 值		30～40	40～50	25～35	40～50	45～50	50	50	50
软岩石	桩尖可进入深度	强风化	0.1～1	0.8～1.3	0.5～1	1～1.5	1.5～2.5	2～3	2.5～3.0	3～4
软岩石	桩尖可进入深度	中等风化	表层	0.2～0.4	表层	0.5	0.5～1	1～1.5	1.5～2.0	2～2.5
锤的常用控制贯入度（cm/10击）			3～5	3～5	2～3	3～5	3～5	4～8	4～8	5～10
设计单桩极限承载力（kN）			2500～1000	3500～5000	1500～3000	3000～5000	4000～8000	5000～9000	7000～11000	10000～16000
锤的质量（t）			10	13.5	3.5～7.5	4.5～10	6～15	7～21	8～16.4	15～22
适宜的桩质量（t）			2.5～6.5	3.5～8.0	2～6	3～8.0	5.0～10	6.0～12	7～15	10～40

桩锤所适用的范围 **表 4.2-8**

序号	锤型	适应范围	主要优点	主要缺点
1	落锤	（1）适宜于打设木桩、细长尺寸的混凝土桩、小直径的钢桩 （2）适宜于一般土层及黏土、含砾石的砂黏土层不太适宜	构造简单，使用运输方便，基本上不需保养，运费用低，工费少，故障少，振动小，能随意调整落距，锤击力大	工效低，易损坏，桩头打设精度低，噪声大，一般不能打设斜桩，锤击速度慢（每分钟约6～20次）
2	单动汽锤	（1）适宜于打设各种桩和45°斜桩 （2）适宜于黏土、砾土、含砾石砂土层，砂砾层中也可能，不适宜于软弱污泥	结构简单、落距少、可按土质变化情况调节落距。不易损坏设备和桩头，锤击力大，不会受土质影响，打桩精度高	需配置吊锤的打桩机以及蒸汽供应设备，运输费高，工费高，需注意保养，存在污染公害，噪声和振动大
3	双动汽锤	（1）适宜于打设各种中小型桩和45°斜桩； （2）适宜于一般土层及含砾石砂土层，不适宜于砂砾层	锤击速度快，工效高，不太受土质影响，打桩速度快，精度高，桩锤效率高	设备笨重，移动困难，运输费高，需经常保养，噪声和振动大，需要大型供汽设备
4	液压锤	（1）最适用于打大小不同的直桩和斜桩； （2）适用于各种不同的土层； （3）可用于拔桩和水下打桩	不需要外部能源，工作可靠，操作方便，机动性好，锤击速度快，工效高，锤击力量大，并能调节器锤击能量，效率高，低噪声、低振动，无公害，可自动记录	运输费用高，工费高，维修保养技术要求高、难度大，并且设备购置费用昂贵

4.2.4.2 几种选择桩锤的方法

1. 按桩重量选用桩锤

锤重一般应大于桩重，可参见表4.2-9，落锤施工中锤重以相当于桩重的1.5～2.5倍为佳，落锤高度通常为1～3m，以重锤低落距打桩为好。如采用轻锤，即使落距再大，常难以奏效，且易击碎桩头。并因回弹损失较多的能量而减弱打入效果。故宜在保证桩锤落距在3m内能将桩打入的情况下，来选定桩锤的重量。

锤总重和桩重（包括桩帽重）的合宜比值（桩长20m左右） **表4.2-9**

序号	桩的类型	单动汽锤	双动汽锤	柴油锤	落锤
1	钢板桩	0.7～2.0	1.5～2.5	2.0～2.5	1.0～2.0
2	钢筋混凝土桩	0.4～1.4	0.6～1.8	1.0～1.5	0.35～1.5
3	木桩	2.0～3.0	1.5～2.5	2.5～3.5	2.0～4.0

注：土质较松软时采用下限值，土质较坚硬时采用上限值。

2. 按桩锤冲击力选用桩锤

桩的总贯入阻力 P_U 的大小是与土质、桩型、桩长等因素有关。只有当所选用的桩锤的冲击力 P_k 大于桩的总贯入阻力 P_U 时，桩才能穿透土层打入到预定的深度。但桩锤的冲击力过大将会使桩产生过大的锤击应力而引起桩的破损。

(1) 选用的桩锤冲击力 P_k 值应满足下式要求：

开口桩：$P_k > K\,(S_j \cdot R_d + U_o \cdot L_{Fi} \cdot f_o + U_i \cdot L_i \cdot f_i)$

闭口桩：$P_k > K\,(S \cdot R_d + U_o \cdot V_o \cdot L_{Fi} \cdot f_o)$

式中 S_j——开口桩桩尖的折算面积，cm^2，一般为桩尖的环形面积的两倍；

S——闭口桩桩尖的截面积，cm^2，

L_{Fi}——桩侧摩阻力集中区的高度，cm，一般可取（7～8）D_o；

f_i——桩内土的高度，cm；

U_o——桩的外周长，cm；

U_i——桩的内周长，cm；

f_i——桩内土的摩阻力，kPa，软地基中一般可取30kPa；

R_d——桩尖处土体的强度，kPa；

K——桩身阻力系数，开口桩可取 K=1.05～1.15，闭口桩可取 K=1.2～1.3；

N——标准贯入击数；

f_i及R_d——土的动力强度与土质有关，可参见表4.2-10，当采用蒸汽锤时可将表中数值除以1.2～1.4。

土体的动力强度 **表4.2-10**

序号	土质	灰亚黏土（N=7～10）	灰亚黏土（N=20～25）	粉砂土（N=30～50）
1	f_i（kPa）	250	250～300	350
2	R_d（kPa）	3000～4000	4000～5000	6000～8000

(2) 在钢筋混凝土桩施打期间，为防止出现大于0.2mm的裂缝，《建筑桩基技术规范》规定，在正常情况下，桩锤的有效落高 ηh 应不大于表4.2-11所列数值，而锤重和桩重的比例应不小于表列规定值。对钢桩和木桩也宜按表中规定值选用。

3. 按经验综合比较法选用桩锤

广泛应用施工实践中桩的贯入试验及承载力试验资料，进行综合分析比较来选用桩锤是比较可靠的方法，但地区性较强。在选用桩锤时，尚应考虑到打桩机的起吊能力应能满

桩锤的有效落高 表 4.2-11

序号	主要项目	（最大）ηh	（最小）$G_{锤}/G_{桩}$
1	钢筋混凝土桩	约 1m	约 0.8
2	钢桩	约 2m	约 1.5
3	木桩	约 4m	约 1.0

足桩体和桩锤重量。当污泥质土层较厚时，为了提高施工效率，一般应尽可能采用蒸汽锤进行打桩作业。参见表 4.2-12。

桩锤选用表 表 4.2-12

柴油锤		12～14 级	22～25 级	30 级	35 级	40 级	45 级	70 级
蒸汽锤		—	3t	4t	7t	10t	—	—
钢管桩（开口）	桩径（mm）	300～450	400～550	400～700	400～800	600～800	600～900	900～1500
	壁厚（mm）	>6	6～16	7～16	8～16	9～16	12～18	16～25
	桩长（m）	10～15	10～30	15～40	15～50	15～60	20～70	30～80
H 型钢桩	边长（mm）	300～400	300～400	300～400	300～400	300～400	350～400	—
	壁厚（mm）	12～16	12～16	12～16	16	12～16	16	—
	桩长（m）	10～30	15～40	15～50	25～60	30～70	30～80	—
混凝土桩	桩径（mm）	300～400	400～500	400～600	150～600	500～400	600～800	—
	桩长（m）	5～15	8～20	10～30	15～40	20～50	30～60	—
混凝土管桩	桩径（mm）	350～400	350～450	400～600	500～600	550～700	600～800	—
	壁厚（mm）	60～70	70～80	80～90	80～100	100	100～120	—
	桩长（m）	5～15	10～30	10～40	20～45	25～50	30～60	—
桩尖处土质	钢桩	灰粉质黏土 N=17～25	灰粉质黏土 N=20～25	粉砂 N=30～50	粉砂 N=30～50	粉砂 N=30～50	粉砂	粉砂 N=40～50
	混凝土桩	灰粉质黏土 N=10～17	灰粉质黏土 N=13～17	灰粉质黏土 N=10～230	灰粉质黏土 N=17～25	灰粉质黏土 N=20～25	N=30～50	—
桩重（t）		1～3	2～5	2.5～6.5	3～8	4～10	4～12	8～22
斜桩角度（°）		30～45	30～45	30～45	30～45	30～45	30～45	30～45
桩的极限承载力（kN）		1000～3000	2000～4000	500～5000	3000～7000	4000～8000	4500～9000	9000～15000

4.2.5 桩架

4.2.5.1 框架的组成、特性

（1）桩架由支架、导向杆、起吊设备、动力设备、移动装置等组成。有时按施工工艺要求附有冲水、钻孔取土、拔管、配重加压等特殊工艺设备。其主要功能应包括起吊桩锤、吊桩和插桩、导向沉桩。桩架可由钢或木制成，高度按桩长需要分节组装。

（2）选择桩架高度应按桩长＋滑轮组高＋桩锤高度＋桩帽高度＋起锤移位高度的总和另加 0.5～1m 的富余量。行走移动装置有撬滑、托板滚轮、滚筒、轮轨、轮胎、履带、步履等方式。一般可利用桩架的动力设备或配套设备进行桩架装卸作业和移动桩架。

（3）按桩架与桩锤配合作业的特性，桩架可分为支承式（见图 4.2-3）、悬挂式（见

图 4.2-8)、悬吊式（见图 4.2-9）等。按沉桩的导向杆型式又可分为无导杆式（见图 4.2-9）、悬挂导杆式（见图 4.2-8)、固定导杆式（见图 4.2-4、图 4.2-10～图 4.2-12）等。

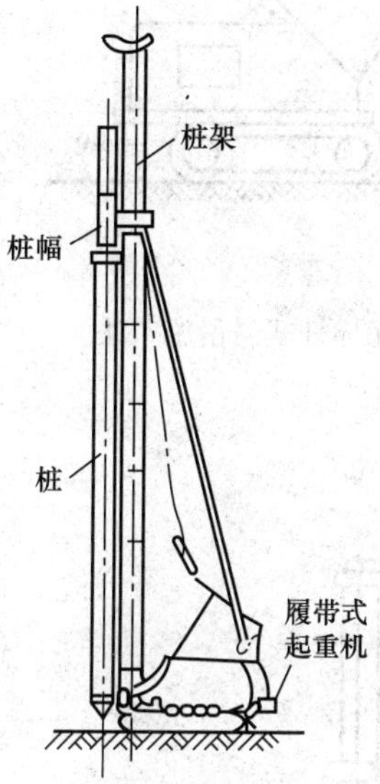

图 4.2-3 履带式桩架

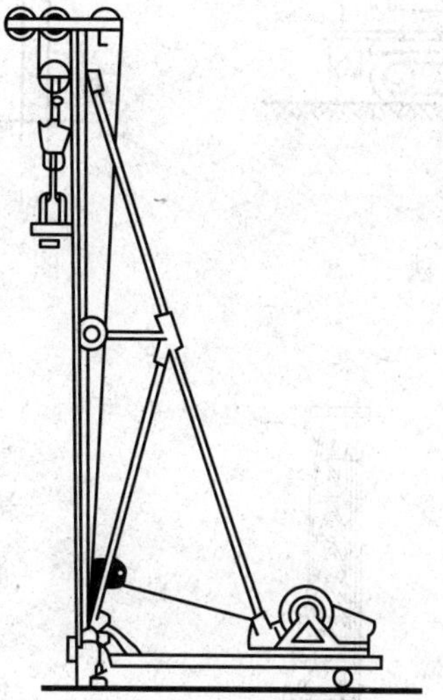

图 4.2-4 柴油打桩机桩架

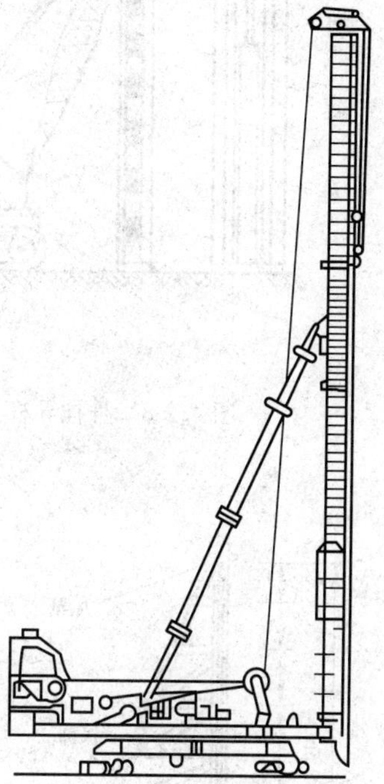

图 4.2-5 DJ_3 型桩架构造及外形

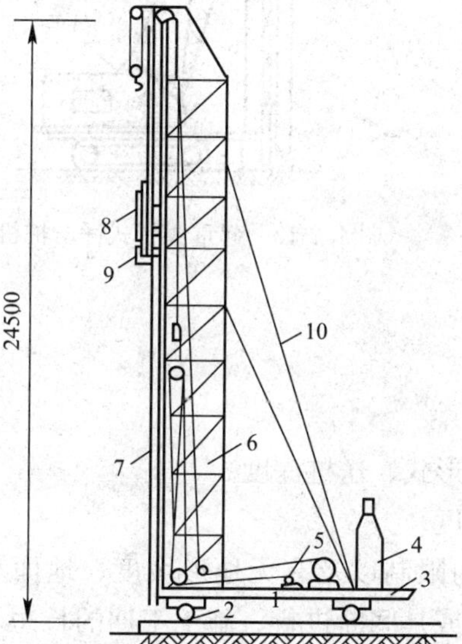

图 4.2-6 滚动式桩架

1—枕木；2—滚筒；3—底架；4—锅炉；5—卷扬机；6—机架；7—龙门；8—蒸汽锤；9—桩帽；10—纤缆

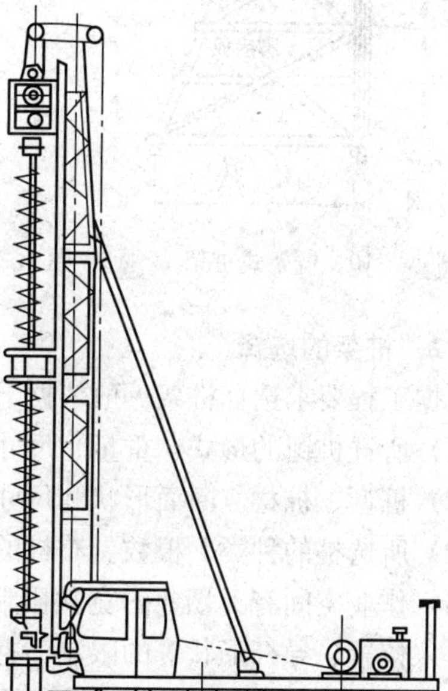

图 4.2-7 步履式桩架

1—上盘；2—下盘；3—回转滚轮；4—行走滚轮；5—钢丝滑轮；6—回转中心轴；7—行走油缸；8—中盘；9—支腿

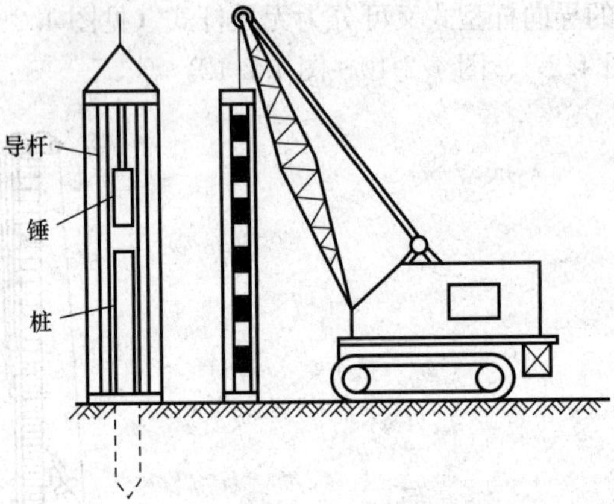

图 4.2-8 悬挂导杆式施工法

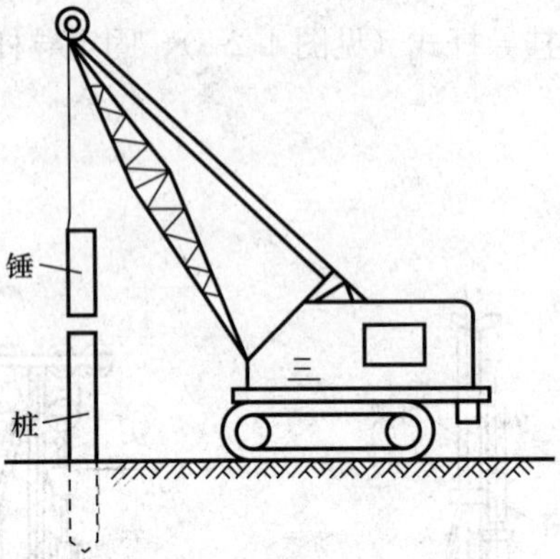

图 4.2-9 无导杆式悬吊施工法

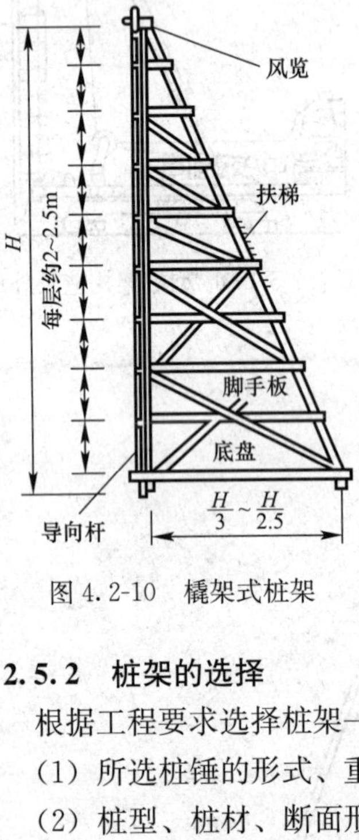

图 4.2-10 橇架式桩架

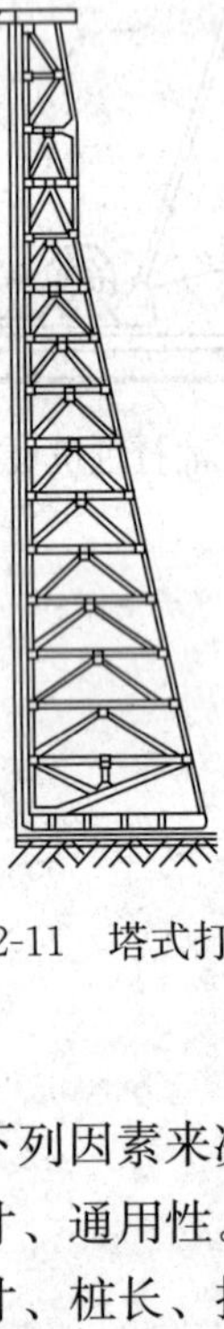

图 4.2-11 塔式打桩机

图 4.2-12 起重履带式锤击桩机

4.2.5.2 桩架的选择

根据工程要求选择桩架一般依据下列因素来决定：

(1) 所选桩锤的形式、重量、尺寸、通用性。

(2) 桩型、桩材、断面形状和尺寸、桩长、接头形式、送桩深度。

(3) 所选桩的种类、根数、布桩的密度、施工精度。

(4) 作业空间有无场地的宽狭限制、有无高度的限制以及有无地形坡度、地面承载力、打入位置、导杆形状等的限制。打桩是连续进行或是间断进行、施工工期的长短、打桩的顺序、桩机平台。打桩施工作业人员的技术管理水平和实际操作能力。

总之，按上述各项所选定的适宜的桩架，应满足能装载桩锤、稳定性好、移位机动性强、接地压力满足地基承载力要求、调整位置和角度，方便且打入精度高、能将桩打入预定深度、桩架台数少、施工效率高、工费节省等要求。并应注意准备好打桩的辅助设备等。桩架选用可参阅表 4.2-13。

桩架选用参考表 **表 4.2-13**

形式			结构特征	优点	缺点	适应范围
无导杆式	本机架式	人字式三脚式	桩架中部悬吊桩锤，机架顶端设置风缆，采用人力式卷扬机为动力。桩架高度为6～15m，移动采用棍橇或托板滚轮	施工简便，速度快，桩架轻巧运输方便，桩架装拆容易	打桩精度差，桩架移动依靠人力，较笨重，现场驳运受风缆影响	常用于锤重不大于2t的落锤，桩长不大于15m直桩工程中
		斜吊式	桩架上部前倾置吊桩锤有底盘，无网缆，采用卷扬机为动力。移动采用托板滚轮或轮轨。桩架高度约10m	施工简便，桩架轻巧运输方便，桩架装拆容易，受地基承载力影响少	打桩精度差，桩架移动灵活性较差，需要配重稳定	常用于锤重不大于1t的落锤，桩长不大于6m直桩工程中
	起重机式		可用轮胎式或履带式起重机悬吊桩锤	施工简便迅速，桩架移动灵活	打桩精度差，另需配备插桩辅助设备	常用于大型落锤、桩长不大于15m工程中
悬挂导杆式	轮胎式起重机		利用起重机的工作特性和动力，悬挂导杆和桩锤。通常导杆下端设置于地基土上	移动速度快，就位迅速，机动性大，施工作业距离大，运输方便，导杆装拆容易，打桩精度较高	受地基承载力影响大，爬坡能力较差，不能连续负荷作业，软地基不平整移位较难	常用于中、小型柴油锤，中型直桩工程中
	履带式起重机			移动速度较快，就位迅速方便，爬坡能力较强，能连续负荷作业容易，受地基承载力影响较小，施工作业距离较短	一般尚需配备插桩辅助设备，软弱地基中调正导杆垂直度和变换方向较困难，机动性较差	
固定导杆式	人字式		在钢或木人字把杆中间设置导杆，采用6根风缆稳定，依靠棍橇移动，采用人力或卷扬机起吊沉桩	施工简便，结构简单，装拆容易，运输方便，基本上不受地基承载力影响	打桩精度较差，桩走位时控制性能较差，桩位调整较困难	用于1t以下的落锤，桩长不大于10m的直桩工程
	导杆支架式		在钢或木两根起吊杆作用的立柱间设置桩锤，导杆上部设置左右支撑和后支撑，机架底盘可为三脚式或四脚式，机架底处设置托板滚或轨道，采用人力或卷扬机起吊沉桩	该方法施工简单方便，装拆容易，运输简明方便，基本上不受地基承载力影响		常用于2.5t级以下的柴油锤，桩的长度一般不大于20m的直桩工程之中
	矢式		在钢或木三脚式或四脚式起重架中间，设置导杆，机架底设置托板滚轮移动就位，采用人力或卷扬机起吊沉桩	施工中简单方便，装拆较容易，运输比较方便，基本上不受地基承载力影响	装拆较费时间，桩位就位调整较困难，桩走位时控制性能较差	用于1.5t以下的落锤，桩长不大于15m的直桩工程中
	桁架式		木桁架结构，外侧设置导杆，顶部设置2～3根风缆，稳定桩架，采用卷扬机起吊沉桩，托板滚轮行走机构	移动桩架时，桩锤不必拆卸下来，可以随意向四周移动	采用该方法是导杆垂直修整较为困难，桩位精度调整较困难，装拆运输较费时	常用于2t以下的落锤、柴油锤，桩长不大于20m的直桩工程中
	直式		为型钢构成的等截面空间桁架结构，较紧凑，采用卷扬机起吊沉桩和滚筒行走机构，顶部设2～3根风缆稳定桩架，外侧设置导杆	整体性能好，装拆较方便，打桩精度较高，桩架移动较方便，且移动桩架时桩锤不必拆卸下来，同时，桩架动力可自给	稳定性较差，对地基承载力要高，需人工铺设道木和大型运输设备转移桩架，施工操作复杂	常用于3～7t蒸汽锤，也可用3～6级柴油锤，桩长不大于30m的直桩工程中

续表

形式			结构特征	优点	缺点	适应范围
固定导杆式	塔式	托板滚轮式	为型钢构成的变截面空间桁架结构，采用卷扬机起吊沉桩和托板滚轮行走机构，顶部设2～3根风缆稳定桩架，外侧设置导杆	整体性好，稳定性好，对地基承载力要求稍低，起吊能力大，导杆垂直度调节较简单，可打斜桩，移动桩架时，桩锤不必卸下，桩架可向四周移位，桩架动力可重点自给	施工操作较复杂，安装、拆卸运输较麻烦，且费时间，转移桩架需要较大会的运输设备。桩架移动就位需要铺设道木	常用于8～15t蒸汽锤、30～70级柴油锤，桩长不大于35m以下的直桩和斜度在1∶10的斜桩工程中
		步履式	该步履式为型钢构成的空间桁架结构，它是采用卷扬机起吊沉桩和电动液压步履式行走机构，而外侧设置导杆	稳定性好，对地基承载力要求低，起吊能力大，可打后斜桩，移动桩架时不卸桩锤，桩架移位方便可向四周自由移动，桩架动力自给，劳动强度较低	施工操作较复杂，安装、拆卸运输麻烦，且费时间，转移桩架需要较大会的运输设备，要求施工场地平整度高	适应性广，用于8～15t蒸汽锤、30～70级柴油锤，桩的长度不大于35m以下的直桩和斜度在1∶10的斜桩工程中
	导架式	导轨式	装置导杆的导架安装在专用机架上，采用两根液压钢支撑支承，可调节导架前后倾斜，导架底端可前后调节，机架可水平向360°回转，机架设置轮轨移动装置，用卷扬机起吊沉桩	整体性能好，结构简单，移动操作方便迅速，劳动强度较低，可打前后斜桩，桩的位置和孔的位置控制精度较高	需要铺设轨道，对地基平整度要求较高，转动移位较为麻烦、费时，转移桩架需要大型运输设备，安装时需要吊车配合	适应范围较广，用于40级柴油锤，桩长不大于30m以下的直桩和斜度（向前1∶10，向后1∶3）的斜桩工程中
		履带式	导杆安装在导杆上，并采用两根液压钢支撑，可调节导架前后倾斜，导架底端可前后调节，导架可作90°回转。机架底座能作360°回转，机架设置履带移动装置，用卷扬机起吊沉桩	整体性能好，结构可靠，移动操作方便迅速，爬坡能力强，机动性强，装拆方便、迅速，劳动强度低，生产效率高，桩架动力自给，可打前后斜桩桩位，斜度控制精度高	打桩过程中，对于地基变化较敏感，必要时需要设置钢板，同时需要安装吊车配合施工	适应范围较广，用于85级柴油锤，桩长不大于30m以下的直桩和斜度（向前1∶10，向后1∶3）的斜桩工程中
		步履式	装置导杆的导架安装在专用机架上，采用两根液压钢支撑支承，可调节导架前后倾斜，机架底座下设置步履式移动装置，用卷扬机起吊沉桩，动力可采用电力或者内燃机	整体性能好，结构简单，对地基的承载要求较低，起吊能力大，可打斜桩，劳动强度低，生产效率高。操作方便，移动迅速，桩位和斜度度控制精度高	对地基平整度要求较高，安装麻烦又费时间，施工操作较复杂，转移桩架需要大型运输设备，安装时需要吊车配合	适应不大于15t蒸汽锤和大于80级柴油锤，桩长不大于30m以下的直桩和斜度（向前1∶10，向后1∶3）的斜桩工程
	吊龙门式		在履带式起重机上，吊装带有导杆的直桁架式或导架式吊龙门，可作水平向360°回转，利用起重机履带行走装置移动和起重机动力装置起吊沉桩	整体性能好，结构紧凑可靠，移动操作方便、迅速，爬坡能力强，机动灵活性强，装、拆简单方便，劳动强度较低。生产效率较高，桩架动力自给，桩位控制精度高	打桩过程中，对于地基变化较敏感，必要时需要设置钢板	一般适应于不大于40级的柴油锤，桩长不大于30m以下的直桩的工程中

4.2.6 打桩施工工艺

4.2.6.1 打桩施工准备

（1）选择打桩机具设备，进行改装、返修、保养，并准备运输。

（2）现场制桩或订购构件、加工件的验收，并办好托运。

（3）组织现场作业班组的劳动力，按计划工种、人数、需用工日配备齐全，并准备进场。

（4）进入施工现场的运输道路的拓宽、加固、平整和验收。

（5）清除现场妨碍施工的高空、地面和地下障碍物。

（6）整平打桩范围内场地，周围布置好排水系统，修建现场临时道路和预制桩堆放场地。

（7）对邻近的建筑物和地下管线，必须认真仔细地清查结构和基础情况，并研究采取适当的隔振、减振、防挤、监测和预加固等措施。

（8）布置测量控制网、水准基点，按平面图放线定位。设置的控制点和水准点的数量应不少于两个，并应设在受打桩影响范围之外。

（9）必须根据施工总平面图，来设置施工的临时设施，接通供水、电、气及通信等管线，并分别通过试运转正常。

4.2.6.2 打桩施工

（1）桩工设备进场后，必须进行现场的安装和调试，然后移机至起点桩位处就位。桩架安装就位后应垂直平稳。

（2）在正式打桩施工前，必须采用两台经纬仪对打桩机进行垂直度调整，使导杆垂直。并应在打桩期间经常校核检查，随时保持导杆的垂直度或设计角度。桩按施工组织设计要求轴向或斜角正确地堆置于预定位置。插桩就位位置及角度是保证直桩或斜桩沉桩精度的关键问题。必须按下述方法正确地插桩施工：

1）按桩位布置地桩，用小木桩、竹桩或圆钢插入桩位中心，就位时将桩尖对准地桩。

2）以地桩为中心，用石灰画出与桩的外围同形位置，就位时将桩对准同形桩位。

3）用铁锹挖出与桩同形的浅孔，将桩插入孔内就位。

4）制作具有与桩外围同形孔洞的模具、混凝土或钢制定规，在就位时使用。

5）使用钢或木制导框等固定桩的中心，避免桩发生偏移。

（3）吊桩时，要严格遵守安全技术操作规程，防止打桩机倾斜、钢丝绳从桩上脱落或破断、桩和打桩机导管撞击及其他人身事故的发生。

（4）插桩后，应调整桩锤、桩帽、桩垫及打桩机导杆，使之与打入方向成一直线，可使用经纬仪（直桩）和角度计（斜桩）测定垂直度和角度。

（5）经纬仪应设置在不受打桩机移动及打桩作业影响的地位，并经常与打桩机导杆成直角的移动。桩的打入初期要徐徐试打，在确认桩的中心位置及角度无误后，再转为正式打入。

（6）在软土层中，开始将桩打入时，当锤放置在桩顶上常会由于自重使桩自沉，大量贯入土中，因此应徐徐将锤放上桩顶，直至桩自沉到某一深度不动为止，再使桩中心不偏移地徐徐打入。在开始锤击作业时，应先进行缓慢的间断试打直至桩进入地层一定深度时止。间断试打一般为 2～3m。

（7）当打斜桩尤其是大斜角桩时，特别要防止打桩机的重心急剧移动而造成打桩机的坍倒事故。在桩的角度和垂直度得到正确调正以后，即可连续正常施打。

（8）打桩初期如桩发生偏斜，可将桩拉起修正或者拔起再重打。重打时，可能仍会向原打入方向偏斜，此时可使用坚固的导材按所定位置及角度打正。

（9）打入长桩时，也可在导杆上安装可以升降的防震装置，在桩发生横向振动时，可以防止桩的弯曲变形，并有利于高效率地进行打桩作业。

（10）在接桩时，下节桩的地面预留高度一般为 50～80cm。在下节桩打入后，应检查下节桩的顶部，如有损伤时应适当修复，并将桩顶上的杂物清除掉。在上节桩就位之前，要清除掉上节桩下端接头处所附着的污染物。有变形的桩应修理后再就位。当采用送桩工艺时，送桩和桩顶面要接触紧密平整，以免桩头横向移动或者由于冲击所产生的冲击波的传播不平稳，导致贯入困难。

（11）沉桩应连续施打，避免长时间中断。为了安全施工及避免邻桩就位开始打入时产生偏斜，采用送桩施打的桩孔必须及时填埋密实。

4.2.7　三支点式履带打桩架的安全技术规程

（1）打桩机的安装场地应平坦坚实，当地基承载力达不到规定的压应力时，应在履带下铺设路基箱或 30mm 厚的钢板，其间距不得大于 300mm。

（2）打桩机的安装、拆卸应按照出厂说明书规定程序进行。用伸缩式履带的打桩机，应将履带扩张后方可安装。履带扩张应在无配重情况下进行，上部回转平台应转到与履带成 90°的位置。

（3）立柱底座安装完毕，应对水平微调液压缸进行试验，确认无问题时，应再将活塞杆缩尽，并准备安装立柱。

（4）立柱安装时，履带驱动轮应置于后部，履带前倾覆点应采用铁楔块填实，并应制动住行走机构和回转机构，用销轴将水平伸缩臂定位。在安装垂直液压缸时，应在下面铺木垫板将液压缸顶实，并使主机保持平衡。

（5）安装立柱时，应按规定扭矩将连接螺栓拧紧，立柱支座下方应垫千斤顶并顶实。安装后的立柱，其下方搁置点不应少于 3 个。立柱的前端和两侧应系揽风绳。

（6）立柱竖立前应向顶梁各润滑点加注润滑油，再进行卷扬筒制动试验。试验时应先将立柱拉起 300～400mm 后制动住，然后放下，同时应检查并确认前后液压缸千斤顶牢固可靠。

（7）立柱的前端应垫高，不得在水平以下位置扳起立柱。当立柱扳起时，应同步放松缆风绳。扳到 75°～83°时，应停止卷扬，并收紧缆风绳，再装上后支撑，用后支撑液压缸使立柱竖直。当立柱接近垂直位置时，应减慢竖立速度。

（8）安装后支撑时，应有专人将液压缸向主机外侧拉住，不得撞击机身。

（9）安装桩锤时，桩锤底部冲击块与桩帽之间应有下述厚度的缓冲垫木。对金属桩，垫木厚度应为 100～150mm；对混凝土桩，垫木厚度应为 200～250mm。作业中应观察垫木的损坏情况，损坏严重时应予更换。

（10）连接桩锤与桩帽的钢丝绳张紧度应适宜，过紧或过松时，应予调整，拉紧后应留有200～250mm的滑出余量，并应防止绳头插入汽缸法兰与冲击块内损坏缓冲垫。

（11）拆卸应按与安装时相反程序进行。放倒立柱时，应使用制动器使立柱缓缓放下，并用缆风绳控制，不得不加控制地快速下降。

（12）正前方吊桩时，对混凝土预制桩，立柱中心与桩的水平距离不得大于4m；对钢管桩，水平距离不得大于7m，严禁偏心吊桩或强行拉桩等。

（13）使用双向立柱时，应待立柱转向到位，并用锁销将立柱与基杆锁住后，方可起吊。

（14）打斜桩时，应先将桩锤提升到预定位置，并将桩吊起，套入桩帽，桩尖插入桩位后再后仰立柱，并用后支撑杆顶紧，立柱后仰时打桩机不得回转及行走。

（15）打桩机带锤行走时，应将桩锤放至最低位。行走时，驱动轮应在尾部位置，并应有专人指挥。在斜坡上行走时，应将打桩机重心置于斜坡的上方，斜坡的坡度不得大于5°，在斜坡上不得回转。

（16）作业后，应将桩锤放在已打入地下的桩头或地面垫板上，将操纵杆置于停机位置，起落架升至比桩锤高1m的位置，锁住安全限位装置，并应使全部制动生效。

4.2.8 打桩架的使用与维护

4.2.8.1 轨道式打桩架的使用与维护

步履式打桩架除行走机构外，与轨道式基本相同，可参照执行。

（1）地面平整后，按间距0.5m的要求铺设枕木，轨道间距分别为3m、3.8m、4.4m。

（2）桩架的安装程序为：1）将底盘各零部件安装好后，放在轨道上；2）分别吊起平台前、后部，装在底盘回转支承上，并用横梁联接前后平台；3）装上回转传动机构并调整其间隙；4）吊上平衡重；5）然后依次装上升降卷扬机、吊桩卷扬机、吊锤卷扬机、导向滑轮架、操纵室等；6）最后接通电源。

（3）工作前要对各卷扬机进行试运转，确认正常后，方可负荷作业。

（4）当整个桩架组装完成后，应向各运动机构注入适量的润滑油脂。使用中要经常向立柱导向杆涂抹润滑脂。

（5）立柱在垂直位置时，可在距立柱中心正前方4m处吊桩，不允许侧面偏心吊桩。

（6）吊桩时，应将立柱移至最后方，以稳定桩架，并应避免桩对立柱导轨的碰撞。

（7）打斜桩时，应先将立柱垂直后进行吊桩，将桩吊起固定好后再调整立柱倾斜度。

（8）工作时及工作后，应用夹轨器使桩架固定在轨道上。

（9）按照润滑的有关规定，对各润滑部位进行润滑。

4.2.8.2 三支点式履带打桩架的使用与维护

1. 安装与拆卸

（1）桩机安装场地应平坦坚实，如地耐力较低时，可在履带下铺设路基箱或30mm厚钢板，其间距不应大于300mm。

(2) 履带扩张应在无配重情况下进行。扩张时，上部回转平台应与履带成90°状。

(3) 导杆底座安装完毕后，应对水平微调液压缸进行试验，确认无问题时，应将活塞杆缩足，以准备安装导杆。

(4) 导杆安装时，履带驱动液压马达应置于后部，履带前倾覆点处用专用铁楔块填实。

(5) 主机位置停妥后，将回转平台与底盘之间用销锁住，伸出水平伸缩臂并用销轴定好位，然后安装垂直液压缸，下面铺好木垫板，顶实液压缸，使主机保持平衡。

(6) 当导杆安装完毕后，应在主轴孔处装上一个保险销。再将导杆支座上的支座臂拉出，并用千斤顶顶实，按一定的扭矩将导杆之间连接螺栓扭紧。安装完毕后的导杆，其下方搁置点应不得少于3个。

(7) 当安装后支撑时，其超长拉伸液压缸应搁置在履带边的地面上，然后穿绕后支撑定位钢丝绳。

(8) 在导杆正前方，利用柴油锤作为防止导杆后倾的留缆绳的锚固件，并带好留缆绳。

(9) 导杆的拆卸，按安装时的逆过程进行。

2. 导杆的竖立

(1) 导杆竖立前，应向顶梁各润滑点处注入润滑油，再进行卷畅筒制动试验，先将导杆拉起30～40cm后刹住，然后放下。同时检查前后液压缸及千斤顶是否牢固可靠。

(2) 按照导杆不同的长度将导杆竖立到一定的角度后，应停止卷扬。同时，利用副卷筒将导杆留缆绳稍稍收紧。

(3) 安装后支撑液压缸时，应有专人将液压缸向主机外侧拉住，以防后支撑撞击机身。

(4) 后支撑液压缸定位后，利用超长液压缸的收缩，使导杆竖直。同时放松留缆绳。

3. 安全操作要点

(1) 桩机的行走、回转及提升桩锤不得同时进行。

(2) 严禁进行偏心吊桩施工。在正前方吊桩时的水平距离为：混凝土预制桩不得大于4m，钢管桩不得大于7m。

(3) 使用双向导杆时，须待导杆转向到位，并用锁销将导杆与基杆锁住后方可起吊。

(4) 当风速超过15m/s时，应停止作业，导杆上应设置缆风绳。当风速达到30m/s时，应将导杆放倒。当导杆长度在27m及以上时，预测风速达25m/s时，导杆也应提前放下。

(5) 当桩的入土深度大于3m时，严禁采用桩机行走或回转来纠正桩的倾斜。

(6) 施打斜桩时，应先将桩锤提升到预定位置，并将桩吊起，套入桩帽，桩尖插入桩位后再后仰导杆。严禁导杆后仰后桩机回转及行走。

(7) 桩机带锤行走时，应将桩锤放至最低位置，以降低整机重心。行走时，驱动液压马达应在尾部位置。

(8) 当桩机上下坡时，其坡度不应大于9°，并应将桩机重心置于斜坡的上方。严禁在斜坡上进行回转。

(9) 作业后，应将桩架落下，切断电源及电路开关，使全部制动生效。

4.3 振动沉拔桩锤

4.3.1 概述

4.3.1.1 振动沉拔桩锤的用途

振动沉拔桩锤是一种适合各种基础工程的沉拔桩施工机械。它广泛应用于各类钢桩和混凝土预制桩的沉拔作业。与相应的桩架配套后，也可用于混凝土灌注桩、石灰桩、砂桩等各种类型的地基处理作业。

4.3.1.2 振动沉拔桩锤的分类与特点

1. 振动沉拔桩锤按照动力、振频和结构进行分类

(1) 按动力可分为电动振动沉拔桩锤和液压振动沉拔桩锤，前者动力是耐振电动机，后者是柴油发动机驱动液压泵，称液压马达系统。

(2) 振动锤的振动器是带偏心块的转轴，产生的振动频率分为低频（300～700r/min）、中频（700～1500r/min）、高频（2300～2500r/min）、超高频（6000r/min），以适应不同的地基土质情况。

(3) 按振动偏心块的结构可分为固定式偏心块和可调式偏心块。

2. 振动沉拔桩锤的主要特点

贯入力强，沉桩质量好；不仅可用于沉桩，还适合用于拔桩；使用方便，施工速度快，成本低：结构简单，维修保养方便；与柴油打桩锤相比，噪声低，无大气污染。

3. 适用于围堰工程中的钢板桩施工、施打“H”型钢桩、一定长度的钢管桩和混凝土灌注桩。在地基改良工程中还可用于排水砂桩、塑料排水板以及砂灰桩等施工。

4. 电动振动桩锤的主体构造如图 4.3-1 所示。由减振器、振动器、夹桩器和原动机四大部分组成。

4.3.1.3 振动沉拔桩锤的工作原理

(1) 振动沉拔桩锤是利用其高频振动，以高加速度振动桩身，使桩身周围的土体产生液化，减小桩侧与土体间的摩阻力，然后靠振动沉拔锤与桩机的自重将桩沉入土层中。

(2) 拔桩施工时，主要是采用一边振动的情况下，一边用起重设备将桩拔起。由于该种打桩锤具有沉桩和拔桩的双重作用，且随着耐性电动机质量的提高，使振动沉拔桩锤迅速发展，于 20 世纪 90 年代初已在基础施工中得到广泛的应用。

(3) 对于下沉大型管柱桩，可采用几台振动沉拔桩锤并联为一组同步工作，桩的下沉是靠各锤沿垂直方向产生的强迫振动。

(4) 振动沉拔桩锤并联方式有两种：一种是两台规格完全相同的振动桩锤，采用电气与机械双重并联同步工作；另一种仅采用电气并联，并用万能构件拼成长方形桁架，将几台振动桩锤连为一体，分别固定在管柱法兰盘所安设的环形底座上。

(5) 两台或多台电机同步运转的电轴线路是将所有电机定子并联于共用的电源线上，电机转子经由滑环相互连接起来，并在其电路中接有星形接法的并联电阻。

(6) 这种线路各感应电机的同步工作是：电机中某一台如由于负荷不同而要脱离同步

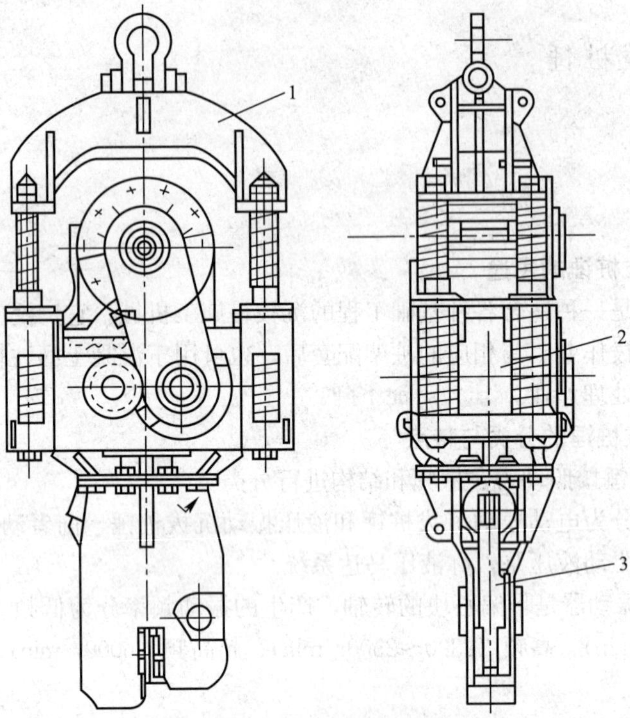

图 4.3-1 电动振动桩锤的主体构造

1—减振器；2—振动器；3—夹桩器

时，即引起与另一台电机转子感应电势的相角差，因为各电机转子在电气上是相互连接起来的，感应电势相角差达到某一数值，即在电机间产生平衡电流。该平衡电流在电机中产生补充转矩，使这个电机加速，而使另一个电机减慢。虽然负荷不同，即能恢复其同步。

4.3.2 振动桩锤的使用要点

4.3.2.1 作业前的检查

(1) 对长期停用的桩锤，使用前要测定电动机的绝缘值应不小于 0.4MΩ，电源、电机电缆的绝缘值应不少于 0.2MΩ，并对电缆心线进行导通试验，电缆外部橡胶包皮应完好无损。

(2) 检查电气箱内各元件应完好，接触无松动，接触器触点无烧毛现象。

(3) 电源至控制箱之间的距离，一般不宜超过 100m，各种导线截面应符合规定。

(4) 振动箱内润滑油应添加到规定油位。用于盘动皮带轮时，振动箱内不得有响声。

(5) 检查传动皮带的松紧度，必要时进行调整。皮带保护罩不应有破损现象。

(6) 液压缸根部的接头防护罩应齐全，螺栓不应松动，若没有防护罩，油管接头可能会因受外力冲击而损坏。

(7) 夹桩器与振动连接螺栓不得有松动和缺件。

(8) 检查夹持片的齿形，如果磨损严重，应及时更换或者用堆焊方法进行整形。

(9) 使用前，应对夹桩器进行试夹。试夹时，夹持片间应放一块、10～15mm 厚的普通钢板。试夹过程中，液压缸不应有渗漏现象。严禁在夹持片中间无钢板时试夹。

4.3.2.2 操作顺序

(1) 在电源导通前，先按一下停止按钮，液压夹桩器的操纵杆应放在中立位置。

(2) 合上电源总开关，然后检查操纵盘上的电压表的电压值是否在额定电压范围内。

(3) 合上操纵盘上总开关。导通液压泵的电源，电动机启动，准备投入运行。

(4) 当桩插入夹桩器内后，将操纵杆扳到夹紧位置，使夹桩器将桩慢慢夹紧，直至听到油压卸载声为止。

(5) 检查液压系统压力是否达到额定值。在整个沉拔桩过程中，操纵盘上的操纵杆应始终放在夹紧位置，液压系统压力不能下降。

4.3.3 振动沉拔桩锤的安全技术规程

4.3.3.1 作业条件

(1) 作业场地距电源变压器或供电主干线的距离应在 200m 以内。

(2) 振动沉拔桩锤所用电源容量与导线截面必须符合说明书规定，启动时电压降不得超过额定电压的 10%。

4.3.3.2 作业前的检查和启动

(1) 作业前，测定电机绝缘电阻不得小于 0.5MΩ。长期停用的振动桩锤在低于此值时，应进行干燥处理。

(2) 认真检查电源接线及控制系统接触的可靠性，连接的电缆应无破损，必要时需进行维修或更换。

(3) 检查振动桩锤的减振器与连接螺栓的紧固性，不得在螺栓松动或缺少的状态下启动。

(4) 检查振子箱中的油位，应在规定的范围内，不得在缺油或超油位状态下启动运行。

(5) 检查每根传动带的松紧程度，用一个指头压下各传动带上缘低于相邻传动带下缘时应进行调整，超过张紧轮调整量时，应更换。

(6) 检查桩锤夹具并进行试夹。无钢板垫时不得试夹。当夹具上夹齿的磨损超过规定时，应予补焊或更换，使用液压夹具时，系统压力应正常。

(7) 采用吊车悬挂振动沉拔桩锤时，吊钩应有保险装置，振动桩锤悬挂钢架的耳环上必须装有保护钢丝绳。

4.3.3.3 作业中安全注意事项

(1) 启动振动桩锤应监视启动电流、电压，一次起动时间不要超过 10s，启动困难应查明原因，排除故障，才可继续启动。启动后，应待电流降到正常值时方可转到运转位置。严禁雨天在无防雨设施时启动。

(2) 夹具夹桩后，操作人员应监视油压表，压力应保持在规定的范围内，才可进行沉、拔桩。振动桩锤启动运转后，须待振幅达到有关规定，才可作业。

(3) 在沉桩中不得取下吊桩钢丝绳，拔桩时应在桩上拴好吊装钢丝绳后才可松开夹具。

（4）作业中，如电流急剧上升时，应停止运转，排除故障后，才可继续作业。

（5）沉桩时，应保持导轨与桩的垂直度，偏斜不得超过2°。

（6）拔桩时，当桩尖距地面剩1～2m时，应即停止振动，用起重机起拔。

（7）作业中，应经常保持振动桩锤减振装置各摩擦部位的润滑。

（8）拔桩时，起重机的额定起重量的选择很重要，通常估算的办法是，起重机的回转半径应以桩长1m对1t的比率来决定起重机的回转半径。

（9）桩被完全拔出后，在吊桩钢丝绳未吊紧前，不得将夹桩器松掉。

（10）沉桩施工过程中，吊桩的钢丝绳必须紧跟桩下沉的速度而放松。一般在入土3m以前可利用桩机的回转或导杆前后移动，校正桩的垂直度，超过此深度进行修正时，打桩机的导杆易损坏或变形。

（11）沉桩时，操作者必须有效地控制沉桩速度，防止电流表指数急剧上升而烧坏电机。

（12）严禁在大风大雨中通电启动振动沉拔桩锤。

4.3.3.4 作业后安全注意事项

（1）当沉拔桩施工作业完毕后，应将振动桩落至下部，用木块垫实，带桩管的可将桩管插入地下二分之一。

（2）当整个施工作业结束后，应关闭操纵盘上的电源总开关，并断开电源总开关。用防雨布将操纵盘遮盖好。

4.3.4 振动桩锤的合理选择

4.3.4.1 选择振动锤时考虑的要求

（1）振动锤应具有必要的起振力。为了保证使桩能顺利下沉至设计标高，起振力必须大于桩与土之间的摩擦阻力。

（2）振动体系应具有必要的振幅。振动沉桩时，当振动锤使桩发生振动时产生必要的振幅，使振动力大于桩周土体的瞬间全部弹性压力，并使桩端处产生大于桩尖地基土的某种破坏力时，桩才能下沉。

（3）振动锤应具有的必要频率。振动沉桩时，只有当振动锤的频率大于自重作用下桩能够自由下沉时的振动频率时，桩才能沉入至预定设计标高。

（4）振动锤应具有必要的偏心力矩。振动锤的偏心力矩相当于冲击锤的锤重参数。因此，偏心力矩越大，就越能将更重的桩沉入至更硬的土层中去。

（5）振动体系应具有必要的重量。振动沉桩时，振动体系必须具有克服桩尖处土层阻力的必要的重量。

4.3.4.2 根据桩径、长度及沉桩时间来选择

在选择振动锤时，尚应根据桩径与长度，考虑5min左右完成桩的打入为宜。若明显超过5min时，将会使打桩作业效率降低，容易加快机械磨耗。若达到15min以上时，可能使振动锤的动力装置发热以致烧坏，造成打桩作业效率的急剧低落。此时应考虑选用更大功率的振动锤。

4.3.4.3 按振动频率选择振动锤

（1）低频振动锤是使强迫振动与土体共振，其振幅值很大，能破坏与土体间的粘结力和弹性力，使桩自重下沉。一般振幅在7～25mm内，有利于克服桩尖处土层阻力，可用于下沉大口径管桩、钢筋混凝土管桩。但将对邻近建筑物会产生一定的影响。

（2）中频振动锤是通过高频来提高激振力，增大振动加速度。但振幅较小，通常为3～8mm。在黏性土中，常会显得能量不足，故仅适用于松散的冲积层、松散和中等密度的砂石层。大都用于沉拔钢板桩、预钻孔及中掘法并用的桩基础施工。

（3）高频振动锤是使强迫振动频率与桩体共振，利用桩产生的弹性波对土体产生高速冲击，由于冲击能量较大将会显著减小土体对桩体的贯入阻力，因而沉桩速度极快。在硬土层中下沉大断面的桩时，能产生较好的效果。对周围土体的剧烈振动影响一般在300mm以内，适应城市中心地区的桩基础工程。

（4）超高频振动锤是一种高速微振动锤，它的振幅极小，一般是其他振动锤的1/4～1/3。但振动频率很高，而对周围土体的振动影响范围极小，并通过增加锤重和振动速度来增加冲击动量。常用于对噪声和振动公害限制较严的桩基础施工中。

4.3.5 振动桩锤的维护保养

DZ系列振动桩锤的维护保养工作主要是例行保养（表4.3-1）、一级保养（表4.3-2）、二级保养（表4.3-3）等。

例行保养（每班进行） **表4.3-1**

序号	保养项目		技术要求
1	电气设备及仪表	（1）清洁并检查电器控制箱仪表、指示灯、操作按钮； （2）检查电动机运转情况； （3）检查电缆及连接端； （4）检查照明灯线路和连接插座	（1）清洁外部。要求各仪表反应灵敏，示值正确，指示灯、电铃齐全有效、操作按钮、启动转换开关功能正常。否则，应查明原因，排除故障。 （2）电动机应运转正常，无异响或过热现象，否则，应查明原因，排除故障； （3）电缆应绝缘良好，无破损，接线端外露导体包扎完整，线头压装牢固无松动； （4）应完整无损，功能正常
2	液压系统	（1）检查液压油箱油量； （2）检查液压油管路及接头； （3）检查液压系统； （4）检查液压泵工作情况	（1）工作50h检查，如油不足，应补加至规定油位； （2）要求无渗漏油，否则，应予消除； （3）压力表应功能正常，示值准确，系统压力无波动； （4）应运转正常无异响
3	振动机构	（1）清洁并检查各部螺栓； （2）检查振动箱油位及换油； （3）检查传动皮带轮安全防护罩； （4）检查传动皮带张紧度； （5）润滑传动皮带张紧轮轴承； （6）检查振动器工作情况； （7）润滑悬吊轴及弹簧导座衬套	（1）消除外部污垢，检查各部连接螺栓及开口销，如有松动或缺损，应予紧固、补齐； （2）每工作50h检查，如油不足，应补加至油位孔溢油为止。每工作300h清洗振动箱内部，更换新油； （3）应完整无损，安全有效； （4）工作时应无过紧或打滑现象； （5）注油润滑； （6）振动器应工作正常，无异响，无横振及摆动现象； （7）注油润滑

续表

序号		保养项目	技术要求
4	夹紧装置	(1) 清洁液压夹头; (2) 润滑液压缸、杠杆臂与滑块销轴; (3) 检查液压夹头工作情况	(1) 消除外部污垢; (2) 注油润滑; (3) 液压夹头应工作可靠，无松脱、打滑现象，否则，应查明原因，排除故障
5	整机	(1) 清洁各构件外部; (2) 润滑导向装置的导向轮轴承; (3) 润滑	(1) 清除整机外部污垢; (2) 注油润滑，要求导向轮转动灵活; (3) 按机器出厂使用说明书进行润滑

一级保养（每600h进行） **表4.3-2**

序号		保养项目	技术要求
1	例行保养		完成本级保养作业项目外的例行保养项目
2	电气设备及仪表	(1) 清洁检查控制箱内电器元件; (2) 检查电动机轴承工作温度; (3) 检查熔断器及空气开关; (4) 检查接地保护装置	(1) 清洁电器控制箱内部，检查各电器元件。要求安装完整，线路接头无松动或过热烧焦现象，各接触器的触点应光洁平整，无烧蚀现象，否则，应予检修; (2) 轴承工作温度应不超过95℃，否则，应查明原因，排除故障; (3) 要求完整无损，功能正常; (4) 应齐全有效，接地电阻值不得大于4Ω
3	液压系统	(1) 清洗检查滤清器; (2) 检查手动换向阀; (3) 检查液压表开关; (4) 检查液压油缸活塞杆油封; (5) 检查液压软管定位夹紧装置	(1) 检查、清洗滤清器，如有损坏，应予更换; (2) 手动换向阀应功能正常，无渗漏油，否则，应予检修; (3) 液压表应无渗漏，启用时应微开，以免影响压力表的使用寿命; (4) 应无渗漏油，否则，应检查更换损坏件; (5) 液压软管的夹装定位，应牢固可靠，与电缆并组捆扎时，要求每间隔1m用夹箍或乙烯基带固定
4	振动机构	(1) 检查振动器箱油封垫及轴端油封件; (2) 检查振动器固定偏心块及可调偏心块安装情况; (3) 检查三角皮带及张紧度; (4) 检查减振弹簧; (5) 检查悬吊轴弹簧导杆套	(1) 如有损坏漏油，应予更换; (2) 传动键、定位销、止动臂及螺栓应完好无松动，如有损坏和松动，应予更换或紧固; (3) 三角皮带如有损坏，应成组更换；如张紧度不足，可用张紧轮进行调整; (4) 要求四组减振弹簧无扭曲变形或断裂，否则，应予更换; (5) 悬吊轴与尼龙导杆套配合间隙大于3mm时，应予更换
5	夹紧装置	(1) 检查液压夹头压块; (2) 检查压块装配螺栓	(1) 压块齿面磨损严重影响夹紧效果时，应予更换; (2) 如有松动、损坏，应予更换
6	整机	(1) 检查各部连接螺栓; (2) 润滑	(1) 如有缺损、松动，应予补齐、紧固; (2) 按机器出厂使用说明书进行润滑

二级保养（每1200h进行） **表4.3-3**

序号	保养项目		技术要求
1	一级保养		完成本级保养工作项目外的一级保养项目
2	电气设备及仪表	（1）检查电动机； （2）检查电器线路； （3）检查时间继电器功能； （4）检查热继电器功能； （5）检查各种仪表和开关	（1）1）检查绝缘电阻。绕组对机壳以及各相线圈之间的绝缘电阻值，应不低于0.5MΩ； 2）清洁电动机内腔，除去内腔各部件上的灰尘，转动转子时，应无卡、碰、擦现象，否则，应予检修； 3）检查电动机轴承，如松旷严重，应予更换。 （2）电器线路如有损坏，应予更换。 （3）启动主电动机时，应由Y接线减压低速转动。经时间继电器10s左右，过渡到Δ接线，全电压额定转速运转，如不符合要求，应予调整。 （4）热继电器整定电流：YNZ—30—6电动机为36.4A；YNZ—45—6电动机为52.5A；YNZ—90—6电动机为105A；如不符合上述要求，应予调整。 （5）如有损坏，应予更换
3	液压系统	（1）更换压液油； （2）检查液压油缸； （3）检查油缸液压锁装置及管路单向阀； （4）检查液压软管及接头密封性； （5）检查液压泵传动联轴器； （6）检查系统液压力	（1）清洗油箱，更换液压油； （2）要求无内泄外漏，液压压力稳定，否则，应查明原因，更换损坏件； （3）要求功能正常，启闭性能良好，否则，应研磨阀口或更换损坏件； （4）液压软管如老化、损坏，应予更换，管接头如有渗漏，应更换O形密封垫圈； （5）如有损坏，应予检修或更换损坏件； （6）应工作正常无渗漏油。系统液压力为8MPa，否则，应通过溢流阀进行调整
4	振动机构	（1）检查振动器传动齿轮； （2）检查振动器轴轴承； （3）检查可调偏心块定位销轴及止动臂； （4）检查减震弹簧压装高度； （5）检查减震框架	（1）齿面应光洁，无断裂痕迹，齿轮啮合面积沿齿高不小于40%，沿齿长不小于50%，并应分布在齿面的高、中部，否则，应予调整或更换； （2）应完整无损，钢碗、滚柱无槽痕、麻点，轴承径向间隙不超过0.2mm，否则，应予更换； （3）应功能可靠，无松动或偏磨，否则，应予更换； （4）减震弹簧要求受力均衡，测定高度从振动器底面到减震框架吊环计算。DZ30型为1815mm；DZ45型为1945mm；DZ90型为2411mm。如不符合，应予调整； （5）框架如有开焊、裂缝、应予补焊。吊环及螺杆如磨损严重，应予修理或更换
5	夹紧装置	（1）检查液压油缸、杠杆臂及滑块销轴与轴承； （2）检查夹头体上部结构焊缝	（1）如磨损严重，应予更换； （2）如有开焊裂缝，应予补焊
6	整机	（1）检查各部构件外形及焊接缝； （2）补漆； （3）润滑	（1）如有变形及开焊，应予修整和补焊； （2）如有脱漆、锈蚀，应除锈补漆； （3）按机器出厂使用说明书进行润滑

4.3.6 振动桩锤的常见故障及处理方法

振动桩锤的常见故障及处理方法见4.3-4所示。

振动桩锤的常见故障及处理方法 表 4.3-4

故障现象	故障原因	处理方法
电动机不运转	(1) 电源开关未导通； (2) 熔断式保护器烧断； (3) 电缆线内部不导通； (4) 启动装置中接触不良； (5) 耐振电动机本身烧坏	(1) 检查后导通； (2) 查找原因，及时更换； (3) 用仪表查找电缆线接断处并接通； (4) 清除操纵盘触点片上的脏物； (5) 更换或修复
电动机启动时有响声	(1) 启动器或整流子片接触不良； (2) 电缆线某处即将断裂	(1) 修理或更换； (2) 参见上项第 (3) 条
电动机转速慢及激振力小	(1) 电压太低或电源容量不足； (2) 电缆线流通截面过小； (3) 从电源到操纵盘距离太远； (4) 激振器箱体内润滑油超量； (5) 传动胶带太松	(1) 提高电压，增加电源容量； (2) 按说明书要求更换； (3) 按说明书规定重新布置； (4) 减少到规定的油位线； (5) 用张紧轮调整
熔断丝经常烧断	(1) 电流过大； (2) 启动方法错误造成电流峰值过大	(1) 土体对桩的阻力过大，应在振动桩锤上适当增加配重，或更换大一级的桩锤； (2) 严格按说明书规定的启动方法重新启动
夹桩器打滑，夹不住桩	(1) 夹桩器液压缸压力太低了； (2) 夹齿磨损； (3) 活动齿下颚周围有泥沙； (4) 液压缸压力超过额定值，使杠杆弯曲，行程减少； (5) 各部销子及衬套磨损太大	(1) 调整溢流阀，将压力提高到规定值； (2) 重新堆焊或更换夹齿片； (3) 清除泥沙及杂物； (4) 调整液压缸压力，更换杠杆或修复； (5) 检查后重新更换
液压油压力太小	(1) 液压泵电动机转动方向相反； (2) 压力表损坏； (3) 压力表开关未打开； (4) 溢流阀流量过大； (5) 液压泵转轴断裂； (6) 溢流阀阀心磨损； (7) 液压油油箱油位不足； (8) 管道漏油	(1) 检查电动机转动方向，及时更正； (2) 通过检验台调整或更换； (3) 适当打开压力表开关； (4) 调整溢流阀压力； (5) 更换转轴或液压泵； (6) 更换阀心； (7) 按说明书规定添加； (8) 查明原因，进行修复
振动器箱体有异声	(1) 齿轮啮合间隙过大； (2) 箱体内有金属物遗落	(1) 调整齿轮啮合间隙； (2) 排除
振动时有横振现象	偏心块调整不当	按使用说明书的有关规定调整

4.4 静力压桩机

4.4.1 概述

静力压桩机的工作原理是在压入桩的过程中，以桩机本身的重量作为反作用力以克服压桩过程中桩侧的摩擦力和桩尖反力，而将桩体压入土体中。

4.4.1.1 静力压桩机的特点

(1) 这种压桩机整机重心低、行动灵活、操作方便。有辅桩工作机吊桩就位，不用另配起重机吊桩，它和主机装在一个底盘上，可随整机一起行进。

(2) 施工无污染、无噪声、无振动，适合于市区内，尤其是医院、学校、办公楼等压桩施工。

(3) 消除打桩连续冲击荷载所引起的桩头和桩身破坏。

(4) 操作方便，减少高空作业的不安全因素。

(5) 静力压桩施工对桩身产生的应力小，可以减少混凝土预制桩的钢筋需用量，降低工程造价。所以自静力压桩机诞生以来，已被广泛应用于软土地区的工业与民用建筑、港湾码头、水工围堰、地铁等工程的桩基础施工。

(6) 静力压桩机的弱点是：与冲击式打桩机相比，其效率较低。同时，对土体的适应性有一定的局限，如 YZY 型全液压静力压桩机只适用 Ps 值在 40 范围内软弱地基上施工；而 DY80 型绳索式静力压桩机只适用在流塑、软塑状态的黏土和粉质黏土地基上施工。

4.4.1.2 静力压桩机的基本组成

YZY 型静力压桩机主要由夹持机构 6、底盘平台、横向行走及回转机构 9、纵向行走机构 10、液压系统和电气系统等部分组成。主体结构如图 4.4-1 所示。

4.4.2 液压静力压桩机的使用要点

4.4.2.1 安装注意事项

(1) 压桩机安装地点必须按施工要求进行先期处理，使场地平整且具有一定的地耐力。

(2) 安装时，应特别注意两个纵向行走机构之间的安装间距，防止底盘平台不能正确对位而导致返工。电源在导通前，应检查电源电压，使其保持在额定电压范围内。

(3) 各液压管路连接时，不得将管路强行弯曲。安装过程中，应防止液压油过多流损。

(4) 在安装配重前，必须对各紧固件进行检查，防止因紧固件未拧紧而造成构件变形。

(5) 安装完毕后，应对整机进行试运转。特别是吊桩用的起重机，应进行满载试吊。

4.4.2.2 使用要点

(1) 压桩中，如遇地下阻碍物使桩在压入过程中倾斜时，不能用桩机行走的方式强行纠正，应将桩拔起，待地下阻碍物清除后，重新插桩。

(2) 当桩在压入过程中，夹持机构与

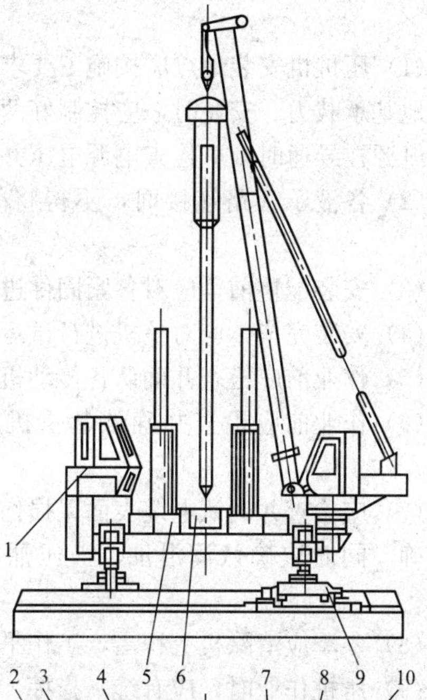

图 4.4-1 YZY 型静压力压桩机结构

1—操纵室；2—电气控制台；3—液压系统；4—导向架；5—配重；6—夹持机构；7—吊桩吊机；8—支腿平台；9—横向行走及回转机构；10—纵向行走机构

桩侧打滑时，不能任意提高液压油的压力强行操作，而应找出打滑原因，采取有效措施后才能继续进行。由于桩的贯入阻力太大，使桩不能压至标高时，不能任意增加配重，否则将引起液压元件和构件的损坏。

(3) 桩顶不能最后压到设计标高时，必须将桩凿去，严禁用桩机行走来将桩强行推断。

(4) 在压桩过程中，如遇周围土体隆起，影响桩机行走时，应将桩机前方向隆起的土铲去，不应强行通过，以免损坏桩机的构件。

(5) 桩机在顶升过程中，应尽可能避免任一船形轨道压在已入土的单一桩顶上，否则将使船形轨道变形。桩机的电气系统必须有效地接地。施工中应专人看护，下班时应将开关切断。

4.4.3 液压静力压桩机的安全技术规程

(1) 压桩机安装地点应按施工要求进行先期处理，应平整场地，地面应达到35kPa的平均地基承载力。安装时，应控制好两个纵向行走机构的安装间距，使底盘平台能正确对位。电源在导通时，应检查电源电压并使其保持在额定电压范围内。

(2) 各液压管路连接时，不得将管路强行弯曲。安装过程中，应防止液压油过多流损。

(3) 安装配重前，应对各紧固件进行检查，在紧固件未拧紧前不得进行配重安装。

(4) 安装完毕，应对整机进行试运转，对吊桩用的起重机，应进行满载试吊。

(5) 作业前应检查并确认各传动机构、齿轮箱、防护罩等良好，各部件连接牢固。

(6) 作业前应检查并确认起重机起升、变幅机构正常，吊具、钢丝绳、制动器等良好。

(7) 应检查并确认电缆表面无损伤，保护接地电阻符合规定，电源电压正常，旋转方向正确。同时应确认润滑油、液压油的油位符合规定，液压系统无泄漏，液压缸动作灵活。

(8) 冬季应清除机上积雪，工作平台应有防滑措施。

(9) 压桩作业时，应有统一指挥，压桩人员和吊桩人员应密切联系，相互配合。

(10) 当压桩机的电动机尚未正常运行前，不得进行压桩。

(11) 起重机吊桩进入夹持机构进行接桩或插桩作业中，应确认在压桩开始前吊钩已安全脱离桩体。接桩时，上一节应提升350～400mm，此时不得松开夹持板。

(12) 压桩时应按桩机技术性能表作业，不得超载运行。操作时动作不应过猛，避免冲击。

(13) 顶升压桩机时，四个顶升缸应两个一组交替动作，每次行程不得超过100mm。当单个顶升缸动作时，行程不得超过50mm。

(14) 压桩时，非工作人员应离机10m以外。起重机的起重臂下，严禁站人。

(15) 压桩过程中，应保持桩的垂直度，如遇地下障碍物使桩产生倾斜时，不得采用压桩机行走的方法强行纠正，应先将桩拔起，待地下障碍物清除后，重新插桩。

(16) 当桩在压入过程中，夹持机构与桩侧出现打滑时，不得任意提高液压缸压力，强行操作，而应找出打滑原因，排除故障后，方可继续进行。

(17) 当桩的贯入阻力太大，使桩不能压至标高时，不得任意增加配重。应保护液压元件和构件不受损坏。当桩顶不能最后压到设计标高时，应将桩顶部分凿去，不得用桩机行走的方式，将桩强行推断。当压桩引起周围土体隆起影响桩机行走时，应将隆起的土铲平通过。

(18) 压桩机行走时，长、短船与水平坡度不得超过5°。纵向行走时不得单向操作一个手柄，应两个手柄一起动作。压桩机在顶升过程中，船形轨道不应压在已入土的单一桩顶上。

(19) 作业完毕，应将短船运行至中间位置，停放在平整地面上，其余液压缸应全部回程缩进，起重机吊钩应升至最上部，并应使各部位制动生效，最后应将外露活塞杆擦干净。

(20) 施工作业结束后，应将控制器放在“零位”，并依次切断各部位电源，锁闭门窗，冬季应放尽各部位积水。转移工地时，应按规定程序拆卸后，用汽车装运。所有油管接头处应加闷头螺栓，不得让尘土进入。液压软管不得强行弯曲。

4.4.4 液压静力压桩机的维护保养

(1) 按照有关要求润滑压桩机的润滑部位，特别是对桩锤要进行定期润滑。作业时，应经常保持减振装置各摩擦部位的润滑。

(2) 振动器换油时，从激振器箱体下部的排油口将废油排出，再打开侧盖，拭净箱体内的油垢，清除沉淀物、金属屑等，然后打开注油孔的油塞注油。注油时，应防止异物落入箱内，侧盖的螺栓应紧固。

(3) 油箱内的液压油不得低于油尺中线，不足时补充。新注入的液压油应与箱体内存油的各项性能指标相同，每隔6个月换一次油，换油时要用清洗油将油箱内洗干净。

(4) 液压油压力表要定期检验。液压缸及各液压油管路接头处要经常检查，消除漏油。

(5) 经常检查螺栓、弹簧、销轴、轴套、钢丝绳等是否有松动、裂痕、损坏等情况。

(6) 电气设备应按规定的要求进行维护保养。

4.4.5 液压静力压桩机的常见故障及处理方法

液压静力压桩机的常见故障及处理方法见表4.4-1所列。

液压静力压桩机的常见故障及处理方法 表4.4-1

序号	故障现象	故障原因	处理方法
1	液压缸活塞动作迟缓	(1) 油压太低； (2) 液压缸内吸入空气； (3) 滤油器或吸油管堵塞； (4) 液压泵或操纵阀泄漏	(1) 提高溢流阀卸载能力； (2) 检查油箱油位，不足时应添加，检查吸油管，消除漏油； (3) 拆下认真清洗、疏通； (4) 检查修理或者更换液压泵

续表

序号	故障现象	故障原因	处理方法
2	油路漏油	(1) 管接头松动; (2) 密封件损坏; (3) 溢流阀卸载压力不稳定	(1) 重新拧紧或者更换; (2) 更换漏油处的密封件; (3) 修理或者更换
3	液压系统噪声太大	(1) 油内混入空气; (2) 油管或其他元件松动; (3) 溢流阀卸载压力不稳定	(1) 检查并排除空气; (2) 重新紧固或更换橡胶垫; (3) 修理或者更换
4	油温过高	(1) 油压过高; (2) 液压油黏度过低; (3) 液压冷却器损坏	(1) 调整溢流阀卸载压力; (2) 更换规定牌号的液压油; (3) 检查或者修复
5	压力表指示器不工作	(1) 压力表开关没有打开; (2) 油路堵塞; (3) 压力表已损坏	(1) 打开压力表开关; (2) 检查和清洗油路; (3) 检查修复或者更换
6	起重机起重困难	(1) 油压太低; (2) 制动器间隙太小; (3) 液压马达磨损	(1) 调整溢流阀卸载压力; (2) 调整至合适为止; (3) 修理或者更换液压马达

4.5 钻孔机

4.5.1 螺旋钻孔机

4.5.1.1 概述

1. 螺旋钻孔机的特点

(1) 振动小，噪声低，不扰民，造价低，无泥浆污染，设备简单，施工方便。

(2) 钻进速度快。在一般土层中，用长螺旋钻孔机钻凿一个深 12m、直径 0.4m 的桩孔，作业时间只需 7～8min，其钻进效率远非其他成孔方法可比。加上移位、定位，正常情况下，一台班可钻凿 20～25 个。

(3) 混凝土灌注质量较好，单方承载力较打入式预制桩低。

(4) 桩端或多或少留有虚土，适用范围限制较大。

2. 螺旋钻孔机的用途

螺旋钻成孔适用于地下水位以上的填土层、黏性土层、粉土层、砂土层和粒径不大的砾砂层。但不宜用于地下水位以下的上述各类土层以及碎石土层、淤泥层、淤泥质土层。对非均质含碎砖、混凝土块、条块石的杂填土层及大卵砾石层，成孔困难大。

4.5.1.2 螺旋钻孔机的分类

1. 按装载方式划分

通用类型的单轴螺旋钻孔机，为履带式打桩机的附属装置，配合柴油打桩锤，用于混凝土预制桩的钻打结合法。或作为单一应用在钻孔灌注桩的地基加固施工机械，配备在机动性较强的专用汽车底盘上的车载式螺旋钻机。

2. 按驱动方式划分

作为螺旋钻机的驱动大多使用电动机传动或液压马达传动，也有用内燃机直接驱动的。

3. 按钻孔方式划分

螺旋钻可分为单根螺旋钻孔的单轴式和多根螺旋钻孔的多轴式螺旋钻。一般情况下，如灌注桩、混凝土预制桩钻打结合法，都采用单轴式螺旋钻，而多轴式螺旋钻较多用于地基加固和排列桩等各种工程。

4. 按钻杆上螺旋叶片多少，可分为长螺旋钻孔机和短螺旋钻机（其钻具只是临近钻头 2～3m 内装置带螺旋叶片的钻杆）。

国产长螺旋钻孔机和短螺旋钻孔机外貌如图 4.5-1 所示。

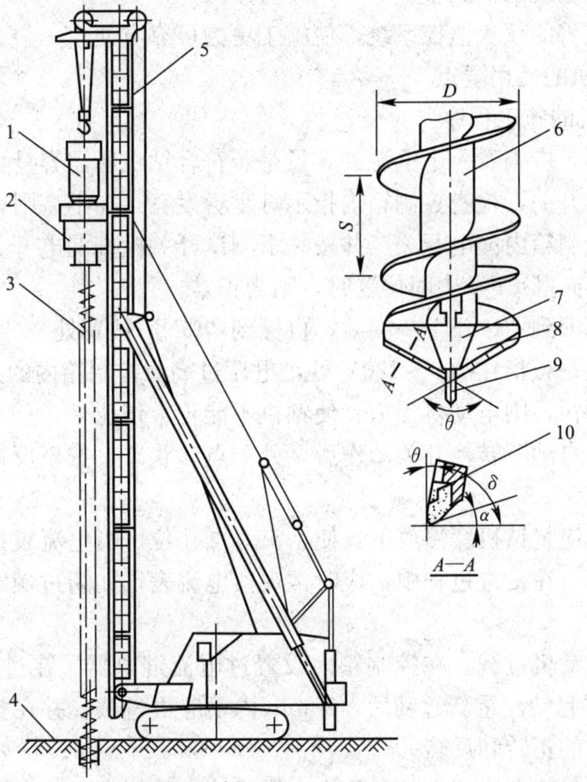

图 4.5-1 长螺旋钻孔机外貌图

1—电动机；2—减速器；3—钻杆；4—钻头；5—钻架；6—无缝钢管；
7—钻头接口；8—刀板；9—定心尖；10—切削刃

4.5.1.3 螺旋钻孔机国内外的发展概况

1. 国内螺旋钻孔机的发展概况

我国从 20 世纪 70 年代起，加快了长螺旋钻孔机的发展。目前除了应用于灌注桩外，砂桩、深层搅拌机、混凝土预制桩钻打结合等工艺已在各工程中大量使用。随着科学技术的发展，长螺旋钻孔机已渗透到基础工程的各个领域，如采用混凝土预制桩钻压结合法，能使混凝土预制桩的贯入更具有无噪声、无振动、无挤压的先进施工法。如配合全套管钻机用于管内取土，将大大提高全套管钻机的施工进度。国外利用长螺旋钻机，配合成槽抓斗，已用于地下连续墙的施工。还有用长螺旋钻孔机配合钢板桩的压入施工、斜土锚的钻进和类似钻压结合的钢管桩中掘工法，越来越显示出螺旋钻机的潜力。

2. 国外螺旋钻孔机的发展概况

国外螺旋钻机已生产十多年，螺旋钻机生产已达到了一个相当高的水平。其主要特点：

（1）钻孔直径最大可达2.5m，钻深可到40～60m。

（2）采用积木式组合设计，实现了一机多功能的要求，在主机基本不变的前提下，可组合成适合施工方法要求的机型，开发了具有伸缩式可动钻杆的短螺旋钻、钻头钻进、带加长桅杆的长螺旋钻和空心长螺旋钻进等。全部采用全液压动力头传动形式。

（3）一般采用履带式专用底盘，便于工作于工地的移动和就位，履带的轴距可以根据工地的实际要求、运输要求而调整。

（4）配有一套完善的仪表监控系统，使施工更为可靠方便。

4.5.1.4 螺旋钻孔机的使用要点

1. 长螺旋钻孔机的施工程序

（1）正式施钻前，应查看一下电源的容量是否符合钻机所需容量。

（2）推上电源总开关，检查控制箱内指示灯是否发亮。如不亮则查明原因。

（3）接着按下控制箱内漏电开关。并按一下测试开关检查漏电开关是否动作。如控制手柄能落在“ON”与“OFF”中间位置时，则为正常。

（4）让控制手柄回到“OFF”一端后，再推到“ON”位置处。

（5）检查电压表是否指在200～220V处，电压过高，控制箱内的元件易损坏，电压过低或磁性开关沾上油污，则电动机无力，使钻机不能正常作业。

（6）让“点动—自动”转换开关动作后，处于点动状态，按正反运转按钮开关后，检查钻杆的运转是否正常。

（7）正式施钻时应将钻机缓慢放下，使钻头对准孔位。当电流表指针偏向无负荷状态时，即开始下钻钻孔。在钻进过程中，应时常观察电流表，如超过额定电流时，应放慢下钻的速度。

（8）为了防止电动机过载，在控制箱内设置过电流继电器。在过电流继电器动作后，应间隔10min左右再起动。重新起动后，30min内不应再过载。并在整个过程中应尽量避免依靠点动进行瞬时的正转和反转。

（9）钻机在运转的整个过程中，应防止电缆线缠入钻杆中，要有专人看护。

（10）操作中要改变钻杆的回转方向时，须等钻杆完全停转后再起动。

（11）钻机在作业完毕拔钻后，应将钻杆上残存的土除去。

（12）在钻孔作业中，如果遇上突然断电，应立即将钻杆全部从孔内拔出。否则会因土体回缩的压力而造成钻机不能运转或钻杆拔不出等现象。

（13）操作完毕后，应将钻杆及钻头全部提升至孔外，并用水冲洗干净。同时将钻机的动力头放到最低位置。关闭电源总开关。

2. 长螺旋钻孔机的施工注意事项

（1）钻进时应遵守下列规定：

1）开钻前应纵横调平钻机，安装导向套（长螺旋钻孔机的情况）；

2）在开始钻进或穿过软硬土层交界处时，为保持钻杆垂直，宜缓慢进尺。在含砖头、瓦块的杂填土层或含水量较大的软塑黏性土层中钻进时，应尽量减少钻杆晃动，以免扩大孔径；

3）钻进过程中如发现钻杆摇晃或难钻进时，可能遇到硬土、石块或硬物等，这时应立即提钻检查，待查明原因并妥善处理后再钻，否则较易导致桩孔严重倾斜、偏移，甚至使钻杆、钻具扭断或损坏；

4）钻进过程中应随时清除孔口积土和地面散落土。遇到孔内渗水、塌孔、缩颈等异常情况时，应将钻具从孔内提出，然后会同有关部门研究处理；

5）在砂土层中钻进如遇地下水，则钻深应不超过初见水位，以防塌孔；

6）在硬夹层中钻进时可采取以下方法：

A. 对于均质的冻土层、硬土层可采用高转速，小给进量，均压钻进；

B. 对于直径小于10cm的石块和碎砖，可用普通螺旋钻头钻进；

C. 对于直径大于成孔直径1/4的石块，宜用镶焊硬质合金的耙齿钻头慢速钻进，石块一部分可挤进孔壁，另一部分沿螺旋钻杆输出钻孔；

D. 对于直径很大的块石、条石、砖堆，可用镶有硬质合金的筒式钻头钻进，钻透后硬石砖块挤入钻筒内提出；钻孔完毕，应用盖板盖好孔口，并防止在盖板上行车；

7）采用短螺旋钻孔机钻进时，每次钻进深度应与螺旋长度大致相同。

（2）清理孔底虚土时应遵守下列规定：

钻到预定钻深后，必须在原深处进行空转清土，然后停止转动，提起钻杆。注意在空转清土时不得加深钻进；提钻时不得回转钻杆。孔底虚土厚度超过质量标准时，要分析和采取处理措施；

（3）灌注混凝土应遵守下列规定：

1）混凝土应随钻随灌，成孔后不要过夜，遇雨天，特别要防止成孔后灌水，冬季要防止混凝土受冻；桩顶以下5m内的桩身混凝土必须随灌注随振捣；

2）钢筋笼必须在浇灌混凝土前放入，放时要缓慢并保持竖直，注意防止放偏和刮土下落，放到预定深度时将钢筋笼上端妥善固定；

3）灌注混凝土宜用机动小车或混凝土泵车，当用搅拌运输车灌注时，应防止压坏桩孔；

4）混凝土灌至接近桩顶时，应随时测量桩身混凝土顶面标高，避免超长灌注，同时保证在凿除浮浆层后，桩顶标高和质量能符合设计要求；

5）桩顶插筋，要保持竖直插进，保证足够的保护层厚度，防止插斜插偏；

6）质量检查人员应将混凝土灌入量及坍落度等情况列入打桩记录；

7）混凝土坍落度一般保持为8～10cm，强度等级不小于C13，为保证其和易性及坍落度应注意调整砂率、掺减水剂和粉煤灰等掺合料。

4.5.1.5 螺旋钻机的安全技术规程

（1）使用钻机的现场，应按钻机说明书的要求清除孔位及周围的石块等障碍物。作业场地距电源变压器或供电主干线距离应在200m以内，启动时电压降不得超过额定电压的10%。电动机和控制箱应有良好的接地装置。

（2）安装前，应检查并确认钻杆及各部件无变形；安装后，钻杆与动力头的中心线允许偏斜为全长的1%。

（3）安装钻杆时，应从动力头开始，部接好后一次起吊安装。动力头安装前，应按说明书规定的要求配备，逐节往下安装。不得将所需钻杆长度在地面上全应先拆下滑轮组，将钢丝绳穿绕好。

（4）安装完毕后，电源的频率与控制箱内频率转换开关上的指针应相同，不同时，应采用频率转换开关予以转换。

（5）钻机应放置平稳、坚实，汽车式钻孔机应架好支腿，将轮胎支起，并应用自动微调或线坠调整挺杆，使之保持垂直。

（6）启动前应检查并确认钻机各部件连接牢固，传动带的松紧度适当，减速箱内油位符合规定，钻深限位报警装置有效。

（7）启动前，应将操纵杆放在空挡位置。启动后，应作空运转试验，检查仪表、温度、音响、制动等各项工作正常，方可作业。

（8）施钻时，应先将钻杆缓慢放下，使钻头对准孔位，当电流表指针偏向无负荷状态时即可下钻。在钻孔过程中，当电流表超过额定电流时，应放慢下钻速度。

（9）钻机发出下钻限位报警信号时，应停钻，并将钻杆稍稍提升，待解除报警信号后，方可继续下钻。

（10）钻孔中卡钻时，应立即切断电源，停止下钻。未查明原因前，不得强行启动。

（11）作业中，当需改变钻杆回转方向时，应待钻杆完全停转后再进行。钻孔时，当机架出现摇晃、移动、偏斜或钻头内发出有节奏的响声时，应立即停钻检查，经认真处理后，方可继续施钻。

（12）扩孔达到要求孔径时，应停止扩削，并拢扩孔刀管，稍松数圈，使管内存土全部输送到地面，即可停钻。

（13）作业中停电时，应将各控制器放置零位，切断电源，并及时将钻杆全部从孔内拔出，使钻头接触地面。钻机运转时，应防止电缆线缠入钻杆中，必须有专人看护。

（14）钻孔时，严禁用手清除螺旋片中的泥土。发现紧固螺栓松动时，应立即停机，在紧固后方可继续作业。成孔后，应将孔口加盖保护。

4.5.1.6 螺旋钻机维护保养

螺旋钻机的维护保养工作主要是例行保养（表 4.5-1）、一级保养（表 4.5-2）、二级保养（表 4.5-3）、三级保养（表 4.5-4）。

例行保养（每班进行） **表 4.5-1**

序号	保养项目		技术要求
1	电气设备及仪表	（1）检查电动机； （2）检查线路； （3）检查接地装置	（1）电动机应运行正常，无异响、不过热； （2）接线应正确，电线无破损，否则，应用绝缘胶布包扎，保证绝缘良好； （3）应齐全完好，符合安全技术要求
2	传动系统	（1）检查主离合器； （2）检查变速箱； （3）检查变向箱； （4）检查转盘	（1）装有主离合器的红星 400 型钻机工作时，应接合平稳、分离彻底、不打滑、不过热； （2）检查变速箱齿轮油油量，不足时，予以增补； （3）检查变向箱（400 型装有）分配传递各部动力和变更转盘正反方向的功能，如有异常，应查明原因，排除故障。 （4）应工作正常，无跳动或摆动现象

续表

序号	保养项目		技术要求
3	液压系统	(1) 检查液压油箱油量； (2) 检查液压管路； (3) 检查系统运行情况	(1) 油不足时，应予加足； (2) 管路应完好无损，接头牢固，无渗漏，否则，应予消除； (3) 系统运行应无异响、无振动，油温正常
4	钻进系统	(1) 检查操纵机构； (2) 检查工具卷筒、砂样卷筒； (3) 检查钻具	(1) 各操纵手柄应灵活，到位应准确，否则，应排除故障； (2) 卷筒离合器和制动器应工作可靠； (3) 1) 检查方、圆钻机杆及钻杆接箍的完好情况，如有弯曲、变形、滑扣等情况，应经优选后再用。钻杆接长时，应连接牢固； 2) 检查钻头，刃脚应无损坏，转动正常，否则，应予修复
5	给水系统	(1) 检查水龙头导向轮； (2) 检查水龙头； (3) 检查输水管	(1) 导向轮应转动灵活，在导槽中能转动灵活并上、下移动自如，润滑良好； (2) 水龙头应工作正常，各密封部位密封良好，不漏水。水龙头的吊环与销轴应无损伤，固定应牢固； (3) 应连接牢固，管道无漏水现象
6	泥浆循环系统	检查泥浆泵	泥浆泵应运转正常，无异响、不堵塞、密封良好，胶管接头牢固，不漏水，否则，应予检修。每次工作结束后，应用清水将泥浆泵冲洗干净
7	整机	(1) 检查机架； (2) 检查各部连接螺栓； (3) 清洁外部； (4) 润滑	(1) 底座、钻架应完好无损，杆件连接牢固； (2) 螺栓如有松动，应予紧固； (3) 清除外部尘土和油污，保持机容整洁； (4) 按机器出厂使用说明书进行润滑

一级保养（每工作200h进行） **表 4.5-2**

序号	保养项目		技术要求
1	例行保养		完成本级保养作业项目外的例行保养项目
2	电气设备及仪表	(1) 检查电动机； (2) 检查电器控制箱	(1) 1) 清除电动机外壳上的灰尘污物，以利散热； 2) 检查接线盒压线螺钉是否有松动或烧伤； 3) 润滑轴承。 (2) 清洗控制箱中各电器，检查并紧固各接头与固定螺栓，调整触点间隙
3	传动系统	(1) 检查变速箱； (2) 检查各传动皮带； (3) 检查动力传动轴轴承； (4) 检查各安全护罩	(1) 清洁变速箱外部，清除尘土和油污，消除渗漏，疏通通气孔； (2) 1) 三角皮带和平皮带均应松紧适度，否则，应予调整； 2) 经常注意皮带的清洁，皮带上不得粘有油污。清洁皮带时，宜用温水清洗。不要用冷水或过热的水。 (3) 在运行时，轴承应无异响、不过热，否则，应查明原因，排除故障； (4) 安全护罩与各传动件的距离应符合要求；护罩应无破损，固定良好
4	液压系统	(1) 检查液压系统压力； (2) 检查系统密封性； (3) 清洗液压油滤清器	(1) 在不同工作状况下，系统工作压力都应符合规定要求； (2) 清除渗漏现象，必要时，应予检修或更换密封件； (3) 清洗回油滤清器和加油器滤网

续表

序号	保养项目		技术要求
5	钻进系统	(1) 检查钻杆； (2) 检查各操纵机构； (3) 检查钻头	(1) 钻杆如有弯曲或变形，应予矫正检修或更换。钻杆接箍如有滑丝等情况，应予更换； (2) 操纵手柄如有操纵失灵或到位不准等现象，应查明原因，排除故障； (3) 修整、焊补或更换已磨损超限的钻齿、刀刃
6	给水系统	(1) 检查滑轮和吊环； (2) 检查水管接头； (3) 检查水龙头各轴承	(1) 滑轮销轴与吊环零件等如发现有明显的磨损、变形或出现裂纹等，应予修复； (2) 水管接头如有损伤，应予修理或更换； (3) 检查轴承的松旷情况，并润滑轴承
7	泥浆循环系统	检查泥浆泵	清除泥浆泵内、外泥浆凝结物。检查泵体、泵轴的密封情况，必要时，更换密封件
8	整机	润滑	按机器出厂使用说明书进行润滑

二级保养（每工作 600h 进行） **表 4.5-3**

序号	保养项目		技术要求
1	一级保养		完成本级保养作业项目外的一级保养项目
2	电气设备及仪表	(1) 检查各电动机； (2) 检查电器控制箱	(1) 1) 清除电动机内腔、表面和定子内的灰尘，并擦净表面的油污； 2) 测试电动机绝缘电阻，如果绝缘电阻低于规定值时，应采取烘干等措施予以处理； 3) 润滑电动机轴承。 (2) 控制箱中的接触器、继电器的触点如有烧蚀，应进行打磨整修或者更换
3	液压系统	(1) 检查液压管路； (2) 检查各阀的压力	(1) 检查管路及管接头的完好情况，必要时更换老化、开裂的软管，更换密封件。紧固管和接头的紧固部位； (2) 校验各阀的调定压力，如有变化，应重新调整到规定值
4	传动系统	(1) 检查主离合器； (2) 检查变速箱和变向箱； (3) 检查动力传动轴轴承座	(1) 检查离合器摩擦片的磨损情况与弹簧的弹力，必要时，更换摩擦片和弹簧。同时润滑轴承； (2) 检查箱内轴承，必要时，调整轴承间隙。如轴承松旷严重，应予更换； (3) 轴承座如松旷，应予紧固
5	钻进系统	(1) 检查转盘支承座； (2) 检查钻杆	(1) 检查转盘体下安装的 32 个锥形滚柱的完好情况，如有损坏，应予修复或更换； (2) 对可疑钻杆进行探伤检查，对查出的有暗伤的钻杆应进行修复。如无法修复，应停止使用
6	给水系统	检查水龙头	(1) 清洗、检查水龙头密封件，更换损坏失效的盘根、密封圈； (2) 检查水龙头两端的水管接头密封状况，更换失效的密封件，紧固连接螺栓
7	泥浆循环系统	检查泥浆泵	(1) 检查叶轮和壳体的磨损情况，更换密封件； (2) 检查轴承的松旷情况，如磨损严重，应予更换
8	整机	润滑	按机器出厂使用说明书进行润滑

三级保养（每工作1800h进行） **表4.5-4**

序号	保养项目		技术要求
1	二级保养		完成本级保养作业项目外的例行保养项目
2	电气设备及仪表	(1) 检查各电动机； (2) 检查电器线路	(1) 1) 用汽油或煤油清洗轴承，并检查其磨损情况，如松旷严重或损坏，应予更换。润滑轴承； 2) 打磨修整滑环，检查碳刷磨损情况，如磨损量超过原厚度1/3时，应予更换。 (2) 1) 检查更换已破损的导线； 2) 检查控制箱，更换严重烧蚀的触点及其他已损坏、失效的零件； 3) 检查接地装置，如有接触不良或断线等情况，应予修复
3	传动系统	(1) 检查变速箱； (2) 检查变向箱； (3) 检查转盘； (4) 检查动力传动轴	(1) 拆卸清洗变速箱各部件。检查并更换磨损超限的齿轮、轴承等零件。更换润滑油； (2) 检查齿轮和轴承，更换磨损超限的齿轮和轴承，并清洗轴承，更换轴承润滑脂； (3) 检查转盘组件，大、小锥齿轮，大、小卡瓦，滚柱，防跳轮和轴承座及轴承等应完好，其中如有损坏，应予修复或更换。清洗润滑轴承。检查孔口板磨损情况，必要时予以焊修。 (4) 1) 检查轴承座和轴承。轴承如松旷严重，应予更换； 2) 检查离合器。离合器如功能不正常，应予修复； 3) 检查平皮带和三角皮带，张紧度不合适的，应予调整，损坏的应予更换
4	液压系统	(1) 检查液压油泵； (2) 清洗液压油箱； (3) 检查各液压阀和液压锁； (4) 检查各液压油缸	(1) 检查齿轮油泵的性能，在额定工作压力下，液压油泵应工作正常，否则，应查明原因，排除故障； (2) 清洗液压油箱，清洗检查滤清器，必要时予以更换，清洗后加注新液压油； (3) 应功能正常，否则，应予更换； (4) 孔口板油缸、卸扣油缸等，应工作正常，无渗漏和爬行现象，否则，应查明原因，排除故障
5	钻进系统	(1) 检查操纵机构； (2) 检查工具卷筒； (3) 检查砂样卷筒； (4) 检修钻头	(1) 各操纵组件如出现失灵损坏，应予修复或更换； (2) 检查卷筒、卷筒轴、制动盘、齿圈等的完好情况，如有损坏应予修复。清洗轴承，更换润滑脂。红星400型工具卷筒，在制动盘上装有水冷装置，其温度在重负荷情况下，应不超过40℃，否则，应查明原因，排除故障。检查钢丝绳，如不符合规定的技术要求，应予更换； (3) 检查卷筒、卷筒轴、制动盘和齿圈等部件的完好情况，如有损坏应予修复。清洗轴承，更换润滑脂。检查钢丝绳，如不符合规定的技术要求，应予更换； (4) 彻底检修钻头，更换磨损严重的钻齿、刀刃
6	给水系统	(1) 检查输水管和管接头； (2) 检查水龙头轴承	(1) 输水管如有破损，应予更换；管接头如有漏水，应予排除； (2) 清洗轴承，更换润滑脂。轴承如松旷严重，应予更换
7	泥浆循环系统	检修泥浆泵	解体检查，清洁泥浆泵内部各零件，更换磨损超限的叶轮、轴和轴承，以及磨损失效的密封件。调整间隙，恢复泵的功能
8	整机	(1) 检查机架； (2) 检查行走装置； (3) 检查各部连接螺栓； (4) 清洁全机； (5) 补漆； (6) 润滑	(1) 机架如有开焊、断裂或扭曲变形等情况，应予修复； (2) 悬挂装置、轮毂、轮胎等如有损坏，应予修复或更换； (3) 螺栓如有缺损，应予补齐或更换； (4) 清除机身内外的尘土和油污，保持机容整洁； (5) 对局部脱漆部位进行除锈补漆； (6) 按机器出厂使用说明书进行润滑

4.5.2 潜水钻机

4.5.2.1 概述

1. 潜水钻机的特点

在桩位采用潜水钻机钻进成孔是属潜水钻成孔施工法。钻孔作业时，钻机主轴连同钻头一起潜入水中，由孔底动力直接带动钻头钻进。从钻进工艺来说，潜水钻机属旋转钻进类型。潜水工程钻机的特点如下：

(1) 以潜水电动机作动力，工作时动力装置潜在孔底，耗用动力少，钻孔效率高。

(2) 电动机防水性能好，过载能力强，运转时温升较低。

(3) 可采用正、反两种循环方式排渣。循环水不发生间断孔壁不会塌，且成孔精度高。

(4) 与全套管钻机相比，自重轻，没有很大的拔管反力，因此钻架对地耐力要求小。

(5) 钻孔时不需要提钻排渣，所以钻孔效率高。

(6) 只要循环水不发生间断，孔壁不会塌，且成孔精度高。

(7) 钻孔时，由于护壁泥浆循环，会造成现场泥泞，对操作人员不方便，现场必须挖掘沉淀池，采用反循环钻孔时，如土体中有较大的石块将容易造成卡管；同时，桩的周围土层易松散，桩径易扩大，引起灌注混凝土超方。

2. 潜水工程钻机的用途

潜水钻成孔适用于填土、淤泥、黏土、粉土、砂土等地层，也可在强风化基岩中使用，但不宜用于碎石土层。潜水钻机尤其适于在地下水位较高的土层中成孔。这种钻机由于不能在地面变速，且动力输出全部采用刚性传动，对非均质的不良地层适应性较差，加之转速较高，不适合在基岩中钻进。

4.5.2.2 潜水钻机分类

冲洗液排渣方式可分为正循环排渣和反循环排渣两种，按行走装置分为简易式、轨道式、步履式和车装式四种。图产 KQ1500 型潜水钻机外貌图如图 4.5-2 所示。

4.5.2.3 潜水钻机的使用要点

1. 施工程序

(1) 设置护筒。当表土层为砂土且地下水位又较浅时，或表土层为杂填土，孔径大于 800mm 时，应设置护筒。护筒内水压头应不低于涌水位深度，护筒内径应比钻头直径大 100mm，埋入土中深度不宜小于 0.1m，在护筒顶部应开设 1～2 个溢浆口。当护筒直径小于 1m 且埋设较浅时宜用钢制；直径大于 1m 且埋设较深时可采用永久性钢筋混凝土护筒。护筒的埋设，对于钢护筒可采用锤击法；对于钢筋混凝土护筒可采用挖埋法。

(2) 安放潜水工程钻机

(3) 钻进。用第一节钻杆（每节长约 5m，按钻进深度用钢销连接）接好钻机，另一端接上钢丝绳，吊起潜水电钻对准护筒中心，徐徐放下至土面，先空转，然后缓慢钻入土中，至整个潜水电钻基本入土内，待运行正常后才开始正式钻进。每钻进一节钻杆，即连接下一节继续钻进，直到设计要求深度为止。潜水工程钻孔机灌注桩施工示意图如图 4.5-3 所示。

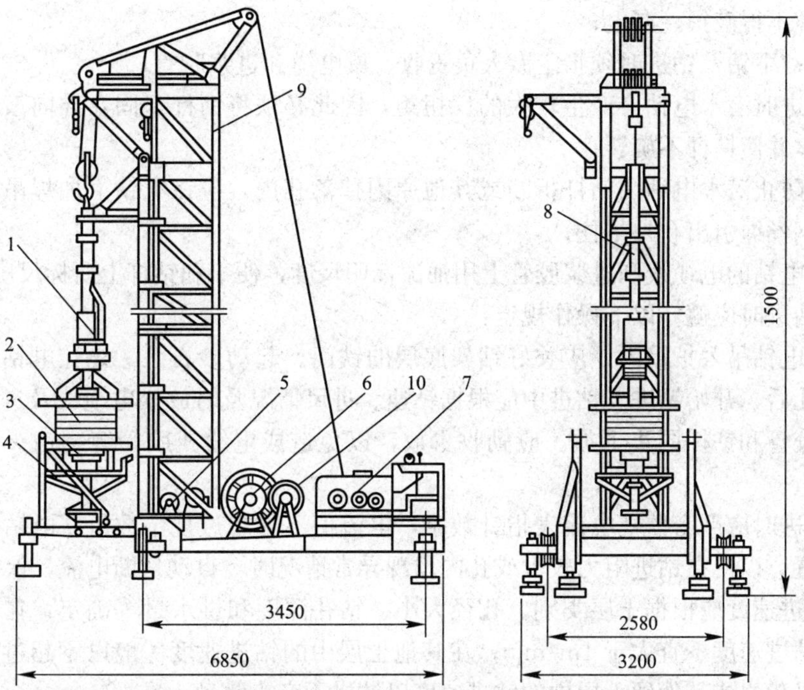

图 4.5-2 KQ1500 型潜水钻机外貌图

1—潜水砂泵；2—配重块；3—主机；4—钻头；5—卷扬机；6—电缆卷筒；7—主卷扬机；8—钻杆；9—钻孔台；10—副卷扬机

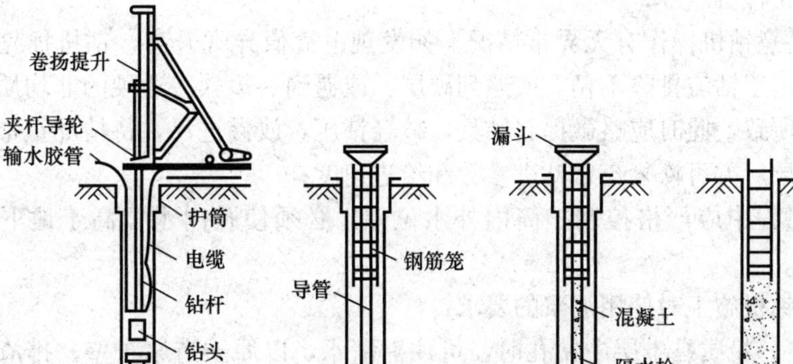

图 4.5-3 潜水工程钻机成孔灌注施工示意图

(*a*) 成孔；(*b*) 插入钢筋笼和导管；(*c*) 灌注混凝土；(*d*) 成柱

2. 施工注意事项

(1) 开钻前，应对钻机及其配套设备进行全面检查。潜水钻机应注满变压器油；行星减速器及机械密封部位应注以齿轮油；当气温低于5℃时，宜采用冬季润滑油；电缆密封接头与电源电缆接头处要求绝缘良好；输水胶管连接要固紧卡牢，避免泄漏。

(2) 安装钻机应符合以下要求：

1) 潜水电站、卷扬机和砂石泵的电缆均应接入配电箱，以便控制，应注意通入潜水电钻的电缆不得破损、漏电；

2）起、下钻及钻进时须指定专人负责收、放电缆和进浆胶管；

3）钻进时潜水电钻会产生较大的反扭矩，因此必须将钻杆卡固在导向滚轮内，以承受反扭矩，并使钻杆不旋转；

4）为防止潜水电钻因钻杆折断或其他原因掉落孔内，应在电钻上加焊吊环，并系上一根保险钢丝绳引出孔外吊住；

5）在电钻的电缆线和进浆胶管上用油漆标明尺度，便于和钻杆上所标尺度相校核。

（3）钻进时应遵守以下操作规定：

1）将电钻吊入护筒内，应关好钻架底层的铁门。起动砂石泵，先让电钻空转，待泥浆输进钻孔后，开始钻进。钻进中应根据钻速、进尺情况及时放松电缆线及进浆胶管。要使电缆、胶管和钻杆同步下放。应勤收少放，以免造成电缆或胶管缠绕钻头而发生绞断事故；

2）钻进时应严密监视电流表指针数字，电流值不得超过规定数值。电钻必须安设过载保护装置，以便在钻进阻力较大或孔内出现异常情况时，自动切断电流，保护电钻；

3）钻进速度应根据土层类别、孔径大小、钻孔深度和供水量等确定：在淤泥和淤泥质土中的钻进速度不宜大于1m/min；在其他土层中的钻进速度一般以不超过钻机负荷为准；在强风化岩或其他硬土层中的钻进速度以钻机不产生跳动为准；

4）钻进速度还要与制浆、排渣能力相适应，一般钻进速度要低于供泥浆和排渣速度，以避免造成埋钻。如果钻机转速很高，而泥浆相对密度大，其钻进过快，则造成切削出的泥块过大，不易成浆，将对钻机产生较大阻力，有可能使电机超负荷而损坏，或使抽水齿轮磨损，或使钻杆折断等；

5）随时注意钻机操作有无异常情况，如发现电流值异常升高，钻机摇晃、跳动或钻进困难，可能由于钻渣排除不畅，或遇到硬层，或遇到一边软一边硬的非均质土层，或遇到其他障碍物所致，此时应略微提起钻具，减轻钻压，放慢进尺，待情况正常，或穿过硬层或不均匀土层后方可恢复正常钻进参数和给进速度；

6）钻孔过程中应严格控制护筒内外水位差，必须使孔内水位高于地下水位，以防坍孔。

（4）潜水钻机施工对使用泥浆的要求：

1）在黏土、粉质黏土层中钻孔时，可注射清水，以原土造浆护壁、排渣，当穿过砂夹层钻孔时，为防止塌孔宜投入适量黏土以加大泥浆稠度；

2）如砂夹层较厚，或在砂土中钻孔，应采用制备泥浆。注入的泥浆浓度要适当，浓度过大影响钻进速度，浓度过小不利于护壁排渣。注入干净泥浆的相对密度应控制在1.1左右，排出的泥浆相对密度，宜为1.2～1.4；当穿过砂夹卵石等容易塌孔的地层时，泥浆的相对密度可增大至1.3～1.5；泥浆可就地选择塑性指数，p≥10的黏性土除去杂质后调制；

3）施工中应勤测泥浆相对密度，并应定期测定黏度、含砂量和胶体率。

（5）清孔时应遵守下列规定：

1）对原土造浆的钻孔，当钻到设计深度时，可使钻机空转而不进尺，同时射水，待孔残余的泥块已磨成浆，排出泥浆相对密度降到1.1左右，即可认为清孔已合格；

2）对注入制备泥浆的钻孔，可采用换浆法清孔，至换出泥浆相对密度小于1.15～1.25时为合格；孔底沉渣厚度应符合灌注桩施工允许偏差的规定；

3）当清孔完毕后，应立即灌注水下混凝土。

（6）安全操作注意事项：

1）钻机操作人员，必须经过专业训练，了解机械构造和技术性能、熟悉安全操作规程后，方可登机操作；每次钻进前，应对钻机及其配套设备进行全面检查，特别应注意卷扬机刹车是否可靠、钢丝绳有否断丝、扭断现象、电器设备是否完好正常；

2）各润滑部位应加油保养。待各部的检查完毕后，又无特殊变化的情况时，方可开机；

3）提升电缆时，若无电缆卷筒，应戴绝缘手套，应注意检查所有电缆有无碰伤漏电现象，现场工作人员应穿绝缘胶鞋和戴安全帽；每班操作完毕，应将钻具提出孔外；

4）拆装钻杆时，应保证连接牢靠，注意不要把工具及钻杆销轴、螺帽等丢失到孔内。

4.5.2.4 潜水钻机的维护保养

KQ系列潜水钻机的维护保养工作主要是例行保养（表4.5-5）、一级保养（表4.5-6）、二级保养（表4.5-7）、三级保养（表4.5-8）。

例行保养（每班进行） **表4.5-5**

序号	保养项目		技术要求
1	电气设备	（1）检查配电箱及电路； （2）检查电动机	（1）1）清除配电箱电器上的灰尘。各电器信号装置及仪表的功能应正常，否则，应予检修； 2）电路导线应无裂损、擦伤。否则，应用绝缘胶布予以包扎。接线柱等接头如出现松动，应予以紧固，接地装置应完好无损。 （2）清洁电动机外部。电动机运转应平稳正常，无异响、振动或过热现象
2	主机系统	（1）检查主机运转情况； （2）检查主机的润滑油量； （3）检查主机上下连接螺栓； （4）检查主机的密封性； （5）检查电缆与潜水电机的接头及水管各接头	（1）运转应平稳正常，无异响振动或过热现象。电流表应显示灵敏、正确； （2）如主电动机中的变压器油、减速器中的机械油（或双曲线齿轮油）油量不足，应予加足； （3）认真检查，保证连接牢固，若有松动，应予紧固； （4）若有泄漏，应予消除； （5）电缆与潜水电机的接头应牢固；绝缘、密封性应良好，不漏电，不进水。水管及接头不漏水
3	卷扬机构	（1）检查制动器的可靠性； （2）检查减速器齿轮油量及运转情况； （3）检查卷筒的运转情况； （4）检查钢丝绳、滑轮与吊轮； （5）检查卷扬机与平台连接	（1）制动应灵敏可靠，工作时磁铁无噪声，温度不超过105℃； （2）若油不足，应加注同一牌号的齿轮油。运转应平稳正常，无异响或过热现象，否则，应予检修； （3）运转时，卷筒应能正常卷绕钢丝绳；支承轴承不发热、无异响； （4）钢丝绳应无过量磨损和断丝现象，润滑良好，穿绕滑轮正常，不松脱，绳端固定牢固；滑轮转动灵活，吊钩完好，否则，应予检修； （5）卷扬机与平台连接应牢固，无松动现象

续表

序号	保养项目		技术要求
4	泥浆循环系统	(1) 检查泥浆泵（正循环用）； (2) 检查潜水砂泵（反循环用）	(1) 泥浆泵应运转正常，无异响、堵塞及卡阻现象，密封良好，不漏电，胶管接头应连接牢固，不漏水，否则，应予检修。每次工作结束后，应将泥浆泵清洗干净 (2) 潜水砂泵应运转正常，无异响、振动，不卡阻，不漏电，密封良好；胶管接头应牢固，不漏水，否则，应予检修
5	液压系统（步履式）	(1) 检查液压油泵； (2) 清洁液压油箱； (3) 检查液压油路； (4) 检查液压控制阀； (5) 检查液压缸	(1) 清洁油泵外部。油泵应运转平稳、正常，无异响、振动或过热现象；油泵供油应正常； (2) 清洁油箱外部。油标指示应明晰，箱内应加足液压油。各部位不得有渗漏油现象，否则，予以修复； (3) 油路密封应良好，无漏油、渗油现象，管路应无破损，无堵塞，管夹应牢固可靠。 (4) 1) 手动操纵杆应灵活，无卡阻、漏油现象；阀与阀座的连接应牢固，否则，应予调整、紧固； 2) 液压锁应保证支腿油缸在支起平台状态和收回支腿后，油缸的活塞杆不移位，否则，应检查阀内元件是否有卡阻或弹簧不能复位现象，并予排除。 (5) 液压缸应能正常起动，无低速、无力、爬行等现象，否则，应检查换向阀、溢流阀和缸内是否漏气，若有，应予调整和更换密封件
6	钻杆及钻具	(1) 检查钻杆及导架； (2) 检查钻头的完好情况	(1) 钻杆应无损坏，钻杆与吊具的连接应牢固。导轨应无变形，不歪斜。导架滑块与导轨的接触以及滑块在导轨中的上下运动应正常，且润滑应良好，无卡轨现象，否则，应予检修； (2) 若有损坏，应予检修
7	台车机构	(1) 检查台车构件及连接情况； (2) 检查行走及支撑装置	(1) 杆件应无变形，台车应无歪斜，位置应正确，各连接部位应牢固，否则，应予纠正。 (2) 1) 钻孔机滚轮在轨道上应能正常滚动，无卡阻、不滑移。滚轮与机架的连接螺栓应紧固。轨道应保持水平，轨距应正常。清除轨道上面的泥土、杂物； 2) 钻孔机回转应自如，支腿升降调整应正常，支撑可靠，支腿与机架的连接螺栓应紧固。平台应保持水平，否则，应通过调节支腿高度，予以调整
8	整机	(1) 清洁外部； (2) 检查各部连接螺栓； (3) 润滑	(1) 清除全机外部泥沙、油污与脏物，保持机容整洁； (2) 若有松动，应予紧固； (3) 按机器出厂使用说明书进行润滑

一级保养（每工作 200h 进行） **表 4.5-6**

序号	保养项目		技术要求
1	例行保养		完成本级保养作业项目外的例保项目
2	电气设备及仪表	(1) 检查电动机； (2) 检查各电器、仪表	(1) 1) 清洁电动机，用压缩空气或吹风工具除去表面及定子内的积灰，并清除部件表面油污； 2) 检查电机绝缘情况，绝缘电阻值应符合规定，必要时，应进行干燥处理； 3) 检查、清洗电动机轴承并重新润滑。 (2) 1) 检查接触器、继电器的触点，若出现烧蚀，应予打磨修整，烧蚀严重者，应予更换； 2) 更换失效和损坏的开关、灯具与信号装置，校正仪表； 3) 修整接地装置，检测接地电阻，电阻值应不大于 5Ω

续表

序号	保养项目		技术要求
3	主机系统	(1) 检查主机； (2) 检查油平衡装置	(1) 1) 检查潜水电机上下轴端密封装置、法兰连接与电缆接头的密封性能，紧固螺栓，消除渗漏。必要时，应更换密封件； 2) 检查主轴与机体间的密封装置性能，必要时，检修或更换密封环； 3) 检查主机主轴与钻头间的连接件，更换已损伤的螺栓。 (2) 检查平衡装置润滑油油量，油不足时，予以加足。若油变质，应予更换
4	卷扬机构	(1) 清洁检查制动器及联轴器； (2) 检查减速器； (3) 检查卷筒部件； (4) 检查钢丝绳与滑轮	(1) 1) 消除制动轮、制动衬片表面上的油污、脏物； 2) 检查并调整制动间隙和行程； 3) 清洗、润滑各活动铰点； 4) 检查、调整联轴器的间隙及偏移量；紧固连接螺栓。 (2) 清洁减速器的外部，去除外部油污、脏物，清洗通气孔，消除渗漏； (3) 检查支承是否松动，消除轴承箱漏油，必要时，应更换密封件。 (4) 1) 检查钢丝绳磨损与损坏情况，紧固钢丝绳的固定件； 2) 检查滑轮轴承及其密封情况，若轴承间隙过大，密封件已失效，则应予更换。检查并紧固轴端紧固件
5	泥浆循环系统	(1) 检查泥浆泵； (2) 检查潜水砂泵	(1) 清除泥浆泵内外泥浆凝结物。检查泵体、泵轴的密封情况以及叶轮运转是否正常，如不正常，应更换密封件，检修叶轮。 (2) 1) 检查潜水电机上下轴端密封装置以及法兰连接与电缆接头的密封性能；紧固螺栓，消除渗漏。必要时，应更换密封件； 2) 检查叶轮及护板的磨损情况，严重磨损的，应予更换
6	液压系统	(1) 检查液压油泵； (2) 检查液压油箱	(1) 油泵如出现渗漏现象，应予消除； (2) 滤网如有堵塞，应予清洗。各部位不得有渗漏现象，否则，应予消除
7	钻杆及钻具	检查钻杆与导架	(1) 检修钻杆，检查吊环，若发现磨损严重或出现裂纹等情况，应予更换； (2) 清洗滑块与导轨，矫正变形的导轨，检查滑块磨损情况；调整滑块与导轨的间隙，检查导轨轨距。检查、更换固定件、连接件
8	台车机构	检查滚轮及支撑装置	(1) 检查滚轮轴承的润滑及密封情况，必要时，予以润滑，更换密封件；紧固支座及轴承盖螺栓；更换失效件，消除渗漏； (2) 检查支腿紧固螺栓和螺杆螺纹磨损情况，必要时，予以检修或更换
9	整机	润滑	按机器出厂使用说明书进行润滑

二级保养（每工作600h进行） **表4.5-7**

序号	保养项目		技术要求
1	一级保养		完成本级保养作业项目外的一级保养项目
2	电气设备及仪表	(1) 检查电路及电器； (2) 检查接地装置	(1) 1) 电路应无断路、短路现象，导线绝缘应可靠，各接线柱应无松动、脱落，锈蚀现象，否则，应予紧固和更换； 2) 彻底清洁各电器。检查并紧固全部接头与固定件，调整触点间隙。检查修理各开关、仪表、信号装置和灯具 (2) 接地装置应无缺损并连接牢固，紧固连接件
3	主机系统	(1) 检查润滑油质； (2) 检查各轴承； (3) 检查齿轮传动	(1) 若润滑油已变质，应予更换。更换时，应先清洗箱体等部件； (2) 轴承磨损严重者，应予更换； (3) 啮合间隙过大或磨损严重的齿轮，应予更换
4	卷扬机构	(1) 检查调整制动器及联轴器； (2) 检查减速器； (3) 检查各卷筒部件； (4) 检查钢丝绳与滑轮组	(1) 1) 检查制动轮轮面，若出现深度大于0.5mm的伤痕时，应予研磨修平； 2) 检查制动衬片，磨损超限的，应予更换； 3) 修整或更换制动器其他已变形、磨损和损坏的零件； 4) 检查并更换联轴器已磨损、老化的橡胶套与垫圈； 5) 检查衔铁和铁心之间的接触情况，接触面积应不小于总面积的75%； (2) 1) 检查减速器齿轮油油质，若已变质，应予更换； 2) 检查齿轮的啮合与齿面磨损、接触情况；调整齿轮啮合间隙和轴承间隙，修整齿面，齿面接触面积应不小于齿宽的60%，齿高的45%，检查密封性能，必要时，应更换油封。 (3) 清洗支承轴承，检查轴的磨损情况，若磨损严重，应予更换，并重新润滑，更换油封。 (4) 1) 更换钢丝绳润滑脂，检查钢丝绳的磨耗与损坏情况。如出现断丝或严重磨损，应予更换。检查更换绳端固定夹卡； 2) 检查滑轮及轴承。绳槽磨损严重或轮缘已破损的，应更换滑轮；轴承严重磨损者，应予更换； 3) 检查吊钩等零部件，若出现裂纹、变形或磨损超限者，应予更换。润滑活动部位
5	泥浆循环系统	(1) 检查泥浆泵； (2) 检查潜水砂泵	(1) 1) 检查叶轮和壳体的磨损情况，更换密封件； 2) 检查轴承间隙，磨损严重的，应予更换； (2) 检查叶轮和护板，更换严重磨损的零件，调整间隙
6	液压系统	(1) 检查液压油箱； (2) 检查液压油泵电机总成； (3) 检查液压油缸	(1) 检查液压油油质，若已变质，应予更换。清洗滤网； (2) 若出现噪声增大，并伴有振动时，应检查油泵与电机轴线同轴度，并予以调整； (3) 检查活塞杆密封件，如有损伤，应予更换
7	钻杆及钻具	(1) 检查钻杆及导架； (2) 检查钻头	(1) 检查修整钻杆，焊补开裂的焊缝，更换变形、损坏的螺栓。检查导架各部分，紧固连接螺栓，清洁滑块与导轨，并重新润滑； (2) 钻刃、钻齿如磨损严重或其他部分有损坏的，应予修复或更换；有变形的，应予矫正

续表

序号	保养项目		技术要求
8	台车机构	(1) 检查构架及其连接； (2) 检查移动装置； (3) 清洁检查支腿	(1) 各构件若有变形，应予矫正；连接螺栓、销轴等各元件若有松脱、损坏者，应予紧固更换；焊缝若有开裂，应予补焊； (2) 清洗行走滚轮轴承并重新润滑，更换密封件； (3) 清洗支腿螺杆螺母，重新涂以润滑脂
9	整机	润滑	按机器出厂使用说明书进行润滑

三级保养（每工作 1800h 进行） **表 4.5-8**

序号	保养项目		技术要求
1	二级保养		完成本级保养作业项目外的二级保养项目
2	电气设备及仪表	(1) 检查各电动机； (2) 检查电路和电器	(1) 拆开电动机，清除内腔各部的灰尘和油污，检查绝缘电阻，清洗轴承，更换润滑脂。轴承松旷严重者，应予更换； (2) 更换已损坏、失灵或烧损严重的配电箱电器、导线、接头等连接件，检查接地装置，更换烧坏的接地元件
3	主机系统	(1) 更换润滑油； (2) 检查潜水电机； (3) 检查行星齿轮减速器； (4) 检查花键套； (5) 检查导架滑块	(1) 放净旧油，解体主机，彻底清洗内部及各零件，清洗、检查和更换密封件，注入足量的规定牌号的润滑油； (2) 1) 检查电机轴承，磨损严重者，应予更换； 2) 检测电机绝缘，电阻值应不小于 0.5MΩ。 (3) 检查齿轮、轴承等零件，磨损和变形严重者，应予更换； (4) 修整变形和磨损的齿面。磨损严重者，应予更换； (5) 导架滑块磨损严重的，应予更换
4	卷扬机构	(1) 检修制动器； (2) 检查减速器； (3) 检查卷筒和轴承； (4) 检查钢丝绳及滑轮组； (5) 检查各部件间的相互位置	(1) 1) 更换磨损超限的制动轮、制动衬片、销轴以及失效的弹簧等零件，重新调整间隙、行程和力矩； 2) 更换连接器销轴，检查更换联轴器的连接螺栓。 (2) 清洗减速器，更换磨损严重的齿轮和轴承以及油封等零部件； (3) 检查卷筒表面，凡磨损和变形严重而无法修复的、应予更换；更换损坏严重的轴承和密封件；检查卷筒轴的变形及磨损情况。无法修复的，应予更换。 (4) 1) 更换钢丝绳及其紧固件； 2) 更换滑轮组及其吊具中已损坏或严重磨损的零件，加足润滑脂； (5) 各部件之间相互位置若出现变化，应予调整紧固
5	泥浆循环系统	(1) 检查泥浆泵； (2) 检查潜水砂泵	(1) 解体泥浆泵，检查清洁泵的内部及各零件，更换磨损超限的叶轮、轴和轴承以及失效的密封件，调整间隙，恢复泵的功能； (2) 更换叶轮护板，检查泵壳，更换密封件
6	液压系统	(1) 检查液压油箱； (2) 检查液压油缸； (3) 检查换向阀、液压锁； (4) 检查液压油管路	(1) 清洗液压油箱，更换液压油，更换滤网； (2) 更换活塞杆上的密封件； (3) 更换磨损严重的密封件及活塞等； (4) 更换已破损的油管
7	钻杆及钻具	检修钻头	全面检查钻头，修整钻头损坏部分，如钻头破损严重，应予更换

续表

序号	保养项目		技术要求
8	台车机构	(1) 检修机架； (2) 检修滚轮和支腿	(1) 矫正变形部位，油漆脱落部分应进行除锈补漆； (2) 1) 检查滚轮轴承及密封件，重新润滑； 2) 检查滚轮，磨损严重的，应予更换； 3) 校正支腿垫脚
9	整机	(1) 清洁全机； (2) 检查各部连接螺栓； (3) 润滑	(1) 清除全机的尘土和油垢，保持机容整洁； (2) 对缺损的螺栓，予以补齐和更换； (3) 按机器出厂使用说明书进行润滑

4.5.2.5 潜水钻机常见故障及处理方法

潜水钻机常见故障及处理方法见表 4.5-9 所列。

潜水钻机常见故障及处理方法 **表 4.5-9**

故障现象	故障原因	处理方法
电流电表三相不平衡	(1) 外接电源三相电压不平衡； (2) 电缆接头处有虚接	(1) 与供电部门联系调节； (2) 拆开电缆接头检查修复
电流表两项有读数	外接电源保险丝断；接头处一相断路；或电动机一相绕组烧毁	从电源起，逐步检查通路情况，及时排除故障
钻机减压、全压启动均不能转动	(1) 合闸时电动机有异响，主轴有抖动（此时转动主轴不动）： 1) 由于钻机反转，上部密封压紧； 2) 齿轮箱内轴承损坏，滚珠散落。 (2) 合闸时，电动机正常，主轴能手动转动： 1) 电缆某处断路； 2) 电动机三相绕组烧毁	(1) 先将上部密封箱拆除，若主轴仍转不动，则应拆开减速器检查行星齿轮和轴承是否损坏，并修复或更换轴承； (2) 先拆开电缆接头检查电缆及电动机断路情况，处理电缆或拆开电动机检查
钻机减压启动不能转动，全压起动能转动	(1) 减速器内齿轮油太稠或凝结（往往发生在冬季）； (2) 电源电压过低	(1) 全压启动后，让钻机空载运转 15h 左右； (2) 检查电源电压
运转中突然停车	(1) 电源断路； (2) 电缆接头烧蚀或电动机烧毁	(1) 检查电源电路； (2) 拆开电缆接头包头，若仍不能导通，而主轴能动则应打开电动机检查
运转中突然卡钻，电流表突然大幅度提高	(1) 减速器内齿轮或轴承损坏； (2) 钻头头部遇阻碍物，如钢筋、大石块等	(1) 拆开减速器，更换新齿轮或轴承； (2) 排除阻碍物
钻机漏电	(1) 电缆接头防水绝缘带失效，有泥水浸入； (2) 电缆局部磨损或绞断； (3) 电动机绕组引出线与电源电缆接头处渗漏	(1) 拆下旧绝缘带，重新处理接头，换上新绝缘带； (2) 修补或更换损坏的电缆； (3) 更换电动机绕组引出线与电缆的接头

4.5.3 全套管钻机

4.5.3.1 概述

1. 全套管钻机的特点

(1) 全套管施工法是由法国贝诺特公司（Benoto）在20世纪50年代发明的一种施工方法，也称为贝诺特工法。

(2) 配合这种施工工艺的机械设备称为全套管设备或全套管钻机，它主要用于在桥梁等大型建筑基础钻孔桩施工时使用，施工时在成孔过程中一面下沉钢质套管，一面在钢管中抓挖黏土或砂石，直至钢管下沉到设计深度，成孔后灌注混凝土，同时逐步将钢管拔出，以便重复使用。

(3) 全套管钻机又称为“贝诺特钻机”。我国于20世纪70年代开始引进此类机械，由于这种机械在整个成孔和混凝土浇筑过程中，完全依靠套管护壁，因此在我国和日本等国称这类钻机为全套管钻机。全套管钻机的主要特点如下：

1) 在打孔时，可确切地分析清持力层的土质，因此可随时确定混凝土灌注深度；

2) 在软土地基中，由于套管先行压入，因此不会引起坍孔，也不必采用任何护壁方式；

3) 由于有套管护壁不会坍孔，因此可在邻近的建筑物处施工；

4) 可以在除岩层外的任何土层钻竖直孔、倾斜孔，特别能适用于斜桩的需要。

5) 机身庞大沉重，施工时要有较大场地；

6) 此外，在水上作业时，由于机械自重大，为了平衡套管摆动时的扭力矩和套管上拔时的反力，施工用的脚手架必然很大，所以费用较高；

7) 在软土地区施工，特别是在含地下水的砂层中挖掘，由于套管时的摆动，将使周围地基因扰动而松散；

8) 根据施工实践，若地下水位以下有较厚的细砂层时（厚度在5m以下），由于套管摆动，使土层产生排水固结作用，因此往往使挖掘造成困难；

9) 当桩尖持力层位于砂层时，往往因水头控制不当，引起翻砂现象，使持力层松软；

10) 灌注混凝土过程中，往往因提升导管时将钢筋笼带起，所以施工中要特别注意。

2. 全套管钻机的用途

(1) 全套管钻机施工中，除岩层以外，任何土质均可适用。但在孤石、泥岩层或软岩层成孔时，成孔效率将显著降低。

(2) 当地下水位下有厚细砂层（厚度5m以上）时，由于摇动作业使砂层压密，造成压进或拉拔套管困难，应避免在有厚砂层的土层中使用。

4.5.3.2 全套管钻机分类

1. 按结构形式可分为：

(1) 整机式：如图4.5-4所示，这种型式的钻机是以履带为行走系统，同时将动力系统、钻机作业系统集成一体；

(2) 附着式：如图4.5-5所示，这种型式的钻机是以钻机为一个独立系统，施工时必须配备其他型式的机架（如履带起重机），才能进行钻孔作业。

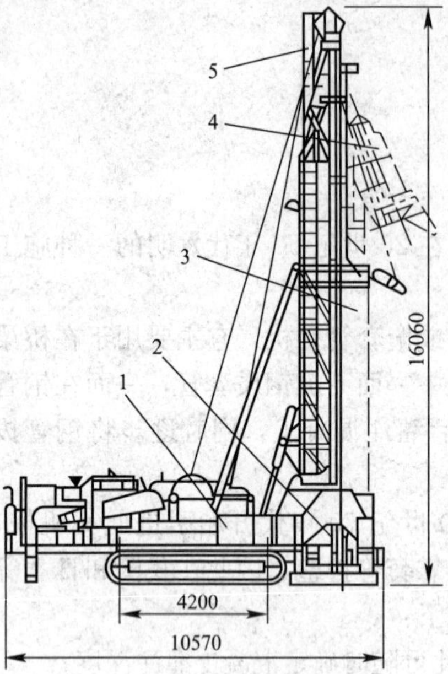

图 4.5-4 整机式全套管钻机外貌图

1—主机；2—钻机；3—套管；
4—锤式抓斗；5—主架

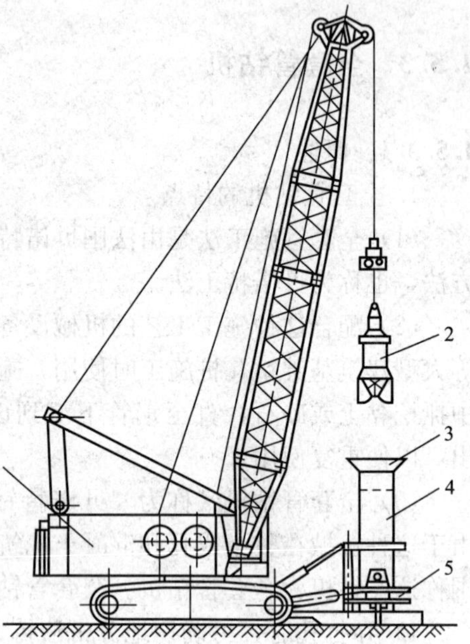

图 4.5-5 附着式全套管钻机

1—起重机；2—锤式抓斗；3—导向口；
4—套管；5—钻机

2. 按成孔直径划分为：

1）小型全套管钻机（直径在 1.2m 以下）；

2）中型全套管钻机（直径在 1.2m～1.5m 之间）；

3）大型全套管钻机（直径在 1.5m 以上）。

4.5.3.3 全套管施工法的基本原理

全套管施工法又称贝诺特灌注桩施工法。该法利用摇动装置的摇动，使钢套管与土层间的摩阻力大大减少，边摇动边压入，同时利用冲抓斗挖掘取土，直至套管下到桩端持力层为止。挖掘完毕后立即进行挖掘深度的测定，并确认桩端持力层，然后清除虚土。成孔后将钢筋笼放入，接着将导管竖立在钻孔中心，最后灌注混凝土成桩。贝诺特法实质上是冲抓斗跟管钻进法。

4.5.3.4 落锤抓斗的使用要点

（1）提起落锤抓斗［图 4.5-6（*a*）］；抓斗的壳体闭合。

（2）落锤抓斗进入冠头（图 4.5-6*b*），当落锤抓斗达到冠头，减低起升速度，当锤抓斗进入冠头立刻停锤。

（3）落锤抓斗挂在冠头上［图 4.5-6（*c*）］，当落锤抓斗进入冠头，由冠头环的推动而产生响声，也由冠头爪与滑动块螺母接触发出响声。在确保上面的响声后，同时松开离合器并刹死刹车，锤抓斗挂在冠上。

（4）推开卸载板［图 4.5-6（*d*）］，当卸载板操作踏板的前部被压下，从冠头挂起的落锤抓斗连动卸载板向前推出。

（5）卸土，当刹车松开，主卷扬机钢丝绳变松、抓斗壳打开，撤出壳中的土［图 4.5-6（*e*）］。

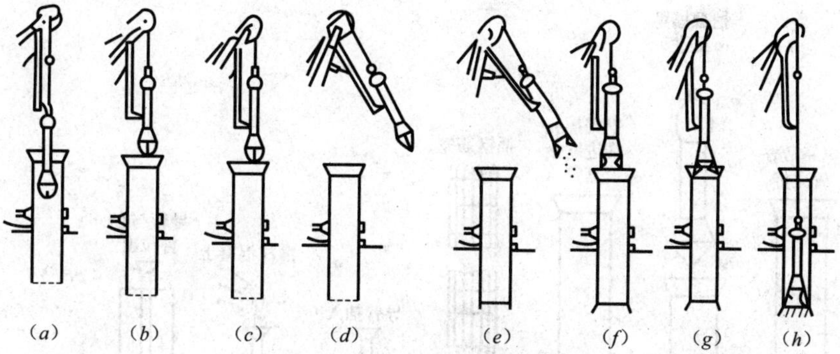

图 4.5-6 落锤抓斗的使用程度

(6) 卸载板收回［图 4.5-6 (*f*)］。踏压卸载板操纵踏板的后半部分，使卸载板回到原来的位置。

(7) 落锤式抓斗与冠头分开［图 4.5-6 (*g*)］，当落锤抓斗稍微提升，然后再降低，落锤式抓斗与冠头分开，开始落下。

(8) 挖掘［图 4.5-6 (*h*)］，从冠头分开的抓斗通过安装在套管顶部的滑动架进入套管与地面接触。当落锤式抓斗再次起升时，壳抓泥土并关闭，提升回到上面所述的图 4.5-6 (*a*) 的状态。重复上面的操作，在套管中挖土，使套管慢慢往下沉。

4.5.3.5 全套管钻孔施工程序

(1) 埋设第一节套管。

(2) 用锤式抓斗挖掘，同时边摇动套管边把套管压入土中。

(3) 连接第二节套管，重复第 (2) 步程序。

(4) 依次连接、摇动和压入其他节套管，直至套管下到桩端持力层为止。

(5) 挖掘完毕后立即测定挖掘深度、确认桩端持力层，清除孔底虚土。

(6) 将钢筋笼放入孔中，插入导管。

(7) 向孔内灌注混凝土的同时，边拔导管，边拔套管。

全套管钻孔施工程序示意图见图 4.5-7 所示。

4.5.3.6 全套管钻的使用要点

(1) 与附着式钻机相匹配的起重机，应根据成桩时所需的高度和起重量进行选择。

(2) 在套管内挖掘土层时，碰到坚硬土岩和风化岩硬层时严禁用锤式抓斗冲击硬层，应用十字凿锤将硬层有效地破碎后，才能继续挖掘。

(3) 用锤式抓斗挖掘套管内土层时，必须在套管上加上喇叭口，以保护套管接头的完好，防止撞坏。套管在对接时，接头螺栓应按说明书要求的扭矩，对称扭紧。接头螺栓拆下时，应立即洗净并浸入油中。

(4) 起吊套管时，严禁用卸甲直接吊在螺纹孔内，应使用专用工具吊装，以免损坏套管螺纹。每天施工完毕，应将锤式抓斗内外冲洗干净。

(5) 在施工中如出现其他故障使套管不能压入或拔出时，应定时将埋在土中的套管摇动。

4.5.3.7 全套管钻的安全技术规程

(1) 钻机安装场地应平整、夯实、能承载该机的工作压力；当地基不良时，钻机下应加铺钢板防护。

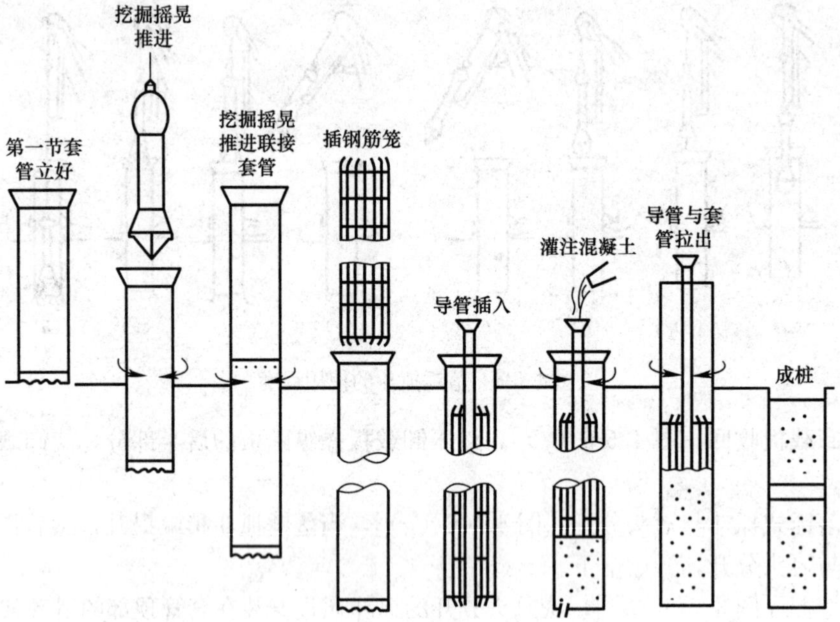

图 4.5-7 全套管钻孔施工程序示意图

(2) 安装钻机时，应在专业技术人员指挥下进行。安装人员必须经过培训，熟悉安装工艺及指挥信号，并有保证安全的技术措施。

(3) 与钻机相匹配的起重机，应根据成桩时所需的高度和起重量进行选择。当钻机与起重机连接时，各个部位的连接均应牢固可靠。钻机与动力装置的液压油管和电缆线应按出厂说明书规定连接。

(4) 引入机组的照明电源，应安装低压变压器，电压不应超过 36V。

(5) 作业前应进行外观检查并应符合下列要求：钻机各部位外观良好，各连接螺栓无松动；燃油、润滑油、液压油、冷却水等符合规定，无渗漏现象；各部位钢丝绳无损坏和锈蚀，连接正确；各卷扬机的离合器、制动器无异常现象，液压装置工作有效；套管和浇筑管内侧无明显的变形和损伤，未被混凝土粘结。

(6) 应通过检查确认无误后，方可启动内燃机，并怠速运转逐步加速至额定转速，按照指定的桩位对位，通过试调，使钻机纵向和横向达到水平、位正，再进行作业。

(7) 机组人员应监视各仪表指示数据，倾听运转声响，发现异状或异响等情况时，应立即停机处理。

(8) 第一节套管入土后，应随时调整套管的垂直度。当套管入土 5m 以下时，不得强行纠偏。在作业过程中，当发现主机在地面及液压支撑处下沉时，应立即停机。在采用 30mm 厚钢板或路基箱扩大托承面、减小接地应力等措施后，方可继续作业。

(9) 在套管内挖掘土层中，碰到坚硬土岩和风化岩硬层时，不得用锤式抓斗冲击硬层，应采用十字凿锤将硬层有效地破碎后，方可继续挖掘。

(10) 用锤式抓斗挖掘管内土层时，应在套管上加装保护套管接头的喇叭口。

(11) 套管在对接时，接头螺栓应按出厂说明书规定的扭矩，对称拧紧。接头螺栓拆下时，应立即洗净后浸入油中。

(12) 起吊套管时，应使用专用工具吊装，不得用卡环直接吊在螺纹孔内，亦不得使用其他损坏套管螺纹的起吊方法。

(13) 挖掘过程中，应保持套管的摆动。当发现套管不能摆动时，应用拔出液压缸将套管上提，再用起重机助拔，直至拔起部分套管能摆动为止。

(14) 浇筑混凝土时，钻机操作应和灌注作业密切配合，应根据孔深、桩长适当配管，套管与浇筑管保持同心，在浇筑管埋入混凝土 2～4m 之间时，应同步拔管和拆管，并应确保浇筑成桩的质量。

(15) 作业后，应就地清除机体、锤式抓斗及套管等外表的混凝土和泥砂，将机架放回行走的原位，将机组转移至安全场所。

4.5.3.8 全套管钻的维护保养

三菱 M150/200 型全套管钻机的维护保养工作是例行保养（表 4.5-10）、一级保养（表 4.5-11）、二级保养（表 4.5-12）、三级保养（表 4.5-13）。

例行保养（每班进行） 表 4.5-10

序号	保养项目		技术要求
1	发动机	(1) 检查燃油箱存油量； (2) 检查清洗燃油输油泵过滤器滤网和燃油滤清器； (3) 检查油底壳机油油位； (4) 检查冷却水箱水量； (5) 检查 V 形皮带张紧度； (6) 检查空气滤清器； (7) 检查机油滤清器； (8) 检查预热指示器； (9) 检查发动机运转情况； (10) 检查发动机整机	(1) 燃油不足时，应予加足； (2) 每工作 60h 应检查，清洗滤网及滤清器滤心，排除系统中的空气； (3) 油位应在油标尺上、下刻度之间，油不足时，应予补充； (4) 冷却水不足时，应予补足； (5) 皮带张紧度应适宜，必要时，应予调整； (6) 1) 油浴式空气滤清器每工作 60h 应清洁预滤器一次，并检查滤清器油盘内油位，油不足时，应予补充； 2) 干式（纸质滤心）空气滤清器，当清洁显示器出现红色标记时，应清洁滤清器外滤心。 (7) 机油滤清器堵塞，警告灯亮时，应更换滤清器滤心； (8) 预热指示器应工作正常（热线点火塞指示器应在 25s 左右达到红线）； (9) 发动机应易于起动，各速运转正常，无异响，排气烟色正常，否则，应查明原因，排除故障； (10) 清洁发动机外表；各部连接螺栓如有松动，应予紧固。发动机应无漏水、漏电、漏气及漏油现象
2	电气设备及仪表	(1) 检查各指示仪表； (2) 检查各电器开关； (3) 检查起动机、发电机	(1) 各指示仪表应反应灵敏，示值正确； (2) 各电器开关应工作正常、功能可靠； (3) 起动机、发电机应工作正常
3	钻架及滑架	(1) 检查滑架； (2) 检查卸土推板； (3) 检查钻架	(1) 滑架的锁定装置应牢固可靠，减震器应工作正常； (2) 工作时，推土板应无运动干涉现象。润滑推土板销轴及油缸销轴； (3) 钻架应安装牢固，如出现异常，应及时处理
4	卷扬机构	(1) 检查液力偶合器； (2) 检查卷扬机； (3) 检查钢丝绳及吊具	(1) 液力偶合器应工作正常，工作时，油温不得高于 50℃，否则，应查明原因，排除故障； (2) 工作时，皮带应无打滑现象，必要时进行调整； (3) 1) 操纵机构应操纵轻便，到位准确，定位可靠，传动杆件无卡滞现象； 2) 主、副卷扬机和辅助卷扬机的离合器应工作正常，无打滑现象；各制动器应功能正常，制动可靠； 3) 各卷扬机离合器和制动器的操纵阀及管路应无漏油现象； 4) 减速器应工作正常，无异响及漏油现象； 5) 各卷扬钢丝绳应排列整齐。 (4) 钢丝绳及吊具应无损坏，否则，应予更换

续表

序号	保养项目		技术要求
5	装卸套管装置	检查套管拔出油缸、摆动臂油缸及摆动臂销轴、销套	各油缸应功能正常；润滑销轴、销套
6	行走装置	（1）检查减速器油位； （2）检查行走装置工作情况	（1）油不足时，应予补足； （2）行走装置应工作正常，无异响，否则，应查明原因，排除故障
7	液压系统	（1）检查液压油箱油位； （2）检查各液压油泵、液压马达、液压阀、油缸等液压元件； （3）检查油管及接头； （4）检查液压系统密封性； （5）检查液压油泵驱动皮带的张紧度	（1）油位应达到油标尺规定刻线处，油不足时，应予补足； （2）各液压元件应工作正常，无异响或过热现象，经常保持外表清洁； （3）管接头如有松动，应予紧固；各液压软管如出现老化、裂损，应予更换。液压油管应固定牢靠； （4）应无渗漏现象； （5）工作时，皮带应无打滑现象，必要时，调整皮带张紧度
8	套管及钻具	（1）检查套管（护筒）； （2）检查锤式抓斗	（1）锁销及套管接头处应清洁、干净；用水冲洗套管（护筒）外壁，除去泥土。拧紧锁销，锁销拧紧力矩为210～250N·m。套管拔出后应及时冲洗外壁及锁销，并涂废机油防锈 （2）抓斗斗瓣应启闭灵活；抓斗与顶帽应能迅速分离，否则，应查明原因，排除故障。润滑上、下滑轮轴、中心链及钢丝绳
9	整机	（1）清洁整机外部； （2）检查整机工作情况； （3）检查外部连接螺栓； （4）检查泄漏情况； （5）润滑	（1）整机移动时，应清除整机外部，特别是行走装置部分的泥土； （2）检查钻架导向装置、套管装置（包括夹紧、摆动、压入及拔出）、前后支腿装置以及行走机构等工作装置运行是否正常，如出现异常现象，应查明原因，及时排除故障。机器就位后，履带与地面之间应保持10mm距离；用水平仪检测管夹水平状态，如不在水平位置，应予调整。特别要注意，第一节套管的垂直度，应确保在规定范围以内； （3）螺栓如有松动，应予紧固； （4）应无漏油、漏水、漏电、漏气现象； （5）按机器出厂使用说明书进行润滑

一级保养（每工作200h进行） **表4.5-11**

序号	保养项目		技术要求
1	例行保养		完成本级保养作业项目外的例行保养项目
2	发动机	（1）检查、清洗空气滤清器； （2）检查机油滤清器； （3）检查喷油泵； （4）检查风扇皮带张紧度及冷却系统软管； （5）润滑水泵轴承； （6）检查气门间隙； （7）检查气缸盖螺栓； （8）更换发动机机油	（1）1）油浴式空气滤清器每工作120h应清洗一次，并更换机油； 2）干式（纸质滤心）空气滤清器、扁平式空气滤清器，每工作120h应清洗一次，旋风式空气滤清器每工作250h应清洗一次。清洗时可用0.7MPa以下的压缩空气吹洗，除去灰尘，当滤心脏污、有油脂时，可用ND-1500清洗剂（每升水加0.15g清洗剂）漂洗后再用0.28MPa的压力水冲洗干净后晾干。滤心如有损坏，应予更换。 （2）每工作120h，检查清洗滤清器滤心；每工作250h，更换滤清器滤心； （3）每工作120h，检查油位，油不足时，应予补充；每工作250h，更换喷油泵机油； （4）在单根皮带中部施以98N的力压下皮带，其下沉量在10～15mm范围内为正常，否则，应予调整。软管如有损坏，应予更换； （5）每工作120h，润滑水泵轴承； （6）每工作250h检查一次（新机首次使用60h后检查）。冷机时，进、排气门间隙均应为0.3mm，如有不符，应予调整； （7）螺栓如有松动，应予紧固。8DC20C发动机缸盖螺栓拧紧力矩为275N·m；6DB10C发动机缸盖螺栓拧紧力矩为290N·m； （8）每工作120h，清洗油底壳，更换润滑系统机油；新机首次使用60h后，应更换润滑系统机油

续表

序号	保养项目		技术要求
3	电气设备及仪表	检查电路连接部位	导线应连接可靠，绝缘良好，如接头处出现烧蚀或损坏时，应予修复
4	卷扬系统	(1) 检查液力偶合器； (2) 检查V形皮带张紧度； (3) 检查卷扬离合器； (4) 检查卷扬制动器； (5) 检查减速器润滑油位； (6) 检查钢丝绳	(1) 当耦合器的两个油塞在最高位置和在同一水平面时，拆下其中一个油塞，如无油溢出，应予加油，加油至油溢出为止； (2) 在单根皮带中部，施以58～86N的力，压下皮带，其下沉量为18.5mm，否则，应予调整； (3) 离合器摩擦片上如有油污、积水，应彻底清除干净。主、副及辅助卷扬离合器摩擦片与离合器毂的间隙应为1～1.5mm，如不符，应予调整； (4) 主、副及辅助卷扬制动摩擦片与制动鼓的间隙为2.5～3.0mm，如不符，应予调整； (5) 油不足时，应予补充； (6) 钢丝绳应无断丝、松散、扭曲、磕伤、挤扁或严重锈蚀，否则，应予更换
5	钻架及滑架	(1) 检查滑架； (2) 检查滑轮	(1) 润滑滑架导向臂与钻架接触的摩擦表面； (2) 滑轮如有损伤，应予修复或更换
6	装卸套管装置	检查装卸套管装置	检查套管夹紧装置、导向装置、压入拔出装置及摆动装置，如某一部分工作不正常，应查明原因，排除故障
7	行走装置	(1) 检查引导轮、支重轮、托链轮； (2) 检查传动链条、链轮及减速器轴承； (3) 检查履带张紧度及履带板； (4) 检查各部位连接螺栓、螺母	(1) 每工作100h注润滑油一次；消除漏油现象； (2) 进行润滑。传动链条的下垂量应为两链轮中心距的2%～4%。否则，应予调整； (3) 履带的张紧度应符合规定值（履带自然下沉量应为20～40mm），否则，应予调整。履带板磨耗严重或损坏的，应予更换； (4) 螺栓、螺母如有松动，应予紧固；如有缺损，应予补充
8	液压系统	(1) 检查液压油滤网及滤清器； (2) 检查液压油温度； (3) 检查蓄能器； (4) 检查液压油泵驱动皮带张紧度	(1) 清洗滤网及滤清器滤芯。滤网及滤芯如有损坏，应予更换； (2) 液压油工作温度一般为55℃左右，如有异常，应查明原因，排除故障； (3) 蓄能器的充氮气压力应符合规定值，供气阀处不漏气。新机首次工作50h后，应检查一次； (4) 在单根皮带中部，施以58～86N的力压下皮带，其下沉量应为12mm，否则，应予调整
9	套管及钻具	(1) 检查锤式抓斗； (2) 检查抓斗上、下滑轮	(1) 抓斗斗瓣磨损严重时，应予修复或更换； (2) 滑轮如有损伤，应予修复或更换
10	整机	润滑	按机器出厂使用说明书进行润滑

二级保养（每工作600h进行） **表4.5-12**

序号	保养项目		技术要求
1	一级保养		完成本级保养作业项目外的一级保养作业项目
2	发动机	（1）检查清洗燃油滤清器； （2）清洗燃油箱； （3）检查喷油器及喷油雾化情况； （4）检查喷油提前角； （5）检查空气滤清器（扁平式）； （6）检查进、排气歧管及发动机支架螺栓； （7）检查机油冷却器； （8）更换冷却水、清洗冷却系统	（1）每工作500h，应拆检燃油滤清器，清洗壳体内部，更换滤心； （2）每工作500h，应清洗燃油箱，除去污物； （3）每工作500h检查一次。喷油压力为12_{0}^{+1}MPa，并要求雾化良好； （4）喷油提前角为16°，如不符，应予调整； （5）每工作500h，应更换滤清器纸质滤芯； （6）螺栓如有松动，应按规定的力矩拧紧； （7）每工作500h，清洗机油冷却器一次； （8）每工作500h或每年春、秋两季，应清洗冷却系统并更换冷却水；清洗冷却水箱，消除漏水现象，水箱盖如有损坏，应予更换
3	电气设备及仪表	（1）检查起动机与发电机； （2）检查熔断器； （3）检查蓄电池（略）	（1）检查起动机与发电机的工作性能，如出现异常现象，应予检查修理。清除外部尘垢； （2）更换烧断或腐蚀的熔断器。工作时，如经常烧断熔器，应查明原因，排除故障
4	卷扬系统	（1）检查液力偶合器油质； （2）卷扬离合器； （3）检查卷扬制动器； （4）检查减速器润滑油质量	（1）检查油质，已达换油标准时，应予更换； （2）主卷扬离合器摩擦片的标准厚度为13mm，磨损至5mm时，应予更换。工作时，离合器操纵液压系统油压应达到6MPa，否则，应查明原因，排除故障。副卷扬及辅助卷扬离合器摩擦片磨损至3～3.5mm时，应予更换，操纵杆行程过小时，应予调整； （3）摩擦片的标准厚度为13mm，磨损至6mm时，应予更换； （4）检查油质，根据需要，更换润滑油
5	钻架及滑架	检查钻架及滑架结构部分	连接螺栓如有松脱短缺，应予拧紧、配齐。钻架及滑架结构件如有变形、扭曲，焊缝出现裂纹时，应予修复。钻架上的滑轮磨损严重时，应予更换
6	装卸套管装置	检查焊缝	焊缝如出现裂纹，应予补焊
7	行走装置	（1）检查减速器润滑油油质； （2）检查传动链条、链轮； （3）检查支重轮、托链轮、引导轮	（1）检查油质，根据需要，更换润滑油； （2）链条磨损严重，无法调整时，应予更换； （3）磨损超限时，应予修复或更换
8	液压系统	（1）检查液压油油质； （2）检查各液压油缸； （3）检查液压系统工作情况	（1）检查液压油油质，根据需要，更换液压油； （2）油缸应无泄漏现象，否则，应予拆检，更换密封件； （3）如系统中出现噪声或管路中有振动时，应查明原因，排除故障
9	套管及钻具	（1）检查抓斗活塞弹簧； （2）检查滑轮轴承	（1）活塞弹簧损坏或弹力减弱时，应予更换。安装时，螺母的拧紧力矩为130～140N·m，装复后及时放松螺母； （2）磨损严重或损坏时，应予更换
10	整机	润滑	按机器出厂使用说明书进行润滑

三级保养（每工作1800h进行）　　表4.5-13

序号	保养项目		技术要求
1	二级保养		完成本级保养作业项目外的二级保养作业项目
2	发动机	(1) 检查旋风式空气滤清器； (2) 检查汽缸压缩压力； (3) 检查预热塞功能； (4) 检查燃油软管； (5) 更换防冻液，清洗冷却系统； (6) 检查节温器	(1) 每工作1000h，应更换滤清器滤芯； (2) 每工作1000h检查一次。标准压缩压力为2.74MPa (2000r/min时)。如压缩压力下降到1.96MPa (200r/min) 时，应予修理； (3) 每工作1000h，检查预热塞功能是否正常； (4) 每工作1000h检查一次。燃油软管如有损坏，应予更换； (5) 冷却水如为防冻液，应予更换，并用清洗剂清洗冷却系统； (6) 节温器阀始启温度为76.5℃，全开温度为90℃，不符要求的，应更换节温器
3	电气设备及仪表	(1) 检查直流发电机（仅DC发动机）； (2) 检查起动机	(1) 碳刷高度磨损至（或小于）15mm时，应予更换；清洁整流子表面；云母片应低于整流子表面0.5～0.8mm，修理极限为0.2mm； (2) 拆检起动机，清洁内部，润滑轴承，清洁整流子表面，云母片应低于整流子表面0.4～0.6mm，如小于0.2mm时，应予修理。磁力开关功能应正常，起动齿轮和齿圈磨损严重或损坏时，应予更换
4	卷扬系统	(1) 检查液力偶合器； (2) 检查卷扬离合器； (3) 检查卷扬制动器； (4) 检查减速器	(1) 每年换油一次。如放出的旧油中有异物存在时，应予拆检，找出原因，对损伤的零部件及时修理或更换； (2) 主卷扬离合器上、下端连接弹簧及主弹簧如有损坏或拉力不足时，应予更换。控制油缸功能应正常，无漏油；各铰接点销轴、销套及离合器毂等磨损超限时，应予更换。副卷扬及辅助卷扬离合器各杆件如有变形，应予修复；铰接点销轴、销套磨损严重及钢带裂损时，应予更换； (3) 弹簧损坏或弹力不足，摩擦片钢带裂损，各铰接点销轴、销套磨损严重者，应予更换。控制油缸应功能正常，无漏油现象； (4) 每年换油一次，齿轮及轴承磨损严重者，应予更换
5	钻架及滑架	(1) 检查滑架； (2) 检查卸料推板及滑土槽； (3) 检查钻架	(1) 滑架导向臂磨损严重者，应予更换；减震器如失灵，应予修复或更换；导向圈（与护筒接触）如有变形，应予修复； (2) 卸料推板焊缝如出现开裂，应予补焊；销轴销套磨损严重时，应予更换；滑土槽变形或损坏时，应予修复； (3) 损坏变形的杆件应予修复
6	装卸套管装置	检查装卸套管装置	套管的导向、夹紧、压入和拔出等装置，如有变形、损坏，应予修复；各销轴、销套磨损严重的，应予修复
7	行走装置	(1) 检查减速器； (2) 检查行走架	(1) 每年换油一次。齿轮及轴承磨损严重的，应予更换； (2) 焊缝如有开焊，应予补焊
8	液压系统	(1) 更换液压油，清洗液压油箱； (2) 检查液压油泵、液压马达、液压阀及油缸等液压元件； (3) 检查液压系统工作压力	(1) 每年换油一次，换油前，清洗液压油箱，除去油污； (2) 在额定工作压力下，各液压元件应工作正常，无渗漏现象； (3) 主液压系统溢流阀压力调整值为14MPa，若负荷较大，难于进行工作时，允许暂时将压力调到16MPa。套管夹紧油缸蓄能器充气压力为8MPa。主卷扬系统液流阀压力调整值为6MPa；蓄能器充气压1.6MPa

续表

序号	保养项目		技术要求
9	套管及钻具	(1) 检查套管； (2) 检查锁销； (3) 检查抓斗	(1) 套管焊缝如有开裂，应予补焊；变形者，应予修复；如变形严重，无法修复时，应予更换。第一节套管刃口磨损严重时，应予修复； (2) 锁销损坏时，应予更换； (3) 各零部件磨损严重或损坏时，应予修复或更换
10	整机	(1) 检查机架； (2) 检查各部连接螺栓； (3) 补漆； (4) 润滑	(1) 前、后机架的焊缝如有开裂，应予补焊，各支架（包括发动机支架、支腿支架、钻架支架等）如有变形，应予修复； (2) 螺栓如有缺损，应予补齐和更换； (3) 对局部脱漆锈蚀部位进行除锈补漆； (4) 按机器出厂使用说明书进行润滑

4.6 旋转钻孔机

4.6.1 概述

4.6.1.1 用途及工作对象

旋转钻机是采用下沉入孔中的钻头旋转切土的方式成孔的施工机械，它是从地质钻机发展而来，逐渐在桥梁工程大直径钻孔桩施工设备中成为适应范围最广的钻孔施工机械。根据所选用机械能力的不同，可以从土质土壤到岩层的各种各样的地质条件中进行施工。

旋转成孔与国内常用的冲击成孔相比，有一些明显的优点。如钻进速度快，不致出现冲击钻可能有的十字槽及其返工问题；因旋转钻头对孔壁扰动较少，加上其成孔较快，孔壁在水中浸泡时间较短，所以不易塌孔；此外旋转钻机对地质情况反映灵敏，可与地质钻探资料进一步验证。但是旋转钻机与冲击成孔方法相比存在有设备价格昂贵，台班费用高的问题，在施工选择，购买时要予以充分的考虑。

4.6.1.2 分类、特点及适用范围

1. 分类

(1) 旋转钻机按其钻孔装置可分为：

1）有钻杆钻机：这种钻机通过转盘旋转或悬挂动力头旋转带动钻杆，并传递动力到钻具切上，并可通过钻杆对钻具施加一定的压力（钻孔），增加钻进能力，变更钻头型号可以满足施工提出的各种地质条件的要求。其构造图如图 4.6-1 所示；

2）无钻杆钻机：这种钻机通过潜水电机旋转带动钻具切土，电机跟随钻具工作，潜入孔底，整个钻具悬挂方式工作，故成孔垂度好，无需拆装钻杆，能连续工作，节省工作时间。

(2) 钻机工作时影响其效率的主要环节是排渣，排渣分为正循环和反循环两大类：

1）正循环：钻机是在钻进施工过程中，通过钢管或橡胶软管将水通入孔底，将钻渣漂浮至孔的上部自然排出；

2）反循环：钻机是在钻进施工过程中，向孔内补水，通过排渣管排渣，排渣的动力

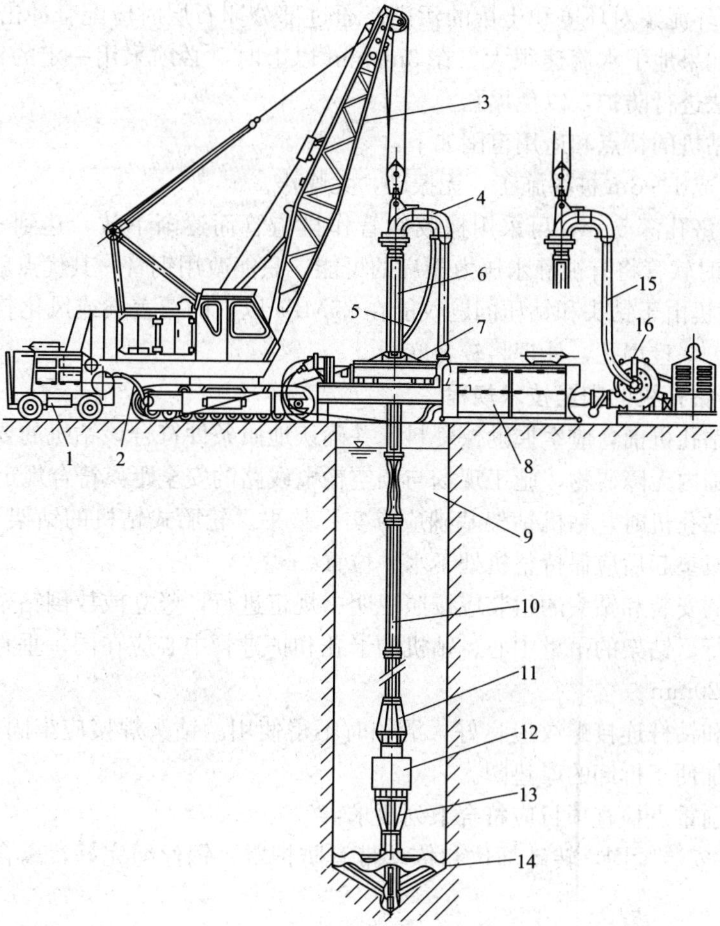

图 4.6-1 日本石川岛 L 系列产品示意图

1—空压机；2—油管；3—起重机；4—旋转弯管；5—风管；6 主动钻杆；7—转盘；8—液压泵；9—泥浆；10—钻杆；11—异径连接器；12—压重块；13—异径连接器；14—钻头；15 吸泥管；16 —吸浆泵

有空气反循环、泵吸反循环、泵举反循环。

A. 空气反循环：在钻进过程中，将压缩空气通入排渣管下部中，形成水、钻渣、空气三相混合体，其比重小于 1，在孔底的巨大压力下，压出孔外，钻渣被带出，这种方式排渣能力强，因此钻孔效率较高；

B. 泵吸反循环：将泥浆泵设置在地面上，接在排渣管上吸渣，这种排渣方式钻孔深度在 30m 以内，效果较好，孔深增大，则效率递减；

C. 泵举反循环：将砂石泵串联在地下的成孔钻具上的吸渣管上排渣，泵举用砂石泵有比较大的扬程，它可将吸进泵内的钻渣泥浆通过排渣管泵送出孔外。

2. 特点及适用范围

(1) 有钻杆旋转钻机的特点和适用范围如下：

1）可以完成直径 10～100mm 的孔径；具有噪声低和无振动的特点；

2）对地层的适应性很强，只要变更钻头类型和对钻杆施加压力的大小，就可以应付各种软的覆盖层直到极硬的岩层，但对直径大于 2/3 钻杆内径的松散卵石层却无能为力；

3）但是循环泥浆对环境和土壤的污染；通过部分卵石层时应配合冲击或冲抓方法施工；在地层中如果地下水流速很大。在 3m/min 以上时，必须采用一定的钢管护壁方式，穿过此层的方法进行防护，以免塌孔。

（2）潜水钻机的特点和适用范围如下：

1）可以完成 1～3m 桩的施工，无振动，无噪声。

2）施工经济孔深 50m，可采用橡胶软管作排渣管而逐渐下放，达到一次连续成孔。孔深 50m 以上时软管将有被静水压力压扁的可能，只能改用钢管，其优点就不突出了。

3）这种钻机由于钻头和钻压问题仅能在 25MPa 以内的覆盖层或风化软岩中钻孔；有较大的局限性。一旦塌孔，处理将较为麻烦。

4.6.1.3　旋转钻孔机的安全技术规程

（1）安装钻孔机前，应掌握勘探资料，并确认地质条件符合该钻机的要求，地下无埋设物，作业范围内无障碍物，施工现场与架空输电线路的安全距离符合规定。

（2）安装钻孔机时，钻机钻架基础应夯实、整平。轮胎式钻机的钻架下应铺设枕木，垫起轮胎，钻机垫起后应保持整机处于水平位置。

（3）钻机的安装和钻头的组装应按照说明书规定进行，竖立或放倒钻架时，应由熟练的专业人员进行。钻架的吊重中心、钻机的卡孔和护进管中心应在同一垂直线上，钻杆中心允许偏差为 20mm。

（4）钻头和钻杆连接螺纹应良好，滑扣时不得使用。钻头焊接应牢固，不得有裂纹。钻杆连接处应加便于拆卸的厚垫圈。

（5）作业前重点检查项目应符合下列要求：

1）各部件安装紧固，转动部位和传动带有防护罩，钢丝绳完好，离合器、制动带功能良好；

2）润滑油符合规定，各管路接头密封良好，无漏油、漏气、漏水现象；

3）电气设备齐全、电路配置完好；

4）钻机作业范围内无障碍物。

（6）作业前，应将各部位操纵手柄先置于空挡位置，用人力盘动无卡阻，再启动电动机空载运转，确认一切正常后，方可作业。

（7）开机时，应先送浆后开钻；停机时，应先停钻后停浆。泥浆泵应有专人看管，对泥浆质量和浆面高度应随时测量和调整，保证浓度合适。停钻时，出现漏浆应及时补充。并应随时清除沉淀池中杂物，保持泥浆纯净和循环不中断，防止塌孔和埋钻。

（8）开钻时，钻压应轻，转速应慢。在钻进过程中，应根据地质情况和钻进深度，选择合适的钻压和钻速，均匀给进。变速箱换挡时，应先停机，挂上挡后再开机。

（9）加接钻杆时，应使用特制的连接螺栓均匀紧固，保证连接处的密封性，并做好连接处的清洁工作。

（10）钻进中，应随时观察钻机的运转情况，当发生异响、吊索具破损、漏气、漏渣以及其他不正常情况时，应立即停机检查，排除故障后，方可继续开钻。

（11）提钻、下钻时，应轻提轻放。钻机下和井孔周围 2m 以内及高压胶管下，不得站人。严禁钻杆在旋转时提升。

（12）发生提钻受阻时，应先设法使钻具活动后再慢慢提升，不得强行提升。如钻进受阻时，应采用缓冲击法解除，并查明原因，采取措施后，方可钻进。

（13）钻架、钻台平车、封口平车等的承载部位不得超载。使用空气反循环时，其喷浆口应遮拦，并应固定管端。

（14）钻进进尺达到要求时，应根据钻杆长度换算孔底标高，确认无误后，再把钻头略为提起，降低转速，空转 5～20min 后再停钻。停钻时，应先停钻后停风。

（15）钻机的移位和拆卸，应按照说明书规定进行，在转移和拆运过程中，应防止碰撞机架。作业完毕后，应对钻机进行清洗和润滑，并应将主要部位遮盖妥当。

4.6.2 反循环钻机

4.6.2.1 概述

1. 反循环钻机的特点

（1）施工中除个别特殊情况外，一般可不必使用稳定液，只用天然泥浆即可保护孔壁。

（2）钻头不必每次上下排弃钻渣，只要接长钻杆，就可以进行深层钻挖。目前最大成孔直径为 4.0m，最大成孔深度为 90m。机器施工时振动小、噪声低。

（3）反循环钻孔采用旋转切削方式钻挖泥土，钻头在平稳旋转的同时，又将土砂和泥水吸升；钻孔内的泥浆压力抵消了孔隙水压力，从而避免涌砂等现象。因此，可以钻挖厚度达 5m 以上的地下水位下的细砂层。

（4）钻孔速度比较快。例如：普通土质、直径 1m、深度 30～40m 的桩，每天可完成一根。

（5）很难钻挖比钻头的吸泥口径大的卵石（15cm 以上）层。

（6）土层中有较高压力的水或地下水流时，施工比较困难。

（7）废泥水处理量大；钻挖出来的土砂中水分多，弃土困难。

2. 反循环钻机的用途

（1）反循环钻进成孔适用于填土、淤泥、黏土、粉土、砂土、砂砾等地层；当采用圆锥式钻头可进入软岩；当采用滚轮式（又称牙轮式）钻头可进入硬岩。

（2）反循环钻进成孔不适用于自重湿陷性黄土层，也不宜用于无地下水的地层。

4.6.2.2 反循环钻机的分类

目前国内外常用的主要反循环钻机可分为如下几种：

（1）泵吸反循环钻机，如德国 SW 型、美国 RD-600 型和 CSD-820 型、日本的 S-200 型和 MD150 型，以及我国的 QZ-200 型和 GPS-15 型等。

（2）气举反循环钻机，如我国的 BRM-4A 型、日本的 MD250 型等。

（3）喷射反循环钻机，如日本的 MD 350 型和 MD450 型等。

（4）泵吸、气举反循环钻机，如德国 L 系列、罗马尼亚 EA 系列、日本 S 系列等。

（5）正、反循环两用钻机，如我国主要生产有郑州的 QJ250G 型、天津的 GJC-40H 型、上海的 SPJT-300、武汉的 BRM-1、张家口的 GJD-1500 等钻机。

（6）带抓斗的反循环钻机，如日本的 RAE 和 RSAC 型等。

（7）潜水式反循环钻机，如日本的 RPC 型，我国的 KQ 系列等。

(8) 冲击反循环钻机，如意大利马赛伦蒂型、日本 KPC-1200 型和我国的 GJD-1500 型等。

4.6.2.3 反循环钻机的基本原理

(1) 反循环钻机的施工法，是在桩顶处设置护筒（其直径比桩径大 15%左右），护筒内的水位要高出自然地下水位 2m 以上，确保孔壁的任何部分均保持 0.02MPa 以上的静水压力保护孔壁不坍塌，因而钻挖时不用套管。

(2) 钻机工作时，旋转盘带动钻杆端部的钻头钻挖孔内土。在钻进过程中，冲洗液从钻杆与孔壁间的环状间隙中流入孔底，并携带被钻挖下来的岩土钻渣，由钻杆内腔返回地面，与此同时，冲洗液又返回孔内形成循环，这种钻进方法称为反循环钻进。

(3) 反循环钻成孔施工按冲洗液（指水或泥浆）循环输送的方式，动力来源和工作原理可分为泵吸、气举和喷射等方法。

(4) 泵吸反循环施工原理：由图 4.6-2 可以看出，方形传动杆 6 与其下有内腔的钻杆连接，在钻杆的端部装有特殊形状的中空的反循环钻头 2。钻杆放入注满冲洗液的钻孔内，通过旋转盘 3 的转动，带动方形传动杆和钻头进行钻挖。在真空泵 10 的抽吸作用下，砂石泵 7 及管路系统形成一定的真空度，钻杆内腔形成负压状态。孔内循环介质（被钻挖下来的岩土钻渣与冲洗液）在大气压作用下，通过钻杆流到地面上的泥浆沉淀池或贮水槽中，土、砂、砾和岩屑等便沉淀下来，冲洗液则流回孔内。

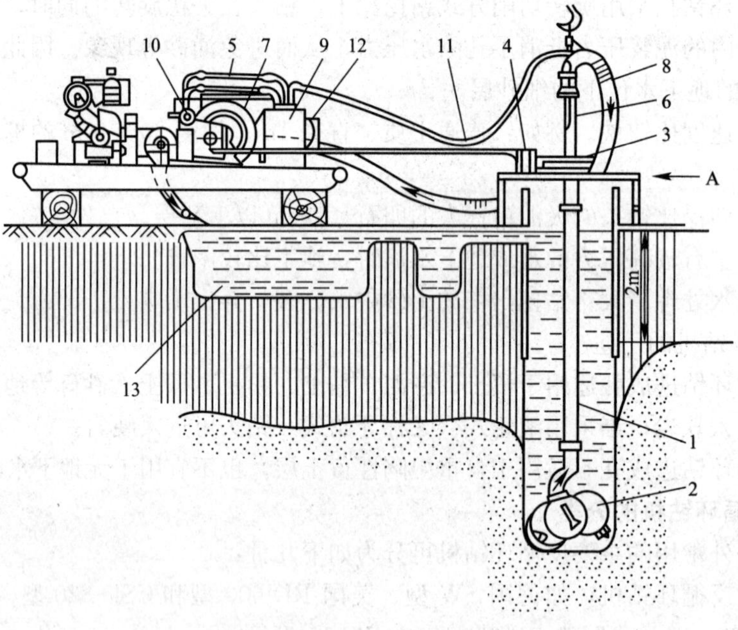

图 4.6-2 泵吸反循环施工法

1—钻杆；2—钻头；3—旋转台盘；4—液压马达；5—液压泵；6—方形传动杆；7—砂石泵；8—吸渣软管；9—真空柜；10—真空泵；11—真空软管；12—冷却水槽；13—泥浆沉淀池

(5) 气举反循环施工的基本原理：气举反循环钻进又称为压气反循环钻进。由图 4.6-3 可以看出，在旋转接头 1 下接方形传动杆 2，再在方形传动杆下连接钻杆 3，最后在钻杆端部连接钻头 5。

(6) 喷射反循环施工原理：

1) 喷射反循环钻进又称为射流反循环钻进；

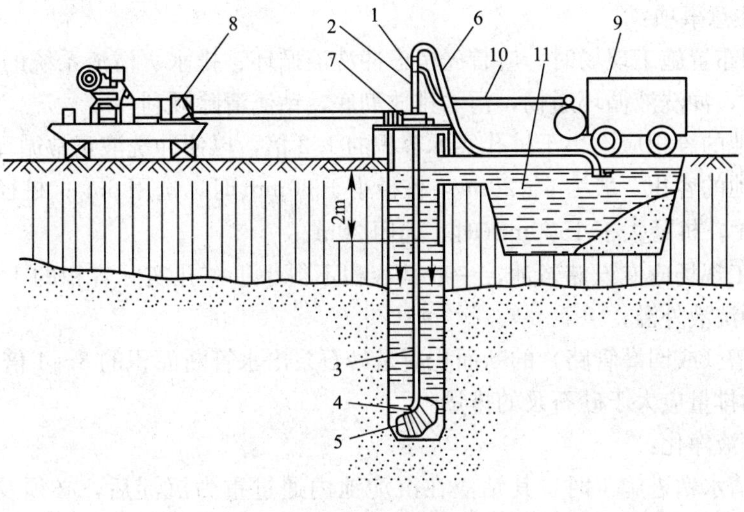

图 4.6-3 气举反循环施工法

1—气密式旋转接头；2—气密式传动杆；3—气密式钻杆；4—喷射嘴；5—钻头；6—压送软管；7—旋转台盘；8—液压泵；9—压气机；10—空气软管；11—水槽

2）水喷射反循环施工法是把高压水通过喷嘴射到钻杆内，利用其流速使水环流，把低位的泥砂水混合物与水一起吸上，通过钻杆流至地面处的泥浆池或贮水槽中，土、砂、砾和岩屑等便沉淀下来，水则流回孔内。

4.6.2.4 反循环钻机使用要点

1. 施工程序：(1) 设置护筒，安装反循环钻机；(2) 钻孔；(3) 第一次处理孔底虚土（沉渣）；(4) 移走反循环钻机；(5) 测定孔壁；(6) 将钢筋笼放入孔中，并插入导管；(7) 第二次处理孔底虚土；(8) 水下灌注混凝土，拔出导管；(9) 拔出护筒。施工程序示意图见图 4.6-4 所示。

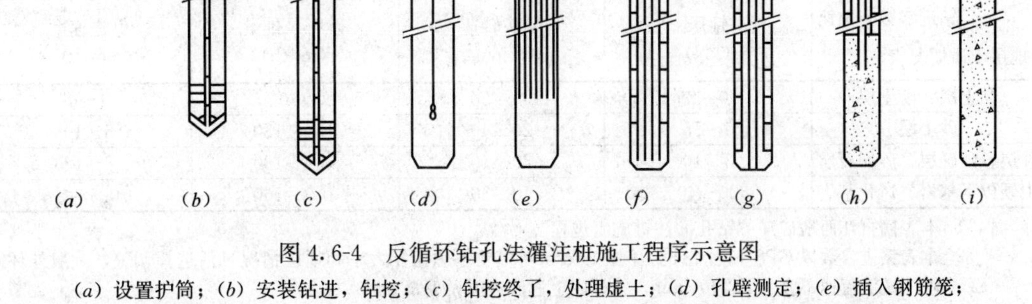

图 4.6-4 反循环钻孔法灌注桩施工程序示意图

(a) 设置护筒；(b) 安装钻进，钻挖；(c) 钻挖终了，处理虚土；(d) 孔壁测定；(e) 插入钢筋笼；(f) 插入导管；(g) 第二次处理虚土；(h) 灌注混凝土，拔出导管；(i) 拔出护筒

2. 施工注意事项：

（1）规划布置施工现场时，应首先考虑冲洗液循环、排水、清渣系统的安设，以保证反循环作业时，冲洗液循环通畅，污水排放彻底，钻渣清除顺利：

1）循环池的容积应不小于桩孔实际容积的 1.2 倍，以便冲洗液正常循环；

2）沉淀池的容积一般为 6～20m^3，桩径小于 80mm 时，选用 6m^3；桩径小于 1500mm 时，选用 12m^3；桩径大于 1500mm 时，选用 20m^3；

3）在施工现场应专设储浆池，一般其容积不得小于桩孔实际容积的 1.2 倍，以免灌注混凝土时冲洗液外溢；

4）循环槽（或回灌管路）的断面积应是砂石泵出水管断面积的 3～4 倍，若用回灌泵回灌，其泵的排量应大于砂石泵的排量。

（2）冲洗液净化：

1）采用清水钻进施工时，其钻渣在沉淀池内通过重力沉淀后，必须及时予以清除。沉淀池应交替使用，并及时清除沉渣；

2）泥浆钻进时，宜使用多级振动筛和旋流除砂器或其他除渣装置进行机械除砂清渣；振动筛主要清除粒径较大的钻渣，筛板（网）规格可根据钻渣粒径的大小分级确定；旋流除砂器的有效容积，要适应砂石泵的排量，除砂器数量可根据清渣要求确定；

3）必须及时地进行清除循环池沉渣的工作，保持循环池内的沉渣无大块的泥渣。

（3）钻头吸水断面应开敞、规整，减少流阻，以防砖块、砾石等堆挤堵塞；钻头体吸口端距钻头底端高度不宜大于 250mm；钻头体吸水口直径宜略小于钻杆内径。

（4）在填土层和卵砾层中钻挖时，碎砖、填石或卵砾石的尺寸不得大于钻杆内径的 4/5，否则易堵塞钻头水口或管路，影响正常循环。

3. 钻进操作要点

（1）起动砂石泵，待反循环正常后，才能开动钻机慢速回转下放钻头至孔底。开始钻进时应先轻压慢转，待钻头正常工作后，逐渐加大转速，调整压力，并使钻头吸口不产生堵水。

（2）钻进时应认真仔细观察进尺和砂石泵排水出渣的情况；排量减少或出水中含钻渣量较多时，应控制给进速度，防止因循环液比重太大而中断反循环。

（3）钻进参数应根据地层、桩径、砂石泵的合理排量和钻机的经济钻速等加以选择和调整。钻进参数和钻速的选择见表 4.6-1 所列。

泵吸反循环钻进推荐参数和钻速表 **表 4.6-1**

地层土质情况 \ 钻进参数与钻速	钻压（kN）	钻头转速（r/min）	砂石泵排量（m^3/h）	钻进速度（m/h）
黏土层、硬土层	10～25	30～50	180	4～6
砂土层	5～15	20～40	160～180	6～10
砂层、砂砾层、砂卵石层	3～10	20～40	160～180	8～12
中硬以下基岩、风化基岩	20～40	10～30	140～160	0.5～1

注：1. 本表摘自江西地矿局“钻孔灌注桩施工规程”。

2. 本表钻进参数以 GPS-15 型钻机为例；砂石泵排量要考虑孔径大小和地层情况灵活选择调整，一般外环间隙冲洗液流速不宜大于 10m/min，钻杆内上返流速应大于 2.4m/s。

3. 桩孔直径较大时，钻压宜选用上限，钻头转速宜选用下限，获得下限钻进速度；桩孔直径较小时，钻压宜选用下限，钻头转速宜选用上限，获得上限钻进速度。

（4）在砂砾、砂卵、卵砾石地层中钻进时，为防止钻渣过多，卵砾石堵塞管路，可采用间断钻进、间断回转的方法来控制钻进速度。

（5）加接钻杆时，应先停止钻进，将钻具提离孔底80～100mm，维持冲洗液循环1～2min，以清洗孔底并将管道内的钻渣携出排净，然后停泵加接钻杆。

（6）钻杆连接应拧紧上牢，防止螺栓、螺母、拧卸工具等掉入孔内。

（7）钻进时如孔内出现坍孔、涌砂等异常情况，应立即将钻具提离孔底，控制泵量，保持冲洗液循环，吸除坍落物和涌砂；同时向孔内输送性能符合要求的泥浆，保持水头压力以抑制继续涌砂和坍孔，恢复钻进后，泵排量不宜过大，以防吸坍孔壁。

（8）钻进达到要求孔深停钻时，仍要维持冲洗液正常循环，清洗吸除孔底沉渣直到返出冲洗液的钻渣含量小于4%为止。起钻耐应注意操作轻稳，防止钻头拖刮孔壁，并向孔内补入适量冲洗液，稳定孔内水头高度。

（9）气举反循环压缩空气的供气方式可分别选用并列的两个送风管或双层管柱钻杆方式。汽水混合室应根据风压大小和孔深的关系确定，一般风压为600kPa，混合室间距宜用24m。钻杆内径和风量配用，一般用120mm钻杆配用风量为4.5m^3/min。

4. 清孔作业

（1）清孔作业的基本要求。清孔过程中应观测孔底沉渣厚度和冲洗、液含渣量，当冲洗液含渣量小于4%，孔底沉渣厚度符合设计要求时即可停止清孔，并应保持孔内水头高度，防止发生坍孔事故。

（2）第一次沉渣处理。在终孔时停止钻具回转，将钻头提离孔底50～80cm，维持冲洗液的循环，并向孔中注入含砂量小于4%的新泥浆或清水，令钻头在原地空转10min左右，直至达到清孔要求为止。

（3）第二次沉渣处理。在灌注混凝土之前进行第二次沉渣处理，通常采用普通导管的空气升液排渣法或空吸泵的反循环方式。

（4）空气升液排渣方式是将头部带有1m多长管子的气管插入到导管之内，管子的底部插入水下至少10m，气管至导管底部的最小距离为2m左右。压缩空气从气管底部喷出，如使导管底部在桩孔底部不停地移动，就能全部排除沉渣。在急骤地抽取孔内的水时，为不降低孔内水位，必须不断地向孔内补充清水。

（5）对深度不足10m的桩孔，须用空吸泵清渣。

4.6.2.5 反循环钻机的维护保养

转盘式反循环钻机的维护保养工作主要是例行保养（表4.6-2）、一级保养（表4.6-3）、二级保养（表4.6-4）、三级保养（表4.6-5）所列。

例行保养（每班进行） **表4.6-2**

序号	保养项目		技术要求
1	电气设备及仪表	（1）检查控制柜； （2）检查各电动机； （3）检查电路导线	（1）1）电压表、电流表应反应灵敏，示值正确。各电器开关、按钮、指示灯等应齐全有效； 2）控制柜内各电气元件应工作正常，如出现异常现象，应查明原因，排除故障。 （2）清洁电动机外部，电动机应运转正常，无异响或过热现象； （3）电路导线应绝缘良好，如有破损，应及时包扎处理

续表

序号	保养项目		技术要求
2	液压系统	（1）检查液压油箱油位； （2）检查液压油泵、液压马达、阀等液压元件； （3）检查两起升油缸； （4）检查油管及接头； （5）检查液压油冷却系统； （6）检查液压系统密封性	（1）液压油应经常保持在油标的中心位置，不得超过油标最高限位或低于油标下限，油不足时，应予补充； （2）各液压元件应工作正常，无异响或过热现象，并经常保持外表清洁； （3）工作时，两起升油缸应同步工作。测量方法为：将油缸起升1m后，用钢卷尺测量两油缸行程误差，如在3mm内为合格，超过5mm时，应进行调整，特别是在交接班时必须测量一次，以防损坏油缸和顶歪塔架； （4）各油管及接头如有松动漏油，应予紧固。各液压软管如出现老化、裂损，应予更换。 （5）1）各接头连接处不得有漏水现象，在冬季，工作结束后，应放尽冷却水，以防冷却器冻裂； 2）启用冷却器前应排除系统中的空气，启动水泵若干次，待出水管出水后，停止水泵运转，再通入热液压油，待冷却器内水温升高5～10℃后，再启动水泵运转； 3）冷却器油侧压力应大于水侧压力； 4）冷却系统应工作正常，冷却作用良好，如有异常，应查明原因，排除故障。 （6）应无渗漏现象，如有渗漏，应查明原因，排除故障
3	转盘机构	（1）检查转盘传动箱油位； （2）检查转盘工作情况	（1）油不足时，应予补充； （2）工作时，转盘应回转平稳，无异响，各部轴承无过热现象
4	回转接头	检查回转接头	工作时，回转接头应转动灵活，平稳，无漏气及漏水现象。钻完一孔后，要加油检查，发现漏气、漏水，应及时更换密封圈
5	钻杆及钻具	（1）检查钻杆； （2）检查钻头	（1）检查钻杆完好情况，如有裂损，应予整修； （2）钻刃如磨损严重，应予修复或更换
6	钻架	（1）检查导向装置； （2）检查电动捯链及钻杆夹持器； （3）检查提梁	（1）钻架立柱上的导向装置应功能正常，能扶正油缸，使钻具保持垂直、顺利钻进； （2）电动捯链及钻杆夹持器应功能正常； （3）提梁应升、降平稳，如出现倾斜现象，应予扶正
7	底盘	（1）检查行走轮； （2）检查固定器	（1）行走轮应转动灵活； （2）工作时，固定器应安全可靠
8	整机	（1）检查操作室； （2）检查轨道； （3）检查钢轨； （4）检查各部连接螺栓； （5）检查整机工作情况； （6）润滑	（1）清洁内部，除去尘土杂物； （2）清除轨道上的建筑垃圾及其他障碍物，冬季要清除冰块积雪； （3）钢轨应接地可靠，无带电现象； （4）螺栓如有松动，应予紧固； （5）各机构应运转正常，确认安全无误后，方可进行工作； （6）按机器出厂使用说明书进行润滑

一级保养（每工作 200h 进行） **表 4.6-3**

序号	保养项目		技术要求
1	例行保养		完成本级保养作业项目外的例行保养项目
2	电气设备及仪表	(1) 检查控制柜； (2) 检查电动机	(1) 清洁控制柜内部，除去尘土。各导线接头如有松动，应予紧固，如有烧蚀应予检修或更换。各电气元件触点应光滑、平整，接触良好，无烧蚀现象； (2) 工作时，如有断路、缺相或不正常声响时，应查明原因，排除故障
3	液压系统	(1) 检查吸油滤清器； (2) 检查液压油冷却系统	(1) 清洗吸油滤清器滤心。滤心如有损坏，应予更换； (2) 排放冷却水，加入新的清洁水
4	底盘	检查各部连接螺栓	螺栓如有松动，应予紧固
5	整机	(1) 清洁整机外部； (2) 检查钢轨； (3) 润滑	(1) 清除整机外部粘附的泥土、油污； (2) 钢轨轨距为 4000mm。两股钢轨的水平误差不得大于 5mm。钢轨的前后高低差不得大于 2mm，对角线高度差不得大于 5mm，如不符，应予调整。钢轨应固定牢靠，接地良好可靠，接地电阻应小于 4Ω； (3) 按机器出厂使用说明书进行润滑

二级保养（每工作 600h 进行） **表 4.6-4**

序号	保养项目		技术要求
1	一级保养		完成本级保养作业项目外的一级保养项目
2	电气设备及仪表	(1) 检查控制柜； (2) 检查电动机	(1) 各电气元件如有损坏，应予更换； (2) 拆检电动机，清除内腔各部灰尘和油污；检查绝缘电阻，如绝缘电阻低于规定值，应进行烘干处理；润滑轴承
3	液压系统	(1) 检查液压油质； (2) 检查液压油冷却系统； (3) 检查各液压油缸密封情况； (4) 检查液压系统工作情况	(1) 检查液压油质。根据需要，清洗油箱，更换液压油； (2) 工作时，如冷却系统不能满足使用要求时，应查明原因，排除故障； (3) 如发现油液外漏或内泄时，应予拆检，更换密封件； (4) 主回路系统额定工作压力为 16MPa，最大工作压力为 18MPa，工作时，油压保持在 12MPa 左右为宜；起重系统额定工作压力为 14MPa，最大压力为 16MPa。不符上述规定时，应予调整
4	转盘机构	(1) 检查回转支承连接螺栓； (2) 检查转盘传动箱	(1) 转盘上的回转支承预应力螺栓应有足够的预紧扭矩。拧紧螺栓时，应在螺纹及螺母端面涂润滑油，并用扭矩扳手在圆周方向对称均匀多次拧紧，最后一遍拧紧时，各个螺栓上的预紧扭矩应大致均匀，其值应符合： 1）夹紧力 23000N； 2）理论的预紧扭矩 1000N·m； 3）实际使用预紧扭矩 900N·m。 其误差不大于±8%。为确保螺栓的工作可靠性，应避免预紧力的松弛，每工作 1000h，应检查一次预紧扭矩； (2) 检查润滑油质，根据需要更换润滑油
5	回转接头	检查回转接头	工作时，如有卡住现象，应查明原因，排除故障。密封件如磨损严重，应予更换

续表

序号	保养项目		技术要求
6	钻架	(1) 检查钻架及导向装置； (2) 检查提梁； (3) 检查电动捯链及提升器	(1) 如有开焊、开裂、变形情况时，应予修复； (2) 如有开焊、变形，应予修复； (3) 电动捯链应运转正常，制动可靠，提升器功能正常
7	整机	润滑	按机器出厂使用说明书进行润滑

三级保养（每工作 1800h 进行） **表 4.6-5**

序号	保养项目		技术要求
1	二级保养		完成本级保养作业项目外的二级保养作业项目
2	电气设备及仪表	(1) 检查控制柜； (2) 检查电动机	(1) 打磨各电气元件出现弧坑和凹凸不平的触点。检查各触点的接触情况。检测接触器线圈与磁铁、外壳的绝缘情况及相间绝缘情况。自耦变压器应功能正常。各仪表、开关、按钮、指示灯等，如有损坏，应予更换； (2) 解体电动机。清洁、检修或更换磨损起眼的轴承和其他部件
3	液压系统	(1) 更换液压油； (2) 检查液压油泵、液压马达等液压元件； (3) 检查液压油冷却系统； (4) 清洗液压油冷却系统； (5) 拆洗液压油缸	(1) 每工作 1200h，应清洗液压油箱，更换液压油和滤心； (2) 在额定工作压力下，各液压元件应工作正常，无漏油现象。否则，应予检修，排除故障； (3) 1) 清除散热管内外污垢。散热管如有破损泄漏，可用管塞堵住，但堵管数不应超过管子总数的 10%； 2) 固定管板、浮动管板及散热管口，腐蚀严重使冷却器失去密封作用者，应更换管束； 3) 更换失去密封作用的密封件； 4) 管路、阀门、滤网如有损坏，应予更换。 (4) 1) 清洗方法： A. 水侧清洗。用清洁水高速冲洗回水盖、后盖内壁及换热管内部，并用清洗通条通洗干净，再用压缩空气吹干； B. 油侧清洗。 a) 用压力不大于 0.63MPa 的三氯乙烯清洗液冲洗，清洗液在冷却器内按与油流方向相反方向循环流动，然后换用清洁水冲洗直至干净为止； b) 将四氯化碳溶液灌入冷却器，浸泡 15～20min 后，观察溶液颜色，如混浊不堪，应更新溶液，重复浸泡，直至溶液颜色与洁净液颜色相仿为止。然后用清洁水冲洗干净，清洗时应在通风环境良好之处进行，以防中毒。 2) 清洗后进行液压检验，清除渗油现象； 3) 检修潜水泵，更换磨损严重的零部件。 (5) 清洗油缸，更换橡胶密封油封。装配后在额定工作压力下，活塞杆进行伸、缩等 5 个往返行程，油缸应无爬行或漏油现象
4	转盘机构	(1) 更换传动箱润滑油； (2) 检查转盘； (3) 检查方转杆回转套	(1) 清洗箱体内部，除去油污，更换润滑油； (2) 拆检、清洗齿轮。齿轮的啮合间隙应小于极限值，啮合印迹应符合要求。轴承磨损严重时，应予更换； (3) 回转套磨耗超限时，应予修复
5	回转接头	检查回转接头	拆检、清洗回转接头，更换密封件。检查轴承，轴承磨耗严重或损坏者，应予更换

续表

序号	保养项目		技术要求
6	钻杆及钻具	检查钻杆、钻头	整修钻头及钻杆夹持器，恢复至原设计尺寸，对于刮刀型钻头，根据需要予以补强加固
7	钻架	（1）检查电动捯链； （2）检查导向装置	（1）拆检、清洁电动捯链内部，检查电动机、减速器、制动器及运行机构，如达不到技术性能要求时，应予检修； （2）导向装置各零部件磨耗严重或损坏时，应予修复
8	底盘	（1）检查底架； （2）检查行走轮轴承	（1）铆焊在行走底架上的连接件如有开焊、脱铆时，应予补焊、补铆，如有损坏变形，应予修复或更换； （2）轴承如磨耗严重或损坏，应予更换
9	整机	（1）清洁全机； （2）检查各部连接螺栓； （3）除锈补漆； （4）润滑	（1）清除全机内外的尘土和油污，保持机容整洁； （2）螺栓如有缺损，应予补齐和更换，并检查紧固各螺栓； （3）对于局部脱漆部位进行除锈补漆； （4）按机器出厂使用说明书进行润滑

4.6.3 正循环钻机

4.6.3.1 概述

（1）正循环钻进成孔适用于填土层、淤泥层、黏土层、粉土层、砂土层，也可在卵砾石含量不大于15%、粒径小于10mm的部分砂卵砾石层和软质基岩、较硬基岩中使用。桩孔直径一般不宜大于1000mm，钻孔深度一般约为40m为限，某些情况下，钻孔深度可达100m。

（2）钻机外形尺寸小，重量轻，狭窄工地也能使用。

（3）正循环钻机的施工设备简单，在不少场合，可直接或稍加改进地借用地质岩心钻探设备或水文水井钻探设备。设备故障相对较小，工艺技术成熟、操作简单，易于掌握。

（4）噪声低、振动小，工程费用较低，能有效地使用于托换基础工程。

（5）有的正循环钻机可打倾角10°的斜桩（如日本利根THS-70钻机）。

（6）由于桩孔直径大，正循环回转钻进时，其钻杆与孔壁之间的环状断面积大，泥浆上返速度低，挟带泥砂颗粒直径较小，排除钻渣能力差，岩土重复破碎现象严重。

4.6.3.2 正循环钻机的分类

（1）按钻机的旋转方向可分为正循环回转与反循环回转两用钻机、正循环回转与反循环回转加冲击钻进三用钻机。

（2）按用途可分为普通型正循环钻机、专用型正循环钻机。

以往专门应用于桩孔施工的正循环钻机较少，一般是直接借用或稍加改进地使用水文水井钻机或地质岩心钻机。常用的有SPJ-300型、红星-400型和SPC-300H型等钻机。

4.6.3.3 正循环钻机的基本原理

正循环钻成孔施工法是由钻机回转装置带动钻杆和钻头回转切削破碎岩土，钻进时用泥浆护壁、排渣；泥浆由泥浆泵输进钻杆内腔后，经钻头的出浆口射出，带动钻渣沿钻杆与孔壁之间的环状空间上升到孔口溢进沉淀池后返回泥浆池中净化，再供使用。这样，泥浆在泥浆泵、钻杆、钻孔和泥浆池之间反复循环运行，如图4.6-5所示。

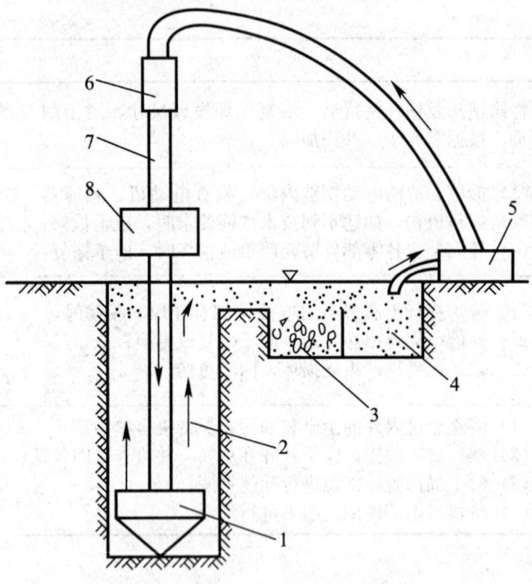

图 4.6-5 正循环钻成孔施工法

1—钻头；2—泥浆循环方向；3—沉淀池及沉渣；4—泥浆池及泥浆；5—泥浆泵；6—水龙头；7—钻杆；8—钻机回转装置

4.6.3.4 正循环钻机的使用要点

1. 施工程序：(1) 设置护筒，安装正循环钻机；(2) 钻进施工；(3) 第一次处理孔底虚土（即沉渣）；(4) 移走正循环钻机；(5) 测定孔壁，将钢筋笼放入孔中；(6) 插入导管，第二次处理孔底虚土；(7) 水下灌注混凝土，拔出导管；(8) 拔出护筒。

2. 施工注意事项

(1) 规划布置施工现场时，应考虑冲洗液循环、排水、清渣系统安设，以保作业时，冲洗液循环畅通，污水排放彻底，钻渣清除顺利。泥浆循环系统的设置应遵守下列规定：

1) 循环系统由泥浆池、沉淀池、循环槽、废浆池、泥浆泵、泥浆搅拌设备、钻渣分离装置等组成，并配有排水、清渣、排废浆设施和钻渣转运通道等，一般宜采用集中搅拌泥浆，集中向各钻孔输送泥浆的方式；

2) 沉淀池不宜少于两个，可串联并用，每个沉淀池的容积不小于 $6m^3$，泥浆池的容积为钻孔容积的 1.2～1.5 倍，一般不宜小于 8～$10m^3$；

3) 循环槽应设 1∶200 的坡度，槽的断面积应能保证冲洗液正常循环而不外溢；

4) 沉淀池、泥浆池、循环槽可用砖块和水泥砂浆砌筑，不得有渗漏或倒塌。泥浆池等不能建在新堆积的土层上，以免池体下陷开裂，泥浆漏失。

(2) 应及时清除循环槽和沉淀池内沉淀的钻渣，必要时可配备机械钻渣分离装置。在砂土或容易造浆的黏土中钻进，应根据冲洗液相对密度和黏度的变化，采用添加絮凝剂加快钻渣的絮沉，适时补充低相对密度、低黏度稀浆，或加入适量清水等措施，调整泥浆性能。

(3) 泥浆池、沉淀池和循环槽应定期进行清理。清出的钻渣应及时运出现场，防止钻渣废浆污染施工现场及周围环境。

3. 正循环钻进操作注意事项：

(1) 安装正循环钻机时，转盘中心应与钻架上吊滑轮在同一垂直线上，钻杆位置偏差不应大于 2cm。使用带有变速器的钻机，应把变速器板上的电动机和变速器被动轴的轴心设置在同一水平标高上。

(2) 要根据岩土的具体情况，合理选择钻头和调配泥浆性能。

(3) 初钻时应低挡慢速钻进，使护筒刃脚处形成坚固的泥皮护壁，钻至护筒刃脚下 1m 后，可按土质情况以正常速度钻进。

(4) 当钻具下入孔内时，其钻头应距孔底钻渣面 50～80mm，并开动泥浆泵，使冲洗液循环 2～3min。然后再开动钻机，慢慢将钻头放到孔底，轻压慢转数分钟后，逐渐增加转速和增大钻压，并要适当地控制钻速。

(5) 正常钻进时，应合理调整和掌握钻进参数，不得随意提动孔内钻具。操作时应掌握升降机钢丝绳的松紧度，以减少钻杆、水龙头晃动。在钻进过程中，应根据不同地质条件，随时检查泥浆指标。

(6) 在黏土层中钻孔时，宜选用尖底钻头，中等转速，大泵量，稀泥浆的钻进方法。

(7) 在砂土或软土等易塌孔地层中钻孔时，宜用平底钻头、控制进尺、轻压、低挡慢速、大泵量、稠泥浆的钻进方法。

(8) 在砂砾等坚硬土层中钻孔时，易引起钻具跳动、憋车、憋泵、钻孔偏斜等现象，操作时要特别注意，宜采用低挡慢速、控制进尺、优质泥浆、大泵量、分级钻进的方法。必要时，钻具应加导向，防止孔斜超差。

(9) 在起伏不平的岩面、第四系与基岩的接触带，溶洞底板钻进时，应轻压慢转，待穿过后再逐渐恢复正常的钻进参数，以防桩孔在这些层位发生偏斜。

(10) 在同一桩孔中采用多种方法钻进时，要注意使孔内条件与换用的工艺方法相适应。如基岩钻进由钢粒钻头改用牙轮钻头时，须将孔底钢粒冲起捞净，并注意孔形是否适合牙轮钻头入孔。牙轮钻头下入孔内后，须轻压慢转，慢慢扫至孔底，磨合 5～10min，然后逐步增大钻压和转速，防止钻头与孔形不合引起剧烈跳动而损坏牙轮。

(11) 在直径较大的桩孔中钻进时，在钻头前部可加一小钻头，起导向作用；在清孔时，孔内沉渣易聚集在小钻孔内，并可减少孔底沉渣。

(12) 加接钻杆时，应先将钻具稍提离孔底，待冲洗液循环 3～5min 后，再拧卸加接钻杆。

(13) 钻进过程中，应防止扳手、管钳、垫叉等金属工具掉落孔内，损坏钻头。

(14) 如护筒底土质松软出现漏浆时，可提起钻头，向孔中倒入黏土块，再放入钻头倒转，使胶泥挤入孔壁堵住漏浆空隙，稳住泥浆后继续钻进。

4.6.3.5 正循环钻机的维护保养

国产 SPC300H 型汽车式正循环钻机的维护保养工作是例行保养（表 4.6-6）、一级保养（表 4.6-7）、二级保养（表 4.6-8）、三级保养（表 4.6-9）等。

例行保养（每班进行） **表 4.6-6**

序号	保养项目		技术要求
1	发动机	(1) 检查燃油箱存油量； (2) 检查油底壳机油油量； (3) 检查喷油泵和调速器的机油量； (4) 检查冷却水水量及冷却系统； (5) 检查发动机运转情况； (6) 发动机整机	(1) 油不足时，应予加足； (2) 油面应位于油标尺上下刻度线之间。油不足时，应予加足。如油面异常，应查明原因，排除故障； (3) 油不足时，应予加足。机油面过高时，应查明原因，排除故障； (4) 水不足时，应予加足。冷却系统如有渗漏，应予修复； (5) 发动机在低、中、高各速运转时，应无异响、异烟，否则，应查明原因，排除故障； (6) 清洁发动机外表，紧固连接螺栓，检查有无漏油、漏气、漏水、漏电等现象，若有，应予消除
2	电气设备及仪表	(1) 检查各仪表； (2) 检查照明灯具、信号装置及雨刷器	(1) 各仪表应反应灵敏、示值正确，如出现异常情况，应查明原因，排除故障； (2) 应齐全有效，工作正常

续表

序号	保养项目	技术要求
3	传动系统	(1) 检查离合器； (2) 检查变速箱； (3) 检查传动轴及驱动桥	(1) 离合器应接合平稳，分离彻底，无异常现象； (2) 变速箱应操纵灵活，不跳挡，不乱挡，无异响； (3) 应工作正常，无异响，连接螺栓如有松动，应予紧固
4	转向机构	检查转向机构	转向机构应操纵轻便、灵活，车辆无跑偏、摆头现象。横、直拉杆、球销等部位连接螺栓如有松动，应予紧固
5	行驶系统	(1) 检查钢板弹簧U形螺栓； (2) 检查轮胎及轮辋固定螺栓、螺母	(1) 螺栓如有松动，应予紧固； (2) 清除扎入或嵌入轮胎的异物，轮胎气压应正常，轮辋固定螺栓及螺母如有松动，应予紧固
6	制动系统	(1) 检查空气压缩机； (2) 检查油、水分离器； (3) 检查行驶制动性能； (4) 检查驻车制动器	(1) 空气压缩机应工作正常； (2) 每行驶500km，应排放油水分离器内的油污和积水； (3) 制动应灵敏、可靠，车辆无跑偏、拖滞现象，制动系统如有漏气现象，应及时排除； (4) 驻车制动器应功能正常，制动可靠
7	液压系统	(1) 检查液压油箱油位； (2) 检查液压油泵、阀、油缸等液压元件； (3) 检查油管及接头； (4) 检查液压系统密封性	(1) 油不足时，应予补足； (2) 各液压元件应工作正常，无异响或过热现象，经常保持外表清洁； (3) 各油管及接头如有松动，应予紧固； (4) 应无渗漏现象，如有，应予消除
8	工作装置	(1) 检查传动箱、变速箱、减速箱； (2) 检查各离合器； (3) 检查传动轴； (4) 检查卷扬机； (5) 检查传动链条； (6) 检查冲击机构； (7) 检查泥浆泵及吸排泥管； (8) 检查转盘； (9) 检查回转接头、钻杆、钻头； (10) 检查钻架、加压导向机构	(1) 应工作正常，无异响，不漏油。工作时，油温应低于70℃； (2) 离合器应接合平稳，分离彻底，操纵轻便，自锁可靠，无打滑、过热现象； (3) 传动轴应工作正常，无异响，连接螺栓如有松动，应予紧固； (4) 卷扬机应工作正常，制动可靠； (5) 工作时传动链条应工作平稳、无异响； (6) 应工作正常； (7) 1) 工作时，三角传动皮带应无打滑现象； 2) 浆泵曲轴箱内润滑油不足时，应予补足。泥浆泵工作时，应运转正常，功能可靠，否则，应查明原因，排除故障。 3) 吸、排泥管应无变形及漏气、漏水现象。 (8) 转盘工作时应回转平稳，无异响，各部轴承无过热现象。传动箱内润滑油不足时，应予补足； (9) 工作时，回转接头应转动灵活、平稳，无漏气、漏水现象。钻杆、钻头如有损伤、变形，应予修复； (10) 钻架应连接牢固，连接螺栓如有松动，应予紧固。导向杆应平直，加压梁沿导向杆运动灵活。加压拉手动作迅速、准确、同步，加压机构工作可靠，不打滑
9	整机	(1) 清洁整机外部； (2) 检查外部连接螺栓； (3) 检查安全防护装置； (4) 检查泄漏情况； (5) 润滑	(1) 清洁整机外部，除去表面油污和泥浆； (2) 检查、拧紧外部螺栓，特别要注意钻机与底架、离合器、变速箱、转盘、钻架等螺栓的紧固情况； (3) 安全防护装置应完好可靠； (4) 应无漏油、漏水、漏气、漏电现象； (5) 按机器出厂使用说明书进行润滑

一级保养（每工作200h进行） **表4.6-7**

序号	保养项目		技术要求
1	例行保养		完成本级保养作业项目外的例行保养项目
2	发动机	(1) 清洗空气滤清器； (2) 清洗燃油滤清器； (3) 清洗机油滤清器； (4) 清洗机油泵吸油粗滤器； (5) 疏通曲轴箱通气孔； (6) 更换油底壳机油； (7) 紧固水箱支架固定螺栓； (8) 清洗冷却水箱； (9) 检查三角皮带张紧度	(1) 每工作100h清洗空气滤清器一次，尘埃浓度大的作业环境应适当缩短清洗周期。清洗时，将钢丝绒取出，在汽油中洗干净，再用压缩空气吹干，同时清洗滤清器油池并加入适量新机油； (2) 拆下滤头和壳体，将滤心浸在汽油或柴油中，用毛刷轻轻刷除污物，同时应排除水分和沉积物，如滤心破裂或难以清洗，则必须换新； (3) 1) 清洗绕线式机油滤清器时，连盖子一起取出滤心，将滤心放在煤油或柴油中清洗，再用压缩空气吹净； 2) 清洗刮片式机油滤清器时，将滤心置于柴油中，转动手柄，刮下油污，如积垢过多，可松开轴下端螺母，依次取出滤片浸入柴油机中逐片清洗，但必须注意，应保持滤片平整，防止碰毛，之后严格按序及片数装复； 3) 清洗机油精滤器时，先将精滤器拆开，卸下转子体，将零件浸在柴油或煤油中，再用毛刷洗刷转子内的污物。装配精滤器时，应注意以下几点： a. 喷嘴中的喷孔应畅通； b. 转子上下两个轴承的配合间隙为0.045～0.094mm，必要时进行测量； c. 转子体与转子应对准定位止口装配； d. 拧紧螺母时，用力必须缓慢均匀，密封圈要平整。装配后，转子体在转子轴上应转动灵活。 (4) 拆下滤网放在柴油中清洗，然后吹净装复； (5) 保持气孔畅通； (6) 根据机油的使用状况（油的脏污及黏度降低程度），每隔工作200～300h换油一次； (7) 螺栓如有松动，应予紧固； (8) 用清洁水注入水箱，清除其中沉淀物至干净为止； (9) 在正常情况下，在单根三角带中段施以29～49N的力，皮带的下沉量应在10～20mm范围内，否则，应予调整
3	电气设备及仪表	(1) 检查线路、喇叭、照明设备及各警示灯具； (2) 检查发电机皮带张紧度	(1) 均应完好无损，功能正常，如有损坏，应予修复或更换，线路接头应连接牢固，烧损的应予更换； (2) 在单根皮带中段，施以39～45N的压力，皮带下沉量在10～15mm之间为合适，否则，应调整皮带张紧度
4	传动机构	(1) 检查变速箱润滑油； (2) 检查驱动桥润滑油； (3) 检查传动轴万向节轴承盖螺栓、螺母	(1) 清洗通气孔。检查润滑油，油不足时，应加至规定的油位高度；如油已老化变质或污染严重，应予更换； (2) 清洁通气管，检查主传动器油量，油面应与检查螺孔下沿齐平；如油已老化变质或污染严重，应予更换； (3) 螺栓、螺母如有松动，应用45～50N·m的力矩拧紧
5	转向机构	检查转向机构各接头处连接螺栓	螺栓如有松动，应予紧固
6	行驶系统	(1) 检查前、后钢板弹簧U形螺栓、螺母； (2) 检查轮胎气压	(1) 螺栓、螺母如有松动，应予紧固。前钢板弹簧U形螺栓的拧紧力矩为230～260N·m，后钢板弹簧U形螺栓的拧紧力矩为270～300N·m； (2) 轮胎气压应保持在0.7～0.75MPa的范围内

续表

序号	保养项目		技术要求
7	制动系统	(1) 检查储气筒; (2) 检查储气筒内气压; (3) 检查油、水分离器	(1) 每行驶1500km应排除储气筒内的油污和积水 (2) 停车（发动机熄火）后，在15～20min内，储气筒气压降低不得超过0.05MPa，踏下制动踏板后，气压应无迅速下降；放松踏板后，制动的解除应迅速及时。否则，应查明原因，排除故障 (3) 制动气路的气压应在0.68～0.7MPa范围内，最高气压不超过0.9MPa；必要时，调整油水分离器上的压力控制器
8	液压系统	(1) 检查滤清器; (2) 检查液压系统工作情况	(1) 清洗滤清器。滤心如有损坏，应予更换 (2) 液压系统应工作正常。各液压元件应功能可靠，系统工作压力要求达到7MPa，否则，应查明原因，排除故障
9	工作装置	(1) 检查传动箱、变速箱、减速箱的油量; (2) 检查离合器; (3) 检查传动轴; (4) 检查卷扬机制动器; (5) 检查泥浆泵及三角皮带张紧度; (6) 检查转盘传动箱润滑油; (7) 检查加压装置; (8) 检查各滑轮; (9) 检查钢丝绳; (10) 检查各操纵系统	(1) 油不足时，应予补足; (2) 检查、调整离合器，要求功能正常; (3) 检查、紧固传动轴连接螺栓; (4) 制动带与制动鼓之间的间隙应保持在1～1.5mm范围内，超过2mm时，应予调整；制动液不足时，应予补足，消除漏油现象; (5) 1) 三角带的张紧度应符合规定，否则，应予调整；三角皮带磨损严重或损坏时，应予更换; 2) 工作时，泥浆排出应均匀、正常，泥浆压力表示值正确，压力符合规定要求，否则，应予检修。 (6) 如油中混有泥水时，应更换润滑油; (7) 工作时，加压装置应灵活可靠；加压架、导向杆应完好无损; (8) 各滑轮应转动灵活，如有损伤，应予修复或更换; (9) 钢丝绳应无断丝、松散、扭曲、损伤、挤扁及严重锈蚀，否则，应予更换; (10) 操纵系统各连接部件应连接牢固；螺栓如有松动，应予紧固；各操纵手柄，应完好无损，操纵灵活，定位可靠
10	整机	润滑	按机器出厂使用说明书进行润滑

二级保养（每工作600h进行） **表4.6-8**

序号	保养项目		技术要求
1	例行保养		完成本级保养作业项目外的例行保养项目
2	发动机	(1) 检查喷油器; (2) 检查喷油泵; (3) 清洗燃油箱及燃油管; (4) 检查气门间隙、喷油提前角; (5) 检查进、排气门密封情况; (6) 清洗润滑系统; (7) 检查水泵密封情况; (8) 检查汽缸套封水圈; (9) 清洗冷却系统水管道	(1) 检查喷油压力，正常的喷油压力为20.6+8.98MPa。观察燃油雾化情况，必要时，进行清洗和调整; (2) 必要时，按说明书规定在试验台上由专业人员进行调整; (3) 清除污物，用压缩空气吹干后，更换新油; (4) 冷车时，进气门间隙为0.25～0.30mm，排气门间隙为0.30～0.35mm。气门间隙不符合上述规定者，应予调整。当柴油机工作500h或每次拆装后，必须进行喷油提前角的检查和调整。 喷油提前角（以上止点前曲轴转角计）为24°～27°; (5) 拆下汽缸盖，观察进、排气门配合锥面磨损情况，必要时研磨修理以确保密封; (6) 清洗油底壳、机油管道、机油冷却器等，清除污物，用压缩空气吹干后，注入新油; (7) 如溢水口滴水严重，则应更换水封; (8) 如有漏水，应抽出汽缸套，更换封水圈; (9) 使用清洗液，也可用每升水加150g苛性钠（NaOH）的溶液灌满柴油机冷却系统，停置8～10h，启动柴油机，使出水温度达75℃以上，放掉清洗液，再用净水冲洗干净

续表

序号	保养项目		技术要求
3	电气设备及仪表	(1) 检查起动机； (2) 清洁发电机	(1) 检查紧固件及导线连接是否牢固，导线绝缘有无损坏。有异常者，均应予以修复； (2) 清除外部积尘，用汽油擦去集电环和线圈上的油污
4	传动系统	(1) 检查离合器踏板的自由行程； (2) 检查变速箱、驱动桥； (3) 检查传动轴	(1) 离合器踏板的自由行程为 30～40mm，不符规定者，应予调整； (2) 每行驶 6000km 应更换润滑油； (3) 传动轴万向节十字轴及轴承磨损严重时，应予更换
5	转向机构	(1) 检查方向盘自由行程； (2) 检查转向器； (3) 检查前轮前束	(1) 方向盘的自由行程应符合规定值，最大不应超过 30°； (2) 每行驶 6000km，应更换润滑油； (3) 前束值为 6～8mm，如不符，应予调整
6	行驶系统	轮胎换位	按说明书中规定的顺序换位
7	制动系统	(1) 检查空气压缩机； (2) 检查车轮制动器； (3) 检查驻车制动器； (4) 检查制动踏板自由行程	(1) 解体检查，测量缸筒及活塞环的磨损情况，磨损严重的，应予修理或更换； (2) 拆检车轮制动器，清洁并润滑轴承，检查并调整制动鼓与摩擦片间隙，在一般情况下，制动臂移动 15～20mm 即为间隙适当。制动摩擦片磨损超限或铆钉头与摩擦表面距离小于或等于 0.5mm 时，应更换摩擦片。工作时，制动端应灵活，制动鼓无过热现象； (3) 清除驻车制动器棘爪部位泥垢，进行润滑，保持棘爪复位灵活。操纵杆拉动 $2\frac{1}{2}$ 行程时，应能完全制动；按下操纵杆顶端按钮，应能完全解除制动； (4) 制动踏板自由行程应不大于 15mm
8	液压系统	(1) 检查液压油质量； (2) 检查液压系统工作情况	(1) 检查液压油质，根据需要更换液压油； (2) 工作时，液压系统应工作正常，如不能满足使用要求，应查明原因，排除故障
9	工作装置	(1) 检查传动箱、变速箱、减速箱； (2) 检查离合器； (3) 检查卷扬机； (4) 检查转盘； (5) 检查钻架及导向杆； (6) 检查加压装置； (7) 检查泥浆泵传动皮带轮及减速箱链式联轴器	(1) 更换润滑油。运转时，如有异响，应查明原因，排除故障； (2) 拆开离合器，摩擦片如有损坏或磨耗严重时，应予更换。检查变速箱牙嵌式离合器，更换磨损严重的零部件。 (3) 1) 制动带厚度磨损至小于 5mm 或铆钉头距制动带表面小于 1mm 时，应更换制动带； 2) 卷筒的制动表面沟槽深度大于 1mm，宽度大于全长的 1/3 时，应修理或更换卷筒。 (4) 转盘大、小锥齿轮的啮合间隙应符合规定值，轴承的轴向间隙应不大于 0.50mm，径向间隙应不大于 0.15mm，否则，应予检修，更换润滑油； (5) 如有断裂、开焊、变形，应予修复； (6) 加压装置若动作不均衡、不灵敏、不同步或夹紧机构打滑时，应查明原因，排除故障； (7) 皮带轮及联轴器磨损严重时，应予检查修复
10	整机	润滑	按机器出厂使用说明书进行润滑

三级保养（每工作1800h进行） **表 4.6-9**

序号	保养项目		技术要求
1	二级保养		完成本级保养作业项目外的二级保养作业项目
2	发动机	(1) 检查并清洗汽缸盖； (2) 检查汽缸垫和进排气管垫； (3) 检查活塞环、汽缸套的磨损情况； (4) 检查连杆小头衬套及轴瓦的磨损情况； (5) 检查推力轴承、推力板的磨损情况和滚动主轴的转动情况； (6) 检查气门导管的磨损情况； (7) 检查气门接触带宽度、研磨气门； (8) 检查气门弹簧； (9) 检查机油泵； (10) 检修冷却水箱	(1) 拆下缸盖，清除积碳，清洗检查。如发现汽缸盖底平面度误差超过0.05mm，则应在磨床上磨平，但总磨削量不得大于0.20mm。修磨后的两相邻缸盖的高度差不得大于0.10mm； (2) 已损坏或失去密封作用的应予更换； (3) 如超过磨耗极限，应更换活塞环，同时检查活塞环的开口间隙。 (4) 1) 连杆小头衬套如磨损严重，应予更换； 2) 连杆轴瓦如发现内壁剥落、烧熔、拉痕严重或瓦背有松动现象，应更换新轴瓦。 (5) 磨损严重及滚动主轴承内、外圈出现周向游动现象时，视需要予以更换； (6) 进、排气杆与气门导管的磨损间隙极限均为0.20mm，超过极限的，应予更换； (7) 气门接触带过宽、密封不良时，应修刮气门座锥面(接触带宽度：进、排气门均为1.70～2.20mm)，然后与气门互研，达到配合良好为止，如气门严重烧损，无法修复时，则应换新； (8) 弯曲、断裂或弹力不符合规定者，应予更换； (9) 对易损零件进行拆检，并进行调整。从动齿轮孔与从动轴的配合间隙为0.03～0.082mm；机油泵齿轮的端面和盖板间的间隙为0.05～0.115mm，必要时，可用耐油纸制作的垫片进行调整； (10) 如有渗漏，应进行焊修；个别管子严重损坏、无法焊修者，允许将管子堵住，但堵塞的管子不得多于三根
3	电气设备及仪表	(1) 检查电气线路、灯光、仪表等； (2) 检查发电机和起动机	(1) 电气线路如有破损，应予修复或更换。各灯具、信号、仪表等如有损坏，应予修复或更换； (2) 清洗各机件、轴承，吹干后，加注新润滑脂。检查起动机齿轮磨损情况及传动装置是否灵活
4	传动系统	(1) 检查离合器； (2) 检查变速箱； (3) 检查驱动桥	(1) 离合器摩擦片磨损严重或铆钉头距摩擦片表面距离小于0.5mm时，应予更换。分离轴承与分离杠杆端面距离为5mm，要求三个分离杠杆端面位于同一平面内，偏差不大于0.2mm； (2) 齿轮磨损严重时，应予更换，消除漏油现象； (3) 圆锥主、被动齿轮轴向间隙均为0.10mm，齿轮啮合间隙为0.20～0.35m，超过0.60mm时，应成对更换；圆柱主、被动齿轮啮合间隙为0.40～0.70mm，超过1mm时，应成对更换。齿轮应转动灵活，齿面啮合印痕应符合规定
5	转向机构	(1) 检查转向器； (2) 检查转向机构； (3) 检查前轮转向角	(1) 更换润滑油。检查连接螺栓紧固情况； (2) 拆检、润滑、调整。球销等各零部件磨损严重时，应予更换； (3) 转向角应符合规定值
6	行驶系统	(1) 检查车轮； (2) 检查减震器及钢板弹簧	(1) 拆检、清洗并润滑轴承。轴承磨损严重，制动鼓磨损超限时，应予更换； (2) 减震器如有损坏，应予修复或更换。钢板弹簧如有损坏，应予更换

续表

序号		保养项目	技术要求
7	制动系统	(1) 检查空气压缩机; (2) 检查车轮制动器、驻车制动器; (3) 检查制动性能	(1) 空气压缩机工作时，如果气压偏低，应检查排气阀的密封性，必要时进行清洗或研磨。如经 24h 工作后，在油水分离器和储气筒中聚集的机油超过 10～15cm³ 时，则应检查活塞环的磨损情况，必要时予以更换; (2) 各零部件磨损严重时，应予修复或更换; (3) 应符合制动的规定要求，消除系统漏气现象
8	液压系统	(1) 更换液压油，清洗、检查液压油箱; (2) 检查液压油泵、阀、液压油缸等液压元件	(1) 清洗液压油箱，更换液压油。油箱在 0.3MPa 的气压下保持 5min，应无渗漏现象; (2) 在规定工作压力下，各液压元件应工作正常，无漏油现象。否则，应查明原因，更换液压元件，予以修复
9	工作装置	(1) 检查传动箱、变速箱、减速箱; (2) 检查离合器; (3) 检查卷扬机; (4) 检查转盘; (5) 检查冲击机构及加压装置; (6) 拆检泥浆泵; (7) 检查各操纵机构	(1) 齿轮、轴承等零部件磨损严重时，应予更换; (2) 各离合器组件磨耗严重或损坏时，应予修复或更换; (3) 检查更换已磨损超限或损坏的钢丝绳。检查轴承及齿轮的磨损情况，磨耗严重时，应予更换。旋转接头及制动油缸密封性差，并有漏油现象时，应更换密封件。 (4) 1) 齿轮及轴承磨耗严重或损坏时，应予更换; 2) 底架变形、支承梁开裂、导轨磨损严重、支撑千斤顶损坏时，应予修复或更换; 3) 转台应运转平稳，无明显松旷，否则，应予检修; 4) 防水圈与托油盘严重变形的，应予修复; (5) 修复或更换磨耗严重或损坏的零部件; (6) 拆检、清洗活塞、阀、轴承等零部件，磨损严重者，应予更换，装复后工作性能应符合要求; (7) 操纵机构各部件如有失灵、损坏等情况，视需要进行修理或更换
10	整机	(1) 清洁全机; (2) 检查各部连接螺栓; (3) 补漆; (4) 润滑	(1) 清除机外的尘土、油污、保持机器整洁; (2) 对缺损的螺栓、螺母，予以补齐或更换; (3) 对局部脱漆部位，进行除锈补漆; (4) 按机器出厂使用说明书进行润滑

4.7 扩孔机

4.7.1 概述

桩的下部带有扩大头的桩叫做“扩头桩”。很明显，扩头桩比等径桩的支承面积要大得多，因此它的承载能力比等径桩也要大得多。扩头桩不仅承载能力强，而且抗拔能力强。由于扩头桩是埋在原状土内的，它的抗拔能力比等径桩或其他靠重力来承受抗拔力的基础都更大。所以，发展扩头桩是基础桩的一个方向。施工扩头桩的一个关键是要能在地下钻出一个带有扩大头的孔。目前采用的成孔方法主要有两类：爆扩法和机扩法。

4.7.1.1 爆扩法

(1) 爆扩施工方法的工艺过程是先用振动锤或螺旋钻机施工一个等径孔，然后在孔底放入适量的炸药，浇筑一定量的混凝土将孔封住，使爆炸效果更好。浇筑混凝土以后即可引爆。在爆炸力的作用下，孔底形成一个接近球形的大头（图 4.7-1（*a*）所示）。这时插入钢筋笼，再次浇筑混凝土即可成为一个带扩大头的桩。

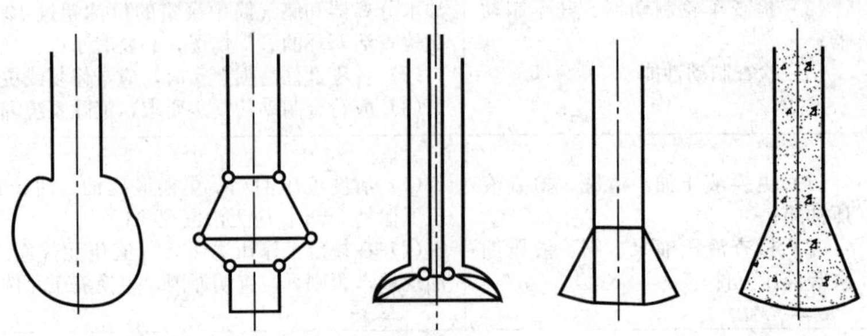

图 4.7-1 扩底桩的类型

（2）爆扩法施工简单，不需要特殊的成孔机械。但是爆扩法施工有许多缺点。利用爆炸力成孔，很难达到预期的设计尺寸。虽然可以事先试爆计算炸药用量，但由于同一施工地区的土质也不可能完全相同，所以爆成的孔大小不一。不仅如此，爆成的孔形状很不规则，经常有偏头、缩颈等缺陷。从基础的形状来看，我们希望扩大头是一个底角为 45°的圆锥，如图 4.7-1 中的（*d*）或（*e*）。因此，球形扩大头约多用一倍混凝土。另外，爆炸所产生的振动会影响邻近的建筑物，爆炸施工不安全。

4.7.1.2 机扩法

（1）机扩法可以形成一个孔型规则的扩大头，图 4.7-1 中的（*b*）～（*e*）所示是采用各种不同类型钻扩机所形成的孔的形状。

（2）图 4.7-1 中的（*b*）、（*c*）、（*d*）三个图都是采用先钻一个直孔，再换扩头钻进行扩头。其中图（*b*）的扩头机构像一把没有伞纸的雨伞，当“雨伞”收拢起来便可从孔中放下，放到底以后使它边回转边张开。由于“雨伞”的伞骨即为切削刃，所以，在它转动时可把孔周围的土切下来，逐渐形成一个扩大的孔。为了把切下的土送出孔外，在其下部有一小筒，用以装土。因为筒的容量不能设计得很大，所以，提土排土要频繁进行。使生产效率降低。这种方法的另一个缺点是孔形不理想。

（3）图 4.7-1 中的（*c*）所示的扩头机构像一朵荷花，有三个花瓣，“花瓣”合拢时放入孔底，达到孔底后。在其液压机构推动下，“花瓣”边转边张开进行切削，经过一定的时间，便把“花瓣”收拢，将土抓出孔外。该法的缺点是提土排土要频繁进行，生产率低，而孔形也不理想。

（4）图 4.7-1（*d*）中的扩头机构是三把藏在钢管内的切削刀。把钢管放到孔底以后，使钢管边转边把藏在其中的切削刀伸出。与此同时，向孔内注水，把切下来的土制成泥浆，排除孔外。这种方法能获得理想的孔形，缺点是要浇筑水下混凝土。

（5）图 4.7-1（*e*）是利用一种双管双螺旋钻扩机施工的扩头桩。这种钻扩机具有钻进与扩孔合一、钻进与排土同时连续进行、孔形合理规则等优点，是一种较为理想的扩孔机。下面就介绍这种钻扩机的构造和工作原理。

4.7.2 扩孔机的分类及应用范围

（1）按有无地下水，扩孔机可分为干作业扩孔机和水下作业扩孔机。

（2）按扩孔直径的大小，扩孔机可分为小直径扩孔机和大直径扩孔机。

（3）按桩身成孔方法不同，扩孔机可分为反循环钻成孔扩孔机、钻斗钻成孔扩孔机、全套管成孔扩孔机和螺旋钻成孔扩孔机等。

扩孔机适应于地下的填土层、黏性土层、砂土层和粒径不大的砾砂层。

4.7.3 小直径扩孔机和扩孔器

4.7.3.1 QKJ-120 型汽车式扩孔机

QKJ-120 型汽车式扩孔机结构示意图见图 4.7-2 所示。该机特点：采用新型的解放牌 CA141 型汽车底盘；采用自重小、操作灵活的蛙式支腿，可单独操作调整水平；工作平台前后左右均可调整，动力为液压油缸，可保证扩孔施工时就位准确迅速；钻杆部分采用先进的摩擦加压技术和伸缩式钻杆；采用超越式离合器，正转扩孔，反转清土。

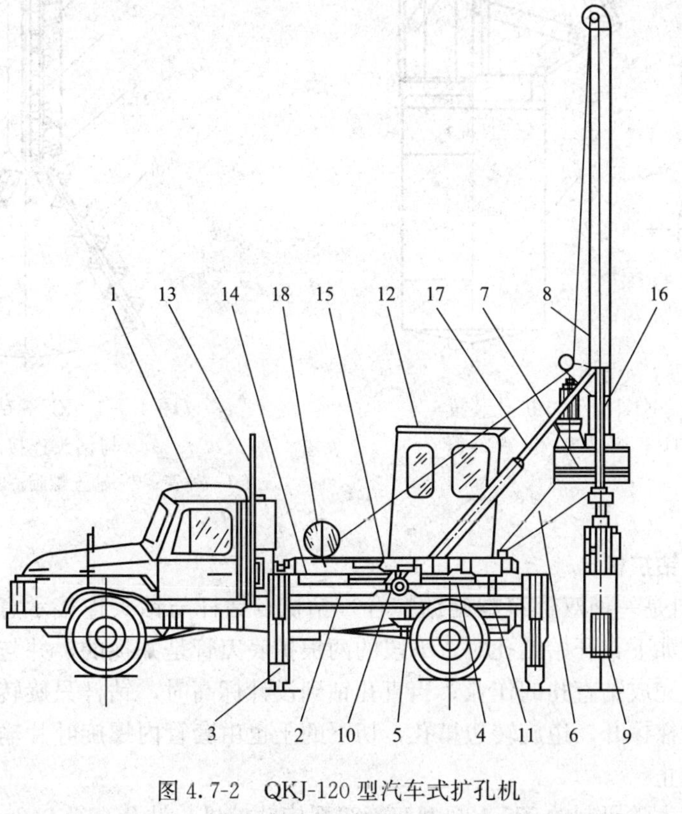

图 4.7-2 QKJ-120 型汽车式扩孔机

1—驾驶室；2—车架；3—支腿；4—回转台；5—水平台；6—支承臂；7—动力箱；8—钻架；9—扩孔头；10—水平滑块；11—回转轮；12—操作室；13—支架；14—水平油缸；15—回转油缸；16—加压油缸；17—支撑油缸；18—卷扬机

该机扩孔装置是由扩孔刀和贮土桶两部分组成。扩孔刀末端焊接刮土板，它的作用：一是将扩孔过程中切削下来的土块钻屑拨入贮土筒内（每次取土量约 0.1m³）；二是在扩孔结束时将扩大体空腔底部的虚土清除干净。

4.7.3.2 KKJ40/120 扩孔机

该机的扩孔刀架呈龙门形，底部为一圆环，通过滚珠与贮土筒相连接，扩孔下刀片安装在圆环上，上刀片安装在横梁上。

扩孔工作原理如下：将扩孔装置放到已达预定标高的直孔底部；放松卷扬机的钢丝绳，使钻杆的重量通过连杆压在扩孔刀片上，迫使扩孔刀张开；由液压马达带动钻杆旋转，旋转、过程中扩孔刀片不断切削土块，切下来的钻块土屑顺刀片滑入贮土筒内；土屑等装满贮土筒后，提筒出土；反复多次形成扩底部；最后利用筒底刀片把孔底虚土刮入筒内，以清除孔底虚土。图 4.7-3 为 KKJ40/120 扩孔装置示意图。

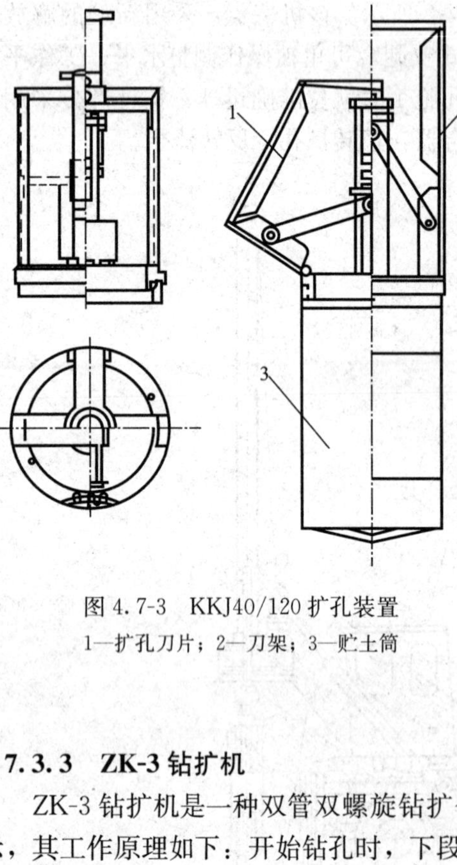

图 4.7-3 KKJ40/120 扩孔装置
1—扩孔刀片；2—刀架；3—贮土筒

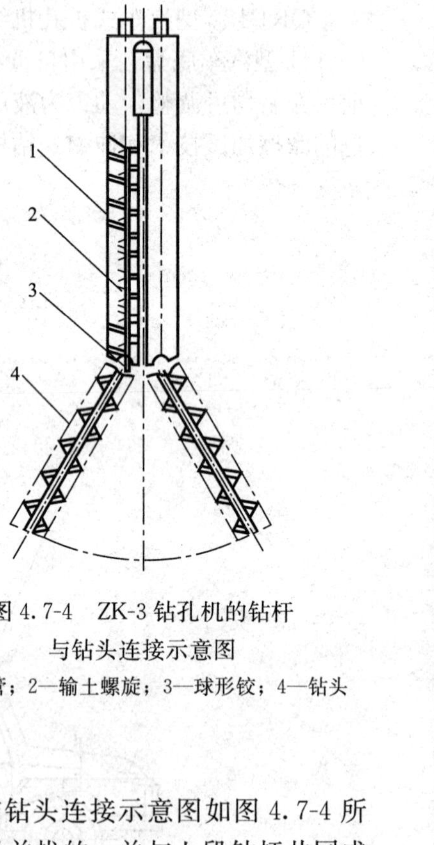

图 4.7-4 ZK-3 钻孔机的钻杆与钻头连接示意图
1—外管；2—输土螺旋；3—球形铰；4—钻头

4.7.3.3 ZK-3 钻扩机

ZK-3 钻扩机是一种双管双螺旋钻扩合一钻机，钻杆与钻头连接示意图如图 4.7-4 所示，其工作原理如下：开始钻孔时，下段的两根扩底刀管是并拢的，并与上段钻杆共同成为一根直钻杆，完成钻直孔的作业；当直孔钻到设计标高时，钻杆只旋转不进尺，操纵液压阀，使钻头徐徐撑开，边旋转边扩孔，切下的土也由套管内螺旋叶片输送到地面，直至达到设计要求为止。

哈尔滨建筑大学研制的 ZK-120 型双管双螺旋钻扩机，钻孔直径 0.3m，最大扩孔直径可达 1.0m。

4.7.4 大直径扩孔机和扩孔器

4.7.4.1 1000/2600扩孔钻头

北京城建机械公司为与引进的意大利CM-35R液压履带式短螺旋大直径钻孔机配套使用，设计出1000/2600扩孔钻头，其结构示意图如图4.7-5所示。该钻头由扩孔刀杆、推土板、支撑架、钻筒滑块、对开斗门和斗门开关弹簧压杆机构组成。钻头外径900mm，最大扩孔直径为2600mm，每次取土量为0.25～0.30m^3，最大钻孔深度为28m。1000/2600扩孔钻头工作程序如下：

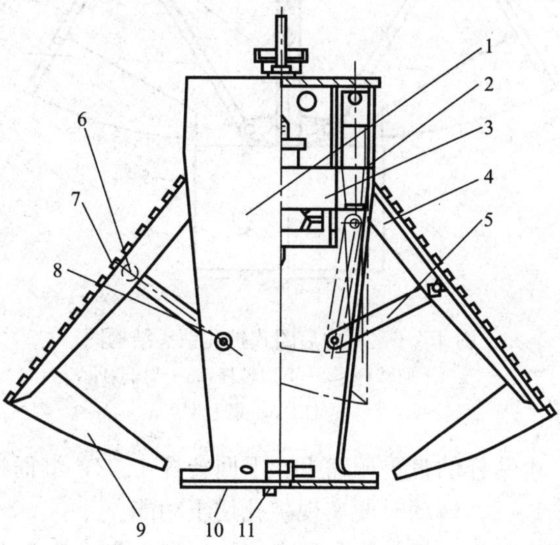

图4.7-5 1000/2600扩孔钻头结构图

1—钻筒；2—上销轴；3—滑块；4—刀杆；5—支撑架；6—中销轴；7—刀齿；8—下销轴；9—推土板；10—底门；11—清底刀片

（1）首先将钻机钻杆与扩孔钻头滑块3用销轴连接；

（2）提升钻杆，扩孔钻头滑块3上移到上止点，铰接刀杆4及支撑架5收入筒内；

（3）将扩孔钻头插到已钻成的桩孔底部，由于钻杆和刀杆4的自重以及钻杆加压机构的压力，迫使滑块3和刀杆4的铰接点下移，以支撑架5下端点为支撑点，支撑架上支点向外撑出刀杆；

（4）转动钻杆，刀杆4一面回转一面张开，刀杆4上的切削刀齿7切削孔壁土，将直孔底部扩成锥形孔，被切削下来的土由刀杆4下部的推土板9推入钻筒1内；

（5）钻筒1装满土后，提升钻杆，滑块3上移，刀杆4及支撑架5收入钻筒1内；

（6）钻头出孔后，回转一个角度，继续提升，钻头上部的弹簧压杆顶到钻杆回转箱底盘时，钻筒底门10张开排土；

（7）钻头下落时，由于弹簧作用，底门自动关闭，这样即完成了一个工作循环；

（8）上述过程反复进行，直至信号灯显示出已扩到设计尺寸时，即完成一个扩孔。一个扩孔所需时间为20～25min。

4.7.4.2 重力启闭式扩孔钻头

（1）北京市建筑工程研究院研制的重力启闭式扩孔钻头，其结构示意图如图 4.7-6 所示。

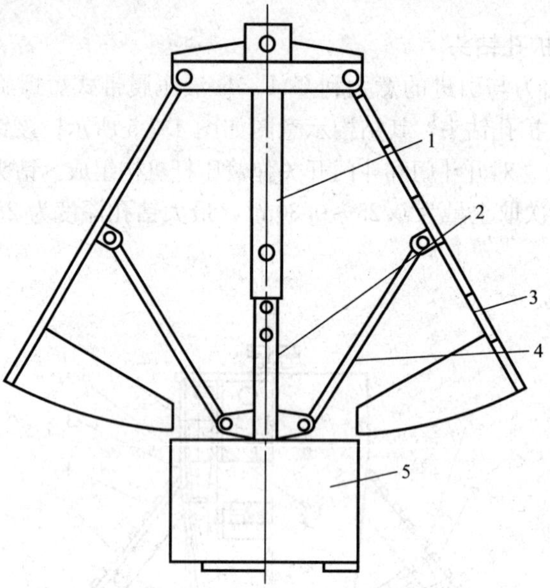

图 4.7-6 重力启闭式扩孔钻头结构图

1—上回转杆；2—下回转杆；3—刮土刀；
4—连杆；5—集土斗

（2）钻杆下降时，由钻杆的自重压缩上、下回转杆 1、2，继而通过连杆 4，支撑开刮土刀 3，当驱动回转杆 1、2，转动时便实现扩孔切土功能。

（3）在刮土刀底部设有扫土板，将刮下来的松土扫入集土斗 5 中。集土斗 5 是由圆形桶壁、活动式斗底、启闭机构、下回转杆与斗底的连接机构和斗底的虚土清除装置组成。扩孔时闭合斗底集土，卸土时打开斗门自动向下卸土。

（4）下回转杆 2 中部的一定范围开有几个控制刮土刀所需的张开角度位置的销钉孔。当销钉插入其中的某销钉孔中，上回转杆 1 向下压缩到该销钉处便自行停止位移，从而准确地控制了刮土刀 3 的张开角度，确保扩孔部的尺寸和形状。

（5）该扩孔钻头通过反转清除集土斗底虚土。扩孔直径 1600～2600mm，分为 5 挡可调扩孔直径；每挡 200mm；集土斗容量为 0.3m^3，适用于桩身直径为 800mm 的桩的扩孔用，钻杆输入扭矩 5～15kN·m。

4.7.5 施工注意事项

（1）扩孔时应逐渐撑开扩刀，切土扩孔。应随时注意观察动力设备运转情况，随时调节扩孔刀片切削土量，防止出现超负荷现象。

（2）扩孔应分次进行，每次削土量应根据贮土筒体积而定，不宜超过。扩孔完毕后应继续空转几圈，才能收拢扩刀。为控制扩底断面和形状，应在钻机上设专门标志线或用专门仪器设备，进行检查。

（3）如遇漂石应停钻，待用其他方法把漂石取出后再继续操作。

（4）必须在扩刀完全收拢后，才能提升钻具。钻具提出孔口之前，应将孔口积土清除干净。当扩孔完毕后应彻底清除孔底虚土。

（5）当孔底有水，为防止扩孔浸水坍塌或土体膨胀，扩完孔后应立即灌注混凝土；如孔内无水，扩成孔后至灌注混凝土的间歇时间不宜过长；当发现孔内有松土、泥浆或积水时，应清除后再灌注混凝土。

（6）当设计要求在扩底空腔内填充石块时，充填量不应超过空腔体积的20%。

4.8 地下连续成槽机

4.8.1 概述

地下连续墙可以看作是紧密排列起来的灌注桩。它可以是地下基础的一部分，也可作挡土墙、截水墙用。连续墙的施工工艺中，深槽的开挖是最关键的部分。开挖的设备种类很多。这里主要介绍3种：双轴水平铣槽机、连续墙抓斗和垂直轴多头钻机。

4.8.2 双轴水平铣槽机

双轴水平铣槽机是近年来新发展的连续墙施工设备，外形构造见图4.8-1所示。它由两个切削滚轮、机架、钻杆，离心泵吸料装置及动力装置组成。两个切削滚轮以相反方向旋转，产生的切屑移向中心，利用两个离心泵通过管道排出到地面上。机架上装有四个导向板，司机用手柄操作，可修正切槽时的偏斜度。为了对付可能遇到的各种土层，切削滚轮可换装多种型式。切削岩层时可用碳化钨岩层刀头。滚筒和刀头都能快速更换，以提高工作效率。根据所切削的土壤条件，其切削头转速能在5～35r/min之间调节。两个切削头的转速也可以稍有不同，以修正切削时的侧向位移。双轴水平铣最大切削深度为50m，这是由于受液压软管长度的限制，液压软管太长、压力降太大。另外液压软管较重，这都不利于工作。双轴水平铣由液压马达驱动。液压动力装置供给其液压马达所需的高压油，它包括一台增压的370kW柴油机，还有油箱、泵、阀等均组合在一起，放在地上。双轴水平铣由履带桩架用钢

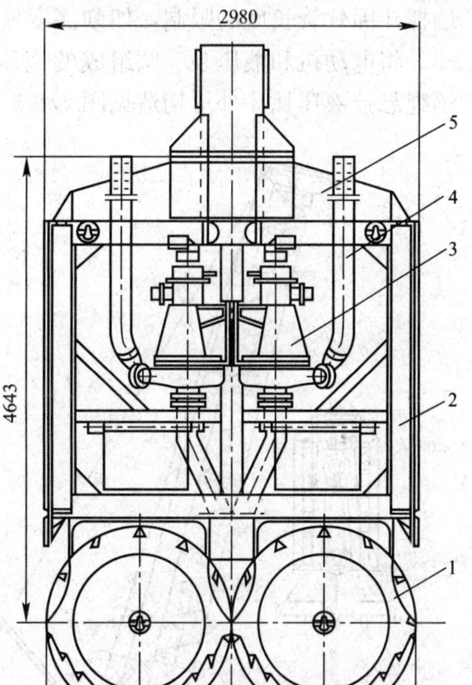

图4.8-1 双轴水平铣槽机

1—切削滚轮；2—导向板；3—离心泵；4—吸泥管；5—机架

绳悬挂，由桩架定位。它的生产效率高，但它的投资较大。

4.8.3　连续墙抓斗

连续墙的槽孔可用抓斗来开挖。抓斗由履带式桩架或轨道式桩架配合工作。连续墙抓斗与一般抓斗不同，带有导向装置，防止抓斗任意偏转。它有钢绳抓斗、钢绳悬挂液压抓斗和装在伸缩钻杆上的液压抓斗三种。

4.8.3.1　钢绳抓斗

抓斗的升降和开闭均用钢绳，因此需要用两个卷扬机分别控制。为了使抓斗斗齿能切入土中，除了依靠抓斗自重外，还可以松开卷扬机的制动器，让抓斗自由下落，利用其冲击力切土。但在关闭抓斗进行切削时，切削力的大小，还是受自重的影响。为了提高开槽的垂直精度，除了增加抓斗自重外，在抓斗开度的距离上，可先行钻孔，便于导向。图 4.8-2为连续墙钢绳抓斗。

4.8.3.2　钢绳悬挂液压抓斗

这种抓斗的升降用钢绳悬挂，或称无导杆式。抓斗颚板的开闭用液压油缸。它的切削力比用钢绳开闭颚板的钢绳抓斗大，但它的切削深度受液压软管长度的制约。抓斗油缸使用的液压动力来自桩架底盘。抓斗内装有倾斜计，可以测定 z，y 两个方向的倾斜状况，并在司机室内显示。倾斜情况可通过液压油缸进行调节，以确保槽孔的垂直度。这种连续墙抓斗因软管长度的限制，切削深度只能达 55m。为了解决这个问题，发展了电动液压抓斗。将电动机和液压泵、阀组成的液压动力装置直接装在抓斗上，切削深度可达 120m。钢绳悬挂液压抓斗外形构造见图 4.8-3 所示。

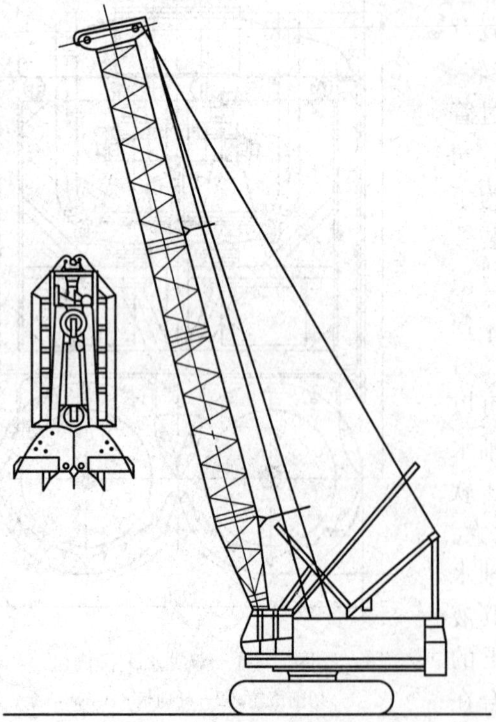

图 4.8-2　连续墙钢绳抓斗

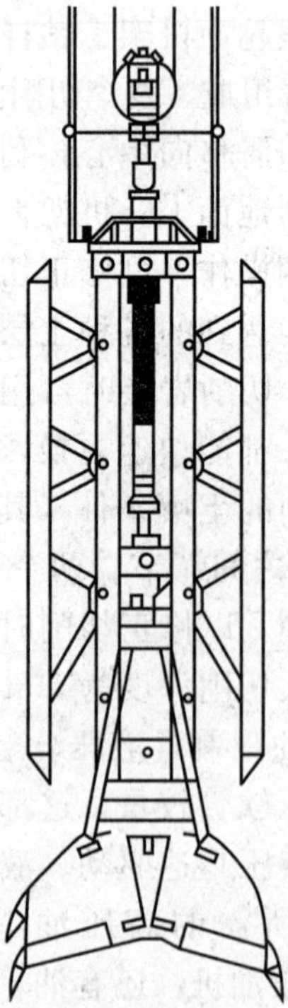

图 4.8-3　连续墙钢绳悬挂液压抓斗

4.8.3.3 安装在伸缩钻杆上的液压抓斗

(1) 该液压抓斗安装在桩机的伸缩钻杆的下端。抓斗依靠伸缩钻杆来升降。它的开闭采用液压油缸，抓斗的方向由伸缩钻杆来保持，液压动力由桩机提供。它有全导杆式和半导杆式两种，图 4.8-4 是半导杆式连续墙液压抓斗。

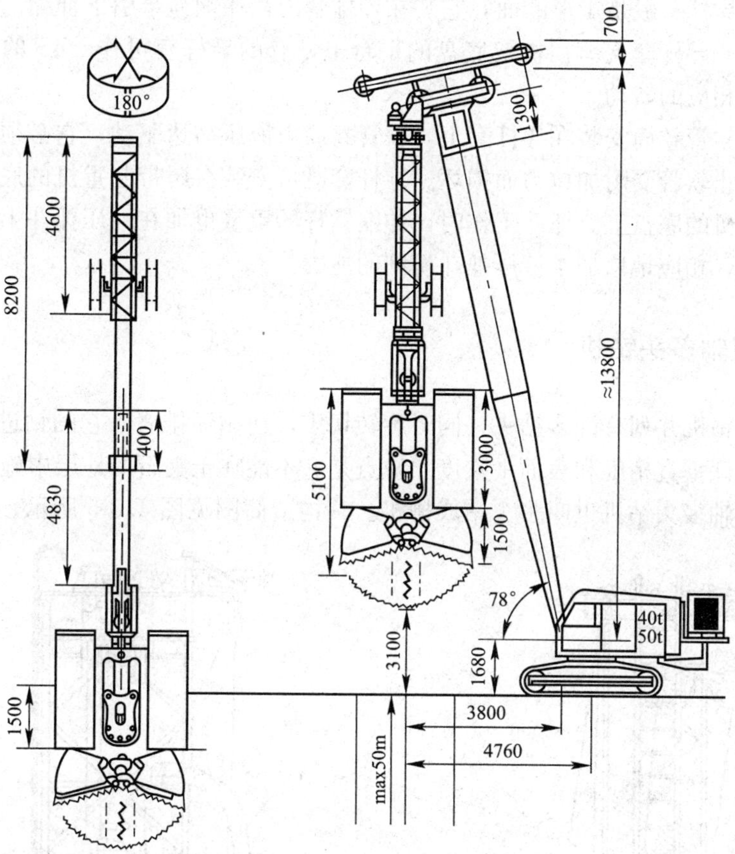

图 4.8-4 半导杆式连续墙液压抓斗

(2) 抓斗的工作特点是非连续的，在切削沟槽时，深度越大，生产率越低。根据土质条件，它可以干切削，也可在泥浆护壁的情况下切削。

(3) 液压抓斗结构简单，切削力大，适用于各种土层，投资较省。它可以作为履带桩架的一种可换工作装置，因而受到用户的欢迎。

(4) 意大利土力公司（S0ILMEC）的半导杆式连续墙液压抓斗，在伸缩钻杆顶部，装有回转接头，有液压马达可使它作±180°的回转，这样液压抓斗就可在±180°范围内无级转动，以排除抓斗作业时可能产生的侧向偏斜，保证槽孔的垂直度。抓斗开始由可伸缩导杆及主动短导杆导向。抓斗贯穿地层后，可伸缩的导杆和主动短导杆就逐步分离，故称半导杆式抓斗。这样的抓斗还可在极狭窄的工地上施工，做出 T 形、H 形等异形墙面，而不用移动整个机身。抓斗有较长的稳定导向装置，这种装置不但可保持槽壁的稳定，而且也可对抓斗进行导向。

(5) 液压抓斗的高压软管卷筒有自动展开及重新绕起的装置，使油管保持在最佳状态，有效地延长了油管的使用寿命。抓斗的挖掘部分装有强制除泥装置，在开斗卸料时，不是靠土屑自重落下，而是强制式卸料，使抓斗不会将已挖掘出的土屑带回槽内。既增加了卸料速度，又提高了生产率。

（6）全导杆式液压抓斗，抓斗安装在伸缩导杆的下端，抓斗随伸缩导杆升降。抓斗的方向通过导杆保持，通常不需要进行导向孔的开挖。开挖的深度由伸缩导杆的长度来决定。

（7）伸缩导杆一般是矩形断面，它装在导杆套内，在钢绳牵引下伸缩。因此可保证孔槽的垂直精度。导杆套支承在桩架底盘的平台上，有的导杆套可作±45°的回转，使液压抓斗的方向作相应的转动。

（8）液压软管卷筒安装在导杆套上，软管卷筒由液压马达驱动，它必须与液压抓斗的升降同步，防止软管受附加拉力而损坏。导杆套既可安装在履带起重机的底盘上，也可安装在液压挖掘机的底盘上。抓斗工作时，伸缩钻杆的重量也加在液压抓斗上。这样就增加了抓斗的重量，相应地增加了液压抓斗切削的能力。

4.8.4 垂直轴多头钻机

（1）这种钻机并列有许多钻头，同时旋转切土，逆循环排屑。它的钻进速度快，生产率高，且能保证垂直精度和表面平整度。缺点是它不能在土夹石的地层中施工。

（2）垂直轴多头钻机也叫多头钻成槽机。其构造简图见图 4.8-5 所示。它由多轴钻机

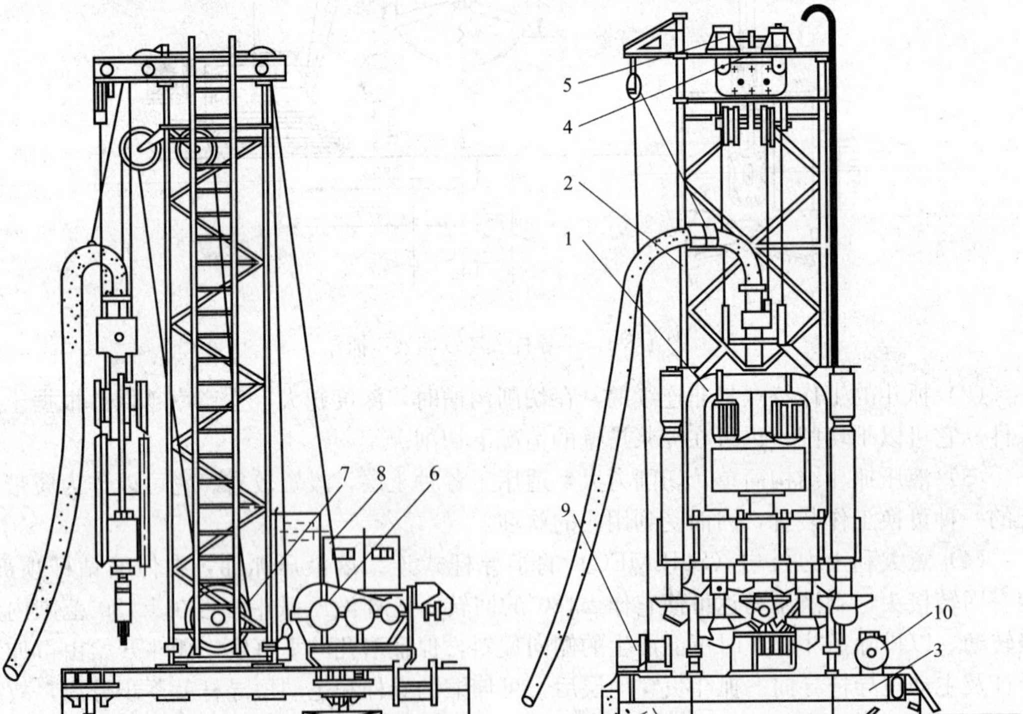

图 4.8-5 垂直轴多头钻机

1—多轴钻机；2—支架；3—底盘；4—圈梁；5—顶梁；
6、9—卷扬机；7—电缆盘；8—配电箱；10—空压机

1，底盘 3，支架 2，卷扬机 6、9，空压机 10 和配电箱 8 等组成。底盘上还有拉力传感器、电子秤等构成的钻压测量装置，偏斜指示器及钻槽深度指示器等。

（3）多头钻机由两台立式电动机、减速器、分动箱、侧刀、固定导板、纠偏装置、钻头及泥浆管等组成。分动箱有五个输出轴，分别带动五个钻头。钻头错开布置。上面三个，下面两个。对称的钻头旋转方向相反，因此承受的扭矩可相互抵消。整个钻机只承受中间钻头的扭矩，容易保持钻机的稳定。钻机设置倾斜检测计和自动修正装置，因此保证了它的垂直精度。回转钻头切削后留下的部分土层，由侧刀完成。侧刀还有对土壁刮磨的作用，使槽壁光洁平滑。切下的土屑靠逆循环吸泥泵及空气吸泥法从轴中心吸出，排出槽外。

5 起重运输机械

5.1 概述

5.1.1 起重运输机械的用途

(1) 起重运输机械是现代化工程建设的重要机械设备。它对减轻劳动强度，提高劳动生产率，降低建设成本，加快建设速度，实现施工机械化起着十分重要的作用。

(2) 起重机械主要用作垂直运输，有行走机构的还可兼作短距离的水平运输，它属于一种循环作业的机械设备。在各项现代化施工中，特别是在市政建设的高架桥、立交桥、高速公路、高速铁路、桥梁、高层建筑、大型厂房日益增多的情况下，起重机械已成为垂直运输与结构吊装必不可少的重要设备。

(3) 运输机械主要包括自卸卡车、输送机和装卸机械等，主要用于工程预制构件、工程材料、土石方、水泥、砂、石、砂浆、混凝土等的搬运。

(4) 因此，广泛运用起重运输机械是施工企业现代化生产的主要标志。

5.1.2 起重机械的分类及特点

(1) 根据中华人民共和国建设部所制订的《建筑机械类、型、组的划分标准》规定，起重机械分塔式起重机、汽车起重机、轮胎起重机、履带起重机、管道起重机、桅杆起重机、缆索起重机、卷扬机等 9 大类型 31 种，如图 5.1-1 所示。

(2) 施工中主要应用的起重机械有卷扬机、自行式起重机和塔式起重机等。

(3) 卷扬机是以电动机为动力，通过减速机构驱动卷筒转动，从而带动钢丝绳进行牵引和提升重物的简易机械。其特点是构造简单，价格便宜，操作容易，移动方便。如配备井字架、龙门架、塔架、扒杆、缆索、轨道以及滑轮组等，可作垂直运输和水平运输，在建筑施工、安装工程中使用最普遍。

(4) 自行式起重机普遍以内燃机（也有以柴油-电力）为动力、自身能够行驶的起重机械。基本类型有汽车式、轮胎式、履带式 3 种。主要特点是操作灵活，机动性能好，使用范围广，行驶速度高，能与汽车编队行驶（如汽车式、轮胎式），如将工作装置稍加改装还可用于挖土、打桩作业。此类起重机适用于公路工程、管道工程、桥梁工程、市政工程、高架桥、立交桥等吊装材料和构件。

(5) 塔式起重机主要特点是提升高度大，工作幅度广。因此，在建筑施工、安装工程中，尤其是在高层和超高层建筑中得到广泛应用。

- 1. 塔式起重机
  - (1) 轨行式塔式起重机
  - (2) 履带式塔式起重机
  - (3) 轮胎式塔式起重机
  - (4) 汽车式塔式起重机
  - (5) 附着式塔式起重机
  - (6) 爬升式塔式起重机
  - (7) 固定式塔式起重机
- 2. 汽车起重机
  - (8) 机械式汽车起重机
  - (9) 液压式汽车起重机
  - (10) 电动式汽车起重机
- 3. 轮胎起重机
  - (11) 机械式轮胎起重机
  - (12) 液压式轮胎起重机
  - (13) 电动式轮胎起重机
- 4. 履带起重机
  - (14) 机械式履带起重机
  - (15) 液压式履带起重机
  - (16) 电动式履带起重机
- 5. 管道起重机
  - (17) 机械式管道起重机
  - (18) 液压式管道起重机
- 6. 桅杆起重机
  - (19) 斜撑式桅杆起重机
  - (20) 缆绳式桅杆起重机
- 7. 缆索起重机
  - (21) 辐射式缆索起重机
  - (22) 平移式缆索起重机
  - (23) 固定式缆索起重机
- 8. 卷 扬 机
  - (24) 单筒快速卷扬机
  - (25) 单筒慢速卷扬机
  - (26) 单筒多速卷扬机
  - (27) 双筒快速卷扬机
  - (28) 双筒慢速卷扬机
  - (29) 手动卷扬机
- 9. 浮运式起重机
  - (30) 直臂架式浮运式起重机
  - (31) 组合臂架式浮运式起重机

图 5.1-1 起重机械的分类

5.1.3 运输机械的分类及特点

运输机械的基本类型有如下几类，如图 5.1-2 所示。

- 1. 连续输送机
  - (1) 带式输送机
  - (2) 板式输送机
  - (3) 链式输送机
  - (4) 斗式输送机
  - (5) 斗式提升机
  - (6) 振动输送机
  - (7) 螺旋输送机
  - (8) 气力输送装置
  - (9) 液力输送装置
  - (10) 架空索道
  - (11) 输送辊道
- 2. 搬运车辆
  - (12) 自卸汽车
  - (13) 翻斗车
  - (14) 牵引车（挂车）
  - (15) 油罐车
  - (16) 洒水车
  - (17) 散装水泥车
- 3. 装卸机械
  - (18) 装载机
  - (19) 卸载机
  - (20) 堆取料机
- 4. 附属装置
  - (21) 给料机
  - (22) 称量装置

图 5.1-2 运输机械的基本类型

(1) 胶带输送机是由胶带（或塑料带）作为物料承载件和牵引件的连续运输设备。根据摩擦传动原理，由传动滚筒带动输送带运行，其输送能力大，功耗小，结构简单，操作简易，设备费用低，因而应用范围很广。带式输送机发展很快，目前带宽已达 3m，带速达 6m/s，输送量达 2 万 m^3/h 以上。

(2) 搬运车辆都是具有独立的内燃发动机作为动力，承担工程施工中所有土石方、水泥、砂子、石子、钢材、预制件、砖、瓦、沥青混合料、水泥混凝土、装饰材料及有关设备等的搬运作业。随着施工企业机械化程度不断提高，这些搬运车辆将对缩短工程施工期限、提高工程质量、降低工程成本起着巨大的作用。

(3) 运输机械中，除连续输送机外，其余机械设备具有机动灵活、内燃发动机独立、操作较简便、适应能力强等特点，广泛应用在建筑、公路、市政、铁路、国防等工程建设中。

5.1.4 起重机械的发展概况

随着各种高、难工程施工规模不断扩大，建筑构件预制化、装配化程度的提高和建筑工程技术的发展，我国起重安装工程量越来越大。根据目前国内外现有起重机械产品及技术资料分析，近年来工程起重机械的发展概况主要有以下几点：

5.1.4.1 中小型起重机向自行架设、快速安装发展，专用起重机向大型发展

20世纪90年代初，国外大型伸缩臂汽车起重机的起重量已达400t，最大起升高度为108m；桁架式吊臂汽车起重机其最大起重量已达1000t；重型塔式起重机的起重能力已达到1万t·m，其最大幅度为100m，该幅度下的起重量为94.5t。

在国内已能生产1000t·m以上的塔式起重机。随着我国经济的发展，商品房建设大量增加，急需大批自重轻、能自立、多用途、拆装方便的中小型塔式起重机。发展力矩大、力臂长、多用途、多速并能快速安装的大型塔式起重机。随着大中城市高层、超高层建筑的增加，大型板材、构件的安装工程量越来越大，因此，大型塔式起重机的发展仍会呈不断上升趋势。

5.1.4.2 广泛采用液压技术、液力技术

（1）由于液压传动具有体积小、重量轻、结构紧凑、能无级调速、操作方便、自动化程度高等优点，因此，近年来国内外各种类工程起重机广泛采用液压、液力传动。例如：下回转快速安装塔式起重机塔身的竖立、伸缩式塔身的立塔、顶升接已普遍采用液压传动。

（2）上回转自升塔式起重机的顶升大多数采用液压传动方式。汽车式和轮胎式起重机均普遍采用液压、液力传动。目前我国已成功研制出100t、160t、200t、250t、300t的汽车式起重机，另外，400t、500t的大吨位汽车式起重机正在研究。

（3）随着液压技术的不断发展，建筑工程起重机采用液压、液力技术会更加广泛，并将成为中小型起重机械的主要发展方向。

5.1.4.3 普遍采用组合设计、电子计算机广泛应用于起重机安全装置

（1）目前发达国家的塔式起重机生产厂家，都采用组合设计技术，如瑞典生产的000型组合式自升塔式起重机，由61种传动件和结构件相互组合，可装成200～800t·m的41种不同型号的塔式起重机。

（2）电子计算机控制设备可将起重机工作时的起吊荷载、负荷极限、工作幅度、臂架长度、臂架角度、起重力矩、提升高度等7个主要参数的变化，通过光电数字显示反映到司机室的安全指示板上，从而保证了工作的可靠和安全。

（3）随着电子计算机的普及，电子计算机在我国建筑工程起重机械中的应用越来越广。

5.1.4.4 采用新技术、新结构、新材料、新工艺

（1）国外制造塔式起重机钢结构的材料一般为普通碳素结构钢和低合金钢。20世纪90年代末以来，广泛采用钢管制作塔身结构日益增多，据资料，采用低合金钢管结构的自重可减轻15％～17％。随着钢铁工业的发展，合金钢强度的不断提高，建筑工程起重机的自重，特别是吊臂自重，将会继续减轻。

（2）新材料、新结构、新技术的应用，促使采用各种新的加工工艺，为了扩大高强度

钢材的应用，将会更加重视高强度钢的焊接工艺等。

5.1.4.5 塔式起重机技术的发展趋势

近年来，随着塔式起重机技术的发展，塔式起重机型号规格不断完善，性能、质量不断提高，塔式起重机除满足其安全、可靠、高效的基本性能外，越来越趋向于智能和绿色。下面着重介绍最新的几点技术发展趋势。

(1) 设计方法精确化。计算机技术的深化发展，改变了塔式起重机的设计理念。有限元技术、疲劳分析、动力学仿真分析的广泛应用，使塔式起重机的设计计算、受力分析更精确，塔式起重机零部件结构设计更加合理，进一步向最优化方向推进，有效地提高塔式起重机产品的安全性、可靠性、节能效果，同时大大缩短产品的开发周期，提升竞争能力。

(2) 零部件模块化。模块化的设计可能增加少量的制造成本，但其不仅可以提高产量和质量，还可以降低管理成本，也相应地降低了用户的购置成本。如A机型和B机型有许多的结构件是通用的，那么用户就可以少购买通用的结构件，交错使用这些可能闲置的通用件，从而减少购置成本。因此，模块化设计是塔式起重机发展的必然趋势。

(3) 控制智能化。随着数字化、集成化、智能化技术的高速发展，高可靠、低能耗、微型化、集成化、数字化的各种液压、机电及电气元件在塔式起重机上得到普遍应用，使传动和控制系统体积小、重量轻、结构紧凑。在控制手段上，无级调速、安全监控系统、远程维护系统、故障自动诊断系统等广泛应用，实现了塔式起重机操作过程的自动控制、自动显示与记录、远距离遥控等，保证了塔式起重机的安全使用和实时监控，减少了控制的故障点，提高了塔式起重机的可靠性，大幅提升了塔式起重机行业的管理水平。

(4) 制造绿色化。国外塔式起重机在设计时就充分考虑零部件的通用性、模块化，因此零部件集约化程度高，适合批量化生产。批量化零部件从原材料前处理、下料、焊接、机加、装配、到涂装都采用生产流水线，这样既提高了材料的利用率、零部件通用性、产品质量和美观，又便于管理、减少污染、节约成本。

5.1.5 起重机械的型号编制方法

根据1988年12月中华人民共和国建设部批准并发布的《建筑机械与设备产品型号编制方法》，现摘录有关起重机械的型号编制方法，见表5.1-1所示。

起重机械产品型号与编制方法 **表5.1-1**

类	组		型		特性	产 品		主参数代号		
名称	名称	代号	名称	代号	代号	名 称	代号	名称	单位	表示法
建筑起重机	塔式起重机	QT（起塔）	轨道式	—	—	上回转式塔式起重机	QT	额定起重力矩	kN·m	主参数×10^{-1}
					Z（自）	上回转式塔式起重机	QTZ			
				—	A（下）	下回转式塔式起重机	QTA			
					K（快）	快速安装式塔式起重机	QTK			
			固定式	G（固）	—	固定式塔式起重机	QTG			
			内爬升式	P（爬）	—	内爬升式塔式起重机	QTP			
			汽车式	Q（汽）	—	汽车式塔式起重机	QTQ			
			轮胎式	L（轮）	—	轮胎式塔式起重机	QTL			
			履带式	U（履）	—	履带式塔式起重机	QTU			

续表

类	组		型		特性	产品		主参数代号		
名称	名称	代号	名称	代号	代号	名称	代号	名称	单位	表示法
建筑起重机	建筑卷扬机	J（卷）	单卷筒式	—	K（快）	单卷筒快速卷扬机	JK	钢丝绳额定静拉力	kN	主参数×10^{-1}
					KL（快溜）	单卷筒快速溜放卷扬机	JKL			
			单卷筒式	—	M（慢）	单卷筒慢速卷扬机	JM			
					ML（慢溜）	单卷筒慢速溜放卷扬机	JML			
					T（调）	单卷筒调速卷扬机	JT			
					S（手）	手摇式卷扬机	JS			
			双卷筒式	2（双）	K（快）	双卷筒快速卷扬机	2JK			
					M（慢）	双卷筒慢速卷扬机	2JM			
					T（调）	双卷筒调速卷扬机	2JT			
			三卷筒式	3（三）	K（快）	三卷筒快速卷扬机	3JK			
	施工升降机	S（升）	齿轮齿条式	C（齿）	—（附）	附墙齿轮齿条升降机	SC	最大额定总起重量	kg	
			钢丝绳式	G（钢）	—（附）	附墙钢丝绳式升降机	SG			
					K（快）	快速安装钢丝绳式升降机	SGK			
					Q（倾）	倾斜钢丝绳式升降机	SGQ			
			混合式	H（混）	—（附）	附墙混合式升降机	SH			
	滑模液压提升机	HY（滑液）	自控式	—	—	自控式液压提升机	HY	液压系统流量-单千斤顶举升力	L-t	主参数
			手动式	S（手）	—	手动式液压提升机	HYS			
	起重平台	P（平）	主柱式	—	—（单）	单柱式起重平台	P	额定起重量	kg	主参数×10^{-1}
	履带起重机	QU（起履）	—	—	—	机械式履带起重机	QU	最大额定总起重量	t	主参数
					D（电）	电动式履带起重机	DUD			
					Y（液）	液压式履带起重机	QUY			
	桅杆起重机	QW（起桅）	斜撑式	—	—	斜撑式桅杆起重机	QW			
			缆绳式	L（缆）	—	缆绳式桅杆起重机	QWL			
	缆索起重机	QS（起索）	辐射式	F（辐）	—	辐射式缆索起重机	QSF			
			平移式	Y（移）	—	平移式缆索起重机	QSY			
			固定式	G（固）	—	固定式缆索起重机	QSG			
			A型架式	A	—	A型架缆索起重机	QSA			
	专用起重机	Q（起）	高空托架式	G（高）	Q（汽）	汽车式高空托架起重机	QGQ			
	专用起重机	Q（起）	高空托架式	G（高）	L（轮）	轮胎式高空托架起重机	QGL		kg	
			窗台式	H（窗）	—	窗台起重机	QH			
			载荷平台式	P（平）	—	载荷平台起重机	QP			
			吊管机	G（管）	—	机械吊管机	QG			
					Y（液）	液压吊管机	QGY		t	
			抓斗起重机	Z（抓）	—	履带抓斗起重机	QZ			
					L（轮）	轮胎抓斗起重机	QZL			
			电磁起重机	C（磁）	—	电磁起重机	QC			

5.2 卷扬机

5.2.1 概述

5.2.1.1 卷扬机的用途

卷扬机在建筑起重机械中是最基本的设备。由于其结构简单、制造成本低、操作方便，对作业环境适应性强，因而广泛应用于建筑施工中的提升物料、安装设备、冷拉钢筋等。

5.2.1.2 卷扬机的分类

卷扬机的种类很多，按动力可分为手动卷扬机、电动卷扬机和液压马达卷扬机。按钢丝绳牵引速度可分为快速卷扬机、慢速卷扬机和变速卷扬机。变速卷扬机中又分机械变速式卷扬机和电机变速式卷扬机。在电机变速式卷扬机中又可分为恒输出功率变速式卷扬机、恒扭矩变速式卷扬机和双电机变速式卷扬机。

根据建设部标准 ZBJ 04008—88 规定，卷扬机型号由类、组、型、特性、产品及主参数代号等构成。

图 5.2-1 所示为快速卷扬机和慢速卷扬机的外貌图。

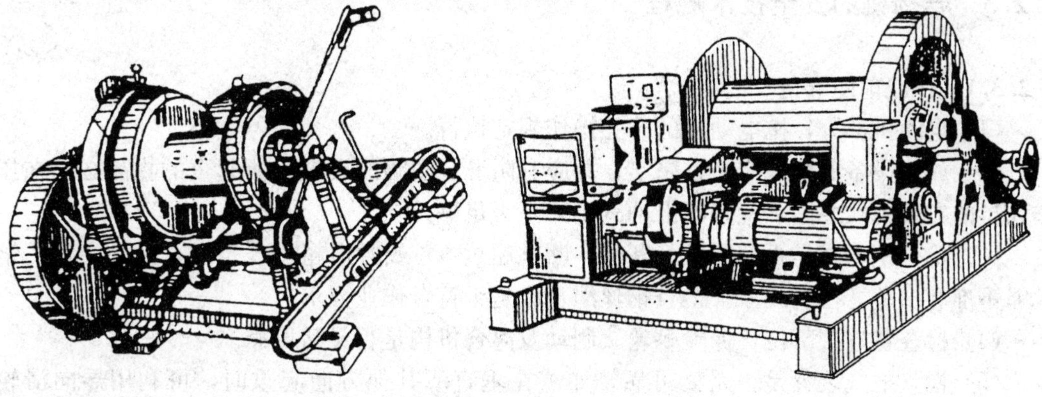

(*a*)　　(*b*)

图 5.2-1　卷扬机的外貌图
(*a*) 快速卷扬机；(*b*) 慢速卷扬机

5.2.2 卷扬机的使用要点

(1) 卷扬机的额定牵引力是指最外层钢丝绳允许承受的最大静拉力，此时钢丝绳的绳索为最大，使用时不得超过此值，即不能超负荷使用。当卷扬机的额定拉力≥12t 时，应检查是否安装有钢丝绳排绳器，若没有则应增设此装置，以确保卷扬机的安全。

(2) 卷扬机在牵引重物时，应避免钢丝绳在地上拖曳，应设置绳槽或每隔 3～5m 设一个托辊，以免沾满泥土而加速钢丝绳的磨损。任何人严禁跨越正在运行中的受力钢丝绳，或在卷扬机前穿行。卷扬机在通电前，其控制器必须放在零位。通电时，操作人员不准站在开关的正对面，以防保险丝爆炸时伤人。

（3）卷扬机在正式启动前，应试运转 5min，以检查钢丝绳、离合器、制动器、保险棘轮，传动滑轮及电控装置的工作可靠性。卷扬机在工作中不能进行清扫、加油、调整或修理，更不能将任何物件放在卷扬机上。

（4）提升重物时，应缓慢起动，不可突然全速启动、下降，更不可突然紧急刹车停机，以防损坏传动部件及钢丝绳。

（5）卷扬机在工作中若发生机械的失常，如声响失常、制动不灵，以及卷筒、制动器、离合器、轴承等处温度有剧烈上升等异常的现象，都必须先停机，然后拉闸断电检查原因，及时排除故障。

（6）卷扬机卷筒上的钢丝绳应顺序排列，不应发生乱层现象，更不可超过卷筒侧边，以防跳绳而发生损坏联轴器、拉断钢丝绳或卷筒被挤出等事故。卷扬机冷拉圆盘钢筋时，被拉钢筋端头钩弯曲的夹角只能少于 45°，否则，容易发生安全事故。

（7）卷扬机在操作的过程中，如若遇到了突然停电，应立即切断电源，并将正在吊着的物体安全放下。

（8）每班工作完毕后，除进行清洁、保养机械外，还应将电源切断，将电钮盒及拖线等盘卷存放好，不可乱放或拖拉在室外、悬在空中，更不能将电钮开关置于风雨易侵入处。

5.2.3　卷扬机的安全技术规程

5.2.3.1　作业前的准备

（1）电动机部分，按电动机的有关操作规定执行。

（2）放置设备的场地应平整坚实，并应有防淋、防晒的设施。所起重的物品必须在操作人员的有效视线之内。检查润滑油（脂）是否足够。

（3）检查钢丝绳是否有断股、断丝。断丝超过 5%或磨损超过规定时，必须更换。钢丝绳不准有结节、扭绕现象。检查钢丝绳长度是否符合作业要求。

（4）检查各连接部位、保险棘轮、制动及离合机构是否灵活可靠。

（5）检查电气装置是否完整可靠。如需在垂直或其他方向起重时，可利用导向滑轮（不得用开口滑轮）改变方向。卷筒与第一导向滑轮之间的距离，不得小于规定值。

5.2.3.2　作业中的要求

（1）无荷载运转正常后，方可进行正常工作。

（2）在起重物品的下方严禁有人，作业时应有专人指挥发令吊装。

（3）在起重作业中，严格按照起重规定的标准量来起重物品，不得超载。

（4）当所吊起的重物悬空时，操作人员严禁离岗、严禁与无关人员谈话。

（5）起重钢丝绳应在卷筒上按顺序卷绕。从卷筒上放出钢丝绳时，必须保证卷筒上应有不少于 3 圈的余绳量。作业中，应随时注意观察钢丝绳、制动装置是否灵活可靠。

（6）当重物下降时，钢丝绳应处于张紧状态。对于双筒卷扬机的两筒同时工作时，应各承担额定起重量的 50%，绝对不允许同时各起重额定负荷。

（7）工作中，如无特殊情况，应尽量避免猛烈制动。在施工现场严禁用卷扬机载人升降。

5.2.3.3 作业后的要求

（1）将所有操纵手柄置于中位。

（2）切断电源，保护好电气设备。

（3）按保修规程的规定，进行维修保养。

5.2.4 卷扬机的合理选择

5.2.4.1 卷扬机的类型选择

1. 速度选择

对于建筑安装工程，由于提升距离较短，而准确性要求较高，一般应选用慢速卷扬机；对于长距离的提升（如高层建筑施工）或牵引物件，为提高生产率，减少电能消耗，最好选用快速卷扬机。

2. 动力选择

可参考电动机的有关内容进行选择。由于电动机械工作安全可靠，运行费用低，可以进行远距离控制，因此，凡是有电源的地方，应尽量选用电动卷扬机；如果没有电源则可根据情况选用手摇卷扬机或内燃卷扬机。

3. 筒数选择

一般建筑施工多采用单筒卷扬机，其结构简单，操作和移动方便；如果在双线轨道上来回牵引斗车，宜选用双筒卷扬机，以节省投资（在同规格能力的情况下，一台比两台便宜），简化安装工作，减少操作人员，提高生产率。

4. 传动形式选择

行星式和行星摆线针轮减速器传动的卷扬机，由于机体较小，结构紧凑、重量轻、运转灵活、操作简便，很适合于建筑施工使用，可以优先考虑。

5. 考虑防爆问题

调度绞车有防爆型和非防爆型两种，当工作环境有瓦斯爆炸危险时，应采用防爆型的调度绞车，以保证安全；如果工作环境较好，则可采用一般的非防爆型绞车，非防爆型绞车的价格比较便宜，电机冷却条件较好，输出功率较大，使用起来比较合算。

5.2.4.2 卷扬机的规格选择

卷扬机的规格是以最大静拉力表示，因此，可根据最大拉力参照产品的规格进行选择。

1. 最大拉力的计算

垂直提升重物的最大拉力为

$$F_m = (G_0 + G_1 + q_0 L) \times k_m / 100 \quad (\mathrm{kN})$$

式中 k_m——与运行有关的阻力系数，单个转向滑轮可取 1.03，多个转向滑轮可取 1.025n（n 为定滑轮或动滑轮总数）。

沿斜坡牵引重物的最大拉力 F_m 为：

$$F_m = [n(G_0 + G_1)(\sin\alpha \pm \omega\cos\alpha)L(\sin\alpha \pm f\cos\alpha) + G_3 f_3] \quad (\mathrm{kN})$$

式中 G_3——推车器重量，kg；

f_3——推车器滚轮的阻力系数，$G_3 f_3$ 值可以进行实测。

2. 规格初选

根据卷扬机的最大拉力 F_m 的计算值，参照卷扬机产品目录或技术性能表，选择牵引力比 F_m 值稍大的规格即可。

5.2.5 卷扬机的维护保养

(1) 按规定进行班前检查和班后保养。班前检查后，应在全高度内试运行一次，雨后还应检测各电气元件受潮情况。确保上下左右滚轮紧固可靠，传动底板各部螺栓无变形、松动。

(2) 检查梯笼单、双行门及底笼门的限位开关和有关超高、地面、对重吊点限位开关，以及紧急开关、极限断路开关等的正常功能，并分别试验断路动作。

(3) 检查制动器制动行程和分离灵敏度，运行中无噪声、无过热现象。

(4) 检查电缆、漏电器功能是否可靠，保护接地有无断路，外接配电箱无电焊机负载。

(5) 检查所有导轨井架结构连接螺栓无松动、变形、焊口断裂等现象。

(6) 按照有关规定进行各润滑部位的润滑工作，并做好全机清洁工作。如每天超过一班制作业时，润滑周期要适当缩短。

5.2.6 卷扬机的常见故障及处理方法

卷扬机的常见故障及处理方法见表 5.2-1 所列。

卷扬机的常见故障及处理方法　　表 5.2-1

故障现象	故障原因	处理方法
接“上升”“下降”按钮，梯笼不动	(1) 电源断电或控制回路螺旋熔断器烧毁； (2) 单、双行门未关严； (3) 急停开关或锁开关未接通； (4) 热继电器脱扣； (5) 过载或超速，将下极限开关或限速开关碰开； (6) 制动器直流电源断路； (7) 线路电阻烧坏； (8) 梯笼严重过载	(1) 接通电源或更换螺旋熔断器； (2) 将门关严； (3) 接通开关； (4) 检查电动机无过热现象后，将热继电器脱扣复位； (5) 将开关复位； (6) 更换熔断器； (7) 更换电阻； (8) 减少部分载荷
按快速“上升”“下降”按钮，梯笼不快速运行	(1) 断绳开关断开； (2) 快速上升接触器损坏	(1) 调整并接通断绳开关； (2) 修理或更换接触器
制动器温升过高	(1) 制动片间隙过小； (2) 直流电源电压不够	(1) 调整间隙； (2) 调整电阻
传动机构温升过高	(1) 润滑油变质或不足； (2) 梯笼运行有异常摩擦阻力	(1) 清洗箱体，更换新油或添加； (2) 找出异常摩擦阻力原因并及时排除
电动机温升过高	(1) 起动运行过于频繁或超载运行； (2) 制动分离不完全	(1) 尽量减少起动次数，不超载运行； (2) 调整制动片间隙

续表

故障现象	故 障 原 因	处 理 方 法
蜗轮箱联轴节发生抖动	(1) 键与键槽配合不当或磨损； (2) 电动机与蜗轮箱同心度差	(1) 重新配键安装； (2) 调整同心度
满载上升或空载下降时起动加速困难	(1) 供电电压过低或起动时供电线路阻降损耗过大； (2) 三相电源主线接头或开关有松动	(1) 调整供电电压，检查线路，阻降损耗原因，予以排除； (2) 检查主线接头、端子、开关等处，予以紧固
制动时梯笼有颤抖冲击	(1) 齿轮与齿条间隙过大，制动时有往复齿间撞击； (2) 导向滚轮与导轨接触不均匀	(1) 调整传动机构的偏心套及平衡滚轮，使啮合间隙合适； (2) 调整导向滚轮偏心轴的位置，使滚轮接触均匀
在正常运行中，限速器有敲击声，甚至发生制动现象	(1) 限速器拉簧松弛或跌落； (2) 严重超载； (3) 制动片磨损过甚，制动器间隙过大	(1) 更换拉簧，重新调整限速器的工作速度； (2) 减少负荷； (3) 更换制动摩擦片，调整间隙

5.3 施工电梯

5.3.1 概述

(1) 施工电梯是用吊笼沿导轨架作升、降运动的一种垂直运输机械，称施工升降机。被广泛用于施工现场人员及物料的垂直运输。在工业或民用建筑、大型桥梁、井下施工中均为不可缺少的运输设备。作为永久或半永久性的施工，还可用于仓库、高塔等不同场合作业。

(2) 施工电梯根据动力传递形式不同可分为：钢丝绳式（SS 系列）和齿轮齿条式（SC 系列）。齿轮齿条式施工电梯，是通过布置在吊笼上的传动装置中的齿轮，与布置在导轨架上的齿条相啮合，吊笼沿导轨架运动，完成人员和物料输送的，20 世纪 90 年代初以来这种施工电梯发展很快并被广泛应用，也是今后我国发展的重点。

(3) 齿轮齿条式施工电梯的结构如图 5.3-1 所示。主要由传动系统、锥鼓限速器、吊笼、外笼、标准节、天轮、对重、附墙架、吊杆、电缆保护架、电气设备、安全控制系统等组成。

5.3.2 施工电梯的特点

下面介绍 SC 系列施工电梯的主要特点：

(1) 传动系统一般采用双电机驱动形式，硬齿轮齿条受力均匀，运行安全平稳。

(2) 导轨架为标准节拼装连接组成，截面形式分为矩形和三角形，导轨架由附墙架与建筑物相连，增加刚性，导轨架加节接高由自身辅助系统完成。

(3) 为保证施工电梯安全运行，电路中设置预过载断绳、短路、超速等安全开关，当

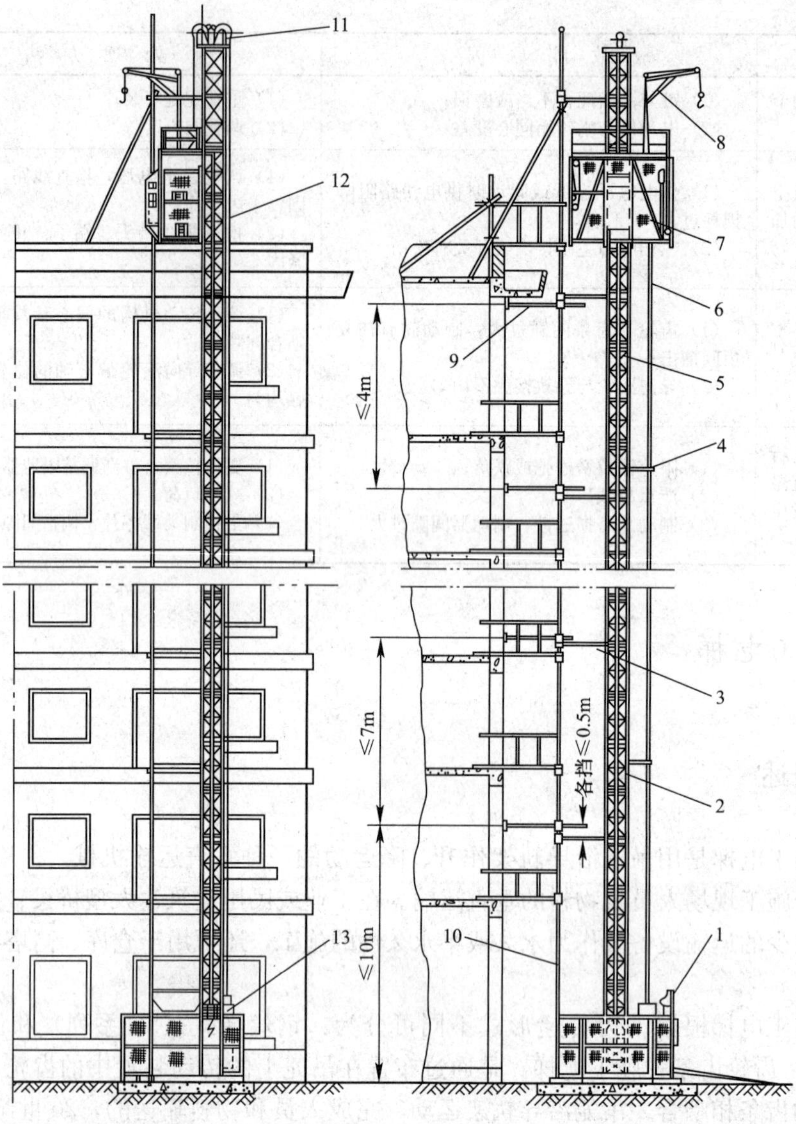

图 5.3-1 （SC 系列）齿轮齿条式施工电梯

1—底笼；2—导轨架；3—前附着架；4—电缆护杆；5—齿条；6—电缆；7—吊笼；8—小桅杆；9—后附着架；10—导柱；11—天轮架；12—对重用钢丝绳；13—对重

运行中发生上述情况时，施工电梯立即自动停车，避免发生意外事故。

（4）每台吊笼均配备锥鼓限速器，这种安全装置能十分有效地防止吊笼坠落，确保施工电梯安全可靠的运行。

（5）施工电梯的电控系统线路简单，便于操纵及维修保养且安全可靠。

（6）金属结构设计合理、强度可靠、重量轻。

（7）施工电梯可利用吊笼上的吊杆自行安装或拆卸导轨架，施工电梯的各部分均可方便地安装及拆卸，零部件也易于更换。

（8）齿轮齿条式（SC 系列）施工电梯种类很多，下面以 SC200/200 施工电梯为例，介绍 SC 系列施工电梯的安装、使用方法。

5.3.3 施工电梯的安装

5.3.3.1 安装安全要求

（1）安装场地应清理干净，并用标志杆等围起来，禁止非工作人员入内。

（2）安装过程中，必须由专人负责，统一指挥。

（3）利用吊杆进行安装时，吊杆最大起重量为200kg，吊杆只用来安装或拆卸施工电梯零部件，不得用于其他起重作业。

（4）吊杆上有悬挂物时，不得开动吊笼。

（5）施工电梯运行时，人员的头、手绝对不允许露出安全栏以外。

（6）如果有人在导轨架上或附墙架上工作时、绝对不允许开动施工电梯。

（7）操施工电梯必须将操纵盒拿到吊笼顶部，不允许在吊笼内操作。

（8）安装运行时，必须按施工电梯额定载重量装载，不允许超载运行。

（9）雷雨天、雪天或风速超过13m/s的恶劣天气不能进行安装作业。

5.3.3.2 施工升降机安装前的准备

（1）安装工地应具备合适的电源，并必须配备一个专供施工电梯用的电源箱。每个吊笼由一个开关控制。供电熔断器的电流为额定电流的1.5～2倍。

（2）具备运输和放置施工电梯零部件的场地；按要求制作基础，备好地脚螺栓。

（3）确定附墙架与建筑物连接方案，如需要，准备好预埋件或固定件等。

（4）施工梯锑基础应满足基础图中的各项要求，此外，还必须符合当地的有关安全法规。基础设置方案如图5.3-2所示。

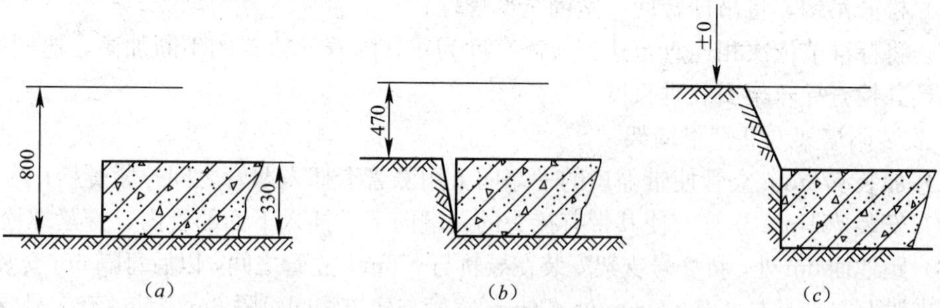

图5.3-2 施工电梯基础设置方案示意图

（*a*）混凝土基础设在地面上；（*b*）混凝土基础与地面相平；（*c*）混凝土基础低于地面

基础设在地面上（图5.3-2*a*），不需要排水，但门坎较高；基础与地面相平（图5.3-2*b*），排水较为简单但有门坎，只需用木板搭一简单坡道；基础低于地面，地面与吊笼间无门坎，但容易积水，必须采取严格的排水措施，以免腐蚀基础（图5.3-2*c*）。

5.3.3.3 施工电梯安装程序

1. 外笼与吊笼的安装

（1）将基础表面清扫干净，用起重设备吊住吊笼的上吊点，将主机吊起就位；

（2）将地脚螺栓安装好，在地脚螺栓处，底盘和基础间垫入不同厚度的调整钢板，用以调整导轨架的垂直度；

(3) 用混凝土将地脚螺栓浇筑在基础上，然后用水平仪和线坠测量导轨架的垂直度；

(4) 将外笼左右两部分用螺栓连接起来，用同样方法调整外笼门框垂直度并压紧地脚螺栓。

2. 吊笼、外笼安装完毕后的调整

检查所有用于运输的垫木或螺栓等是否全部除掉；检查齿轮与齿条啮合的侧隙。

3. 电缆安装

(1) 将供电电缆从施工电梯上电源箱内的总电源开关接入现场供电箱；

(2) 将电缆随线以自由状态盘入电缆笼内，不得露出外面；

(3) 电缆随线一端从电缆笼底部引入电源箱，另一端通过电缆托架引入到吊笼内接入电控箱；电缆笼装在电缆托架下方，使电缆随线在其中心自由地曳出或盘入电缆笼内。

(4) 检查电气装置，确保施工电梯能够正常、安全地运转。

4. 安装吊杆

将推力轴承装在吊杆底部，将吊杆放入安装孔内。在吊笼内安装向心轴承，安装压垫并用蝇捡固定荡。

5. 安装导轨架

(1) 将标准节两端管子接头处及齿条销子处擦干净，并加少量润滑油；

(2) 打开一扇护身栏杆，将吊杆上的吊钩放下，并钩住标准节吊具；

(3) 将标准节吊具钩住一节标准节，摇动手摇卷扬机，将标准节吊至吊笼顶部、并放稳。

(4) 关上护身栏杆，启动升降机，当吊笼升至接近导轨架顶部时，应点动行驶，直至吊笼顶部距导轨架顶部大约 300mm 时为止；

(5) 用吊杆吊起标准节，对准下面标准节立管和齿条上的销孔放下吊钩，用螺栓紧固。

(6) 松开吊钩，将吊杆转回，紧固全部螺栓；

(7) 将标准节依次相连直至达到所需高度为止。随着导轨架的不断加高，应同时安装附墙架，并检查导轨架安装垂直度。

6. 安装附墙架（Ⅱ型附墙架）

(1) 加装 ϕ76mm 立管使带豁口的一端向上用涨管卡插入两管之间拧紧螺栓；

(2) 安装 ϕ51mm 立管，使其带有接头的一端向下，插入下面的管内，拧紧螺栓；

(3) 距地面 6m 处，将 2 号支架安装在导轨与 ϕ76mm 立管之间，以后每隔 6m 安装一个。在 2 号支架上方或下方小于 300mm 处 ϕ76mm 立管与建筑物间每隔 6m 安装一套 1 号支架。

7. 安装对重

在安装对重时，一般在基础的对重位置上，安装好缓冲弹簧。再采用起重装置，将对重放入对重滑道。

8. 安装天轮和钢丝绳

(1) 将天轮、绳轮钢丝绳及钢丝绳架吊到吊笼顶部，并备好绳卡、螺栓等；

(2) 将钢丝绳架用 M8×30 的螺栓固定在吊笼上；

(3) 吊笼升至距导轨架顶端 500mm 处，用吊杆将天轮安装到导轨架顶部，用 M24 螺栓固定；

(4) 安装绳轮，将钢丝绳系过绳轮和天轮放至地面的对重上，并用三个绳卡固定于对重上；

9. 安装电缆保护架

从地面起，每隔 6m 左右安装一个电缆保护架，用带管卡子的一端固定在 ϕ51mm 立管上。

10. 安装限位开关及极限开关碰铁

(1) 下限位碰铁的位置应经常调整在吊笼满载下行时，使能够自动地停止在碰到缓冲弹簧的 100～200mm 处；

(2) 下极限碰铁应安装在能使吊笼在碰到缓冲器弹簧之前制动的位置；

(3) 上限位碰铁调整到使吊笼自动停止在上终端站平台位置，要确保此时吊笼与导轨架顶部的安全距离符合当地安全规定；

(4) 上极限碰铁应安装在吊笼越过上终端平台 150mm 处；

(5) 确保上、下限位开关距限位碰铁的距离，必须保证极限开关触柄与上、下极限碰铁的距离，在极限开关断开位置时，其触柄距碰铁 0.5～2mm 范围之内。

11. 润滑升降机各滑动部位。

5.3.3.4 坠落试验

每次安装施工电梯，必须进行一次坠落试验，包括首次使用的施工电梯。坠落试验方法：

(1) 施工电梯装载额定载荷，带对重的升降机也可不安装对重而装额定安装载荷。

(2) 将坠落试验按钮盒接入电控箱内接线端子上，并加上封线。

(3) 吊笼内人员全部撤离，并关上所有吊笼门；合上外笼上电源箱内的电源开关。

(4) 按坠落试验按钮盒上的“上行”按钮，使吊笼升高到距地面 10m 左右。

(5) 按坠落按钮，吊笼将自由下落。正常情况，吊笼制动距离为 0.25～1.2m，限速器动作，并使吊笼制动，同时通过机电连锁切断电源。

注意：如果吊笼自由下落距地面 6m 左右仍未停止时，应立即松开按钮，使吊笼制动，再点动坠落按钮，使吊笼缓缓落到地面，然后查清原因。

(6) 按“上行”按钮，使吊笼上升 0.5m 左右。

(7) 点动坠落按钮，使吊笼缓缓落至地面，最后，调整限速器。

5.3.4 施工电梯的使用要点

(1) 施工电梯的操作人员必须经过培训，熟悉整机和部件的性能及操作技术。

(2) 当风速超过 20m/s 时，以及恶劣气候下，不得开动施工电锑。

(3) 施工电梯的安装，必须按施工组织设计的要求进行。如附着方式，平面位置布置等。

(4) 导轨井架垂直偏差计算值 1/1000，但要考虑安装工艺条件，在局部高度内有一定的允许调整数据。当导轨架与电缆结冰时，不得开动升降机。

(5) 经常观察吊笼运行通道有无障碍物，升降机的基础不允许存有积水。

(6) 保证吊笼内的清洁，确保吊笼装载重物不超过其额定载荷。

(7) 拆装作业前必须对施工电锑的传动系统、终端齿轮与齿条啮合间隙进行检测调试；紧固导轨各部扣件；检试限速器及部位限位开关；电器线路要调试灵敏可靠。

(8) 在施工电锑周围 5m 内，不得堆放预制构件、砂石材料等物品和挖沟开槽。

(9) 在安装前应对升降机位置的地基进行认真处理，按设计要求，进行地基加固。

(10) 施工电梯在下班后应停靠在地面站台，将极限开关锁住，并切断电源。

5.3.5 施工电梯的安全技术规程

5.3.5.1 作业条件

(1) 地基应浇制混凝土基础，其承载能力大于 $15t/m^2$，找平后其表面不平度不大于 10mm，并有排水设施。

(2) 施工电梯的基础座 5m 以内，不得开挖井沟。30m 范围内不得进行对基础座有较大振动的机械施工。

(3) 为保证电梯的整体稳定性，电梯导轨架的纵向中心线至建筑物外墙面的距离应选用较小的安装尺寸。

(4) 电梯应单独安装接地保护和避雷接地装置，并应经常保持接地情况良好，要求其接地电阻值符合有关规定。

(5) 导轨架安装时，应用经纬仪对电梯在两个方向进行测量校准。其不垂直度不得超过其高度的万分之五。

(6) 导轨架顶端自由高度、轨架与附壁距离、导轨架的两附壁连接点间距和最低附壁点高度均不得超过原厂规定。

(7) 电梯的专用电闸箱应设在底架附近，便于操作的位置，馈电容量应满足电梯直接启动的要求；其他电机，电器装置应按有关规定执行。

(8) 电锑底笼周围 2.5m 范围内必须设置稳固的防护栏杆，各层站过桥和运输通道应平整牢固，出入口的栏杆应安全可靠。全行程四周不得有危害安全运行的障碍物，并应搭设必要的防护屏障。

(9) 电梯安装在建筑物内部井道中间时，必须在全行程范围井壁四周搭设封闭屏障。装设在阴暗处或夜班作业的电梯，必须在全行程上装设足够的照明和明亮的层站编号标志灯具。

(10) 限速制动必须由专人管理并按原厂规定进行调整、试验、检查、维修。

(11) 电梯的安装和拆卸必须在专业人员统一指挥下按照规定程序进行。安装后，须经企业技术负责人会同有关部门对基础座和附壁支座以及电梯架设安装的质量、精度进行全面检查，并应按《建筑机械技术试验规程》JGJ 34—86 进行试运转。经签证后方可投入运行。

5.3.5.2 作业前检查和启动

(1) 作业前应重点检查：各部结构应无变形、连接螺栓无松动、节点无开焊，装配正位，附壁牢固，站台平整、各部钢丝绳固定良好、运行范围内无障碍。

(2) 启动前，检查地线、电缆应完整无损；控制开关应在零位。电源接通后，检查电压应正常、机件无漏电，试验各限位装置、梯笼门、围护门等处的电器连锁装置良好可靠，电器仪表灵敏有效。经过启动，情况正常，即可进行空车升降试验，测定各传动机构和制动器的效能。

5.3.5.3　作业中注意事项

（1）电梯在每班首次载重运行时，必须从底层上升。严禁自上而下。当梯笼升离地面1～2m时要停车试验制动器的可靠性，如发现制动器不正常，经修复后方可运行。

（2）梯笼内乘人或载物时，应使载荷均匀分布，防止偏重，严禁超载荷运行。

（3）操作人员应与指挥人员密切配合，根据指挥信号操作，作业前必须鸣声示意。在电梯未切断总电源开关前，操作人员不得离开操作岗位。

（4）电梯运行中如发现机械有异常情况，应立即停机检查，排除故障后方可继续运行。

（5）电梯在大雨、大雾和六级及以上大风时，应停止运行，并将梯笼降到底层，切断电源。暴风雨后，应对电梯各有关安全装置进行一次检查。

（6）电梯运行到最上层和最下层时，严禁以行程限位开关自动停车来代替正常操作停车按钮的使用。

5.3.5.4　作业后的注意事项

作业后，将梯笼降到底层，各控制开关拨到零位，切断电源，锁好电闸箱，闭锁梯笼门和围护门。

5.3.6　施工电梯的维护保养

（1）按规定对施工电梯进行班前检查和班后保养。班前检查后，应在全高度内试运行一次，雨后还应检测各电气元件的受潮情况。

（2）确保上下左右滚轮紧固可靠，齿条靠背轮及传动底板各部螺栓无变形、松动。

（3）检查梯笼单、双行门及底笼门的限位开关和有关超高、地面、对重吊点限位开关，以及紧急开关、极限断路开关等的正常功能，并分别试验断路动作。

（4）检查蜗轮箱油面，若有渗漏应更换油封并补充新油，但不应超过油线。

（5）检查传动机构：各部间隙、紧固、异响、温升有无异常变化。

（6）检查制动器：制动行程，分离灵敏度，运行中无噪声，无过热现象。

（7）检查制动器制动行程和分离灵敏度，运行中无噪声、无过热现象。

（8）检查电缆、漏电器功能是否可靠，保护接地有无断路，外接配电箱无电焊机负载。

（9）检查所有导轨井架结构连接螺栓无松动、变形、焊口断裂等现象。

（10）按照施工电梯的有关规定，润滑需要润滑的各部位，并做好全机清洁工作。

5.4　自行式起重机

5.4.1　概述

自带动力并依靠自身的运行机构沿有轨或无轨通道运移的臂架型起重机。称为自行式起重机。

5.4.1.1　自行式起重机的用途及特点

自行式起重机的主要特点见表5.4-1所列。

自行式起重机的主要特点　　表 5.4-1

项目	汽车式	轮胎式	履带式
主要结构	采用通用或专用的汽车底盘，有作业支腿，起重臂有桁臂式（自重轻）和箱形臂式，传动型式有机械、电力-机械、液压-机械式	采用专用轮胎式底盘，支腿一般在前后桥外侧，起重臂有桁臂式和箱形臂式，传动型式有机械、电力-机械和液压-机械式	多为履带式挖掘机改装而成，一般没有支腿，大型起重机以桁臂式为主，中小型起重机以液压伸缩箱形臂式为主
行驶特点	可按汽车原有速度（≥50km/h）行驶，灵活机动，能快速转移，转弯半径大，越野性能差	一般行驶速度较低（≤30km/h），转弯半径小，越野性能好，上坡能力达 17%～20%，机动性不如汽车式的，但比履带式好	行驶速度与履带式机械相同（≤10km/h），越野性能好，爬坡能力大，牵引系数为轮胎式的 1.5 倍，但行驶会破坏路面，不允许在正式公路和城市道路行驶
作业性能	使用支腿吊重，主要在侧方或后方工作，能迅速投入使用，能经常作较长距离的转移	一般使用支腿吊重，在平坦的地方不用支腿，可四面作业，可以吊重慢速行驶，不便于经常作长距离转移	可在泥泞、沼泽等软地旋工，吊重行驶比较平稳，可使用各种工作装置提高起重性能（起重量和起重高度等），但转移性能差
适用范围	适用于流动性较大的施工单位或临时分散的工地以及露天的装卸作业	适用于比较固定的建筑工地，特别是作业场所比较狭窄的地方	适用于比较固定的、地面条件较差的工作地点，是安装工程中的主要起重机械

5.4.1.2　自行式起重机的分类

（1）按底盘特点：可分为汽车式、轮胎式和履带式 3 种。

（2）按起重量大小：可分为小型（20t 以下）、中型（20～80t）、大型（80～200t）和特大型（200t 以上）4 种。

（3）按起重臂型式：可分为桁架臂式和箱形臂式两种。

（4）按传动型式：可分为机械式、电力一机械式、液压一机械式 3 种。

（5）按起重机的部分：可分为上部为起重作业部分，称为上车部分；下部为支承底盘，称为下车部分。

（6）按动力装置型式分为采用内燃机、液力-机械、电力和液压等几种。

5.4.1.3　自行式起重机的发展概况

（1）新中国成立后，我国科技工作者不仅开始设计制造自行式起重机，而且还努力学习国外先进技术，使我国的自行式起重机制造业起了翻天覆地的变化，尤其是改革开放后，我国大力发展大吨位的汽车式和轮胎式起重机，先后有徐州重型机械有限公司、浦沅工程机械有限公司同利勃海尔等著名生产公司进行技术合作，已成功研制出符合我国国情的 LTM1032、LTM1050、LTM10100、LTM10150、LTM10200 等新型大中型全路面起重机系列产品，加快了我国轮胎式、汽车式等起重机的更新换代，缩小了我国与世界先进水平的差距。

（2）目前，我国在轮胎式和汽车式起重机方面主要应用技术如下：

1）综合应用机电一体化技术，可以提高起重机的自动化控制程度，提高吊装效率，节约能源，降低故障率，防止事故发生，提高经济和社会效益；

2）采用电子控制自动换挡，可优化发动机的燃烧过程，提高发动机功率利用率，降低燃油消耗率，提高起重机的动力性和经济性；

3）采用电子微速控制装置，可以精确控制重物起升高度，完成高精度吊装作业，提高施工效率，保证施工质量；

4）应用微机电子监控系统，通过传感信息和信号输入，可自动显示实际起重量、负载率、作业半径、吊钩起升高度、上车回转角度、吊臂倾斜角度及伸出长度等技术参数。比如，负载率达到规定许用值时，系统将自动报警，同时发出控制指令，自动停止重物起吊，确保起重机的作业安全。

（3）现代轮胎式起重机采用先进的上、下车集中控制系统，司机可通过由上下车微处理机组成的多信号传递（MDT）系统，在上车驾驶室内将电磁阀、灯光等控制信号直接输入上车微处理机中，并迅速转换成数字信号，经一根导线即可传送到下车微处理机中，并还原为控制信号；从下车反馈的各种电气信号也可通过 MDT 系统传送到上车驾驶室内，便于司机全面掌握起重机的工作状态。智能和专家诊断系统可及时发现和显示故障发生部位，并能自动报警，即使发生误操作，系统也能自动停止错误信号输入，保护工作机构的安全。

（4）机电一体化技术的广泛应用，加快了各国轮胎式、汽车式起重机更新换代的步伐，扩大了起重机的作业功能，提高了起重机在工程施工中的经济技术性能。

（5）履带式起重机是把起重工作装置和设备装在履带底盘上，靠行走支撑轮在自身封闭的履带上滚动行驶的起重机。与轮胎式、汽车式起重机相比，履带对地面的平均比压小，可在松软、泥泞的恶劣地面上作业。

（6）此外，履带式起重机的爬坡能力强，牵引性能好，通过性能好。由于履带的支承面宽大，故稳定性也较好，一般不需要设置支腿就可以作业。但是，履带式起重机自身质量大，行驶速度低（一般在 1～5km/h 之内），而且破坏道路路面。所以，履带式起重机只应用在特殊的施工中。

自行式起重机的主要外貌见图 5.4-1～图 5.4-3 所示。

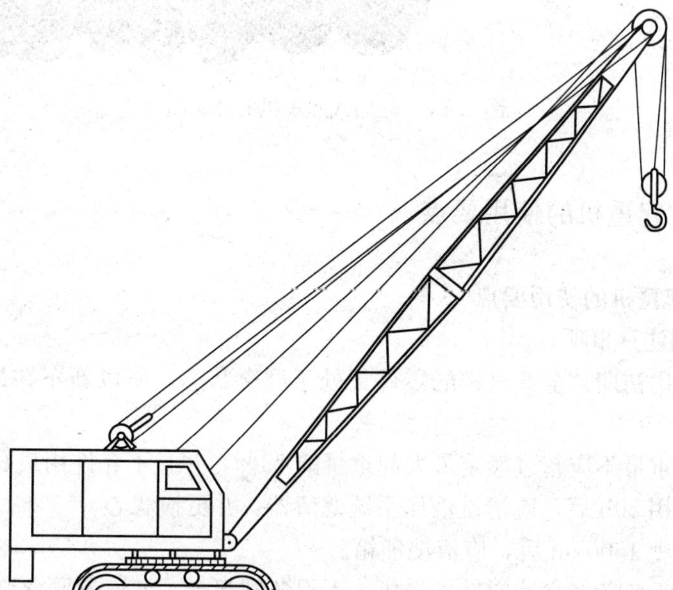

图 5.4-1　履带式起重机外貌图

图 5.4-2　汽车式起重机的外貌图

图 5.4-3　轮胎式起重机的外貌图

5.4.2　自行式起重机的使用要点

5.4.2.1　轮式起重机的使用要点

1. 新车使用注意事项

起重机在使用初期，全部机构的零件正处于磨合状态，所以新车在最初 100h 使用时期应做到：

(1) 最大起重量不应超过额定最大起重量的 75%，并且不允许用最高速度工作。

(2) 新车使用 50h 后，应清洗液压系统滤清器，并更换滤心。

(3) 新车行驶 1500km 后，应清洗油箱。

(4) 不得在无负荷时高速空转发动机。不得急剧起步、加速及紧急制动。行驶中车速不得超过新车走合中对各挡的限速值。(一般：Ⅰ挡 5km/h，Ⅱ挡 9km/h，Ⅲ挡 15km/h，Ⅳ挡 25km/h，Ⅴ挡 40km/h)。

2. 起重机行驶中的注意事项

(1) 起重机在行驶前必须遵守汽车有关操作规程及交通规则。将起重臂放在支架上，吊钩用专用钢丝绳挂住。将车架尾部的两撑杆分别撑在尾部下方的两支座内，使撑杆稍微受力即可，并用锁架螺母锁定，以改善转台行驶时的受力情况。将销式制动器插入销孔，以防旋转。

(2) 锁住起重操纵室门，收回支腿。

(3) 取力器操纵手柄应在脱开位置。

(4) 发动机起动时，把变速杆手柄放在空挡位置，并踩下离合器踏板和加速踏板。一次按下起动按钮的时间不超过10s，在10s内不能起动时，应立即松开按钮，约停30s以后再做第二次起动。如果连续按过4～5次仍无法起动，则应检查故障原因，设法排除。

(5) 起动后注意仪表盘上的各表反映情况，特点是机油压力表读数，一般应在0.2～0.3MPa范围内。

(6) 低温时，可在发动机进气管中喷射起动液帮助起动。

(7) 行驶前（尤其是在起重机长时间停置内），应检查各支腿的收存是否松动，松动时应按有关步骤再次收腿。

(8) 轮胎气压低于0.45MPa以下时，不应起步行驶。

(9) 起重机行驶时水温应在80～90℃范围内，水温未达到90℃以上不得高速行驶。

(10) 起重机在下坡行驶时，不要用空挡滑行，不得熄灭发动机，以免发生事故。

(11) 当起重机陷入泥坑内或处于坏路上不易起步时，不许用猛然放松离合器踏板的方法来冲击起步。

(12) 在上车操纵作业时，不允许操纵下车，行驶时严禁驱动液压泵。

3. 起重机在起重作业中的注意事项

(1) 作业前的准备

1) 作业前应将载荷、半径内障碍物、地基等情况尽可能地调查清楚，以保证安全作业；

2) 检查作业场地。作业地面应坚实平整。如遇松软地基，或起伏不平的地面，一定要垫上适当的木块，在确认安全以后，才开始工作；

3) 按润滑保养规定给各润滑点加油。检查液压油箱中的油是否在规定的刻线范围内；

4) 检查吊臂伸缩用钢丝绳的张力和磨损情况；

5) 检查起升制动器是否可靠及各部分零件的紧固情况。检查吊具、吊扣的牢固程度；

6) 液压泵起动时，应以低速运转，并空载运转数分钟，观察有无漏油或异常现象。

(2) 作业时注意事项

1) 起重作业时，起重臂下严禁站人。下部驾驶室不得坐人，重物不得超越驾驶室上方，也不得在车前方起吊；

2) 一般整机倾斜度不得大于1.50，底盘车的手制器必须锁死；

3) 风力大于6级应停止工作；

4) 起重作业时，不要扳动支腿操纵阀手柄。如需要调整支腿，必须将重物放至地面，吊臂位于正前方或正后方，再进行调整；

5) 重物在空中需要较长时间停留时，应将卷筒制动，司机不允许离开操纵室。

6) 操作应平稳、和缓，严禁猛拉、猛推、猛操作；

7）不要用起重机吊拔埋在地下或冻住的物体；

8）起升卷扬筒上的钢丝绳圈数，在任何吊重情况下不得少于3圈；

9）起重机在雨雪天气工作，应先经过试吊，证明制动器灵敏可靠后，方可进行作业；

10）起重机在满载或接近满载作业时，不得同时进行两种操作动作；

11）当起吊重、大、高物体时，应由机长或技术熟练人去操作。在重物吊起离地面0.2～0.5m时，应停车检查起重机的稳定性、制动器的可靠性、重物的平稳性、绑扎的牢固性，确认无误后方可再起吊；

12）当出现倾翻迹象时，应快速下落使重物着地。严禁中途制动。

（3）重物的上升和下降操作

1）起重机的额定起重量是根据机件的承受能力及整机的稳定性而确定的，因此任何时候不得超载作业，以免发生事故；

2）过载起重，横向拖拉，前吊以及急剧的转换操作等，都是非常危险的，应严格禁止；

3）操作重力下降时要使重物有控制的下降，当将重物停止时，应逐渐减速，最后停止。

（4）吊臂的伸缩操作

1）在吊臂伸缩时，其吊钩会随之上升。因此，在伸长吊臂之前，必须先使吊钩下降到适当的位置；

2）当吊臂伸出后，出现前节臂杆的长度大于后节伸出长度时，必须经过调整，消除不正常情况后，方可作业；

3）吊臂作业接近满负荷时，应注意检查臂杆的挠度；

4）伸缩式臂杆伸缩时，应按规定顺序进行。在伸臂的同时要相应下降吊钩，当限制器发出警报时，应立即停止伸臂。臂杆缩回时，角度不得太小。

（5）回转操作

1）作业中应平稳操作，避免急剧地回转、停止或换向；

2）从后方向侧方回转时，要注意支腿情况，以免发生翻车事故；

3）对起重机的关键部件，如起重臂等要定期检查是否有裂缝、变形以及连接螺栓的紧固情况。任何不良情况都不能继续使用；

4）作业中发现起重机倾斜、支腿变形等不正常现象时，应立即放下重物，空载进行调整正常后，方能继续作业；

5）起重机的各项安全装置，必须经常检查其可靠性和准确性。

5.4.2.2 履带式起重机的使用要点

（1）履带式起重机的操作人员和负责起重作业的指挥人员，都必须经过专业培训，熟悉所操作或指挥的起重机的技术与起重性能。

（2）发动机启动前，应检查起重机各操纵杆是否处于空挡。发动机燃油、冷却水、润滑油是否加足。发动机启动后，要检查各仪表指示值和听视发动机运转是否正常。

（3）作业前，应先试运转检查各机构工作是否正常可靠，特别在雨雪后作业，应作起重试吊，在确认可靠后方能工作。起重机作业范围内不得有影响作业的障碍物，工作时起重臂下方不得有人停留或通过，严禁用起重机载运人员。

（4）起重机的变幅指示器、力矩限制器以及行程开关等安全保护装置，不得随意进行调整和拆除。严禁用限位装置代替操纵，对无起重臂提升限位装置的起重机，起重臂的最大仰角不得超过78°。

（5）起重机必须按规定的起重性能作业，不得超载和吊不明重量的物体。严禁用起重钩斜拉、斜吊。液压和气压驱动的起重机，应严格遵照本起重机所规定的压力转速运行。严禁用提高压力、加快转速等手段来满足施工的需要。

（6）使用蜗杆蜗轮传动减速的变幅卷扬机构，严禁在起重臂未停稳前将牙嵌离合器拨入空挡。装有保险棘轮的变幅卷扬机构，不论是起升或降落起重臂，都应将棘爪拨离棘轮，待起重臂停稳后，再将棘爪拨入制住棘轮。

（7）起重机带载行走时，起重臂应与履带平行，重物应拴拉绳。行走转弯时不应过急，路面崎岖或凹凸不平的地方，不得转弯。

（8）起重机在坡道上无载行驶，上坡时应将起重臂的仰角放小一些，而下坡行驶则应将起重臂的仰角放大一些，以此平衡起重机的重心。严禁下坡时空挡滑行。

（9）如遇大风、大雪、大雨或大雾时，应停止作业，并将起重臂转至顺风方向。

（10）如遇重大物件必须使用两台起重机同时起吊时，重物重量则不得超过两台起重机所允许起重量总和的75％。绑扎时应注意到载荷的分配情况，使每台起重机分别担负的负荷不得超过该机允许载荷的80％，以免因其中任何一台负荷过大而造成事故。在起吊时必须对两机进行统一指挥，使两者互相配合，动作协调。在整个吊装过程中，两台起重机吊钩滑轮组，均应基本保持垂直状态。

（11）为保证安全作业，最好使两机同时起钩或落钩，否则必须在起吊时使主机领先将构件吊起，而落钩则令副机先将构件就位到需要位置。

（12）起重机工作完毕后，应将起重机柴油机电门关闭，操纵手柄置于空挡位置，制动手柄推到制动位置。冬季将排水阀打开，放尽冷却水，将司机室门窗锁住后，驾驶员方可离开。

5.4.3　自行式起重机的安全技术规程

5.4.3.1　履带式起重机的安全技术规程

1. 作业前的准备

（1）内燃机部分，按内燃机的有关规定执行。

（2）起重操作手必须有劳动部门颁发的特种作业人员上岗证。

（3）检查钢丝绳是否有损伤，各螺钉是否紧固，皮带松紧是否适度。

（4）起重机应放在平坦、坚实的地面上，如地面松软，应整实后用枕木垂直于履带垫实，不得在有坡度的地面上起吊重物。

（5）工作有效半径5m以内的障碍物，应予清除。

（6）内燃机应先切断主离合器，将各操纵杆置于空挡位置，检查上吊部分是否锁住。锁住后，方可启动。

（7）启动后，检查各仪表、传动器、制动器工作情况，经试运转确认安全后方可工作。

2. 作业与行驶的要求

（1）起重机驾驶员、起重工和指挥人员应按规定的信号、手势进行联系，驾驶员、起重工必须听从指挥人员指挥，不得各行其是。工作现场只允许有一名指挥人员指挥。

(2) 起重机各部钢丝绳和捆扎用钢丝绳，必须符合规定要求，如断丝、锈蚀、磨损严重、年久失修和被电火花损坏的钢丝绳不得使用。从卷筒上放出钢丝绳时，至少要在卷筒上保留5圈钢丝绳，不得放尽而影响安全。

(3) 第一次起吊或起吊负荷大于前次起吊负荷以及起重量达到起重机极限负荷时，应先吊离地面50～150mm，检查制动器、离合器是否有效，起吊物是否捆扎牢固，确认无误后方可提升。提升时，速度要均匀、平稳。

(4) 经常注意架空电线，工作场地应尽量远离高压网线，如必须在架空线附近作业时，必须采取有效的安全防范措施并与高压线保持5m以上的安全距离。

(5) 起重机工作时，在重臂下严禁站人。禁止让起吊的重物从人、汽车驾驶室上方通过，禁止无关人员在施工现场附近停留或通过。

(6) 吊杆的中心线和重物的重心必须在同一铅垂面内。严禁用起重机斜吊重物和用吊杆顶推物体。

(7) 被提升重物的重量，不得大于起重机吊杆在当时的长度和倾斜角度下所允许的起重量。严禁超负荷起吊和起吊不明重量的物体。

(8) 起重机有载荷时，要通过收放钢丝绳升降重物，禁止急起、急转、急落。

(9) 起重机起吊后，不准长时间悬空停留。起重机工作时，驾驶员不得离开驾驶室。

(10) 起重机满负荷工作时，不准复合操作。工作时，吊杆最大仰角不得超过原厂规定。

(11) 工作中，不准进行任何维修保养工作，任何人不准站在起吊物或吊杆上。

(12) 两台起重机联合起吊同一物体时，必须使用同等能力与性能的起重机，工作时，要保持同速提升或降落。重物重量不得大于两台起重机允许起吊量之和的70%，每台起重机的负荷龟不得大于该机允许起重量的80%。

(13) 夜间工作必须有良好的照明装置。遇有风速大于10m/s时，不准工作。

(14) 吊重行驶时，吊杆应与起重机行驶方向一致，起吊量不得超过额定起重量的70%。路面要平整、坚实、行驶速度要均匀，防止起吊物与起重机或其他物体相撞。

(15) 行驶时，应选择平坦、坚实的路面，并尽可能选择正向行驶方向，行驶较长距离时，必须正向行驶。当液压油温超过80℃时，必须由高速行驶转为低速行驶。

(16) 通过桥梁、水坝、排水沟时，必须查明允许承载力后再通过，必要时应予加固；通过铁路、高级路面、水管、电缆等物时，必须铺设木板保护，禁止在这些设施上转向。

(17) 通过立交桥下面，隧道，架空电线、电话线时要注意高度上是否影响通过。

(18) 长途转移工作场地（1km以上）时，必须用平板车拖运；短途转移（1km以内）时，臂杆应降20°～30°，并将吊钩收起。当只有配重而没有工作装置时，不准自行行车。

3. 作业后的要求

(1) 起重机工作完毕后，应将吊钩升起（如为油压、气压的制动器，则将吊钩放下），臂杆放在40°～60°之间。如有大风，臂杆应转至顺风方向，并用制动器制动，操作杆放在空挡位置，关闭操作室门窗后方可离开。

(2) 起重机长期停放时，各润滑点需加注润滑油，各运动副外露部分应均匀涂上润滑脂加以保护，机械应按规定定期发动和运转。

(3) 按保修规程的各项规定，进行例保作业。

5.4.3.2 轮胎式起重机的安全技术规程

1. 作业前的准备

(1) 内燃机部分，按内燃机的有关规定执行。

(2) 汽车部分，按汽车操作规程的有关规定执行。

(3) 起重机操作手必须经过劳动部门培训，持有起重机操作证后，方可上岗操作。

(4) 检查钢丝绳是否有损伤，各紧固螺钉是否松动及皮带松紧程度是否适当。

(5) 检查轮胎气压是否符合规定。

(6) 起重机工作前，注意工作场地是否平整坚实，驻车制动器是否有效。

(7) 起重机放下支脚后，全部轮胎均需离开地面，工作半径及有效高度以外5m内的障碍物应予清除。工作前必须发出信号，空负荷运行5min以上，检查工作机构运转是否正常，安全装置是否可靠。

2. 作业与行驶的要求

(1) 起重机驾驶员、起重工和指挥人员应按规定信号、手势进行联系，驾驶员、起重工必须听从指挥人员指挥，不得各行其是。工作现场只许由一名指挥人员指挥。

(2) 第一次起吊或起吊负荷大于前次负荷以及起吊重量达到起吊极限时，应先吊离地面50mm左右，检查制动器、离合器是否有效，支脚是否牢固，确认无误后方可提升，提升时速度要均匀、平稳。

(3) 经常注意架空电线，工作场地应尽量远离高压网线，如必须在架空线附近作业时，须采取必要的安全措施并与高压线保持5m以上的安全距离。

(4) 不准让起吊的货物从人的头上、汽车和拖盘车驾驶室上经过。工作中，任何人不准上下机械，提升物体时，禁止猛起吊，急转急落和突然制动。

(5) 吊重行驶时，上吊部分应全部制动，吊杆应置于起重机正前上方。起吊量不得超过额定起重量的60%，路面要平整、坚实。

(6) 起重物不准长时间滞留空中；起重机满负荷时，禁止复合操作；风速大于10m/s时，不准起吊作业。

(7) 两台起重机联合起吊同一物体时，必须使用同能力的起重机，工作时，要保持同速提升或降落。起吊重量不得超过两台起重机允许起重量之和的75%，每台起重机的负荷不得大于该机允许起重量的80%。

(8) 起重物不得长时间悬在空中。起吊物吊在空中时，驾驶员不得离开驾驶室。

(9) 从卷筒上放出钢丝绳时，至少要留有5圈，不得放尽。

(10) 降低起重臂时，在接近该起重量所限定的最大幅度时，应缓慢减速至最低速度运行，平稳停止。不得采用起重机来拖拉货物、拔起地下牢固物，不准起吊超负荷和捆扎不牢、重量不明的物体。

(11) 起吊易燃、易爆危险品时，应采取必要的安全措施，无安全措施不得随意起吊。

(12) 工作中不准进行任何维修保养工作，夜间工作时，必须有良好的照明装置。

3. 作业后的要求

(1) 起重机工作完毕后，应将臂杆放在支架上，将吊钩挂在保险杠的挂钩上稍微拉紧，同时收紧变幅钢丝绳，然后顺序收好支脚。

(2) 按保修规程的规定，进行例保作业。

(3) 起重机长期停放时，各润滑点需加注润滑油，运动副外露部分应均匀涂上润滑脂加以保护，将轮胎垫起，按规定定期运转。

5.4.4 自行式起重机的合理选择

5.4.4.1 起重机的机型选择

选择起重机要考虑如下问题：机械的机动性、稳定性和对地面低比压的要求，采用桁架臂式（机械传动）还是采用箱形伸缩臂式（液压传动）起重机合适，是否采用专用起重机等。

(1) 物料装卸、零星吊装以及需要快速进场和转场的施工作业，选择汽车式起重机比较合适，如果采用吊臂和支腿可伸缩的液压式汽车起重机就更有利；对于必须把伸缩臂伸进窗口或洞口作业的，液压式汽车起重机是最理想的吊装机械了。

(2) 当吊装工程要求起重量大，安装高度高，幅度变化较大的起重作业时，则可以根据现有机械情况，选用履带式或轮胎式起重机。如果地面松软，行驶条件差，则履带式起重机最合适；如果作业范围内的地面不允许破坏，则采用轮胎式起重机最好。

(3) 当施工条件限制，要求起重机吊重行驶时（吊重行驶是危险的，如不得已作业，吊重量应符合该机使用说明书规定），可以选择履带式或轮胎式起重机。轮胎式起重机的机动性能较好；履带式起重机吊重行驶的稳定性较高。

(4) 专业化作业应尽量选用专业起重机械。如零星货物的短距离搬运，可以采用随车起重机（YD型），本来需要起重和运输两台机械作业，现在可由一台完成；立电杆作业可以采用能钻孔和立杆的电杆工程车；管道安装工程可以采用吊管机。但必须指出：专用机械的生产率较高，但机械利用程度往往较低。

(5) 尽量选择多用、高效、节能的起重机产品，如建筑工地既需要自行吊装，又需要用塔式起重机时，应该选用有提供起重的自行塔式起重机，以节省投入机械台数。

5.4.4.2 起重机的型号选择

(1) 根据起重量和起升高度。考虑到现场的其他条件，即可从移动式起重机的产品样本或技术性能表中找到合适的规格。由于起重机的最大起重量越大，在吊装项目中充分发挥它的各种性能就越困难，利用率越低。因此，只要能满足吊装技术要求，不必选择过大的型号。

(2) 必须指出，起重机的名义起重量是在起重臂最短，幅度最小时允许的起重量；当起重臂伸长，幅度增大时，起重量相应减少，其数值可由起重机工作性能数据中求出。

(3) 当轮胎式起重机不能使用支腿时，起重量应按规定性能进行计算或按使用说明书规定（一般为支腿起重量的25%以下），如果在平坦、坚硬的路面上吊重行驶，则起重量应为不打支腿时的额定容量的75%，以保证安全作业。

(4) 如果单台起重机的起重量不能满足要求，可选择两台进行抬吊施工；为保证施工安全，吊装构件的重量不得超过两台起重机总起重量的80%。

5.4.4.3 起重机经济性能的选择

(1) 选择自行式起重机的综合经济性能标准的原则是使物料或构件在运输、吊装及装卸中单价最低。因此可用台班定额的起重量（或租用合同规定的生产率）和台班费用（或租用合同规定的费用）计算出物料运输单价，然后选择最低的一种。

（2）此外，还应综合考虑耗能少、功用多的产品．以减轻人工劳动强度；如果选购，还应考虑制造质量、价格以及维修服务和信贷条件等。

（3）总之，从技术上可行的自行式起重机中，选择在当前和今后能提供最有效的使用和获得最大效益的型号规格。

5.4.5 自行式起重机的维护保养

1．液压系统

（1）液压元件表面应经常保持清洁。以便及时检查和发现故障。液压系统零件应尽量减少拆卸。以免损伤零件表面或使杂物落入系统中。当必须进行拆卸时，应先弄清元件的构造和工作原理，拆装工作要在清洁的室内进行。

（2）液压系统用油应严格按照说明书规定选用，并按不同季节更换液压油的牌号。

（3）换油时，首先将油箱中旧油放出，用煤油清洗油箱，再用液压油清洗一次，待晾干后再装入新油。然后将回油管从油箱中拆出，并接到另一容器中，启动油泵工作，并依次操纵各机构，用新油将系统中的旧油顶出，待整个系统全部充满新油时，再将回油管接入油箱，同时将油液补充到规定的液面高度。

（4）新出厂或大修后的起重机，工作满 200h 即应换油一次；在正常作业条件下，每半年需更换一次。

（5）液压系统中存在空气时，会产生振动、噪声或动作失灵等现象，故应及时排除空气，特别是更换油液时更应注意。放气方法是使机构往复运动，并打开相应的放气螺钉。直至将空气放干净为止。

（6）为了保持液压系统的清洁，要定期从循环的液压油中取样进行化验和分析，以确定油质是否符合要求。对液压油箱等容器和滤网，要实行定期清洗。

2．其他系统

其他系统的维护与保养。可参照轮式挖掘机底盘及发动机的有关规定进行。

3．自行式起重机的例行保养

（1）QY25B 汽车式起重机的例行保养见表 5.4-2 所列。

QY25B 汽车式起重机的例行保养（每班进行） **表 5.4-2**

序号	保养项目		技术要求
1	发动机	（1）检查燃油箱存油量； （2）清洁燃油滤清器及清洗供油泵滤网； （3）检查油底壳机油量； （4）检查冷却水箱水位； （5）检查空气滤清器； （6）检查发动机运转情况	（1）油量不足，应及时给予加足； （2）每 60 工作小时排尽燃油滤清器中的积水、沉淀物，并清洗供油泵滤网； （3）机油油面应位于油标尺上、下刻度线之间，油不足时，应加足，如油位异常，应查明原因处理； （4）冷却水箱水位不足，应及时加足； （5）每工作 60h，根据滤清器罩上的尘土指示器标记的指示情况，进行清洁。当尘土指示器显示红色时，应立即清洁空气滤清器滤芯。 （6）发动机应起动容易，各转速运转正常，无异响、无异烟。否则应查明原因，排除故障

续表

序号	保养项目		技术要求
2	电气设备及仪表	(1) 检查各指示仪表照明及警示装置； (2) 检查各电气开关； (3) 检查起动机，发电机； (4) 检查蓄电池	(1) 各指示灯、报警灯及仪表应反应灵敏，示值正确。各指示灯及报警装置齐全有效； (2) 各电气开关应功能可靠，工作正常； (3) 起动机，发动机应工作正常； (4) 清洁蓄电池外表，通气孔经常保持畅通
3	转向系统	检查转向性能	方向盘应转动轻便，灵活，复位圆滑，无异常现象
4	传动系统	(1) 检查离合器； (2) 检查变速箱及驱动桥； (3) 检查取力器（驱动三联齿轮泵）； (4) 检查传动轴	(1) 离合器应接合平稳，分离彻底，操纵轻便，工作可靠，无打滑，发抖现象； (2) 变速箱及驱动桥应工作正常，无异响，过热或漏油现象； (3) 取力器应工作正常，无异响，过热或漏油现象；气动换挡系统应工作正常，消除漏气现象； (4) 应正常，无抖动及异响，如有松动应紧固
5	制动系统	(1) 检查空气压缩机； (2) 检查贮气筒； (3) 检查制动系统密封性； (4) 检查行驶制动性能； (5) 检查驻车制动器	(1) 空气压缩机应工作正常； (2) 排放贮气筒内的冷凝水； (3) 应无漏气现象； (4) 制动应灵敏，可靠，制动时，车辆无跑偏现象； (5) 制动器应功能正常，制动可靠
6	悬挂系统与轮系	(1) 检查钢板弹簧； (2) 检查驱动桥悬挂装置； (3) 检查车轮	(1) 前钢板弹簧U形连接螺栓及弹簧夹螺栓如有松动，应及时给予拧紧； (2) 驱动桥悬挂装置与车架、车轴的连接螺栓如有松动，应及时拧紧； (3) 轮胎应无异物扎入或嵌入，胎压应正常
7	液压系统	(1) 检查液压油箱的油量； (2) 检查液压油泵、液压马达、油缸、液压阀等元件； (3) 检查点各油管及接头； (4) 检查液压系统的密封性； (5) 检查油泵传动轴接盘连接螺栓	(1) 不足时应及时加满； (2) 各元件应工作正常，无异常响声、过热现象，注意保持表面清洁； (3) 检查各油管与接头是否松动，应该加固，各油管如有老化、裂损应及时更换； (4) 液压系统应无渗漏现象； (5) 油泵传动轴接盘连接螺栓如有松动应紧固
8	起重机构	(1) 检查各操纵机构； (2) 检查起升机构工作情况； (3) 检查支腿； (4) 检查吊钩、吊具	(1) 应操作轻便、灵活，到位准确、定位可靠，如有异常现象，应查明原因，并及时修理； (2) 操纵各手柄，使起重臂作空载变幅、伸缩、回转、卷扬、起升吊钩等动作，均应正常。各油缸表读数正常，吊钩起升高度限位器功能良好； (3) 应工作正常。并应处于平行状态； (4) 对于吊钩、吊具等应完好，其起重臂及吊钩完好无损
9	整机	(1) 清洁整机外部； (2) 检查外部连接螺栓； (3) 检查整机泄漏情况； (4) 润滑	(1) 清除整机外部粘附的泥土、杂物和油污； (2) 螺栓如有松动应拧紧； (3) 应无漏油、漏水、漏气、漏电等现象； (4) 按润滑的有关规定进行润滑

(2) QLY25C型轮胎式起重机的例行保养见表5.4-3所列。

QLY25C 型轮胎式起重机的例行保养（每班进行） **表 5.4-3**

序号	作业项目		技术要求及说明
1	发动机	—	参照 QY25B 汽车式起重机的发动机部分
2	电气设备与仪表	(1) 检查各指示仪表，指示灯及照明装置； (2) 检查蓄电池； (3) 检查各电气开关； (4) 检查起动机，发电机	(1) 各指示仪表应反应灵敏，示值正确。工作时，发动机水温为 80～90℃；变矩器油温为 50～100℃，若超过 100℃，应停车冷却并予检查。指示灯和照明灯装置应齐全有效。若有异常，应查明原因，及时排除故障； (2) 清洁蓄电池外表，通气孔经常保持畅通； (3) 各电气开关应功能正常； (4) 起动机，发动机应工作正常
3	转向系统	(1) 检查转向性能； (2) 检查转向机构管路和管接头； (3) 检查转向机构各部位连接螺栓，螺母； (4) 检查后论转向情况	(1) 转向操纵应轻便、灵敏且功能可靠，否则，应查明原因，排除故障； (2) 管路及接头如有松动，必要时应予紧固； (3) 螺栓、螺母如有松动，应予紧固； (4) 使用后轮转向时，应将转向离合器切换阀按钮推进，后轮转向系统应工作正常
4	传动系统	(1) 检查变矩器-变速箱油位； (2) 检查变矩器； (3) 检查变速箱； (4) 检查驱动桥； (5) 检查传动轴	(1) 在发动机怠速运转状态下进行检查。变速箱油位应在规定范围之间，油不足时，应予补足； (2) 变矩器应工作正常，无异响及过热现象； (3) 变速箱应工作正常，无异响及过热现象；各挡操纵离合器应工作正常；工作时，换挡操纵杆应操纵轻便，到位准确，定位可靠； (4) 驱动桥应工作正常，无异响，消除渗漏现象； (5) 传动轴应工作正常，无异响，无抖动
5	制动系统	(1) 检查空气压缩机； (2) 检查油水分离器及贮气筒； (3) 检查气路系统的密封性； (4) 检查行驶制动性能； (5) 检查驻车制动性能	(1) 空气压缩机应工作正常； (2) 排放油水分离器与贮气筒内的积水及沉淀物； (3) 应无漏气现象； (4) 制动应灵敏、可靠、无跑偏及拖滞现象； (5) 制动应灵敏、可靠
6	行走系统	检查车轮	检查轮胎有无异物扎入或嵌入，胎压是否正常，如气压不足，应补充气至规定值。螺栓、螺母如有松动，应按规定拧紧力矩予以紧固
7	液压系统	(1) 检查液压油箱油位； (2) 检查液压油泵、液压马达、油缸、液压阀等液压元件； (3) 检查油管及管接头； (4) 检查液压系统的密封性	(1) 油不足时，应加油至规定的油位高度； (2) 各液压元件应工作正常，无异响及过热现象； (3) 各油管及管接头如有松动，应予紧固； (4) 应无渗漏油现象
8	工作机构	(1) 检查各操纵手柄； (2) 检查起重机构工作情况； (3) 检查起升机构； (4) 检查回转机构； (5) 检查吊索及吊具； (6) 检查支腿	(1) 对于各操纵手柄都应操纵轻便，到位准确，定位可靠； (2) 操纵各操纵手柄，使起重臂作空载变幅、伸缩、回转、卷扬、起升吊钩等动作，均应工作正常。各信号装置及各指示器应齐全有效，如有异常现象，应查明原因，排除故障； (3) 起升机构应工作正常，减速器无异响，不漏油。离合器及制动器应工作可靠，功能良好，运行平稳； (4) 回转机构应工作正常，减速器无异响，不漏油，制动器功能正常，制动可靠； (5) 吊索、吊具应牢固可靠，起重臂及吊钩滑轮等应无破损及卡阻

续表

序号	作业项目		技术要求及说明
9	整机	(1) 检查驾驶室； (2) 检查门窗； (3) 检查雨刮器； (4) 清洁整机外部； (5) 检查外部连接螺栓及销轴； (6) 检查整机泄露情况； (7) 润滑	(1) 清洁驾驶室内外部，除去尘土、杂物，擦净门窗玻璃、仪表盘及倒车镜； (2) 门窗应关闭严密，开关自如，门锁牢固可靠； (3) 雨刮器应工作正常； (4) 清除整机外部黏附的泥土、杂物、油污等； (5) 螺栓如有松动，应予紧固； (6) 应无漏油、漏气、漏电现象； (7) 按润滑的有关规定执行

(3) QU32 型履带式起重机的例行保养见表 5.4-4 所列。

QU32 型履带式起重机的例行保养（每班进行） **表 5.4-4**

序号	作业项目		技术要求及说明
1	发动机	(1) 检查燃油箱存油量； (2) 检查油箱、油管和喷油泵调速器； (3) 检查油底壳机油油位； (4) 检查喷油泵传动联轴器刻度； (5) 检查点润滑系； (6) 检查冷却水箱的水位； (7) 检查冷却水箱、水管、水泵； (8) 检查风扇皮带张紧度； (9) 清洁发动机外部； (10) 观察发动机运转情况	(1) 根据需要加足燃油； (2) 仔细检查检查油箱、油管和喷油泵调速器，如有渗漏，应及时修复； (3) 油位应达到油标尺上的刻线标记，油量不足应及时加足到规定的范围内； (4) 刻度如发生变动，应及时调整，连接螺栓如有松动，应予紧固； (5) 如有渗漏，应及时消除； (6) 冷却水箱的水位不足时应加足，冬季每班作业结束后，应及时放尽冷却水（加了防冻剂时则不必排放）； (7) 冷却水箱、水管、水泵如有渗漏，应给予修复，水泵运转应正常，无异响； (8) 工作时，如有打滑现象，应及时调整； (9) 擦净发动机外部尘土、油污及水；各连接部件螺栓如有松动，就及时紧固； (10) 发动机应易于起动，各速运转正常，无异响，排气烟色正常。否则，应查明原因，排除故障
2	电气设备与仪表	(1) 检查各指示仪表及照明装置； (2) 检查起重机、发电机； (3) 检查蓄电池	(1) 各仪表应反应灵敏，示值正确，照明装置齐全有效； (2) 起重机、发电机应工作正常； (3) 清洁蓄电池外表，通气孔经常保持畅通
3	传动系统	(1) 检查主离合器； (2) 检查减速器； (3) 检查主传动装置； (4) 检查卷扬机； (5) 检查各凸式离合器	(1) 主离合器应工作正常，操纵轻便灵活，无打滑现象； (2) 减速器应工作正常； (3) 主传动装置齿轮箱应工作正常，无漏油现象； (4) 卷扬机工作应正常，制动可靠； (5) 各凸式离合器应操纵轻便、灵活，脱开与结合灵敏
4	回转系统	(1) 检查回转系统； (2) 检查回转平台各部件的连接螺栓； (3) 检查回转支承	(1) 回转应平稳、无卡滞现象。回转制动器应功能正常，制动可靠； (2) 连接螺栓如有松动，应及时紧固； (3) 回转滚轮应转动灵活

续表

序号	作业项目		技术要求及说明
5	行走系统	(1) 检查行走系统工作情况； (2) 检查各部螺栓、螺母； (3) 检查锥齿轮箱和内涨式离合器； (4) 润滑驱动轮、引导轮、支重轮及托链轮轴承	(1) 行走系统应工作正常，无跑偏、啃轨现象； (2) 各部螺栓、螺母如有松动，应及时紧固，或补齐； (3) 行走锥齿轮箱应工作正常，行走内涨式摩擦离合器应工作正常，无打滑现象； (4) 每工作 50h 润滑一次，如若进行较长距离行驶时，每小时应润滑一次
6	液压系统	(1) 检查联合储油箱油位； (2) 检查液压油泵及液压阀； (3) 检查油管及接头； (4) 检查各操纵手柄； (5) 检查油压	(1) 油位不足时，应及时加油到规定的高度； (2) 应工作正常，无异响、过热及漏油现象； (3) 油管及接头如有松动时，应及时紧固； (4) 各操纵手柄均应操纵轻便灵活，到位准确，定位可靠； (5) 观察油压表，系统的最高油压为 3.92MPa，如有异常，应查明原因，排除故障
7	起重机构	(1) 检查吊杆提升蜗轮减速器、制动器； (2) 检查起重机构工作情况； (3) 检查吊索、吊具	(1) 应工作正常，无异响，不漏油，制动器应功能正常，制动可靠； (2) 吊杆作空载变幅、回转、卷扬、起升、吊钩等动作，应无异常现象，否则，应查明原因，排除故障； (3) 吊索、吊具应无损伤
8	整机	(1) 清洁； (2) 检查安全保护装置； (3) 润滑	(1) 清洁整机外部，包括履带行走装置各部分； (2) 安全保护装置应齐全有效； (3) 按润滑的有关规定执行

5.4.6 自行式起重机的常见故障及处理方法

(1) 轮胎式起重机的常见故障及处理方法见表 5.4-5、表 5.4-6 所列。

NK-400E 型轮胎式起重机的常见故障及处理方法　　表 5.4-5

故障部位	故障现象	故障原因	处理方法
油泵	发生噪声	(1) 由进油管吸入空气； (2) 油泵固定螺钉松动； (3) 液压油脏污	(1) 在可疑部位添加液压油，看声音有无变化； (2) 紧固螺钉； (3) 每半年更换一次液压油
支腿	不能动作	(1) 锁销未取掉； (2) 安全阀压力过低； (3) 电磁阀损坏； (4) 电路有故障	(1) 取下锁销； (2) 检查和调整； (3) 更换； (4) 检查和修理
	动作很慢	(1) 支腿臂被砂石阻片； (2) 电磁阀的工作不正常； (3) 开关阀内漏	(1) 清洁并加润滑脂； (2) 清洗或更换电磁阀或细滤器； (3) 检查及修理
	底盘车体在工作中下沉	(1) 导向单向阀有故障； (2) 液压缸内泄漏； (3) 电磁阀工作不良	(1) 修理或更换； (2) 检查液压缸，若发现泄漏时可更换； (3) 更换电磁阀

续表

故障部位	故障现象	故障原因	处理方法
回转机构	不能回转	(1) 回转制动有故障； (2) 液压油压力不足（油泵或操作阀有故障）； (3) 马达有故障（被锁住或内漏严重）； (4) 减速齿轮有故障； (5) 制动阀有故障	(1) 检查回转制动管路； (2) 检查及调整； (3) 仅是操作马达如果不转动，可测量其排油量； (4) 仅是操作马达如果转动不光滑，可检查减速齿轮； (5) 检查及调整
	回转动作不平稳	(1) 操作阀有故障； (2) 制动阀有故障	(1) 检查调整阀； (2) 检查制动阀
	回转太快	缓冲阀有故障	检查调整阀
	回转制动不工作	(1) 空气未排彻底； (2) 制动总缸有故障； (3) 制动片被磨损	(1) 排除空气； (2) 检查修理； (3) 调整
提升和降落	提升（起钩）有故障	(1) 油压不足（泵或操作阀有故障）； (2) 液压马达有故障； (3) 离合器的接合压力不足（储能器的充压回路发生故障）； (4) 机油或黄油沾在离合器摩擦片上； (5) 自动制动发生故障； (6) 动力传动被切断	(1) 检查调整泵或操作阀； (2) 测量排油量，如果故障严重可更换液压马达； (3) 检查充压回路，如果压力减少得太快，检查储能器并给予充气（如确有必要时）； (4) 检查和清洗； (5) 检查制动管路； (6) 检查动力切断电磁阀
	吊钩不能降落	(1) 卷筒锁销绳线内部被切断和卷筒被锁住； (2) 卷筒自动制动发生故障； (3) 平衡阀发生故障； (4) 液压力不足（泵或操作阀发生故障）； (5) 液压马达发生故障； (6) 自由降落脚踏板发生故障； (7) 动力传动被切断	(1) 更换卷筒锁销绳线； (2) 检查制动管路； (3) 检查和调整； (4) 检查和调整； (5) 测量排油量，若排油量过大，须更换马达； (6) 检查和修理动力缸及制动总缸； (7) 检查动力切断电磁阀
提升和降落	制动不起作用	(1) 制动摩擦片磨损过度； (2) 制动摩擦片上沾有机油； (3) 制动管路内有空气进入； (4) 制动液泄漏或卷筒自动制动发生故障	(1) 更换摩擦片； (2) 清洗摩擦片，将机油除去； (3) 排除空气，修理漏油故障； (4) 检查制动管路
	重物不能保持在任意位置上	(1) 离合器打滑； (2) 液压马达内漏油严重； (3) 平衡阀发生故障； 1) 内漏增加； 2) 单向阀发生故障； 3) 安全阀压力太低	(1) 检查离合器缸和摩擦片； (2) 检查漏油量，如泄漏过大须更换马达； 1) 更换阀； 2) 清洗内部，研磨或更换阀； 3) 正确地调整安全阀压力
起重臂的升降	变幅液压缸不能伸出	(1) 液压缸内漏； (2) 安全阀压力太低； (3) 开关阀有故障	(1) 拆开检查； (2) 检查调整； (3) 调整开关阀的功能
	变幅液压缸不能压回	平衡阀发生故障	检查调整
	变幅液压缸在伸出状态时自动收缩	(1) 液压缸内漏； (2) 平衡阀发生故障； (3) 阀、缸、油管和接头等部位漏油	(1) 拆开检查，内漏严重时须更换； (2) 检查调整； (3) 检查修理

轮胎式起重机的常见故障及处理方法 **表5.4-6**

故障现象	故障原因	处理方法
挂挡后不能行驶	(1) 换挡系统工作油液太小； (2) 停车制动器未脱开； (3) 液压泵损坏； (4) 滤油器堵塞	(1) 补充新油； (2) 消除停车制动； (3) 更换液压泵； (4) 清洗滤油器
换挡压力过低，挂不上挡	(1) 换挡压力阀调整不当； (2) 变速器滤网堵塞； (3) 离合器油封环严重漏油； (4) 压力表损坏	(1) 重新调整； (2) 清洗滤油器； (3) 更换新油封环； (4) 更新压力表
驱动力不足，行驶速度不快	(1) 变矩器滤油器堵塞； (2) 变矩器、变速器系统油量不足或严重漏油； (3) 换挡压力过低，使离合器打滑； (4) 变矩器油温太高； (5) 制动器处于半结合状态	(1) 清洗滤油器； (2) 检修后重新加油； (3) 检修，找出压力过低的原因，进行调整； (4) 检查，如属正常油温升高，则停车冷却后再起动； (5) 重新调整制动器
变矩器、变速器系统过热	(1) 变速器系统油量不足或杂质过多； (2) 换挡压力过低，致使摩擦片打滑； (3) 离合器片间分离不完全； (4) 连续爬坡	(1) 按规定重新加油，清洗滤油器； (2) 检查油封环，如损坏应更换； (3) 检查离合器； (4) 暂时停车休息
方向盘太重	(1) 转向液压泵不工作或流量过小； (2) 四轮转向方向盘转不动； (3) 恒流阀堵塞	(1) 检查原因，如属液压泵损坏则更换新泵； (2) 后桥机械连锁未拆开，应予以拆开电磁阀工作不好或漏油应修理； (3) 检修恒流阀
方向盘转，而车轮不转向	动力转向阀泄漏太大	检修或更换新阀
油门踏板踏到底，发现机转数还低	(1) 油门操纵系统中存有空气； (2) 油门操纵系统中管路漏油或油量不足	(1) 用手压泵，排除空气； (2) 拧紧接头加油
气压建立不起来	(1) 空气压缩机工作不正常； (2) 系统漏气严重	(1) 检查空气压缩机； (2) 检查系统，拧紧管接头
全部电气操纵系统失灵	(1) 搭铁线（开关）未接通； (2) 电瓶没电； (3) 线路不通	(1) 接通搭铁开关； (2) 充电或换电瓶； (3) 检修线路
油路漏油	(1) 接头松动； (2) 密封件损坏； (3) 管道破裂	(1) 重新拧紧接头； (2) 更换密封环； (3) 焊补或更换新管
液压系统油压建立不起来	(1) 液压油箱液面过低或吸油管堵塞； (2) 液压泵排量不足； (3) 溢流阀开启压力过低； (4) 工作阀组内泄漏过大； (5) 液压泵损坏	(1) 加油或检查吸油管； (2) 加大发动机转速； (3) 重调溢流阀； (4) 检修阀组； (5) 检修或更换液压泵
液压油路噪声严重	(1) 管路内存有空气； (2) 管道等元件没有紧固； (3) 油温太低 (4) 单向阀或节流元件失灵； (5) 滤油器堵塞	(1) 排出空气； (2) 重新紧固； (3) 低速转动液压泵，让油液多次循环升高温度； (4) 找出原因进行检修； (5) 清洗滤油器

续表

故障现象	故　障　原　因	处　理　方　法
操纵比例先导阀上车不工作	(1) 下车操纵台转换手柄未推上； (2) 比例先导阀系统电磁阀未接通或接通了，但不工作； (3) 比例先导系统压力建立不起来； (4) 比例先导阀阀心卡住	(1) 推到"上车"位置即可； (2) 检修电磁阀； (3) 溢流阀卡住不工作应检修； (4) 检修比例先导阀
油液发热严重	(1) 内泄漏过大； (2) 压力过高，工作太频繁； (3) 环境温度过高	(1) 检修元件； (2) 调节溢流阀或稍休息； (3) 停车冷却
支腿收放不动	(1) 液压锁失灵； (2) 截止阀未打开； (3) 下车操纵阀手柄未拉下	(1) 检修液压锁； (2) 打开截止阀； (3) 将手柄拉到支腿工作位置
起重时支腿自行下沉	(1) 液压锁漏油； (2) 液压缸内泄漏大	(1) 检查液压锁； (2) 检修或更换活塞上密封圈
压力表不指示	(1) 阻尼塞堵住； (2) 压力表损坏或进油堵塞	(1) 检修或疏通管道，清除杂物； (2) 更换压力表或清洗进油道
起重臂伸缩时压力过高或有波动现象	(1) 平衡阀调整不当； (2) 伸缩时滑块碰到异物有卡死现象	(1) 重新调整； (2) 检查伸缩臂滑道，清除异物，涂润滑脂
第三节臂不和第二节臂同步伸出	伸缩机构钢丝绳过松	重新张紧钢丝绳
变幅时落臂有振动	(1) 液压缸缸筒内有空气； (2) 平衡阀调整不当	(1) 排除变幅液压缸内空气； (2) 重新调整平衡阀
重物空中停留时缓慢下降	起升制动器制动力不够	检修制动带，使它与制动轮接触面积不小于80%，调整制动带和制动鼓间隙或旋紧弹簧
起升机构不能起吊重物	(1) 起升回路压力过低； (2) 离合器打滑； (3) 制动器松不开	(1) 排除故障，阀整溢流阀； (2) 检修调整离合器； (3) 重新调整制动器
回转机构突然转不动或回转压力过高	(1) 滚柱转盘中个别滚柱打斜； (2) 滚柱转盘间隙过大； (3) 滚柱或滚道损坏； (4) 制动间隙过小； (5) 润滑油缺少	(1) 逆向缓慢旋转几圈后，再行旋转； (2) 重新调整滚柱转盘间隙； (3) 检修转盘； (4) 调整制动器； (5) 加注润滑脂
回转过程中有抖动现象	回转液压马达滑履烧坏	检修回转液压马达，换滑履
回转制动不住	(1) 制动间隙过大； (2) 摩擦系数太小	(1) 调整制动间隙； (2) 检修或更换摩擦带
回转停止时冲击过大	(1) 制动力过大； (2) 操作过猛	(1) 将弹簧调松些； (2) 停车前预先松开油门，然后放回手柄
起重机构只能下降、不能上升	(1) 高度限位器线路未接通； (2) 上升接触器损坏或线路有故障	(1) 将线路接通； (2) 修理或更换，或检修线路
重物微动下降时忽停忽降发生冲击	(1) 制动瓦块与制动轮之间的间隙过大； (2) 衔铁的工作行程过大； (3) 制动弹簧调得太紧； (4) 制动力过大，引起电磁铁释放电流过大	(1) 减小其间隙； (2) 减小其行程； (3) 放松弹簧； (4) 临时措施可轻轻地踩下卷筒上的制动器，略微增加一些下降阻力

续表

故障现象	故　障　原　因	处　理　方　法
起升、变幅、回转电动机上的制动轮过热	（1）制动弹簧调得太紧，制动力过大，制动瓦块打不开； （2）衔铁工作行程不够，制动瓦块打不开； （3）制动瓦块与制动轮之间的间隙过小	（1）放松弹簧； （2）增大其行程； （3）增大其间隙
起重臂微动力下降时忽停忽降发生冲击	（1）制动瓦块与制动轮之间间隙过大； （2）衔铁的工作行程过大； （3）制动弹簧调得太紧； （4）卷筒上的制动带太松	（1）减小其间隙； （2）减小其行程； （3）放松弹簧； （4）将制动带调紧些

（2）履带式起重机的液压系统常见故障及处理方法见表5.4-7，其传动系统及工作系统常见故障见表5.4-8所列。

液压系统常见故障及处理方法　　**表5.4-7**

故障现象	故　障　原　因	处　理　方　法
油泵不出油	（1）液压系统有空气； （2）油泵转子或齿轮被杂物卡住； （3）定子工作面粗糙； （4）轴承磨损； （5）油的黏度发生变化不合要求	（1）检查各部分连接和密封情况； （2）拆开检查并清洗； （3）用“00号”砂布打光； （4）更换轴承； （5）检查油质更换新油
油压系统中油压消失或部分消失	（1）调配阀的过压阀顶杆与底部有脏物； （2）过压阀太脏； （3）油泵与油箱的吸油管漏气； （4）油箱中油位低； （5）油泵与液力调配阀管路进入空气	（1）取出圆球顶杆清洗或用“00号”砂布修磨； （2）用汽油清洗； （3）排除空气紧固松动接头； （4）添加新油； （5）放尽空气紧固管路接头
止回阀失灵	（1）有脏物进入； （2）球座损坏； （3）球失圆； （4）阀门弹簧折断	（1）清除杂物； （2）用锥形研配器加M14研磨； （3）换新球； （4）换新弹簧
油压降低快恢复缓慢	（1）蓄油器内过滤器太脏； （2）管路损坏渗漏； （3）液压油太脏	（1）用汽油清洗； （2）更换损坏油管； （3）换过滤后的液压油、清洗过滤器
蓄压器发生故障	（1）蓄压器内缸体密封皮碗损坏； （2）阀门管路有毛病； （3）活塞被卡住	（1）更换新皮碗； （2）消除活塞和缸体上的刮痕； （3）清洗后修整
操纵阀被卡	（1）阀心与阀体之间有脏物，或装配时错装； （2）压环或阀心被卡； （3）调整弹簧或其他零件损坏	（1）拆开检查、清洗，或重新装配用机油润滑； （2）拆开用细砂布打光，最大间隙0.015mm； （3）更换零件
油压不稳或达不到所需压力	（1）压力表损坏； （2）油面不足； （3）部分密封圈漏油； （4）油缸中有空气； （5）油质不良； （6）操纵台松动	（1）拆下经试验台检试，如确损坏更换新压力表； （2）添加液压油； （3）拧紧密封螺栓，如再漏更换密封圈； （4）检查漏气处针对处理； （5）更换新油； （6）拧紧螺栓、紧固阀体与操纵台的连接

传动系统和工作装置常见故障及处理方法　**表 5.4-8**

故障现象	故障原因	处理方法
主离合器打滑	(1) 主离合器主动盘与被动盘间隙过大； (2) 主离合器摩擦片表面沾有油污； (3) 摩擦片磨损过多	(1) 拔出定位销，按顺时针方向旋转，再插入定位销； (2) 用汽油清洗； (3) 更换新摩擦片
主离合器分不开	(1) 离合器间隙过小； (2) 压紧弹簧过松或折断； (3) 分离杠杆支架螺栓松动或杠杆弯曲	(1) 按前相反方向调整； (2) 调整或更换； (3) 修复
减速机发热	(1) 润滑油面过低； (2) 减速器漏油	(1) 添加润滑油； (2) 更换衬垫
减速齿轮有响声	(1) 轴承或齿轮磨损过大； (2) 缺少润滑油	(1) 更换已磨损轴承或齿轮； (2) 添加
制动器发热	(1) 制动带与制动鼓的间隙太小； (2) 制动器回位弹簧调整过紧	(1) 调整间隙； (2) 放松弹簧
制动器打滑	(1) 制动带与制动鼓的间隙过大； (2) 制动器回位弹簧弹性减弱； (3) 制动带有油污	(1) 调整间隙； (2) 调整或更换弹簧； (3) 用汽油清洗
回转台转动不灵	(1) 逆转机构离合器浸沾油污； (2) 离合器摩擦块磨损； (3) 锥形齿轮轴在轴承上咬紧； (4) 平衡滚轮与滚道间隙过大	(1) 用汽油清洗； (2) 调整、垫高后仍打滑应更换； (3) 拆下清洗或更换轴承； (4) 调整间隙
爪型离合器接合不良	(1) 轴上拨叉的紧固零件松动； (2) 凸爪磨损； (3) 操纵杆变形	(1) 紧固松动零件； (2) 焊补凸爪边缘； (3) 调整并加固
行走机构向前或向后行走困难	(1) 制动带间隙过小； (2) 小齿轮在轴头上咬紧 (3) 履带过紧	(1) 应调整间隙； (2) 拆下清洗或更换轴承； (3) 调整履带张紧度
起重臂升降困难或发生自动下降	(1) 离合器打滑； (2) 制动带间隙过小； (3) 变幅卷扬轴承咬住； (4) 起重臂自动坠落； (5) 起重臂操纵杆中立时臂杆下溜	(1) 调整或清洗； (2) 正确调整； (3) 拆下清洗或更换轴承； (4) 制动带过松，没有将棘爪拨入棘轮； (5) 蜗轮蜗杆自锁失效应予更换

5.5　塔式起重机

5.5.1　概述

塔式起重机是机身为一塔架、可自装和具有一个可回转的长臂架的臂架型起重机。它特别适宜在建造高层建筑物时，完成预制构件及其他材料、工具等吊装工作的主要起重设备。

5.5.1.1　塔式起重机的特点

(1) 工作高度一般的起重高度为40～60m，有的可达到100～160m。

(2) 工作半径大，塔式起重机可进行旋转作业，活动范围大，一般可在20～80m的旋转半径范围内吊运重物。

（3）应用范围广，塔式起重机能吊装框架和围护结构的结构件，还能吊装和运输其他建筑材料等。

（4）塔式起重机多为电力操纵，具有多种工作速度，不仅能使繁重的吊、运、装卸工作实现机械化，而且动作平稳，较为安全可靠。

（5）具有多种作业性能，特别有利于采用分层分段安装作业施工方法。

（6）起重构件时，一般不会与已安装好的构件或砌筑物相碰。

（7）现场能充分利用，构件堆放易有条理，且比较灵活，还可兼卸进场运送的货物。

塔式起重机在一个施工地点的使用期间一般较长，在某一工程结束后需要拆除、转移、搬运，再在新的施工点安装，比一般施工机械麻烦，因而要求也严格，并需敷设行走轨道。

5.5.1.2 塔式起重机的分类

1. 按起重量的大小分类

（1）轻型塔式起重机：起重量为 0.5～5t，适用于五层以下的民用建筑物；

（2）中型塔式起重机：起重量为 6～20t，适用于起重高度在 40m 以下的建筑物施工；

（3）重型塔式起重机：起重量可达 25～60t，适用于构件较重、房屋高度较大的多层及高层建筑物施工。

2. 按塔式起重机构造特征分类，见表 5.5-1 所示。

塔式起重机分类表　　　　**表 5.5-1**

分类	型式	简　图	特　征
按行走机构分	固定式	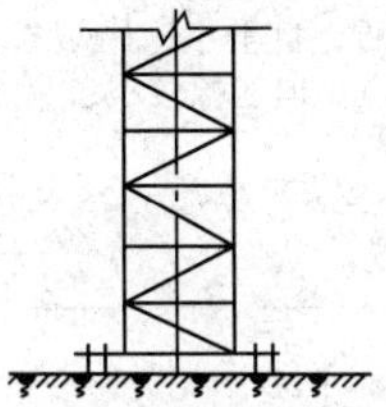	固定式塔式起重机是其塔身固定在混凝土基础上，塔身可以根据需要自升接高
	自行式	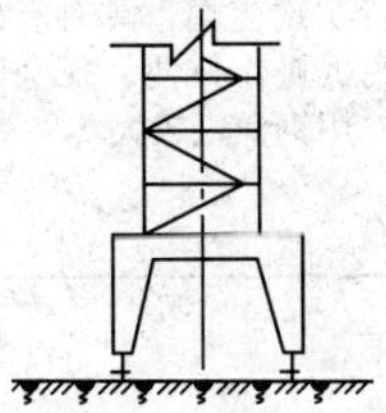	自行式塔式起重机又有汽车式、履带式和轮胎式等，对地面要求较高
按升高（爬升）方式分	内爬式	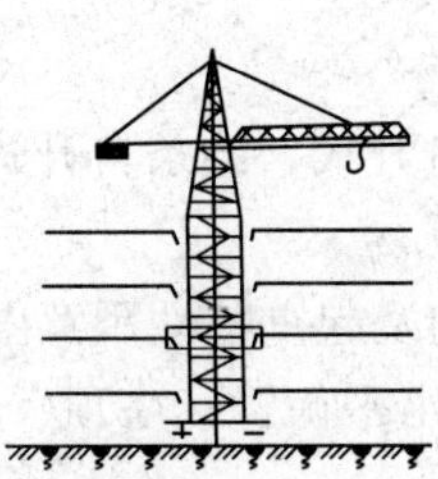	内爬式塔式起重机是利用建筑物的骨架作为塔身支承，随建筑物上升而爬升，塔身短且无附着装置，不占建筑场地。但起重负荷全部由建筑物承担，需用套架和爬升设备，增加了施工组织的复杂性，机械本身装拆亦较为困难

续表

分类	型式	简图	特征
按升高（爬升）方式分	附着式	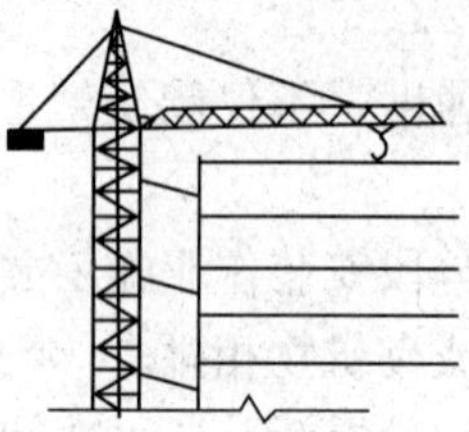	附着式塔式起重机是目前应用最多的一种起重机，其塔身靠建筑物支持，稳定性好，能自升接高，起重能力可充分利用，材料堆放方便。但建筑物需设附着装置，并需适当加强
按回转部位分	上回转式	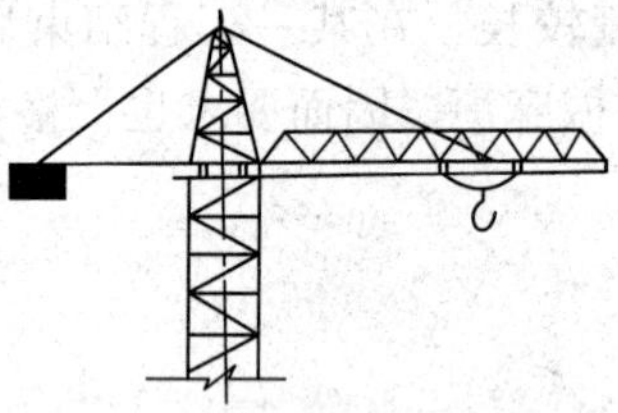	塔尖回转，底部轮廓尺寸较小，可附着在建筑物上，适应面较广。但重心高，对整机稳定性不利，安装、拆、卸费工费时
	下回转式	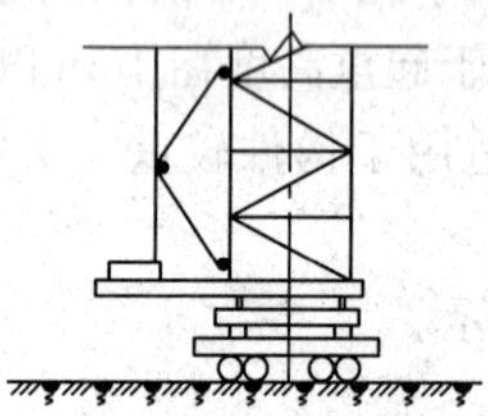	塔身在底盘上旋转，受力状态较好，自重较轻，能整体拖运，便于转移，重心低、冲击荷载影响小。但下部占用空间大，不利于材料堆放，不能附着在建筑物上，起升高度不大
按变幅方式分	动臂变幅式	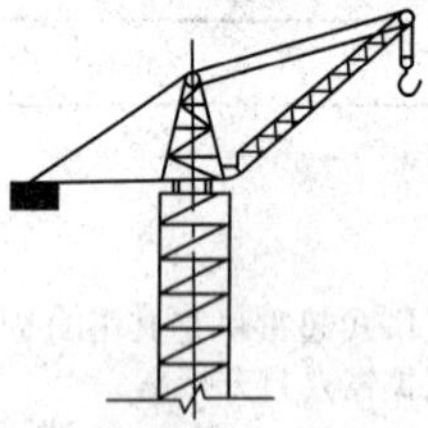	动臂变幅式塔式起重机是利用动臂俯仰实现变幅，具有结构轻巧、自重小、用钢省、能增加起重高度、装拆方便等优点。但变幅较小、吊重水平移动时功率消耗大，经济效果差
	小车运行式	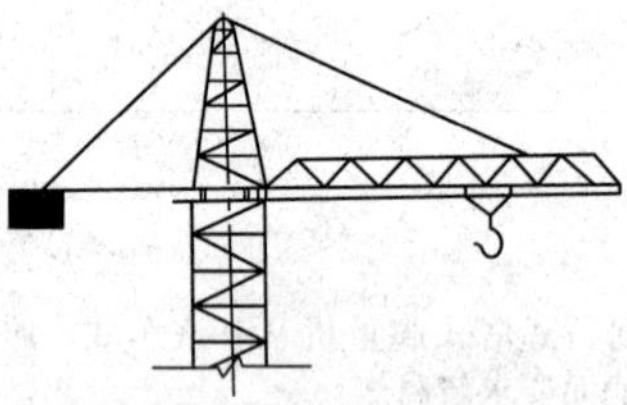	小车运行式塔式起重机是利用运行小车在起重臂下的轨道上运行实现变幅，具有有效幅度大，变幅所需时间少、工效高、操作方便、安全性好等优点。但起重臂架结构较重，用钢量也较大

3. 按起重机的安装方式分类

（1）普通式塔式起重机；

（2）自扳式塔式起重机；

（3）自升式塔式起重机：自升方式可分为绳轮自升式、链条自升式、齿条自升式、丝杆自升式、液压自升式。

图 5.5-1 所示为 QTZ120 型塔式起重机外形结构及起重特性示意图。这是一种多用途（轨行、附着、固定、爬升）自升塔式起重机。主要由平衡臂、塔顶、起重臂、上下支座、塔身、吊钩及主动台车、被动台车等组成。

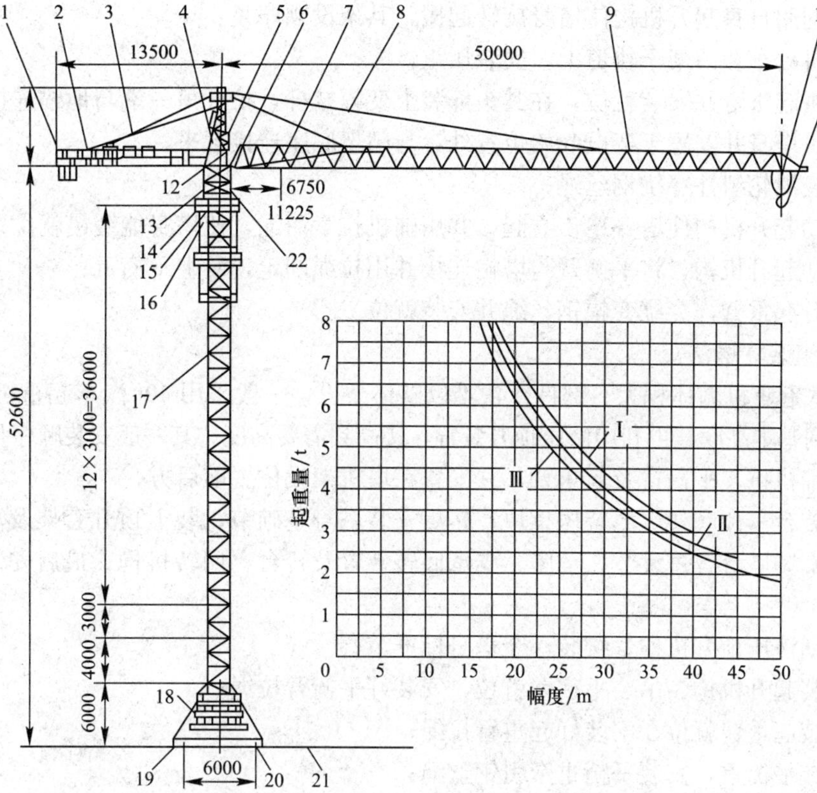

图 5.5-1 QTZ120 型塔式起重机外形结构及起重特性图

1—平衡臂；2—起升机构；3—平衡臂拉杆；4—塔顶；5—力矩限制器；6—司机室；7—小车牵引机构；8—起重臂拉杆；9—起重臂；10—起重小车；11—吊钩；12—回转塔身；13—上支座及平台；14—下支座；15—爬升架；16—起重量限制器；17—塔身；18—底架；19—主动台车；20—被动台车；21—轨道基础；Ⅰ—40m 起重臂；Ⅱ—45m 起重臂；Ⅲ—50m 起重臂

5.5.2 塔式起重机的安装与转移

5.5.2.1 塔式起重机的安装

1. 整体自立法

即利用本身设备完成全部架设作业。一般轻、中型下回转塔式起重机都采用此办法，其架设的步骤如下：

(1) 拆除牵引杆，支起滑轮架和导轮架；

(2) 开动变幅机构，使塔机行走底架缓慢倾斜，并使前行走轮落在轨道上，然后缓慢松开变幅机构上的制动器，使其后行走轮也落在轨道上，及时用夹轨器夹牢；

(3) 开动变幅机构，使塔身竖立，然后用销钉把塔身和旋转架连成一体；

(4) 拆开塔身与起重臂之间的连接件，再开动变幅机构，把起重臂拉到水平位置，松开夹轨器，拆除转台与行走底板之间的拉板，经过调整和试运转，即可交付使用。

2. 旋转起搬法

对于需要解体转移的塔机，如 TQ60/80 型，可利用轻型汽车起重机辅助，在工地上进行组装，利用自身起升机构使塔身旋转起搬，其架设顺序是：

（1）组拼台车和门架于轨道上，安装压重；

（2）组拼起重臂并安装就位，在其头部装上变幅拉杆，拉杆另一端与地锚连接；

（3）组拼塔身并安置于架设起始位置处，与门架底座连接起来；

（4）安装滑轮组并穿绕钢丝绳；

（5）开动起升机构使塔身稳步立起，并用辅机拉紧溜绳，使塔身能缓慢就位；

（6）开动起升机构，将平衡臂与塔帽连接并用拉绳固定，装上平衡重；

（7）提升起重臂，穿绕变幅钢丝绳并安装就位。

3. 辅机组装立塔法

自升塔式起重机因体积大、部件重，难以整体架设，一般采用40t汽车起重机为辅机，将塔机安装到基本高度，再利用液压顶升装置，接高到需要高度。其一般安装顺序是：

（1）用辅机拼装平衡臂及起重臂，并安置在塔机架设位置前后方；

（2）安装台车和底架，填装压重块；然后安装塔身基础节，装上顶升套架及液压顶升设备；顺序安装塔身、过渡节、承座、支承回转装置及转台、回转机构；最后安装塔帽及司机室；

（3）开动液压顶升机构，接装一个塔身标准节；

（4）安装起升机构、吊装平衡臂就位，安装好平衡臂拉绳；

（5）吊装起重臂就位，安装好起重臂拉绳；

（6）吊装平衡重，安装平衡重牵引钢丝绳；

（7）根据需要顶升接高到规定高度，经过调整、试运转合格后，即可投产。

5.5.2.2 塔式起重机的转移

塔式起重机转移前，要按照安装的相应顺序，采用相似的方法，将塔机降下或解体，然后进行整体拖运或解体运输。

（1）采用整机拖运的下回转塔机，轻型的大多采用全挂式拖运方式，中型及重型的则多采用半挂式拖运方式。拖运的牵引车可利用载重汽车或平板拖车的牵引车。由于整机拖运长度超限，必须注意拖运中的安全要点：

1）拖运前，必须对拖运路线进行勘察，对路面宽度、弯道半径、架空电线、道路路面起伏等情况作充分了解，根据情况采取相应安全措施；

2）路面宽度小于7m，弯道半径小于10m，架空电线低于4.5m，桥涵孔洞净空高度小于4.5m，桥梁承载能力低于15t者，均不能通行；

3）拖运前，应为塔机拖运列车配齐尾灯和制动器，并在牵引车上装适当配重；

4）拖运速度不得超过25km/h，通过弯道时更应低速缓行，并有专人负责地面指挥、照管拖运列车顺利通过；

5）在拖运途中，必须随时注意检查，发现异常现象，应及时排除。

（2）自升塔式起重机及TQ60/80型等上回转塔机都必须解体运输。为了便于装卸运输，缩短组拼及安装时间，在拆卸塔机时，不需全部解体，而是分解为若干扩大组件，如将整个底架保留成一件。也可根据结构部件尺寸的特点，把臂架节塞装到塔身标准节里，从而压缩运输空间和降低运输费用。由于自升塔式起重机高大组件的重量和轮廓尺寸都比较大，因而必须用平板拖车运输，并与汽车起重机配合装卸。

5.5.3 塔式起重机的顶升接高及附着、内爬注意事项

5.5.3.1 塔式起重机的顶升接高

自升式塔式起重机顶升接高系统一般由顶升套架、引进轨道及小车、液压顶升机组等三部分组成。

1. 使用液压顶升机组时必须注意如下事项

(1) 启动前，要检查液压油箱的油平面，根据需要添加液压油。

(2) 对采用高压柱塞泵驱动的液压顶升机组，每次顶升或降落时都应对高压限压阀进行适当调整，压力不得超过规定的上限。在调整前应先使塔机转台以上部分保持平衡。

(3) 保持液压油的清洁，运转100～150h后应清洗换油，冬季可采用变压器油或10号航空机油，夏季可用20号机油。

(4) 拆装时必须保持各元件清洁不受污染，管路连接必须符合设计要求，高、低压油管不得错接。

(5) 顶升完毕后，应收回活塞杆，尽量不使其外露。液压机组要加罩，以防雨、防尘。

2. 顶升接高安装工艺及顺序

顶升接高工艺按接装标准节的部位不同，可分为上加节、下加节和中加节3种；按顶升方式又可分为内塔架顶升、外塔架接高和外塔架顶升、内塔架接高两种。国产塔机大多采用后一种工艺，其操作顺序如下：

(1) 回转起重臂，使其朝向与引进轨道相同，并加以销定。吊运一个塔身标准节并安置到引进轨道的摆渡小车上。

(2) 开动液压泵，向大腔充油，活塞杆外伸，塔身上部（外塔架）顶起。

(3) 使定位销就位并销紧。提起活塞杆，形成一个引进空间。

(4) 引进标准节，落下活塞杆，插扁担横梁销子，再提起标准节，推出摆渡小车。

(5) 再一次落下活塞杆，使标准节与下塔身连接，安装连接螺栓并加以紧固。

(6) 稍向上顶起，拔出定位销，收起活塞杆，使过渡节与接高的塔身标准节联成一体。

3. 顶升作业注意事项

(1) 在顶升作业过程中，必须有专人指挥，专人照看电源、专人操作液压系统，专人紧固螺栓。非操作人员不得登上爬升套架的操作平台，更不得启动液压系统的泵、阀开关或其他电气设备。

(2) 顶升作业应尽量在白天进行。特殊情况需在夜间作业时，必须备有充分的照明。

(3) 风力在四级及以上时，不得进行顶升作业。在作业过程中如风力突然加大时，必须立即停止顶升，并紧固连接螺栓。

(4) 顶升前应预先放松电缆，其长度略大于总爬升高度，并做好电缆卷筒的紧固工作。

(5) 顶升过程中，应将回转机构制动住，严禁回转塔身及其他作业。

(6) 顶升过程中如发现故障，应立即停止作业，待处理后再继续进行。

(7) 每次顶升前后，必须认真做好准备和检查工作。特别是顶升后要认真检查各连接螺栓是否按规定扭力紧固，爬升套架滚轮与塔身标准节的间隙是否调整好，操作杆是否已

回到中间位置，液压系统的电源是否切断等。

5.5.3.2 塔式起重机的附着

自升塔式起重机接高到一定高度，应用锚固装置使塔身附着于建筑物，以保持其稳定性，达到设计起重能力。

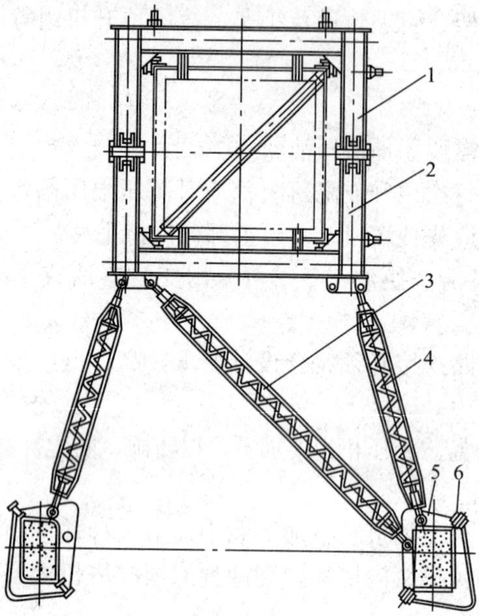

图 5.5-2 锚固装置构造示意图
1、2—对开锚固环；3、4—附着杆；
5、6—支座紧固件

（1）锚固装置是由锚固环、附着杆和附着支座组成，其构造如图 5.5-2 所示。

（2）安装锚固装置使塔机附着于建筑物时，必须注意下列各点：

1）应根据建筑施工总高度、建筑结构特点及施工进度要求安排附着方案。其中包括：布设锚固的数量，附着支座的间距，附着杆系的选用及有关附着工艺的具体规定；

2）锚固装置的间距一般为 14～20m，根据起重机结构特点，最大间距可达 25～36m；

3）装设锚固环和附着杆件时，要用经纬仪进行观测，并采取切实措施保证塔身垂直度；

4）为了满足锚固环和附着支座布设位置的需要，附着杆件允许适当倾斜，但斜度不得超过 10°；

5）锚固环应尽可能设置在塔身标准节的节点处，箍紧塔身，塔架对角处应节的节点处，箍紧塔身，塔架对角处应设斜撑加固；

6）随着塔身节的顶升和接装而增设的锚固装置，应及时附着于建筑物。锚固装置以上的塔身自由高度，一般不得超过 40m；

7）在进行超高建筑施工需要设置多道锚固装置时，下部锚固装置可转移到上部使用。但第一道锚固与起重机基础之间的距离不得超过 50m。各道锚固的布设应符合使用说明书中的有关规定；

8）布设附着支座处必须加配钢筋并适当提高混凝土的标号。附着时，附着支座处的结构强度必须达到设计强度。附着支座设于现浇混凝土内墙板上时；在墙板与墙板之间必须设支撑加固。附着支座固定于楼板上时，应在两层楼板之间，设置加固支撑 6 附着支座应固定牢靠，其与建筑结构之间的间隙应嵌塞紧密；

9）施工过程中必须经常检查锚固装置，发现有松动和异常情况时，起重机应立即停止工作，故障未经彻底排除，不得继续工作；

10）在降落塔身拆卸起重机时，应随着降落塔身的进程拆卸相应的锚固装置，严禁在落塔之前先拆锚固装置；

11）遇有六级及以上大风时，禁止安装或拆卸锚固装置；

12）锚固装置的安装、拆卸、检查及调整均应有专人负责，工作时应佩戴安全带和安全帽，并遵守高空作业安全操作规程的有关规定；

13）轨道式自升塔式起重机附着时，基础必须经过特殊加固处理。

5.5.3.3 塔式起重机的爬升

内爬式塔式起重机的安装与附着式相同，但无需安装行走底架和顶升套架。塔身总高度一般不超过30m，塔身底部换装爬升塔架，可直接坐在钢筋混凝土基础上。

1. 爬升前应做好下列准备作业

（1）按设计规定分别在指定楼层上装好上、下两层爬升框架，上、下框架的间距必须满足有关锚固间距的规定，并在上框架上挂好爬梯。

（2）开动起重小车，使小车带着平衡重向前移动到指定地点，以保持塔机转台以上部分的平衡，从而减少爬升时的摩擦阻力。

（3）转动起重臂，使之与爬升横梁相垂直，然后锁定回转机构。

（4）调整爬升框架上的导向装置，使塔身节外表面与导轮之间的间隙不大于3mm。

（5）接通液压爬升机组的电源。检查准备作业完成情况，以便开始爬升。

2. 爬升安全操作要点

（1）风速超过六级时，禁止进行爬升作业。夜间禁止爬升作业。

（2）在爬升过程中，禁止转动起动臂和走动小车。

（3）整个爬升过程必须有专人负责指挥调度，分工明确，顺序操作，遇有异常情况，应立即停机检修，故障未经排除不得继续爬升。

（4）当爬升作业结束后，应立即锚固塔机底座，切断爬升系统电源，并对相应两层楼板进行支撑加固。

（5）爬升完毕后，应立即对下部爬升孔洞进行封闭处理。

5.5.4 塔式起重机的使用要点

5.5.4.1 一般要求

（1）塔机的工作环境温度为－20～＋40℃，风速超过六级时应停止使用。得到风暴警报时，应将塔机停于避风地点或加缆风绳固定。对于下回转快速拆装的塔机，可将塔身放倒。

（2）路基和轨道铺设必须符合规定，并且每周及雨后都应对轨道基础进行认真检查，发现问题要及时处理。

（3）塔机在总装或大修以及转移现场重新组装后，均应遵照《建筑机械技术试验规程》JGJ 34—86进行试验和试运转。

（4）塔机必须有可靠的接地，所有电气设备外壳均应与机体妥善连接。

（5）塔机安装后，应重新调整各安全保护装置和限位开关。

5.5.4.2 操作要点

（1）认真执行《建筑机械使用安全技术规程》JGJ 33中有关塔机的规定。

（2）设有两套操纵系统的塔机，不得同时使用。为确保安全，在上部操作时，下部操纵室必须加锁。

（3）工作中如遇突然停电或电压下降，应立即将控制器扳至零位，并拉开刀闸。此时，如吊钩上挂有重物，应设法轻轻松开制动抱闸，使重物缓慢下降到安全地带。

（4）在吊钩、小车或大车运行到限位装置碰杆所在点之前，即应减速而停车。

（5）采用涡流制动调速系统的塔机，禁止长期使用低速挡进行吊装作业，也不得长时间使用就位速度。

(6) 在运行过程中要改变运动方向时，应先将控制器扳到零位，待运动停止后，再作反方向运行。禁止突然改变运动方向。

(7) 进行复合动作时，应先从单项动作开始，然后依次进行两项和三项动作的复合运行。

(8) 开始操作时，必须低速起动，然后逐步换挡加速至全速运行。换挡时应顺序进行。停止前必须逐步减速，不要猛然制动停车。

(9) 停止工作时，不得将重物悬挂在空中。所有控制器均应扳到零位。

(10) 轨道式塔机工作完毕应开到轨道中部位置停放，并用夹轨钳夹紧在钢轨上。吊钩升至距起重臂端部 2～3m 处，起重臂应转至平行于轨道的方向。

5.5.5 塔式起重机的安全技术规程

5.5.5.1 作业前的准备

(1) 电动机部分，按照电动机的有关规定执行。

(2) 操作人员必须经过培训，持劳动部门颁发的操作证方可上岗。

(3) 检查轨道是否平直，轨距及轨道的高低偏差是否符合规定要求。

(4) 松开夹轨器，清除轨道上及周围的障碍物。

(5) 检查各结构和传动部分的完好情况，并应特别注意结构的焊接，检查塔身及其相关的连接和螺栓的紧固情况，检查配重是否合适。

(6) 检查电机电压是否达到 380V 的标准，其变动范围不得超过±5%，若超过必须采取相应的措施。检查电源电缆是否完好。

(7) 各制动轮的表面必须保持清洁，不得沾有油污，如有，必须清除后方可作业。

(8) 作业前必须进行试运转，确认整机操作、电器、传动、行走制动、提升系统等运行良好后，方可进行作业。

5.5.5.2 作业中的要求

(1) 操作人员必须听从作业指挥人员的指挥，得到信号后方可操作，操作前必须鸣号示意。如发现指挥信号不清，操作人员有权停机弄清情况后再施吊。工作现场只许有一人指挥，如发现多人指挥或指挥错误时，操作人员有权拒绝执行。

(2) 起重重量不得大于制造厂规定的在不同幅度内的允许值。严禁超负荷起重和起重不明重量的物体。严禁用起重吊钩升降人员。

(3) 操纵控制器时，应先从零位开始，推到第一挡，然后依次逐级推到其他挡位，严禁越挡操作。正常情况下，传动装置运转中需变换方向时，应先将控制器拨回零位，待传动停止后，再行逆向运转，严禁直接变换运转方向。操作时应力求平稳，严禁急开急停。

(4) 在吊钩提升临近高度限位开关或起重机运行将要达端部时，应分别降至“停止”位置，慢速靠近，但吊钩与吊臂尖端的距离不得小于 1m；起重机离轨道尽头不得少于 3m。

(5) 起重机在停工或中途停电时，应将重物卸下落地，不得将货物悬在空中。

(6) 运转中严禁进行修理、调整和保养，严禁带电作业。严禁重物自由下落，在重物距离就位处 1～2m 时，可短时间使用手制动或慢速下降开关。

(7) 当两台塔式起重机在同一工作面作业时，应注意保持两机之间的距离，吊钩上所悬重物间的距离不得小于 5m。

(8) 使用两台同型号塔式起重机起吊同一重物时，必须经机务、安全部门批准，并要采取严格的安全措施，起吊时，要保持同速提升或降落。荷重不得超过两机额定起重量之和的 75%。起吊时，起重机不得行走。

(9) 吊钩下降到最低位置时，起重卷筒上至少应保留 5 圈钢丝绳。

(10) 不允许利用限位开关等安全保护装置进行停机作业。

(11) 操作人员在上下扶梯时，不得手携笨重物品，严禁从机上向下抛掷物品。

(12) 禁止进行斜吊、拉吊和起吊埋在地下、或与地面冻结或被其他重物卡压的物件。

(13) 在遇气温低于－15℃（如在低温地区工作，要校验塔架结构材料的低温冲击值)、雷雨、大雾和六级以上大风的天气时，禁止起重机作业。

5.5.5.3 作业后的要求

(1) 将每个控制器及手柄拨回零位和规定的停机位置，吊钩落地，拉下配电箱总闸，收拾好工具，切断电源总开关，关好操作室门窗。

(2) 起重机应停放在轨道中间和背风的位置，制动，并锁紧夹轨器。

(3) 按照说明书规定的要求，在遇大风、暴雨时，必须用缆风绳拉紧塔身或采取相应的保护措施，以保证安全。

(4) 按照有关部门的规定要求，对整机性能进行定期检验、审定，不符合规定者不得继续使用。同时按保修规程的规定，对起重机进行例保作业。

5.5.6 塔式起重机的合理选择

5.5.6.1 塔式起重机类型的选择

塔式起重机的选择原则和方法基本上与自行式起重机相同，主要是根据建筑物的跨度、高度、构件的重量、运输或吊装生产要求、施工现场条件及现有起重机等情况来确定。

(1) 高层和超高层建筑施工的起重机：对于高层和超高建筑物的施工，一般选用自升塔式起重机。这类起重机能随建筑物升高而增高，造价较低，台班费用也比较便宜，不用铺设轨道和道碴，不移动设备，不占施工基地，有利于施工现场的平面布置；操纵室在塔顶上，司机的视野宽，工作效率较高。自升塔式起重机有外部附着式和内部爬升式两种，可根据施工条件合理选用：

1) 外部附着式起重机的选择：这种起重机设置于建筑物的外部，使建筑物只承受水平载荷，一般不必采取加强措施；施工中顶升过程可利用施工间隙进行，对施工进度影响不大；对于笨重构件，可堆放在起重机附近，利用小幅度起吊；起重机的拆卸比内部爬升式方便。但起重机的吊臂要求较长，塔身高度也远比内部爬升式高，因而，其重量和造价也较大，选择时可全面权衡；

2) 内部爬升式起重机的选择：当建筑物较宽，周围空间等条件对使用外部附着式起重机不利时，可采用内部爬升塔式起重机。虽然起重机的幅度可选得小一些，起重机又不占用建筑物外围空间，塔身较短，结构较轻，造价较低，但安装起重机的建筑结构（一般利用电梯间）需要加强，建筑物造价必然增加，又由于爬升必须与施工进度相协调，对施工的进度影响较大，效果可能不如附着式塔式起重机。

(2) 塔形构筑物施工的起重机：对于采用滑升模板施工的烟囱、筒仓、水塔等塔形构筑物，一般选用固定式起重机比较合理。

(3) 高低建筑群施工的起重机：如果是承建高低搭配的建筑群，最好选择多用途塔式起重机。首先以轨道式进行低塔施工，然后接高塔身进行高层建筑施工，最后采用附着式进行超高层施工。这样既充分利用设备，又节省装卸费用，降低工程施工成本。

(4) 中小型建筑施工的起重机：在中、小型建筑工地中施工，由于吊装工作量不大，转移频繁，最好选用机动性能好的（自行架设、整体拖运）多功能的移动塔式起重机，以适应各种条件和不同工序的吊装需要，提高机械利用程度。

1) 移动塔式起重机多为下回转塔式起重机，其安装拆卸费用只有同吨位的上回转塔式起重机的 60%，其运转费只有上回转塔式起重机 30%，从安装到投入使用只要几小时即可；

2) 目前，已有采用液压起动的移动塔式起重机，其安装时间更短，安装费用更省；

3) 移动塔式起重机有轨道式、轮胎式和履带式三种：

A. 轨道塔式起重机需铺设轨道，工作平稳、安全可靠、效率较高，使用较广泛；

B. 轮胎塔式起重机不需铺设轨道，吊臂、塔身折叠后即可全挂拖运，使用时应用支腿，不能进行水平运输，也不适于潮湿地区工作；

C. 履带塔式起重机对地面要求比轮胎式低，结构比较复杂，转移也不如轮胎式方便，适用于施工路面很差的工地。

5.5.6.2 塔式起重机型号的选择

(1) 塔式起重机的布置：塔式起重机的平面布置主要决定于建筑的平面形状、构件重量、现场施工条件以及起重机的种类。

1) 移动塔式起重机的布置：布置原则和方法与自行式起重机基本相同，如轨道式塔式起重机，其布置方法有四种，见图 5.5-3 所示。当建筑物宽度较小或构件较轻时，可根

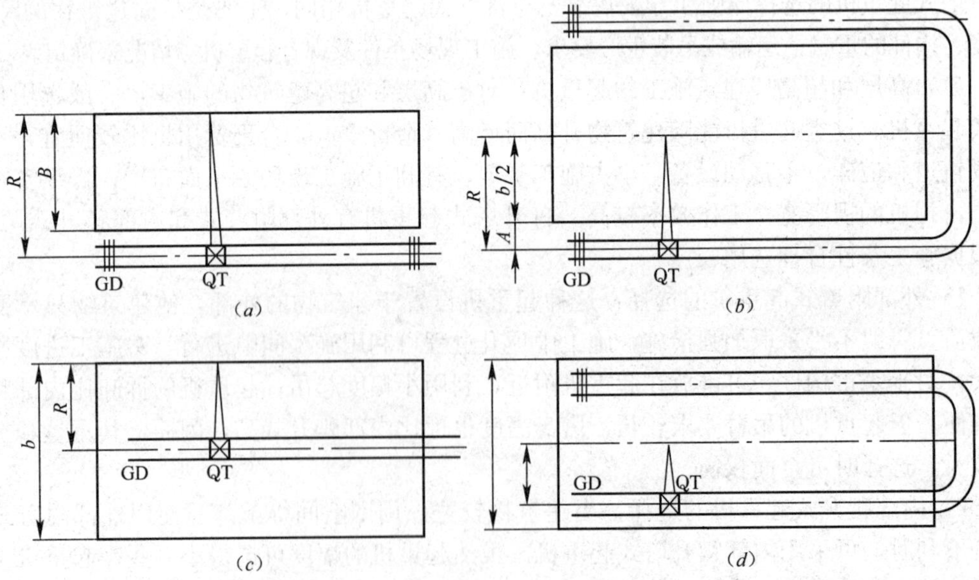

图 5.5-3 塔式起重机的平面布置方法

(a) 单行外侧布置；(b) 外侧环行布置；(c) 单行跨内布置；(d) 跨内环行布置

QT—塔式起重机；GD—轨道；R—起重机工作幅度；B—建筑物宽度；A—建筑物至轨道中心距

据施工场地的条件采用单行外侧布置见图 5.5-3（*a*）或外侧环行布置，图 5.5-3（*b*）；当建筑物宽度较大、构件较重、施工场地很窄时，可以采用单行跨内布置，图 5.5-3（*c*）或跨内环行布置图 5.5-3（*d*），此法虽然节约施工场地，但给现场构件的布置带来困难；

2）自升塔式起重机的布置：尽量布置在建筑物的中央或中部，以减小起重臂的长度或扩大起重机的工作范围。塔式起重机在吊装时多采用一次吊装法，可以不考虑构件的堆放场地，节约施工用地；如果施工组织需要，也可在起重半径范围内布置堆放场地。

（2）塔式起重机型号的选择：塔式起重机型号的选择，主要是根据其起重量、起升高度和起重力矩以及其他技术要求，从初步选择的塔式起重机类型中，合理地选择技术上满足要求的机型。具体选择方法是：首先查阅有关塔式起重机技术性能表的所列机型，在满足技术要求的几种塔式起重机中，还必须进行全面的比较和分析，从中选择经济效益最好的一种，即起重机的运输费用、拆装费用和使用费的总和最小，或物料运输和构件安装的施工成本为最低的塔式起重机。

5.5.7 塔式起重机的维护保养

5.5.7.1 工作班前检查

（1）用测电笔检查机体及钢轨是否带电。检查仪表上电压波动是否超过额定电压±5%。

（2）清除轨道上的建筑垃圾、积雪和其他障碍物，检查制动系统是否可靠。

（3）检查各润滑部位，根据润滑作业要求添加润滑剂。检查各螺栓连接，并加以拧紧。

（4）检查轨道基础的技术状况，填实道砟，并保持轨道尽端的止挡缓冲装置完整无缺，检查大车行程限位开关碰杆有无缺损。

（5）检查电缆有无裂损，如发现有裂伤，应及时处理。

5.5.7.2 工作中的注意事项

在工作班中，操作人员应注意检查并察听起升、变幅（小车牵引）、回转及行走等机构运转中有无异响；电动机、制动系统以及接触器等有无异常的杂声；各轴承、制动电磁铁、电动机以及电阻片等是否温升过高。

5.5.7.3 工作后的要求

驾驶人员每天的工作班结束后，应做好下列工作：清扫各关键部位的尘土和油污；打扫驾驶室，保持玻璃门窗干净明亮和室内清洁卫生；切断电源，把配电箱总闸拉开，锁好；电缆盘绕整齐。

5.5.8 塔式起重机的常见故障及处理方法

（1）塔式起重机结构部分的常见故障及处理方法见表 5.5-2 所列。

塔式起重机结构部分的常见故障及处理方法　表 5.5-2

部位	故障现象	故障原因	处理方法
吊钩	(1) 尾部疲劳断裂； (2) 开口危险断面磨损大于高度 10%	超过使用寿命，材质不好	(1) 停止使用并换新； (2) 验算危险断面，根据验算结构确定可否继续使用
滑轮	(1) 滑轮绳槽磨损不均匀； (2) 滑轮左右松动及倾斜； (3) 滑轮轴不灵活	(1) 受力不均，材质不好； (2) 顶套、紧固件松动； (3) 轴承安装过紧，无润滑油，定位件松动	(1) 不均匀磨损超过 3mm 时立即换新； (2) 紧固螺钉，调整顶套； (3) 调整轴承的安装，添加润滑油，紧固定位件
卷筒	(1) 筒壁有裂缝； (2) 筒壁磨损超过 10%	(1) 材质不均匀； (2) 使用时间过长，润滑不良	(1) 更换新卷筒； (2) 更换新卷筒
开式齿轮传动	(1) 工作时有噪声，磨损不一致； (2) 轮辐或轮圈上有裂纹	(1) 加工制造质量不好安装不精确； (2) 冲击载荷过大	(1) 修理，调整或重新安装； (2) 更换新齿轮
减速器	(1) 噪声大，减速器发热； (2) 减速器在机架上振动、漏油	(1) 啮合不良，润滑不好(缺油或润滑油过多)； (2) 安装质量差，联轴节安装不同心，油封失效，分箱面不平	(1) 修理调整，加润滑油； (2) 重新安装，保证同心，打紧安装螺钉，换油封，研磨分箱面
滑动轴承	(1) 过热； (2) 轴衬严重磨损	(1) 轴承偏斜、润滑不足、润滑剂中有杂质； (2) 润滑不足、润滑油中有杂质	(1) 调整偏斜及轴承松紧程度；检查润滑油，换新； (2) 清洗、换新油、更换新轴衬
滚动轴承	(1) 过热； (2) 噪声大	(1) 润滑油过多，润滑油质量不合要求；轴承元件有损坏； (2) 轴承中有污物. 安装不正确，轴承元件有损坏	清洗轴承，换用新润滑剂，更换轴承
制动器	(1) 制动不灵； (2) 发热冒烟	(1) 间隙过大，制动轮和闸瓦上有油污，弹簧松弛，液压推杆行程不足； (2) 制动器松开时，制动轮与闸瓦未脱开	(1) 调整间隙，清洗油污，调整弹簧，调整闸瓦行程； (2) 清除闸瓦与制动轮上的尘土及污垢，调整间隙
钢绳	(1) 磨损太快； (2) 钢绳在滑轮中跳槽	(1) 滑轮磨损，不转动、滑轮绳槽与钢绳直径不符； (2) 滑轮偏斜或移位，钢绳牌号不对	(1) 更换滑轮或轴承，换新滑轮并加注润滑剂； (2) 调整滑轮，换用合格的钢绳
集电环	供电不灵	电刷与铜环接触不良，弹簧失效，电刷过分磨损，集电环不同心	检修，重新安装，更换新电刷
回转支承装置	旋转不轻便，有跳动和异响	行星小齿轮与大齿圈啮合不好，大齿圈齿间夹有杂物，滚道有卡塞、润滑严重不足	调整小齿轮与大齿圈之间的啮合间隙，清除齿间的夹杂物，加注润滑剂，拆检滚道
安全装置	限位开关不灵	压力弹簧失效；电线错接或短路	换新弹簧，检修电路并进行调整
回转机构蜗杆减速器压力弹簧	工作失灵	压力弹簧紧固不当，压力弹簧失效	按摩擦力矩 145kN·m 进行调整，每次大修或转场均须加以调整

（2）塔式起重机电气系统的常见故障及处理方法见表5.5-3所列。

塔式起重机电气系统的常见故障及处理方法 **表5.5-3**

故障现象	故障原因	处理方法
电动机不转	（1）保险丝烧断； （2）过电流继电器动作； （3）定子回路中断； （4）电动机缺相运行	（1）更换保险丝； （2）调整过电流继电器整定值； （3）检查定子回路； （4）接好三相电源
电动机声音异常	（1）电动机缺相运行； （2）定子绕组有故障； （3）轴承缺油或磨损	（1）正确接线； （2）检查定子绕组； （3）加油或更换轴承
电动机温升过高	（1）电动机缺相运行； （2）某相绕组与外壳短接； （3）超负荷运行； （4）电源电压过低； （5）通风不良； （6）定、转子互相摩擦	（1）接好三相电源； （2）用万能表检查并排除之； （3）禁止超载运行； （4）停止工作； （5）改善通风条件； （6）检查定、转子间隙
电动机达不到全速	（1）转子绕组有断丝或焊接不良处； （2）转子回路中有接触不良或断线处	（1）检查绕组； （2）检查导线、控制器及电阻器
电动机输出功率过小	（1）线路电压过低； （2）制动器没完全松开； （3）转子电阻没完全切除； （4）转子或定子回路接触不良	（1）停止工作； （2）调整制动器； （3）检查各部接触情况； （4）检查转子或定子回路
电动机不能停转	接触器触头烧熔	修磨触头或换新
塔式起重机各工作机构均不动作	（1）保险丝烧坏； （2）线路无电压	（1）更换保险丝； （2）检查电源
主接触器不吸合	（1）电压过低或无电压； （2）控制电路保险丝烧断； （3）安全开关没接通； （4）控制器手盘不在零位； （5）过电流继电器常闭触头断开； （6）接触器线圈烧破或断线	逐项检查并加以排除处理
总开关接通后，控制电路保险立即烧坏	控制电路中有短路	检修控制电路
主接触器吸合后，过电流继电器立即动作	主电路中有短路	检修主电路
滑环产生电火花	（1）电动机超负荷运行； （2）电刷弹簧压力不足； （3）滑环偏斜； （4）滑环及电刷有污垢	（1）停止超负荷运行； （2）加大弹簧压力； （3）校正滑环； （4）清除脏物
滑环磨损过快	（1）弹簧压得过紧； （2）滑环表面不光滑	（1）放松弹簧； （2）研磨滑环
控制器手轮不转动	（1）定位机构有缺陷； （2）凸轮卡塞	（1）检修定位机构； （2）排去障碍物，清除卡塞
控制器接通后，电动机不转	（1）触头没接通； （2）触头接触不良	（1）检修控制器； （2）研磨触头
控制器接通后，过电流继电器动作	（1）触头与外壳短接； （2）脏物使相邻触头短接； （3）导线绝缘不良	（1）检修控制器； （2）清除脏物； （3）修复或更换导线

续表

故障现象	故障原因	处理方法
控制器接通后，电动机单方向转动	(1) 反向触头不良； (2) 转动机构有毛病	(1) 检修控制器； (2) 检修转动机构
接触器有噪声	(1) 衔铁表面太脏； (2) 短路环损坏； (3) 磁铁系统歪斜	(1) 清除脏物； (2) 修复短路环； (3) 校正
接触器断电后掉不下来	(1) 接触器安放不垂直； (2) 卡住	(1) 垂直安装； (2) 检修接触器
接触器经常断电	(1) 辅助触头压力不足； (2) 接触不良	(1) 调整压力； (2) 修磨触头
油流制动器低速挡的速度变快	(1) 硅整流器击穿； (2) 接触器或主令控制器触头损坏； (3) 涡流制动器线圈烧坏	(1) 更换整流器； (2) 修复或更换触头； (3) 更换涡流制动器
涡流制动器速度过低	定、转子间积尘太多或有铁末	清除积尘
电磁铁过热，或有噪声	(1) 衔铁表面太脏； (2) 电磁铁缺相运行； (3) 硅钢片未压紧	(1) 清扫积尘并涂抹薄层机油； (2) 接好三相电源； (3) 压紧硅钢片

(3) 塔式起重机液压系统的常见故障及处理方法见表 5.5-4 所列。

塔式起重机液压系统的常见故障及处理方法 **表 5.5-4**

故障现象		故障原因	处理方法
压力表读数值低，压力不足，不能顶升	溢流阀失灵	(1) 压力调整错误； (2) 阀内零件粘着； (3) 弹簧损坏	(1) 重新调整； (2) 清洗溢流阀； (3) 更换弹簧
	换向阀失灵	定位不正确	更换
	液压缸渗漏	活塞密封圈损坏	更换密封圈
	液压泵转向不对	控制器操纵方向错误	正确操纵
	液压泵过度发热	液压油黏度过低	更换黏度合适的液压油
	液压泵转速过低	(1) 电动机转速过低； (2) 控制器没有拨到高速挡	(1) 检修电动机； (2) 控制器转到正确位置
严重噪声	液压泵吸空	(1) 手动截止阀未打开； (2) 吸油管损坏； (3) 油的黏度过高； (4) 油温太低	(1) 打开手动截止阀； (2) 更换吸油管； (3) 换用推荐黏度液压油； (4) 停停开开，适当加温
	机械振动	(1) 传动系统中心线不对中； (2) 电动机磨损或损坏； (3) 液压泵磨损或损坏； (4) 管路振动	(1) 对正中心线并紧固螺栓； (2) 修复或更换电动机； (3) 修复或更换液压泵； (4) 紧固或增加管卡
	油生泡沫	(1) 油箱油面过低； (2) 用油错误； (3) 液压泵轴密封不良； (4) 吸油管路漏气； (5) 油路系统存在空气	(1) 加油到规定高度； (2) 清洗油箱更换推荐的液压油； (3) 检修或更换密封； (4) 检修吸油管路； (5) 排除空气
温度过高	液压泵过度发热	(1) 液压油黏度过低； (2) 液压泵磨损或损坏	(1) 更换推荐的液压油； (2) 修复或更换液压泵
	液压油循环太快	油箱油面过低	加油到规定高度
	溢流阀压力不对	压力调整过低	按规定重新调整

5.6 缆索起重机

5.6.1 概述

5.6.1.1 缆索起重机的用途

缆索起重机（简称缆机）是一种以柔性钢索作为大跨距支承构件，兼有垂直运输和水平运输功能的特种起重机械。缆机用于跨距很大，或跨越山谷、河流等障碍物的情况下吊运重物。由两个支架和支架之间钢缆组成，起重小车在钢缆上移运，进行重物的水平和垂直运送。由于缆索起重机的工作范围很大，吊运工作受地形影响很少，故在山区和峡谷等处应用较广。因此，缆机在水利水电工程混凝土大坝施工中常被用作主要的施工设备。同时，在渡槽架设、桥梁建设、码头施工、森林工业、堆料场装卸、码头搬运等方面也有广泛的用途，还可配用抓斗进行水下开挖。

5.6.1.2 缆索起重机的特点

1. 缆索起重机的优点

大中型水利水电工程浇筑大坝混凝土所用的缆机，一般具有以下特点：跨距较大，采用密闭索作主索；工作速度高，采用直流拖动；满载工作频繁，其起重机工作级别为A6～A7，起升机构和小车牵引机构的工作级别为M7。水利水电建设工程、桥梁建设工程等用缆机施工与用龙门、塔机一栈桥施工相比，一般有以下几项主要优点：

（1）工作范围大，水平运距长，兼有起重和水平运输双重功能，国外有跨距1800m，吊重高达200m以上的缆机。

（2）支承钢缆高悬于空中，不受地形限制，也不影响作业范围内的其他工作和交通运输，对水利和桥梁建筑更为有利。

（3）生产率高，其小车运行速度、吊钩起升速度、支架移动速度都比其他起重机大许多倍，高速缆机的小车运行速度达670m/min，吊钩起升速度可达290m/min。

（4）无需架设横跨两岸之间的施工栈桥，省去了栈桥费用，也避免了栈桥施工中的许多麻烦问题，例如浇筑栈桥下的混凝土等。

（5）缆机的工作与施工导流方案无关，且缆机操作时与地面其他施工机械的工作互不干扰、对于高坝也不存在需要分期架设高、低栈桥的问题，施工布置较易解决。

（6）缆机可在基坑混凝土浇筑前安装完毕，形成生产能力，而不需另用其他机械设备浇筑第一期混凝土，从而有利于施工第一年坝体度过汛期。

（7）缆机从工程初期投入使用后，一般可以一直工作到完工，且无需在汛期停止工作或撤出。工程初期还可用缆机作为两岸间交通的手段。

2. 缆索起重机的缺点

（1）缆机轨道基础的开挖和混凝土浇筑工程量一般都比较大，又都位于工地较高的高程上，尤其由于工程初期道路及施工设施不易跟上，使上述缆机准备工作困难较多。

（2）缆机是一种比较复杂的专用设备，其设计、制造、安装、调试所需周期较长，国内过去一般不少于两年时间（从最近发展情况看，还有可能缩短），必须提前订货和安排，不像门机、塔机通用性较强，制造安装周期较短。

(3) 使用缆机，必须熟练掌握操作技术，技术上要求较高，操作人员必需经过较长时间的培训（3～6个月以上）。

(4) 缆机与门机、塔机相比，单台造价要昂贵得多，有些主件还需要进口。

(5) 缆机的转用性较差，转用到下一工程时，往往必须加以不同程度的改造，有时由于工程条件不适宜，甚至会被长期搁置或废弃。

当然，以上这些优缺点只是相对的和有条件的，是否能真正发挥缆机施工的优越性，主要还是取决于施工工程的设计及地形地质等条件。峡谷河床中的高坝（一般认为峡谷系数即峡谷深与宽之比为 1∶3 以上）用缆机施工较为有利，对于重大拱坝施工、现场浇筑的大型钢筋混凝土梁式桥施工和拱式桥施工尤为适宜。

5.6.2 缆索起重机的类型

缆机有许多分类的方法，例如按其主索的数量分为单索，双索及回索缆机，或按工作速度的高低分为高速、低速缆机等。但缆机作为一种专用的起重设备，其根本的特点为因地制宜地设置，因此按缆机主索两端支点的运动（或固定）情况来划分为固定式和移动式两大类，移动式根据移动形式又分为平移式和辐射式两种，如图 5.6-1 所示。

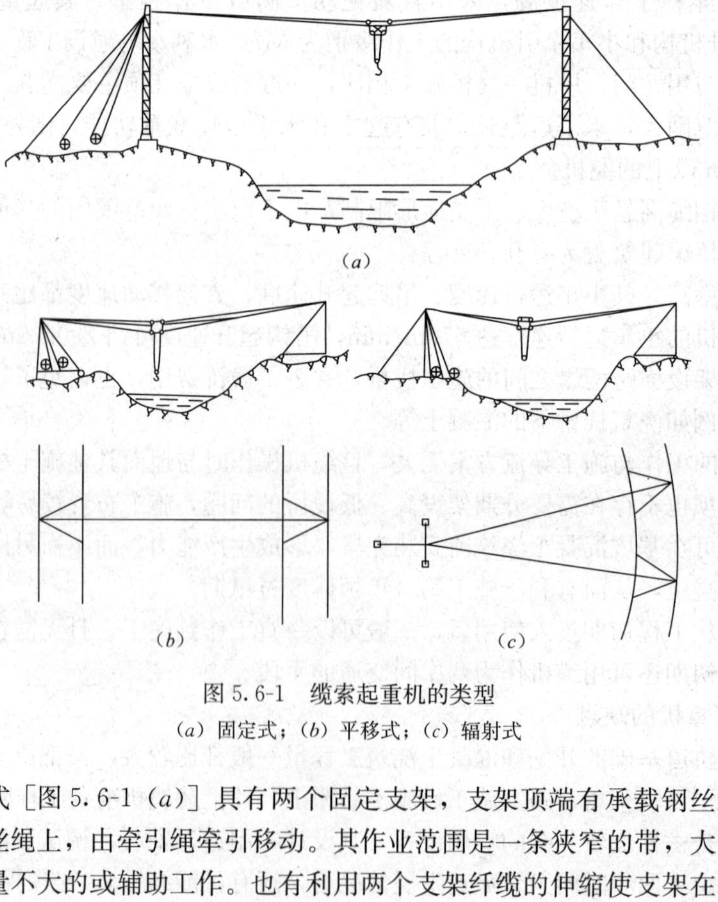

图 5.6-1 缆索起重机的类型

(a) 固定式；(b) 平移式；(c) 辐射式

(1) 固定式［图 5.6-1 (a)］具有两个固定支架，支架顶端有承载钢丝绳，起重小车支承在承载钢丝绳上，由牵引绳牵引移动。其作业范围是一条狭窄的带，大多是小型起重机，用于吊运量不大的或辅助工作。也有利用两个支架纤缆的伸缩使支架在垂直于承载钢丝绳平面内摆动，左右摆角可达80°，以增大工作范围。

(2) 平移式［图5.6-1 (*b*)］的两个支架可在两条平行轨道上同步移动，其作业范围是起重机运移范围内的矩形空间，由于服务范围大，在建筑施工和水利工程中用得较多。

(3) 辐射式［图5.6-1 (*c*)］的一个支架固定，另一个支架可绕固定支架作圆弧形轨迹移动，作业范围是一个扇形空间，用于材料场中由一点集中送料到多处，或由多处运料到一点的场合。

缆索起重机主要由支架、承载装置、驱动装置、电气系统和安全保护装置等组成。

由此，可将缆机分为六种基本类型，以及从这些基本机型的基础上发展起来的若干派生机型和复合机型。前者目前各国已制造使用台数较多，后者发展时间较短，制造使用者还比较少。缆索起重机机型一览表见表5.6-1。

缆索起重机机型一览表 **表5.6-1**

缆机机型名称			覆盖范围	适用工程	布置灵活性	基础工程量	造价	备注
基本机型	固定式		一条直线	桥梁、渡槽、碾压筑坝、辅助工程	好	小	低	
	摆塔式	单	狭长梯形	桥梁、条形坝、坝顶部位，溢洪道	较好	较小	较低	
		双	狭长矩形					
	平移式		矩形	适用于各种坝型，用于薄拱坝时经济性差	差	大	高	
	辐射式		扇形	拱坝、重力拱坝、条形坝	较差	较大	较高	
	索轨式	单	梯形	中小型工程，覆盖范围可比摆塔式宽	较好	较小	较低	难以设计大型缆机
		双	矩形、梯形					
	拉索式	单	梯形	小型工程，起重量在4.5t以下	较好	较小	低	只能用于小型缆机
		双	矩形、梯形					
派生机型与复合机型	H型		狭长矩形	中小型工程	较好	较小	相当二台固定式缆机	只能设置一台
	I字型		狭长矩形	中小型工程	较好	较小	较低	只能设置一台，可利用固定式缆机进行改造
	斜平移式		平行四边形	与平移式相同	优于平移式	小于平移式	略高于平移式	
	一侧延长平移式		梯形					一岸轨道延长距离不宜过长
	双弧移式		宽扇形					
	辐射双弧移式		扇形	与辐射式相同	略优于双弧移式	小于双弧移式	低于双弧移式	
	摆塔辐射式		扇形	与辐射式相同	不及辐射双弧移式	略大于辐射式	高于辐射式	同组轨道只能设置一台
	坡道	平移式	矩形	与平移式相同	远优于平移式	小于平移式	略高于平移式	支架型式只宜采用低塔架或支承车
		辐射式	扇形	与辐射式相同	远优于辐射式	小于辐射式	略高于辐射式	

5.6.3 缆索起重机的布置与选用

缆机是一种复杂的专用施工设备，在对某项水利水电工程确定缆机施工方案后，还应从满足施工需要，保证工程进度，尽量为施工提供方便，减少基础准备工程量和降低缆机造价，便利安装维修等各方面加以综合考虑。进行多方案比较，慎重确定缆机的布置和机型、台数、主要参数等，以便充分发挥缆机施工的优越性，获取最佳的经济效益，以下说明几个与布置和选用有关的问题，供作参考：

5.6.3.1 机型和支架形式

（1）在满足混凝土吊运要求和地形许可的前提下，可优先选用辐射式缆机和无塔架或低塔架的支架形式。一般地说，一定的跨距增大对缆机的自重和造价虽有影响，但其影响相对而言并不太大。

（2）而采用固定支架和无塔、低塔支架（使轨距和基距减小），都能大大减少自重和造价，并且带来减省基础工程量和方便安装维修的效益，好处比较明显。

（3）国内已有20t缆机30余台，建议在选型时可了解其中已进入施工后期者的情况，考虑其转用于本项工程（有些需要作一定的改造）的可能性，以便充分利用旧有缆机这一资源。

5.6.3.2 额定起重量和浇筑生产率

（1）缆机额定起重量的选定，牵涉到工程施工中整个混凝土浇筑系统的经济性，表5.6-2是日本的某公司缆机额定起重量与混凝土总方量的关系的经验数据，可供参考：

缆机额定起重量与混凝土总方量的关系 表5.6-2

序号	混凝土总方量（万 m^3）	高峰月浇筑量（万 m^3）	缆机额定起重量（t）	吊罐混凝土容量（m^3）
1	15	<1	4.5，6	1.5，2
2	15～30	1～2	9	3
3	30～50	2～3	13.5	4.5
4	>50	>3	20	6

（2）我国在大中型水利水电工程施工中已对6m^3混凝土浇筑系统积累了许多经验，估计在今后相当一段时间内大中型工程仍将以20t级缆机配6m^3吊罐作为吊运混凝土的主要手段。同时也有一部分工程（水口）使用28t级缆机吊9m^3吊罐施工。为大型和巨型工程施工采用9m^3混凝土浇筑系统开辟了道路。

（3）20世纪90年代以来，我国几项工程用缆机施工的经验表明：单台20t缆机的月平均生产率可达2.5万～3万m^3；高峰月生产率可达3万～3.5万m^3。这个数字较过去有了很大进步，已达到表5.6-2中日本的水平。但与欧美5万m^3/月以上相比尚有相当差距，其中除了缆机自身工作可靠性的影响以外，关键的问题还在于要有完善的配套设施（包括采用不摘钩吊罐，侧倾式运料车和适当的仓面机械的配合）和较高的施工管理水平（包括严格的计划检修制度，减少缆机承担辅助工作的时间，减少缆机待料、待仓面作业等的间歇时间等）。今后随着这些方面的改进提高，相信国内20t缆机的浇筑生产率还会继续提高。

5.6.3.3 工作速度

（1）缆机工作速度（主要指起升速度和小车横移速度）的选定和所需的起升扬程及跨距有关；在吊运混凝土的工作循环中如吊罐的升降高度和小车的横移行程不大，则虽采用很高的额定起升速度和小车横移速度，因起动加速后很快即需转为减速，因此对缩短循环时间意义不大，并不能有效地提高生产效益，而徒然要增大装机功率和提高造价。只有在所需起吊扬程和跨距很大的情况下，才值得考虑采用更高的工作速度。

（2）国产缆机和从德国进口的缆机，一般起升高度在 150～180m，跨距在 500～1000m，其满载起升速度在 120～125m/min，空罐升降速度在 180～200m/min，而小车横移速度为 450～480m/min。实践表明，这样的工作速度是适宜的。从增加缆机的通用性考虑，建议采用表 5.6-3 所列的工作速度。

建议采用的缆机工作速度表 **表 5.6-3**

序号	起升扬程（m）	缆机跨距（m）	额定起升速度（m/min）	小车横移速度（m/min）
1	80	<200	<80	<240
2	120	200～500	100	240～360
3	150～180	500～1000	120	450
4	200	>1000	150	500～600

（3）至于大车运行速度，对生产率影响很小，主要要求平稳，一般可在 8～20m/min 之间。

5.6.3.4 主索垂度

（1）主索垂度一般是指满载小车位于跨中时主索的最大垂度 S_{max}（即跨中主索与主索两支点连线中点间的高差），垂度与跨距 L 的比值简称垂跨比 f_{max}，即 $f_{max}=S_{max}/L$。

（2）垂跨比与主索拉力成反比关系，垂跨比越大便可用越细的主索，但同时将使小车向两岸横移时的坡度增加而必须增大小车牵引功率。缆机主索的垂跨比 f_{max}应在 4%～6%之间。国产缆机设计时常取 $f_{max}=5\%$，以便以后转用时可有适当增减的余地。国外对于跨距在 1000m 以上的缆机，设计垂跨比多在 5.5%左右。因此，其主索相应较细，因而减轻了自重。

（3）在某些缆机转用于新工程的情况下，可能会因受地形限制而现成支架塔高不够，此时可以考虑大坝（或桥梁）上部混凝土方量较少的因素，在一定高程上改用较小吊罐，如 $3m^3$ 罐，并根据主索拉力计算，借助缆机上的主索张紧机构，调小主索垂度，从而满足需要。

5.6.3.5 主索支点高程

（1）确定主索两端支点所需安装高程时，首先要考虑两支点连线中点至所需浇筑到的高程（即坝顶高程）之间的高差 Z，见图 5.6-2 所示。

$$Z = S_{max} + i + k$$

式中 S_{max}——满载时主索跨中垂度；

i——主索至吊罐底面的最小距离；

k——吊罐底面至浇筑高程间的安全距离。

（2）i 值取决于缆机吊钩起升至其最高位置时与主索的距离以及吊罐及其悬挂具的高度。表 5.6-4 为 i 为参考值。

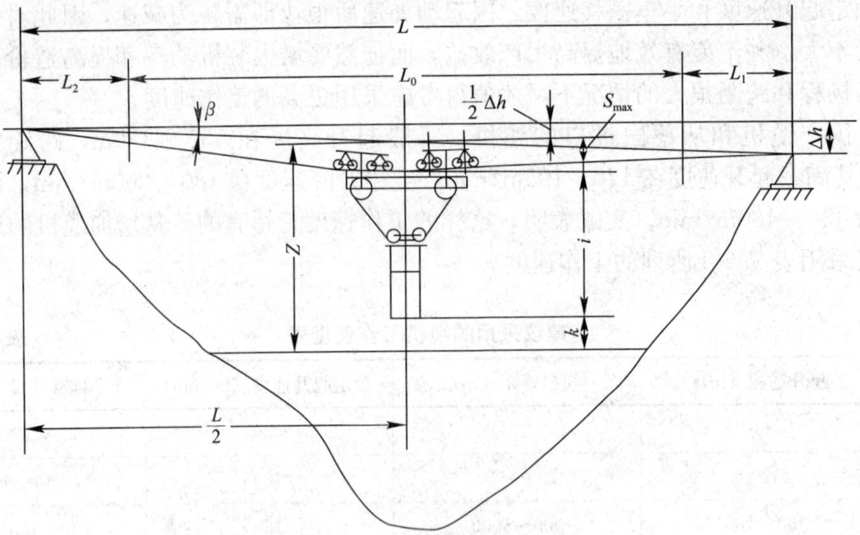

图 5.6-2 缆机主索的支点高差视线坡角和正常工作区

L—跨距；L_0—正常工作区；L_1、L_2—非正常工作区；Δh—主索支点高差，

β—视线坡角；S_{max}—跨中最大垂距；i—主索至吊罐底面最小距离；

k—安全距离；Z—主索至坝顶最小高差

主索与吊罐底面最小高差 i（参考值） **表 5.6-4**

序号	主要项目	具体技术数据				
1	缆机额定起重量（t）	6	9	13.5	20	28
2	吊罐容量（m^3）	2	3	4.5	6	9
3	主索与吊罐底面最小高差 i（m）	11	13	14	15	17

（3）距离 k 包含了缆机卸料时主索可能发生的弹跳量和设置在浇筑仓面上的机具、模板等的高度，k 的取值一般不宜小于跨距的 1%。布置缆机时应力求上料一侧（常即为主塔侧）的主索支点略高于对岸一侧的支点，使得两支点的连线有一水平倾角（称为视线坡角 β）。这样在小车横移运料时，在大部分情况下，可以重载下坡而空载上坡。上坡时所需牵引功率较小，而下坡时牵引电动机将以发电状态运行，可向电网反馈部分能量，从而达到节能目的。这段高差也不宜太大，以免在偶然需要小车重载回驶时，牵引功率不够而不能返回。一般可根据地形取两岸支点的高差 Δh，为跨距的 1%～3%，在不得已的情况下也可取为 0 值甚至负值。但此时可能需要增大对岸一侧的非正常工作区（见下述），甚至在绳机设计中增大小车牵引机构的功率。

（4）缆机由于要避免主索受到过度的弯曲应力，和受小车牵引功率的限制，吊运额定载荷的小车只能在整个跨距的中间区段运行，称为“正常工作区”或额定载荷工作区 L_0，而靠主、副塔的两侧区段，只允许轻载小车（吊空混凝土罐）进入，称为“非正常工作区”L_1、L_2。

（5）非正常工作区的范围一般约为跨距的 1/10 至 1/7。两岸的非正常工作区可以是对称的，也可以是非对称的。

（6）国产缆机现都规定两侧非正常工作区为跨距的 1/10，即 $L_1=L_2L$。在特殊情况下，当需吊运一定载荷到非正常工作区（如吊 $3m^3$ 吊罐浇筑坝肩部位的少量混凝土）时，必须与缆机的设计制造单位磋商确定。

5.6.3.6　支架水平力支承方式

缆机主索的巨大拉力传递到支架上，其垂直分力将由支架前、后腿下面运行机构的行走台车传递给轨道基础，而其水平分力则有两种支承方式：一种方式是支架前腿下面的行走台车支承在斜面基础的轨道上，斜面与水平约成20°～30°倾角；另一种方式是在支架后部设置水平台车，由水平轨道来支承。这两种方式中前者可使运行机构简化、减轻支架重量并减少基础平台靠山侧的开挖量，但只适用于基础平台两侧较平坦而地质条件较好的情况，一般只能用于高塔架的支架。后一种方式对地质地形的适应性较强，但缆机自重略重，适用于无塔架和低塔架的支架。国产缆机为使以后转用时便于适应地形地质变化，对高塔架也大都采用了水平轨道支承方式。

5.6.3.7　缆机的双层布置

我国大中型水利水电工程和部分桥梁工程采用缆机的施工布置中，大都采用高低平台缆机的双层布置方式。其优点是高平台缆机可以跨越低平台缆机，便于互相支援；并且在高、低层缆机间可得到很小的主索中心距，有利于双机同浇一个仓面和同抬吊钢管等大件重物。但这种布置方式要增加布置的难度和构筑基础平台的工程量，并且在紧张施工的情况下也在一定程度上隐藏着互相干扰的事故苗子。因此，国外很少采用。国内如水口工程的施工实践也已表明单层布置同样是可行的。

如布置双层缆机，应注意高层缆机小车横移时重载（或空载）吊罐底面的运动轨（根据缆机设计制造部门提供的“主索、络线”推算得出）必须与低层缆机的牵引索上支之间保持少量距离，以便跨越时不致碰撞，从而确定两层缆机的主索支点高程。

5.7　浮运式起重机

5.7.1　概述

浮运式起重机系各项水上基建工程中必不可少的机械设备之一，应用十分广泛。它对机械化施工，保证工程质量，加快施工进度及减轻劳动强度等方面都起着很大的作用。在各项基建工程中（包括运输作业中）浮运式起重机主要用来进行下述工作：

（1）桥梁建造与修理工程，特别是大中型桥梁的修建工程中，各类浮运式起重机的应用十分广泛。如工程中施工的起抛锚，钢沉井、围囹及管柱的吊装，插拔钢板桩，灌注水中混凝土，水上拼装钢梁及其他各种起重作业等。

（2）建港工程，包括原有港口码头的改造和扩建等。在城市的码头装卸运输作业中，特别是一些大型机具设备，因受重量及尺寸限制在陆上运输很困难时。

（3）在造船工业，目前我国一些大、中型船厂中，浮运式起重机已是一种必不可少的关键设备之一。在水利电力建设、打捞救援作业、海上油田开发及海军建设等方面，都要运用到各类浮运式起重机。

（4）在较宽过江的沉管施工中（如地铁隧道、公路隧道等），浮运式起重机已是一种唯一的拖曳起重设备之一。

（5）我国浮运式起重机是从新中国成立后逐渐发展起来的，目前已经有了一批具有一定规模的浮运式起重机制造厂和设计、科研单位。现正在要求达到标准化、系列化和通用化，并吸收一些国外先进技术和工艺，立足于我国具体条件继续进一步发展我国的浮运式起重机事业。

5.7.2 浮运式起重机的分类

5.7.2.1 按回转性能分类

浮运式起重机按能否旋转可分为固定式、半回转式和全回转式三种。

（1）固定浮运式起重机结构较简单，操作方便安全，但起重臂架不能旋转，故其应用受到很大限制。在一些大起重量的起重机上采用此型式，如天津新河船厂制造的500t固定式浮运起重机。固定式浮吊的主要特点是：结构简单，造价低，故障少，维护方便；因吊杆不回转，船只产生纵倾，无横倾，故船体尺寸小；吊重时作业位置仅限于船首方向，作业时船须移动，效率低；作业范围小。

（2）半回转浮运式起重机结构较简单，操作较简便，一般用于固定码头上吊运散装货物等，如有一种10t半回转式浮运起重机，其能回转角幅达到200°。

（3）全回转浮运式起重机结构较复杂，但其起重臂架能作360°回转，不仅在中小型浮运式起重机上应用十分广泛，且随着技术水平不断提高，在大型浮运式起重机上应用也越来越广泛。如上海港机厂和上海交通大学设计并由上海港机厂建造的200t浮运式起重机及从日本进口的2500t浮运式起重机均为全回转式。其特点是：作业范围扩大到舷侧，作业效率高；可兼作抓斗式挖泥船；因吊杆可以旋转，船体有纵倾和横倾，必须加大船体的尺寸；设备较复杂，造价及维护费用较高。

5.7.2.2 按起重臂结构型式分类

（1）直臂架式浮运式起重机结构简单，臂架挡风面积较小，制造和安装方便，但装吊作业时净空高度较小，提升钢丝绳长度较长且磨损较大，对操作人员要求较高，操作失误时会摔臂架，安全可靠性较差。如江南造船厂、武昌造船厂及铁道部大桥工程局制造的30t及25t、35t浮运式起重机。

（2）组合臂架式浮运式起重机一般均采用联杆式组合臂架，由主臂架、象鼻梁、拉杆及人字架组成。这种浮运起重机优点是：装吊作业时净空高度大，便于作业，起升钢丝绳长度短且磨损较小，在变幅过程中物品悬吊高度可基本保持水平，外形较美观。其缺点是：结构较复杂，杆件较多，臂架自重和接风面积也较大。如上海江南造船厂和南京新华船厂制造的50t浮运式起重机，上海港机厂制造的63t、200t浮运式起重机等。

5.7.2.3 按自航能力分类

浮运起重机按自航能力可分为自航式和非自航式（拖拉式）两种。

浮运式起重机的分类方法很多，但一般常用起重臂结构型式进行分类。

5.7.3 直臂架浮运式起重机

5.7.3.1 25t浮运式起重机构造

（1）25t全回转运式起重机，系将7025型起重机在转台尾部配置适当平衡重、加长起重臂长度、升高人字三脚架等一些改装后，装于浮船上即成为25t全回转浮运式起重机。而7025型起重机系专为桥梁施工中钢梁悬臂拼装特殊施工要求而设计的。

（2）25t浮运式起重机由上底盘、人字三脚架、起重臂、卷扬机组、压缩空气操纵系统、电气系统、安全装置及船体等组成，如图5.7-1所示为几种常见的浮运式起重机外貌图。

(a)　(b)　(c)　(d)

图5.7-1　常见的浮运式起重机外貌图

(a) 船用挖泥机；(b) 固定式起重机；(c) 门座式起重机；(d) 空载变幅起重机

5.7.3.2　25t浮运式起重机使用要点

1. 起重机构的拆装

（1）25t浮运式起重机是把悬臂架梁的7025型起重机，经改装后装于浮船上而成的，在长江等一带流域使用十分适宜。

（2）但运往黄河、珠江等一些江河施工时，拖运比较困难，不适用。而7025型起重机可拆装于其他驳船或浮箱上，这是25t吨浮运式起重机的一大特点。

（3）25t浮运式起重机的安装可按下列程序进行：在浮船甲板上安装下底座→装交叉滚子轴承→上底盘（即转盘）→回转机构垂直轴→卷扬机组→主电动机→装人字三脚架→机房棚及操纵管系→安装起重臂→起重臂及主、副钩钢丝绳→电气设备及照明线路。

（4）安装中要特别注意的是交叉滚子轴承的回火带标志要对正上底盘的相对位置，回转机构垂轴上端的圆锥齿轮与逆转箱横轴上的二圆锥齿轮的啮合，下端齿轮与交叉滚子轴承内齿圈的啮合，其接触长度应在60%以上，侧面间隙应在0.3～0.4mm之间，输电滑环必须力求对正交叉滚子轴承中心。轴承座联接螺栓系重要传力零件，安装时必须施加预紧力，每个螺栓预紧力应保持基本均匀，最终预紧力矩应不小于140kgf·m。

(5) 25t浮运式起重机的拆卸基本上可按上述安装程序的逆顺序进行。

2. 起重机的操作

25t浮运式起重机操纵装置包括气压、电气操纵系统两大部分，均设于司机操纵室内。

(1) 气压操纵系统：

1) 首先打开总阀，主钩或副钩主阀操纵杆向右推时，主钩或副钩常闭制动器便松开，主钩或副钩自由下降，缓慢地控制气压可实现吊钩微动下降。操纵杆向后拉时为起升，向前推时为机动下降。在起升或机动下降时，操纵杆可斜向操作而使吊钩制动器松开，从而减少制动带磨损。操作中特别要注意使制动器松开滞后于离合器接合，故操纵杆的斜向应先偏于起升方向，主、副钩动作后再使操纵杆斜向偏于测面，使制动器完全松开。使用脚制动器制动时，其工作原理与此相同；

2) 起重臂变幅卷筒调整阀设于操纵台左侧，手柄位于前方则起重臂起升，位于后方则起重臂下降，位于中间位置时则二卷筒同时工作。手柄位于左侧左卷筒工作，位于右侧则右卷筒工作。工作中要注意，不要在起重臂变幅主阀操作时扳动调整阀。

3) 回转主阀操纵杆向左推时，可松开回转制动器，向后拉时转盘向右转，向前推时则转盘向左转。操纵杆可斜向操作，从而使转动平稳；

4) 在起重机操作过程中必须注意：经常保持风压在0.7MPa主副钩制动器上有两套制动风缸，分别由主阀及脚制动阀控制。吊重时主阀开启而脚制动阀松开，短暂制动时用脚制动，较长时间制动应操纵主阀复位制动；起重臂升降时，应经常注意两卷筒钢丝绳排敢情况，防止钢丝绳缠满某卷筒或把某卷筒上钢丝绳放完而发生重大事故。

(2) 电气操纵系统：首先合上总开关，正常时再将操纵台上开关合上，即可进行各种操作。当使用一段时间后，应检查滑环和电刷是否密贴，电刷经过磨损没有调整距离时应及时更换碳精块。另外，在船电改用岸电时，必须检查电动机转向，试转向时只能用“点动”，方式。自耦减压起动器操作有手动和自动操作两种。

5.7.4 浮运式起重机的安全操作规程

(1) 浮运式起重机必须按拼装式吊机的有关规程执行。其船舶拖运按交通航行部门的有关条例、规章执行。拼装吊机前，必须进行船体稳定和基础加固，不能使船体因局部受力而破坏。当固定停泊后，应及时将系缆和电缆固定好，其电缆必须保持一定松弛度，以防水位变化而将电缆绷断。

(2) 拖航或定位时，作业人员（含水手），应在专人统一指挥下，紧密配合，密切与拖轮的联系，进行抛锚、紧缆、靠泊等作业，拖航时应挂妥吊钩。

(3) 起吊作业前应检查各传动机构是否正常，主要部位螺栓有无松动，制动器是否良好；检查锚泊、缆绳是否系紧，甲板上有无物件妨碍吊机回转；检查电器设备是否完好和电缆的绝缘情况。

（4）起吊时司机与指挥人员须按规定手势和信号进行作业，在吊船的有效半径和有效高度内，不得有妨碍物，并经常检查锚泊固定缆绳的紧固情况，防止起吊时船舶走位。

（5）作业中要注意风浪而引起吊船的颠簸。在航道区附近作业时，要显示旗号，要求来往船只减速或改道。落钩后，卷筒上最少应保留三圈钢丝绳。在进行繁重作业时，应定点定位起吊，不能经常起落吊臂。起重量已达额定重量时，禁止起落臂杆。

（6）进行拨吊作业时，要切实掌握吨位，注意因突然起升而引起船舶急剧倾斜或颠簸。吊着桩锤进行打桩作业时，要防止桩体突然下沉而造成折臂事故。

（7）吊船移位时，不准将重物悬吊空中。

（8）作业后应摆正机身，臂杆落到50°左右，挂妥吊钩。进行例行保养，补足润滑油。并将每个控制开关放到"零位"，切断电源。

（9）经常注意水位及水深变化，予以观察，以防搁浅。

5.8 自卸汽车

5.8.1 概述

5.8.1.1 自卸汽车的用途

自卸汽车是在倾卸装置作用下，将车厢向后或向左右两侧倾翻，达到自动卸料目的的汽车。与其他装卸机械联合使用，可极大地提高运输效率，降低运输成本，减轻装卸人员的劳动强度。由于自卸汽车的机动性大，具有一定的爬坡能力（10%～15%），转弯半径较小。投资较小，辅助工作简单，卸料自动化。生产效率较高，适应于土方及其他散装物料的短途（0.5～15km）运输，所以，自卸汽车被广泛地应用在市政、公路、铁路、房屋建筑、机场、水利、矿山、港口、车站及国防工程建设的施工中。

自卸汽车的外貌图见图5.8-1、图5.8-2所示。

图5.8-1 中型自卸汽车外貌图

图 5.8-2 重型自卸汽车外貌图

5.8.1.2 自卸汽车的分类

(1) 按总质量分轻型自卸汽车（总质量在 15t 以下）；重型自卸汽车（总质量 20～50t）；超重型自卸汽车（总质量 50t 以上）。

(2) 按用途分：通用自卸汽车；矿用自卸汽车；特种自卸汽车。

(3) 按动力源分：汽油自卸汽车和柴油自卸汽车。

(4) 按传动方式分：机械传动（总质量 55t 以下）；液力传动（总质量一般为 55～150t）；电传动（总质量 150t 以上）自卸汽车。

(5) 按车身结构分：刚性自卸汽车和铰接式自卸汽车。

5.8.1.3 国产自卸汽车代号

国产自卸汽车代号由首部、中部、尾部三部分组成。首部字母表示生产厂家及方向盘的位置，用汉语拼音字母表示。生产厂家用两个汉字拼音的第一个字母表示；“Z”表示方向盘位于汽车左边；“Y”表示方向盘位于汽车右边。另外国外生产的自卸汽车有的方向盘位于正中，如 V0lV0A30 等。中部数字表示汽车类型和总质量；第一位数字代表汽车的种类（自卸汽车用“3”表示），第二、第三位数字代表总质量（t），第四位数字代表改用序号。尾部为企业代号。例如 BJZ3364 型自卸汽车：BJ-北京重型汽车制造厂；Z-左置式方向盘；3-自卸汽车代号；36-总质量 36t；4-第 4 次改进。又如 BDZ3321S 型自卸汽车：QD-青岛特种汽车制造厂；Z-左置方向盘；3-自卸汽车；32-总质量 32t；1-第一次改进；S-斯太尔系列（厂家代号）。

5.8.2 自卸汽车的使用要点

(1) 自卸汽车应保持举升液压系统完好，工作平稳，操纵灵活，不得有卡阻现象。

(2) 按规定牌号添加液压油，各节液压缸表面应保持清洁。

(3) 作业前后均应将举升操纵杆放在空挡位置，注意拔出或插入车厢固定销。

(4) 配合挖掘机作业时，自卸汽车就位后，应提紧手制动器，在铲斗必须越过汽车驾驶室作业时，驾驶室内不准有人停留。

(5) 卸料时注意在车厢上空和附近应无障碍物，向坑洼地区卸料时，必须和坑边留有安全距离，防止塌方翻车。严禁在斜坡横向倾卸。

(6) 车厢装有货物时，不允许用正常方法降落，更不允许快速地降落，应严格控制使其缓慢断续地下落。

(7) 卸料后的车厢必须及时复位，不得在倾卸情况下起步行走。严禁在自卸汽车的车厢内载人。自卸汽车车厢举升后进行检修润滑等作业时，必须将车厢支撑牢固方可进入车厢下面工作。

(8) 自卸汽车装运混凝土或黏性物料后，必须将整个车厢的内外清洗干净，防止物料凝结在车厢的槽上。

5.8.3 自卸汽车的安全技术规程

5.8.3.1 出车前的准备

(1) 驾驶人员必须熟知并严格遵守交通规则，按照内燃机的操作规程的要求使用与操作汽油机或柴油机。检查汽车各部的完好情况，特别要仔细检查方向盘及制动器是否灵活可靠。

(2) 按照规定的吨位装载货物，不得超载；体积大的泡松货物必须摆放平稳，绑扎牢固；装载超长、超宽、超高物品时，必须先向交通管理部门办理通行证，挂上明显的标志，按规定路线和时间行驶。

(3) 在冻滑、泥泞的道路上行驶时，应配备防滑用具。

(4) 冬季低温冷车启动或蓄电池电力不足时，用手摇柄启动，不可勉强连续使用启动机。

(5) 在陡坡、冰雪、泥泞及交通情况复杂的路段，没有可靠制动条件的情况下，禁止采用拖、推、溜及倒车等方法启动发动机。

(6) 用钢丝绳在短距离内拖行汽车时，钢丝绳长度应在4～6m之间，连接部位要牢固可靠。长距离拖行汽车时，应用刚性拖杆或三角形拖架，其长度不超过3m。

5.8.3.2 行车中的要求

(1) 发动后，严禁立即空车猛踩油门或连续猛轰油门，应怠速运转，检查发动机的运转情况。怠速运转5～8min，气压上升到规定数值，各仪表示值正常时，方可用低挡起步。

(2) 自卸汽车起步时，先通过后视镜察看后方有无来车，再缓松离合器踏板，适当踩油门，徐徐起步。自卸汽车起步后，冷却水温度未达80℃时，不得挂高速挡。

(3) 行驶中应察看各仪表的指示情况，注意发动机和底盘的工作声响，发现情况异常，应立即停车检查，排除故障。行驶中不得将脚踩在离合器踏板上，并尽量减少使用紧急制动。

(4) 滑行必须在道路宽阔、视线良好、没有限速标志、操纵灵活、制动可靠、确保安全的情况下方可采用。严禁在山区及陡坡地带熄火滑行。

(5) 自卸汽车上坡时，如图动力不足或其他原因造成熄火，应同时使用驻车、行车制动，避免汽车后滑而引起发动机倒转。

(6) 重车下坡时，要尽量少用制动，而应选择合适的挡位，辅以间断制动，以控制车速。

(7) 自卸汽车下坡时，应尽量避免紧急制动或中途换挡。如必须换挡时，应先轻踩制动踏板，当感觉到有制动作用后，迅速踩下离合器踏板进行换挡。换挡后先松离合器踏板，后松制动器踏板。自卸汽车行车时，如发现发动机过热或缺水，应在保持发动机怠速运转的情况下增补冷却水，并缓缓注入。严禁在发动机过热时，急剧添加冷水。

(8) 在视线不清晰的情况下会车时，应降低车速，开放小灯，加大两车相会的横向距离。必要时应停车避让。夜间会车应在两车相距 150m 外处，改用近光灯。

(9) 当汽车驶经泥泞、冰雪、翻浆路段时，为防止车轮单边打滑，在车辆能保持直线行驶的情况下，可使用差速锁止装置。使用差速锁止装置时，不准转动方向盘。

(10) 无增压装置的汽车，行驶在高原空气稀薄地区时，要相应减载，并控制车速。

(11) 新车或大修出厂后的车辆，走合期内应减载 20%～25%，并不得拖带其他车辆。

(12) 变向行驶换挡时，必须待汽车完全停稳后方可进行，并观察四周无障碍物方能倒车。

(13) 倒车变换方向时，应慢行车，快转向，正确判断，平稳操作。

(14) 汽车就位制动停稳后，方可进行装料作业。

(15) 带有拖挂车的，拖挂装置应完好，主车与挂车间的各种连接管线应良好且连接可靠。

5.8.3.3 对自卸汽车的特殊要求

(1) 卸料时，应检查车上方和车旁有无电线、障碍物或行人。

(2) 向坑洼地带卸料时，必须和坑边保持适当的安全距离，防止塌陷翻车。

(3) 必须在车厢落下就位后方可起步，不允许在车厢停留于倾卸状态下行车。修理倾卸装置时，应用撑杆顶住车厢。自卸车车厢内严禁载人。

(4) 严禁在坡道上横向停置卸料，以防车厢顶起后重心偏移，造成翻车。

(5) 保持液压缸和油路系统完好，工作平稳，操纵自如，没有卡阻现象。

(6) 运输水泥混凝土、沥青混合料以及其他黏性物料，工作完毕后，应将车厢清洗干净。

5.8.3.4 停车后的要求

(1) 工作完毕后，按照规定的地点、方向，有秩序地将车辆停放好。

(2) 停车后，应将储气筒内的冷凝水及油污排放干净。

(3) 冬季气温低于 0℃时，每日工作完毕后，未加注防冻液的车辆，必须放掉冷却水，再发动 1～2min。放水前应先打开水箱盖。

(4) 每日工作完毕后，应按保修规程或说明书的规定严格进行例行保养工作。

5.8.4 自卸汽车的合理选择

5.8.4.1 动力型式的选择

自卸汽车的动力型式有汽油机和柴油机两种，可根据油料供应情况和运输成本计算后选择。由于柴油. 机的热效率高达 35%～38%，比汽油机高 30%以上；耗油率比汽油机低 30%～40%，一辆 9t 柴油自卸汽车的耗油量比 4.5t 汽油自卸汽车的耗油量还低；同时，柴油自卸汽车的大修里程长达 50 万 km，约汽油自卸汽车的 3 倍；此外，柴油的价格也比汽油便宜，约为汽油的 80%，因此应当优先选用柴油自卸汽车。但是，柴油自卸汽车的重量较大，成本较高，噪声也大，加速性能较差，所以选择时应全面考虑。

5.8.4.2 载重量的选择

国产白卸汽车的载重量有4t、5t、7t、9t、15t和32t等，可根据土方工程量和配合施工的挖掘装载机械斗容量来决定，其选择原则是：土方工程量大时可选择大型自卸汽车，否则应选中、小型自卸汽车；另外，挖装机械斗容量大，应尽量选择大型自卸汽车。为了提高联合施工机械的综合生产效率，自卸汽车的容量与挖装机械斗容量之比应在3左右（要求取整数值），最大不超过6。

5.8.4.3 经济车型的选择

选择合理车型必须根据施工条件和汽车使用性能全面分析比较。评价自卸汽车经济性最全面的经济指标是汽车完成运输作业的运输成本。经济车型是土方运输成本最低的车型，它随土方施工现场的条件和有关费用的变化而变化。

自卸汽车的土方运输成本可按下式计算：

$$A_{汽} = C_{汽}/Q_{汽}(元/m^3)$$

式中 $C_{汽}$——自卸汽车台班费，元/台班，可采用定额规定、合同商定及其他计算方法确定；

$Q_{汽}$——自卸汽车台班产量，m^3/台班，可采用定额产量、商定产量或计算生产率等方法。

根据计算土方运输成本进行比较，显然成本越低其车型越经济。在选型前，应进行驾驶员的操作水平、车辆使用性能、租车计算方法及各单位自卸汽车运价规定等方面的调查。

5.8.5 自卸汽车的维护保养

自卸汽车的维护保养主要指例行每班保养、一级保养、二级保养、三级保养。各级保养的作业项目和要求，以东风EQ140型列出。见表5.8-1所列。

自卸汽车各级保养作业项目和要求　　表5.8-1

序号	保养项目	技术要求
	每班保养（行驶前、中、后进行）	
1	行驶前的检查： （1）散热器水量； （2）曲轴箱机油平面； （3）燃油箱存油量； （4）电气设备； （5）转向横、直拉杆和转向节接头部分； （6）轮胎外表和内部气压； （7）发动机运转情况	（1）不足时添加，盖紧散热器盖； （2）不足时添加，盖好机油口盖； （3）不足时添加，盖紧油箱盖并加锁； （4）灯光、喇叭和雨刷器工作正常； （5）各球销螺母和螺塞连接牢固可靠，开口销齐全； （6）轮胎外表完好，内部气压不足时按规定充气； （7）经过怠速升温后，检查怠速和加速运转情况，不得有异响及漏油、漏水、漏气现象，各仪表工作正常。水温达到40～50℃，气压达到0.5MPa再起步
2	行驶中的检查： （1）手、脚制动器和离合器； （2）各仪表读数； （3）察听声响	（1）手制动杆拉紧时，二挡起步应有熄火现象，手、脚制动器、离合器自由行程、工作行程应符合规定，工作效能正常； （2）不时观察各仪表指示读数；水温应为80～85℃；机油压力应为0.2～0.3MPa；气压应为0.7～0.9MPa；电流表应在充电位置，燃油表指示正常； （3）发动机和底盘应无异响，无焦臭气味

续表

序号	保 养 项 目	技 术 要 求
		每班保养（行驶前、中、后进行）
3	中途停车休息或装卸时的检查： （1）各部温度； （2）各处渗漏； （3）横、直拉杆球销和转向臂； （4）前后钢板弹簧和轮胎	（1）各轮毂、制动鼓、主降速器、变速器温升正常； （2）发动机和底盘应无漏油、漏水和漏气的现象； （3）各接头连接应无松动和脱落； （4）钢板弹簧有无断裂，螺栓、螺帽紧固是否可靠，轮胎气压是否正常，双胎之间有无夹石，有异常情况及时处理
4	行驶后的检查： （1）曲轴箱机油平面； （2）燃油箱存油量； （3）散热器和发动机水套存水 （4）紧固工作； （5）轮胎外表和内部气压； （6）各部渗漏； （7）清洁工作； （8）润滑工作	（1）不足时添加机油，盖好加机油口盖； （2）检查燃油消耗量．添加燃油，盖紧燃油箱盖并加锁； （3）寒冷季节，当气温低于5℃时，凡不用防冻剂又在露天停放的车辆一律放尽冷却水； （4）检查转向横、直拉杆、转向臂、传动轴、钢板弹簧骑马螺栓、半轴螺栓、车轮螺栓等有无松动； （5）检查轮胎外表和内部气压．必要时按规定充气，除去双胎间或胎面上嵌入的石子铁钉等尖锐杂物； （6）检查发动机和底盘有无漏油、漏水、漏气部位，若有，则予以消除； （7）清扫车厢、驾驶室、翼板、轮辋、前后灯、门窗、风窗玻璃、汽车牌照等，必要时予以冲洗； （8）按润滑规定进行
		一级保养（每隔1500～2000km进行）
1	进行每班保养的全部项目	见“每班保养”
2	清洁空气滤清器	清除内部积尘污垢。如滤心积尘多时，可在平板上轻拍端面，并用压缩空气从里向外吹除尘土，切不可用汽油或水洗刷纸质滤心
3	清洗机油粗滤器	除去壳体内的沉积物，清洗滤心。复装时检查密封圈，如已损坏或老化应予更换，并补加机油
4	清洗燃油滤清器	清洗输油泵的进油滤网。汽油滤清器放出沉淀物，滤心在二级保养时清洗
5	检查风扇皮带及空气压缩机皮带的松紧度	检查皮带挠度，按规定调整
6	贮气筒排污	放尽积水和油污
7	紧固工作	检查并紧固车身板金零件、驾驶室、车架传动轴中间支承、十字轴U形螺栓、发动机的悬置件、前后钢板弹簧U形螺栓及吊耳的连接螺栓
8	检查蓄电池液面高度并清洁外部	液面高度应高出极板10～15mm，不足时添加蒸馏水，清洁蓄电池外部及电极桩上的污垢，并清理通气孔
9	检查变速器、主降速器和转向器以及液压助力装置的油位	不足时添加，清洗通气塞
10	润滑工作	按润滑规定进行
		二级保养（每隔6000～8000km进行）
1	进行一级保养的全部项目	见“一级保养”
2	清洗发动机润滑系统，更换曲轴箱机油	趁发动机热时，放出全部机油，清洗油底壳，更换新机油；清洗机油细滤器转子外壳内壁沉积污垢；更换机械粗滤器滤心
3	调整气门间隙	按规定校正气门间隙；必要时测试气缸压力，检查气缸垫，检查曲轴端隙，研磨气门，清除各部积炭

续表

序号	保养项目	技术要求
	二级保养（每隔6000～8000km进行）	
4	清洁燃油系统，校验喷油器和输油泵压力	放出燃油箱内沉淀物，清洗燃油滤清器和化油器进油接头上的滤网，清洁空气滤清器；柴油车再校验喷油器和输油泵压力，应符合规定数值；检查喷油泵体内机油是否变稀，如漏柴油应检验喷油泵
5	检查点火系统	清洁并润滑分电器；清除火花塞积炭，校正电极间隙；检查蓄电池电液密度，必要时进行充电
6	检查发电机、起动机和调节器	检查碳刷和整流子的状况，整流子表面应光滑，云母片应低于整流片0.5mm，炭刷磨损小于原高度的一半，润滑轴承，清洁内外部；调节器的调节数值应符合规定，硅整流发电机可在三级保养时拆检
7	检查转向盘的自由转动量	检查转向盘自由转动量最大不能超过15°～30°，否则要检查前轮轮毂轴承间隙，横直拉杆接头及球销，转向器摇臂轴的轴向间隙等是否过大或松旷，必要时进行调整；检视转向传动轴、万向节和滑动叉的工作情况，必要时予以紧固
8	检查转向节、拆检横直拉杆各球销、调正前束	检查转向节及臂，不得有任何损伤和裂纹。检查转向节与主销的配合间隙，紧固转向臂螺母，并装好开口销。拆检各球销磨损情况，调整活动间隙。检查前束应符合规定，必要时进行调整
9	检查传动轴十字轴轴承和中间支承轴承	如轴承磨损过甚或胶套破损应予更换，按需要调换万向节十字轴方向，检查各叉形突缘螺母的紧固情况
10	调整离合器踏板自由行程	检查调整至规定数值，润滑踏板轴
11	拆检车轮制动器，清洗气路系统的阀网	清洗润滑轮毂轴承，检查制动鼓与摩擦片的磨损情况，调整轮毂轴承间隙及制动鼓和摩擦片之间的间隙。润滑制动蹄支承销。清洗空气压缩机的空气滤清消声器滤心和气压调节阀接头处的滤心罩和滤心
12	检查轮胎、轮辋及轮胎气压，进行轮胎换位	检查轮胎外表，轮辋的锁圈是否完全嵌入槽内，轮胎气压不足应充气，按规定进行轮胎换位
13	检查钢板弹簧和吊耳	钢板叶子不得有断裂、钢板销磨损不得大于0.5mm，衬套与销配合间隙不得大于0.7mm，吊耳孔磨损失圆不得大于0.5mm，否则均应修换
14	润滑工作	按润滑规定进行
	三级保养（每隔3500～4000km进行）	
1	进行二级保养的全部项目	见“二级保养”
2	拆检发动机	测试气缸压力，测量气缸磨损情况。清洗气缸体、机油盘及机油集滤器的滤网更换机油细滤器滤心。检查活塞连杆组合件的技术状况，更换活塞环。清除燃烧室、活塞顶、环槽、气缸盖和排气道中的积炭。检查曲轴主轴承和连杆轴承的径向间隙，曲轴轴向间隙，轴瓦表面如有严重剥落、烧蚀、刮伤时应予更换。检查气门挺杆底面，如有裂纹、剥落时应予更换，检查凸轮轴轴向间隙，研磨气门。清洗气缸体水道，曲轴箱通风单向阀、散热器、机油冷却器。检查空气压缩机和水泵内部情况，调试喷油泵必要时更换柱塞和出油阀。更换空气滤清器滤心
3	拆检离合器	检查离合器从动盘压盘和分离轴承以及杠杆、弹簧等工作情况，视需要予以更换。调整分离杠杆平面，中间压盘间隙和离合器自由行程。液压助力部分更换油液
4	清洗检查变速器	整体清洗后检查第一、二轴、中间轴轴间隙，各挡齿轮磨损和啮合情况，同步器工作锥面和换挡机构的工作情况，如有不良情况应予拆检，并更换润滑油

续表

序号	保养项目	技术要求
	三级保养（每隔3500～4000km进行）	
5	拆检传动轴	清洗检查传动轴花键、滑动叉，十字轴轴承和中间支承的磨损情况，视需要予以修换
6	清洗检查主降速器和差速器	整体清洗后，检查主减速器从动齿轮的连接螺栓或铆钉有无松动，各齿轮副的啮合情况，调整主动圆锥齿轮轴承间隙，如有不良情况应予拆检，按规定扭矩拧紧各部位螺栓、螺母。更换双曲线齿轮油（其他车型添加规定的润滑油）
7	检查转向传动轴和转向器以及动力转向系统换油	清洗检查转向传动轴花键、滑动叉和十字轴万向节，并予润滑。检查转向器止推轴承预紧度，指销轴承心轴松紧度，必要时予以调整。动力转向系统更换油液
8	拆检转向节	检查转向节，转向臂、主销衬套和平面轴承的技术状况，调整其配合间隙及前轮转向角度
9	拆检手、脚制动器和制动系管路	解体检查制动阀和制动室，更换已损零件，调整各部间隙。清除管路内的沉积物，清洗贮气筒单向阈，接头和管路各处均不得渗漏。检查或更换手制动器用油圈、油封和摩擦片并对活动部位除锈润滑
10	拆检减震器，检查润滑钢板弹簧叶片	解体检查震器，更换减震油。检查钢板弹簧叶片并予以润滑
11	拆检硅整流发电机	解体检查炭刷、滑环和轴承的磨损情况。检查各焊头焊接是否牢固。用万用表检查转子、定子二极管的绝缘和电阻值。清洁、润滑后复装，并进行试验，输出电压、电流应符合规定
12	检查车架、车厢、车头、驾驶室的技术状况	检查车架各铆接处及各支架、悬挂零件的连接是否牢固。检修车厢底板、纵梁、横梁及各支架破损处。检查门窗各部位，润滑玻璃升降器，铰链和车门锁各活动部位。车头驾驶室油漆表面是否完好无损

5.8.6 自卸汽车的常见故障及处理方法

下面以黄河JN162型自卸汽车为例，介绍底盘部分包括操纵系、传动系和行走系的常见故障及处理方法，并可供其他车型参考，见表5.8-2所列。

自卸汽车的常见故障及处理方法　　表5.8-2

常见故障	处理方法
离合器的故障	
1. 离合器打滑 （1）摩擦片表面沾有油污； （2）摩擦片严重磨损或烧损； （3）中间压板、压盘严重磨损或烧伤变形； （4）踏板自由行程过小或没有； （5）压板弹簧折断或退火，使压紧力减弱； （6）液压空气助力操纵机构的分泵助力器柱塞回位不完全。 2. 离合器分离不彻底或发抖 （1）踏板自由行程过大； （2）分离杠杆端部的高度不一致； （3）分离轴承滑动不灵活；	1. 处理离合器打滑方法 （1）查明来源．清除油污； （2）更换； （3）修整表面或更换； （4）调整踏板自由行程至规定数值，如摩擦片过度磨损应更换； （5）检查离合器绝缘垫，更换损坏的弹簧的绝缘垫； （6）检查调整柱塞与推杆、总泵与踏板推杆的间隙。 2. 处理方法 （1）调整踏板自由行程至规定数值； （2）调整高度，使之偏差在0.2mm以内； （3）清洗润滑；

续表

常见故障	处理方法
离合器的故障	
(4) 双片式离合器的中间压板回位不平； (5) 液压空气助力操纵机构的踏板限位螺钉松动或分泵柱塞推杆间隙过大。 3. 离合器液压空气助力操纵机构的故障 (1) 总泵活塞回位不完全或导向孔、补偿孔堵塞，致使从油杯向液压管路中注油困难； (2) 助力器内气缸活塞密封圈胀死或助力器柱塞与壳体不同心而卡滞，致使分泵助力器柱塞回位不完全； (3) 总泵，分泵助力器或管路漏油使贮油杯的油量减少； (4) 分泵助力器的液压部分里有空气； (5) 进气阀座密封不严或阀门损坏致使助力器工作时防尘孔漏气	(4) 四个限位螺钉的间隙 1.5～12.75mm，应调整一致，如新铆摩擦片厚度超过规定应修正； (5) 调整限位螺钉，使踏板推杆与活塞间的间隙为 0.5～1mm，调整柱塞推杆间隙，保持 3～5mm； 3. 处理方法 (1) 清除导向孔和补偿孔中的脏物，检查活塞回位不完全是否因踏板推杆的干涉或活塞底部有阻挡，疏通贮油室壳底的补偿孔； (2) 更换气缸密封圈，检查助力器柱塞与壳体是否同心，重新安装调整，应活动自如； (3) 检查漏油部位，更换密封圈； (4) 检查气动部分的密封性，如损坏就更换，更换柱塞上的密封圈； (5) 检查、清洗或更换阀门，检查更换随动活塞上的密封圈
变速器的故障	
1. 变速器脱挡 (1) 离合器壳接合面与曲轴中心线不垂直或第一轴与曲轴中心线不同心； (2) 同步器锁销松动、同步器散架，或啮合套磨损过甚； (3) 齿轮的外接合齿磨损过甚； (4) 齿轮的滚针轴承径向间隙达大； (5) 换挡叉轴凹槽磨损、锁紧螺母松动，定位销弹簧失效。 2. 变速器挂挡困难，发响 (1) 离合器分离不彻底； (2) 操纵机构变形； (3) 轴承或花键磨损过甚； (4) 齿轮磨损，侧隙过大或齿轮副啮合不良； (5) 润滑油面不够或黏度过稀	1. 处理方法 (1) 修复； (2) 更换； (3) 更换； (4) 更换； (5) 更换。 2. 处理方法 (1) 调整； (2) 修复； (3) 更换； (4) 修复或更换； (5) 添加或更换
传动轴的故障	
1. 传动轴抖动 (1) 传动轴弯曲变形； (2) 动平衡配重片脱落； (3) 传动轴两端的万向节叉不在同一平面上。 2. 传动轴发响 (1) 万向节十字轴、滚针轴承磨损过甚； (2) 传动轴花键及套磨损过甚； (3) 传动轴中间支承松动或轴承损坏	1. 处理方法 (1) 冷压核正后重新动平衡； (2) 重新动平衡； (3) 重新装合 2. 处理方法 (1) 更换； (2) 更换； (3) 拧紧螺栓或更换轴承
悬挂机构的故障	
1. 转向盘震手，驾驶室振动，避震器失效。 2. 钢板弹簧沿中心孔断裂 (1) 长时间超载、超挂； (2) 钢板弹簧 U 形螺栓长时间不按规定扭矩旋紧。 3. 轮胎异常磨损 (1) 轮胎压力过高或过低； (2) 钢板弹簧 U 形螺栓未旋紧；	1. 按规定进行保养，更换损坏的零件 2. 方法 (1) 按规定装载和拖挂； (2) 定期保养润滑并按规定扭矩旋紧； 3. 处理异常磨损方法 (1) 按规定气压充气； (2) 按规定扭矩旋紧；

续表

常见故障	处理方法
悬挂机构的故障	
（3）钢板弹簧销和销套磨损； （4）车辆超载或装车时偏装； （5）不按时进行轮胎换位； （6）前轮定位角不对（外倾角和前束过大或过小）	（3）更换； （4）按规定装载，注意载荷均布； （5）定期进行轮胎换位； （6）按规定数值检查调整
后桥的故障	
1. 半轴突然甩油 （1）主降速器加油过多； （2）后桥壳上通气孔堵塞； （3）油封损坏。 2. 后桥发响 （1）主、动齿轮或轴承间隙调整不当； （2）轴承磨损过甚	1. 处理半轴突然甩油方法 （1）将检查孔螺塞拆下放出多余的油； （2）疏通气孔； （3）更换油封。 2. 处理后桥发响方法 （1）按规定数值调整间隙； （2）更换
转向机构的故障	
1. 转向盘自由转动量大，转向操纵不平稳 （1）转向器运动副磨损，间隙过大； （2）转向器支架、转向垂臂与摇臂轴的紧固螺栓、螺母松动； （3）转向纵、横拉杆球头松旷； （4）转向传动轴花键与十字轴轴承松旷； （5）左右转向节上下臂固定螺栓、螺母松动； （6）前钢板U形螺栓松动。 2. 转向沉重 （1）轮胎气压低； （2）前束不对； （3）转向器、转向节销、横直拉杆等转向装置机件配合间隙过小或润滑不良； （4）转向节销和转向节止推轴承、铜套润滑不良或锈蚀； （5）转向节调整垫片过紧。 3. 动力转向系统的故障 （1）油罐内油量不足，液压系统有空气，溢流阀磨损或被堵塞，滑阀磨损或有脏物，使油泵工作不正常，导致转向沉重； （2）滑阀不在中间位置、活塞一侧有空气，限压阀漏油或过早卸荷，导致左右转向轻重不等，车辆跑偏； （3）滑阀及反作用柱塞内有脏物，滑阀定中弹簧过软或损坏，导致转向盘回正困难	1. 处理方法 （1）调整或更换； （2）检查紧固； （3）按规定扭矩旋紧； （4）调整或更换； （5）按规定扭矩旋紧； （6）按规定扭矩旋紧。 2. 处理转向沉重方法 （1）按规定气压充气； （2）检查调整； （3）调整间隙、增加润滑； （4）清洗、润滑，视需要更换新件； （5）重新调整； 3. 处理动力转向系统的故障方法 （1）清洗滑阀和溢流阀，检修油泵或更换磨损阀门； （2）调整，排除空气，更换密封圈； （3）清洗，更换
制动系统的故障	
1. 制动力不足 （1）制动室皮膜破损或翻边； （2）制动阀至制动室管路漏气； （3）制动阀调整不当或阀座损坏； （4）制动摩擦片沾上油污； （5）制动蹄摩擦片与制动鼓间隙过大或贴合不良； （6）制动蹄支承销或制动凸轮轴转动不灵活； （7）制动踏板自由行程过大。 2. 放松制动踏板后制动不能及时解除或发咬 （1）制动阀排气间隙过小或阀座橡胶脱落；	1. 处理方法 （1）更换； （2）清除漏气； （3）修复； （4）清除； （5）调整或重铆摩擦片，车圆刹车鼓； （6）排除脏物； （7）调整。 2. 方法 （1）调整或更换新阀座；

续表

常见故障	处理方法
制动系统的故障	
（2）制动阀导向座锈蚀发卡； （3）制动蹄支承销或制动凸轮轴发卡； （4）制动蹄摩擦片与制动鼓的间隙过小。 3. 制动跑偏 （1）同一车桥上两端的制动蹄摩擦片与制动鼓间隙不等； （2）个别车轮制动蹄摩擦片与制动鼓贴合不良； （3）个别制动气室漏气，膜片破损或推杆弯曲卡住	（2）清除脏物； （3）清除脏物； （4）调整或打磨摩擦片。 3. 处理方法 （1）调整； （2）检查修复； （3）检查修复

5.9 机动翻斗车

5.9.1 概述

（1）机动翻斗车是建筑施工中广泛使用的一种短距离运输机械，主要用来转运砂石散料、搅拌好的混凝土和灰浆，如配备适当的拖运装置，还能搬运脚手架和管子等长料。

（2）机动翻斗车的特点是结构简单、外形小巧、机动灵活、装卸方便，是实现建筑施工水平运输机械化的高效运输机械。

（3）机动翻车斗的厂牌较多，结构各异，按全国统型产品并大批生产的有 JS-1 建设牌和 FC1 武汉牌翻斗车，载重量为 1000kg，其型式为前桥驱动，后桥转向，柴油机后置或侧置，重力卸料，机械回斗等。

（4）20 世纪 90 年代以来，机动翻斗车在不断改进和发展，如增添电起动、灯光、喇叭信号和驾驶篷；采用液压转向器和液压油缸控制翻斗；发展载重量为 1500kg、2000kg、2500kg、3000kg 的新机型，使机动翻斗车的机型日益增多，技术性能有所提高，劳动条件也有所改善。

（5）目前在市场上主要产品名称有重力卸料翻斗车、后置式重力卸料翻斗车、液压翻斗车、后置式液压翻斗车、后置式三面卸料液压翻斗车、回转卸料液压翻斗车、高位卸料液压翻斗车等。

（6）全国统一的机动翻斗车均由柴油机、胶带张紧装置、离合器、变速器、传动轴、驱动桥、转向桥、转向器、翻斗锁紧和回斗控制机构等组成。其外貌见图 5.9-1 所示。

5.9.2 机动翻斗车的使用要点

（1）起动后应低速运转，检查发动机运转情况及机油压力是否正常，待水温上升后再开始工作，正常工作水温应保持在 75～90℃之间。

（2）必须以一挡起步，顺序换挡。离合器要分离彻底，结合平稳，禁止用离合器处于半结合状态来控制车速。

（3）行驶前检查锁紧装置必须将料斗锁牢，以防行驶时掉斗，损坏机件。

（4）上坡时如遇路面差或坡度较大，应提前换入低速挡行驶，下坡时严禁脱挡滑行，

图 5.9-1 机动翻斗车外貌图

并避免紧急制动，以防向前倾翻。

(5) 通过泥泞地段或雨后砂地，要低速缓行，避免换挡、制动或急剧加速，并不要靠近路边或沟旁行驶，防止侧滑。

(6) 翻斗车排成纵列行驶时，要和前车保持 8m 左右的间距，下雨或冰雪的路面上还应加大间距。

(7) 在坑沟边缘卸料时，应设安全挡块，车辆接近坑边应减速行驶，避免剧烈冲撞。

(8) 停车时要选择适当地点，不要在坡道上停车。冬季要防止车辆与地面冻结粘连。

(9) 严禁料斗内载人。禁止料斗在卸料工况下行驶或进行平土作业。

(10) 发动机运转或料斗内载荷时，严禁在车底下进行任何作业。

(11) 操作人员离机时，必须将发动机熄火，并挂挡拉紧手制动器。

5.9.3 机动翻斗车的安全技术规程

5.9.3.1 作业前的准备

(1) 发动机部分按通用操作规程进行检查和准备。

(2) 按规定进行启动、行驶及维护保养。

(3) 检查所有外露连接件、紧固件，必要时进行紧固。

(4) 检查机件运转是否正常，运转部件（部位）是否过热，操纵机构是否灵活，制动是否有效，各仪表及灯光是否齐全，示值是否正常。

(5) 检查轮胎完好情况，气压是否符合规定要求。

5.9.3.2 作业中的要求

(1) 严禁料斗载人。

(2) 路面情况不良时，应低速行驶。

(3) 下坡时不准高速行驶，严禁脱挡滑行和紧急制动。

（4）会车、超车、行车时必须注意该车特殊的转向方式。

（5）在坑壕边缘倒料时，须设安全挡块，车辆应减速行驶至安全挡块处停车卸料。

5.9.3.3 作业后的要求

（1）按规定进行例保工作。

（2）长期存放时，需将整机清洗干净，加注润滑油脂，将车架支起，使车轮离开地面。

5.9.4 机动翻斗车的合理选择

机动翻斗车的合理选择类似前述的自卸汽车。选择合理的机动翻斗车型号，还必须根据施工条件和翻斗车使用性能进行全面分析和比较，在动力型式和载重量确定后，同时纵观其他各项性能指标，必要时可进行运输成本计算，显然成本越低的机动翻斗车越经济。其具体选择方法可参考自卸汽车的合理选择。

5.9.5 机动翻斗车的维护保养

机动翻斗车的维护保养主要是例行保养。下面以建设牌 JS-1 型机动翻斗车为例，将各级保养的项目和要求以及间隔时间分别列出。见表 5.9-1 所列。

JS-1 型机动翻斗车各级保养项目和要求 **表 5.9-1**

序号	保养项目	保养要求
	每班保养（工作前、中、后进行）	
1	检查水箱中的水量	不足时加满（标准容量 13L）
2	检查燃油箱中的燃油量	不足时添加（标准容量 6L）
3	检查发动机油底壳的机油量	低于油标尺下线时，应及时添加（标准容量 1.4kg）
4	检查轮胎气压	不足时充气（轮胎气压 7.50～16 为 0.3MPa；5.00～15 为 0.28MPa）
5	检查各部螺栓紧固情况	传动轴、前桥 U 形螺栓、转向拉杆、刹车拉杆、转向臂、车轮等连接螺栓均须紧固可靠
6	检查并排除漏油、漏水、漏气现象	各连接或密封处均不得有渗漏现象
7	清洁机体	清洁车身、底盘各部位和翻斗内外的污物
	一级保养（每工作 100h 进行）	
1	进行每班保养的全部工作	见每班保养
2	清洗空气滤清器，燃油箱的滤网	各部件不得损坏，沉淀物必须彻底清除干净
3	清洗柴油滤清器芯子、油底壳及滤油器滤网，并更换机油	如果滤芯破损时，则必须更换，本项目一般每工作 200h 须进行一次
4	检查调整传动胶带的张紧度	当用大拇指压下其中一根时，应有 15～20mm 的挠度，运转时不得跑偏
5	调整气间隙	冷机时，进气门为 0.35mm，排气门为 0.45mm
6	检查调整手、脚制动器	脚制动器踏板全行程为 60～70mm，自由行程为 10～15mm，踏下 3/5 时应起到制动作用。手制动器手柄向后拉 3～4 齿时应起制动作用
7	检查调整离合器踏板自由行程	离合器踏板自由行程为 25～30mm

续表

序号	保养项目	保养要求
一级保养（每工作100h进行）		
8	检查传动轴	检查传动轴的完好状况，突缘连接螺栓应紧固，花键轴在套管叉内应伸张自如，十字轴不松旷、不漏油
9	检查转向横、直拉杆球销	各球销应牢固可靠、开口销齐全完整，既没有间隙，又能够活动自如
10	整机润滑	按使用说明书润滑各部位
二级保养（每工作600h进行）		
1	进行一级保养的全部工作	见一级保养
2	清洗燃油管	清洗燃油箱内的沉淀物和锈垢
3	拆、检曲轴油道	拆下曲轴活塞，清洗连杆轴颈内腔并冲洗油道
4	研磨气门	清除气缸头活塞上的积炭，气门必须密封良好，不得有漏气现象
5	清洗冷却水道	拆下水箱，用25%浓度的盐酸溶液注入水道，待10min后放掉，再用清水冲洗干净
6	拆、检变速器	检查各部件的磨损情况，更换齿轮油（每隔一次二保进行清洗换油）
7	检查调整后轮前束	后轮前束为4～8mm，否则应进行调整
8	检查调整方向盘的自由转动量	方向盘自由转动量应小于25°，否则应调整蜗杆与滚轮的啮合间隙
9	拆、检离合器和制动器	清除内外脏物和油污，检查各部件完好和磨损情况，摩擦片磨损过甚时应更换，铆钉如有松动应进行重铆
10	检查轮毂轴承	清洗检查轴承完好率和磨损情况，更换轮毂黄油，调整轴承的松紧度
11	拆、检驱动桥	检查并调整主、被动圆锥齿轮轴承的松紧度，半轴齿轮和差速器壳的间隙，更换齿轮油（每隔一次二保进行清洗换油）
12	检查翻斗和锁紧机构	弹簧和斜面卡块及手柄均应完好，工作可靠，翻斗如有变形、裂缝或焊缝开裂等均应进行修复

1. 日常保养

(1) 班前：

1）检查散热器水量，当散热器浮于红标志下降到与水散热器漏斗口平齐时，应及时添水，加到标准容量为止；

2）检查池底壳的机油量，如若低于油标尺下刻线时，应及时进行加油，并且添加到标准容量（1.4kg）为止；同时应检查燃油箱，不足添加；

3）检查传动系统，三角皮带的张紧装置应完好，松紧适宜，皮带不得破裂和脱层，运转正常。同时要检查轮胎气压，不足时补充；

4）检查机体上各部级检紧固情况。转向拉杆、传动轴、刹车拉杆及轮胎钢圈等的连接螺栓均不得有缺损，必须紧固可靠；

5）按规定要求进行润滑、各密封处不应有漏油现象。同时清洁机体；

6）检查蓄电池、启动电机、显示仪表、喇叭及灯光。蓄电池电解波面高度应高出极板10～15mm，电极柱干净，与导线联接可靠。蓄电池安装也应可靠。显示仪表工作正常。喇叭、灯光正常。启动电机接线柱干净，导线联接可靠，电动机工作正常；

7）检查钢板弹簧。有裂缝的应焊接或更换，松动的应紧固；

8）检查制动系统，要求制动可靠，否则应调整；

9）检查转向系统，要求转向系统操作灵活，各处联接可靠；

10）检查翻斗锁紧机构工作是否可靠，否则应修整。

（2）班中：

1）随时注意发动机的声音，各仪表的工作情况。走行一段时间后检查轴承温度及轮毂温度。检查各连接处有无松动；

2）注意制动情况。

（3）班后：

1）检查机油，燃油的消耗情况，冬季应放水保管。清洁机体及翻斗内的尘土及杂物；

2）填写有关记录。

2. 定期保养（机动车的定期保养周期为100h工作）：

（1）进行日常保养的全过程。

（2）清洗空气滤清器，机油滤清器，柴油滤清器和燃油箱的滤网。

（3）调正气门间隙。冷车正常间隙：进气门为0.35mm，排气门为0.45mm。

（4）检查调整三角皮带张紧轮，检查调整张紧轮与上下皮带轮的平行度，皮带张紧力大小适宜，在皮带中部施以约4kg左右力，使皮带挠度为10～15mm为好。

（5）检查调整离合器踏板自由行程。自由行程为25～30mm，否则应调整。离合器接触可靠，分离彻底。

（6）检查调整脚制动器与手制动器。脚制动器踏板全行程为60～70mm，自由行程为10～15mm，当将踏板踏下3/5时、应能可靠制动。手制动器手柄向后拉至3～4齿时，应能可靠制动。

（7）检查传动轴。弹性片均应联接良好，如有损坏，应及时更换。传动轴各焊接处不得有裂纹。检查转向横直拉杆及球头销。各球头销螺母及螺栓必须牢固可靠，不得有松动；开口销齐全，销定可靠。

5.9.6 机动翻斗车的常见故障及处理方法

机动翻斗车的常见故障及处理方法见表5.9-2所列。

机动翻斗车的常见故障及处理方法 **表5.9-2**

故障现象	故障原因	处理方法
离合器接合时打滑	（1）踏板自由行程过小； （2）压力弹簧折断或软弱； （3）摩擦片表面有油污或磨损逾限	（1）调整踏板自由行程至20～30mm； （2）更换压力弹簧； （3）清除油污或更换摩擦片
离合器接合时发抖	（1）花键磨损过大； （2）分离杠杆端部高度不一致	（1）修复或更换花键轴； （2）调整高度，三者相差在0.15mm以内

续表

故障现象	故 障 原 因	处 理 方 法
离合器不易分离	(1) 踏板自由行程过大； (2) 分离杠杆端部不一致	(1) 调整自由行程为20～30mm； (2) 调整高度，三者相差在0.15mm以内
变速器发响	(1) 齿轮磨损、侧隙过大； (2) 齿轮与轴的间隙过大； (3) 轴承磨损过甚； (4) 润滑油不足	(1) 修复或更换； (2) 修复或更换； (3) 更换； (4) 添加至规定值
变速器跳挡	(1) 拨叉轴固定弹簧软弱或定位槽磨损； (2) 拨叉在轴上松动	(1) 更换弹簧、修复定位槽磨损； (2) 修复；
变速器换挡不灵活	(1) 拨叉轴或拨叉变形； (2) 拨叉轴磨损咬死	(1) 修复或更换； (2) 修复或更换
方向盘自由转动量过大	(1) 蜗杆与滚轮间隙过大； (2) 蜗杆有轴向窜动； (3) 拉杆球接头磨损过甚	(1) 调整间隙，使自由转动量小于25°； (2) 适当减少转向器壳下盖的衬垫； (3) 更换
转向机构不灵活	(1) 转向机构的零件润滑不良； (2) 各球接头调整不当	(1) 检查、润滑； (2) 调整到活动自如，又无间隙为止
驱动桥发响	(1) 主减速器齿轮啮合不良； (2) 主减速器主动锥齿轮轴向间隙过大； (3) 齿轮或轴承磨损过甚	(1) 调整主、从动齿轮啮合间隙为0.2～0.4mm； (2) 调整垫片厚度，使之既无轴向间隙，又能自由转动； (3) 更换
制动时发响	(1) 制动带、铆钉松动； (2) 制动鼓磨损	(1) 更换； (2) 修复或更换
制动不灵	(1) 踏板自由行程过大； (2) 制动鼓与制动带间隙过大或有油污； (3) 松开制动踏板时不能迅速回位	(1) 调整自由行程为10～15mm； (2) 清除油污，调整制动鼓与制动带间隙为0.2～0.5mm； (3) 检查并润滑制动柱塞和各拉杆接点，使之活动自如
制动时跑偏	(1) 两轮的制动蹄与制动片间隙不一致； (2) 两轮轮胎气压不一致	(1) 调整间隙； (2) 使两轮的轮胎气压相同

5.10 散装水泥车

5.10.1 概述

(1) 散装水泥车是在汽车底盘上安装金属装料容器和卸料机构等装置，作为运输散装水泥的专用汽车。具有效率高，损耗小，成本低的特点而被广泛采用。

(2) 散装水泥车按储灰罐的安放位置可分为立式和卧式。立式罐结构简单，维修方便，但重心较高，卧式罐结构较复杂，但重心低，车辆行驶时稳定性较好，目前已得到普遍采用。

(3) 散装水泥车按卸料方式的不同，可分为：

1) 倾卸式散装水泥车：系采用自卸汽车改装，在车厢上加制密封的箱盖，依靠自卸车箱升举倾斜，水泥在自重下滑出车箱进行卸料。它具有结构简单，造价低，改装方便等优点，但卸料时粉尘飞扬，严重污染环境，还要占用较大的卸料场地；

2）机械卸料式散装水泥车：又称螺旋式散装水泥车。在密封料罐内的底部，装有专用的螺旋输送机，以供卸料使用。它的特点是卸料方便，并能卸到一定高度，但结构较笨重，使用维修都不方便；

3）气动卸料式散装水泥车：这是利用气体压力吹卸水泥。根据其供应气源的不同，又可分为废气吹卸和气压吹卸两种。利用汽车发动机废气作为动力进行卸料，能节省专用供气装置，但需安装构造复杂的废气净化、冷却装置，维修工作量大，且其卸料速度和输送高度都受废气压力和排量的限制，难以满足需要，目前已很少采用；

利用专门空气压缩机的压缩空气来吸卸水泥，能提高水泥送卸速度和高度。这种气压吹卸式水泥车，结构简单、操作方便、效率高、成本低，是目前发展较快，使用较广的机种。

图5.10-1所示为散装水泥车的外貌图。

图5.10-1　散装水泥车的外貌图

5.10.2　散装水泥车的使用要点

5.10.2.1　装料

（1）装料前应检查清除罐体及出料管道内的积灰及结渣等物，各管道、阀门应启闭灵活无堵塞及漏气等现像，各联接部件应牢固可靠，方能进行装料。

（2）在打开装料口前，必须先打开排气阀，以排除罐内残余气压。

（3）装料时，应在装料口上加过滤网，防止块结水泥及杂物进入罐内。

（4）装料时，应打开料罐内料位器开关。当水泥装到料位时，料位器就会发出满位指示的声响信号，此时即可停止装料，以免水泥外溢。

（5）装料完毕，应将装料口边缘上堆积的水泥清扫干净，以保证进料口盖的密封。在盖好进料口盖时，必须把进料口的插销插好锁紧。

5.10.2.2　卸料

（1）卸料前，应将车辆停放在平坦的卸料场地，以免了生剩灰偏积现象。卸料管要安装好，管接头间要垫好密封橡胶圈，以免漏气和漏灰。关闭卸料管蝶阀和卸压管球阀，打开二次风管，使压缩空气与二次风管按通，保证空气压缩机在无载情况下启动。

（2）在向罐内加压前，必须确认卸料阀处于关闭状态。否则加压时水泥会从卸料阀喷出，从而磨损阀门，导致故障或堵塞输送管。

（3）启动空气压缩机，使转速达到1200r/min时，向料罐卸料口风室供气。当罐内气压达到卸料压力时，可先打开二次风嘴阀的1/4～1/2，然后迅速打开卸料阀，使流态水泥沿输灰管排出。根据排放水泥的情况调节二次风嘴阀的开度大小，以调整空气与水泥的最佳比例。卸料过程中，应时刻注意压力表压力的变化。

（4）若在卸料中压力突然上升，则可能是输送软管堵塞，应将卸料阀及操作阀关闭，将二次喷嘴的打开，吹通输送软管。如堵塞严重，用上述方法不能吹通，则须停止空气压缩机工作．打开排气阀放出罐内空气，然后用机械方法清除软管堵塞。

（5）卸料结束后，关闭卸料阀，使罐内压力上升，然后再度迅速打开卸料阀，排除残存水泥，压力表压力迅速降落，表示水泥已排完。

（6）卸料结束，应打开放气阀，放尽罐内余气，关闭好各部阀门。车辆行驶过程中，罐内不允许有压力。

（7）雨天不能在露天装卸水泥。平时应经常关闭进料口盖，以防水或湿空气进入罐内。

5.10.3 散装水泥车的安全技术规程

5.10.3.1 作业前的准备

（1）内燃机部分按内燃机的有关规程进行检查和准备工作。

（2）汽车部分，按汽车操作规程中有关规定执行。

（3）检查各操作部位是否灵活，各阀门工作应可靠，指示仪表应完好，示值正常。

（4）检查各连接处有无松动现象。检查轮胎气压是否符合规定，轮胎应完好。

（5）罐内帆布透气层应完好，进料口应设置滤网，密封圈应完好，出料口应无堵塞结块。

（6）检查空压机运转是否正常，气压是否达到要求，进出气路是否畅通，有无漏气现象。

（7）使用液压倾卸装置的粉料运输车，要检查液压油路系统及倾卸油缸是否完好，有无漏油及卡阻现象。

5.10.3.2 作业时行驶的要求

（1）装料前打开卸压阀，使罐内压力与大气压力相同。

（2）装料时车辆应停放平稳，备出口阀处于关闭状态。

（3）装料完毕后清扫进料口，闭紧装料口盖，插上插销。

（4）行驶中，应将排气阀门打开，保证罐内压力不高于外界压力。

（5）卸料时应选择平地，以保证车身没有明显倾斜。装卸料时应拉紧驻车制动。

（6）保持空压机在额定转速下运行，当压力表读数达到规定的数值时，开始卸料。

（7）卸料过程中，应注意观察压力表读数，发现异常应立即采取相应措施。

5.10.3.3 作业后的要求

（1）作业后应收回卸料软管，并清除运输车外表及出料系统中的剩余粉料。

（2）检查、清洁空压机上的空气滤清器，按保修规程的规定进行例保作业。

5.10.4 散装水泥车的维护保养

（1）散装水泥车作业前检查空气压缩机传动系统润滑情况，不足时加添润滑油脂。

(2) 散装水泥车装水泥前，应先清扫罐内剩灰。气化室风嘴及二次风嘴要保持畅通，气化原件上无结块水泥。对散装水泥车每日检查一次安全阀的调定压力。

(3) 经常润滑各转动部件。所有阀门应开关灵活、无卡阻、堵塞现象，各部件也应无漏气。

(4) 每两周清扫一次空压机的滤清器滤芯。当灰尘多时，应缩短清扫间隔期。

(5) 散装水泥车每半年检查一次储料罐壁和各阀门的磨损情况。如储料罐局部壁厚小于 2mm 时应进行修复。

5.11 胶带输送机

5.11.1 概述

(1) 胶带输送机是一种结构简单、输送能力大 (200～400t/h)、功耗省 (比链板输送机省 1/4～1/3)、使用成本低，同时自重轻、转移方便、运行安全可靠和噪声小的通用机械，适用于运输碎石、混凝土、砂土、砖、煤等散装物料和重量轻、体积小的成品货物。

(2) 因此，胶带输送机广泛应用于建筑、市政、公路、采石场、车站、港口码头、工厂、矿山、仓库等部门。

(3) 常用胶带输送机按结构可分为移动式、固定式和节段式，按输送带类型可分为橡胶带、塑料带和钢绳心胶带，按张紧装置可分为螺杆式、小车重锤式、垂直重锤式等，各种类型的胶带输送机特点见表 5.11-1 所列。

胶带输送机的分类和特点 **表 5.11-1**

序号	分类方法	型式	胶带输送机的主要特点
1	按结构分	移动式	外形尺寸小，自重轻，机动性能好，有效输送长度为 10～20m
		固定式	输送距离长，一般可达 80m 以上，机动性能差
		节段式	每节长度为 5～80m，机动性好，可串接使用
2	按输送带的类型分	橡胶带型	由多层橡胶和纤维或维尼纷带胶合而成，带心胶布层数有 3～12 层，强度较高，运输散料性能好
		塑料带型	具有耐油、酸、碱等优点，当机的长度不大时，可以代替橡胶输送带，主要能节省橡胶
		钢绳心胶带型	抗拉强度高，弹性伸长小，成槽性好，耐疲劳与冲击性能好，接头寿命长，工作安全 (安全系数不小于 10) 可靠
3	按张紧装置分	螺杆式	利用滑架和转动尾架上的螺杆调输送带张力，结构简单，但张力不能保证恒定，一般功率较小，机长小于 80m
		小车重锤式	这是利用小车和重锤张紧输送带，结构较简单，可保持恒定的张力，一般功率较大，机的长度也较大
		垂直重锤式	只用重锤进行张紧 (重锤置于输送机下面的空间)，用于小车重锤式布置有困难的场合，但输送带改变方向较多，检修麻烦，摩擦损失较大

(4) 固定式胶带输送机均由机架 (包括头架、尾架、中间架等)、胶带、传动滚筒、改向滚筒托辊、拉紧装置、清扫装置、卸料装置、制动和逆止装置、驱动装置及导料槽、

头罩、漏斗等组成。其简图见图 5.11-1 所示。

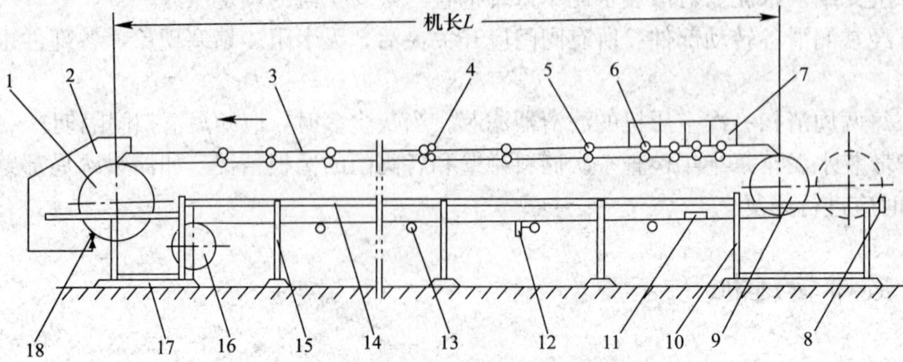

图 5.11-1 通用固定式胶带输送机

1—传动滚筒；2—头罩；3—输送带；4—槽型调心托辊；5—槽型托辊；6—缓冲托辊；7—导料槽；8—螺旋拉紧；9—改向滚筒；10—尾架；11—空段清扫器；12—下平调心托辊；13—下托辊；14—中间架；15—中间支腿；16—改向滚筒；17—头架；18—弹簧清扫器

5.11.2 胶带输送机的使用要点

(1) 胶带输送机安装后，必须进行下列项目的检查，符合要求后，方可作业。

1) 机架在全长范围内的直线度误差不得大于 1/1000；

2) 托辊安装中心应与机架重合；

3) 传动滚筒和改向滚筒两者的轴心线应平行，并垂直于机架的纵向中心线；

4) 全部滚筒、托辊和驱动装置应润滑良好，转动灵活；

5) 紧固件应无松动现象；

6) 胶带接头应成直角，连接牢固，上下胶面不装反，胶带松紧适度；

7) 清扫器刮板和导料槽胶板应与胶带紧贴，接触均匀；

8) 电气设备和导线连接以及安全保护装置均应符合电气安全规定；

9) 输送机四周应无妨碍工作的堆积物。

(2) 加料时应对准胶带中心并尽量降低高度，以减少落料对胶带、托辊和机架的冲击，加料应保持均匀。

(3) 胶带如有跑偏现象应查明原因，及时纠正，以防胶带被磨坏或撕裂。

(4) 应经常地检查胶带的各运转部位，如发现有断油、过热、摩擦、噪声等不正常现象，应及时停车予以排除。

(5) 根据具体情况，在调节胶带输送机的卸料高度时，必须在停车时进行，调节后应将连接螺母拧紧或插上保险销。

(6) 胶带输送机必须空载起动，先开车，后加料；必须待物料卸净后再停车。多台输送机衔接使用时，应按此要求顺序起动和停车。

(7) 胶带输送机在运转时，严禁进行清理或检修工作；严禁非工作人员靠近或穿越机架，防止发生人身事故。

（8）胶带运输启动前，应调整好输送带的松紧度，带扣应牢固，轴承、齿轮、链条等传动部件应良好，托轮和防护装置应齐全，电器接地保护良好，输送带与滚筒宽度应一致。

（9）如若是将数台运输机串联送料时，首先应从卸料一端开始按顺序启动，待全部运转正常后，才可正式装料作业。

（10）作业中，任何人不准从输送带下面穿过或从上面跨过。

（11）输送大块物料时，输送带两侧应加装挡板和栅栏等防护装置。

（12）运转中需要停机时，应先停止装料，待输送带上物料卸尽后，才可停机。

5.11.3　胶带输送机的安全技术规程

5.11.3.1　作业前的准备

（1）电动机部分，按电动机操作规程中的有关规定执行。

（2）固定式皮带运输机应安装在坚固的基础上；移动式皮带运输机在就位后，必须将轮子对称楔紧，并将制动器制动。多机平行作业时，彼此间应留出1m以上的通道。

（3）检查各润滑点的油量是否充足。

（4）调整好输送带松紧度，带扣应牢固，轴承、齿轮、链条等传动部件应良好，托轮和防护装置应齐全，电器接地保护应良好输送带与滚筒宽度应一致。

（5）应先空转3～5min，检查电动机与传动部分运转有无异常、异响和振动，各托辊转动是否灵活，输送带有无摇摆、打滑、跑偏等现象。

5.11.3.2　作业中的要求

（1）应先空载启动，待运转正常后，方可均匀上料。不允许先装料后启动。

（2）数台运输机串联送料时，应从卸料一端开始按顺序启动。必须待第一台达到正常运转后，才能开动第二台，待全部运转正常后，方可装料。

（3）作业中应随时注意机械的运转情况，如发现输送带有松弛或跑偏现象时，必须停车进行调整或修理。

（4）生产作业时，严禁任何人从输送带下面穿过或从上面跨越过。如若输送带打滑时，不得采用手去拉动。否则会容易造成人员伤亡事故。

（5）输送大块物料时，输送带两侧应加装挡料板或栅栏等防护装置。

（6）运转中需要停机时，应先停止装料，待输送带上物料卸尽后，方可停机。因故障停机时，应先断开电源，清除皮带上的物料，修好后再行开机。

5.11.3.3　作业后的要求

（1）必须等输送带上的物料全部卸完后，方可停机。停机后应立即断开电源。

（2）做好现场和皮带机下面堆积物的清理工作。

（3）按保修规程的规定，做好维修保养工作。

5.11.4　胶带输送机的合理选择

胶带输送机合理的选择方法，主要是根据运输物料的性质和数量，运输距离和高度，运输要求和施工条件，参照现有机械产品，然后确定规格型号。

5.11.4.1 胶带输送机机型的选择

(1) 胶带输送机的机型选择，主要是结构型式的选择：凡是需要经常移动的临时性运输，如临时装卸散装物料，建筑施工物料输送等，最好选择移动式或节段式输送机。

(2) 当运距很短（20m）时，可选用移动式胶带输送机；如果运距较长，可选用多台移动式输送机进行接力运输，也可选用节段式输送机。

(3) 凡是长期固定运输，如碎石场、构件厂、仓库、车站和码头等场合的运输或装卸作业，可根据作业要求和场地条件，采用固定式或节段式输送机。

5.11.4.2 胶带输送机型号的选择

选择好胶带输送机的型号应全面考虑运输能力、运送高度、运输长度、运输带种类、带的速度、托辊的形式和张紧装置等因素。

(1) 胶带输送机动力的确定。胶带输送机的运输能力应稍大于生产要求的运输量，如一台输送机的运送量不能满足要求，可采用多台并列运输，或者选择功能大的胶带输送机。

(2) 运送高度和长度的确定。胶带输送机的运送高度和运输长度均应稍大于生产要求。一般应有 0.5m 的余量，接力输送机同样必须满足余量要求。

(3) 输送带的选择。输送带是输送机的重要组成部件和易损件。所选输送带必须适应运输物料及工作环境的特点，如果选得不合理，将会使输送带达不到正常使用期限而过早报废，也会降低运输生产率；因此必须合理选择以期获得最好的工作效果和最长的使用寿命。

1) 常用输送带有普通橡胶带和塑料带。塑料带耐磨、耐酸、耐碱、耐油、耐腐蚀，大有发展前途。但它弹性较弱，承受冲击性能较差，传递功率不易控制，目前使用还不普遍；

2) 橡胶输送带的弹性强，能承受冲击并平稳地运转，同时具有必要的横向挠性和纵向挠性，应用十分广泛；

3) 橡胶输送带的种类也不少，按用途可分为强力型、井巷型、普通型、轻型及耐热型。按结构可分为带心中梯式、带心边梯式、缓冲补强式、边部补强式、普通式和无覆盖胶式等；

4) 建筑（市政）施工主要输送碎石、砂子、土方、水泥、砖瓦或混凝土等物料，一般选用普通型橡胶输送带即可；

5) 输送带的宽度可根据运输量选择，如果运送货件，带宽应比货件横向尺寸大 50～100mm，货件对输送带的比压应小于 5kPa，并以此计算运货间距。

(4) 胶带速度的选定。胶带输送机的带速是影响生产率的主要因素。速度大，生产率亦高。但带速受到运输物料性质状况的限制，一般定型的胶带输送机产品，带速由制造厂选定，因此，可根据输送机的带速衡量运送物料是否合适，也可以根据物料性质选择合适带速的输送机。输送机胶带速度的选择，可参照表 5.11-2 的允许值，其要点如下：

物料种类与速度的关系 **表 5.11-2**

物料名称	粉 状	块 状	土壤、碎石
允许带速（m/s）	1.5～1.0	2	3～3.5

1) 水平运输或长距离运输可以选择带速较高的输送机，相反，倾斜运输或短距离运输应选用带速较低的输送机；

2）一般情况下，装卸物料的速度越快，要求输送机的带速越高，相反，装卸物料的速度越低，选定输送机的带速也应低些。如配料运输采用人工称重时，带速一般为1.25m/s；采用电动卸料车时，带速可以大些，但应小于3m/s；采用犁式卸料器卸料时，带速一般应小于2m/s；输送件货时，带速约为1.25m/s；

3）输送粉状物料时，为保证物料不散失掉落，带速应小些；而输送碎石等摩擦性较大的物料时，带速可大些，以提高运输生产率。

（5）驱动装置的选择。驱动装置是胶带输送机的动力部分，一般由电动机、减速器、传动滚筒、头轮架4部分组成。其中，传动滚筒有光面和胶面两种，可根据使用环境选择。功率不大、工作环境湿度较小的，可选用光面传动滚筒，其造价低廉，使用寿命长；功率较大，环境潮湿、容易打滑的，应采用胶面的滚筒，胶面以铸胶最好，胶层厚而耐磨。

（6）张紧装置的选择。张紧装置的作用是使输送带有足够的张力和正确的垂度，从而保证输送机能正常运行。张紧装置有螺杆式、车式和垂直式三种。车式装置的结构简单、工作可靠、张紧力大，应优先选用；在采用车式装置有困难的地方，为便于布置，可选用垂直张紧装置。螺杆式装置只用于长度较短、功率较小的输送机，其张紧行程约为机长的1%。

（7）托辊形式的选择。胶带输送机有上托辊和下托辊两种。上托辊组的作用是支撑输送带和带上的物料，使输送带能稳定运行。上托辊按用途可分为槽形托辊、平形托辊、调心托辊和缓冲托辊四种。当运送散装物料如碎石、砂、土等时，应选用槽形托辊，以避免物料漏损；当运送成件物品如袋装物资时，应采用平形托辊，平形托辊摩擦损失较小，并使皮带受力均匀；其他两种托辊的特点是：调心托辊可以调整输送带运行不致跑偏，缓冲托辊可缓冲受料处胶带的冲击，延长输送带的使用寿命。

5.11.5 胶带输送机的维护保养

胶带输送机的维护保养主要是例行保养（表5.11-3）。

胶带输送机的维护保养（每班工作前、中、后进行） **表5.11-3**

序号	保养项目	技术要求
1	清扫整机	清除粘附在机体，上、下托辊，滚筒和胶带上的灰尘、物料和油污
2	检查润滑情况	按润滑规定进行
3	检查各部紧固件	螺栓不得有脱落和松动现象，连接要牢固可靠
4	检查胶带运行情况	胶带不得有打滑、跑偏和磨边等现象，空载运行要平直，重载不应过紧，否则应予调整
5	检查上、下托辊转动情况	上、下托辊转动要灵活，不转动的及时查明故障原因予以排除
6	检查清扫器的作用	清扫器与胶带要贴合，否则要及时调整

胶带输送机靠摩擦传动运输物料，在运转过程中应正确使用，做好日常的保养维护工作。日常保养维护工作的内容如下：

（1）开车前检查：开车前应检查所有螺栓的松紧，调整好胶带的松紧，特别在开始使用的前半个月应每天检查胶带的松紧并随时予以调整，松紧程度以胶带在滚筒上不打滑为准。

(2) 输送带

1) 使用一段时间后，输送带会松弛，此时应调整拉紧螺杆或配重块；

2) 输送带心体外露，应及时修补；

3) 输送带心体锈蚀、断裂、腐蚀时，应报废已坏区段；

4) 经常检查输送带接头部位是否有异常情况；

5) 输送带的上下胶面是否有磨损处，胶带是否有半边摩擦现象。

(3) 滚筒

1) 焊缝处出现裂纹，应及时修复，检测合格后方可使用；

2) 包胶层老化龟裂，应及时更换包胶层；

3) 滚动轴承的润滑使用 1 号或 2 号钙钠基润滑脂。如三班连续生产，每三个月更换一次，使用时可根据情况适当延长或缩短周期。

(4) 托辊：库存应有备件，当转动不灵活或筒皮磨穿时，应及时更换。

(5) 清扫器

1) 清扫刮板露出高度低于 20mm 时，应及时调整或更换；

2) 清扫刮板与胶带接触不良时，应调整至与滚筒母线均衡接触长度达 85%以上。

6 钢筋及预应力机械

6.1 概述

6.1.1 钢筋及预应力机械的用途

（1）钢筋及预应力机械是完成钢筋的强化、拉伸、除锈、调直、切断、弯曲、捆扎成型、连接等作业的机械。

（2）现代化建筑、市政、公路及桥梁等工程中，广泛地采用钢筋混凝土结构、预应力钢筋混凝土结构，因此，钢筋的加工已成为各类工程施工中很重要且工作量较大的一个生产环节。为了满足大量的钢筋加工需要，并做到节省材料、减轻体力劳动，保证加工质量，钢筋加工过程必须实现机械化，并逐步实现自动化。

6.1.2 钢筋机械化加工程序

当前，对于混凝土工程中使用的非预应力钢筋和钢筋骨架的种类有很多，大致可分为热轧钢筋和冷加工钢筋两大类。它们的原材料一般为盘条或者直条，其机械化加工的程序可见图 6.1-1 所示：

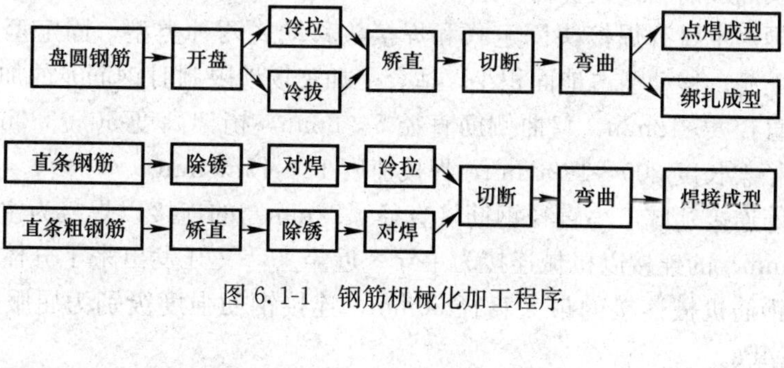

图 6.1-1 钢筋机械化加工程序

6.1.3 钢筋及预应力机械的种类

（1）钢筋强化机械：包括钢筋冷拉机、钢筋冷拔机、钢筋冷轧扭机、冷轧带肋钢筋成型机等。

（2）钢筋成型机械：钢筋调直切断机、钢筋切断机、钢筋弯曲机、钢筋网片成型机等。

（3）钢筋连接机械：钢筋焊接机、钢筋套管挤压连接机、钢筋锥螺纹连接机等。

（4）钢筋预应力机械：钢筋预应力张拉机、钢筋预应力锚具、钢筋预应力镦头机等。

6.1.4　钢筋及预应力机械的发展概况

（1）随着我国基本建设规模的不断扩大，钢筋制品也在剧增。钢筋加工机械已从简单的设备逐步扩展成为具有相当水平的先进机械。近年来，国内钢筋及预应力机械得到快速发展，产品的性能和质量不断提高，新技术、新产品不断涌现。

（2）钢筋冷拉、钢筋冷拔、钢筋冷轧带肋、钢筋冷轧扭等强化机械在原有强化原理基础上，研究开发了采用高频加热设备加热、控制回火温度技术，将冷轧工艺与回火处理相结合，使两种强化效果相叠加，细化晶粒，改善内部组织，提高钢材强度和延性。以普通碳素钢为原料，经过冷加工和回火处理，把条件屈服强度提高到500MPa级，屈服强度达545～565MPa，抗拉强度达到630～680MPa，伸长率A5.65达到18.5%～22.0%。

（3）钢筋切断机、钢筋弯曲机（含小型弯箍机）、钢筋调直切断机等单机产品占据着市场80%以上份额，年市场销售量约为20万～25万台，生产企业呈现区域化聚集模式。切断机、弯曲机的最大加工钢筋直径可达50～60mm，被加工钢筋抗拉强度可达670MPa以上。

（4）钢筋调直切断机的调直技术和切断技术有了较大发展，钢筋肋无损伤调直技术获得国家发明专利，调直钢筋最大直径由14mm发展到18mm，既可调光圆钢筋，也可调直冷轧或者热轧带肋钢筋，送料传动系统采用变频调速技术实现无级变速，调直钢筋最大牵引速度可达180m/min。由于非接触长度检测控制技术的应用使调直切断误差可控制在1.5mm以内，调直直线度小于3mm/m，调直辊寿命达到连续生产1万吨以上。

（5）数控弯箍机在抗钢筋扭转、钢筋弯曲头、钢筋快速剪切等机构上形成了多项技术专利，最大加工钢筋直径达到16mm，实现单根或者双根钢筋弯箍，弯箍效率显著提高。钢筋切断生产线加工钢筋最大直径可达50mm，最大加工能力每班可实现300t。

（6）目前国内主要有焊接头固定式和焊接头移动式两种类型，固定型适合加工大长度、大直径钢筋笼；移动型占地面积小，适合受加工场地限制时钢筋笼的加工。设备可加工上、下弦筋直径8～12mm，弯曲侧筋直径5～8mm，桁架高度50～320mm，桁架宽度50～150mm，桁架长度200～1200mm，焊接速度12～15m/min。

（7）在钢筋连接领域，小直径钢筋（直径＜22mm）的连接以焊接为主导；大直径钢筋（直径＞22mm）的连接以机械连接为主导。近年来，又开发出来了分体套筒连接和套筒灌浆连接。钢筋机械连接的最大直径50mm，连接钢筋强度级别为屈服强度335MPa、400MPa、500MPa。

（8）在预应力机械领域，随着预应力技术和钢绞线材料的不断发展，涌现出了许多新型锚固体系、钢绞线悬拉索体系、碳纤维筋拉索锚具等产品。目前最多锚固钢绞线的锚具根数已达到109根，可锚固直径分别为ϕ12.7、ϕ12.9、ϕ15.2、ϕ15.7、ϕ17.8、ϕ21.8、ϕ28.6钢绞线。锚具的静载锚固效率系数大于0.95，破断延伸率2%；动载锚固性能满足在应力上限0.45σ_b条件下，能承受250MPa以下应力幅的200万次应力循环。

（9）近年来，国内研制开发了具有优越锚固性能和结构轻巧的2000MPa级新一代超高强预应力锚固体系，其以 1860MPa 级和 2000MPa 级高强钢绞线为锚固对象。体外预应力结构的应用，使箱梁腹板内无预留孔道，降低了结构整体造价。体外预应力体系可以随时检测、调校索的应力，检查索的腐蚀情况，便于维修、换索。

（10）当前又有一批新机型相继研制成功，尤其是在钢筋及预应力机械中应用了电子技术、液压技术、计算机控制技术等，钢筋加工机械正朝着半自动化和全自动化方向发展。如数控钢筋网片成型机、数控钢筋弯曲机、数控冷轧带钢筋成套技术等。这些设备重量轻、体积小、效率高，为建立钢筋加工联动线，实现钢筋加工自动化，提高钢筋成材率等提供了有利的条件。

6.1.5 钢筋及预应力机械的型号编制方法

钢筋及预应力机械的型号编制方法见表 6.1-1。

钢筋及预应力机械产品型号编制 **表 6.1-1**

类		型		特性	产 品		主参数代号		
名称	代号	名称	代号	代号	名 称	代号	名称	单位	表示法
钢筋强化机械	G（钢）	钢筋冷拉机	L（拉）	—	钢筋冷拉机	GL	钢筋最大公称直径	mm	
		钢筋冷拔机	B（拔）	W（卧）	卧式钢筋冷拔机	GBW	钢筋最大直径		
				L（立）	立式钢筋冷拔机	GBL			
				C（串）	串联式钢筋冷拔机	GBC			
		钢筋冷拔调直切断机	BT（拔调）	—	钢筋冷拔调直切断机	GBT	钢筋最小直径×钢筋最大直径	mm×mm	
		钢筋扎扭机	U（扭）	—	钢筋扎扭机	GU	钢筋最大直径	mm	
钢筋加工机械	G（钢）	钢筋切断机	Q（切）	S（手）	手动钢筋切断机	GQS	钢筋最大公称直径	mm	
				D（电）	手动电动钢筋切断机	GQD			
				—	卧式钢筋切断机	GQ			
				L（立）	立式钢筋切断机	GQL			
				E（颚）	颚剪式钢筋切断机	GQE			
				C（磁）	电磁式钢筋切断机	GQC			
		钢筋调直切断机	T（调）	Y（液）	液压定长钢筋调直切断机	GTY	钢筋最小直径×钢筋最大直径	mm×mm	主参数
				K（控）	数控定长钢筋调直切断机	GTK			
				J（机）	机械定长钢筋调直切断机	GTJ			
		钢筋调直机	T（调）	—	钢筋调直机	GT			
		钢筋弯曲机	W（弯）	—	钢筋弯曲机	GW	钢筋最大公称直径	mm	
				S（手）	手持电动钢筋弯曲机	GWS			
				K（控）	数控钢筋弯曲机	GWK			
		钢筋切断弯曲机	QW（切弯）	—	钢筋切断弯曲机	GQW			
		钢筋弯箍机	G（箍）	S（手）	手动钢筋弯箍机	GGS			
				J（机）	机械钢筋弯箍机	GGJ			
		钢筋压波机	YB（压波）	—	钢筋压波机	GYB	钢筋最大直径		
		钢筋除锈机	C（除）	—	钢筋除锈机	GC	钢筋最大公称直径	mm	
		钢筋镦头机	D（镦）	S（手）	手动钢筋镦头机	GDS	钢筋最大直径		
				G（固）	固定钢筋镦头机	GDG			

续表

类		型		特性	产品		主参数代号		
名称	代号	名称	代号	代号	名称	代号	名称	单位	表示法
钢筋焊接机械	G（钢）	钢筋点焊机	H（焊）	—	钢筋点焊机	GH	公称容量	kVA	主参数
				D（多）	钢筋多头点焊机	GHD			
		钢筋平焊机	PH（平焊）	—	双钢筋平焊机	GPH			
		钢筋对焊机	DH（对焊）	—	钢筋对焊机	GDH			
预应力千斤顶	YD（预顶）	拉杆式	L（拉）	—	拉杆式预应力千斤顶	YDL	公称容量	kVA	
		穿心式	C（穿）	—	穿心式预应力千斤顶	YDC	张拉力—最大行程	kN—mm	
		锥锚式	Z（锥）	—	锥锚式预应力千斤顶	YDZ			
		台座式	T（台）	—	台座式预应力千斤顶	YDT			
预应力液压泵	YB（预泵）	手动式	S（手）	—	手动液压泵	YBS	公称压力	kPa	
		轴向式	Z（轴）	—	轴向式电动液压泵	YBZ	公称流量—公称压力	L/min—kPa	
		径向式	J（径）	—	径向式电动液压泵	YBJ			
张拉机预应力钢筋	YL（预拉）	手动式	S（手）	—	手动钢筋张拉机	YLS	张拉力	kN	
		电动式	D（电）	—	电动钢筋张拉机	YLD			
孔道成型机	K（孔）	卷管式	J（卷）	—	卷管式孔道成型机	KJ	工作最大直径	mm	
		焊管式	H（焊）	—	焊管式孔道成型机	KH			
		涂包式	T（涂）	—	涂包式孔道成型机	KT			
穿束机	CS（穿束）	牵引式	Q（牵）	—	牵引式穿束机	CSQ	牵引力	kN	
		顶推式	D（顶）	—	顶推式穿束机	CSD	顶推力		
罐浆泵	GB（罐泵）	手动式	S（手）	—	手动灌浆泵	GBS	生产率	L/min	
		电动式	D（电）	—	电动灌浆泵	GBD			

6.2 钢筋强化机械

随着建设工程对构件强度的要求不断提高，构件配筋强度也必须相应提高。为了挖掘和发挥钢筋强度的潜力，节省钢材，钢筋冷加工是最简易而有效的方法，即对钢筋施以超过屈服点的力，使钢筋产生不同形式的变形，从而大幅度提高钢筋的强度和硬度，减小外力作用下的塑性变形，使之更适应混凝土的变形特性，减少构件的裂缝；由于冷加工后的钢筋长度延长，相应地节省了钢材，故而在建筑施工中广泛应用。钢筋冷加工主要有冷拉、冷拔、冷轧、冷轧扭四种方法。钢筋强化机械是对钢筋进行冷加工的专用设备，主要有钢筋冷拉机、钢筋冷拔机、冷轧带肋钢筋成型机和钢筋冷轧扭机等。

6.2.1 钢筋冷拉机

6.2.1.1 概述

钢筋冷拉机是钢筋强化处理的专用设备。通过冷拉处理，达到把钢筋调直、延伸，与此同时使氧化皮自行脱落的目的。目前国产冷拉机主要有卷扬机式、阻力轮式和液压（32t）冷拉机等品种。其各自的特点是：

（1）卷扬机式冷拉机由卷扬机、定滑轮组、地锚、导向滑轮、夹具、测力装置等组成。由于它具有结构简单，易于制造、维护和掌握操作技术，且冷拉行程不受设备限制，便于实现单控和双控等特点，所以深受各施工企业欢迎。

(2) 液压冷拉机特点是：结构紧凑，工作平稳，噪声小，操作灵活，自动化程度高。由于它能正确测定拉伸率和应力，因而容易实现自动控制。

(3) 阻力轮冷拉机主要由支承架、阻力轮、电动机、变速器、铰轮等组成。适用于冷拉直径为 6mm 和 8mm 的圆盘钢筋，其冷拉率为 6%～8%。

钢筋冷拉夹具和测力器在钢筋冷拉工作中是很关键的，它们直接关系到钢筋冷拉效率、操作安全以及冷拉钢筋的质量，本节分别介绍几种有代表性的夹具。

现在部颁统一规定的钢筋冷拉机型号编制代号是“GL”（钢、拉），主参数为钢筋最大公称直径，单位是 mm。

6.2.1.2 钢筋冷拉机的构造

(1) 卷扬机式钢筋冷拉机：这是目前普遍采用的冷拉工艺，它可以按要求调节冷拉率和冷拉控制应力，其结构见图 6.2-1 所示。

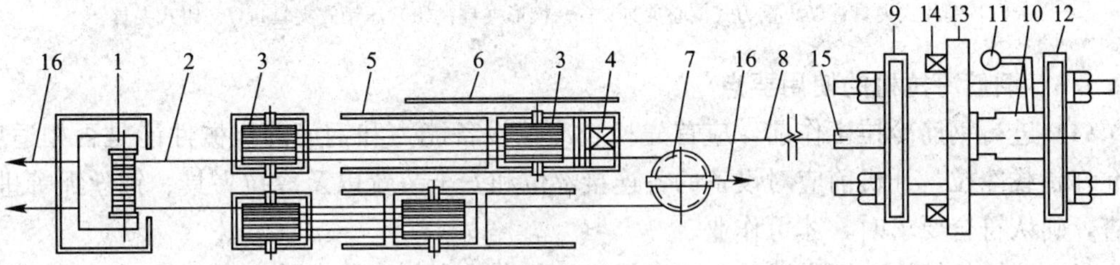

图 6.2-1 卷扬机式钢筋冷拉机

1—卷扬机；2—钢丝绳；3—滑轮组；4—夹具；5—轨道；6—标尺；7—导向滑轮；8—钢筋；9—活动前横梁；10—千斤顶；11—油压表；12—活动后横梁；13—固定横梁；14—台座；15—夹具；16—地锚

(2) 液压式冷拉机：其构造与预应力张拉用的液压拉伸机相同，只是活塞行程比拉伸机大，一般大于 600mm。其结构如图 6.2-2 所示。

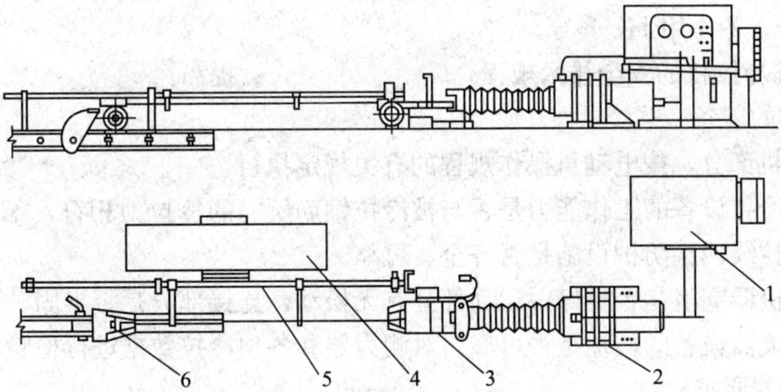

图 6.2-2 液压式钢筋冷拉机

1—泵阀控制器；2—液压冷拉机；3—前端夹具；4—袋料小车；5—翻料架；6—后端夹具

(3) 冷拉机常用夹具：冷拉夹具在钢筋的冷拉中起很重要的作用，它应具备夹紧牢固、安全可靠、制造简单、灵活耐用等条件。图 6.2-3 所示为施工中常用的几种冷拉钢筋夹具。

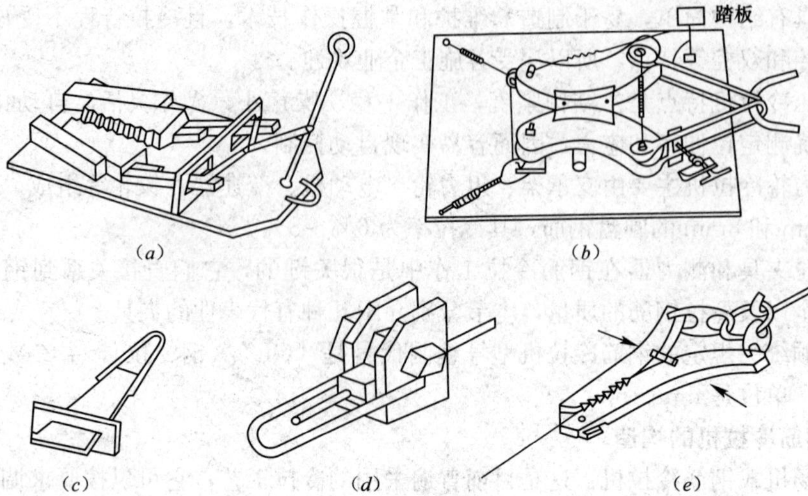

图 6.2-3 冷拉钢筋夹具

(a) 销片式夹具；(b) 重力式偏心夹具；(c) 楔形夹具；(d) 压销式夹具；(e) 钳式夹具

6.2.1.3 钢筋冷拉机的使用要点

(1) 进行钢筋冷拉工作前，应首先检查冷拉设备能力和钢筋的机械性能是否相适应，不允许超载冷拉。开机前应对设备的各连接部位和安全装置以及冷拉夹具、钢丝绳等进行检查，确认符合要求时，才可作业。

(2) 地锚的结构、埋设以及关于卷扬机的使用、安装、维护等，参照卷扬机的有关章节规程执行。冷拉钢筋运行方向的端头应设防护装置，防止在钢筋被拉断后或者夹具失灵时钢筋弹出而伤人。

(3) 冷拉钢筋时，操作人员要站在冷拉线的侧向，并设联络信号，使操作人员在统一指挥下进行作业，在作业过程中，严禁横向跨越钢丝绳或冷拉线。

(4) 3.2t 液压钢筋冷拉机除遵循上述各点外，还应注意液压油的清洁，按期换油，夏季用 HC-11 号，冬季用 HC-8 号。

6.2.1.4 钢筋冷拉机的安全技术规程

1. 作业前的准备

(1) 电动机部分，按电动机操作规程的有关规定执行。

(2) 检查冷拉设备的工作能力是否与被冷拉钢筋所需的冷拉力相符，不允许设备超载冷拉。检查冷拉线两端防护设施是否齐全、可靠。

(3) 检查机器润滑是否良好，运动部分有无松动，连接部分是否牢固、可靠。

(4) 检查电器设备的接地是否可靠，对测力器和各项冷拉数据进行检验和复核。

2. 作业中的要求

(1) 操作人员要听从统一指挥，按照规定信号开、停机。

(2) 在夹好钢筋进行拉伸时，操作人员应站在安全地带。

(3) 钢筋基本拉直时稍停，检查夹具是否将钢筋夹牢。

(4) 冷拉作业时，禁止任何人穿越冷拉场地，不允许检修调整机器。

(5) 作业中遇到钢筋脱离夹具或打绞断裂时，应立即切断电源。

(6) 钢筋冷拉速度不宜过快，待拉到规定长度或控制应力时稍停，方可放松。

3. 作业后的要求

(1) 冷拉结束后，立即切断电源，并锁闭电器开关箱。

(2) 工作结束后，按保修规程的规定对冷拉机进行保修工作。

6.2.1.5　钢筋冷拉机的合理选择

(1) 调直：钢筋调直方法分人工调直和机械调直两种。对于直径在 12mm 以下的盘圆钢筋，一般用调直机或卷扬机调直。调直时必须注意控制冷拉率，Ⅰ级钢筋不得超过 3%，2～4 级钢筋不得超过 1%，不允许使用冷拉钢筋的结构中，其冷拉率不得大于 1%。粗钢筋的调直可在矫正台上人工进行，也可以采用卷扬机拉直。

(2) 切断：切断钢筋一般采用切断机，再缺少动力的情况下，也可采用手动的剪切工具。常用的切断机有 GJ5-40 型钢筋切断机，可切断 6～40mm 直径的钢筋；DYJ-32 型电动液压切断机，可切断。8～32mm 直径的各种钢筋，SYJ-16 型手动液压切断机，可切断直径 16mm 的 1 级钢筋，2.5mm 直径的钢绞线。

(3) 弯曲：钢筋一般选用机械进行弯曲，如无机械，也可采用手工弯曲。常用的手工弯曲机有 GJ7-40 型（WJ40-1 型）等。

6.2.2　钢筋冷拔机

6.2.2.1　概述

钢筋冷拔是钢筋冷加工方法之一。它是利用钢筋冷拔机将直径为 6～10mm 的Ⅰ级钢筋，以强力拉拔的方式，通过用钨合金钢制成的拔丝模（模孔比钢筋直径小 0.5～1mm），而把钢筋拔成比原钢筋直径小的冷拔钢丝，如图 6.2-4 所示。如果将钢筋进行多次冷拔，则可加工成直径更小的冷拔钢丝。一般冷拔钢丝的直径为 3～5mm，根据钢筋原材料质量和冷拔道次而提高的冷拔钢丝强度不同，分为甲级和乙级冷拔钢丝。钢筋经冷拔后，强度可大幅度提高，一般可提高 40%～90%，但是塑性降低，延伸率变小。其工艺流程为：原料上盘、轧头、除锈、润滑、冷拔、收线及卸成品。钢筋冷拔机是加工冷拔钢筋的专用设备，其种类很多，按不同方式分有不同型式的钢筋冷拔机，详见如下：

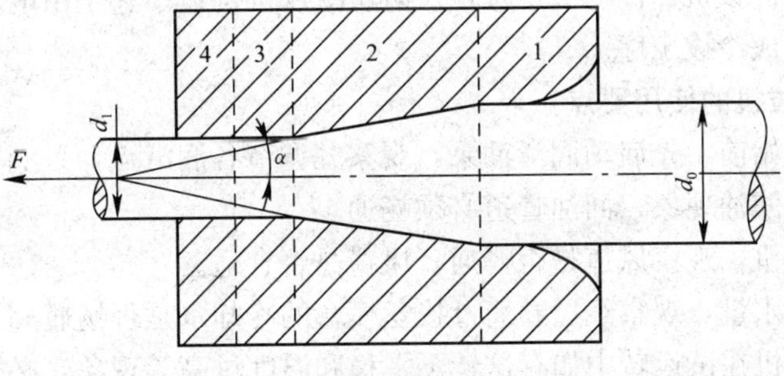

图 6.2-4　钢筋冷拔机拔丝模

1—进口区；2—挤压区；3—定径区；4—出口区

(1) 按结构型式分有水箱式钢筋冷拔机、滑轮式钢筋冷拔机、双卷筒式钢筋冷拔机、活套式钢筋冷拔机、直线式钢筋冷拔机、单次式钢筋冷拔机。

（2）按拉拔道次分有单次钢筋冷拔机、多次钢筋冷拔机。

（3）按工作原理分有滑动式钢筋冷拔机、无滑动式钢筋冷拔机。

（4）按卷筒工作位置分有立式钢筋冷拔机、卧式钢筋冷拔机。

（5）按钢筋运动方式分有滑轮式钢筋冷拔机、活套式钢筋冷拔机、直进式钢筋冷拔机、组合式钢筋冷拔机。按机械设备的电力驱动方式分有交流电动机传动的钢筋冷拔机、直流电动机传动的钢筋冷拔机。

（6）按机械传动方式分有集体传动钢筋冷拔机、单独传动钢筋冷拔机。

（7）按钢筋受力状态分有无反拉力钢筋冷拔机、带反拉力钢筋冷拔机。

（8）按钢筋润滑状态分有干式钢筋冷拔机、湿式钢筋冷拔机。

6.2.2.2　钢筋冷拔机的构造

（1）卧式钢筋冷拔机：卧式钢筋冷拔机构造简单，操作方便，多用于现场施工工地冷拔丝的生产。它又分为单卷筒和双卷筒两种，后者效率高，双卷筒卧式钢筋冷拔机的构造如图6.2-5所示。它由电动机通过变速箱带动卷筒进行旋转，由于卷筒的旋转，强力使钢筋通过拔丝模盒完成冷拔工序，并将冷拔后的钢筋缠绕在卷筒上。当卷筒上面的冷拔钢筋达到一定数量后将其卸下，再使卷筒继续进行钢筋冷拔。

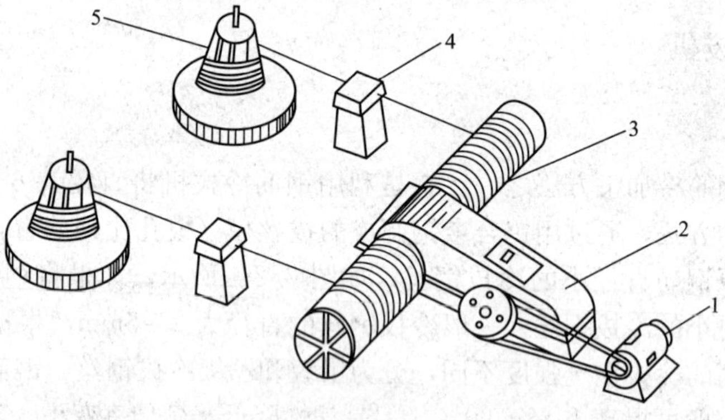

图6.2-5　卧式双卷筒钢筋冷拔机

1—电动机；2—变速箱；3—卷筒；4—拔丝模盒；5—承料

（2）立式钢筋冷拔机：图6.2-6为立式钢筋冷拔机构造。它是由电动机通过变速箱使卷筒旋转，从而完成冷拔工序。

6.2.2.3　钢筋冷拔机的使用要点

（1）试运转开始前，先启动润滑油泵，观察并调节各润滑点，各润滑点不应有缺油现象，系统中不应有漏油现象，回油管道必须畅通。

（2）启动通风机，观察风道是否畅通，风量是否合适。

（3）调节冷却水量，观察经过卷筒及拔丝模盒的冷却水是否畅通。

（4）钢筋冷拔机在试运转中如有这转不平稳和温度过高等现象，必须进行检查，排除故障后方可再次启动。

（5）钢筋冷拔机在操作前，要检查机器各传动部位是否正常，电气系统有无故障，卡具及保护装置等是否良好。

（6）开机前，应检查拔丝模的规格是否符合规定，在拔丝模盒中放入适量的润滑剂，

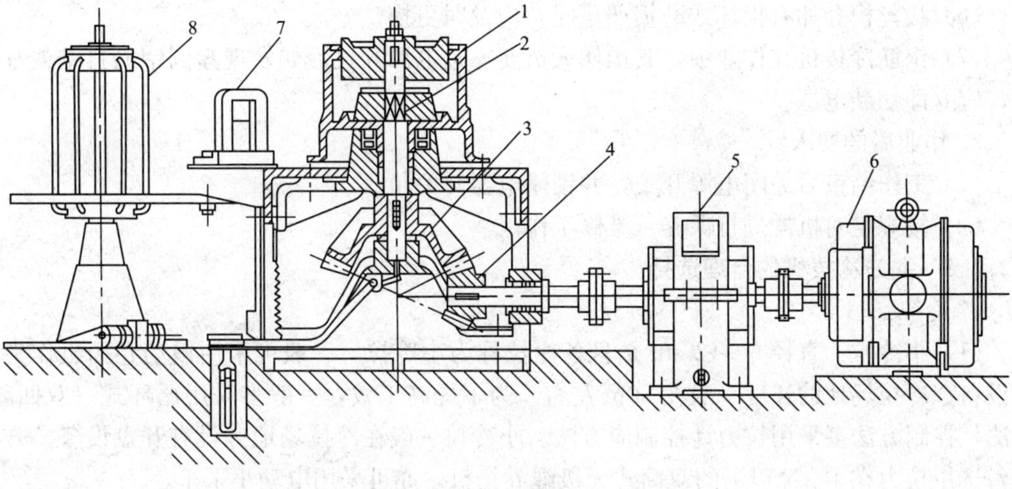

图 6.2-6 立式钢筋冷拔机

1—卷筒；2—立轴；3、4—锥形齿轮；5—变速箱；6—电动机；7—拔丝模架；8—承料架

并在工作中根据情况随时添加。在钢筋头通过拔丝模以前也应抹少量润滑剂。

（7）钢筋冷拔机运转时，严禁任何人在沿线材拉拔方向站立或停留。拔丝卷筒用链条挂料时，操作人员必须离开链条甩动的区域，出现断丝应立即停车，待车停稳后方可接料和采取其他措施。不允许在机器运转中用手取冷拔机卷筒周围的物品。

（8）钢筋冷拔机在冷拔过程中，如发现盘圆钢筋打结乱盘时，应立即停车，以免损坏设备。如果不是连续拔丝，要注意钢筋冷拔到最后端头时弹出伤人。

（9）钢筋冷拔机的齿轮副及滚动轴承处一般采用油泵喷射润滑。润滑油冬季用 HJ-20 号机械油，夏季用 HJ-30 号机械油。

（10）应按润滑周期的规定注油，传动箱体内要保持一定的油位。

6.2.2.4 钢筋冷拔机的安全技术规程

1. 作业前的准备

（1）电动机部分，按电动机操作规程的有关规定执行。

（2）检查安全防护设施是否齐全、可靠，检查机器润滑是否良好。

（3）检查拔丝模是否正确、安全，固定是否牢固。

（4）检查电气设备接地是否良好，电源电压同工作电压是否相符。

（5）检查拔丝机的卷筒是否磨损超量，必要时加以补修。工作前应在模子上加注滑油剂。

2. 作业中的要求

（1）拔丝轧头时，双手应离开轧头机 30～50cm，并由大到小逐级轧压。不准轧压超过机器规定直径的钢筋。严禁用钢筋去按轧头机的电钮。

（2）开始拔丝时速度要慢，逐渐加快到规定速度。

（3）放置拔丝模具时，要注意模孔的正反面，要使钢筋轧头从模子入孔一面穿进，从小孔一面拉出。拔丝中应对拔丝座及时加注润滑剂。

（4）作业中要防止钢筋突然断裂。拔到最后时，要防止钢筋末端回弹伤人。

（5）操作过程中若发生异常情况，应停机查出原因并予排除。

（6）拔丝模孔如有损坏或磨损严重时，应及时更换。

（7）钢筋冷拔机在作业中，其操作人员要靠近电源开关，如发现盘圆钢筋打结或乱盘时，应立即切断电源。

3. 作业后的要求

（1）工作结束后关闭电源开关，并锁闭电器开关箱。

（2）按规定对机器进行保养、维修工作。

6.2.2.5 钢筋冷拔机的合理选择

1. 冷拉：

（1）小冷拉：直径 6～12mm 是盘条冷拉称为小冷拉。一般可采用慢动卷扬机作为冷拉设备。冷拉场地的长度一般在 50m 左右。为了提高工效，一般多采用循环式（双回路）拉法，控制方法多采用拉力计控制应方法。小冷拉一般在冷拉场地旁设有开盘设备。开盘设备选用拉力在 10kN 以下的双筒式无级绳卷扬机，亦可采用电动小平车。

（2）大冷拉：直径 12mm 以上的钢筋冷拉，称为大冷拉。一般采用慢动卷扬机配滑轮组增加拉力，大冷拉场地有效长度为 30m 左右，最好是构件长度的倍数。冷拉场地应设有安全防护设施和钢筋时效槽。

（3）冷拉也可选用车床式丝杠拉伸机，在固定端设千斤顶和油压表，以此达到双控目的。钢筋的冷拉分单控和双控两种，前者只控制冷拉率，后者即控制冷拉率又控制冷拉应力。单控法简单，但对材质不均匀的钢筋，不易保证冷拉应力，双控易于保证质量，但要增加应力控制装置。在设备条件许可时，应尽可能采用双控冷拉。

（4）冷拉设备：钢筋冷拉时的主要设备包括卷扬机、冷拉滑轮组、回程滑轮组、钢丝绳、液压千斤顶、弹簧测力器、电子秤、夹具、回程荷重架、传力架、延伸标尺、台座和地锚等。

（5）冷拉钢筋的适应范围：冷拉Ⅰ级钢筋（直径 6～12mm）适用于普通钢筋混凝土结构的受拉钢筋；冷拉Ⅱ、Ⅲ、Ⅳ级钢筋和 5 号钢筋适用于作预应力筋。但冷拉钢筋不得用在承受冲击荷载的动力设备基础中；在低于－30℃的温度下，不得使用冷拉Ⅳ级钢筋。

2. 冷拔：

（1）钢筋的冷拔是以强力拉拔的方法，使 10mm 以下的钢筋盘条在冷态下通过比其直径小 0.5～1mm 锥形模孔拔成比原来钢筋小的钢丝，冷拔后的钢丝呈硬钢，没有明显的屈服阶段，但强度显著提高，塑性降低，弹性模量变化不大，使用冷拔低碳钢丝可节约钢材 30％左右。

（2）冷拔钢丝的工艺流程为：除锈→酸洗→沾白灰→干燥→轧夹→拔丝。根据以上工艺流程，钢筋冷拔所需的主要设备包括拔丝机、轧头机、对焊机、拔丝机、除锈装置、旋转架、夹具与链条等。

（3）钢筋拔丝机为钢筋冷拔所需用的主导机械，按其性能及作用可分为单次式、直线式和滑轮式。1/750 单次式钢筋拔丝机适用于拉拔含碳量不大于 0.85％的碳素钢丝。4/650 直线式钢筋拔丝机适用于拉拔碳素钢丝、弹簧钢丝、高碳钢丝及低碳钢丝。4/550 滑轮式钢筋拔丝机适用于拉拔高碳钢丝，中碳钢丝及低碳钢丝。D5C 滑轮式拔丝机适用于拉拔低碳钢丝，也可用于拉拔铜丝及铝丝。

6.2.3 冷轧带肋钢筋成型机

6.2.3.1 概述

(1) 冷轧带肋钢筋（俗称冷轧螺纹钢筋）是20世纪90年代初发展起来的一种新型、高效、节能建筑用钢材，以普通低碳盘条或低合金盘条，经多道冷轧或冷拔减径和一道压痕，最后形成带有二面或三面月牙形横肋的钢筋。

(2) 由于其冷轧带肋钢筋强度高（其抗拉强度比热轧线材提高50%～100%），塑性好、握裹力强（与混凝土黏结锚固能力提高2～6倍），因而得到迅速发展。

(3) 广泛应用于工业与民用建筑，水泥电杆与输运管，高速公路与桥梁的路面钢网和防护网，水电站坝基与各建筑工程。冷轧带肋钢筋可以用钢筋网片成型机焊成网运至施工现场进行混凝土浇灌作业，改变了手工扎绑的落后作业方法。

(4) 另外，冷轧带肋钢筋适合生产ϕ10mm以下的小规格螺纹钢筋，弥补了热轧螺纹钢筋品种少的不足。

6.2.3.2 冷轧带肋钢筋成型机的构造

(1) 冷轧带肋钢筋生产线是由对焊机、放线架、除锈机、润滑机、冷轧带肋钢筋成型机、拉拔机、应力消除机构、收线机及电器操作控制系统等组成，不同生产线工艺选用的设备形式及台数不同。

(2) 目前冷轧带肋钢筋生产工艺主要有滑轮式（如图6.2-7所示）和直进式两种。放线架：根据不同需要，可采用架空式、卧式、回转式开卷机，卷重可达500～2000kg。为保证安全，其后可设乱线开关。

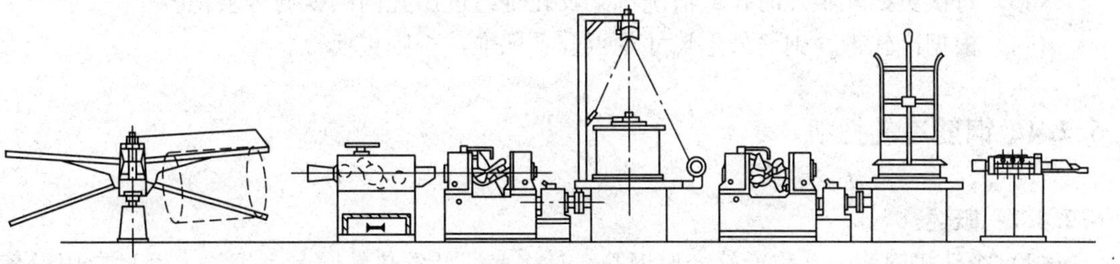

图6.2-7 滑轮式冷轧带肋钢筋生产线

(3) 除锈机：为了去除对冷轧不利的氧化铁皮，一般使用机械清理的反复弯曲法，有直线型和空间型，最大处理线径可达ϕ20mm。弯曲式机械除锈设备结构简单，成本低廉，不污染环境。

(4) 润滑剂：用蜗杆送料器将润滑剂连续送至材料入口，进入拉轧工序。润滑剂大多为硬脂硅钙——钠型，也可使用肥皂粉加二硫化钼或使用乳化液。

轧制设备：冷轧带肋钢筋成型机为作业线主体设备，有主动与被动两种。主动连轧投资高，且要求孔型研磨、调整精确，一般不常用。目前趋向使用以拉丝机带动的辊模进行被动轧制。

(5) 拉拔机：拉拔机是作业线的动力源。可采用单筒与双筒，卧式与立式拉拔机。一般为延长其使用寿命，拉拔机卷筒工作表面部分涂以特殊的硬化层。

（6）应力消除机构：为了提高成品延伸率，消除成品的表面应力，一般采用由垂直、水平两组应力辊组成的机构，通过对成品的反复弯曲而将其延伸率提高1%～2%，同时，具有矫直的作用。

（7）收线机：根据用户生产产品规格、卷重大小，可选用直接卷取式、象鼻子式、工字轮式收线机，也可直接进行调直定尺切断生产直条。

6.2.3.3 冷轧带肋钢筋成型机的使用要点

（1）冷轧带肋钢筋成型机在运行过程中应注意避免盘圆钢筋打结乱线。

（2）应经常检查导向模、除锈辊及应力消除辊的磨损情况，适时更换，定期清除氧化皮。

（3）冷轧带肋钢筋成型机应始终保持润滑剂、冷却液充足。

（4）定期检查冷轧带肋钢筋成型机的传动系统的损坏情况，适时更换和维修。

（5）应定期为各润滑部位进行清理，加注润滑剂。

（6）开机前需检查各部件和工作开关是否处于正常工作位置，螺钉是否松动。

（7）冷轧机工作前应先供给冷却液、润滑液。

（8）冷轧带肋钢筋成型机在调节压下时，严禁辊片之间相互接触、顶撞，应微调压下辊片，辊片之间应有一定的间隙，否则损坏辊片。

（9）更换轧辊片时，应检查轴承是否失效及轴承内套有否松动。若有移动，应将轴承间隙调小至没有，调至适当的位置，并在轴承内加注足够的钠基润滑脂。

（10）经常检查轧辊组，轧片是否松动。更换辊片或轴承后，必须重新调节孔型。

（11）装换辊片时需将两组轧辊头分离一定距离，并且每组辊片之间应有一定间隙后才可装取轧辊组。

（12）每次更换轧辊片之前，应在底座、导轨上和齿轮、齿条上涂稀油。

（13）每次更换轧辊片时，应清洗机架及轧辊组进出孔内的铁屑等杂物。

（14）根据冷轧带肋钢筋外形尺寸是否合乎标准，否则更换辊。

6.2.4 钢筋冷轧扭机

6.2.4.1 概述

（1）冷轧扭钢筋（又称冷轧变形钢筋）是将普通低碳热轧圆盘条钢筋，经过专用设备钢筋冷轧扭机，轧制成具有一定螺距的连续螺旋状冷强化钢筋。由于其强度高、握裹力强、塑性好、加工使用方便等，因而在施工工程中得以广泛应用。

（2）冷轧扭钢筋生产工艺：

1）冷轧扭钢筋主要加工工艺是集冷拉、冷轧、冷扭三种冷加工于一体，其工艺流程如下：原料→冷拉调直→冷却润滑→冷轧→冷扭→定尺切断→成品；

2）钢筋经过冷轧扭加工后，不仅大幅度提高了钢筋的强度，而且由于冷轧扭钢筋具有连续不断的螺旋曲面，使钢筋与混凝土间产生较强的机械胶合力和法向应力，提高了二者之间的黏结力；

3）当构件承荷载时，钢筋与混凝土互相制约，可增加共同工作能力，改善构件弹塑性阶段性能，提高构件的强度和刚度，使钢筋强度得到充分发挥，从而达到节约钢材与水泥的目的，还提高了钢筋加工生产的机械化。

6.2.4.2 钢筋冷轧扭机的构造

(1) 钢筋冷轧扭机是用于冷轧扭钢筋生产的专用设备，与其他钢筋加工机械组成冷轧扭钢筋生产线，能连续地将普通盘圆钢筋调直、压扁、扭转、切断、落料。

(2) 钢筋冷轧扭机由放盘架、冷拉调直机构、冷轧机构、冷扭机构、冷却装置、变速箱、定尺切断机构及落料架等组成。其构造如图 6.2-8 所示。

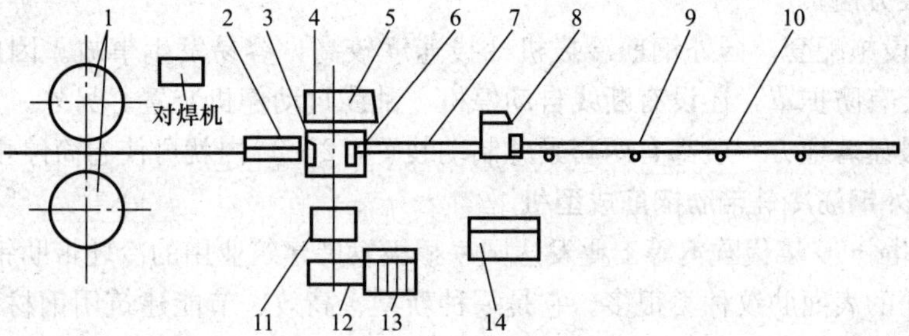

图 6.2-8 钢筋冷轧扭机构造

1—承料架；2—调直机构；3、7—导向架；4—冷轧机构；5—冷却、润滑机构；6—冷扭机构；8—定尺切断机构；9—下料架；10—定位开关；11、12—变速箱；13—电动机；14—操作控制台

(3) 在控制台上的操作人员，必须精神集中，发现钢筋出现乱盘或打结时，要立即停机，待处理完毕以后，才能重新开机。

(4) 在轧扭过程中如有失稳堆钢现象发生，也要立即停机，以免损坏轧辊。

(5) 运转过程中，任何人不得靠近旋转部件。机器周围不准乱堆异物，以防意外。

(6) 加工较长的钢筋时，应有专人帮扶，并听从操作人员指挥，不得任意推拉。

(7) 作业后，应堆放好成品。清理场地，切断电源，锁好电闸箱。

6.2.5 国外钢筋强化机械简介

6.2.5.1 国外钢筋冷拔机

(1) 世界先进国家对金属的深加工给予高度的重视。20 世纪 80 年代以来我国先后从瑞典 MergardShammar、意大利 Redaelli、日本铃木、德国 K0CH 及 Nieheff 等公司引进了型号、规格不同的钢筋冷拔机。

(2) 各厂引进不同国家、不同型号的钢筋冷拔机从使用的情况看都比较成功，不但拉拔速度快，而且能耗低、性能优良、结构紧凑，使钢筋冷拔丝的产量和质量有明显提高。结合国情，吸收消化国外先进技术和设备是更快更好地发展国内金属深加工行业的捷径。

(3) 从引进的国外钢筋冷拔机设备来看，除技术性能较先进外，还具有以下特点：

1) 结构合理：国外钢筋冷拔机不论滑轮式、活套式、直进式。均具有高转速、轻巧、结构合理、冷却条件好等优点。一般有单独的卸线装置。机座都是钢板焊接成型，因而制造方便、精度高、外形美观，重量大大减轻，适应能力强；

2) 冷却效果及冷却方式好：国外钢筋冷拔机一般采用窄缝式水冷却，卷筒由内外两单体组合而成，外卷筒壁厚为 15～20mm，中间供冷却水的窄缝为 15mm，同时有 3 条水管道供水；内卷筒固定在机座上不运转，带有斜面筋，以保证冷却水在卷筒运转时利用惯性使水流向上，让卷筒最大限度得到冷却，加上卷筒下方有360°旋转的强制风冷却，减少钢丝在卷筒上的圈数，因此冷却效果很好，一般卷筒表面温度在60℃左右。也有钢筋冷拔机采用宽缝式冷却，并在卷筒内壁车有螺纹，螺旋方向和旋转方向相反。螺纹的作用不仅可以增加冷却面积，而且螺纹还起到泵的作用，加强冷却效果；

3）大盘成品收线。由于采用了独立的收线机，从而提高了生产效率，工作连续性作业，下线也很方便；

4）安全设施配套。国外钢筋冷拔机冷拔速度较高，容易发生事故。因此，国外在钢筋冷拔机上装有防护罩，还设有断线自动停机、乱线自动停机装置。另外。为克服设备惯性，在设备最显著地方一般都有两套紧急制动装置，2～3s内就可使卷筒停止转动。

6.2.5.2 国外钢筋冷轧带肋钢筋成型机

（1）20世纪90年代欧美等工业发达国家积极发展建筑业用的冷轧带肋钢筋及其焊网。冷轧带肋钢筋的表面肋纹种类很多。它是一种新型、高效、节能建筑用钢材。通过对含碳量为0.018%～0.24%的普通碳钢冷轧或冷拔减径，刻痕而成，抗拉强度由380MPa提高到不低于550MPa，而延伸率仍不低于8%，而且焊接性能良好，可焊制成钢筋网。

（2）20世纪70年代末，不少国家已将冷轧带肋钢筋纳入其钢筋混凝土用钢材的国家标准，如法国AFNQR35020/3502、法国SIA162（1116）、奥地利ONQRM4200/7（IV）、德国DIN488（500M）、瑞典SIS141387、英国BS4482、美国ASTMA82。按不同使用要求与规定，德国K0CH公司生产的冷轧带肋钢筋分为方圆、平筋、高筋和方线四种。另外，国外大多数冷轧钢筋厂是将冷轧带肋钢筋焊制成钢筋网后再出厂。

（3）德国Herborn Breitenbach公司的冷轧带肋钢筋生产线具有如下特点：

1）可轧制低、中、高强度的产品，其生产工艺可根据产品压缩率要求即能一次减径，也能两次减径，因此可提高产品的机械性能；

2）具有小卷、大卷收线机构，适应不同轧钢厂连续生产；

3）电器控制采用交流变频调整系统，达到全线同步；

4）冷轧最高速度达$V_{max}=10m/s$，调整范围大，生产率高。

6.3 钢筋成型机械

在市政、公路、铁路、桥梁、给排水、港口、国防及工业与民用建筑等工程中，广泛采用钢筋混凝土结构及预应力钢筋混凝土结构来承受各种荷载。钢筋在这些构件中起着极其重要的作用，因此，钢筋成型机械是钢筋混凝土预制构件生产及施工现场不可缺少的机械设备。主要包括：钢筋调直切断机、钢筋切断机、钢筋弯曲（弯箍）机、钢筋网片成型机。钢筋成型机械的作用是把原料钢筋按照各种混凝土结构物所用钢筋制品的要求进行成型加工。

6.3.1 钢筋调直切断机

6.3.1.1 概述

钢筋有盘圆钢筋和直条钢筋两种。在使用前需要进行调直，否则混凝土构件中的曲折钢筋将会影响构件受力性能及切断钢筋长度的准确性。因此，钢筋调直是钢筋加工中的一项重要工序。钢筋调直切断机能自动调直和定尺切断钢筋，并可清除钢筋表面的氧化皮和污迹。钢筋调直机规格有 GT1.6/4、GT3/8、GT6/12、GT4/14、GT10/16。其类型如下：

（1）按调直原理分为孔模式钢筋调直切断机、斜辊式（双曲线式）钢筋调直切断机。

（2）按切断原理分为锤击式钢筋调直切断机、轮剪式钢筋调直切断机。

（3）按传动方式分为液压式钢筋调直切断机、机械式钢筋调直切断机、数控式钢筋调直切断机。

（4）按切断运动方式分为固定式钢筋调直切断机、随动式钢筋调直切断机。

6.3.1.2 钢筋调直切断机的构造

（1）GF4/8 型钢筋调直切断机　如图 6.3-1 所示，主要由电动机、调直筒、三个皮带轮、六个圆柱直齿轮、二个圆锥齿轮、上下压辊、框架、双滑块机构、锤头、上切刀、方刀台、拉杆等零件组成。由图 6.3-1 所示，电动机 1 经三角胶带轮 3、5 驱动调直筒 2 旋转，实现钢筋调直工作。另外通过同在一电动机上的又一胶带轮 4 带动锥齿轮 12、13 传动偏心轴，再经过两级齿轮 8 和 9、10 和 11 减速。传到等速反向旋转的上压辊轴 4 和下压棍轴 15，带动上下压棍轴相对旋转，从而实现调直和曳引运动。

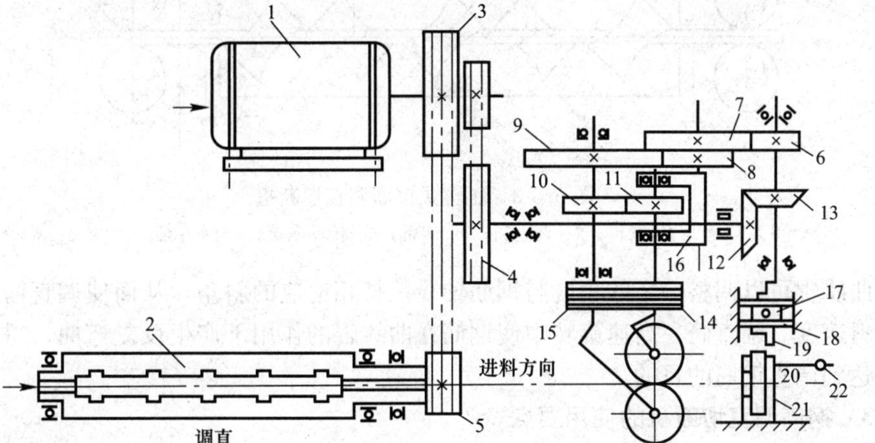

图 6.3-1　GT4/8 型钢筋调直切断机

1—电动机；2—调直筒；3、4、5—皮带轮；6～11—齿轮；12、13—锥齿轮；14、15—上、下压辊
16—框架；17—双滑轮机构；18—双滑轮机构；19—锤头；20—上切刀；21—方刀台；22—拉杆

（2）GTS3/8 型数控钢筋调直切断机　数控钢筋调直切断机系采用光电测长系统和光电计数装置，能自动控制切断长度和切断根数，并且能使钢筋的切断长度控制更准确。数控钢筋调直切断机的工作原理如图 6.3-2 所示。其调直、送料和牵引部分，与 GT3/8A、GT6/12A 型钢筋调直切断机相同，只是在钢筋切断部分，增加一套由穿孔光电盘、光电管和光电源等组成的光电测长系统及一个根数计数信号发生器。

（3）斜辊式钢筋调直切断机　这种型式的钢筋调直切断机与 GT6/12A 型钢筋调直切断机基本相同，区别在于调直机构。它主要是由 5～7 个曲线辊组成调直筒，如图 6.3-3

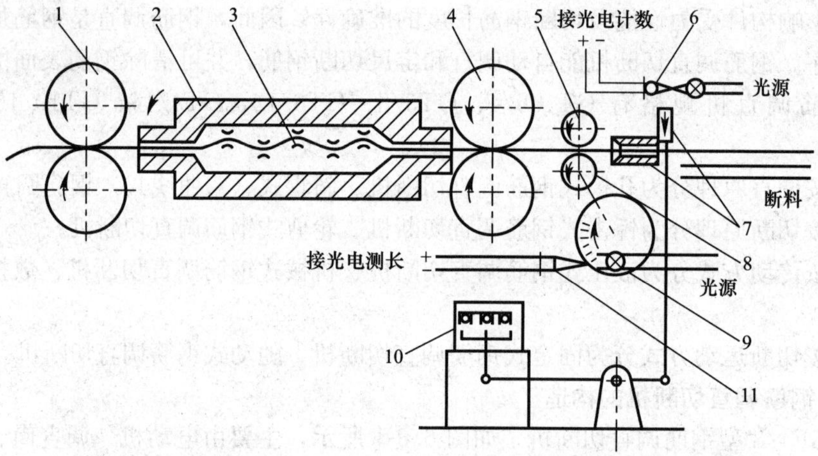

图 6.3-2 GTS3/8 型数控钢筋调直切断机

1—送料辊；2—调直筒；3—调直模；4—牵引辊；5—传送压辊；6—光电管Ⅱ；7—切断机构；8—摩擦轮；9—光电盘；10—制动电磁铁；11—光电管Ⅰ

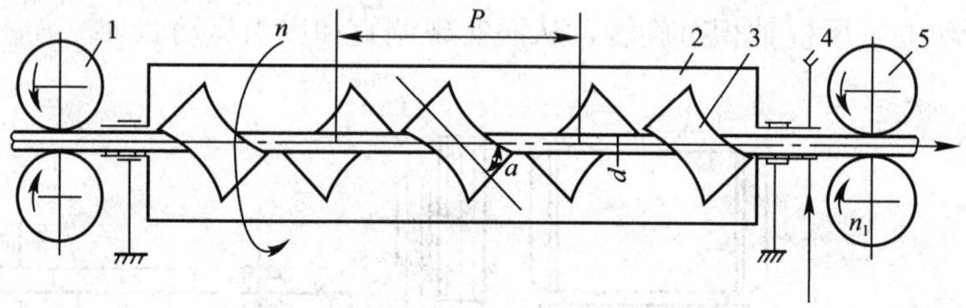

图 6.3-3 斜辊式钢筋调直切断机

1—送料辊；2—调直筒；3—斜辊；4—传动系统；5—牵引辊

所示。曲线辊可以调整一定的角度与钢筋轴线保持相适应的斜角，从而使调直筒本身有一定的送料速度。调直筒在高速旋转中使钢筋在曲线辊的作用下产生反复弯曲，得到塑性变形从而达到调直钢筋的目的。

6.3.1.3 钢筋调直切断机的使用要点

（1）钢筋调直切断机应安装在坚实稳固的混凝土基础上，室外作业时应设置机棚，机械的旁边应有足够的堆放原料、半成品的场地。

（2）作业前先用手搬动飞轮，检查传动机构和工作装置，调整间隙，紧固螺丝，确认无误后启动空运转，检查轴承应无异响，齿轮啮合应良好，待运转正常后才可正式作业。

（3）承受架料槽应安装平直。其中心应对准导向筒、调直筒和下切刀孔的中心线。钢筋转盘架应安装在离调直机 5～8m 的地方。

（4）在调直块未固定，防护罩未盖好前不得穿入钢筋，以防机器开动后调直块甩出伤人。

（5）喂料前应将不直的料头切去，在导向筒前部应安装一根 1m 左右的钢管，钢筋必须先穿过钢管再穿入导向筒和调直筒，以防每盘钢筋接近调直完毕时甩出伤人。

（6）按所调直钢筋的直径，选用适当的调直块，调直块的孔径应比钢筋直径大 2～

5mm。首尾两个调直块须放在调直筒的中心线上，中间三个可偏离中心线。一般先使钢筋有 3mm 的偏移量，经过试调直后若发现钢筋仍有慢弯现象，则可逐步加大偏移量直至调直为止。

(7) 根据钢筋直径选择适当的曳引辊槽宽，一般要求在钢筋夹紧后上下辊之间有 3mm 左右的间隙。引辊夹紧程度应保证钢筋能顺利地被拉引前进，不会有明显转动，但在切断的一瞬间允许钢筋和曳引辊之间有打滑现象。

(8) 根据活动切刀的位置调整固定切刀，上下切刀的刀刃间隙应不大于 1mm，侧向间隙应不大于 0.1～0.15mm。

(9) 新安装的调直机，要先检查电气系统和零件有无损坏，各部连接及连接件是否可靠，各转动部分是否灵活，传动系统和控制系统是否符合技术文件的要求，才可进行试运转。

(10) 空载运转 2h，然后检查轴承的温度（重点检查调直筒轴承），查看锤头、切刀或切断齿轮等工作是否正常。确认无异常状况时才可送料、试验调直和切断能力。

(11) 在钢筋上盘、穿丝和引头切断时应停机进行。当钢筋穿入后，手与曳引辊必须保持一定的距离，不得接近，以防手指卷入。

(12) 机械运转中严禁打开各部防护罩及调整间隙，如发现有异常情况，应立即停机检查，不得勉强使用；停机后应松开调直筒的调直块回到原来位置，同时预压弹簧也必须回位。

(13) 作业后应将已调直切断的钢筋按规格、根数分成小捆堆放整齐，同时清理现场，切断电源，锁好开关箱。

6.3.1.4 钢筋调直机的安全技术规程

1. 作业前的要求

(1) 电动机部分，按电动机操作规程的有关规定执行。

(2) 检查调直钢筋直径与机械使用范围是否相适应。

(3) 检查机器固定是否牢固、安全，检查机器的安全防护设施是否齐全、可靠。

(4) 检查机器的润滑是否良好，检查调直模的安放是否正确。

(5) 使用前根据钢筋直径选用合适的压辊槽宽，一般情况下应保证钢筋穿入压辊间有 3mm 之内的间隙。

(6) 检查电器部分有无损伤，机体接地是否良好，检查电源电压与工作电压是否相符。

2. 作业中的要求

(1) 工作中不允许进行清洁、加油及修理工作。

(2) 用自动拉直装置平直钢筋时，应预先检查绞车的制动是否灵活，工作中不允许行人跨越牵引的绳索及正被调直的钢筋。工作中不要随意抬起传送压辊以免损坏机器。

(3) 调直钢筋末端要有 80cm 余量。停机后将调直筒前端的导孔松开，再开机让钢筋通过调直筒，以防伤人。

3. 作业后的要求

(1) 关闭电源，保护好电气开关。

(2) 按要求对机器进行例保工作。

6.3.2 钢筋切断机

6.3.2.1 概述

钢筋切断机一般都是用于对钢筋原材和矫直的钢筋按工程施工所需要的尺寸进行切断的专用机械。广泛应用于施工现场和混凝土预制构件厂剪切 6～40mm 的钢筋，是施工企业的常规设备。同时也可供其他行业作为圆钢、方钢的下料使用（更换相应刀片）。钢筋切断机的主要规格有 GQ12、GQ20、GQ25、GQ32、GQ40、GQ50、GQ65。其类型下：

（1）按结构型式分为手动式钢筋切断机、立式钢筋切断机、卧式钢筋切断机。

（2）按工作原理分为凸轮式钢筋切断机、曲柄连杆式钢筋切断机。

（3）传动方式分为机械式钢筋切断机、液压式钢筋切断机。

6.3.2.2 钢筋切断机的构造

（1）机械传动式钢筋切断机　图 6.3-4、图 6.3-5 所示为曲柄连杆式钢筋切断机构造图。它主要由电动机、传动系统、减速机构、曲柄连杆机构、机体及切断刀等组成。可分为开式、半开式、封闭式三种型式。凸轮式钢筋切断机的外貌如图 6.3-6 所示。它主要由电动机、传动系统、减速齿轮、凸轮机构、机体及切断机组成。

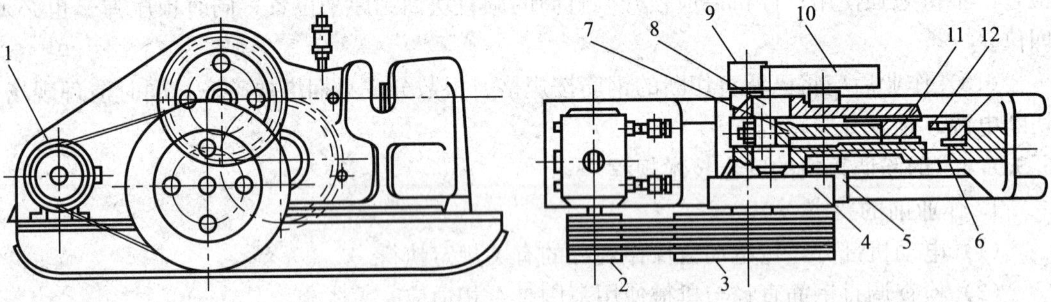

图 6.3-4　开式钢筋切断机

1—电动机；2、3—三角皮带轮；4、5、9、10—减速齿轮；6—固定片；7—连杆；8—偏心轴；11—滑块；12—活动刀片

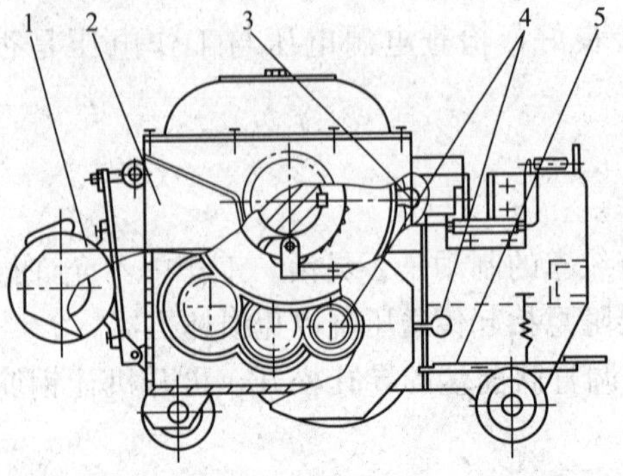

图 6.3-5　封闭式钢筋切断机图

1—电动机；2—机体；3—剪切机构；4—变速机构；5—操纵机构

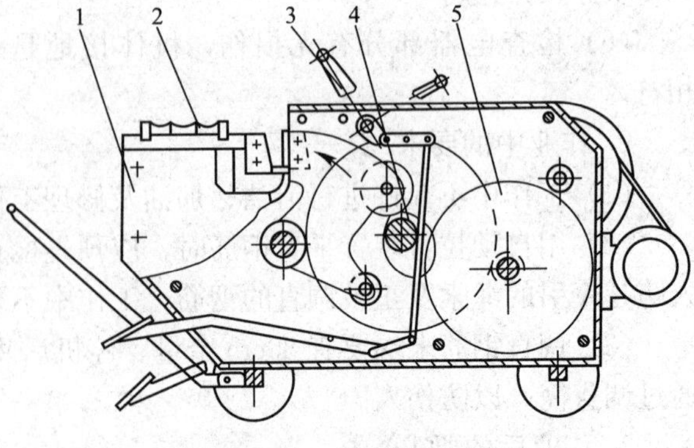

图 6.3-6　凸轮式钢筋切断机

1—电动机；2—机体；3—剪切机构；4—变速机构；5—操纵机构

(2) 液压式钢筋切断机 图 6.3-7 所示为液压式钢筋切断机，主要由电动机、液压传动系统、操纵装置、切断刀机架等组成。由一台 3kW 的电动机带动柱塞式高压油泵工作，油泵产生的高压油推动活塞运动，使动刀片实现切断钢筋动作。

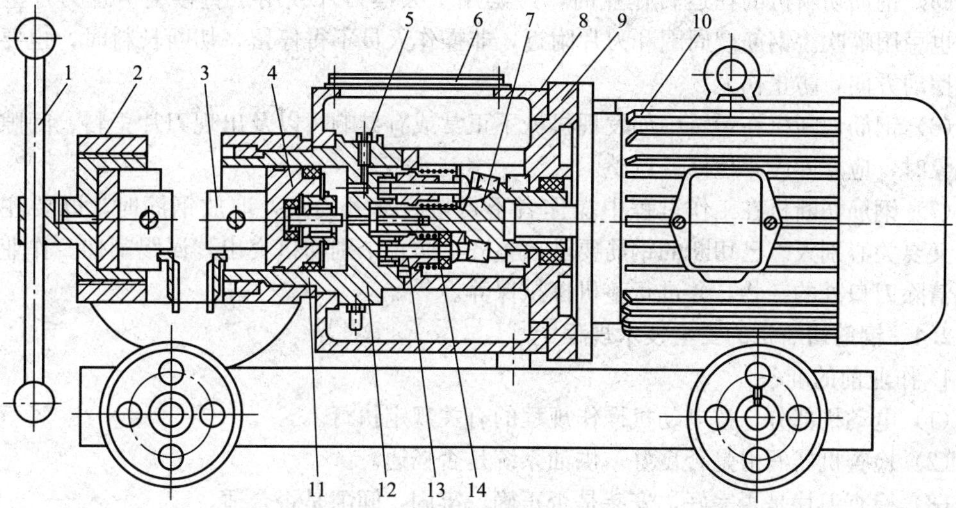

图 6.3-7 液压式钢筋切断机

1—手柄；2—支座；3—主刀片；4—活塞；5—放油阀；6—观察玻璃；7—偏心轴；8—油箱；9—联接架；10—电动机；11—皮碗；12—油缸体；13—油泵缸；14—柱塞

6.3.2.3 钢筋切断机的使用要点

1. 准备工作：

(1) 钢筋切断机应选择较坚实的地面安置，必须平稳，机身铁轮应用三角木块塞好，接送料工作台面应和刀刃下部保持水平，工作台的长度可根据加工材料长度决定，四周应有足够搬运钢筋的场地。

(2) 使用前必须清除刀口处的铁锈及杂物，刀片应无裂纹，刀架螺栓应紧固，防护罩需完好，接地要牢固。然后用手扳动皮带轮，检查齿轮啮合间隙，调整好刀刃间隙，固定刀片与冲切刀片的水平间隙以 0.5～1mm 为宜。

(3) 按规定向各润滑点及齿轮面加注或涂抹润滑油。需更换液压油时，应将原液压油全部放完，并将油箱清洗干净，然后注入滤过的新油。液压油应按规定选用，在－5～4℃时采用 N15 号机械油，在－35～45℃时用合成锭子油。

(4) 启动后先空车试运转，整机运行应无卡滞和异常声响，若是液压传动，还应首先排除缸内空气，待确认各部正常后才可作业。

2. 操作要点

(1) 新投入使用的切断机，应先切直径较细的钢筋，以利于设备磨合。

(2) 切料时必须使用刀刃的中下部位，并在活动刀片向后退时，握紧钢筋对准刀口，迅速送入。以防钢筋末端摆动或蹦出伤人。严禁在活动刀片已开始向前推进时向刀口送料，否则易发生机械和人身事故。

(3) 严禁切断机切断截面积超出规定范围的钢筋，一次切断多根钢筋时，总截面积应在规定范围以内。禁止切断中碳钢钢筋和烧红的钢筋，切断低合金钢等特种钢筋时，应更换相应的高硬度刀片。

（4）切断短料时，靠近刀片的手和刀片之间的距离应保持150mm以上。如手握一端的长度小于400mm时，应用套管或夹具将钢筋短头压住或夹牢，以防弹出伤人。

（5）钢筋切断机的在运转作业时，严禁用手去摸刀片或用手直接去清理刀片上的铁屑，也忌用嘴吹。钢筋摆周围和刀片附近，非操作人员不得停留。切断长料时，也要注意钢筋摆动方向，防止伤人。

（6）钢筋切断机在运转中如发现机械不正常或有异响，以及出现刀片歪料、间隙不合等现象时，应立即停车检修或调整。

（7）钢筋切断机在工作过程中操作者不得擅自离开岗位，取放钢筋时，既要注意自己，又要关心别人。已切断的钢筋要堆放整齐，防止个别切口突出，误踢割伤。作业后用钢刷清除刀口处的杂物，并进行整机擦拭保养。

6.3.2.4 钢筋切断机的安全技术规程

1. 作业前的准备

（1）电动机部分，按电动机操作规程的有关规定执行。

（2）检查机器润滑是否良好，供油系统是否畅通。

（3）检查刀片是否完好，安装是否正确、牢固，间隙是否合适。

（4）检查防护设施是否齐全、可靠，检查电动机接线是否牢固，接地是否良好。

（5）工作前使机器空运转，待运转正常后方可正式操作。

2. 作业中的要求

（1）机器启动装置应设在操作人员方便处，高度不得超过1.5m。

（2）机器工作中不允许检修、加油、更换部件。

（3）工作中要注意刀片的水平、垂直间隙位置。

（4）切断细钢筋时要将钢筋摆直，不能形成弧线。

（5）断料时要将钢筋握紧，并在活动刀片向后退时，将钢筋送入刀口，以防钢筋末端摆动或蹦出伤人。不要在活动刀片向前推进时，向刀口送料，以防发生机器或人身安全事故。

（6）钢筋切断机在切料配料的过程中，如若发现钢筋有劈裂、缩头或严重的弯头等现象时，必须切除。禁止切断超过机器性能规定范围内的钢材和超过刀片硬度或烧红的钢筋。

（7）长度在30cm以下的钢筋不能直接用手送料；长钢筋切断20cm以下短头时，应将长钢筋从切断机一侧送料。切断机断料端机身一侧严禁站人，防止断料时横向甩动伤人。

3. 作业后的要求

（1）关闭电源，保护好电气开关。

（2）按要求对机器进行例行保养工作。

6.3.2.5 钢筋切断机的维护保养

机械式钢筋切断机的维护保养工作是例行保养（见表6.3-1），液压式钢筋切断机的维护保养工作是例行保养（见表6.3-2）。

机械式钢筋切断机的维护例行保养（每班进行） **表 6.3-1**

序号	保养项目		技术要求
1	电气设备	（1）检查电动机； （2）检查接地装置	（1）电动机应运行正常，无异常响声或过热现象； （2）应齐全完好，符合安全技术要求
2	工作装置	（1）检查刀片； （2）检查三角胶带的张紧度； （3）检查防护罩	（1）检查刀片安装是否正确与牢固，并检查刀片的间隙，间隙值应控制在0.5～1mm范围内； （2）传动三角胶带的张紧是否适度，否则应调整； （3）防护罩应完好无损、安装牢固
3	整机	（1）清洁机体； （2）检查各连接螺栓； （3）润滑	（1）清除全机的尘土与渣屑； （2）如有松动，应给予紧固； （3）按润滑的有关规定执行

液压式钢筋切断机的维护例行保养（每班进行） **表 6.3-2**

序号	保养项目		技术要求
1	电气设备	（1）检查电动机； （2）检查接地装置	（1）电动机应运行正常，无异响、不过热； （2）应齐全完好，符合安全技术要求
2	液压系统	（1）检查液压油箱液压油位； （2）检查液压油泵； （3）检查偏心机构	（1）液压油不足时，应给予补充； （2）如有渗漏现象，应给予排除； （3）应工作正常、无振动或异响
3	工作装置	（1）检查刀片； （2）检查油缸活塞	（1）检查刀片安装是否正确与牢固，刀片的间隙值应控制在0.5～1mm范围内； （2）应无漏油现象
4	整机	（1）清洁机体； （2）检查各连接螺栓； （3）润滑	（1）清除全机的尘土与渣屑； （2）如有松动，应给予紧固； （3）按润滑的有关规定执行

6.3.3 钢筋弯曲机

6.3.3.1 概述

钢筋弯曲机是将已切断配料的钢筋，按配筋图要求，弯曲成所需要的形状和尺寸的专用设备。当前，在各种工程建设广泛应用的规格有GW12、GW20、GW25、GW32、GW40、GW50、GW65等。其类型如下：

（1）按传动方式分为机械式钢筋弯曲机、液压式钢筋弯曲机。

（2）按工作原理分为蜗轮蜗杆式钢筋弯曲机、齿轮式钢筋弯曲机。

（3）按结构型式分为台式钢筋弯曲机、手持式钢筋弯曲机。

近年来出现的弯箍机、螺旋挠制机及一机多用（切断和弯曲组合）的钢筋弯曲机，基本上是在钢筋弯曲机的基础上改进而派生的产品。

6.3.3.2 钢筋弯曲机的构造

（1）蜗杆蜗轮式钢筋弯曲机：该机的结构如图6.3-8所示。它主要由机架、电动机、传动系统、工作机构（工作盘、插入座、夹持器、转轴等）及控制系统等组成。一般这种钢筋弯曲机具有行走轮，便于移动。

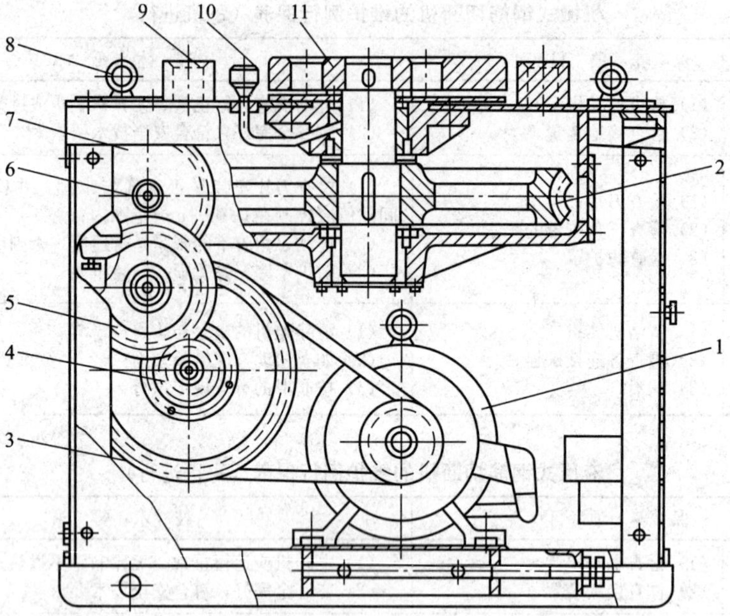

图 6.3-8 蜗杆蜗轮式钢筋弯曲机的结构图

1—电动机；2—蜗轮；3—皮带轮；4、5、7—齿轮；6—蜗杆；8—滚轴；9—插入座；10—油杯；11—工作盘

(2) 齿轮式钢筋弯曲机：该机的结构如图 6.3-9 所示，它改变了传动形式，增加了角度自动控制机构及制动装置。主要由机架 1、电动机、滚轴 2、转轴 4、调节手轮 3、7、紧固手柄 5、夹持器 6、工作台 8、控制配电箱 9 等组成。

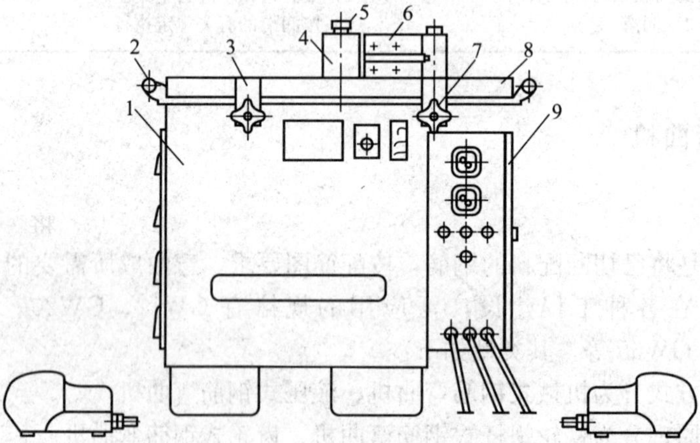

图 6.3-9 齿轮式钢筋弯曲机结构图

1—机架；2—滚轴；3、7—调节手轮；4—转轴；5—紧固手柄；6—夹持器；8—工作台；9—控制配电箱

(3) 钢筋弯箍机：该机是适合弯箍筋的钢筋弯曲机械，弯曲的角度一般可以任意调节。其结构如图 6.3-10 所示。钢筋弯箍机有四个工作盘，由一台电动机驱动。电动机通过偏心铰带动两个连杆-每个连杆又铰接一根齿条，于是齿条沿滑道作往复直线运动。齿条又带动齿轮使工作盘在一定角度内作往复回转运动。

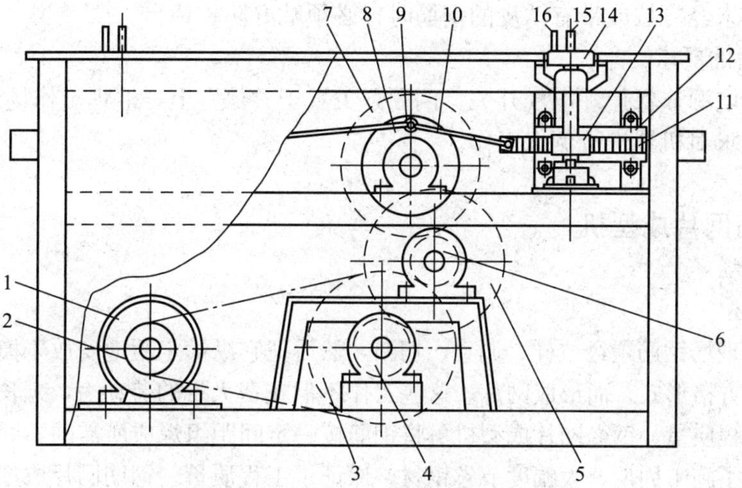

图 6.3-10 钢筋弯箍机结构图

1—电动机；2、3—皮带轮；4、5、6、7—齿轮；8—偏心圆盘；9—偏心铰；10—连轩；11—齿条；12—滑道；13—齿轮；14—工作盘；15—心轴；16—成型轴

6.3.3.3 钢筋弯曲机的使用要点

(1) 钢筋弯曲机要安装在坚实的地面上，放置要平稳，铁轮前后要用三角对称楔紧设备周围要有足够的场地。非操作者不要进入工作区域，以免扳动铁筋时被碰伤。

(2) 使用前要加足润滑油。并检查传动部件、工作部件以及电机接地情况，再经试运转，确认正常后方可开始工作。钢筋弯曲机在弯曲钢筋时，如需更换心轴、成型轴、挡铁轴时，必须切断电源，当机器停止转动后才能更换。

(3) 钢筋弯曲机在工作中，严禁弯曲超过设备所规定直径的钢筋。如果弯曲未经冷拉或带有锈皮的钢筋，必须戴好防护眼镜。

(4) 钢筋弯曲机在运转中如发现卡盘颤动，电动机温升超过规定值，均应立即切断电源，停机进行检修。钢筋弯曲机在弯曲较长的钢筋时。要有专人扶持钢筋。扶持人员应按操作人员的指挥进行工作，不能任意推拉。

(5) 工作完毕. 先将开关拨到“停”位，切断电源，整理机具，将弯曲好的半成品堆放整齐，弯钩不要朝上、然后清扫铁锈和污物。

6.3.3.4 钢筋弯曲机的安全技术规程

1. 作业前的准备

(1) 电动机部分，按电动机操作规程的有关规定执行。

(2) 检查启动和制动是否正常，机器的润滑是否良好。

(3) 检查机身接地是否良好，电源不允许直接接到倒顺开关上，应另设闸刀开关控制。

(4) 检查传动和转动部件是否安全、可靠。空载试运转，待运转正常后方可正式操作。

2. 作业中的要求

(1) 操作前注意工作盘的速度和允许钢筋直径的范围。

(2) 改变工作盘转动方向时，倒顺开关应从“正”到“停”再到“反”，不允许由“正”直接扳到“反”，或由“反”直接扳到“正”。

(3) 工作中机器如有异常，应立即停机进行检修。

(4) 弯曲未经冷拉或带有锈皮的钢筋时，必须戴好防护镜。

3. 作业后的要求

(1) 关闭电源，保护好电气开关。倒顺开关置于“停”上，清理工作场地。

(2) 按要求对机器进行例保工作。

6.3.4　钢筋网片成型机

6.3.4.1　概述

一般施工现场钢筋须经放样、调直、切断，然后把它纵横定距地安放于模板上，再用铁丝逐点绑扎成方格形式。而形成网片。这些工作不但花费大量的劳动力，延长施工周期，而且不埸保证工程质量。钢筋网片成型机可将钢筋按一定间距组焊成所需的不同规格的钢筋焊接网片，缩短了施工周期，大幅度节省钢材，保证了工程质量。钢筋网片成型机焊接的网片还应用于道路、桥梁、隧道、机场、围栏及新型墙体材料的制作。其类型如下：

(1) 按控制方式分为机械式钢筋网片成型机、数控式钢筋网片成型机。

(2) 按传动方式分为液压式钢筋网片成型机、气动式钢筋网片成型机。

(3) 按网片形状分为平面网式钢筋网片成型机、立体式钢筋网片成型机。

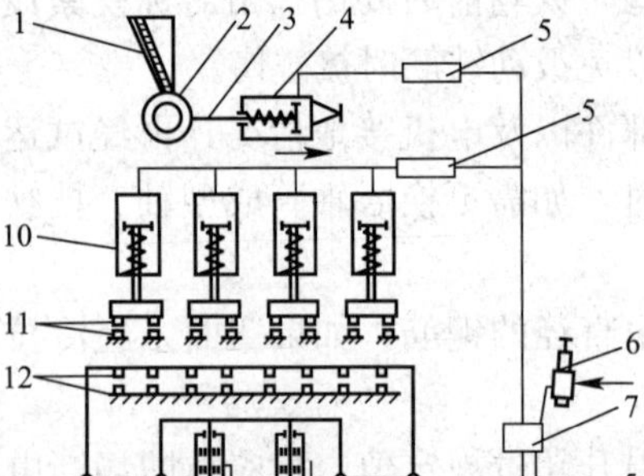

图 6.3-11　钢筋网片成型机工作原理

1—钢筋料斗；2—盘式给料器；3—棘轮摆杆；4—送料气缸；5—电磁气闸；6—减压阀；7—过滤器；5—电磁气闸；6—减压阀；7—过滤器；8—翻网片气缸；9—网片承托架；10—上电极气缸；11、12—上下电极；13—切筋气缸；14—摩擦夹头；15—水平拉网送筋气缸；16—拉网角形钩

6.3.4.2　钢筋网片成型机的构造

图 6.3-11 所示为具有国际先进水平的国产钢筋网片成型机工作原理图。它是利用先进的检测技术和控制技术。把钢筋焊成网格状结构的主要设备。主要由调直机构、焊接结构、纵筋送料、横筋送料、液压或气功系统、切断机构、网片承托架、卷取机构及控制系统等组成。

该机焊接钢筋直径范围 $\phi2 \sim \phi12$mm，纵筋、横筋的间距不少于 50mm，可无级调整；钢筋焊接网片的宽度分为 1250、1650、2450、3300mm 几种规格，长度方向不受限制，可制作成卷网或片网，为方便运输，片网长度不得小于 6m。

6.3.4.3　钢筋网片成型机的使用要点

(1) 钢筋网片成型机通电后，应检查电气设备、操作机构、冷却系统、气路系统及机体外壳有无漏电等现象。

(2) 启动前先接通控制线路的转换开关和焊接电流的小开关，按插好级数调节开关的闸刀位置，接通水源、气源、控制箱上各调节旋钮，最后接通电源，进行工作。

(3) 钢筋网片成型机工作时，气路系统、水冷却系统应畅通。气体必须保持干燥，排水温度不应超过 40℃，排水量可根据季节调整。

（4）上电极的工作行程调节完后，调节气缸下面的两个螺母必须拧紧，电极压力可通过旋转减压阀手柄来调节。

（5）在点焊过程中发现焊接质量不合格时，应按以下措施处理：

1）在焊点周围没有熔化的金属挤出，呈未焊透现象时，应增大焊接电流；

2）焊区出现熔点过大，造成炭化（发脆）时，可适当减小焊接电流，缩短通电时间；

3）发现焊点的压入深度不够时，可调整并增大电极的压力；

4）焊点熔化金属飞溅，表面出现“咬肉”、烧伤现象时，应清洁电极和钢筋接触表面，并适当增大电极压力，减少焊接电流。

（6）工作前必须清除油渍及污物，否则将降低电极的使用期限，影响焊接质量。

（7）焊机的轴承、铰链和气缸的活塞衬环、滑块、导轨等活动部位应定期润滑。

（8）经常检查电极触点磨损情况。

（9）焊机停止工作，应切断电源、气源，最后关闭水源，清除杂物和焊渣溅沫。北方地区冬季停用时，要用压缩空气吹除冷却系统的存水，以防管路冻裂。

6.4 钢筋预应力机械

钢筋预应力机械是生产预应力混凝土构件的专用设备，常用的主要设备有：预应力钢筋张拉机、预应力千斤顶、预应力液压泵、预应力钢筋镦头机、预应力锚具等，广泛地用于建筑、市政、公路、铁路、桥梁、水电、隧道、管道、顶推等工程的施工中。

6.4.1 钢筋预应力张拉机

6.4.1.1 概述

钢筋预应力张拉机又称为预应力钢筋拉伸机，是对混凝土结构中的预应力筋施加张拉力的专用设备，是预应力混凝土施工必不可少的设备。主要有液压式、机械式和电热式三种。

钢筋预应力混凝土在各种施工中，其预应力张拉的工艺可区分为先张法、后张法和电热法三种，下面简要介绍这几种施工工艺。

1. 先张法施工工艺

（1）先张法即先张拉预应力钢筋，后浇筑混凝土。先张法制作预应力钢筋混凝土构件的基本工艺流程如图 6.4-1 所示。

（2）先张法拉预应力工艺简单，关键是解决高强预应力钢材的张拉与锚固问题。单根刻痕钢丝可采用电动卷扬机张拉，用锥销夹具或镦头—螺杆夹具锚固；成组刻痕钢丝，可借助于镦头梳筋板用液压千斤顶张拉，再利用镦头梳筋板上的螺杆锚固（图 6.4-2）；单根钢绞线张拉可采用 YC-20CD 型千斤顶张拉，用夹片式锚具锚固。

（3）为了避免长线生产时每条线两端钢绞线的浪费，张拉端与固定端可采用粗钢筋作为加长拉杆，张拉端采用螺丝端杆锚具，固定端采用绑条锚具。拉杆与钢绞线之间的联结采用双拼式套筒联结器（图 6.4-3）。在联结器部位，拉杆的端部镦粗，钢用夹片式锚具锚固。

（4）预应力筋放张时，混凝土的强度应符合设计要求。对于先张预应力板构件，预应

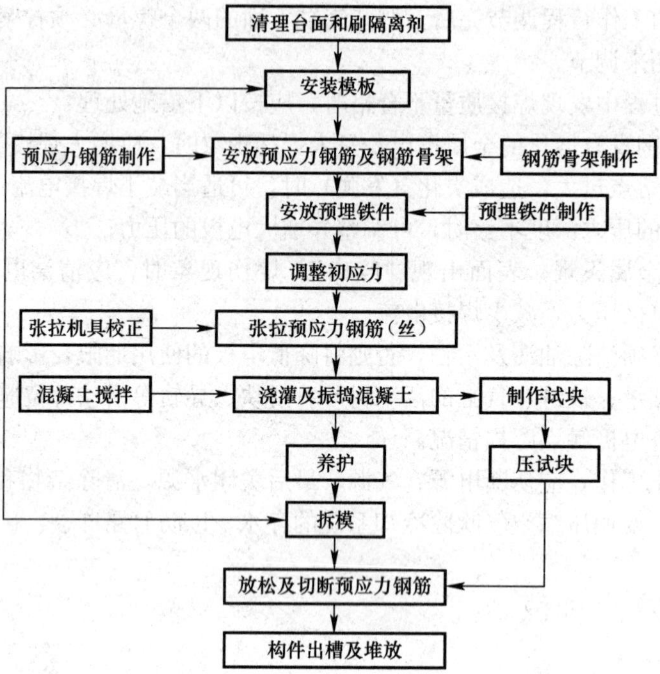

图 6.4-1　先张法制作预应力钢筋混凝土构件工艺流程图

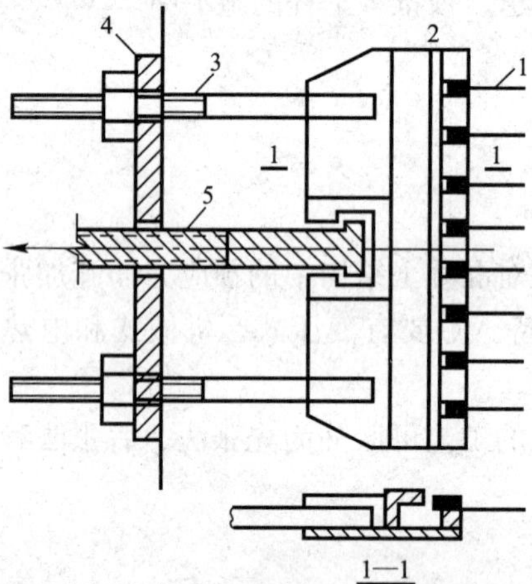

图 6.4-2　用镦头梳筋板固定成组刻痕钢丝

1—钢丝；2—梳筋板；3—螺杆；
4—U 形垫板；5—张拉连接杆

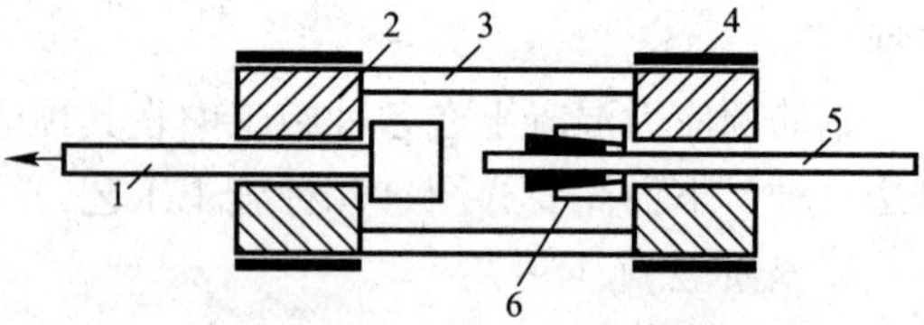

图 6.4-3　双拼式套筒联结器

1—带镦头的拉杆；2—半圆环套筒；3—连接钢筋；
4—钢圈；5—钢线线；6—夹片式锚具

力钢丝的放张可直接采用氧乙炔焰切割。单根钢绞线的放张，可以采用以下两种方法：一是从台座中部开始，用两台手提切割机对称切割；二是在张拉端用千斤顶分线逐步放张，然后用氧乙炔焰切断所以板端之间的钢绞线。

2. 后张法

后张法即为先浇筑混凝土，后张拉预应力钢筋。后张法制作预应力钢筋混凝土构件的基本工艺流程如图 6.4-4 所示。

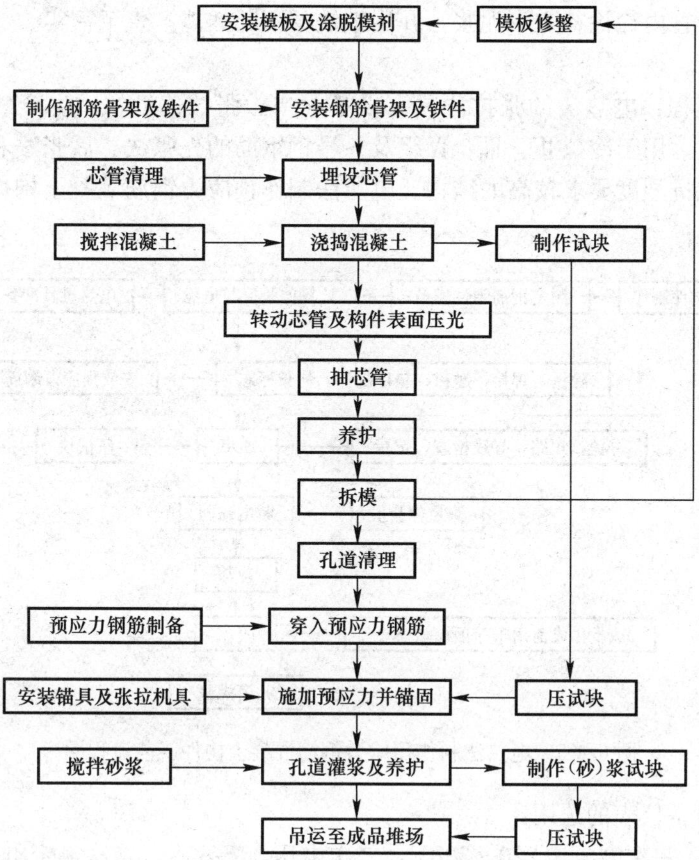

图 6.4-4 后张法制作预应力钢筋混凝土构件工艺流程图

(1) 后张法是利用构件自身作为加力台座进行预应力筋的张拉，并用锚夹具将张拉完毕的预应力筋锚固在构件的两端。再在预应力筋的管道内压水泥浆，使预应力筋与混凝土黏结成整体。后张法主要是靠锚夹具来传递和保持预加应力的。

(2) 预应力筋的预留管道可采用金属波纹管预埋的方法。波纹管的接长可采用大一号同型波纹管作为接头管。接头管的长度为 200～300mm。接头管的两端用密封胶带或塑料热缩管封裹，以防缝处漏浆。波纹管在安装就位的过程中应尽量避免反复弯曲，以防管壁开裂。同时，还应防止电焊火花烧伤管壁。发现管壁破损，应及时用粘胶带补修。灌浆孔（或泌水孔）与波纹管的连接方法是：在波纹管上开洞，在洞口上覆盖海绵垫片与带嘴的塑料弧型压板并用铁丝扎紧，在用塑料管（或钢管）插在嘴上，并将其引出梁顶面 40～60mm。

(3) 预应力筋穿入孔道的方法有先穿束法和后穿束法两种：先穿束法即在浇筑混凝土之前穿束，这种穿束法较省力，但束端保护不当易生锈。后穿束法即在浇筑混凝土之后穿束。穿束可在混凝土养护期内进行，不占工期，便于用通孔器或高压水通孔，穿束后及时张拉，易于防锈，但穿束较为费力。后穿束法可用人工穿束，卷扬机穿束和穿束机穿束。

(4) 后张预应力筋张拉完成后即可进行孔道灌浆工序。孔道灌浆用的水泥标号应不低于 42 号普通硅酸盐水泥。在寒冷地区和低温季节时，不宜采用矿渣硅酸盐水泥。水泥浆的水灰比为 0.4～0.45，搅拌后 3h 的效率宜控制在 2%，最大不得超过 3%。灌浆后，应用人工再从泌水管内徐徐补入水泥浆，并用细铁丝不断插捣，直至密实。

3. 电热法

(1) 工艺流程：电热法的张拉法具有设备简单、张拉速度快、生产效率高、操作安全、方便等优点，用于冷拉Ⅱ、Ⅲ、Ⅳ级及5号钢钢筋的先张法、后张法和模外张拉的一般构件，但不宜抗烈度要求较高的结构。电热法制作预应力钢筋混凝土构件工艺流程如图6.4-5所示。

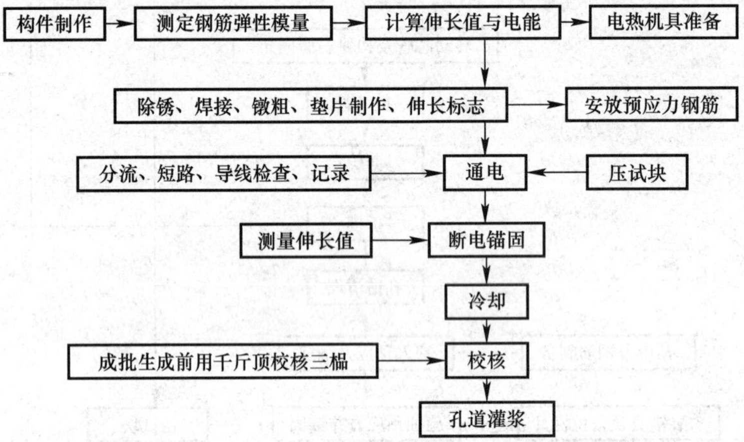

图6.4-5 电热法制作预应力钢筋混凝土构件工艺流程图

(2) 电热设备仪表的选用：

1) 变压器：一次电压为220～238V，二次电压30～65V，二次额定电流（A）宜采用120～400A_y，A_y为电热钢筋截面积（cm^2）。变压器功率一般宜大于45kVA，工地上可用电焊机并联使用；

2) 导线：一次导线用普通绝缘硬铜线，二次导线用单根的绝缘软铜丝绞线，长度越短越好，一般不超过30m。如无特殊要求时，二次导线截面通过电流密度允许提高，铜线不超过5A/mm^2；铝线不超过3A/mm^2；

3) 夹具：夹具应导电性能好，接头电阻小，能与钢筋紧密结合，接触良好（接触面积不小于1.2A_y)，构造简单，便于装拆。常用的夹具有钳式和杠杆式；

4) 锚具：直径20～28mm的预应力钢筋常采用一端为螺丝杆锚具，用螺帽调整钢筋的初始长度，使电热后应力均匀，又便于用拉伸机校核实际应力。直径12mm，构件长度较小的预应力筋，多采用镦粗头锚具；

5) 测量仪表和工具：配备钳式电流表、万用电表、棒式水银温度计、刻度直尺、秒表、测力扳手等测量仪表和工具。

(3) 通电张拉：

1) 选好电热张拉的各项设备，作好线路接线布置，并做好预应力钢筋与预埋铁件间的绝缘处理后，即可进行通电张拉。张拉时，先测一次导线的电压、电流，再测二次导线的电压、电流。然后每隔2min测量二次导线的电流、钢筋表面温度和身长值一次；

2) 通电时的钢筋温度不应超过350℃，其反复电热次数不宜超过3次；

3) 钢筋伸长达到要求时，即行断电，拧紧螺母。为弥补拧紧螺母过程中钢筋的冷缩影响应将要求伸长值增长 5mm 左右，待钢筋冷却到常温（断电后约 12h）即可把螺母与垫板焊牢，然后再进行灌浆。灌浆方法和要求与后张法相同。

6.4.1.2 钢筋预应力张拉机的构造

1. 液压式钢筋拉伸机

该机采用高压或超高压的液压传动进行工作。它由预应力千斤顶、高压油泵及连接油管等部分组成。具有作用力大、体积小、自重轻和操作简便等特点。

(1) 预应力千斤顶：它属预应力张拉机的工作装置，也是一种专用的液压工作油缸，其型式和主参数的选定与预应力钢筋的种类、构件参数、张锚方法及夹具形式等有关。预应力用液压千斤顶的机型可分为拉杆式、穿心式、锥锚式和台座式四种。图 6.4-6、图 6.4-7 分别为拉杆式和锥锚式构造图。

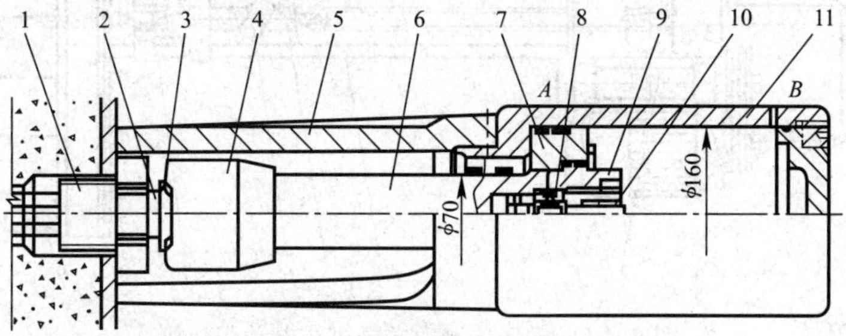

图 6.4-6 拉杆式千斤顶

1—DM 锚具；2—连接杆；3—连接头；4—张拉头；5—撑脚；6—拉杆；7—活塞；8—锥阀；9—差动阀体；10—差动阀活塞；11—油缸

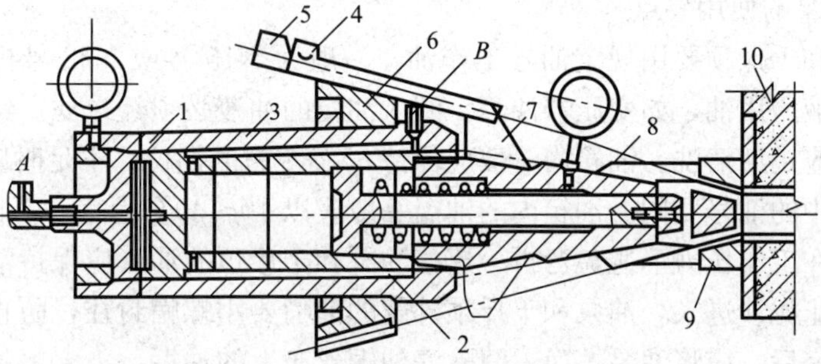

图 6.4-7 锥锚式千斤顶

1—主缸；2—副缸；3—退楔缸；4—楔块（张拉时位置）；5—楔块（退出时位置）；6—锥形卡环；7—退楔翼片；8—钢丝；9—锥形锚具；10—构件；A、B—油嘴

拉杆式千斤顶主要由液压缸、活塞、拉杆、连接头及撑脚等组成，主要适用于单根或成组模外先张法、后张法或后张自锚工艺中，而锥锚式千斤顶主要由张拉油缸、顶压油缸退楔装置、楔形卡盘等部分组成，主要用于张拉带有钢质锥形锚具的钢丝束。

(2) 预应力电动油泵：预应力电动油泵是液压拉伸机的动力和操纵装置，根据需要供给液压千斤顶用高压油液。预应力电动油泵按照工作原理可分为齿轮泵、叶片泵、轴向柱塞泵、径向柱塞泵；按照泵的流量特性可分为定量泵、变量泵；按照工作需要可分为单路供油泵、双路供油泵。一般具有超高压、小流量、泵阀油箱配套和可移动等特点。

电动高压油泵可分为轴向式和径向式两种，与径向式相比，轴向式具有结构简单、节省工料等优点，因而应用广泛。它主要由电动机、泵体、控制阀、油箱等组成。

2. 机械式钢筋预应力张拉机

该机采用机械传动方法张拉预应力钢筋，主要用于小吨位、长行程的直线、折线和环向张拉预应力工艺中。图 6.4-8 所示千斤顶测力卷扬机式电动张拉机示意图。它是将顶杆顶在台座横梁上，钢丝端头夹紧在夹具中。电动螺杆张拉机主要由电动机、变速箱、螺杆、螺母、弹簧测力计、夹具等部分组成，螺母带动螺杆向前或向后作直线运动，完成张拉钢筋任务。

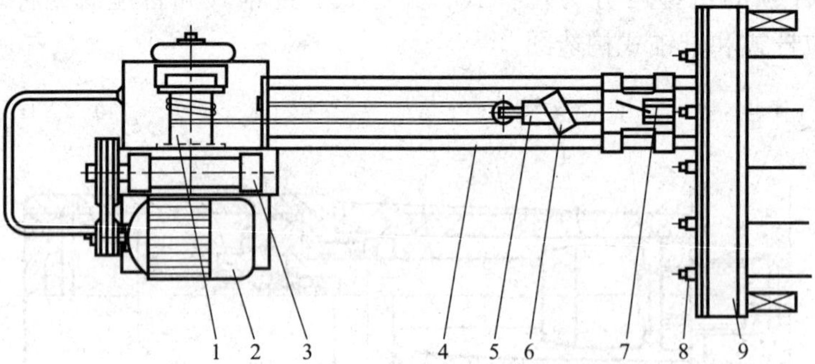

图 6.4-8　千斤顶测力卷扬机式电动张拉机

1—卷筒；2—电动机；3—变速箱；4—顶杆；5—千斤顶；
6—压力表；7—表具；8—锚具；9—台座

6.4.1.3　钢筋预应力张拉机的使用要点

1. 高压油泵的使用要点

(1) 油泵和千斤顶要用规定油号工作油，一般为 N15 号或 N22 号机械油，亦可用其他性质相近的液压用油，如变压器油等。灌入油箱的油液必须经过滤。经常使用时每月过滤一次，油箱应定期清洗。油箱内一般应保持 85%左右的油位，不足时应及时补充，补充的油应与原泵中的油号相同。油箱内的油温一般应以 10～40℃为宜，不宜在负温下使用。

(2) 油管在工作压力下避免弯折。连接油泵和千斤顶的油管应保持清洁，不使用时用螺钉堵封，防止泥沙进入，油泵和千斤顶外露的油嘴要用螺帽封住，防止灰尘、杂物进入机内。每日用完后，应将油泵擦净，清除滤油铜丝布上的油垢。

(3) 高压油泵不宜在超负荷下工作，安全阀须按设备额定油压或使用油压调整压力，严禁任意调整。

(4) 接电源地，机壳必须接地线，检查线路绝缘情况后，方可试运转。

(5) 高压油泵运转前，应将各油路调节阀松开，然后开动油泵，待空负荷运转正常后，再紧闭回油阀，逐渐旋拧进油阀杆，增大负荷，并注意压力表指针是否正常。

(6) 油泵停止工作时，应先将回油阀缓缓松开，待压力表慢慢回至零位后，方可卸开千斤顶的油管接头螺母。严禁在负荷时拆换油管或压力表等。

(7) 配合双作用千斤顶的油泵，以采用两路同时输油的双联式油泵为宜。

(8) 耐油橡胶管必须耐高压，工作压力不得高于油泵的额定油压或实际工作的最大油压。油管长度不宜小于 2.5m。当一台油泵带动两台千斤顶时，油管规格应一致。

2. 液压千斤顶的使用要点

(1) 千斤顶不允许在超过规定负荷和行程的情况下使用。

(2) 千斤顶在使用时必须保证活塞外漏部分的清洁，如果沾上灰尘杂物，应及时用油擦洗干净。使用完毕后，各油缸应回程到底，保持进出口的清净，加覆盖保护，妥善保管。

(3) 千斤顶张拉升压时，应观察有无漏油和千斤顶位置是否偏斜，必要时应回油调整。进油升压必须徐缓、均匀、平稳，回油降压时应缓慢松开油阀，并使各油缸回程到底。

(4) 双作用千斤顶在张拉过程中，应使顶压油缸全部回油。在顶压过程中，张拉油应预持荷，以保证恒定的张拉力，待顶压锚固完成时，张拉缸再回油。

6.4.1.4 预应力张拉机的维护保养

预应力张拉机的维护保养工作是：例行保养（表 6.4-1）

预应力张拉机的例行保养（每班进行） **表 6.4-1**

序号	保养项目		技术要求
1	电气设备	(1) 检查电动机； (2) 检查接地装置； (3) 检查电源线及电动机连接线	(1) 电动机应运行正常，无异响、不过热； (2) 应齐全完好，符合安全技术要求； (3) 电源线如有损坏、松动等，应及时进行包扎，必要时进行更换
2	电动油泵	(1) 检查液压油箱液压油位； (2) 检查液压油泵； (3) 检查偏心机构； (4) 清洗油箱加油口通风过滤器毛毡； (5) 清洗油泵吸油口滤网及油箱板滤网； (6) 检查油箱翻动盖板毡垫四周接缝； (7) 检查分配阀及管路	(1) 液压油不足时，应给予补充； (2) 如有渗漏现象，应给予排除； (3) 应工作正常、无振动或异响； (4) 每工作 200h，用煤油清洗一次，要求达到洁净无污垢； (5) 每工作 200h 后应对油泵吸油口滤网拆洗一次； (6) 油箱翻动盖板毡垫四周接缝如出现渗漏现象，应及时修理消除； (7) 检查分配阀及管路如有渗漏，应检修消除
3	张拉器	(1) 清洁张拉器外部及附属件； (2) 检查主缸帽止动螺钉； (3) 润滑球面垫圈； (4) 检查管路与接头	(1) 清洁张拉器外部及附属件油污和混凝土残渣，保持机容整洁； (2) 要求四只止动螺钉紧固，无松动； (3) 涂抹机械油（定位螺栓头应低于球面垫圈）； (4) 要求工作时无渗漏现象，否则应给予检修

6.4.2 预应力筋锚具

6.4.2.1 概述

(1) 锚具是预应力混凝土体系的重要组成部分，通常由若干个机械部件组成。在后张法结构或构件中，锚具起着保持预应力筋的拉力并将其传递到混凝土上去的作用，是一种永久性的锚固装置。

(2) 在先张法或构件施工中，为保持预应力筋的拉力并将其固定在张拉台座（或设备）上所使用的机械装置称为夹具。

(3) 群锚体系在国际上采用最为广泛，著名的有 VSL 体系，Freyssinet 公司 K 体系等。国外 VSL 群锚体系是瑞士鲁辛公司于 1985 年研制成功，用于预应力后张法施工。

（4）锚具的产品种类很多，为方便企业选用，表 6.4-2 列出各种锚具的适应预应力筋情况：

各种锚具分类 **表 6.4-2**

分类	锚具名称	适用预应力筋
夹片式	XM 型锚具	单束或多束 $\phi^{S}7$、钢筋 $\phi^{j}15$ 钢绞线
	QM 型锚具	多束 $\phi^{S}7$、钢筋 $\phi^{j}12$ 钢绞线、$\phi^{j}15$ 钢绞线
	B&SZ 型锚具	单束或多束 $\phi^{S}7$、$\phi^{j}12$ 钢绞线、$\phi^{j}15$ 钢绞线
	OVM 型锚具	多束 $\phi^{j}12$、$\phi^{j}15$ 钢绞线
	JM 型锚具	6 束以下Ⅳ级钢筋、$\phi^{j}12$、$\phi^{j}15$ 钢绞线
	BM 型锚具	5 束以下 $\phi^{j}12$、4 束以下 $\phi^{j}15$ 钢绞线
支承式	LM 型螺丝端杆锚具	$\phi36$ 以下冷拉Ⅱ、Ⅲ级钢筋
	EL 型锥形螺杆	14～28 根 $\phi^{S}5$ 钢丝
	JLM 型精轧螺纹钢筋锚具	$\phi25$ 和 $\phi32$ 精轧螺纹钢筋
	DM 型镦关锚具	$\phi^{S}5$ 钢丝
锥塞式	GZ 型锚具	多根 $\phi^{S}5$ 钢丝
	KT 型锻铸铁锥形锚具	6 根以下 $\phi12$ 冷拉Ⅲ、Ⅳ级螺纹钢筋、$\phi^{j}12$ 钢绞线
握裹式	LZM 型冷铸锚具	多根 $\phi^{S}5$、$\phi^{S}7$ 钢丝

（5）锚具、夹具和连接器的选择与构件外形、预应力筋的品种、规格、数量和配用的张拉设备等有关。

6.4.2.2 预应力筋锚具的构造

1. 夹片式锚固体系

（1）XM 型锚具：该锚具适用于锚固单根至多根钢绞线或钢丝束。属于独立锚固单元的群锚具，锚具由锚环和夹片组成，如图 6.4-9 所示。

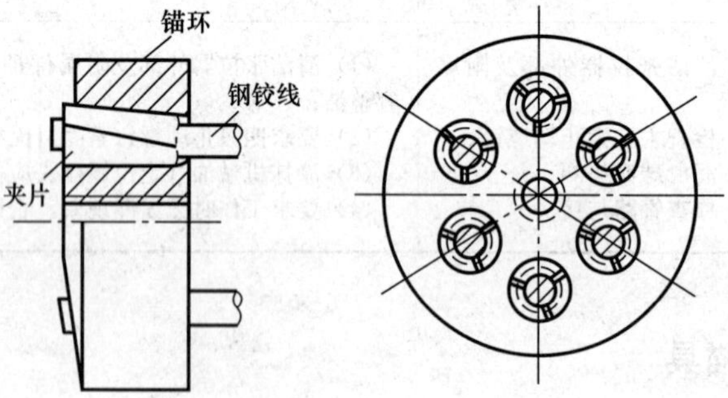

图 6.4-9 XM 型锚具

（2）QM 型锚具：该锚具适用于锚固单根至多根钢绞线，属于独立锚固单元的群锚锚具，主要由锚环和夹片组成，如图 6.4-10 所示。

（3）Z 系列锚具：该锚具适用于锚固单根至多根钢绞线和钢丝束，属于独立锚固单元的群锚锚具。锚具由锚环和夹片组成如图 6.4-11 所示。

（4）JM 型锚具：这是我国推广使用较早的锚固体体系之一，适用于锚固多根钢绞线以及光圆和螺纹钢筋。锚具如图 6.4-12 所示，主要由锚环和夹片组成。

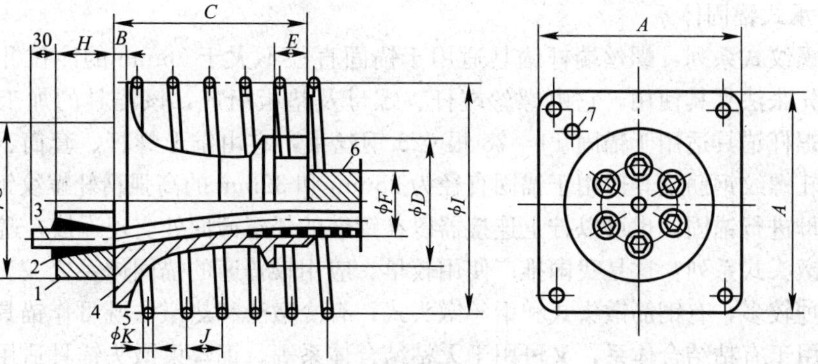

图 6.4-10 QM 型锚具

1—锚环；2—夹片；3—钢绞线；4—喇叭形铸铁垫板；5—弹簧圈；6—波纹管；7—灌浆孔

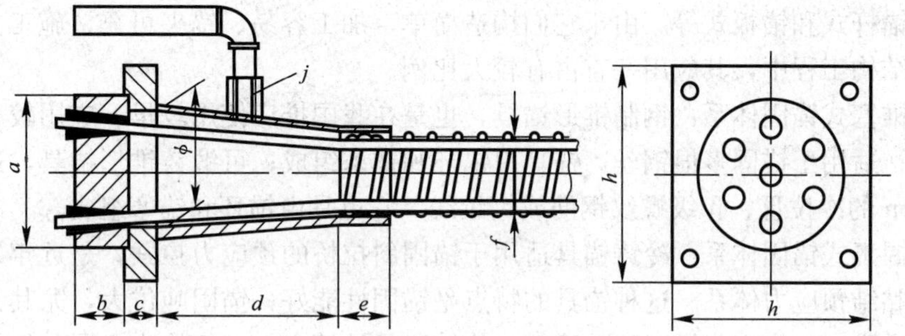

图 6.4-11 Z 系列锚具

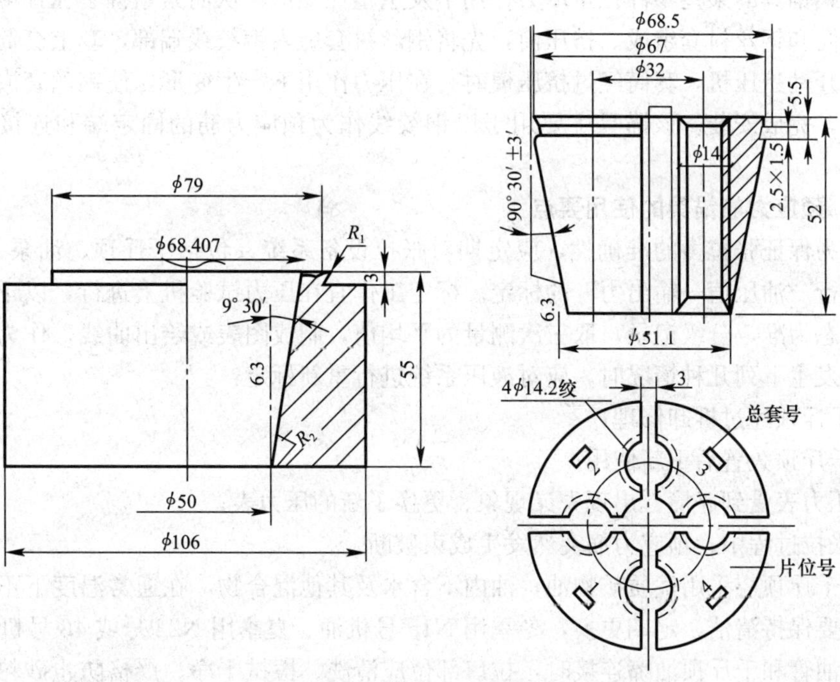

图 6.4-12 JM 型锚具

2. 支承式锚固体系

（1）螺纹式系列：螺丝端杆锚具适用于锚固直径不大于 36mm 的冷拉Ⅱ级与Ⅲ级钢筋，可作先张法夹具使用，它由螺丝端杆、螺母及垫板组成，该锚具的加工制造比较简单；锥形螺杆锚具适用于锚固 14～28 根 ϕ25 钢丝束，它由锥形螺杆、套筒、螺母、垫板组成；精轧螺纹钢筋锚具适用于锚固直径为 25mm 和 32mm 的高强精轧螺纹钢筋，它可直接拧上螺母进行锚固，也可以拧上连接器以在钢筋的任意截面处实现连接，避免了焊接。

（2）镦头式系列：这是我国推广使用较早、应用较普遍的锚固体系之一。镦头式系列锚具的品种较多，有钢筋镦头式和钢丝镦头式；有冷镦法和热镦法既可作锚具，又可作夹具，既可用于有粘结合体系，又可用于无粘结合体系等。钢丝束镦头锚具适用于锚固多根钢丝束，锚具的型式与规格可根据需要自行设计，最基本和最常用的镦头锚具为 A 型和 B 型，A 型为张拉端，由锚环和螺母组成，B 型为固定端，为一锚板。钢丝镦头要在穿入锚环或锚环后进行，镦头采用钢丝镦头机冷镦成型；通过对 A 型张拉端构造的改造，可出现锚环式、锚杆式和锚板式等。由于它们构造简单、加工容易、锚夹可靠、施工方便，因此在预应力结构工程中，其应用一直占有较大比例。

（3）锥塞式锚固体系：钢制锥形锚具，也是在我国推广使用较早、应用较普遍的锚固体系之一，适用于锚固多根钢丝，锚具由锚环和锚塞组成；可锻铸锥形锚具，适用于锚固直径 12mm 的冷拉Ⅲ、Ⅳ级螺纹钢筋或钢绞线，它也是由锚环和锚塞组成。

（4）握裹式锚固体系：冷铸锚具适用于锚固斜拉桥的预应力拉索，是近年发展起来的大吨位无黏结预应力体系。这种锚具的特点是锚固性能好，锚固吨位大，尤其是抗疲劳性强，可以承受高应力变化幅度的动荷载；热铸锚具的填充料一般均为金属，加热熔化后浇入锚具中，固化后便将预应力筋和锚具凝结为一体。

挤压式锚具的某些零件在挤压力作用下发生塑性变形，从而紧紧握裹住预应力筋。它主要由套筒和钢丝衬套组成。挤压前，先将钢丝衬套旋入钢绞线端部，套上套筒，在挤压机上就位开动挤压机，套筒经过挤压模时，在压力作用下产生变形，使钢丝套嵌入套筒和钢绞线内，完成安装。该锚具主要用于以钢绞线作为预应力筋的固定端和连接器的悬挂端。

6.4.2.3 预应力筋锚具的使用要点

（1）为保证张拉力的准确性，应定期对张拉设备系统（包括千斤顶、油泵、压力表、胶管）进行“油压值—输出力”的标定。标定工作宜在压力试验机上进行，以千斤顶的主动工作状态为准，分级记录，取三次测量的平均值，制成图表或绘出曲线，作为张拉时的依据。当发生下列几种情况时，应对液压系统进行重新标定：

1）千斤顶经过拆卸修理；

2）千斤顶久置后重新使用；

3）压力表受到碰撞、出现失灵现象、更换了新的压力表；

4）张拉过程中，预应力筋突然发生成束破断。

（2）千斤顶应采用优质矿物油，油内不含水及其他混合物，在通常温度下不分解不变质。油液要保持清洁，定期更换，冬季用 N15 号机油、夏季用 N22 号或 46 号机油为宜。

（3）油管和千斤顶油嘴连接时，拉口部位应清洗、擦拭干净。严格防止砂粒、灰尘进入千斤顶，同时尽量减少拆装次数。新油管第一次使用时切勿直接和千斤顶油嘴连接，应预先清洗或经油泵输出的油液冲洗干净后才可使用。卸下油管后，千斤顶及油泵的油嘴应加防尘螺帽，以防污泥混入，闲置不用的油管也应用防尘堵头封住接头。

（4）油管在使用前应检查有无裂纹，接头是否牢靠，接头螺纹的规格是否一致，以防止在使用中发生意外事故。新的或久置后的千斤顶，因油缸内存有较多空气，开始使用时活塞可能出现微小的突跳现象，可将千斤顶空载往复运行二三次，以排除内腔的空气。

（5）千斤顶在工作过程中，加、卸荷载应力求平稳，避免冲击。

（6）千斤顶带压工作或试验时，操作人员应站在两侧，端面方向禁止站人，危险地段应设防护装置。千斤顶带有压力时，严禁拆卸液压系统中的任何零部件。

（7）千斤顶的外露工作表面要经常擦拭，保持清洁。工作完毕后应将活塞回程到底。闲置时应加罩防尘并放于室内；室外临时放置时，应做到防尘、防雨、防晒。搬运过程中，应小心轻放，防止碰撞。

（8）根据实际情况，定期进行维修、清洗内部等保养工作。在使用中如发现有漏油、活塞表面划伤等现象时，应停止使用，分析原因，必要时进行拆检和更换零部件。

6.4.2.4 预应力千斤顶的维护保养

预应力千斤顶的维护保养工作主要是例行保养（表 6.4-3）、一级保养（表 6.4-4）、二级保养（表 6.4-5）所列。

例行保养（每班进行） **表 6.4-3**

序号	保养项目		技术要求
1	张拉器	（1）检查液压缸两端及管路接头； （2）清洁张拉器外部及张拉铆夹具； （3）润滑压圈及锚具夹	（1）在额定工作压力下，液压缸两端及管路接头应无渗漏油现象。工作结束后，拆卸下来的管路口应封堵，防止脏物进入； （2）每班工作结束后，应清洁张拉器外部及锚夹具，要求将粘附的尘垢和混凝土残渣清除干净； （3）在装用锚夹具前，应在压圈套筒及夹片的配合工作面涂抹润滑脂，如发现配合工作面有拉毛、伤痕，应用砂纸打光
2	顶压器	（1）检查液压缸两端及管路接头； （2）清洁顶压器外部及配用的附属件； （3）润滑承压颈及锚夹具	（1）在 40MPa 压力条件下，液压缸两端及管路接头处应无渗漏现象。工作结束后，对拆卸下来的管路口应予封堵，防止脏物进入； （2）每班工作结束后，应清洁顶压器外部及锚夹具，要求将粘附的尘垢及混凝土残渣清除干净； （3）在装用锚具前，应在承压颈及锚夹具的配合面上涂抹润滑脂，如配合面上出现毛刺时，应用砂纸打光

一级保养（每工作 200h 进行） **表 6.4-4**

序号	保养项目		技术要求
1	例行保养		完成本级保养作业外的例行保养项目
2	张拉器	（1）检查各部紧固件； （2）检查张拉缸活塞运行情况； （3）检查张拉缸；	（1）螺栓如有松动，应按规定力矩予以紧固； （2）要求空载运转时，活塞运行平稳，行程到位，无爬行、异响现象，否则，应予检修； （3）在额定压力下，持续 5min，压力下降值应不大于额定压力的 0.8%，否则，应查明原因，更换损坏件；

续表

序号	保养项目		技术要求
2	张拉器	(4) 检查高压油管及快速接头； (5) 检查锚具工作面； (6) 检查拉杆式张拉装置撑脚	(4) G6Ⅲ钢丝编织胶管应无外伤及鼓胀；快速接头处有渗漏油现象者，应更换O型密封圈； (5) 要求锚夹具工作面的表面粗糙度 $R_a \leqslant 6.3\mu m$，如出现划痕、毛刺或锈蚀，应用砂纸打光； (6) 如有变形、脱焊，应予矫正补焊
3	顶压器	(1) 检查各部紧固件； (2) 检查顶压缸活塞运行情况； (3) 检查高压油管及快速接头； (4) 检查锚夹具工作面	(1) 螺栓如有松动，应按规定力矩予以紧固； (2) 做空载试运行时，要求活塞运行平稳，行程到位，无爬行、异响现象，否则，应予检修； (3) G6Ⅲ钢丝编织胶管应无外伤及鼓胀；快速接头处如有漏水现象，应更换O型密封圈； (4) 锚夹具工作面如出现划伤、拉毛或锈蚀，应用砂纸打磨，其表面粗糙度 $R_a \leqslant 6.3\mu m$

二级保养（每工作1200h进行） **表 6.4-5**

序号	保养项目		技术要求
1	张拉器	(1) 清洁张拉缸及活塞组件； (2) 检查张拉缸两端固定密封件； (3) 检查张拉缸活塞的动配合密封件； (4) 检查活塞支承环； (5) 检查张拉缸； (6) 检查张拉器手提架； (7) 检查张拉杆、附加拉杆及镦头锚具	(1) 拆洗全部组装件； (2) 要求密封性能良好，无渗漏油现象。如O型橡胶密封圈失效、变形或YX型聚氨酯密封圈及聚四氟乙烯圈变形或裂损，影响密封性能时，应予更换； (3) 活塞与张拉缸及穿心封套轴动配合的YX型聚氨酯密封圈及四氟乙烯挡圈在额定工作压力下，应无明显渗漏，否则，应更换损坏件； (4) 要求支承环面无偏磨、拉伤、槽痕；开口间隙不大于3mm，否则，应予换新； (5) 要求缸壁光洁，无伤痕，圆柱度及圆度公差不大于0.08mm，否则，应予研磨修整； (6) 要求包箍与手提架安装完整，无松动； (7) 要求螺纹完好，拉杆无弯曲、锈蚀。润滑各工作面
2	顶压器	(1) 清洁顶压缸及活塞组件； (2) 检查顶压缸两端固定密封件； (3) 检查顶压缸活塞的动配合密封件； (4) 检查顶压缸活塞回位弹簧	(1) 拆洗全部组装件； (2) 要求密封件密封性能良好，无渗漏油现象。如O型橡胶密封圈失效变形，YX型聚氨酯密封圉及聚四氟乙烯挡圈变形、裂损，影响密封性能时，应予更换； (3) 要求活塞与顶压缸及穿心衬套轴动配合的YX型聚氨酯密封套及聚四氟乙烯挡圈，在额定工作压力下，无明显渗漏油现象，否则，应更换损坏件； (4) 要求弹簧两端齐平，无扭曲、变形或裂损。在顶压活塞卸荷时，回位弹簧功能正常，否则，应更换新件
3	整机	除锈补漆	如有脱漆、锈蚀，应除锈补漆

6.4.2.5 液压千斤顶的常见故障及处理方法

液压千斤顶的常见故障及处理方法见表6.4-6所列。

液压千斤顶的常见故障及处理方法 **表 6.4-6**

故障现象	故障原因	处理方法
千斤顶张拉活塞不动或运动困难	(1) 操作阀用错； (2) 回程缸没有回油； (3) 张拉缸漏油；	(1) 正确使用操作阀； (2) 使回程缸回油； (3) 根据漏油原因排除；

续表

故障现象	故障原因	处理方法
千斤顶张拉活塞不动或运动困难	(4) 油量不足； (5) 活塞封圈胀得太紧	(4) 加足油量； (5) 检查密封圈规格，选择正确的更换
活塞不回程或回程困难	(1) 操作阀用错； (2) 张拉缸没有回油； (3) 回程缸漏油； (4) 回程时油量不足	(1) 正确使用操作阀； (2) 使张拉缸回油； (3) 根据具体原因排除故障； (4) 加装足够的油量
千斤顶活塞运动不平稳或爬行	油缸中存有空气	空载往复运行几次排除空气
千斤顶缸体或活塞被刮伤	(1) 密封圈损坏； (2) 密封圈上夹有铁屑或砂粒； (3) 缸体变形	(1) 更换新的密封圈； (2) 清除杂物，修复缸体或活塞； (3) 检修缸体或更换缸体
漏油严重	(1) 油封失灵； (2) 油嘴连接部位密封不严	(1) 更换油封； (2) 修理油嘴或更换垫片
千斤顶连接油管爆裂	(1) 油管拆卸次数过多、使用过久； (2) 压力过高； (3) 焊接不良	(1) 注意装拆、避免弯折，不易修复时应更换油管； (2) 检查压力表是否失灵，压力过高应降压； (3) 重新焊接牢固

6.4.3 钢筋预应力镦头机

6.4.3.1 概述

(1) 钢筋镦头机是预应力钢筋或用于钢丝镦头的专用设备，有热镦和冷镦两种类型。本节介绍常用的几种冷镦机。

(2) 冷镦机按其动力传递的不同方式可分为机械传动和液压传动两种类型。机械传动又分手动和电动两种；液压传动按其性能又可分为液压钢丝冷镦机和液压钢筋冷镦机两种。

(3) 常用的电动和手动冷镦机，适用于冷镦直径 4～5mm 低碳钢丝。SLD-10 型液压钢丝冷镦机与压力为 30MPa 的油泵配套使用，最大镦头力为 100kN，适用于冷镦直径 5mm 的高强度碳素钢丝。

(4) YLD-45 型液压钢筋冷镦机与压力为 40MPa，的双路出油油泵配套使用，最大镦头力为 450kN，适用于冷镦直径 12mm 普通低合金钢筋，若更换相应的夹具。也可冷镦直径小于 12mm 的普通低合金钢筋。

(5) LC-10 型液压钢丝镦头机，是一种预应力钢筋工程专用设备，除了可在各种后张法预应力工程中制作高强度钢丝束镦头外，还可以普遍应用在各预制厂的先张制品工艺中。能广泛适用于桥梁、铁道、民用建筑等。它与压力为 40MPa 的油泵配套使用，可以获得镦头和切筋两种使用性能（只需要换镦头部件或切断部件即可）。

6.4.3.2 钢筋预应力镦头机的构造

(1) 手动镦头机：该机适用于镦粗冷拔低碳钢丝，是利用手动压杆，转动偏心轮，推动镦头模挤压钢丝头，使钢丝头成为铆钉状的圆头。

(2) 固定式电动镦头机：主要由电动机、皮带轮、凸轮、滑块、压臂和机架等部分组成。其工作原理见图 6.4-13 所示。

（3）移动式电动钢筋镦头机：外形如图 6.4-14 所示。操作时，开动电动机，冷镦机即进入连续工作状态。待夹具张开时，将钢丝插入，冷镦机即自动完成夹紧、镦头作用。夹具张开时取出已镦头的钢丝。当冷镦不同直径的钢丝时，应调整镦头模与夹具间的距离。

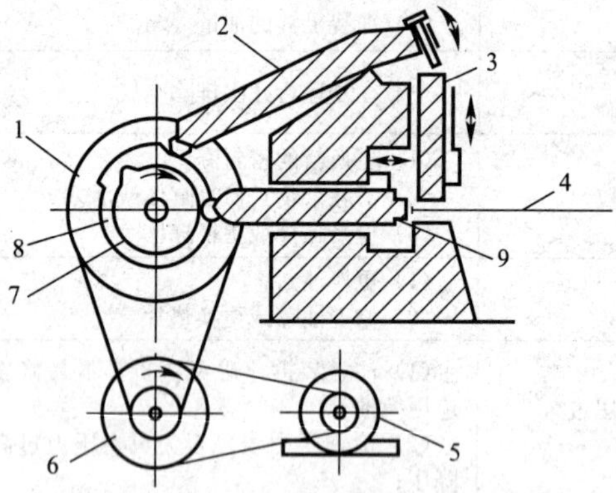

图 6.4-13　固定式钢筋镦头机工作原理

1、6—皮带轮；2—压臂；3—压模；4—钢筋；5—电动机；7—顶镦凸轮；8—加压凸轮；9—顶镦滑块

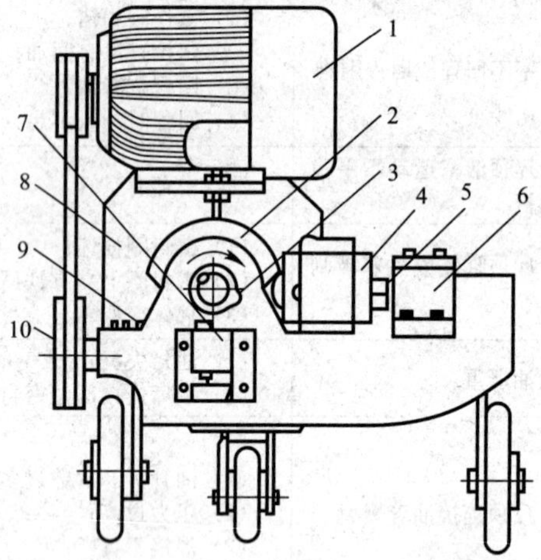

图 6.4-14　移动式电动冷镦机外形图

1—电动机；2—镦头凸轮；3—切断凸轮；4—镦头活塞；5—镦头模；6—夹具；7—切刀；8—蜗轮箱；9—弹簧；10—皮带轮

（4）液压钢筋镦头机：该机适用于预应力钢筋或钢丝镦头，它需要 30～40MPa 高压油泵配套使用。其构造如图 6.4-15 所示。

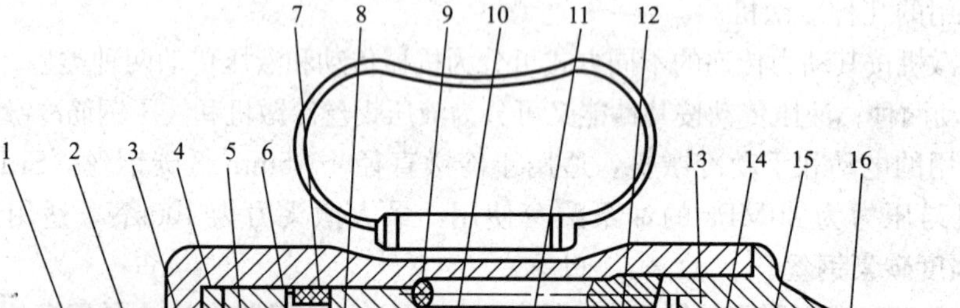

图 6.4-15　液压式镦头机构造图

1—油嘴；2—缸体；3—顺序阀；4—O 型密封圈；5—回油阀；6、7—Y 型密封圈；8—镦头活塞回程弹簧；9—夹紧活塞回程弹簧；10—镦头活塞；11—夹紧活塞；12—镦头模；13—锚环；14—夹片张开弹簧；15—夹片；16—夹片回程弹簧

（5）电热镦头机：该机由变压器、固定电极、移动电极、夹紧偏心轮、挤压偏心轮和带开关操作手柄等组成。工作时，先按钢筋的直径选择合适的夹钳槽口，将钢筋放入夹钳中，伸出15mm左右，扳动手柄使夹紧偏心轮夹紧。再转动挤压操作手柄，使挤压镦模头与钢筋头紧密接触，按动手柄上的开关，这时电极通电，钢筋的伸出部分，立即电热发红，然后继续转动挤压手柄，并通过挤压偏心轮加压，挤压镦头模顶锻钢筋端头，完成镦头工艺。电热镦粗也可以在杠杆式对焊机上进行。

6.4.3.3 钢筋预应力镦头机的使用要点

（1）认真选用工作油液，在一般情况下，冬季宜选10号机械油，夏季则选用20号机械油，在特殊严寒及酷热地区应适当调整。要注意保持油液清洁，并定期更换新油液。

（2）新油管在使用前，应用轻油将油管内清洗干净后再投入使用。接头部位应保持清洁，无泥沙及污物。

（3）镦头器可配用各种型号的电动或手动高压油泵，但额定油压应在40MPa以上。

（4）镦头器应通过试验来确定较适宜的镦头油缸。工作油压力一般为32～38MPa，所镦头形直径为7.4～7.7mm。由于油缸的体积小，而且升压很快，因此使用前必须先将油泵安全阀调零，在保证头形尺寸所需的压力后才可使用，以避免突然升压过高。损坏机件。

（5）本机具有镦头、切断两种性能（指LD-10型）。即锚环（镦头部件）和刀架（切断部件）与壳的螺纹连接，必须拧紧。应注意在锚环或刀架未装上时，不允许承受高压，否则外活塞弹簧座与外壳连接螺纹会因受力过大而损坏。

（6）使用切断器时，要求镦头器用锚环、夹片取下，换上刀架。操作时将钢丝放入定刀片刀口内，开动油泵，动刀片在内外活塞推动下向前运动，切断钢丝。

（7）切筋器定刀片一般是出厂时就安装好的专切直径5mm的钢丝用刀。如需加大直径钢丝，应换装另一动刀片。最大可切直径12mm的钢筋。

6.4.3.4 钢筋预应力镦头机的安全技术规程

1. 作业前的准备

（1）电动机部分，按电动机操作规程的有关规定执行。

（2）检查机器各部件是否完整、可靠，连接是否牢固，传动是否灵活。

（3）检查电气设备接线处接触是否良好，电源电压同工作电压是否相等，接地是否安全。

（4）检查机器润滑是否良好。

2. 作业中的要求

（1）电热镦粗过程中，先将紫铜棒和模具安装在对焊机上，紧固各部分。

（2）将钢筋的镦粗头除锈后夹紧在模具中并使钢筋端面与铜棒接触良好。

（3）采用脉冲多次电阻对焊法时，间隔30s通电一次，直到端部开始成塑性状态时为止。

（4）在塑性状态下加压，直到将预定的镦粗预留量全部压缩为止。

（5）待镦粗头表面冷却呈暗色时，卸去夹具。

3. 作业后的要求

（1）关闭电源，锁闭电气开关箱。

（2）清理工作现场，按规定动作对机器有声电影行保养。

6.4.3.5 钢筋预应力镦头机的维护保养

LD-10型钢筋镦头机的维护保养内容如下（其他型号的钢筋镦头机可参照执行）：

（1）镦头部位各零件应经常保持清洁，定时拆洗除锈。并应注意：

1）夹片与锚环锥形接触面加注油液润滑；

2）由于制造时的加工误差，三个夹片的相对位置不能互换，拆洗后应按规定记好次序位置装配，否则将影响镦头质量；由于弹簧存在加工误差，在需要更换夹片张开弹簧时，宜选择三个长度及刚度相等的弹簧配装，以保证夹片之间隙的均匀；

3）每次拆洗钢筋镦头机重装后，都要经过一定时间的空载运行后再使用，以调整夹片间的间隙，使之均匀。

（2）整机拆装注意事故：

1）按结构图装，密封圈方向不能装反，否则会渗漏；

2）顺序阀与回油阀两个小孔尺寸一样，特别注意不要将两个不同刚度的弹簧装错；

3）装配时，全部零件要清洗，并加润滑油，以免泥沙、污物带入机内，使机件拉毛而加快磨损或损坏密封圈等。

6.5 卷管机

6.5.1 概述

6.5.1.1 卷管机的用途与特点

卷管机是用于为后张法预应力混凝土卷制波纹管作预留孔道，便于钢丝束或钢绞线进行张拉的一种机械。卷管机卷制的波纹管具有接缝质量好，耐压、抗渗、生产效率高等优点。

6.5.1.2 卷管机在国外水平及发展趋势

（1）卷管机在发达国家早在20世纪80年代已形成系列产品，如瑞士VSL产品，其生产率一般为120～150m/h，卷制的波纹管有圆形和扁形两种品种，其圆形波纹管内径最小ϕ5mm，最大ϕ150mm。

（2）按照每两个相邻折叠咬口之间波纹数量分为单波、双波和三波管。折叠咬口部分表面上可压制直形花纹和轧制成孔形。

（3）波纹管的材料一般用镀锌钢带，钢带厚度在0.25～0.5mm范围内。卷管机整体结构紧凑、体积小、质量轻、转移工地方便及在卷管过程中可不停机，自动切割用户需要的波纹管长度。提高卷管速度和调整性能，是国外卷管机的发展趋势。

6.5.1.3 卷管机在国内水平及发展方向

（1）国内在20世纪80年代以前，预应力施工中的预留孔道，大多采用橡胶抽拔管和人工白铁皮管。这种方法既费时费力，又不易保证施工质量。

（2）20世纪80年代中期国内开始研制卷管机，国产卷管机与国外产品结构类似。卷制的波纹管大多是单波纹和双波纹，有几十种规格，扁形管用圆形管压制而成。

（3）国产卷管机整机性能能满足施工要求，生产率为60～300m/h，波纹管接缝紧密，耐压抗渗，但卷管速度较低，不能调速和自动切割，一些关键部件使用寿命低。因此，提高国产卷管机整机性能和产品质量，发展多品种，是今后产品的发展方向。

6.5.2 卷管机的分类

卷管机根据波纹管成型方式的不同进行分类。目前国内大致有两种：一种是心轴式，另一种是环圈式。前者用螺旋导向，环绕在心轴上的波纹带随主轴转动，经接缝工具压花，压紧而使波纹管成型；后者是波纹带径环圈内圈与接缝工具接缝成型，接缝不经压花而只是压紧。心轴式卷管机较多，在其压波纹装置中改变滚轮的形状，可以卷制单波、双波和多波形式的波纹管。单波、双波纹圆形管应用广泛，扁形管用于薄壁预应力工程。

6.5.3 卷管机的结构与工作原理

（1）卷管机主要由钢带盘支架、导向润滑装置、压波纹装置、成管机构、切割装置、传动系统、冷却系统、电器控制系统、机体和辅助装置等部件所组成，如图 6.5-1 所示。

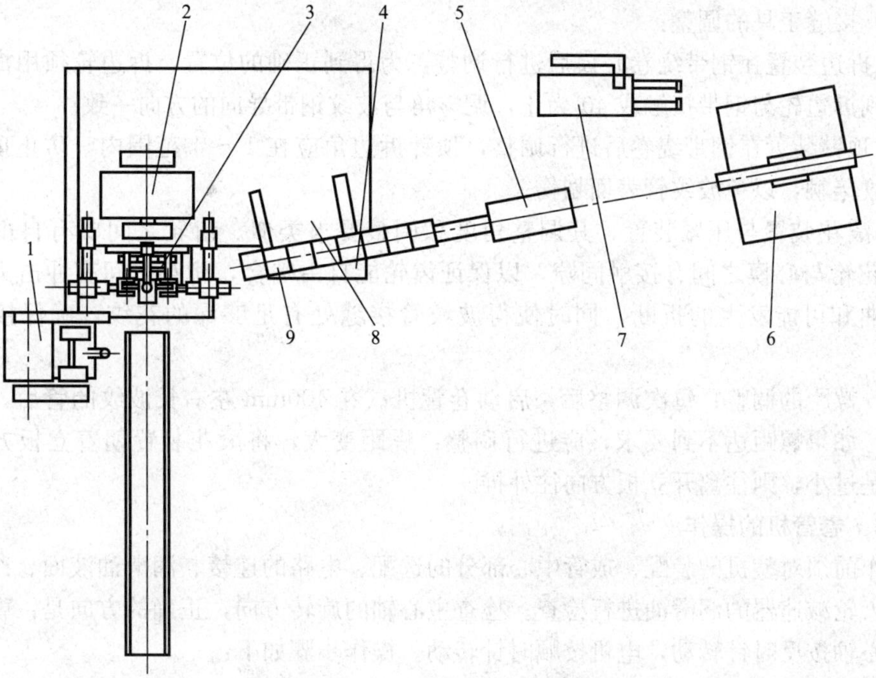

图 6.5-1　卷管机的组成示意图

1—切割装置；2—传动系统；3—成管机构；4—电器控制系统；5—导向润滑装置；6—钢带盘支架；7—辅助装置；8—机体；9—压波纹装器

（2）卷管机的工作流程：把钢带盘装在钢带盘支架上，钢带通过导向润滑装置，经压波纹装置碾压成型；将成型的钢带环绕于成管机构中的心轴上，调整拆边、滚花及压紧轮，启动电机带动心轴和滚花、压紧轮转动，环绕在心轴模上钢带边转动边成管，连续不断地在波纹管支承槽内向前移动，按照所需长度停机切割波纹管。

6.5.4 卷管机的使用要点

6.5.4.1 卷管机的调整

（1）钢带的送进：

1）在钢带送进之前，先把钢带装好放在钢带盘内后，将钢带盘放在钢带盘支架上，并能自由转动，谨防生锈和弄脏，如钢带表面有锈，应放入润滑油中浸泡，直到脱锈为止；

2）钢带送进按以下步骤进行：A. 用手推钢带穿过润滑油槽和侧边导向；B. 用送进手把拉钢带穿过整个压波纹装置；C. 控制波纹的形状；D. 用在侧边导向上的螺钉以得到正确的间隙；E. 用调整螺钉调整每对滚轮之间的距离，并使每对滚轮的 4 个调整螺钉的紧固力相同。

（2）钢带方向的调整：由于每种管径波纹管的螺旋角不同，因而卷管之前，都应对钢带方向进行调整。具体作法是：先查出相应的管螺旋角后，对压波纹装置做前后移动和转动，只要钢带方向与波纹钢带导向一致即可。

（3）接缝工具的调整：

1）拆边装置在钢带绕卷心模后进行调整，为得到正确的位置，拆边轮须用榔头慢慢敲入直到拆边轮与钢带接触成 40°为止，调整角与波纹钢带导向的方向一致；

2）顶针装置在钢带绕卷后进行调整，顶针拆边角应在 1°～4°范围内，防止顶针和钢带的波纹接触，以免波纹管表面划伤；

3）滚花装置与压紧装置，其调整角度和调整要求类似。齿轮之间要有自由啮合间隙，滚花轮与心模之间有接触间隙，以保证齿轮能自由啮合，相互之间有冲击力，防止小轴弯曲和可能发生的折断，同时使得波纹管接缝处有足够深的花纹，确保接缝的可靠性。

（4）螺距的调整：每次调整后，启动卷管机试卷 400mm 左右长波纹的管后，停机进行测量，如果螺距达不到要求，应进行调整：螺距变大，将滚花装置朝着立板方向往里拉；若是过小，则往离开立板方向往外推。

6.5.4.2 卷管机的操作

操作前须对整机的装配、成管中心部分的选配、电路的连接、润滑油液面、冷却润滑液面及齿轮减速器的润滑油进行检查。检查主心轴的旋转方向，正确的方向是：朝着立板看时主心轴按反时针转动，电机按顺时针转动。操作步骤如下：

（1）安装所需要的成管中心部分器件，将钢带送入压波纹装置。

（2）调整钢带方向，确定压波纹装置的位置。调整顶针装置，调整拆边装置。

（3）调整滚花装置和压紧装置，用调整手把拧紧滚花轮和压紧轮，使滚花轮靠着心模推压接缝，并有花纹，用压紧轮压紧，然后拧紧滚花轮和压紧轮手把螺杆上的锁紧螺母。

（4）按下电动油泵开关，启动卷筒机，卷到 400mm 长管子停机。

（5）启动切割机，切下这段管子。测量螺距并按（2）、（3）条调整。

（6）启动卷管机，分别取1000mm、5000mm的管子后停机、切割、调整。

（7）管子符合要求后，继续启动卷筒机，卷到所需长度的管，再停机、切割。

（8）当钢带用完时，应及时停机，将新换上来的钢带与原钢带点焊连接，启动卷筒机继续工作。

6.5.4.3 卷管机的检查

卷管机按照有关标准须进行各项检查。一般应符合以下条件：

（1）目视检查：仅在接缝上有滚花纹，没有顶针的划伤，与套管能旋接。

（2）接缝检查：场跑道当两人各持管的一端往外拉时，听不见杂音，接缝处的材料不应发生折断（接缝必须拉开）。

6.5.5 卷管机的维护保养

卷管机在野外施工现场工作，条件恶劣，应特别加强清洁维护工作。主要内容如下：

（1）压波纹装置中的滚轮、成管中心部分的齿轮，应适时去除污垢，防止锈蚀。

（2）对于运动件，如齿轮轴承等应及时加注润滑油、润滑脂；保持减速箱、冷却润滑油箱和钢带润滑油槽中的冷却润滑液不冻结，在冬季加防冻剂。

（3）对于易损件，如滚花轮、滚轮，一旦磨损，应及时更换；定期对油路和电路进行检查，出现故障及时排除。

（4）各紧固件如有松动，应及时紧固；对于外购件，如主电机、切割电机、电动油泵、减速箱，维护和维修见有关产品说明书。

6.6 穿索机

6.6.1 概述

6.6.1.1 穿索机的用途与特点

（1）穿索机是为在后张法预应力混凝土施工中将单根预应力钢绞线穿入混凝土构件预留孔道，再按设计要求将钢绞线截断成适当长度的设备。

（2）预应力构件往往根据不同的受力需要而有不同的结构形式，预留孔道的大小和长短也多种多样，孔道还常常有平弯和竖弯，孔道的成孔可能是金属波纹管，也可能是橡胶抽拔管，施工现场的环境和条件一般都比较恶劣。

（3）钢绞线穿索机（预应力钢绞线穿入道孔简称穿索），是由机械传动，滚轮夹持钢绞线进行传送，可进、可退、可连续传送，也可点动传送，传达钢绞线速度以无级调速，操作方便，性能可靠，效率显著，该机大大地减轻了劳动强度，穿索机广泛使用于大型桥梁、箱梁与构筑物。是理想的穿索施工机械，在建造桥梁和大型建筑物采用有预应力工作中为孔道穿钢绞线的主要工具。

（4）人工穿索往往会遇到诸多困难和麻烦，有时甚至无法完成。采用穿索机穿引钢绞线效率高，可进可退，可快可慢，体积小，重量轻，操作简单，维护方便，在施工过程中，两人可完成操作，大大减轻劳动强度，提高生产效率。

6.6.1.2 穿索机的国内外水平及发展趋势

(1) 在国外比较有代表性的产品有：瑞士 Los inger 公司生产的液压穿索机，其特点是：机型小、质量轻、灵活方便，即使在地形条件复杂的施工工地也能顺利地进行穿索工作。动力系统为液压驱动，速度调节范围大，机器的推力也较大。

(2) 意大利 Tesit 公司生产的另一种穿索机为 2ST 型，双速机械传动，其特点是：结构整体性好、功率小；但推力较小，速度也较单一。

(3) 这些穿索机经过多年工程实践的考核，技术上比较成熟，因此，在工程中也应用较广泛。今后这类机器仍会向小型、轻量的方向发展，而推力仍会有所增加，以适应预应力混凝土技术的发展。

(4) 国内于 20 世纪 80 年代开始研制钢绞线穿索机。先后开发了液压传动式和机械传动式两类机型，均在工程建设中发挥了重要作用，特别是通过吸收国外技术，使我国穿索机的整机的技术性能和产品质量都得到了很大提高。国内有许多生产企业制造的穿索机的技术已经达到了发达国家的先进水平。

6.6.2 穿索机的分类

6.6.2.1 按驱动方式分类

穿索机根据其驱动方式的不同，可分为液压式穿索机和机械式穿索机。液压式穿索机由液压泵供给压力油，液压马达驱动穿索装置。这类机器技术先进，易于实现速度和推力的调节。机械式穿索机则采用电动机直接与减速器连接、再驱动工作装置的形式。这种机型造价较低、传动效率较高。

6.6.2.2 按动力传动及工作装置分类

(1) 穿索机可根据动力传动部分与工作装置部分的不同配置分为分体式穿索机和整体式穿索机。

(2) 分体式穿索机的动力传动与工作装置是各自独立的机构，如液压穿索机即为此种类型，穿索机部分与油泵车部分相对独立，中间由液压软管相连接。这种穿索机的工作装置部分即穿索机部分的质量和体积都很小（可以小于 200kg），因此轻便、灵活、移位方便，适应各种施工现场的工作。

(3) 整体式穿索机动力驱动和工作装置都配置在同一个机架上，适于在地形地物较好，或较少移动和改变工作位置的地方施工。

6.6.2.3 按对钢绞线传递方式分类

穿索机根据对钢绞线的不同传递的方式不同，可分为双滚轮直接挤压推进式和双滚轮、链条传递式。

(1) 双滚轮直接挤压推进式：双滚轮直接挤压推进式是将钢绞线置于上、下滚轮弧槽之间，下滚轮为主动轮，既作钢绞线传递，又作钢绞线和上滚轮的支承，上滚轮只对钢绞线施加一定的压紧力（图 6.6-1）。这种类型的机器，传动机构较复杂，因此挤压轮的组数不宜太多（一般采用两组），这样也就限制了穿索机速度的变化和推力的增加。

(2) 双滚轮、链条传送式：双滚轮、链条传送式的链条由下滚轮托住，链条上固定有弧形槽板，钢绞线放置在弧形槽板上，由带弧槽的上滚轮压紧。当链条被链轮驱动时，依靠链条实现钢绞线的水平运动（图 6.6-2）。这类穿索机传动部分为链轮和链条，结构简单，可以设置较多的滚压轮（可达四组），因此，能够获得较大的推力和较宽的调速范围。

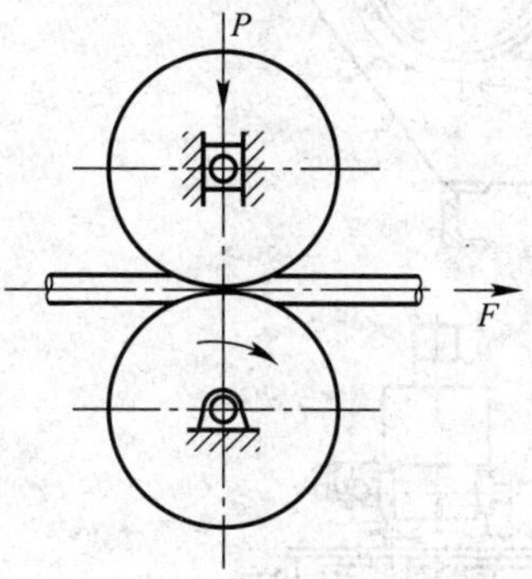

图 6.6-1 双滚轮直接挤压推进式

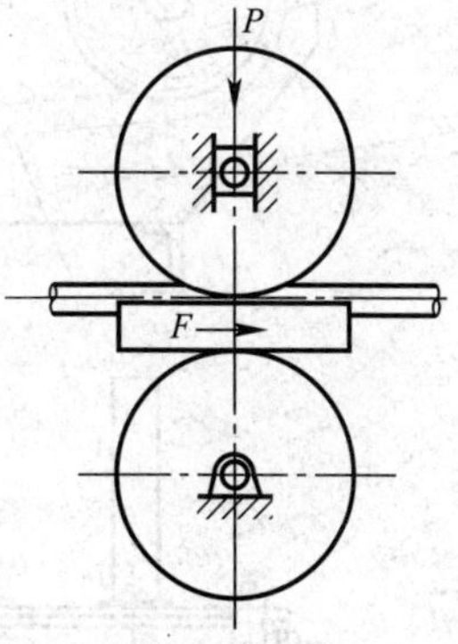

图 6.6-2 双滚轮、链条传送式示意图

6.6.3 穿索机的结构及工作原理

6.6.3.1 液压式穿索机

(1) 液压式穿索机配备液压泵驱动液压马达，带动主动链轮，通过链条完成穿索工作，如图 6.6-3 所示。托链轮起支承链条和平衡压紧轮压力的作用。链条上的每只链节都装有弧槽钢板，钢绞线由机器端头的后导管穿入，经过弧槽钢板由前导管穿出进入导向管和连接架，或不需导向管直接进入连接架，再穿入预应力构件的预留孔道中。

(2) 液压换向阀控制马达的正、反转或停止，实现钢绞线的前进、倒退或停止运动。调速阀可以控制马达的回转速度，从而可以改变钢绞线的推进速度和实现速度的无级调节。

(3) 四只压紧轮以每两只为一组，用销轴装到一个三角支架上，再把两个相同的三角支架以同样的方法与一个大三脚架铰接，大三脚架又铰接在压杆上。使四个压紧轮处于浮动状态，当向压杆施加压紧力时，四只压紧轮同时向下均匀地压在钢绞线上。

6.6.3.2 机械式穿索机

(1) 机械式穿索机由电动机驱动，通过联轴器、减速箱来驱动主动齿轮和主动滚轮轴，而主动齿轮又通过中间齿轮来带动从动齿轮和滚轮轴，从而使最终齿轮和滚轮可同步转动，见图 6.6-4 所示。

(2) 与滚轮的安装部位相对应的上方安装有两只压紧轮，这两只压紧轮的安装方式与液压式穿索机相类似，因此，整台机器两组滚轮能够同时工作。

(3) 上下滚轮都有弧形槽，钢绞线从槽中通过。钢绞线在机器上的进出部位以及两组滚轮之间的部位都有导向管为钢绞线导向。

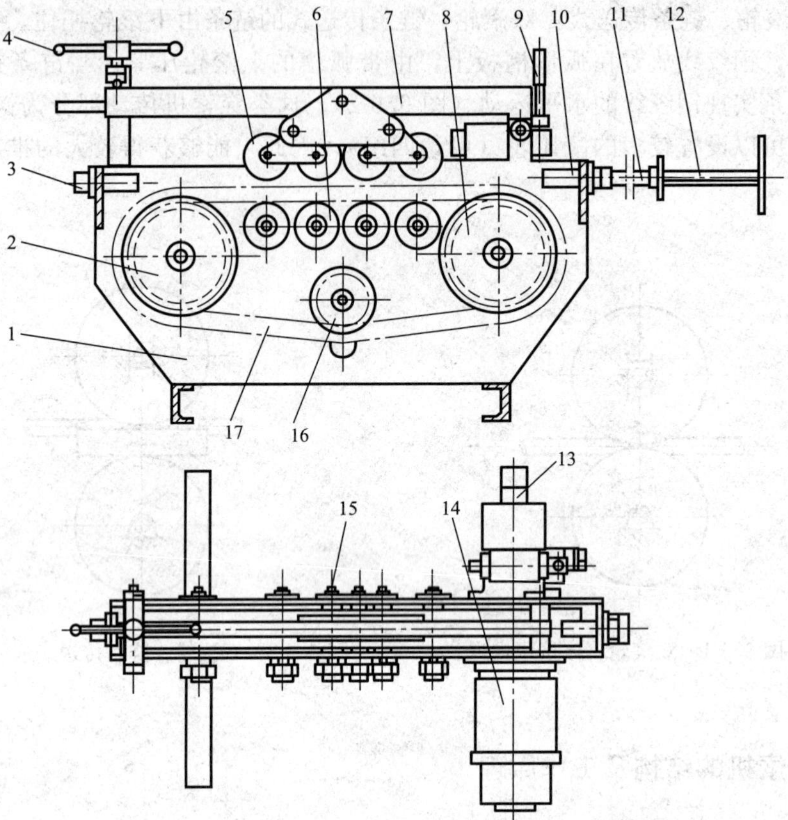

图 6.6-3 液压式穿索机示意图

1—底架；2—导向轮组；3—后导管；4—手柄；5—压紧轮；6—托链轮；7—压杆；8—主动链轮；9—换向手柄；10—前导管；11—导向管；12—连接架；13—调速阀旋钮；14—液压马达；15—油杯；16—张紧轮；17—链条

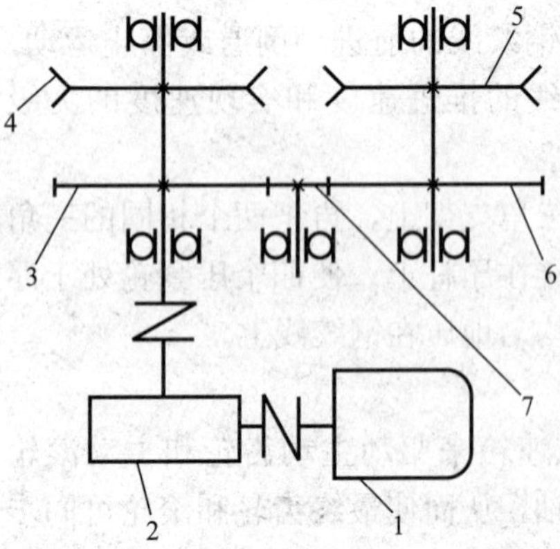

图 6.6-4 机械式穿索机传动图

1—电动机；2—减速器；3、4—主动齿轮 5、6—从动齿轮；7—中间齿轮

(4) 钢绞线的前进、倒退和停止都由电动机直接控制。

6.6.3.3 穿索机的附加部件

(1) 导向管、连接架、钢绞线盘支架、手提式砂轮切割机是穿索机工作时所应配备的主要附件。导向管为金属软管，软管一端与机器的端部相接，另一端与连接架相接。穿索机工作时若机器端部与所需穿钢绞线的混凝土构件端部不能直接对中或相距一段距离时，用导向管将两者连接起来，对钢绞线起导向作用。

(2) 连接架是一个轻型钢构件。穿钢绞线时无论是否需要导向管都可以将连接架直接捆扎在孔道中。因此，连接架实际上是个导向装置。

(3) 钢绞线线盘支架是支撑成盘钢绞线的专用支架。钢绞线线盘直接放在支架上，支架又可以在支架座上灵活回转。穿索时，可以从线盘中连续不断地拉出钢绞线，不需预先把整盘钢绞线按所需长度切断。手提式砂轮切割机用于施工中钢绞线的切断。

6.6.4 穿索机的使用要点

(1) 穿索机应有专门的操作人员使用。

(2) 机器使用前，先固定在预应力梁端部相应位置；有导向软管时，可将机器放在预应力梁附近的位置固定，导向软管的长度一般不大于6m。

(3) 将连接架固定在孔道四周的构造钢筋上。对于液压穿索机，应将液压泵的高压软管快速接头连接到穿索机的接头座上。

(4) 穿索机工作前，先启动电动机，使液压泵和液压马达无负荷运转2～3min。

(5) 松开压紧梁的顶紧螺杆，将压紧轮组抬高，将钢绞线顺链上的凹槽穿出，再放回压紧轮组，给压紧梁一定的压紧力。在钢绞线端头戴一个钢制子弹头状的钢绞线帽，以减少穿索时的钢绞线端部阻力和防止钢绞线端部散乱。

(6) 当一根细钢绞线穿够长度后，用手提砂轮机切断，即可进行一根穿索工作。液压式穿索机安装布置工作示意如图6.6-5所示。

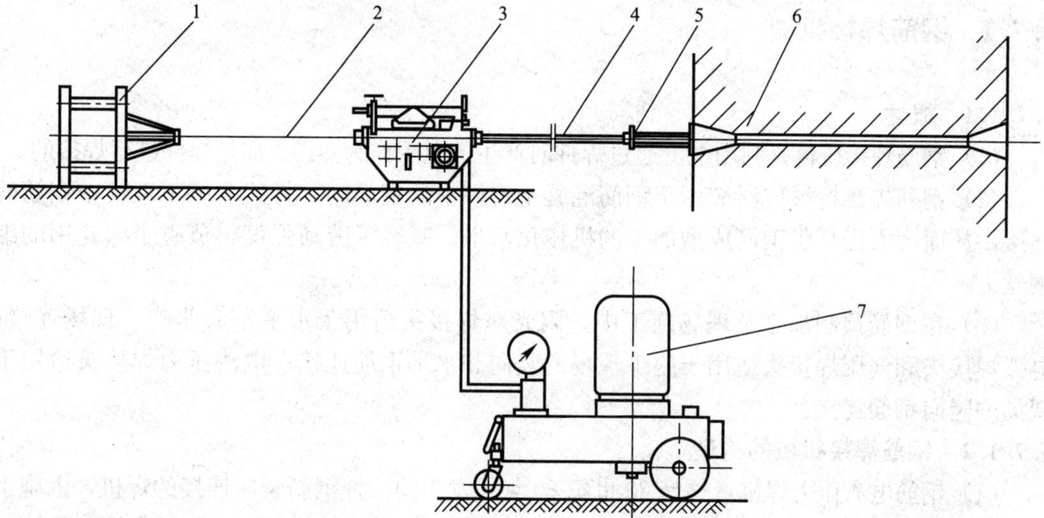

图6.6-5 液压式索机安装布置工作示意图

1—钢绞线架；2—钢绞线；3—穿索机；4—导向软管；5—连接架；6—预应力混凝土梁；7—油泵车

(7) 在穿索长度较大时，应配备两只无线电步话机，便于在较长的预应力梁两端的工作人员联系使用。

(8) 由于预应力梁的孔道成孔形状复杂，往往还存在平弯和竖弯，使穿索阻力增加。因此，在较长的孔道（长度超过70m）时，孔道横截面与钢束（所穿钢绞线的总根数）横截面之比不应小于2.5。在实际穿索工作中，梁上预留孔道的孔径可以选择比规范的孔径略大些。

6.6.5 穿索机的维护保养

（1）穿索机为露天作业，每班应检查、清除上滚轮、链板上的油垢或污物，防止其工作时污染钢绞线。

（2）检查液压系统有无渗漏现象。

（3）按照说明书在机器的各润滑点加注润滑脂。上滚轮的加脂量应适当，以免油脂过多时漏出。

6.7 钢筋连接机械

在建筑、市政、道桥等钢筋混凝土结构工程中，现代新型的钢筋连接机械代替传统的钢筋连接方法。目前应用较成熟的钢筋连接新技术有如下几种：钢筋焊接连接，包括竖向钢筋电渣压力焊、水平钢筋窄间隙焊、钢筋气压焊接；钢筋机械连接，包括套管式径向机械挤压钢筋连接、锥螺纹钢筋连接、梅花齿形套管挤压钢筋连接及套管式轴向机械挤压钢筋连接等。

6.7.1 钢筋焊接机械

6.7.1.1 概述

（1）钢筋焊接机械是利用电流通过焊件时产生的电阻作为热源，加热焊件进行焊接的。

（2）钢筋焊接机械广泛应用于钢筋混凝土构件中的钢筋网、骨架及施工现场中钢筋的连接，从而大大提高了钢筋成型加工的机械化水平，减轻了劳动强度，节省了绑扎用的细钢丝。

（3）在钢筋预制加工及现场施工中，闪光对焊接头适用于水平钢筋非施工现场连接；电弧焊接头和气压焊接头适用于施工现场的竖向和水平钢筋连接；电渣压力焊接头适用于现场的竖向钢筋连接。

6.7.1.2 钢筋焊接机械的构造

（1）钢筋电渣压力焊机　这是20世纪80年代发明的一种钢筋竖向连接的焊机，因施工简单、节能省料、质量可靠、成本低等原因而得以广泛应用。该机主要由焊接电源、焊接卡具、控制系统、辅件（焊剂填装盒、回收工具）等几部分组成。其工作原理见图6.7-1所示。

（2）钢筋点焊机　该机主要由点焊变压器、时间调节器、电极和加压机构等组成。它可分为单头点焊机、多头点焊机、悬挂式点焊机等。图6.7-2所示为杠杆弹簧式点焊机外貌图。点焊时，将表面清理好的钢筋叠合在一起，放在两个电极之间预压夹紧，使两根钢筋交接点紧密接触，然后接通电源，接触点处在极短的时间内产生大量的电阻热，使钢筋加热到熔化状态，然后切断电源，在压力作用下，两根钢筋交叉焊接在一起。

（3）钢筋对焊机　该机主要由机架部分、进料压紧机构、夹具装置、控制开关、冷却系统、电气设备等几部分组成。其工作原理如图6.7-3所示。它属于塑性压力焊接，即将对接的钢筋接头部位，利用电能转化成热能，加热到近于熔化的高温状态，利用其高塑性

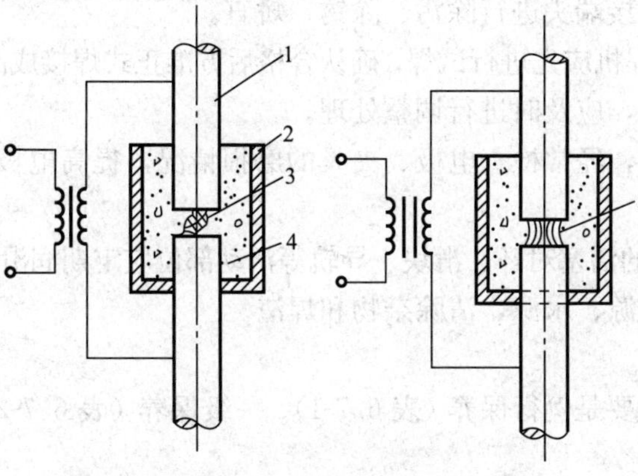

图 6.7-1 竖向钢筋电渣压力焊原理图

1—钢筋；2—焊剂盒；3—导电电焊剂；
4—焊剂；5—电弧

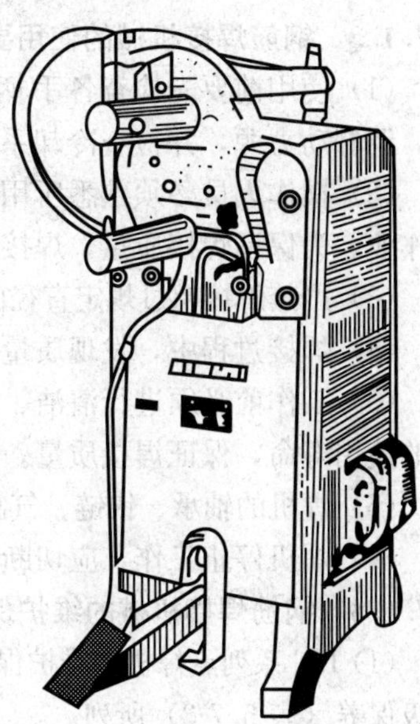

图 6.7-2 杠杆弹簧式点焊机

加压实行顶锻而达到连接的一种工艺操作。

(4) 钢筋气压焊接机　这是利用氧气和乙炔气，按一定的比例混合燃烧的火焰，将被焊钢筋两端加热，使其达到热塑状态，经施加适当压力，使其结合的固相焊接法。图 6.7-4 所示为钢筋气压焊机示意图。因其节省钢材，设备投资少，施工费用低廉，所以广泛应用于 $\phi16 \sim \phi40$ Ⅰ、Ⅱ级钢筋施工工程。

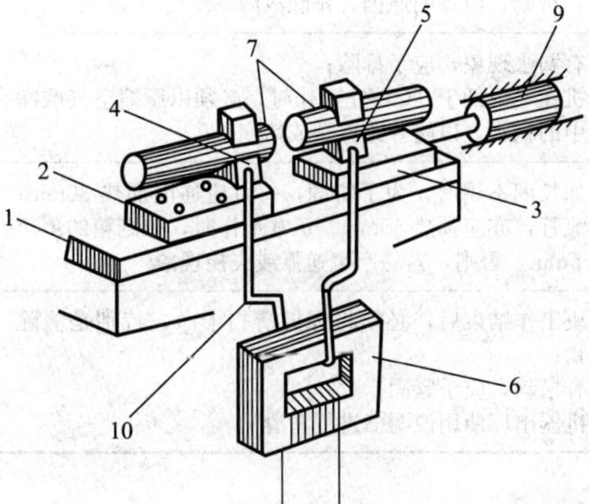

图 6.7-3 钢筋对焊机工作原理

1—机身；2 固定平板；3—滑动平板；4—固定电极；
5—活动电极；6—变压器；7—钢筋；8—开关；
9—压力机构；10—变压器次级线

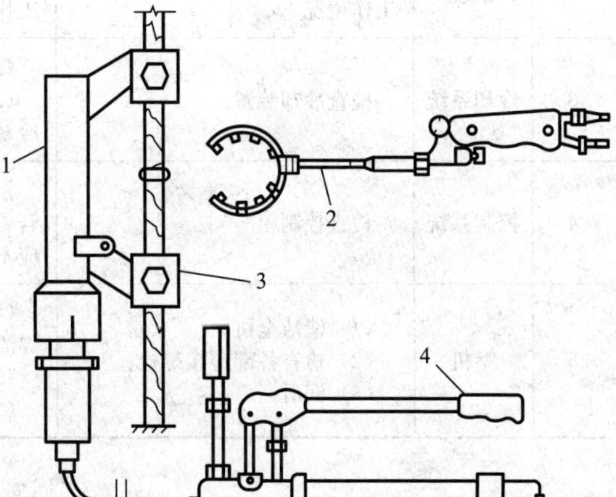

图 6.7-4 钢筋气压焊机

1—压接器；2—加热器；3—焊接夹具；
4—加压器

6.7.1.3 钢筋焊接机械的使用要点

(1) 使用前要先检查各手柄、压力机构、夹具等是否灵活可靠，根据被焊钢筋的规格，调好动力源，并检查冷却系统、气路系统、油路系统有无渗漏现象。

(2) 操作人员必须熟悉所用焊机的构造、性能及操作规程，并严格按焊机操作规程进行作业。为保证焊接质量，焊接前应对焊接端头进行除污、除锈、矫直。

(3) 严禁焊接超过规定直径的钢筋。焊机应先进行试焊，确认合格后方准正式焊接成品。

(4) 焊接过程中，发现质量不合格时，应及时进行调整处理。

(5) 工作前必须进行清洁、润滑工作，经常检查电极、夹具的磨损情况，提高电极夹具的使用寿命，保证焊接质量。

(6) 焊机的轴承、铰链、气缸及油缸的活塞对环、滑块、导轨等活动部位应定期润滑。

(7) 焊机停止工作，应切断电源、气源、水源，清除杂物和焊渣。

6.7.1.4 钢筋焊接机械的维护保养

(1) DN系列点焊机的维护保养工作主要是例行保养（表6.7-1）、一级保养（表6.7-2）、二级保养（表6.7-3）所列。

例行保养（每班进行） **表 6.7-1**

序号	保养项目		技术要求
1	电气设备	(1) 检查线路及开关； (2) 检查焊接电极； (3) 检查漏电情况； (4) 检查接地装置	(1) 检查线路及开关完好情况，如有破损，应予修复或更换； (2) 电极触点如有烧蚀，应予清洁、修整或更换； (3) 焊机通电后，应检查电气设备、操作机构、电路系统及机体外壳有无漏电现象，如有，应查明原因，排除故障； (4) 接地装置应良好可靠
2	气压传动系统	(1) 检查气压传动装置； (2) 检查气压系统各阀门的工作情况	(1) 气压传动系统应无漏气现象，否则，应予排除； (2) 电磁气阀、减压阀、节流阀、放气阀和气压表等，应工作正常，否则，应查明原因，排除故障
3	冷却系统	检查冷却装置	(1) 如有漏水现象，应予排除； (2) 焊机在气温低于0℃停止工作时，必须以压缩空气吹净冷却系统中的积水，以防管路冻裂或堵塞
4	控制系统	检查控制箱	控制箱如长期不用时，为了防潮，每月应通电加热30min；若更换闸流管，亦应预热30min。正常工作时，控制箱的预热应不少于5min，否则，容易产生逆弧或失控现象
5	整机	(1) 清洁全机； (2) 检查各部连接螺栓； (3) 润滑	(1) 每班工作结束后，必须将焊机清扫干净，特别是清除焊渣和污物； (2) 如有松动，应予紧固； (3) 按机器出厂使用说明书进行润滑

一级保养（每工作600h进行） **表 6.7-2**

序号	保养项目		技术要求
1	例行保养		完成本级保养作业项目外的例行保养项目
2	电气设备	(1) 检查接线板、接线柱； (2) 检查变压器	(1) 接线板和接线柱如有破损或烧伤，应予修复或更换； (2) 焊接变压器和控制变压器应工作正常，否则，应予检查修复

续表

序号	保养项目		技术要求
3		(1) 检查气压系统压力; (2) 排放储气罐中的积水	(1) 气压系统的正常压力为 0.55MPa，压力变动范围不应超过±0.05MPa; (2) 排放储气罐中的积水和油污
4	冷却系统	检查进、出水管路	进、出水管路应保持畅通，以保证及时消除焊机排出的热量，如有堵塞，应予疏通
5	控制机构	检查控制箱内部组件	检查控制箱内引燃管和硒整流器的完好情况。如有损坏，除对损坏部件予以修复或更换外，还应查清箱中的熔断器是否合乎规定要求，严禁在电路中加大熔断器规格
6	整机	润滑	按机器出厂使用说明书进行润滑

二级保养（每工作 1200h 进行）　　**表 6.7-3**

序号	保养项目		技术要求
1	一级保养		完成本级保养作业项目外的一级保养项目
2	电气设备	(1) 测定绝缘电阻; (2) 检查上、下电极臂、电极臂压块; (3) 检查脚踏板开关	(1) 一次、二次绝缘电阻值，均应不低于 1.4MΩ，否则，应予干燥处理; (2) 应完好无损，工作正常; (3) 如有损坏或失灵等情况，应予修复
3	气压传动系统	(1) 检查气缸; (2) 检查气体质量; (3) 检查管路和管接头; (4) 检查气压表和各阀	(1) 清洗检查气缸，更换密封垫; (2) 气体必须保持干燥，不应含有水分。如气体中含有水分，应查明原因，排除故障; (3) 消除漏气现象; (4) 气压表、电磁气阀、减压阀、节流阀、放气阀等，如有损坏，应予修复或更换
4	冷却系统	(1) 检查管路通畅情况; (2) 检查水温	(1) 冷却系统管路必须保持畅通，如有堵塞，用压缩空气吹通，除去堵塞物; (2) 排水温度不应超过 40℃，否则，应查明原因，排除故障
5	控制机构	检查控制箱	(1) 如发现引燃管失控，自动闪弧时，说明引燃管损坏，应予更换; (2) 检查闸流管完好情况，如有损坏，应予更换
6	整机	(1) 清洁全机; (2) 检查各部连接螺栓; (3) 润滑	(1) 清除机体上的尘土和焊渣。视需要对机体进行补漆或喷漆; (2) 螺栓如有缺损，应予补齐和更换; (3) 按机器出厂使用说明书进行润滑

(2) UN 系列对焊机的维护保养工作主要是例行保养（表 6.7-4）、一级保养（表 6.7-5）、二级保养（表 6.7-6）所列。

例行保养（每班进行）　　**表 6.7-4**

序号	保养项目		技术要求
1	电气设备	(1) 检查线路和开关; (2) 检查左、右电极; (3) 检查继电器; (4) 检查接地装置	(1) 线路应保持完好，接头牢固，接触良好。开关应灵敏有效；断路限位开关在焊接结束时（达到预定挤压量），能自动切断电源; (2) 左、右电极接触面应完好，烧伤面积不应超过 1/3; (3) 继电器的接触点应灵活，能随按钮动作，否则，应修理触点，除去尘垢; (4) 应完好且功能可靠

续表

序号	保养项目		技术要求
2	焊接机构	检查焊接钳口	(1) 按焊件形状，调整钳口并使两钳口位于同一水平位置，然后夹紧焊件； (2) 调整两钳口间距离：旋动调节螺钉使操纵杆处于右极限时，钳口间距离应为两焊件总伸出长度再加上2～3mm，此即焊接前原始位置
3	冷却系统	检查通水情况	焊机通电前必须通水，使电极次级绕组冷却，同时检查有无漏水现象
4	整机	(1) 检查操纵手柄、压力机构及夹具； (2) 清洁机体； (3) 检查各连接螺栓； (4) 润滑	(1) 夹具应齐全完好，操纵应灵活可靠； (2) 清除机体上的溅渣与尘土； (3) 如有松动，予以紧固； (4) 按机器出厂使用说明书进行润滑

一级保养（每工作600h进行） **表6.7-5**

序号	保养项目		技术要求
1	例行保养		完成本级保养作业以外的例行保养项目
2	电气设备	(1) 检查接线板、接线柱； (2) 检查焊接变压器； (3) 检查接触器及继电器	(1) 接线板、接线柱应完好，如接线头的铜垫圈有破裂或烧伤现象时，应予更换； (2) 清除外部的尘土，紧固夹板螺栓； (3) 接触器及继电器应保持清洁，电极触头应定期用细砂纸磨光
3	焊接机构	(1) 检查送料机构； (2) 检查钳口； (3) 检查钳口调节螺母	(1) 应工作正常，无卡滞现象； (2) 钳口如有损伤，应予修复； (3) 调节螺母应能有效地调节左、右两钳口的距离
4	冷却系统	检查通水情况	冷却水漏斗（装在焊机左侧前方）的水流应持续稳定，如发现水流不畅或停机，应即停机，查明原因，排除故障
5	整机	润滑	按机器出厂使用说明书进行润滑

二级保养（每工作1200h进行） **表6.7-6**

序号	保养项目		技术要求
1	一级保养		完成本级保养作业项目外的一级保养项目
2	电气设备	(1) 检查左、右电极； (2) 测定焊机的绝缘电阻； (3) 检查线路和开关； (4) 检查接地装置	(1) 左、右电极烧伤面超过接触面1/3时，应予修整或换新； (2) 焊机的绝缘电阻值应不低于1.4MΩ，否则，应进行干燥处理； (3) 输电线路如有破损影响输电安全时，应予更换；各开关如有失灵或损坏，应予修复或更换； (4) 检查接地装置的可靠性，必要时测量接地电阻
3	焊接机构	(1) 检查送料机构； (2) 检查夹具； (3) 检查夹紧臂、套钩、操纵杆等	(1) 检查送料机构弹簧，如发现弹力不足，应予更换； (2) 如有变形或磨损严重等情况，应予更换； (3) 如有损坏，应予修复
4	冷却系统	(1) 清洗冷却系统； (2) 检查进出水漏斗	(1) 用压缩空气将水吹净，检查软管完好情况，必要时予以更换； (2) 如有锈蚀涌水等情况，应除锈后予以焊修

续表

序号	保养项目		技术要求
5	整机	(1) 清洁全机； (2) 检查机架； (3) 检查各连接螺栓； (4) 润滑	(1) 清除钳口及周围的焊渣溅沫外，对机内各部件上的尘土也应予以清除，保持焊机清洁； (2) 机架、固定横梁、可动横梁及其他部分如有损坏，均应予以修复，视需要对机体进行补漆或喷漆； (3) 螺栓如有缺损，应予补齐和更换； (4) 按机器出厂使用说明书进行润滑

6.7.1.5 钢筋焊接机械的常见故障及处理方法

对焊机常见故障及处理方法见表 6.7-7 所列、DN_2 系列点焊机常见故障及处理方法见表 6.7-8 所列、钨极氩弧焊机常见故障及处理方法见表 6.7-9 所列、熔化极氩弧焊机常见故障及处理方法见表 6.7-10 所列、二氧化碳保护焊机常见故障及处理方法见表 6.7-11 所列。

对焊机的常见故障及处理方法 **表 6.7-7**

故障现象	故障原因	处理方法
焊接时次级没有电流，焊件不能熔化	(1) 继电器接触点不灵活，不能随按钮动作，接触器接触不良； (2) 按钮开关失灵	(1) 修理接触点，清除积垢去尘； (2) 修理开关接触部分或更换
焊件熔接后不能自动断路	阻止行程开关失灵不能动作	修理或更换
变压器通路，但焊接时不能良好焊牢	(1) 电极和焊件接触不良有氧化物； (2) 焊件间接触不良	(1) 修理电极钳口，用砂布打光，使接触良好； (2) 清除焊件端部的氧化物和污物
焊接时零件熔化过快，不能很好接触	电流过大	改变接触组插头位置
焊接时零件熔接不好，焊不牢有粘点现象	电流太小	改变接触组插头位置调整电压

DN_2 系列点焊机的常见故障及处理方法 **表 6.7-8**

故障现象	故障原因	处理方法
焊接时无焊接电流	(1) 焊接程序循环停止； (2) 继电器 J_4 触点不良或电阻 R_{27}、R_{28} 断路； (3) 无引燃脉冲或幅值很小； (4) 气温低、引燃管不工作； (5) 焊接变压器初级或次级开路	(1) 检查时间调节器电路； (2) 清理触点或更换电阻； (3) 检查电路波形及相位调节； (4) 外部加热； (5) 检查和清洁回路
焊件大电流烧穿	(1) 预压时间过短； (2) 电极下降速度太慢； (3) 焊接压力未加上； (4) 上下电极不对中； (5) 焊件表面不清洁或内部夹杂物； (6) 引燃管冷却不良而引起温度增高失控； (7) 引燃管引燃电路失控； (8) 引燃管随反峰电压值降低，逆弧； (9) 焊接时间失控； (10) 单向导电引起大电流； (11) 继电器 J_4 触点间隙太小或增级继电器接触不良，引起 J_4 振动； (12) 主电路或焊接变压器接地	(1) 调节预压时间； (2) 检查导轨润滑、气阀、气缸； (3) 检查电极距离、气路压力； (4) 调整电极对中； (5) 清理焊件； (6) 畅通冷却水路； (7) 检查引燃电路； (8) 更换引燃管； (9) 检查时间控制电路； (10) 检查引燃电路、移相电路； (11) 调整间隙、清理触点； (12) 测量绝缘电阻、排除

续表

故障现象	故障原因	处理方法
引燃管失控、自动闪弧	(1) 引燃管不良； (2) 闸流管损坏； (3) 引燃电路无栅偏压； (4) C_{11}、C_{12}、B_5、B_6 损坏	(1) 更换引燃管； (2) 更换闸流管； (3) 检查栅极电压； (4) 更换电容，修理变压器
焊接时二次通电	(1) 继电器触点 J_{4-1} 与 J_{4-2} 的间隙不合适； (2) 时间调节继电器接触点不良引起振动； (3) 闸流管不良	(1) 调整间隙； (2) 清洁、调整触点； (3) 更换闸流管
焊接时电极不下降	(1) 脚踏开关断线或损坏； (2) 时间调节器中的继电器触点不良； (3) 电磁气阀卡死或线圈开路； (4) 压缩空气压力调节过低； (5) 气缸机械卡死	(1) 修理开关或接线； (2) 清洁、调整触点； (3) 修理线圈、气阀； (4) 调整气压； (5) 拆修气缸机械

钨极氩弧焊机的常见故障及处理方法 **表 6.7-9**

故障现象	故障原因	处理方法
电源开关接通，指示灯不亮	(1) 开关损坏； (2) 熔断器烧断； (3) 控制变压器损坏； (4) 指示灯损坏	(1) 更换开关； (2) 更换熔断器； (3) 检修控制变压器； (4) 更换指示灯
控制线路有电，但焊机不能启动	(1) 脚踏开关或焊枪开关接触不良或断线； (2) 启动继电器或热继电器故障； (3) 控制变压器损坏	(1) 检修； (2) 检修； (3) 检修、更换变压器
无高频或高频微弱	(1) 高频振荡电路故障； (2) 火花放电器间隙不合适； (3) 放电盘云母击穿； (4) 放电器电极烧坏	(1) 检修电路； (2) 调整火花放电间隙； (3) 更换云母片； (4) 清理和调整电极
有高频，但引不起电弧	(1) 焊接电源接触器故障； (2) 控制线路故障； (3) 地线与焊件接触不良	(1) 检修电源接触器； (2) 检修线路； (3) 清理焊件、改善接触
电弧引燃后，焊接时电弧不稳	(1) 稳弧器故障； (2) 消除直流分量的元件故障； (3) 焊接电源故障	(1) 检修稳弧器； (2) 检修或更换； (3) 检修电源
焊机启动后，无氩气输出	(1) 气路阻塞； (2) 电磁气阀故障； (3) 电磁气阀控制线路故障； (4) 气体延时线路故障	(1) 检修气路； (2) 检修气阀； (3) 检修气阀控制线路； (4) 检修延时线路

熔化极氩弧焊机常见故障及处理方法 **表 6.7-10**

故障现象	故障原因	处理方法
转换开关接通控制电路，但控制电路接通的指示灯不亮	(1) 线路与控制箱未连接； (2) 转换开关损坏； (3) 熔断器烧坏； (4) 变压器“1B”损坏； (5) 指示灯损坏	(1) 检查接线； (2) 调换或修复； (3) 换新； (4) 修复； (5) 换新

续表

故障现象	故障原因	处理方法
表示控制电路接通的指示灯亮，但经过五分钟后允许启动指示灯不亮	(1) 指示灯损坏； (2) 热断电器“RJ”损坏； (3) 变压器“4B”损坏； (4) 触头“$1J_1$”接触不良	(1) 换新； (2) 修复； (3) 修复； (4) 修复
当在应用钨极与焊件短路启动时，钨极接触焊件，但焊机不能启动	(1) 开关“2DK”没关闭或损坏； (2) 可能下列元件损坏： 1) 继电器“5HJ”或“2J”； 2) 电阻 R_5 或 R_6； 2) 硒整流器“3BZL”； 4) 变压器“4B”。 (3) 电源接触器常用闭触头“C_3”烧毛或损坏； (4) 焊件不清洁	(1) 检修“2DK”； (2) 检修或更换有关元件； (3) 清理或修理； (4) 清理焊件表面
焊机启动后，振荡器不激弧或火花很微弱	(1) 火花放电器放电极烧坏或烧损； (2) 两放电极间云母击穿； (3) 电容器“C_5”损坏	(1) 清理电极，调整放电极间云母厚度； (2) 换新（高级天然云母）； (3) 换新
按“检视气流”按钮，氩气没由焊炬喷嘴处嘴出	(1) 按钮接触不良； (2) 电磁气阀损坏； (3) 硒整流器“1BZL”损坏； (4) 变压器“4B”损坏	(1) 清理触头； (2) 检修； (3) 检修或换新； (4) 修复
“检视相位”按钮，相位指示灯不亮	(1) 指示灯损坏； (2) 继电器“4J”或“C”损坏； (3) 相位不对	(1) 换新； (2) 修复； (3) 调新焊接变压器次级接线（两根线对调）
焊机启动，电弧引燃后，在振荡器断开后，电弧常拉断	(1) 脉冲稳弧器不工作，指示灯不亮； (2) 指示灯亮，但脉冲稳弧器不工作； (3)“3G”或“ZL”等零件损坏	(1) 调换焊接变压器次级接线（同本表中3）即“HB”的5、10号对调； (2) 检查有关元件，发现损坏者及时修理或调换； (3) 换新

二氧化碳保护焊机常见故障及处理方法　　**表 6.7-11**

故障现象	故障原因	处理方法
焊丝送给不均匀	(1) 焊枪开关或控制线路接触不良； (2) 送丝滚轮压力调整不当； (3) 送丝滚轮磨损； (4) 减速箱故障； (5) 送丝软管接头处或内层弹簧管松动、堵塞，； (6) 焊丝绕制不好，时紧时松或有弯曲； (7) 焊丝与导电嘴接触不好，孔径太大或磨损	(1) 检查拧紧； (2) 调整送丝滚轮压力； (3) 更换滚轮； (4) 检修减速箱； (5) 清洗修整； (6) 换一盘焊丝或重绕；调直焊丝； (7) 检修或换新
焊接过程中熄弧和焊接规范不稳定	(1) 导电嘴打弧烧坏； (2) 焊丝有死弯、送丝不畅； (3) 导电嘴孔径太大； (4) 焊接规范不合适； (5) 电感值选择不当； (6) 送丝滚轮磨损	(1) 换新导电嘴； (2) 调直焊丝； (3) 更换导电嘴； (4) 调整规范； (5) 调整电感值； (6) 更换滚轮

续表

故障现象	故障原因	处理方法
焊丝在送丝轮和导电杆进口管子处发生弯曲	(1) 导电嘴与焊丝粘住； (2) 导电嘴孔径太小，配合太紧	(1) 更换导电嘴； (2) 更换合适孔径的导电嘴
电压失调	(1) 焊接回路接触不良或断线； (2) 三相多线开关损坏； (3) 变压器抽头接触不良； (4) 大功率硅管击穿； (5) 变压器烧损； (6) 移相和触发电路故障； (7) 自饱和磁放大器故障； (8) 线路接触不良或断线； (9) 继电器触点或线包烧损	(1) 检修、接通或拧紧； (2) 检修、换新； (3) 检修； (4) 检修、换元件； (5) 检修、换新； (6) 检修、换元件； (7) 检修； (8) 检修； (9) 检修、换新
电流失调	(1) 焊接回路故障； (2) 送丝电机及线路故障； (3) 可控制硅调速线路故障； (4) 自耦变压器断线或接触不良	(1) 用万用表检查； (2) 检修； (3) 检修； (4) 检修、拧紧、接通
气体保护不好	(1) 电磁气阀故障； (2) 电磁气阀电源故障； (3) 气路阻塞； (4) 气路接头漏气； (5) 飞溅物堵塞喷嘴通道； (6) 气瓶内气已用完； (7) 减压表冻结（气体消耗量大）（预热器断路或未接）； (8) 焊接场地有穿堂风； (9) 气体流量小； (10) 导电杆进口离送丝轮距离远； (11) 弹簧软管内径小或堵塞； (12) 送丝滚轮导向杆与送丝管不在一条直线上	(1) 修理电磁气阀； (2) 检修电源； (3) 检查气路导管； (4) 紧固接头； (5) 清理飞溅物； (6) 更换新灌气瓶； (7) 查找原因处理； (8) 加设挡风装置； (9) 调整合适流量； (10) 缩短两者间距； (11) 清洗或更换弹簧软管； (12) 调整到一条直线
焊丝停送和送丝电机不转	(1) 送丝滚轮打滑； (2) 焊丝与导电嘴熔合； (3) 焊丝卷曲卡在焊丝进口管处； (4) 送丝电机碳刷磨损； (5) 电机电源变压器损坏； (6) 保险丝烧断； (7) 焊枪开关接触不良或控制线路断路； (8) 控制继电器触点烧损或线包烧损； (9) 调速电路故障： 1) 接触不良或断线； 2) 整流元件击穿； 3) 控制变压器损坏； 4) 可控硅调速线路故障： a. 电位器损坏； b. 线路接触不良或断线； c. 三极管击穿； d. 可控硅击穿	(1) 调整送丝轮压力； (2) 拧下、更换导电嘴； (3) 退出焊丝后剪去一段； (4) 换新； (5) 检修、更换； (6) 更换； (7) 检修、接通线路； (8) 修理触点、换继电路； (9)： 1) 拧紧或接通； 2) 换新； 3) 更换； 4) 检修、更换
电动机转速突然增高及发热	(1) 励磁线圈与外壳短路； (2) 可控硅击穿	(1) 检修、加绝缘； (2) 更换元件

续表

故障现象	故 障 原 因	处 理 方 法
焊接电压低	网路电压低	调大一挡
焊接电压低	(1) 三相电源单相断路: 1) 单相保险丝烧断; 2) 硅整流元件单相击穿。 (2) 三相变压器断电或短路; (3) 接触器单相不供电	(1) 检修、更换: 1) 更换; 2) 检修、更换。 (2) 检修、更换。 (3) 检修触点
焊接电流小	(1) 电缆接头松; (2) 电缆与工件接触不良; (3) 电缆与焊枪、导电杆接触不良; (4) 导电嘴与导电杆接触不良; (5) 导电嘴孔径大; (6) 送丝电机转速提不高	(1) 拧紧; (2) 清理工件表面、使接触好; (3) 拧紧; (4) 拧紧; (5) 更换导电背; (6) 检查电机及供电系统

6.7.2 钢筋锥螺纹连接机

6.7.2.1 概述

锥螺纹钢筋接头是采用锥螺纹连接钢筋的一种机械式钢筋接头。它能在施工现场连接Ⅱ、Ⅲ级 $\phi16$～$\phi40$ 的同径或异径的竖向、水平或任何倾角钢筋，不受钢筋有无花纹及含碳量的限制。它连接速度快、对中性好、工艺简单、安全可靠、无明火作业、不污染环境、节约钢材和能源。可全天候施工，有利于工业化文明施工，有明显的技术、经济和社会效益。适用于按一、二级抗震等级设防的一般工业与民用房屋及构筑物的现浇混凝土结构的梁、柱、板、墙、基础的连接施工作业。

6.7.2.2 钢筋锥螺纹连接机的构造

图 6.7-5 所示为钢筋锥螺纹连接机的示意图。

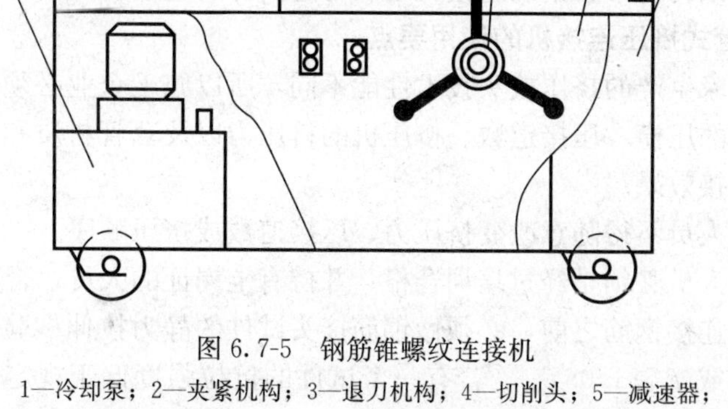

图 6.7-5 钢筋锥螺纹连接机

1—冷却泵；2—夹紧机构；3—退刀机构；4—切削头；5—减速器；6—操作手轮；7—机体；8—限位器；9—电器箱

6.7.2.3 钢筋锥螺纹连接机的使用要点

（1）钢筋套丝牙形质量必须与牙形规吻合，其完整牙数必须满足有关要求。

（2）钢筋锥螺纹小端直径必须在卡规的允许误差范围内。

（3）连接套规格必须与钢筋规格一致。

（4）钢筋接头拧紧力矩值，必须达到有关的要求。

（5）连接好的钢筋接头丝扣，不准一个完整丝扣外露；如果发现有这样的钢筋接头，必须查明原因，重新拧紧到规定的力矩值，直至无一个完整丝扣外露。

（6）必须坚持持证上岗制度，未经培训无上岗证工人不得进行钢筋套丝及连接钢筋作业。

（7）力矩扳手必须按使用说明书使用，不得擅自拆装或摔打扳手。

（8）力矩扳手必须每半年经过扭力仪标定一次，以确保拧紧力值准确。

6.7.3 钢筋套管式挤压连接机

6.7.3.1 概述

（1）钢筋套管式挤压连接机在国外已有二十多年的应用历史，国内则在 20 世纪 90 年代中期才研制成功。

（2）它同其他连接方式相比，具有操作简单，容易掌握，连接时无明火，不受天气及自然环境的影响，在可燃性环境中及水中均可作业，适用范围广，可连接不同材质和不同直径的钢筋并且端头不需特别处理。

（3）它具有接头性能可靠、检验方便、节约钢材、节约能源、操作简便、效率高、不污染环境、可全天候施工、实现文明施工等特点。

（4）钢筋套管式挤压连接机有如下分类方法：

1）按工作特性不同可分为抗压、抗拉、抗拉压两用连接机；

2）按套筒作用不同可分为径向套管式连接机和轴向套管式连接机。

6.7.3.2 钢筋套管式挤压连接机的构造

径向套管式机械挤压连接机是采用挤压机和压模，沿套管直径方向。从套管中间依次向两端挤压套管，把插在套管里的两根钢筋紧固成一体的机械接头。该机主要由钢筋挤压钳、高压泵端、超高压软管、压模、辅助机具组成。这种连接机广泛应用于地震区和非地震区的钢筋混凝土结构的带肋钢筋连接施工。可连接Ⅱ、Ⅲ级 $\phi12 \sim \phi40$ 钢筋。

6.7.3.3 钢筋套管式挤压连接机的使用要点

（1）因制造厂家生产的挤压接头技术性能不同，所以施工企业必须使用成套机具，不可随意变更挤压机的压模、压接道数、挤压机的挤压力以及套管材质和几何尺寸，否则会影响钢筋接头的连接效果。

（2）挤压作业人员不得随意改变挤压力、压接道数或挤压顺序。

（3）挤压作业人员必须是经过培训合格，并持有上岗证的人员，否则不准上岗作业。

（4）挤压接头连接钢筋之前，必须做钢筋接头试件的静力拉伸试验，抗拉强度实测值应达到：$f_t \geqslant f_{st}$，或 $f_t \geqslant 1.05 f_{stk}$。若有一个试件的抗拉强度低于规定值，应取双倍数量试件进行复检，复验后如仍有一个试件达不到规定值，则该批挤压接头为不合格接头，不能进行挤压作业。

（5）挤压接头现场验收以每500个相同规格、相同制作条件的接头为一个验收批，不足500个接头也作为一个验收批，做静力拉伸试验，其试验结果应符合要求。

（6）施工作业人员应严格遵守高空作业及用电有关安全规定；严格按技术培训要求操作使用泵站、挤压机。

7 混凝土机械

7.1 概述

7.1.1 混凝土机械的用途

用于骨料的破碎、筛分、运输和混凝土的搅拌、输送、浇筑、密实等作业的机械与设备称为混凝土机械。

混凝土机械广泛应用于公路、铁路、市政、工业与民用建筑、桥梁、机场、港口、矿山等各项工程中。现代化的建设工程中，绝大多数的构件都采用钢筋混凝土构件，如建筑物的基础、梁、柱、板、桥梁及给排水构筑物都是混凝土的现浇件或混凝土的预制件。因此，混凝土施工机械是混凝土工程的专用设备。

7.1.2 混凝土机械的类型

混凝土机械的类型如图 7.1-1 所示：

- 混凝土机械
  - 石料破碎机械
    - 锷式破碎机
    - 旋回破碎机
    - 圆锥破碎机
    - 锤式破碎机
  - 石料筛洗机械
    - 圆筒旋转筛
    - 惯性振动筛
    - 螺旋洗砂机
    - 链式洗砂机
  - 混凝土搅拌机械
    - 鼓形滚筒式搅拌机
    - 锥形反转出料式搅拌机
    - 锥形倾翻出料式搅拌机
    - 立轴涡浆式搅拌机
    - 单卧轴式搅拌机
    - 双卧轴式搅拌机
  - 混凝土搅拌楼(站)
    - 混凝土搅拌楼
    - 混凝土搅拌站
  - 混凝土输送机械
    - 混凝土搅拌输送车
    - 混凝土泵及泵车
    - 混凝土风动输送设备
  - 混凝土喷锚设备
    - 混凝土喷射设备
    - 混凝土锚杆设备
  - 混凝土振动机械
    - 混凝土内部振动器
    - 混凝土外部振动器
    - 混凝土表面振动器
    - 混凝土振动台

图 7.1-1 混凝土机械的类型

7.1.3 混凝土机械的发展概况

（1）当前，国内外的工程施工部门都十分重视混凝土施工机械的发展和应用，例如，施工现场所用的现浇混凝土，除了大体积混凝土构件使用商品混凝土外，其余构件都借助于各种容量的搅拌机和小型移动式的混凝土搅拌站来加工。

（2）随着现代化的高层和超高层建筑物不断增加，混凝土搅拌楼越来越受到欢迎。电子计算机直接控制各混凝土工艺机台，使混凝土机械按设计的程序进行作业。

（3）混凝土机械用机械化或自动化的方法完成原料的进仓、储存、称量配比、进机搅拌、成料卸出、运输、浇灌、振捣成型等工艺过程。用混凝土搅拌楼来生产混凝土的优点是：生产率高、混凝土质量好、成本较低并能保证构件的质量。

7.1.4 混凝土机械的型号编制

根据中华人民共和国专业标准，现将混凝土机械的机种类别及型号编制列于表 7.1-1。

混凝土机械的主要机种类别及型号编制　　表 7.1-1

类		型		特性	产品		主参数代号		
名称	代号	名称	代号	代号	名称	代号	名称	单位	表示法
混凝土搅拌机	J（搅）	锥形倾翻出料式	F（翻）	C（齿）	齿圈锥形倾翻出料混凝土搅拌机	JFC	出料容量	L	主参数
				M（摩）	摩擦锥形倾翻出料混凝土搅拌机	JFM			
		涡桨式	W（涡）	—	涡桨式混凝土搅拌机	JW			
		行星式	N（行）	—	行星式混凝土搅拌机	JN			
		单卧轴式	D（单）	—	单卧轴式机械上料混凝土搅拌机	JD			
				Y（液）	单卧轴式液压上料混凝土搅拌机	JDY			
		双卧轴式	S（双）	—	双卧轴式机械上料混凝土搅拌机	JS			
				Y（液）	双卧轴式液压上料混凝土搅拌机	JSY			
		连续式	L（连）	—	连续式混凝土搅拌机	JL			
混凝土搅拌楼	HL（混楼）	锥形反转出料式	Z（锥）	2（台）	锥形反转出料混凝土搅拌楼	2HLZ	生产率	m^3/h	
		锥形倾翻出料式	F（翻）	2台	锥形倾翻出料混凝土搅拌楼	2HLF			
				3台		3HL			
				4台		4HLF			
		涡桨式	W（涡）	(2台)	涡桨式混凝土搅拌楼	2HLW			
		行星式	N（行）	2（2台）	行星式混凝土搅拌楼	2HLN			
		单卧轴式	D（单）	2（2台）	单卧轴式混凝土搅拌楼	2HLD			
		双卧轴式	S（双）	2（2台）	双卧轴式混凝土搅拌楼	2HLS			

续表

类		型		特性	产品		主参数代号		
名称	代号	名称	代号	代号	名称	代号	名称	单位	表示法
混凝土搅拌站	HZ（混站）	锥形反转出料式	Z（锥）	—（1台）	锥形反转出料混凝土搅拌站	HZZ	生产率	m^3/h	主参数
		锥形倾翻出料式	F（翻）	—（1台）	锥形倾翻出料混凝土搅拌站	HZF			
		涡桨式	W（涡）	—（1台）	涡桨式混凝土搅拌站	HZW			
		行星式	N（行）	—（1台）	行星式混凝土搅拌站	HZN			
		单卧轴式	D（单）	—（1台）	单卧轴式混凝土搅拌站	HZD			
		双卧轴式	S（双）	—（1台）	双卧轴式混凝土搅拌站	HZS			
混凝土搅拌输送车	JC（搅车）	自行式	—	—	飞轮取力混凝土搅拌输送车	JC	搅动容量	m^3	
				Q（前）	前端取力混凝土搅拌输送车	JCQ			
				D（单）	单独驱动混凝土搅拌输送车	JCD			
				L（料）	前端卸料混凝土搅拌输送车	JCL			
				P（皮）	带皮带输送机混凝土搅拌输送车	JCP			
				Z（自）	带自行上料装置混凝土搅拌输送车	JCZ			
				B（泵）	带臂架混凝土搅拌输送车	JCB			
				F（翻）	带拌筒倾翻机构混凝土搅拌输送车	JCQ			
混凝土泵	HB（混泵）	固定式	G（固）	—	固定式混凝土泵	HBG	理论输送量	m^3/h	
		拖式	T（拖）	—	拖式混凝土泵	HBT			
		车载式	C（车）	—	车载式混凝土泵	HBC			
混凝土布料杆	HG（混杆）	—	—	—	机械混凝土布料杆	HG	布料半径	m	
				Y（液）	液压混凝土布料杆	HGY			
臂架式混凝土泵车	BC（泵车）	整体式	—	—	整体式臂架混凝土泵车	BC	理论输送量～布料高度	$m^3/(h\cdot m)$	
		半挂式	B（半）	—	半挂式臂架混凝土泵车	BCB			
		全挂式	Q（全）	—	全挂式臂架混凝土泵车	BCQ			
混凝土喷射机	HP（混喷）	缸罐式	G（缸）	—	缸罐式混凝土喷射机	HPG	理论输送量	m^3/h	
		螺旋式	L（螺）	—	螺旋式混凝土喷射机	HPL			
		转子式	Z（转）	—	转子式混凝土喷射机	HPZ			

续表

类		型		特性	产品		主参数代号		
名称	代号	名称	代号	代号	名称	代号	名称	单位	表示法
混凝土喷射机械手	PS（喷射）	—	—	—	混凝土喷射机械手	BCB	喷头至输前水平距离	m	主参数
混凝土喷射台车	PC（喷车）	—	—	—	混凝土喷射台车	PC	理论输送量	m^3/h	
混凝土浇筑机	HJ（混浇）	轨道式	—	—	轨道式混凝土浇筑机	HJ	额定容量	m^3	
		轮胎式	L（轮）	—	轮胎式混凝土浇筑机	HJL			
		固定式	G（固）	—	固定式混凝土浇筑机	HJG			
混凝土振动器	Z（振）	内部振动式	N（内）	—	电动软轴行星插入式混凝土振动器	ZN	棒头直径	mm	
				P（偏）	电动软轴偏心插入式混凝土振动器	ZNP			
				D（电）	电动内装插入式混凝土振动器	ZND			
混凝土振动器	Z（振）	外部振动式	—（外）	B（平）	平板式混凝土振动器	ZB	功率	W·Hz	主参数×10^{-3}频率数
				F（附）	附着式混凝土振动器	ZF			
				D（单）	单向振动附着式混凝土振动器	ZD			
混凝土振动台	ZT（振台）	—	—	—	混凝土振动台	ZT	载重量	t	主参数

7.2 水泥混凝土搅拌机械

7.2.1 概述

7.2.1.1 用途及工作对象

水泥混凝土搅拌机械是制备新鲜混凝土料的成套专用机械，其功能是将水泥混凝土的原材料水泥、水、砂、石料和附加剂等，按预先设定的配合比，分别进行输送、上料、储存、配料、称量、搅拌和出料，生产出符合质量要求的成品混凝土。这种设备广泛用于道路、建筑、水坝、码头、机场等工程施工。

7.2.1.2 国外水平及发展趋势

（1）国外开发生产水泥混凝土搅拌机械的时间比较早，大致从1888年法国申请登记第一个用于修筑战前高速公路的搅拌机专利，到1903年建造世界上第一座生产水泥混凝土的搅拌加工厂，迄今已有百多年的历史。

(2) 美国、日本和西欧一些工业发达国家，相继在20世纪50年代左右，也都建造了自己的混凝土搅拌厂，用以生产商品混凝土，供给各种建筑工程和道路建设部门。

(3) 随着商品混凝土的推广，以及建筑规模的大型化、复杂化和高层化对混凝土质量不断提出的高要求，有力地促进了混凝土机械在使用性能和技术水平方面的迅速提高和发展。

(4) 20世纪90年代中期，国外一些先进的水泥混凝土搅拌机械均已采用了电子计算机自动控制和电视屏幕监控技术，对配合比的选择、上料、称量、搅拌、出料、骨料含水率的测定、配合比的调整以及各种数据的储存记录等全部实现了自动控制。

(5) 先进的混凝土搅拌场（站），还设置有对粗细骨料粒度分布进行调整的粒度补偿、对骨料表面含水率的补偿、容量变更控制、骨料精称控制、废水回收浓度补偿等控制手段，从而能够得到比较高的配合比精度。

(6) 当今国外的水泥混凝土搅拌机械不仅技术性能先进，自动化程度高，生产的混凝土质量有保证，而且产品的品种规格齐全，供用户选择的余地较大。主要有以下几个方面：

1) 不断开拓新的主机结构形式。近年来一些著名生产厂家，在原有的自落式和强制式两种基本结构形式的基础上，先后推出了无叶片搅拌机、行星式搅拌机、超临界转速搅拌机、滚筒式搅拌机、带振动装置的搅拌机、声波搅拌机和自落-强制搅拌机等。这些新型搅拌主机在降低耗能和提高搅拌质量以及对多品种骨料的适应性等方面都有新的突破；

2) 致力于改进搅拌工艺。在经过漫长的发展历史之后，水泥混凝土搅拌设备在技术性能和操纵控制方面都已达到近乎完美的程度。德国、美国和日本等一些工业发达国家开始把注意力放在对传统搅拌工艺的改进方面，同时在各自的国家研制成功双层立轴式搅拌机。这种搅拌机具有上下两个相互独立的搅拌筒，将原来的一次搅拌出料改为两次搅拌出料。与此同时，美国和日本的一些制造公司还试图在传统的周期式搅拌工艺的基础上，开发研制出连续式混凝土搅拌机械，并已在施工工程中推广应用；

3) 进一步向多功能、大型化发展。为了适应国际市场多样化的使用需求，以及建筑规模越来越大的发展趋势，国外厂商极尽所能，一方面不断完善产品的服务功能，如增设空调、水冷及热搅拌设备，以适应酷暑和严寒的气候条件；进一步改进质量监控体系，以确保产品质量，降低使用成本；改善工作环境，保证操作安全，以便符合安全卫生法规要求等。另一方面，进一步加大生产能力，以适应工程规模发展的需要。目前国外一般的混凝土搅拌楼（站），产量都在60～100m^3/h，大的可以达到250m^3/h以上。

7.2.1.3 国内水平及发展方向

(1) 我国开发生产水泥混凝土搅拌设备，起步于20世纪50～60年代，当时的产品仅限于已被淘汰的JG型鼓式搅拌机。

(2) 20世纪70年代末期在引进国外样机的基础上，陆续开发了新一代的JZ型双锥自落式搅拌机和JD、JS型单双轴卧式强制搅拌机系列产品，老式产品被取而代之。

(3) 进入20世纪80年代，为了满足国内飞速发展的建筑业和道路工程的紧迫需要，混凝土搅拌设备的开发和研究工作有了长足的进步，建设部所属的科研院所和国内一批骨干企业，先后开发出了一批性能比较先进的复式搅拌机，如JDF350、JF200和JF350型等，还研制出10多种混凝土搅拌楼（站），如HZW20、HZW25、HZD25、HL150W、HL236W及其他产品。

（4）这些产品除了配备有技术性能比较先进的搅拌主机外，还设置了水泥、砂、石料、水和附加剂等所有集料的储存、输送、称量、投放和出料等一系列工作装置，并由单板机或微电脑对生产过程实施程序化全自动控制。

（5）近十多年来，国内一些科研机构在分析研究国外最新产品的基础上，结合我国的实际情况，又陆续开发研制出生产率为20～75m^3/h的6种不同规格形式的混凝土搅拌站，不仅采用微机控制技术，“双掺”料位显示，而且具有配合比预选、落差补偿、砂石含水率测定和容量变更、原始数据记录、储存等一系列自动功能。

（6）目前专门从事开发研制和生产的科研院所近百个，定型生产的产品包括带有微机自动控制的成套设备和单机人工上料的小型料站，共有18个系列、10大类、160个产品。大致说来，国内产品无论是技术水平、品种规格，还是在产品的质量、数量上都尚处于开发、研制阶段，并得到了很大的发展，大大地满足国内大市场的发展需要，有些混凝土搅拌机械已经达到或接近国外先进水平。

7.2.1.4 混凝土搅拌机的类型和特点

（1）按工作原理分类

1）连续作业式：其作业过程，无论装料、搅拌和卸料都是连续不断进行的，所以生产率高，但混凝土的配合比和拌合质量难以控制，民用建筑施工中很少使用，多用于混凝土需要量大的市政、路桥和水利工程中；

2）周期作业式：即装料、搅拌和卸料工序周而复始地分批进行。构造简单，因而容易控制配合比和保证拌合质量，是建筑工程应用最多的类型。

（2）按搅拌方式分类

1）自落式：如图7.2-1（*a*）、图7.2-1（*b*）所示，搅拌机搅拌筒旋转，筒内壁固定的叶片将物料带到一定高度，然后物料靠自重自由坠落，周而复始，使物料获得均匀拌合；

2）强制式：如图7.2-1（*d*）～图7.2-1（*g*）所示，搅拌机的搅拌筒固定不动，筒内物料由转轴上的拌铲和刮铲强制进行挤压、翻转和抛掷，使混凝土拌合。这种搅拌机的生产率高，拌合的质量好，但其耗能较大。

（3）按卸料方式分类

1）倾翻式：搅拌机搅拌筒的轴线位置是可变的，卸料时须将搅拌筒倾翻至一定角度，使混合料从筒内卸出。根据搅拌筒的形状不同又可分单锥形和双锥形两种。

2）不倾翻式：搅拌机的旋转轴线固定不变。拌筒形状为鼓形或双锥形，它的两端各有一个开口供装料和卸料用。根据出料方式不同，又可分为反转卸料式和斜槽卸料式两种。

（4）按移动方式分类

1）固定式：搅拌机与基础固定，这种搅拌机的生产容量大，一般出料容量都在0.35m^3以上，多在搅拌楼（站）中使用。

2）移动式：移动式搅拌机有牵引式和自行式两种。牵引式搅拌机由汽车牵引移动，多用于中、小型工程施工；自行式搅拌机是装在汽车上的混凝土搅拌机械，如混凝土搅拌运输车。

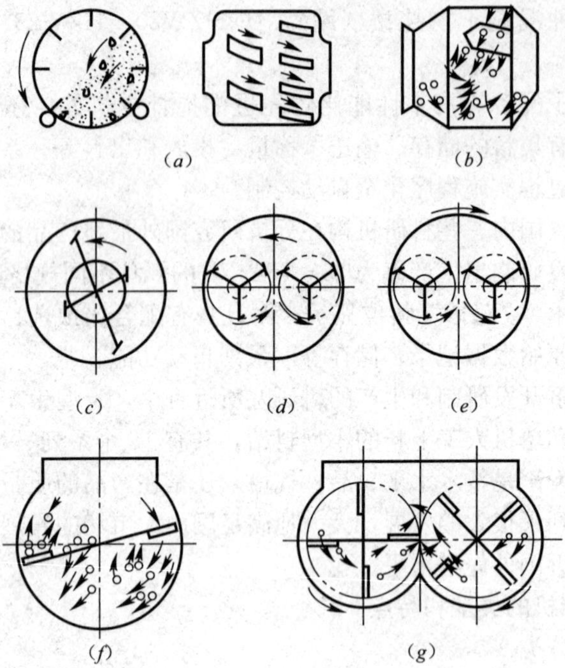

图 7.2-1 混凝土搅拌机工作原理与类型

(*a*) 鼓形；(*b*) 锥形反转出料；(*c*) 涡桨式；

(*d*)、(*e*) 行星式；(*f*) 单卧轴式；(*g*) 双卧轴式

7.2.1.5 混凝土搅拌机生产率计算

搅拌机生产率的高低，取决于每拌制一罐混凝土所需要的时间和每罐的出料体积，其计算公式如下：

$$Q = 3.6\frac{Vf_1}{t_1 + t_2 + t_3 + t_4} \quad (m^3/h)$$

式中 V——进料容量，L；

f_1——出料系数，对混凝土取 0.65～0.7，砂浆取 0.85～0.95；

t_1——每罐料的搅拌时间，s，一般 t_1＝50～150s（强制式混凝土搅拌机的搅拌时间较短，取前者，自落式混凝土搅拌机搅拌时间较长，取后者）；

t_2——每罐进料时间，s，提升料斗进料时，t_2 ＝15～20s；固定料斗进料时，t_2＝10～15s；

t_3——每罐出料时间，s，对 JF 型搅拌机取 t_3＝10～20s；对 JG 型搅拌机取 t_3＝30～60s 对 JZ 型搅拌机取 t_3＝20～35s；

t_4——搅拌筒复位时间，s，JF 型搅拌机可由实测确定，其他机型均为零。

7.2.2 混凝土搅拌机的主要机型

7.2.2.1 锥形反转出料混凝土搅拌机

锥形反转出料混凝土搅拌机是一种自落式搅拌机，拌筒正向回转搅拌，拌筒反向回转出料。该机是作为逐步取代鼓筒式搅拌机的一种机型，它主要有以电动机为动力的 JZ 系

列型号和JZY系列型号，JZY型除进料机构采用液压传动外，其余结构及性能均与JZ型相同。目前该系列产品的出料容量有150L、200L、350L、500IL、750L等。

图7.2-2所示为JZC350型混凝土搅拌机，由搅拌、进料、供水、电气控制系统和底盘等组成。它具有搅拌质量较好、生产率高、能耗低、重量轻等优点，是中小容量自落式混凝土搅拌机中应用较多的机型。但是自落式搅拌机由于混凝土质量不能适应高档次构件的要求，目前建设部已发文停止生产这类搅拌机，考虑到全国还有相当批量的机型，在此简要介绍。

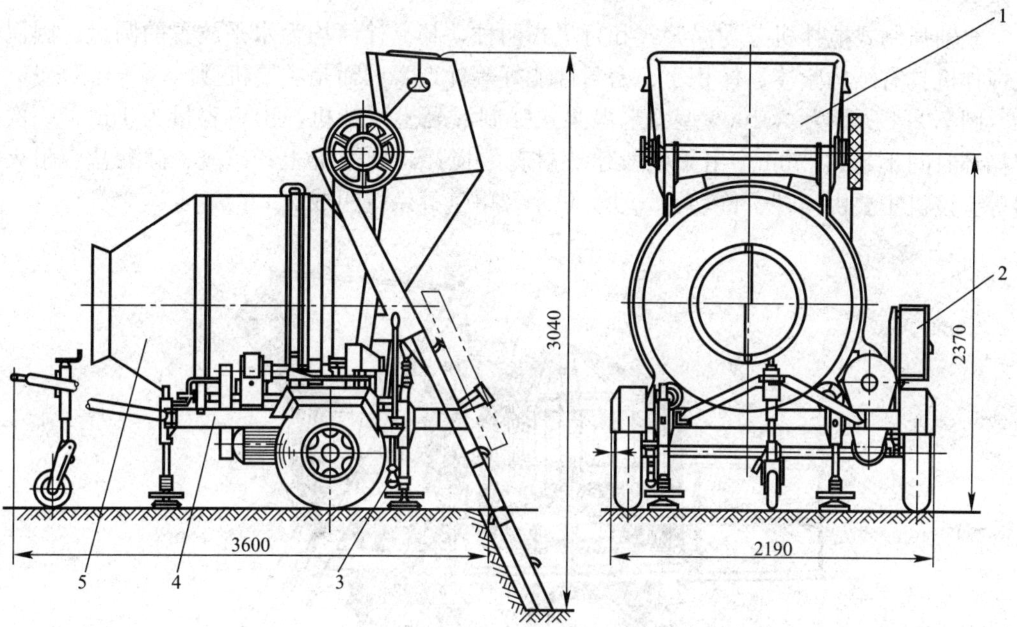

图7.2-2　JZC350型混凝土搅拌机

1—进料机构；2—电气系统；3—排水系统；4—底盘；5—出料机构

7.2.2.2　锥形倾翻出料混凝土搅拌机

锥形倾翻出料搅拌机是大、中型施工工地和混凝土搅拌楼广泛使用的一种机型，通常为固定式，故以电动机为动力的JF型系列，常用的有JF750、JF1000、JF1500、JF3000等型号。

图7.2-3所示为JF1000型双锥倾翻出料混凝土搅拌机外形图，额定出料容量为1.0m^3，搅拌的最少时间为1～1.5min。其主要机构有搅拌系统和倾翻机构，因大部分用作混凝土搅拌楼（站）的主机，故该机的加料装置、供水装置以及压缩空气机等辅助机构需要另行配置。双锥倾翻出料搅拌机具有搅

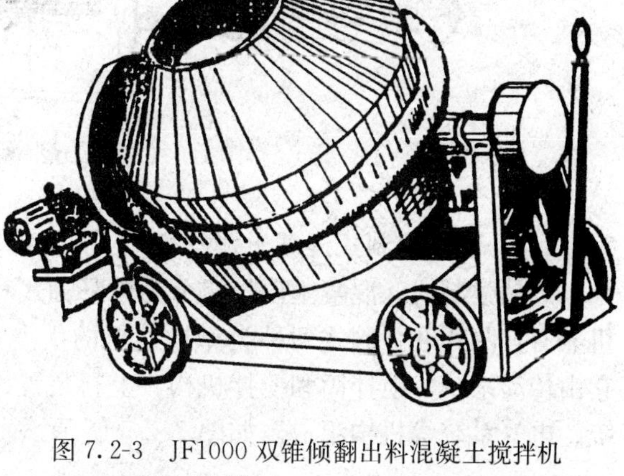

图7.2-3　JF1000双锥倾翻出料混凝土搅拌机

拌物料时仰角大、工作容积利用系数高、搅拌筒进料和出料共用同一个开口、功率消耗小、结构简单、对不同配比和坍落度的混凝土适应性较好等优点。

7.2.2.3 立轴强制式混凝土搅拌机

立轴强制式混凝土搅拌机的搅拌原理，是靠安装在搅拌筒内带叶片的立轴旋转时将物料挤压、翻转、抛出等复合动作进行强制搅拌。与自落式搅拌机相比，此类机具具有搅拌质量好，搅拌效率高，适合搅拌干硬性、高强和轻质混凝土等特点。因而国外普遍采用这类机型，而国内在中型施工工地和大、中型混凝土制品厂也普遍推广应用这类机型。

立轴强制式搅拌机分为涡桨式和行星式两种，其搅拌筒均为水平放置的圆盘。因涡桨式搅拌机具有结构紧凑、体积小、密封性能好等优点，因而是主要机型。

图 7.2-4 所示为 JQ1000 型固定涡桨式强制混凝土搅拌机，出料容量为 $1m^3$，一次搅拌循环时间不超过 2min。用于一般建筑材料的搅拌，如混凝土、矿渣、硅酸盐、耐火材料等。该机主要由搅拌、传动、气动、供水及电气等系统组成。

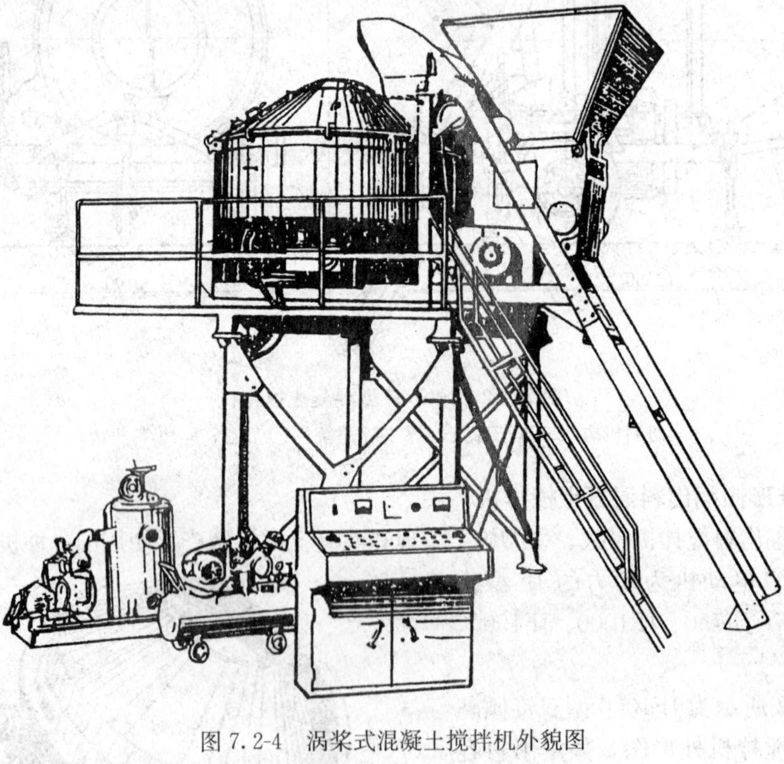

图 7.2-4 涡桨式混凝土搅拌机外貌图

7.2.2.4 卧轴强制式混凝土搅拌机

卧轴强制式、混凝土搅拌机分为单卧轴式和双卧轴式两类，其中单卧轴式混凝土搅拌机兼有自落式和强制式两种类型搅拌机的优点，如搅拌的质量好，生产效率高，能耗低。它由传动系统、搅拌筒和搅拌机构、上料装置、离合器操纵系统、倾翻出料机构、供水系统、电气系统等机构组成。如图 7.2-5 所示。

7.2.3 混凝土搅拌机的使用要点

7.2.3.1 使用前的检查

（1）搅拌机要安装在坚实而又平整的地面上。其撑脚要调整到轮胎不受力。在作业时期较长的地区使用时，应用垫木将机器架起来，卸下轮胎和牵引杆，并将机器调平。

（2）使用前，按清洁、紧固、润滑、调整、防腐的作业法检查各系统，注意各结合机件是否松动，离合器和制动器是否灵活可靠，钢丝绳有否损坏，传动带松紧度是否合适等。

（3）钢丝绳的表面要保持有一层润滑油膜，绳头卡结必须牢固，当钢丝绳断丝过多或绳股散松时应该换新。

图 7.2-5 单卧轴式混凝土搅拌机外形图

（4）安装强制式搅拌机须在上料斗的最低点挖置地坑，上料轨道要伸入坑内，斗口与地面相平。料斗上升时靠滚轮在轨道中运行，并由斗底向搅拌筒中卸料，无需料斗倾翻。

（5）强制式搅拌机的卸料门，应保持轻快的开启，并保证封闭严密，其松紧度可由卸料底板下方的螺帽来调整。

7.2.3.2 使用要点

（1）新机使用前应按使用说明书的要求，对各系统和部件进行检验和试运转，达到要求方可使用。料斗放到最低位置时，在料斗与地面之间应加一层缓冲垫木。

（2）接线前检查电源电压，电压升降幅度不得超过搅拌机电气设备规定的5%。

（3）作业前应先进行空载试验，观察搅拌筒或叶片旋转方向是否与箭头所示方向一致。如方向相反，则应改变电机接线。反转出料的搅拌机，应使搅拌筒正反转运转数分钟，察看有无冲击抖动现象。如有异常噪声应停机检查。

（4）拌筒或叶片运转正常后，进行料斗提升试验，观察离合器、制动器是否灵活可靠。

（5）检查和校正供水系统的指示水量与实际水量是否一致，如误差超过2%，应检查管路是否漏水，必要时应调节节流阀。

（6）每次加入的拌合料，不得超过搅拌机规定值的70%。减少粘罐，加料的次序应为粗骨料—水泥—砂子，或砂子—水泥—粗骨料。料斗提升时，严禁任何人在料斗下停留或通过。如必须在料斗下检修时，应将料斗提升后，用铁链锁住。

（7）作业中不得进行检修、调整和加油，并勿使砂、石等物料落入机器的传动机构内。

（8）搅拌过程不宜停车，如因故必须停车，在再次启动前应卸除荷载，不得带载启动。

（9）以内燃机为动力的搅拌机，在停机前先脱开离合器，停机后仍应合上离合器。

（10）如遇冰冻气候，停机后应将供水系统的积水放尽。内燃机的冷却水也应放尽。

（11）搅拌机在场内移动或远距离运输时，应将进料斗提升到上止点，用保险铁链锁住。

（12）每天作业完毕，均应对机械进行保养。料斗必须放最低位置，切断电源、锁好电闸箱，确保机械各部处于空位，才准离去。

7.2.4 混凝土搅拌机的合理选择

7.2.4.1 搅拌机容量的选择

搅拌机的容量可根据施工要求的每台班所需混凝土量，参照有关搅拌机的技术性能及额定生产率进行合理选择。具体要求如下：

（1）优先考虑本单位现有机械，不足部分再考虑其他来源。根据混凝土需要量选择。当混凝土需要量较多时，宜选用生产率较高的机械，以减少投入台数，节约费用；当施工期内所需混凝土量变化较大时，可适当选用一些小型搅拌机，以备调节使用。

（2）搅拌机容量应适合混凝土骨料的最大粒度。一般骨料粒度越大，要求搅拌机的容量越大。若自落式搅拌机的容量为 0.35～1m^3，混合料最大粒度分别可达 60mm、80mm、120mm。强制式搅拌机由于叶片易磨损或卡料，骨料最大粒度应小些，一般不能超过 40～60mm。

（3）搅拌机的出料容量应与运输工具（如斗车、翻斗车、搅拌车等）的装料容量相配合，才能充分提高配合机械的生产效率。

7.2.4.2 搅拌机的类型选择

根据混凝土工程施工条件和要求参照搅拌机的技术性能选择机型时，应注意如下事项：

（1）当施工现场具有动力电源时，应优先选用电动搅拌机，否则可使用内燃搅拌机。

（2）当混凝土工程量较少时，宜选用移动式搅拌机，便于转移；否则选用固定式搅拌机。

（3）优先选择强制式搅拌机。强制式搅拌机虽然功耗较大，叶片衬板磨损较快，但搅拌混凝土质量好，生产效率高，又可搅拌干硬性和轻质混凝土，适应性强，其综合经济效益较高，是机械工业推广的高效产品之一。

（4）我国已正式宣布停止生产自落式搅拌机。对现有的自落式搅拌机应尽快使用，尽快淘汰。当混凝土工程量大而且集中时，宜选用机械化、自动化程度高的混凝土搅拌楼（站）。

7.2.5 混凝土搅拌机的维护保养

7.2.5.1 锥形反转出料式搅拌机的维护保养

锥形反转出料式搅拌机的维护保养主要是例行保养（表 7.2-1）、一级保养（表 7.2-2）、二级保养（表 7.2-3）。

例行保养（每班进行） 表 7.2-1

序号	保养项目		技术要求
1	传动系统	（1）检查减速器油量； （2）检查传动齿轮； （3）检查三角皮带的张紧度	（1）齿轮油不足时添加； （2）运转时应无异响； （3）皮带松紧应适宜，否则，应予调整。调整后，用手指在单根皮带中段能按下 10～15mm 且在运转时应不打滑为合适
2	进出料系统	（1）检查进料离合器； （2）检查进料斗； （3）检查钢丝绳	（1）应离合平稳，工作正常； （2）应升降平稳，安全可靠，并在任何位置上能作中途制动停留； （3）钢丝绳技术状况应良好，绳端夹止应牢固
3	搅拌系统	（1）检查搅拌筒； （2）检查托轮； （3）检查搅拌机工作情况	（1）搅拌筒应运转平稳，反转出料干净利落； （2）托轮应转动灵活，并与轮道接触良好； （3）如发现异常现象，应查明原因，排除故障
4	给水系统	（1）检查水泵； （2）检查给水管路	（1）将水泵加满引水后，启动电机运转，水泵应运转正常、无异响。否则，应查明原因，排除故障； （2）管路应畅通，无漏水现象
5	电气设备及仪表	（1）检查电动机； （2）检查外部导线、导线接头及电器开关	（1）各电动机应运转正常，无异响、不过热； （2）导线绝缘应良好且无破损；导线接头如有松动，应予紧固；各电器开关应功能良好，工作可靠；接线盒和电动机必须有可靠的接地
6	牵引机构	（1）检查轮胎气压； （2）检查牵引杆和定位销	（1）气压不足时，应予充气； （2）牵引杆和定位销等应保持完好
7	整机	（1）清洁全机； （2）检查各部联结螺栓； （3）润滑	（1）在每班工作完毕，收工之前，应认真清洗搅拌机的内、外部。清洗时，可在搅拌筒内放入适量的石子和清水，运转 5～10min，然后将石子放出，并将搅拌筒内部打扫干净。随后用清水冲洗搅拌机外部，清除机外的积灰及粘附在机上的残留混凝土； （2）如有松动，应予拧紧； （3）按机器出厂使用说明书进行润滑

一级保养（每工作 400h 进行） 表 7.2-2

序号	保养项目		技术要求
1	例行保养		完成本级保养作业项目外的例行保养项目
2	传动系统	（1）检查减速器轴承； （2）检查传动齿轮副； （3）检查皮带轮	（1）减速器轴承温升如超过规定值（60℃）时，应查明原因，排除故障； （2）主动小齿轮与开式大齿轮应啮合良好，运转正常； （3）检查和调整三角皮带轮的平面度，即两皮带轮应保持在同一平面内
3	进、出料系统	（1）检查进料离合器； （2）检查料斗限位装置； （3）检查操纵机构； （4）检查料斗托轮	（1）检查调整离合器制动间隙。离合器的内制动带如磨损严重时，应予更换； （2）检查料斗升程限位开关和极限位置，如有故障或不符合工作要求，应查明原因，排除故障； （3）操纵应灵活、平稳、到位准确，如发现异常现象，应查明原因，排除故障； （4）托轮应转动灵活，如有卡滞现象，应予检修

续表

序号	保养项目		技术要求
4	搅拌系统	(1) 检查搅拌叶片； (2) 检查搅拌筒托轮	(1) 高、低搅拌叶片如有松脱，应予焊牢或紧固； (2) 应运转灵活；无卡滞现象。否则应予检修
5	给水系统	(1) 检查水泵； (2) 检查止回阀、节流阀和给水管道	(1) 水泵应运转正常，如有漏水现象，应查明原因，予以消除； (2) 应功能正常，无损坏及漏水现象
6	电气设备及仪表	(1) 检查自动空气开关； (2) 检查指示灯、开关和按钮	(1) 当系统发生故障时，空气开关应能自动切断电源，确保操作安全。否则，应进行检修； (2) 如有损坏，应予更换
7	整机	(1) 检查整机各受力焊缝； (2) 润滑	(1) 焊缝若有开裂，应进行补焊； (2) 按机器出厂使用说明书进行润滑

二级保养（每工作 1200h 进行） **表 7.2-3**

序号	保养项目		技术要求
1	一级保养		完成一级保养作业所有项目
2	传动系统	(1) 拆检减速器； (2) 检查传动齿轮副； (3) 检查三角皮带	(1) 拆卸清洗，检查齿轮、轴及轴承的磨损情况，如有损坏，应予修复或更换。清洗装复后，加注新润滑油； (2) 主动齿轮与开式大齿轮齿面如有裂纹、点蚀等现象，应予焊补修理。并检查大、小齿轮啮合间隙及啮合位置，如不符合要求，应予调整； (3) 三角皮带如有损坏，应成组更换，同时调整皮带张紧度
3	进、出料系统	(1) 检查离合器及操纵机构； (2) 检查减速器及钢丝绳卷筒； (3) 检查钢丝绳及吊钩、吊链； (4) 检查料斗和导架	(1) 离合器的内、外制动摩擦带如磨损严重时，应予更换。操纵机构紧固件要拧紧，如有损坏，应予检修； (2) 1) 拆洗减速器，检查各部件的磨损情况，如有损坏，应予修复或更换。清洗后更换润滑油； 2) 钢丝绳卷筒如有裂损，应予修复。 (3) 钢丝绳磨损严重时必须更换。吊钩、吊链受力处断面磨损量超过原厚度 10%时，应予更换； (4) 对磨损部位进行焊补。穿绳环磨损严重时应更换。导架如有变形应予校正，保持导架平直
4	搅拌系统	(1) 检查搅拌筒； (2) 检查搅拌叶片； (3) 检查托轮	(1) 焊修损坏部位； (2) 叶片磨损超过 1/3 或有较大变形时，应予修复或更换； (3) 如有损坏，应予更换
5	给水系统	(1) 检查水泵； (2) 清洗水箱； (3) 检查各阀； (4) 检查量水器； (5) 检查管路	(1) 清洗轴承，更换润滑脂； (2) 清除水箱内沉淀物，并用水冲洗干净； (3) 清除阀腔和管道接口处的锈蚀和水垢，以保持水路畅通； (4) 拆检量水器，摆正套管位置，清除吸水管和套管周围的锈蚀和水垢，然后刷上防锈漆。量水器指针所指刻度应与所需供水量相符，不符时，应进行校正； (5) 清除管路中杂质及水垢，保持水流畅通
6	电气设备及仪表	(1) 检查电动机； (2) 检查电器元件；	(1) 清除电机内、外部尘土，清洗轴承，加注新润滑脂。碳刷磨损严重时，应予更换。定子、转子及各线圈应绝缘良好。测试时在运行温度下利用 500V 摇表，均匀摇动 1min 后，电动机的绝缘电阻值不低于 0.5MΩ，否则，应进行干燥处理； (2) 检查交流接触器、热继电器、时间继电器等的完好情况，如有损坏，应予修复或更换；

续表

序号	保养项目		技术要求
6	电气设备及仪表	(3) 检查配电箱	(3) 箱内各元件如指示灯、开关、按钮等如有损坏，应予修复或更换
7	牵引机构	(1) 检查轮辋及轮胎； (2) 检查轮毂及螺栓； (3) 检查前导轮及牵引杆； (4) 检查支撑腿	(1) 如有损坏，应予修复或更换； (2) 如有损坏，应予修复或更换，螺栓应按规定力矩拧紧； (3) 如有损坏，应予修复或更换； (4) 如有损坏，应予修复
8	整机	(1) 检查机架； (2) 检查外部焊接件和附件； (3) 检查各部联接螺栓； (4) 清洁外表； (5) 补漆； (6) 润滑	(1) 机架如有歪斜变形，应予修复； (2) 如有损坏，应予修复； (3) 如有松动或损坏，应予紧固或更换； (4) 清洁全机内外，除去尘土、油污及粘附在全机内、外的混凝土混合料，并用清水冲洗干净； (5) 对局部脱漆部位进行除锈补漆； (6) 按机器出厂使用说明书进行润滑

7.2.5.2 立轴涡桨式搅拌机的维护保养

立轴涡桨式搅拌机的维护保养主要是例行保养（表 7.2-4）、一级保养（表 7.2-5）、二级保养（表 7.2-6）。

例行保养（每班进行） **表 7.2-4**

序号	保养项目		技术要求
1	传动系统	(1) 检查润滑油油量； (2) 检查润滑系统的工作状况； (3) 检查传动系统工作情况	(1) 检查润滑油油面高度是否达到标定尺寸，若油不足，应添加； (2) 启动电动油泵，检查润滑油通过减速器的循环情况。在正常情况下，当油箱液面下降到 1/2 左右时，油泵的进出油量基本平衡，液面应保持稳定。若启动油泵后，油箱液面高度不变，则可能是油泵转向相反、油箱阻塞或油泵损坏，必须立即停机检查；若启动油泵后，油箱内润滑油接近被抽空，即表示回油管路不够畅通或透气管阻塞，必须立即停机检查，排除故障； (3) 主电动机启动后，传动系统应运转正常，无异响
2	进、出料系统	(1) 检查斗上、下限位开关及越程限位开关； (2) 检查钢丝绳； (3) 检查提升机构减速器油位； (4) 检查料斗工作情况； (5) 检查出料门气控压力； (6) 润滑滑轮轴销	(1) 开关应灵敏可靠，安装牢固； (2) 钢丝绳断丝根数达 10%或锈蚀严重时，应予更换。绳端夹卡应牢固。在钢丝绳的表面，每周应涂适量的钙基润滑脂； (3) 润滑油不足时添加； (4) 按动相应按钮，使料斗提升和下降，检查其到达上工作位置时，限位开关触点是否断开，动作是否灵敏可靠。确认限位开关动作正确无误后，方能开始正常工作。上料斗升降时，不能有卡滞现象。工作完毕后，将料斗放在坑底内，提升钢丝绳不应有紊乱现象； (5) 开启斗门空压机的气压应稳定在 0.6MPa 左右。若气压不稳，应检查管路是否漏气，并予以处理；若气压不足，应检查空气压缩机，查明原因，排除故障； (6) 每周用钙基润滑脂润滑一次
3	搅拌系统	(1) 检查搅拌叶片和刮板； (2) 检查叶片与衬板之间的间隙	(1) 运转时，搅拌叶片和刮板不得触及内外筒壁和筒底； (2) 叶片与衬板之间的间隙应保持 3～5mm 之间，如有不符，应予调整

续表

序号	保养项目		技术要求
4	给水系统	(1) 检查水泵； (2) 检查供水情况	(1) 水泵应工作正常，不漏水，无异响； (2) 检查水泵引水是否加足，管路是否畅通，设定的供水时间是否准确，供水系统应无漏水现象
5	电气设备及仪表	(1) 检查各电动机； (2) 检查外部导线、导接线头及电器开关； (3) 检查电流	(1) 各电动机应运转正常，无异响及过热现象； (2) 导线绝缘应良好，无破损；导线接头如有松动，应予紧固；各电器开关应功能正常，工作可靠；接线盒和电动机必须有可靠的接地； (3) 搅拌机额定工作电流一般为50～60A，空载电流在25A以下，如果电流太大，必须停机检查
6	整机	(1) 清洁全机； (2) 检查操纵台； (3) 检查各联结螺栓； (4) 润滑	(1) 每次使用完毕后，必须将搅拌筒内、外所有混凝土及积灰全部清除干净，再用水冲洗干净； (2) 平台、栏杆等应完好无损、安全可靠；如有损坏，应予修复； (3) 如有松动，应予紧固；如有缺损，应予补齐或更换； (4) 按机器出厂使用说明书进行润滑

一级保养（每工作400h进行） **表7.2-5**

序号	保养项目		技术要求
1	例行保养		完成本级保养作业项目外的例行保养项目
2	进、出料系统	(1) 检查上料架倾斜角； (2) 检查上料架轨道的平直度； (3) 检查上、下限位开关、越程限位开关及其继电器	(1) 上料架倾斜角应为60°，如有不符，应予调整； (2) 轨道应平直，保证料斗上下平顺； (3) 限位开关如有松动或动作超前、滞后，应及时检查各限位开关的技术状况，并进行修复或更换
3	搅拌系统	(1) 检查搅拌叶片； (2) 检查衬板； (3) 检查搅拌筒及罩盖	(1) 检查叶片的磨损情况。一般磨损，可以通过调整叶片间隙予以补偿；对磨损严重者，应予更换； (2) 内、外衬板磨损后，可以上下调向使用； (3) 如有损坏，应予修复
4	给水系统	(1) 润滑水泵轴承； (2) 检查水泵工作情况	(1) 加注润滑脂润滑水泵轴承； (2) 喷水时，应喷洒有力而均匀，如发现喷水不畅或阻塞时，应即疏通喷水管道
5	电气设备及仪表	(1) 检查各电器元件； (2) 检查电动机制动器	(1) 各接触器、继电器、熔断器、变压器、互感器、电磁气阀及各电器开关和指示灯等，应功能正常，工作可靠。如有损坏，应予修复或更换； (2) 如发现制动不灵，电动机制动器过松时，应予调整
6	整机	润滑	按机器出厂使用说明书进行润滑

二级保养（每工作1200h进行） **表7.2-6**

序号	保养项目		技术要求
1	一级保养		完成一级保养所有项目
2	传动系统	(1) 检查行星齿轮减速器； (2) 检查润滑油泵； (3) 清洗油箱	(1) 拆卸清洗，检查齿轮和轴承的完好情况，如有损坏，应予修复或更换； (2) 油泵应功能正常，循环油路畅通。如有循环不畅现象，应检查减速器的透气管是否阻塞； (3) 清洗润滑油箱，换入新的润滑油

续表

序号	保养项目		技术要求
3	进、出料系统	(1) 检查上料斗； (2) 检查滑轮轴承； (3) 检查滑轮 (4) 检查出料门； (5) 检查减速器； (6) 检查锥形转子制动电动机	(1) 如有开焊破损等现象，应予焊修； (2) 轴承如磨损严重，应予更换； (3) 滑轮在轨道上应能运动自如，否则要予修理； (4) 出料门如有漏料现象，须将调整板适当放低或旋动调整螺钉来调整出料门和门座之间的间隙； (5) 拆卸清洗，检查齿轮箱轴承的完好，如有损坏，应予修复或更换。清洗后更换润滑油； (6) 若制动电动机的制动摩擦块磨损严重，应予调整或更换
4	搅拌系统	(1) 检查搅拌叶片和衬板； (2) 检查搅拌筒； (3) 检查搅拌叶、刮板等处连接螺栓	(1) 搅拌叶片和衬板磨损超过1/3以上时，应予更换； (2) 搅拌筒如有损坏，应予修复； (3) 如有松动，应予紧固；如有损坏，应予更换
5	给水系统	(1) 检查水泵； (2) 检查流量调节阀； (3) 检查管路和管接头	(1) 清洗轴承，更换润滑脂； (2) 应功能正常，否则，应予检修； (3) 管路如有破损应更换，接头如有松动应拧紧
6	电气设备及仪表	(1) 检查各电动机； (2) 检查各电器元件； (3) 检查操纵台各开关、指示灯和仪表	(1) 清除电动机内、外尘土，润滑轴承，碳刷磨损严重时应更换。定子及转子各线圈应绝缘良好。必要时测试其绝缘值。测试时，可在运行温度下用500V摇表进行，当摇表均匀地摇动1min后，电动机的绝缘电阻值不低于0.5MΩ时，为绝缘正常，否则，应进行干燥处理； (2) 如有损坏，应予修复或更换； (3) 如有损坏，应予修复或更换
7	整机	(1) 检查机架和上料轨道； (2) 检查操纵台、护栏和扶梯； (3) 检查各部联结螺栓； (4) 补漆； (5) 润滑	(1) 如有损坏、变形等情况，应予修复； (2) 如有损坏，应予修复； (3) 松动者予以拧紧；损坏者应予更换； (4) 对局部脱漆部位进行除锈补漆； (5) 按机器出厂使用说明书进行润滑

7.2.5.3　单卧轴式搅拌机的维护保养

单卧轴式搅拌机的维护保养主要是例行保养（表7.2-7）、一级保养（表7.2-8）、二级保养（表7.2-9）。

例行保养（每班进行）　　表7.2-7

序号	保养项目		技术要求
1	传动系统	(1) 检查减速箱油量； (2) 检查传动系统工作情况	(1) 齿轮油不足时，应予添加； (2) 在工作状态下，应传动平稳，无异响，不过热，否则，应查明原因，排除故障
2	进、出料系统	(1) 检查料斗工作情况； (2) 检查减速器油量； (3) 润滑滑轮销轴； (4) 检查出料门； (5) 润滑卷扬机构钢丝绳	(1) 料斗上升或下降时，应无卡滞现象；上、下行程限位开关应动作灵敏，工作可靠。工作完毕后，料斗放在坑底内，钢丝绳应无紊乱现象； (2) 润滑油不足时应添加； (3) 每周用钙基润滑脂润滑一次； (4) 整个机构应处于良好的自锁状态，否则，应用调节螺杆调整。电动推杆两侧限位开关应灵敏，安装应牢固； (5) 每周涂抹钙基润滑脂一次，钢丝绳技术状况应良好

续表

序号	保养项目		技术要求
3	搅拌系统	(1) 润滑搅拌轴两端密封装置； (2) 检查搅拌叶片、搅拌臂螺栓； (3) 检查搅拌叶片及刮板与衬板之间的间隙	(1) 工作前及每工作1h后，用手动油泵向供油接头供油一次，每次供油时推、拉供油手把4～8次； (2) 螺栓如有松动，应予紧固； (3) 间隙应为3～5mm。运转时搅拌叶片和刮板不得触及筒壁和筒底
4	给水系统	(1) 检查水泵； (2) 检查给水系统	(1) 水泵应工作正常，不漏水、无异响； (2) 检查水泵引水是否加足，管路是否畅通，设定的供水时间是否准确及有无漏水现象。如某一部位出现故障，应及时予以排除
5	电气设备及仪表	(1) 检查各电动机； (2) 检查外部导线、导线接头及电器开关； (3) 检查电压； (4) 检查电器元件	(1) 各电动机应运转正常，无异响或过热现象； (2) 导线应绝缘良好，无破损；导线接头如有松动，应予紧固；各电器开关应功能正常，工作可靠；接线盒和电动机必须有可靠的接地； (3) 检查电压表电压值，各相电压变化不得超过±5%； (4) 各电器元件应功能正常，工作可靠
6	整机	(1) 清洁全机； (2) 润滑	(1) 每次使用后，必须清除搅拌筒内外、卸料门、料斗上的积料和残留混凝土，并用清水冲洗干净； (2) 按机器出厂使用说明书进行润滑

一级保养（每工作400h进行） **表7.2-8**

序号	保养项目		技术要求
1	例行保养		完成例行保养项目
2	进、出料系统	(1) 检查限位装置； (2) 检查制动器	(1) 如限位开关失灵、动作超前或滞后，应予以调整； (2) 工作时，若料斗制动打滑，应调整制动器，使制动可靠
3	搅拌系统	(1) 检查搅拌轴两端密封装置； (2) 检查搅拌叶片、衬板及出料门衬板； (3) 增补手动油泵储油罐内的储油	(1) 在正常情况下，搅拌轴两端密封壳体上的螺栓孔及观察孔中的润滑油，不应混入混凝土或砂浆，否则，应予拆检，更换密封元件及磨损严重的零件； (2) 叶片与衬板磨损超过1/3时，应予更换； (3) 增补储油时，先将端盖和压油盖取下，加入掺有20%左右机油（夏SAE30、冬SAE20）的润滑脂搅匀，并不得有任何杂物掺入，然后将压油盖和端盖装上。加油后，应注意排除空气。如原有润滑油脂质量很差，应更换新的油脂
4	给水系统	(1) 检查水泵轴承； (2) 检查水泵工作情况； (3) 检查吸水管底阀	(1) 检查水泵轴承完好情况，并予润滑； (2) 打开清洗开关，清洗管内应有较强的水流喷出；打开洒水开关，搅拌筒内应有较强的水流喷洒。否则，应查明原因，排除故障； (3) 如有堵塞或损坏，应予疏通或修复
5	电气设备及仪表	(1) 检查各电器元件； (2) 检查各按钮和旋钮	(1) 各接触器、断路电、继电器、熔断器等应功能正常，如有损坏，应予修复或更换； (2) 应工作正常，如有损坏，应予更换
6	整机	润滑	按机器出厂使用说明书进行润滑

二级保养（每工作1200h进行）　　**表 7.2-9**

序号	保养项目		技术要求
1	一级保养		完成一级保养作业项目
2	传动系统	（1）拆检减速箱； （2）检查开式齿轮； （3）检查双排滚子链条和链轮	（1）拆卸清洗，检查齿轮和轴承的完好情况，如有损坏，应予更换； （2）当小齿轮齿厚磨损达20%～25%，大齿轮齿厚磨损达30%时，必须进行修补或换新。开式齿轮的滑动轴承间隙应调到0.08～0.12mm，如磨损过度而不能调小时，则应更换； （3）清洗链条及链轮，并检查链条节距的伸长情况，如有掉链或滑链现象，可调整两个链轮的中心距，如仍无法弥补时，就应更换链条
3	进、出料系统	（1）检查制动器； （2）拆检减速器； （3）检查上料架和料斗； （4）检查钢丝绳	（1）制动器的制动摩擦块磨损严重无法调整时，应予更换； （2）拆卸清洗。检查齿轮和轴承的完好情况，如有损坏，应予更换。清洗后更换润滑油； （3）如有开焊、变形或损坏，应予焊修； （4）钢丝绳磨损超过规定值时，应予更换
4	搅拌系统	（1）检查搅拌轴与搅拌臂； （2）检查搅拌筒	（1）如发现有弯曲变形情况，应予校正，必要时予以更换； （2）如有损坏，应予修复
5	给水系统	（1）检查水泵； （2）检查节流阀； （3）检查管路和管接头	（1）清洗轴承。检查轴承磨损情况，径向间隙大于0.25mm时，应予更换。加注新润滑脂； （2）应功能正常，供水量准确； （3）管路应无破损，管接头应无松动
6	电气设备及仪表	（1）检查各电动机； （2）检查各电器触头	（1）清除电动机内、外尘土，清洗轴承，加注润滑脂。轴承磨损严重时，应予更换。定子、转子应绝缘良好； （2）如有烧蚀等情况，应予修复或更换
7	整机	（1）检查机架； （2）检查各部联结螺栓； （3）补漆； （4）润滑	（1）如有脱焊、损坏等情况，应予焊修； （2）如有松动，应予紧固；如有损坏，应予更换； （3）对局部脱漆部位进行除锈补漆； （4）按机器出厂使用说明书进行润滑

7.2.6　混凝土搅拌机的常见故障及处理方法

（1）自落式混凝土搅拌机的常见故障及处理方法见表7.2-10所列。

自落式混凝土搅拌机的常见故障及处理方法　　**表 7.2-10**

故障现象	故障原因	处理方法
推压上料手柄后料斗不起升或起升困难	（1）离合器制动带接合不良； （2）制动带磨损； （3）制动带上有油污； （4）上料手柄与水平杆的联结螺栓松动、或拨叉紧固螺栓松动； （5）制动带脱落或松紧撑变形； （6）拨叉滑头脱落或磨坏	（1）调整松紧撑触头螺栓，使制动带抱紧。消除制动带翘曲，使接合面不少于70%； （2）更换制动带； （3）清洗油污并擦干； （4）重新紧固； （5）检修离合器； （6）补焊或换新滑头

续表

故障现象	故障原因	处 理 方 法
拉动下降手柄时料斗不落	(1) 离合器外制动带太紧； (2) 料斗起升太高，超过180°，重心靠向内侧； (3) 下降手柄不起作用； (4) 钢丝绳卷筒轴发生干磨； (5) 钢丝绳变形重叠而夹住	(1) 调整制动带的间隙； (2) 调整振动装置的触头螺栓的高度，使其提早松开离合器； (3) 紧固手柄螺栓； (4) 清洗并加油； (5) 整理或更换钢丝绳
减速器有异响	(1) 齿轮损坏； (2) 齿轮啮合不正常； (3) 缺少润滑油； (4) 齿轮键松旷	(1) 更换齿轮； (2) 调整齿轮轴线，侧隙≤1.8mm； (3) 添加到规定； (4) 换键
搅拌筒运转不稳或振动	(1) 托轮串位或不正； (2) 大齿圈和小齿轮啮合不良	(1) 检修、调整托轮位置； (2) 调整啮合情况
轴承过热	(1) 轴承磨损发生松旷； (2) 轴承内套与轴发生滑动，或外套与轴承座孔发生滑动； (3) 缺少润滑油； (4) 轴承内污脏	(1) 圆锥滚柱轴承可在内套外侧加垫，滚珠轴承则应更换； (2) 内套与轴松动，在轴颈处堆焊再加工，外套与轴承座松动，在座孔处堆焊再加工； (3) 添加； (4) 清洗轴承，更换润滑脂
振动装置不起作用	(1) 振动辊轮磨损过大，辊轮轴承磨损严重； (2) 搅拌筒上的三角楔铁磨平； (3) 振动触头太低	(1) 补焊辊轮或更换新辊轮，更换新轴承； (2) 补焊楔铁； (3) 调高触头并紧固
量水器不上水	(1) 水泵密封填料漏气； (2) 水泵不上水； (3) 水泵转速太低； (4) 三通阀水孔堵塞	(1) 旋紧压盖螺母，压紧石棉填料； (2) 加满引水排除腔中空气，必要时检修叶轮； (3) 调紧三角胶带； (4) 检修三通阀
量水器下水缓慢或根本不下水	(1) 空气阀被锈蚀或卡住，或被污物堵住； (2) 量水器内有污物，堵塞套管和吸水管间的水路； (3) 三通阀水孔堵塞	(1) 检修空气阀； (2) 消除堵塞的污物； (3) 检修三通阀
量水器供水不准	(1) 指针松动、活动套管下降； (2) 外杠杆和轴滑动使套管不连动； (3) 活动套管歪斜或卡住或锈住	(1) 将指针固定； (2) 紧固联结螺栓； (3) 检修量水器，使外杠杆和套管能连动
三通阀漏水	皮碗或橡胶垫圈磨损	更换皮碗或垫圈
水泵轴漏水	密封填料不起作用	压紧或更换填料

（2）强制式混凝土搅拌机的常见故障及处理方法见表7.2-11所列。

强制式混凝土搅拌机的常见故障及处理方法 **表7.2-11**

故障现象	故障原因	处理方法
搅拌时有碰撞声	拌铲或刮板松脱或翘曲致使与搅拌筒碰撞	紧固拌铲或刮板的连接螺栓，检修调整拌铲、刮板之间的间隙
拌铲转动不灵，运转有异常声	（1）搅拌装置缓冲弹簧失效； （2）拌合料中有大颗粒物料卡住拌铲； （3）加料过多，动力超载	（1）更换弹簧； （2）消除卡塞的物料； （3）按规定进料容量投料
运转中卸料门漏浆	（1）卸料门密封不严； （2）卸料门周围残存的黏结物过厚	（1）调整卸料底板下方的螺栓，使卸料门封闭严密； （2）消除残存的黏结物
上料斗运行不平稳	上料轨道翘曲不平，料斗滚轮接触不良	检查并调整两条轨道，使轨道平直，轨面平行
上料斗上行时越过上止点而拉坏牵引机构	（1）自动限位装置失灵； （2）自动限位挡板变形而不起作用	（1）检修或更换限位装置； （2）调整限位挡板

7.3 混凝土搅拌楼（站）

7.3.1 概述

7.3.1.1 混凝土搅拌楼（站）的特点

（1）混凝土搅拌楼（站）是用来集中搅拌混凝土的联合装置，它是由搅拌机及供料、贮料、配料、出料、控制等系统及结构部件组成。

（2）由于它的机械化、自动化程度很高，所以生产率也很高，并能保证混凝土的质量和节省水泥，故常用于混凝土工程量大、施工周期长、施工地点集中的大、中型水利电力工程、桥梁工程、建筑施工等。

（3）用混凝土搅拌站（楼）进行集中搅拌具有许多优越性：混凝土的集中搅拌便于对混凝土配合比较作严格控制，保证了质量，改变了现场分散搅拌配料不精确的情况；混凝土的集中搅拌有利于采用自动化技术，可提高生产率，节省劳力，降低成本；采用集中搅拌不必在施工现场安装搅拌装置、堆放砂石、贮存水泥，从而节约了场地，避免了原材料的浪费。

（4）随着我国市政其他建设事业的发展，采用集中搅拌、提供商品混凝土的搅拌楼（站）具有很大的优越性，因而得到迅速发展，并为推广混凝土泵送施工，实现搅拌、输送、浇筑机械联合作业创造条件。

7.3.1.2 混凝土搅拌楼（站）的类型

（1）按其结构不同可分为固定式和移动式两类。

（2）按其作业形式不同可分为周期式和连续式两类。

（3）按其工艺布置形式不同可分为单阶式和双阶式两类。骨料经一次提升而完成全部生产流程的称为混凝土搅拌楼（站），俗称单阶式，如图 7.3-1 所示；骨料提升二次或二次以上的称为混凝土搅拌楼，俗称双阶式，如图 7.3-2 所示。

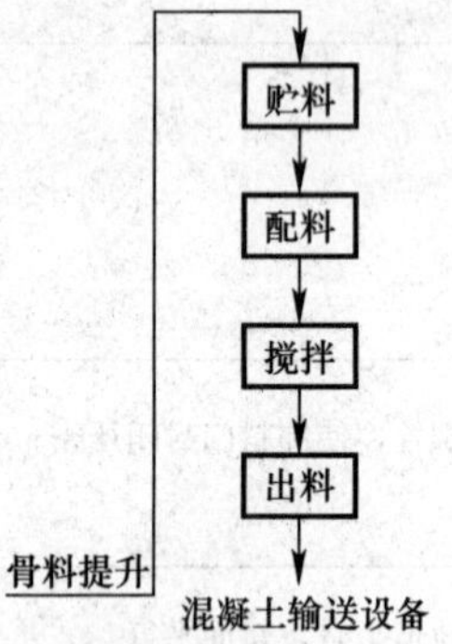

图 7.3-1　单阶式混凝土搅拌楼骨料流程

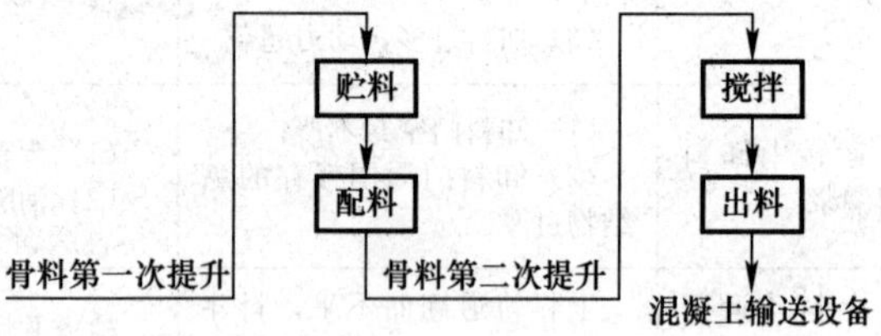

图 7.3-2　双阶式混凝土搅拌楼骨料流程

7.3.1.3　混凝土搅拌楼（站）的工艺流程

图 7.3-3 所示混凝土搅拌楼工作流程示意图。1 是用径向拉铲机或自动拦运机将砂石等骨料拦运至称量处，2 是将砂、石骨料送入称量斗中，3 是将水定量器放入水量分配斗中，4 是借助螺旋输送器将水泥配入水泥秤盘中，5 是将称量斗中砂、石骨料放入搅拌机中，6 是将定量水放入搅拌机中，7 是将水泥放入搅拌机中，8 是将骨料、水泥及水进行搅拌，9 是将已搅拌完毕的混凝土放出。

图 7.3-3　混凝土搅拌楼工作流程示意图

7.3.1.4　混凝土搅拌楼（站）的主要构造

国产混凝土搅拌站的种类较多，图 7.3-4 所示为固定式混凝土搅拌站的外貌图。

图 7.3-4 固定式混凝土搅拌站外貌图

国产混凝土搅拌楼现有 HL3F90、HL3F135、HL4F270 三种型号，而它们的构造基本相同，其金属结构作垂直分层布置，机电设备分装各层，集中控制。搅拌楼自上而下分为进料、储料、配料、搅拌、出料 5 层，高达 24～35m。

7.3.2 混凝土搅拌楼（站）的使用要点

(1) 混凝土搅拌站（楼）的操作人员必须熟悉设备的性能与特点，并认真执行混凝土搅拌楼（站）的操作规程和保养规程。

(2) 新设备使用前必须经过专业人员安装调试、在技术性能各项指标全部符合规定并经验收合格，方可投产使用。经过拆卸运输后重新组装的搅拌站，也应调试合格方可使用。

(3) 电源电压、频率、相序必须与搅拌设备的电器相符。电气系统的保险丝必须按照电流大小规定使用，不得任意加大或用其他非熔丝代替。

(4) 操作盘上的主令开关、旋钮、指示灯等应经常检查其准确性、可靠性。操作人员必须弄清操作程序和各旋钮、按钮作用后，方可独立进行操作。

(5) 机械启动后应先观察各部运转情况，并检查水、砂、石准备情况。

(6) 骨料规格应与搅拌机的性能相符，粒径超出许可范围的不得使用。

(7) 混凝土搅拌站（楼）的机械在运转中，不得进行润滑和调整工作。严禁将手伸入料斗、拌筒探摸进料情况。

(8) 若搅拌机不具备满载启动的性能，搅拌中不得停机。如发生故障或停电时，应立即切断电源，将搅拌筒内的混凝土清除干净，然后进行检修或等待电源恢复。

(9) 控制室的室温应保持在 25℃以下，以免电子元件因温度而影响灵敏度和精确度。

(10) 切勿使机械超载工作，并应经常检查电动机的温升。如发现运转声音异常、转速达不到规定时，应立即停止运行，并检查其原因。如因电压过低，不得强制运行。

(11) 停机前应先卸载，然后按顺序关闭各部分开关和管路。作业后，应对混凝土搅拌设备进行全面清洗和保养。

(12) 电气部分应按一般电气安全规程进行定期检查。三相电源线截面，铜线不得小于 $25mm^2$，铝线不得小于 $35mm^2$，并需有良好的接地保护。电源电压波动应在 ±10% 以内。

(13) 冰冻季节和长期停放后使用，应对水泵和附加剂泵进行排气引水。

(14) 认真检查混凝土搅拌楼（站）气路系统中气水分离器积水情况。积水过多时，打开阀门排放。检查油雾器内油位，过低时应加 20 号或 30 号锭子油；拧开储气筒下部排污螺塞、放出油水混合物。

(15) 清理搅拌筒、出料门及出料斗积灰，并用水冲洗，同时冲洗附加剂及其供给系统。

(16) 冰冻季节，对搅拌设备应放完水泵、附加剂泵、水箱及附加剂箱内的存水，并启动水泵和附加剂泵运转 1～2min。

(17) 混凝土搅拌楼（站）需要转移或停用时，应将水箱、附加剂箱、水泥、砂、石储存斗及称量斗内的物料排尽，并清洗干净。转移中应将杠杆秤表头平衡砣及秤杆加以固定，以保护计量装置。

7.3.3 混凝土搅拌楼（站）的安全技术规程

(1) 混凝土搅拌站的安装，应由专业人员按出厂说明书规定进行，并应在技术人员指导下，组织调试，在各项技术性能指标全部符合规定并经验收合格后，方可投产使用。

(2) 与搅拌站配套的空气压缩机、皮带输送机及混凝土搅拌机等设备，应执行有关规程中的规定。

(3) 作业前检查项目应符合下列要求：

1) 搅拌筒内和各配套机构的传动、运动部位及仓门、斗门、轨道等均无异物卡住；

2) 各润滑油箱的油面高度符合规定。打开阀门排放气路系统中气水分离器的过多积水，打开贮气筒排污螺栓放出油水混合物；

3) 提升斗或拉铲的钢丝绳安装、卷筒缠绕均正确，钢丝绳及滑轮符合规定，提升料斗及拉铲的制动器灵敏有效；各部位螺栓已紧固，各进、排料阀门无超限磨损，各输送带的张紧度适当，不跑偏；

4) 称量装置的所有控制和显示部分工作正常，其精度符合规定；

5) 各电气装置能有效地控制机械动作，各接触点和动、静触头无明显损伤。

(4) 应按照混凝土搅拌站的技术性能，准备好合格的砂、石骨料，粒径超出许可范围的不得使用。机组各部分应逐步启动，启动后，各部件运转情况和各仪表指示情况应正常，油、气、水的压力应符合要求，方可开始作业。

(5) 作业过程中，在贮料区内和提升斗下，严禁人员进入。混凝土搅拌筒启动前应当盖好仓盖。机械在运转过程中，严禁将手、脚伸入料斗或搅拌筒探摸。

(6) 当拉铲被障碍物卡死时，不得强行起拉，不得用拉铲起吊重物，在拉料过程中，不得进行回转操作。

（7）混凝土搅拌机满载搅拌时不得停机，当发生故障或停电时，应立即切断电源，锁好开关箱，将搅拌筒内的混凝土清除干净，然后排除故障或等待电源恢复。

（8）搅拌站各机械不得超载作业；应检查电动机的运转情况，当发现运转声音异常或温升过高时，应立即停机检查；电压过低时不得强制运行。

（9）搅拌机停机前，应先卸载，然后按顺序关闭各部位开关和管路，将螺旋管内的水泥全部输送出来，管内不得残留任何物料。

（10）作业后，应清理搅拌筒、出料门及出料斗，并用水冲洗，同时冲洗附加剂及其供给系统；称量系统的刀座、刀口应清洗干净，并应确保称量精度。冰冻季节，应放尽水泵、附加剂泵、水箱及附加剂箱内的存水，并应启动水泵和附加剂泵运转1～2min。

（11）当混凝土搅拌站转移或停用时，应注意将水箱、附加剂箱，将水泥、砂石贮存料斗及称量斗内的物料排净，并清洗干净；转移中，应将杠杆秤表头平衡砣及秤杆固定，传感器应卸载。

7.3.4 混凝土搅拌楼（站）配套设备的合理选择

对于需要较大数量混凝土的搅拌站，为了节省投资，可根据混凝土工程数量、工地布置方式和施工具体情况去选择搅拌机主机，然后确定必要的配套设备。常用配套设备有：砂石料供应设备、水泥供应设备、材料配量设备、混凝土运输设备等。

7.3.4.1 砂、石料供应设备的选择

（1）常用的砂、石料供应设备是皮带输送机以及料斗和称量装置，可根据搅拌站的地形和布置方式选用10m或15m的移动式皮带输送机。

（2）可采用铲斗装载机、铲斗或抓斗挖掘机，以及电子计量装置等。

（3）可根据现有设备和施工条件选定合适的种类。

7.3.4.2 水泥供应设备的选择

水泥是粉末状的水硬性胶结材料，故运输过程中必须保证密封和防水。目前，使用最广的水泥供应设备有螺旋输送机、回转给料机、斗式提升机或压气输送，其中以压气输送为最佳，但消耗功率较大。

7.3.4.3 材料配量设备的选择

（1）混凝土采用的材料应根据结构所要求的强度，由实验计算确定配合比。为了保证达到规定的技术要求，各种材料必须采用称量设备来配量。材料配量设备由给料机和称量器组成，给料机起到均匀送给的作用，从而保证称量的精度。

（2）砂、石、水泥给料都可以采用电磁振动给料机；如果没有此设备，砂、石给料可以采用短型胶带输送机，水泥给料可用螺旋给料机或回转给料机。

（3）称量方法有体积法和重量法两种。重量法称量精度高，可采用普通台秤、杠杆式配料秤或电子秤等仪器，并采用自动控制，既准确又迅速。

7.3.4.4 混凝土运输设备的选择

（1）混凝上运输设备必须根据施工地点的地形和施工设备情况，按照搅拌楼（站）的布置方式来进行选择。

（2）通常运输方式分为水平运输和垂直运输，水平运输主要有轨道式斗车、混凝土运

输车、自卸汽车、架空索道及人力手推车等；垂直运输设备主要有吊车（桶）、提升机，皮带输送机、混凝土输送泵及泵车。

（3）各种运输设备的混凝土容器应与搅拌机出料容量相配合。如出料容量不足一车，可备储料斗，储料斗容量不应小于搅拌机两次出料量，也不小于运输工具的容量。

（4）各种运输设备的主要特点、适用范围可参考表 7.3-1。

混凝土运输设备的特点及适用范围　　表 7.3-1

运输设备	主要特点	适用范围
滑槽	结构简单，经济	结构物比搅拌机出料口低
吊车	机动性好，并有多种用途	结构物在搅拌站附近，并比搅拌机出料口高 10m 以内
提升机（升降塔）	不便移动，高度可达 60m，占地面积小	结构物在搅拌站附近，并比搅拌机出料口高 10m 以上
皮带输送机	运量大，运输连续，但易发生离析现象	结构物与搅拌机出料口的高低差，一般皮带输送机的安装倾角为 20°以下
混凝土泵	可连续运输，结构物工作面可以很小	混凝土给料粒度等必须符合混凝土泵性能
轨道斗车	需铺设轨道，上坡可用卷扬机牵引	运量大，运距长，人力推车一般在 500m 以下，机车牵引可达 1500m 以上
自卸汽车	机动性好，如途中颠簸，混凝土容易发生分层现象	运量大，运距在 2～2.5km 以上
架空索道	需有架设索道设施	跨越山沟或河流运输
人力推车	劳动强度大，效率低	运量小，运距在 70m 以内
混凝土搅拌运输车	在运输过程中能连续缓慢搅拌，防止混凝土产生分层离析现象，从而保证混凝土质量	适合于混凝土远距离运输

7.3.5 混凝土搅拌楼（站）的维护保养

混凝土搅拌楼（站）的维护保养主要是例行保养（表 7.3-2）、一级保养（表 7.3-3）二级保养（表 7.3-4）、三级保养（表 7.3-5）。

例行保养（每班进行）　　表 7.3-2

序号	保养项目		技术要求
1	搅拌机	（1）检查、清洁搅拌机； （2）检查搅拌臂、叶片的连接情况；	（1）1）每班作业结束后，应及时将粘附于搅拌筒内外的混凝土及其他污物清理干净，然后用清水冲洗； 2）每周应检查搅拌筒内残留混凝土的黏结情况和喷水管上水泥的黏着情况，必要时，应切断电源，专人看护，进行人工铲除。 （2）各连接螺栓应无松动或严重磨损，否则，应予紧固和更换。

续表

序号	保养项目		技术要求
1	搅拌机	(3) 检查减速机； (4) 检查搅拌机运转情况； (5) 润滑搅拌机主轴两端轴承和卸料门	(3) 1) 每班作业结束停机后，应检查驱动电动机的温升情况，如电动机过热，应查明原因，排除故障； 2) 每周应检查减速机润滑油油位高度，油量不足时，应予补充。 (4) 工作时，搅拌机应运转平稳、无异响，卸料门应启闭灵活、关闭严密、无泄漏。如遇故障或停电时，应立即切断电源，打开卸料门，将搅拌鼓内的混凝土清除干净，待修复或等电源恢复（短暂时间），再行启动； (5) 每班润滑一次
2	砂、石料供料系统	(1) 检查料斗及斗门； (2) 检查上料斗轨道； (3) 检查提升机构； (4) 检查拉铲回转支承、与拉铲底座联接螺栓； (5) 检查拉铲回转机构； (6) 检查拉铲工作情况	(1) 工作时，斗门应启闭灵活，不漏料。每班工作结束后，应倒净料斗内的残存料，再将料斗落至最低位置。在清除残存料时，不要敲击称重机构； (2) 轨道应无变形，联接螺栓如有松动，应予紧固； (3) 提升机构应工作正常，上料斗运行平稳，减速器无异响、不漏油，制动装置工作正常，制动可靠。料斗的提升、卸料和下降顺利无歪斜，电动机无过热现象； (4) 联接螺栓如有松动、应予紧固； (5) 回转机构应工作正常、回转平稳、无异响； (6) 工作时，拉铲应能协调正常地工作。制动应灵敏、可靠，气动工作压力不应小于 0.5MPa
3	水泥输送系统	(1) 检查水泥螺旋输送器； (2) 检查螺旋输送器与水泥计量斗帆布袋的连接情况； (3) 检查减速器润滑油油位； (4) 检查水泥斗门； (5) 检查水泥输送系统工作情况	(1) 螺旋输送器应运转正常，无异响，轴承无过热现象； (2) 帆布袋应连接牢固并处于松弛状态，以保证计量精度； (3) 每周检查一次，油不足时，应予补充； (4) 水泥斗门启闭应灵活、可靠； (5) 水泥输送系统应工作正常，如有异常现象，应查明原因，排除故障
4	气路控制系统	(1) 检查空气压缩机； (2) 检查气源三连体； (3) 检查气路管道及管接头； (4) 检查储气筒； (5) 检查空气滤清器； (6) 检查空气压缩机的自保护装置； (7) 检查各气缸工作情况	(1) 空气压缩机应工作正常，曲轴箱中油量不足时，应予补充； (2) 气源三连体之油雾器内应有规定的油量，雾化正常，必要时随时补油； (3) 各气路管道及管接头处，应无漏气现象； (4) 放尽储气筒内的积水； (5) 将空气滤清器手动排水阀打开，排尽分离出来的油水杂质； (6) 空气压缩机的自保护装置应工作正常、可靠。气路气压稳定在 0.7MPa 左右； (7) 各气缸动作应准确到位；各电磁阀动作应灵活、正确；快排阀动作迅速
5	供水系统及添加剂供给系统	(1) 检查供水管路； (2) 检查供水系统工作情况； (3) 检查添加剂系统工作情况	(1) 管路及管接头如有松动，应予拧紧，消除漏水现象。冬季每班工作后，应放尽供水管路中的存水； (2) 工作前，水泵应灌满引水，关闭冲洗阀，管路过滤器应清洁通畅，每周清洗一次。水泵运转正常； (3) 供料泵及加料泵应运转正常，添加剂储仓内过滤网应通畅且完好无损，储仓内沉淀物不应太多，否则，应予清洗，过滤网应每周清洗一次

续表

序号	保养项目		技术要求
6	计量系统	(1) 检查各计量表； (2) 检查添加剂计量筒液位	(1) 各计量表应动作灵敏、工作正常、示值正确。骨料、水泥、粉煤灰应与观察表盘所显示的质量值相符； (2) 应观察计量筒液位，使其达到需要的高度。如有异常，应查明原因，排除故障
7	电气设备及仪表	(1) 检查各仪表、按钮及指示灯等； (2) 检查各电气装置； (3) 检查各电气元件	(1) 各仪表应反应灵敏、示值正确；各按钮、指示灯等均应功能正常； (2) 工作时，各电气装置应工作正常，安全可靠，各行程开关动作应灵活可靠。各接触器应工作正常。若出现打火频繁、触点烧蚀严重时应予更换； (3) 每周检查一次，电气系统内各电气元件如有损坏，应予修复或更换；各接线处如有松动，应予紧固； 每班工作停机后应断开总电源及微机电源
8	整机	(1) 检查钢丝绳； (2) 检查各联接螺栓； (3) 检查电气管线； (4) 润滑	(1) 各钢丝绳应无严重磨损及损坏，固定可靠； (2) 螺栓如松动，应予紧固。新机使用1～2个台班后，必须对各紧固件及钢丝绳夹进行检查和紧固； (3) 所有电气管线应妥善保护，如有损坏，应及时处理； (4) 按机器出厂使用说明书进行润滑

一级保养（每工作200h进行） **表7.3-3**

序号	保养项目		技术要求
1	例行保养		完成本级保养作业项目外的例行保养项目
2	搅拌机	(1) 检查搅拌筒内残留混凝土情况； (2) 检查搅拌叶片和衬板的磨损情况； (3) 检查减速器润滑油质量	(1) 彻底清除搅拌筒内残留的混凝土； (2) 叶片和衬板磨损严重时，应予更换。叶片和衬板之间间隙应小于6mm，工作时无卡料、擦碰现象； (3) 检查润滑油质量，必要时换油。新机首次使用一个月后，应更换润滑油
3	砂、石料供料系统	(1) 检查钢丝绳； (2) 轮查调整上、下限位装置； (3) 检查料斗； (4) 检查钢丝绳防跳槽装置； (5) 检查减速器润滑油质量； (6) 检查配料机构； (7) 检查拉铲钢丝绳	(1) 在钢丝绳上涂抹润滑脂，若钢丝绳磨损严重时，应予更换。必要时通过绳结装置调节，使两条钢丝绳长度相同； (2) 工作时，上、下限位装置应工作正常，行程开关动作应灵敏，料斗到位准确。上限位装置在料斗到位时，行程开关动作，但不过位；下限位装置在料斗刚下降至终点时，行程开关应立即动作，主控制台应显示行程开关动作信号。如不符上述要求，应进行调整。 (3) 1) 料斗上升或下降，应无卡滞现象； 2) 空载提升料斗几次，料斗斗门在上行程限位状态时应完全打开，但不应开门过早； 3) 润滑料斗滚轮销轴及销套。 (4) 防跳槽装置应工作正常，必要时进行调整； (5) 检查润滑油油质，必要时换油。新机首次使用一个月后，应更换润滑油； (6) 在料场无料时，启闭各料门几次，料门应无卡滞现象。挡料橡胶板与料门间隙应保持在3～5mm； (7) 钢丝绳夹如有松动，应予紧固，并在钢丝绳上涂抹润滑脂。检查钢丝绳的磨损情况，达到报废标准的则应更换；

续表

序号		保 养 项 目	技 术 要 求
3	砂、石料供料系统	(8) 检查拉铲卷扬制动器及锥形离合器； (9) 检查拉铲卷扬、回转减速器润滑油质量； (10) 检查拉铲卷扬传动链条的张紧度	(8) 制动摩擦片与制动毂应接触均匀，锥形离合器接合、脱开可靠。必要时应予调整或更换； (9) 必要时应更换润滑油，新机首次使用一个月后应更换润滑油； (10) 检查链条张紧情况，必要时调整弹簧拉力，保持链条有适当的张紧度
4	水泥输送系统	(1) 检查水泥螺旋输送器； (2) 检查水泥仓； (3) 检查减速器润滑油质量	(1) 水泥螺旋输送器内如有结块和杂物，应予清除。由受料端底部观察孔察看支承密封润滑情况，必要时更换油封，进行润滑。 (2) 1) 除尘器应功能正常，联接螺栓如有松动，应予拧紧； 2) 水泥仓内如有结块、杂物应予清除。 (3) 检查润滑油油质，必要时换油，新机首次使用一个月后应更换润滑油
5	气路控制系统	(1) 检查空气压缩机润滑油质量； (2) 检查气源三连体（空气滤清器、减压阀、油雾器）； (3) 检查各气缸； (4) 检查气路空气压力	(1) 必要时更换润滑油； (2) 气源三连体应工作正常； (3) 1) 各气缸应工作正常，消除漏气现象； 2) 润滑各气缸的铰接点。 (4) 工作时，空气压力应保持在 0.5～0.8MPa 范围内，如有异常，应查明原因，排除故障
6	供水系统及添加剂供给泵	(1) 检查供水系统各阀及蜗轮变速器； (2) 检查添加剂储仓	(1) 各阀及蜗轮变速器（流量计）应工作正常，如有损坏，应予更换； (2) 清除储仓内的沉淀物，确保通气孔畅通
7	计量系统	检查水泥秤及骨料秤	打开水泥秤及骨料秤封闭盖板，清除杠杆系统积尘，杠杆系统应无卡滞现象
8	电气设备及仪表	(1) 检查微机； (2) 检查电气系统	(1) 微机应工作正常； (2) 电气系统应工作正常，各继电器及其他电气元件接触点应接触良好
9	整机	(1) 检查各单元间的联接螺栓； (2) 润滑	(1) 联接螺栓如有松动，应予紧固。地脚螺栓应无松动，基础应无下沉现象； (2) 按机器出厂使用说明书进行润滑

二级保养（每工作 600h 进行） **表 7.3-4**

序号		保 养 项 目	技 术 要 求
1	一级保养		完成本级保养作业项目外的一级保养的所有项目
2	搅拌机	(1) 检查搅拌叶片衬板磨损情况； (2) 检查搅拌轴两端密封情况； (3) 更换减速器润滑油； (4) 检查传动链条及开式齿轮传动	(1) 叶片及衬板磨损严重时，应予更换。调整叶片与衬板之间间隙（等于或小于 6mm）。工作时，应无卡料或擦碰现象； (2) 如有漏浆现象，应予修复，并更换损坏的零部件； (3) 每三个月应更换减速器润滑油； (4) 链条及齿轮磨损严重时，应予更换，并进行润滑

续表

序号	保养项目		技术要求
3	砂、石供料系统	(1) 检查卷扬制动器； (2) 检查减速器； (3) 检查各滑轮、料斗滚轮； (4) 更换拉铲减速器润滑油； (5) 检查拉铲卷扬制动器和锥形离合器	(1) 摩擦片磨损严重时，应予更换； (2) 每三个月更换润滑油一次； (3) 各轮轴承磨损严重时，应予更换，滑轮、滚轮如有损伤，应予修复； (4) 每三个月更换润滑油一次； (5) 制动摩擦片及锥形离合器摩擦片磨损超限时，应予更换
4	水泥输送系统	(1) 更换螺旋输送器减速器润滑油； (2) 检查螺旋输送器与水泥计量斗帆布袋	(1) 每三个月更换润滑油一次； (2) 帆布袋如有破损，应予更换
5	气路控制系统	(1) 更换空气压缩机润滑油； (2) 检查气源三连体； (3) 检查各电磁阀及各气阀； (4) 检查管路及气缸盖连接螺栓	(1) 放尽旧油，加注新油至规定的油位高度； (2) 用肥皂水清洗油水分离器、油雾化器及快排阀； (3) 1) 用煤油或汽油清洗各零部件，装配时，应在装配表面涂适量的润滑油； 2) 密封圈失效时，应予更换。 (4) 螺栓如有松动，应予拧紧
6	供水系统及添加剂供给系统	(1) 检查水泵； (2) 检查水箱； (3) 检查各阀门	(1) 必要时，拆检水泵，清洗轴承，更换润滑脂。轴承磨损严重或损坏时，应予更换，消除漏水现象； (2) 冲洗水箱，排除污物，除去锈斑。如有漏水，应予修复，必要时涂防锈漆； (3) 各阀门应工作正常
7	电气设备及仪表	检查各电气控制系统	清除积尘、各线路接点应接触良好，电气元件如有损坏，应予更换。工作时，各电气控制系统应能控制准确，导线无损坏
8	整机	润滑	按机器出厂使用说明书进行润滑

三级保养（每工作1800h进行） **表7.3-5**

序号	保养项目		技术要求
1	二级保养		完成本级保养作业项目外的二级保养项目
2	搅拌机	(1) 检查搅拌轴； (2) 检查搅拌臂； (3) 检查传动系统； (4) 检查搅拌机运转情况	(1) 拆检搅拌轴，清洗各零部件，更换密封圈，轴承、轴套及浮封环等磨损严重或损坏时，应予更换； (2) 搅拌臂如磨损严重或有弯曲、扭曲现象，应予更换； (3) 工作时，传动系统各部位如有异响或过热现象，应予拆检，更换磨损严重或损坏的零部件； (4) 搅拌机应运转正常，搅拌装置转动灵活，无异响。否则，应查明原因，排除故障
3	砂、石料供料系统	(1) 检查上料轨道； (2) 检查各滑轮、料斗滚轮； (3) 检查传动系统；	(1) 轨道应平直，轨面应平行，无变形或严重磨损现象； (2) 各滑轮及滚轮磨损严重时，应予更换； (3) 工作时，如有异响或过热现象时，应查明原因，排除故障，更换磨损严重的零部件；

续表

序号	保养项目		技术要求
3	砂、石料供料系统	（4）拆检拉铲回转减速器； （5）检查拉铲齿圈及小齿轮； （6）检查拉铲卷扬锥形离合器； （7）检查拉铲卷扬制动器； （8）检查拉铲各滑轮及链轮	（4）拆检、清洗，润滑轴承。轴承磨损严重或损坏时，应予更换； （5）齿圈及小齿轮如有损伤或磨损严重时，应予修复或更换； （6）拆检，更换摩擦片。摩擦片与离合器毂的间隙为0.5～1.0mm； （7）更换摩擦片，并进行调整，使摩擦片与制动毂均匀接触； （8）拉铲各滑轮及链条、链轮磨损严重或损坏时，应予更换
4	水泥输送系统	检查螺旋输送器	清洗、检查，润滑螺旋输送器传动花键、中间支承等，零部件如有损坏，应予更换
5	气路控制系统	（1）检查空气压缩机； （2）检查各电磁气阀及料门的动作情况； （3）检查各气缸； （4）检查空气压缩机的停、转情况； （5）检查各气压软管	（1）空气压缩机如有窜油现象，应予拆检，查明原因，排除故障； （2）在气路压力达到0.6～0.7MPa时，按下控制台上所标志的按钮，各电磁气阀及料门应动作灵活。消除系统的漏气现象； （3）各气缸应工作正常，无内漏、外泄现象，必要时，进行拆检，更换损坏的密封件； （4）当气路压力达到上限值0.8MPa时，压力继电器应可靠动作，空压机停转；当压力降至压力下限值0.5MPa时，空压机应自动启动； （5）如有损坏，应予更换
6	供水系统及添加剂供给系统	（1）检查供料泵及加料泵； （2）检查储仓	（1）必要时进行拆检，更换磨损严重的零部件； （2）储仓如有渗漏，应予修复，过滤网如有损坏，应予更换
7	计量系统	（1）检查各称量计量表的复零情况； （2）检查各衡器； （3）检查各秤计量精度	（1）空载时，各称量计量表的指针应指示零位； （2）清洁、润滑、调整各支点、刀承、刀刃，使之均处于受力状态，用手拉动秤斗，应有轻微摆动，不应卡滞，对砂、石料计量系统应调整合适，使其计量精确； （3）检查传感器和秤体，负载与标准砝码应相符，当达不到规定精度时，应由专业人员进行调整
8	电气设备及仪表	（1）检查各电器元件； （2）检查各仪表及指示灯； （3）检查各电动机； （4）检查电线及电线接头	（1）各电器元件应工作正常； （2）各仪表应指示正常，指示灯应齐全有效，如有损坏，应予更换； （3）进行拆检；清洁内部，润滑轴承。轴承如有损坏，应予更换。各导线应绝缘良好，接头无脱焊； （4）清除电线及电线接头、各电器元件外部积尘。电线应包扎牢固，电线接线头如有松动，应予紧固
9	整机	（1）检查各联接件； （2）整机试运转； （3）补漆； （4）润滑	（1）如有开焊、裂缝、变形等，应予修复； （2）整机应能进行全自动、手动、半自动操纵，计量系统、各类信号装置、料斗提升装置、搅拌机及卸料装置等，均应工作止常； （3）对局部脱漆部位进行除锈补漆； （4）按机器出厂使用说明书进行润滑

7.4 混凝土输送机械

7.4.1 概述

（1）混凝土输送机械用来把拌制好的新鲜混凝土及时地、保质地输送到浇灌现场。对于集中搅拌的混凝土或商品混凝土，由于输送距离较长且运输量较大，为了保证被输送的混凝土不产生初凝和离析，常应用混凝土搅拌输送车、混凝土泵或混凝土输送泵车等专用输送机械。

（2）而对于采用分散搅拌或自设混凝土搅拌点的工地，由于输送距离短且量少，一般可采用手推车、机动翻斗车、自卸汽车、架空索道、提升机等通用设备。

（3）混凝土专用输送机械的输送效果好，质量佳，但设备投资高，适用于大中型建筑工地。混凝土通用输送机械输送效率低，但灵活机动，故在中、小型建筑工地得到广泛应用。

7.4.2 混凝土搅拌输送车

7.4.2.1 概述

（1）混凝土搅拌输送车是一种用于长距离搅拌输送混凝土的机械设备。它是在载货汽车或专用运载底盘上安装一种独特的混凝土搅拌装置，兼有载运混凝土和搅拌混凝土的双重功能，可以在运送混凝土的过程中同时对其混凝土进行搅拌或扰动，以保证混凝土通过长途运输后，不致产生离析现象。

（2）在冬季远距离运输混凝土时也不致凝固，从而使浇筑后的混凝土质量得到保证。在发展商品混凝土中，搅拌输送车是生产一条龙的必备设备。

（3）目前广泛使用的汽车式混凝土搅拌输送车可以实现预拌混凝土的搅动输送和混凝土拌和料的搅拌输送两种输送方式。一般的施工工地都设有混凝土搅拌站，所以多采用预拌混凝土搅动输送的工作方式，搅拌筒做大约1～3r/min的低速转动，输送的平均运距在8～12km。

（4）它具有运输平稳、搅拌效果好、性能可靠、出料迅速、操作简便，工作寿命长等特点，所以，广泛用于市政、建筑、道路、桥梁等建设工程。

（5）国外水平及发展趋势：一般的汽车式混凝土搅拌输送车均采用斜筒型，且许多国家都把6m^3的输送车视为标准容量车型。但随着实际使用的要求，在结构和附件上出现了一些新的形式：改进拌筒的末级挠性传动，以消除底盘变形的影响；前端卸料；拌筒倾翻；附属设备增多，如混凝土输送泵、自行上料装置、皮带运输机、附属液压承载拖轮、液压提升储料斗等；开畅式翻斗输送车。翻斗底部呈椭圆形，内衬橡胶板，可使混凝土离析减少。出料口较窄呈椭圆形，可对混凝土提供一定程度的搅动作用。也有的在出料口设置搅动叶片。

（6）国内水平及发展趋势：从搅拌容量上讲，一般都设计成3m^3、4.5m^3、6m^3、

$8m^3$、$9m^3$、$10m^3$、$12m^3$、$14m^3$、$16m^3$ 等，许多产品的技术水平上已经具有国际先进水准。今后还会普遍采用报警系统，实现电子监控系统及计算机自动控制系统，大力推广机电一体化。

7.4.2.2　搅拌输送车的类型

混凝土搅拌输送车的分类如图 7.4-1 所示。

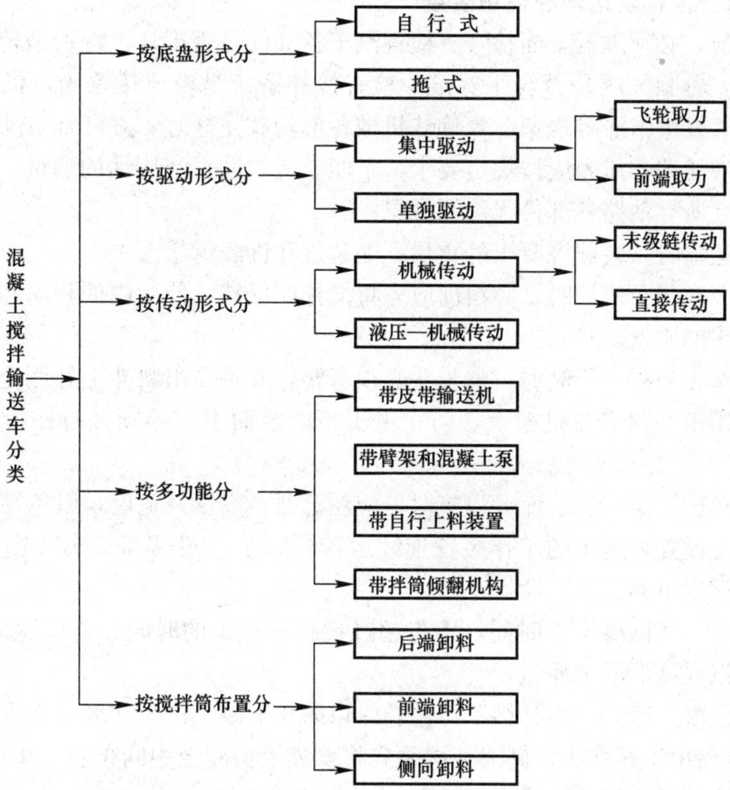

图 7.4-1　混凝土搅拌输送车的分类

7.4.2.3　混凝土搅拌输送车的典型结构

混凝土搅拌输送车的外形图如图 7.4-2 所示，由载重汽车底盘与搅拌装置两部分组

图 7.4-2　混凝土搅拌输送车外貌图

成。因此，搅拌输送车能按汽车行驶条件运行，并用搅拌装置来满足混凝土在运输过程中的要求。搅拌装置的工作部分为拌筒，它支承在不同平面的三个支点上，拌筒轴线对车架（水平线）倾斜角度常为16°～20°。它开有料口，供进料、出料用。因此进料斗、出料槽均装在料口一端。当拌筒顺时针方向（沿出料端方向看）回转时进行搅拌，拌筒反向回转时进行卸料。搅拌装置一般均采用液压传动。

7.4.2.4 混凝土搅拌输送车的使用要点

（1）操作前，必须进行全面检查。检查汽车各部件是否正常，特别是转向和制动机构是否灵敏可靠，轮胎气压是否合乎标准；检查搅拌系统是否连接紧固，机构位置是否正确，运转中会否发生卡滞等现象。当确认机械各部均属完好时，方可启动机械。

（2）各部液压油的压力应按规定要求，不能随意改动。液压油的油量、油质、油温应达到规定要求，所有油路各部件无渗漏现象。

（3）搅拌运输时，装载混凝土的重量不能超过允许载重量。

（4）搅拌车在露天停放时，装料前应先将搅拌筒反转，使筒内的积水和杂物排出，以保证运输混凝土的质量。

（5）搅拌车在公路上行驶时，加长斗必须翻转，放置在出料斗上并固定，再转至与车身垂直部位，用销轴固定在机架上，防止由于不固定而引起摆动并打伤行人或影响车辆运行。

（6）搅拌车通过桥、洞、库等设施时，应注意通过高度及宽度，以免发生碰撞事故。

（7）混凝土搅拌输送车的工作装置连续运转时间不应超过8h。若16h或24h连续工作，则会迅速缩短机器使用寿命。

（8）搅拌车运送混凝土的时间，不得超过搅拌站规定的时间，若中途发现水分蒸发，应适当加水，以保证混凝土质量。

（9）运送混凝土途中，搅拌筒不得停转，以防止混凝土产生初凝及离析现象。

（10）搅拌筒由正转变为反转时，必须先将操纵手柄放至中间位置，待搅拌筒停转后，再将操纵手柄放至反转位置。

（11）混凝土搅拌输送车上水箱的水量要经常保持装满，以防急用。冬季停车时，要将水箱和供水系统的水放净。出料斗根据使用需要，不够长时可自行接长。

（12）装料前，最好先向筒内加少量水。使进料流畅，并可防止粘料。

（13）用于搅拌混凝土时，必须在拌筒内先加入总水量2/3的水，然后再加入骨料和水泥进行搅拌。司机下班前，要清洗搅拌筒和车身表面，以防混凝土凝结在筒壁、叶片及车身上。此外，还要对机械进行清洗、维修及换油等辅助工作。

（14）机器在露天停放时，要盖好有关部位，以防各运动部件因风吹日晒而生锈、失灵。

7.4.2.5 混凝土搅拌输送车的安全技术规程

1. 作业前的准备

（1）内燃机部分，按内燃机操作规程的有关规定执行。

（2）汽车部分，按汽车操作规程的有关规定执行。

（3）了解施工现场和施工要求，了解所搅拌运输的混凝土级配、水灰比、坍落度。熟悉运输路线及运输距离。

(4) 检查液压油油位和油质。油位高度和油质均应符合要求。

(5) 液压泵、液压马达、阀件均应紧固，与油管连接牢固，密封良好；用手转联轴器使各泵旋转时，无卡阻和异常声响。

(6) 检查混凝土搅拌输送车的清洗系统，水箱加满清水，空气压力调整至规定数值。整个系统不得漏水，漏气。

(7) 动力输出轴的固定螺栓及滚筒架的U型螺栓应锁紧牢固。

(8) 搅拌滚筒外表应无破损，无明显凹陷；筒内应清洁，无杂物，无积渣；溜槽内壁要光滑，不漏浆。

(9) 按施工要求调整并紧固溜槽及延伸斜槽，检查各种仪表、指示灯是否完好，读数是否正常，紧急排出系统应完好。

(10) 启动混凝土搅拌输送车的发动机，接通动力输出轴，保持滚筒在低速下转动直至液压油油温升至要求温度。

2. 作业与行驶要求

(1) 进料时，搅拌运输车滚筒应在2～10r/min范围内转动。

(2) 在运输过程中，搅拌转速应为2～3r/min，车辆在转弯处和不平道路上应低速行驶。

(3) 在下列温度环境中，搅拌输送车的运输时间参考表7.4-1。

混凝土搅拌输送车的运输时间参考表　　**表7.4-1**

环境温度（℃）	35	30	25	20	15	10
普通混凝土（min）	50	55	60	70	80	95
人工轻骨料混凝土（min）	50	55	60	70	80	105

(4) 混凝土经长时间运输至施工现场后，在排出混凝土前，应按要求喷水，并使滚筒以10～12r/min的转速搅拌约1min，然后卸料。

(5) 把操作杆推至排料位置时，滚筒逆转排出混凝土。10cm或以上的高坍落度混凝土滚筒转速应为2～10r/min；低于10cm的低坍落度混凝土滚筒转速应为3～6r/min。

(6) 当卸料到剩余约1/4时，再强烈搅拌（10～12r/min）一次后卸完。如果给泵车供料时，可采用二车搭接的方法，即前一车还未卸完，后一车就开始卸料。

(7) 尽量避免运输速凝混凝土。

(8) 当搅拌运输车的传动系统出现故障，液压油输出中断而导致滚筒停止转动，暂时无法排出混凝土并修复时，要利用紧急排出系统快速排出混凝土。

(9) 当用搅拌车直接拌和混凝土时，应按施工设计要求准备好每筒所需各种原材料的数量，并按要求搅拌，禁止用手触摸旋转中的搅拌筒和随动轮。

(10) 运输车在公路上行驶时，应严格遵守交通规则，安全礼让，中速行驶。

3. 工作后的要求

(1) 清洗搅拌筒及溜槽，应使搅拌筒无积渣，无积水。

(2) 清洗滚筒外圈及被灰浆污染的机件表面。

(3) 按保修规程的规定，进行例保作业。

7.4.2.6　混凝土搅拌输送车的合理选择

选择混凝土搅拌输送车，主要是取决于施工地点与混凝土搅拌楼（站）的运距及具体要求。一般情况下，施工现场需要量大，可选择容量大的混凝土搅拌输送车，同时选择合适的台数，尽量做到施工现场不停工待料，混凝土输送车又不致长时间地在现场等待卸料。

7.4.2.7 混凝土搅拌输送车的维护保养

混凝土搅拌输送车的维护保养工作主要是例行保养（表 7.4-2）、一级保养（表 7.4-3）、二级保养（表 7.4-4）、三级保养（表 7.4-5）。

例行保养（每班进行） **表 7.4-2**

序号	保养项目		技术要求
1	发动机	（1）检查燃油箱存油量； （2）检查燃油粗滤器； （3）检查油底壳机油油面； （4）检查冷却水箱水量； （5）检查三角皮带张紧度； （6）检查进排气管各接口处； （7）检查空气滤清器（不包括自动排尘阀式）； （8）检查发动机运转情况； （9）发动机整机	（1）油不足时，应予加足； （2）打开排油塞，将杂质排出； （3）油面应在油标尺上、下刻度线之间，必要时，应加入规定牌号的机油； （4）冷却水不足时，应予加足； （5）工作时，应无打滑现象，否则，应调整皮带张紧度； （6）各接口处应密封严密，无漏气现象； （7）1）在冬季及多尘条件下工作时，应每天清理集尘杯； 2）当空气滤清器清洁显示器出现红色标记时，应擦净集尘杯，清除滤心上的灰尘。 （8）发动机应易于启动，各速运转正常，无异响，排气烟色正常。如有异常现象，应查明原因，排除故障。 （9）清洁发动机外部。各连接螺栓如有松动，应按规定扭矩予以拧紧。各部位应无漏油、漏水、漏气现象
2	电气设备及仪表	（1）检查各指示仪表； （2）检查各警示装置、照明灯具及各电器开关； （3）检查电子转速表； （4）检查起动机、发电机； （5）检查蓄电池	（1）各指示仪表应反应灵敏，示值正确，如有异常，应查明原因，排除故障； （2）各照明灯具及警示装置应齐全有效，各电器开关应功能良好； （3）应工作正常。当发动机转速超过某一规定值时，警示装置应发出响声，这时应检查发动机超速的原因，排除故障； （4）起动机，发电机应工作正常； （5）清除蓄电池外表所粘附的污物，疏通通气孔
3	转向系统	检查转向性能	转向操纵应轻便、灵活，回位良好，无异常现象
4	传动系统	（1）检查离合器； （2）检查变速箱、分动器、驱动桥； （3）检查传动轴	（1）离合器应分离彻底，接合平稳，无打滑、发抖现象； （2）应工作正常，无异响、过热现象，否则，应查明原因，排除故障； （3）润滑传动轴万向节及中间支承轴承。连接螺栓如有松动，应予拧紧
5	制动系统	（1）检查空压机； （2）检查储气筒； （3）检查制动系统的密封性； （4）检查行驶制动性能； （5）检查紧急及驻车制动器； （6）检查排气制动装置；	（1）空压机应工作正常； （2）排放储气筒内的冷凝水； （3）应无漏气现象； （4）制动应灵敏、可靠，工作时制动系统气压为 0.75MPa，调压阀压力为 0.81MPa。如气压迅速下降到 0.55MPa 以下，储气筒压力指示灯亮时，应立即停车，查明原因，排除故障； （5）应功能正常。如制动系统气压达 0.55MPa，驻车制动信号灯熄灭后，制动器不能完全松开时，应查明原因，排除故障； （6）排气制动装置应工作可靠、性能良好（使用排气制动器时，发动机转速不得高于 2000r/min）；

续表

序号	保 养 项 目		技 术 要 求
5	制动系统	(7) 检查防冻泵	(7) 在冬季来临前检查： 1) 防冻泵应工作正常； 2) 防冻液位于储液罐底部时，应补充加液至2/3液罐高度； 3) 冬季使用以后，应向储液罐内加1/4L乙二醇，放掉制动泵气压，操作控制开关3次后关闭开关
6	轮胎	检查车轮胎	(1) 轮胎应无异物扎入或嵌入，胎压应正常； (2) 轮胎螺栓如有松动，应按规定扭矩拧紧
7	搅拌筒驱动系统	(1) 检查液压油油箱油位； (2) 检查液压油冷却风扇、电机及散热器片； (3) 检查液压油泵，液压马达、液压阀等； (4) 检查传动轴； (5) 检查液压管路及管接头	(1) 由观察孔检查，油量不足时，应予补足； (2) 冷却风扇、电机应工作正常。散热器片上如有积尘，应用压缩空气清除或水清洗； (3) 应工作正常，无异响及过热现象，如有异常，应查明原因，排除故障； (4) 应工作正常，联接螺栓如有松动，应予拧紧。每50工作小时润滑传动轴万向节； (5) 消除渗漏现象，管路及管接头如有松动，应予紧固
8	搅拌筒操纵装置	检查各操纵杆	操纵应轻便、灵活，搅拌筒的进料、出料、工作回转均应正常
9	搅拌筒供水系统	(1) 检查水箱水量及水表； (2) 检查水泵； (3) 检查供水系统； (4) 检查气压供水系统(装有时)	(1) 水量不足时，应加水至规定高度。水表应计量正确； (2) 水泵应工作正常，无异响； (3) 应无渗漏现象，在冬季作业结束后，应将水箱、水泵、水管内的积水排净。 (4) 1) 供气系统应无漏气现象； 2) 供水系统工作气压为0.45MPa，安全阀的压力调整值为0.5MPa，如不符，应予调整； 3) 气压表应反应灵敏，示值正确。否则，应予修理或更换。
10	搅拌筒	(1) 检查搅拌筒； (2) 检查进料斗、搅拌筒口、托轮等	(1) 每班作业结束后，应冲洗搅拌筒内、外，每装运一次混凝土，当装料完毕后，应冲洗搅拌筒外壁及进料斗；卸料完毕后，应冲洗搅拌筒口及导料槽； (2) 将粘附的残料清除干净
11	驾驶室	(1) 检查驾驶室； (2) 检查雨刮器及暖风系统； (3) 检查门锁、门把	(1) 清洁驾驶室内、外，除去各部积尘、杂物，擦净门、窗、玻璃、仪表盘、倒车镜、反射镜； (2) 应功能正常，安装可靠； (3) 门锁、门把应完好无损、功能可靠
12	整机	(1) 清洁整机外部； (2) 检查外部连接螺栓； (3) 检查各操纵机构； (4) 润滑	(1) 清洁整机外部，除去积尘及粘附的残料、杂物； (2) 螺栓如有松动，应按规定扭矩予以拧紧； (3) 应操纵轻便、灵活，到位准确，功能可靠； (4) 按机器出厂使用说明书进行润滑

一级保养（每工作200h进行） **表7.4-3**

序号	保 养 项 目		技 术 要 求
1	例行保养		完成本级保养作业项目外的例行保养项目
2	发动机	(1) 检查燃油滤清器； (2) 检查机油质量及机油滤清器；	(1) 清洗燃油滤清器及滤芯，滤芯如积污严重或有损坏，应酌情予以更换； (2) 仔细检查机油质量，视需要更换机油。在换油的同时，更换机油滤清器滤芯。装配时，应在密封垫上涂一层薄薄的机油，严格按规定扭矩拧紧；

续表

序号	保养项目		技术要求
2	发动机	(3) 检查冷却水箱和水泵； (4) 检查进气管路软管及凸缘连接件； (5) 检查空气滤清器； (6) 检查三角皮带张紧度	(3) 冷却水箱如有漏水，应予修理。水泵应运转正常，无异响。消除漏水现象； (4) 管路软管如有破损，应予更换。连接件应安装牢固，无漏气现象； (5) 清洗空气滤清器： 1) 取下外滤芯，轻敲端面，抖掉灰尘； 2) 以气压不高于 0.5MPa 的压缩空气，沿斜角交叉方向吹净外滤芯内、外表面； 3) 外滤芯如有裂缝，穿孔或损坏，应予更换； 4) 外滤芯每清洁 5 次后，应更换内滤芯，内滤芯每两年应强制更换。外滤芯清洗装配后，若指示灯仍亮，则应更换安全滤芯。 (6) 按规定要求调整皮带的张紧度。皮带如磨损严重或损坏时，应予更换
3	电气设备及仪表	(1) 检查导线及导线接头； (2) 检查蓄电池	(1) 导线及导线接头应连接牢固，如有松动、腐蚀、损坏，应予拧紧、清洁、修复或更换； (2) 电液液面应高出极板顶面 10～15mm，电解液不足时，可加注蒸馏水。清除蓄电池桩头及连接板上的氧化物，并涂以凡士林油防腐
4	转向系统	(1) 检查方向盘的自由行程； (2) 检查液压转向系统油罐油面； (3) 检查转向装置各部位	(1) 方向盘的自由行程应符合规定，否则，应予调整； (2) 发动机停止运转时油面应高于油标尺刻度线 1～2cm；在发动机运转时，油面至少应达到油标尺刻度线处。油量不足时，应予补充； (3) 消除渗漏油现象，各部位连接螺栓、液压软管、管接头如有松动，应予拧紧
5	传动系统	(1) 检查离合器踏板的自由行程及连接钢丝绳； (2) 检查变速箱、分动器、驱动桥，轮边减速器； (3) 清洁前、后桥轮毂上的通气装置； (4) 检查悬架平衡轴油位油面	(1) 离合器踏板的自由行程为 35mm，最大不超过 40mm，分离杆顶部移动距离为 6mm。如不符，应予调整。连接钢丝绳磨损严重时，应予更换； (2) 油不足时，应予补足； (3) 拧下通气螺塞，用压缩空气吹净，疏通通气孔； (4) 油不足时，应予补足
6	制动系统	(1) 检查制动系统的密封性； (2) 检查制动分泵的功能； (3) 检查各制动装置性能（试车进行）； (4) 检查制动系统各连接部位	(1) 观察气压表，发动机熄火，接上驻车制动后压力降在 2h 内不超过 0.05MPa 或者在 30min 内不超过 0.01MPa。否则，应查明原因，排除故障； (2) 制动分泵应功能正常，当制动分泵活塞推杆行程超过 30mm 时，应予调整。当装有制动器间隙自动调节器（K237）时则不需进行调整； (3) 应达到规定要求，车辆应无跑偏现象； (4) 各连接部位有松弛、松动，应予拧紧，如有损伤，应予修复或更换
7	行走机构	检查轮胎	(1) 轮胎气压应符合规定值； (2) 轮辋固定螺母如有松动，应以 550～600N·m 的力矩拧紧
8	搅拌筒驱动系统	检查传动齿轮箱油位	油不足时，应予补足

续表

序号	保养项目		技术要求
9	搅拌筒操纵装置	检查液压泵排量、速度控制软轴	应操纵灵活，否则，应进行调整，如难以调整，应予更换
10	搅拌筒供水系统	检查管路、管接头及各阀门	管路、管接头如有松动，应予拧紧，各阀门应工作正常，操纵灵活
11	搅拌筒	(1) 检查托轮； (2) 检查滚道； (3) 检查搅拌筒内部； (4) 检查卸料槽； (5) 检查U型螺栓夹箍螺栓	(1) 应转动灵活，无异响，连接螺栓如有松动，应予拧紧。托轮如磨损严重时，应予修复或更换； (2) 如磨损严重或有损坏时，应予修复； (3) 如有混凝土结块时，应予铲除，但不能损坏机件； (4) 卸料槽应转动灵活； (5) 螺栓如有松动，应按规定扭矩予以拧紧
12	整机	润滑	按机器出厂使用说明书进行润滑

二级保养（每工作600h进行）　　**表7.4-4**

序号	保养项目		技术要求
1	一级保养		完成本级保养作业项目外的一级保养作业项目
2	发动机	(1) 检查燃油、机油滤清器； (2) 更换油底壳机油； (3) 检查气门间隙； (4) 检查冷却水箱及进、排气管连接螺栓； (5) 检查进气系统	(1) 更换燃油、机油滤清器滤芯； (2) 放尽旧油，清洗油底壳，加注规定牌号的新油至规定的油面高度。更换机油滤清器滤心； (3) 冷机时，进气门间隙为0.40mm，排气门间隙为0.50mm，如不符，应予调整； (4) 螺栓如有松动，应予拧紧； (5) 应无漏气现象
3	电气设备及仪表	检查蓄电池	检查电解液相对密度，电解液相对密度低于规定值时，应予补充充电
4	转向系统	检查转向杆件的配合间隙	配合间隙过大而致松旷时，应予调整。球头销磨损严重时，应予更换
5	传动系统	(1) 检查变速箱、分动器、驱动桥、轮边减速器润滑油； (2) 清洗变速箱（富勒变速箱）润滑油滤清器滤芯； (3) 检查钢板弹簧U型螺栓； (4) 检查平衡悬架侧挡板与钢板弹簧间隙； (5) 检查传动轴； (6) 检查分动箱固定悬架	(1) 仔细检查润滑油质量，视需要更换润滑油（走合期满后应换油一次）； (2) 清洗滤芯，除去污物，滤芯如有损坏，应予更换； (3) 螺栓如有松动，应予拧紧； (4) 间隙为0.5～3mm，超过3mm时；应加装调整垫片或更换侧挡板； (5) 目检传动轴的连接和磨损情况，必要时进行拆检，更换磨损超限的零部件； (6) 螺栓如有松动，应予拧紧
6	制动系统	(1) 检查制动摩擦片； (2) 检查调整制动器间隙； (3) 检查制动管路和软管； (4) 检查负载感应阀（负载调节器）	(1) 制动摩擦片的厚度不得小于6mm，否则，应更换摩擦片； (2) 试车检验，制动应灵敏、可靠、无跑偏现象。必要时进行调整； (3) 管路如有破损，应予修复；软管损坏时，应予更换； (4) 负载感应阀应功能正常，撬杆无严重磨损，各部接头紧固，密封良好。制动踏板完全踏下时，能使制动达到最佳效果。必要时，应由专业人员进行调整

续表

序号	保养项目		技术要求
7	搅拌筒驱动系统	(1) 检查传动齿轮箱润滑油； (2) 检查液压油质量； (3) 检查液压油泵液压马达； (4) 检查风扇电机和液压油恒温器； (5) 检查单独发动机驱动装置联轴器	(1) 仔细检查油的质量，酌情更换润滑油； (2) 仔细检查液压油质量，根据需要更换液压油； (3) 每1200工作小时检查一次，在额定压力下，液压油泵及液压马达，应无渗漏油现象； (4) 每1200工作小时检查一次，风扇电机及恒温器应工作正常，性能符合要求； (5) 联轴器的轴向间隙为1～3mm，如不符，应予调整
8	搅拌筒供水系统	(1) 检查排污阀（装有水表时）； (2) 检查供水系统； (3) 检查气压供水泵系统（装有时）； (4) 检查单独发动机驱动供水系统； (5) 检查水箱	(1) 每1200工作小时，取出滤网进行清洗，清洁排污阀内部； (2) 每1200工作小时检查，供水系统应无渗漏现象； (3) 每1200工作小时应清洗和润滑减压阀，安全阀性能应可靠； (4) 每1200工作小时应检查驱动水泵三角皮带的张紧度，必要时进行调整。如皮带损坏或无法调整时，应予更换； (5) 水箱紧固带、支架如有松动，应予紧固，紧固带如有损坏，应予更换
9	搅拌筒	(1) 检查搅拌筒； (2) 检查排料斗和卸料槽	(1) 每1200工作小时应检查搅拌筒体和螺旋叶片的磨损情况，必要时进行修理； (2) 每1200工作小时检查一次排料斗和卸料槽的磨损情况，必要时应进行修理
10	驾驶室	(1) 检查驾驶室锁紧手柄； (2) 检查驾驶室倾翻装置手油泵油面	(1) 应锁紧可靠； (2) 油量不足时，应予补充
11	整机	(1) 检查车架与车身的连接情况； (2) 润滑	(1) 车架、横梁等应无裂纹和损坏，铆钉应无松动。安装螺栓如有松动，应予拧紧； (2) 按机器出厂使用说明书进行润滑

三级保养（每工作1800h进行） **表7.4-5**

序号	保养项目		技术要求
1	二级保养		完成本级保养作业项目外的二级保养作业项目
2	发动机	(1) 检查喷油泵及喷油器喷油压力； (2) 检查冷却系统； (3) 检查气缸盖； (4) 检查气门组件； (5) 检查涡轮增压器	(1) 喷油泵在必要时由专业人员进行检查调校和修理。喷油器喷油压力为$23^{+0.5}$MPa； (2) 按规定程序清洗冷却系统。更换冷却水； (3) 气缸盖应无裂痕，缸盖底面与缸体顶面接触处的平面度公差应符合规定值，整修量最大不超过1mm； (4) 拆洗气门组件，气门烧蚀、磨损严重时，应予更换。研磨气门。其他各零部件磨损超限时，也应更换； (5) 1) 转子轴的轴向间隙和径向间隙应符合规定值，否则，应查明原因，予以处理； 2) 各部油管应无渗漏。检查各部件的连接紧固情况，松动者按规定扭矩，予以拧紧； 3) 必要时清洗叶轮上的油泥和积碳

续表

序号	保养项目		技术要求
3	电气设备及仪表	(1) 检查各灯具； (2) 检查起动机； (3) 检查发电机	(1) 所有灯具应齐全有效，如有损坏，应予修复或更换。必要时调整大灯灯光； (2) 拆检起动机，清洁内部，润滑轴承，碳刷磨损严重时，应予更换。刷簧压力应符合规定值，传动装置应工作正常，传动小齿轮应无严重磨损； (3) 进行拆检，清除发电机各部积尘，擦净集电环及各部油污，润滑轴承。线圈、转子，硅二极管的焊头应无脱焊现象，碳刷磨损严重时，应予更换，导线与外壳应绝缘良好
4	转向系统	(1) 更换转向系统液压油； (2) 检查转向液压油罐的滤清器	(1) 放尽旧油，加注新油至油罐规定的油位高度，并排除液压系统中的空气； (2) 更换滤清器滤芯
5	传动系统	(1) 检查离合器； (2) 检查变速箱、分动器、驱动桥及轮边减速器； (3) 检查传动轴	(1) 离合器摩擦片磨损严重时，应予更换； (2) 检查齿轮完好情况，更换润滑油（每年至少应更换一次）； (3) 拆检，各零部件磨损超限时，应予更换
6	制动系统	(1) 清洁车轮制动器； (2) 清洗油水分离器中的调压阀滤网	(1) 拆检车轮，清洁制动器，制动摩擦片等零部件磨损严重时，应予更换； (2) 取出滤网，进行清洗
7	行走系统	(1) 检查车轮轮毂； (2) 检查轮胎	(1) 车轮轮毂轴承间隙应符合要求。第一个二级保养时，也应检查。对非驱动前桥应更换轮毂润滑脂。轴承磨损严重或损坏时，应予更换； (2) 按规定进行轮胎换位
8	搅拌筒驱动系统	(1) 检查传动齿轮箱； (2) 更换液压系统液压油； (3) 检查液压软管	(1) 更换润滑油，消除漏油现象； (2) 更换液压油并更换滤清器滤芯，检查液压系统的密封性，必要时更换密封件； (3) 液压软管如有损坏，应予更换
9	搅拌筒供水系统	(1) 检查供水管路、各阀门、喷嘴等部件； (2) 检查水泵； (3) 检查气压供水系统（装有时）	(1) 如有损坏或工作异常时，应予修复或更换； (2) 工作时如有异常现象，应查明原因，排除故障； (3) 1) 应按规定的压力容器检验时间期限，对压力水箱及承压系统进行压力检验。压力水箱的试验压力为 0.78MPa，保压一定时间，应无渗漏水现象； 2) 校验气压表； 3) 气路各阀门应功能正常，管路及接头如有松动，应予拧紧，消除漏气现象
10	搅拌筒	(1) 检查搅拌筒螺旋叶片的磨损情况； (2) 检查搅拌筒工作情况	(1) 螺旋叶片上边缘被磨成“刀刃”状，继而出现径向开裂时，可用切割工具将径向开裂部分切除，但切除后的螺旋叶片其高度不得低于 250mm。更换新的螺旋叶片时，应注意以下事项： 1) 割去已磨损叶片； 2) 从搅拌筒底部开始，焊接新的叶片，紧贴筒壁； 3) 按螺旋轨迹由下到上两面贴角焊透在筒壁上； 4) 焊接工艺：采用 CO_2 或 Ar_2 气体保护焊； 5) 用直流电焊机进行焊接时，搅拌筒内照明灯电压最大为 24V，做好通风工作； 6) 注意安全。 (2) 搅拌筒的进料、搅动、搅拌等各种动作均应正常，如有异常，应查明原因，排除故障

续表

序号	保养项目		技术要求
11	整机	(1) 检查踏板、扶手、防护栏; (2) 补漆; (3) 润滑	(1) 如有变形、损坏，应予修复; (2) 必要时进行局部除锈补漆; (3) 按机器出厂使用说明书进行润滑

7.4.3 混凝土输送泵

7.4.3.1 概述

(1) 在不同的施工条件下，合理地选择混凝土输送方法及输送设备，对加快工程进度、降低工程造价、提高劳动生产率、保证混凝土结构的质量等都有重要的意义。

(2) 在现场施工中，例如高层建筑物、水坝、大型设备基础以及桥墩、涵洞、隧道等混凝土结构物，现场浇灌量往往是很大的，有时甚至一次连续浇灌几千立方米混凝土以上。这时，合理的施工组织、恰当地选用混凝土输送与浇灌机械设备是非常重要的。

(3) 混凝土泵是现有混凝土输送设备中比较理想的一种，几乎可以同时解决混凝土的水平和垂直运输并浇灌。混凝土搅拌输送车把混凝土自搅拌站运来，直接卸入混凝土泵集料斗中，通过管路及布料装置，可以不受限制地送往浇灌地点进行浇灌。因此，混凝土泵具有机械化程度高、占用人力少、工人劳动强度低及施工简单等优点。

(4) 当前混凝土泵的最大输送距离，水平可达 1000m，垂直可达 450m；有些国家，泵送混凝土的比例已达 60%以上。

(5) 混凝土泵的发明已有近百年的历史，由于近三十年来，泵的结构形式和制造工艺上的不断改进、提高，逐步克服了一些技术难题，使得混凝土泵在民用建筑、工业建筑、市政工程、地下工程、公路、铁路、桥梁、码头、隧道、矿山、电站中得到普及和推广。

(6) 混凝土泵可分为活塞式泵、挤压式泵、隔膜式泵及气罐式泵等类型，其中以活塞式混凝土泵应用最为广泛。

7.4.3.2 混凝土输送泵结构

(1) 活塞式混凝土泵：在各种混凝土泵中，活塞式混凝土泵是应用最早的一种泵。它的特点是：工作可靠、输送距离长、应用广泛。主要有机械传动式、液压传动式及水压式三种方式。液压活塞式混凝土泵，是通过压力油推动活塞，再通过活塞杆推动混凝土缸中的工作活塞进行压送混凝土。由于其构造简单、操作方便，所以应用广泛，图 7.4-3 所示为 NCP-7S 型混凝土输送泵结构图。主要由泵送机构、液压系统、电气系统、清洗装置、料斗及伸缩支架、输送管、行走底盘等组成。

(2) 挤压式混凝土泵：挤压式混凝土泵首先出现在美国，以后在德国及日本发展，用这种泵来输送砂浆并完成抹灰工作，效果良好。挤压式混凝土泵的主要部分是泵体、软管、橡胶滚轮及行星齿轮传动系统。

(3) 风动式混凝土泵：风动式混凝土泵用压缩空气来输送混凝土，分单罐式及双罐式，现主要用的是单罐式。泵体呈圆锥形，是用 6～8mm 厚钢板焊成的。其上部有受料口及锥形活门，活门的开关受杠杆及气门控制，锥形活门座的表面有橡皮垫，以保证料门关得严密。

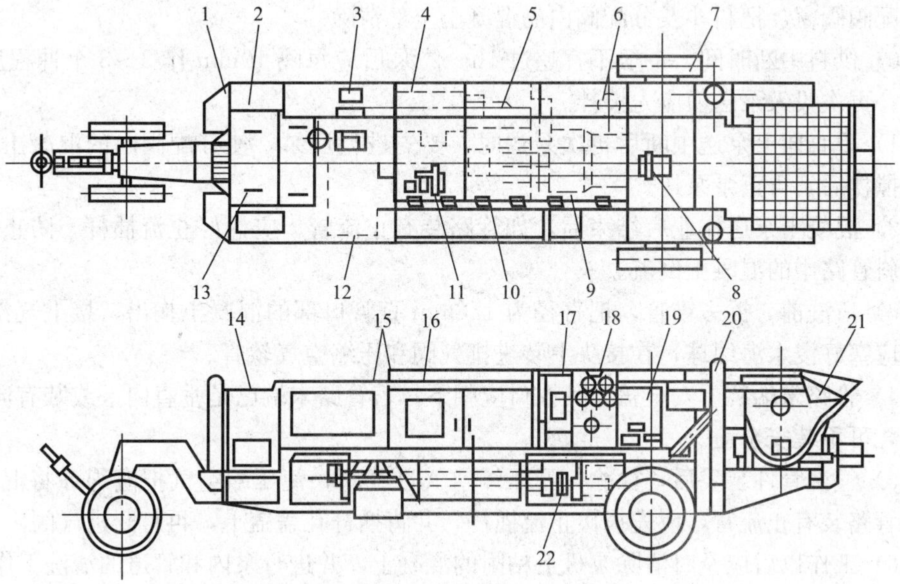

图 7.4-3　NCP-7S 型混凝土输送泵

1—遥控接口；2—终端接线板；3—主油泵；4—电机；5—辅助油泵；6—储压器；7—油温冷却器；
8—辅助油路组合件；9—泵送机构；10—油箱；11—主油路组合件；12—电机；13—工具箱；
14—断路箱；15—外罩；16—配电盘；17—密封水箱；18—仪表盘；19—控制盘；
20—吊架；21—料斗；22—水泵

7.4.3.3　混凝土输送泵的使用要点

（1）接好电源，检查电动机的转向是否正确，并检查液压油箱和搅拌减速器的油量是否够用，行程阀的油杯是否满液压油、空气压缩机是否能正常工作等。

（2）使手动换向阀保持在中间位置，将水箱注满清水。检查空气压缩机的离合器是否有效，并予以彻底分离，检查料斗有无杂物，检查联络设备是否完备等。

（3）泵机必须放置在坚固平整的地面上，如必须在倾斜地面停放时，可用轮胎制动器卡住车轮，倾斜度不得超过 3°。

（4）如气温较低时，空运转的时间应长些，要求液压油的温度升至 15℃以上后，才能正式投料泵送。泵送前应向料斗加入 10L 清水和 0.3m^3 的水泥砂浆，如果管长超过 100m，应随布管延伸适当增加水泥砂浆。

（5）水泥砂浆注入料斗后，应使搅拌轴反转几周，让料斗内壁得到润滑，然后再正转，使砂浆经料斗喉部喂入分配阀箱体内。开泵时，不要把料斗内的砂浆全部泵出，应保留在料斗搅拌轴轴线以上，待混凝土加入料斗后再一起泵送。

（6）混凝土泵送作业过程中，料斗中的混凝土平面应保持在搅拌轴轴线以上，供料跟不上时，要停止泵送。

（7）料斗网格上不得堆积混凝土，要控制供料流量，及时清除超粒径的骨料及异物。

（8）搅拌轴卡住不转时，要暂停泵送，及时排除故障。

（9）发现进入料斗的混凝土有分离现象时，要暂停泵送，待搅拌均匀后再泵送。若骨料分离严重，料斗内灰浆明显不足时，应剔除部分骨料，另加砂浆重新搅拌。必要时，可打开分配阀阀窗，把料斗及分配阀内的混凝土全部清除。

（10）供料中断时间，一般不宜超过1h。停泵后应每隔10min作2～3个冲程反泵-正泵运动，再次投入泵送前应先搅拌。

（11）垂直向上泵送中断后再次泵送时，要先进行反泵，使分配阀内的混凝土吸回料斗，经搅拌后，再正泵泵送。

（12）混凝土泵送作业后结束后，如管路装有止流管，应插好止流插杆，防止垂直或向上倾斜管路中的混凝土倒流。

（13）清洗前，拆去锥管，把直径为152mm直管口部的混凝土掏出，接上气洗接头。接头内应塞好浸水海绵球，在接头上装进排气阀和压缩空气软管。

（14）管路末端装上安全盖，其孔口应朝下。若管路末端已是垂直向下或装有向下90°弯管时，可不装安全盖。

（15）气洗管件装妥后，徐徐打开压缩空气进气阀，使压缩空气把海绵球将混凝土压出。如管路装有止流管，应先拔出止流插杆，并将插杆孔盖盖上，再打开进气阀。

（16）工作以后应及时清除泵机上粘附的混凝土，并进行泵内和管道的清洗工作。

（17）各润滑点应加注润滑油（脂），并检查搅拌轴两端的密封，清除积存的混凝土后重新予以润滑。泵缸和球阀内均应注入机油以防锈蚀。

7.4.3.4 混凝土输送泵的安全技术规程

（1）电动机部分，按电动机操作规程的有关规定执行。

（2）水泥混凝土混合料输送泵（以下简称“输送泵”）离施工工作面应尽可能近。施工现场应有方便、安全、可靠的动力源及气（压缩空气）源，且施工干扰小，环境安全。

（3）了解施工工作面及施工要求，所泵送的混凝土中的水泥品种、水泥用量、骨料级配、水灰比、坍落度等均应符合输送泵的要求。必须认真了解混凝土是否有外加剂。特别注意最大骨料粒径不得大于输送管直径的1/3。如发现有，必须及时调整。

（4）检查电气设备是否完好，各种仪表是否正常。各部位操作开关、按钮、手柄等均应在正确位置。检查料斗内有无杂物、积渣。网格及搅拌叶片应完好。

（5）检查水箱水量，并观察有无油污或浑浊现象，必要时应将浑浊水放掉，重新注满干净水。检查传动链条的松紧度，使之保持在规定的范围内，过紧或过松时应调整。

（6）检查液压油、润滑油油位、油质、油量，应符合说明书规定的要求。如果动力是发动机，还应检查其燃油、润滑油和冷却水量。

（7）检查阀箱内部各部位间隙，超限时应调整。检查各连接部位是否松动。

（8）输送管道的布置要利用地形裁弯取直，尽量减少弯管数量。各管道连接一定要严密。输送管道和输送泵都要支撑稳固，以减少振动。

（9）为了应付可能发生的堵管或其他故障，要准备好各种检修及管道吹洗用具，并安排好相应的组织措施。在下行斜坡输送时，根据倾斜角采取相应措施，防止混凝土自流导致堵泵和真空造成的气塞现象。

（10）气温低于0℃时，输送管道应采取保温措施，防止结冻。清洗时水应加入相应比例的防冻剂。气温高于30℃时，输送管道应用湿麻袋、湿草袋等遮盖，以延缓混凝土初凝时间。按要求进行空运转。向混凝土料斗加入一定量清水，以洗润料斗、分配阀及输送管道。

（11）应及时向料斗加入一定数量的水泥浆，润滑整个输送管道，并观察输送管道有无渗漏现象。混凝土加入料斗以前，砂浆平面应保留在料斗搅拌轴线以上和混凝土一并泵送。泵送中，混凝土平面应维持在搅拌轴中心线以上，但不超过搅拌轴以上20cm的高度。供料跟不上时，要及时停泵。

（12）随时注意各仪表、指示灯、电机及液压系统工作状况。观察水箱水消耗及水质污染情况，发现问题及时检查处理。

（13）水泥混凝土输送泵和管道发出不正常杂音时，应及时检查处理。

（14）料斗网格上超规格料或其他杂物应及时清除。搅拌轴卡住不转或反向失灵时，要暂停泵送，及时采取措施排出。泵送过程应尽量连续进行，混凝土应保持匀质。

（15）临时停泵期间，应间隔10～15min作正反泵数次，以防管路内混凝土离析。当长时间停泵重新工作时，应先启动搅拌器，再开始泵送。

（16）不得随意向料斗加水，严禁泵送已停放90min以上的混凝土。

（17）水泥混凝土输送泵工作期间，严禁拆卸管道，不得把手伸入阀体操作，不得攀登或骑坐在输运管道上，不得高空作业。发现堵塞等事故后，应及时检查处理。

（18）当水泥混凝土输送泵工作接近完毕时，应预先估计剩余工作量和管道中混凝土体积，以便停止供料。在输送泵工作中，要按说明书规定，对各润滑点进行润滑。

（19）按以下顺序停机：停止泵送→给蓄能器蓄压→关掉动力源。

（20）停泵后，立即清除料斗内和管道中的混凝土，清洗泵机、料斗、阀箱、管道等。在清洗时，人员要离开排料管口及弯管接头处，以免发生事故。输送管体拆卸清洗后，应逐件检查是否完好。管段及卡箍等必须堆放整齐、不得乱扔。

（21）清洗泵机外部时，注意不要使水进入电气箱、电磁阀等部位。清洗后把电气箱、机罩外部的水擦干净。如果水泥混凝土输送泵机几天内不再使用，或在寒冷季节停放，则应将橡胶活塞拆下，放净供水系统中的水。若放出的水比较浑浊，还应冲洗水箱和供水系统。清洗完毕后再把橡胶活塞装回去。

（22）按保修规程的规定，进行例保作业。

7.4.3.5　混凝土输送泵的维护保养

HB系列混凝土输送泵的维护保养工作主要是例行保养（表7.4-6）、一级保养（表7.4-7）、二级保养（表7.4-8）、三级保养（表7.4-9）。

例行保养（每班进行）　　**表7.4-6**

序号	保养项目		技术要求
1	动力为柴油机时	（1）检查燃油量； （2）检查柴油机各指示仪表； （3）其他有关柴油机的保养作业项目	（1）根据需要加足燃油； （2）仪表应显示灵敏，示值正确。如发现异常，应查明原因，及时修理或更换。当机油压力低于0.4MPa，或柴油机温度超过150℃时，指示灯应亮，继电器工作而混凝土泵则自动停止工作； （3）参照生产厂保养说明书执行（一保、二保、三保也同此）
2	动力为电动机时	（1）检查电动机过热保护器； （2）检查电控箱熔断器； （3）检查电源及输电线路； （4）检查各电气元件工作情况及联接情况； （5）检查各仪表、控制箱及操作件	（1）当绕组温度达到其额定温度时，温度继电器应动作，指示灯应亮，电动机自动停止运转； （2）熔断器应完好有效； （3）线路应无破损及漏电现象，接触应良好； （4）电气元件接头及螺栓等应连接牢固可靠，性能良好； （5）各仪表应工作正常、示值正确，各操作件灵敏可靠并处于规定状态

续表

序号	保养项目		技术要求
3	传动系统	(1) 检查联轴器； (2) 检查蜗轮、蜗杆减速器润滑油油位及油质； (3) 检查蜗轮、蜗杆减速器运转情况	(1) 联轴器应运转正常，无异常声响； (2) 油位应不低于油位计的 3/4，油不足时，应添加。推荐使用双曲线齿轮油； (3) 运转时应无异响，温升应在规定范围
4	液压系统	(1) 检查液压油箱油位及油质； (2) 检查液压系统油温； (3) 检查冷却器外部； (4) 检查液压管路及管接头； (5) 检查分配阀系统及搅拌系统压力； (6) 检查液压泵、液压马达的工作情况； (7) 检查吸油滤清器真空表； (8) 检查其他液压元件的工作情况	(1) 液压油油位最低不得低于油位计的 3/4，油不足时，应予添加。液压油箱容积为 125L，液压缸容积约为 60L，不同牌号的液压油不允许混合使用，液压油推荐使用 N46 抗磨液压油。长江以北地区冬季施工时，以采用 N46 低凝点抗磨液压油为宜。每天工作前，应打开油箱底部的放油口旋塞，将底部污物排尽，直到清洁油流出为止； (2) 油温应在正常范围内，最佳范围为 35～45℃，否则，应查明原因，排除故障。当油温超过 50℃时，开关应自动接通而使冷却风扇开始工作，否则，应予检修。如液压油油温超过 80℃时，应予检修。当油温超过 90℃时，油温传感器应将信号传给指示灯，指示灯应亮，继电器应动作，同时使混凝土泵自动停止工作； (3) 清除污物，保证通风良好，以免引起油温过高； (4) 各管路及管接头处应无渗漏或堵塞现象，若有，应予处理； (5) 调定压力为 19MPa（蓄能器压力），搅拌系统的调定压力为 20MPa。 (6) 主泵系统调定压力为 32MPa，按规定程序检查系统压力值。搅拌系统压力调定值为 20MPa。在运转中检查其压力、流量、温升、噪声等，如有异常，应查明原因，排除故障。 (7) 当油温超过 30℃，混凝土泵输送活塞以最快速度运动时，真空表的指针不得进入红色区域。否则，应清洗或更换吸油滤清器滤芯。 (8) 各液压元件应工作正常，否则，应查明原因，予以排除
5	工作装置	(1) 检查推送机构水箱水位； (2) 检查输送活塞行程时间； (3) 检查输送管路；	(1) 水位应超过活塞杆，水如不足，应予添加； (2) 将发动机或电动机调至全速，关闭排量控制阀，使输送活塞以最高速度运动。测定 10 个行程时间，计算出平均值并与出厂规定值对照，如不符合要求，应查明原因，排除故障。 (3) 检查输送管道、管卡及软管，确保其联接可靠，密封良好。避免部件滑动或脱落而造成意外事故。检查管卡保险销是否齐全有效，如有短缺或失效，应予补齐或更换。在泵送工作进行 50h 后，应对管路及管夹进行水压试验，试验压力应高于额定工作压力的 30%。可用敲击方式检查输送管路的磨损程度，最好使用壁厚测量仪器。当壁厚小于允许最小壁厚时，应予更换。 **最小壁厚表**（管径为 ϕ125mm 时） 最大工作压力（MPa）：8.5，允许最小壁厚（mm）：3.1； 最大工作压力（MPa）：13，允许最小壁厚（mm）：4.7 根据需要，应定期更换距操作人员 3m 以内的输送管、管卡、密封件及弯管。严禁在管路有压力的情况下敲击管路或打开管路，只有在释放管路内压力之后，才可进行作业。

最小壁厚表（管径为 ϕ125mm 时）

最大工作压力（MPa）	允许最小壁厚（mm）
8.5	3.1
13	4.7

续表

序号	保养项目		技术要求
5	工作装置	(4) 清洗； (5) 检查与混凝土接触的各零部件； (6) 检查S管换向阀与耐磨板间的间隙； (7) 检查润滑系统工作情况	(4) 泵送结束后，将料斗内存留的混凝土泵空，然后返泵1～2个行程，消除管路内的压力，关闭泵机；打开料斗底部的挡板，排除料斗内残留的混凝土，用压力水将料斗清洗干净；清洗S管阀及混凝土缸（以清水从混凝土缸中流出为止）；用压力水对泵机所有接触混凝土的部位进行清洗；将2～3个浸过水的海绵球放入首端管，再将首端管装在泵机上与输送管路连接好，关闭料斗底挡板并将料斗加满水，开动泵机，低速泵送水推动海绵球以完成对输送管路的清洗；清洗后放净料斗中的水，吹干后，在泵机表面涂敷一层防锈油脂。 (5) 更换已磨损超限的零部件。 (6) 间隙超过5mm时，应进行调整。通过调整螺母将其间隙值调为1～3mm，如间隙值超过5mm，而又无法调整时，则需更换耐磨板、耐磨环及O型圈。 (7) 在分配阀轴承和搅拌轴两端应能看到油膜。每台班至少应对分配阀轴承和搅拌轴承进行二次润滑
6	整机	(1) 检查制动器及支撑腿； (2) 检查各种指示、警告标志、栅栏及金属挡板等； (3) 检查外部连接件及紧固件； (4) 润滑	(1) 制动应有效，支撑腿不松动，不应有自动滑脱现象； (2) 各种装置应齐全有效； (3) 如有松动或损坏，应及时紧固或修换； (4) 按机器出厂使用说明书进行润滑

一级保养（每工作200h进行） **表7.4-7**

序号	保养项目		技术要求
1	例行保养		完成本级保养作业项目外的例行保养项目
2	发动机（略）		
3	电气系统（略）		
4	液压系统	(1) 拆检液压油滤清器滤心； (2) 擦洗滤油器磁棒； (3) 检查蓄能器压力	(1) 检查滤芯和O型圈，若有损坏则应更换。滤心清洗时，应先放在汽油中浸泡一段时间，再用压缩空气由外向里吹干，经2～3次清洗后，再装复使用。滤芯只能使用本厂提供的产品； (2) 用清洁绸布将磁棒擦洗干净； (3) 蓄能器调定压力为19MPa，如低于调定压力将导致S管阀不换向或中途停止换向，因此应保持蓄能器调定压力正常
5	工作装置	(1) 检查辅助装置水泵； (2) 检查混凝土输送活塞联接法兰锁定钢丝； (3) 检查混凝土输送活塞皮碗； (4) 检查调整换向拨叉与行程开关的触点间隙； (5) 检查调整换向拨叉至输送缸行程控制箱内端的距离； (6) 检查换向拨叉与换向法兰的接触情况；	(1) 用于清洗混凝土泵的辅助装置水泵应性能良好； (2) 钢丝如有损坏，应重新拧紧活塞与法兰上的螺栓，再用新钢丝锁定； (3) 如皮碗损坏引起泄漏，应予更换； (4) 间隙应在1～2mm之间，否则，应通过行程开关调整螺钉予以调整； (5) 标准距离为（160±10）mm，如不符，应予调整。否则将引起输送缸行程超过规定范围（输送缸行程为1400mm）； (6) 应平稳接合，以保证主油缸平稳换向。否则，应予调整或修理；

续表

序号	保养项目		技术要求
5	工作装置	(7) 检查换向拨叉受压后是否能摆回原位； (8) 检查料斗内S管阀导向带和密封件； (9) 检查搅拌轴两端的密封	(7) 如不能摆回原位，应更换橡胶复位垫； (8) 如果水泥浆或润滑脂从轴支承溢出，则必须更换导向带及密封件。用胶粘剂固定S管阀支承套，以防高压作用下产生轴向移动； (9) 如密封件或搅拌轴磨损严重，有水泥浆渗进搅拌轴两端支撑，则应更换密封件或搅拌轴
6	整机	润滑	按机器出厂使用说明书进行润滑

二级保养（每工作600h进行） **表7.4-8**

序号	保养项目		技术要求
1	一级保养		完成本级保养作业项目外的一级保养项目
2	传动系统	更换蜗轮蜗杆减速器润滑油	推荐使用双曲线齿轮油，所需润滑油为0.5L。换油时，应先开机待温升达到40～50℃，然后停机，排放旧油，换入新油。新机工作50h后即应换油
3	液压系统	(1) 更换液压油箱内的液压油； (2) 清洗液压油滤清器滤芯、滤网及污物收集器	(1) 换油时应先发动机器，待油温升到40～50℃时，停机，趁热放出旧油，换入新油，新机或大修后首次使用50h即应进行该项保养； (2) 用柴油或其他清洗油清洗滤清器外壳，用清洁的绸布擦洗磁棒，检查滤芯及O型圈，必要时，予以更换。清洗滤芯时，先将滤芯放在汽油中浸泡一段时间，再用压缩空气由外向里吹干，经2～3次清洗后再装机使用。新机或大修后首次使用50h，即应进行此项保养
4	工作装置	(1) 检查工作装置有关部位是否有漏水现象； (2) 检查工作装置有关部位是否有漏水泥浆现象； (3) 检查S管阀的壁厚	(1) 如有漏水现象，应查明原因，排除故障； (2) 如有漏水泥浆现象，应查明原因，排除故障； (3) 用壁厚检查仪检查S管阀的壁厚，如小于5mm，应予更换
5	整机	润滑	按机器出厂使用说明书进行润滑

三级保养（每工作1800h进行） **表7.4-9**

序号	保养项目		技术要求
1	二级保养		完成本级保养作业项目外的二级保养项目
2	液压系统	(1) 检查软管与扩口钢管接头的密封性； (2) 检查蓄能器氮气压力值	(1) 接头处如出现渗油，应拧紧螺栓1/2圈至3/4圈。如拧紧后仍然渗油，应更换管接头及钢管； (2) 氮气压力值低于规定时，应及时向蓄能器充入干燥氮气
3	工作装置	(1) 检查泵机磨损情况； (2) 检查S管换向阀，耐磨板以及其他与混凝土接触的零部件的磨损情况； (3) 检查搅拌系统各轴承磨损情况； (4) 检查各部位密封件； (5) 拆检推送机构	(1) 如泵机零部件磨损超限，应予以更换； (2) 对磨损超限的零部件进行修复或更换； (3) 轴承磨损超限者，应予更换； (4) 更换密封件； (5) 拆检推送机构，视需要更换输送活塞或其他部件

续表

序号	保养项目		技术要求
4	整机	(1) 检查全机各部位有无断裂、开焊及变形等； (2) 检查各总成及部件连接螺栓； (3) 检查轮胎磨损情况； (4) 清洁全机并补漆； (5) 润滑	(1) 对开焊、断裂、脱铆、变形等部位，分别进行校正或修复； (2) 全部螺栓应无缺损、松动，否则，应予拧紧或更换； (3) 轮胎如磨损严重，应予换新，并视需要对轮胎予以充气； (4) 清除污垢，对局部脱漆部位进行补漆； (5) 按机器出厂使用说明书进行润滑

7.4.4 混凝土输送泵车

7.4.4.1 概述

混凝土输送泵车是在拖式混凝土输送泵基础上发展起来的一种专用机械设备。它的应用是将混凝土的输送和浇筑工序合二为一，节约了劳动时间，同时完成水平和垂直运输，省去了起重设备。图 7.4-4 所示为混凝土输送泵车外貌图。它是由载重汽车底盘、柱塞泵、液压折叠臂架、承料斗和输料管等组成。

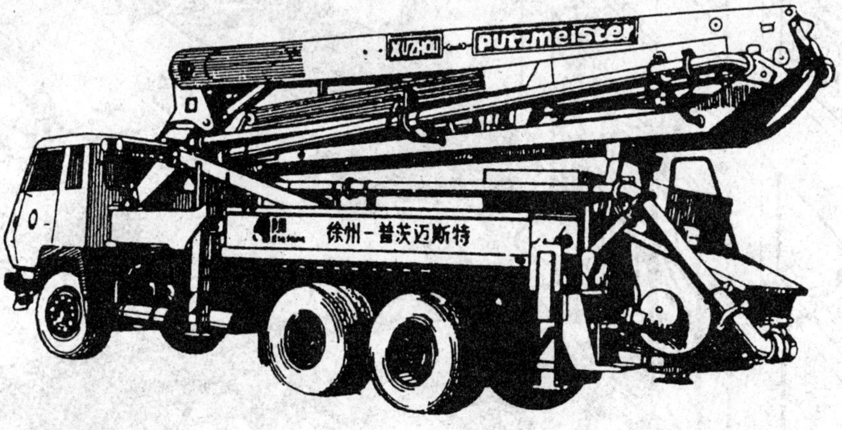

图 7.4-4 混凝土输送泵车外貌图

混凝土泵车的布料装置类似一台全液压式的动臂挖掘机。在其臂架上安装着混凝土输送管道，因此，混凝土输送管即可随臂架折叠、变幅和回转，在一定范围内变换浇筑位置；小范围的混凝土摊铺，可直接由人工摆动出口处的橡胶管来完成。

水泥混凝土输送泵车广泛地应用于工业与民用建筑、市政工程建设、桥梁建设、隧道工程建设、水利水电工程建设等。图 7.4-5 所示为混凝土输送泵车工作范围示意图。

7.4.4.2 混凝土泵送设备的使用要点

(1) 构成混凝土输送泵车的汽车底盘、内燃机、空气压缩机、水泵、液压装置等的使用，应执行有关规程中的规定。

(2) 泵车就位地点应平坦坚实，周围无障碍物，上空无高压输电线；混凝土输送泵车不得停放在斜坡上；混凝土输送泵车就位后，应支起支腿并保持机身的水平和稳定；当用

图 7.4-5 混凝土输送泵车工作范围示意图

布料杆送料时，机身倾斜度不得大于 3°；就位后，混凝土输送泵车应显示停车灯，避免碰撞。

(3) 作业前检查项目应符合下列要求：燃油、润滑油、液压油、水箱添加充足，轮胎气压符合规定，照明和信号指示灯齐全良好；液压系统工作正常，管道无泄漏；清洗水泵及设备齐全良好；搅拌斗内无杂物，料斗上保护格网完好并盖严；输送管路连接牢固，密封良好。

(4) 布料杆所用配管和软管应按出厂说明书的规定选用，不得使用超过规定直径的配管，装接的软管应拴上防脱安全带。

(5) 伸展布料杆应按出厂说明书的顺序进行；布料杆升离支架后方可回转；严禁用布料杆起吊或拖拉物件；当布料杆处于全伸状态时，不得移动车身；作业中需要移动车身时，应将上段布料杆折叠固定，移动速度不得超过 10km/h。

(6) 不得在地面上拖拉布料杆前端软管；严禁延长布料配管和布料杆；当风力在六级及以上时，不得使用布料杆输送混凝土。

(7) 泵送前，当液压油温度低于 15℃时，应采用延长空运转时间的方法提高油温。

(8) 泵送时应检查泵和搅拌装置的运转情况，监视各仪表和指示灯，发现异常，应及时停机处理；料斗中混凝土面应保持在搅拌轴中心线以上。

(9) 泵送混凝土应连续作业，当因供料中断被迫暂停时，应按有关规程中的要求执行。

(10) 作业中，不得取下料斗上的格网，并应及时清除不合格的骨料或杂物。

(11) 泵送中当发现压力表上升到最高值，运转声音发生变化时，应立即停止泵送，并应采用反向运转方法排除管道堵塞；无效时，应拆管清洗。

(12) 作业后，应将管道和料斗内的混凝土全部输出，然后对料斗、管道等进行冲洗；当采用压缩空气冲洗管道时，管道出口端前方 10m 内严禁站人；作业后，不得用压缩空气冲洗布料杆配管，布料杆的折叠收缩应按规定顺序进行。

(13) 作业后，各部位操纵开关、调整手柄、手轮、控制杆、旋塞等均应复位，液压系统应卸荷，并应收回支腿，将车停放在安全地带，关闭门窗；冬季应放净存水。

7.4.4.3 混凝土泵送车的安全技术规程

(1) 内燃机部分，按内燃机操作规程的有关规定执行。汽车部分，按汽车操作规程的有关规定执行。

(2) 水泥混凝土混合料输送泵车工作时应停置在水平、坚实的地面上，并加垫木。在布料杆转动和浇筑的范围内应无障碍物。

(3) 了解施工现场和施工要求。所泵送的混凝土中水泥品种、水泥用量，骨料级配，水灰比、坍落度等应满足水泥混凝土混合料输送泵车可泵性要求。了解混凝土是否有添加剂。特别注意最大骨料粒径不得大于布料杆直径的 1/3。

(4) 检查各种仪表、指示灯是否完好，读数是否正常。

(5) 各油泵、马达、阀件的固定应符合要求，与油管的连接应牢固，密封应良好。各种手动阀应动作灵活，定位可靠。

(6) 检查发动机燃油、冷却水是否充足，不够应加足；检查各部润滑油、液压油的油位、油质均应符合要求。将水箱加满清洁的水，水面应无明显下降。

(7) 检查料斗内有无杂物、积渣，网格及搅拌机叶片应紧固完好。

(8) 检查阀箱内部是否清洁，及各部间隙、阀片能否完全关闭，各部连接是否牢固。

(9) 布料杆的每根管子，外观应无破裂或严重的凹陷变形。卡箍及其连接螺栓应完好清洁。卡箍中的密封圈应完好并有弹性，无水泥渣。

(10) 为了应付可能发生的堵管或其他故障，要准备好各种检修及管道吹洗用具，并安排好相应的组织措施。

(11) 向料斗加一定量清水洗润料斗、分配阀及布料杆。

(12) 泵送前，向料斗加入一定量的水泥浆，润滑整个布料杆。按要求进行空运转。

(13) 泵送过程中，操作者必须能观察到整个区域，布料杆不能碰到障碍物，尤其要远离高压线路。任何人不得接近布料杆下的危险区域；布料杆不能做起重机使用；严禁扳动液压支腿控制阀，更不得移动输送泵车。

(14) 泵送中，混凝土平面应维持在搅拌轴中心线以上，但不得超过其轴线上 20cm 高度。若料供不上时，要及时停泵。

(15) 随时注意各仪表、指示灯的工作状况，读数应在正常范围，指示灯指示正确。液压管路连接应牢固可靠，无外泄漏现象。

(16) 当水箱水位低于水标尺时应及时补充。水质应保持清洁，寒冷季节应采取保温措施，以防水箱冰冻。当风速大于 16m/s 时，严禁使用布料杆。

(17) 随时清除网格上超规格骨料或其他杂物，不得任意拆除网格。搅拌轴被卡住不动时要及时检查原因，排除故障。泵和布料杆发出不正常杂音时，应及时检查、判断并处理。

(18) 临时停泵期间应间隔 10～15min 做正反泵数次，以防管路内混凝土离析。长时间停泵重新工作时，应先启动搅拌器，再开始泵送。

(19) 不得随意向料斗加水，严禁泵送搅拌后停放 90min 以上的混凝土。泵送工作时，变幅应平稳，严禁猛起猛落。如果出现输送泵车倾斜、液压支腿变形、木垫破裂、地面沉陷等现象，应立即收臂，检查原因并排除。

(20) 当泵送接近完毕，应预先估计剩余工作量和布料杆中混凝土体积，以便停止供料。

(21) 水泥混凝土混合料输送泵车转移工作地点时，必须按泵车行驶要求谨慎行驶。

(22) 清洗布料杆、混凝土管，清洗过程要注意安全。

(23) 将料斗、搅拌器、Y 型管、阀箱混凝土缸及外部冲洗干净；拆下混凝土缸活塞并清洗，将水放净，若放出的水比较浑浊，应重新冲洗。清洗完毕后再装回活塞，擦干罩盖和控制箱上的水。放置好布料杆，收回液压支腿，断开动力输出箱换挡机构。

(24) 按汽车和输送泵车的保修规程，进行例保作业。

7.4.4.4 混凝土泵送车的维护保养

混凝土泵送车的维护保养工作主要是例行保养（表 7.4-10）、一级保养（表 7.4-11）、二级保养（表 7.4-12）、三级保养（表 7.4-13）。

例行保养（每班进行） **表 7.4-10**

序号	保养项目		技术要求
1	发动机	(1) 检查燃油箱存油量； (2) 检查油底壳机油量； (3) 检查冷却水量及冷却系统完好情况； (4) 发动机整机	(1) 油不足时，应予加足； (2) 油面应位于油标尺上下刻度线之间，不足时，应予加足。油面异常时，应查明原因，排除故障； (3) 冷却水不足时应予加足。冷却系统若有渗漏，应予消除； (4) 检查有无漏油、漏水、漏气等现象，若有，应予排除。清洁发动机外表，拧紧各连接螺栓

续表

序号	保养项目		技术要求
2	电气设备及仪表	（1）检查发电机、起动机； （2）检查各照明灯具及信号装置； （3）检查各仪表； （4）清洁蓄电池	（1）发电机与起动机应工作正常； （2）应齐全有效，工作正常； （3）各仪表应动作灵敏，示值正确，如有异常，应查明故障，并予修复； （4）清洁蓄电池外表，疏通通气孔
3	转向系统	检查转向机构	转向机构各部件应性能良好，工作正常，各连接处连接牢固，无松旷现象
4	制动系统	（1）检查制动性能； （2）检查储气筒	（1）制动器应灵敏且制动可靠； （2）清除积水与油污
5	泵送系统	（1）检查滑阀滑杆； （2）检查混凝土泵活塞	（1）滑杆如有粘滞、卡阻等不正常现象，应予排除； （2）检查活塞端头及后部密封情况，如有较多的混凝土浆渗漏时，应更换密封件。端头磨损严重时应予更换
6	液压系统	（1）检查液压油； （2）检查各油泵； （3）检查顺序阀压力； （4）检查臂架各伸缩液压油缸； （5）检查各液压管及接头	（1）1）检查油量，油位应在油面计的上限和下限之间，不足时，应予添加； 2）检查油质，从油面计处观察液压油的颜色，应透明而不变色，否则，应予更换； 3）检查油温，正常油温应为30～60℃。超过60℃时，必须开启液压油冷却器，如仍高于60℃时，应即停车修理。 （2）操作时，检查主油泵、臂架油泵、搅拌油泵，应无漏油和异响； （3）正常标准压力为10.5MPa，如有不符，应通过调整螺钉进行校正； （4）油缸的伸缩动作应平稳、可靠，无渗漏油现象； （5）油管应无破损，管接头应无渗漏现象
7	润滑系统	（1）检查润滑脂箱； （2）检查润滑脂泵和润滑管； （3）检查分配阀； （4）检查调整空气减压阀和安全阀	（1）在工作前，加足润滑油脂； （2）泵和管如有泄漏现象，应予消除； （3）分配阀的指示杆每分钟移动2～4次为正常； （4）用气压阀测量。正常压力为0.15～0.18MPa。当压力、低于0.15MPa时，应调整减压阀；压力高于0.18MPa时，应调整安全阀
8	清洗系统	（1）检查水泵； （2）检查清洗管路及管接头	（1）工作时应运转正常，无异响； （2）管路应无破损，管接头应密封良好，喷嘴无阻塞现象
9	整机	（1）清除各部粘附的混凝土； （2）检查各部连接螺栓； （3）检查轮胎； （4）润滑	（1）1）清除活塞杆上粘附的混凝土浆，并涂以润滑油； 2）清洗混凝土泵时，应打开分配阀阀窗，开动料斗搅拌装置，作空载推送动作，同时在料斗和阀箱中冲水，直至料斗、阀箱、混凝土缸全部洗净，然后清洗泵的外部。若泵机几天内不用，则应拆开工作缸橡胶活塞，把水放净。如果水仍较浑浊，则应继续清洗，直至干净为止； 3）气洗臂架混凝土输送管。气洗管件装妥后，徐徐打开压缩空气进气阀，使压缩空气通过海绵球将混凝土压出。如管路装有止流管，应先拔出止流插杆，并将插杆孔盖盖上，再打开进气阀。 （2）如有松动，应予拧紧。 （3）轮胎气压不足时，应予充气。标准气压为662.18kPa。清除双轮间或轮面的嵌石、铁钉或杂物。 （4）按说明书进行润滑

一级保养（每工作200h进行）　　**表7.4-11**

序号	保养项目		技术要求
1	例行保养		完成本级保养作业项目外的例行保养项目
2	发动机	（1）检查燃油箱完好情况； （2）检查燃油管道； （3）清洗燃油滤清器； （4）清洗空气滤清器； （5）清洗机油滤清器； （6）检查油底壳、喷油泵机油平面； （7）检查冷却水泵； （8）检查风扇皮带张紧度	（1）如有渗漏，应予修复，并清除沉淀物； （2）如有渗漏，应予修复； （3）清洗滤心，除去杂物； （4）清洗滤心，除去积尘及其他杂质； （5）卸下用煤油清洗干净，再用压缩空气吹干后装复； （6）机油不足时，应予加足。机油不得有变质现象； （7）如有漏水现象，应予排除。同时，润滑轴承； （8）在单根风扇皮带中段施加约80N的压力，皮带下沉量应为10～15mm，否则，应予调整
3	电气设备及仪表	（1）检查线路、灯具与喇叭； （2）检查蓄电池； （3）检查开关橡胶皮套	（1）线路应完好，绝缘应可靠，各灯具齐全有效，喇叭音响正常； （2）检查电解液液面高度，液面应高出极板顶面10～15mm，液量不足时，可加注蒸馏水，清除蓄电池桩头及连接板上的氧化物并涂以凡士林油； （3）如有老化、破裂时，应予更换
4	传动系统	（1）检查离合器踏板自由行程； （2）检查变速箱； （3）检查分动箱	（1）行程在45～55mm之间，不符时，应予调整； （2）每250小时更换齿轮油； （3）运转时分动箱应无异响和卡阻现象。每工作500h更换分动箱齿轮油
5	进料系统	（1）检查搅拌装置链条； （2）检查搅拌桨的运转功能	（1）检查链条的张紧度，必要时，进行适当的调整并涂上润滑脂； （2）搅拌桨的正、反转应平稳自如，无卡滞现象，否则，应调整搅拌换向阀
6	泵送系统	（1）检查滑阀； （2）检查混凝土泵活塞行程； （3）检查混凝土输送管的壁厚	（1）当阀杆与阀体的间隙达到10mm时，应更换滑阀； （2）泵送混凝土时，如发现活塞行程变得太短，影响泵送效果时，应对闭合油路安全阀的阀体螺钉进行调整，使其压力值为12MPa； （3）当输送管的壁厚小于下列极限值时，应予更换： V形管　2.0mm 弯管　1.0mm 直管　1.0mm 锥形管　1.0mm
7	液压系统	（1）清洗液压油滤清器； （2）检查液压油冷却器	（1）拆下滤清器，进行清洗后装复； （2）观察液压油冷却器芯子，筛眼堵塞时，应予清洗
8	回转机构	检查回转制动器功能	回转制动器的分离和闭合功能应有效、可靠，否则，应予调整
9	清洗系统	检查水泵无排泄时的压力	察看水压计，最低值为4～5MPa，如压力偏低，应检查水泵和吸送阀。如有渗漏，应予修复
10	整机	（1）紧固各部连接螺栓； （2）润滑	（1）逐个检查、拧紧各连接螺栓； （2）按机器出厂使用说明书进行润滑

二级保养（每工作600h进行） **表7.4-12**

序号	保养项目		技术要求
1	一级保养		完成本级保养作业项目外的一级保养项目
2	发动机	（1）检查气缸盖、进排气系统各衬垫； （2）检查曲轴箱通风装置； （3）更换油底壳机油； （4）视需校调气门间隙； （5）检查冷却系统	（1）各衬垫应完好、不漏气。如有损坏，应予更换； （2）滤芯、滤网应清洁，气流应畅通，清洁机油滤清器内外，滤清器应性能良好、无变形及裂纹。滤芯式滤清器应更换滤芯；离心式滤清器应进行清洗； （3）放尽旧机油，加注标准容量的清洗油（80%柴油，20%机油），怠速运转5～10min后，进行清洗，然后按规定加注新机油； （4）进、排气门间隙（冷机）值均为0.60mm。 （5）1）检查冷却水箱。水箱应无渗漏，节温器工作正常，进、出水管接头不松动，否则，应予修复； 2）检查水泵，水泵应不漏水。润滑水泵轴承
3	电气设备及仪表	（1）检查起动机； （2）清洁发电机； （3）检查蓄电池	（1）紧固件及导线连接应牢固，导线绝缘应良好，有异常者，均应予以修复。检查轴承的完好情况，如磨损严重，应予更换； （2）清除发电机内、外积尘，用汽油擦去集电环和线圈上的油污。检查轴承完好情况； （3）检查电解液相对密度，如相对密度过低，应予补充充电
4	传动系统	（1）检查离合器的工作性能； （2）检查变速器； （3）检查传动轴	（1）应接合平稳，分离彻底，工作可靠，否则，应予调整； （2）变速器应工作正常，无异响；变速器操纵机构松紧适宜，换挡轻便，到位准确、可靠； （3）传动轴应无裂损或变形，花键配合间隙应不大于0.5mm，油封、防尘套完好有效。十字轴轴承配合间隙应不大于0.2mm，中间轴应完好
5	泵送系统	检查混凝土泵活塞的工作情况	当主油缸压力表压力低于25MPa，或高于28MPa时，应调整主回路安全阀的调节螺钉，使主回路的额定油压达到28MPa
6	液压系统	（1）检查液压油滤清器； （2）检查各液压油缸及密封装置	（1）更换液压油滤芯； （2）察看各液压油缸的活塞杆部有无划痕和磨损，对渗漏严重的部位，应更换密封件
7	回转机构	（1）更换回转减速器油； （2）检查回转制动器	（1）更换减速器油，在加注换新油前，应清洗油箱； （2）应性能良好，制动可靠，否则，应予调整或修复
8	润滑系统	（1）检查蓄能器氮气压力； （2）检查充气阀	（1）用压力计检查蓄能器的氮气压力，当压力低于5.5MPa时（在50℃油温时），应补充氮气，使压力达到6.5MPa（在50℃油温时）； （2）在阀芯部位涂上肥皂水，检查是否有漏气现象，若有，应予检修
9	清洗系统	（1）检查水泵； （2）检查吸水过滤器； （3）检查各阀	（1）水泵如有不规则的振动和发热现象，应予修复； （2）清除吸水过滤器上的堵塞物，保持水流畅通； （3）水泵换向阀、三通阀、主流阀、分流阀、清洗用水阀等，应动作灵敏可靠，工作位置正确

续表

序号	保养项目		技术要求
10	臂架机构	(1) 检查臂架支承缓冲橡胶块； (2) 检查上、中、下段臂架混凝管接头支架； (3) 检查上、中、下段臂架体、铰链销、连接轴及软管导向架	(1) 如有老化或破损，则应予更换，并调整缓冲橡胶块的压缩量。后块为 5mm；前块为 3mm； (2) 如有开焊、破损、变形等情况，应予焊修； (3) 对锈蚀、破损的部位，应进行除锈和修理
11	整机	(1) 检查前、后支腿臂架及支撑底板； (2) 检查前、后支腿的液压元件； (3) 润滑	(1) 如有破损或变形，应予修复； (2) 前、后支腿伸缩油缸和垂直油缸及各部油管、接头，如有渗漏、变形或磨损严重时，应予修复； (3) 按机器出厂使用说明书进行润滑

三级保养（每工作 1800h 进行）　　**表 7.4-13**

序号	保养项目		技术要求
1	二级保养		完成本级保养作业项目外的二级保养项目
2	发动机	(1) 检查清洗气缸盖； (2) 检查气缸体及气缸盖上各部螺孔螺纹； (3) 检查气缸套的磨损情况； (4) 检查进、排气门杆与导管的间隙； (5) 检查曲轴各轴颈的磨损情况； (6) 检查燃油箱； (7) 检查喷油泵； (8) 检查机油泵； (9) 检查水泵； (10) 检查冷却水箱	(1) 拆卸缸盖，清除积碳、结胶。气缸盖下平面的平面度公差在 1m 长度范围内为 0.10mm； (2) 螺孔螺纹损伤不允许超过两牙，主轴承座螺纹不允许损伤，螺栓应完好； (3) 圆柱度误差应不大于 0.25mm。缸口应无明显台阶，缸壁应无拉痕。视需要更换气缸套、活塞和活塞环； (4) 进气门杆与导管的标准间隙值为 0.05～0.10mm，使用极限为 0.20mm；排气门杆与导管的标准间隙值为 0.08～0.12mm，使用极限 0.20mm； (5) 主轴颈的磨损量应不大于 0.08mm；连杆轴颈的磨损量应不大于 0.06mm。大小轴瓦如有剥落、烧熔、拉痕严重等情况，则应更换新轴瓦； (6) 清洗燃油箱，清除沉淀物； (7) 喷油泵、调速器和喷油嘴各部件，必要时应用煤油清洗干净，并在专用试验台上进行调整。喷油压力为 22.073MPa； (8) 机油泵的壳体、盖不得有裂纹、变形；齿轮应无损伤，各部配合间隙符合以下规定：齿轮齿顶与泵壳内壁的间隙，不得超过 0.15mm；齿轮端面与盖的间隙，不得超过 0.15mm；主、被动齿轮衬套与轴的间隙，不得超过 0.10mm； (9) 水泵壳体、叶轮及轴应无裂纹和变形。水泵轴轴颈与叶轮承孔的配合过盈量为 0.009～0.045mm，叶轮与壳体的间隙为 0.3～0.8mm。轴承应不松旷，水封及上、下进出水胶管无老化变质、变形等情况； (10) 水箱不得漏水、水道应畅通，支撑框架牢固，散热性能良好。如有堵塞、渗漏，应拆卸进行疏通或焊修
3	电气设备及仪表	(1) 检查起动机； (2) 检查发电机；	(1) 起动机离合器不应打滑，小齿轮不得有破裂和严重磨损、电磁开关性能良好，工作正常； (2) 清除发电机内、外积尘，用汽油擦去集电环和线圈上的油污，并润滑轴承。发电机轴承与转子轴的配合间隙为－0.01～＋0.02mm；与承孔配合间隙为－0.01～＋0.03mm；转子与定子的配合间隙为 0.25～0.50mm；

续表

序号	保养项目		技术要求
3	电气设备及仪表	(3) 检查灯光、指示灯、信号、音响等装置； (4) 检查线路； (5) 检查蓄电池； (6) 检查各仪表及开关	(3) 应设置齐全，工作正常，安装牢固。如有异常情况或有损坏，应予修复或更换； (4) 线路应完好无破损，并且包扎牢固，如有破损及老化，应予更换； (5) 拆开蓄电池，清除底部沉淀物；隔离板如有损坏，应更换。蓄电池槽、盖如有裂损，应予修复或更换； (6) 各仪表性能可靠，示值正确，如有损坏应修理或更换。主操作台和臂架信号盒的各开关应灵敏可靠，否则，应予更换
4	传动系统	(1) 拆卸清洗变速箱、减速箱； (2) 检查后桥	(1) 清洗后，更换齿轮油； (2) 后桥壳应无裂纹、损伤。差速器总成中各齿轮工作表面应无裂纹和阶梯形磨损，油路畅通。更换齿轮油
5	转向机构	检查转向机构各部件	转向器壳体及盖、转向轴、转向摇臂、摇臂轴等，应无裂纹和变形。转向机构各部位应润滑良好，连接牢固，锁止可靠
6	进料系统	(1) 检查搅拌装置； (2) 检查搅拌轴、搅拌浆叶片及料斗壁； (3) 检查搅拌传动链条及轴承	(1) 灰浆泄漏严重时，应予检修； (2) 如磨损严重时，应予修复或更换； (3) 如磨损严重时，应更换链条或轴承
7	泵送系统	(1) 检查滑杆和阀板； (2) 检查分配换向阀； (3) 检查顺序阀； (4) 检查滑阀体；	(1) 当滑杆和阀板磨损到极限时，应予更换； (2) 拆检阀体，校核安全阀的显示杆； (3) 泵送期间，如活塞和滑阀油缸不能控制在适当时刻换向或工作不稳，应在混凝土泵空转时调整压力，其压力值为10.5MPa； (4) 拆卸滑阀，用卡尺测量缸体空间距离（内径），如大于200mm时，应予补焊，内径如大于203mm时，则需更换缸体
8	液压系统	(1) 检查液压油冷却系安全阀； (2) 检查主油缸和下段臂油缸； (3) 检查各液压油泵及液压马达	(1) 安全阀工作压力应为6MPa，如有不符，应予调整； (2) 拆开油缸，更换油缸密封件；油缸臂如磨损严重或变形，应予修复或更换； (3) 在额定工作压力下，各液压油泵和液压马达应无异响、过热或漏油现象，否则，应予检修
9	清洗系统	(1) 检查水泵； (2) 检查气洗管件； (3) 检查筛网过滤器	(1) 拆开水泵，更换密封圈，并润滑水泵轴承； (2) 如有损坏，应予修复或更换； (3) 如有损坏，应予更换
10	臂架机构	(1) 检查臂架升降速度； (2) 检查臂架； (3) 检查橡胶软管	(1) 如出现臂架升降速度过快，应调整流量控制阀，保持主油泵的转速在1500～2000r/min范围内； (2) 臂架如有损坏，应予修复； (3) 如有损坏，应予更换
11	制动系统	(1) 检查制动鼓、制动蹄； (2) 检查制动摩擦片；	(1) 制动鼓不得有裂纹或变形，搪磨后的制动鼓内径不得大于基本尺寸4mm，同一轴左右制动鼓内径相差应不大于1mm。制动蹄应无裂纹或明显的变形。 (2) 摩擦片应无裂纹、油污，铆钉不松动。铆钉头与摩擦片表面距离使用限度为0.50mm。摩擦片与制动鼓装合后的间隙：上部为0.20mm；下部为0.15mm。

续表

序号	保养项目		技术要求
11	制动系统	（3）检查刹车制动； （4）检查制动管路； （5）检查空压机	（3）制动鼓不得有裂纹或损伤，制动鼓工作表面圆柱度公差应不大于0.1mm。制动蹄应无变形和裂损。制动鼓与摩擦片的间隙：上部为0.25mm；下部为0.10mm。 （4）管路应清洁畅通，金属管应无锈蚀，橡胶管无老化变质。各部接头螺纹应完好，装卡牢固，并不得与其他机件相摩擦。 （5）1）缸盖应无裂纹，阀门弹簧应无严重变形，进、排气阀门和限压阀的密封性良好； 2）缸体承孔应无裂纹和划痕，磨损超过0.10mm时，应更换缸体； 3）活塞环如磨损过量，应更换
12	悬挂及行走机构	（1）检查钢板弹簧； （2）检查减振器； （3）检查轮胎	（1）钢板弹簧各片及盖板、垫板等，不得有折断、裂纹。螺栓应齐全完好，装配正确； （2）减振器应不漏油，工作性能良好，装置牢固； （3）轮胎应完好无损伤，必要时按规定翻边、换位。轮胎钢圈、挡圈及锁环应无裂损、变形；轮胎螺栓承孔磨损量应不大于1.5mm
13	整机	（1）检查车架； （2）检查驾驶室； （3）检查外部焊接件及附件； （4）检查各部连接螺栓； （5）清洁外表； （6）补漆； （7）润滑	（1）车架纵、横梁，各支架、托架应无变形和裂损，各处铆钉不松动，连接牢固； （2）驾驶室及发动机罩、叶子板、水箱外壳等应平整，无明显凹凸缺陷、门窗关闭严密，开关自如，不透风，不漏水。玻璃升降灵活，挡风玻璃透明度好，不眩目； （3）如有开焊、开裂或损坏，应予修复或更换； （4）松动者拧紧，损坏者更换； （5）清除全车外部的油污、灰浆和尘土，保持机容整洁； （6）对局部脱漆部位进行除锈补漆； （7）按机器出厂使用说明书进行润滑

7.4.4.5 混凝土输送泵的常见故障及处理方法

混凝土输送泵的常见故障及处理方法见表7.4-14所列。

混凝土输送泵的常见故障及处理方法　　表7.4-14

故障现象	故障原因	处理方法
电动机起动时空气开关跳闸	（1）空气开关内过流装置故障； （2）过电流整定值偏小； （3）前次运转停机时未按泵送停止按钮，造成电动机带负荷起重	（1）检查修理； （2）重新调整； （3）按一下泵送停止按钮再启动
电动机起动后运转指示灯不亮	（1）灯内限流电阻断线； （2）交流接触器常闭接点、时间继电器微动开关接点有故障	（1）更换； （2）检修或更换
泵指示灯全不亮但推送正常，或一侧灯亮，但无推送动作	（1）限流电阻接线故障； （2）灯座接线错误或松动； （3）主电液阀电磁线圈或行程开关有故障	（1）更换； （2）检查接线，扭紧螺栓； （3）检修或更换

续表

故障现象	故障原因	处理方法
活塞反向失灵或活塞能循环动作，但板阀不反向	(1) 反向按钮接触不良； (2) 反向继电器插座接线松动； (3) 板阀反向开关损坏或接线不良； (4) 辅电液阀电磁线圈损坏	(1) 检修； (2) 检修，消除接线松动； (3) 检修或更换； (4) 检修或更换
搅拌自动反向失灵	(1) 时间继电器微动开关失灵； (2) 微动开关与油压推杆错位； (3) 搅拌电磁阀损坏	(1) 检查接线或更换； (2) 调整或更换； (3) 检修或更换
搅拌轴不转	(1) 料斗内有异物卡阻； (2) 搅拌轴两端轴承密封损坏，砂浆渗入结硬； (3) 润滑条件恶劣	(1) 清除； (2) 更换密封，排除砂浆积块； (3) 改善润滑条件
推送机构动作正常但无混凝土排出	混凝土活塞从活塞杆上脱落	重新安装
板阀上下轴端漏浆，阀窗泄浆	(1) 轴承磨损； (2) 阀窗损坏或关闭不严	(1) 更换； (2) 检修或重新关严
分动箱漏油	(1) 油封损坏或轴颈磨损； (2) 箱盖结合面损坏或密封垫损坏	(1) 更换油封、修复轴颈； (2) 修理或更换
水系统有浮油或水泥浆，水从水箱盖冒出	(1) 推进机构油缸密封圈损坏； (2) 混凝土活塞橡胶圈损坏； (3) 混凝土缸壁磨损	(1) 更换； (2) 更换； (3) 更换
推送混凝土频率过低或过高	(1) 油箱油面过低，液压泵吸空气； (2) 主溢流阀不正常，有泄漏现象； (3) 滤油器堵塞； (4) 封闭油路油量减少，冲程缩短	(1) 加油至规定油面； (2) 检修； (3) 清洗滤芯； (4) 检修封闭油路安全阀
推送活塞在行程终端停顿	主电液阀阀心卡住	检修
板阀换向缓慢	(1) 蓄能器充压不足； (2) 卸荷溢流阀压力过低； (3) 液压缸活塞密封损坏	(1) 检修； (2) 调整溢流阀压力； (3) 更换密封圈
蓄能器压力不稳定，呈不规则变化	(1) 液压泵吸入空气； (2) 卸荷阀故障	(1) 油箱补油，检修吸油管路； (2) 检修
板阀液压缸不动作	(1) 阀箱内混凝土堵塞； (2) 板阀液压缸失灵	(1) 清除堵塞； (2) 检修
主液压缸活塞杆振动	(1) 油箱油位低，液压泵吸空； (2) 主泵吸油管泄漏； (3) 主液压缸杆腔密封圈压得过紧，油温提高后活塞杆咬死	(1) 加油至规定油面； (2) 检修； (3) 重新装配

续表

故障现象	故障原因	处理方法
两个推送液压缸不同步，有时还发生撞缸现象	闭合回路存在空气	在停机状态下，缓缓松开闭合油路管接头进行排气，拧紧接头后开机运转几分钟，再停机进行排气，直至排完存气
油温过高	(1) 泵送负载太高而使主溢流阀经常溢流； (2) 辅电液阀和卸荷阀有故障，使辅泵不能卸荷； (3) 液压油黏度过低	(1) 适当提高溢流压力； (2) 检修； (3) 更换
电动机停转后，使蓄能器释放能量时板阀动作少于6次	(1) 卸荷阀泄漏，不保压； (2) 辅电液阀失灵	(1) 检修； (2) 检修
液压油污浊，呈锈色	(1) 推送液压缸密封圈损坏； (2) 液压系统有损坏而引起污染	(1) 更换密封圈； (2) 检查、排除

7.4.5 混凝土喷射机

7.4.5.1 概述

(1) 混凝土喷射机是将混凝土拌合料喷向建筑物表面或结构上，使建筑物表面得到加强或形成结构物的一种机械。

(2) 混凝土喷射技术自20世纪50年代在地下开拓工程中应用以来，由于具有效率高、工艺简单、机械化程度高、应用范围广等优点，在建筑、市政、矿山、公路、铁路、隧道等行业的各项地下、地面工程中，已为许多国家广泛采用。

(3) 混凝土喷射技术与一般的浇灌混凝土相比，具有施工质量高，进度快1～3倍，节约原材料40%～50%，节约劳动力60%，以及降低成本30%以上等优点。当前喷锚支护工艺在地下建筑工程中已成为一种重要的支护形式，尤其是为各种形状的地下或地面工程提供可靠的手段，充分显示了它的优越性。

(4) 图7.4-6所示为干式喷射机进行地下支护情况。它是将一定比例的水泥、砂子及小石子均匀搅拌后，通过带式运输机2送到喷射机3中，借助于压缩空气的动力，使拌合

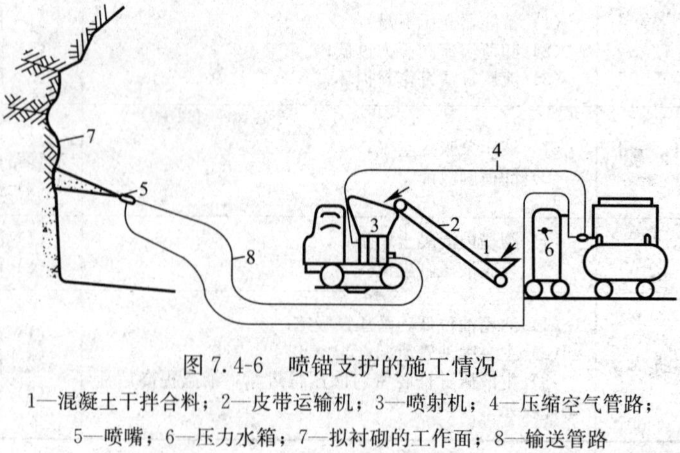

图7.4-6 喷锚支护的施工情况

1—混凝土干拌合料；2—皮带运输机；3—喷射机；4—压缩空气管路；
5—喷嘴；6—压力水箱；7—拟衬砌的工作面；8—输送管路

料连续不断地沿着输送管路 8 被吹送到喷嘴 5 处，与来自压力水箱的压力水混合成半湿的混凝土，以大约 80～100m/s 的喷射速度喷射到拟衬砌的工作面 7 上，使之达到衬砌效果，这种作业称作混凝土喷射支护。因为喷射中加的是干拌合料，所以这种机械称为干式喷射机。重要的工作面，在喷射混凝土前还要锚以钢筋，喷射后，使钢筋、工作面及混凝土结为一个整体，因此把这种加锚杆的喷射工艺称为喷锚支护。

7.4.5.2 混凝土喷射机的结构

（1）双罐式混凝土喷射机：双罐式混凝土喷射机的结构如图 7.4-7 所示，它由罐体、传动装置、喷射装置和行走机构等部分组成。

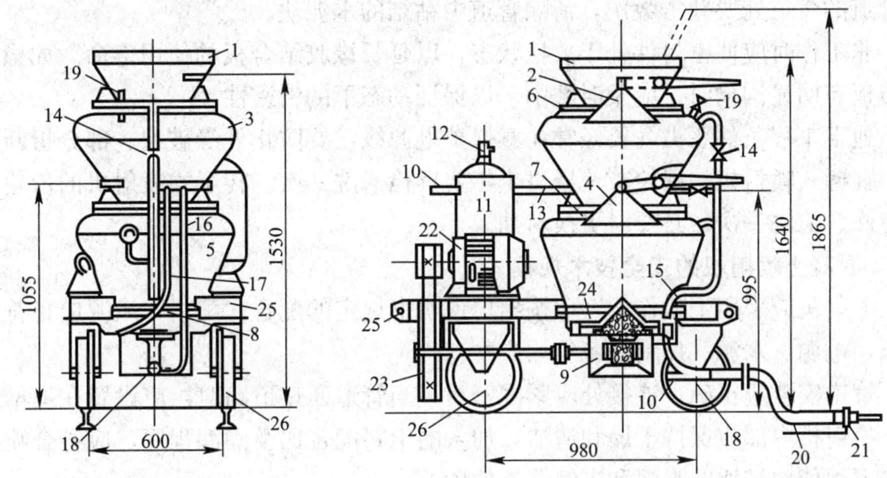

图 7.4-7 双罐式混凝土喷射机

1—料斗；2—上钟形阀门；3—上罐；4—下钟形阀门；5—下罐；6—上密封圈；7—下密封圈；8—输料盘；9—减速器；10—进风管；11—油水分离器；12—安全阀；13—供风管；14—旋塞阀；15—吹料管；16—助吹管；17—辅助风管；18—喷出弯管；19—排气阀；20—输料管；21—喷头；22—电动机；23—皮带减速装置；24—拨料片；25—车架；26—车轮

（2）转子式混凝土喷射机：图 7.4-8 所示为转子式混凝土喷射机的外貌图。

图 7.4-8 转子式混凝土喷射机外貌图

7.4.5.3 混凝土喷射机的使用要点

（1）混凝土喷射机必须正确使用，在没有熟悉机械构造和性能以前，不能随意开机。

（2）混凝土喷射机就位以后应检查电路、风路、输送管路、水路等安装是否正确，连接处是否紧固和密封。混凝土干料配合比及潮湿程度必须合乎喷射机使用要求。

（3）使用前应先调好工作压力。每天开机时，必须先通压缩空气、启动电动机，然后才能加料。而停机时应先停止加料后才能停止电机和压缩空气。

（4）喷射混凝土时，应事先估计启动压力和工作压力，并依此为据初调堵管发讯器的压力，然后进行试喷。在试喷过程中，调整最佳工作压力，使喷射能符合（1）要求。

（5）喷嘴前方，在任何情况下都不能站人。操作工应始终站在已喷射过的混凝土护面以内。操作时喷射嘴离工作面0.8～1.2m左右，以使混凝土黏结最好，回弹率最小为合适。若工作面较大，可采用机械手进行喷射。

（6）发生堵管时，应先停止喂料，对堵管部位用脚踩或锤击，迫使物料松散，然后用压缩空气吹通。此时操作工要紧握喷嘴，以防管道甩动伤人。在管道中还有压力时，不得拆卸管接头。地下施工湿度大，每班工作前要扳动安全阀的阀柄，防止锈蚀后失灵。

（7）每班结束时，必须及时清除喷射机内外粘附的混凝土料及杂物。同时要清理输料管，对管道的弯道处要锤击数次，清除管道中粘结的水泥块。

（8）非工作时应使密封件处于放松状态，以延长橡胶结合板的使用寿命。如橡胶结合板和旋转板有明显沟槽时，应及时磨削，以保证动态下的气密性。

（9）地下工程条件恶劣，要经常注意保护电源线，要防止外缘破裂、部分折断等情况下工作。缸罐式喷射机的蜗轮减速器每半年要拆检清洗一次。转子式喷射机的齿轮减速器应每年检修、清洗一次，必要时更换新油。

7.4.5.4 混凝土喷射机的安全技术规程

（1）喷射机应采用干喷作业，应按出厂说明书规定的配合比配料，风源应是符合要求的稳压源，电源、水源、加料设备等均应配套。

（2）管道安装应正确，连接处应紧固密封；当管道通过道路时，应设置在地槽内并加盖保护；喷射机内部应保持干燥和清洁，加入的干料配合比及潮润程序，应符合喷射机性能要求，不得使用结块的水泥和未经筛选的砂石。

（3）作业前重点检查项目应符合下列要求：安全阀灵敏可靠；电源线无破裂现象，接线牢靠；各部位密封件密封良好，对橡胶结合板和旋转板出现的明显沟槽及时修复；压力表指针在上、下限之间，根据输送距离，调整上限压力的极限值；喷枪水环的孔眼畅通。

（4）启动前，应先接通风、水、电，开启进气阀逐步达到额定压力，再启动电动机空载运转，确认一切正常后，方可投料作业。

（5）机械操作和喷射操作人员应有联系信号，送风、加料、停料、停风以及发生堵塞时，应及时联系，密切配合。

（6）在喷嘴前方严禁站人，操作人员应始终站在已喷射过的混凝土支护面以内。

（7）作业中，当暂停时间超过1h时，应将仓内及输料管内的干混合料全部喷出。

（8）如若发生堵管时，应先停止喂料，并对堵塞部位进行敲击，迫使物料松散，然后用压缩空气吹通，此时，操作人员应紧握喷嘴，严禁甩动管道伤人；当管道中有压力时，不得拆卸管接头。

（9）转移作业面时，供风、供水系统应随之移动，输料软管不得随地拖拉和折弯。停机时，应先停止加料，然后再关闭电动机和停送压缩空气。

（10）作业后，应将仓内和输料软管内的干混合料全部喷出，并应将喷嘴拆下清洗干净，清除机身内外粘附的混凝土料及杂物。同时应清理输料管，并应使密封件处于放松状态。

7.5 混凝土振动机械

7.5.1 概述

7.5.1.1 混凝土振动机械的特点

(1) 混凝土振动机械是一种借助于动力，以一定的装置为振动源，产生频率振动，并把这种频率振动传给混凝土使之密实的机械。

(2) 浇入模板内的混凝土，必须要经过合理的振捣，目的是降低混凝土料粒间的摩擦力和粘结力，使其在自重力作用下，自行充实料粒间的间隙，排除混凝土内部的空气，不致在凝结后的构件中形成气孔（大孔俗称狗洞），保证构件表面光滑、平整，不出现麻面。

(3) 钢筋混凝土构件浇模后经过振捣，还可以显著地提高钢筋与混凝土的结合力（握裹力），保证和增强混凝土的强度。振捣的作用，还不仅仅是保证构件质量，对于改善劳动条件，缩短混凝土凝固成型时间，提高模板使用周转率，加快施工进度也有着极为重要的意义。

(4) 所以，混凝土振捣是混凝土施工的重要环节，广泛用于建筑、市政建设施工中和水坝、桥梁、港口等工程中。

7.5.1.2 混凝土振动机械的分类

(1) 按传播振动方式不同分为插入式（内部式）、附着式（外部式）、平板式、平台式等。

(2) 按工作部分的结构特征不同分为锥形（杆形或锤形）、棒形（杆形或柱形）、片形、条形（R形）、平台形等。

(3) 按振源的振动子型式不同分为偏心式、行星式、往复式、电磁式等。

(4) 按使用振源的动力不同可分为电动式、风动式、内燃式和液压式等。

(5) 按振动频率不同可分为高频式（133～350Hz）、中频式（83～133Hz）、低频式（33～83Hz）。

7.5.1.3 混凝土振动机械的结构

(1) 插入式振动器：

1) 电动偏心插入式混凝土振动器，是由电动机通过软轴驱动偏心式振动子，在振动棒体内旋转，产生惯性离心力以振动捣实混凝土。其结构图见图 7.5-1 所示；

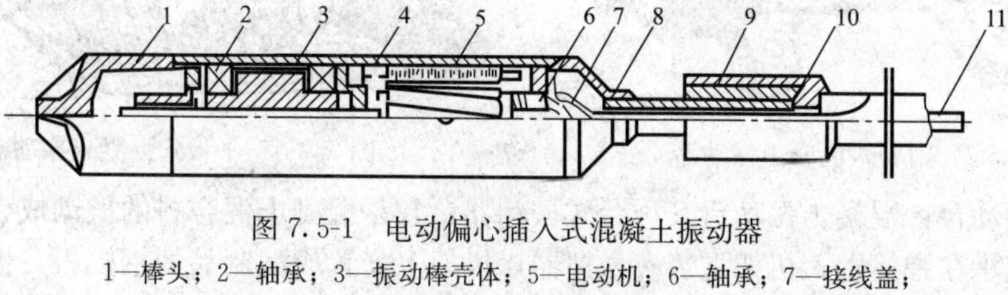

图 7.5-1 电动偏心插入式混凝土振动器

1—棒头；2—轴承；3—振动棒壳体；5—电动机；6—轴承；7—接线盖；8—端盖；9—减振器；10—联接管；11—引出电缆线

2）电动软轴行星插入式混凝土振动器一般采用高频、外滚、软轴联接方式。主要由振动棒1、软轴套、防逆装置3、电动机4、电器开关5、电机座支座6等部分组成。其外结构如图7.5-2所示。

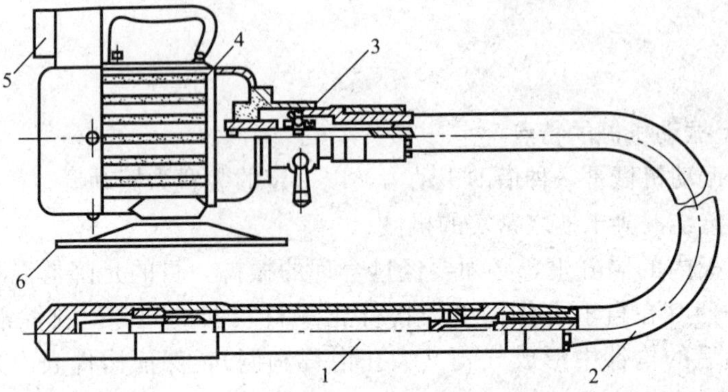

图7.5-2 电动软轴行星插入式混凝土振动器

1—振动棒；2—软轴套；3—防逆装置；4—电动机；5—电器开关；6—电机座支座

（2）附着式振动器：附着式振捣器属于外部振捣器的范畴，它直接安装或附着在模板上，通过模板将振捣传给混凝土，使之被捣实。在一个构件的模板上可安装一台或数台同一性能的振捣器，也可以将这种振捣器安装在木质或铁质的底板上，作为可以移动的平板式振捣器，广泛应用于多孔空心板、拉板和板形构件的施工。这种振捣器也可安装在各种振动台和其他振动设备上，作为发生振动的机械。

各种类型的附着式振捣器的构造基本相同，仅在外形上有所区别，主要由电动机、偏心块振动子组成，附着式振捣器的外形图7.5-3所示。

（3）平板式混凝土振动器：该振动器是浮放在混凝土表面进行直接捣固的振动器。它是将附着式振动器安装在平板上，工作时，通过平板底盘将振动能由表面传入内部而将混凝土振实。如图7.5-4所示为平板式混凝土振动器外貌图。此类振动器主要适应于振实面积大、厚度小的水泥混凝土路面、桥面及混凝土预制构件板等。

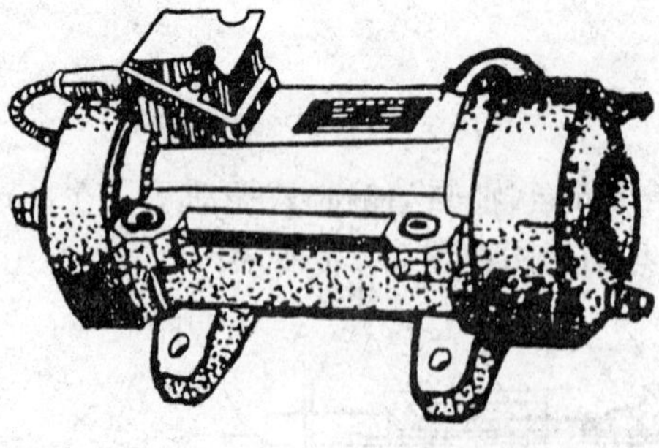

图7.5-3 附着式混凝土振动器

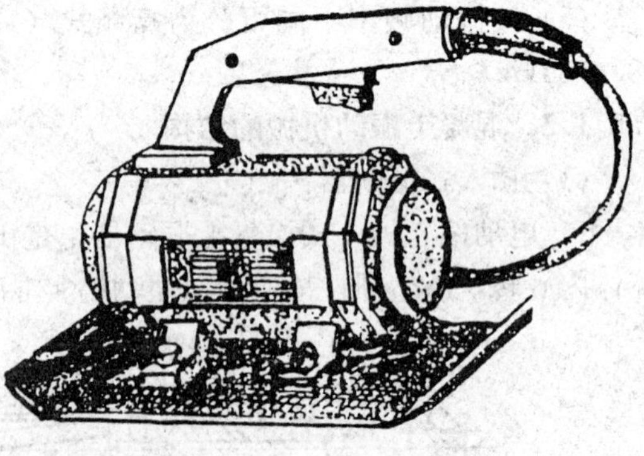

图7.5-4 平板式混凝土振动器

（4）振动台：混凝土振动台又称台式振动器，它是混凝土混合料的振动成型机械。其机架一般支承在弹簧上，机架下装有激振器，机架上安置成型制品的钢模板，模板内装有混凝土混合料。在激振器作用下，机架连同模板及混合料一起振动，使混凝土密实成型。

它是采用短线工艺生产的预制构件厂的主要设备，用于大批量生产空心板、壁板以及厚度不大的梁柱、排水管等。

图 7.5-5 所示为 ZT－1.5×6 型振动台结构示意图，主要由上部框架、下部框架、支承簧、电动机、齿轮箱、振动子等组成。

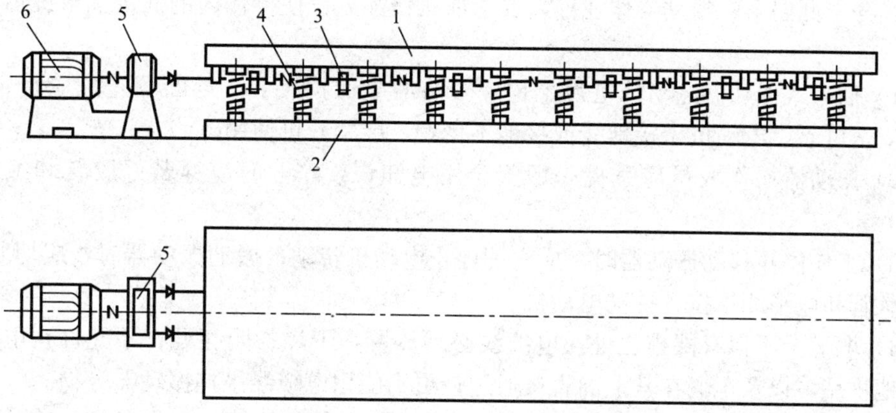

图 7.5-5 ZT－1.5×6 型振动台结构示意图

1—上部框架（台面）；2—下部框架；3—振动子；4—支承弹簧；5—齿轮同步器；6—电动机

7.5.2 混凝土振动机械的使用要点

7.5.2.1 内部振动器的使用要点

（1）振动棒的直径、频率和振幅是直接影响生产率的主要因素，所以在工作前应选择合适的振动棒。

（2）在振动器使用之前，首先应检查电动机的绝缘情况是否良好，长期闲置的振动器启用时必须测试电动机的绝缘电阻，检查合格后方可接通电源进行试运转。

（3）振动器的电动机旋转时，若软轴不转，振动棒不起振，系电动机旋转方向不对，调换任意两相电源线即可；若软轴转动，振动棒不起振，可摇晃棒头或将棒头轻磕地面，即可起振。当试运转正常后，方可投入作业。

（4）作业时，要使振动棒自然沉入混凝土，不可用猛力往下推。一般应垂直插入，并插到层尚未初凝层中 50～100mm，以促使上下层相互结合。

（5）振捣时，要做到"快插慢拔"。快插是为了防止将表层混凝土先振实，与下层混凝土发生分层、离析现象。慢拔是为了使混凝土能来得及填满振动棒抽出时所形成的空间。

（6）振动棒各插点间距应均匀，一般间距不应超过振动棒有效作用半径的 1.5 倍。

（7）振动棒在混凝土内振密的时间，一般每插点振密 20～30s，直到混凝土不再显著下沉，不再出现气泡，表面泛出水泥浆和外观均匀为止。如振密时间过长，有效作用半径虽然能适当增加，但总的生产率反而降低，而且还可能使振动棒附近混凝土产生离析。这对塑性混凝土更为重要。此外，振动棒下部振幅要比上部大，故在振密时，应将振动棒上下抽动 5～10cm，使混凝土振密均匀。

（8）作业中要避免将振动棒触及钢筋、心管及预埋件等；更不得采取通过振动棒振动钢筋的方法来促使混凝土振密。否则就会因振动而使钢筋位置变动，还会降低钢筋与混凝土之间的黏结力，甚至会相互脱离，这对预应力钢筋影响更大。

(9) 作业时，振动棒插入混凝土的深度不应超过棒长的2/3～3/4。否则振动棒将不易拔出而导致软管损坏；更不得将软管插入混凝土中，以防砂浆侵蚀及渗入软管而损坏机件。

(10) 振动器在使用中如遇温度过高，应立即停机冷却检查，如机件故障，要及时进行修理，冬季低温下，振动器作业前，要采取缓慢加温，使棒体内的润滑油解冻后，方能作业。

(11) 插入式振动器电动机电源上，应安装漏电保护装置，熔断器选配应符合要求，接地应安全可靠。电动机未接地线或接地不良者，严禁开机使用。

(12) 振动器操作人员应掌握一般安全用电知识，作业时应穿戴好胶鞋和绝缘橡皮手套。

(13) 工作停止移动振动器时，应立即停止电动机转动；搬动振动器时，应切断电源。不得用软管和电缆线拖拉、扯动电动机。

(14) 电缆上不得有裸露之处，电缆线必须放置在干燥、明亮处；不允许在电缆线上堆放其他物品，以及车辆在其上面直接通过；更不能用电缆线吊挂振动器等物。

(15) 作业时，振动棒软管弯曲半径不得小于规定值；软管不得有断裂。若软管使用过久，长度变长时，应及时进行修复或更换。

(16) 振动器启振时，必须由操作人员掌握，不得将启振的振动棒平放在钢板或水泥板等坚硬物上，以免振坏。严禁用振动棒撬拔钢筋和模板，或将振动棒当锤使用；操作时勿将振动棒头夹到钢筋里或其他硬物中以免损坏棒头。

(17) 作业完毕，应将电动机、软管、振动棒擦刷干净，按规定要求进行保养作业。振动器存放时，不要堆压软管，应平直放好，以免变形；同时应防止电动机受潮。

7.5.2.2 外部振动器的使用要点

(1) 外部振动器设计时不考虑轴承承受轴向力，故在使用时，电动机轴应呈水平状态。

(2) 在水平的混凝土表面进行振捣时，振动器是利用电动机振子所产生的惯性力的水平分力自行移动的，操作者仅控制移动的方向即可。

(3) 在一个模板上同时用多台附着式振动器振动时，各振动器的频率必须保持一致，相对的振动器应错开放。

(4) 振动器作业前要进行检查和试运转。试转时不应在干硬土或硬物体上运转，否则将使振动器振跳过甚而损坏。安装在搅拌楼（站）料仓上的振动器应安置橡胶垫。

(5) 附着式振动器作业时，一般安装在混凝土模板上，每次振动时间不超过1min。当混凝土在模内泛浆流动成水平状时，即可停振。不得在混凝土初凝状态再振，也不得使周围的振动影响到已初凝的混凝土，以免影响混凝土质量。

(6) 平板振动器作业时，振动器的平板要与混凝土保持接触，使振波有效地传到混凝土而使之振实，到表面出浆、不再下沉后，即可缓慢向前移动。移动方向应按电动机旋转方向自动地向前或向后，移动速度以能保证每一处混凝土振密出浆为准。在振的振动器不准放在已凝或初凝的混凝土上，以防振伤。

(7) 平板振动器振动时，应分层分段进行大面积的振动，移动时应排列有序，前排振捣一段落以后可原排返回进行第二次振动，或振动第二排，两排搭接5cm为宜。

(8) 振动中移动的速度和次数，应视混凝土的干硬程度及混凝土厚度而定。振动的混凝土的厚度不超过15cm时，振动两遍即可满足质量要求。第一遍横向振动使混凝土密实，第二遍纵向振捣，使表面平整。

(9) 表面振动器大部分是在露天潮湿的场合下工作的。因此，电气部分容易发生故障，如有漏电现象，容易造成人身伤亡事故，故必须严格遵守用电安全操作守则。

(10) 在操作移动时，必须使电动机的导线保持足够的长度和强度，勿使其张拉过紧以免将线头拉断。

(11) 工作中必须经常检查电动机脚座、机壳和振板的实际情况是否完好，连接是否牢固。如有裂缝和松动现象须及时修补或重新紧固。带有缓冲弹簧的平板振动器，弹簧要有良好的减振性能，否则应给予更换。

7.5.2.3 振动台的使用要点

(1) 振动台是一种强力振动成型设备，应安装在牢固的基础上，地脚螺栓应有足够强度并拧紧。同时在基础中间必须留有地下坑道，以便调整和维修。

(2) 使用前要进行检查和试运转。检查机件是否完好，所有紧固件特别是轴承座螺栓、偏心块螺栓、电动机和齿轮箱螺栓等，必须紧固牢靠。

(3) 振动台不宜空载长时间运转。作业中必须安置牢固可靠的模板并锁紧夹具，以保证模板及混凝土和台面一起振动。

(4) 齿轮因承受高速重负荷，故需要有良好的润滑和冷却。齿轮箱内油面应保持在规定的水平面上，工作时温升不得超过70℃。

(5) 混凝土振动台振动混凝土时，振动的时间应按操作规程进行。

(6) 应经常检查各类轴承并定期拆洗更换润滑油。作业中要注意检查轴承的温升，发现过热应停机检修。

(7) 电动机接地应可靠，电源线与线接头应绝缘良好。不得有破损漏电现象。

(8) 振动台台面应经常保持清洁平整，使其与模板接触良好。由于台面在高频重载下振动。容易产生裂纹，必须注意检查，及时修补。

7.5.3 混凝土振动机械的安全技术规程

7.5.3.1 插入式振动器的安全技术规程

(1) 插入式振动器的电动机电源上，应安装漏电保护装置，接地或接零应安全可靠。

(2) 操作人员应经过用电教育，作业时应穿戴绝缘胶鞋和绝缘手套。

(3) 电缆线应满足操作所需的长度；电缆线上不得堆压物品或让车辆挤压，严禁用电缆线拖拉或吊挂振动器；使用前，应检查各部位并确认连接牢固，旋转方向正确。

(4) 振动器不得在初凝的混凝土、地板、脚手架和干硬的地面上进行试振；在检修或作业间断时，应断开电源。

(5) 作业时，振动棒软管的弯曲半径不得小于500mm，并不得多于两个弯，操作时应将振动棒垂直地沉入混凝土，不得用力硬插、斜推或让钢筋夹住棒头，也不得全部插入混凝土中，插入深度不应超过棒长的3/4，不宜触及钢筋、芯管及预埋件。

(6) 振动棒软管不得出现断裂，当软管使用过久使长度增长时，应及时修复或更换。

(7) 作业停止需移动振动器时，应先关闭电动机，再切断电源，不得用软管拖拉电动机。

(8) 作业完毕，应将电动机、软管、振动棒清理干净，并应按规定要求进行保养作业；振动器存放时，不得堆压软管，应平直放好，并应对电动机采取防潮措施。

7.5.3.2 附着式、平板式振动器的安全技术规程

(1) 附着式、平板式振动器轴承不应承受轴向力，在使用时，电动机轴应保持水平状态。

(2) 在一个模板上同时使用多台附着式振动器时的振动器应错开安装。

(3) 作业前，应对附着式振动器进行检查和试振；安装在搅拌站料仓上的振动器应安置橡胶垫。

(4) 安装时，振动器底板安装螺孔的位置应正确，应防止受损；地脚螺栓应紧固，各螺栓的紧固程度应一致。

(5) 引出电缆线不得拉得过紧，更不得断裂。作业时，应随时观察电气设备的漏电保护器和接地或接零装置，并确认合格。

(6) 附着式振动器安装在混凝土模板上时，每次振动时间不应超过 1min，当混凝土在模内泛浆流动或成水平状即可停振，不得在混凝土初凝状态时再振。

(7) 装置振动器的构件模板应坚固牢靠，其面积应与振动器额定振动面积相适应。

(8) 平板式振动器作业时，应使平板与混凝土保持接触，使振波有效地振实混凝土，待表面出浆，不再下沉后，即可缓慢向前移动，移动速度应能保证混凝土振实出浆；在振的振动器，不得搁置在已凝或初凝的混凝土上。

7.5.3.3 混凝土振动台的安全技术规程

(1) 振动台应安装在牢固的基础上，地脚螺栓应拧紧；基础中间应留有地下坑道，应能调整和检修。

(2) 使用前，应检查并确认电动机和传动装置完好，特别是轴承座螺栓、偏心块螺栓、电动机和齿轮箱螺栓等紧固件紧固牢靠。

(3) 振动台不宜长时间空载运转；振动台上应安置牢固可靠的模板并锁紧夹具，并应保证模板混凝土和台面一起振动。

(4) 齿轮箱的油面应保持在规定的平面上，作业时油温不得超过 70℃。

(5) 应经常检查各部位轴承，并应定期拆洗更换润滑油，作业中应重点检查轴承温升，当发现过热时应停机检修。

(6) 电动机接地应良好，电缆线与线接头应绝缘良好，不得有破损漏电现象。振动台台面应经常清洗干净，保持清洁、平整，使其与模板接触良好，发现裂纹应及时修补。

7.5.4 混凝土振动机械的合理选择

选用混凝土振捣机械的总原则是根据混凝土施工工艺确定。换句话说，就是应该根据混凝土的组成特性（如骨料粒径、粒形、级配、水灰比和稠度等）以及施工条件，如建筑物的类别、规模和结构物的形状、断面尺寸大小和宽窄、钢筋和稀密程度、操作方式方法、动力来源等具体情况，选用合适的结构型式和合理的工作参数（如振动频率、振幅和

振动加速度）的振动器；同时还应根据振动器的结构特点、制造和供应条件、使用寿命、维修配套和功率消耗等技术经济指标因素进行合理选择。

7.5.4.1　动力形式的选择

建筑施工普遍采用电动式振动器，当工地附近只有单相电源时，应选用单相串激电动机的振动器；有三相电源时，则可选用各种电动式振动器。在有瓦斯的工作环境，必须选择风动式振动器，以保证安全。如果在远离城镇、没有电源的临时性工程施工，可以选用内燃式振动器。

7.5.4.2　结构形式的合理选择

大面积混凝土基础的柱、梁、墙、厚度较大的板，以及预制构件的捣实工作，可选用插入式振动器；钢筋稠密或混凝土较薄的结构，以及不宜使用插入式振动器的地方，可选用附着式振动器；表面积大而平整的结构物，如地面、屋面、道路路面等，通常选用平板式振动器。而钢筋混凝土预制构件厂生产的空心板、平板及厚度不大的梁柱构件等，则选用振动台可收到快速而有效的捣实效果。

7.5.4.3　插入式振动器的选择

（1）振动器的振动频率是影响捣实效果的重要因素，只有振动器的振动频率与混凝土颗粒的自振频率相同或相近，才能达到最佳捣实效果。由于颗粒的共振频率取决于颗粒的尺寸，尺寸大的自振频率较低，尺寸小的自振频率较高，故对于骨料颗粒大而光滑的混凝土。应选用低频、振幅大的插入式振动器。

（2）干硬性混凝土则应选用高频振动器，能改善振实效果，增加液化作用，扩大捣实范围，缩短捣实时间，但不适用于流动度较大的混凝土，否则混合土将会产生离析现象。根据建筑施工的混凝土成分，选用高频振动器是比较合适的。插入式振动器的结构多采用软轴式，轻便灵活，可单人携带使用，对上下楼层或通过狭隘场所通道等均能适应，转移十分方便，很适合于基层建筑施工单位使用。

7.5.5　混凝土振动器的维护保养

插入式振动器的维护保养是例行保养（表7.5-1）、一级保养（表7.5-2）、二级保养（表7.5-3）。附着式振动器的维护保养是例行保养（表7.5-4）、一级保养（表7.5-5）、二级保养（表7.5-6）。

例行保养（每班进行）　　**表7.5-1**

序号	保养项目		技术要求
1	主机部分	（1）检查软管接头紧固情况； （2）检查防逆装置； （3）检查振动棒轴承温度； （4）检查电动机及电线； （5）检查各连接部位	（1）如有松动，应予紧固； （2）防逆装置应灵敏有效，否则，应予修复； （3）振动棒轴承温度应不超过60℃，若温度过高，应查明原因，予以排除。 （4）电动机及电线应绝缘良好，电动机应工作正常，无异响，否则，应予检修。 （5）如有松动，应予紧固
2	整机	（1）清洁机体； （2）润滑	（1）清除机体表面粘附的水泥浆和污物； （2）按机器出厂使用说明书进行润滑

一级保养（每工作200h进行） 表7.5-2

序号	保养项目		技术要求
1	例行保养		完成本级保养作业项目外的例保项目
2	主机部分	(1) 检查电动机； (2) 检查防逆装置； (3) 检查振动棒； (4) 检查软轴钢心	(1) 检查电动机的绝缘电阻，如绝缘电阻低于正常值时，应进行干燥处理； (2) 常用的推键式防逆装置，应检查其防逆套轴、推键、软轴接头和销轴等是否完好，如有损坏，应予修复； (3) 拆检清洗振动棒内部，检查振动子、油封、轴承等零件的磨损情况，如零件基本完好，可向轴承加注润滑脂后重新装好。如振动子不起振或振动不正常，应予修复。行星式振动棒在壳体内油封以下应保持绝对清洁无油，特别是振动子锥面及轨座表面，不得有任何油污，否则，会使振动子打滑不振； (4) 将钢芯从软管中取出，检查是否完好，如果股丝折断，应予更换或将折断处锯掉，重新焊牢，但这时软管亦须相应缩短，使心与管的长度相一致
3	整机	润滑	按机器出厂使用说明书进行润滑

二级保养（每工作400h进行） 表7.5-3

序号	保养项目		技术要求
1	一级保养		完成本级保养作业项目外的一级保养项目
2	主机部分	(1) 检查电动机； (2) 检查振动棒； (3) 检查软轴	(1) 拆检电动机，清除内腔尘土，如电机绕组过载损坏、发生短路或断线等情况，应进行修理。清洗轴承，并更换润滑脂。 (2) 检查振动子、轴承和油封，如有损坏，应予修复或更换。每次装配振动棒时，均须在螺纹上涂以60%胶或防水漆，以起到固定和密封作用。 (3) 检查软管和钢丝轴芯，磨损严重者应予更换。当软轴表面油脂干涸时，应将软轴擦拭干净，另涂一层油脂，然后重新装入软管中。注意，软轴油脂的涂抹量不要太多，否则，可能会流落到振动棒内，导致棒头不振。
3	整机	(1) 清洁全机； (2) 检查各连接螺栓； (3) 润滑	(1) 清除全机的各部位粘附水泥灰浆与污物，保持全机整洁； (2) 松动者予以紧固，损坏者予以更换； (3) 按机器出厂使用说明书进行润滑

例行保养（每班进行） 表7.5-4

序号	保养项目		技术要求
1	主机部分	(1) 检查各连接螺栓； (2) 检查轴承； (3) 检查电线接头； (4) 检查电动机底座及机壳	(1) 检查底板安装螺栓、两端固定长螺栓及接线盒螺钉是否紧固，如有松动，应予拧紧； (2) 轴承温度超过60℃或有异响，应即停机检修。两端轴承盖不能有松动，螺栓必须保持紧固； (3) 电线接头应连接牢固，绝缘良好； (4) 电动机底座和机壳如发现有裂纹时，应及时予以修复
2	整机	(1) 清洗机体表面； (2) 润滑	(1) 清除机体表面粘附的水泥浆和污物，以利散热； (2) 按机器出厂使用说明书进行润滑

一级保养（每工作 200h 进行） 表 7.5-5

序号	保养项目		技术要求
1	例行保养		完成本级保养作业项目外的例行保养项目
2	主机部分	（1）检查连接螺栓； （2）润滑电机轴承； （3）检查振动子； （4）检查变压器	（1）螺栓和螺帽应保持良好，如发现螺纹损坏，配合不紧密时，应更换螺栓； （2）清洗轴承，加注润滑脂。注油时要适量，不宜过多，以填满轴承室的 2/3 即可； （3）运转时应工作正常，无异常声响； （4）带有变压器的附着式振动器，应测试变压器的绝缘电阻，测试时，可用 500V 的摇表均匀摇动 3min，绝缘电阻值应不低于 1.5MΩ，否则，应作干燥处理
3	整机	润滑	按机器出厂使用说明书进行润滑

二级保养（每工作 400h 进行） 表 7.5-6

序号	保养项目		技术要求
1	一级保养		完成本级保养作业项目外的一级保养项目
2	主机部分	（1）拆检电动机； （2）检查调整偏心振动装置； （3）检查振动器两端轴承盖	（1）拆卸电动机，检查轴承。电动机轴承内、外滚道应无剥落的斑点，径向间隙应不大于 0.12mm，否则，应予更换。更换轴承内润滑脂。定子、转子应绝缘良好，必要时应测试电动机的绝缘电阻，如不符合规定值时，应进行干燥处理。 （2）偏心振动子调位应准确，连接键和键槽的配合，不得有松动现象。 （3）轴承座盖如有松动或损坏，应及时修复
3	整机	（1）清洁全机； （2）检查各连接螺栓； （3）润滑	（1）清除机上残留的混凝土和油污，保持全机整洁； （2）螺栓松动者应拧紧，损坏者应更换； （3）按机器出厂使用说明书进行润滑

7.5.6 混凝土振动器的常见故障及处理方法

（1）混凝土振动台的常见故障及处理方法见表 7.5-7 所列。

混凝土振动台的常见故障及处理方法 表 7.5-7

故障现象	故障原因	处理方法
振动不均匀	（1）联轴器螺栓松动或断裂； （2）联轴器不同心	（1）拧紧或更换螺栓； （2）调整两轴的同心度
振动不起来	（1）电气系统故障； （2）传动部位有杂物卡住	（1）查找原因并排除； （2）消除杂物
运转时有异常声音	（1）齿轮啮合间隙过大或齿折断； （2）轴承损坏或松旷； （3）缺少润滑油	（1）检查更换齿轮； （2）更换轴承； （3）清洗并重新加注润滑油

（2）插入式振动器的常见故障及处理方法见表 7.5-8 所列。

插入式振动器的常见故障及处理方法 **表 7.5-8**

故障现象	故障原因	处理方法
电动机转速降低，停机再启动时不转	(1) 定子磁铁松动； (2) 一相保险丝烧断或一相断线	(1) 拆卸检修； (2) 更换保险丝、检查、接通断线
电动机旋转，软轴不旋转或缓慢转动	(1) 电动机旋向接错； (2) 软管过长； (3) 防逆装置失灵； (4) 软轴接头与软轴松脱	(1) 对换电源任二相； (2) 软轴软管接头一端对齐，另一端要使软轴接头比软管接头长 55mm，多余软管要锯去； (3) 修复防逆装置使之正常工作； (4) 设法紧固
开启电动机，软管抖振剧烈	(1) 软轴过长； (2) 软轴损坏，软管压坏或软管衬簧不平	(1) 软轴软管接头一端对齐，多余的软轴锯去； (2) 更换合适的软轴软管
振动棒轴承发热	(1) 轴承润滑脂过多或过少； (2) 轴承型号不对，游隙过小； (3) 轴承外圈与套管配合过松	(1) 相应增减润滑脂； (2) 更换符合要求的轴承； (3) 更换轴承或套管
滚道处过热	滚锥与滚道安装相对尺寸不对	重新装配
振动棒不启振	(1) 软轴和振动子之间未接好或软轴扭断； (2) 滚锥与滚道安装尺寸不对； (3) 轴承型号不对； (4) 锥轴断； (5) 滚道处有油、水	(1) 接好接头，或更换软轴； (2) 重新装配； (3) 更换符合要求的轴承； (4) 更换锥轴； (5) 清除油、水，检查油封，消除漏油
振动无力	(1) 电压过低； (2) 从振动棒外壳漏入水泥浆； (3) 行星振动子不起振； (4) 滚道有油污； (5) 软管与软轴摩擦力太大	(1) 调整电压； (2) 清洗干净，更换外壳密封； (3) 摇晃棒头或将端部轻轻碰木块或地； (4) 清除油污，检查油封，消除漏油； (5) 检测软管、软轴长度，使其相符

8 路面施工机械

8.1 概述

8.1.1 路面施工机械的应用

用于处理和铺筑各种路面材料的机械与设备称为路面施工机械。

(1) 随着我国公路、市政、机场、港口、码头等建设的迅速发展，我国道路路面铺砌层的基本形式是由低级铺砌路、过渡式铺路向高级铺砌路——水泥混凝土路、沥青混凝土路发展。我国路面施工机械的保有量和使用量迅速增长，机械化施工取代了人工平地、人工搅拌、人工摊铺、人工捣实等工序，这样对提高路面施工质量、加快工程进度、缩短施工期限、节省人力等起着极其重要的作用。

(2) 在路面施工机械的施工过程中，对低级路面的建筑需要采用路拌施工机械、自动平地施工机械和压实施工机械；对过渡式路面则需要使用碎石摊铺机、石屑撒布机、整平和压实等施工机械；在建筑高级路面时，为了执行结合料（沥青或水泥）的贮藏、转运和撒布，水泥混凝土或沥青混凝土的拌制、摊铺、整平和压实等工作，需要广泛使用沥青贮藏与加热熔化设备、沥青撒布机（车）、沥青混凝土或水泥混凝土拌和机、摊铺机，以及水泥混凝土整面机，切缝机和水泥混凝土振动器等施工机械。

(3) 在我国大规模路面施工中已广泛采用了自动的联合作业的铺路施工机械，在各级路面施工过程中，还有供灰土、水泥、废渣等路拌时使用的洒水车、运输水泥混凝土用的混凝土搅拌输送车、沥青混凝土保温运输车和沥青保温油罐车等。

(4) 无论哪一种路面，在使用过程中必须定期进行维修和养护。完成这一任务的机械，除了一般通用的洒水车、扫尘清道机竺之外，专用的机械有沥青路面维修车、路面铣刨机、振动刨路机、稀浆封层机、冲击破路机及除雪机等。

8.1.2 路面施工机械的选择原则

在市政、公路、机场等工程的施工中，按照施工的程序，合理组织和选择好路面施工机械，是实现路面机械化施工、提高工程质量、降低工程造价、缩短工程期限的重要措施。所以，路面工程施工机械的选择，主要从施工的地区、工程规模、工程质量、工程期限与配套机械的投入、经济效益等多因素的全面考虑。

(1) 如果是大规模的新建或者大型的道路改造工程，则需要考虑选择大功率、综合生产能力强的联合作业的大、中型施工机械。

（2）对于城市道路的改造，由于路面的多样化、地面行人多、地下管线多、施工场地小、工程分散、施工期限短等特点，要求所选择的施工机械具有轻型、中小型、操作简便、机动性大，能一机多用的轮胎自行式施工机械。

（3）对于每一具体施工的机械，必须仔细地了解其使用范围、技术性能、机械结构组成、备用零部件、动力消耗、维修保养、作业条件和投资收益等，作为选择机械的主要依据。

（4）对于配套联合作业的施工机械选择，更需要考虑联合作业中各施工机械互相配合能力的适应性和连续性，使联合施工机械能发挥出最大的效能。

8.1.3 路面施工机械的型号编制

路面施工机械的产品种类和型号编制方法见表 8.1-1 所列。

路面施工机械的产品种类和型号编制方法 **表 8.1-1**

类		型		特性	产品		主参数代号		
名称	代号	名称	代号	代号	名称	代号	名称	单位	表示法
沥青混凝土搅拌设备	L（沥）	滚筒式	G（滚）	Y（移）	滚筒式移动沥青混凝土搅拌设备	LGY	生产率	t/h	主参数
				G（固）	滚筒式固定沥青混凝土搅拌设备	LGG			
				C（拆）	滚筒式可拆装沥青混凝土搅拌设备	LGC			
		强制式	Q（强）	Y（移）	强制式移动沥青混凝土搅拌设备	LQY			
				G（固）	强制式固定沥青混凝土搅拌设备	LQG			
				C（拆）	强制式可拆装沥青混凝土搅拌设备	LQC			
沥青乳化设备	R（乳）	搅拌式	J（搅）	—	搅拌式沥青乳化设备	RJ			
		胶体磨式	M（磨）	—	胶体磨式沥青乳化设备	RM			
		喷嘴式	P（喷）	—	喷嘴式沥青乳化设备	RP			
沥青罐车	LG（沥罐）	汽车式	Q（汽）	—	汽车式沥青罐车	LGQ	油罐容积	m^3	主参数
		拖挂式	T（拖）	—	拖挂式沥青罐车	LGT			
		半拖挂式	B（半）	—	半拖挂式沥青罐车	LGB			
沥青熔化加热设备	R（熔）	蒸气加热	Z（蒸）	G（固）	蒸气加热式固定沥青熔化加热设备	RZG	生产率	t/h	主参数
				Y（移）	蒸气加热式移动沥青熔化加热设备	RZY			
		电加热	D（电）	G（固）	电加热式固定沥青熔化加热设备	RDG			
				Y（移）	电加热式移动沥青熔化加热设备	RDY			
		导热油加热式	Y（油）	G（固）	导热油加热式固定沥青熔化加热设备	RYG			
				Y（移）	导热油加热式移动沥青熔化加热设备	RYY			
		太阳能加热式	T（太）	G（固）	太阳能加热式固定沥青熔化加热设备	RTG			
				Y（移）	太阳能加热式移动沥青熔化加热设备	RTY			
		红外线加热式	H（红）	G（固）	红外线加热式固定沥青熔化加热设备	RHG			
				Y（移）	红外线加热式移动沥青熔化加热设备	RHY			
		火焰加热式	U（火）	G（固）	火焰加热式固定沥青熔化加热设备	RUG			
				Y（移）	火焰加热式移动沥青熔化加热设备	RUY			

续表

类		型		特性	产品		主参数代号		
名称	代号	名称	代号	代号	名称	代号	名称	单位	表示法
沥青泵	P（泵）	齿轮式	C（齿）	N（内）	内啮合齿轮式沥青泵	BCN	流量	L/min	主参数
				W（外）	外啮合齿轮式沥青泵	BCW			
		柱塞式	Z（柱）	—	柱塞式沥青泵	BZ			
沥青混合料再生设备	S（生）	滚筒式	G（滚）	G（固）	滚筒式固定沥青混合料再生设备	SGG	额定生产率	t/h	主参数
				Y（移）	滚筒式移动沥青混合料再生设备	SGY			
				C（拆）	滚筒式可拆装沥青混合料再生设备	SGC			
		强制式	Q（强）	G（固）	强制式固定沥青混合料再生设备	SQG			
				Y（移）	强制式移动沥青混合料再生设备	SQY			
				C（拆）	强制式可拆装沥青混合料再生设备	SQC			
沥青路面加热设备	LR（沥热）	红外线式	H（红）	—	红外线沥青路面加热设备	LRH			
		热风循环节	Y（循）	—	热风循环式沥青路面加热设备	LRY			
		红外线热风循环式	S（双）	—	红外线热风循环式沥青路面加热设备	LRS			
沥青乳化机	R（乳）	搅拌机	J（搅）	D（单）	单轴搅拌式沥青乳化机	RJD	生产率	L/h	主参数
				P（偏）	偏心轴搅拌式沥青乳化机	PJP			
				H（回）	回转槽搅拌式沥青乳化机	RJH			
		胶体磨式	A（胶）	—	胶体磨式沥青乳化机	RA			
		喷嘴式	Z（嘴）	—	喷嘴式沥青乳化机	RZ			
沥青喷洒机	P（喷）	自行式	Z（自）	—	自行式沥青喷洒机	PZ	额定容积	L	主参数
		拖式	T（拖）	—	拖式沥青喷洒机	PT			
		半挂式	B（半）	—	半挂式沥青喷洒机	PB			
		手推式	S（手）	—	手推式沥青喷洒机	PS			
乳化沥青喷洒机	PR（乳喷）	自行式	Z（自）	—	乳化沥青喷洒机	PRZ	额定容积	L	
		拖式	T（拖）	—	拖式乳化沥青喷洒机	PRT			
		半挂式	B（半）	—	半挂式乳化沥青喷洒机	PRB			
		手推式	S（手）	—	手推式乳化沥青喷洒机	PRS			
沥青混凝土摊铺机	LT（沥摊）	轮胎式	L（轮）	—	轮胎式沥青混凝土摊铺机	LTL	摊铺宽度	mm	主参数
		履带式	U（履）	—	履带式沥青混凝土摊铺机	LTU			
		拖式	T（拖）	—	拖式沥青混凝土摊铺机	LTT			
路面铣刨机	B（刨）	旋切式	U（旋）	Z（自）	自行式旋切路面铣刨机	BUZ	铣刨宽度		
				T（拖）	拖式旋切路面铣刨机	BGZ			
		滚切式	G（滚）	Z（自）	自行式滚切路面铣刨机	BGZ			
				T（拖）	拖式滚切路面铣刨机	BGT			
路面养护车	Y（养）	—	—	L（沥）	沥青路面养护车	LY	载重量	t	主参数×10
		—	—	D（道）	道路养护车	DY			

续表

类		型		特性	产品		主参数代号		
名称	代号	名称	代号	代号	名称	代号	名称	单位	表示法
混凝土摊铺机	HT（混摊）	轨道式	—	G（轨）	轨道式轨模混凝土摊铺机	HTG	摊铺宽度	mm	主参数
				D（斗）	轨道式斗铺混凝土摊铺机	HTD			
				L（螺）	轨道式螺旋混凝土摊铺机	HTL			
				U（刮）	轨道式刮板混凝土摊铺机	HTU			
		滑模式	H（滑）	—	滑模混凝土摊铺机	HTH			
混凝土路面填缝机	HF（混缝）	轨道式	G（轨）	—	轨道式混凝土路面填缝机	HFG	填缝宽度	mm	主参数
		手推式	S（手）	—	手推式混凝土路面填缝机	HFS			
混凝土路面切缝机	HQ（混切）	轨道式	G（轨）	—	轨道式混凝土路面切缝机	HQG	切缝宽度		
		轮胎式	L（轮）	—	轮胎式混凝土路面切缝机	HQL			
		手扶式	S（手）	—	手扶式混凝土路面切缝机	HQS			
混凝土整面机	H（混）	轨道式	G（轨）	—	轨道式混凝土整面机	HG	生产率	m^2/h	
混凝土拉毛机	HL（混拉）	—	—	—	混凝土拉毛机	HL	作业面积	m^2	
混凝土路面振动梁	H（混）	单梁式	D（单）	—	单梁式混凝土路面振动梁	HD	有效长度	mm	
		双梁式	S（双）	—	双梁式混凝土路面振动梁	HS			
路缘机	Y（缘）	挤压成型	C（成）	—	路缘石成型机	YC	生产长度	m	
		铺砌	P（铺）	—	路缘石铺砌机	YP			
路面画线机	H（画）	自行式	Z（自）	—	自行式路面画线机	HZ	功率	kW	
		牵引式	Q（牵）	—	牵引式路面画线机	HQ			
		手扶式	F（扶）	—	手扶式路面画线机	HF			
石屑撒布机	SA（石撒）	自行式	Z（自）	—	自行式石屑撒布机	SAZ	撒布宽度	m	主参数×10
		拖式	T（拖）	—	拖式石屑撒布机	SAT			
石料摊铺机	ST（石摊）	自行式	Z（自）	—	自行式石料摊铺机	STZ	摊铺宽度		
		拖式	T（拖）	—	拖式石料摊铺机	STT			
稳定土拌合机	WB（稳拌）	自行式	Z（自）	—	自行式稳定土拌合机	WBZ	拌合宽度		
		拖式	T（拖）	—	拖式稳定土拌合机	WBT			
		路拌式	L（路）	—	自路拌式稳定土拌合机	WBL			
稳定土厂拌设备	WC（稳厂）	自落式	Z（自）	—	自落式稳定土厂拌设备	WCZ	生产率	t/h	主参数

8.2 路拌机械

8.2.1 概述

8.2.1.1 路拌机械的用途

稳定土路拌机械是公路、机场稳定土基层施工的主要专用机械。在修筑石灰土路面、碎（砾）石路面或高级路面的基层时，对生石灰、熟石灰、水泥、乳化沥青等掺和剂、拌合料稳定土的搅拌，常使用路拌机械就地拌合。对公路、市政道路在修筑中的石灰土类、石灰废渣类混合料拌和，常在工厂集中进行搅拌。除配备材料的进料、出料设备系统外，大多采用大、中型强制式立轴蜗轮浆式搅拌机，或强制式双轴浆式连续搅拌机生产，并运到施工现场进行摊铺。

路拌机械与厂拌设备相比具有施工费用低、转移方便、调动灵活等特点。在添加剂撒布均匀和洒水适量的前提下，路拌机械的拌和质量完全可以达到稳定土施工规范的要求。

8.2.1.2 路拌机械的分类及特点

（1）按照路拌机械的行走方式可分为履带式和轮胎式。履带式路拌机的主要特点是附着力大、整机稳定性好，但机动性差，不便于运输，且履带行走对路面有破坏作用。轮胎式路拌机在应用了低压宽基轮胎后，整机稳定性和附着性都有很大提高，因此，由于它的机动性能好，当前的路面施工中多采用轮胎式路拌机。

（2）按路拌机械的工作装置在拌和机上的位置可分为前置式、后置式和中置式三种。前置式路拌机多用于路拌机生产的初期；后置式路拌机是当前应用最广泛的机种，其特点是不产生轮迹，更换转子及拌和刀具容易，且容易维修、保养，转弯半径小。中置式路拌机结构形式基本上与土方机械中的平地机相同，其特点是稳定性较后置式路拌机好。

（3）按路拌机械转子的旋转方向可分为正转和反转两种。正转式路拌机的切削方向是转子由上向下（即顺时针切），反转式路拌机的切削方向是转子由下向上切削（即逆时针切）。

8.2.1.3 路拌机械的发展概况

随着公路建设事业的高速发展，国外工业发达国家的路拌机械获得了迅速发展。从20世纪70年代以来，我国的路拌机械从无到有，有了一定的发展并取得了初步成绩。交通部公路科学研究所与交通部新津筑路机械厂合作，在120kW以下的路拌机，调整了主要技术参数，改进了拌和传动机构，增加了安全保护装置，重新设计了以东方红55kW履带拖拉机底盘为底盘的单转子后悬挂式WB170型稳定土拌和机。该机是一台机械传动的履带式专用基层稳定土拌和机。特别是20世纪90年代，先后由新津筑路机械厂等生产出235kW全液压路拌机、徐州筑路机械厂生产出220kW全液压路拌机械。至此，我国的路拌机械生产进入成熟阶段，随着进口液压动力元件的引进和发达国家先进技术的引进，国内大量生产的全液压路拌机后置式结构形式得到了大力发展，先后研制出 300kW、350kW、400kW 及 500kW 的全液压路拌机，以获得更高的作业性能和可靠性。这些路拌机械设备在我国的市政建设、公路建设及机场建设中发挥了重要的作用。

8.2.1.4 路拌机械的构造

路拌机也称稳定土拌和机，专供土壤与水泥、沥青、石灰掺合剂结合料以及土壤的混合和稳定处理等。图 8.2-1 所示为天津筑路机械有限公司生产的稳定土拌和机外貌图，主要由行走系统、动力传动系统、工作系统、转向系统、制动系统、车架及驾驶室等组成。图 8.2-2 为自行式雷克斯土壤稳定机外貌图。

图 8.2-1 国产稳定土拌和机外貌图

图 8.2-2 自行式雷克斯土壤稳定机外貌图

A—离心水泵；B—拌和鼓

8.2.2 路拌机械的使用要点

8.2.2.1 作业前的准备

（1）详细了解施工路段的拌和深度、宽度、添加剂量以及其他有关施工要求。

（2）履带式路拌机按履带式机械方面的规定进行常规检查准备工作。轮胎式路拌机械首先检查其轮胎是否完好，气压是否符合规定要求。

（3）检查拌和机的连接部位有无松动情况，启动发动机，使转子空转进行动态观察。

（4）根据不同的拌和材料，选择合适的拌和齿，更换拌和齿时，应将转子升到一定高度，并用方木垫实，转子插上保险销后，才可进行作业。

8.2.2.2 作业中的要求

国产机型操作（适应于履带式）：

（1）拌和机作业时，先将转子提起，离开地面空转，再慢慢下降至拌合深度后进行拌合作业。

（2）在拌合过程中，不能急转弯或原地转向，遇到底层有障碍物时，应及时提起转子，并认真对转子进行检查和处理。同时，严禁使用倒挡进行拌合作业。

（3）稳定土拌合机在行走和作业过程中，必须保持匀速，作业的速度应采用低速。

（4）拌合机上的各种安全阀不得随意调节，如发现损坏失灵则应及时进行更换。

（5）作业时应注意液压油的温度，不得高于本机所规定的正常数值。

（6）拌合机在作业时，只能用单履带调整方向。

8.2.2.3 进口机型的操作要求（适用于德国 BOMAGMPH-100 型）：

（1）发动机的操作：

1）发动机如果经过大修或者是长期存放，初次启动前，必须按照随机携带的发动机操作手册的规定，实行额外保养；

2）如若施工地点的环境温度低于 4.5℃，则必须向发动机进行气道旋塞处喷入乙醚。但是每次乙醚的加入量不得超过 15g；

3）发动机启动时，用手按住启动按钮，启启动后再松开。如果在 30s 内启动 4 次，仍不能启动，则应检查发动机紧急停车，使弹簧闭气阀是否回位或其他原因；

4）当拌和机的发动机启动后，应立即检查机油压力，如果在 15s 内油压表不显示压力，则应立即停机检查，直接查出其原因，并妥善解决；

5）发动机启动后，首先采用小油门进行空转预热，直到拌合机已充分受热，同时，还应检查其空车怠速运转的情况；

6）仔细检查拌合机上的真空表，如果真空表超过刻度 10 时，则禁止拨动转子的控制杆，并应立即更换液压油滤芯，使真空度下降；

7）只有当机器与液压油已受热，测温上升到规定值时，发动机的油门才可开大。

（2）拌合作业时，必须采用低速挡，发动机油门调到最大，将转子转速控制杆推到底。

（3）当拌合机正式作业时，先将转子放到地面，并观察深度指示板，当指针为“0”时，慢慢将转子控制杆推到底，使转子达到最大速度和深度。

(4) 当拌合机行走时，首先应提起转子，其离地的距离最小保持在 10cm 的高度，如果需要作较长距离的行走，应考虑再高些。

(5) 拌合机前进时，不准将控制杆由前进方向直接拉向倒退方向，而应先将控制杆拉回中间液力制动位置，停车后再拉向倒车方向。反之亦如此。

8.2.3 路拌机械的施工工艺

(1) 路拌机械施工工艺应遵循一定的基本原则：根据施工单位的现场经验，首先应按建设单位提供的施工设计和施工工艺等要求，将所选用的各种材料堆放在需要施工的路段上。然后将土和灰沿纵向码成梯形带状，再将土和灰分层用人工或使用平地机、推土机摊在路槽上，施工的路段最好是 400～500m 长度为宜。

(2) 当道路上的灰、土摊铺好之后，进行拌和前的准备工作，拌合前几小时应在摊铺好的灰土上洒一遍水。准备工作完成后，就可以使用稳定土拌合机进行拌和作业了。按拌和机使用说明书的要求，启动稳定土拌合机使其进入工作状态。

(3) 首先使拌合机工作系统与动力脱离，然后再启动拌合机的发动机。在拌合机已进入工作状态后，驱动拌和机工作装置，拌合机以工作速度行驶。然后调整液压分配阀的控制手柄，使拌合机的工作装置渐渐深入到灰土之中直达到标尺要求的尝试为止，这样拌合机就可以进入工作速度开始作业了。拌合机工作速度是以 1.2～1.5km/h 最为适宜，当然，不同的拌合机及不同的拌合条件，最佳拌合速度是不同的。拌合路线应自路面的最外沿向路面中心线靠拢，见图 8.2-3 所示。

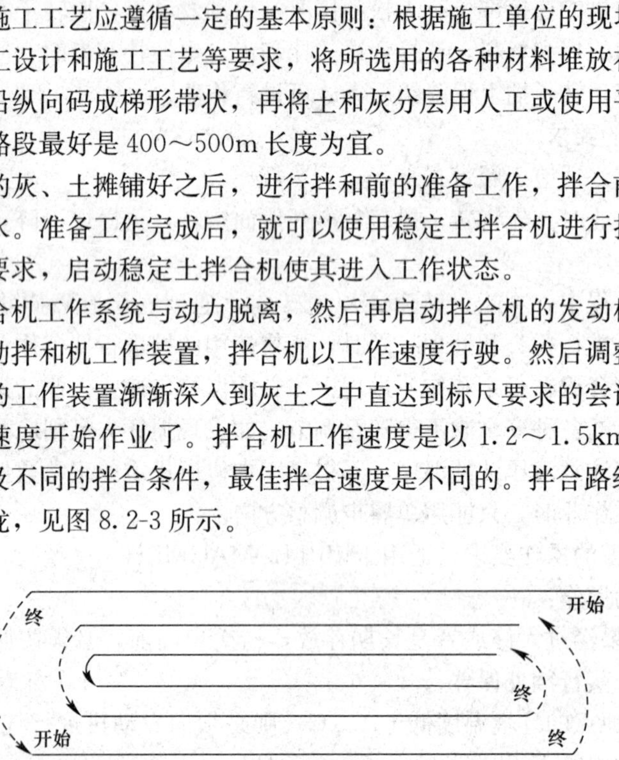

图 8.2-3 路拌机拌合行走路线图

(4) 拌合好的路段要进行水量检查，如含水量大于最佳含水量时，应进行自然蒸发，使灰土含水量达到最佳值。含水量小于最佳值时，应再洒水进行。施工单位的经验是对摊铺好的灰土洒水时，用水量应大一些，以免二次拌合和造成不必要的浪费。

通过以上施工，稳定土拌合机的施工作业已经完成，拌好的灰土经平地机整平刮出路拱后，由压路机碾压，经压实后道路基层的施工工艺就完成了。

8.2.4 路拌机械的维护保养

介绍国产 WB230 型路拌机的维护保养。

8.2.4.1 例行保养

例行保养每班进行。

1. 发动机

(1) 检查燃油箱存油量，观察燃油箱的存油量，视需要加满燃油；

(2) 检查燃油箱、油管及管接头，如果发现有损坏或者有渗漏现象，则需要修复；

(3) 认真检查油箱底壳的油量，其油面应位于油标尺上、下刻度线之间，尽可能接近高位（上刻线）的标记处；

(4) 检查发动机上的机油管路、滤清器，如果发现有漏油现象，应以更换或修复；

(5) 检查散热器及冷却液液量，消除渗漏现象，冷却液不足时，应及时加足；

(6) 检查空气滤清器，当发现空气阻力指示器显示窗颜色由绿色变为红色时，应及时清洗空气滤清器；

(7) 检查风扇皮带张紧度，目检皮带有无打滑现象，如果发现有，则应及时消除；

(8) 检查各指示仪表，均需反应灵敏、示值正确，如有异常应查明原因，及时修理或更换；

(9) 仔细察听发动机在运转中的声响，发动机在低、中、高速运转中均应正常无异响，否则，应及时查明原因，并排除故障；

(10) 对发动机整机进行检查，应当无漏油、漏水、漏气、漏电等现象，若有则应及时消除。另外，清洁发动机的外表，紧固各个螺栓。

2. 电气系统

(1) 检查各灯具及警示装置，各灯具及警示装置均应齐全有效；

(2) 检查蓄电池，其接线柱应紧固，清除蓄电池表面的污物，并除去极柱及连接板上的氧化物，清洁后涂上凡士林，疏通各通气孔；

3. 液压系统

(1) 检查液压油箱的存油量，由检视窗观察，其油面应位于最低和最高刻线之间；

(2) 检查各液压操纵手柄同，各操纵手柄应灵活，定位准确无误。

4. 转向系统：检查方向盘、转向器、转向油缸等，转向动作应平顺可靠，无卡滞或内泄，消除漏油现象，消除转向装置上粘附的油污，坚固各连接螺栓。

5. 制动系统：检查制动系统的性能，应能够达到制动灵敏、平稳、有效的目的。

6. 行走系统：检查轮胎及螺栓，轮胎外表无异物扎入或嵌入，胎压正常，螺栓应紧固。

7. 整机

(1) 观察传动系统的运转情况，传动系统应运转正常，无异常响声；

(2) 检查外部连接螺栓，如有松动现象则应及时紧固，如有损坏应给予更换；

(3) 清洁整机外部，清除外部粘附的杂物及油污，清洁驾驶室、机身，擦净玻璃及倒车镜，并按照润滑规定要求，对整机进行润滑；

(4) 检查拌和转子或铣削转子，消除粘附的泥土等杂物，根据需要更换或补充刀具，如果发现刀座若有损坏，应及时进行修理。

8.2.4.2 一级保养

每工作 200h 进行，完成例行保养的全部内容。

1. 发动机

(1) 清洗燃油滤清器，每工作 250h 进行清洗，视情况更换燃油滤清器的滤芯；

（2）认真检查燃油箱，从燃油箱中放出水分及沉积物；

（3）清洗机油滤清器，每工作250h进行一次清洗，并更换机油滤清器滤芯；

（4）检查发动机机油的质量，每工作250h后，应对机油质量进行仔细检查一次，并确定是否更换机油，但是机油更换周期不得超过600h工作日。新的发动机或大修后的发动机在第一次使用200～250h后，必须更换机油；

（5）检查和清洗冷却液滤清器，每当工作250h就要对冷却液滤清器进行一次清洗工作，并且需要更换冷却液滤清器的滤芯；

（6）检查冷却液DCA的浓度，用弗里特伽DCA冷却液检查和测量溶解在冷却液中的防蚀剂的有效浓度。向冷却系统中加注补充用的冷却液及DCA，DCA的含量应为14.8～22.5g/L；

（7）检查风扇皮带的张紧度，用ST-1138张力计检查皮带的张力，张力计读数应为400～489N，否则，应调整皮带的张紧度；

（8）清洗空气滤清器，每工作50h后，就应清洗一次空气滤清器；

（9）仔细检查发动机的进气阻力，空气进气阻力指示器的压力达到（－6.2±0.3）kPa时，应清洗或者更换空气滤清器芯。

2. 电气系统

（1）检查蓄电池，清洁表面，检测电压，放电超过50％时，应补充充电，电解液液面应高出级板顶面10～15mm，通气孔应畅通无阻；

（2）检查各导线和接头，每工作50h应进行一次检查，电路的线路接头不应有松动现象，导线应当完好无损坏；

（3）检查各按钮、喇叭等，都应工作正常，否则，应及时进行修复；

（4）检查发电机、发动机。发电机集电环工作表面应无烧痕迹，起动机碳刷与整流子接触面积不少于75％，碳刷高度不得低于原尺寸的2/3。

3. 传动系统

（1）检查驱动桥、变速箱、减速器润滑器润滑油油面，每工作50h就要进行一次检查；

（2）桥壳内的油面应与检查螺孔下沿齐平；

（3）轮边减速器内将端盖上的箭头标记水平装置，油面应与检查螺孔下沿齐平；

（4）变速箱和减速器的润滑油油面应与检查孔下沿齐平，视需要而添加；

（5）检查传动轴，螺栓应紧固，加注润滑脂润滑轴承。

4. 制动系统

（1）检查气路，管接头及制动液液量。每工作50h应进行一次检查，气管应无损坏，紧固管接头螺栓，气压下降每小时不得超过49kPa；

（2）检查制动器工作情况，添加制动液；

（3）检查油水分离器和储气筒，并从油水分离器和储气筒中放出积水和积存的污物；

（4）检查轮轴和制动盘，紧固各螺栓。

5. 行走系统

（1）测量轮胎气压，一般每工作200h即测量一次。要求前轮12.0～20（16层），充气气压为0.686MPa，要求后轮20.5～25（16层），充气气压为0.27～0.31MPa；

（2）检查胎面。胎面如有不正常的磨损时，应及时查明原因后，进行检修。

6. 工作装置：认真检查工作装置及机架，紧固各螺栓，焊缝如有开裂，应及时补焊，各构件如有损坏，均应及时修复。

7. 按使用说明书，对整机进行润滑。

8.2.4.3 二级保养

完成一级保养的全部内容。二级保养每工作600h进行。

1. 发动机

（1）拆洗燃油箱，并以196kPa的压力作水压试验，应无渗漏现象，如有渗漏应及时修理；

（2）检查发动机的喷油定时。需要专用工具检查喷油定时，其推杆行程应在快1.5mm、慢1.55mm之间；拆洗冷却液散热器。当发现散热器有渗漏或损坏时，应及时进行修理；

（3）检查进、出水管及冷却水泵，消除漏水现象，各部件中如有损坏，应及时修复；

（4）检查发动机的进、排气管和接头部位。应无裂纹、无变形，密封严密无漏气现象；

（5）检查气门间隙。必要时对气门的间隙进行调整：冷机时，进气节门间隙为0.28mm，排气门间隙为0.58mm；

（6）检查气门摇臂与丁字头。气门摇臂头与联动桥接触表面如有磨损，应及时进行更换。检查或调整联动桥，使两个气门工作保持一致。检查进、排气门的密封情况，气门座面密封带宽度应为1.59～3.18mm，并无烧蚀现象，必要时，需要对气门进行一次研磨。

2. 电气系统

检查蓄电池，清洁蓄电池外表，检查电解液密度，电解液密度应为1.28g/cm^3，电解液密度过低时，应及时给予充电。

3. 液压系统

（1）清洁液压油滤清器，当发现滤清度指示浮标完全浮起时，应及时更换滤芯（含吸油、低压油路、高压油路滤清器滤芯的更换）。检查各液压油缸密封情况。一般采用目检，如果发现有油液外漏或内漏，应拆下油缸，更换油封；

（2）检查主泵及管路系统工作是否正常。机器在额定工况下进行拌和作业时，行走系统的工作压力应为18～26MPa，转子系统的工作压力应为23～26MPa；当在额定工况下进行旧路面铣削作业时，行驶泵的工作压力应为15MPa，转子泵的工作压力为31MPa，如果发现有漏油现象，应及时修理，直至消除漏油。

4. 转向系统

（1）检查转向节及转向拉杆。转向节销与衬套内径配合间隙不大于0.25mm，球节转动灵活，且不松旷，横拉杆直线度允许为2mm；

（2）检查转向性能，要求转向灵活、平顺、可靠、无卡滞及无摆头等现象。

5. 传动系统

（1）检查驱动桥、变速箱、分动箱、轮边减速器；

（2）拆检传动轴，进行清洗，传动轴花键与滑动叉键槽的侧隙应在0.3～0.5mm范围内，安装时，应保证同一传动轴两端万向节叉轴承轴线位于同一平面内。

6. 制动系统

（1）检查摩擦片，如果摩擦片磨损达到设计使用限度时，必须及时更换；

（2）检查制动分泵、总泵的运转情况，制动液必须保持不渗漏且功能正常下工作；

（3）检查制动性能，制动气压表压力为 0.441～0.637MPa 时，制动时应无振颤、跑偏现象，左右后轮拖印应当相等；

（4）检查驻车制动装置。行车时，当储气筒内气压高于 0.35MPa 时，推动手控阀手柄，应能解除制动，停车时，拉动手控阀手柄，应能实现驻车制动。

7. 行走系统：检查前轮轴承磨损情况，如果磨损严重或损坏时，应给予更换。

8. 工作装置

（1）检查行星减速器，更换润滑油，消除漏油现象；

（2）检查传动链条的磨损情况，链条的张紧度可通过链条的张紧轮进行调整。

8.2.4.4　三级保养

完成二级保养的全部内容；三级保养每工作 1800h 进行。

1. 液压系统

（1）清洗液压油箱，一般每工作 1200h 应进行一次清洗工作，清洗后加注小于或等于 10μm、过滤好的液压油，加油时应使用加油过滤器；

（2）拆洗液压油缸，更换橡胶密封油封。装配后，在额定工作压力下，活塞杆伸、缩 5 个往返行程，油缸应无爬行及漏油现象；

（3）检查液压油泵、液压马达等液压元件，要求液压泵、液压马达等在额定工作压力下，不应有异响及漏油菜等现象。

2. 传动系统

检查传动系统中的分动箱、变速箱、驱动桥，认真清洗、检查，如有零件损坏，应及时进行更换或者修理。

3. 工作装置

（1）检查转子滚筒、刀座等，如有损坏，应及时进行修复。视需要更换磨损或损坏的轴承；

（2）检查转子传动链条，如链条磨损超过设计极限时，应给予更换；

（3）认真检查转子的外壳，如转子外壳有开焊、变形等现象，应给予修复。

4. 驾驶室

（1）检查玻璃、橡胶压条、窗槽，如有损坏，应进行修复或更换损坏件；

（2）检查座椅，如座椅损坏时，应进行修复，座椅应调整自如，固定螺栓应紧固；

（3）检查驾驶室门，关闭应灵活可靠，密封良好，门锁、门把手完好无损。

5. 整机

（1）全面地检查、紧固各部连接螺栓，如发动机、工作装置、转向装置、制动装置等；

（2）所有铆、焊件不得有变形、开裂现象，若有变形、开裂、开焊等现象，应予修理；

（3）检查机械工作是否正常，观察各仪表，发动机转速在 1400～2000r/min 时，行走系统的工作压力为 18～26MPa，当行走系统最高压力为 32MPa 时，转子系统的工作压力为 23～26MPa，转子泵最高压力为 34MPa；

(4) 液压系统油温不得高于 70～80℃，发动机机油压力为 0.32～0.52MPa，怠速时，机油压力不得低于 0.18MPa；

(5) 发动机的水温一般为 74～92℃，气动系统压力为 0.68MPa；

(6) 检查油、水、气路，各部不应漏油、漏水、漏电、漏气，如有则先排除再进入工作。

8.3 稳定土厂拌设备

8.3.1 概述

(1) 稳定土厂拌设备是路面工程机械的主要机种之一，是专用于拌制各种以水硬性材料为结合剂的稳定混合料的搅拌机组。由于具有材料级配准确、拌和均匀、节省材料，便于计算机自动控制统计打印各种数据等优点，所以广泛应用于公路、市政道路的基层、底基层施工。

(2) 稳定土厂拌设备一般由供料系统（包括各种料斗）、拌和系统、控制系统（包括各种计量器和操纵系统）、输送系统和成品储存系统等五部分组成，其结构简图如图 8.3-1 所示。

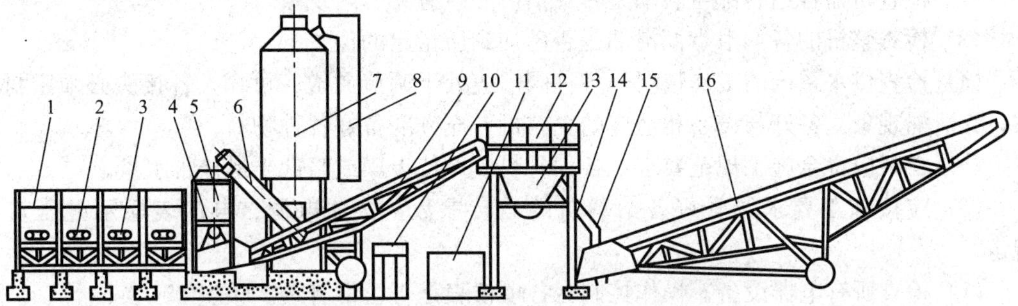

图 8.3-1 稳定土厂拌设备主要结构简图

1—配料斗；2—皮带供料机；3—水平皮带输送机；4—石灰仓（小）；5—叶轮供料器；6—螺旋送料器；7—石灰仓（大）；8—提升机；9—皮带输送机；10—控制柜；11—水箱水泵；12—拌和筒；13—混合料储仓；14—立柱；15—溢料管；16—大料皮带输送机

(3) 各种料斗均装有限制不合格料进入的筛子，料斗的下部装有带式送料机，带式送料机的速度可调，送料门大小亦可调整，以控制送料量。

(4) 拌和设备还装有流量控制供水量，如需加入乳化沥青，则装有沥青流量计。叶轮供料器也是一种机械式供料器，以转速来控制供料量。

(5) 拌和筒为封闭的筒式制作，稳定土石拌设备采用卧式拌和筒，有单轴和双轴之分。轴上装有浆式螺旋拌和筒，可将料拌和均匀并强制送出拌和筒。输送系统的输送机是以带式输送机为主，也有螺旋式的输送机，靠螺旋将料强制由筒内送出。

(6) 稳定土石拌设备的操纵控制系统有控制柜和控制室，一般多采用控制室，这种控制系统的操作人员工作环境好，既利于操作人员的身体健康，又能进行安全生产。

8.3.2 稳定土石拌设备的生产作业

（1）所用的生石灰经过消解、筛分后，通过皮带输送机、垂直提升机等，输送到大石灰仓中，再经螺旋输送器将其送入小石灰仓中。

（2）小石灰仓中的石灰通过叶轮供料器被送到斜皮带输送机上。

（3）各料斗中的其他物料经料门卸出，并经小皮带式输送机送至水平皮带输送机上，水平皮带输送机再将各种物料关至斜皮带输送机上，这样就通过斜皮带输送机将按设计要求配比的各种物料送入到拌和筒内，同时，水箱中的水也被泵入拌和筒内。

（4）拌和筒中的螺旋搅拌器将各种物料搅拌均匀后强制送至储料仓，拌和好的成品料通过储料仓的溢流管送到堆料输送机上或直接卸到运输车上。自卸运输车将成品料送到施工现场。

上述过程就是稳定土厂拌设备制作拌和料的整个作业过程。

8.3.3 稳定土石拌设备的使用要点

8.3.3.1 作业前的准备

（1）首先检查整机各连接部位的连接是否可靠稳固。

（2）检查机器各运转部位转动是否灵活可靠，有无卡阻现象。

（3）检查整机的各润滑点润滑油是否已加到所指定的位置。

（4）检查供水系统的工作情况，各种阀门应处于调节灵敏、可靠，各接头必须密封可靠，无泄漏现象。备好与设备相适应的上料机，充分准备好各种物料。

（5）粒料应符合施工规范要求，各种骨料应保持干燥或略低于最佳含水量。

（6）应按施工要求调整好各给料机的运转参数，接通电源、电压表显示电压符合规定。

（7）检查所有电器设备、操作控制台各项仪表是否正常有效。

8.3.3.2 作业中的要求

（1）严格按照使用说明书的规定顺序启动，禁止违章作业。启动时，必须发出启动信号。

（2）工作中应有专人监管各给料机、搅拌机工作情况，发现故障及时通知控制台停机检查。

（3）工作中，对混合料配比及含水量应取样分析，根据分析结果，固定料斗及给水开关。每工作 2h 至少要取样分析一次，如有变化应及时调整。配合误差不得大于规定的允许范围。

（4）皮带运输机的运转与作业中：

1）必须尽量降低供料高度，减少物料冲击；

2）检查皮带机的工作情况，及时校正皮带跑偏；

3）物料卸净后，输送机才能停止作业；

4）观察减速器、电动滚筒的曲面指示器是否正常，及时添加润滑油。更换转动不灵和轴向窜动量大于 2mm 的托辊辊子；

5）对于清扫器、卸料器、导料槽的橡胶磨损后应及时调整；

6）随时清理粘结在托辊和滚筒表面的物料；

7）发现输送表面有剥落现象时，应及时停机检查或修补。

（5）仓壁振动器的运转与作业中：

1）路拌机的扰动器如果在工作过程中，铁芯和衔铁不能碰撞，如果发生碰撞则应立即调节振动体的振幅和工作气隙；

2）料仓不出料时严禁使用振动器。

8.3.3.3 作业后的要求

（1）严格按照使用说明书的规定顺序停机。

（2）给料斗、贮料仓中不允许有存料。

（3）检查搅拌壁及叶浆紧固情况，若螺母松动，应立即拧紧。

（4）设备长期存放前，必须单独启动水泵，清洗搅拌机、储料仓及各料斗的滞留物。

8.4 石料摊铺机械

8.4.1 概述

8.4.1.1 石料摊铺机械的用途

在修筑碎石路面、砾石路面以及铺筑和修理沥青路面时，都需要在路基或路面底层上均匀地摊铺一层碎石、砾石或者石屑。在机械化筑路施工中，这项工程是采用专门的石料摊铺机械来完成的。

8.4.1.2 石料摊铺机械的分类

（1）按所摊铺石料的粒径大小，可分为碎石摊铺机和石屑撒布机两种。

（2）按所配置动力的牵引情况，可分为拖式碎石摊铺机（石屑撒布机）和自行式碎石摊铺机（石屑撒布机）。

（3）按石料摊铺机的摊铺型式，可分为槽缝式、螺旋式、转子式及碟式等。

8.4.2 石料摊铺机

8.4.2.1 拖式碎石摊铺机

拖式碎石摊铺机如图 8.4-1 所示。碎石施工摊铺时，它由自卸汽车牵引，在车后的金属箱形料斗挂上摊铺机，料斗出口装有以自卸车后轮带动的供料器。

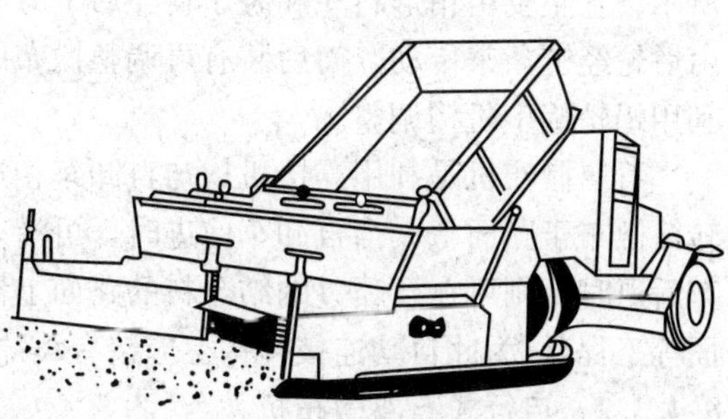

图 8.4-1 拖式碎石摊铺机

8.4.2.2 自行式碎石摊铺机

自行式碎石摊铺机（图 8.4-2）主要

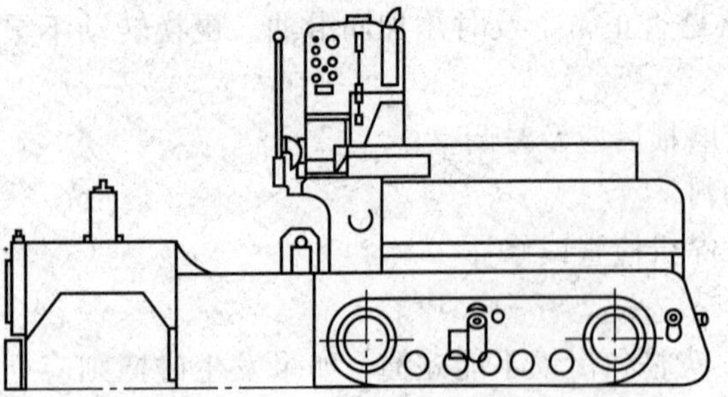

图 8.4-2 自行式碎石摊铺机

由专用的履带式行走装置的底盘和发动机、机架、料斗、滑模板、八字板、推动滚筒和出料口等组成。

8.4.2.3 自行式碎石摊铺机的施工过程

（1）自卸汽车从石料厂装料了，运送到摊铺的施工地点。

（2）汽车倒退，使后轮支靠在碎石摊铺机前面的两个推动滚筒上，此时，汽车变速箱应放在空挡的位置上。

（3）发动机工作，使机器不停地推动汽车前进，此时汽车在移动的同时，将车厢内碎石缓慢地卸入摊铺机的料斗内，摊铺机在前进中进行摊铺工作，直至石料摊铺完毕。

8.4.3 石屑撒布机

8.4.3.1 拖式石屑撒布机

（1）碎石撒布机的用途　碎石撒布机广泛用于低等级公路上封层施工中碎石的撒布，及层铺法新建沥青路面施工中碎石的撒布，特别适用于大面积连续施工作业。适用于高等级公路沥青铺装撒布透层油、粘层油、高等级公路路面罩面及防水层施工时，撒布碎石以提高路面整体强度。也适用于县乡油路及车流量较小的实施层铺工艺的等级公路。该碎石撒布机以均匀的撒布效果、高精度的撒布质量、严格的撒布规格设定、高效率的工作速度。

（2）碎石撒布机的特点　撒布量大，能满足多种集料撒布的要求，是大面积连续施工的高效率设备；料辊速度与撒布速度比例控制，集料撒布均匀，洒布量不受车速影响；实现上料自动化控制，省时省力；螺旋速度与料辊速度同步，防止离析的同时大幅提升输料效率；行走系统采用载重汽车的动力传动装置，性能可靠，维护便捷；自锁牵引挂钩，可以实现撒布机与料车在连续撒布中方便连接与分离；选用大功率柴油发动机，动力强劲，功率储备能适应各种工况撒布和抗御负荷巨变；利用汽车气路控制原理，使刹车、离合操纵轻便灵活，安全可靠；采用两套独立的制动系统，确保行驶安全；采用先进的离合器配合气助力方式，大大减少了操纵力。

（3）碎石撒布机的构造　拖式石屑撒布机也是由自卸汽车作牵引车，其构造见图 8.4-3 所示。它主要由箱形料斗和装于料斗后下方的转子式供料转筒组成。转筒由钢管制成，并由后轮经链条来传动。筒后装有可调整撒布厚度的片式门。斗门与供料转筒的间隙大小可利用蜗轮蜗上机构调整。

石屑撒布机是利用连接机构与自卸车相连，石屑由自卸车车厢供入料斗内，并经供料转筒撒布于路面上。当自卸车前进时，可沿未喷洒过结合料的路面上撒布粗粒屑。当自卸车后退时，则可在已喷过的结合料的路面上撒布细粒石屑（此作业方式适应于修筑沥青路面等工程），为此自动连接挂钩上应装有缓冲器。

8.4.3.2 自行式石屑撒布机

自行式石屑撒布机按照行走方式不同，可以分为轮胎式和履带式两种，两者的构造除

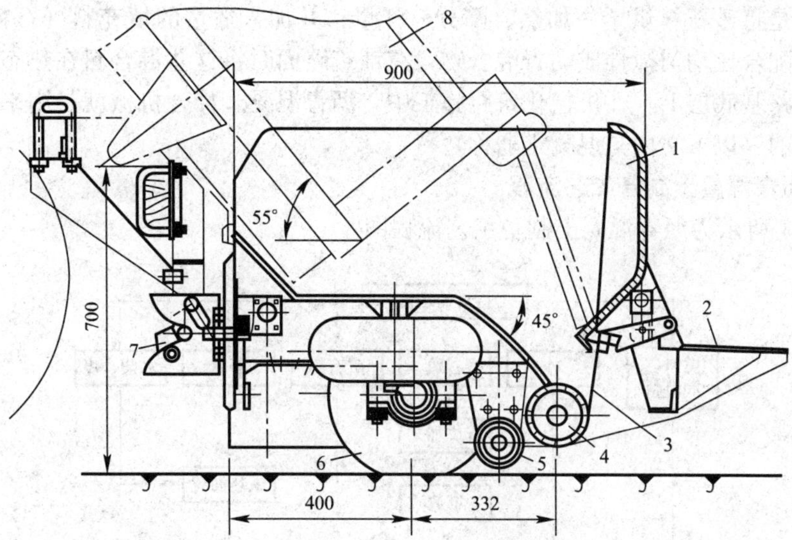

图 8.4-3 拖式石屑撒布机

1—料斗；2—操纵台；3—斗门；4—滚轮；5—供料转筒；6—车轮胎；7—行动联接挂钩；8—自卸车车厢

底盘部分不同外，其他部分相似。

图 8.4-4 所示为轮胎自行式石屑撒布机的外貌图，该机主要由发动机部分、底盘部分、供料部分（料斗、输送器和闸门）工作机构部分及操纵机构等部分组成。

图 8.4-4 轮胎自行式石屑撒布机的外貌图

轮胎自行式石屑撒布机的底盘部分是由机架、传动系和轮胎式行走装置等组成，在机架上装有发动机、传动系、底盘、供料设备、工作机构及操纵机构等部件。

8.5 沥青混凝土拌合设备

8.5.1 概述

高级公路或城市道路所采用的路面铺筑材料大多为沥青混凝土或水泥混凝土。所谓沥青混凝土就是将砂石料烘干、加热、筛分、计量，并加入适量的填充料（石粉），与热沥青液按一定配合比均匀搅拌成沥青混合物，在铺筑路面时将这些混合料在热态下摊铺于预先整修好的路基底层上。在机械化筑路施工中，沥青混凝土拌合机械就是用来拌制这种热态的混合料的（以下文内与混凝土通称）。

8.5.1.1 沥青混凝土制备工艺流程

图 8.5-1 所示为沥青混凝土制备工艺流程图。

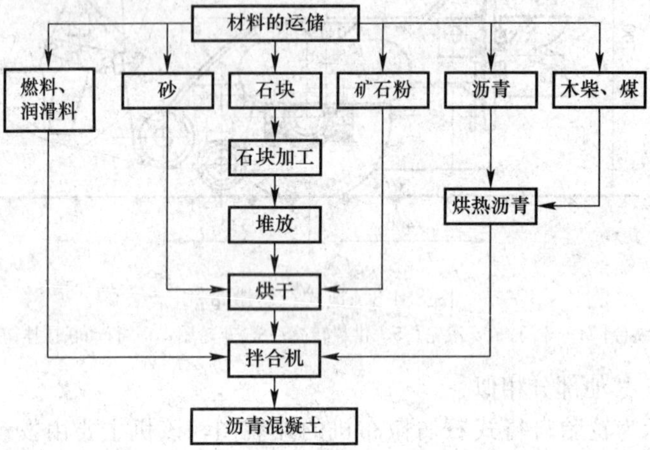

图 8.5-1 沥青混凝土制备工艺流程图

8.5.1.2 沥青混凝土拌合设备的分类

1. 按照拌合设备的规模和搬运情况分

（1）固定式沥青混凝土拌合设备（图 8.5-2）。即全部机组固定安装在预先选择好的场地上，规模较大，生产率较高，设备较完善，可以进行多种级配料的生产。这种设备大多用于城市道路施工或工期长、工程量集中的施工工程；

图 8.5-2 固定式沥青混凝土拌合设备

（2）半固定式沥青混凝土拌合设备（图 8.5-3）。即全部机组分装在几个特制的平板挂车上，拖运到预定的施工地点后，利用辅助起重设备将其拼装并架设起来。这种情况下拌合设备多用于工程量大的公路施工工程；

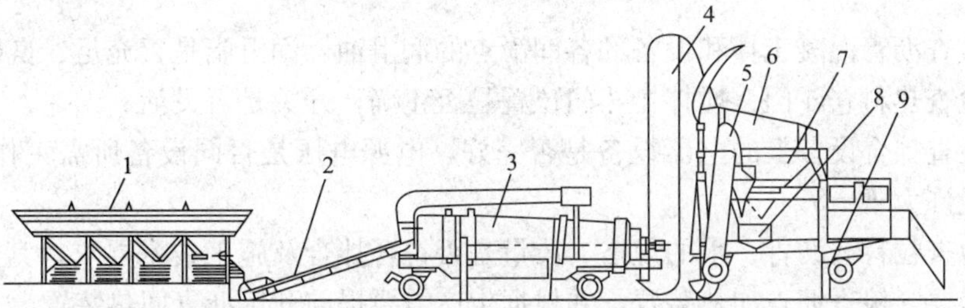

图 8.5-3 半固定式沥青混凝土拌合设备

1—冷料给料器；2—冷料输送机；3—烘干筒；4—热料提升机；5—石粉提升斗；6—筛分机；7—砂石料贮仓；8—拌合器；9—支架

（3）移动式沥青混合拌合设备（图 8.5-4）。即全部或主要机组安装在一个特制的平板挂车上，可以及时转移施工地点，不需要复杂的拼装与架设。这种拌合设备规模较小，生产能力较低，一般在 20t/h 以下，因此多用于道路维修等小型工程。

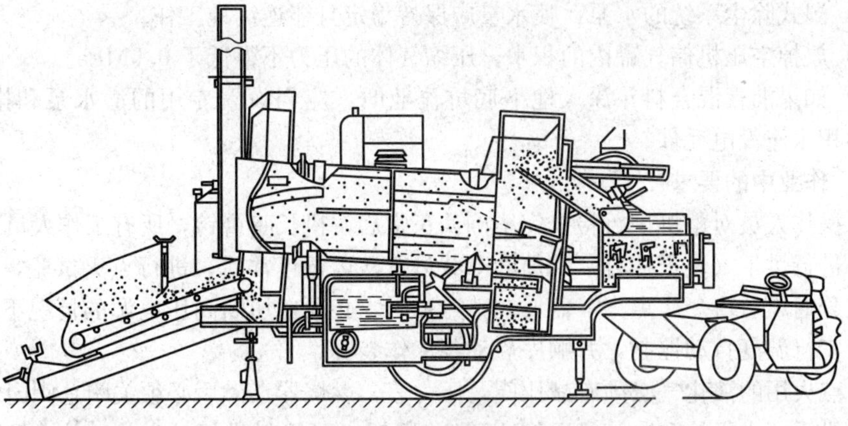

图 8.5-4 移动式沥青混合拌合设备

2. 按照沥青混凝土拌合设备所采用工艺流程图分

（1）周期式混凝土拌合设备　混凝土中每类材料的烘干、称量与拌合均分批按一定间隙周期地进行，故亦称间隙式混凝土拌合设备；

（2）连续式作业沥青混凝土拌合设备　各类材料、各个工序（包括卸出混凝土）是连续进行的，即连续加料、强制式拌合与连续出料；

（3）综合作业式沥青混凝土拌合设备　各类材料的供给和烘干过程是连续的，而称量、拌合与出料则采用周期作业。

8.5.2 沥青混凝土拌合设备的使用要点

8.5.2.1 作业前的准备

（1）检查各部机件是否完好，各传动部件有无松动，各部件连接螺栓是否紧固可靠。

(2) 检查传动链条的连续和张紧度、传动皮带的松紧度及磨损偏磨情况，输送带有无跑偏现象，钢丝绳是否完好无损。

(3) 检查供料系统是否畅通，检查输送管道是否有漏水、漏气、漏油、漏沥青、漏料现象。

(4) 检查沥青混凝土拌和设备的各润滑点的润滑油、润滑脂是否充足、良好。

(5) 检查热料仓斗门、搅拌器斗门位置是否正确，开关是否灵活。

(6) 检查拌合设备上的电器设备是否完好，电源电压是否同设备所需工作电压相符，其偏差不允许大于±5%。

(7) 检查粒料、沥青、水的规格、质量是否符合拌合及施工技术要求，其数量应保证连续生产需要。检查沥青加热装置，并根据生产需要提前开启沥青回热装置。

(8) 检查热料提升斗、搅拌器及各种称斗有无存料，若有则必须放空，再关好所有应关闭的料门。同时，检查粒料，沥青计量装置是否准确、可靠。

(9) 检查沥青供给系统及温度，确认正常后，开动沥青泵使其自行循环。

(10) 使用柴油或重油作为燃烧器的燃料时，柴油必须经过沉淀、过滤；重油必须符合标号要求，达到自流状态时才可使用。当使用煤粉作为燃料时，其粒度、水分、灰分和挥发等均应符合条例规定的标准。

(11) 湿式除尘系统的水泵，喷水量应保持稳定且能连续地工作。

(12) 放掉空压机储气罐内的积水，压缩气体的压力不得低于0.6MPa。

(13) 如果沥青混合料斗深入地下底坑作业时，应当设置专用的潜水泵和排水管道，防止坑内积水淹没电元件。

8.5.2.2　作业中的要求

(1) 操作人员对整机进行检查完毕确认正常后，机长鸣警铃，所有工作人员就位。

(2) 进行烘干（烘干拌合）滚筒的空载运行，运行正常后，进行点火试验，若点火失效，应充分通风后再一次点火。需要调整点火时，必须在切断高压电源的情况下进行。点火正常后实行温度自动控制，并顺序启动各工作装置。

(3) 点火用的液化气必须有减压阀及压力表，燃烧器点燃后必须关闭总阀门。

(4) 烘干（烘干拌和）滚筒温度达到110℃时方可投料进行试生产，待各工作装置运行参数稳定后再使用自动控制系统。

(5) 作业中必须经常查看温控系统，检查粒料了，沥青温度是否符合要求。对成品料要经常抽验并及时反馈抽检结果。

(6) 将成品料送至成品料仓时，应在送料斗内喷入雾状洗净油，以免沥青粘附在斗壁上。

(7) 对于没有成品料仓的沥青混凝土拌和设备，操作人员必须了解运料汽车的载重吨位，满载后及时鸣警，指示车辆已经装满可以离开。

(8) 加强生产过程中的检查工作，发现异常现象必须立即排除，因意外停电使用备用电源，尽快地恢复正常生产。

8.5.2.3　对连续式拌合设备的特殊要求

(1) 当燃烧器熄灭时应立即停止喷射沥青，防止沥青在滚筒内堆积。为防止沥青老化，烘干拌和筒内温度不可超过180℃。

（2）当烘干拌合筒子内沥青或混合料着火时，应立即关闭燃烧器，停止供给沥青，关闭鼓风机、排风机，将含水量高的细骨料投入烘干拌和筒内，扑灭火焰，同时在外部卸料口用干粉或泡沫灭火器进行灭火，当烘干拌和筒内的材料温度低于200℃后，将废料排出。

8.5.2.4 作业后的要求

（1）停止供料，逐渐关闭燃烧器，用热料在烘干拌和滚筒或搅拌器内洗刷2～3次，将残余沥青洗干净，直至排除。

（2）倒转沥青泵抽回剩余沥青。

（3）当滚筒温度降至40～50℃时，按启动的反顺序关机。关机后，清除皮带机上的残余粒料，清洗沥青管道，清除各供料斗中积料及除尘装置内外积物。

8.5.3 LB-30型沥青混凝土拌合设备的维护保养

8.5.3.1 例行保养

例行保养每班进行。

1. 砂石料供给装置及输送机

（1）检查振动给料机的工作情况，振动器的振幅应当在0.2～1.2mm之间，如果不符，则应进行调整电磁铁和衔铁间的气隙；

（2）检查集料皮带机和皮带输送机的工作情况，皮带机应运行平稳，无严重跑偏现象，若有跑偏，应立即进行调整。

2. 干燥滚筒

检查干燥滚筒的运转情况。要求干燥滚筒应运转平稳，无跳动现象，滚圈与托轮接触平稳，运转正常，工作时，托轮和止推轮的轴承无过热现象。

3. 主燃烧器

检查燃油供给系统，燃油压力为0.5MPa，如果有不符应调整。检查鼓风机的运转情况，应运转平稳、无异常响声，轴承无过热现象。

4. 热料与粉料提升装置

检查提升机的运行情况，要求提升机应运转平稳，无卡阻、无异响现象，斗门应关闭严密，无泄漏，密封垫如有破损，应及时更换。

5. 热料与粉料提升装置

检查提升机的运行情况，要求提升机应运转平稳，也没有卡阻、异常响声，轴承无过热现象。

6. 振动筛

检查振动筛的工作情况，当振动筛工作时，应无卡碰及异常响声，轴承无过热现象。检查筛网的张紧度和完好情况，要求筛面无塌陷、无破损，张紧度符合要求，否则，应及时调整张紧度或更换筛面，夹紧板螺栓若有松动，应紧固。

7. 热料仓

检查热料仓的斗门，要求各斗门启闭灵活，闭合严密，无漏料现象。

8. 砂石料、粉料、沥青称量装置

检查各称量斗，要求各称量斗呈自由悬挂状态，以确保称量准确。名称量斗斗门应启闭灵活，闭合严密，无漏料现象。

9. 粉料供给系统

检查粉料螺旋输送机的工作情况，要求输送机运转正常，无卡阻及异响现象。停机后，应将机内残存料排除干净，以防结块。同时，应检查粉料贮料仓的存料情况，停机后，应将贮料仓内的石粉排放干净。

10. 沥青供给系统

(1) 检查沥青保温罐内的沥青液面，沥青存量若不足，应按要求补充沥青。沥青液面盖住火管量，才可点火加热；

(2) 检查沥青管道和沥青泵、阀在工作时的温升情况，要求管内不得存水。沥青管、泵、阀工作时应温升正常，无泄漏现象；

(3) 检查沥青泵、阀的工作情况，沥青泵投入运转前应先预热，能用管钳转动时，才可投入运转。沥青阀门应启动灵活，闭合严密。

11. 浆式搅拌装置

(1) 检查搅拌臂、拌合板、衬板螺栓的紧固情况。要求各螺栓无松动、无过量磨损等现象，否则，应及时进行紧固或更换；

(2) 检查搅拌器运转情况，搅拌器应运转平稳、无异响、无运动干涉现象。搅拌器底门应启闭灵活、闭合严密，无漏料现象。各轴承温升正常，无过热现象；

(3) 清洗搅拌器。当作业结束时，应用热砂料刷洗搅拌器，然后打开底门将其排放干净，搅拌器各部件上应无沥青粘积。

12. 气路控制系统

检查各气路管道，要求各接头处无漏气现象；检查称量操作系统，压气压力应调整为0.6MPa。连接管路及气缸应无漏气、窜气现象。电磁阀动作应灵活、正确无误。气缸动作要准确到位，定期放掉气水分离器中的污水。

13. 整机

检查各部位润滑情况，加足润滑油（脂）；检查外部连接螺栓紧固情况，如有松动时，应给予及时紧固；检查各传动三角皮带、链条、减速箱的运转情况，各传动件应运转平稳、无异响、无渗漏现象，如果有应及时排除，传动件的防护罩应配置齐全，安装牢固。

8.5.3.2 一级保养

完成例行保养的全部内容；一级保养每工作200h进行。

1. 砂石料供给装置及皮带输送机

检查各输送带的张紧度，要求张紧度合适，如输送带过松，则应及时给予调整。检查输送带的完好情况，如有损坏应修复，皮带卡扣如断裂应更换。

2. 干燥滚筒

检查干燥滚筒齿圈架和滚圈架的紧固情况，如有松动则应及时紧固。

3. 主燃烧器

清洗燃油滤清器，如滤芯有破损时，应及时更换；清洗主燃烧器雾化片及喷嘴，保证油孔畅通无阻；检查燃烧室结焦情况，燃烧室如果有结焦现象，应及时清除。

4. 除尘装置

清除引风机叶片上的积尘，叶片上应始终保持清洁。检查提升机链条的张紧度，要求热料提升机松动边链条的下垂量约100mm，粉料提升机松边链条的下垂量约为80mm，不符合要求时应及时调整；检查料斗螺栓紧固情况，查看链条销子是否脱落。料斗螺栓和链条销子每工作50h应检查一次。螺栓若有松动，应及时进行紧固，销子若有脱落则应补齐。

5. 振动筛

认真检查振动筛减振橡胶块的完好情况，如果减振橡胶块有裂纹或损坏失效，应及时进行更换。

6. 气路控制系统

检查空气压缩机的空气滤清器，滤清器每工作100h就要清洗一次，滤芯如有损坏，应予更换；检查储气筒内有无积水，每工作100h，储气筒应排除一次积水。

7. 整机

检查传动三角皮带和链条的张紧度。以30～50N的力压三角皮带或链条（单根）的中段，其下沉量应在10～20mm的范围内，若有不符，应予调整；检查各减速箱的油量、油质，如是油量不够应添加，如油变质时，应更换标准的油质。

8.5.3.3 二级保养

完成一级保养的全部内容；二级保养每工作600h进行。

1. 砂石料供给装置及皮带输送机

检查集料皮带机和皮带输送机刮料板的磨损情况，刮料板的橡胶应贴附在输送带上，如橡胶部分磨损严重，应及时更换；检查皮带机托辊的工作情况。皮带机承载运转时，托辊应随之自由转动，无卡滞现象，否则应卸下检查，排除故障。

2. 主燃烧器

清洗燃油罐及供油管路，保证各油路畅通无阻，检查风门调节机构，应操作灵活；清洗燃油调节阀，要求阀内无污物，保证针阀内无污物，确保针阀通畅，调节灵活；检查干燥滚筒内提升叶片磨损和变形情况，如提升叶片有变形现象，必须立即给予校正，磨损严重时，应及时更换。

3. 除尘装置

检查除尘器进口处的积尘情况，将进风口处的积尘清除干净；检查引风机叶轮锁紧螺母的紧固情况，锁紧螺母为左旋螺母，如有松动，应给予紧固。

4. 热料与粉料提升装置

检查上部接料板的磨损情况，要求接料板与料斗的间距为10～15mm，如果不相符应给予调整。

5. 沥青供给系统

清洗沥青罐用小燃烧器，应保证油路、气罐畅通；检查导火圈烧损情况，如有烧损应给予更换；清除沥青保温罐内污物，保持罐内清洁干净。

6. 气路控制系统

清洗电磁气缸，用柴油或煤油进行清洗，装配时应按照规定加注润滑油（脂）；检查气缸、电磁阀密封圈的磨损情况，如果有密封圈破损失效，应给予更换。

8.5.3.4 三级保养

完成二级保养的全部内容；三级保养每工作1800h进行。

1. 砂石料供给装置及皮带输送机

检查电磁振动给料机的间隙和板弹簧的完好情况，电磁铁与衔铁之间的间隙应为1.2～2mm，若有不符应予调整，板弹簧应完好无损，若有裂痕应给予更换；检查输送带的磨损情况，若磨损严重时，应立即给予换新的输送带；检查振动器减振弹簧的技术状况，如弹簧有裂纹或失效，应给予更换。

2. 干燥滚筒

检查干燥滚筒托轮的磨损情况，调整托轮位置，使干燥滚筒轴心线与主燃烧器喷嘴轴心线相一致。调整时，各托轮轴心线与底架的距离应保持相等；同时，检查小齿轮的磨损情况，如磨损严重或损坏时，应给予更换。

3. 主燃烧器

认真检查燃烧室耐火材料损坏情况，当烧损严重时，应重新砌筑耐火材料层。

4. 除尘装置

检查除尘器旋风筒磨损情况，若旋风筒磨损或损坏严重时，应给予修补或更换；检查引风机叶轮磨损情况，如果磨损严重时，应给予更换。

5. 热料与粉料提升装置

检查料斗和链条的磨损情况，料斗磨损严重时，应给予换新；链条拉长量超过新链条长度的1.5%～2%时，应给予换新件。

6. 振动筛

检查振动筛板弹簧的完好情况，板弹簧如有裂纹时，应予更换；拆检振动轴的轴承，清洗、检查、润滑轴承，如果有损坏，应给予换新。

7. 沥青供给系统

检查沥青喷洒管各油孔是否通畅，如有堵塞，应给予疏通。

8. 浆式搅拌装置

检查搅拌臂、拌料板、衬板的磨损情况，如果磨损严重的应更换。

9. 整机

（1）检查设备的有三角皮带和链条的磨损情况。如果三角皮带拉长无调节余量或磨损严重、成组皮带拉伸不均匀，均应给予换新，新皮带必须成组更换，链条拉长时，可以去掉多余的链节，磨损严重时，应给予更换；

（2）清洗全部减速箱和齿轮箱，放掉箱内污油，清洗后注入新油；

（3）检查各连接部位的螺栓和螺母，对于锈蚀、滑丝、脱扣、六角头磨圆的螺栓、螺母，应及时更换，松动的连接件应当紧固。

8.6 沥青混凝土摊铺机

8.6.1 概述

8.6.1.1 沥青混凝土摊铺机的用途

沥青混凝土摊铺机是用来将拌制好的沥青混凝土和黑色粒料均匀地摊铺在已整好的路

基或基层上的一种专用设备。在摊铺过程中，它先从自卸卡车上接料，然后将沥青混凝土横向散在路基或基层上，最后加以初步压实、整形，形成一条有一定宽度、一定厚度和一定形状的铺层。采用摊铺机械来摊铺沥青混凝土，速度快、质量高，且对铺层又进行了顶压，从而降低了施工成本，所以广泛地应用于城市建设和公路（特别是高速公路）建设之中。

图 8.6-1 所示为沥青混凝土摊铺机外貌图。它主要由机架、柴油发动机、顶推辊、料斗、刮板送料器、螺旋摊铺器、熨平装置、机械-液压传动系统、转向系统、行走机构和电路系统等组成。

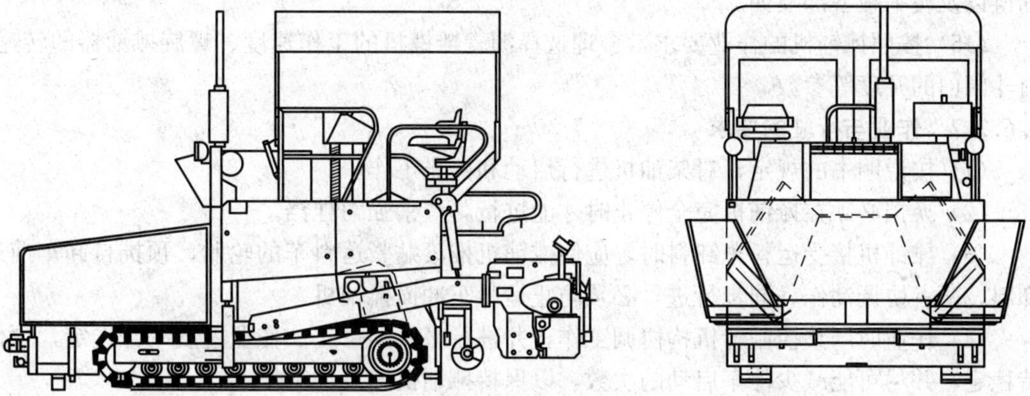

图 8.6-1 沥青混凝土摊铺机外貌图

8.6.1.2 沥青混凝土摊铺机的分类

(1) 按摊铺机的行走机构不同，可分为轮胎式和履带式两种，前者机动性能好、构造简单，因此，国内外大多数采用轮胎式沥青混凝土摊铺机。

(2) 按摊铺机的生产率不同，可分为大型摊铺机（300～500t/h)、中型摊铺机（150～300t/h)、小型摊铺机（50～150t/h）3 种。

(3) 按摊铺机的接料装置不同，可分为有接料斗装置和无接料斗装置两种。

(4) 按摊铺的自动化程度不同，可分为全自动化摊铺机和半自动化摊铺机两种。

8.6.2 沥青混凝土摊铺机的使用要点

8.6.2.1 作业前的准备

(1) 了解有关施工技术、质量要求，并根据要求安装、调整摊铺机的工作装置。

(2) 发动机应工作均衡、运转平稳，动力性能良好，调速器动作准确。

(3) 离合器、传动链条、三角皮带等调整适当。

(4) 履带松紧应合适，轮胎气压正常且左右必须均匀。

(5) 熨平板、振捣器安装正确，加热器工作必须良好。

(6) 自动找平装置安装正确，纵向、横向控制器工作必须正常。

(7) 刮板送料器、料斗闸门、螺旋摊铺器处于良好工作状态。

(8) 传动系统工作正常，无冲击、无振动、无异响等。

（9）电器系统工作正常，操纵系统必须灵活可靠。

（10）将各操纵杆、主传动开关置于中间位置，液压系统各调节阀门调到零位，各电器开关处于断开位置，液压传动系统处于不供油状态。

（11）摊铺机上的所有安全防护设施必须配备齐全，熨平板接长后，应有相应的安全防护措施，即踏板宽度必须与摊铺宽度相等。

（12）驾驶台和熨平板的脚踏板应保持整洁，无油污及拌和料，不得堆放杂物、工具。

（13）驾驶台和作业现场要视野开阔，应清除有碍工作的一切设施。

（14）作业前，应用喷油器向摊铺机料斗、推滚、刮板送料器、螺旋摊铺器、行走传动链以及熨平板各部喷油。

（15）按照摊铺机的作业要求，合理选择沥青摊铺机的工作速度、螺旋摊铺器的转速、料斗闸门的开度等参数。

8.6.2.2　作业与行驶的要求

（1）按说明书的规定，对柴油机进行启动和停止工作。

（2）换挡必须在摊铺机完全停止时才能进行，严禁强力挂挡。

（3）摊铺机接受运料车卸料时，应使摊铺机推滚贴紧运料车的轮胎，顶推自卸车前进卸料，两者协调动作，同步行进，必须防止运料车冲撞摊铺机。

（4）作业时严禁控制各机构协调工作，并进行必要的修正。作业速度一经选定，要保持稳定，并尽可能减少停车启动的次数，以保持摊铺机连续均衡作业。

（5）严禁驾驶员在摊铺机工作时离开驾驶室，无关人员不得在摊铺机作业中上、下摊铺机或在驾驶室内停留。

（6）轮式摊铺机的差速装置，应在地面附着力不足时使用，结合或断开差速装置时必须停机。在结合差速装置时，只允许直行，不得转向。禁止在坡道上换挡或以空挡滑行。

（7）熨平板的预热和保温：

1）作业前20～40min，应对熨平板进行预热，使其接近混合料的温度；

2）摊铺机因固暂停作业时，必须使用预热系统进行保温，防止熨平板冷却；

3）用电预热时，应先启动发动机并调到额定转速，然后接通预热开关进行预热；

4）用燃烧轻油或燃气进行预热熨平板时，应注意控制热量，防止局部过热而使熨平板变形。加热时，应采用间歇燃烧多次加热操作法，使其自身热传导均匀预热。

5）有热风循环系统的，可采用点火燃烧和熄火热风循环交替进行加热。无论采用何种方式，每次点燃时间均不得大于10min；

6）使用压缩空气压力喷射燃油的燃烧系统，其压力必须达到规定值。必须在燃烧器点火燃烧之后，才允许启动鼓风机，并调节风门，使之完全燃烧；

7）对设有多点燃烧加热装置的，应逐个进行分别点燃；

8）预热时，要加强对燃烧情况的观察，若火焰熄灭，立即关闭燃油或燃气开关，找出原因，排除故障，并清除溢出的燃油或待燃气排尽后才可重新点燃；

9）严禁在加热过程中，熨平板处于无人看管状态和向摊铺机各部喷油清洗。

（8）自动找平装置的使用：

1）在已压实的底基层上摊铺时，其不平度不应大于5mm，不平度波长小于所选用拖梁长度，可采用拖式浮动梁作基准；

2）用摊铺层邻近的车道、路缘石、边沟和新摊铺层等构筑物作基准时，传感器必须使用滑橇作跟踪件，采用拖式平均梁时，不允许用未经压实的摊铺层作基准。用作如果准的车道或摊铺层，其横坡值必须与新摊层的横坡值相等；

3）当自动找平装置控制系统使用高度控制装置和横坡控股装置联合工作时，在摊铺层的一侧作基准。如一次摊铺宽度大于 6m，则应采用双侧高度控制装置；

4）停止作业时，应先断开找平系统的开关，使调整油缸处于静止位置；

5）自动找平装置各元件，应小心使用，须防止碰撞和雨水、尘土的损害。

(9）振捣器频率应由低渐高，逐步增加，摊铺面层时，每前进 5mm，捣固次数应不少于一次，并随时检测摊铺层的密实度。

(10）在弯道路区段作业中，要及时操纵找平装置，控制摊铺层的厚度增量：

1）使用高度传感器和横坡传感器配合的自动找平系统工作时，要设专人掌握横坡给定器，连续而平稳地转动横坡给定器上的调节旋钮；

2）操作人员应注意摊铺机的纵向走向，操作力求平稳，避免急剧转向，特别是履带式摊铺机更应注意；

3）弯道作业时，熨平装置的端头与路缘石的间距不得小于 10cm，以免转向时发生碰撞。

(11）摊铺机的坡道路作业：

1）当摊铺机在较大的坡度（纵横坡度为 15%～20%）上工作时，要求采取特殊安全措施，确保正常工作，防止意外事故的发生；

2）在大坡度的道路上作业时，要减少料斗中混合料量，按额定摊铺能力的 60%进行作业，同时控制行驶速度和转向半径；

3）在横坡道路上摊铺时，由于混合料自动流向下坡一侧，应将下坡侧熨平板接长。为防止混合料自动流向下坡一侧，可在左右两侧使用相同方向的螺旋叶片；

4）为防止摊铺机倾翻，必要时可使用一台重型拖拉机或推土机用钢丝与摊铺机联接，在坡顶与摊铺机平行等速行驶；

5）在正常的纵坡上作业时，应由低处向高处摊铺。如果必须在下坡作业时，要与汽车驾驶员紧密配合，力求速度稳定。

(12）作业中的检查与调整　在摊铺过程中，要经常对摊铺机的行驶速度、供料能力、闸门开度、螺旋摊铺器的匹配情况进行检查。检查摊铺层的平整度、厚度是否符合设计要求。

(13）履带式摊铺机不得长途行驶，其行驶长度不应超过 1km，特殊需要作长距离行驶时，行走装置应注意加油。

(14）行驶时熨平板应恢复标准宽度，并升起用挂钩挂牢。

(15）摊铺机用其他车辆牵引时，只允许采用刚性拖杆，不得使用钢丝绳。其变速手柄应置于空挡位置，并解除自动装置的工作。

(16）禁止用摊铺机牵引其他机械。

8.6.2.3　作业后的要求

(1）对沥青摊铺机各工作装置、运行机构进行彻底的清洁工作，清除残留沥青，使之运转自如，转动灵活。

（2）擦拭液压伸缩熨平板的导向柱表面和油缸活塞杆表面。

（3）清洁并检查高度传感器支座的各部元件，并对转动零件加注机油润滑。

（4）清洁工作应在施工场地以外进行。用柴油清洁时，禁止明火接近。

（5）驾驶员在离开驾驶台前，要将摊铺机停稳，停车制动必须可靠，料斗两侧壁完全放下，熨平板放到地面或用挂钩挂牵。

（6）摊铺机停放在交通车道附近时，须在周围设置明显的安全标志，夜间设灯信号并设专人守护。施工全部结束时，应对摊铺机进行必要的保养和修理。

8.6.3　沥青混凝土摊铺机的维护保养

LTY4500A、LTY4500B型沥青混凝土摊铺机的维护保养按下述步骤进行。

8.6.3.1　例行保养

例行保养每班进行。

1. 发动机

（1）检查摊铺机燃油箱的存油量，如油量不足时，应及时加足；

（2）检查油底壳机油量，如机油不足应添加足，油面若有异常，应查明原因排除故障；

（3）检查冷却水的储存量，不足应补充；检查调速器内机油油面，油量不足应给予加足；

（4）检查各仪表动作是否灵敏、示值是否正确，如有异常，应查明原因，排除故障；

（5）检查发动机运转情况，发动机应启动容易，低、中、高各速度运转正常，无异响异烟。否则，应认真查明原因，排除故障；

（6）发动机清洁机身外表，紧固螺栓。检查整机各部分是否有漏水、漏油、漏气、漏电等现象，如果发现有问题，应及时消除。

2. 电气系统

检查各照明灯具、警示装置，应齐全有效，线路连接正确、牢固；起动机、发电机应工作正常，若有问题，应予检修，同时，注意紧固连接件；

3. 转向系统

检查各连接件的连接情况，连接螺栓应紧固可靠；检查方向盘自由转动量，要求转动量不得大于20°，否则应给予调整。

4. 离合器

检查离合器应分离彻底，接合平稳、不发抖、无异响。

5. 变速机构

检查变速装置的工作情况，要求齿轮啮合运转正常，无异响、过热现象。

6. 传动系统

检查传动轴、十字节、轴承座及传动链的连接情况，要求传动轴连接螺栓应紧固，十字节及轴承座应完好，传动链运转正常，张紧度适宜。

7. 行走系统

检查后轮轮胎的气压，要求为0.6～0.7MPa，如不符则应补足充气。

8. 液压、气路系统

检查液压油箱油量，油量如果不足应予补足；检查系统各部位有无渗漏，如有应查明原因，及时排除。同时注意排放汽水滤清器和储气筒中的污水；检查气路系统油雾器的油面高度，如油面高度不足油标高度的3/4时，使用变压器油给予补足。

9. 工作机构

检查料斗，要求料斗的开合应平稳、无卡阻现象；检查送料系统，应运转平稳无异常响声，送料应均匀；检查熨平板，应能平稳提升与降落，无卡阻现象；要求液压伸缩平稳连续，能达到规定的最大摊铺宽度；检查振动装置，应能正常起振和停止，运转正常无异响。

10. 整机

检查、清洁机身外表的混凝土及其他污物，检查机件有无缺损，如有应更换或补齐；检查整机的各连接件正常，要求操作轻便、工作可靠。如有异常应及时检修；并对整机进行润滑。

8.6.3.2 一级保养

完成例行保养的全部内容，一级保养每工作200h进行。

1. 发动机

(1) 更换油底壳的机油，热车运转后，趁热放出油底壳的机油，换入新机油；

(2) 清洗机油粗滤器，拆开机油粗滤器，清洗滤芯。纸质滤芯只能用清洁柴油进行漂洗，不可用刷子刷洗，以免损坏，若滤芯破损，则必须更换；

(3) 清洁柴油滤清器，对纸质滤芯只能用清洁柴油或煤油进行漂洗，禁止用刷子刷洗。如果滤芯或密封垫破损，则应及时更换；

(4) 清洗空气滤清器，取出滤芯后，轻轻敲其端面或用不大于0.5MPa的压气从滤芯内部向外吹，除去积尘。禁止用油、水漂洗纸质滤芯。如发现滤芯破坏或粘附的尘污过多则要更换；

(5) 检查发动机各三角皮带的张紧度，在单根皮带中段施以39N的压力，皮带下沉量达到10～20mm为适宜，否则应给予更换；

(6) 检查并调整气门的间隙，冷车状态下进或排气门的间隙为0.25～0.30mm，如有不符，应给予调整；检查连杆螺栓的紧固情况，以68～78N·m的拧紧力矩均匀紧固后，应使用铁丝将连杆螺栓锁好；

(7) 检查气缸盖螺栓的紧固情况，以68～78N·m的拧紧力矩按规定顺序给予紧固；

(8) 润滑水泵轴承，加注润滑脂进行润滑；清洗冷却水散热器，用清洁水通入散热器中进行清洗，清除其中的沉淀物。

2. 电器系统

检查保养蓄电池，清洁蓄电池外表，疏通通气孔，清除桩头氧化物，在桩头及电线接头处涂以凡士林油，以防腐蚀。检查电解液液面高度，液面应高出极板顶面10～15mm，液量不足时，加注蒸馏水；检查并清洁发电机、起动机，检查和清扫整流子，碳刷表面及换向器表面。检查碳刷的磨损情况，若碳刷磨损严重与换向器接触不良时，应更换碳刷。

3. 变速机构

检查主、副变速箱，应运转正常，无异响及过热、渗漏现象。

4. 传动系统

检查链轮箱、取力箱，应运转正常无异响及过热、无渗漏现象；检查中间传动装置固定螺栓，要求各固定螺栓齐全，紧固可靠；张紧传动链条，链条松边的下垂量应控制在两链轮中心距3%左右；检查链轮箱、取力箱、副变速箱润滑油量，油量不足时应加足。

5. 制动系统

检查行车制动系统，行车制动的踏板自由行程应控制在15～25mm范围内，如有不符，应给予调整，制动时必须灵敏可靠。

6. 工作机构

检查振动马达三角皮带的张紧度，在单根皮带的中段施以39N的压力，皮带下沉量达10～20mm为适宜，否则应给予高速；检查摊铺宽度引导杆，引导杆应伸缩自如，固定螺栓齐全，固定可靠。

7. 整机

按产品说明书对全机进行润滑。

8.6.3.3 二级保养

完成一级保养的全部内容。二级保养每工作600h进行。

1. 发动机

(1) 清洗燃烧油箱及燃油管路，清除沉淀物，疏通管道；

(2) 检查燃油泵的工作情况，出口端的稳定工作压力为0.05～0.15MPa，必要时重新调整；

(3) 检查喷油器的喷油压力，观察喷雾情况，检查喷油座面密封性。必要时进行清洗与调整，喷油压力为12～12.5MPa，试验与调整应在专门的试验台上进行；

(4) 更换喷油泵及调速器内的机油，除去油杯的沉淀物及污物，清洗干净，并更换新油；

(5) 检查气门密封性，如有必要，应对气门及气门座圈进行配对研磨；

(6) 检查配气相位及供油提前角，配气相位是以曲轴转角计算；而进气门起始为上止点前14°30′，关闭终点为下止点后45°30′；排气门起始点为下止点前45°30′，关闭终点为上止点后14°30′，供油提前角（以曲轴转角计）为24°±2°。如有不符应给予调整；

(7) 检查气缸套封水圈的封水情况，拆下侧盖板，从缸套下端检查气缸套橡胶封水圈；

(8) 清洗冷却系统，清洗溶液由每升水加0.15kg苛性钠组成。清洗时放净冷却系统全部水再灌满清洗溶液，停置8～12h，再低速运转柴油机，使清洗溶液在冷却系中循环，水温达到工作温度后应停机，立即放出清洗液，最后，采用清水清洗；

(9) 检查气泵工作情况，排除排气阀中的积垢。

2. 电气系统

检查蓄电池，在环境温度为20℃时，电解液相对密度应当为1.28～1.30，视需要进行补充充电。

3. 转向系统

检查轴承磨损情况，检查前轮立轴轴承、纵横拉杆轴承的磨损、损坏情况，如果磨损严重或损坏失效，则应及时更换。

4. 离合器

检查主离合器踏板自由行程，调整拉杆，将主离合器踏板的自由行程控制在 20～30mm 之内。

5. 传动系统

检查各传动齿轮箱内齿轮啮合间隙，调整差速器轴承，要求齿轮啮合运转正常，啮合印痕符合要求。差速器轴承预紧负荷符合要求。

6. 制动系统

检查制动系统性能，检查调整制动控制阀、储气筒、安全阀。试验扭动性能，制动系统有工作压力为 0.6～0.8MPa，必要时调整制动蹄片间隙。

7. 行驶系统

检查保养后轮轮毂，检查轮胎螺栓，拆检、调整并润滑后轮轮毂轴承，轴承与轴的正常配合间隙为 0.06～0.08mm，轮胎螺栓如果有松动。应予紧固，如有滑扣或损坏应及时更换。

8. 液压系统

检查液压转向泵、液压转向器、油缸、油管接头等的密封性及液压系统的压力，调整液压转向器的阀块，保证系统工作压力为 0.7MPa 时工作正常。系统应无渗漏，如有渗漏应查明原因，排除故障。

9. 工作机构

调整刮板输送器传动链条的张紧度，刮板链条松边最下点到料板的距离应控制在 220～225mm 以内；检查刮板传动链条是否跑偏，调整张紧度步骤同前所述，紧固松动的螺栓；检查振捣装置螺栓紧固情况，要求螺栓齐全，紧固可靠；检查伸缩熨平板工作油缸及导管等机构，要求工作正常，否则应进行调整。

10. 对整机按规定要求进行润滑。

8.6.3.4　三级保养

完成二级保养的全部内容。三级保养每工作 1800h 进行。

1. 发动机

(1) 检查气门、气门座、气门导管、气门弹簧、推杆与摇臂配合面的磨损情况，必要时进行修磨或更换；研磨气门、气门底平面与气缸盖底面的距离应控制在 0.9～1.1mm，研磨后的气门与气门座之间的接触带宽度应为 0.8～1.2mm，研磨后检查气门与气门座间的密封性，应确保其密封；

(2) 检查活塞、活塞环配合间隙，清除积碳、清洗活塞、活塞环，检查各环端面间隙及开口间隙，超过极限时，应更换活塞环；测量气缸套与活塞裙间隙，清除积碳并予清洗，检查其配合间隙，如有不符，应予修理或更换新活塞；

(3) 检查并测量气缸套与活塞裙的间隙，清除积碳并予清洗，检查其他配合间隙。如有不符，应给予修复或更换新活塞环；

(4) 检查曲轴各轴颈、凸轮轴各轴颈与相应轴孔间的配合间隙，磨损超过极限时，应及时进行修磨并选配轴承；

(5) 清洗曲轴和机体的内部油道，用柴油进行清洗，疏通油道并吹干；

(6) 检查清洗油泵，对于易损件进行测量时，磨损严重或有损坏的，应修复或更换；

(7) 检查水泵的水封、轴承，均应保持完好，如有损坏，应给予更换。

2. 电气系统

解体检查发动机、发电机，解体并清洗后作系统的检查，必要时更换油封及轴承；检查蓄电池的完好情况，电池槽、盖若有裂痕，应给予粘补或更换新的。拆检蓄电池，酌情更换隔离板，清除沉淀物及夹于正负电极间的导电物。

3. 离合器

(1) 拆检、调整离合器，要求离合器推力轴承与六个分离杆末端的自由行程控制在2～3mm，六个分离杆末端与压板外平面间距离应为43mm，如有不符，应给予调整；

(2) 检查主离合器摩擦片，要求摩擦片上应无油污或烧损，铆钉牢固、铆钉头埋入量最少应为0.50mm；检查主离合器钢片，钢片应光洁平整，花键轴套铆接牢固并能在花键轴上自由滑动，无松旷现象，否则，应给予修理；

(3) 检查主离合器压盘，要求应无油污、无烧损、无裂纹、无扭曲及无严重磨损，否则，应及时给予修复或更换；

(4) 检查左右摩擦离合器滑环，端面应无严重磨损，磨痕尝试超过 0.30mm 时应更换；

(5) 检查左右摩擦离合器弹簧片，如弹力不足或弹簧片损坏者，应及时进行更换；

(6) 检查左右摩擦离合器的分离爪，分离爪每副三件成套使用了，三爪的工作面应处于同一平面内；检查左右摩擦离合器摩擦片接触面积，接触总面积应不小于75%；

(7) 调整左右摩擦离合器摩擦片与隔板的间隙，间隙应控制在 0.20～0.50mm 范围内，如果不符合，应给予调整，调整后应可靠锁紧。

4. 变速机构

检查齿轮磨损情况，磨损超限者应更换；检查轴承径向间隙，间隙超过 0.25mm 时需要更换轴承，同时要更换已经损坏、老化、失效的密封件。

5. 传动系统

检查链轮箱四排链条张紧度，必要时，给予调整，链条磨损过早应更换。

6. 制动系统

拆检气泵、制动管路、制动总泵、制动气室、抽动蹄片。检查各零件的技术状态，磨损超限或损坏失效的零件应予修复或更换。制动摩擦片铆钉头应沉入摩擦片表面至少0.5mm，否则，应更换制动摩擦片。制动系统气压应保持在 0.6～0.7MPa，当气泵停止工作 10min 后，制动系压力应不得低于 0.30MPa，否则，应给予检修。全速行驶在平整的沥青混凝土路面上，其制动距离应不大于 5m。

7. 液压系统

更换液压油，清洗液压油箱并更换液压油；检查、清洁、调整液压系统，应密封可靠、清洁无污，各液压元件工作正常。

8. 工作机构

(1) 拆卸检查振捣系统，拆卸检查振捣偏心轴轴承，各轴承轴心线的同轴度误差应满足要求，用手转动偏心轴时应无卡阻现象。紧固各连接螺栓。检查振捣头的高度，当振捣头处于下止点时，最下端应伸出熨平板底面 0.5mm，如有不符，应及时调整；

(2) 拆检点火装置。线路连接应牢固可靠，紧固鼓风机叶轮，紧固连接螺栓，更换损坏的零件，清洗燃油滤清器滤芯，滤芯应更换。燃油管路及气路应完好通畅，喷油嘴无积碳或污物堵塞，各阀应工作正常、密封可靠，如有渗漏或操纵失灵，应予研磨或换新；

（3）拆检刮板输送器主、从动轮轴轴承及密封件，对磨损严重的轴承，应予调整或更换；

（4）检查刮板链托辊，如轴承磨损严重应更换，消除托辊上粘附的污物及沥青混凝土；检查螺旋布料器轴承，调整轴承间隙，消除松旷现象，轴承若磨损或损坏严重时，应予更换；

（5）拆检活动熨平板伸缩机构，导向杆、导向套管出现严重松动现象时，需要更换导向杆、导向套管衬套，修整防偏挂钩；

（6）调整拱度及厚度调整机构。应操作灵活，锁定可靠。厚度调节机械各轴承若磨损严重或已损坏时，则必须及时更换。

9. 整机

整机各部件连接螺栓及零件的完整性必须良好，各固定螺栓均不得松动，否则，应及时紧固，零件如有缺损必须补齐。整机的焊接部件必须牢固，不开裂、不变形，否则应加以修复，同时按规定要求对整机进行润滑。

8.6.4　沥青混凝土摊铺机常见故障及处理方法

沥青混凝土摊铺机常见故障及处理方法见表 8.6-1 所列。

沥青混凝土摊铺机常见故障及处理方法　　表 8.6-1

故障现象		故障原因	处理方法
液压系统	液压泵不出油	（1）发动机转速不够； （2）泵不运转； （3）管路堵塞； （4）油黏度过高； （5）油箱油面过低； （6）泵内叶片不伸出； （7）泵内机构损坏	（1）调节发动机转速； （2）检查是否有没有装键或联轴器松脱； （3）清理油路和进行密封； （4）更换黏度合适的油； （5）补加； （6）检修液压泵； （7）检修液压泵，必要时更换部件
液压系统	系统有噪声	（1）吸油管或吸油滤网堵塞； （2）面黏度过大出现空腔； （3）泵转速过高； （4）管路密封不良吸及空气； （5）油压过高超过额定值； （6）泵内零件或轴承磨损	（1）清除污物； （2）更换黏度合适的油； （3）按额定转速工作； （4）重新密封和排气； （5）重调安全阀并检查输油路是否有堵塞； （6）拆卸检修、更换轴承
液压系统	液压泵压力不足流量不够	（1）泵磨损； （2）溢流阀性能下降； （3）阀和液压缸内部漏损过大； （4）发生气蚀和气阻； （5）油黏度过低	（1）更换新泵或磨损件； （2）清洗、检查或更换新阀； （3）更换磨损件或整组更换； （4）排除空气； （5）更换合适的油
液压系统	液压马达不启动	（1）捣实器内部进入沥青； （2）安全阀压力失调； （3）马达磨损	（1）拆卸清洗； （2）重新调整压力； （3）更换磨损件或整组更换

续表

故障现象		故障原因	处理方法
液压系统	液压马达转速不够和有噪声	(1) 同上 (1)、(2)、(3); (2) 油黏度过低	(1) 同上 (1)、(2)、(3); (2) 更换合适的油
	捣实器转速过低	(1) 粹压泵排量不够; (2) 液压马达出力不够; (3) 安全阀压力失调; (4) 液压马达堵塞、供油不够; (5) 油路漏油; (6) 捣实器内进入沥青	(1)、(2)、(3)、(5)、(6) 参考上述有关方法排除; (4) 拆卸液压马达清洗内部堵塞,必要时更换磨损件
	液压缸性能下降	(1) 液压泵排量不够; (2) 安全阀压力失调; (3) 液压缸漏油; (4) 液压缸内部磨损或损坏	(1)、(2) 参考上述有关方法排除; (3) 重新进行密封; (4) 拆卸更换磨损件或整组更换
自动找平装置	横向控制器找不到零位,调整时则误差越调越大	"工作选择"开关用错,如应是左基准,却打到右基准	正确操作
	信号灯正常闪亮,但油缸不动作	(1) 液压缸压力不足; (2) 调速阀被关闭; (3) 电磁阀不动作; (4) 控制器失灵	(1) 调整中压溢流阀、调压阀使油压正常; (2) 启开调速阀; (3) 检修或更换电磁阀; (4) 检修控制器并调整功率推动板
	信号灯停闪	(1) 信号灯损坏; (2) 电系统没有通电; (3) 其他电路故障	(1) 更换信号灯; (2) 使之通电; (3) 逐项检查电路,更换烧损元件

8.7 水泥混凝土摊铺机

8.7.1 概述

8.7.1.1 用途

水泥混凝土是将混凝土从混凝土混合料搅拌输送车或自卸卡车中卸出的混合料,沿路基按给定的厚度及路型进行均匀摊铺的机械。它广泛地应用于市政、公路、机场、港口、车站、码头、广场等大型的水泥混凝土工程。

8.7.1.2 分类

1. 按摊铺机的作业方式分

(1) 连续作业式摊铺机:即连续不断地把水泥混凝土均匀地摊铺在路基上,是现代最新型的、自动化程度极高的水泥混凝土摊铺机;

(2) 周期作业式摊铺机:即摊铺机必须在前一份水泥混凝土摊铺完毕后,再行走到新的工作位置,才能将新卸入的一份水泥混凝土摊铺下去。

2. 按摊铺机的工作机构不同分

(1) 刮板式摊铺机:水泥混凝土摊铺机本身能在板上自由地前后移动,并在前面的导管上左右移动。由于刮板的本身也能旋转，所以，可以利用刮板向任意方向自由地摊铺卸在基层上的混凝土混合料堆；与其他类型的摊铺机相比，这种摊铺机重量轻、容易操作、易于掌握，故使用较普遍，但其摊铺能力较小；

（2）螺旋式摊铺机：由可以正反两个方向旋转的螺旋杆（直径约50cm左右）将混合料摊开。螺旋后面有刮板，可以准确地调整摊铺层的厚度。这种摊铺机的摊铺能力大；

（3）箱式摊铺机：这种摊铺机是混合料经过卸料机（纵向或横向）卸在钢制的箱子内。箱子在机械前行时横向移动，同时箱子的下端按松铺高度刮平混合料。由于混合料一次全部放在箱内，所以重量大，但能摊铺均匀而且很准确，其摊铺能力大故障少。

8.7.1.3　水泥混凝土摊铺机的主要构造

图8.7-1（*a*）所示为固定模式水泥混凝土的摊铺机外貌图。它主要由主框、液压控制台、大车行走机构、滑动小车自行展宽机构、拖行机构、拱度调节机构和液压系统等组成。该机具有结构简单、操作方便、易于快速组装和拆卸方便，并可利用自身的转运机构进行整体拖运转移等特点。

（*a*）

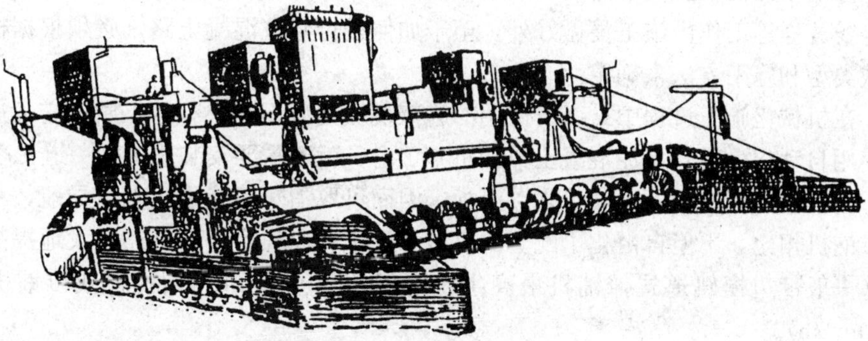

（*b*）

图8.7-1　水泥混凝土的摊铺机外貌图

图8.7-1（*b*）所示为滑模式水泥混凝土摊铺机外貌图。它主要由主机架部分、支腿部分、转向装置、履带行走机构、操纵座、电气系统、液压系统、转向和自动找平系统、工作装置等组成。

当前，水泥混凝土路面施工还有混凝土摊铺列车施工，如图8.7-2所示。它主要由水泥混凝土输送卡车、水泥混凝土摊铺机、水泥混凝土整面机等组成综合性作业的机械群体同。这种混凝土摊铺列车的施工，大提高了水泥混凝土路面施工的机械化程度，缩短了施工工期，提高了工程质量和生产率。

图 8.7-2 滑模式水泥混凝土摊铺列车施工情况

8.7.2 水泥混凝土摊铺机铺路机械化施工

8.7.2.1 主要特点

(1) 修建水泥混凝土路面的施工现场布置如图 8.7-2 所示。图中除了施工前的准备工作，如定线放样等工作由施工员做好外，至于如何进行修筑混凝土路，必须根据机械化程度、机械类型和施工方法来确定。

(2) 在机械化施工过程中，由于使用的施工机械类型不同，有的工序可交叉进行或省略例如使用自动化滑模式水泥混凝土摊铺机施工时，就不需要安装边模这一道工序。

(3) 由于它取消了固定边模代之以滑模，因而可取消轨轮代之以电子导航，与带边模轨道式摊铺机相比，不但自由化了配套的机械和施工作业程序，而且还大大地提高了机械生产率（一般带边模轨道式摊铺机最高生产率仅 50～60m^3/h，而滑模式摊铺机则可达 200～300m^3/h）。

(4) 中小型滑模式水泥混凝土摊铺机适用于城市道路，它机械体积较小、操纵机动灵活、转移方便、行驶作业速度快，施工方法和沥青混合料摊铺机相似。有的也有电子导线，一次可完摊铺、捣实、整平、拉毛、该痕等多道工序，每小时可铺成混凝土 200～300m^3。

8.7.2.2 工作原理

采用滑模式水泥混凝土摊铺机进行加筋混凝土路面施工组织和现场施工情况如图 8.7-2、图 8.7-3 所示。整个工作原理由以下两个连续作业行程来完成。

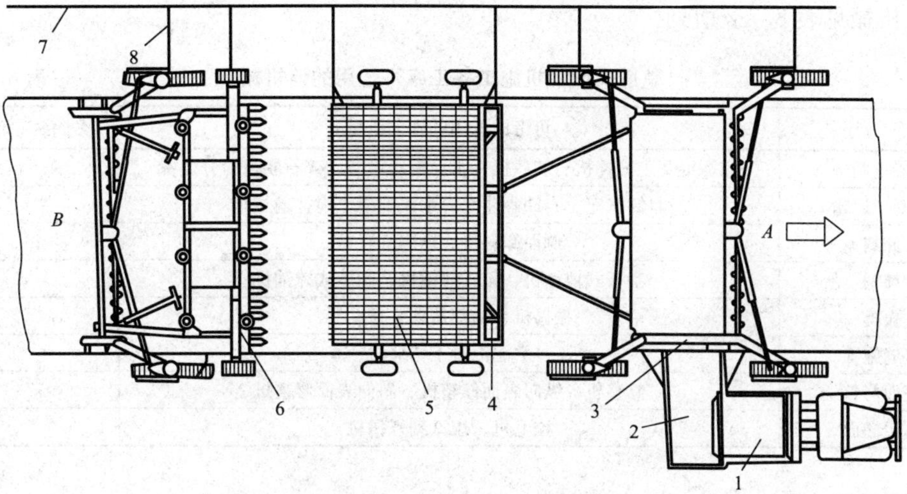

图 8.7-3 滑模式水泥混凝土摊铺机铺路施工工艺图

A 第一作业行程，自整平的基层或砂层上开始；*B* 第二作业行程，在铺好的钢筋网层上开始；
1—自卸汽车；2—进料槽；3—滑模式混凝土摊铺机；4—装钢筋网格大平板车；
5—钢筋网格；6—钢筋网格压入机；7—导航线；8—导航杆

1. 第一作业行程

滑模式摊铺机牵引着满载钢筋网格的大平板车，从已整平的基层地段开始摊铺混凝土，随后钢筋网格从平板车的规定位置自动地卸下，并铺设在摊平的混凝土上。摊铺的混凝土是由卸车运来并通过进料槽供给的，混凝土的厚度按设计规定进行。钢筋网格是在预制厂制成的成品，它成叠地装放在有电控装置的大平板车上，能自动地按节奏地从车上卸下。钢筋网格有 7.315m×4.88m 和 7.315m×2.44m 两种。第一行程就是连续不断地向着前进方向进行摊铺、铺设混凝土和钢筋。

2. 第二作业行程

在第一作业行程终了后，继续进行的一个压入钢筋网格、混凝土摊平、捣实、整平、光面的作业程序。压入钢筋网格是利用钢筋压入机，它是摊铺机的一个附属装置，不用时可卸去，使用时安装在摊铺机的前面。在钢筋压入机上装有 8 个电控液压千斤顶，利用液压作用能使钢筋网格压入一定深度的混凝土内。施工开始时，摊铺机推着钢筋压入机向前行驶，前面压入机把第一作业行程已铺设好的钢筋网格压入混凝土，后面的摊铺机则进行摊平、捣实、整平、整角、光面等工作，直至全部终了为止，即完成了第二作业行程任务——水泥混凝土的路面成型。

8.7.3 水泥混凝土路面施工机械的选型与配套

8.7.3.1 施工工序可选用的机械

水泥混凝土面层施工的主要内容有：施工前的准备要求、安装模板或轨道、筑做接缝和安装钢筋、制备与运送水泥混凝土混合料、水泥混凝土混合料的摊铺与捣实、水泥混凝土面层的修整与光面、拉毛防滑槽、拆模与养生、填缝与开通。当采用轨道式摊铺机施工时，各工序选用的施工机械见表 8.7-1 所列；若采用滑模式摊铺机施工时，各工序所选用的施工机械见表 8.7-2 所列。

轨道式摊铺机施工各工序可选用的谚机械 表 8.7-1

工　序	可考虑选用的施工机械	备　注
混凝土制备	水泥混凝土搅拌机、装载机、水泥输送设备、碎石联合筛分设备	
混凝土运输	自卸汽车、自卸翻斗车、水泥混凝土搅拌输送车	
卸料	侧面卸料机、纵向卸料机	
摊铺	刮板式摊铺机、箱式摊铺机、螺旋式摊铺机	
振捣	振捣机、内部振动式振动器	
接缝施工	水泥混凝土切缝机	
表面修整	修整机、纵向表面修整机、斜向表面修整机	
整粗糙面	拉毛机、压（刻）槽机	

滑模式摊铺机施工各工序可选用的谚机械 表 8.7-2

工　序	可考虑选用的施工机械	备　注
混凝土混合料制备	水泥混凝土搅拌机、装载机、水泥输送设备、碎石筛分机	
混凝土混合料运输	自卸汽车、自卸翻斗车、水泥混凝土搅拌输送车	
卸料	运输直接卸料混凝土输送机	
摊铺、振捣、接缝、整平	滑板式混凝土摊铺机、自动切缝机	
修整粗糙面	拉毛机、压（刻）槽机	
混凝土铺层养生	养生剂喷洒车	

8.7.3.2 施工机械选型与配套原则

（1）在水泥混凝土面层施工机械选型时，应首先选定主导机械，然后根据主导机械的技术性能和生产率，配置相应的配套机械。

（2）在选择摊铺机作为第一主导机械时，既要考虑施工质量和进度得到满足，又应兼顾施工单位的技术人员素质、管理水平和购买能力等实际情况。在保证摊铺机发挥最大效益的前提下，应使配套机械的类型和数量尽可能少。

（3）若以水泥混凝土搅拌设备作为第二主导机械，在机型选择时，除了生产率应与摊铺机相适宜外，还应考虑到拌合品质及拌合能力、机械设备的可靠度、工作效率和经济性。因为摊铺机铺筑路面的质量（密实度和平整度）以及工作进度取决于水泥混凝土的拌制质量，混凝土的工作进度与混凝土配比等有关。同时，还与拌合的方式有关。

（4）当水泥混凝土搅拌合摊铺设备选型确定后，应考虑水泥混凝土运输车辆的配套。例如：

1）当水泥混凝土的坍落度小于 5cm，其运输距离在 1km 以内，则以 2t 以下的小型自卸车比较经济；

2）当运距在 5km 左右时，以 5t 左右的中型自荐卸卡车最为经济；

3）当运距为 6～10km 时，或水泥混凝土的坍落度大于 5cm 时，考虑到混凝土在运输过程中有水分散失和离析等问题，应当考虑采用容量为 $6m^3$ 以上的水泥混凝土搅拌运输车。

总之，运输距离与搅拌设备的设置有关，一般要求水泥混凝土运输中，夏季的时间不得超过 30～40min，冬季的时间不得超过 60～90min。如果运距超过这两种时间，可以让搅拌输送车先装上干料或半干料水泥混凝土，待搅拌输送车运行到离施工现场只有 20min 的路程时，才加水搅拌混凝土，这种搅拌输送车所送的混凝土拌和料，同样能保证质量。

8.7.4 水泥混凝土摊铺机的维护保养

下面介绍 HT4500 型水泥混凝土摊铺机的维护保养。

8.7.4.1 例行保养

例行保养每班进行。

1. 发动机

参照 LTY4500 型沥青混凝土摊铺机相应内容（一保、二保、三保也相同）。

2. 电气系统

参照 LTY4500 型沥青混凝土摊铺机相应内容（一保、二保、三保也相同）。

3. 传动系统

检查所有链传动，根据需要，对链条、链轮进行润滑；检查传动皮带，如发现皮带过松，应用皮带张紧轮进行必要的调整；检查传动轴联接器，联接螺栓如有松动，应及时进行紧固。

4. 液压系统

（1）检查液压油箱的油量，如果油量不足时，应加足规定牌号的液压油；

（2）检查液压油箱、油管、液压元件连接的密封情况，如发现有渗漏现象，应及时消除；如发现液压软管有老化、损伤，应及时进行更换；

（3）检查卸荷状况下的油压，要求油压应小于 0.5MPa，否则，应清洗回油滤网；

（4）检查液压油箱的油温，要求工作时，油温不得大于 80℃。如果油温过高，应停机检查，及时排除故障。

5. 工作装置

检查布料机中的卷扬机机构的钢丝绳，要求空载运行时，钢丝绳下垂量不能过大，否则，应及时进行调整。

6. 整机

（1）检查整机所有外部的连接螺栓，如发现螺栓松动或已脱丝，应予紧固或更换；

（2）清洁机组的外部，每班工作结束后，必须清除布料机的布料刮板，振实机的预整平板与振动梁上粘附的混凝土。清洗抹平机的提浆梁和各台机器上所粘附的混合料；

（3）检查机组各部位，如有漏油、漏水、漏电、漏气等现象，应及时给予消除；

（4）检查整机的各个润滑点，按规定的周期进行润滑。

8.7.4.2 一级保养

完成例行保养的全部内容。一级保养每工作 200h 进行。

1. 发动机（略）。

2. 电气系统（略）。

3. 传动系统

（1）检查传动轴，如果在运转时轴发出异响，应立即停机查明原因，及时排除，螺栓若有松动，应及时进行紧固；

（2）检查变速箱、后桥润滑油油位，如果油量不足，应及时进行加油；

（3）检查整机的外部零部件，如果发现有磨损严重或有损坏，应给予修理或更换。

4. 整机

检查各润滑点的润滑情况，按规定进行润滑。检查布料刮板，如布料刮板磨损严重或损坏，则应及时修理或更换。

8.7.4.3　二级保养

完成一级保养的全部内容。二级保养每工作600h进行。

1. 发动机（略）。

2. 电气系统（略）。

3. 传动系统

（1）更换变速箱内的润滑油，要求所更换的油牌号一致；

（2）对传动轴进行拆卸清洗，若发现传动轴零件磨损严重或者损坏时，应及时给予更换，紧固所有连接螺栓；

（3）检查振动梁的联轴器，如果联轴器有过热现象，应查明原因，及时给予排除；

（4）检查振动梁的橡胶弹簧，如果发现橡胶弹簧有老化或损坏现象，应予更换新的弹簧。

4. 液压系统

检查进油滤网和回油滤清器的滤芯，并清洗滤网和滤芯，如果发现有损坏者，应及时给予更换；检查液压油油量，清洗油箱，当发现油量不足时，应给予加足（加油时，需用加油器，小于或等于10μm的过滤器），清洗液压油箱。

5. 整机

检查整机机身，要求所有铆、焊在机身上的所有零部件应牢固，若有开焊变形，应及时补焊或修复。按规定的要求对整机进行润滑。

8.7.4.4　三级保养

完成二级保养的全部内容。三级保养每工作1800h进行。

1. 发动机（略）。

2. 电气系统（略）。

3. 传动系统

（1）检查传动链条、链轮是否磨损过度，如若发现链轮、链条有严重的磨损现象时，应及时地给予修复或更换；

（2）检查传动轴联轴器，当联轴器所连接的二轴若同轴度误差超限时，应及时进行调整或更换联轴器，联轴器紧固螺栓如有松动，应及时加以紧固。

4. 工作装置

（1）检查布料小车滚轮与导轨之间的间隙值；正常情况下，布料小车滚轮与导轨间的间隙值为：上下小于或等于1.5mm；前、后小于或等于2mm。否则，应更换滚轮及衬套；

（2）检查布料小车刮板齿条的滑动轴承，要求滑动轴承的圆度误差应小于0.3mm，否则，应更换轴承；

（3）检查振动梁的振动器轴承，轴承如果磨损严重或者损坏时，应立即给予更换；

（4）检查振动梁机构的各种轴承，要求尼龙块 [illegible]
果超过此值，应更换尼龙块；

（5）检查抹平梁两端滚轮与轮座之间的间隙，要求滚 [illegible]
下、前、后均小于或等于 1mm，如果超过此值时，应修磨轮座，[illegible]

（6）检查抹平梁的滑动轴承，要求滑动轴承圆度误差大于 0.2m [illegible]
行更换新的轴承；

（7）检查振动梁的底板、提浆梁底板，要求振动梁底板厚度要大于 4m [illegible]
抹平梁底板厚度应大于 3mm，否则，应及时更换；

（8）清洗检查振实机的主、副变速箱，要求齿轮磨损超过原设计规定允许值、轴 [illegible]
损严重或有损坏时，应给予更换；

（9）检查振实机的主、副变速操纵定位装置，应操纵轻便、到位准确、定位可靠。

5. 整机

对整机外部所有润滑点，按要求进行润滑。

……通社，1999.

……交通交通社，2007.

……2000.

……出版社，2003.

……工业出版社，2008.

……北京：人民交通交通社，2007.

……通社，2002.

……华南理工大学出版社，1999.

[9] 中国公路……机械保修规程（第三分册，土石方机械）. 北京：人民交通交通社，199…

[10] 朱保达主编. 工程机械. 北京：……通社，2004.

[11] 中国公路学会筑路机械学会主编. 公路筑养路机械保修规程（第二分册，压实机械）. 北京：人民交通交通社，1993.

[12] 中国公路学会筑路机械学会主编. 沥青路面施工机械与机械化施工. 北京：人民交通交通社，2004.

[13] 费建国、张兰芳、王建军主编. 公路工程机械化施工. 北京：人民交通交通社，2001.

[14] 中国公路学会筑路机械学会主编. 公路筑养路机械保修规程（第四分册，混凝土机械）. 北京：人民交通交通社，1995.

[15] 中国公路学会筑路机械学会主编. 公路筑养路机械保修规程（第六分册，桥涵机械）. 北京：人民交通交通社，1996.

[16] 张学军主编. 钢筋机械及预应力机械使用手册. 北京：中国建筑工业出版社，1997.

[17] 中国公路学会筑路机械学会主编. 公路筑养路机械保修规程（第七分册，养护机械）. 北京：人民交通交通社，1997.

[18] 纪士斌、李世华、章晶编. 施工机械. 北京：中国建筑工业出版社，1997.

[19] 中国公路学会筑路机械学会主编. 公路筑养路机械保修规程（第八分册，动力与隧道机械）. 北京：人民交通交通社，1998.

[20] 周萼秋、邓爱民、李万莉编著. 现代工程机械. 北京：人民交通交通社，1997.

[21] 崔政斌主编. 起重安全技术. 北京：化学工业出版社，2009.

[22] 饶勃主编. 实用建筑机械工手册. 上海：上海交通大学出版社，1997.

[23] 机械工程手册、电机工程手册编辑委员会主编. 机械工程手册（专用机械篇）. 北京：机械工业出版社，1997.

[24] 郭小宏、朱战良等编. 高等级公路机械化施工技术. 北京：人民交通交通社，2001.

[25] 冯忠绪著. 工程机械理论. 北京：人民交通交通社，2004.